Online-Version inklusive!

Stellen Sie dieses Buch jetzt in Ihre „digitale Bibliothek" in der NWB Datenbank und nutzen Sie Ihre Vorteile:

- ► Ob am Arbeitsplatz, zu Hause oder unterwegs: Die Online-Version dieses Buches können Sie jederzeit und überall da nutzen, wo Sie Zugang zu einem mit dem Internet verbundenen PC haben.
- ► Die praktischen Recherchefunktionen der NWB Datenbank erleichtern Ihnen die gezielte Suche nach bestimmten Inhalten und Fragestellungen.
- ► Die Anlage Ihrer persönlichen „digitalen Bibliothek" und deren Nutzung in der NWB Datenbank online ist kostenlos. Sie müssen dazu nicht Abonnent der Datenbank sein.

Ihr Freischaltcode: KXQV-WISV-KERB-YZYI-YURE-K

Götz/P.-H., Handbuch der Stiftung

So einfach geht's:

1. Rufen Sie im Internet die Seite **www.nwb.de/go/online-buch** auf.
2. Geben Sie Ihren Freischaltcode in Großbuchstaben ein und folgen Sie dem Anmeldedialog.
3. Fertig!

Alternativ können Sie auch den Freischaltcode direkt in der **NWB Mobile** App eingeben und so Ihr Produkt freischalten! Die NWB Mobile App gibt es für iOS, Android und Windows Phone!

Die NWB Datenbank – alle digitalen Inhalte aus unserem Verlagsprogramm in einem System.

www.nwb.de

Handbuch der Stiftung

- ► Zivilrecht
- ► Steuerrecht
- ► Rechnungslegung

Dr. Hellmut Götz, RA FAfStR StB und
Dr. Ferdinand Pach-Hanssenheimb, StB WP

3. Auflage

Es haben bearbeitet:
Dr. Götz: Teile A, B, C, D, E, F, H
Dr. Pach-Hanssenheimb: Teil G, I

ISBN 978-3-482-**64583**-9
3. Auflage 2018
© NWB Verlag GmbH & Co. KG, Herne 2014
www.nwb.de
Satz: Griebsch & Rochol Druck GmbH, Hamm
Druck: medienHaus Plump GmbH, Rheinbreitbach

VORWORT

Der Stiftungsboom hält weiter an; in 2016 waren es nach Angaben des Bundesverbandes Deutscher Stiftungen 582 neu gegründete rechtsfähige Stiftungen, nach etwas höheren Zahlen in den Vorjahren.

Wir haben das bewährte Konzept auch bei der 3. Auflage beibehalten, indem wir uns primär auf die praktischen Bedürfnisse des Stiftungsberaters konzentriert haben. Daher nimmt auch die für den steuerlichen Berater von Stiftungen so bedeutsame Rechnungslegung weiterhin einen besonderen Raum ein. Anhand eines bewährten Praxisfalls wird eingehend die Vorgehensweise erläutert, wie man den Jahresbericht einer Stiftung auf einfache Weise erstellen kann, in dem man zunächst einen handelsrechtlichen Jahresabschlusses aufstellt und diesen in wenigen Schritten an die Anforderungen des Stiftungsrechts anpasst bzw. ihn auf die notwendige Weise weiterentwickelt.

Wir wenden uns mit diesem Handbuch aber ebenfalls an jeden, der gelegentlich oder als potenzieller Stifter mit Fragen des Stiftungsrechts konfrontiert wird. Um auch den interessierten Steuerlaien ein Kompendium an die Hand zu geben, haben wir uns bemüht, auf gute (verständliche) Lesbarkeit zu achten.

Da jede zehnte rechtsfähige Stiftung einen Unternehmenshintergrund hat, war es uns ein Anliegen, die für den Unternehmer und sein Unternehmen relevanten Fragestellungen möglichst umfassend anzusprechen und Lösungen aus Sicht von Praktikern vorzustellen.

Um den Rahmen des Buches nicht zu sprengen, konnten wir naturgemäß Trusts und ausländische Stiftungen einschließlich ihrer Besteuerung nur in ihren Grundzügen behandeln. Auch haben wir uns bei den Länderteilen auf die Schweiz, Österreich und Liechtenstein beschränkt.

Die an praktischen Bedürfnissen orientierte Gliederung soll es erleichtern, zu sämtlichen Fragen rund um das Thema „Stiftung" rasch verständliche und praxisnahe Antworten zu finden.

Literatur, Verwaltungsanweisungen und Rechtsprechung haben wir bis 30. 8. 2017 berücksichtigt. Mit der ab dem 1. 7. 2016 in Kraft getretenen Erbschaftsteuerreform 2016 wurden die Vorgaben des Bundesverfassungsgerichts aus dem Jahre 2014 umgesetzt. Der Umfang des verschonten Betriebsvermögens wurde verringert und für sog. Großerwerbe die Verschonung eingeschränkt oder sogar aufgehoben. Daher werden in einem neuen Kapitel I die wesentlichen Änderungen bzgl. der Verschonung von Betriebsvermögen vorgestellt und anhand von Zahlenbeispielen erläutert. Es wird gezeigt, dass die Erbschaftsteuer – bei Familienstiftungen insbesondere die Erbersatzsteuer – steigt, aber es auch Fälle geben kann, in denen nun eine Verschonung gewährt wird, die vor der Reform nicht möglich war. Schließlich wird aufgezeigt, dass nach der Reform die Familienstiftung ein wichtiges Instrument der Nachfolgeplanung bei großen Vermögen ist.

Für Hinweise und Anregungen aus der Leserschaft sind wir weiterhin dankbar.

Freiburg/München im Oktober 2017   Hellmut Götz/Ferdinand Pach-Hanssenheimb

INHALTSÜBERSICHT

INHALTSVERZEICHNIS

13

E. DIE STEUERBEFREITE STIFTUNG IM STEUERRECHT

I. DIE BEDEUTUNG DER ERBSCHAFTSTEUERREFORM 2016 FÜR FAMILIENSTIFTUNGEN

21

ANHANG

LITERATURVERZEICHNIS

A. Bücher und Schriften

A

Andrick/Gantenbrink/Hellmig, Die Stiftung, Frankfurt 2015

B

Beck'scher Bilanz-Kommentar, 10. Aufl., München 2016

Berndt/Nordhoff, Rechnungslegung und Prüfung von Stiftungen, München 2016

Blümich, EStG, KStG, GewStG, Nebengesetze, Kommentar, Loseblatt, 117. Aufl., München 2013

Boruttau, Grunderwerbsteuer, 18. Aufl., München 2016

Brandmüller/Klinger, Unternehmensverbundene Stiftungen, 4. Aufl., Berlin 2014

Buchna/Leichinger/Seeger/Brox, Gemeinnützigkeit im Steuerrecht, 11. Aufl., Achim 2015

Bunjes/Geist, Umsatzsteuergesetz, 16. Aufl., München 2017

Burandt/Rojahn, Erbrecht, 2. Aufl., München 2014

C

v. Campenhausen/Richter, Stiftungsrechts-Handbuch, 4. Aufl., München 2014

D

Debatin/Wassermeyer, Doppelbesteuerung, Loseblatt, München

Deininger/Götzenberger, Internationale Vermögensnachfolgeplanung mit Auslandsstiftungen und Trusts, Herne 2007

Dötsch/Jost/Pung/Witt, Körperschaftsteuergesetz, Loseblatt, Stuttgart

E

Ebenroth/Boujong/Joost, HGB, 3. Aufl., München 2013

Ebner Stolz/BDI, Unternehmensnachfolge nach der Erbschaftsteuerreform 2016, Bonn 2016

Erman, Handkommentar zum Bürgerlichen Gesetzbuch, 14. Aufl., Münster 2014

Esch/Baumann/Schulze zur Wiesche, Handbuch der Vermögensnachfolge, 7. Aufl., Berlin 2009

F

Feick, Stiftung als Nachfolgeinstrument, München 2015

Ferid/Firsching/Dörner/Hausmann, Internationales Erbrecht, Loseblatt München

Fischer/Jüptner/Pahlke/Wachter, ErbStG-Kommentar, 6. Aufl., Freiburg 2017

Flick/Wassermeyer/Baumhoff, Außensteuerrecht, Loseblatt, Köln

Frotscher, EStG, Loseblatt, Freiburg

Frotscher/Maas, KStG-UmwG, Loseblatt, Freiburg

G

Gebel, Betriebsvermögensnachfolge, 2. Aufl., München 2002

Glanegger/Güroff, GewStG, 8. Aufl., München 2014

Götz/Hülsmann, Der Nießbrauch im Zivil- und Steuerrecht, 11. Aufl., Herne 2017

Götz/Hülsmann/Markwald/Stinn, Die Erbengemeinschaft im Steuerrecht, Herne 2016

Grambow, Organe von Vereinen und Stiftungen, München 2011

Gürsching/Stenger, Bewertungsrecht, Loseblatt, Köln

H

Hagner, Bilanzierende Stiftungen, München 2010

Haibach, Handbuch Fundraising, 4. Aufl., Frankfurt 2012

Haritz/Menner, Umwandlungssteuergesetz, 4. Aufl., München 2015

Hartmann/Metzenmacher, Umsatzsteuergesetz, Loseblatt, 7. Aufl., Köln

Herrmann/Heuer/Raupach, Kommentar zur Einkommensteuer und Körperschaftsteuer, Loseblatt, Köln

Hippeli, Zurechnung nach WpHG und WpÜG bei beherrschten Stiftungen und stiftungsähnlichen Rechtsformen, Hamburg 2013

Hoffmann/Lüdenbach, NWB Kommentar Bilanzierung, 7. Aufl., Herne 2016

Hofmann, Grunderwerbsteuergesetz, Kommentar, 11. Aufl., Herne 2016

Hörger/Stephan/Pohl, Unternehmens- und Vermögensnachfolge, 2. Aufl., Düsseldorf 2002

Hübschmann/Hepp/Spitaler, AO/FGO, Loseblatt, 10. Aufl., Köln

Hüttemann, Gemeinnützigkeits- und Spendenrecht, 3. Aufl., Köln 2015

Hüttemann/Richter/Weitemeyer, Landesstiftungsrecht, 1. Aufl., Köln 2011

I

IDW (Hrsg.), Praxis der Unternehmensnachfolge, 4. Aufl., Düsseldorf 2009

IDW (Hrsg.), Neuregelung der Erbschaftsteuer, Düsseldorf 2017

IDW (Hrsg.), Die neuen Verschonungsregeln im Erbschaftsteuerrecht, Life im Netz 22. 6. 2017 Homepage IDW, Mitgliederbereich – zitierfähig?

Ivens, Hamburger Handbuch zur Vermögensnachfolge, Herne 2012

J

Jansen, Stiftungsformen zur Gestaltung der Vermögensnachfolge, Berlin 2013

Jauernig, Bürgerliches Gesetzbuch, 16. Aufl., München 2015

K

Kallmeyer, Umwandlungsgesetz, 6. Aufl., Köln 2017

Kapp/Ebeling, Erbschaftsteuer- und Schenkungsteuergesetz, Loseblatt, Köln

Kirchhof/Söhn/Mellinghoff, EStG, Loseblatt, Heidelberg

Kirchhof, Einkommensteuergesetz, 15. Aufl., Köln 2016

Klein, Abgabenordnung, 13. Aufl., München 2016

Koss, Rechnungslegung von Stiftungen, Düsseldorf 2003

Kraft, Außensteuergesetz, 2. Aufl., München 2017

L

Lademann, Einkommensteuergesetz, Loseblatt, Stuttgart/München/Berlin/Hannover/Dresden/Weimar

Lenski/Steinberg, Kommentar zum Gewerbesteuergesetz, Loseblatt, Köln

Littmann/Bitz/Pust, Das Einkommensteuergesetz, Loseblatt, Stuttgart

v. Löwe, Familienstiftung und Nachfolgegestaltung, 2. Aufl., München 2016

Lutter, UmwG, 5. Aufl., Köln 2014

Lutter/Hommelhoff, GmbH-Gesetz, 19. Aufl., Köln 2016

M

Meincke/Hannes/Holtz, Erbschaftsteuergesetz und Schenkungsteuergesetz, 17. Aufl., München 2017

Meyn/Richter/Koos/Gollan, Die Stiftung, 3. Aufl., Freiburg 2013

Moench/Weinmann, Erbschaft- und Schenkungsteuer, Loseblatt, Neuwied

Münchener Kommentar zum BGB, 7. Aufl. 2015, München

Muscheler, Stiftungsrecht, 2. Aufl., Baden-Baden 2011

N

Nieder/Kössinger, Handbuch der Testamentsgestaltung, 5. Aufl., München 2015

O

Otto, Handbuch der Stiftungspraxis, 2. Aufl., Köln 2015

P

Pahlke/Franz, Grunderwerbsteuergesetz, 5. Aufl., München 2014

Palandt, Bürgerliches Gesetzbuch, 76. Aufl., München 2017

R

Rau/Dürrwächter/Flick/Geist, Umsatzsteuergesetz, Loseblatt, Köln

Richter/Wachter, Handbuch des internationalen Stiftungsrechts, Münster/Köln 2007

Rödl/Preißer u. a., Erbschaft- und Schenkungsteuer, 2. Aufl., Stuttgart 2013

Rössler/Troll, Bewertungsgesetz, Loseblatt, München

Rowedder/Schmidt-Leithoff, GmbHG, 6. Aufl., München 2017

S

Sagasser/Bula/Brünger, Umwandlungen, 5. Aufl., München 2017

Sandberg, Grundsätze ordnungsmäßiger Jahresrechnung für Stiftungen, Baden-Baden 2001

ders., Nachfolge im Stiftungsvorstand, Essen 2013

ders., Führungskräfte in Stiftungen, Verl 2015

Schauhoff (Hrsg.), Handbuch der Gemeinnützigkeit, 3. Aufl., München 2010

Scheerbarth/Schimpfky/Zitzelsberger, Gemeinnützige Stiftungen, München 2017

Schiffer, Die Stiftung in der Beratungspraxis, 4. Aufl., Bonn 2015

Schlüter/Stolte, Stiftungsrecht, 3. Aufl., München 2016

Schmidt, L., Einkommensteuergesetz, Kommentar, 35. Aufl., München 2016

Schmitt/Hörtnagl/Stratz, Umwandlungsgesetz, Umwandlungssteuergesetz, 7. Aufl., München 2016

Schulte, Rechtsbeziehungen zwischen Stifter und Stiftung, Wiesbaden 2017

Schumacher, Die Konzernverbundene Stiftung, Eine rechtsvergleichende Untersuchung des niederländischen und deutschen Rechts, Münster/New York/München/Berlin 1999

Schurr, Die Stiftung mit unternehmerischer Verantwortung, Baden-Baden 1998

Schwarz, AO, Loseblatt, Freiburg

Schwintek, Vorstandskontrolle in rechtsfähigen Stiftungen des bürgerlichen Rechts, Baden-Baden 2001

Seibert, Das Transparenz- und Publizitätsgesetz (TransPuG), München 2003

Soergel, Bürgerliches Gesetzbuch mit Einführungsgesetz und Nebengesetzen, 13. Aufl. in 27 Bänden, Stuttgart/Berlin/Main/Köln 2017

Söffing/Micker, Die Betriebsaufspaltung, 6. Aufl., Herne 2016

Sölch/Ringleb, Umsatzsteuergesetz, Loseblatt, München

Spiegelberger, Unternehmensnachfolge, 2. Aufl., München 2009

ders., Vermögensnachfolge, 2. Aufl., München 2010

v. Staudinger, Kommentar zum Bürgerlichen Gesetzbuch in 80 Bänden, Berlin 2017

Stumpf/Suerbaum/Schulte/Pauli, Stiftungsrecht, 2. Aufl., München 2015

T

Tipke/Kruse, Abgabenordnung, Finanzgerichtsordnung, Loseblatt, Köln

Tipke/Lang, Steuerrecht, 22. Aufl., Köln 2015

Troll/Eisele, Grundsteuergesetz, 11. Aufl., München 2014

Troll/Gebel/Jülicher, Erbschaftsteuer- und Schenkungsteuergesetz-ErbStG, Loseblatt, München

V

Viskorf/Schuck/Wälzholz, Erbschaftsteuer- und Schenkungsteuergesetz, Bewertungsgesetz (Auszug) – Kommentar, 5. Aufl., Herne 2017

W

Wachter, Stiftungen, Köln 2001

Wagner/Walz, Zweckerfüllung gemeinnütziger Stiftungen durch zeitnahe Mittelverwendung und Vermögenserhaltung, Baden-Baden 1997

Wallenhorst/Halaczinsky, Die Besteuerung gemeinnütziger Vereine und Stiftungen, 7. Aufl., München 2017

Werner/Saenger, Die Stiftung, Berlin 2008

Widmann/Mayer, Umwandlungsrecht, Loseblatt, Bonn

Wiegand/Haase-Theobald/Heuel/Stolte, Stiftungen in der Praxis, 4. Aufl., Heidelberg 2015

Wieser, Stiftungsrecht in Deutschland, Bad Frankenhausen 2016

Wilms/Jochum, Erbschaftsteuer- und Schenkungsteuergesetz, Loseblatt, Bonn

B. Abhandlungen und Beiträge

A

Adrian/Engelsing, Das Reverse-Charge-Verfahren bei Non-Profit-Organisationen, NWB 2015 S. 900 ff.

v. Arps-Aubert, Stiftungsrechtliche Vertretungsbescheinigungen bei Streit oder Ungewissheit über den Funktionsstatus einer Person, ZStV 2014 S. 72 ff.

Autenrieth, Werdende Stiftung vor staatlicher Anerkennung ist steuerlich wie eine unselbständige Stiftung, GmbHR 2016 S. 745 ff.

van der Auwera, Die Rechte des Pflichtteilsberechtigten im Rahmen seines Auskunftsanspruchs nach § 2314 BGB, ZEV 2008 S. 359 ff.

B

Baum, Änderungen der AO im Jahr 2013 – Neuerungen bei der Gemeinnützigkeit und im steuerlichen Verfahrensrecht, NWB 2014 S. 600 ff.

Bäuml, Erbschaftsteuerreform 2016 – Überblick über die gesetzlichen Neuregelungen aus Sicht der Praxis, NWB 2016 S. 3516

Bäuml/Kummer, Unternehmensübertragungen nach der Erbschaftsteuerreform 2016, NWB 2016 S. 3880

Beaugrand, Die D&O Versicherung für Vereins- und Stiftungsvorstände, ZStV 2015 S. 143 ff.

Becker, Stiftung: Haftung des Vorstands – Der Fluch der guten Tat?, NWB-EV 2016 S. 285 ff.

Beckervordersandtfort, Nachfolgegestaltung mit Familienpool, ZErb 2016 S. 189 ff.

Billig, Liechtensteinische Familienstiftung im Visier der deutschen Rechtsprechung, UVR 2015 S. 104 ff.

Birnbaum, Doppelbesteuerung von Ausschüttungen liechtensteinischer Stiftungen?, ZEV 2014 S. 482 ff.

Birnbaum/Lohbeck/Pöllath, Die Verselbständigung von Nachlaßvermögen: Stiftung, Trust und andere Gestaltungen im Vergleich, FR 2007 S. 376 ff. u. 479 ff.

Bisle, Asset Protection durch den Einsatz inländischer Familienstiftungen, DStR 2012 S. 525 ff.

Boochs, Rechtliche Aspekte der Sponsoring, Stiftung & Sponsoring 2/2001, Die roten Seiten

Borggräfe/Staud, Die Personengesellschaft als Trägerin ihres Vermögens – Erbschaft- und Schenkungsteuer im zivilrechtlichen Abseits?, NWB 2017 S. 277 ff.

Bott, Gemeinnützigkeit und Stiftungen – Aktuelle Rechtsprechung, StB 2016 S. 96 ff.

Brabender/Winter, Vorsicht vor der 90 %-Grenze nach § 13b Abs. 2 S. 2 ErbStG oder ist Verwaltungsvermögen gleich Verwaltungsvermögen?, ZEV 2017 S. 81 ff.

Brill, Unternehmensnachfolgeplanung mit Stiftungen, KÖSDI 2014 (Nr. 3) S. 18778 ff.

Brost, Aufwandsentschädigungen im Ehrenamt, SteuerStud 2016 S. 541 ff.

Bruschke, Zweckzuwendungen im Erbschaft- und Schenkungsteuerrecht, ErbStB 2014 S. 73 ff.

ders., Haftungs- und Steuerschuld bei der Erbschaft- und Schenkungsteuer, StB 2016 S. 342 ff.

Burkhardt/Müller, Rechnungslegung von Stiftungen, NWB-EV 2013 S. 185 ff.

dies., Rechnungslegung von Stiftungen – Neufassung des IDW RS HFA 5: Darstellung der wesentlichen Änderungen gegenüber dem Entwurf, NWB-EV 2014 S. 116 ff.

Burkhardt/Müller/Bjørnsen, Die Anlage von Stiftungsvermögen unter Nachhaltigkeits-gesichtspunkten – Ökologische, soziale und ethische Strategien, NWB-EV 2014 S. 11 ff.

Burkhardt/Müller/Louis, Die Anlage von Stiftungsvermögen unter dem Gesichtspunkt der Vermögenserhaltung – Teil 1: Kapitalerhaltungspflicht, Bewertung des Stiftungs-vermögens, NWB-EV 2013 S. 215 ff.

dies., Die Anlage von Stiftungsvermögen unter dem Gesichtspunkt der Vermögenser-haltung – Teil 2: Gestaltungsmöglichkeiten des Stifters, Haftungsrisiken und mögli-che strafrechtliche Implikationen für den Stiftungsvorstand, NWB-EV 2013 S. 261 ff.

C

Carstensen, Vorgaben für die Vermögensverwaltung der Stiftung nach Gesetz, Satzung und Rechtsprechung, ZSt 2005 S. 90 ff.

Clausen/Jungen/Köster, Probleme und Maßnahmen bei der Anerkennung und der Si-cherstellung des Gemeinnützigkeitsstatus einer Kapitalgesellschaft, StBp 2016 S. 203 ff.

Cortez/Schmidt, Die Regelungen des deutschen Außensteuergesetzes – Teil V – Die Spezialvorschriften für Familienstiftungen (§ 15 AStG) und über die Anwendung von DBA (§ 20 AStG), SteuerStud 2014 S. 210 ff.

Cranshaw, Anlegergerechte Beratung für Stiftungen, npoR 2016 S. 156 ff.

D

Daragan, Die Stiftung und die Familienstiftung des Erbschaftsteuergesetzes, ZErb 2017 S. 1 ff.

E

Ebeling, Stiftungsvermögen im Zeitraum zwischen Todestag des Stifters und Genehmigung der Stiftung, ZEV 1998 S. 93

ders., Keine Anzeigepflicht bei der Erbersatzsteuer von Familienstiftungen, DStR 1999 S. 665 ff.

Ebling, Stiftung zur Förderung der Kunst – Ein Modell mit Zukunft? FR 2007 S. 565 ff.

Ehlers/Schmidt/Korfmann/Melzer/Klöck/Brixius, Sponsoring – Steuerrecht aktuell, Stiftung & Sponsoring Rote Seiten 6/2013.

Elmenhorst/Dörfer, Auf ewig in der Haftungsfalle? Anmerkungen zur Frage der Haftung und der Entlastung von Stiftungsvorständen, npoR 2015 S. 177 ff.

Emser, Erleichterungen für gemeinnützige Körperschaften und ehrenamtlich Tätige im Bereich des Steuerrechts – Gesetz zur Stärkung des Ehrenamtes, NWB 2013 S. 908 ff.

ders., Neufassung des AEAO: Änderungen aufgrund des Ehrenamtsstärkungsgesetzes, NWB 2014 S. 1285 ff.

Engel/Hilbert, Beteiligung einer ausländischen Familienstiftung an inländischer Personengesellschaft – BFH, Beschluss vom 13. 5. 2013 - I R 39/11, IWB 2013 S. 519 ff.

Engelsin, Das Reverse-Charge-Verfahren bei Non-Profit-Organisationen, NWB 2015 S. 900 ff.

Erdbrügger, BMF-Schreiben vom 23. 5. 2016 eröffnet neue Möglichkeit zur Absicherung gegen strafrechtliche Vorwürfe bei Fehlern in Steuererklärungen, npoR 2016 S. 206 ff.

Esskandari/Bick, Schenkungsteuer bei Erstausstattung einer ausländischen Stiftung, ErbStB 2016 S. 6 ff.

F

Feldner/Stoklassa, Die Familienstiftung als Instrument der Unternehmensnachfolge – Teil I, ErbStB 2014 S. 201 ff.

dies., Die Familienstiftung als Instrument der Unternehmensnachfolge – Teil II, ErbStB 2014 S. 227 ff.

Fiand, Spende an eine Stiftung vor deren Rechtswirksamkeit, NWB 2015 S. 2061 ff.

ders., Die Vermögensanlage und die Gefahr von Verlusten für (gemeinnützige) Stiftungen, NWB-EV 2016 S. 345 ff.

Fichtelmann, Die rechtsfähige Stiftung im Rahmen einer Betriebsaufspaltung, GmbH-StB 2016 S. 50 ff.

Finsterer/Lenger, Die Insolvenzantragspflicht von Stiftungen und Vereinen – Schlechterstellung durch Privilegierung?!, NZI 2016 S. 571 ff.

Fischer, Aktuelles Spendenrecht – Förderung von Non-Profit-Organisationen, NWB 2015 S. 3414 ff.

Freundl, Die Stiftung – das Gestaltungsinstrument der Unternehmensnachfolge, DStR 2004 S. 1509 ff.

Frings, Änderungen zur Haftung und Vergütung im Vereins- und Stiftungsrecht, NWB 2013 S. 693 ff.

Fuß, Verwaltung und Anlage von Stiftungsvermögen, NWB-EV 2013 S. 209 ff.

dies., Rechnungslegung von Stiftungen, NWB-EV 2013 S. 173 ff.

dies., Unselbständige Stiftungen und bankenrechtliche Erlaubnis, NWB-EV 2013 S. 105 ff.

dies., Nachfolge bei Immobilienvermögen, NWB-EV 2015 S. 329 ff.

G

Gaier, Die Bedeutung der Grundrechte für das Erbrecht, ZEV 2006 S. 2 ff.

Geck, Die Übertragung unter Nießbrauchsvorbehalt nach Aufhebung des § 25 ErbStG durch das ErbStRG, DStR 2009 S. 1005 ff.

ders., Unternehmensfortführung bei „familienlosen" Gesellschaften – eine Fallstudie, ZEV 2015 S. 401 ff.

Gersch, Aktuelle Entwicklungen im Gemeinnützigkeitsrecht, AO-StB 2016 S. 103 ff.

Gierhake, Doppelbesteuerung von Leistungen liechtensteinischer oder österreichischer Stiftungen an deutsche Begünstigte mit Schenkung- und Einkommensteuer?, ZErb 2015 S. 366 ff.

ders., Zur Anwendbarkeit des Erbschaftsteuerklassenprivilegs des § 15 Abs. 2 ErbStG auf liechtensteinische Familienstiftungen, ZErb 2016 S. 163 ff.

Gilberg, Gemeinnützige Stiftung und Vergaberecht, Stiftung & Sponsoring 6/2013 S. 36 f.

Götz, Die Familienstiftung als Instrument zur Unternehmensnachfolge, NWB Heft 51/2000 S. 2871 ff. und Heft 33/2005 S. 2773 ff.

ders., Grunderwerbsteuerliche Anzeigepflichten im Falle einer mittelbaren Anteilsvereinigung nach § 1 Abs. 3 GrEStG, GmbHR 2005 S. 352 ff.

ders., Grunderwerbsteuerliche Fragen bei der Übertragung eines Kommanditanteils an einer GmbH & Co. KG, GmbHR 2005 S. 615 ff.

ders., Grunderwerbsteuerliche Fragen bei der Übertragung von Personengesellschaftsanteilen, BB 2006 S. 578 ff.

ders., Die unternehmensverbundene Stiftung im Zivil- und Steuerrecht, NWB Heft 51 (2008), Fach 2, S. 10107 ff.

ders., Die gemeinnützige Stiftung im Zivil- und Steuerrecht, NWB Heft 20/2009 S. 1839 ff.

ders., Gemeinnützige Stiftung: Steuerliche Folgen der Sachspende einer Kapitalgesellschaft, in StiftungsBrief Heft 6 (2010) S. 102 ff.

ders., Wird § 7 Abs. 1 Nr. 9 ErbStG von § 15 Abs. 11 AStG verdrängt?, DStR 2014 S. 1047 ff.

ders., Kann ein Teil-Mitunternehmeranteil auf eine Stiftung begünstigt übertragen werden?, StiftungsBrief 2015 S. 167 ff.

ders., Widerrufsklauseln in Schenkungsverträgen – Steuerliche und zivilrechtliche Betrachtung, NWB 2015 S. 3097 ff.

ders., So werden Stiftungsorganmitglieder abberufen, StiftungsBrief 2016 S. 27 f.

ders., Ableben des Stifters nach Anerkennung der Stiftung, NWB-EV 2016 S. 246 ff.

Götzenberger, Vermögenstrusts, NWB-EV 2012 S. 225 ff.

ders., Vermögenstrusts – Schenkungsteuerliche Konsequenzen bei Auflösung und Vermögensauskehrung im Zuge einer Selbstanzeige, NWB-EV 2013 S. 180 ff.

ders., Stifterpolicen – Versicherungskonzepte für das optimale Generationen- und Stiftungsmanagement, NWB-EV 2013 S. 367 ff.

ders., Auslandsgeldanlagen gestern und heute – Vom anonymen Wertpapierdepot zum automatischen Informationsaustausch, NWB-EV 2015 S. 136 ff.

Graewe, BB-Kommentar: Das Kontrollorgan muss bei Pflichtverstößen der Stiftungsvorstände einschreiten, BB 2014 S. 724 ff.

ders., Schadenersatzpflicht des Stiftungsvorstands, ZStV 2014 S. 103 ff.

Graewe/Harder, Die Exkulpation von Vorstandsmitgliedern bei Einholung von Rechtsrat, npoR 2016 S. 148 ff.

Grambow, Mindestlohn für Vereine und Stiftungen, ZStV 2015 S. 81 ff.

Grische/George, Die Hybridstiftung, S & S 3/2015 S. 32 ff.

Gunsch, Rechnungslegung von Stiftungen – Anwendungsprobleme unter Berücksichtigung der steuerrechtlich maßgeblichen Vorschriften, NWB-EV 2015 S. 98 ff.

dies., Stiftungsbeteiligungen an Personen- und Kapitalgesellschaften, NWB-EV 2015 S. 195 ff.

dies., Aberkennung der Gemeinnützigkeit – Auswirkungen auf die Steuerbefreiung bei gemeinnützigen und steuerbegünstigten Körperschaften, NWB-EV 2015 S. 394 ff.

H

Haag/Faltenbach, Vorschläge zur sachgerechten Anwendung der mehrstufigen Zurechnungsbesteuerung nach § 15 Abs. 9 AStG, IStR 2017 S. 89 ff.

Hackenberg, Treuhandstiftungen in der steuerlichen Beratungspraxis, NWB 2016 S. 179 ff.

ders., Neue Wege der Verbrauchsstiftung?, NWB 2016 S. 355 ff.

Hänsch, Änderung des § 6 Abs. 3 EStG durch das Anti-BEPS-Umsetzungsgesetz I, NWB 2017 S. 935 ff.

Hahne, Die Begünstigung von Beteiligungen an Personengesellschaften, DStR 2007 S. 1947 ff.

Halaczinsky, Steuerbefreiungen bei Zuwendungen an steuerbegünstigte Körperschaften, Teil I, ErbStB 2014 S. 170 ff.

ders., Steuerbefreiungen bei Zuwendungen an steuerbegünstigte Körperschaften, Teil II, ErbStB 2014 S. 192 ff.

ders., Erwerbe durch und von Stiftungen; Tendenzen in der erbschaftsteuerlichen Rechtsprechung, ZErb 2015 S. 193 ff.

ders., StÄndG 2015: Neuregelung der Zuwendungen an ausländische „steuerbegünstigte" Körperschaften, ErbStB 2016 S. 58 ff.

Hannes, ZEV-Report Gesellschaftsrecht/Unternehmensnachfolge, ZEV 2016 S. 554

Hannes/Reich, ZEV-Report, ZEV 2014 S. 299 ff.

Haubrich, Aberkennung der Gemeinnützigkeit – Erbschaft- und schenkungsteuerliche Risiken, NWB-EV 2016 S. 35 ff.

Heimann/Burgard, Entlastung, Verjährung und Verjährenlassen von Schadensersatzansprüchen gegen Organmitglieder von Stiftungen und Aktiengesellschaften, NZG 2016 S. 166 ff.

Heinrichshofen, Geänderter Sonderausgabenabzug bei Vermögensübergabe gegen Versorgungsleistung, ErbStG 2008 S. 114 ff.

Helm/Haaf, Das BFH-Urteil vom 27. 11. 2013 – ein Impuls zur Auslegung des Zweckbetriebs der Wohlfahrtspflege, DStR 2014 S. 2004 ff.

Herbst, Erbschaft- und schenkungsteuerbefreite Zuwendungen ins Ausland nach § 13 Abs. 1 Nr. 16 Buchstabe c ErbStG, SteuK 2016 S. 405 ff.

Heß, Asset Protection – Steuerliche Gestaltungsmöglichkeiten bei der Vermögensübertragung auf eine liechtensteinische Stiftung, NWB 2017 S. 450 ff.

Hippeli, Stiftungssatzungen von Beteiligungsträgerstiftungen, ZStV 2014 S. 49 ff.

ders., Anlegergerechte Beratung von Stiftungen, ZStV 2015 S. 121 ff.

Hölscher, Das aufschiebend bedingte Universalherausgabevermächtnis, ZEV 2009 S. 213 ff.

Höne, „Alle 30 Jahre wieder": Ersatzerbschaftsteuer bei Familienstiftungen und Familienvereinen, NWB-EV 2013 S. 267 ff.

Hörmann, Spende oder Sponsoring, npoR 2016 S. 153 ff.

Hoffmann-Becking, Unternehmensverbundene Stiftung zur Sicherung des Unternehmens, ZHR 178 S. 491 ff.

Holtz, Erbschaftsteuerreform 2016 – Das neue Verschonungssystem für Unternehmensvermögen, NJW 2016 S. 3750 ff.

Hornig, Liechtensteinische Stiftungen im Fadenkreuz der Finanzverwaltung, NWB 2016 S. 387 ff.

Hübner, Stets findet Überraschung statt, da, wo mans nicht erwartet hat, ZErb 2016 S. 46 ff.

Hüttemann, Der geänderte Anwendungserlass zur Gemeinnützigkeit, DB 2014 S. 442 ff.

ders., Rechtsfragen der sozialen Verantwortung von Vereinen und Stiftungen, DB 2016 S. 429 ff.

ders., Gemeinnützigkeitsrecht als organisationsbezogener Fördertatbestand, FR 2016 S. 969 ff.

ders., Stiftungs- und gemeinnützigkeitsrechtliche Rahmenbedingungen der Vermögensanlage steuerbegünstigter Stiftungen (Teil I), WM 2016 S. 625 ff.

ders., Stiftungs- und gemeinnützigkeitsrechtliche Rahmenbedingungen der Vermögensanlage steuerbegünstigter Stiftungen (Teil II), WM 2016 S. 673 ff.

Hüttemann/Rawert, Die notleidende Stiftung, Stiftung & Sponsoring Rote Seiten 1/2014.

J

Jakob, (Insolvenz)Anfechtung und Stiftungsrecht, ZSt 2005 S. 99 ff.

ders., Begrenzung und Ausschluss der stiftungsrechtlichen Kontrolle durch stiftungsautonome Bestimmungen, ZSt 2006 S. 63 ff.

Janssen, Spenden aus wirtschaftlichen Geschäftsbetrieben und Betrieben gewerblicher Art, DStZ 2001 S. 160 ff.

Jegzentis/Kahl, Qualifikationskonflikte bei Missbrauch rechtlicher Gestaltungsmöglichkeiten bei beschränkt steuerpflichtigen Kapitalgesellschaften, IStR 2001 S. 131 ff.

Jülicher, Die ausländische Familienstiftung des ErbStG im Umbruch, ZErb 2015 S. 357 ff.

Jung, Die Europäische Stiftung als Innovationsfeld des Europäischen Gesellschaftsrechts?, BB 2012 S. 1743 ff.

dies., Die Entwicklung der Europäischen Stiftung (FE), ZStV 2014 S. 7 ff.

K

Kalenberg/Reichert, Die Neuregelung des § 15 Abs. 6 Nr. 1 AStG und seine Auswirkung auf ausländische Familienstiftungen, IStR 2016 S. 140 ff.

Kaplan/von Bassewitz, Änderungen der Besteuerung von Trusts in Israel ab Januar 2014, IWB 2013 S. 891 ff.

Kindler, Die Auslandsstiftung mit inländischen Destinatären: Bestimmung und Geltungsbereich des anzuwendenden Rechts, NZG 2016 S. 1335 ff.

Kirchhain, Vom Fördern und Gefordertsein, DStR 2013 S. 2141 ff.

ders., Neue Verwaltungsrichtlinie für NPOs, DStR 2014 S. 289 ff.

ders., Immer wieder Ärger mit Auslandsspenden – BFH, Urteil vom 17. 9. 2013 - I R 16/12, IWB 2014 S. 421 ff.

ders., Rücklagen- und Vermögensbildung bei gemeinnützigen Körperschaften – Prüfung zurück bis ins anno Tobak?, DStR 2016 S. 104 ff.

ders., Der neue Anwendungserlass zur AO: neue Herausforderungen für gemeinnützige Körperschaften, DStR 2016 S. 505 ff.

Kirchhain/Hüttemann/Schauhoff, Fördertätigkeiten gemeinnütziger Körperschaften und Konzerne, DStR 2016 S. 633 ff.

Kirsch, Voraussichtliche Auswirkungen des BilRUG auf die GuV-Rechnung und die GuV-Rechnung betreffenden Angaben, DStR 2015 S. 664

ders., Erweiterte Anhangsangaben durch den BilRUG-RegE, BBK 2015, S. 321 ff.

Klöttschen/Muth/Krumpen/Heun, Stiftung & Sponsoring Rote Seiten 5/2013.

Koch, Fehlerhafte Weisungen eines Stiftungsrats und Haftung des Stiftungsvorstands, WM 2016 S. 2105 ff.

Köhler, Erste Gedanken zur Zinsschranke nach der Unternehmenssteuerreform, DStR 2007 S. 597 ff.

Köplin/Sedemund, Quod erat expectandum! – Einige Überlegungen zum Beschluss des BFH vom 21. 6. 2001, IStR 2002 S. 120 f.

Körner/Schwarz, Wem gehört das Vermögen steuerlich transparenter liechtensteinischer Stiftungen?, DStR 2015 S. 2501 ff.

Kohler/Gengel, Gestaltungsoptionen für die Vermögensanlage, Stiftung & Sponsoring 2/2014 S. 22 f.

Kohlhepp, § 8 Abs. 5 KStG und Überlegungen zu einem geänderten dogmatischen Ansatz der vGA bei Konzernunternehmen, DStR 2008 S. 1859 ff.

Koppenhöfer, Die Behandlung von Erträgen aus der Umschichtung von Stiftungsvermögen, Stiftung & Sponsoring 2/2000 S. 24 ff.

Korezkij, Neuer Verwaltungsvermögenstest im Konzern aus der Sicht eines Rechtsanwenders – Der Weg vom begünstigungsfähigen zum begünstigten Vermögen nach § 13b Abs. 2–10 ErbStG, DStR 2016 S. 2434

Korn/Strahl, Steuerliche Hinweise und Dispositionen zum Jahresende 2015 – Teil 1: Steuerliche Änderungsgesetze im Jahr 2015, NWB 2015 S. 3606 ff.

dies., Steuerliche Hinweise und Dispositionen zum Jahresende 2016 – Teil 1: Steuerliche Änderungsgesetze und Änderungsverordnungen im Jahr 2016, NWB 2016 S. 3652

Koss, Die Einrichtung der Buchhaltung einer Stiftung, Stiftung & Sponsoring 6/2002 S. 5 ff.

ders., Das interne Kontrollsystem der Stiftung, ZStV 2014 S. 171 ff.

Kraft, Ausländische Familienstiftung: Zurechnungsbesteuerung nach § 15 AStG, Steuer und Studium 2015 S. 154 ff.

ders., Grundprobleme der steuerlichen Behandlung unbeschränkt steuerpflichtiger privatnütziger Familienstiftungen, DStR 2016 S. 2825 ff.

Kraft/Hause, Die Gemeinschaftsrechtswidrigkeit des § 15 AStG zur Besteuerung ausländischer Familienstiftungen aus dem Blickwinkel der EuGH-Rechtsprechung, DB 2006 S. 414 ff.

Kraft/Moser/Preil, Ausländische Familienstiftung: Zurechnungsbesteuerung nach § 15 AStG – Erläuterung der Grundsystematik anhand einer Fallstudie, SteuerStud 2015 S. 154 ff.

Kroiß, Die Stiftung in der Beratungspraxis, ZErb 2016 S. 155 ff.

Kröner/Bolik, Die Anwendung der Zinsschranke bei vermögensverwaltenden und gewerblichen Personengesellschaften, DStR 2008 S. 1309 ff.

Küding/Seel, Das neue Konzernbilanzrecht – Änderung der Konzernrechnungslegung durch das Bilanzrechtsmodernisierungsgesetz (BilMoG), Beihefter zu DStR 2009 Heft 26

Kümpel, Leistungsbeziehungen zwischen verbundenen gemeinnützigen Körperschaften, FR 2014 S. 51 ff.

ders., Duplik zu „Leistungsbeziehungen zwischen verbundenen gemeinnützigen Körperschaften", FR 2014 S. 513 ff.

Künkele/Zwirner, BilMoG: Handelsrechtliche Reform mit steuerlichen Konsequenzen?, DStR 2009 S. 1277 ff.

Küting, Verabschiedung des MicroBilG – Der „vereinfachte" Jahresabschluss für Kleinstkapitalgesellschaften, DStR 2012 S. 2615 ff.

Kuntz, Die Kapitalerhöhung in der Insolvenz, DStR 2006 S. 519 ff.

ders., Nochmals: Die Kapitalerhöhung in der Insolvenz, DStR 2006 S. 1050 f.

Kußmaul/Berens, Doppelbesteuerung im internationalen Steuerrecht, StB 2016 S. 111 ff.

Kußmaul/Henkes, Von der Kameralistik zur Doppik: Die Verwaltungskameralistik – Ursachen und Ergebnis der Reformbemühungen, StB 2005 S. 422 ff.

Kußmaul/Meyering, Die Besteuerung der Destinatäre von Stiftungen, ZSteu 2004 S. 41

dies., Die Rechnungslegung der Stiftung, DStR 2004 S. 371 ff.

Kußmaul/Meyering/Richter, Rechnungslegung der Stiftung – Darstellung und Analyse der jüngsten Entwicklungen, DStR 2015 S. 1328 ff.

Kuszlik/Nicolai, Reform des Stiftungsrechts, ZRP 2016 S. 47 ff.

L

Lange/Sabel, Nachfolgeplanung unter Einsatz ausländischer Stiftungen, ZStV 2014 S. 201 ff.

Langenfeld, Die letztwillige Stiftung, ZEV 2002 S. 481 ff.

Lehmann, Konfliktlinien kommunaler Stiftungsverwaltung, ZSt 2007 S. 24 ff. u. S. 51 ff.

Leichinger, Vermögensverwaltung und Erhaltung des Grundstockvermögens aus Sicht der Verwaltung, npoR 2015 S. 237 ff.

Leichinger/Höne, Steuerbefreite Zuwendungen ins Ausland, NWB-EV 2016 S. 172

Leitner-Bommer/Dorigatti, Die österreichische Privatstiftung, IWB 2016 S. 41 ff.

dies., Die österreichische Privatstiftung – Vormals Vermögensschutz- und Steuersparmodell – und was davon noch übrig bleibt, IWB 2016 S. 53 ff.

Leuschner, Das Haftungsprivileg der §§ 31a, 31b BGB, NZG 2014 S. 281 ff.

Link, Nießbrauchvorbehalt und Pflichtteilsergänzung, ZEV 2005 S. 283 ff.

Linn/Schmitz, Offene Fragen bei der steuerlichen Behandlung liechtensteinischer Familienstiftungen, DStR 2014 S. 2541 ff.

Litzel/Brachert, Sponsoringeinnahmen: steuerfrei oder steuerpflichtig?, Stiftung & Sponsoring 3/2001 S. 27 ff.

Litzenburger, Unmöglichkeit und Ausfall der Bedingung bei erbrechtlichen Zuwendungen, ZEV 2008 S. 369 ff.

Louis/Müller, Verwaltung einer Treuhandstiftung ohne bankenrechtliche Erlaubnis – Zulässigkeit in typischen und atypischen Fällen, NWB-EV 2013 S. 116 ff.

Lüdenbach, Freiberg, Die Regelungen des BilRUG im Jahresabschluss Überblick Änderungen, StuB 2015, S. 563 ff.

Lüdicke/Kaiser, Die erbschaft- und schenkungsteuerliche Behandlung der Übertragung treuhänderisch gehaltener Kommanditbeteiligungen, DStR 2005 S. 1926 ff.

M

Maetz/Kotzenberg, Keine Erbschaftsteuerpflicht bei Auskehrung des Vermögens einer liechtensteinischen Stiftung an Nachbegünstigte, ZEV 2014 S. 382.

Maier, Die Verschonungsbedarfsprüfung gemäß § 28a ErbStG bei Großerwerben: Tatbestand, Rechtsfolgen und Entscheidungskriterien für Gestaltungsmaßnahmen, ZEV 2017 S. 10 ff.

Matschke, Pflichtteilsergänzungsanspruch und Gemeinnützige Stiftung, ZSt 2004 S. 263 ff.

Matschke/Renner, Einfluss des Stifterwillens auf das Stiftungsvermögen im Zeitraum zwischen Todestag des Stifters und Genehmigung der Stiftung in FS Welf Müller, München 2001, S. 815 ff.

Matthens, Eckpfeiler einer stiftungsrechtlichen Publizität, DStR 2003 S. 254 ff.

Mayer, Unliebsame Folgen des Pflichtteilsverzichts, ZEV 2007 S. 556 ff.

Mecking, Der Sitz der Stiftung, ZSt 2004 S. 199 ff.

ders., Ein neues „Stiftungsgesetz für das Land Nordrhein-Westfalen", Stiftung & Sponsoring 3/2005 S. 19 ff.

ders., Stiftungsstandort Rheinland-Pfalz und sein liberales Stiftungsrecht, ZSt 2006 S. 173 ff.

Meilicke, Inkongruente Doppelbesteuerung von Stiftungen, DStR 2017 S. 227 ff.

Menges, Haftung ehrenamtlicher Mitarbeiter und Helfer, Stiftung & Sponsoring 1/2003 S. 15 ff.

ders., Stiftungsvorstand – Haftung ohne Ende?, Stiftung & Sponsoring 3/2003 S. 19 ff.

Meyn, Stiftung und Vermögensverzehr, Stiftung & Sponsoring Rote Seiten 3/2013

dies., Rechnungslegung und Berichterstattung- Die Basics für den Einstieg, Stiftung & Sponsoring 4/2013 S. 34 f.

Möhlenbrock/Obermair, Die wirtschaftliche Tätigkeit gemeinnütziger Körperschaften, FR 2016 S. 975 ff.

Möller, Die Überführung von Treuhandstiftungen in rechtsfähige Stiftungen, ZEV 2007 S. 565 ff.

Moser/Kraft/Preil, Problembereiche und Gestaltungspotenzial bei Leistungen ausländischer Familienstiftungen und nachgeschalteter Vehikel im Kontext von § 15 AStG und §§ 7–14 AStG, IStR 2016 S. 96 ff.

Muscheler, Die Rechtsstellung der Stiftungsdestinatäre, WM 2003 S. 2213 ff.

ders., Vorrang des Bundesstiftungsrechts vor dem Landesstiftungsrecht, NJW 2004 S. 713 ff.

ders., Die geplanten Änderungen im Erbrecht, Verjährungsrecht und Nachlassverfahren, ZEV 2008 S. 105 ff.

ders., Die unselbständige Stiftung von Todes wegen, ZStV 2014 S. 573 ff.

Müller, B., In Zukunft ein einheitliches Stiftungsregister?, ZSt 2007 S. 103 ff.

Müller, Th./Schubert, Die Stifterfamilie und die Sicherstellung ihrer Versorgung im Rahmen einer gemeinnützigen Stiftung, DStR 2000 S. 1289 ff.

Müller, Th./Schuster/Louis-Byers, Immobilieninvestitionen durch Stiftungen – Sicherer Hafen für Stiftungen im schwierigen Marktumfeld?, NWB-EV 2015 S. 348 ff.

N

Nettersheim, Spendenabzug: Übertragung eines Wertpapierdepots in den Vermögensstock einer Stiftung, EStB 2016 S. 78 ff.

Neuhoff, Stiftung auf Zeit: Ein moderner Irrweg der Dogmatik im Stiftungsrecht, ZStV 2014 S. 10 ff.

Niemann, Ersatzerbschaftsteuer bei unselbständigen Familienstiftungen, DStR 2016 S. 2888 ff.

Nießen/Schubert, Sachleistungen beim Sponsoring gemeinnütziger Körperschaften – Umsatzsteuer, Vorsteuer und Rechnungsstellung, NWB 2015 S. 367 ff.

O

v. Oertzen/Fritz, Steuerliche Fragen der neuen (Familien-)Verbrauchsstiftung, BB 2014 S. 87 ff.

v. Oerzten/Kühn, Praktische Fragen der Einkünfteermittlung von ausländischen Stiftungen und Trusts iRd § 15 AStG, IStR 2016 S. 930 ff.

v. Oertzen/Lemmer, Der US-Estate im deutschen Steuerrecht, IStR 2015 S. 952 ff.

v. Oertzen/Müller, Die Familienstiftung, Stiftung & Sponsoring 6/2003, Die roten Seiten

v. Oertzen/Reich, Neues Risiko für die Kunstsammlung des Unternehmers durch die Unternehmenserbschaftsteuerreform, BB 2016 S. 356 ff.

v. Oertzen/Schienke-Ohletz, Verbrauchsstiftung als begünstigter Empfänger i. S. d. § 29 Abs. 1 Nr. 4 ErbStG, ZEV 2015 S. 609 ff.

v. Oertzen/Zapf, Sponsoring von gemeinnützigen Stiftungen und Organisationen, StB 2016 S. 296 ff.

Oldenburg, Stiftungen: Ein noch besserer Deal für die Gesellschaft, FR 2016 S. 987 ff.

Oppel, Ende gut, alles gut? – Überblick über die Neuregelung der sachlichen Steuerbefreiungen für Unternehmensvermögen im ErbStG, SteuK 2016 S. 469 ff.

ders., Unterliegen unselbständige Stiftungen der Ersatzerbschaftsteuer?, ZEV 2017 S. 22 ff.

Orth, Stiftungen und Unternehmenssteuerreform, DStR 2001 S. 325 ff.

ders., Die Organschaftsbesteuerung nach der 2. Reformstufe, DB 2002 S. 811 ff.

ders., Umstrukturierung unternehmerisch tätiger Stiftungen, FR 2010 S. 637 ff.

ders., Zum Ausweis von Zuwendungen in das Vermögen einer gemeinnützigen Stiftung, npoR 2016 S. 189 ff.

ders., Nicht einkommensteuerpflichtige Leistungen einer Familienstiftung an Destinatäre wegen Einlagenrückgewähr (Teil 1), DB 2017 S. 1410

P

Pach-Hanssenheimb, Der Einfluss der Schulden auf die Höhe der Erbschaftsteuer von Familienunternehmen, WPg 2017 S. 471 ff.

Pampel, Vom Frust zur fruchtbaren Zusammenarbeit, Kooperation zwischen Stiftungen und kommunalen Behörden, Stiftung & Sponsoring 6/2013 S. 24 f.

Passage, Zur Haftung des Stiftungsvorstands für in der Krise geleistete Zahlungen gem. §§ 92 III, 93 III Nr. 6 AktG analog, NZG 2008 S. 605 ff.

Pauli, Steuerrechtliche Auswirkungen auf Stifterebene bei Errichtung einer Stiftung, FR 2011 S. 600 ff.

ders., Stiftung und Testamentsvollstreckung als Gestaltungsmittel zur Sicherung des Erblasserwillens, ZEV 2012 S. 461

ders., Das neue erbschaftsteuerliche Verschonungssystem, WPg 2017 S. 282

Peters/Herms, Die Fusion bürgerlich-rechtlicher Stiftungen, ZSt 2004 S. 323 ff.

Piltz, Maßnahmen gegen den Verlust des Verlustvortrags im Erbfall, ZEV 2008 S. 376 ff.

R

Rawert, Charidable Correctness – Das OLG Dresden zu Spenden und Pflichtteilergänzung, NJW 2002 S. 315 ff.

ders., Kapitalerhöhung zu guten Zwecken, DNotZ 2008 S. 5 ff.

Rawert/Hüttemann, Der Modellentwurf eines Landesstiftungsgesetzes, Stiftung & Sponsoring 1/2003 S. 18 ff.

Redbrake, Stiftungen und Beihilfeverbot. Risiken für Stiftungen durch staatliche Zuschüsse, Stiftung & Sponsoring 2010 S. 38 ff.

Rehländer, Wie Stiftungen vom Web 2.0 profitieren, Stiftung & Sponsoring Rote Seiten 4/2013.

Reich, Gestaltungen im neuen Unternehmenserbschaftsteuerrecht, DStR 2016 S. 2447 ff.

ders., Keine Übergangszeit in der Erbschaftsteuer – Erste Überlegungen für die Erbschaftsteuernotfallplanung des „Großunternehmers" im neuen Recht, DStR 2016 S. 1459 ff.

ders., Die Erbschaft- und Schenkungsteuerbefreiung für Kunstsammlungen, BB 2016 S. 2908 ff.

ders., Das neue Unternehmenserbschaftsteuerrecht, BB 2016 S. 2647 ff.

Reifarth, High-Tech-Ausgründungen, Stiftung & Sponsoring 6/2007 S. 34 ff.

Richter, Zweifelhafte Folgen einer guten Tat für die Stiftung Frauenkirche, Stiftung & Sponsoring 3/2003 S. 26 ff.

ders., Aktuelle Änderungen in den Landesstiftungsgesetzen, ZEV 2005 S. 517 ff.

ders., Insolvenz von Stiftungen, Stiftung & Sponsoring 3/2006, Die roten Seiten

Richter/Sturm, Die Beteiligung gemeinnütziger Stiftungen an Personen- und Kapitalgesellschaften, Stiftung & Sponsoring 6/2004 S. 11 ff.

Riedel, Gestaltungen zum Erhalt des Familienvermögens, ZErb 2016 S. 248 ff.

Ries, Die Vertretung der Stiftung bei Ansprüchen der Stiftung gegen ihre Organe, Stiftung & Sponsoring 3/2002 S. 14 ff.

ders., Die Entlastung des Vorstands der Stiftung und anderer Organmitglieder, Stiftung & Sponsoring 6/2002 S. 20 f.

Ritter, Vergütung von Stiftungsvorständen, Stiftungsbrief 2013 S. 84 ff.

Rode/Enders, Ausländische Familienstiftung: § 15 AStG und Änderungen, BB 2014 S. 1495 ff.

Rohde/Vraetz, Erbschaftsteuerreform: Was lange währt, wird nicht immer gut, StuB 2016 S. 903 ff.

Röthel, Vergaberecht und gemeinnützige Stiftungen, Stiftung & Sponsoring 6/2000 S. 28 f.

dies., Pflichtteil und Stiftungen: Generationengerechtigkeit versus Gemeinwohl?, ZEV 2006 S. 8 ff.

dies., Was bringt die Pflichtteilsreform für Stiftungen?, ZEV 2008 S. 112 ff.

Rott, Erbrechtsreform 2008, Stiftung & Sponsoring 2/2008 S. 24 f.

ders., Damit die Erbschaft nicht zum Risiko wird, Stiftung & Sponsoring 1/2014 S. 36 f.

Rott/Kornau, Der Testamentsvollstrecker als Gehilfe der Stiftung, NWB-EV 2010 S. 386 ff.

S

Saberzadeh/Krüger, Gemeinnützige Organisationen als Adressaten der Energieauditpflicht nach § 8 EDL-G?, npoR 2015 S. 245 ff.

Saenger, Zusammenlegung von Stiftungen, ZSt 2007 S. 81 ff.

Saenger/Volkmann, Reichweite und Haltungsrisiken der Stiftungsaufsicht bei Vermögensumschichtungen von unternehmensverbundenen Stiftungen, ZSt 2005 S. 281 ff.

Sandberg, Gotteslohn oder Spitzengehalt, Stiftung & Sponsoring 1/2015 S. 22 f.

Salzberger/Schröder, Gemeinnützigkeitssteuerrecht: Übertragung eines wirtschaftlichen Geschäftsbetriebs oder Auslagerung von Hilfsfunktionen auf eine Tochter-GmbH, DStR 2015 S. 1602 ff.

Sassen/Führer/Behrmann, Aktuelle nationale und internationale Entwicklungen zur Rechnungslegung von Stiftungen, BB 2014 S. 619 ff.

Schauhoff/Kirchhain, Gemeinnützigkeit im Umbruch durch Rechtsprechung, DStR 2008 S. 1713 ff.

Scherer/Bregulla-Weber, Liechtensteinische Familienstiftungen im Lichte des deutschen Pflichtteilsrechts, NJW 2016 S. 382 ff.

Scherf, Gemeinnützigkeitsrechtliche Aspekte in Holding-Strukturen, DStR 2003 S. 723 ff.

Schewe, Stiftungserrichtung von Todes wegen, ZSt 2004 S. 270 ff. u. S. 301 ff.

Schick, Die Beteiligung einer steuerbegünstigten Körperschaft an Personen- und Kapitalgesellschaften, DB 1999 S. 1187 ff.

ders., Umstrukturierung von Anstaltsträgerstiftungen, Stiftung & Sponsoring 6/2000, Die roten Seiten

ders., Haftet die Stiftung bei Verarmung ihres Stifters?, Stiftung & Sponsoring 2/2002 S. 17 f.

Schiedermair/Maul, Bilanzierungs-, Prüfungs- und Offenlegungspflichten von haftungsbeschränkten & Co-Gesellschaften nach Inkrafttreten des Kapitalgesellschaften & Co-Richtlinien-Gesetzes in FS Welf Müller, München 2001, S. 503 ff.

Schienke-Ohletz, Zivil- und steuerrechtliche Aspekte der Umwandlung einer Dauerstiftung in eine Verbrauchsstiftung, ErbStB 2015 S. 147

Schießl/Küpperfahrenberg, Steuerrechtliche Haftung der Vorstände von Vereinen und Verbänden – Risiko, Vermeidungsstrategie, Versicherbarkeit, DStR 2006 S. 445 ff.

Schiffer, Aktuell beraten, StuB 2001 S. 923

ders., Stiftungen und Gemeinnützigkeit: Neue Impulse durch das Steuerrecht, StuB 2001 S. 318

ders., Aktuelles Beratungs-Know-how Gemeinnützigkeits- und Stiftungsrecht, DStR 2003 S. 14 ff. und S. 1015 ff.

ders., Zur Entwicklung des Stiftungszivilrechts in den Jahren 2000 bis 2003, NJW 2004 S. 2497 ff.

ders., Einige grundsätzliche Anmerkungen zum aktuellen Hessischen Stiftungsgesetz, Stiftung & Sponsoring 5/2005 S. 29 ff.

ders., Die Entwicklung des Stiftungszivilrechts in den Jahren 2004 bis 2006, NJW 2006 S. 2528 ff.

ders., Unternehmensnachfolge mit Stiftungen, ZErb 2014 S. 337 ff.

Schiffer/Behring, Auswege aus der Haftungsfalle?, Stiftung & Sponsoring 4/2008 S. 24 ff.

Schiffer/Pruns, Stiftung und „Vorstiftung", NWB 2011 S. 1258 ff.

dies, Die Verbrauchsstiftung im Zivil- und Steuerrecht, NWB 2011 S. 3858 ff.

dies., Stiftungen als Instrument der Unternehmensnachfolge, NWB 2012 S. 910 ff.

dies., Grenzen der Gestaltungsmöglichkeiten von Stiftungssatzungen?, NWB-EV 2012 S. 229 ff.

dies., Der Lehrsatz vom Verbot der Selbstzweckstiftung, ZStV 2012 S. 1 ff.

dies., Die unternehmensverbundene Stiftung – ein Überblick zur vielfältigen Praxis, BB 2013 S. 2755 ff.

dies., Vor ihrer staatlichen Anerkennung ist die rechtsfähige Stiftung ein Nichts, GmbHR 2016 S. 742 ff.

Schiffer/Schubert, Stiftung und Unternehmensnachfolge: Verständnis und Missverständnisse, BB 2002 S. 265 ff.

Schiffer/Schürmann, Auflösung rechtsfähiger Stiftungen, SB 2012 S. 103 ff.

Schiffer/Sommer, Die Stiftung und die Finanzkrise, NWB 2010 S. 3046 ff.

Schiffer/Swoboda, Stiftungen und Gemeinnützigkeit: Neue Impulse durch das neue Steuerrecht, StuB 7/2001 S. 317 ff.

Schiffer/von Schubert, Unternehmensnachfolger als Gründer: Einsatz unternehmensverbundener Stiftungen?, DB 2000 S. 437 ff.

Schimpfky, Der steueroptimierte Einsatz gemeinnütziger Stiftungen im Rahmen der privaten Vermögensverwaltung, ZEV 2015 S. 456 ff.

Schindler, Erhaltung der Leistungskraft von Stiftungen – ein praxistaugliches Konzept, Stiftung & Sponsoring 2/2001 S. 21 ff.

ders., Das Risiko der Verantwortung – Haftung von Stiftungen und Organmitgliedern, Stiftung & Sponsoring 3/2006 S. 26 f.

Schleitzer, Für die Enkel, Stiftung & Sponsoring 4/2007 S. 26 ff.

Schlüter, Die gemeinnützige GmbH, GmbHR 2002 S. 578 ff.

Schmidt/Fritz, Kapitalausstattung von Kapitalgesellschaften und Stiftungen durch gemeinnützige Körperschaften, Stiftung & Sponsoring 5/2001 S. 19 ff.

dies., Besteuerung der stillen Reserven bei wirtschaftlichen Geschäftsbetrieben gemeinnütziger Körperschaften?, DB 2005 S. 2509.

Schnitger, Stiftung: Formen, Motive zur Errichtung, Gründungsprozess, Stb 2001 S. 52 ff.

dies., Die Gestaltungsform der Doppelstiftung und ihrer Probleme, ZEV 2001 S. 104 ff.

Schönfeld, Die staatliche Stiftungsaufsicht, Stiftung & Sponsoring 2/2000 S. 6 f.

dies., Das neue Stiftungsgesetz für das Land Nordrhein-Westfalen – ein Erfahrungsbericht der Stiftungsaufsicht, Stiftung & Sponsoring 5/2005 S. 25 f.

Schorr/Fritz, Behandlung von Überpari-Beträgen bei festverzinslichen Wertpapieren in der Handelsbilanz vor dem Hintergrund des Niedrigzinsumfeldes, DStR 2017 S. 1223

Schröder, Ausgliederung aus gemeinnützigen Organisationen auf gemeinnützige und steuerpflichtige Kapitalgesellschaften, DStR 2001 S. 1415 ff.

Schubert, Sachleistungen beim Sponsoring gemeinnütziger Körperschaften, NWB 2015 S. 367 ff.

Schuhmann, Der BFH und der gewerbliche Wertpapierhandel, StBp, 2002 S. 46 ff.

ders., Teilungsanordnung oder Vorausvermächtnis?, UVR 2005 S. 375 ff.

Schulte, Die Kommunalen Stiftungen in den (novellierten) Landesstiftungsgesetzen, ZSt 2005 S. 160 ff.

Schulte/Butgereit, Fiktive Ertragsbesteuerung von Leistungsbeziehungen zwischen verbundenen gemeinnützigen Körperschaften, FR 2014, 509 ff.

Schulte/Herbrich, Die Errichtung privatrechtlicher Stiftungen durch kommunale Gesellschaften, ZStV 2014 S. 1 ff.

Schulze-Borges, Ausländische Familienstiftungen und Trusts: Verletzung von Anzeige- bzw. Erklärungspflichten und ihre Auswirkungen auf die Schenkung- und Erbschaftsteuer, ZEV 2017 S. 190 ff.

Schunk, Das Unmittelbarkeitsgebot nach § 57 AO, npoR 2016 S. 53 ff.

Schurr, Rechtliche Ausgestaltung und Anwendungsbereiche des Trusts in Liechtenstein, ZStV 2017 S. 12 ff.

Schütz, Ausgaben für Verwaltung und Spendenwerbung im Gemeinnützigkeitsrecht, npoR 2015 S. 182 ff.

Schwarz, Die Stiftung als Instrument für die mittelständische Unternehmensnachfolge, BB 2001 S. 2381 ff.

ders., Zur Neuregelung des Stiftungsprivatrechts, DStR 2002 S. 1718 ff. u. S. 1767 ff.

ders., Zur Zulässigkeit landesrechtlicher Vorschriften über die Familien- und Unternehmensstiftung, ZEV 2003 S. 306 ff.

ders., Unveräußerlichkeitsklauseln in Stiftungssatzungen, ZSt 2004 S. 101 ff.

Schwetlik, VGA durch Spenden einer GmbH (Anm. zu BFH-Urteil vom 19. 12. 2007 - I R 83/06), GmbH-StB 2008 S. 159 f.

Schwink, Unternehmensverbundene Stiftungen im Mittelstand, Stiftung & Sponsoring 2/2016 S. 30 ff.

Schwintek, Die Haftung der Stiftungsaufsicht für Aufsichtsmängel, Stiftung & Sponsoring 2/2003 S. 14 ff.

ders., Die Haftung von Organmitgliedern gegenüber der Stiftung für fehlerhafte Vermögensverwaltung und Ertragsverwendung, ZSt 2005 S. 108 ff.

Seeger/Milde, Leistungsaustausch zwischen gemeinnützigen Körperschaften – Steuerliche Konsequenzen einer fehlenden Gewinnerzielungsabsicht, NWB 2014 S. 2612 ff.

dies., Leistungsaustausch und Gewinnzuschläge bei Non-Profit-Unternehmen nach dem AEAO 2016, DStR 2016 S. 2736 ff.

Segna, Die Verbrauchsstiftung – ein Fremdkörper im Stiftungsrecht?, JZ 2014 S. 126 ff.

Seidemann, Die Rechenschaftslegung von Stiftungen – betriebswirtschaftliche Grundlagen, deutsche Rechtsvorschriften und freiwillige Selbstverpflichtungen (Teil 1), ZStV 2012 S. 6 ff.

Seifert, Zur Verschwiegenheitspflicht von Organmitgliedern in Stiftung – eine Skizze, ZStV 2014 S. 41 ff.

Söffing, Ausgewählte Beratungsaspekte im Gemeinnützigkeits- und Stiftungsrecht, BB 2003 S. 1092 ff.

Söffing/Henrich, Die gemeinnützige Stiftung als Unternehmensnachfolger, BB 2016 S. 1943 ff.

Spiegel, Die Umschichtungsrücklage, Stiftung & Sponsoring 2/2014 S. 24 f.

Spitaler/Schröder, Gemeinnützigkeitssteuerrecht: Neuerungen bei der zeitnahen Mittelverwendung und Rücklagenbildung (Teil I), DStR 2014 S. 2144 ff.

dies., Gemeinnützigkeitssteuerrecht: Neuerungen bei der zeitnahen Mittelverwendung und Rücklagenbildung (Teil II), DStR 2014 S. 2194 ff.

Staiber/Kuhn, Organisationsentwicklung der Stiftung Liebenau: Sozialstiftung und Unternehmen, Stiftung & Sponsoring, 3/2001 S. 8 ff.

Stahl, Steuerliche Konsequenzen der Verwertung von Forschungs- und Entwicklungsergebnissen durch Hochschulen und gemeinnützige Forschungseinrichtungen, DStR 2000 S. 2103 ff.

ders., Gemeinnützigkeit im Forschungsbereich – Chance und Korsett, FR 2006 S. 1012 ff.

Steger/Königer, Der Wertabschlag für Familienunternehmen nach § 13a Abs. 9 ErbStG – Papiertiger oder notwendiges Gestaltungsmittel?, BB 2016 S. 3099 ff.

Steuber, Corporate Governance bei Stiftungen – eine Frage der Kontrolle oder der Moral?, DStR 2006 S. 1182 ff.

Stöber, Die geplante Europäische Stiftung, DStR 2012 S. 804 ff.

Stolte, Die Reform des Stiftungsrechts aus steuerlicher Sicht, StB 2016 S. 106 ff.

Strachwitz, Sind Stiftungen ewig?, npoR 2016 S. 16 ff.

Streiter, Die Gestaltung von Förderrichtlinien: Ein Leitfaden für die Stiftungspraxis, Stiftung & Sponsoring Rote Seiten, 2/2013

Stürner, Die Haftung des Stiftungsvorstands bei der Vermögensverwaltung, DStR 2015 S. 1628 ff.

T

Tersteegen, Sozialhilferechtliche Verwertbarkeit von Vermögen bei Anordnung vom Verwaltungstestamentsvollstreckung, ZEV 2008 S. 121 ff.

Theile, Der neue Jahresabschluss nach dem BilMoG, Beihefter zu DStR 2009 Heft 18

ders., Der Jahresabschluss nach dem Bilanzrichtlinie-Umsetzungsgesetz, BBK 14/2015, S. 642 ff.

Theobald/Klaßmann, Die Notwendigkeit der Weiterentwicklung des Gemeinnützigkeitsrechts, npoR 2016 S. 201 ff.

Theuffel-Werhahn, Unterliegen unselbständige Familienstiftungen der Erbersatzsteuerpflicht?, ZEV 2014 S. 14 ff.

ders., „Renaissance" der Doppelstiftung durch die Erbschaftsteuerreform, ZStV 2015 S. 169.

ders., Fallstricke bei der Gestaltung einer Doppelstiftung, ZStV 2015 S. 201 ff.

ders., Steuerbegünstigte Stiftungen oder Vereine mit Beteiligungen an erwerbswirtschaftlichen Kapitalgesellschaften, ZStV 2017 S. 1 ff.

ders., Familienstiftungen als Königsinstrument für die Nachfolgeplanung aufgrund der Erbschaftsteuerreform, ZEV 2017 S. 17 ff.

Tolksdorf/Müller, Falsche Zuwendungsbestätigungen durch gemeinnützige Körperschaften?! – Die (Vermögensstock-) Spende eines Wertpapierdepots ist tot?, DStR 2015 S. 2116 ff.

U

Ulbricht, Social Media und Recht, Stiftung & Sponsoring 4/2013 S. 32 f.

V

Viskorf/Löcherbach/Jehle, Die Erbschaftsteuerreform 2016 – Ein erster Überblick, DStR 2016 S. 2425 ff.

Vogel, Das Gesetz zur Stärkung des Ehrenamtes und die Verbrauchsstiftung, ZStV 2014 S. 81 ff.

v. Wedelstädt, Die Änderungen des AEAO im Rahmen seiner Neubekanntmachung durch das BMF-Schreiben vom 31. 1. 2014, DB 2014 S. 742 ff.

W

Wachter, Erbersatzsteuer bei nichtrechtsfähigen Familienstiftungen, ZErb 2016 S. 323 ff.

ders., Stiftungen im neuen Erbschaftsteuerrecht (Teil 1), FR 2017 S. 69 ff.

ders., Stiftungen im neuen Erbschaftsteuerrecht (Teil 2), FR 2017 S. 130 ff.

Wallenhorst, Die Erhöhung des Spendenvolumens durch Zuwendungen in den Vermögensstock bei fiduziarischen Verbrauchsstiftungen, DStR 2002 S. 984

Walter/Galpayegan, Die kaufmännische Rechnungslegung bei rechtsfähigen Stiftungen des bürgerlichen Rechts, DStR 2000 S. 701 ff.

Wälzholz, Die insolvenzrechtliche Behandlung haftungsbeschränkter Gesellschaften nach der Reform durch das MoMiG, DStR 2007 S. 1914 ff.

ders., Gestaltungsalternativen für Vermögensstockspenden von Wertpapieren unter der Abgeltungssteuer, DStR 2016 S. 111 ff.

ders., Der Abschlag für Familienunternehmen nach § 13a Abs. 9 ErbStG, GmbH-StB 2017 S. 54 ff.

ders., Aktuelle erbschaftsteuerliche Gestaltungsprobleme der Erbauseinandersetzung, insbesondere nach der Erbschaftsteuerreform 2016, ZEV 2017 S. 135

Wambach/Etterer, Risikomanagement, Controlling und Prüfung, Stiftung & Sponsoring 2/2006, Die roten Seiten

Wassermeyer, F., Anwendung des § 20 Abs. 1 Nr. 9 EStG auf Auskehrungen von Stiftungen, DStR 2006 S. 1733 ff.

Wassermeyer, W., Die Besteuerung ausländischer Familienstiftungen und Trusts aus deutscher Sicht, FR 2015 S. 149 ff.

Watrin/Linnemann, Steuerplanung der Unternehmernachfolge nach neuem Recht, DStR 2017 S. 569

Weber/Schwind, Vorababschlag für Familienunternehmen gem. § 13a Abs. 9 ErbStG: Vorschläge für eine gesellschaftsvertragliche Umsetzung, ZEV 2016 S. 688 ff.

Wehnert, Die Innenhaftung des Stiftungsvorstands, ZSt 2007 S. 67 ff.

Weidlich/Foppe, Der Stiftungsverein, Stiftung & Sponsoring 5/2013 S. 32 f.

dies., Neues zur Haftung von Stiftungsorganen, ZStV 2014 S. 100 ff.

dies., Gestaltungs- und Kooperationsmodelle für Vereine und Stiftungen in der Praxis, npoR 2015 S. 186 ff.

Weidmann/Kohlhepp, Rechtsprechung zum Gemeinnützigkeitsrecht 2013, DStR 2014 S. 1197 ff.

dies., Rechtsprechung zum Gemeinnützigkeitsrecht 2015/2016, DStR 2016 S. 2673 ff.

Weiss, Keine Gewerbesteueranrechnung nach § 35 EStG bei § 15 AStG a. F., IWB 2015 S. 899 ff.

Weitemeyer/Bornemann, Problemstellungen gemeinnütziger Tätigkeit mit Auslandsbezug, FR 2016 S. 437 ff.

Wendt, Unentgeltliche Übertragung von Mitunternehmeranteilen nach § 6 Abs. 3 EStG, FR 2005 S. 468 ff.

Werder/Wystrcil, Steuerliches „Zuzugsverbot" für Begünstigte eines trusts in Deutschland?, BB 2015 S. 412 ff.

dies., Familienstiftungen in der Unternehmensnachfolge, BB 2016 S. 1558 ff.

Werkmüller, Die „Familienstiftung & Co. KG" als Instrument der „kontrollierten" Vermögensnachfolge, ZEV 2015 S. 522 ff.

Werner, A., Praktische Einsatzmöglichkeiten der Verbrauchsstiftung, ZStV 2015 S. 25 ff.

Werner, O., Stiftungen und Pflichtteilsrecht – Rechtliche Überlegungen, ZSt 2005 S. 83 ff.

ders., Festlegung des Stiftungszwecks in einer letztwilligen Verfügung, ZSt 2005 S. 289 ff. und 2006 S. 10 ff.

ders., Einfluss des Stifters auf das Vermögen öffentlich-rechtlicher Stiftungen, ZSt 2007 S. 115 ff.

ders., Stiftung und Verein als Vermächtnisbeschwerte, ZStV 2014 S. 86 ff.

Werner, R., Abberufung der Organmitglieder in einer privatrechtlichen Stiftung, Stiftung & Sponsoring 2/2000 S. 19 f.

ders., Stiftungen als Instrument der Unternehmens- und Vermögensnachfolge, ZEV 2006 S. 539 ff.

ders., Stiftungen als Instrument der Pflichtteilsvermeidung, ZEV 2007 S. 560 ff.

ders., Die Familienstiftung als Baustein der Unternehmens- und Vermögensnachfolge, NWB-EV 2012 S. 331 ff.

ders., Aktuelle Probleme der unselbständigen Stiftung, ZErb 2013 S. 1 ff.

ders., Die Doppelstiftung, NWB-EV 2014 S. 283 ff.

ders., Die Familienstiftung als Instrument der Asset Protection, ZEV 2014 S. 66 ff.

ders., Die Familienstiftung – Sonderformen und deren Ausgestaltung, NWB-EV 2014 S. 52 ff.

ders., Testamentsvollstreckung vs. Familienstiftung, NWB-EV 2015 S. 238 ff.   •

ders., Fiktive Schenkungen – Besteuerung im Rahmen der Unternehmensnachfolge, NWB-EV 2015 S. 165 ff.

ders., Hinterziehungsstiftungen – Abwicklung im Rahmen der Selbstanzeige, NWB-EV 2015 S. 131 ff.

ders., Auskunftsansprüche des Pflichtteilsberechtigten und des Erben über von liechtensteinischen Stiftungen gehaltenes Nachlassvermögen, ZErb 2016 S. 92 ff.

ders., Schenkungsteuerbarkeit der Zuwendungen ausländischer Stiftungen an ihre inländischen Destinatäre, ZEV 2016 S. 133 ff.

ders., Anknüpfung des Stiftungsstatuts unter Anwendung des Internationalen Gesellschaftsrechts, ZEV 2017 S. 181 ff.

Wernicke, Vorstandskontrolle in der Stiftung, ZEV 2003 S. 301 ff.

Winheller, Aktuelle Entwicklungen im Gemeinnützigkeitsrecht 2005, DStZ 2005 S. 215 ff.

Winheller/Auffenberg, Benötigen gemeinnützige Mittelbeschaffungskörperschaften eine BaFin-Erlaubnis?, DStR 2015 S. 589 ff.

Winkels, Zur steuerlichen Behandlung von gemeinnützigen Stiftungen und Familienstiftungen des Schweizerischen Rechts, BB 2015 S. 2589 ff.

Winkler, Unternehmensnachfolge und Pflichtteilsrecht – Wege zur Minimierung des Störfaktors „Pflichtteilsansprüche", ZEV 2005 S. 91 ff.

Wystrcil, (Keine) Verfassungswidrige Doppelbelastung von Einkünften einer privatnützigen Stiftung, BB 2015 S. 803 ff.

Z

Zekiye/Maier, Ertrag- und umsatzsteuerliche Behandlung von Aufsichtsratsvergütungen, NWB 2014 S. 3620 ff.

Zimmermann/Raddatz, Die Entwicklung des Stiftungsrechts 2015, NJW 2016 S. 543 ff.

dies., Die Entwicklung des Stiftungsrechts 2016, NJW 2017 S. 531 ff.

Zondler/Zöller, Vermögensübertragungen auf einen US-Trust unter Berücksichtigung des DBA-USA Erb, IStR 2015 S. 960 ff.

Zwirner, Reform des HGB durch das BilRUG – Ein Überblick über die wesentlichen Detailänderungen im Einzelabschluss, DStR 2014 S. 1784

ders., Das BilRUG ist da – Überblick über die wesentlichen Unterschiede zwischen Regierungsentwurf und verabschiedeter Gesetzesfassung, DStR 2015 S. 1640

ABKÜRZUNGSVERZEICHNIS

Beschl.	Beschluss
BetrVG	Betriebsverfassungsgesetz
BewDV	Durchführungsverordnung zum Bewertungsgesetz
BewG	Bewertungsgesetz
BFH	Bundesfinanzhof
BFHE	Sammlung der Entscheidungen des Bundesfinanzhofs
BFH/NV	Sammlung amtlich nicht veröffentlichter Entscheidungen des BFH (Zs.)
BGB	Bürgerliches Gesetzbuch
BGBl	Bundesgesetzblatt
BGH	Bundesgerichtshof
BGHZ	Entscheidungen des BGH in Zivilsachen
BilMoG	Bilanzrechtsmodernisierungsgesetz
BilRUG	Bilanzrichtlinie-Umsetzungsgesetz
Bln	Berlin
BMF	Bundesminister der Finanzen
BR-Drucks.	Bundesrat-Drucksache
BSHG	Bundessozialhilfegesetz
BStBl	Bundessteuerblatt
BT-Drucks.	Bundestags-Drucksache
Buchst.	Buchstabe
BVerfG	Bundesverfassungsgericht
BVerwG	Bundesverwaltungsgericht
BWNotZ	Zeitschrift für das Notariat in Baden-Württemberg (Zs.)
bzgl.	bezüglich
bzw.	beziehungsweise

D

DB	Der Betrieb (Zs.)
DBA	Doppelbesteuerungsabkommen
DDR	Deutsche Demokratische Republik
ders.	derselbe
d. h.	das heißt
dies.	dieselbe(n)
DNotZ	Deutsche Notar-Zeitung (Zs.)
DStR	Deutsches Steuerrecht (Zs.)
DStRE	DStR-Entscheidungsdienst (Zs.)
DStZ	Deutsche Steuer-Zeitung (Zs.)

E

ebd.	ebenda
EFG	Entscheidungen der Finanzgerichte (Zs.)
EFS	European Foundation Statute
EG	Einführungsgesetz
EGBGB	Einführungsgesetz z. Bürgerlichen Gesetzbuch v. 18. 8. 1896
ErbStB	Der Erbschaft-Steuer-Berater (Zs.)
ErbStDV	Erbschaftsteuer-Durchführungsverordnung
ErbStG	Erbschaftsteuergesetz
ErbStH	Erbschaftsteuerhandbuch
ErbStR	Erbschaftsteuer-Richtlinien
ErbStRG	Erbschaftsteuerreformgesetz
EStB	Der Ertrag-Steuer-Berater (Zs.)
EStDV	Einkommensteuer-Durchführungsverordnung
EStG	Einkommensteuergesetz
EStH	Einkommenseuer-Hinweise
EStR	Einkommensteuer-Richtlinien
EUR	Euro
EuZW	Europäische Zeitschrift für Wirtschaftsrecht (Zs.)
evtl.	eventuell

F

F	Fach
f. (ff.)	folgend (folgende)
FamRZ	Zeitschrift für das gesamte Familienrecht
FAZ	Frankfurter Allgemeine Zeitung
FG	Finanzgericht
FinMin	Finanzministerium (der Länder)
FinVerw.	Finanzverwaltung
FM	Finanzminister
Fn.	Fußnote
FN IDW	Fachnachrichten des Instituts der Wirtschaftsprüfer e. V.
FR	Finanz-Rundschau (Zs.)
FS	Festschrift

G

GBl.	Gesetzblatt
GbR	Gesellschaft bürgerlichen Rechts
gem.	gemäß

GewStDV	Gewerbesteuer-Durchführungsverordnung
GewStG	Gewerbesteuergesetz
GewStR	Gewerbesteuer-Richtlinien
GG	Grundgesetz
ggf.	gegebenenfalls
GmbH	Gesellschaft mit beschränkter Haftung
GmbHG	Gesetz betreffend die Gesellschaften mit beschränkter Haftung
GmbHR	GmbH-Rundschau (Zs.)
GmbH-StB	GmbH-Steuer-Berater (Zs.)
GrEStG	Grunderwerbsteuergesetz
GrStG	Grundsteuergesetz
GuV	Gewinn- und Verlustrechnung
GVBl	Gesetz- und Verordnungsblatt
GWB	Gesetz über Wettbewerbsbeschränkungen

H

H	Hinweis
Halbs.	Halbsatz
HB	Handelsblatt (Zs.)
HFA	Hauptfachausschuss des Instituts der Wirtschaftsprüfer e.V.
HFR	Höchstrichterliche Finanzrechtsprechung (Zs.)
HGB	Handelsgesetzbuch
h. M.	herrschende Meinung
Hrsg.	Herausgeber

I

i. d. F.	in der Fassung
i. d. R.	in der Regel
IDW	Institut der Wirtschaftsprüfer
i. E.	im Einzelnen
i. Erg.	im Ergebnis
IFA	International Fiscal Association, Rotterdam
inkl.	inklusive
InsO	Insolvenzordnung
i. S. d.	im Sinne der/des
IStR	Internationales Steuerrecht (Zs.)
i. S. v.	im Sinne von

i.V. m.	in Verbindung mit
IWB	Internationale Wirtschafts-Briefe (Zs.)

J

JbFStR	Jahrbuch der Fachanwälte für Steuerrecht
JR	Juristische Rundschau (Zs.)
JStG	Jahressteuergesetz
JW	Juristische Wochenschrift (Zs.)
JZ	Juristenzeitung (Zs.)

K

KapCoRiLiG	Kapitalgesellschaften & Co. Richtlinien-Gesetz
KG	Kommanditgesellschaft
krit.	kritisch
KSA	Künstlersozialabgabe
KStDV	Körperschaftsteuer-Durchführungsverordnung
KStG	Körperschaftsteuergesetz
KStR	Körperschaftsteuer-Richtlinien
KWG	Gesetz über das Kreditwesen

L

LG	Landgericht
LGBl	Landesgesetzblatt
LstiftG	Landesstiftungsgesetz
LT-Drucks.	Landtags-Drucksache

M

m. E.	meines Erachtens
Mio.	Million
MittRhNotK	Mitteilungen der Rheinischen Notar-Kammer
m. w. N.	mit weiteren Nachweisen

N

n. F.	neue Fassung
NJW	Neue Juristische Wochenschrift (Zs.)
NJW-RR	Neue Juristische Wochenschrift-Rechtsprechungsreport (Zs.)
Nr.	Nummer

nrkr.	nicht rechtskräftig
n.v.	nicht veröffentlicht
NVwZ	Neue Zeitschrift für Verwaltungsrecht (Zs.)
NWB	Neue Wirtschafts-Briefe (Zs.)
NWB DokID	NWB Dokumenten-Identifikationsnummer
	Online-Datenbank (www.nwb.de)
NWB-EV	NWB Beraterbrief Erben und Vermögen
NZG	Neue Zeitschrift für Gesellschaftsrecht (Zs.)

O

o.a.	oben angegeben
OFD	Oberfinanzdirektion
OHG	Offene Handelsgesellschaft
OLG	Oberlandesgericht
OVG	Oberverwaltungsgericht

P

PGR	Liechtensteinisches Personen- und Gesellschaftsrecht
PrAGBGB	Preußisches Ausführungsgesetz zum Bürgerlichen Gesetzbuch

R

R	Richtlinie
Rdn.	Randnummer
RFH	Reichsfinanzhof
RG	Reichsgericht
RGBl	Reichsgesetzblatt
RGRK	BGB unter besonderer Berücksichtigung der Rechtsprechung des Reichsgerichts und des Bundesgerichtshofes
RGZ	Entscheidungen des Reichsgerichts in Zivilsachen
rkr.	rechtskräftig
Rn.	Randnummer
RS	Rechnungslegungsstandards
RStBl	Reichssteuerblatt
Rz.	Randziffer

S

S.	Seite
S&S	Stiftung und Sponsoring (Zs.)
S&S RS	Stiftung und Sponsoring, Rote Seiten (Zs.)
SB	Stiftungs Brief (Zs.)
Sen.-Drucks.	Senatsdrucksache
Sen. Fin.	Senator für Finanzen
sog.	so genannte
StAnpG	Steueranpassungsgesetz
StB	Der Steuerberater (Zs.)
StbJb	Steuerberater-Jahrbuch
StBp	Die steuerliche Betriebsprüfung (Zs.)
StEK	Steuererlasse in Karteiform
StEntlG	Steuerentlastungsgesetz
SteuerStud	Steuer und Studium (Zs.)
StG	Stiftungsgesetz
StiftG	Stiftungsgesetz
StMBG	Missbrauchsbekämpfungs- und Steuerbereinigungsgesetz
str.	strittig
StSenkG	Steuersenkungsgesetz
StuB	Steuern und Bilanzen (Zs.)
StuW	Steuer und Wirtschaft (Zs.)
StW	Steuerwarte (Zs.)
SZ	Süddeutsche Zeitung

T

Tz.	Textziffer

U

u. a.	unter anderem
Ubg	Die Unternehmensbesteuerung (Zs.)
UmwG	Umwandlungsgesetz
UmwStG	Umwandlungssteuergesetz
UntStFG	Gesetz zur Fortentwicklung des Unternehmenssteuerrechts
UR	Umsatzsteuer-Rundschau (Zs.)
Urt.	Urteil
UStAE	Umsatzsteuer-Anwendungserlass
UStDV	Umsatzsteuer-Durchführungsverordnung
UStG	Umsatzsteuergesetz

usw.	und so weiter
u.U.	unter Umständen
UVR	Umsatzsteuer- und Verkehrssteuerrecht (Zs.)

V

VAG	Versicherungsaufsichtsgesetz
Vfg.	Verfügung
VG	Verwaltungsgericht
vgl.	vergleiche
v.H.	vom Hundert
VO	Verordnung
VStG	Vermögensteuergesetz

W

WM	Wertpapier-Mitteilungen (Zs.)
WP	Der Wirtschaftsprüfer (Zs.)
Wpg	Die Wirtschaftsprüfung (Zs.)

Z

z.B.	zum Beispiel
ZErb	Zeitschrift für die Steuer- und Erbrechtspraxis (Zs.)
ZEV	Zeitschrift für Erbrecht und Vermögensnachfolge (Zs.)
ZfS	Zeitschrift für Stiftungswesen (Zs.)
ZGB	Zivilgesetzbuch der Schweiz
ZGR	Zeitschrift für Unternehmens- und Gesellschaftsrecht (Zs.)
ZHR	Zeitschrift für das Gesamte Handelsrecht und Konkursrecht (Zs.)
Ziff.	Ziffer
ZIP	Zeitschrift für Wirtschaftsrecht (Zs.)
ZPO	Zivilprozessordnung
ZRP	Zeitschrift für Rechtspolitik (Zs.)
Zs.	Zeitschrift
ZSt	Zeitschrift für Stiftungs- und Vereinswesen (bis 2009) (Zs.)
ZStV	Zeitschrift für Stiftungs- und Vereinswesen (ab 2010) (Zs.)
z.T.	zum Teil
zz.	zurzeit

A. Einleitung

I. Gründe für eine Stiftungserrichtung

Die Bedeutung der Stiftung in Deutschland hat in den letzten Jahren kontinu- 1
ierlich zugenommen. Allein in 2014 wurden 582 rechtsfähige Stiftungen bürgerlichen Rechts neu gegründet. Die Gesamtzahl der rechtsfähigen Stiftungen
ist damit zum 31. 12. 2016 auf 21.806 gestiegen.[1]

Rechtstatsächlich sind in Deutschland (Stand 31. 12. 2016) 1.046 rechtsfähige
Familienstiftungen bekannt; hinzu kommen noch die zahlenmäßig nicht bekannten nichtrechtsfähigen Familienstiftungen.[2]

Stiftungen sind, wie Michael Endres von der Hertie Stiftung sagt, *„eine gute* 2
Rechtsform, um eine Idee in die nächste Generation zu tragen". Deshalb vermuten viele, dass es zu einem Stifterboom in den folgenden Jahren kommen
wird, weil in den nächsten zehn Jahren mehr als zweieinhalb Billionen Euro
vererbt werden.

Allerdings hat in den letzten Jahren auch eine Diskussion über die Macht und 3
Legitimation von Stiftern und ihren wohltätigen Institutionen eingesetzt. Es
wird über die politische Einflussnahme der einzelnen Institutionen debattiert.
Aber auch ein Unbehagen in der Bevölkerung gegenüber den Stiftern ist zu
konstatieren, zumal Stiftungen oft mit Steuersparmodellen verglichen werden. Die skeptische Frage, ob das gestiftete Vermögen auf legitime Weise erworben wurde, empfinden viele Stifter ebenfalls als unfair und könnte dazu
führen, dass sich potentielle Stifter abwenden.

Jede zehnte rechtsfähige Stiftung hat einen **Unternehmenshintergrund**. Davon 4
waren bisher die wenigsten Stiftungen indes Familienstiftungen. Nicht nur
aufgrund der in der Vergangenheit sehr restriktiven Landesstiftungsgesetze,
sondern auch wegen der steuerlichen Belastungen, u. a. durch die Erbersatzsteuer, war deren Gründung bisher erschwert bzw. uninteressant. Dies hat
sich in den letzten Jahren indes gewandelt, so dass verstärkt Familienstiftungen in den Fokus der Beratungspraxis rücken (vgl. unten Rn. 70).

Die **Motive** eines Stifters, Vermögen oder ein Unternehmen bzw. eine unter- 5
nehmerische Beteiligung auf eine Stiftung zu übertragen und damit im Ergebnis erhebliche Vermögenswerte endgültig aus der Hand zu geben, sind vielschichtig. Ein wesentliches Argument für die von Mitgliedern und Gesellschaf-

---

1 Http://www.stiftungen.org/de/news-wissen/stiftungslexikon/familienstiftungen.html.
2 Orth, DB 2017 S. 1410, 1411.

tern unabhängige Stiftung ist der häufig anzutreffende Wunsch der Unternehmer, einem Familienunternehmen Kontinuität zu geben, es vor einer Zerschlagung anlässlich einer Erbauseinandersetzung zu bewahren und so die Zukunft des selbst aufgebauten Unternehmens zu sichern. Die prinzipiell auf Dauer ausgerichtete Stiftung wird als „Nachfolger" nicht nur bei Kinderlosigkeit des Stifters, sondern auch in den recht häufig anzutreffenden Fällen, in denen der Stifter seinen Erben die Fortführung des Unternehmens nicht zutraut, herangezogen.

6   Nicht selten sind für den potenziellen Stifter aber schlicht eigennützige Interessen ausschlaggebend, denn vielen mittelständischen Unternehmern ist primär daran gelegen, ihr „**Lebenswerk**" auf Dauer zu erhalten.[1] Gerade im unternehmerischen Bereich hat die Stiftung nämlich ganz erhebliche Vorteile gegenüber den klassischen erbrechtlichen Instrumenten. Dem Stifter ist durch eine entsprechende Stiftungskonstruktion die Möglichkeit eröffnet, eine Zerschlagung des Unternehmens durch die Erben zu vermeiden und die Fortführung des Unternehmens in seinem Sinne dauerhaft festzuschreiben.[2] Dies wird erreicht, indem die Stiftungsorgane an den in der Stiftungssatzung festgelegten **Willen des Stifters gebunden** werden. Die Aufhebung der Stiftung sowie jede Satzungsänderung der Stiftung bedürfen der Genehmigung durch die Stiftungsbehörde (§ 87 BGB), wobei diese eine Genehmigung nur dann erteilen wird, wenn die Satzungsänderung dem tatsächlichen oder mutmaßlichen Willen des Stifters entspricht.[3] Der Stifter kann also durch eine Stiftung weit über seinen Tod hinaus auf die Unternehmensfortführung Einfluss nehmen.

7   Demgegenüber lässt sich der Wille des Erblassers durch klassische erbrechtliche Auflagen oder die Anordnung einer **Testamentsvollstreckung** auf Dauer nur bedingt durchsetzen. Die Testamentsvollstreckung endet beispielsweise spätestens nach 30 Jahren; testamentarischen Auflagen des Erblassers kann sich der Erbe dadurch entziehen, dass er die Erbschaft ausschlägt und den Pflichtteil verlangt.

8   Bei der Manifestierung des Stifterwillens im Rahmen der Stiftungssatzung ist aber gerade im Bereich der Unternehmensführung davor zu warnen, jegliche Freiräume und **Flexibilität** in diesem Zusammenhang zu beschneiden und da-

---

1   Einen guten historischen Überblick über „Stiftungen und Stiftungsrecht" gibt Lingelbach in Werner/Saenger, Die Stiftung, Rn. 36-74.
2   Die Stiftung kann dem Lebenswerk des aktuellen Unternehmensinhabers eine „Ewigkeitsgarantie" verleihen, so etwa Saenger in Werner/Saenger, Die Stiftung, Rn. 197.
3   Bei einer Personen- oder Kapitalgesellschaft ist eine spätere Änderung des Gesellschaftszwecks hingegen stets möglich.

mit die erforderlichen Anpassungen des Unternehmens an die unterschiedlichen wirtschaftlichen Entwicklungen und Erfordernisse zu verbauen.[1]

(Einstweilen frei)   9–14

II. Stiftungserrichtung und Pflichtteilsrecht

Familiengesellschaften leiden oftmals unter dem Problem der zu dünnen Ei-   15
genkapitaldecke, die häufig durch hohe Entnahmen der Gesellschafter zur
Steuerzahlung verursacht wird. Der Tod des Seniorgesellschafters führt in der
Praxis daher oftmals – infolge Abfindung weichender Erben oder Erfüllung von
Pflichtteilslasten – zu erheblichen **Liquiditätsabflüssen** im Unternehmen, welches dies nur schwer oder gar nicht verkraften kann.

Gerade im Zusammenhang mit der Unternehmensnachfolge können solche   16
Probleme durch die Errichtung einer Stiftung abgemildert werden, da diese
keine Gesellschafter kennt und damit **keine vererbbaren** Gesellschaftsanteile
existieren. Das Problem der **Abfindungszahlungen** an nicht zur Unternehmensnachfolge bestimmte Angehörige verliert also gänzlich an Bedeutung.

Das vom Erblasser zu Lebzeiten auf die Stiftung übertragene Vermögen wird   17
im Rahmen des Pflichtteilsrechts *zwar* in die Bemessungsgrundlage für die Errechnung von Pflichtteilsansprüchen einbezogen (**Pflichtteilsergänzungsanspruch**). Die Schenkung blieb bei Erbfällen bis 1. 1. 2010 unberücksichtigt,
wenn zur Zeit des Erbfalls zehn Jahre seit der Leistung des verschenkten Gegenstandes verstrichen waren.

Seit der Neufassung von § 2325 Abs. 3 BGB gilt indes Folgendes: Ist die Schen-   18
kung vor dem 31. 12. 2009 vollzogen worden und ist der Erblasser nach dem
1. 1. 2010 verstorben, ist bereits die sog. Quotenregelung oder das sog. Abschmelzungsmodell anzuwenden.[2] Für jedes Jahr, das seit der Zuwendung verstrichen ist, bleibt 1/10 der Zuwendung unberücksichtigt. Durch die Neufassung des Pflichtteilsergänzungsrechts erlangt der Erblasser größeren Gestaltungsspielraum und Zuwendungen zu Lebzeiten (gerade auch an Stiftungen)
gewinnen in der Nachfolgeberatung an Bedeutung.

(Einstweilen frei)   19–24

---

1 Schiffer/Pruns, NWB 2012 S. 910, 915.
2 Muschler, ZEV 2008 S. 110.

III. Der Begriff der unternehmensverbundenen Stiftung

1. Motive für eine Stiftungserrichtung

25 Die Motive eines Stifters, sein Unternehmen auf eine Stiftung zu übertragen und damit im Ergebnis erhebliche Vermögenswerte zu verschenken, sind vielschichtig. Häufig war die Suche des Unternehmers/Gesellschafters bzw. der vermögenden Privatperson nach steuerlichen Optimierungsmöglichkeiten der Ausgangspunkt, weshalb im Rahmen seiner konkreten Nachfolgeregelung eine Stiftungslösung aufgezeigt und dann auch gewählt wurde.

26 Neben den steuerlichen Überlegungen spielen häufig aber konkrete familiäre Verhältnisse eine Rolle. Denkbar sind Fälle, bei denen von mehreren Abkömmlingen nur eine/einer als Unternehmensnachfolger in Betracht kommt. Wenn mangels ausreichendem Privatvermögen seitens der Eltern ein Wertausgleich an die übrigen Kinder nicht möglich ist, kommt die Familienstiftung als Lösungsansatz in Betracht. Denn hier können alle Kinder (und deren Abkömmlinge) gleichmäßig bedacht werden und gleichwohl kann der gekorene Nachfolger die Geschicke des Unternehmens leiten. Ferner sind Auslöser einer Stiftungserrichtung oft Konstellationen, bei denen mehrere Geschwister als Gesellschafter beteiligt sind aber bereits heute feststeht, dass nicht alle Nachkommen haben werden. Um hier das Unternehmen als Ganzes der Familie zu erhalten, kann eine lebzeitige Übertragung der Anteile auf die Stiftung ein Lösungsansatz sein. Solange der einbringende (stiftende) Gesellschafter lebt, erhält er Destinatärsbezüge und ist so gestellt, wie zuvor als Gesellschafter; nach seinem Ableben werden nur die Abkömmlinge der Mitstifter begünstigt.

27 In jüngster Zeit wird unter dem Begriff „**Asset Protection**" diskutiert, ob mittels einer Stiftung privates Vermögen dem Haftungszugriff entzogen und gleichzeitig eine Versorgung der Familie gewährleistet werden kann.[1] Überträgt der Unternehmer Vermögen auf eine Familienstiftung, ist hierauf ein direkter Zugriff seiner Gläubiger nicht möglich. Im Unterschied zu einer vermögensverwaltenden Personen- oder Kapitalgesellschaft hat die Stiftung keine Gesellschafter, deren Gesellschaftsanteile gepfändet werden können. Die Rechte der Destinatäre auf Stiftungsleistungen sind, wenn nach der Stiftungs-

---

1 Werner, ZEV 2014 S. 66; Wassermeyer, FR 2015 S. 149.

satzung hierauf kein Rechtsanspruch besteht, nicht pfändbar. Gläubiger könnten dann allenfalls die Stiftungserrichtung als unentgeltliches Geschäft innerhalb der Fristen des AnfG und der InsO anfechten.[1]

2. Begriff der Unternehmensträgerstiftung

Der klassische Fall der unternehmensverbundenen Stiftung ist die sog. Unternehmensträgerstiftung. **Diese betreibt** – regelmäßig in Gestalt einer Familienstiftung – **selbst** ein Wirtschaftsunternehmen. Die Stiftung tritt in diesem Fall selbst am Markt auf und führt gleichsam wie ein Einzelkaufmann ein Unternehmen (sog. eigentliche Unternehmensträgerstiftung wie z. B. die Carl-Zeiss-Stiftung). Stiftung und gewerbliches Unternehmen bilden, da kein anderer Rechtsträger zwischengeschaltet ist, eine Einheit. Die Terminologie für diese Erscheinungsform der unternehmensverbundenen Stiftung ist im Schrifttum indes nicht einheitlich. Teilweise wird hierbei auch von Unternehmensstiftung[2] oder von unmittelbarer Unternehmensträgerstiftung bzw. von Unternehmensstiftung im engeren Sinne oder von Stiftungsunternehmen gesprochen. Die Stiftung ist dann Kaufmann kraft Gewerbebetriebs und muss nach handelsrechtlichen Vorschriften (§ 238 HGB) Bücher führen.

28

3. Stiftung als Unternehmensform

Als immanente Probleme, die mit der Führung eines Unternehmens als Stiftung verbunden sind, können angeführt werden:

29

1. Die schwer veränderliche Rechtsform der Stiftung. Insbesondere dann, wenn die Stiftung nach der Stiftungssatzung auf unbegrenzte Dauer angelegt ist, erschwert dies ggf. notwendig werdende Umstrukturierungsmaßnahmen.[3]

2. Wird Familienangehörigen, wie dies ja bei Familienstiftungen regelmäßig der Fall ist, Einfluss auf die Geschäftsführung gegeben, indem sie den Vorstand aus ihrem Kreis bestimmen können, kann per se nicht mehr von einer völligen Eigenständigkeit der Stiftung gesprochen werden.

---

1 Bisle, DStR 2012 S. 525, 526.
2 Richter in v. Campenhausen, Stiftungsrechts-Handbuch, 4. Aufl. 2014, § 12 Rn. 1, 4 f. m. w. N.
3 Schiffer/Pruns, NWB 2012 S. 910, 915.

3. Um ein Unternehmen selbst führen zu können, sind besondere Anforderungen an die **Stiftungsverfassung** zu stellen, denn die Organisation einer Stiftung ist bereits strukturell für die Führung eines Unternehmens weniger gut geeignet. Problematisch ist insbesondere, dass der **Stiftungsvorstand** über unternehmerische Qualitäten verfügen muss, da ihm die **Vertretung** der Stiftung zukommt. Stellt sich später heraus, dass der Vorstand zur Führung des Unternehmens nicht geeignet ist, müssen in der Stiftungsverfassung bereits Regelungen enthalten sein, wie die Mitglieder des Vorstandes bestellt bzw. abberufen werden können. Erhalten bei Familienstiftungen die Angehörigen ein ausschließliches oder eingeschränktes Bestimmungsrecht der entscheidenden Organe eingeräumt, können sich zudem unerwünschte Streitigkeiten über die Besetzung ergeben, was zu einer Lähmung der Entscheidungsprozesse des operativen Betriebs führen kann.

4. Die Bedeutung der Stiftung als Unternehmensform ist ferner dadurch beschränkt, dass sich steuerliche Vorteile gegenüber anderen juristischen Gesellschaftsformen so gut wie nicht erzielen lassen. Die Unternehmensträgerstiftung ist grundsätzlich voll steuerpflichtig und wird als juristische Person wie eine GmbH oder AG besteuert (vgl. Rn. 695).

5. Um die vorgenannten Probleme vermeiden zu können wird beispielsweise die Stiftung & Co. KG als Mittel der Unternehmensführung vorgeschlagen.[1] So führt z. B. bei der Diehl Stiftung & Co. KG die Diehl Verwaltungs-Stiftung als Komplementärin die Geschäfte. Zur Stiftung & Co. KG vgl. Rn. 54.

30–39   *(Einstweilen frei)*

---

[1] Saenger in Werner/Saenger, Die Stiftung, Rn. 199.

B. Errichtung der rechtsfähigen Stiftung des Privatrechts

I. Begriffsbestimmung

Die **rechtsfähige** Stiftung des Privatrechts ist ein selbständiges Gebilde mit eigener Rechtspersönlichkeit, welches zur Umsetzung bestimmter Ziele (dem Stiftungszweck) errichtet wird. Sie ist die einzige Rechtsform, die weder außenstehende Eigentümer noch Mitglieder oder Gesellschafter kennt. Als **eigenständige juristische Person** des bürgerlichen Rechts ist Träger der Stiftung die Organisation der Stiftung selbst (§§ 80 bis 88 BGB i. V. m. den entsprechenden Landesstiftungsgesetzen). Die Stiftung ist mithin ein rechtlich verselbständigtes Zweckvermögen, das nicht körperschaftlich, sondern kapitalmäßig organisiert ist. **40**

Für die **unselbständige** Stiftung (vgl. Rn. 335 ff.) finden die Regelungen in §§ 80 ff. BGB keine Anwendung. Für sie gelten die allgemeinen Vorschriften des BGB-Vertragsrechts. **41**

Es ist darauf hinzuweisen, dass nicht alle als „Stiftung" bezeichneten Institutionen tatsächlich Stiftungen i. S. d. §§ 80 ff. BGB sind. Der Begriff der Stiftung ist nicht geschützt, sondern wird z. B. auch von Körperschaften wie z. B. Vereinen oder GmbHs[1] verwandt.[2] **42**

Auch der Begriff der „**Bürgerstiftung**" ist irreführend, weil sich dahinter nicht die Einwohner einer Gemeinde/Stadt verbergen, sondern zumeist Sparkassen und Banken.[3] **43**

Diskutiert wird in der Literatur, ob es eine sog. **Vorstiftung** gibt.[4] Gemeint sind die Fälle, in denen sich die Anerkennung der Stiftung verzögert und die im Stiftungsgeschäft als Organ berufenen Personen bereits Vorbereitungshandlungen ausführen, wie etwa die Anmietung von Räumen, Erstellung eines Logos oder einer Internet-Homepage. Nach der wohl vorherrschenden Ansicht ist eine entsprechende Anwendung der Regeln zur Vor-GmbH nicht möglich.[5] Demnach handeln die „späteren" Organe in diesem Fall entweder als Vertreter **44**

---

1 Z. B. Robert Bosch Stiftung GmbH.
2 Werner in Werner/Saenger, Die Stiftung, Rn. 1 f., 26 f., 170.
3 Eingehend hierzu Werner in Werner/Saenger, Die Stiftung, Rn. 7.
4 Schiffer/Pruns, NWB 2011 S. 1258.
5 Reuter in Münchener Kommentar zum BGB, 6. Aufl. 2012, §§ 80, 81, Rn. 70 f.

des Stifters oder als Vertreter ohne Vertretungsmacht.[1] Auch steuerlich wird die Vorstiftung nicht anerkannt und kann daher kein begünstigter Zuwendungsempfänger i. S. v. § 5 Abs. 1 Nr. 9 i. V. m. § 1 Abs. 1 Nr. 4 bzw. 5 KStG sein.[2]

1. Unterscheidung nach dem Stiftungszweck

45 Nach dem Stiftungszweck wird die gemeinnützige von der nicht gemeinnützigen (privatnützigen) Stiftung, insbesondere der Familienstiftung (s. Rn. 70) unterschieden. Während die gemeinnützige Stiftung ausschließlich und unmittelbar gemeinnützige, mildtätige oder kirchliche Zwecke i. S. d. §§ 51 ff. AO verfolgt,[3] also letztlich die Allgemeinheit fördert, zielt die Familienstiftung auf die Förderung der Interessen einer oder mehrerer Familien ab.

46 Das Stiftungszivilrecht enthält in §§ 80 bis 86 BGB keine Definition der „Stiftungsart" **Familienstiftung**. Steuerlich wird hingegen nur unter bestimmten Voraussetzungen von einer Familienstiftung gesprochen (vgl. Rn. 457). Für Familienstiftungen gelten in einigen Landesstiftungsgesetzen Sonderregelungen hinsichtlich der Aufsicht (vgl. Rn. 152).

47 Den begünstigten Familienmitgliedern werden die Vorteile entweder voraussetzungslos gewährt oder von bestimmten sachlichen Kriterien abhängig gemacht (z. B. Förderung des Studiums, Bedürftigkeit). Je nach Ausgestaltung der Satzung steht den Organen ein Entscheidungsspielraum zu, ob und in welcher Höhe Erträge an die Destinatäre ausbezahlt werden.

BEISPIEL Die Erträge der Stiftung sind zur Erfüllung des Stiftungszwecks zu verwenden. Dabei sollen mindestens 60 % der jährlichen Erträge an die Begünstigten ausgezahlt werden, sofern der Stiftungsbeirat keinen abweichenden Zuweisungsbeschluss fällt. Die Auszahlung soll in zwölf gleichen Monatsraten erfolgen.

48 Neben dem Gemeinwohlvorbehalt gem. § 80 Abs. 2 BGB ist eine weitere „Hürde" zu beachten; die Stiftung darf nicht eine reine **Selbstzweckstiftung** sein (vgl. unten Rn. 182). Das Vermögen darf also nicht nur sich selbst, sondern muss einem außerhalb der Stiftung liegenden Zweck gewidmet sein.[4]

---

1 Schiffer/Pruns, NWB 2011 S. 1258, 1261.
2 BFH v. 11. 2. 2015 - X R 36/11, BStBl 2015 II S. 545.
3 Fast alle deutschen Stiftungen (95 %) verfolgen steuerbegünstigte Zwecke, vgl. Mecking in Werner/Saenger, Die Stiftung, Rn. 134.
4 Saenger in Werner/Saenger, Die Stiftung, Rn. 181 f.

2. Unterscheidung nach der Vermögensausstattung

Die sog. **Förderstiftung** (Kapital- oder Hauptgeldstiftung) erreicht ihren Zweck   49
mit Hilfe der aus dem Grundstockvermögen erwirtschafteten Erträge.

Die sog. **Anstaltsstiftung** verfolgt ihren Zweck unmittelbar durch Einsatz ihres   50
Stiftungsvermögens, das i. d. R. aus Immobilienvermögen besteht (z. B. Krankenhaus, Altersheim). Allerdings ist für die laufende Unterhaltung und den Betrieb regelmäßig ein Kapitalstock als Finanzierungsinstrument erforderlich, so
dass reine Anstaltsstiftungen in der Praxis selten sind.[1]

3. Unterscheidung nach der Verbindung von Stiftung und Unternehmen

Betreibt eine Stiftung unter ihrer Rechtsform selbst ein Unternehmen, wird sie   51
auch als (eigentliche) **Unternehmensträgerstiftung** bezeichnet (vgl. Rn. 28).

Hält eine Stiftung eine Beteiligung an einer Personenhandels- oder Kapitalge-   52
sellschaft, spricht man allgemein von einer **Beteiligungsträgerstiftung** (oder
auch mittelbaren Unternehmensträgerstiftung).[2] Die Stiftung kann sich hierbei auf das bloße Halten der Beteiligung beschränken, oder als persönlich haftende Gesellschafterin oder als Organträger geschäftsleitende Funktion ausüben. In diesem Fall ist sie selbst als Gewerbetreibende anzusehen. Die Beteiligungsträgerstiftung ist – im Gegensatz zur Unternehmensträgerstiftung –
von großer praktischer Relevanz für die Regelung der Unternehmensnachfolge.

Die Beteiligungsträgerstiftung kann als Familienstiftung entweder die Familienmitglieder des Stifters versorgen oder als gemeinnützige Stiftung steuer-
begünstige Zwecke i. S. d. § 51 Abs. 1 Satz 1 AO verfolgen.

HINWEIS:

Es darf nicht übersehen werden, dass diese Begriffe ohne normative Relevanz und nur
von begrenztem Wert sind. Sie dienen letztlich nur dazu, bestimmte Sachverhalte ter-
minologisch zu erfassen.

3.1 Beteiligung an einer Personengesellschaft

Eine Stiftung kann sich grundsätzlich als Gesellschafter an einer BGB-Gesell-   53
schaft, OHG oder KG beteiligen.

---

1 Saenger in Werner/Saenger, Die Stiftung, Rn. 183.
2 Saenger in Werner/Saenger, Die Stiftung, Rn. 195.

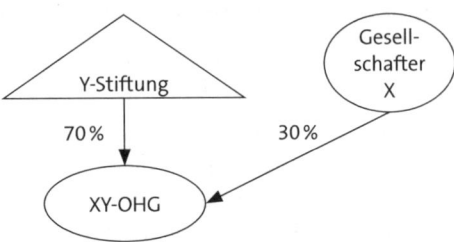

Die Beteiligung einer Stiftung als Gesellschafter einer GbR oder OHG ist aller-dings in Deutschland nahezu unbekannt. In der Vergangenheit wurde teilwei-se die „Stiftung & Co. KG" als Rechtsform gewählt, um die früher nur Kapital-gesellschaften treffende „Publizität" zu vermeiden.

Seit 2000 sind gem. §§ 264a, 264b und 264c HGB alle haftungsbeschränkend wirkenden & Co.-Konstruktion erfasst. Damit lässt sich wegen § 264a HGB die Abschlusspublizität auch bei einer Stiftung & Co. KG nicht mehr umgehen.

3.2 Die Stiftung & Co. KG

54   Bei der Stiftung & Co. KG handelt es sich um eine „echte" Kommanditgesell-schaft. Die **Stiftung** ist in diesem Fall die einzig persönlich haftende Gesell-schafterin (**Komplementärin**). Ihr steht gem. §§ 164, 170 HGB die Geschäfts-führung zu.

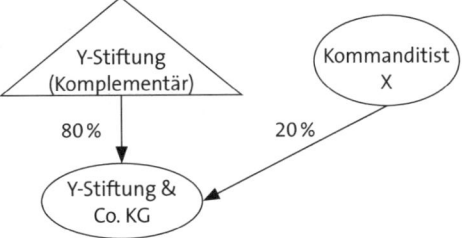

Teilweise wird deshalb empfohlen, die Organisationsform der Stiftung zwei-gliedrig auszugestalten (Vorstand + Aufsichtsrat), um so eine stiftungsinterne Kontrolle sicherzustellen und ggf. Aktivitäten der Stiftungsaufsicht entbehrlich zu machen. Zur Vermeidung bzw. Reduzierung des Umfangs der Stiftungsauf-sicht, die über die Stiftung als Komplementärin in das Unternehmen eingrei-fen kann, wird in der Literatur überwiegend eine **Familienstiftung** als **Komple-mentär**(-Stiftung) empfohlen.

Verfügt die Stiftung – wie regelmäßig – nur über einen Vorstand, so hat dieser 55
eine umfassende Machtposition auch gegenüber der Kommanditgesellschaft.
Die Kommanditisten haben i. d. R. nur ein Widerspruchsrecht (§ 164 Satz 1
HGB), welches sich auf Geschäftsführungsmaßnahmen beschränkt, die „über
den gewöhnlichen Betrieb" der KG hinausgehen. Je nach Interessenlage können bzw. sollten gesellschaftsvertraglich die Rechte des Kommanditisten erweitert werden. Vorteil der umfassenden Macht der Stiftung als Komplemen-
tär ist, dass die Kontinuität des Unternehmens besser erreicht oder jedenfalls
besser unterstützt werden kann als dies mit den herkömmlichen Mitteln, wie
etwa Testamentsvollstreckung, möglich ist. Dies alles erfordert eine präzise
abgefasste Stiftungsverfassung, durch die der Stifter den Organen der Stiftung, insbesondere aber dem Vorstand, eine bestimmte Unternehmenspolitik
vorschreibt.

Die Kontinuität der Stiftung & Co. KG ist maßgeblich vom Verhalten der Kom- 56
manditisten abhängig, da deren Kündigungsrechte nicht abbedungen, sondern
lediglich zeitlich hinausgeschoben werden können. Soweit nichts anderes vereinbart ist, führt die Kündigung der Gesellschaft durch einen Kommanditisten
seit 1. 7. 1998 nicht mehr automatisch zur Auflösung der Gesellschaft (§ 131
Abs. 3 HGB n. F.). Durch lange Kündigungsfristen, niedrige Abfindungsansprü-
che (beispielsweise Ausschluss von der Beteiligung am Geschäftswert) und einer langfristig angelegten Ratenzahlung kann die Kündigung „unattraktiv" gemacht werden. Zur Erhaltung des Unternehmensbestandes sollte vereinbart
werden, dass der Stiftung bezogen auf ausscheidende Mitgesellschafter stets
ein Vorkaufsrecht hinsichtlich deren Gesellschaftsanteile eingeräumt wird.

Bei der Errichtung der Stiftung muss beachtet werden, dass Familienangehöri- 57
ge als Kommanditisten nach Anerkennung der Stiftung keinerlei Einfluss mehr
auf die Stiftung und damit die Personen haben, die die laufenden Geschäfte
der KG führen. Je nach Interessenlage ist dies nicht nur bei der Abfassung der
Stiftungssatzung, sondern auch bei der Ausgestaltung des Gesellschaftsvertra-
ges der KG zu bedenken.

Je nach Ausgestaltung kann die Stiftung als Komplementärin am Vermögen 58
allein oder neben den auch vermögensmäßig beteiligten Kommanditisten
(Destinatären) mit einem geringeren Anteil beteiligt sein. Ist sie zu 100 % am
Vermögen beteiligt, entsteht ein „eigentümerloses" Unternehmen, wobei die
Destinatäre als Kommanditisten eingesetzt werden.[1]

---

1 Saenger in Werner/Saenger, Die Stiftung, Rn. 201.

59 Ebenso wie die Stiftung selbst, ist auch die Stiftung & Co. KG von der Mitbestimmung befreit, denn sie gehört nicht zu den in § 1 Abs. 1 MitbestG bzw. im DrittelbG enumerativ aufgezählten Kapitalgesellschaften.[1]

60 In der Literatur bestand schon vor der Novellierung des Stiftungszivilrechtes Einigkeit darüber, dass eine **Stiftung** auch „nur" **Kommanditistin** einer gewerblichen KG sein kann. Wird die Stiftung lediglich als Kommanditist an einer KG beteiligt, kann die Stiftung im Rahmen einer Unternehmensnachfolgegestaltung nur dann den angestrebten Zweck der **Unternehmenssicherung** erfüllen, wenn sie über die **Stimmenmehrheit** in der Gesellschafterversammlung verfügt. Sind neben der Stiftung weitere Kommanditisten vorhanden, sollte die Übertragung oder Kündigung ihrer Gesellschafterstellung nur mit vorheriger Zustimmung der Stiftung möglich sein. Alternativ sollte der Stiftung gesellschaftsvertraglich eine Übernahmeoption (Vorkaufsrecht) eingeräumt werden.

3.3 Die Beteiligung der Stiftung an einer AG oder GmbH

61 Eine Stiftung kann sich nicht erst seit der Modernisierung des Stiftungsrechtes sowohl an einer GmbH als auch an einer AG beteiligen. Prominentestes Beispiel ist die Alfried Krupp von Bohlen und Halbach-Stiftung, die an der ThyssenKrupp AG zu 25,3 % vermögensmäßig beteiligt ist.

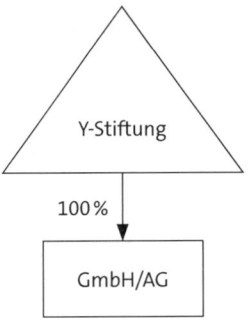

62 Die verkürzt als „Bosch Stiftung" bezeichnete gemeinnützige GmbH, nämlich die Robert Bosch Stiftung GmbH ist zu 92 % vermögensmäßig an der mit rund 34 000 Arbeitnehmern weltweit tätigen operativen Robert Bosch GmbH beteiligt; die weiteren Anteile halten die Familie Bosch (7,4 %) und die Robert Bosch Stiftung GmbH selbst (0,6 %). Die Robert Bosch Industrietreuhand KG hat le-

---

1 Sämtliche Vorstände der Stiftung müssen die Handelsregisteranmeldung zeichnen (Grambow, Organe von Vereinen und Stiftungen, München 2011, Rn. 744).

diglich 93,2 % der Stimmrechte in der Robert Bosch Stiftung GmbH,[1] hält jedoch keine Geschäftsanteile an der Robert Bosch GmbH.[2]

4. Destinatäre (Begünstigte)

Ein Wesensmerkmal der Stiftung ist es, dass die Stiftung zur Erfüllung des Stiftungszwecks Nutzungsberechtigte hat. Hierbei werden zwei Gruppen unterschieden:

63

▶ Zum einen **natürliche Personen**, die als unmittelbar Begünstigte (sog. Destinatäre) bezeichnet werden und an die nach Maßgabe der Stiftungssatzung Zuwendungen vorzunehmenden sind. Diese Form der Zuwendung kommt regelmäßig bei Familienstiftungen vor. Es kann sich hierbei um einen offenen oder geschlossenen Kreis handeln, auch um eine oder mehrere Familien. Allerdings muss dieser Kreis klar umrissen sein. Ferner ist es möglich, die Zuwendungen nur für eine bestimmte Zeit oder unter bestimmten Voraussetzungen zu gewähren. Den Destinatären steht kein gesetzlicher Anspruch auf Teilnahme an der Verwaltung zu. Gegen die Stiftung haben die Destinatäre einen klagbaren Leistungsanspruch nur dann,[3] wenn die Satzung für den Kreis der Destinatäre bestimmte objektive Kriterien aufstellt und die Stiftung bei deren Vorliegen keine Wahlmöglichkeit besitzt. Räumt jedoch die Stiftungssatzung einem Stiftungsorgan oder einem Dritten die Befugnis ein, die Stiftungsdestinatäre, die in den Genuss des Stiftungsnutzens kommen sollen, aus einem in der Satzung näher umschriebenen Kreis von Personen auszuwählen, steht den Destinatären **kein klagbarer Anspruch** auf Stiftungsleistungen zu. Dem abgelehnten Bewerber (z. B. eines Stipendiums) steht gegen eine gemeinnützige Stiftung des bürgerlichen Rechts ein Anspruch auf neue Entscheidung über seine Bewerbung nicht zu, wenn die Stiftung das ausgeschriebene Stipendium an einen anderen Bewerber vergeben hat, der Förderzeitraum abgelaufen ist und der abgelehnte Bewerber den geförderten Studiengang ohne die Gewährung des Stipendiums bereits absolviert hat.[4] Darüber hinaus steht den Destinatären weder ein Auskunfts- noch ein Einsichtsrecht in die Unterlagen der Stiftung zu.[5] Zudem ist die Stiftungsaufsichtsbehörde nicht ver-

---

1 Wirtschaftswoche Heft 3 v. 16. 1. 2012, S. 45 f.
2 Schiffer/Pruns, NWB 2012 S. 910, 917 a. E.
3 BGH v. 15. 12. 2016 - I ZR 63/15, WM 2017 S. 301; vgl. Nissel in Werner/Saenger, Die Stiftung, Rn. 245; a. A. Reuter in Münchener Kommentar zum BGB, 6. Aufl. 2012, § 85 Rn. 31.
4 BGH v. 15. 12. 2016 - I ZR 63/15, WM 2017 S. 301.
5 Reuter in Münchener Kommentar zum BGB, 6. Aufl. 2012, § 85 Rn. 35.

pflichtet, zum Schutz der Belange der Destinatäre tätig zu werden.[1] Der Umstand, dass die Destinatäre als Zuwendungsempfänger benannt sind, begründet keine Beteiligungsrechte (z. B. als Vorstand oder Beirat); dies ist häufig ein Grund, weshalb Vermögende und Unternehmer aus „Angst vor ihren Erben" den Weg in die Stiftung suchen. Anders ist dies natürlich dann, wenn der Stifter ihnen ausdrücklich die Möglichkeit eröffnet, z. B. in den Stiftungsvorstand berufen zu werden.

▶ Zum anderen werden in der Stiftungssatzung die Institutionen oder Einrichtungen benannt, damit sie mit den Mitteln der Stiftung den Stiftungszweck (i. d. R. steuerbegünstigte Zwecke) erfüllen. Beschränkt sich der Stiftungszweck auf die Förderung anderer Einrichtungen (z. B. die Krebsforschung an einer Universitätsklinik oder Unterstützung der Tätigkeit eines Kinderhospizes), erhalten diese vom Stifter als förderungswürdig benannten Einrichtungen die Zuwendungen von der Stiftung.

64 Bei der Auswahl der Destinatäre ist der Stifter **nicht** an Art. 3 GG gebunden;[2] auch die Regelungen des AGG[3] beinhalten nach zutreffender Ansicht keine Beschränkung des Stifters hinsichtlich seines Bestimmungsrechts.[4]

Macht der Stifter sehr konkrete Vorgaben hinsichtlich der Destinatäre und benennt er die einzelnen begünstigten Personen namentlich, dann schränkt er hiermit automatisch die Auswahlmöglichkeit der Stiftungsorgane ein.

5. Haftung der Stiftung

65 Die Stiftung haftet **kraft Rechtsform** ihren Gläubigern gegenüber mit ihrem ganzen Vermögen. Wird einem Dritten schuldhaft durch die Organe der Stiftung Schaden zugefügt, haftet die Stiftung hierfür nach § 86 bzw. § 89 i. V. m. § 31 BGB.[5] Handelt ein Organmitglied deliktisch, verletzt es also allgemeine Rechtspflichten, haftet es jedoch auch persönlich, und zwar gemeinsam mit der Stiftung (gesamtschuldnerische Haftung § 421, 840 BGB).[6]

---

1 Reuter in Münchener Kommentar zum BGB, 6. Aufl. 2012, § 85 Rn. 34; Nissel in Werner/Saenger, Die Stiftung, Rn. 249.
2 Nissel in Werner/Saenger, Die Stiftung, Rn. 243.
3 Allgemeines Gleichbehandlungsgesetz v. 14. 8. 2006, BGBl 2006 I S. 1897.
4 Reuter in Münchener Kommentar zum BGB, 6. Aufl. 2012, § 85 Rn. 37; Nissel in Werner/Saenger, Die Stiftung, Rn. 245.
5 Stolte, S&S 2/2014 S. 34; Kilian in Werner/Saenger, Die Stiftung, Rn. 530 ff.
6 Stolte, S&S 2/2014 S. 34.

Eine Haftung kommt aber nur in Betracht, wenn das Organ in Ausführung der ihm zustehenden Tätigkeiten agierte.[1]

Ein **Regressanspruch** der Stiftung (sog. **Innenhaftung**) gegenüber dem handelnden Organ besteht nur, wenn dem Organmitglied die Verletzung von organschaftlichen Pflichten vorgeworfen werden kann.[2] Ist ein Vorstand nur ehrenamtlich tätig bzw. bezieht eine Vergütung von max. 720 € jährlich, regelt § 31a BGB seit 2009, dass dieses Organmitglied nur für Vorsatz und grobe Fahrlässigkeit haftet.[3] Seit 1. 3. 2013 gilt dieses Privileg auch für andere Organe als den Vorstand, also auch für die **fakultativen Organe**, wie einen Stiftungsrat (vgl. unten Rn. 237 ff.) oder einen Stiftungsbeirat (vgl. unten Rn. 254 ff.).[4]

66

Im Falle der Innenhaftung kann es zu Konstellationen kommen, in denen ein Eingreifen der Stiftungsaufsicht notwendig wird. Dies z. B. dann, wenn die Stiftung einen Schadenersatzanspruch gegen den eigenen Vorstand hat, aber nur dieser berechtigt ist, den Anspruch namens der Stiftung geltend zu machen.[5]

In jedem Fall ist anzuraten, dass für die Organe eine **Vermögensschadens-Haftpflichtversicherung** abgeschlossen wird.[6]

67

Darüber hinaus ist an eine sog. **D&O-Versicherung** zu denken, die von der Stiftung abgeschlossen wird, um ihre Organmitglieder zu schützen.[7]

Die Haftung des **Stifters** beschränkt sich auf die Einbringung des im Stiftungsgeschäft zugesagten Stiftungsvermögens. Sie erlischt also mit der Übereignung des Vermögens auf die Stiftung.

68

Die **Destinatäre** sind von jeglicher Haftung befreit, da sie nicht die Stellung von Mitgliedern oder Gesellschaftern haben. Es ist denkbar, dass die Destinatäre Ansprüche der Stiftung gegen ein Organ durchsetzen können.[8]

69

---

1 Kilian in Werner/Saenger, Die Stiftung, Rn. 537.
2 Kilian in Werner/Saenger, Die Stiftung, Rn. 547.
3 Stolte, S&S 2/2014 S. 34; Kilian in Werner/Saenger, Die Stiftung, Rn. 552.
4 Kilian in Werner/Saenger, Die Stiftung, Rn. 536.
5 Stolte, S&S 2/2014 S. 34.
6 Kilian in Werner/Saenger, Die Stiftung, Rn. 565.
7 Kilian in Werner/Saenger, Die Stiftung, Rn. 566.
8 Kilian in Werner/Saenger, Die Stiftung, Rn. 563.

6. Die Familienstiftung als Instrument der Vermögens- und Unternehmensnachfolge

6.1 Einleitung

70 Die **Anzahl** der Familienstiftungen (vgl. oben Rn. 1) war bislang relativ **gering**, was vor allem auf die lange Zeit sehr restriktive Landesstiftungsgesetzgebung zurückzuführen ist. Bis zum Inkrafttreten des Stiftungsmodernisierungsgesetzes am 1. 9. 2002 waren Familienstiftungen in einzelnen Ländern nicht genehmigungsfähig. Erst seitdem erfreut sich die Familienstiftung **zunehmender Beliebtheit**, so dass ihre Zahl in den letzten Jahren kontinuierlich zunimmt.[1]

6.2 Begriff der Familienstiftung

71 Die **Familienstiftung** ist keine besondere Rechtsform der Stiftung, sondern eine **Anwendungsform**, für die insbesondere steuerliche Besonderheiten (vgl. unten Rn. 455) gelten.[2] Als **privatnützige Stiftung**[3] ist sie im BGB weder gesondert angesprochen noch definiert;[4] in verschiedenen Landesstiftungsgesetzen sind Familienstiftungen indes erwähnt[5] und definiert;[6] es gelten für sie teilweise Sonderregelungen, wie z. B. bei der Stiftungsaufsicht (vgl. unten Rn. 152).

72 Seit der Anerkennung der gemeinwohlkonformen Allzweckstiftung in § 80 Abs. 2 BGB steht die **Zulässigkeit** der Familienstiftung außer Frage.[7] Denn seitdem ist die alleinige Schranke für die Anerkennung, dass die Stiftung das Gemeinwohl nicht gefährdet.[8]

Eine Familienstiftung zeichnet sich verkürzt gesagt dadurch aus, dass sie ganz überwiegend dem **Wohl** der Mitglieder einer **Familie dient.**[9]

---

1 Richter/Gollan in Hüttemann/Richter/Weitemeyer, Landesstiftungsrecht, 2011, Rn. 30.8.

2 Pöllath/Richter in Seifart/v. Campenhausen, § 13 Rn. 1.

3 Der Begriff private oder privatnützige Stiftung umfasst auch den der Familienstiftung, vgl. § 2 Abs. 1 HambStiftG; § 3 Abs. 2 RhPfStiftG; § 10 Abs. 2 SaarlStiftG; Art. 1 Abs. 3 BayStiftG.

4 Werner, Die Familienstiftung als Baustein der Unternehmens- und Vermögensnachfolge, NWB-EV 2012 S. 331.

5 Vgl. die Nachweise bei Richter/Gollan in Hüttemann/Richter/Weitemeyer, Landesstiftungsrecht, 2011, Rn. 30.10.

6 Vgl. die Nachweise bei Richter/Gollan in Hüttemann/Richter/Weitemeyer, Landesstiftungsrecht, 2011, Rn. 30.14.

7 Richter/Gollan in Hüttemann/Richter/Weitemeyer, Landesstiftungsrecht, 2011, Rn. 30.2.

8 BT-Drucks. 14/8277 S. 6; Schindler, S&S 1/2014 S. 22.

9 Vgl. etwa § 13 Abs. 2 BaWürttStiftG; § 10 Abs. 1 BerlStiftG; § 2 Abs. 2 BrbStiftG.

6.3 Besonderheiten bei der Beteiligung einer Familienstiftung für Zwecke der Unternehmensnachfolge

Die mit einer Familienstiftung verbundenen Ziele sind:[1] 73

1. Absicherung der Familienangehörigen;

2. Erhalt des Unternehmens;

3. Vermeidung von Liquiditätsabflüssen durch familien-/erbrechtliche Ansprüche;

4. Ausschluss von Streitigkeiten innerhalb der Familie bzw. unter den Erben.

Die beiden ersten Ziele lassen sich durch die Stiftungslösung leicht erreichen, 74
weil die Versorgung der Familie einerseits und der Erhalt des Unternehmens
andererseits miteinander verknüpft sind.[2]

Aber auch die Vermeidung von Liquiditätsabflüssen durch 75

► Pflichtteilsansprüche

► Zugewinnausgleichsansprüche

► Abfindung an weichende Gesellschafter

► Entnahmen für Erbschaftsteuerzahlungen

entfallen. Denn das in die Stiftung eingebrachte Vermögen ist – sofern zehn
Jahre zwischen der Überführung und dem Ableben des Stifters liegen[3] – diesen
Ansprüchen nicht mehr ausgesetzt. Kein Ehegatte eines Familienangehörigen
und kein Abkömmling des Stifters kann bzgl. dieses Vermögens Ansprüche
geltend machen.

Aber auch die bei Erbauseinandersetzungen typischerweise auftretenden Kon- 76
flikte lassen sich ebenso lösen wie die Probleme künftiger Erblasser, wem sie
das unternehmerische Vermögen weitervererben können, weil er als geeigneter Nachfolger erscheint.

Positiv ist zudem die gegenüber einer Personengesellschaft niedrigere Besteuerung der Stiftung und die Vermeidung von Mitbestimmung.

Ferner sind von der Familienstiftung keine Kapitalaufbringungs- und Kapital- 77
erhaltungsvorschriften zu beachten und der innere Aufbau der Stiftungsorganisation erhält größere Flexibilität.[4]

---

1 Werner, NWB-EV 2012 S. 331, 332.
2 Schindler, S&S 1/2014 S. 22 f.
3 Zum Pflichtteilsergänzungsanspruch vgl. oben Rn. 15 ff.
4 Werner, NWB-EV 2012 S. 331, 336.

78 Das in der Familienstiftung eingebrachte Unternehmensvermögen ist vor Haftungsansprüchen geschützt, die sonst Gläubiger eines Gesellschafters geltend machen können, z. B. durch Pfändung des Anteils bzw. eines Gewinnanspruchs.[1] Um die Rechte des Destinatärs vor einer Pfändung zu schützen, bedarf es einer entsprechenden Satzungsregelung. Die Destinatärrechte sind nämlich nicht pfändbar, wenn der Destinatär keinen klagbaren Anspruch auf die Erträge aus der Stiftung hat.[2]

79 Im Unterschied zur gemeinnützigen Stiftung ist die Übertragung des Vermögens auf die Stiftung nicht irreversibel.[3] Die Rückabwicklung einer Familienstiftung ist – ungeachtet etwaiger steuerlicher Folgen – möglich.

7. Die Verbrauchsstiftung

80 Von den in Deutschland errichteten Stiftungen sind über 99 % „für die Ewigkeit" gegründet worden. Ihr Ziel ist es, das Stiftungsvermögen in seinem Bestand ungeschmälert zu erhalten. Nur die Stiftungserträge und Spenden dürfen zur Realisierung des satzungsgemäßen Zweckes verwendet werden.

81 Neuerdings hat, auch verstärkt durch das Niedrigzinsumfeld der letzten Jahre, die bislang in der Praxis eher selten vorkommende und dadurch weniger beachtete **Verbrauchsstiftung** (oder Aufbrauchsstiftung) als Alternative zu der ewigen Stiftung an Bedeutung gewonnen.[4]

82 Eine Verbrauchsstiftung unterscheidet sich von der „traditionellen Stiftung" primär in zwei Punkten: Zum einen ist die Dauer der Verbrauchsstiftung zeitlich beschränkt, weil sie nur für eine bestimmte Zeit bestehen soll. Zum anderen wird bei einer Verbrauchsstiftung über die Dauer ihres Bestehens neben den Erträgen auch das Stiftungsvermögen sukzessive für satzungsgemäße Zwecke eingesetzt und aufgebraucht. Dabei liegt es im Ermessen des Stifters, ob das Stiftungskapital von Anfang an oder erst nach einer bestimmten Zeit angetastet und ob es nur bis zu einem bestimmten Betrag oder komplett aufgebraucht werden soll.

83 Die Verbrauchsstiftung war bis zum Inkrafttreten des Stiftungsmodernisierungsgesetzes am 1. 9. 2002 stiftungsrechtlich problematisch. Seitdem ist eine Stiftung als rechtsfähig anzuerkennen, wenn die dauernde und nachhaltige Erfüllung des „Stiftungszwecks" gewährleistet ist. Neben der „reinen" Ver-

---

1 Bisle, Asset Protection durch den Einsatz inländischer Familienstiftungen, DStR 2012 S. 525.
2 Bisle, DStR 2012 S. 525, 526.
3 Werner, NWB-EV 2012 S. 331, 337.
4 Meyn, S&S RS 3/2013.

brauchsstiftung wird neuerdings auch die sog. „Teilverbrauchsstiftung" oder „Hybridstiftung" empfohlen. Hier wird der Vorteil der Ewigkeits- mit denjenigen der Verbrauchsstiftung kombiniert. Hierbei wird das Vermögen getrennt in Grundstock- und Verbrauchsvermögen.[1] Folge der Trennung ist weiter, dass die Organe der Stiftung für beide Vermögen getrennte Anlagestrategien entwickeln müssen.

Die Verbrauchsstiftung ist auch steuerlich anzuerkennen und kann die Steuervorteile einer „herkömmlichen" gemeinnützigen Stiftung beanspruchen, solange dieselben Bedingungen wie bei einer Stiftung auf Ewigkeit erfüllt sind. Allerdings werden die Stiftungsbehörden eine Verbrauchsstiftung i.d.R. nur anerkennen, wenn diese für eine angemessene Zeit errichtet wird. Hierbei wird im Allgemeinen auch von einem **Mindestzeitraum** von zehn Jahren ausgegangen;[2] diese Sicht deckt sich mit der Regelung im neuen Satz 2 des § 80 Abs. 2 BGB (vgl. Rn. 83).   84

Dem aktuellen Trend folgend, kann die Verbrauchsstiftung eine Alternative zur ewigen Stiftung sein und ist besonders geeignet für diejenigen Stifter, die den Stiftungszweck in einer überschaubaren Zeit (z.B. noch zu ihrer Lebenszeit) erfüllen bzw. ein der Höhe nach begrenztes Stiftungsvermögen auf diesem Wege effizienter für den Stiftungszweck einsetzen wollen.   85

Zwecke einer Verbrauchsstiftung könnten sein:[3]

► Unterstützung der Opfer eines bestimmten Krieges[4]

► Wiederaufbau eines historischen Gebäudes

► Forschung nach Heilmitteln gegen Krankheiten

8. Umwandlung von Stiftungen

Umstrukturierungen kommen auch bei steuerpflichtigen und steuerbefreiten Stiftungen einschließlich ihrer Tochterbeteiligungen vor. Die zivil- und handelsrechtlichen Regelungen sind im UmwG, die steuerlichen Vorschriften im UmwStG geregelt.   86

---

1 Grischa/George, S&S 3/2015 S. 32.
2 BMF v. 15.9.2014, BStBl 2014 I 1278; Schiffer/Pruns, NWB 2011 S. 3858, 3861.
3 Hüttemann in Hüttemann/Richter/Weitemeyer, Landesstiftungsrecht, 2011, Rn. 13.11; Schiffer/ Pruns, NWB 2011 S. 3858, 3859.
4 Z.B. die Stiftung EVZ „Erinnerung, Verantwortung und Zukunft" wurde im Jahr 2000 gegründet, um vor allem Zahlungen an ehemalige Zwangsarbeiter zu leisten. Die Auszahlungsprogramme wurden im Jahr 2007 abgeschlossen. Das Gründungskapital i.H.v. 5,2 Mrd.€ wurde vom deutschen Staat und von der deutschen Wirtschaft aufgebracht. Davon wurden 358 Mio.€ als Stiftungskapital für die Fördertätigkeit reserviert.

87 In den Anwendungsbereich der Normen fallen indes die Stiftung selbst und ihre Tochterbeteiligungen nicht gleichermaßen. Für die Stiftung selbst ist nur eine Umwandlungsart vorgesehen, nämlich die der Ausgliederung gem. § 124 UmwG, sofern die Stiftung die Voraussetzungen des § 161 UmwG erfüllt.[1] Problematisch ist, dass nach § 161 UmwG die Stiftung in das Handelsregister eingetragen werden müsste. Ob dies möglich ist bzw. verlangt werden darf, ist umstritten.[2]

Zu den steuerlichen Folgen einer Umwandlung vgl. Rn. 875 und Rn. 1355.

9. Stiftung und Insolvenz

88 Die rechtsfähige Stiftung ist insolvenzfähig (§ 11 Abs. 1 Satz 1 InsO). Zu einer Stiftungsinsolvenz kann es etwa kommen, wenn Erträge aus einer Unternehmensbeteiligung ausbleiben und dennoch hohe Personalkosten anfallen.[3]

89 Der Ablauf des Insolvenzverfahrens unterscheidet sich nicht wesentlich von demjenigen bei einer juristischen Person des Privatrechts (z. B. GmbH, AG). Der Vorstand der Stiftung hat als gesetzlicher Vertreter den Insolvenzantrag zu stellen. Als Insolvenzgründe kommen neben der Zahlungsunfähigkeit (§ 17 InsO) die Überschuldung (§ 19 InsO) in Betracht.

90 Wird das Insolvenzverfahren eröffnet, wird die Stiftung aufgelöst (§ 86 BGB i. V. m. § 42 BGB).[4]

91 Von der Insolvenz der Stiftung zu trennen ist die Insolvenz bei einer Tochterbeteiligung der Stiftung. Hier stellt sich die Frage für den Stiftungsvorstand, welche Pflichten ihn treffen, sofern sich eine Insolvenzlage abzeichnet.[5]

10. Stiftung und Beihilferecht

92 Das Europarecht wirkt in vielen Bereichen des deutschen Wirtschaftslebens, da die Normen auch dann, wenn sie national nicht umgesetzt wurden national zu beachten sind.[6]

---

1 Orth, FR 2010 S. 637.
2 Orth, FR 2010 S. 637, 638.
3 Schiffer/Sommer, NWB 2011 S. 3046, mit Beispielen S. 3047.
4 Schiffer/Sommer, NWB 2011 S. 3046, 3049.
5 Eingehend hierzu Schiffer/Sommer, NWB 2011 S. 3046, 3050 f.
6 Redbrake, S&S 2010 S. 38.

Erhalten beispielsweise Stiftungen mit einem wirtschaftlichen Geschäfts- 93
betrieb Zuschüsse der öffentlichen Hand, kann dies kritisch sein. Eine verbote-
ne Beihilfe i. S. d. Art. 107 I AEU[1] ist gegeben, wenn

a) eine Maßnahme zugunsten eines Unternehmens vorliegt, und

b) sie aus öffentlichen Mitteln finanziert wird, und

c) es sich um eine selektive Maßnahme handelt, und

d) sie die Gefahr einer Verfälschung des Wettbewerbs sowie eine Beeinträch-
   tigung des grenzüberschreitenden Handels hervorruft.

Damit findet das Beihilfeverbot etwa auch Anwendung für Stiftungen als
Krankenhausträger, denn sie können als Unternehmen in diesem Sinn einge-
stuft werden. Nach Ansicht des EuGH gilt jede wirtschaftlich tätige Einheit,
unabhängig von der Rechtsform, als Unternehmen.[2]

Das Beihilfeverbot gilt auch, wenn die Stiftung gemeinnützige Zwecke i. S. d. 94
§ 51 AO verfolgt. In Ausnahmefällen kann allerdings eine sich ausschließlich
sozial betätigende Stiftung nicht dem Beihilfeverbot unterworfen sein.[3] Ferner
liegt bei einer reinen Förderstiftung ebenfalls keine relevante wirtschaftliche
Tätigkeit vor, so dass auch hier eine Ausnahme vom Beihilfeverbot besteht.

11. Social Media

Die Nutzung des Internets ist – insbesondere für gemeinnützige – Stiftungen 95
von großem Vorteil, weil die Stiftung so einem breiten Publikum die Möglichkeit eröffnet, sich über die Tätigkeit der Stiftung ein Bild zu verschaffen.[4] Insbesondere bei Unternehmensstiftungen ist die Presse- und Öffentlichkeitsarbeit von großer Bedeutung.[5] Ferner können über das Internet **Spenden ge-
sammelt** werden.[6] Zugleich ist das Internet per se aber noch kein Garant für
den Erfolg der Stiftung. Entscheidend ist, dass auch hier Ziele definiert werden.
Daran sind die Inhalte und Maßnahmen auszurichten.[7]

Viele Stiftungen verfügen über zumeist geringe Erträge, so dass sie für die Au- 96
ßenwahrnehmung den Internetauftritt einer Hochglanzbroschüre vorziehen.

1 Vertrag über die Arbeitsweise der Europäischen Union (AEU).
2 Ritter/Marx, S&S RS 2/2015 S. 6 ff.
3 Redbrake, S&S 2010 S. 38.
4 Rehländer, S&S RS 4/2013 S. 2.
5 Servaty, S&S 1/2014 S. 16.
6 Reis/Steinmüller/Bergmaier, S&S 1/2014 S. 18.
7 Rehländer, S&S RS 4/2013 S. 5.

Die Integration von Social Media in die eigene Kommunikation ist aber auch mit erheblichen Risiken verbunden.[1] Neben der Impressumspflicht sind insbesondere **Urheber- und Datenschutzrechte** (siehe Rn. 97 f.) zu beachten. Bei der Neuerrichtung einer Stiftung ist frühzeitig die „Domain" zu sichern. Bei der Nutzung von **Facebook** ist zu bedenken, dass Facebook die Nutzungsrechte an den Inhalten, die in den Profilen veröffentlicht werden, erwirbt.[2]

12. Datenschutz

97   Durch die Verabschiedung der **Datenschutz-Grundverordnung** der Europäischen Union (**DSGVO**)[3] ergeben sich auch Folgen für Nonprofit-Organisationen, da keine Sonderregelungen für gemeinnützige Körperschaften vorgesehen sind. Bislang bestanden unterschiedliche nationale Regelungen, die allesamt auf der europäischen Datenschutz-Richtlinie von 1995 beruhten.

98   Die neue Datenschutz-Grundverordnung sieht eine Vielzahl von internen Organisationspflichten ebenso wie vielfältige Transparenzpflichten gegenüber Vereinsmitgliedern vor. Der **Schutz personenbezogener Daten**, die von der Nonprofit-Organisation gespeichert und verarbeitet werden, steht im Mittelpunkt der Regelungen. Nach Art. 5 Abs. 1 Buchst. a DSGVO sind Informationspflichten gegenüber den Betroffenen zu erfüllen.[4] Es ist Aufgabe der Nonprofit-Organisationen, sich frühzeitig auf die neuen gesetzlichen Anforderungen einzustellen und Vorkehrungen zu treffen. Neben den drastisch erhöhten Bußgeldern (bis 20 Mio. €) stärkt die Grundverordnung die Rechte der Betroffenen. So wird etwa das „**Recht auf Vergessenwerden**" (Art. 17 EU-DSGVO) im Nachgang zur sog. Google-Entscheidung eingeführt. Wie dies in der Praxis umzusetzen ist, bleibt fraglich.[5] Ab dem 25. 5. 2018 bestimmt sich die werbliche Nutzung personenbezogener Daten nach der neuen DSGVO.[6]

13. Transparenzregister

99   Am 26. 6. 2017 ist das neu gefasste Geldwäschegesetz in Kraft getreten. In den §§ 18–26 GWG finden sich die gesetzlichen Vorgaben für ein neu zu errichtendes elektronisches **Transparenzregister**. Erstmalig bis zum **1. 10. 2017** und anschließend fortlaufend müssen juristische Personen des Privatrechts,

---

1 Ulbricht, S&S 4/2013 S. 32.
2 Rehländer, S&S RS 4/2013 S. 11.
3 Die DSGVO wurde am 4. 5. 2016 im Gesetzblatt der EU veröffentlicht.
4 Lachenmann, S&S 3/2016 S. 32 f.
5 Wickert, NWB 2016 S. 2734; EuGH v. 13. 5. 2014 - Rs. C-131/12; Hansen-Oest/Heidrich, c't 2016 S. 166, 168.
6 Lachenmann, S&S 6/2016 S. 38 f.

eingetragene Personengesellschaften, Trusts und vergleichbare Rechtsgestaltungen Angaben über ihre wirtschaftlich Berechtigten an das zu diesem Zweck neu eingeführte Transparenzregister melden. Die neu geschaffenen **Meldepflichten** sollen zur Verhinderung von Geldwäsche und zur Aufdeckung von Terrorismusfinanzierung beitragen, werden aber zunächst einmal vor allem zu bürokratischem Mehraufwand führen.

§ 3 Abs. 3 GWG trifft Sonderregelungen für **wirtschaftlich Berechtigte** von 100 rechtsfähigen Stiftungen und bestimmten Rechtsgestaltungen. Zu diesen mitteilungspflichtigen Rechtsgestaltungen zählen insbesondere Common Law Trusts, ausweislich der Gesetzesbegründung aber grundsätzlich nicht Treuhandverhältnisse nach deutschem Recht. Aufgrund der ausdrücklichen Normierung in § 21 Abs. 2 Nr. 1 GWG werden aber rechtsfähige Stiftungen (sog. Treuhandstiftungen) dann erfasst, wenn der Stiftungszweck aus Sicht des Stifters eigennützig ist. Zu den wirtschaftlich Berechtigten zählen hier die als Treugeber, Verwalter von Trusts oder Protektor handelnden natürlichen Personen, Vorstandsmitglieder, begünstigte Personen bzw. Gruppen von natürlichen Personen, zu deren Gunsten das Vermögen verwaltet oder verteilt werden soll sowie jede natürliche Person, die auf sonstige Weise unmittelbar oder mittelbar beherrschenden Einfluss auf die Vermögensverwaltung oder Ertragsverteilung ausübt. Gerade für eine Familienstiftung dürfte also beachtlich sein, dass Informationen über die Begünstigten als wirtschaftlich Berechtigte offenzulegen sind (§ 3 Abs. 3 Nr. 3 GWG).

Der **Stifter** ist nicht ausdrücklich als wirtschaftlich Berechtigter in § 3 Abs. 3 101 GWG genannt. Allenfalls könnte der Stifter also als Begünstigter (§ 3 Abs. 3 Nr. 3 GWG) als wirtschaftlich Berechtigter erfasst sein, wenn die Stiftungssatzung dies vorsieht. Daher ist eine versteckte Formulierung im Rahmen der allgemeinen Folgenabwägung in der Gesetzesbegründung zumindest missverständlich, nach der es heißt „Bei Stiftungen bürgerlichen Rechts dagegen ist davon auszugehen, dass in aller Regel eine Mitteilung an das Transparenzregister erfolgen muss, da sich die notwendigen Angaben weder zum Stifter noch zum Vorstand in den Stiftungsverzeichnissen der Länder befinden." Sollte der Gesetzgeber damit über den Fall der gleichzeitigen Stellung als Stifter und Begünstigter hinaus den Stifter als wirtschaftlich Berechtigten erfassen wollen, hätte er dies ausdrücklich in § 3 Abs. 3 GWG so normieren müssen. Dies ist nicht geschehen, so dass die besseren Argumente dafür sprechen, den Stifter in allen anderen Fällen nicht als wirtschaftlich Berechtigten einzuordnen.[1]

---

1 Vgl. Kotzenberg/Lorenz, NJW 2017 S. 2433, 2435.

Festzuhalten ist, dass das Transparenzregister nicht nur für **Familienstiftungen**, sondern auch für **gemeinnützige** Stiftungen Relevanz besitzt. Entsprechende **Meldungen** zum Transparenzregister sind vom Vorstand **bis zum 1. 10. 2017** abzugeben.

14. Vergaberecht

102 Das Vergaberecht kann für Stiftungen relevant werden, weil es Regeln für die Beschaffung von Waren und Dienstleistungen durch öffentliche Auftraggeber aufstellt. Stiftungen können zur Ausschreibung von Aufträgen und Dienstleistungskonzessionen verpflichtet sein (§ 98 Nr. 2 GWB).[1] Betroffen sind gemeinnützige Stiftungen im Bereich des Zweckbetriebs oder wirtschaftlichen Geschäftsbetriebs (siehe Rn. 1079 ff., 1113 ff.).

15. Der Stiftungsverein

103 Trägervereine tragen sich angesichts knapper werdender Mittel vermehrt mit dem Gedanken, eine Stiftung zu errichten. Mangels ausreichenden Kapitals ist dies oft nicht realisierbar. Hier wird der – nachfolgend nicht näher beleuchtete – Stiftungsverein als Lösung erwogen. Er entspricht seiner Struktur nach einer Stiftung mit geschäftsführendem Vorstand und Aufsichtsorgan.[2] Der Stiftungsverein ist aber **keine Stiftung**, sondern der Verein bleibt in seiner Rechtspersönlichkeit erhalten und lediglich seine Strukturen und Eigenschaften verändern sich und werden durch Satzungsgestaltung denen einer Stiftung nachgebildet. Der Stiftungsverein unterliegt nicht der Stiftungsaufsicht. Besondere Steuervorteile, die nur für Stiftungen gelten, sind ihm verschlossen.[3]

16. Finanztransfergeschäfte durch Förderkörperschaften

104 Die **Mittelweiterleitung** durch eine gemeinnützige Förderkörperschaft (siehe Rn. 1034) kann ein **Finanztransfergeschäft** nach § 1 Abs. 2 Nr. 6 Zahlungsdiensteaufsichtsgesetz (ZAG) darstellen, das der **BaFin-Erlaubnis** bedarf. Ein Betreiben des Geschäfts ohne entsprechende Erlaubnis ist illegal und nach § 31 Abs. 1 Nr. 2 ZAG strafbar. Weitere Folge wäre, dass die Anerkennung der Ge-

---

1 Gilberg, S&S 6/2013 S. 36 f.
2 Weidlich/Foppe, S&S 5/2013 S. 32.
3 Weidlich/Foppe, S&S 5/2013 S. 32 f.

meinnützigkeit hinfällig ist.[1] Derzeit ist unklar, ob von dieser strengen Ansicht der BaFin nur spezielle Organisationen[2] oder auch tausende Fördervereine und Förderstiftungen von Schulen, Kitas, Universitäten etc. betroffen sind.

(Einstweilen frei) 105

17. Anwendbarkeit des Mindestlohngesetzes auf Stiftungen

Das am 1.1.2015 in Kraft getretene Mindestlohngesetz (MiLoG) gilt für alle 106 Arbeitnehmer und damit grundsätzlich auch für Mitarbeiter von Stiftungen. Nach § 22 MiLoG ist der Mindestlohn von 8,50 € für die bei Stiftungen **ehrenamtlich tätigen** Personen indes **nicht** zu bezahlen. Vorsicht ist jedoch bei der Beschäftigung von Praktikanten geboten.[3] Da hier je nach Praktikumsart unterschiedliche Folgerungen zu ziehen sind.

Sofern das MiLoG anzuwenden ist, hat der Vorstand die umfangreichen Dokumentationspflichten gem. § 17 Abs. 1 MiLoG einzuhalten. Dies führt bei Stiftungen mit den dort häufig anzutreffenden geringfügig Beschäftigten zu einem hohen Verwaltungsaufwand. Hinzuweisen ist auf den allgemeinen Haftungstatbestand für Subunternehmer nach § 13 MiLoG. Danach haftet die Stiftung als Auftraggeber entsprechend § 14 AEntG.

18. Künstlersozialabgabe – Anwendbarkeit auf Stiftungen

Die auch von Stiftungen unter bestimmten Voraussetzungen zu zahlende 107 Künstlersozialabgabe bereitet den Vorständen zunehmend Schwierigkeiten. Bereits der in § 24 Abs. 1 Satz 2 KSVG enthaltene Begriff „nicht nur gelegentlich" ist in seiner Anwendung auf Stiftungen unklar.

Zu Einzelheiten wird auf den ausführlichen und praxisnahen Aufsatz von Holthaus verwiesen.[4]

Die ab 2015 eingeführte Freigrenze von 540 € ist bei einem derzeit geltenden Prozentsatz der KSA von 5,2 % eindeutig zu gering. Bei Unternehmen, die nicht typische Abgabepflichtige sind, entsteht somit der der gesamte Verwaltungsaufwand (vgl. § 27 Abs. 1 KSVG) aus der KSA bereits bei einem Jahresbetrag von mehr als 23,40 €.

---

1 Winheller/Auffenberg, DStR 2015 S. 589.
2 Z. B. die „gut.org gAG", die das Spendenportal www.betterplace.org betreibt.
3 Grambow, ZStV 2015 S. 81, 82 f.
4 Holthaus, ZStV 2015 S. 112.

19. Stakeholder

108   Da Stiftungen in einem sich verschärfenden Umfeld behaupten müssen, stellt sich für die handelnden Personen die Frage, welche Strategien und Instrumente zu einem erfolgreichen Stiftungshandeln führen.[1] Hat eine Stiftung – wie häufig – multiple Stakeholder, ergeben sich aus deren Inhomogenität vielfältige Probleme für die Stiftung. Denn die Beziehungspartner verbinden ihre finanzielle Unterstützung mit konkreten Erwartungen, die u.U. den Interessen der Leistungsempfänger widersprechen. Daher gilt es, die unterschiedlichen Stakeholderanliegen auszubalancieren.[2]

109   *(Einstweilen frei)*

II. Die Entstehung einer rechtsfähigen Stiftung

110   Die Entstehung einer rechtsfähigen Stiftung ist an zwei Voraussetzungen geknüpft, den eigentlichen Errichtungsakt (Stiftungsgeschäft) und das hoheitliche Anerkennungsverfahren.

1. Stiftungsgeschäft

1.1 Die Person des Stifters

111   In § 81 BGB ist geregelt, dass ein Stiftungsgeschäft die verbindliche Erklärung des Stifters verlangt, Vermögen zur Erfüllung der von ihm vorgegebenen Zwecke zu widmen.[3]

Formal kommen als Stifter nicht nur natürliche (geschäftsfähige) Personen in Betracht;[4] Stifter können auch sein:

▶ eine öffentlich-rechtliche Körperschaft (str.),[5]

▶ ein eingetragener Verein,

▶ eine BGB-Gesellschaft,

▶ eine OHG, KG,

---

1 Stahl, S&S 6/2015 S. 24.
2 Ausführlich Stahl, S&S 6/2015 S. 24 ff.
3 Zu Einzelheiten vgl. Reuter in Münchener Kommentar zum BGB, 6. Aufl. 2012, §§ 80, 81 Rn. 12.
4 Reuter in Münchener Kommentar zum BGB, 6. Aufl. 2012, §§ 80, 81 Rn. 4.
5 Nach Ansicht des OVG NRW (v. 19.12.2012, 16 A 1451/10) kann eine Gemeinde keine privatrechtliche Stiftung errichten; vgl. Schulte/Herbrich, S&S 5/2013 S. 34.

▶ eine GmbH, AG,

▶ eine Stiftung.[1]

Hingegen scheidet eine Erbengemeinschaft als Stifter aus.[2]

1.2 Stiftungsgeschäft unter Lebenden

Als Stiftungsgeschäft bezeichnet man die einseitige rechtsverbindliche Erklärung des Stifters, eine Stiftung zu errichten.[3] Durch das Stiftungsgeschäft werden auch die Mindestinhalte der Satzung festgelegt. An sich wird die Stiftungsorganisation primär in der Stiftungssatzung geregelt; aus praktischen Überlegungen wird aber oft der Gründungsvorstand im Stiftungsgeschäft bestimmt.[4]   112

Bei einer Stiftungserrichtung unter Lebenden bedarf das Stiftungsgeschäft der schriftlichen Form. Im Stiftungsgeschäft legt der Stifter den Namen und Zweck der Stiftung fest (personenrechtlicher Teil). Ferner benennt er das Vermögen (vermögensrechtlicher Teil), das er der Stiftung zur Erfüllung ihres Zwecks widmet. Für die Widmung erhält er aber keine Gesellschaftsrechte oder eine Gegenleistung.[5] Hieraus folgt mittelbar die „Unangreifbarkeit" des Stiftungsvermögens. Dritte können nämlich nicht auf die „Anteile an der Stiftung" zugreifen, da es solche nicht gibt.   113

Das Stiftungsgeschäft unter Lebenden bedarf, was oft übersehen wird, lediglich der **Schriftform** (§ 81 Abs. 1 i.V. m. § 126 BGB).[6] Dies bedeutet, dass das Stiftungsgeschäft auch **eigenhändig unterschrieben** werden muss, wobei Vertretung möglich, aber unüblich ist.[7] Gehören allerdings Grundstücke zu dem der Stiftung gewidmeten Vermögen, ist streitig, ob für das gesamte Stiftungsgeschäft dann notarielle Beurkundung erforderlich ist (§ 311b BGB). Die h. M. verneint dies zu Recht.[8]   114

---

1 Eine Stiftung kann eine Tochterstiftung errichten, vgl. Reuter in Münchener Kommentar zum BGB, 6. Aufl. 2012, §§ 80, 81 Rn. 5.
2 Werner in Werner/Saenger, Die Stiftung, Rn. 270 ff.; Reuter in Münchener Kommentar zum BGB, 6. Aufl. 2012, §§ 80, 81 Rn. 6.
3 Werner in Werner/Saenger, Die Stiftung, Rn. 278 ff.
4 Werner in Werner/Saenger, Die Stiftung, Rn. 330.
5 Zur Rechtsnatur vgl. Reuter in Münchener Kommentar zum BGB, 6. Aufl. 2012, §§ 80, 81 Rn. 3; Werner in Werner/Saenger, Die Stiftung, Rn. 282.
6 Werner in Werner/Saenger, Die Stiftung, Rn. 309 ff., 311.
7 Werner in Werner/Saenger, Die Stiftung, Rn. 326.
8 Reuter in Münchener Kommentar zum BGB, 6. Aufl. 2012, §§ 80, 81 Rn. 7.

Zu einer Nichtigkeit des Stiftungsgeschäfts wird es nur selten kommen. Als Nichtigkeitsgründe kommen Formnichtigkeit, Sittenwidrigkeit und Geschäftsunfähigkeit des Stifters (§ 105 Abs. 1 BGB) in Betracht. Ferner, wenn das Stiftungsgeschäft gegen ein gesetzliches Verbot (§ 134 BGB) verstößt oder für den Stifter ein nicht ausreichend bevollmächtigter Vertreter handelte (§ 180 Satz 1 BGB).[1] Folge der Nichtigkeit ist, dass die Stiftung als rechtlich niemals wirksam entstanden gilt. Alle Rechtsgeschäfte wären rückabzuwickeln.

Die Gefahr der Nichtigkeit des Stiftungsgeschäfts und damit der Gründung der Stiftung ist besonders bei juristischen Personen, die der katholischen Kirche zuzuordnen sind, gegeben. Hier können kirchliche Zustimmungsvorbehalte (z. B. des Diözesanbischofs) dazu führen, dass ein Stiftungsgeschäft ohne vorherige **amtskirchliche Genehmigung** von Anfang an nichtig ist.[2]

115 Auch wenn das Stiftungsgeschäft mit vertraglichen Abreden verbunden ist, handelt es sich um eine einseitige, nicht empfangsbedürftige Willenserklärung. Bis zur Anerkennung der Stiftung kann das Stiftungsgeschäft frei **widerrufen** werden (§ 81 Abs. 2 BGB).[3] Nach Auffassung der Rechtsprechung ist das Stiftungsgeschäft nicht bedingungsfeindlich, allerdings wird die staatliche Anerkennung erst nach Eintritt der aufschiebenden Bedingung erteilt werden.

116 Das Recht zum Widerruf (bis zum Zugang des Verwaltungsaktes mit der Anerkennung) nach § 81 Abs. 2 BGB geht nach dem Tod des Stifters nicht auf seine Erben über.[4] Ebenfalls nicht über geht das Recht auf Widerruf des Antrags auf Anerkennung.[5]

117 Verstirbt der Stifter nach Einreichung des Stiftungsgeschäfts, dann wirkt die spätere Anerkennung durch die Anerkennungsbehörde zurück, d. h. die Stiftung gilt als zu Lebzeiten des Erblassers errichtet, § 84 BGB.

118 Das Widerrufsrecht nach § 81 Abs. 2 BGB darf nicht verwechselt werden mit den in Schenkungsverträgen regelmäßig vorgesehenen Schenkungswiderrufsvorbehalten. Insbesondere ist es **nicht möglich**, die **Vermögensausstattung** der Stiftung unter einen **Rückforderungsvorbehalt** zu stellen.[6] Denn die Regeln des Stiftungszivilrechts gehen denen des Schenkungsrechts vor.

---

1 Krause, S&S 2/2014 S. 36 f.
2 Krause, S&S 2/2014 S. 36 f.
3 Werner in Werner/Saenger, Die Stiftung, Rn. 312.
4 Reuter in Münchener Kommentar zum BGB, 6. Aufl. 2012, §§ 80, 81 Rn. 49.
5 Reuter in Münchener Kommentar zum BGB, 6. Aufl. 2012, §§ 80, 81 Rn. 50.
6 Schiffer/Pruns in Schiffer, a. a. O., S. 94 Rn. 89.

Anders ist dies bei einer **Zustiftung** (vgl. Rn. 768, 772), da hier § 81 Abs. 2 BGB   119
nicht gilt. Demnach kommen neben einem Widerrufsvorbehalt sämtliche typischerweise bei vorweggenommenen Erbfolgeregelungen vorbehaltene Nutzungsrechte wie etwa ein Nießbrauchsvorbehalt oder Wohnrecht in Betracht.

1.3 Stiftungsgeschäft von Todes wegen

Ein Stiftungsgeschäft von Todes wegen (§ 83 BGB) kann durch (ggf. gemein-   120
schaftliches) **Testament** oder **Erbvertrag** erfolgen.[1] Die Stiftung wird in diesem
Fall meist als Erbe oder Miterbe eingesetzt, sie kann aber auch mit einem Vermächtnis oder durch eine Auflage bedacht und damit ihre Errichtung initiiert
werden. Neben den Formvorschriften, die bei einer Verfügung von Todes wegen zu beachten sind,[2] muss der Erblasser stets **Pflichtteilsrechte** (inkl. Pflichtteilsergänzungsansprüchen) des Ehegatten, der Kinder und – bei Fehlen von
Abkömmlingen – ggf. seiner Eltern bedenken, die gegen die Stiftung geltend
gemacht werden können.[3]

Um das Risiko zu minimieren, dass die Anerkennung der Stiftung von Todes   121
wegen scheitern könnte, wird häufig ein **Testamentsvollstrecker** eingesetzt.[4]
Er wird befugt, Änderungen an der Stiftungssatzung vorzunehmen, wenn dies
z. B. aus steuerlichen Gründen (Erlangung der Steuerfreiheit) notwendig ist.
Weitergehende Kompetenzen etwa zur selbständigen Ausgestaltung der Satzung oder Treffen von grundlegenden Entscheidungen besitzt er nicht.[5] Ist die
Festlegung des Stifters zu vage, scheitert die Stiftungserrichtung. So hat etwa
das OLG Celle entschieden, dass die Auflage, welche die Erblasserin angeordnet hat, ihr „Erbe in die Stiftung L. einzubringen", unwirksam ist.[6] Denn die
Erblasserin habe den Zweck der Stiftung nicht bestimmt (§ 2193 Abs. 1 BGB).
Aus dem Testament gehe nämlich nicht hervor, welchem Zweck die Erblasserin
die Stiftung widmen wollte (§ 81 Abs. 1 Satz 2 BGB).

---

1 Reuter in Münchener Kommentar zum BGB, 6. Aufl. 2012, § 83 Rn. 1; Werner in Werner/Saenger,
   Die Stiftung, Rn. 281; ein Testamentsmuster stellt Schiffer, EE 2016 S. 171, vor.
2 Schlüter/Stolte, Stiftungsrecht, Kapitel 2 Rn. 99.
3 Vgl. zu Pflichtteilsergänzungsansprüchen Bsp. 2 bei Werner in Werner/Saenger, Die Stiftung,
   Rn. 333.
4 Rott/Kornau, NWB 2010 S. 386; Werner in Werner/Saenger, Die Stiftung, Rn. 341; Schlüter/Stol-
   te, Stiftungsrecht, Kapitel 2 Rn. 118.
5 Werner in Werner/Saenger, Die Stiftung, Rn. 341.
6 OLG Celle v. 11. 4. 2017 - 6 W 36/17, ZEV 2017 S. 295 (LS).

Einer Dauertestamentsvollstreckung bedarf es regelmäßig nicht;[1] vielmehr genügt die **Abwicklungsvollstreckung**.

Eine gänzlich andere rechtliche Fragestellung ist, ob eine Stiftung als Alleinerbin und Testamentsvollstreckerin berufen werden kann.[2] Insbesondere das sog. **Erbschaftsfundraising** kann Risiken beinhalten, weil Streitigkeiten mit den testamentarischen Erben ausgefochten werden müssen.[3] Es darf zudem nicht übersehen werden, dass Fälle denkbar sind, in denen sich sogar eine Erbeinsetzung für die Stiftung als **Risiko** erweisen kann. Unter Umständen muss dann die Stiftung oder ein Testamentsvollstrecker **Nachlassverwaltung** nach § 1975 BGB oder **Nachlassinsolvenz** gem. § 1980 BGB beantragen.[4]

Rechtlich umstritten ist auch, ob eine Dauertestamentsvollstreckung für das der Stiftung aufgrund des Stiftungsgeschäfts von Todes wegen zugedachte Vermögen angeordnet werden kann.[5]

122 Ist das Stiftungsgeschäft als **Vermächtnis** ausgestaltet, besteht die Vermögensausstattung in dem klagbaren Anspruch der Stiftung gegen den oder die beschwerten Erben auf Leistung des vermachten Gegenstandes (§§ 2174, 2176 BGB).[6] Aufgrund der gesetzlichen Fiktion (§ 84 BGB) wird die erst nach dem Tod anerkannte Stiftung so behandelt, als hätte sie beim Tod des Stifters schon existiert. Der Beschwerte ist also wegen der Rückwirkung vom Erbfall an bereits verpflichtet, mag die Stiftung auch erst danach entstanden sein.

123 Der Stifter sollte die **Stiftungssatzung** als **Anlage** seinem **Testament** oder dem Erbvertrag beifügen. Allerdings müssen die wesentlichen Grundzüge der Satzung – die erbrechtlichen Formvorschriften beachtend – im Testament oder Erbvertrag niedergelegt sein.[7]

Bei Auslegungsschwierigkeiten geht nach § 83 Satz 2 BGB die Ergänzungsbefugnis kraft Gesetzes auf die Anerkennungsbehörde über.[8]

124 Das Steuerrecht folgt dieser zivilrechtlichen Rückwirkung nicht, so dass als übergegangenes Vermögen i. S. d. § 3 Abs. 2 Nr. 1 ErbStG dasjenige Vermögen

---

1 Schlüter/Stolte, Stiftungsrecht, Kapitel 2 Rn. 118; Pauli, Stiftung und Testamentsvollstreckung als Gestaltungsmittel zur Sicherung des Erblasserwillens, ZEV 2012 S. 461, 465.
2 Vgl. hierzu Pauli, ZEV 2012 S. 461, 465 (unter 4.3.).
3 Schmidt-Thomé, S&S 6/2015 S. 38.
4 Rott, S&S 1/2014 S. 36 f.
5 Pauli, ZEV 2012 S. 461, 465 (unter 4.4.).
6 Schlüter/Stolte, Stiftungsrecht, Kapitel 2 Rn. 113.
7 Werner in Werner/Saenger, Die Stiftung, Rn. 336.
8 Reuter in Münchener Kommentar zum BGB, 6. Aufl. 2012, § 83 Rn. 18.

zu verstehen ist, das der Stiftung im **Zeitpunkt ihrer Anerkennung,** also ex nunc, zufällt.[1] Ertragsteuerlich hat der Erbe bzw. haben die Erben wohl die in der Interimszeit erzielten Einkünfte aus dem auf die Stiftung zu übertragenden Vermögen zu versteuern, obwohl die Erträge zivilrechtlich (§ 84 BGB) bereits der Stiftung zustehen (vgl. Rn. 122).

Die Möglichkeit, die Stiftung durch eine Auflage zu bedenken,[2] darf nicht verwechselt werden mit dem Fall, dass der Erblasser den Erben mit der Auflage beschwert, seinerseits eine Stiftung zu errichten. Wird demnach die Erklärung mit dem Inhalt des Stiftungsgeschäfts vom Erben aufgrund einer entsprechenden Auflage im Testament abgegeben, handelt es sich nicht um ein Stiftungsgeschäft von Todes wegen, vielmehr um ein solches unter Lebenden. Der Erbe ist in diesem Fall als Stifter anzusehen.   125

HINWEIS: 126

In der Praxis hat sich gezeigt, dass die Stiftungserrichtung im Wege der sog. Stufenlösung vorteilhafter ist. Der Stifter gründet in diesem Fall eine Stiftung zu Lebzeiten und widmet ihr ein zunächst bescheidenes Vermögen. Er kann hierbei – im Falle einer steuerbegünstigten Stiftung – noch selbst die einkommensteuerlichen Vorteile (vgl. unten Rn. 1156) beanspruchen. In seinem Testament kann er dann unproblematisch die bereits handlungsfähige und wirksam errichtete Stiftung als Erbe, Miterbe oder Vermächtnisnehmer einsetzen, ohne dass es hierbei zu Streitigkeiten oder Auslegungsfragen kommen kann. Zudem kann er zu Lebzeiten die Geschicke der Stiftung noch selbst lenken.

2. Inhalt des Stiftungsgeschäfts

2.1 Stiftungserklärung

Das Stiftungsgeschäft ist nach allgemeiner Ansicht eine **einseitige,** nicht empfangsbedürftige **Willenserklärung.** Es besteht nach ganz h. M. aus **zwei Teilen:** Einem **organisationsrechtlichen** und einem **vermögensrechtlichen.**[3] Der organisationsrechtliche, konstitutionelle Teil ist auf die Errichtung der juristischen Person gerichtet. Der vermögensrechtliche Teil (Bewidmungsakt, Zuwendungsversprechen) betrifft die Ausstattung der Stiftung. Das Stiftungsgeschäft muss zur Verwirklichung eines bestimmten Zwecks den Willen des Stifters zur Errichtung eines selbständigen Rechtsträgers erkennen lassen, sog. Stiftungs-   127

---

1 BFH v. 25. 10. 1995 - II R 20/92, DB 1996 S. 191; a. A. FG Düsseldorf v. 20. 3. 2003 - 15 K 5912/00 K, EFG 2003 S. 895.

2 Weitemeyer in Münchener Kommentar zum BGB, 7. Aufl. 2015, § 83 Rn. 11; Schlüter/Stolte, Stiftungsrecht, Kapitel 2 Rn. 114.

3 Weitemeyer in Münchener Kommentar zum BGB, 7. Aufl. 2015, § 81 Rn. 3.

absicht. Als vermögensrechtlicher Bestandteil des Stiftungsgeschäfts wird die verbindliche Erklärung des Stifters gem. § 81 Abs. 1 Satz 2 BGB verlangt, ein Vermögen „zur Erfüllung eines von ihm vorgegebenen Zwecks" zu widmen. Dies bedeutet zweierlei. Eine wirksame Stiftungserklärung liegt nicht vor, wenn eine isolierte Vermögensausstattung zugesagt wird. Und auch eine reine Funktionsstiftung, die zur Erfüllung ihres Zwecks kein Vermögen benötigt, wäre nicht anerkennungsfähig.[1] Letzteres wäre z. B. der Fall, wenn sich die Stiftung als Komplementärin ohne eigenes Vermögen an einer KG beteiligt.

128 Einen bestimmten Wortlaut verlangt zwar das Zivilrecht für das Stiftungsgeschäft nicht, gleichwohl verlangen vor allem die Finanzbehörden bei steuerbegünstigten Stiftungen häufig die Verwendung steuerlicher Begriffe aus der AO.[2] Im Ergebnis wird man indes stets auf eine eindeutige Formulierung des Stiftungsgeschäfts und auch der Satzung achten, um Mehrdeutigkeiten und damit Auslegungsproblematiken zu vermeiden.[3] Sollte es dennoch zu Auslegungsproblemen kommen, ist nicht auf § 157 BGB, sondern allein auf § 133 BGB zurückzugreifen.

2.2 Umfang der Vermögenszusage

129 Die rechtliche Einordnung der Vermögenszusage nach § 80 Abs. 1 Satz 2 BGB ist streitig. Nach wohl h. M. handelt es sich um ein **Rechtsgeschäft sui generis**, das aber vollumfänglich den Regeln des Schenkung-Zivilrechts unterliegt.[4]

130 Damit ist die Vermögensausstattung als **unentgeltlicher Vorgang** anzusehen, der grundsätzlich auch anfechtungs- und insolvenzrechtlich der **Schenkungsanfechtung** (§ 4 AnfG, § 134 InsO) unterliegt.[5]

131 Ebenfalls anwendbar sind damit **analog §§ 519, 528 f. BGB**.[6] Anders ist dies bei Zustiftungen, auf die das Schenkungsrecht unmittelbar anzuwenden ist. Hier erfolgt die Zuwendung nicht aufgrund des Stiftungsgeschäfts.[7]

132 Es ist nach umstrittener Ansicht **nicht möglich**, die **Vermögensausstattung** der Stiftung unter einen **Rückforderungsvorbehalt** zu stellen.[8] Argumentiert wird,

---

1 Weitemeyer in Münchener Kommentar zum BGB, 7. Aufl. 2015, § 81 Rn. 13.
2 Werner in Werner/Saenger, Die Stiftung, Rn. 293 ff.
3 Werner in Werner/Saenger, Die Stiftung, Rn. 313.
4 Weitemeyer in Münchener Kommentar zum BGB, 7. Aufl. 2015, § 81 Rn. 20.
5 Weitemeyer in Münchener Kommentar zum BGB, 7. Aufl. 2015, § 81 Rn. 21.
6 Weitemeyer in Münchener Kommentar zum BGB, 7. Aufl. 2015, § 81 Rn. 21.
7 Weitemeyer in Münchener Kommentar zum BGB, 7. Aufl. 2015, § 81 Rn. 21.
8 Schiffer/Pruns in Schiffer, a.a.O., S. 94 Rn. 89; a.A. Theuffel-Werhahn, ZEV 2017 S. 17, 20 (Tz. 3.2).

dass die Regeln des Stiftungszivilrechts denen des Schenkungsrechts vorgehen. Die Gegenansicht bringt vor, dass es für die Anerkennung maßgeblich darauf ankomme, dass der Stiftung auch nach einem etwaigen Widerruf genügend Vermögen verbleibe, so dass die dauernde und nachhaltige Erfüllung des Stiftungszwecks gesichert erscheine (§ 80 Abs. 2 Satz 1 BGB).[1] Man wird deshalb im konkreten Fall nicht umhinkommen, diese Frage im Vorfeld mit der Stiftungsbehörde zu klären. Gegebenenfalls ist der Weg der Zustiftung zu wählen.

HINWEIS:

Bei einer Zustiftung ist ein Rückforderungsrecht denkbar, da hier § 81 Abs. 2 BGB nicht gilt; die Zuwendung erfolgt nicht aufgrund des Stiftungsgeschäfts.

Mit ihrer Rechtsfähigkeit erwirbt die Stiftung einen **Anspruch gegen den Stifter** auf Übertragung des Vermögens, das dieser im Rahmen des Stiftungsgeschäfts zugesagt hat (sog. Grundstockvermögen, vgl. § 82 Satz 1 BGB). Ein Vermögensübergang kraft Gesetzes, wie bei der Erbfolge (§ 1922 BGB), findet nicht statt. Für den Vermögenserwerb sind grds. einzelne Übertragungsakte (§§ 929, 873 BGB) erforderlich,[2] es sei denn, § 82 Satz 2 BGB findet Anwendung. Nach § 82 Satz 2 BGB gehen Rechte, zu deren Übertragung der Abtretungsvertrag (§§ 398, 413 BGB) genügt, ausnahmsweise kraft Gesetzes mit der Anerkennung der Stiftung als rechtsfähig auf diese über, sofern sich nicht aus dem Stiftungsgeschäft ein anderer Wille des Stifters ergibt.[3] Rechte i. S. v. § 82 Satz 2 BGB sind z. B. Forderungen, Urheber- und Patentrechte, ferner auch GmbH-Anteile.[4] Geht man davon aus, dass der Gesellschaftsanteil an einer Personengesellschaft überwiegend als subjektives Recht angesehen und für übertragbar gehalten wird, dann sind hierfür ebenfalls die §§ 413, 398 BGB einschlägig.[5] Ist im Stiftungsgeschäft z. B. die Übertragung eines GbR-Anteils versprochen, wäre § 82 Satz 2 BGB nach wohl h. M. hierfür einschlägig, da der GbR-Anteil als Personengesellschaftsanteil nach §§ 413, 398 BGB übertragen wird. Allerdings steht § 82 Satz 2 BGB unter dem Vorbehalt, dass sich aus dem Stiftungsgeschäft ein anderer Wille des Stifters nicht ergeben darf.

133

---

1 Theuffel-Werhahn, ZEV 2017 S. 17, 20 (Tz. 3.2).

2 Weitemeyer in Münchener Kommentar zum BGB, 7. Aufl. 2015, § 82 Rn. 1.

3 Bayerisches Oberstes Landesgericht v. 25. 6. 1987, NJW-RR 1987 S. 1418; Backert in Bamberger/ Roth, Beck'scher Online-Kommentar BGB, § 82 Rn. 2.

4 Zimmermann, NJW 2011 S. 2931, 2932; Schwake in Münchener Handbuch des Gesellschaftsrechts, Band 5, 4. Aufl. 2016, § 77 Rn. 147.

5 Heinze, NZG 2011 S. 647; Reiff/Nannt, DStR 2009 S. 2376.

Die Zusage eines **Mindestvermögens/-kapitals** ist zwar gesetzlich nicht vorgeschrieben und wird auch in der Literatur überwiegend abgelehnt,[1] allerdings werden Stiftungen regelmäßig erst bei einem Dotationsvermögen von mindestens 100.000 € oder mehr anerkannt. Das Vermögen muss nämlich so groß sein, dass mit den hieraus erzielten Erträgen die dauernde und nachhaltige Erfüllung des Stiftungszwecks gesichert erscheint.

134 Als Grundstockvermögen kommen **Sachen und Rechte aller Art** in Betracht, also insbesondere Geld, Wertpapiere, Grundstücke, Anteile an Unternehmen sowie Unternehmen selbst.

Die **Haftung** des Stifters für die Erfüllung des Anspruchs der Stiftung auf Übertragung des im Stiftungsgeschäft zugesagten Vermögens nach § 82 Satz 1 BGB regelt sich nach h. M. in Analogie zu den Schenkungsvorschriften (§§ 521 ff. BGB; vgl. Rn. 129). Die Haftung des Stifters beginnt mit der Anerkennung der Stiftung. Wenn der Stifter nach Anerkennung der Stiftung, aber vor Übertragung des zugesagten Vermögens verstirbt, geht die Verpflichtung des Stifters nach § 1967 BGB auf den oder die **Erben** über. Die Haftung des oder der Erben entspricht derjenigen des Stifters.[2] Damit treffen den oder die Erben dieselben Pflichten, die auch den Stifter getroffen haben. Mithin wären die Erben, wenn man einen automatischen Erwerb des zugesagten Vermögens gem. § 82 Satz 2 BGB verneint, zur Erfüllung des Anspruchs auf Übertragung verpflichtet und würden für die Erfüllung dieser Pflicht ab Bedingungseintritt haften.

135 Entscheidend ist, dass diese Vermögenswerte **Erträge** abwerfen, um der Stiftung die Verfolgung ihres Stiftungszwecks zu ermöglichen. Daher sind selbst wertvollste Kunstsammlungen als alleiniges Vermögen einer neu zu errichtenden Stiftung ungeeignet.[3] Der Stifter muss in diesem Fall weiteres Vermögen widmen, aus dessen Erträgnissen die laufenden Kosten (z. B. Diebstahlversicherung, Kosten der Präsentation bzw. Lagerung und des Unterhalts etc.) gedeckt sind.[4] Über die sog. **Lebensfähigkeitsprüfung** muss festgestellt werden, ob die konkrete Vermögensausstattung „die dauernde und nachhaltige Erfüllung des Stiftungszwecks gesichert erscheinen" lässt.[5]

---

1 Hüttemann in Hüttemann/Richter/Weitemeyer, Landesstiftungsrecht, 2011, Rn. 13.11, Rn. 14.44; Weitemeyer in Münchener Kommentar zum BGB, 7. Aufl. 2015, § 81 Rn. 14.
2 Weitemeyer in Münchener Kommentar zum BGB, 7. Aufl. 2015, § 82 Rn. 6.
3 Werner in Werner/Saenger, Die Stiftung, Rn. 284.
4 Ebling, FR 2007 S. 565, 569.
5 Hüttemann/Rawert, S&S RS 1/2014 S. 3 f.

Anerkennungsfähig sind auch sog. **Verbrauchsstiftungen** (vgl. oben Rn. 80), bei denen der Stiftungszweck durch Verbrauch der zugewendeten Mittel verwirklicht wird.[1] In der Praxis sind derartige Stiftungen allerdings selten.

136

Um der **Vermögensbindung** gem. § 55 Abs. 1 Nr. 4 AO zu genügen, verlangt § 61 Abs. 1 AO ergänzend, dass im Falle der Auflösung oder Aufhebung der Stiftung eine Aussage in der Satzung enthalten sein muss, die eine Prüfung dahingehend erlaubt, ob der Verwendungszweck steuerbegünstigt ist.[2]

137

Auflagen in Form von vorbehaltenen Nutzungsrechten (oder Reallasten Grunddienstbarkeiten), wodurch der Wert des zugesagten Vermögens reduziert wird, sind denkbar.[3] Häufiger wird es allerdings im Rahmen einer Zustiftung bzw. anlässlich des Erwerbs der Stiftung von Todes wegen zu vorbehalten Rechten am übergehenden Vermögen kommen. Typische Fälle sind die Versorgung des überlebenden Ehegatten des Stifters durch Rentenzahlungsverpflichtungen, die auf die Stiftung übergehen.

138

Ferner kommen gelegentlich Nießbrauchs- und Wohnrechte bei Immobilienübertragungen vor, wenn z. B. das **Familienheim** zwar in das Eigentum der Stiftung sofort übergehen soll, aber zu Lebzeiten des Stifters dieser sich ein Wohnrecht zurückbehält.

139

Aus steuerlicher Sicht sind diese vorbehaltenen Rechte zugunsten des Stifters oder naher Angehöriger auch bei steuerbefreiten Stiftungen unkritisch, da diese zurückbehaltenen Rechte nicht auf die in § 58 Nr. 5 AO enthaltene Drittelgrenze (vgl. unten Rn. 1021) anzurechnen sind.

3. Das Anerkennungsverfahren

Durch das Gesetz zur Modernisierung des Stiftungsrechtes,[4] welches am 1. 9. 2002 in Kraft getreten ist, hat der Bundesgesetzgeber abschließend geregelt, unter welchen Voraussetzungen eine Stiftung Rechtsfähigkeit erlangt. Alle anderen Fragen bleiben unverändert dem Landesrecht vorbehalten, insbesondere die formale Ausgestaltung des Anerkennungsverfahrens (früher: Genehmigungsverfahren) und die Stiftungsaufsicht.

140

Den früher gegen die Familienstiftung als Unternehmensträgerstiftung vorgebrachten Bedenken ist der Gesetzgeber, wie § 80 Abs. 2 BGB verdeutlicht,

141

---

1 Reuter in Münchener Kommentar zum BGB, 6. Aufl. 2012, §§ 80, 81 Rn. 17 ff.
2 AEAO zu § 61 AO Anm. 1.
3 Hof in Seifart/v. Campenhausen, Stiftungsrechts-Handbuch, § 9 Rn. 34.
4 Zur Entwicklung des Stiftungsrechts auf Bundes- und Landesebene vgl. Andrick in Werner/Saenger, Die Stiftung, Rn. 75 ff.

nicht gefolgt. Denn mit der Aufnahme des dort geregelten Negativerfordernisses („das Gemeinwohl nicht gefährdet") hat sich der Bundesgesetzgeber zugleich für die **Zulässigkeit der Familienstiftung** ausgesprochen.[1] Soweit ersichtlich sind seitdem alle Landesgesetze angepasst worden, so dass nunmehr eine Familienstiftung als Unternehmensträgerstiftung möglich ist.[2]

142 Das Bundesland, in dessen Gebiet die Stiftung ihren Sitz haben soll, ist für die Anerkennung sachlich zuständig (§ 80 BGB). Die **Zuständigkeit** der Landesbehörde bestimmt sich nach dem jeweils einschlägigen Landesstiftungsgesetz. Mit Ausnahme von Hamburg haben alle Länder die für die Anerkennung zuständige Behörde in ihren Stiftungsgesetzen festgelegt.[3]

143 Die Anerkennung setzt eine **Antragstellung** voraus, die ggf. auch durch einen Testamentsvollstrecker oder das Nachlassgericht als **Antragsbefugte** erfolgen kann.[4]

Der Antrag auf Anerkennung einer Stiftung bedarf nicht der Schriftform, könnte theoretisch also auch mündlich gestellt werden;[5] letzteres kommt in der Praxis aber nicht vor.

Zwingend ist hingegen, dass dem Antrag das Stiftungsgeschäft einschließlich der Stiftungssatzung im Original beizufügen ist.[6]

144 Das **Antragsverfahren** ist nur in Bayern abweichend vom Verwaltungsverfahrensgesetz (VwVfG) geregelt. Damit gelten die dort geregelten allgemeinen Grundsätze zur Anhörung und eventuellen Beratung des Stifters.[7] Verfahrenstechnisch gilt – mit Ausnahme von Bayern – in allen Ländern der sog. Untersuchungsgrundsatz. Danach trifft den Stifter nur die Mitwirkungsobliegenheit nach § 26 Abs. 2 VwVfG.[8]

145 Die das Anerkennungsverfahren abschließende **Entscheidung** ist die **schriftliche** Anerkennung bzw. Ablehnung des Antrags. Zwar regeln dies nur Brandenburg, Rheinland-Pfalz, Sachsen, Sachsen-Anhalt und Thüringen; jedoch gelten

---

1 Schwarz, ZEV 2003 S. 306, 307.
2 Richter/Gollan in Hüttemann/Richter/Weitemeyer, Landesstiftungsrecht, Rn. 30.14 f.; zur früheren Rechtslage: Schwarz, ZEV 2003 S. 306, 310 und Pues/Scheerbarth, Gemeinnützige Stiftungen im Zivil- und Steuerrecht, 2. Aufl. 2004, S. 2, 6.
3 Backert in Hüttemann/Richter/Weitemeyer, Landesstiftungsrecht, Rn. 9.1.
4 Backert in Hüttemann/Richter/Weitemeyer, Landesstiftungsrecht, Rn. 10.17.
5 Backert in Hüttemann/Richter/Weitemeyer, Landesstiftungsrecht, Rn. 10.22 f.
6 Backert in Hüttemann/Richter/Weitemeyer, Landesstiftungsrecht, Rn. 10.25.
7 Backert in Hüttemann/Richter/Weitemeyer, Landesstiftungsrecht, Rn. 10.44 f.
8 Zu Einzelheiten vgl. Backert in Hüttemann/Richter/Weitemeyer, Landesstiftungsrecht, Rn. 10.49.

in den übrigen Ländern subsidiär § 37 Abs. 2 Satz 1 VwVfG. Danach muss ein Verwaltungsakt zwar nicht zwingend schriftlich ergehen, dies ist aber gängige Praxis.[1]

4. Stiftungsaufsicht

Die Mitwirkung des Staates äußert sich nicht nur bei der Anerkennung einer Stiftung, sondern auch im Rahmen der Stiftungsaufsicht, die in der Überwachung der laufenden Geschäftstätigkeit, mithin der Stiftungsorgane selbst zum Ausdruck kommt. Da sie sich jedoch stets auf eine reine **Rechtsaufsicht**[2] beschränkt, werden Zweckmäßigkeitsfragen, etwa in welcher Art und Weise die Stiftungsorgane den Stiftungszweck am besten verfolgen können, nicht aufgeworfen.   146

Die Stiftungsaufsicht folgt in allen Ländern grundsätzlich dem **Opportunitätsprinzip**.[3] Für die Prüfung des Rechenschaftsberichts (vgl. unten Rn. 155) gilt hingegen das Legalitätsprinzip.   147

4.1 Zuständige Behörde

In der Regel sind die Anerkennungsbehörden auch die Aufsichtsbehörden und werden unter dem Begriff der Stiftungsbehörde zusammengefasst.[4] Lediglich in Schleswig-Holstein und Thüringen fällt die Zuständigkeit von Anerkennungsbehörde und Aufsichtsbehörde auseinander.[5]   148

In den Ländern mit einem **dreistufigen Verwaltungsaufbau**, also in Baden-Württemberg, Bayern, Hessen Nordrhein-Westfalen, Rheinland-Pfalz, Sachsen, Sachsen-Anhalt und Thüringen üben die Behörden der Mittelinstanz die Aufsicht über Stiftungen aus.[6]   149

In den Ländern mit einem **zweistufigen Verwaltungsaufbau** (Berlin, Brandenburg, Bremen, Hamburg, Mecklenburg-Vorpommern, Niedersachsen und Saarland) wird die Aufsicht von den obersten Landesbehörden ausgeübt.[7] In   150

---

1 Backert in Hüttemann/Richter/Weitemeyer, Landesstiftungsrecht, Rn. 10.70.
2 Backert in Werner/Saenger, Die Stiftung, Rn. 1275.
3 Zu weiteren Einzelheiten vgl. Backert in Werner/Saenger, Die Stiftung, Rn. 1279 ff.
4 Schulte in Hüttemann/Richter/Weitemeyer, Landesstiftungsrecht, Rn. 28.25 f.
5 Schulte in Hüttemann/Richter/Weitemeyer, Landesstiftungsrecht, Rn. 28.27.
6 Also z. B. in Nordrhein-Westfalen die Bezirksregierung oder in Baden-Württemberg die Regierungspräsidien; vgl. im Einzelnen Schulte in Hüttemann/Richter/Weitemeyer, Landesstiftungsrecht, Rn. 28.19 f.
7 Schulte in Hüttemann/Richter/Weitemeyer, Landesstiftungsrecht, Rn. 28.24.

Schleswig-Holstein ist abweichend der Landrat oder der Bürgermeister (Behörde erster Instanz, § 16 SchlHolStiftG) Aufsichtsbehörde.

151 Im Rahmen der Aufsicht ist die Behörde berechtigt, sich über Angelegenheiten der Stiftung zu unterrichten und die Verwaltung der Stiftung zu prüfen bzw. prüfen zu lassen.[1] Die Intensität der Stiftungsaufsicht ist in den einzelnen landesgesetzlichen Vorschriften sehr unterschiedlich ausgestaltet.

152 Für **Familienstiftungen** enthalten einzelne Landesstiftungsgesetze Sonderregelungen hinsichtlich der Intensität der Aufsicht. Teilweise wird bei ihnen hierauf völlig – wie in Bayern – verzichtet.[2] Als Grund wird angeführt, dass das Eigeninteresse der Destinatäre die Durchsetzung des Stifterwillens hinreichend sichere.[3]

> HINWEIS:
>
> Wegen der fehlenden Rechtsaufsicht wird Bayern häufig als Sitz einer Familienstiftung gewählt.[4]

4.2 Vorlagepflichten

153 Der Stiftungsaufsicht sind im Rahmen der **Vorlagepflicht** jährlich drei Bestandteile des Rechenschaftsberichts[5] unaufgefordert einzureichen:

► die Jahresrechnung,

► die Vermögensübersicht und

► der Bericht über die Erfüllung des Stiftungszwecks.

154 Innerhalb welcher **Frist** die Vorlage zu erfolgen hat, variiert in den einzelnen Bundesländern stark. Die kürzeste Frist beträgt vier Monate (Berlin) und die längste zwölf Monate (Nordrhein-Westfalen und Sachsen-Anhalt).[6] Allerdings gibt es landesspezifische Verlängerungsmöglichkeiten, z. B. nach § 9 Abs. 2 Nr. 3 BaWürttStiftG kann die Stiftungsbehörde die Vorlage in größeren jährlichen Abständen zulassen.

---

1 Vgl. z. B. § 9 Abs. 3 BaWürttStiftG.

2 Vgl. § 10 Abs. 1 Satz 1 BayStiftG und Schulte in Hüttemann/Richter/Weitemeyer, Landesstiftungsrecht, Rn. 28.39; Richter/Gollan in Hüttemann/Richter/Weitemeyer, Landesstiftungsrecht, Rn. 30.56.

3 Saenger in Werner/Saenger, Die Stiftung, Rn. 185.

4 Theuffel-Werhahn, ZEV 2017 S. 17, 20.

5 Teilweise werden unterschiedliche Terminologien verwandt, vgl. Spiegel in Hüttemann/Richter/Weitemeyer, Landesstiftungsrecht, Rn. 22.11.

6 Einen Überblick gibt Spiegel in Hüttemann/Richter/Weitemeyer, Landesstiftungsrecht, Rn. 22.12.

4.3 Prüfung des Rechenschaftsberichts

Der **Umfang der Prüfung** des Rechenschaftsberichts seitens der Aufsichts-   155
behörde umfasst in der Regel alle seine drei Bestandteile.[1] Während das Bayerische und Hessische Stiftungsgesetz eine Pflicht zur Prüfung durch die Stiftungsbehörde ausdrücklich vorsehen,[2] wird diese Pflicht in den anderen Bundesländern stillschweigend vorausgesetzt.[3]

Nicht alle Landesstiftungsgesetze regeln den Prüfungsumfang eindeutig.[4] Aus   156
dem Zusammenspiel mit den Vorlagepflichten wird man aber folgern können,
dass **Prüfungsgegenstand** der aus den drei Bestandteilen (oben Rn. 153) bestehende Rechenschaftsbericht ist. Die Aufsichtsbehörde hat festzustellen, ob die
vorgelegten Unterlagen den Anforderungen des jeweiligen Landesstiftungsgesetzes entsprechen.[5]

4.4 Maßnahmen der Stiftungsaufsicht

Die rechtsfähige Stiftung ist die einzige juristische Person des Privatrechts, die   157
staatlich überwacht und beaufsichtigt wird. Dies ist neben der mitgliederlosen
Struktur die zweite Besonderheit der Stiftung des bürgerlichen Rechts.[6]

Die Stiftungsbehörde als Aufsichtsbehörde kann weiterhin diejenigen Maß-   158
nahmen der Stiftungsorgane, die den Gesetzen, dem Stiftungsgeschäft oder
der Stiftungssatzung widersprechen, **beanstanden** und verlangen, dass sie innerhalb einer bestimmten Frist aufgehoben oder rückgängig gemacht werden
(§ 10 BaWürttStiftG).

Einen Eingriff von größerer Tragweite stellt die Möglichkeit der **Abberufung**   159
von Organmitgliedern dar, vgl. Rn. 207.

Als ultima ratio sind die in § 87 BGB der Stiftungsaufsicht verliehenen Kom-   160
petenzen anzusehen.[7] Danach kann die Aufsicht unter den Voraussetzungen
der Norm den **Stiftungszweck ändern** oder die **Stiftung aufheben**.[8] Für diese
Maßnahmen (Aufhebung und Zweckänderung) hat die Stiftungsaufsicht eine

---

1 Zu Einzelheiten der Prüfung in den jeweiligen Ländern vgl. Spiegel in Hüttemann/Richter/Wei-
temeyer, Landesstiftungsrecht, Rn. 22.14 ff.; Meyn, S&S 4/2013 S. 34.
2 Art. 16 Abs. 2 Satz 2 BayStiftG, § 12 Abs. 2 Satz 1 HessStiftG.
3 Spiegel in Hüttemann/Richter/Weitemeyer, Landesstiftungsrecht, Rn. 22.14.
4 Vgl. etwa § 6 Abs. 3 Satz 1 BrbgStiftG oder § 11 Abs. 4 NdsStiftG.
5 Spiegel in Hüttemann/Richter/Weitemeyer, Landesstiftungsrecht, Rn. 22.17.
6 Backert in Werner/Saenger, Die Stiftung, Rn. 1256.
7 Backert in Werner/Saenger, Die Stiftung, Rn. 1264.
8 Reuter in Münchener Kommentar zum BGB, 6. Aufl. 2012, § 87 Rn. 4.

Alleinkompetenz.[1] Nach § 87 Abs. 3 BGB soll der Vorstand aber zuvor gehört werden.

Gegen Maßnahmen der Stiftungsaufsicht ist der **Verwaltungsrechtsweg** eröffnet.[2]

5. Geschäftsjahr

161 In der Satzung wird üblicherweise klargestellt, dass das Geschäftsjahr mit dem Kalenderjahr übereinstimmt.[3]

6. Rechnungslegung

162 Wegen der großen praktischen Bedeutung befinden sich die Ausführungen in einem eigenen Kapitel, vgl. unten Rn. 1420 ff.

7. Stiftungskollisionsrecht

163 Das deutsche Stiftungskollisionsrecht ist gesetzlich nicht geregelt. Es fehlt in dieser Hinsicht sowohl an völkerrechtlichen Vorgaben als auch an autonomen Regelungen des nationalen Rechts. Für dieses Rechtsgebiet ist deshalb auf die Grundsätze des Internationalen Gesellschaftsrechts zurückzugreifen.[4] Das Personalstatut von Gesellschaften richtet sich nach der sog. Gründungstheorie, wenn die Auslandsgesellschaft in einem Mitgliedstaat der Europäischen Union, des EWR oder in einem mit diesen aufgrund eines Staatsvertrags in Bezug auf die Niederlassungsfreiheit gleichgestellten Staat gegründet worden ist. Nur für Gesellschaften, die in einem Drittstaat gegründet worden sind, hält die Rechtsprechung an der sog. Sitztheorie fest, nach der für das Personalstatut das Recht des Sitzstaats maßgeblich ist.[5] Bei Übertragung dieser Grundsätze auf das Personalstatut von Stiftungen ist hiernach das Recht (des Landes) maßgeblich, nach welchem die Stiftung gegründet wurde.

164 Das Personalstatut der Stiftung ist nach Ansicht des BGH auch für die Rechtsstellung als Destinatär und die daraus folgenden Ansprüche maßgeblich.[6] Im Internationalen Gesellschaftsrecht unterliegen nicht nur die Entstehung der Gesellschaft, ihre Rechtsfähigkeit, ihre organschaftliche Verfassung und ihre

---

1 Reuter in Münchener Kommentar zum BGB, 6. Aufl. 2012, § 87 Rn. 5.
2 Feick/Fischer, ZStV 2017 S. 27; Meyn, S&S 6/2013 S. 35.
3 Ivens, Hamburger Handbuch zur Vermögensnachfolge, 2012 S. 695.
4 BGH v. 8. 9. 2016 - III ZR 7/15, DB 2016 S. 2536.
5 BGH v. 27. 10. 2008 - II ZR 158/06, DStR 2009 S. 59.
6 BGH v. 8. 9. 2016 - III ZR 7/15, DB 2016 S. 2536.

sonstigen inneren Verhältnisse dem Personalstatut. Vielmehr bestimmen sich hiernach u. a. auch die Rechtsstellung als Gesellschafter sowie die aus dieser Stellung folgenden Rechte und ihre Ausgestaltung, wie etwa die Auskunfts- und Rechenschaftsansprüche, mithin auch die Ausschüttungsansprüche. Die Übertragung dieser Grundsätze auf das Stiftungsrecht bedeutet, dass auch für die Rechtsstellung als Destinatär und die daraus folgenden Ansprüche, Zuwendungen aus dem Stiftungsvermögen zu erhalten, das Personalstatut der Stiftung maßgeblich ist. Zwar ist der Destinatär einer Stiftung mit Gesellschaftern einer Handelsgesellschaft nicht unmittelbar gleichzusetzen, da er nicht inkorporiertes Mitglied der Stiftung ist, so dass zwischen den Beteiligten keine Binnenbeziehung mit einer gesellschaftsrechtsähnlichen Struktur besteht. Jedoch sind die Zwecke einer Handelsgesellschaft und einer Stiftung in Bezug auf die Gesellschafter bzw. die Destinatäre so ähnlich, dass es geboten ist, in analoger Anwendung der Grundsätze des Internationalen Gesellschaftsrechts auch das Rechtsverhältnis zwischen Stiftung und (potentiellem) Destinatär dem Personalstatut der Stiftung zuzuordnen. Typischerweise ist eine Handelsgesellschaft auf die Erwirtschaftung eines Gewinns gerichtet, der letztlich in Form von Ausschüttungen ihren Gesellschaftern zugutekommen soll. Sind Destinatäre bestimmt, ist es in vergleichbarer Weise Zweck einer Stiftung, ihr Vermögen bzw. die Erträge hieraus unmittelbar oder mittelbar den Begünstigten zuzuwenden. Deren Verhältnis zur Stiftung ist deshalb in dieser entscheidenden Hinsicht mit der Rechtsbeziehung von Gesellschaftern zur Gesellschaft gleichartig.

(Einstweilen frei)   165–179

III. Notwendige Bestandteile einer Stiftungssatzung

Nach bundesrechtlicher Vorgabe sind für die Anerkennung einer Stiftung gem.   180
§ 81 Abs. 1 Satz 3 BGB in der **Satzung** mindestens **fünf** Anordnungen zu treffen, nämlich über den Zweck, Namen, Sitz, das Stiftungsvermögen und die Organe der Stiftung.[1]

Da die Stiftungssatzung bereits dem Stiftungsgeschäft als Anlage beizufügen ist, unterfällt diese ebenfalls dem Schriftformerfordernis gem. § 81 Abs. 1 Satz 1 BGB.

---

1 Reuter in Münchener Kommentar zum BGB, 6. Aufl. 2012, §§ 80, 81 Rn. 25; Werner in Werner/Saenger, Die Stiftung, Rn. 343.

Bei der Abfassung der Satzung sollten der Stifter und seine Berater bedenken, dass sich die Lebensverhältnisse verändern werden und daher eine zu enge Satzung nachteilig sein kann, vgl. Rn. 7.

1. Stiftungszweck

1.1 Zivilrechtliche Aspekte

181 Der Stiftungszweck ist bereits Inhalt des Stiftungsgeschäfts. Der Stiftungszweck prägt die Stiftung; wegen seiner zentralen Funktion wird er auch als die „Seele der Stiftung" bezeichnet.[1] Enthält die Satzung keine Angabe zum Zweck der Stiftung, ist sie unwirksam. Grundsätzlich ist jeder Zweck zugelassen, der mit der Rechtsordnung in Einklang steht (sog. **gemeinwohlkonforme Allzweckstiftung**).[2] Auch wirtschaftliche oder eigennützige Zwecke stehen einer Anerkennung nicht entgegen.

182 Nicht möglich ist es hingegen als Stiftungszweck festzulegen, dass die Stiftung nur ihr Vermögen erhalten und bewirtschaften soll (Verbot der sog. **Selbstzweckstiftung**).[3] Danach wäre es nicht möglich, wenn der Stiftungszweck sich im Erhalt eines denkmalgeschützten Gebäudes erschöpfen würde.[4]

Nach diesem Lehrsatz ist es ebenfalls verboten, dass eine Stiftung allein den Interessen des Stifters dient bzw. dass der Stifter Destinatär der von ihm errichteten Stiftung sein kann.[5]

183 Zu den typischen Betätigungsfeldern einer Stiftung gehören neben sozialen Aufgaben auch die Förderung des Gesundheitswesens, der Bildung, Wissenschaft, Kunst und Kultur und Natur und Umwelt.[6]

Die Stiftung braucht sich nicht auf einen Zweck zu beschränken, sondern sie kann **mehrere** Zwecke verfolgen,[7] wobei zwischen Haupt- und Nebenzweck

---

1 Nissel in Werner/Saenger, Die Stiftung, Rn. 207.
2 Heinrichs in Palandt, BGB, 74. Aufl. 2015, § 80 Rn. 11; Saenger in Werner/Saenger, Die Stiftung, Rn. 176; Nissel in Werner/Saenger, Die Stiftung, Rn. 211 ff.
3 Reuter in Münchener Kommentar zum BGB, 6. Aufl. 2012, §§ 80, 81 Rn. 105 f.; Nissel in Werner/Saenger, Die Stiftung, Rn. 209.
4 Schiffer/Pruns, Grenzen der Gestaltungsmöglichkeit von Stiftungssatzungen?, NWB-EV 2012 S. 229, 232.
5 Kritisch hierzu Schiffer/Pruns, NWB-EV 2012 S. 229, 233.
6 Statistische Angaben finden sich bei Nissel in Werner/Saenger, Die Stiftung, Rn. 208.
7 Nissel in Werner/Saenger, Die Stiftung, Rn. 221.

unterschieden wird.[1] Denkbar ist auch, dass mehrere Zwecke hintereinander geschaltet werden (sog. **Sukzessivstiftung**).[2]

Schließlich ist ein **zeitlich begrenzter** Stiftungszweck denkbar, wofür die Stiftung zum Wiederaufbau der Dresdner Frauenkirche ein anschauliches Beispiel ist. In der Praxis sind allerdings diese Stiftungen auf Zeit eher selten.[3]

Weitere Voraussetzung für einen zulässigen Stiftungszweck ist ferner, dass dieser dauernd und nachhaltig erfüllt werden kann, § 80 Abs. 2 BGB.[4] Primär wird dies dahin verstanden, dass das Stiftungsvermögen ausreichend ist, um die Verwirklichung des Stiftungszwecks zu gewährleisten. So wäre etwa eine Kunststiftung, der lediglich Gemälde in den Vermögensstock zugewandt werden, nicht überlebensfähig, wenn die Mittel zur Bezahlung der Versicherung der Gemälde, ihrer Aufbewahrung etc. nicht ebenfalls gestiftet werden.

184

Privatnützige Zwecke sind nicht per se unzulässig. Altruismus ist zwar ein prägendes Motiv für eine Stiftungserrichtung, aber kein Erfordernis.[5] Die Anzahl der **Familienstiftungen** war bis 2001 mit lediglich 535 (knapp 6 % aller Stiftungen) sehr gering. Die Zahl dürfte bis 2012 zwar stark gewachsen sein, weil eine Renaissance der Familienstiftung in der Praxis eingetreten ist; gleichwohl bleibt ihr prozentualer Anteil an der Gesamtzahl der Stiftungen weiterhin mit derzeit rund 5 % gering.[6]

185

Die Änderung des Stiftungszwecks bereitet in der Praxis erhebliche Schwierigkeiten, weil auch von den Stiftern selbst häufig nicht verstanden wird, dass auch zu ihren Lebzeiten eine Satzungsänderung nur noch unter erschwerten Bedingungen möglich ist. Eine einseitige Änderung des Zwecks durch den Stifter ist grundsätzlich ausgeschlossen. Versteht man die Zweckänderung als ultima ratio, wird sie nur in Betracht kommen, wenn die Satzung diesbezüglich eine **Öffnungsklausel** enthält.[7]

186

---

1 Saenger in Werner/Saenger, Die Stiftung, Rn. 174.
2 Reuter in Münchener Kommentar zum BGB, 6. Aufl. 2012, §§ 80, 81 Rn. 33; Nissel in Werner/Saenger, Die Stiftung, Rn. 222.
3 Nissel in Werner/Saenger, Die Stiftung, Rn. 223.
4 VG Gießen v. 9. 3. 2012 - 8 K 1213/11, S&S 4/2013 S. 37; Reuter in Münchener Kommentar zum BGB, 6. Aufl. 2012, §§ 80, 81 Rn. 31; Nissel in Werner/Saenger, Die Stiftung, Rn. 224 f.
5 Nissel in Werner/Saenger, Die Stiftung, Rn. 226 ff.
6 Bundesverband Deutscher Stiftungen, Januar 2013, nennen „ca. 500 bis 700" Familienstiftungen.
7 Nissel in Werner/Saenger, Die Stiftung, Rn. 234 f.

1.2 Steuerliche Aspekte

187 Will der Stifter erreichen, dass „seine" Stiftung in den Genuss weitgehender Steuerfreiheit gelangt,[1] muss sie steuerbegünstigte Zwecke i. S. d. §§ 51 ff. AO verfolgen. Nach dem Regelungskonzept der AO ist die Gemeinnützigkeit nur ein Teilbereich dessen, was unter steuerbegünstigten Zwecken (= Oberbegriff) verstanden wird; denn auch mildtätige und kirchliche Zwecke können steuerbegünstigt sein.

188 In § 52 Abs. 2 Satz 1 AO sind die möglichen gemeinnützigen Zwecke aufgelistet. Der Katalog in § 52 Abs. 2 Satz 1 AO ist im Grundsatz abschließend, d. h. die von der Körperschaft geförderten Zwecke müssen hinsichtlich der Merkmale, die ihre steuerrechtliche Förderung rechtfertigen, mit den im Gesetz genannten Zwecken identisch sein. Fällt der verfolgte Zweck nicht unter diese Aufzählung, kann er gem. § 52 Abs. 2 Satz 2 AO für gemeinnützig erklärt werden, wenn die Allgemeinheit auf materiellem, geistigem oder sittlichem Gebiet entsprechend selbstlos gefördert wird. In den Katalog des § 52 Abs. 2 Satz 1 AO wurde zuletzt der Zweck „Förderung des bürgerschaftlichen Engagements zugunsten gemeinnütziger, mildtätiger und kirchlicher Zwecke" (Ziffer 25) neu aufgenommen. In der Ziffer 3 wurde zur Klarstellung der Begriff „Förderung des öffentlichen Gesundheitswesens" zeitgemäß angepasst, so dass neben den bisher begünstigten Tätigkeiten nun auch ausdrücklich die Förderung der gesundheitlichen Prävention und der gesundheitlichen Selbsthilfe i. S. d. §§ 20 bis 24 des SGB V unter den gemeinnützigen Zweck fallen.

189 Für die Erklärung als gemeinnützig ist gem. § 52 Abs. 2 Satz 3 AO in jedem Land zentral eine Behörde zuständig. Für die ab 1. 1. 2013 durch Feststellungsbescheid (§ 60a AO) festzustellende Freistellung ist das Finanzamt zuständig, in dessen Bezirk sich der Sitz der Stiftung befindet.

190 In § 60 AO sind die formellen Anforderungen an die Satzung der Stiftung niedergelegt.[2] Diese muss so präzise gefasst sein, dass in ihr eindeutig die Voraussetzungen für die steuerlichen Vergünstigungen vorliegen. Um die strengen Anforderungen des § 60 Abs. 1 AO (sog. **Bestimmtheitsgebot**) zu erfüllen, genügt nicht die allgemeine Zweckangabe, dass „gemeinnützige Zwecke verfolgt werden". Die Satzung muss gem. § 60 Abs. 1 Satz 2 AO – rein aus steuerlichen Gründen – die in einer Anlage zu § 60 AO enthaltene Festlegungen enthalten.

---

1 In der Praxis sind rund 95 % aller Stiftungen steuerbefreit.
2 Vgl. Mustersatzungen in AEAO, Anlage 1 bis 3 zu § 60 AO.

Die Rechtsprechung verlangt ferner, dass der geförderte Personenkreis eindeutig in der Satzung festgelegt ist.[1]

Um die steuerlichen Vorgaben – die losgelöst von den zivilrechtlichen Erfordernissen zu sehen sind[2] – erfüllen zu können, wird in der Praxis dem zuständigen Finanzamt vorab ein Entwurf der Satzung zugeleitet. Erst nach erfolgter Abstimmung wird das Stiftungsgeschäft nebst Satzung der für die Anerkennung zuständigen Behörde zugeleitet.   191

2. Name der Stiftung

Der Name einer Stiftung (§ 81 Abs. 1 Satz 1 Nr. 3 BGB) ist wesentliches Kennzeichen der Identität. Bei der Wahl des Namens ist der Stifter grundsätzlich frei und nur an die allgemeinen Vorschriften gebunden (insbes. §§ 30, 37 HGB, § 12 BGB). So darf der Name keine falschen Vorstellungen über den Zweck, die Art und Größe der Stiftung erwecken.[3] Problematisch sind reine Ortsangaben oder Artbezeichnungen, die jedoch überwiegend bei Bürgerstiftungen – auf die in diesem Handbuch nicht näher eingegangen wird – zu Problemen führen.[4]   192

In der Praxis wählt der Stifter häufig seinen eigenen Namen, der dann gleichsam über den Tod hinaus in der Stiftung weiterlebt.[5] Daneben hat sich der Hinweis auf die Rechtsform als Stiftung eingebürgert, also z. B. „Maria Lorch Stiftung".

3. Sitz der Stiftung

Der in der Satzung zwingend festzulegende Stiftungssitz ist grundsätzlich frei wählbar und insbesondere nicht an den Sitz der Verwaltung gebunden.[6] Zum Schutz des Rechtsverkehrs und zur effektiven Durchführung der Stiftungsaufsicht wird teilweise in der Literatur gefordert, dass am gewählten Sitz auch die Verwaltungsorganisation eingerichtet werden müsse.[7] Diese Ansicht ist abzulehnen, weil von der Wahlfreiheit des Stifters auch umfasst ist, wo die Stiftung ihren Sitz hat. Demnach sind auch die die Verwaltung ausübenden Personen   193

---

1 FG Münster v. 23. 6. 1992 - 15 K 752/87 U, EFG 1993 S. 188.
2 Nissel in Werner/Saenger, Die Stiftung, Rn. 254 ff., 256.
3 Reuter in Münchener Kommentar zum BGB, 6. Aufl. 2012, §§ 80, 81 Rn. 26.
4 Hellmann, S&S 6/2013 S. 30; Werner in Werner/Saenger, Die Stiftung, Rn. 345.
5 Werner in Werner/Saenger, Die Stiftung, Rn. 344.
6 Werner in Werner/Saenger, Die Stiftung, Rn. 347.
7 Reuter in Münchener Kommentar zum BGB, 6. Aufl. 2012, §§ 80, 81 Rn. 28.

frei, wo sie ansässig sind bzw. an welchem Ort die Verwaltung erfolgt.[1] Wollte man dies anders beurteilen, wäre es nicht möglich, ein nicht am Sitz der Stiftung ansässiges Organ zu bestellen. Der **Verwaltungssitz** braucht also mit dem Stiftungssitz nicht identisch zu sein.

Unklar ist, ob eine Stiftung einen sog. **Doppelsitz** haben kann.[2]

Der in der Satzung festzulegende Stiftungssitz bestimmt zugleich, welches Bundesland und – z. B. in Baden-Württemberg – welches Regierungspräsidium für die Anerkennung zuständig ist (§ 80 Satz 1 BGB). Ein rein fiktiver Sitz ist allerdings unzulässig.

194 Eine **Sitzverlegung (Wegzug)** ist nur begrenzt möglich, da hierfür eine Satzungsänderung notwendig ist, die ihrerseits nur unter eingeschränkten Voraussetzungen, die für Satzungsänderungen gelten, möglich ist.[3] In einzelnen Ländergesetzen gibt es für **den Wegzug** spezifische Zustimmungsvorbehalte, wie z. B. in § 10 Abs. 1 Satz 3 StiftGBbg, oder Genehmigungsvorbehalte, wie z. B. in § 8 Abs. 2 Satz 1 BremStiftG.[4]

195 Neben diesen für den Wegzug geltenden Normen sind auch Zustimmungsvorbehalte im **Zuzugsland** zu beachten. So regelt etwa § 10 Abs. 2 Satz 1 ThürStiftG einen Einwilligungsvorbehalt; andere Landesstiftungsgesetze sehen Genehmigungsvorbehalte vor, wie z. B. § 5 Abs. 3 Satz 1 SchlHolStiftG.[5]

4. Stiftungsorgane

4.1 Vorstand

4.1.1 Gesetzlicher Vertreter

196 Eine juristische Person handelt im Rechtsverkehr durch ihre aus natürlichen Personen bestehenden Organe. Die **Organe** einer Stiftung werden durch die Stiftungssatzung bestimmt. Notwendiges (unverzichtbares) Stiftungsorgan ist der Vorstand (§ 86 i. V. m. § 26 BGB).[6] Es ist also mindestens eine natürliche Person erforderlich, die als Vorstand die Stiftung führt und vertritt. Nicht zwin-

---

1 Werner in Werner/Saenger, Die Stiftung, Rn. 350.
2 Reuter in Münchener Kommentar zum BGB, 6. Aufl. 2012, §§ 80, 81 Rn. 28; a. A. Werner in Werner/Saenger, Die Stiftung, Rn. 351.
3 Ivens, Hamburger Handbuch zur Vermögensnachfolge, 2012, S. 695; Jakob in Hüttemann/Richter/Weitemeyer, Landesstiftungsrecht, Rn. 6.18 ff.
4 Jakob in Hüttemann/Richter/Weitemeyer, Landesstiftungsrecht, Rn. 6.20.
5 Jakob in Hüttemann/Richter/Weitemeyer, Landesstiftungsrecht, Rn. 6.39 ff.
6 Reuter in Münchener Kommentar zum BGB, 6. Aufl. 2012, § 85 Rn. 13 und § 86 Rn. 3.

gend ist es, dass dieses Organ auch als Vorstand bezeichnet wird; ebenfalls geläufig sind als Bezeichnung für den Vorstand „Direktorium" oder „Präsidium".[1]

Die Nennung konkreter Organpersonen ist nicht zwingende Voraussetzung, allerdings wird der Stifter regelmäßig sich selbst oder andere Personen seiner Wahl als Vorstandsmitglieder bestellen. Dies geschieht durch namentliche Nennung im Stiftungsgeschäft. Behält sich der Stifter selbst die lebzeitige Position des alleinigen Vorstandes vor (sog. **Gründungsvorstand**), gilt es zu beachten, dass er bei der Ausgestaltung seiner Organstellung denselben Grenzen unterworfen wird, die auch für fremde Dritte gelten. So ist es nicht möglich, die Organfunktion dahingehend auszunutzen, dass der eigene subjektive Wille an die Stelle des in der Satzung niedergelegten Willens gesetzt wird.   197

Bei der Festlegung der Person des Gründungsvorstands im Stiftungsgeschäft ist der Stifter nicht an das für die später zu bestellenden Vorstände vorgegebene Wahlverfahren gebunden. Der Stifter kann sowohl was die Anzahl der Vorstandsmitglieder als auch deren Amtszeit anbelangt von den Festlegungen in der Satzung abweichen.[2]   198

BEISPIELE

(1) Der erste Stiftungsvorstand besteht aus mindestens drei Mitgliedern und wird von den Stiftern berufen; danach werden seine Mitglieder vom Stiftungsrat gewählt.

(2) Die Stiftungsvorstandsmitglieder werden jeweils für die Dauer von fünf Jahren gewählt; ein Vorstandsmitglied darf höchstens dreimal wiedergewählt werden.

(3) Die Stifter gehören dem Stiftungsvorstand auf Lebenszeit an, die von den Stiftern mit Errichtung der Stiftung persönlich berufenen Stiftungsvorstände bis zur Vollendung des 75. Lebensjahres. Im Übrigen scheidet ein Vorstandsmitglied mit Vollendung des 68. Lebensjahres aus dem Vorstand aus.

Bei einem mehrgliedrigen Vorstand (drei oder max. fünf Personen)[3] sollte in der Satzung die Position der Vorsitzenden bzw. des Vorsitzenden und deren/dessen Stellvertreter vorgesehen werden.   199

---

1 Manteufel, S&S 2/2013 S. 36; Timmer, S&S RS 6/2009; Grambow, Organe von Vereinen und Stiftungen, München 2011, Rn. 749.
2 Werner in Werner/Saenger, Die Stiftung, Rn. 392.
3 Werner in Werner/Saenger, Die Stiftung, Rn. 401.

BEISPIEL Der Stiftungsvorstand wählt aus seiner Mitte einen Vorsitzenden und einen Stellvertreter. Solange der Stifter Mitglied im Stiftungsvorstand ist, übt er die Funktion des Vorsitzenden aus.

200   Kann der Vorstand (nach dem Ausscheiden des Stifters) nicht von einem anderen Gremium (z. B. Beirat) bestimmt werden, weil dieses nicht besteht (eingliedrige Organisation), sollte **Kooptation** vorgesehen werden.[1] Hierbei wählen die verbleibenden, noch amtierenden Mitglieder, das neue Organmitglied und berufen es.[2]

BEISPIEL Scheidet der Stifter oder ein anderes Mitglied des Stiftungsvorstands aus, so wählen die verbleibenden Vorstandsmitglieder durch einstimmigen Beschluss einen Nachfolger im Wege der Selbstergänzung hinzu.[3]

201   Sind mehrere Organe vorhanden (mehrgliedrige Organisation), dann sollte vermieden werden, dass der Vorstand als Exekutivorgan die Mitglieder des Aufsichtsorgans (Beirats/Kuratoriums) bestellt. Als Lösung bietet sich zweierlei an. Zum einen die Bestellung der Vorstandsmitglieder durch Dritte. Zum anderen die Wahl und Berufung der Vorstandsmitglieder durch den Beirat als Aufsichtsgremium, wobei die Ersatzmitglieder des Aufsichtsgremiums dann im Wege der Kooptation gewählt werden dürfen.[4]

202   Sinnvoll ist es ferner, die **Amtszeit** des Vorstands (wie auch anderer Organmitglieder) in der Stiftungsatzung zu begrenzen.

BEISPIEL Der Vorstand wird vom Stiftungsrat auf höchstens fünf Jahre bestellt, sofern bei der Bestellung des jeweiligen Vorstandsmitglieds nichts anderes bestimmt wird; mehrfache Wiederwahl eines Mitglieds des Stiftungsvorstands ist zulässig.

203   Ferner ist an die Festlegung eines **Höchstalters** hinsichtlich der Wählbarkeit eines Vorstandsmitglieds zu denken. Denn vielen Stiftern bereitet die Vorstellung ein Grauen, dass das der Stiftung anvertraute Vermögen oder die Geschicke ihres Unternehmens von Greisen verwaltet oder gelenkt wird. Häufig wird dabei übersehen, dass das isolierte Abstellen auf das Lebensalter kein ausreichendes Kriterium darstellt, wie lange eine Person als Organ für eine Stiftung handeln darf. Daher hat sich eingebürgert, ein Ende der Amtszeit mit dem Eintritt des Vorsorgefalls i. S. d. § 1896 BGB vorzusehen.

---

1   Schlüter/Stolte, Stiftungsrecht, Kapitel 2 Rn. 65 f.; Werner in Werner/Saenger, Die Stiftung, Rn. 404.
2   Schlüter/Stolte, Stiftungsrecht, Kapitel 2 Rn. 66.
3   Teilweise wird die Selbstergänzung auch „Ergänzungszuwahl" genannt.
4   Schlüter/Stolte, Stiftungsrecht, Kapitel 2 Rn. 67 f.; Werner in Werner/Saenger, Die Stiftung, Rn. 403.

BEISPIEL▶ Mit Vollendung des 70. Lebensjahres scheidet ein Mitglied aus dem Stiftungsvorstand aus; dasselbe gilt, wenn vorher der Vorsorgefall eintritt bzw. Betreuung angeordnet wird, selbst wenn der Betreuer nur vorübergehend und/oder nur für bestimmte Bereiche eingesetzt wird.

Ergänzt wird dies oft durch eine Regelung, die neben dem Höchst-/Mindest-   204
alter im Zeitpunkt der Wahl auch ein bestimmtes Durchschnittsalter der Organe verlangt.

BEISPIEL▶ Der Vorstand ist im Interesse der Kontinuität der Stiftungsarbeit verpflichtet, auf eine ausgewogene Altersstruktur bei Wahl und Wiederwahl seiner Mitglieder zu achten; das Durchschnittsalter des Vorstandes (ohne die Stifter) darf 65. Lebensjahre nicht übersteigen. Zum Vorstand kann nur gewählt werden, wer mindestens das 40. Lebensjahr vollendet und das 70. Lebensjahr noch nicht erreicht hat.

Der Stifter kann ferner regeln, welche Personen nicht als Organmitglied be-   205
stellt werden dürfen.

BEISPIEL▶ Folgende Personen können nicht in den Vorstand berufen werden:
a) Angehörige und Verwandte des Stifters einschließlich deren Abkömmlinge und deren Angehörige;
b) Angehörige und Verwandte aktiver Vorstands- und Stiftungsratsmitglieder einschließlich deren Abkömmlinge und deren Angehörige.

Die Organstellung kann ferner durch Abberufung enden. Da das BGB hierzu   206
keine Regelungen enthält, bedarf es einer Satzungsregelung, unter welchen
Voraussetzungen eine Abberufung eines Vorstandsmitglieds möglich ist (vgl.
Rn. 229). Auch ohne Satzungsregelung ist hingegen eine Abberufung aus wichtigem Grund stets möglich.[1]

BEISPIEL▶ Vorstandsmitglieder können vom Stiftungsrat aus wichtigem Grund abberufen werden.

Neben den satzungsmäßigen Abberufungsgründen sehen alle Landesstif-   207
tungsgesetze (z.B. § 12 Abs. 1 BaWürttStiftG)[2] eine **Abberufung** eines Vorstandsmitglieds durch die **Stiftungsaufsicht** bei Vorliegen eines wichtigen
Grundes vor.[3] Als wichtiger Grund werden grobe Pflichtverletzungen oder die
Unfähigkeit zur ordnungsgemäßen Geschäftsführung angesehen. In jedem
Fall muss es sich um einen schwerwiegenden Mangel handeln, der die Stiftung
in ihrer Existenz und Tätigkeit erheblich gefährdet oder beeinträchtigt.[4]

---

1 Grambow, Organe von Vereinen und Stiftungen, München 2011, Rn. 788.
2 Vgl. die Zusammenstellung bei Schulte in Hüttemann/Richter/Weitemeyer, Landesstiftungsrecht, 2011, Rn. 29.37.
3 Grambow, Organe von Vereinen und Stiftungen, München 2011, Rn. 790.
4 Schulte in Hüttemann/Richter/Weitemeyer, Landesstiftungsrecht, 2011, Rn. 29.37.

Schließlich kommt die **Amtsniederlegung** durch das Vorstandsmitglied selbst in Betracht. Der **Rücktritt** ist gegenüber dem Kreationsorgan (z. B. Stiftungsrat) zu erklären und nicht gegenüber der Stiftungsbehörde.[1]

208　Ebenfalls sollten Regelungen in der Satzung getroffen werden, wie Vorstands-Beschlüsse zu treffen sind. Enthält die Stiftungssatzung hierzu nichts, dann gelten §§ 86, 28 Abs. 1, 32, 34 BGB. Nach dem gesetzlichen Leitbild entscheidet also die **Mehrheit** der **erschienenen** Mitglieder.[2]

209　Riskant ist eine Regelung, wonach alle Entscheidungen nur durch **einstimmigen** Beschluss aller Organmitglieder getroffen werden können. Eine derartige Regelung beeinträchtigt unverhältnismäßig die Handlungsfähigkeit des Organs; von ihr ist **abzuraten**. Ist es z. B. einem Mitglied des Organs aus Krankheitsgründen nicht möglich, seine Zustimmung in einer Sitzung zu erteilen, könnte das Organ eine ggf. sogar dringliche Entscheidung nicht treffen; im schlimmsten Fall könnte ein einzelnes Mitglied des Organs – ohne Sachgründe – wichtige Entscheidungen aufgrund seines Vetorechts blockieren. Daher muss vermieden werden, dass – insoweit ist die Interessenlage gänzlich anders als die eines Gesellschafters in einer Gesellschafterversammlung – einer einzelnen Person eine so starke Position eingeräumt wird. Zum Schutz der Stiftung ist es ausreichend, wenn die Beschlüsse mit **einfacher oder qualifizierter** Mehrheit geschlossen werden.[3]

> **BEISPIEL** ▸ Der Vorstand ist beschlussfähig, wenn mindestens die Hälfte seiner Mitglieder anwesend ist. Der Vorstand fasst seine Beschlüsse mit einfacher Mehrheit der anwesenden Mitglieder; bei Stimmengleichheit gibt die Stimme des/der Vorsitzenden den Ausschlag.

Diese Regelung ist zu empfehlen, weil das Erfordernis „mindestens die Hälfte der Mitglieder" sicherstellt, dass zwar nicht alle, aber mindestens drei Mitglieder eines vierköpfigen Vorstands bzw. vier Mitglieder eines fünfköpfigen anwesend sein müssen, um die Beschlüsse fassen zu können.

210　Sind Beschlussthemen denkbar, die den Stifter persönlich berühren, ist an folgende Regelung zu denken:

> **BEISPIEL** ▸ Für Beschlüsse nach § ... dieser Satzung (z. B. Vermögensumschichtungen) ist eine Zweidrittelmehrheit aller Mitglieder des Vorstands erforderlich; solange der

---

1　Weitemeyer in Münchener Kommentar zum BGB, 7. Aufl. 2015, § 86 Rn. 11.
2　Schlüter/Stolte, Stiftungsrecht, Kapitel 2 Rn. 70.
3　Vgl. etwa § 10 Abs. 2 und § 20 Abs. 3 Satzung der Bertelsmann Stiftung.

Stifter Mitglied des Vorstands ist, bedarf ein derartiger Beschluss außerdem der Zustimmung des Stifters.

Die Vorschriften über die Ladung zu einer Vorstandssitzung, die Möglichkeit des Beschlusses im schriftlichen **Umlaufverfahren** bzw. per Mail, werden üblicherweise nicht in der Stiftungssatzung vereinbart. Vielmehr erfolgen diese Details in der **Geschäftsordnung** geregelt.[1]   211

BEISPIEL ▶ Sollen Entscheidungen ausnahmsweise im Umlaufverfahren getroffen werden, so fordert der Vorsitzende, im Falle seiner Verhinderung der stellvertretende Vorstandsvorsitzende, zur schriftlichen Abstimmung innerhalb einer bestimmten Frist auf. Voraussetzung für die Wirksamkeit der Beschlüsse ist die Beteiligung aller Vorstandsmitglieder am Abstimmungsverfahren.

Bei einer Stiftung mit zwei Organen bedarf die Geschäftsordnung des Vorstands üblicherweise der Zustimmung des Aufsichtsorgans (Beirat bzw. Kuratorium).   212

Beschlussfähigkeit wird i. d. R. angenommen, wenn „mehr als die Hälfte der Vorstandsmitglieder an der Beschlussfassung teilnimmt". Etwas anderes gilt dann, wenn die Satzung ausdrücklich eine größere Mehrheit verlangt. Für ein höheres Quorum für „normale" Beschlüsse besteht regelmäßig kein Bedarf. Und selbst für satzungsändernde Beschlüsse genügt es, wenn 4/5 sämtlicher Mitglieder des Organs dafür stimmen.[2]   213

Üblicherweise beträgt die **Ladungsfrist** vierzehn Tage. Zu bedenken ist, dass längere Ladungsfristen für Vorstandssitzungen und die Festlegung einer zu hohen Anwesenheits-Quote für die Beschlussfähigkeit des Organs dazu führen können, dass der Vorstand handlungsunfähig wird bzw. seine Entscheidungsfindung viel zu lange dauert.   214

Eine an die Organmitglieder gerichtete Ladung sollte stets zusammen mit der **Tagesordnung** versandt werden.[3]

Zu regeln ist – i. d. R. in der Stiftungssatzung – auch, wem die Sitzungsleitung obliegt.[4] Sofern der Stifter sich als Vorstand bestellt, wird er dieses Amt übernehmen.

---

1 Vgl. etwa § 20 Abs. 1 Satz 3 Satzung der Bertelsmann Stiftung.
2 So z. B. § 20 Abs. 3 Satz 4 Satzung der Bertelsmann Stiftung.
3 Werner in Werner/Saenger, Die Stiftung, Rn. 421.
4 Werner in Werner/Saenger, Die Stiftung, Rn. 422.

4.1.2 Tätigkeitsvergütung für den Vorstand

215 In der Satzung selbst muss ab 1.1.2015 (§ 27 Abs. 3 BGB) geregelt werden, ob der Vorstand eine **Tätigkeitsvergütung** für seine Tätigkeit erhält. Geregelt werden sollte auch welches andere Organ (i. d. R. der Beirat) die Höhe festlegt.[1] Vom Umfang der Tätigkeit wird abhängen, ob der Vorstand hauptberuflich als Organ für die Stiftung tätig wird. Ist der Umfang sehr gering, kommt eine ehrenamtliche Tätigkeit in Betracht. Insbesondere bei der Stufengründung (vgl. Rn. 264) wird der Umfang bis zum Ableben des Stifters oft so gering sein, so dass eine Entlohnung wie im Rahmen eines Arbeitsverhältnisses ausscheidet. Nach dem Erbfall wird sich dies indes meist grundlegend ändern, so dass in der Satzung wegen § 27 Abs. 3 BGB bereits geregelt sein muss, dass eine Vergütung/Entlohnung in Betracht kommt.[2]

216 Insbesondere bei steuerbefreiten Stiftungen ist bzgl. der Vergütung von Vorständen eine enge Abstimmung mit dem zuständigen Finanzamt notwendig, da nur eine adäquate Vergütung mit den steuerlichen Vorgaben der AO in Deckung zu bringen ist (siehe Rn. 1325). Ein Vorstand, der eine satzungswidrige Vergütung bezieht, erfüllt regelmäßig **nicht** den strafrechtlichen **Untreuetatbestand**, da es am Merkmal des „Nachteilzufügens" fehlt, wenn der Vorstand eine Gegenleistung in Form seiner Arbeitskraft erbringt.[3]

4.1.3 Vertretungsmacht

217 Der **Vorstand** (eine oder mehrere Personen) ist **gesetzlicher Vertreter** der Stiftung und vertritt diese gerichtlich und außergerichtlich (§§ 86, 26 Abs. 2 Satz 1 BGB).

218 Bei einem **mehrgliedrigen** Vorstand sollte geregelt werden, ob dem Vorsitzenden **Alleinvertretungsmacht** eingeräumt wird, oder ob Gesamtvertretung gelten soll.

219 Wird, um die Handlungsfähigkeit der Stiftung zu garantieren, jedem Vorstand Alleinvertretungsmacht eingeräumt, sollte in der Geschäftsordnung für den Vorstand geregelt werden, in welchen Fällen der Stellvertreter des Vorsitzenden an dessen Stelle tätig werden soll/muss.[4]

---

1 BMF v. 21.11.2014, BStBl 2014 I S.1581 (Tz. 8); Schlüter/Stolte, Stiftungsrecht, Kapitel 2 Rn. 71.
2 Werner in Werner/Saenger, Die Stiftung, Rn. 442.
3 OLG Köln v. 6.5.2013 - 2 Ws 254/13, S&S 6/2013 S. 38; vgl. auch OFD Frankfurt v. 1.8.2013 - S 2121 A-32-St 213, S&S 5/2013 S. 40.
4 Werner in Werner/Saenger, Die Stiftung, Rn. 399, 405.

Nur in den seltensten Fällen besteht ein Bedürfnis dafür, dass der Vorstand vom Verbot des Selbstkontrahierens gem. § 181 BGB befreit wird. Besteht ein weiteres Organ neben dem Vorstand, kann dieses in Fällen des § 181 BGB entscheiden, so dass die pauschale Befreiung des Vorstands – wie bei den Geschäftsführern einer GmbH üblich – unterbleiben kann.[1]   220

Die **Vertretungsmacht** des Vorstands kann durch die Stiftungssatzung mit Wirkung gegen Dritte oder auch nur im Innenverhältnis gem. § 86 BGB i.V.m. § 26 Abs.1 BGB **eingeschränkt** werden.[2] Die Beschränkung kann sich auf eine bestimmte Art von Geschäften beziehen, z.b. auf Abschluss von Kauf-/Verkaufsverträgen, oder auf Geschäfte mit einem bestimmten Wert. Die Beschränkungen müssen sich aber stets aus der Satzung selbst eindeutig ergeben; in einer Geschäftsordnung wäre dies nicht möglich. Ein Kernbereich an Rechten hat dem Vorstand indes zu verbleiben, da er als einziges Vertretungsorgan zwingend handlungsfähig bleiben muss.[3] Bei unternehmensverbundenen Stiftungen in der Rechtsform der Handelsgesellschaft kann die Beschränkung unter Umständen keine rechtliche Wirkung entfalten.[4]   221

Derzeit ist nur in § 19 BayStiftG ein Genehmigungsvorbehalt (qualifizierte Anzeigepflicht) für bestimmte Arten von Rechtsgeschäften vorgesehen.[5] Demgegenüber sind in einigen Ländern Anzeige und Vorlagepflichten normiert worden,[6] die ebenfalls den Vorstand in seiner Handlungsmacht reglementieren.   222

Um seine Vertretungsmacht (insbesondere gegenüber Banken) nachzuweisen, werden sog. **Vertretungsbescheinigungen** von der Stiftungsaufsichtsbehörde erteilt.[7] Soweit dies in den einzelnen Bundesländern nicht bereits gesetzlich vorgesehen ist, hat zumindest jede Stiftung einen Rechtsanspruch auf Erteilung einer derartigen Vertretungsbescheinigung.[8] Die Stiftung hat ihrerseits jede Änderung in der Besetzung der Gremien unverzüglich anzuzeigen.   223

---

1 Werner in Werner/Saenger, Die Stiftung, Rn.400; Grambow, Organe von Vereinen und Stiftungen, München 2011, Rn.758.
2 Grambow, Organe von Vereinen und Stiftungen, München 2011, Rn.762.
3 Grambow, Organe von Vereinen und Stiftungen, München 2011, Rn.763.
4 Grambow, Organe von Vereinen und Stiftungen, München 2011, Rn.764.
5 Schulte in Hüttemann/Richter/Weitemeyer, Landesstiftungsrecht, 2011, Rn.29.19.
6 Z.B. in § 13 Abs.1 Satz 1 BaWürttStiftG oder in § 9 Abs.1 Satz 1 SchlHolStiftG.
7 Meyn, S&S 6/2013 S.35; Rawert in Hüttemann/Richter/Weitemeyer, Landesstiftungsrecht, 2011, Rn.12.4f.
8 Rawert in Hüttemann/Richter/Weitemeyer, Landesstiftungsrecht, 2011, Rn.12.5, 12.21ff.

HINWEIS:

In Bayern werden Familienstiftungen keine Vertretungsbescheinigungen ausgestellt. Hier hilft „nur" die Bitte, die Stiftungsbehörde möge immerhin bestätigen, welche Person im Stiftungsgeschäft sowie in der Satzung als erster Stiftungsvorstand benannt ist.[1]

4.1.4 Geschäftsführung

224 Die Satzung muss ferner die **Geschäftsführung** (Vermögensverwaltung und Erfüllung des Stiftungszwecks) regeln. Diese ist per se dem Vorstand als gesetzlichem Vertreter der Stiftung übertragen.

BEISPIEL Zu den Aufgaben des Vorstands gehören alle **laufenden Angelegenheiten** der Stiftung, insbesondere:

a) die laufende Buchhaltung, wobei der Vorstand professionelle Hilfe in Anspruch nehmen soll;

b) die Verwaltungsaufgaben und den Zahlungsverkehr der Stiftung (Einnahmen, Ausgaben);

c) die Vorbereitung und Durchführung von Stiftungsveranstaltungen und sonstiger satzungsgemäßer Aktivitäten (Förderveranstaltungen, Akquisitionen etc.);

d) die Wahrnehmung der Berichtpflichten gegenüber der Aufsichtsbehörde, insbesondere durch die Erstellung der Jahresrechnung mit Vermögensübersicht sowie des Berichts über die Erfüllung des Stiftungszwecks;

e) die Abwicklung sämtlicher stiftungs- und steuerrechtlicher Angelegenheiten mit den zuständigen Behörden;

225 Ferner kann durch einen Katalog an zustimmungspflichtigen Geschäften erreicht werden, dass der Vorstand im Innenverhältnis vor einer Maßnahme z. B. den Beirat um Zustimmung bitten muss.

BEISPIEL

a) die Verwaltung des Stiftungsvermögens erfolgt auf Basis der vom Stiftungsrat vorgegebenen Richtlinien;

b) die Verwendung der Stiftungserträge zur Verwirklichung des Stiftungszwecks darf nur nach Weisung durch den Stiftungsrat erfolgen;

226 Vorgeschlagen wird in der Literatur, dass der Vorstand für jedes Geschäftsjahr einen **Haushaltsplan** aufzustellen habe.[2] Dem wird man zustimmen können, wenn die Stiftung über erhebliches Vermögen verfügt und andernfalls eine Entscheidungsgrundlage für die Aufsichtsgremien in der Stiftung nicht besteht.

---

1 Theuffel-Werhahn, ZEV 2017 S. 17, 21.
2 Werner in Werner/Saenger, Die Stiftung, Rn. 396.

Grundsätzlich können die Mitglieder des Vorstands nur höchstpersönlich han- 227
deln.[1] Zu beachten ist, dass die **Vertretung** eines krankheitsbedingt abwesen-
den Vorstandsmitglieds dann auch nur möglich ist, wenn die Satzung eine
Vertretungsbefugnis **ausdrücklich regelt**. Denn nach § 664 Satz 1 i.V. m. § 27
Abs. 3 BGB darf der Vorstand die Ausführungen seines Auftrags im Zweifel
nicht weiter (auf einen Anderen) übertragen.[2]

Schließlich sollte der Vorstand ermächtigt werden (ggf. entscheidet dies der 228
Stiftungsrat), einen Geschäftsführer einzustellen, wenn die zu bewältigenden
Verwaltungsaufgaben dies erfordern. Insbesondere bei steuerbefreiten Stiftungen sollte dieser Sachverhalt mit dem zuständigen Finanzamt abgestimmt
werden.

An einen externen **Stiftungsverwalter** ist zu denken, wenn die Stiftung ein
überschaubares Vermögen hat und unklar ist, wer nach dem Ableben des Stifters vertrauensvoll die Stiftung fortführen kann. Hier kann der Stiftungsverwalter ins Spiel kommen, weil er mit seiner Fachkompetenz die Stiftung pro-
fessionell führt und die Kosten hierfür planbar sind.[3]

Nicht vergessen werden sollte eine Regelung in der Stiftungssatzung, wie der 229
Vorstand **abberufen** werden kann. Gemeint sind insoweit nicht die Fälle der
Abberufung wegen eines außergewöhnlichen Grundes, sondern diejenigen,
die auf einem wichtigen Grund beruhen. Die Kompetenz zur Abberufung wird
man üblicherweise dem Überwachungsorgan übertragen.[4]

BEISPIEL ► Vorstandsmitglieder können vom Stiftungsrat aus wichtigem Grund abberufen werden.

Allerdings kann sich der Stifter insoweit Sonderrechte vorbehalten.[5] Eine Satzungsbestimmung, die ein **freies** Abberufungsrecht begründet, ist **unwirksam**.

Hinweis:

Auch der Stifter kann sich ein solches Recht nicht vorbehalten.[6]

Wegen der besonderen Bedeutung von gemeinsamen Vorstandssitzungen hat 230
der Vorstand eine **Sitzungsniederschrift** hierüber anzufertigen.

BEISPIEL ► Der Vorstand dokumentiert seine Beschlüsse schriftlich; besteht der Vorstand aus mehreren Personen, fasst er seine Beschlüsse in Vorstandssitzungen und

---

1 Werner in Werner/Saenger, Die Stiftung, Rn. 407.
2 Vgl. VG Schleswig-Holstein v. 21. 1. 2016 - 6 A 12/15, nrkr., npoR 2017 S. 70 („Fall Aldi Nord").
3 Stolte, S&S 5/2013 S. 38.
4 Werner in Werner/Saenger, Die Stiftung, Rn. 439.
5 Burgard, Gestaltungsfreiheit im Stiftungsrecht, 2006, S. 455; Weitemeyer in Münchener Kommentar zum BGB, 7. Aufl. 2015, § 85 Rn. 28.
6 Grundlegend Götz, StiftungsBrief 2016 S. 27 f.

erstellt hierüber schriftliche Protokolle, die vom gesamten Vorstand abzuzeichnen sind.

4.1.5 Haftung des Stiftungsvorstands

231 Ein Vorstandsmitglied hat im Rahmen seiner Tätigkeit für die Stiftung die Sorgfalt eines ordentlichen Sachverwalters zu beachten.[1] Eine Haftung für **Vorsatz und grobe Fahrlässigkeit** besteht, sofern ein Vorstandsmitglied seine gesetzlichen oder satzungsmäßigen Pflichten verletzt. Als Haftungserleichterung kommt § 31a BGB (vgl. unten Rn. 234) in Betracht.[2]

232 Zu den besonderen Pflichten des Vorstands gehören die Vermögensverwaltung zur Sicherstellung der Zweckerfüllung der Stiftung, die Vermögenserhaltung und die satzungsmäßige Verwendung der Erträge.[3] Bei der Wahrnehmung dieser Aufgaben steht dem Vorstandsmitglied zwar ein Ermessensspielraum zu. Er handelt jedoch nur ordnungsgemäß, wenn er bei seinen Entscheidungen im Rahmen seiner Aufgabenerfüllung vernünftigerweise ausgehen durfte, er handle auf Basis der ihm vorliegenden Informationen zum Wohle der Stiftung.[4] Nach Ansicht des OLG Oldenburg[5] hat der Vorstand einer Stiftung die ihm obliegende Verpflichtung, das Stiftungsvermögen in seinem Bestand ungeschmälert zu erhalten, schuldhaft verletzt, wenn er das Vermögen der Stiftung nicht ausschließlich mündelsicher anlegt.

233 Die durch die Vereinsrechtsreform 2009[6] neu in das BGB eingefügte Norm § 31a BGB soll erreichen, dass die Bereitschaft zur ehrenamtlichen Vorstandstätigkeit in Vereinen oder Stiftungen gefördert wird.[7] Das Haftungsprivileg gilt unabhängig davon, welchen Zweck die Stiftung verfolgt. Es ist also für die Inanspruchnahme des Privilegs gleichgültig, ob die Stiftung gemeinnützig ist oder nicht. Aufgrund der geringen Vergütungsgrenze von 720 € p. a.[8] (1. 1. 2013: 500 € p. a.) ist jedoch davon auszugehen, dass die Norm in der Praxis nicht bei vielen Fällen einem Vorstandsmitglied im Verhältnis zur Stiftung (**Innenverhältnis**)[9] helfen wird.

---

1 Grambow, Organe von Vereinen und Stiftungen, München 2011, Rn. 766.
2 Grambow, Organe von Vereinen und Stiftungen, München 2011, Rn. 766.
3 Grambow, Organe von Vereinen und Stiftungen, München 2011, Rn. 766.
4 Grambow, Organe von Vereinen und Stiftungen, München 2011, Rn. 768.
5 OLG Oldenburg v. 8. 11. 2013 - 6 U 50/13, BB 2014 S. 724; Theuffel-Werhahn, S&S 2/2014 S. 26.
6 Gesetz v. 28. 9. 2009, BGBl 2009 I S. 3161.
7 Reuter in Münchener Kommentar zum BGB, 6. Aufl. 2012, § 31a Rn. 2.
8 Vgl. BT-Drucks. 17/12123 S. 23.
9 Reuter in Münchener Kommentar zum BGB, 6. Aufl. 2012, § 31a Rn. 8.

Durch das Ehrenamtsstärkungsgesetz[1] wurde § 31a BGB neu gefasst und das Haftungsprivileg ausgedehnt auf „besondere Vertreter". Durch die unverändert gebliebene Regelung des § 86 Satz 1 BGB gilt § 31a BGB n. F. auch für Stiftungen, so dass ab 1. 1. 2013 alle Organe (Vorstand, Beirat, Stiftungsrat etc.) einer Stiftung unter das Haftungsprivileg fallen, sofern sie ehrenamtlich tätig sind oder eine Vergütung von max. 720 € p. a. erhalten.[2]   234

Ob eine wirksame **Entlastung** eines Vorstandsmitglieds möglich ist, ist umstritten. An eine Entlastung des Vorstands ist jedoch zu denken, wenn ein weiteres „Kontrollorgan" (Beirat, Kuratorium) bestellt ist. Denn eine Selbstentlastung oder eine Entlastung durch weitere Vorstandsmitglieder ist nicht möglich.[3]   235

Zur Absicherung der Vorstandsmitglieder wird der Abschluss einer **D&O Versicherung** empfohlen. Diese schützt die Vorstandsmitglieder vor einer persönlichen Inanspruchnahme (vgl. oben Rn. 67).[4]   236

Nicht abschließend geklärt ist, ob durch ein **Compliance-Management-System** die Haftung von Organmitgliedern wirksam ausgeschlossen werden kann.[5] Im AEAO zu § 153 Nr. 2.6 wird eine interessante Möglichkeit der Absicherung von Stiftungsvorständen eröffnet, um sich gegen die „Kriminalisierung" größerer Fehler bei der Tax-Compliance zu wehren.[6]

4.2 Fakultative Organe

4.2.1 Das Aufsichtsorgan

Häufig wird ein zweites Stiftungsorgan (meist als **Stiftungsrat, Beirat** oder **Kuratorium** bezeichnet) bestellt, um eine Aufteilung der Funktionen innerhalb der Stiftungsorgane und eine stiftungsinterne Kontrolle der durch den Vorstand ausgeübten Geschäftstätigkeit zu erreichen.[7] Nicht übersehen werden darf, dass auch ein Mitglied dieses Organs sich einem Haftungsrisiko aussetzt, wenn ein Mitverschulden bejaht werden kann.[8]   237

---

1 Vgl. Bundesratsbeschluss v. 1. 3. 2013, BR-Drucks. 73/13.
2 Frings, NWB 2013 S. 693, 698.
3 Grambow, Organe von Vereinen und Stiftungen, München 2011, Rn. 774; a. A. wohl Stolte, S&S 2/2014 S. 34.
4 Grambow, Organe von Vereinen und Stiftungen, München 2011, Rn. 778.
5 Ritter, S&S RS 3/2014 S. 9.
6 Erdbrügge, S&S 4/2016 S. 26 zu „Tax-Compliance-Management-Systemen".
7 Vgl. Wernicke, ZEV 2003 S. 301.
8 Elmenhorst/Decker, S&S 3/2014 S. 32.

238 Neben **internen Kontrollmöglichkeiten** (Aufsicht) dient dieses zweite Organ der Einbindung von fachlichem Sachverstand,[1] persönlicher Kompetenz und äußerem Ansehen.

> **BEISPIEL** ▶ Der Stiftungsrat entscheidet in allen grundsätzlichen Angelegenheiten und stellt die Einhaltung des Willens der Stifter sicher. Er erstellt Richtlinien für die Stiftungsarbeit und überwacht als unabhängiges Kontrollorgan die Geschäftsführung durch den Stiftungsvorstand.

239 Der Stiftungsrat wird üblicherweise aus drei bzw. fünf Mitgliedern bestehen und vom Stifter persönlich benannt werden. Bei der Wahl bzw. Wiederwahl von Mitgliedern zum Stiftungsrat sollte auf eine ausgewogene Kompetenzverteilung geachtet werden; dabei sollten möglichst ein oder zwei Stiftungsratsmitglieder sachkundig bezüglich des Stiftungszwecks und des Stiftungsvermögens sein.

240 Häufig werden die Stiftungsratsmitglieder jeweils für die **Dauer** von fünf Jahren gewählt; geregelt werden kann, dass ein Stiftungsratsmitglied z. B. höchstens dreimal wiedergewählt werden darf.[2]

241 In der Regel ist es nicht gewünscht, dass eine Person sowohl dem Vorstand als auch dem weiteren Organ (Stiftungsrat) angehört. Denn ansonsten wird das Ziel, das mit dem zweiten Organ angestrebt wird, die Kontrolle des Vorstands, nicht wirksam erreicht.[3]

> **BEISPIEL** ▶ Mitglieder eines Stiftungsorgans können nicht zugleich dem anderen Stiftungsorgan angehören.

Ein bekanntes Beispiel für eine **Personalunion** in zwei Organen ist die Alfried-Krupp-von-Bohlen-und-Halbach-Stiftung, in der der 99-jährige Berthold Beitz bis zu seinem Ableben am 31. 7. 2013 sowohl den Vorsitz im Vorstand als auch im Kuratorium innehatte.

242 Der oder die Stifter gehören dem Stiftungsrat – sofern sie nicht als Vorstand berufen sind – i. d. R. auf Lebenszeit an. Für die anderen von den Stiftern mit Errichtung der Stiftung persönlich berufenen Stiftungsräte wird oft eine Altersgrenze (bis zur Vollendung des 75. Lebensjahres) vorgesehen. Sollte vorher bereits der Vorsorgefall eingetreten bzw. Betreuung angeordnet sein, endet deren Amt früher.

---

1 Vgl. aber unten Rn. 254, wonach der besondere Sachverstand oft in einem dritten Organ, dem Beratungsorgan, gebündelt wird.
2 Werner in Werner/Saenger, Die Stiftung, Rn. 436.
3 Schiffer/Pruns in Schiffer, § 3 Rn. 80.

Hinsichtlich der Verteilung der **Aufgaben** unter den beiden Stiftungsorganen 243 (Vorstand und Stiftungsrat) ist der Stifter nicht etwa an aktienrechtliche Grundsätze gebunden. So kann neben dem Vorstand auch der Stiftungsrat die Geschäftsführungs- und Vertretungsbefugnisse übernehmen. Um die Stiftungssatzung nicht unnötig zu belasten, werden in der Praxis häufig die Einzelheiten der Geschäftstätigkeit der Stiftungsorgane deren eigener Regelungskompetenz überlassen.

Die Rechtsgrundlage für die Stiftungsorgane zum Erlass einer eigenen **Ge-** 244 **schäftsordnung** stellt die Stiftungssatzung dar. Hat das zweite Organ Aufsichtspflichten zu erfüllen, dann wird man den Erlass seiner Geschäftsordnung sicher nicht dem Exekutivorgan (Vorstand) zuweisen, sondern mittels einstimmigen Beschluss des Aufsichtsorgans sicherstellen, dass eine ausgewogene Geschäftsordnung erlassen wird.

Ob die Mitglieder dieser Organe haupt- oder ehrenamtlich tätig werden und 245 ob die Zahlung einer Aufwandsentschädigung vorgesehen ist, richtet sich nach der Größe der Stiftung und dem anfallenden Arbeitsvolumen. Primär ist aber entscheidend, ob die Stiftung steuerbefreit ist. Denn im letzteren Fall sind die Mitglieder typischerweise ehrenamtlich tätig und erhalten nur Aufwandsersatz.

Für den Stifter ist es wesentlich zu wissen, dass er nicht nur die **Erstbesetzung** 246 der Organe persönlich bestimmen kann. Er kann die Nachfolge in diese Positionen auch testamentarisch regeln.[1] Scheiden Organmitglieder später durch Erreichung der satzungsmäßigen Altersgrenze, durch Tod oder aufgrund der Niederlegung ihres Amtes aus, erfolgt die Neubesetzung anhand der vom Stifter benannten Ersatzpersonen.

Alternativ bietet sich —wie beim Vorstand (oben Rn. 197)— zum einen an, die 247 Bestellung der oder bestimmter Organmitglieder entweder durch Inhaber eines bestimmten Amtes vornehmen zu lassen. In Betracht kommen insoweit z. B. der Oberbürgermeister, Präsidenten eines Gerichtes oder der Industrie- und Handelskammer. Zum anderen ist daran zu denken, den Organmitgliedern selbst die Möglichkeit zu geben, ihren Nachfolger zu bestimmen (Selbstkooptation, Selbstergänzung), vgl. oben Rn. 200.

Auch für den Stiftungsrat und die von ihm zu treffenden Beschlüsse gilt: Im 248 Gesellschaftsrecht mag das Einstimmigkeitsprinzip zum Schutz der Gesellschafter sinnvoll sein; bei einer Stiftung ist ein einstimmiger Beschluss aller

---

1 Hof in Seifart/v. Campenhausen, Stiftungsrechts-Handbuch, § 8 Rn. 125.

Stiftungsratsmitglieder allenfalls bei der Selbstergänzung und bei Satzungs-änderungen angebracht.[1]

BEISPIEL ▶ Der Stiftungsrat ist beschlussfähig, wenn mindestens die Hälfte seiner Mitglieder anwesend ist. Der Stiftungsrat fasst seine Beschlüsse mit einfacher Mehrheit der anwesenden Mitglieder; bei Stimmengleichheit gibt die Stimme des/der Vorsitzenden den Ausschlag.

249 Auch für den Stiftungsrat wird man eine **Altersbeschränkung** vorsehen (vgl. oben Rn. 203).

BEISPIEL ▶ Der Stiftungsrat ist im Interesse der Kontinuität der Stiftungsarbeit verpflichtet, auf eine ausgewogene Altersstruktur des Stiftungsrats bei Wahl und Wiederwahl seiner Mitglieder zu achten; das Durchschnittsalter des Stiftungsrates (ohne die Stifter) darf 65 Lebensjahre nicht übersteigen.

Zum Stiftungsrat kann nur gewählt werden, wer mindestens das 40. Lebensjahr vollendet und das 70. Lebensjahr noch nicht erreicht hat.

Ein Stiftungsratsmitglied, das zum Zeitpunkt einer möglichen Wiederwahl noch nicht das 72. Lebensjahr vollendet hat, kann bis zum Erreichen der individuellen Altersgrenze auch für weniger als fünf Jahre gewählt werden, sofern das Durchschnittsalter des Stiftungsrates dem nicht entgegensteht.

250 Ist es nicht gewünscht, dass Angehörige des Stifters Einfluss auf die Stiftung nehmen können, indem sie in den Stiftungsrat gewählt werden, wird man diese Personen als nicht wählbar bezeichnen.

BEISPIEL ▶ s. o. Rn. 205.

251 Zu regeln ist auch, wem die **Sitzungsleitung** und wem der Vorsitz obliegt.[2] Sofern der Stifter sich nicht als Vorstand bestellt, wird er dieses Amt im Stiftungsrat auf Lebenszeit übernehmen.

BEISPIEL ▶ Der Stiftungsrat wählt aus seiner Mitte einen Vorsitzenden und einen Stellvertreter. Solange der Stifter Mitglied im Stiftungsrat ist, übt er die Funktion des Stiftungsratsvorsitzenden aus.

252 Eine **Ladung** des Stiftungsrats wird heute oft per E-Mail erfolgen; daneben kommt auch eine Ladung per Telefax oder gar telefonisch in Betracht.[3] Die **Einzelheiten** hierzu werden aber nicht in der Satzung, sondern in der **Geschäftsordnung** des Stiftungsrats geregelt. Diese Geschäftsordnung wird der Stiftungsrat i. d. R. mit qualifizierter Mehrheit selbst verabschieden.

---

1 Werner in Werner/Saenger, Die Stiftung, Rn. 424.
2 Werner in Werner/Saenger, Die Stiftung, Rn. 422.
3 Werner in Werner/Saenger, Die Stiftung, Rn. 423.

Vorgesehen werden sollte ferner, dass Beschlüsse des Stiftungsrats im **Um-** **253**
laufverfahren getroffen werden können, um zeit-/kostenaufwendige Sitzungen in Einzelfällen zu vermeiden.[1]

4.2.2 Der Stiftungsbeirat als drittes Organ

In wenigen Einzelfällen besteht ein Bedürfnis dafür, ein drittes Organ als wei- **254**
teres **Beratungsorgan** zu installieren. In Betracht kommt dieses zusätzliche Organ dann, wenn der Stifter z. B. für eine von der Stiftung gehaltene unternehmerische Beteiligung besonderen Sachverstand benötigt. Für dieses Organ
wird dann häufig die Bezeichnung „Stiftungsbeirat" oder schlicht „Beirat" gewählt.

BEISPIEL Der Stiftungsbeirat hat die Aufgabe, anstelle des Stiftungsrats und damit
abweichend von § … der Stiftungssatzung über das Stimmverhalten in der Gesell-
schafter-/Hauptversammlung der X-AG/GmbH zu entscheiden. Der Stiftungsbeirat
erteilt hierzu dem Stiftungsvorstand auf Basis seiner Beschlüsse entsprechende Weisungen, wie das Stimmrecht in der Gesellschafter-/Hauptversammlung der X-AG/
GmbH auszuüben ist.

Der Beirat hat in diesen Fällen die Aufgabe, die fachliche Kompetenz seiner
Mitglieder zum Wohle des Beteiligungs-Unternehmens einzubringen. Diese
Kompetenz kann bei Kinder- und Jugendstiftungen auch durch **Kinderbeiräte**
beigesteuert werden.[2]

Der Sinn und Zweck dieses Organs besteht darin, die Eigentümerrechte und **255**
die Stimmrechte zu trennen. Dazu wird man alle „unternehmerischen Entscheidungen" (wie z. B. die Umwandlung der Beteiligungsgesellschaft oder der
Erwerb und die Veräußerung von Tochtergesellschaften) ausschließlich der
Kompetenz des Beirats zuordnen. Diese Entscheidungen bedürfen dann keiner
Zustimmung des Stiftungsrats. Beschlüsse des Stiftungsbeirats über das
Stimmverhalten in der Gesellschafter-/Hauptversammlung der Stiftungstoch-
ter bedürfen jedoch dann der Zustimmung des Stiftungsrats, wenn hiervon
die Eigentümerrechte der Stiftung an der Beteiligungsgesellschaft betroffen
sind. Hierzu zählen insbesondere die Liquidation, Aufspaltung, Abspaltung
oder die Verschmelzung.

Den Außenauftritt, d. h. die Vertretung der Stiftung in der Gesellschafter-/ **256**
Hauptversammlung der Beteiligungsgesellschaft übernimmt der Vorstand als
gesetzlicher Vertreter; der Vorstand fungiert – wie im Beispiel (oben Rn. 254) –

---

1 Werner in Werner/Saenger, Die Stiftung, Rn. 427.
2 Störmann/Fehrmann, S&S 2/2013 S. 26.

dann wie ein Bote für den Beirat, wenn ihm im Innenverhältnis keine eigene Entscheidungskompetenz zukommen soll.

257   Ist die Stiftung steuerbefreit, hat der Beirat zudem auch die Interessen der Stiftung an nachhaltigen Erträgen zu berücksichtigen. Dies geschieht, indem in der Satzung festgelegt wird, dass der Stiftungsbeirat bei seinen Entscheidungen über das Stimmverhalten in der Gesellschafter-/Hauptversammlung auch den Interessen der Stiftung als Anteilseigner ausdrücklich verpflichtet ist.

258   Vom Stifter bereits vorzusehen ist die Frage der **Vergütung** für dieses Expertengremium. Üblicherweise wird man für jedes Beiratsmitglied eine Vergütung z. B. in Form einer Sitzungspauschale vorsehen, wobei Tagessätze – je nach Größe der Beteiligungsgesellschaft – von 1.500 € bis 3.000 € genannt werden.

259   Um die Unabhängigkeit dieses Fach-Gremiums zu wahren wird man keine Bestellung der Beirat-Ersatzmitglieder durch den Stiftungsrat vorsehen; vielmehr werden die Stiftungsbeiratsmitglieder durch **Kooptation** (vgl. oben Rn. 200) bestimmt.

Auch für den Beirat und seine Mitglieder wird üblicherweise eine **Altersbeschränkung** vorgesehen werden (vgl. oben Rn. 203).

260   Ferner sind in der Satzung Festlegungen über die Anzahl der Sitzungen des Beirats, ihre Einberufung sowie die Mehrheitsverhältnisse (einfache oder qualifizierte Mehrheit) zu treffen.

261   Ebenfalls sollte in der Satzung geregelt werden, wann ein Beiratsmitglied von der Stimmabgabe ausgeschlossen ist. Dies kann z. B. dann der Fall sein, wenn ein Beiratsmitglied zugleich im Aufsichtsrat einer Tochter-AG der Stiftung sitzt (vgl. § 136 AktG); dann können die beiden weiteren Stiftungsbeiratsmitglieder seine Entlastung bei der AG wirksam beschließen.[1]

4.3 Auslagenersatz

262   Alle Organmitglieder können nach § 670 BGB den **Ersatz** ihrer **Auslagen** und Aufwendungen verlangen.[2]

Details über die Erstattung von Auslagen werden üblicherweise nicht in der Satzung, sondern „nur" in einer Geschäftsordnung festgelegt.

---

1 Hüffer, AktG, 11. Aufl. 2014, § 136 Rn. 8 ff.
2 Werner in Werner/Saenger, Die Stiftung, Rn. 442; Schlüter/Stolte, Stiftungsrecht, Kapitel 2 Rn. 71.

Bei steuerbefreiten Stiftungen ist auch in diesem Punkt eine enge Abstimmung mit dem zuständigen Finanzamt notwendig, denn hier können überhöhe Erstattungsbeträge zu einem Wegfall der Steuerbefreiung führen. Gesichert ist diese nur, wenn man die im Einkommensteuergesetz nach Dienstreisegrundsätzen von einem Arbeitgeber steuerfrei ersetzbaren Höchstbeträge als erstattungsfähig vereinbart.   263

BEISPIEL▶ (Geschäftsordnung „Auslagen- und Aufwendungsersatz")

Als Auslagen werden diejenigen Ausgaben bezeichnet, die im Namen und für Rechnung der Stiftung gemacht werden und die zumindest ganz überwiegend durch die Belange der Stiftung bedingt, von dieser veranlasst oder gebilligt sind (z. B. ein Vorstandsmitglied erwirbt aus seinen eigenen Mitteln einen von der Stiftung dringend benötigten Gegenstand).

Unter Aufwandsersatz fallen Zahlungen der Stiftung an ein Organmitglied der Stiftung, die dieses aufgrund von Ausgaben erhält, die es im eigenen Namen und auf eigene Rechnung getätigt hat und die durch seine Organtätigkeit veranlasst sind (z. B. die Nutzung des privaten Pkw, um zu einer Vorstandssitzung zu gelangen.

Voraussetzung für den Ersatz von Auslagen und Aufwendungen ist grundsätzlich der Nachweis durch Vorlage entsprechender Quittungen/Belege.

Die Organmitglieder erhalten bei Benutzung des eigenen Pkw je Fahrtkilometer 0,30 € erstattet. In der Abrechnung ist der Grund der Fahrt, die Dauer und die Fahrstrecke in Kilometer sowie Abfahrtsort und Zielort anzugeben. Die Erstattung ist beim jeweiligen Organmitglied nach § 3 Nr. 16 EStG steuerfrei.

5. Stiftungsvermögen

5.1 Grundstockvermögen/Stiftungsvermögen/Errichtungskapital

Ebenso wie der Stiftungszweck ist auch das Vermögen der Stiftung (Grundstockvermögen,[1] Stiftungsvermögen[2] oder Errichtungskapital[3] genannt) bereits Bestandteil des Stiftungsgeschäfts. Wird die Stiftung im Wege der Stufenlösung errichtet, wird das Grundstockvermögen, also das im Stiftungsgeschäft der Stiftung versprochene Vermögen, eher gering sein. Erst im Falle seines Ablebens werden weitere, i. d. R. sehr werthaltige Vermögenswerte, auf die Stiftung übergehen. Diese werden grundsätzlich dem Stiftungsvermögen (Grundstockvermögen) zugeführt.   264

BEISPIEL▶ Das Stiftungsvermögen besteht zum Zeitpunkt der Stiftungsgründung aus 2 Mio. €. Der Stiftung soll darüber hinaus der gesamte Nachlass des Stifters zufallen

---

1 Art. 16 Abs. 3 BayStiftG.
2 Art. 4 Hamburgisches Stiftungsgesetz.
3 RS HFA 5 (2013).

bzw. Teile davon, gegebenenfalls auch Aktien an der X-AG bzw. andere Unternehmensbeteiligungen.

265 Das Grundstockvermögen ist – mit Ausnahme der sog. Verbrauchsstiftungen (vgl. Rn. 80 ff.) – nicht zum Verbrauch bestimmt, sondern in seiner Substanz zu erhalten (sog. **Substanzerhaltungsgebot**). Dies bedeutet, dass die Organe einer Wertminderung entgegenzuwirken und **Instandsetzungen** (insbesondere bei bebauten Grundstücken) vorzunehmen haben.[1] Im Ergebnis stehen nur die mit dem Grundstockvermögen (im Rahmen der Vermögensverwaltung) erzielten Einnahmen für eine Verwendung zur Erfüllung satzungsmäßiger Zwecke zur Verfügung; die Substanz darf nicht angegriffen werden.

266 Nach einigen Landesstiftungsgesetzen ist der Stifterwille bei der Verwaltung des Vermögens seitens der Organe vorrangig zu beachten.[2] Teilweise wird geregelt, dass ein ausdrücklicher **Vorrang** des Stifterwillens vor dem Gebot der Bestandserhaltung besteht.[3] Im Grundsatz ist es demnach nach allen Landesstiftungsgesetzen Sache des Stifters, in der Satzung diesbezügliche Regelungen zu treffen. Fehlen sie, so gilt das Gebot der Substanzerhaltung.

Eine Ausprägung des Gebots der Substanzerhaltung ist der Grundsatz des sparsamen Wirschaftens. Die Organe der Stiftung sind gehalten, sparsam und kostenbewusst zu wirtschaften.[4]

267 Weitere Ausprägung des Substanzerhaltungsgebots ist der Vorrang des Vermögenserhalts vor Renditeoptimierung.[5] Bei Wertpapieren entspricht das dem „Gebot der ruhigen Hand"; somit würden das Eingehen von spekulativen Investments (Risikoanlagen) und laufende Vermögensumschichtungen dem Gebot der Substanzerhaltung widersprechen.[6]

268 Das Prinzip der Substanzerhaltung verbietet es nicht, **Vermögensumschichtungen** vorzunehmen. Da diesbezüglich jedoch eindeutige gesetzliche Regelungen fehlen, sollte sich der Stifter hierzu ausdrücklich äußern und seinen Willen in der Satzung niederlegen.[7]

> **BEISPIEL** ▶ Das Stiftungsvermögen ist in seinem Wert grundsätzlich ungeschmälert zu erhalten. Werterhaltende oder wertsteigernde Vermögensumschichtungen sind zu-

---

1 Ivens, Hamburger Handbuch zur Vermögensnachfolge, 2012, S. 686.
2 Richter in Hüttemann/Richter/Weitemeyer, Landesstiftungsrecht, 2011, Rn. 15.5.
3 Richter in Hüttemann/Richter/Weitemeyer, Landesstiftungsrecht, 2011, Rn. 15.6.
4 Ivens, Hamburger Handbuch zur Vermögensnachfolge, 2012, S. 686.
5 Ivens, Hamburger Handbuch zur Vermögensnachfolge, 2012, S. 687.
6 Richter in Hüttemann/Richter/Weitemeyer, Landesstiftungsrecht, 2011, Rn. 15.119.
7 Kraftsoff/Steinsdörfer, S&S 3/2016 S. 30.

lässig; dies gilt auch für die Veräußerung von Aktien der X-Holding AG oder anderer Unternehmensbeteiligungen sowie für die Neuanlage des jeweiligen Erlöses.

Will man die Vermögensumschichtungen nicht dem Vorstand überlassen, son-   269
dern durch ein Überwachungsgremium genehmigen lassen, bietet sich folgende Regelung an:

BEISPIEL ▶ Der Stiftungsrat hat insbesondere folgende Aufgabe:
Die Entscheidung bezüglich der Verfügungen über das Stiftungsvermögen nach § 5
Abs. 2 dieser Satzung (werterhaltende oder wertsteigernde Vermögensumschichtun-
gen).

Entspricht das Gebot der Substanzerhaltung dem ausdrücklichen Wunsch des   270
Stifters,[1] stellt sich die Frage, ob ein **nominaler** oder **realer Werterhalt** verlangt
wird. Bei einer Marktrendite, die unter der Inflationsrate liegt, ist es einer Stiftungen nicht möglich, einen realen Werterhalt des Stiftungsvermögens zu gewährleisten. Denn nur über riskante Anlagen wäre es in diesem Fall denkbar,
eine Rendite zu erzielenden, die den realen Werterhalt erlaubt. Nicht zulässig
ist es, um das Ziel des realen Werterhalts zu erreichen, ein Risiko für das
Grundstockvermögen einzugehen. Dies lässt sich aus dem Gebot der Substanzerhaltung eindeutig ableiten.

5.2 Zustiftungen

Der Begriff der „Zustiftung" wird im BGB nicht definiert. Er wird allerdings in   271
einzelnen Landesstiftungsgesetzen angesprochen, z. B. in § 4 Abs. 3 SchlHol-
StiftG. Im Grundsatz sehen die Landesstiftungsgesetze vor, dass eine Zuwendung Dritter nicht dem Grundstockvermögen zufließen soll, es sei denn ein
entsprechender Wille des Zustiftenden läge vor.[2] Demnach kommt es also auf
den Willen des Zustiftenden an, wie die Zuwendung bei der Stiftung „ver-
bucht" werden. Dies bedeutet indes nicht, dass die Stiftung jede Zustiftung
annehmen muss. Die Stiftungsorgane müssen vor der Annahme prüfen, ob die
Annahme nach der Satzung und damit nach dem Stifterwillen zulässig ist. Daher sollte in der Satzung stets auch die Behandlung von **Zustiftungen** geregelt
werden. Fehlt eine entsprechende Regelung in der Satzung bedeutet dies
nicht, dass Zustiftungen nicht möglich wären. Über ihre Annahme entscheidet
dann der Vorstand,[3] wobei der mutmaßliche Stifterwillen durch Auslegung zu
ermitteln ist.[4]

---

1 Hierzu ausführlich Kraftsoff/Steinsdörfer, S&S 3/2016 S. 30.
2 Jacob in Hüttemann/Richter/Weitemeyer, Landesstiftungsrecht, 2011, Rn. 5.50.
3 Ivens, Hamburger Handbuch zur Vermögensnachfolge, 2012, S. 684.
4 Jacob in Hüttemann/Richter/Weitemeyer, Landesstiftungsrecht, 2011, Rn. 5.55.

272   Um für den Vorstand eine Verwaltungsvereinfachung zu erreichen, kann sich anbieten, in der Stiftungssatzung bzgl. der Verwendung von Bagatellspenden Folgendes zu regeln:

> **BEISPIEL** ▶ Zuwendungen des Stifters bzw. Dritter wachsen dem Stiftungsvermögen zu, wenn sie ausdrücklich dazu bestimmt sind und einen Mindestbetrag von 1.000 € erreichen (Zustiftungen).

5.3 Spenden

273   In einigen Landesstiftungsgesetzen ist geregelt, dass neben den Erträgen einer Stiftung auch **Zuwendungen Dritter** für die Erfüllung des Stiftungszwecks zu verwenden sind, soweit nicht ausdrücklich anderes bestimmt wurde.[1]

274   Grundsätzlich unterscheiden sich Zustiftungen (s. oben Rn. 271), die dem Grundstockvermögen zufließen, von Zuwendungen zum laufenden Verbrauch (bei steuerbefreiten Stiftungen Spenden genannt).

Maßgeblich ist hinsichtlich der Zuordnung, welchen Willen der Zuwendende geäußert hat. Allerdings kann die Stiftungssatzung konstitutiv regeln, dass eine Zustiftung nicht möglich ist, z. B. bei Bagatellbeträgen (s. oben Rn. 272).

5.4 Vermögensverwaltung

275   In der Praxis stellt die Verwaltung von Barvermögen eine große Herausforderung für die Organe der Stiftung dar. Denn die Beachtung der drei „R" (Risiko, Rendite und Rücklagen) bereitet Schwierigkeiten. Einerseits soll die Geldanlage eine Rendite erbringen, die über der Inflationsrate liegt (sog. **reale Werterhaltung**); andererseits darf bei der Geldanlage kein Risiko eingegangen werden (oben Rn. 267).[2] Und schließlich sind möglichst Rücklagen aus den laufenden Erträgen zu bilden, um den realen Werterhalt des Stiftungsvermögens zu ermöglichen.[3]

276   In der Praxis wird häufig eine sog. **Anlagerichtlinie** verabschiedet, wobei hierfür meist das Überwachungsorgan (Stiftungsrat) zuständig ist.[4]

Sofern das Bar-/Wertpapiervermögen der Stiftung von einer Bank verwaltet wird, werden auch ihr gegenüber die wesentlichen Anlageentscheidungen (z. B. Aktienquote) zuvor festgelegt.

---

1 Vgl. die Nachweise/Verweise auf die Landesstiftungsgesetze bei Hüttemann in Hüttemann/Richter/Weitemeyer, Landesstiftungsrecht, 2011, Rn. 16.9.
2 Richter in Hüttemann/Richter/Weitemeyer, Landesstiftungsrecht, 2011, Rn. 15.119.
3 Fritz in Werner/Saenger, Die Stiftung, Rn. 443 und zum „Spekulationsverbot" Rn. 472.
4 Richter in Hüttemann/Richter/Weitemeyer, Landesstiftungsrecht, 2011, Rn. 15.13.

Problematisch ist bei **steuerbefreiten** Stiftungen, wenn eine unternehmerische 277
Beteiligung keine Erträge ausschüttet, sondern diese thesauriert. Ein „Austrocknen" der Stiftung wirft steuerliche Probleme auf, die sogar einen Verlust der Steuerfreiheit bewirken können (vgl. Rn. 1008).

Entsprechendes gilt auch für die Anlageentscheidung durch eine Bank, wenn 278
die überwiegenden Erträge aus Veräußerungsgewinnen erzielt werden oder eine Anlageform gewählt wird, die keine Ausschüttungen generiert.[1] Dies sollte bei der Übertragung des Stiftungsvermögens auf einen professionalen Verwalter bedacht werden. Denn bei **steuerbefreiten** Stiftungen können andernfalls die satzungsmäßigen Zwecke nicht oder nur unzureichend verfolgt werden.

Aber auch bei einer **Familienstiftung** ist die angestrebte Versorgung des Stif- 279
ters und der Destinatäre nur gesichert, wenn ausreichend Erträge von der Tochterbeteiligung an die Stiftung ausgeschüttet werden.[2]

5.5 Ertragsverwendung

Die laufenden Einnahmen der Stiftung sollen nicht nur die Verwaltungskosten 280
decken, sondern ihr Überschuss muss für die Erfüllung des Stiftungszwecks zur Verfügung stehen (**Gebot zur laufenden Ertragsverwendung**).[3]

Dieses Gebot ist in fast allen Landesstiftungsgesetzen enthalten.[4] Ob dieses Gebot zur laufenden Ertragsverwendung auch beinhaltet, dass eine sofortige oder **zeitnahe Mittelverwendung** zu erfolgen hat, ist zweifelhaft.[5] Im Steuerrecht kennt die AO in § 55 Abs. 1 Nr. 5 Satz 3 zwar eine ab dem 1. 1. 2013 36-monatige Frist. Für eine steuerpflichtige Stiftung, wie z. B. eine Familienstiftung, dürfte diese steuerliche **Mittelverwendungsfrist** jedenfalls nicht gelten. Auch die Landesstiftungsgesetze enthalten keine dem Steuerrecht entsprechenden Regelungen. Das Fehlen einer landesstiftungsgesetzlichen Mittelverwendungsfrist bedeutet indes nicht, dass es eine Pflicht zur Ertragsverwendung (oben Rn. 280) nicht gibt. Es besteht lediglich außerhalb des Steuerrechts keine Vorgabe, innerhalb welcher Frist die Mittel zu verwenden sind.

---

1 Richter in Hüttemann/Richter/Weitemeyer, Landesstiftungsrecht, 2011, Rn. 15.120; Fritz in Werner/Saenger, Die Stiftung, Rn. 445.
2 Schiffer/Pruns, NWB-EV 2012 S. 229, 234; BFH v. 18. 11. 2009 - II R 46/07, BFH/NV 2010 S. 898 mit Anm. Schiffer/Pruns, ZStV 2012 S. 1, 2.
3 Ivens, Hamburger Handbuch zur Vermögensnachfolge, 2012, S. 688; Hüttemann in Hüttemann/ Richter/Weitemeyer, Landesstiftungsrecht, 2011, Rn. 16.10.
4 Vgl. die Hinweise auf die jeweiligen Landesstiftungsgesetze bei Hüttemann in Hüttemann/ Richter/Weitemeyer, Landesstiftungsrecht, 2011, Rn. 16.10.
5 Hüttemann in Hüttemann/Richter/Weitemeyer, Landesstiftungsrecht, 2011, Rn. 16.11.

281　Bei der Verwendung der Überschüsse (Einnahmen über Verwaltungskosten) ist das sog. **Admassierungsverbot** zu beachten. Danach dürfen Erträge nicht dem Grundstockvermögen zugeführt werden. Das Admassierungsverbot ist Ausfluss des Verbots der Selbstzweckstiftung. Demnach ist eine Zuführung der Erträge nur ausnahmsweise zulässig, wenn Vermögensverluste ausgeglichen werden sollen.[1]

282　Rücklagen dürfen – vorbehaltlich anderslautender steuerlicher Vorschriften für steuerbefreite Stiftungen – grundsätzlich gebildet werden, wenn bestimmte Vorhaben eine Ansammlung verlangen.

283　Für steuerbefreite Stiftungen ergeben sich aus den steuerlichen Vorschriften der AO weitere Besonderheiten hinsichtlich des Zwangs zur Mittelverwendung bzw. der eingeschränkten Möglichkeit, Rücklagen zu bilden (vgl. unten Rn. 1045 ff.).

284–285　*(Einstweilen frei)*

6. Begünstigtenkreis

286　Bei steuerbefreiten Stiftungen ergibt sich der Kreis der Begünstigten i. d. R. aus dem Zweck der Stiftung (siehe Rn. 181 ff.). Bei privatnützigen Stiftungen, insbesondere einer Familienstiftung, ist hingegen zwingender Bestandteil der Satzung, dass der Stifter den Kreis der Begünstigten (nahe/entfernte Familienangehörige – siehe Rn. 456 ff.) konkret bestimmt.

287　In der Regel wird den Begünstigten (Destinatären) auf eine konkrete Leistung der Stiftung **kein Rechtsanspruch** eingeräumt. Der BGH hat in einem besonders gelagerten Fall von Stipendien entschieden,[2] dass „die Frage, ob die dem Kreis der Destinatäre angehörenden Personen einen klagbaren Anspruch auf die Stiftungsleistungen haben, sich ausschließlich nach dem in der Stiftungsurkunde oder der Stiftungssatzung niedergelegten Willen des Stifters entscheidet, der erforderlichenfalls durch Auslegung der Satzung zu ermitteln ist". Maßgeblich sei, ob die Satzung für den Kreis der in Frage kommenden Destinatäre bestimmte objektive Merkmale aufstellt, durch deren Erfüllung die Eigenschaft eines Destinatärs unmittelbar erworben wird, ohne dass den Stiftungsorganen die Möglichkeit einer Auswahl gelassen ist, oder ob einem Stiftungsorgan oder einem Dritten die Befugnis eingeräumt wird, die Stiftungsdestinatäre, die in den Genuss des Stiftungsnutzens kommen sollen, aus ei-

---

1　Ivens, Hamburger Handbuch zur Vermögensnachfolge, 2012, S. 687 f.
2　BGH v. 15. 12. 2016 - I ZR 63/15, NZG 2017 S. 268.

nem in der Satzung näher umschriebenen Kreis von Personen auszuwählen. Soweit keine klare Regelung bestehe, würden Dritte mit der Satzung lediglich eine nicht rechtlich definierte Chance auf den Erhalt von Stiftungsleistungen erhalten und nicht bereits einen Rechtsanspruch.

(Einstweilen frei)   288–299

IV. Aufhebung der Stiftung

1. Auflösung durch Organentscheidung

Sofern in der Stiftungssatzung kein bereits festgelegter Beendigungszeitpunkt   300
enthalten ist, kann es zu einer Beendigung durch einen Auflösungsbeschluss
kommen. Dies jedoch nur, wenn die Stiftungssatzung dies ausdrücklich vorsieht.[1] Je nach Ausgestaltung in der Satzung bedarf dieser Beschluss einer qualifizierten Mehrheit der Stiftungsorgane.

Die Auflösung stellt bei einer an sich auf Dauer angelegten Stiftung per se ei-   301
nen schwerwiegenden Eingriff dar. Die Befugnis zur Auflösung muss in diesen
Fällen vom Stifter im Stiftungsgeschäft, das seinen Niederschlag in der Satzung findet, eingeräumt werden. Die Aufhebung der Stiftung selbst kann indes nur von der zuständigen Stiftungsbehörde vorgenommen werden.[2]

Einige Landesstiftungsgesetze sehen vor, dass der **Stifter** vorher von der Stif-   302
tungsbehörde **anzuhören** ist.[3] Das saarländische Stiftungsrecht (§ 7 Abs. 2
Satz 2 SaarlStiftG) regelt zwar ausdrücklich, dass sich der Stifter das Recht zur
Zustimmung zur Auflösung vorbehalten kann. In anderen Bundesländern besteht diese Möglichkeit indes (auch ohne gesetzliche Regelung) ebenfalls.[4]

Voraussetzung für einen wirksamen Auflösungsbeschluss ist die Beschlussfas-   303
sung durch das **zuständige Organ**. Ist neben dem Vorstand auch ein Überwachungsorgan vorhanden, wird üblicherweise dieses die Auflösung zu beschließen haben. Die jeweilige Satzung kann darüber hinaus aber auch regeln,
welche zusätzlichen Voraussetzungen vorliegen bzw. welche weiteren Personen dabei mitwirken müssen.

Weitere Voraussetzung ist das Vorliegen eines Auflösungsgrundes. In einzelnen   304
Landesgesetzen besteht die Möglichkeit zur Auflösung auch dann, wenn der Stif-

---

1 Schiffer/Schürmann, SB 2012 S. 103.
2 Reimann, DNotZ 2012 S. 250.
3 § 10 Abs. 2 BrbgStiftG, § 5 Abs. 2 Satz 2 NRWStiftG, § 10 Abs. 2 i.V.m. § 9 Abs. 1 Satz 1 SächsStiftG.
4 Meyn in Hüttemann/Richter/Weitemeyer, Landesstiftungsrecht, 2011, Rn. 25.18.

ter hierzu nicht ausdrücklich ermächtigt hat.[1] Üblicherweise wird man die Auflösung von einer „wesentlichen Änderung der Verhältnisse" abhängig machen.[2]

2. Aufhebung der Stiftung von Amts wegen

305 Die Auflösung kraft Beschluss ist von der Auflösung durch aufsichtsrechtliche Maßnahme zu unterscheiden, die unter den nach § 87 BGB definierten Voraussetzungen möglich ist.

Zuständig hierfür sind nach § 87 Abs. 1 BGB die nach Landesrecht „zuständigen Behörden", in Schleswig-Holstein z. B. das Innenministerium.[3]

306 Sofern die in § 87 Abs. 1 BGB genannten Voraussetzungen vorliegen, kann die Behörde entweder die Stiftung aufheben oder – als milderes Mittel – den Stiftungszweck ändern. Es handelt sich um eine Ermessensentscheidung.

307 Einige Landesgesetze sehen anstelle der in § 87 Abs. 1 BGB vorgegebenen Maßnahmen vor, dass die Stiftung auf eine bestehende andere Stiftung verschmolzen wird (**Zulegung**).[4] Hierbei wird die Stiftung aufgelöst, um sie sodann auf eine andere bestehende Stiftung zu übertragen (z. B. Art. 8 Abs. 4 BayStiftG). Die alternative zur Zulegung ist die **Zusammenlegung**; hierzu werden mehrere Stiftungen aufgelöst und zu einer neuen Stiftung vereint. Beide Formen (Zusammenlegung oder Zulegung) kommen in der Praxis aber sehr selten vor.[5]

3. Rechtsfolgen der Aufhebung der Stiftung

308 Die Aufhebung der Stiftung selbst kann nur von der zuständigen Stiftungsbehörde vorgenommen werden.[6] Eine Aufhebung ist nach § 87 Abs. 1 BGB möglich, wenn die Erfüllung des Stiftungszwecks unmöglich geworden ist oder sie das Gemeinwohl gefährdet.

309 Die Aufsichtsbehörde kann eine Aufhebung der Stiftung aufgrund eines Beschlusses ihrer Gremien nicht verfügen, wenn eine Grundlage im Stiftungsgeschäft fehlt oder diese nicht konkrete Vorgaben enthält. Beim Stiftungs-

---

1 Meyn in Hüttemann/Richter/Weitemeyer, Landesstiftungsrecht, 2011, Rn. 25.20 m. w. N.

2 Schiffer/Schürmann, SB 2012 S. 103.

3 Meyn in Hüttemann/Richter/Weitemeyer, Landesstiftungsrecht, 2011, Rn. 25.5 m. w. N.

4 Schunk, S&S 3/2016, S. 22; Meyn in Hüttemann/Richter/Weitemeyer, Landesstiftungsrecht, 2011, Rn. 25.12.

5 Schienke-Ohletz, S&S 2/2015 S. 40.

6 Reimann, DNotZ 2012 S. 250, 258.

geschäft selbst ist daher ggf. eine Exit-Strategie mit konkreten Vorgaben einzuarbeiten.[1]

Die **Stiftungsaufsichtsbehörde** hat bei der Entscheidung – anders als der Wortlaut vermuten lässt – **kein Ermessen**.[2] Weitere Auflösungsgründe sind der Eintritt einer auflösenden Bedingung oder eines Endtermins, welche vom Stifter verfügt wurden. Dies wird aber bei der generationsübergreifenden Struktur von Stiftungen nur sehr selten möglich sein.   310

Bei Aufhebung einer **gemeinnützigen** Stiftung ist der Grundsatz der Vermögensbindung (§ 55 Abs. 1 Nr. 4 Satz 1 AO) zu beachten, d. h., das Vermögen fällt an den nach der Satzung bestimmten steuerbefreiten Anfallsberechtigten. Der Rechtsübergang erfolgt im Rahmen einer Liquidation (§ 88 Satz 3 i. V. m. §§ 47 bis 53 BGB). Der oder die Anfallsberechtigte(n) haben einen schuldrechtlichen Anspruch auf Auskehrung des nach der Liquidation verbleibenden Überschusses.[3]   311

Wird eine **Familienstiftung** aufgelöst, fällt ihr Vermögen an die in der Stiftungssatzung bestimmten Personen.   312

Enthält die Satzung keine diesbezüglichen Regelungen, fällt das Vermögen nach den Stiftungsgesetzen der Länder i. d. R. an den Staat (§ 88 Satz 2 BGB).   313

(Einstweilen frei)   314–319

V. Die Europäische Stiftung (FE)

Die Europäische Stiftung (Fundatio Europeae – FE) ist das neuste Projekt, das auf europäischer Ebene diskutiert wird.[4] Es liegt für eine Europäische Stiftung bereits ein Verordnungsvorschlag der Kommission vor.[5]   320

Der Entwurf dieser Verordnung (FE -VO) sieht die Schaffung einer EU-weit einheitlichen supranationalen Rechtsform für die Verfolgung **gemeinnütziger** Zwecke vor.[6]

---

1 Reimann, DNotZ 2012 S. 250, 258.
2 Reimann, DNotZ 2012 S. 250, 258.
3 Schiffer/Schürmann, SB 2012 S. 103.
4 Jung, Die Europäische Stiftung als Innovationsfeld des Europäischen Gesellschaftsrechts?, BB 2012 S. 1743.
5 Vorschlag vom 8. 2. 2012, COM (2012) 35. Weitere Informationen unter: http://ec.europa.eu/internal_market/company/eufoundation/index_de.htm.
6 Stöber, Die geplante Europäische Stiftung, DStR 2012 S. 804.

321 Die FE und ihre Spender sollen danach in den Genuss derselben steuerlichen Vergünstigungen kommen, die die EU-Mitgliedstaaten gebietsansässigen gemeinnützigen Einrichtungen und deren inländischen Spendern gewähren.

Innovativ ist an dem Entwurf der Verordnung vor allem die Möglichkeit einer sog. Sitzaufspaltung. Es wäre danach eine Trennung von Register- und Verwaltungssitz möglich.

322 Nach Art. 36 und 37 FE-VO ist die Verlegung des Satzungssitzes möglich.

323 Bemerkenswert ist, dass eine weitgehende Satzungsautonomie für den Stifter besteht, weil der Verordnungsgeber in der FE-VO lediglich Mindestangaben vorschreibt[1] und insbesondere der Bereich der internen Organisation frei gestaltet werden kann.[2]

324 Nach eineinhalb Jahren Verhandlung konnten die Repräsentanten der 28 EU-Mitgliedstaaten am 19. 11. 2014 in Brüssel über das European Foundation Statute (EFS) keinen Konsens erzielen.[3]

VI. Stiftungsfonds

325 Stiftungsfonds sind eine Form der Zustiftung in das Grundstockvermögen einer gemeinnützigen Stiftung (oder Bürgerstiftung), die vom Stifter mit einem bestimmten Namen oder Anliegen zweckgebunden werden kann.[4] Stiftungsfonds zeichnen sich durch vergleichsweise geringe Verwaltungskosten aus. Es muss nicht die „eigene Gemeinnützigkeit" bei der Finanzverwaltung beantragt werden und das Kapital im Stiftungsfonds muss auch nicht als Sondervermögen getrennt verwaltet werden.

326 Stiftungsfonds unterliegen nicht der Stiftungsaufsicht, sondern werden durch einen privatschriftlichen Vertrag zwischen dem Stifter und der Stiftung begründet. Gleichwohl kann der Stifter alle steuerlichen Vorteile realisieren.

327 Die bekannteste Stiftungsfondsvariante ist der Stiftungsfonds mit Verfügungsrecht. Sie wird international als **Donor Advised Fund** bezeichnet. Diese Art wurde erstmals 1931 in New York eingerichtet.[5]

328–334 (Einstweilen frei)

---

1 Jung, BB 2012 S. 1743, 1744.
2 Art. 15 FE-VO.
3 S&S 6/2014 S. 7.
4 Weitemeyer in Münchener Kommentar zum BGB, 7. Aufl. 2015, § 80 Rn. 228; Nährlich/Biedermann, S&S 2/2016 S. 26.
5 Nährlich/Biedermann, S&S 2/2016 S. 26.

C. Rechtsinstitut der unselbständigen Stiftung

I. Begriff und Struktur der unselbständigen Stiftung

1. Unterschiede und Gemeinsamkeiten zwischen der selbständigen und unselbständigen Stiftung des Privatrechts

Unter einer unselbständigen Stiftung (Treuhandstiftung) versteht man die Übertragung von Vermögenswerten auf eine natürliche oder juristische Person mit der Maßgabe, diese als ein vom übrigen Vermögen des Empfängers getrenntes wirtschaftliches Sondervermögen zu verwalten und dauerhaft zur Verfolgung der vom Stifter gesetzten Zwecke zu verwenden.[1]   335

Die unselbständige Stiftung hat mit der selbständigen gemein, dass ein Stifter ein **bestimmtes Vermögen** zu einem von ihm vorgegebenen Zweck auf Dauer widmet. Sie unterscheiden sich dadurch von der selbständigen, dass die unselbständige Stiftung keine juristische Person ist und nicht selbst Träger von Rechten und Pflichten sein kann. Die unselbständige Stiftung bedarf damit eines rechtsfähigen Trägers **(Stiftungsträgers)**, um handeln zu können. Die unselbständige (nichtrechtsfähige) Stiftung wird auch als **fiduziarische** oder **treuhänderische** Stiftung bezeichnet.   336

Ungeachtet dieser fehlenden Rechtsfähigkeit handelt es sich dennoch um eine **Stiftung im Rechtssinne**. Das Vermögen der unselbständigen Stiftung soll ebenfalls dauerhaft erhalten bleiben und nur die Erträge sollen satzungsgemäß verwandt werden. Die unselbständige Stiftung ist aber keine „Vorform" der rechtsfähigen Stiftung. Allerdings kann die Interimsphase zwischen dem Stiftungsgeschäft und der Errichtung der „endgültigen" rechtsfähigen Stiftung (= Anerkennung) durch die Gründung einer (zeitweiligen) nicht rechtsfähigen (unselbständigen) Stiftung überbrückt werden.[2]   337

Folge der **Nichtrechtsfähigkeit** ist auch, dass für diese Stiftungsform weder §§ 80 ff. BGB −auch nicht analog− noch die Landesstiftungsgesetze Anwendung findet.[3] Der Gesetzgeber hat auf eine ausdrückliche Regelung bewusst verzichtet.[4] Damit sind die unselbständigen Stiftungen auch der **Stiftungsauf-**   338

---

1 BGH v. 12. 3. 2009 - III ZR 142/08, ZEV 2009 S. 410; Werner in Werner/Saenger, Die Stiftung, Rn. 944; Wachter, a. a. O., F Rn. 1; Pues/Scheerbarth, a. a. O., Teil 1, § 6, I., S. 74.

2 BFH v. 11. 2. 2015 - X R 36/11, BStBl 2015 II S. 545.

3 Hof in v. Campenhausen/Richter, a. a. O., § 36 Rn. 9; Schauhoff, a. a. O., § 3 Rn. 184.

4 Hackenberg, NWB 2016 S. 179.

sicht entzogen. Dies mag aus Sicht des Stifters ein Nachteil sein, gleichwohl wird gerade dieses Fehlen der Aufsicht und der Wegfall des Anerkennungsverfahrens als besonderer Vorteil dieser Stiftungsform hervorgehoben.

339   Zwar kann die unselbständige Stiftung als unternehmensverbundene Stiftung oder als Familienstiftung in Erscheinung treten, allerdings ist dies in der Praxis die Ausnahme. Die weit **überwiegende Anzahl** aller unselbständigen Stiftungen sind steuerbefreite **gemeinnützige** Stiftungen.

340   Insbesondere bei **kleineren Stiftungsvolumina** wird ganz überwiegend empfohlen, den Weg der unselbständigen Stiftung einzuschlagen und sich z.B. an eine bereits bestehende rechtsfähige gemeinnützige Stiftung anzubinden.[1]

2. Träger des Stiftungsvermögens

341   Als Stiftungsträger kommt zwar **grundsätzlich** jede natürliche oder juristische Person in Betracht. Da die unselbständige Stiftung wie die rechtsfähige (selbständige) Stiftung auch auf Dauer angelegt ist, lässt sich dieses Ziel mit einer prinzipiell „unsterblichen" juristischen Person leichter erreichen als mit einer natürlichen Person.[2]

342   Das Vermögen geht bei der unselbständigen Stiftung als **Sondervermögen** in das **Eigentum** des Stiftungsträgers über, wobei der Träger nicht Organ der unselbständigen Stiftung ist.[3] Vielmehr handelt der Stiftungsträger im Rechtsverkehr im eigenen Namen.

Das Stiftungsvermögen ist nach den allgemeinen Vorschriften des BGB auf den Stiftungsträger zu übereignen.[4] Notarielle Beurkundung ist erforderlich, wenn Grundstücke (§ 311b BGB) oder GmbH-Anteile (§ 15 Abs. 4 GmbHG) auf den Stiftungsträger übertragen werden sollen.

343   **Nicht möglich** ist es, dass der **Stifter selbst** Stiftungsträger (seiner eigenen unselbständigen) Stiftung ist. Dies erschließt sich relativ leicht, denn der Stifter kann keinen Vertrag mit sich selbst abschließen.[5]

Angesichts der Bedeutung des Trägers kommt seiner Auswahl besondere Bedeutung zu.

---

1 Elicker, Zum Streit über die Verselbständigung der fiduziarischen Stiftung – Teil 1, ZStV 2012 S. 135; Hof in v. Campenhausen/Richter, § 36 Rn. 76.

2 Wachter, a.a.O., F Rn. 3.

3 Schauhoff, a.a.O., § 3 Rn. 185; Werner in Werner/Saenger, Die Stiftung, Rn. 944.

4 Hof in v. Campenhausen/Richter, § 36 Rn. 73.

5 Schlüter/Stolte, a.a.O., Kapitel 2 C. I., Rn. 127.

3. Steuerliche Besonderheiten

Ungeachtet ihrer Nichtrechtsfähigkeit wird die unselbständige Stiftung als selbständiges Steuersubjekt (**Zweckvermögen**) anerkannt, § 1 Abs. 1 Nr. 5 KStG. Nach § 3 Abs. 1 KStG sind nichtrechtsfähige Stiftungen körperschaftsteuerpflichtig, wenn ihr Einkommen weder nach dem KStG noch nach dem EStG unmittelbar bei einem anderen Steuerpflichtigen zu versteuern ist.[1] Die nichtrechtsfähige Stiftung muss demnach wirtschaftlich selbständig sein, d. h. das Stiftungsvermögen darf dem Treuhänder als zivilrechtlichem Rechtsträger nicht zugerechnet werden. Voraussetzung für die Anerkennung der Selbständigkeit ist, dass das Stiftungsvermögen vom sonstigen Vermögen des Treuhänders gesondert verwaltet wird.

344

Die Finanzverwaltung nennt zusätzliche Kriterien, die eine Abgrenzung der beiden Vermögensmassen ermöglichen:[2]

345

► Die nichtrechtsfähige Stiftung und der Treuhänder verfolgen unterschiedliche Zwecke

oder

► die nichtrechtsfähige Stiftung und der Treuhänder verfolgen identische Zwecke, aber die nichtrechtsfähige Stiftung verfügt über eigene Stiftungsgremien, die unabhängig von dem Treuhänder des Stiftungsvermögens über die Verwendung der Mittel entscheiden können. Der Treuhänder als zivilrechtlicher Rechtsträger ist vom Einfluss auf die Verwendung der Mittel ausgeschlossen.

Die unselbständige Stiftung kann steuerbegünstigte Zwecke i. S. d. §§ 51 ff. AO verfolgen und dadurch von der Körperschaftsteuer befreit sein nach § 5 Abs. 1 Nr. 9 KStG i. V. m. § 1 Abs. 1 Nr. 5 KStG. Es kommt hierbei **nicht** darauf an, ob auch der Stiftungsträger selbst steuerbegünstigte Zwecke verfolgt.[3]

346

Damit hängt die Möglichkeit der Gemeinnützigkeit nicht von der Rechtsfähigkeit ab, so dass eine unselbständige Stiftung steuerbegünstigte Zwecke verfolgen und Spenden entgegennehmen kann. Insoweit besteht **kein Unterschied zur rechtsfähigen** Stiftung; allein unter Steuerbegünstigungszwecken bedarf es demnach keiner selbständigen Stiftung.

347

---

1 OFD Frankfurt v. 30. 8. 2011 - S 0170 A-41-St 53, DStR 2012 S. 610.
2 OFD Frankfurt v. 30. 8. 2011 - S 0170 A-41-St 53, DStR 2012 S. 610.
3 BFH v. 11. 2. 2015 - X R 36/11, BStBl 2015 II S. 545; OFD Frankfurt v. 30. 8. 2011 - S 0170 A-41-St 53, DStR 2012 S. 610.

348   Die Zuwendung des Stifters an den Stiftungsträger (i. d. R. den Treuhänder) wird erbschaft-/schenkungsteuerlich als sog. **Zweckzuwendung** (§ 1 Abs. 1 Nr. 3 i. V. m. § 8 ErbStG) behandelt. Eine Zweckzuwendung setzt zunächst eine „normale" Zuwendung von Todes wegen oder eine freigebige Zuwendung unter Lebenden voraus. Diese Zuwendung muss mit einer Auflage verbunden oder von einer Bedingung abhängig sein, wonach der Erwerber seinen Erwerb oder einen Teil davon zugunsten eines bestimmten Zwecks verwenden muss. Der Verwendungszweck darf ihm nicht selbst zugute kommen. Die Verpflichtung des Beschwerten aus der Auflage/Bedingung lässt hinsichtlich des von ihm dafür einzusetzenden Teils des erworbenen Vermögens eine getrennte Vermögensmasse (Sondervermögen) entstehen, die der Erwerber nach dem Willen des Zuwendenden verwaltet und verwendet. Dieses Zweckvermögen stellt den eigentlichen Besteuerungsgegenstand dar.[1]

349   Ist die Zweckzuwendung steuerbegünstigt, weil der Beschwerte sie für steuerbegünstigte Zwecke verwenden muss, fällt keine Erbschaft-/Schenkungsteuer an. Soweit die Zweckzuwendung nicht steuerbefreit ist, schuldet der Beschwerte die Steuer (§ 20 Abs. 1 ErbStG), obwohl er selbst nicht bereichert ist. Wirtschaftlich wird er durch die Steuer indes nicht belastet, weil er sie regelmäßig aus dem Zweckvermögen entnehmen kann.

350   Werden gemeinnützige Zwecke verfolgt, muss der Treuhänder für erhaltene Spenden und Zustiftungen die **Zuwendungsbescheinigungen** ausstellen.[2]

351   Hinsichtlich der zu beachtenden allgemeinen Voraussetzungen, unter denen die unselbständige Stiftung als steuerbegünstigt anerkannt wird, kann auf die Ausführungen zur selbständigen Stiftung (oben Rn. 925 ff.) verwiesen werden.

352   Unterhält der Treuhänder für die unselbständige Stiftung ein separat geführtes (auf seinen Namen lautendes) Tagesgeld-/Termingeldkonto, kam es bis 2012 in der Praxis zu Problemen, wenn die Bank **Kapitalertragsteuer** einbehielt, obwohl die unselbständige Stiftung steuerbefreit war. Häufig konnte nur im Wege der **Billigkeit** beim Finanzamt jährlich ein Antrag auf Erstattung einbehaltener Zinsabschlagsteuer, Kapitalertragsteuer und Solidaritätszuschlag gestellt werden, um die zu Unrecht einbehaltenen Steuern zurückzuerhalten.

353   Durch BMF-Schreiben[3] hat die Finanzverwaltung geregelt, dass ein Konto oder Depot dann als im Namen der unselbständigen Stiftung geführt gilt und da-

---

1 Moench, ErbStG, § 8 Rn. 5.
2 Schlüter/Stolte, a. a. O., Kapitel 4 B. II., Rn. 11.
3 BMF v. 16. 8. 2011, BStBl 2011 I S. 787.

mit **keine Kapitalertragsteuer** einbehalten werden muss, wenn das Konto oder Depot durch einen Zusatz zur Bezeichnung eindeutig sowohl vom übrigen Vermögen des anderen berechtigten zu unterscheiden als auch steuerlich der Stiftung zuzuordnen ist. Der Gesetzgeber hat die Befreiungsmöglichkeit in § 44a Abs. 6 Satz 3 EStG gesetzlich verankert.[1]

Eine durch letztwillige Verfügung errichtete gemeinnützige unselbstständige Stiftung **entsteht** mit dem **Erbfall**.[2] Die Identität der Stiftung und ihre subjektive Steuerpflicht ändert sich nicht dadurch, dass der Träger (Fiduziar) für die Stiftung einen vom Erblasser abweichenden Stiftungszweck festlegt, der möglicherweise nicht von der testamentarisch eingeräumten Gestaltungsfreiheit zu Satzungsänderungen gedeckt ist.[3]   354

Wird kurzfristig eine Stiftung benötigt, weil beispielsweise unbedingt ein **Spendenabzug** im laufenden Kalenderjahr angestrebt wird, ist dies nach Ansicht des BFH über eine zeitweilige unselbständige Stiftung möglich.[4] Die Errichtung einer (**zeitweiligen**) nicht rechtsfähigen (**unselbständigen**) Stiftung setzt u. a. voraus, dass der Stifter einen Rechtsträger verpflichtet, die ihm zunächst übertragenen Vermögenswerte vorübergehend zu verwalten und nach der Anerkennung der rechtsfähigen (selbständigen) Stiftung auf diese zu übertragen. Im Gegensatz zur Rechtslage bei der rechtsfähigen (selbständigen) Stiftung handelt es sich bei dem Stiftungsgeschäft der nicht rechtsfähigen (unselbständigen Stiftung) nicht um einen einseitigen Akt des Stifters, sondern um einen gegenseitigen schuldrechtlichen Vertrag zwischen dem Stifter und einem Dritten als Rechtsträger der nicht rechtsfähigen (unselbständigen) Stiftung. Die Vermögensübertragung selbst bedarf eines gesonderten dinglichen Rechtsgeschäfts nach den allgemeinen Regeln §§ 873, 925, 929 BGB. Nach Anerkennung der rechtsfähigen (selbständigen) Stiftung muss der Dritte das Zweckvermögen auf diese übertragen, um den schuldrechtlichen Anspruch der Stiftung gegen den Stifter (§ 82 BGB) gem. § 362 BGB zum Erlöschen zu bringen.   355

In der Literatur wurde schon bisher die Ansicht vertreten, eine unselbständige Familienstiftung unterliege **nicht** der **Erbersatzsteuer** nach § 1 Abs. 1 Nr. 4   356

---

1 Steuervereinfachungsgesetz 2011 v. 1. 11. 2011, BGBl 2011 I S. 2131.
2 BFH v. 16. 11. 2011 - I R 31/10, BFH/NV 2012 S. 786.
3 BFH v. 16. 11. 2011 - I R 31/10, BFH/NV 2012 S. 786.
4 BFH v. 11. 2. 2015 - X R 36/11, BStBl 2015 II S. 545.

ErbStG.[1] Das FG Köln hatte dies zwar anders gesehen.[2] Der BFH hat nunmehr die Literaturansicht bestätigt und die Vorinstanz aufgehoben.[3]

357 Eine **nichtrechtsfähige** Stiftung erfüllt **nicht** den Begriff der Familienstiftung i. S. d. § 1 Abs. 1 Nr. 4 ErbStG. Sie besitzt kein eigenes Vermögen, welches der Ersatzerbschaftsteuer unterliegen kann. Die nichtrechtsfähige Stiftung ist nicht gesetzlich geregelt. Sie hat ein dem Stiftungszweck gewidmetes Vermögen, aber keine eigene Rechtspersönlichkeit. Träger des Stiftungsvermögens ist ein Treuhänder. Dieser kann z. B. eine natürliche oder eine juristische Person sein. Der Stifter überträgt das Vermögen durch Vertrag oder Verfügung von Todes wegen auf den Treuhänder. Der Treuhänder übernimmt und verwaltet es entsprechend dem festgelegten Zweck und nach den Weisungen des Stifters. Die für rechtsfähige Stiftungen geltenden §§ 80 ff. BGB sind grundsätzlich auf nichtrechtsfähige Stiftungen nicht anwendbar. Der Wortlaut des § 1 Abs. 1 Nr. 4 ErbStG spricht lediglich von Stiftung und differenziert nicht ausdrücklich zwischen der rechtsfähigen und der nichtrechtsfähigen Stiftung. Der Ersatzerbschaftsteuer unterliegt aber das Vermögen der Stiftung. Daher bezieht sich § 1 Abs. 1 Nr. 4 ErbStG nur auf rechtsfähige Stiftungen und schließt solche ohne Rechtsfähigkeit nicht ein. Denn nur eine rechtsfähige Stiftung kann Träger von eigenem Vermögen sein. Das **Stiftungsvermögen ist konstitutives Merkmal der rechtsfähigen Stiftung**. Bei einer nichtrechtsfähigen Stiftung hingegen ist zivilrechtlicher Eigentümer des Vermögens der Träger der Stiftung. Dieser hält das Vermögen im Rahmen eines besonderen Treuhandverhältnisses, ohne wirtschaftlicher Eigentümer zu sein, und handelt für die Stiftung. Bei der Prüfung, wer Eigentümer des Vermögens ist und daher der Ersatzerbschaftsteuer unterliegt (§ 20 Abs. 1 Satz 1 i. V. m. § 1 Abs. 1 Nr. 4 ErbStG), kommt es ausschließlich auf die Zivilrechtslage und nicht darauf an, wem nach wirtschaftlicher Betrachtungsweise Vermögen oder Einkommen zuzurechnen ist. Das folgt aus der Einordnung der Erbschaft- und Schenkungsteuer als Verkehrsteuer.

Weitere Normen des ErbStG, die das Wort „Stiftung" verwenden, beziehen sich ebenfalls nur auf die rechtsfähige Stiftung. Nach § 9 Abs. 1 Nr. 1 Buchst. c ErbStG entsteht die Erbschaftsteuer im Fall des § 3 Abs. 2 Nr. 1 Satz 1 ErbStG für den Übergang von Vermögen auf eine vom Erblasser angeordnete Stiftung mit dem Zeitpunkt der Anerkennung der Rechtsfähigkeit. Nur für die Entste-

---

1 Meßbacher-Hönsch in Götz/Meßbacher-Hönsch, eKomm, Stand Juni 2016, § 1 Rn. 33; Oppel, ZEV 2017 S. 22; Theuffel-Werhahn, ZEV 2014 S. 14.
2 FG Köln v. 25. 5. 2016 - 7 K 291/16, EFG 2016 S. 1447; Niemann, DStR 2016 S. 2888.
3 BFH v. 25. 1. 2017 - II R 26/16, DStR 2017 S. 597.

hung einer rechtsfähigen Stiftung ist nach § 80 Abs. 1 BGB u. a. die Anerkennung durch die zuständige Behörde des Landes erforderlich. Nichtrechtsfähige Stiftungen hingegen bedürfen für ihre Entstehung nicht der Anerkennung. Daher ist § 3 Abs. 2 Nr. 1 Satz 1 ErbStG nur auf rechtsfähige Stiftungen anwendbar.

In § 9 Abs. 1 Nr. 4 ErbStG ist formuliert, dass in den Fällen des § 1 Abs. 1 Nr. 4 ErbStG die Steuer in Zeitabständen von je 30 Jahren seit dem Zeitpunkt des ersten Übergangs von Vermögen auf die Stiftung entsteht. Auch dieser gesetzlichen Formulierung ist zu entnehmen, dass Voraussetzung für eine Besteuerung mit Ersatzerbschaftsteuer das Vorliegen eines auf die Stiftung übergegangenen, eigenen Vermögens ist, was nur bei einer rechtsfähigen Stiftung der Fall sein kann.

In § 20 Abs. 1 Satz 1 ErbStG ist festgelegt, dass Steuerschuldner in den Fällen des § 1 Abs. 1 Nr. 4 ErbStG die Stiftung ist. § 20 Abs. 1 Satz 2 ErbStG bestimmt hingegen, dass in den Fällen von § 3 Abs. 2 Nr. 1 Satz 2 und § 7 Abs. 1 Nr. 8 Satz 2 ErbStG Steuerschuldner die Vermögensmasse ist.

Auch die Gleichstellung von (nichtrechtsfähigen) Vermögensmassen ausländischen Rechts mit den rechtsfähigen Stiftungen in § 3 Abs. 2 Nr. 1 Satz 2, § 7 Abs. 1 Nr. 8 Satz 2, § 7 Abs. 1 Nr. 9 Satz 2 ErbStG und die Bestimmung dieser Vermögensmassen als Steuerschuldner in § 20 Abs. 1 Satz 2 ErbStG[1] führen nach Ansicht des BFH nicht zur Einbeziehung der nichtrechtsfähigen Stiftung in den Tatbestand des § 1 Abs. 1 Nr. 4 ErbStG.

Schließlich steht der Nichteinbeziehung der nichtrechtsfähigen Stiftung in § 1 Abs. 1 Nr. 4 ErbStG nicht entgegen, dass sie körperschaftsteuerpflichtig sein kann. Denn nach § 1 Abs. 1 KStG sind auch Vermögensmassen körperschaftsteuerpflichtig; wegen § 1 Abs. 1 Nr. 5 KStG gilt dies unabhängig davon, ob sie rechtsfähig oder nichtrechtsfähig sind.[2] Auch § 3 Abs. 1 KStG sieht ausdrücklich eine Körperschaftsteuerpflicht von nichtrechtsfähigen Vermögensmassen vor.

(Einstweilen frei)   358–369

---

1 Durch das Steuerentlastungsgesetz (StEntlG) 1999/2000/2002 v. 24. 3. 1999, BGBl 1999 I S. 402.
2 Vgl. BFH v. 29. 1. 2003 - I R 106/00, BFHE 201 S. 287, unter II.1.

II. Errichtungsformen

1. Allgemeines

370 Die unselbständige Stiftung kann ebenso wie die selbständige sowohl von Todes wegen als auch unter Lebenden errichtet werden. Je nachdem, ob es sich um ein Rechtsgeschäft unter Lebenden oder um eine Verfügung von Todes wegen handelt, sind die allgemeinen schuldrechtlichen oder erbrechtlichen Bestimmungen maßgebend. Der Stifterwillen kommt zwar ebenfalls im **Stiftungsgeschäft** zum Ausdruck. Da das Stiftungsgeschäft, anders als bei der selbständigen Stiftung, ist keine nicht empfangsbedürftige Willenserklärung, bedarf es der **Annahme** durch den Stiftungsträger. Es gelten die Regeln des Schuldrechts. Folge ist, dass neben dem im Stiftungsgeschäft verlautbarten Gewollten auch der sog. Empfängerhorizont maßgeblich ist.

371 Die Errichtung einer unselbständigen Stiftung bedarf grundsätzlich nicht der der Schriftform. Aus **Nachweisgründen** wird zu Recht empfohlen, Stiftungsgeschäft und Satzung **schriftlich** zu fixieren.[1]

372 Die **Pflichten des Trägers** ergeben sich aus dem jeweiligen Stiftungsgeschäft. Insoweit müssen dort die wesentlichen Parameter des Stifterwillens niedergelegt werden. So ist etwa der Aufgabenkatalog des Trägers detailliert zu beschreiben, damit die Vorstellungen des Stifters auch umgesetzt werden. Der Träger ist dem Stifter gegenüber zur Auskunft, z. B. bzgl. der Jahresrechnung verpflichtet.[2]

373 Angesichts der hervorgehobenen Stellung des Trägers erweist sich seine **Auswahl** als besonders **schwierig**. Da in der Praxis aber die meisten unselbständigen Stiftungen steuerbegünstigt sind, relativiert sich dieses Problem. Denn wird eine selbständige steuerbefreite Stiftung als Träger gewählt, ist das Risiko für den Stifter minimal. Denn der Träger unterliegt ja – einschließlich des Vermögens der unselbständigen Stiftung – der Stiftungsaufsicht.[3]

2. Stiftungsgeschäft unter Lebenden

374 Das Stiftungsgeschäft ist kein einseitiger Errichtungsakt, wie bei der rechtsfähigen Stiftung. Das Stiftungsgeschäft stellt vielmehr einen **Vertrag** dar, in dem sich der Stifter verpflichtet, dem Stiftungsträger die zur Erfüllung des von

---

1 Hof in v. Campenhausen/Richter, a. a. O., § 36 Rn. 25.
2 OLG Sachsen-Anhalt v. 23. 9. 2013, 1 W 28/13, NZG 2014 S. 470.
3 Eine tabellarische Übersicht zu den Unterschieden zwischen selbständiger und unselbständiger Stiftung findet sich bei Schlüter/Stolte, a. a. O., Kapitel 4 B. II., Rn. 14.

ihm formulierten Stiftungszwecks erforderlichen Vermögensgegenstände zu übertragen.[1] Im Gegenzug verpflichtet sich der Träger, die erlangten Mittel entsprechend dem Stiftungszweck zu verwenden.[2]

Die **rechtliche Einordnung** des Stiftungsgeschäfts als Treuhandvertrag oder als Schenkung unter Auflage ist bis heute umstritten.[3] Maßgeblich ist der Parteiwillen. In der Praxis hat sich die auch als Treuhandstiftung bezeichnete unselbständige Stiftung durchgesetzt und ist die häufigste Form.[4] 375

2.1 Schenkung unter Auflage

Beinhaltet das Stiftungsgeschäft eine Schenkung unter Auflage, dann sind §§ 518 ff. BGB anwendbar. Damit bedarf das Stiftungsgeschäft der notariellen Beurkundung, sofern nicht das Vermögen unmittelbar übertragen wird.[5] Sobald der Stifter das Vermögen an den Träger geleistet hat, ist dieser gem. § 525 Abs. 1 BGB verpflichtet, den Stiftungszweck zu erfüllen. Mittels der Auflage wird primär die Verwendung des Stiftungsvermögens abgesichert; daneben sind andere Regelungsinhalte über die Auflage absicherbar, z. B. die Organisation der Stiftung. 376

Anspruch auf Vollziehung der Auflage haben der Stifter bzw. dessen Erben gem. § 525 BGB. Ist die Vollziehung im öffentlichen Interesse, weil die Stiftung z. B. steuerbegünstigte (gemeinnützige) Zwecke verfolgt, dann kann auch die nach Landesrecht zuständige Behörde die Vollziehung verlangen (§ 525 BGB).[6] 377

2.2 Treuhandgeschäft

Ist das Stiftungsgeschäft hingegen als Treuhandgeschäft anzusehen, dann regelt der (gemischte) Vertrag zwischen Treuhänder und Stifter nicht nur die Übereignung des Stiftungsvermögens, sondern auch die schuldrechtlichen Pflichten. Die Treuhandstiftung ist demnach keine Rechtsperson, sondern ein **Rechtsverhältnis**. 378

---

1 Wochner, ZEV 1999 S. 125, 126.
2 Zum Rechtscharakter des Vertrages vgl. Hof in v. Campenhausen/Richter, a. a. O., § 36 Rn. 28.
3 Wachter, Stiftungen, 1. Aufl. 2001, F Rn. 6; Milatz/Kemcke/Schütz, a. a. O., 2. Teil, C., S. 57.
4 Schlüter/Stolte, a. a. O., Kapitel 4 B. I., Rn. 4; a. A. Wochner, ZEV 1999 S. 125, 127.
5 Pues/Scheerbarth, a. a. O., Teil 1, § 6, II. 2., S. 76; Milatz/Kemcke/Schütz, a. a. O., 2. Teil, C., S. 57.
6 Hof in v. Campenhausen/Richter, a. a. O., § 36 Rn. 34 m. w. N. in Fn. 53; Wachter, Stiftungen, F Rn. 8.

379 Dem Vertrag liegt regelmäßig ein **Auftragsverhältnis**[1] oder ein **Dienst-/Geschäftsbesorgungsvertrag** zugrunde,[2] wobei der Träger unentgeltlich für die Stiftung tätig wird.

380 Ist der Stiftungsvertrag als **Auftragsverhältnis** ausgestaltet, ist ein **Widerruf** durch den Stifter oder dessen Erben **jederzeit möglich**.[3] Die Abhängigkeit der Stiftung nach dem Tod des Stifters vom Willen der Erben wird zu Recht als Gefahr für den Fortbestand der Stiftung angesehen. Denn bei einer unentgeltlichen Geschäftsbesorgung ist der Vertrag durch die Erben auch ohne Grund jederzeit kündbar.[4] Der Stifter kann auf diese Kündigungsmöglichkeit auch nicht verzichten.

Handelt es sich hingegen um einen **Dienstvertrag**, kann dieser nach §§ 620, 621, 623 BGB **gekündigt** werden.[5]

381 Die Stiftung **entsteht** nicht bereits mit Abschluss des Stiftungsvertrages, sondern erst, wenn der Stifter das Vermögen an den Treuhänder wirksam übereignet hat. Hingegen gibt es keine Anerkennung durch die Stiftungsbehörde, da das Anerkennungsverfahren nur für die rechtsfähigen Stiftungen gilt.

3. Stiftungsgeschäft von Todes wegen

382 Wird die unselbständige Stiftung durch Verfügung von Todes wegen (Testament, Erbvertrag) errichtet, dann sind die **erbrechtlichen Gestaltungsformen** und **Formvorschriften** für das Stiftungsgeschäft zu beachten.[6] Soweit das Stiftungsgeschäft Teil eines handschriftlichen Testamentes ist, muss es vom Stifter eigenhändig geschrieben und unterschrieben sein.[7]

383 Der Erblasser setzt den Träger entweder zum **Alleinerben** ein oder setzt zu seinen Gunsten ein **Vermächtnis** aus.[8] Durch die Anordnung einer Auflage wird der Träger verpflichtet, den Stiftungszweck entsprechend der Vorgaben des Stifters zu erfüllen.

---

1 Zu dogmatischen und praktischen Problemen bei Annahme eines Auftragsverhältnisses vgl. Reuter in Münchener Kommentar zum BGB, vor § 80 Rn. 41 ff.
2 Schlüter/Stolte, a. a. O., Kapitel 2 C. I., Rn. 125.
3 Reuter in Münchener Kommentar zum BGB, 6. Aufl. 2012, Vor § 80 Rn. 98.
4 Reuter in Münchener Kommentar zum BGB, 6. Aufl. 2012, Vor § 80 Rn. 98.
5 Schlüter/Stolte, a. a. O., Kapitel 2 C. I., Rn. 131.
6 Lange, ZErb 2013 S. 324, 326.
7 Muscheler, ZEV 2014 S. 573.
8 Schlüter/Stolte, a. a. O., Kapitel 2 C. II., Rn. 157.

Zu bedenken ist, dass bei Unklarheiten im Testament die besonderen erbrecht- 384
lichen Auslegungsregeln anwendbar sind. Daher ist bei der Abfassung des Stiftungsgeschäftes große Sorgfalt von Nöten.

In der **Praxis** erfolgt die Errichtung einer unselbständigen Stiftung regelmäßig 385
durch die Anordnung einer **Auflage.** Die letztwillige Auflage stellt eine Nach-
lassverbindlichkeit dar, zu deren Erfüllung der Träger nach den erbrechtlichen
Vorschriften unbeschränkt, aber beschränkbar auf das Stiftungsvermögen haftet.[1]

Um die Erfüllung der Auflage abzusichern (§ 2194 BGB),[2] kann der Erblasser 386
Testamentsvollstreckung anordnen.[3] Denkbar ist, dass der Testamentsvollstrecker ermächtigt ist, die Auswahl des Stiftungsträgers und die inhaltliche Fassung der Stiftungssatzung vorzunehmen.

Wird ein Pflichtteilsberechtigter zum Erben eingesetzt und erhält er nicht die 387
Hälfte des gesetzlichen Erbteils, weil Vermögen der Stiftung zugewandt werden muss, kann die Errichtung scheitern.[4] Denn zugunsten des pflichtteilsberechtigten Erben gilt die Auflage dann als nicht angeordnet (§ 2306 Abs. 1
Satz 1 BGB).

Im Unterschied zu einer rechtsfähigen Stiftung ist die Einsetzung eines Stif- 388
tungsträgers als Vorerbe denkbar und ggf. sinnvoll. Ebenfalls denkbar ist, den
Stiftungsträger als Nacherben einzusetzen.[5]

Wird der Stiftungsträger als Vermächtnisnehmer bedacht, hat er einen schuld- 389
rechtlichen Anspruch gegen den oder die Erben auf Übertragung des vermachten Vermögens. Nachteilig kann sein, wenn Pflichtteilsberechtigte Rechte aus
§ 2306 Abs. 1 BGB geltend machen können.[6]

4. Rechtsstellung der Destinatäre

Dem Begünstigten steht grundsätzlich ein Anspruch auf Leistung nicht zu, 390
§ 1940 BGB. Sofern dies ausnahmsweise gewünscht ist, muss dies besonders
geregelt werden. Hierbei ist zu beachten, dass die unselbständige Stiftung nur

---

1 Lange, ZErb 2013 S. 324, 326.
2 Eingehend hierzu Heinzmann, BWNotZ 2012 S. 97 ff.
3 OLG München v. 28. 5. 2014, ZErb 2014 S. 233; Lange, ZErb 2013 S. 324, 326.
4 Wochner, ZEV 1999 S. 125, 129.
5 Hof in v. Campenhausen/Richter, a. a. O., § 36 Rn. 108.
6 Hof in v. Campenhausen/Richter, a. a. O., § 36 Rn. 110.

über ihren Stiftungsträger handeln kann und auch nur er kann die Leistung erbringen.[1]

391 Ist die unselbständige Stiftung als Auflage konstruiert, so stehen nur den vollziehungsberechtigten Personen Ansprüche gegen den Stiftungsträger zu.[2]

5. Genehmigungspflicht nach dem KWG

392 In der Literatur wird diskutiert, ob die Tätigkeit des Stiftungstreuhänders nach § 32 Abs. 1 KWG der **Genehmigung** der Bundesanstalt für Finanzdienstleistungsaufsicht bedarf.[3] Dies nur vor dem Hintergrund, dass derjenige, der gewerbsmäßig oder in einem Umfang, einen in kaufmännischer Weise eingerichteten Geschäftsbetrieb erfordere, Bankgeschäfte betreibe und damit der Erlaubnis bedürfe.

393 Nach zutreffender Ansicht bedarf der Treuhänder **keiner** Genehmigung nach § 32 Abs. 1 KWG, da er kein Einlagengeschäft betreibt, sondern das ihm zivilrechtlich übereignete Vermögen verwaltet. Ein Rückzahlungsanspruch des Stifters, wie er bei einem Einlagegeschäft typisch ist, liegt nicht vor.

394–404   *(Einstweilen frei)*

III. Satzung, Vermögensausstattung, Haftung, Auflösung

1. Die Satzung der unselbständigen Stiftung

405 Angesichts des **Vertragscharakters** des Stiftungsgeschäfts muss auch die Stiftungssatzung mit dem Träger ausgehandelt werden. Denn der Träger wird darin ja zu einem bestimmten Tun verpflichtet, was ohne seine Zustimmung rechtlich nicht möglich ist.[4]

406 Die Satzung selbst ist **aus Nachweisgründen schriftlich** abzufassen. Bei unselbständigen steuerbefreiten Stiftungen ist dies bereits deshalb erforderlich, damit die Steuerbefreiung überhaupt zu erlangen ist. Der Inhalt weicht von dem einer selbständigen Stiftung nicht wesentlich ab. So sind z. B. auch Aussagen

---

1 Lange, ZErb 2013 S. 324, 329.

2 Zu Einzelheiten vgl. Lange, ZErb 2013 S. 324, 329.

3 R. Werner, ZErb 2013 S. 1, 3 f.

4 Hof in v. Campenhausen/Richter, a. a. O., § 36 Rn. 119.

zum Vermögenserhalt, zur Vermögensumschichtungen, oder dem Recht zur Satzungsänderung zu treffen.[1]

Lediglich insoweit sind Besonderheiten zu beachten, soweit sich diese aus dem Fehlen der Rechtsfähigkeit ergeben. Zwar kann die unselbständige Stiftung einen **Namen** tragen, einen **Sitz** hat sie indes nicht. Ebenso wie bei der selbständigen Stiftung muss bei einer **steuerbegünstigten** unselbständigen Stiftung der **Zweck** im Vorfeld mit dem Finanzamt auf die Einhaltung der Vorgaben der AO abgestimmt werden.

Ebenso wie bei einer steuerpflichtigen selbständigen Stiftung sind bei einer unselbständigen Stiftung Regelungen zu treffen bzgl. der Auswahl der Destinatäre und ihrer eventuell zugewiesenen Rechtsansprüche.[2]

Besondere Sorgfalt ist auf die **Stiftungsorganisation** zu verwenden. Denn die Kompetenzverteilung zwischen dem Beirat und dem Träger der unselbständigen Stiftung bedarf eingehender Regelung.[3] Insbesondere wenn der **Beirat** als **Kontrollorgan** gedacht ist, sind dessen Rechte klar zu umgrenzen.   407

Die Satzung kann grundsätzlich zwischen dem Stifter und dem Stiftungsträger jederzeit einvernehmlich geändert werden.[4]

Empfehlenswert ist, wenn die Satzung auch die **Vergütung des Trägers** regelt. Grundsätzlich würde der Träger über § 670 BGB zwar eine Aufwandsentschädigung erhalten. Um Diskussionen zu vermeiden, wird jedoch überwiegend eine vertragliche Regelung angeraten.[5]   408

Zu regeln ist ferner, wie zu verfahren ist, wenn der Träger der unselbständigen Stiftung kündigt oder – im Falle einer natürlichen Person – verstirbt.   409

2. Vermögensausstattung und -zuordnung

Die Besonderheiten resultieren hier – im Vergleich zur rechtsfähigen Stiftung – daraus, dass das Vermögen nicht auf die unselbständige Stiftung als solche übergehen kann, sondern **Eigentümer** wird der **Träger**.   410

Die unselbständige Stiftung kennt keinen Mindestwert der Vermögensausstattung. Allerdings wird bei einer gemeinnützigen Stiftung das Finanzamt   411

---

1 Hof in v. Campenhausen/Richter, a. a. O., § 36 Rn. 145.
2 Hof in v. Campenhausen/Richter, a. a. O., § 36 Rn. 130.
3 Zu Einzelheiten vgl. Hof in v. Campenhausen/Richter, a. a. O., § 36 Rn. 131–136.
4 Wachter, a. a. O., F Rn. 4.
5 Schlüter/Stolte, a. a. O., Kapitel 2 C. I., Rn. 139.

nur dann zustimmen, wenn eine Zweckerfüllung aus den um die Aufwendungen verminderten Erträgen möglich ist.[1]

412 Soweit eine sog. **Verbrauchsstiftung** angestrebt wird, bei der der Vermögenserhalt gerade nicht angestrebt wird, lässt sich dies ebenfalls über eine unselbständige Stiftung leichter erreichen als über eine rechtsfähige.[2]

413 Die unselbständige Stiftung kann sich dann als **riskant** erweisen, wenn Zugriffe von Gläubigern des Trägers oder Stifters drohen können. Schirmt die rechtsfähige Stiftung weitgehend das übergegangene Vermögen ab, kann dies bei der unselbständige Stiftung nicht erreicht werden. Je nach Ausgestaltung des Stiftungsgeschäftes als Treuhandvertrag oder Schenkung unter Auflage können sich weitere Unterschiede ergeben.[3]

Den Gläubigern des Stifters ist grundsätzlich ein Zugriff auf das Stiftungsvermögen verwehrt, weil es ja Eigentum des Treuhänders wurde. Allerdings können die Gläubiger des Stifters dessen Ansprüche aus dem treuhandvertrag pfänden, so dass es nicht zu dem vergleichbaren, bei einer rechtsfähigen Stiftung außerhalb der Anfechtungsfristen (§ 3 Abs. 1 Ziff. 3 AnfG) eintretenden Vermögenstrennung und Abschottung, Schutz des Stiftungsvermögens kommt.[4]

414 Fallen die Erben (**Treugeber**) des Stifters in **Insolvenz**, so erlischt das Auftragsverhältnis nach § 115 InsO mit der Folge, dass der Insolvenzverwalter einen Herausgabeanspruch gem. § 667 BGB geltend machen kann.[5]

415 Wird über das Vermögen des **Stiftungsträgers** ein **Insolvenzverfahren** eröffnet, so können der Stifter oder seine Erben nach der **Treuhandlösung** das übertragene Stiftungsvermögen nach § 47 InsO aussondern.[6] Weiterhin können der Stifter oder seine Erben nach § 771 ZPO Widerspruchsklage in einer Zwangsvollstreckung gegen den Stiftungsträger erheben.[7]

Ob auch dann, wenn die Stiftung als **Schenkung unter Auflage** ausgestaltet ist, der Vollziehungsberechtigte Drittwiderspruchsklage erheben kann, wenn

---

1 Schlüter/Stolte, a. a. O., Kapitel 2 C. I., Rn. 144.
2 Schlüter/Stolte, a. a. O., Kapitel 2 C. I., Rn. 145.
3 Zu Einzelheiten vgl. Pues/Scheerbarth, a. a. O., Teil 1, § 6, V., S. 79 f.
4 Hof in v. Campenhausen/Richter, Stiftungsrechts-Handbuch, § 36 Rn. 79.
5 Reuter in Münchener Kommentar zum BGB, 6. Aufl. 2012, vor § 80 Rn. 99.
6 Reuter in Münchener Kommentar zum BGB, 6. Aufl. 2012, vor § 80 Rn. 100.
7 Schauhoff, a. a. O., § 3 Rn. 192.

Gläubiger des Stiftungsträgers in das Stiftungsvermögen vollstrecken, ist unklar.[1]

3. Haftungsfragen bei der unselbständigen Stiftung

Der **Träger** unterliegt anlässlich seiner Tätigkeiten für die unselbständige Stiftung **nicht** den in den Stiftungsgesetzen für selbständige Stiftungen vorgesehenen Beschränkungen. Der Träger hat demnach primär nur die Vorgaben aus dem Stiftungsgeschäft und der Satzung zu beachten. Losgelöst hiervon gelten für ihn daneben natürlich auch die allgemeinen Rechtsvorschriften.   416

Handelt der Träger **schuldhaft**, so haftet er für eine Pflichtverletzung mit seinem eigenen Vermögen.[2] Auf die Haftungsbeschränkung gem. § 277 BGB kann sich der Träger nur berufen, wenn dies im Stiftungsgeschäft ausdrücklich vorbehalten wurde.   417

Die Organhaftungsregelung des § 31 BGB findet keine Anwendung auf den Träger, da er ja gerade kein Organ der unselbständige Stiftung ist.   418

Hat der Träger mit einem Gläubiger der unselbständigen Stiftung – wie regelmäßig – keine Haftungsbeschränkung auf das Stiftungsvermögen vereinbart, haftet er mit seinem Privatvermögen für Schulden, die anlässlich der Stiftungsverwaltung entstanden sind.[3]   419

4. Auflösung der unselbständigen Stiftung

Zu einer **Beendigung** der unselbständigen Stiftung kommt es, wenn das Stiftungsgeschäft vom Stifter oder seinen Erben oder vom Träger widerrufen wird.[4] Gleiches gilt, wenn das Stiftungsgeschäft von beiden einvernehmlich aufgehoben wird.[5]   420

Daneben findet die unselbständige Stiftung ihr Ende, wenn ihr Zweck erfüllt oder die vereinbarte Frist abgelaufen ist.[6]   421

Daneben sind Unmöglichkeit der Zweckerfüllung[7] oder Wegfall des Trägers[8] denkbare Auflösungsgründe.   422

---

1 Reuter in Münchener Kommentar zum BGB, 6. Aufl. 2012, vor § 80 Rn. 110.
2 Hof in v. Campenhausen/Richter, a. a. O., § 36 Rn. 133; Schauhoff, a. a. O., § 3 Rn. 194.
3 Hof in v. Campenhausen/Richter, a. a. O., § 36 Rn. 138.
4 Hof in v. Campenhausen/Richter, a. a. O., § 36 Rn. 144, 146.
5 Hof in v. Campenhausen/Richter, a. a. O., § 36 Rn. 145.
6 Hof in v. Campenhausen/Richter, a. a. O., § 36 Rn. 147, 148.
7 Hof in v. Campenhausen/Richter, a. a. O., § 36 Rn. 150–152.
8 Hof in v. Campenhausen/Richter, a. a. O., § 36 Rn. 153.

Auch bei der Auflösung kommt der dogmatischen Einordnung – Treuhandvertrag oder Auflagenschenkung – grundlegende Bedeutung zu.[1]

423 Denkbar ist auch, dass eine unselbständige Stiftung **in eine selbständige** rechtsfähige Stiftung **„umgewandelt"** wird. Der BGH hat hierzu entschieden, dass bei der Umwandlung einer von mehreren Stiftern errichteten unselbständigen treuhänderischen Stiftung in eine selbständige Stiftung der Treuhänder hinsichtlich der Ausgestaltung des Stiftungsgeschäfts nicht an eine ohne Mitwirkung der weiteren Stifter und Auftraggeber ergangene Weisung eines einzelnen Stifters gebunden sei.[2]

424–434 *(Einstweilen frei)*

IV. Vorteile der unselbständigen Stiftung

435 Der bedeutsamste Vorteil liegt in der **unkomplizierten Errichtungsmöglichkeit** im Vergleich zur selbständigen Stiftung, so dass auch eine kurzfristige Gründung möglich ist. Dieser Zeitvorteil relativiert sich indes, wenn die unselbständige Stiftung als gemeinnützig anerkannt werden soll. Denn dann ist eine **Abstimmung mit der Finanzverwaltung** genauso unerlässlich wie bei einer selbständigen Stiftung. Je nach zuständigem Finanzamt kann dies unterschiedlich lange (wenige Wochen bis mehrere Monate) dauern.

436 Obwohl die Errichtung theoretisch mündlich, also gänzlich formfrei, erfolgen kann, wird man diesen Vorteil regelmäßig nicht nutzen. Zu Recht wird das freiwillige Einhalten der Schriftlichkeit gefordert.[3]

Ob die **fehlende Aufsicht** als Vorteil anzuführen ist, wird unterschiedlich bewertet. Soweit eine steuerbefreite unselbständige Stiftung angestrebt wird, erfolgt zwar keine Aufsicht durch die Stiftungsbehörde, gleichwohl ist eine staatliche Aufsicht durch die Finanzverwaltung gegeben.

437 Als entscheidenden Vorteil wird man indes die im Vergleich zur rechtsfähigen Stiftung erheblich **geringeren Verwaltungskosten** anführen müssen. Daher wird diese Rechtsform zu Recht bei kleineren Vermögen empfohlen, ohne dass steuerliche Vorteile (§ 10b EStG) verloren wären.

438 Ist die Zuwendung ertraglosen Vermögens, z. B. einer Bibliothek oder einer Kunstsammlung, geplant, scheidet eine selbständige Stiftung i. d. R. aus, es sei

---

1 Zu Einzelheiten vgl. Pues/Scheerbarth, a. a. O., Teil 1, § 6, V., S. 83 f.; Schauhoff, a. a. O., § 3 Rn. 195.
2 BGH v. 22. 1. 2015 - III ZR 434/13, DStR 2015 S. 1123.
3 Pues/Scheerbarth, a. a. O., Teil 1, § 6, IV., S. 78.

denn erhebliche Barmittel werden zusätzlich übertragen. Hier bietet sich die unselbständige Stiftung an, weil der Stifter diese Vermögenswerte nicht in das Eigentum einer anderen Stiftung überführen muss, sondern mit einem Sondervermögen etwas Eigenständiges schaffen kann.[1]

In den letzten Jahren ist ein Trend feststellbar, dass die Anzahl der Neuerrichtung von rechtsfähigen Stiftungen stagniert und die Treuhandstiftung als Alternative immer breitere Akzeptanz findet.[2]   439

(Einstweilen frei)   440–449

---

1 Werner in Werner/Saenger, Die Stiftung, Rn. 947.
2 Schlüter, ZStV 2012, Heft 4, S. I (Editorial).

D. Die steuerpflichtige Familienstiftung im Steuerrecht

I. Einführung

1. Einsatzbereich der Familienstiftung

Familienstiftungen bieten eine hervorragende Chance, unternehmerische Ziele des Stifters auch über den Tod hinaus weiterverfolgen zu können (vgl. Rn. 4). Die Möglichkeiten, ein Unternehmen nach Vorgaben des Stifters durch Dritte fortführen zu lassen, sind durch Einschaltung einer Stiftung vielfältig. Diese rechtlichen Vorteile lassen sich mit dem Interesse des Stifters an einer dauerhaften Absicherung seiner Familie kombinieren, ohne dass dies zu ertragsteuerlichen Nachteilen führt. Manche Stifter sprechen plakativ vom Schutz des Vermögens vor der Familie für die Familie.[1]

450

Die Familienstiftung gehört zu der Gruppe der **steuerpflichtigen Stiftungen** und ist dort wiederum die häufigste Erscheinungsform. Sie wird in verschiedenen Steuergesetzen (AStG, ErbStG) besonders behandelt; **ertragsteuerlich** wird sie (selbst) **wie eine GmbH oder AG** behandelt und besteuert.

451

Als weiterer Vorteil ist die leichter zu kalkulierende erbschaftsteuerliche Belastung des in die Stiftung überführten Vermögens/Unternehmens in Form der Erbersatzsteuer (vgl. Rn. 802 ff.) zu nennen. Nicht zu unterschätzen ist die Vermögenssicherung vor möglichen Gläubigern (einschließlich Pflichtteilsberechtigter und geschiedener Ehegatten).[2] Ferner kann die Vermeidung der Mitbestimmung und Handelsregisterpublizität[3] ein Motiv sein. Und bei Familien, bei denen Kinder im Ausland leben, kann die Familienstiftung die Nachlassabwicklung erheblich vereinfachen.[4] Schließlich hat die Erbschaftsteuerreform 2016 die Attraktivität der Familienstiftung zusätzlich gefördert (siehe unten Teil I Rn. 1860 ff.).

452

---

1 Wachter, FR 2017 S. 69.
2 Wachter, FR 2017 S. 69, 70.
3 § 33 HGB gilt nur für Stiftungen, die ein Handelsgewerbe betreiben. Zur Jahresabschlusspublizität vgl. §§ 264a ff. HGB, die auch für Stiftungen & Co. KG gelten.
4 Wachter, FR 2017 S. 69, 70.

2. Begriff der Familienstiftung

453   Die **steuerpflichtigen** Stiftungen unterscheiden sich von der gemeinnützigen dadurch,[1] dass Ziele i. S. d. §§ 51 ff. AO nicht verfolgt werden. Die sog. Familienstiftung, als **Sonderfall** der nicht gemeinnützigen Stiftung, verfolgt zuvorderst das Ziel, die Mitglieder einer bestimmten Familie materiell zu fördern (vgl. § 1 Abs. 1 Nr. 4 ErbStG).

454   In welchem **Umfang** eine Stiftung die **Familie fördern** muss, damit von einer Familienstiftung gesprochen werden kann, ist im Einzelnen streitig und wird im Stiftungssteuerrecht anders beurteilt als im Stiftungszivilrecht.

455   Nach Ansicht des **Bundesfinanzhofs**[2] dient eine Stiftung dann wesentlich dem Interesse einer Familie oder bestimmter Familien, wenn nach der Satzung und ggf. dem Stiftungsgeschäft ihr Wesen darin besteht, es den Familien zu ermöglichen, das Stiftungsvermögen, soweit es einer Nutzung zu privaten Zwecken zugänglich ist, zu nutzen und die Stiftungserträge an sich zu ziehen. Inwieweit davon tatsächlich Gebrauch gemacht wird, ist nach Ansicht des BFH nicht entscheidend. Nach **§ 15 Abs. 2 AStG** liegt eine Familienstiftung vor, wenn der Stifter, seine Angehörigen und deren Abkömmlinge zu mehr als der Hälfte bezugs- oder anfallsberechtigt sind

456   Die **Finanzverwaltung** geht davon aus, dass eine Familienstiftung nicht nur dann vorliegt, wenn der Stifter, seine Angehörigen und deren Abkömmlinge zu mehr als 50 % bezugs- oder anfallsberechtigt sind. Vielmehr soll das Vorliegen einer Familienstiftung auch dann bejaht werden, wenn der Stifter, seine Angehörigen und deren Abkömmlinge zwar nur zu mehr als 25 % bezugs- oder anfallsberechtigt sind, zusätzlich jedoch wesentlichen Einfluss auf die Geschäftsführung der Stiftung haben.[3]

Zu Einzelheiten vgl. unten (Rn. 590).

457–459   *(Einstweilen frei)*

3. Familienstiftung mit Sitz im Ausland

460   Privatnützige Familienstiftungen lassen sich steuersystematisch in zwei Gruppen unterteilen: Sogenannte (privatnützige) ausländische Familienstiftungen ohne **Sitz** und **Ort der Geschäftsleitung im Inland**, die dem Besteuerungssonderregime des § 15 AStG unterfallen, sowie solche privatnützige Familienstif-

---

1 Vgl. unten Rn. 925.
2 BFH v. 10. 12. 1997, BStBl 1998 II S. 114.
3 R E 1.2 Abs. 2 ErbStR 2011.

tungen, die aufgrund der Kriterien Sitz und/oder Ort der Geschäftsleitung im Inland der **unbeschränkten** Körperschaftsteuerpflicht unterfallen.

§ 15 AStG ist durch das JStG 2009 mittels zweier neuer Absätze 6 und 7 „ver- 461 meintlich"[1] an das Europarecht angeglichen worden. Zwar schließt § 15 Abs. 6 Satz 1 AStG n. F. die Hinzurechnung bei Familienstiftungen mit **Geschäftslei-tung oder Sitz in EU-/EWR-Staaten** aus, wenn nachgewiesen wird, dass das Stiftungsvermögen der Verfügungsmacht der in Abs. 2 und 3 genannten Personen rechtlich und tatsächlich entzogen ist **und** dass zwischen der BRD und dem Staat, in dem die Familienstiftung Geschäftsleitung oder Sitz hat, aufgrund der Richtlinie 77/799 EWG oder einer vergleichbaren zwei- oder mehrseitigen Vereinbarung Auskünfte erteilt werden, die erforderlich sind, um die Besteuerung durchzuführen. Das Gesetz enthält jedoch zum einen eine Beweislastumkehr zulasten des Steuerpflichtigen, zum anderen die zusätzliche Voraussetzung der Auskunfterteilung, so dass eine vollständige **Gleichstellung** von EU-/EWR-Familienstiftungen mit inländischen Familienstiftungen **ausbleibt**.

§ 15 AStG gilt **nicht** für die Erbschaftsteuer und damit auch nicht für die Erb- 462 ersatzsteuer (§ 2 Abs. 1 Nr. 4 ErbStG).

Ob (privatnützige) ausländische Familienstiftungen ohne Sitz und Ort der Ge- 463 schäftsleitung von dem Regime der **beschränkten Körperschaftsteuerpflicht** nach § 2 Nr. 1 KStG erfasst sind, erscheint nicht völlig geklärt.[2] Zu denken wäre an solche ausländische Familienstiftungen, die inländische Einkünfte i. S. d. § 49 EStG erzielen. Der überwiegende Teil der Literatur geht davon aus, dass ausländische Familienstiftungen durchaus der beschränkten Körperschaftsteuerpflicht unterfallen können.[3]

(Einstweilen frei) 464–469

II. Besteuerung der Stiftungserrichtung

1. Besteuerung des Stifters

Stifter kann eine **natürliche** oder eine juristische **Person** sein. Nachfolgend 470 wird vornehmlich die Besteuerung der natürlichen Person als Stifter behandelt, da es sich bei Stiftungserrichtung durch juristische Personen im Wesentli-

---

1 Zur erneuten Europarechtswidrigkeit Hey, IStR 2009 S. 181.
2 Kraft, DStR 2016 S. 2815.
3 Kraft, DStR 2016 S. 2815 (Fn. 3) m. w. N.

chen um Geldzuwendungen für die Errichtung steuerbegünstigter Stiftungen[1] i. S. v. § 5 Abs. 1 Nr. 4 KStG handelt, für die ein Spendenabzug gem. § 9 Abs. 1 Nr. 2 KStG bei körperschaftsteuerpflichtigen Stiftern in Betracht kommt.

471 Das Umwandlungsgesetz[2] berücksichtigt die Stiftungserrichtung nicht. Dies bedeutet, dass durch eine **Umwandlung zur Neugründung** eine Stiftungserrichtung **nicht** möglich ist.

1.1 Einkommensteuer

1.1.1 Grundsätze

472 Bei der Beurteilung der ertragsteuerlichen Folgen für den **Stifter** ist entscheidend darauf abzustellen, ob die im Zuge der Stiftungserrichtung auf die Stiftung übertragenen Vermögensgegenstände beim Stifter zu einer **Gewinnrealisierung** führen oder nicht. Der Stifter begibt sich bei der Stiftung zwar jeglicher Eigentumsrechte, ohne dass er ein Entgelt bzw. eine Gegenleistung (wie z. B. bei einer Personengesellschaft oder Kapitalgesellschaft in Form von Gesellschaftsrechten)[3] erhält. Dennoch führen bestimmte Übertragungsakte zur Aufdeckung stiller Reserven entweder im Privat- oder Betriebsvermögen.[4]

473 Übertragungen von einzelnen Vermögensgegenständen des **Privatvermögens**[5] zu Lebzeiten und von Todes wegen spielen sich in der Privatsphäre ab und sind grundsätzlich nicht steuerpflichtig. Zudem **fehlt** es im Fall der Übertragung auf eine Stiftung **regelmäßig** an der **Entgeltlichkeit**, so dass eine Gewinnrealisierung nicht eintritt.[6] Anders ist dies allenfalls dann, wenn der Stifter nicht unentgeltlich überträgt, sondern Wirtschaftsgüter des Privatvermögens an die Stiftung veräußert. In diesem Fall sind Veräußerungstatbestände nach §§ 17, 23 EStG denkbar. Dies wird aber der Ausnahmefall sein, weil der Stifter regelmäßig unentgeltlich auf die von ihm errichtete Stiftung Vermögen übertragen wird. Ist die Stiftung als Alleinerbin eingesetzt, kann ein vorhandener **Verlustvortrag des Erblassers** von der Stiftung **nicht** geltend gemacht werden.[7] Der

---

1 Siehe Rn. 1156.
2 Als übertragende Rechtsträger kommen hingegen Stiftungen in Betracht, vgl. Schmitt/Hörtnagl/Stratz, a. a. O., § 124 UmwG Rn. 46.
3 Da eine Stiftung keine Gesellschaft ist, scheidet die Gewährung von Gesellschaftsrechten per se aus.
4 Pauli, FR 2011 S. 600, 601 ff.
5 Zur Abgrenzung vom Betriebsvermögen siehe u. a. Schmidt, EStG, a. a. O., § 4 Rn. 20 ff.
6 Pauli, FR 2011 S. 600, 601 ff.
7 Zur bisherigen Rechtslage siehe BFH v. 22. 6. 1962, BStBl 1962 III S. 386; v. 5. 5. 1999, BStBl 1999 II S. 653; Schmidt, EStG, § 10d Rn. 4; H 10d EStH 2011 unter „Verlustabzug im Erbfall".

Große Senat des BFH hat entschieden, dass ein Erbe einen vom Erblasser nicht ausgenutzten Verlustabzug nach § 10d EStG nicht bei seiner eigenen Veranlagung zur Einkommensteuer geltend machen kann.

Steuerlich komplizierter stellt sich die Rechtslage dar, wenn der Stifter einzelne Wirtschaftsgüter des Betriebsvermögens bzw. Sonderbetriebsvermögen oder betriebliche Sachgesamtheiten auf die Stiftung überträgt. **474**

1.1.2 Betriebsvermögen, Mitunternehmeranteil

Ist ein **Betrieb** oder eine **Personengesellschaft** so sehr an die Person des Stifters gebunden, dass eine Fortführung durch die Stiftung nicht erfolgversprechend erscheint, kann eine Veräußerung des Betriebes oder der Anteile an der Personengesellschaft vor Stiftungserrichtung in Betracht kommen mit der Folge, dass der Stiftung nicht Betriebsvermögen, sondern Barvermögen zugewendet wird. Ein Veräußerungsgewinn kann sodann gem. §§ 14, 16, 34 EStG ermäßigt beim Stifter besteuert werden.[1] §§ 16, 34 EStG kommen aber für die Veräußerungen eines Teils eines Mitunternehmeranteils nicht zum Zuge; auch muss die Veräußerung etwaiges Sonderbetriebsvermögen (z. B. auch Betriebs- und Verwaltungsgrundstücke) als wesentliche Betriebsgrundlage umfassen.[2] **475**

Nach § 6 Abs. 3 EStG tritt beim Stifter **keine Gewinnrealisierung** ein, wenn er seinen **Betrieb**, einen **Teilbetrieb** oder seinen **Anteil als Mitunternehmer** auf die Stiftung unentgeltlich überträgt; die Stiftung muss die Buchwerte fortführen. § 6 Abs. 3 Satz 1 EStG lässt zwar ausdrücklich die Buchwertfortführung bei Übertragung von Teilen eines Mitunternehmeranteils zu. Allerdings muss der Übernehmer nach dem insoweit eindeutigen Wortlaut des § 6 Abs. 3 Satz 1 Halbsatz 2 EStG eine natürliche Person sein, so dass die **Teil**-Mitunternehmeranteilsübertragung auf eine Stiftung nach umstrittener Ansicht **nicht** möglich ist.[3] Im Zweifelsfall sollte hier eine verbindliche Auskunft eingeholt werden, denn eine systematische Rechtfertigung für die Begrenzung der Buchwertübertragung auf natürliche Personen ist nicht ersichtlich[4] (siehe hierzu auch Rn. 531). **476**

---

1 Vgl. Schulze zur Wiesche, Wpg 2001 S. 1377 ff.; Schmidt, a. a. O., §§ 16, 34 EStG.
2 § 16 Abs. 1 Nr. 2 EStG.
3 Wendt, FR 2005 S. 468, 478; Pauli, FR 2011 S. 600, 602 f.
4 Gratz in H/H/R, § 6 EStG Rn. 1365 und 1375 m. w. N.

477　Als **Teilbetrieb** gilt nach § 16 Abs. 1 Nr. 1 Satz 2 EStG zwar auch die 100 %ige Beteiligung an einer Kapitalgesellschaft. Gleichwohl scheidet eine Anwendung von § 6 Abs. 3 EStG hierfür aus.[1]

478　Übertragungen von **einzelnen Gegenständen** des **Sonderbetriebsvermögens** auf die Stiftung führen dagegen über § 6 Abs. 1 Nr. 4 EStG zur **Gewinnverwirklichung** in Höhe des Unterschiedsbetrages zwischen Teilwert und Buchwert (als laufender Gewinn).[2] Ggf. kann bei entgeltlichen Übertragungen § 6b EStG genutzt werden. Als **Ausnahme** lässt § 6 Abs. 1 Nr. 4 Satz 4 EStG eine Entnahme einzelner Wirtschaftsgüter zum Buchwert zu, wenn diese unmittelbar einer nach § 5 Abs. 1 Nr. 9 KStG steuerbefreiten Stiftung zur Verwendung für steuerbegünstigte Zwecke i. S. d. § 10b Abs. 1 Satz 1 EStG unentgeltlich zugewendet werden. Diese Sondervorschrift kommt indes bei **steuerpflichtigen** Stiftungen und damit auch bei einer Familienstiftung **nicht** zum Tragen.

479　Ungeklärt ist, ob die Übertragung eines **Betriebsaufspaltungsunternehmens**, d. h. des Besitz- und Betriebsunternehmens auf eine Familienstiftung nach § 6 Abs. 3 EStG zum Buchwert möglich ist. Denn vom Wortlaut des § 6 Abs. 3 Satz 1 EStG ist die „Betriebsaufspaltung" als begünstigter Übertragungsgegenstand nicht umfasst.[3]

480　Eine **unentgeltliche** Übertragung eines Betriebes oder Mitunternehmeranteils i. S. d. § 6 Abs. 3 EStG liegt nur vor, wenn alle wesentlichen Teile desselben übertragen werden.[4] **Sonderbetriebsvermögen** darf grundsätzlich – um die Buchwertfortführung nicht zu riskieren – nicht zurückbehalten werden.[5] Besteht Sonderbetriebsvermögen, muss Vorsorge im Stiftungsgeschäft bzw. in den letztwilligen Verfügungen getroffen werden, dass es nicht zur Gewinnverwirklichung durch Zwangsentnahme beim Nachlass kommt.

481　Werden anlässlich der Stiftungserrichtung wesentliche Teile eines Betriebsvermögens in das **Privatvermögen** übernommen, ist eine Betriebsaufgabe nach § 16 Abs. 3 EStG anzunehmen mit der Folge, dass ein Veräußerungsgewinn in Höhe des Unterschiedsbetrages zwischen den Buchwerten und den gemeinen Werten sowohl der in die Stiftung eingebrachten als auch der in das Privatvermögen übernommenen Wirtschaftsgüter entsteht.[6]

1　Schmidt, EStG, § 6 Rn. 477 und § 16 Rn. 161.
2　Pauli, FR 2011 S. 600, 602.
3　Ausführlich Pauli, FR 2011 S. 600, 602 f.
4　Düll/Fuhrmann/Eberhard, DStR 2001 S. 1773 ff.; BMF v. 3. 5. 2005, BStBl 2005 I S. 458 Rn. 4.
5　BFH v. 24. 8. 2000, BStBl 2005 II S. 173; v. 12. 4. 2000, BStBl 2001 II S. 26; BMF v. 3. 5. 2005, BStBl 2005 I S. 458 Rn. 4.
6　Vgl. BMF v. 3. 5. 2005, BStBl 2005 I S. 458 Rn. 5; Schmidt, EStG, a. a. O., § 16 Rn. 100 f.

Die Grundsätze der **verdeckten Einlage**, die eine Anwendung von § 6 Abs. 3 EStG ausschließen könnten,[1] sind anlässlich der Übertragung von betrieblichem Vermögen auf eine Stiftung nicht anwendbar, da der Stifter an der Stiftung nicht beteiligt ist und auch durch die Übertragung nicht an ihr beteiligt wird. 482

Unentgeltliche Übertragungen **einzelner** Wirtschaftsgüter aus einem Betriebsvermögen sind grundsätzlich als Entnahmen aus dem Betriebsvermögen[2] zu behandeln. Dies gilt nicht nur für die Gewinnermittlung nach § 4 Abs. 1 und § 5 EStG, sondern auch für die Gewinnermittlung nach § 4 Abs. 3 EStG. Gemäß § 6 Abs. 1 Nr. 4 EStG sind die Entnahmen mit dem Teilwert zu bewerten, so dass i. d. R. (Teilwert > Buchwert) Gewinnrealisierung bei der unentgeltlichen Übertragung eintritt. Ein als **laufender** Gewinn zu versteuernder Entnahmegewinn entsteht auch, wenn im Rahmen einer unentgeltlichen Betriebsübertragung einzelne Wirtschaftsgüter zurückbehalten und in das Privatvermögen überführt werden.[3] 483

Das Prinzip der **Entnahmebesteuerung** einzelner Wirtschaftsgüter, die in die Stiftung eingebracht werden, wird durchbrochen durch die Sondervorschrift des § 6 Abs. 1 Nr. 4 Satz 4 und 5 EStG. Da diese Begünstigungsvorschrift jedoch voraussetzt, dass die übernehmende Stiftung nach § 5 Abs. 1 Nr. 9 KStG steuerbefreit ist, scheidet diese Norm bei steuerpflichtigen Stiftung aus (vgl. oben Rn. 455). 484

Im Zusammenhang mit der **Stiftungserrichtung** kann, wenn die Voraussetzungen des § 6 Abs. 3 EStG nicht erfüllt sind, eine **Realteilung** einer Personengesellschaft in Betracht kommen. Nach § 16 Abs. 3 Satz 2 EStG ist Buchwertfortführung bei einer Realteilung auch möglich, wenn keine Teilbetriebe oder Mitunternehmeranteile übertragen werden und auch nicht § 6 Abs. 5 Satz 3 EStG erfüllt ist. Werden jedoch anlässlich der Realteilung, bei der (auch) einzelne Wirtschaftsgüter übertragen worden sind, innerhalb einer Frist von drei Jahren nach Abgabe der Steuererklärung der Mitunternehmerschaft Grund und Boden, Gebäude und andere übertragene wesentliche Betriebsgrundlagen veräußert oder entnommen, ist rückwirkend zum Realteilungszeitpunkt der gemeine Wert anzusetzen; Letzteres gilt auch, wenn – unabhängig von der Sperrfrist – bei einer Realteilung Wirtschaftsgüter unmittelbar oder mittelbar auf eine Körperschaft (z. B. Stiftung) übertragen werden. Im Ergebnis dürfte 485

---

1 BMF v. 3. 5. 2005, BStBl 2005 I S. 458 Rn. 2.
2 § 4 Abs. 1 Satz 1–4 EStG; vgl. Schmidt, EStG, § 4 Rn. 326, § 6 Rn. 414.
3 H 16 Abs. 6 „Zurückbehaltene Wirtschaftsgüter" EStH 2016.

daher die Realteilung als steuerneutrale Übertragungsmöglichkeit ausscheiden.

Wird die Stiftung einen Gewerbebetrieb i. S. v. § 15 Abs. 2 EStG des Stifters nicht selbst fortführen, sondern **verpachten**, so ist es i. d. R. wegen der Steuererleichterungen von § 16 Abs. 4, § 34 EStG günstiger, dass der Stifter den Betrieb **vor** der Einbringung verpachtet und die Betriebsaufgabe[1] erklärt und nicht die Stiftung, da ein Aufgabegewinn bei dieser voll steuerpflichtig wäre.

486 Wird bei der **Stiftungserrichtung von Todes wegen** das Vermögen einer Erbengemeinschaft aufgeteilt und fallen Abfindungszahlungen an, liegt insoweit ein Veräußerungsgeschäft vor, das über die grundsätzlich zu übernehmenden Buchwerte zu weiteren Anschaffungskosten beim Zahlenden führt.[2] Auf den Veräußerungsgewinn, der sich aus der Abfindung ergibt, wendet die Finanzverwaltung die Tarifbegünstigung nach §§ 16, 34 EStG nicht an.[3] Wird in Erfüllung eines **Vermächtnisses** von der Erbengemeinschaft ein Wirtschaftsgut aus einem Betriebsvermögen entnommen, muss von der Erbengemeinschaft (nicht vom Erblasser) ein Veräußerungsgewinn versteuert werden.[4] Betrifft das Vorausvermächtnis Betriebsvermögen, liegt bei der Erbengemeinschaft kein Veräußerungs- oder Aufgabevorgang vor.[5]

1.1.3 Vorweggenommene Erbfolge

487 Die Rechtsprechungsgrundsätze zur **vorweggenommenen Erbfolge** sind nicht unmittelbar zur Stiftungserrichtung selbst ergangen, da bereits im Beschluss des BFH vom 5. 7. 1990[6] die vorweggenommene Erbfolge als Vereinbarung definiert wird, in der die Eltern ihr Vermögen mit Rücksicht auf die künftige Erbfolge auf „Abkömmlinge" übertragen. Auch in der Folgerechtsprechung des BFH[7] findet sich die Definition der „Vermögensübertragung von **Eltern auf Kinder**".

488 Die **Finanzverwaltung** dehnte bisher die Grundsätze der vorweggenommenen Erbfolge auf alle Personen aus, die als zukünftige Erben in Betracht kommen.[8]

---

1 BFH v. 13.11.1963, BStBl 1964 III S.124.
2 Wacker in Schmidt, a. a. O., § 16 EStG Rn.548; BMF v. 14.3.2006, BStBl 2006 I S.253 Rn.19.
3 BMF v. 28.2.2006, BStBl 2006 I S.228 unter VI.; v. 14.3.2006, BStBl 2006 I S.253 Rn.14.
4 BMF v. 14.3.2006, BStBl 2006 I S.253 Rn.60; Schmidt, EStG, a. a. O., § 16 Rn.622.
5 BMF v. 14.3.2006, BStBl 2006 I S.253 Rn.65.
6 BStBl 1990 II S.847.
7 BFH v. 25.3.1992, BStBl 1992 II S.803.
8 Siehe Definition im BMF v. 13.1.1993, BStBl 1993 I S.80, Rn.1, geändert durch BMF v. 26.2.2007, BStBl 2007 I S.269; ferner v. 23.12.1996, BStBl 1996 I S.1508 ff. Rn.3 und 23; Vorwald, DStR 1998 S.585 ff.

Zum begünstigten Personenkreis kann demnach auch eine Stiftung gehören. Damit dürfte es auch künftig möglich sein, einen Betrieb oder Mitunternehmeranteil z. B. gegen Versorgungsleistungen (§ 10 Abs. 1a Nr. 2 EStG) auf eine Stiftung zu übertragen.

Die unentgeltliche Übertragung eines Betriebs oder Mitunternehmeranteils auf eine Stiftung gegen **wiederkehrende Leistungen** kann bei der Stiftung den Sonderausgabenabzug (§ 10 Abs. 1a EStG) eröffnen, wenn beim Empfänger die Beträge als wiederkehrende Bezüge (§ 22 Nr. 1 EStG) steuerpflichtig sind.   489

Im 4. Rentenerlass[1] erkennt die Finanzverwaltung unter Bezugnahme auf das BFH-Urteil vom 16. 12. 1997[2] an, dass eine vorweggenommene Erbfolge mit ausbedungenen **Versorgungsleistungen** auch unter Fremden nicht ausgeschlossen ist. Dies gilt grundsätzlich auch, wenn die Versorgungsleistung auf einer Verfügung von Todes wegen beruht.[3]

Damit ist geklärt, dass die Grundsätze der Finanzverwaltung aus dem 3. Rentenerlass und die Rechtsprechung des X. Senats auch nach der Neufassung des § 10 Abs. 1a EStG mit Wirkung ab dem 1. 1. 2008 fortgelten.   490

Die beiden Schreiben der Finanzverwaltung zur vorweggenommenen Erbfolge[4] und Erbauseinandersetzung[5] haben auch Bedeutung für die Besteuerung der Stiftungserrichtung; wegen deren Umfangs kann hier nur auf einige Punkte im Zusammenhang der Frage „Entgeltlichkeit oder Unentgeltlichkeit der Einbringung in eine Stiftung" eingegangen werden. Zweifellos kommt das erstgenannte Schreiben bei Stiftungserrichtung von Todes wegen zur Anwendung, bei denen im Todesfall die Stiftung als Erbe neben anderen eingesetzt ist und somit an einer Erbengemeinschaft beteiligt oder mit einem Sachvermächtnis zu Lasten einer Erbengemeinschaft bedacht wird.   491

Wird die Stiftung **Miterbe** und gehört zum Nachlass ein **Kommanditanteil** an einer gewerblich tätigen Kommanditgesellschaft, so wird sie im Fall der sog. einfachen Nachfolgeklausel – entsprechend der Erbquote – automatisch ab dem Erbfall Mitunternehmer.[6] Setzt sich die Erbengemeinschaft später auseinander und überträgt die Stiftung den Kommanditanteil auf einen Miterben, sind ihr grundsätzlich die Einkünfte zwischen Erbfall und Erbauseinanderset-   492

---

1 BMF v. 11. 3. 2010, BStBl 2010 I S. 227 Rn. 3.

2 IX R 11/94, BStBl 1997 II S. 718.

3 BFH v. 11. 10. 2007, BStBl 2008 II S. 123; BMF v. 11. 3. 2010, BStBl 2010 I S. 227 Rn. 2.

4 BMF v. 13. 1. 1993, BStBl 1993 I S. 80; geändert durch BMF v. 26. 2. 2007, BStBl 2007 I S. 269.

5 BMF v. 14. 3. 2006, BStBl 2006 I S. 253.

6 BMF v. 14. 3. 2006, BStBl 2006 I S. 253, Rn. 3.

zung zuzurechnen. Ist der Kommanditanteil durch **Sachvermächtnis** einem Miterben vermacht worden, so erzielt gleichwohl jeder Miterbe bis zur Erfüllung des Vermächtnisses gewerbliche Einkünfte als Mitunternehmer.[1]

493   Die vorstehend dargestellte grundsätzliche **Zurechnung** der Einkünfte aus der Mitunternehmerschaft **ab Erbfall** wird von der Finanzverwaltung dann nicht vorgenommen, wenn sich die Miterben binnen **sechs Monaten** nach dem Erbfall im Rahmen einer (Teil-)Erbauseinandersetzung hinsichtlich der Übernahme des Mitunternehmeranteils abweichend einigen.[2] In diesem Fall sind nur dem Übernehmer des Personengesellschaftsanteils die gewerblichen Einkünfte (rückwirkend ab dem Erbfall) zuzurechnen.

494   Wird bei **Stiftungserrichtungen unter Lebenden** auch Vermögen von Eltern auf Kinder im Wege der vorweggenommenen Erbfolge übertragen und führen **Auflagen** des Stifters ggf. zu entgeltlichen Rechtsgeschäften, können diese Auflagen bei den Kindern zu Anschaffungskosten führen. Bei der Stiftung, wenn sie dieselben Auflagen erhält, soll Unentgeltlichkeit anzunehmen sein, mit der Folge, dass sie diese Auflagen zu Lasten des Wertes des übertragenen Stiftungsvermögens passivieren muss, mithin **keine Anschaffungskosten** insoweit aufweisen würde. Die Finanzverwaltung folgte in ihrem Nichtanwendungserlass[3] dem BFH[4] zwar nicht. Gleichwohl bleibt unklar, weshalb einerseits das Urteil im BStBl veröffentlicht wird und andererseits im AEAO zu § 55 unverändert die gegenteilige Ansicht vertreten wird. Wegen der unverändert bestehenden Unklarheiten empfiehlt sich bei **Auflagen** im Stiftungsgeschäft die Einholung einer **verbindlichen Auskunft** des zuständigen Finanzamtes.

495   Die **Vermächtniserfüllung** durch eine Stiftung als Erbin bzw. die Auflagenerfüllung stellt regelmäßig keine nachträglichen Anschaffungskosten für einen zum Nachlass gehörenden Betrieb oder Mitunternehmeranteil dar.[5] Die Übernahme von privaten Schulden, Zahlung von Abfindungen, Gleichstellungsgeldern u. Ä., die der Stiftung bei der Errichtung im Todesfall (und auch bei Zustiftung im Todesfall) auferlegt sind, können zu einem entgeltlichen Erwerb und damit zu nachträglichen Anschaffungskosten führen.[6]

---

1 BMF v. 14. 3. 2006, BStBl 2006 I S. 253, Rn. 61.
2 BMF v. 14. 3. 2006, BStBl 2006 I S. 253, Rn. 8.
3 Vom 6. 11. 1998, DStR 1998 S. 1876 (unverändert anzuwenden, vgl. Gleich lautende Erlasse der obersten Finanzbehörden der Länder v. 23. 3. 2015, BStBl 2015 I S. 279).
4 BFH v. 21. 1. 1998, BStBl 1998 II S. 758.
5 Schmidt, EStG, § 6 Rn. 142.
6 BMF v. 14. 3. 2006, BStBl 2006 I S. 253 Rn. 14, 63.

Nach der gegenwärtigen Rechtslage ist es ertragsteuerlich vorteilhafter, wenn der potenzielle Erblasser Abfindungen zum **Pflichtteilsverzicht** nicht der Stiftung auferlegt, sondern selbst trägt. In der Abfindung durch den Stifter ist kein entgeltliches Rechtsgeschäft zu sehen.[1] **496**

1.1.4 Nießbrauch

Gestützt auf höchstrichterliche Rechtsprechung[2] hat die Finanzverwaltung einen **Nießbraucherlass**[3] zu den Einkünften aus Kapitalvermögen und einen Nießbraucherlass[4] zu den Einkünften aus Vermietung und Verpachtung herausgegeben. Beide Erlasse unterscheiden zwischen **Vorbehalts- und Zuwendungsnießbrauch**, wobei der Erlass zu den Einkünften aus Kapitalvermögen den Vermächtnisnießbrauch dem Vorbehaltsnießbrauch[5] und der Erlass zu den Einkünften aus Vermietung und Verpachtung den Vermächtnisnießbrauch dem Zuwendungsnießbrauch[6] gleichsetzt. Nach dem letztgenannten Erlass liegt ein **Vermächtnisnießbrauch**[7] vor, wenn aufgrund einer letztwilligen Verfügung des Grundstückseigentümers durch dessen Erben einem Dritten der Nießbrauch eingeräumt wird. **497**

Gleiche Tatbestände werden mithin von der Finanzverwaltung **ungleich** behandelt, so dass mit einer Änderung zu rechnen ist. Wegen der ungeklärten Rechtslage sollte daher der Vermächtnisnießbrauch vermieden werden, sofern er nicht Einkünfte aus Vermietung und Verpachtung betrifft. Bei diesen hat sich nämlich das Steuerrecht dem Zivilrecht angeglichen (§ 2174 BGB), das nur einen schuldrechtlichen Anspruch des Vermächtnisbedachten gegenüber dem Beschwerten vorsieht. **498**

Der Vorbehaltsnießbraucher bleibt i. d. R. nicht wirtschaftlicher Eigentümer.[8] Wird neben dem Nießbrauch ein schuldrechtliches **Veräußerungsverbot** vereinbart und bei Grundstücken dies durch eine **Rückauflassungsvereinbarung** abgesichert, hält der BFH[9] es für zweifelhaft, wem das wirtschaftliche Eigentum zuzurechnen ist. **499**

---

1 BFH v. 16. 3. 2001, DStRE 2001 S. 1075 f.
2 Siehe dazu auch Schmidt, a. a. O., § 20 Rn. 210 ff., § 21 Rn. 45 ff.
3 Vom 23. 11. 1983, BStBl 1983 I S. 508.
4 Vom 30. 9. 2013, BStBl 2013 I S. 1184; siehe dazu Götz/Hülsmann, a. a. O., Rn. 851 ff.
5 Nießbraucherlass v. 30. 9. 2013, BStBl 2013 I S. 1184 Rn. 55.
6 Nießbraucherlass v. 30. 9. 2013, BStBl 2013 I S. 1184 Rn. 32.
7 Zum Zivilrecht Götz/Hülsmann, a. a. O., Rn. 288 ff.
8 BFH v. 8. 12. 1983, BStBl 1984 II S. 202; v. 26. 11. 1999, DStR 1999 S. 372.
9 BFH v. 26. 11. 1999, DStR 1999 S. 373.

500   Das Steuerrecht spricht vom **Vorbehaltsnießbrauch**, wenn bei der Übertragung eines Wirtschaftsgutes gleichzeitig ein Nießbrauchrecht[1] für den bisherigen Eigentümer bestellt worden ist. In der Praxis ist der Vorbehaltsnießbrauch beliebt, da er dem Stifter lebenslänglich (allerdings normal steuerpflichtige) Einkünfte sichert, die sich unter Einschluss der Abschreibungen z. B. bei bebauten Grundstücken berechnen.[2] Die Bestellung des Vorbehaltsnießbrauchs ist keine Gegenleistung der erwerbenden Stiftung,[3] auch wenn für die Bestellung ein Entgelt zu zahlen ist.[4] Da die Stiftung als Eigentümer beim Vorbehaltsnießbrauch **keine Einkünfte** erzielt, kann sie auch keine Werbungskosten oder Betriebsausgaben (z. B. für Zinsen und Abschreibungen auf Anlagen) geltend machen.[5]

501   Ein **Zuwendungsnießbrauch**[6] liegt vor, wenn der Stiftung – z. B. auf Lebenszeit des Stifters – ein Nießbrauch zugewendet wird, der Stifter aber Eigentümer bleibt. Wegen der fehlenden Abschreibungsberechtigung (der AK/HK von Gebäuden) sowohl beim Eigentümer als auch beim Nießbraucher, ist er steuerlich ungünstig und kommt daher in der Praxis nur **selten** vor.

502   Beim Zuwendungsnießbrauch an Kapitalvermögen werden die Einnahmen dem Nießbrauchbesteller – hier dem Stifter – zugerechnet, obwohl sie dem Nießbraucher – hier der Stiftung – zufließen.[7] Im Gegensatz dazu werden beim Zuwendungsnießbrauch an Grundstücken – dem Zivilrecht folgend – Einnahmen aus Vermietung und Verpachtung dem Nießbraucher zugerechnet.[8] Auch hier werden gleiche Tatbestände ungleich behandelt.

503   **Wird ein Nießbrauch** an betrieblichem Vermögen vorbehalten, so ergeben sich besonders bei Mitunternehmeranteilen steuerliche Besonderheiten und Zweifelsfragen, die bei Stiftungsvorhaben unter **Nießbrauchvorbehalt** vorab zu klären sind.[9] Nach Ansicht der Rechtsprechung wird eine Betriebsaufspaltung

---

1 Nießbraucherlass v. 30. 9. 2013, BStBl 2013 I S. 1184.
2 Nießbraucherlass v. 30. 9. 2013, BStBl 2013 I S. 1184 Rn. 41.
3 Nießbraucherlass v. 30. 9. 2013, BStBl 2013 I S. 1184 Rn. 40.
4 OFD Erfurt v. 14. 6. 1995, DStR 1995 S. 21 Rn. 38.
5 FG Düsseldorf v. 15. 2. 2000, DStRE 2000 S. 731 ff., rkr. (vgl. BFH v. 29. 5. 2001 - VII R 11/00, BFH/ NV 2001 S. 1393).
6 Nießbraucherlass v. 30. 9. 2013, BStBl 2013 I S. 1184 Rn. 10 ff.
7 Nießbraucherlass v. 30. 9. 2013, BStBl 2013 I S. 1184 Rn. 57 f.
8 Nießbraucherlass v. 30. 9. 2013, BStBl 2013 I S. 1184 Rn. 14 ff.
9 Zum Nießbrauch bei Mitunternehmeranteilen vgl. Götz/Hülsmann, a. a. O., Rn. 1201 ff.

nicht dadurch beendet, dass der Mitunternehmer ein Grundstück aus dem SBV auf seine Kinder unter Nießbrauchvorbehalt überträgt.[1]

Ein zugewandtes **dringliches Wohnrecht** ist wie der Zuwendungsnießbrauch zu behandeln,[2] wenn es nicht bei Übertragung des Grundstückes dem Übertragenden eingeräumt worden ist (wie Vorbehaltsnießbrauch). Diese Fälle wiederum sind abzugrenzen von einem teilentgeltlich zugewandten/vorbehaltenen Nutzungsrecht (z. B. Nutzung einer Wohnung zur verbilligten Miete in einem im Wege der vorweggenommenen Erbfolge übertragenen Gebäude).[3]

504

Nach Auffassung des BFH[4] ist der bloße **Ertragsnießbrauch** an den Anteilen einer Personengesellschaft Einkommensverwendung und daher steuerrechtlich für die Einkommensbesteuerung unbeachtlich. Dies soll auch für den Nießbrauch an einer typischen stillen Beteiligung gelten.

505

Wenn dem **Vorbehaltsnießbraucher** dagegen das Stimmrecht weiterhin zusteht und er das Mitunternehmerrisiko trägt, werden ihm die gewerblichen Einkünfte weiterhin zugerechnet.[5] Der Nießbrauchbesteller wird hier ebenfalls als Mitunternehmer angesehen, wenn er einen Mindestbestand an Rechten erlangt.[6] Beim Vorbehaltsnießbrauch an Anteilen an Kapitalgesellschaften erzielt der Nießbraucher Einkünfte aus Kapitalvermögen gem. § 20 EStG.[7]

Der Nießbraucherlass[8] lässt Einmalzahlungen zur **Ablösung von Nießbrauchrechten** beim Vorbehaltsnießbrauch und beim Vermächtnisnießbrauch zu abschreibungsfähigen Anschaffungskosten des Eigentümers werden; beim Nießbrauch sind sie steuerneutrale Vermögensumschichtungen.[9]

506

War beim Grundstückserwerb die Belastung mit einem Nießbrauchrecht vorhanden und wird dieses abgelöst, führen Einmalzahlungen voll und wieder-

507

---

1 Siehe FG Baden-Württemberg v. 30. 5. 2001, EFG 2001 S. 1609, rkr. (vgl. BFH v. 5. 2. 2002 - VIII R 25/01, BFH/NV 2002 S. 781).

2 Nießbraucherlass v. 30. 9. 2013, BStBl 2013 I S. 1184 Rn. 33; zum vorbehaltenen Wohnrecht Rn. 49 ff.

3 BFH v. 19. 12. 1995 - IX R 35/94, BFH/NV 1996 S. 598; Nießbraucherlass v. 30. 9. 2013, BStBl 2013 I S. 1184 Rn. 12.

4 BFH v. 26. 11. 2003 - X R 11/01, BStBl 2004 II S. 820.

5 Götz/Jorde, FR 2003 S. 998 m. w. N.; Schulze zur Wiesche, BB 2004 S. 355.

6 Söffing/Jordan, BB 2004 S. 353; Götz/Jorde, FR 2003 S. 998.

7 BMF v. 23. 11. 1983, BStBl 1983 I S. 508 ff. Rn. 55.

8 Nießbraucherlass v. 30. 9. 2013, BStBl 2013 I S. 1184 Rn. 57, 59.

9 Bestätigt durch BFH v. 4. 5. 2000, DStR 2000 S. 1054 f.

kehrende Zahlungen mit ihrem Barwert beim (neuen) Eigentümer zu **Anschaffungskosten**.[1]

508 Wird ein Grundstück unter Vorbehaltsnießbrauch in die Stiftung eingebracht und dieses Grundstück später verkauft, ist es fraglich, ob sich der Nießbrauch am **Surrogat** Grundstückserlös (Einkünfte aus Kapitalvermögen) fortsetzt. Dies wird man nur bejahen können, wenn bei der Nießbrauchbestellung eine entsprechende Klausel eingefügt worden ist.[2]

509 Wird der unentgeltlich erworbene Betrieb oder Teilbetrieb ganz oder teilweise vom Vorbehaltsnießbraucher mit Substanzerhaltungspflicht an den Eigentümer (Beschenkten) oder einen Dritten **verpachtet**, hat (behält) der Nießbraucher die Abschreibungsbefugnis.[3]

510–512 *(Einstweilen frei)*

1.2 Sonstige Steuern

513 Schon bisher war geklärt, dass **gewerbesteuerliche Verluste** nicht auf die Erben – und damit auch nicht auf eine Stiftung – übergehen.[4] Gegebenenfalls sollte daher geprüft werden, ob die einkommen- und gewerbesteuerliche Verluste durch Ausübung von Bewertungswahlrechten bis zum Erbfall abgebaut werden können.[5]

514 Außer dem Solidaritätszuschlag und der u.U. anfallenden Kirchensteuer und Gewerbesteuer begründet die Stiftungserrichtung beim Stifter keine weiteren Steuerpflichten.

515–529 *(Einstweilen frei)*

2. Besteuerung des Unternehmens des Stifters

2.1 Einkommensteuer

530 Werden auf die Stiftung Einzelwirtschaftsgüter übertragen, die aus einem Betriebsvermögen des Stifters stammen (entnommen werden), führt diese zur Belastung mit Einkommen- und ggf. Gewebeertragsteuer. Die unentgeltliche

---

1 Nießbraucherlass v. 30.9.2013, BStBl 2013 I S.1184 Rn.62; vgl. Esch/Baumann/Schulze zur Wiesche, a.a.O., II Rn.390ff., 900.
2 Ausführlich zur Surrogation Götz/Hülsmann, a.a.O., Rn.491ff., 1436ff.
3 FG Münster v. 18.12.1996 aufgehoben durch BFH v. 28.5.1998 - IV R 31/97, BStBl 2000 II S.286.
4 H 10a.3 Abs.1 GewStR 2009; BFH v. 7.12.1993, BStBl 1994 II S.331.
5 Hörger/Pohl, a.a.O., Rn.1801.

Übertragung von Einzelwirtschaftsgütern aus dem Betriebsvermögen zwingt als **Entnahme** (§ 6 Abs. 1 Nr. 4 EStG) zur Aufdeckung der stillen Reserven.

Hingegen löst die **unentgeltliche** Übertragung eines Betriebs, eines Teilbetriebs oder eines Mitunternehmeranteils (z. B. eines Kommanditanteils an einer GmbH & Co. KG) auf eine Familienstiftung gem. § 6 Abs. 3 Satz 1 Halbsatz 1 EStG[1] ebenso wenig Ertragsteuern aus, wie die Übertragung von Teilen des Privatvermögens des Stifters oder die unentgeltliche Übertragung von Anteilen an Kapitalgesellschaften i. S. d. § 17 EStG bzw. von einbringungsgeborenen/sperrfristbehafteten Anteilen gem. § 21 UmwStG a. F. bzw. § 22 UmwStG.[2] Nach Ansicht des FG Münster erfolgt keine **Nachversteuerung thesaurierter Gewinne** beim Stifter, wenn dieser einen Mitunternehmeranteil unentgeltlich auf eine Stiftung überträgt.[3] § 34a Abs. 6 Satz 1 Nr. 2 EStG sei nicht – auch nicht analog – anwendbar. Da Revision zugelassen wurde, bleibt abzuwarten, ob der BFH dieser Ansicht folgt.

Nach dem Wortlaut § 6 Abs. 3 Satz 1 Halbsatz 2 EStG nicht begünstigt ist die Übertragung eines **Teil-Mitunternehmeranteils** auf eine Stiftung, da dies nur bei einer natürlichen Person als Empfänger steuerneutral möglich ist (siehe Rn. 476). Unklar ist, ob ebenso wie bei einer gemeinnützigen Stiftung als Übernehmerin (siehe Rn. 1182) auch die Teil-Mitunternehmeranteilsübertragung auf eine steuerpflichtige Stiftung als steuerneutral angesehen werden kann, weil der Einbringende ja – ebenso wie nach § 6 Abs. 3 Satz 1 Halbsatz 1 EStG – nicht Gesellschafter der erwerbenden Stiftung ist und damit kein Bedürfnis besteht, diesen Vorgang mangels Anwendbarkeit des § 6 Abs. 3 Satz 1 Halbsatz 2 EStG zu besteuern.[4]

2.2 Körperschaftsteuer

Werden Wirtschaftsgüter auf Weisung des Gesellschafters aus einer inländischen Kapitalgesellschaft **entnommen**, um sie in eine Stiftung einzulegen, führt dies nach § 6 Abs. 1 Nr. 4 Satz 1 EStG zur **Gewinnverwirklichung** und insoweit zur Körperschaftsteuerpflicht.[5] Denn die Einlage stellt sich regelmäßig als betriebsfremder Zweck dar. Dies gilt sowohl für die Entnahme von Einzel-

531

532

---

1 BMF vom 3. 3. 2005, BStBl 2005 I S. 458, Rn. 2; Kulosa in Schmidt, EStG, § 6 Rn. 653.
2 BMF vom 3. 3. 2005, BStBl 2005 I S. 458, Rn. 2; Kulosa in Schmidt, EStG, § 6 Rn. 653.
3 FG Münster v. 24. 1. 2017 - 4 K 56/16 F, EFG 2017 S. 477, nrkr. (Az. BFH: IV R 5/17).
4 Wendt, FR 2005 S. 468, 478; Kulosa in Schmidt, EStG, § 6 Rn. 653; Götz, Stiftungs Brief 2015 S. 167.
5 Glanegger in Schmidt, EStG, § 6 Rn. 410 ff.

wirtschaftsgütern wie für Beteiligungen an Personen- und Kapitalgesellschaften.

533   Eine **Ausnahme** von der Gewinnverwirklichung besteht nach § 6 Abs. 1 Nr. 4 Satz 2 EStG nur, wenn ein Wirtschaftsgut im **unmittelbaren Anschluss** an seine Entnahme einer nach **§ 5 Abs. 1 Nr. 9 KStG befreiten Stiftung** zugeführt wird, die es für steuerbegünstigte Zwecke i. S. v. § 10b Abs. 1 Satz 1 verwendet (vgl. oben Rn. 1175). Da diese Ausnahmevorschrift bei der steuerpflichtigen Stiftung nicht anwendbar ist, sind die Entnahmen regelmäßig auf Ebene der Körperschaft als laufender Gewinn steuerpflichtig.

534   Soweit die Zuwendung an eine Stiftung im Rahmen einer Spende erfolgt, löst dies keine Besteuerung auf der Ebene der übertragenden Kapitalgesellschaft aus. Allerdings ist zu beachten, dass sich eine **Spende als vGA** erweisen kann, wenn sie durch ein besonderes Näheverhältnis zwischen dem Spendenempfänger und einem Gesellschafter der spendenden GmbH veranlasst ist.[1]

2.3 Gewerbesteuer

535   Ist das Unternehmen, aus dem der Stifter einzelne Vermögensgegenstände zwecks Einbringung in die Stiftung entnimmt, gewerbesteuerpflichtig, führt die oben dargestellte Gewinnverwirklichung zu einer entsprechenden Auswirkung bei der **Gewerbeertragsteuer**. Dies gilt sowohl für die Personengesellschaften wie für die Kapitalgesellschaften.

536   Wird ein einzelkaufmännisches Unternehmen in eine Stiftung eingebracht oder werden Anteile an einer Personengesellschaften übertragen, führt dies zu einem Unternehmerwechsel i. S. v. § 2 Abs. 5 GewStG und damit zur Versagung des Überganges eines gewerbesteuerlichen **Verlustvortrages** (§ 10a Satz 3 GewStG).[2]

537   Die entgeltliche Übertragung von Betrieben und Teilbetrieben führt zu einem gewerbesteuerpflichtigen Gewinn nur, wenn sie **aus** einer **Kapitalgesellschaft** übertragen werden.[3] Als entgeltlich zu behandelnde Übertragungen von Mitunternehmeranteilen und von Teilen derselben, auch von anteiligen Übertragungen von Sonderbetriebsvermögen, unterliegen nicht der Gewerbesteuer.[4]

---

1   BFH v. 19. 12. 2007 - I R 83/06, BFH/NV 2008 S. 988; vgl. hierzu auch Schwetlik, GmbH-StB 2008 S. 159 f.
2   Siehe auch OFD Köln v. 12. 2. 1997, DStR 1997 S. 1046; v. 12. 5. 1998, DStR 1998 S. 1472.
3   H 7.1 Abs. 4 GewStR 2009.
4   BFH v. 15. 3. 2000, DB 2000 S. 1159; v. 24. 8. 2000, DStR 2000 S. 1768 ff.; OFD Düsseldorf v. 18. 1. 2001, DStR 2001 S. 708; Düll/Fuhrmann/Eberhard, a. a. O., S. 1773 ff.; H 7.1 GewStR 2016.

Bei Spenden i. S. v. § 10b EStG richtet sich die Abzugsfähigkeit nach § 9 Nr. 5   538
GewStG.

2.4 Umsatzsteuer

Soweit es an einem Entgelt fehlt, kommt als umsatzsteuerlicher Tatbestand   539
nur die **unentgeltliche** Entnahme oder Zuwendung von Gegenständen (§ 3
Abs. 1b Nr. 1 und 3 UStG) bei den Fällen, in denen der Stifter zugleich Unternehmer ist, in Betracht. Er liegt bei der **Entnahme** zu betriebsfremden Zwecken vor. Voraussetzung ist allerdings, dass diese Gegenstände zuvor zum vollen Vorsteuerabzug berechtigt haben.

Die unentgeltliche Einbringung einzelner Wirtschaftsgüter aus dem Einzel-   540
unternehmen oder einer Beteiligung bei einer Stiftungserrichtung wird i. d. R.
nicht im betrieblichen Interesse liegen.[1] Sind betriebsfremde Zwecke beim Unternehmer zu bejahen, erfolgt die Versteuerung gem. § 3 Abs. 1b Nr. 1 und 3
UStG. Die Bemessungsgrundlage ergibt sich aus § 10 Abs. 5 Nr. 1 i. V. m. Abs. 4
UStG.[2]

Bei der Errichtung einer betrieblichen Unterstützungskasse in Stiftungsform   541
kann die Stiftungsgründung im betrieblichen Interesse liegen.

Gemäß § 1 Abs. 1a UStG unterliegen generell Umsätze im Rahmen einer Ge-   542
schäftsveräußerung an einen anderen Unternehmer für dessen Unternehmen
nicht der Umsatzsteuer. Die unentgeltliche Übertragung eines Betriebs oder
Teilbetriebs auf eine Stiftung wird als nicht steuerbare Geschäftsveräußerung
angesehen.[3] Für den Erwerber gilt § 15a Abs. 10 UStG.

Problematisch ist die Anwendung des § 1 Abs. 1a UStG dann, wenn die Stif-   543
tung den übernommenen Betrieb nicht fortführt.[4] Kritisch sind auch die Fälle,
bei denen die Stiftung die bisherige Nutzung, z. B. den übertragenen Miet-
betrieb, **nicht fortsetzt**.[5] In diesen Fällen ist das Tatbestandsmerkmal der Fortführung nicht erfüllt, so dass reguläre Steuerpflicht eintritt. Insoweit ist bereits im Vorfeld zu prüfen, wie die Stiftung den übernommenen Betrieb/Teil-
betrieb i. S. d. Umsatzsteuergesetzes fortführt.

---

1 Siehe BFH v. 16. 9. 1987, BStBl 1988 II S. 205.
2 Ebenso Werner/Saenger, a. a. O., Rn. 927; a. A. wohl Otto, a. a. O., S. 194 (III.1.).
3 Götz, GmbHR 1998 S. 349.
4 BFH v. 11. 10. 2007 - V R 57/06, BStBl 2008 II S. 447.
5 FG Niedersachsen v. 27. 2. 2006, 16 K 10889/03, EFG 2006 S. 1295 (rkr., vgl. BFH v. 4. 9. 2008 - V
   R 23/06, BFH/NV 2009 S. 426); OFD Hannover v. 31. 5. 2006, UR 2006 S. 606.

544   Wird irrtümlich eine Steuerpflicht bejaht, obwohl § 1 Abs. 1a UStG gegeben ist, liegt ein Fall des § 14c UStG vor. Bei einer Berichtigung der Rechnung sind vielfältige Formalitäten zu beachten, insbesondere darf der Empfänger der Rechnung (also die Stiftung) keine Umsatzsteuer gezogen haben.[1]

545   Ist die Übertragung umsatzsteuerrechtlichen Unternehmensvermögens keine durch § 1 Abs. 1a UStG ausgeklammerte Geschäftsveräußerung, stellt sich die Frage, ob anlässlich der Übertragung vorbehaltene wiederkehrenden Bezüge Entgelte für die Vermögensübertragungen (Lieferungen i. S. d. § 3 UStG) sind.[2] **Entgelte** stellen zweifellos Veräußerungsrenten dar, bei denen Leistung und Gegenleistung gegeneinander abgewogen worden sind. Aber auch für Versorgungsrenten hat sich die Auffassung durchgesetzt, dass sie – wie im Erbschaftsteuerrecht und abweichend vom Ertragsteuerrecht – Teilentgelte sind. Die Vermögensübertragungen gegen Versorgungsrenten und ähnliche wiederkehrende Leistungen sind deshalb kein Eigenverbrauch, sondern steuerbare Lieferungen.[3]

546   Die Bestellung eines **Vorbehaltsnießbrauches** an einem Betriebsgrundstück, das bei der Stiftungserrichtung im Zuge der Einbringung eines Unternehmens in die Stiftung eingebracht wird, ist nach § 4 Nr. 9 Buchst. a UStG umsatzsteuerfrei.[4]

547   Gemäß § 3 Abs. 9a Nr. 2 UStG werden nunmehr auch **unentgeltliche Zuwendungen** einer sonstigen Leistung i. S. v. § 3 Abs. 9 UStG des Unternehmens an eine Stiftung der Umsatzsteuer unterworfen, wenn sie nicht unter einen Befreiungstatbestand des § 4 UStG fällt. Dies gilt auch für solche Zuwendungen nach Stiftungserrichtung.

548–559   *(Einstweilen frei)*

3. Besteuerung der Stiftung

3.1 Ertragsteuern

560   Die Stiftung hat auf den Errichtungszeitpunkt eine **Eröffnungsbilanz** (§§ 7, 13 KStG) zu erstellen. Die Bewertungsvorschriften des § 6 EStG sind anzuwenden.

---

1 BFH v. 11. 10. 2007 - V R 27/05, BStBl 2008 II S. 438.
2 Korn, KÖSDI 1998 S. 11595.
3 Korn, KÖSDI 1998 S. 11595.
4 Götz/Hülsmann, a. a. O., Rn. 1658.

Die Stiftungserrichtung löst bei der Stiftung **keine Ertragsteuern** aus, da der Vorgang in die Vermögenssphäre fällt.[1] 561

Soweit **ein Betrieb, ein Teilbetrieb oder ein Mitunternehmeranteil** (siehe Rn. 476) übertragen wird, ist die Stiftung als Rechtsnachfolger gem. § 6 Abs. 3 Satz 2 EStG an die Buchwerte gebunden.[2] In diesem Falle geht auch eine gem. § 6b bis § 6d EStG gebildete Rücklage auf den Rechtsnachfolger über. Die Auflage zur Übernahme privater Verbindlichkeiten schließt die Anwendung des § 6 Abs. 3 EStG nicht aus, wenn ihr Wert niedriger als der Buchwert des Kapitalkontos des Betriebs ist.[3] Im Übrigen erfolgt der Ansatz zum Teilwert gem. § 6 Abs. 1 Nr. 5 Satz 1 EStG.[4] 562

Eine **Ausnahme** von dem Ansatz zum **Teilwert** enthält § 6 Abs. 1 Nr. 5 EStG, der in den Anschaffungs- bzw. Herstellungskosten einen Höchstwert vorschreibt für die in den **letzten drei Jahren** vor dem Zeitpunkt der Zuführung angeschafften oder hergestellten Wirtschaftsgüter und der wesentlichen Beteiligungen an Kapitalgesellschaften i. S. v. § 17 Abs. 1 EStG. Bei abnutzbaren Wirtschaftsgütern sind die Anschaffungs- und Herstellungskosten für die Zeit zwischen Anschaffung bzw. Herstellung um die Abschreibungen zu kürzen. Bei aus einem Betriebsvermögen entnommenem Wirtschaftsgut ist aber in jedem Fall der Wert anzusetzen, mit dem die Entnahme angesetzt wurde; dies ist i. d. R. der Teilwert. 563

Besonderheiten gelten ferner für **nicht** zu einem Betriebsvermögen gehörende Wirtschaftsgüter (z. B. Immobilien) des steuerlichen Privatvermögens, die von der Stiftung **unentgeltlich** erworben worden sind. Hier **tritt** die Stiftung hinsichtlich der Absetzung für Abnutzung, die nach § 11d EStDV von den Anschaffungs- oder Herstellungskosten des Rechtsvorgängers (ggf. zuzüglich der von der Stiftung aufgewendeten Anschaffungs- oder Herstellungskosten) zu berechnen ist, in die **Abschreibungsreihen** des Rechtsvorgängers (z. B. Gebäude-AfA) **ein**. 564

Wird der Stiftung vom Stifter unentgeltlich ein Nutzungsrecht übertragen, sind die Grundsätze des Großen Senats zu beachten.[5] 565

---

1 Götz, NWB (Heft 33/2005), F. 2 S. 8797, 8800.
2 Hahn/Schindler, a. a. O., S. 32.
3 Wacker in Schmidt, EStG, § 16 Rn. 57 ff. und BMF v. 13. 1. 1993, BStBl 1993 I S. 87, Rn. 38, 39, 41.
4 Glanegger in Schmidt, EStG, a. a. O., § 6 Rn. 414 ff.
5 BFH v. 4. 12. 2006 - GrS 1/05, BStBl 2007 II S. 508; v. 26. 10. 1987 - GrS 2/86, BStBl 1988 II S. 348.

Erfolgt die Einbringung unter einer **Auflage** gem. § 525 Abs. 1 BGB, so ist in der **Eröffnungsbilanz** der **Teilwert der Auflage** bei der Stiftung zu passivieren, das Grundstockvermögen ist entsprechend gemindert.

566 Liegt dagegen nach den Grundsätzen zur vorweggenommenen Erbfolge eine **entgeltliche Auflage** vor, hat die Stiftung insoweit **Anschaffungskosten** (korrespondierend mit der Behandlung beim Begünstigten).[1]

567 Ebenfalls Entgelt und korrespondieren Anschaffungskosten bei der Stiftung liegen nach der Rechtsprechung des BFH vor, wenn bei der Stiftungserrichtung eine **Übernahme privater Schulden, Zahlungen** an weichende Erben oder **Gleichstellungsgelder** auferlegt werden.[2]

568 **Abfindungen** für Pflichtteils- und Pflichtteilsergänzungsansprüche, die der Stiftung im Stiftungsgeschäft auferlegt werden, sind **kein Entgelt** und stellen keine Anschaffungskosten der Stiftung dar.[3]

569 Da bei einem der Stiftung eingeräumten **Totalnießbrauch**[4] der bisherige Eigentümer, d. h. hier der Stifter, wirtschaftlicher Eigentümer bleibt, tritt wegen fehlender Entnahme[5] auch keine Aktivierungspflicht bei der Stiftung ein; sie hat keine Anschaffungskosten und keine Abschreibungsberechtigung.

3.2 Erbschaft-/Schenkungsteuer

3.2.1 Steuerpflicht

570 Im Gegensatz zur Gründung anderer juristischer Personen[6] ist der Übergang von Vermögen bei der Stiftungserrichtung für die **Stiftung von Todes** wegen nach § 3 Abs. 2 Nr. 1 ErbStG und für die **Stiftung unter Lebenden** nach § 7 Abs. 1 Nr. 8 ErbStG erbschaftsteuerpflichtig,[7] wenn nach § 2 Abs. 1 ErbStG der Stifter ein **Inländer** ist **oder** die Stiftung zur Zeit der Entstehung der Steuer (§ 9 ErbStG) als **inländisch** gilt. Der deutschen Erbschaftsteuer unterliegen daher folgende Fälle:

---

1 Wacker in Schmidt, EStG, § 16 Rn. 59 ff.
2 Wacker in Schmidt, EStG, § 16 Rn. 63 m. w. N.
3 Wacker in Schmidt, EStG, § 16 Rn. 73.
4 Vgl. BFH v. 16. 12. 1988, BStBl 1989 II S. 763; v. 6. 11. 1991, BStBl 1993 II S. 391.
5 FG München v. 4. 12. 2006, 13 K 4085/04, ZErb 2008 S. 53.
6 Dort erfolgt die Einbringung zur Erfüllung einer Einlageverpflichtung oder gegen Gewährung von Gesellschaftsrechten, also im Rahmen eines Leistungsaustauschs, mithin nicht unentgeltlich wie bei einer Stiftung.
7 Götz in Wilms/Jochum, ErbStG, § 7 Rn. 248.

a) die Errichtung einer Stiftung durch inländische Stifter, wenn der

    (1) Sitz oder Ort der Geschäftsleitung im Inland ist oder

    (2) Sitz oder Ort der Geschäftsleitung sich im Ausland befindet (siehe Rn. 571);

b) die Errichtung einer inländischen Stiftung durch ausländische Stifter.

Wird durch einen Inländer, sei es von Todes wegen oder unter Lebenden, eine **ausländische** Stiftung oder ein ausländischer Trust (oder eine sonstige Vermögensmasse ausländischen Rechts) errichtet/gegründet, so ist dies nach § 3 Abs. 2 Nr. 2 Satz 2 bzw. § 7 Abs. 1 Nr. 8 Satz 2 ErbStG[1] **steuerpflichtig**. Folge ist, dass es zu einer Doppelbesteuerung kommen kann, z. B. bei einem Trust oder einer Stiftung ausländischen Rechts mit Sitz und Geschäftsleitung im Ausland bei Errichtung und beim Vermögensübergang. Diese Sonderregelungen kommen nicht zur Anwendung bei echten Treuhandverhältnissen bzw. dann, wenn dem Stifter das Vermögen unverändert zuzurechnen ist (unten Rn. 1794 ff.).[2]

Inländische Stiftungen sind stets **unbeschränkt** mit dem Weltvermögen erbschaftsteuerpflichtig, ausländische Stiftungen oder ein ausländischer Trust (oder eine sonstige Vermögensmasse ausländischen Rechts) können **beschränkt** mit dem Inlandsvermögen steuerpflichtig sein.[3]

Die zuständige Finanzbehörde wird gem. § 10 ErbStDV von der Genehmigungsbehörde über die Genehmigung einer Stiftung im Inland und gem. §§ 1 bis 4 ErbStG vom Todesfall eines Inländers unterrichtet. Außerdem besteht eine Anzeigepflicht gem. §§ 30, 33 und 34 ErbStG.

Wird eine Stiftung als **Nacherbe** eingesetzt, so tritt **doppelte Versteuerung** ein, da nach § 6 Abs. 1 ErbStG der Vorerbe ebenfalls als Erbe besteuert wird.[4] Entgegen der bürgerlich-rechtlichen Betrachtung[5] gilt der Erwerb des Nacherben bei dessen Tod als vom Vorerben stammend (§ 6 Abs. 2 Satz 1 ErbStG). Auf Antrag kann im Nacherbfall nach dem Tode des Vorerben der Nacherbe beantragen, dass diejenige Steuerklasse zugrunde gelegt wird, die seinem Verhältnis

571

572

573

574

---

1 Steuerentlastungsgesetz v. 24. 3. 1999, BGBl 1999 I S. 402.

2 Siehe Zondler/Zöller, IStR 2015 S. 960; Jülicher, DStR 2001 S. 2177 ff.

3 Zur unbeschränkten und beschränkten Steuerpflicht siehe Meincke, ErbStG, a. a. O., § 2 Rn. 3 ff.; Troll/Gebel/Jülicher, a. a. O., § 2 Rn. 6 ff.; R E 2.1 ErbStR 2011; Zur Anrechnung ausländischer Erbschaftsteuer siehe R E 21 ErbStR 2011.

4 Vgl. Meincke, ErbStG, a. a. O., § 6 Rn. 4 ff.

5 §§ 2100 ff. BGB.

zum Erblasser entspricht (§ 6 Abs. 2 Satz 2 ErbStG).[1] Bei einer erbschaftsteuerpflichtigen Stiftung wird dieses Antragsrecht nicht Früchte tragen, denn selbst wenn der Stifter z. B. seine Ehefrau als Vorerbin und die Stiftung als Nacherbin eingesetzt hat, wird es bei der Doppelversteuerung zu der ungünstigen Steuerklasse[2] verbleiben. Bei einer steuerpflichtigen Stiftung sollte daher i. d. R. die Vor- und Nacherbfolge der §§ 2100 ff. BGB nicht gewählt werden, während sie bei einer erbschaftsteuerbefreiten Stiftung[3] durchaus in Betracht gezogen werden kann, da sodann der Vorerbfall als normaler Erbfall einmal und abschließend versteuert wird.

575   Gemäß § 6 Abs. 4 ErbStG[4] stehen **Nachvermächtnisse** (§ 2191 Abs. 1 BGB) und beim Tode des Beschwerten fällige Vermächtnisse den Nacherbschaften gleich. Diese Bestimmung wird oft beim sog. **Berliner Testament**[5] übersehen.[6]

576   Ist ein Verein der Stifter und wird das Vereinsvermögen in die Stiftung eingebracht, so besteht Schenkungsteuerpflicht nach § 7 Abs. 1 Nr. 9 ErbStG.[7]

3.2.2 Steuerschuldner

577   Steuerschuldner ist gem. § 20 Abs. 1 Satz 1 ErbStG „nur" die Stiftung. Bei einer Stiftungserrichtung unter Lebenden und bei Zustiftungen ist daneben auch der Stifter bzw. der Zuwendende (Schenker) Schuldner.[8]

3.2.3 Entstehen der Steuerschuld

578   Bei Stiftung **unter Lebenden** entsteht die Steuerschuld nach § 9 Abs. 1 Nr. 2 ErbStG mit dem Zeitpunkt der Ausführung der Zuwendungen.[9]

---

1 Dagegen gilt die Vorerbfolge als auflösend bedingter und die Nacherbfolge als aufschiebend bedingter Erwerb gem. § 6 Abs. 3 ErbStG, wenn die Nacherbfolge nicht durch den Tod des Vorerben eintritt. Siehe auch BFH v. 17. 2. 1993, BStBl 1993 II S. 523. Für unentgeltliche Übertragung des Anwartschaftsrechtes auf Nacherbschaft auf einen Dritten siehe BFH v. 28. 10. 1992, BStBl 1993 II S. 158.

2 Siehe Rn. 586, 601 ff.; zu den Freibeträgen siehe BFH v. 2. 12. 1998, DB 1999 S. 465 ff.

3 Siehe Rn. 925 ff.

4 Siehe auch R E 6 ErbStR 2011.

5 Ausführlich Viskorf/Knobel/Schuck/Wälzholz, ErbStG, a. a. O., § 10 Rn. 86.

6 Vgl. Moench, DStR 1999 S. 305; Daragan/Zacher-Röder, DStR 1999 S. 90.

7 Erlass des FinMin Baden-Württemberg v. 7. 12. 2000, DStR 2000 S. 2189.

8 Zu weiteren Einzelheiten vgl. etwa Meincke, ErbStG, a. a. O., § 20.

9 Wachter, FR 2017 S. 69, 71.

Kommt die Stiftung rückwirkend (z. B. durch erfolgreiche Anfechtung des Stiftungsgeschäfts) nicht zustande, ist ein bereits erlassener Steuerbescheid gem. § 175 Abs. 1 Nr. 2 AO aufzuheben.[1]

579

Bei der Stiftung **von Todes wegen** entsteht die Steuerschuld nicht schon mit dem Erbfall, sondern nach § 9 Abs. 1 Nr. 1c ErbStG erst mit der **Anerkennung** der Stiftung.[2] Dies gilt auch dann, wenn die Anerkennung erst mehrere Jahre nach dem Tod des Erblassers erfolgt.[3] Gleiches gilt für die vom Erblasser angeordnete Bildung oder Ausstattung einer Vermögensmasse ausländischen Rechts, deren Zweck auf die Bindung von Vermögen gerichtet ist.

580

Die Erbschaftsteuer entsteht aber auch dann mit der Anerkennung der Stiftung, wenn die Vermögensübertragung auf die Stiftung noch nicht erfolgt ist. Auf die Vermögensübertragung kommt es bei der Erbschaftsteuer – insoweit anders als bei der Schenkungsteuer – nicht an. Demnach muss die Stiftung die Erbschaftsteuer u. U. bereits entrichten, obwohl ihr das Vermögen noch gar nicht übertragen worden ist.[4]

581

Dies ergibt sich ohne Zweifel de lege lata aus dem Erbschaftsteuergesetz,[5] entspricht aber weder den bürgerlich-rechtlichen Vorschriften (§ 84 BGB) noch den Zeitpunkten der wirtschaftlichen Bereicherung, die ansonsten für die Erbschaftbesteuerung maßgebend sind.[6] Der rückwirkende Erwerb einer Stiftung wird somit ungleich dem rückwirkenden Erwerb anderer Personen behandelt. Nach Auffassung des BFH[7] soll diese unsystematische und ungleiche Behandlung aber verfassungsgemäß sein.[8]

582

Wertsteigerungen zwischen Tod und Genehmigung der Stiftung – obwohl i. d. R. mit Einkommen- und Ertragsteuern belastet – erhöhen die steuerpflichtige Bereicherung, während Werteinbußen sie vermindern.

583

(Einstweilen frei)

584–585

---

1 Klein, AO, § 175 Rn. 5.
2 Wachter, FR 2017 S. 69, 71.
3 BFH v. 25. 10. 1995 - II R 20/92, BStBl 1996 II S. 99; Wachter, FR 2017 S. 69, 71.
4 Wachter, FR 2017 S. 69, 72.
5 Bestätigt durch BFH v. 25. 10. 1995, DStR 1995 S. 59 ff.; mit Recht kritisch Ebeling, ZEV 1998 S. 93, zur Verwaltungsauffassung H E 9.3 ErbStR 2011.
6 Vgl. Meincke, ErbStG, Einf. Anm. 11 und § 9 Anm. 34.
7 Begründung Nr. 3 in BFH v. 25. 10. 1995, BStBl 1996 II S. 99; H 24 ErbStH.
8 Vgl. Michel, § 11 zwischen Rechtssicherheit und Einzelfallgerechtigkeit, UVR 2000 S. 49 ff.

3.2.4 Berechnung der Steuer

586   Da die Stiftung als juristische Person in keinem Verwandtschaftsverhältnis zum Stifter stehen kann, sind grundsätzlich die 30 % bzw. (bei einem Erwerb über 13 Mio. €) 50 %[1] betragenden Steuersätze der Steuerklasse III (§ 15 Abs. 1, § 19 Abs. 1 ErbStG) anzuwenden. Durch die Errichtung mehrerer (steuerpflichtiger) Stiftungen kann der Anstieg des Steuersatzes bei Erwerben ab 13 Mio. € um 20 % vermieden werden.

587   Eine Sonderregelung hinsichtlich der **Steuerklasse** besteht für Stiftungen, die „wesentlich" im Interesse einer **Familie** oder bestimmter Familien gemacht worden sind.[2]

588   Sowohl § 15 Abs. 2 Satz 1 ErbStG (Steuerklasse) als auch § 1 Abs. 1 Nr. 4 (Erbersatzsteuer) enthalten **Steuervorschriften** für inländische **Familienstiftungen**, ohne Definitionen der verwendeten Begriffe zu geben.[3]

589   Unklar ist bereits, was der Gesetzgeber unter „Familie" verstehen wollte. Nach h. M.[4] ist hierunter der Stifter, seine Angehörigen und deren Abkömmlinge zu verstehen, wobei – bezogen auf den Stifter[5] – der Kreis der Angehörigen wie nach § 15 AO[6] zu bestimmen ist.

590   Ein „**wesentliches Familieninteresse**" wird bejaht, wenn eine Bezugs- oder Anfallsberechtigung dieser Personen von mehr als einem Viertel besteht. Die Finanzverwaltung[7] sieht ein „wesentliches Familieninteresse" als gegeben an, wenn die Familie wesentlichen Einfluss auf die Geschäftsführung der Stiftung hat; bei der Beurteilung der Frage, ob die Familienmitglieder zu mehr als 50 % oder zu mehr als 25 % bezugsberechtigt sind, soll es auf die tatsächlichen Ausschüttungen der Stiftung, entscheidend aber auf die Bezugsberechtigung ankommen. Thesaurierung von Gewinnen ist dabei ohne Bedeutung. Die „We-

---

1   § 19 ErbStG.

2   Siehe Meincke, ErbStG, a. a. O., § 1 Anm. 16, § 15 Anm. 19.

3   Zu den drei unbestimmten Rechtsbegriffen „wesentlich", „im Interesse" und „Familie" siehe von Löwe, a. a. O., S. 37 ff.; zur Familienstiftung siehe Wachter, Stiftungen, a. a. O., S. 141 ff. und Götz, NWB (Heft 33/2005), F. 2 S. 8797.

4   Meincke, ErbStG, a. a. O., § 1 Anm. 16; Troll/Gebel/Jülicher, a. a. O., § 15 Rn. 31; Flick/Wassermeyer/Baumhoff, AStG, § 15 Rn. 64.

5   RFH v. 23. 1. 1930, RStBl 1930 S. 115. Bei mehreren Stiftern gilt jeder Stifter als Zuwender; vgl. Jülicher, Brennpunkte der Besteuerung der inländischen Familienstiftungen im ErbStG, StuW 1999 S. 363 ff., insbes. S. 370.

6   Siehe auch AEAO, zu § 15; Klein, AO, zu § 15. In § 58 Nr. 5 AO sind dagegen nur die „nächsten" Angehörigen begünstigt, siehe AEAO, zu § 58 Rn. 6.

7   R E 1.2 Abs. 2 und 3 ErbStR 2011.

sentlichkeit" von Familieninteressen zieht die Finanzverwaltung[1] recht weit als Vermögensinteressen jeder Art als Nutzungs- und Zugriffsmöglichkeiten. Auf die tatsächliche gezogene Nutzung soll es nicht ankommen.[2] Als „wesentliches" Familieninteresse wird bereits „wesentliche" Einflussnahme auf die Geschäftsführung einer Stiftung angenommen, die steuerbegünstigten Zwecken dient.[3]

Nach § 15 Abs. 2 Satz 1 ErbStG ist bei im Inland errichteten Familienstiftungen das **Verwandtschaftsverhältnis** des nach der Stiftungsurkunde „entferntest Berechtigten" zu dem Erblasser oder Schenker für die Festsetzung der Steuerklasse zugrunde zu legen. Der Ehegatte, Kinder und Stiefkinder, deren Abkömmlinge und – aber nur bei Erwerben von Todes wegen – die Eltern und Voreltern fallen in die Steuerklasse I. Dies gilt auch für die Abkömmlinge der Enkel,[4] so dass die Erbschaftsteuerlast bei der Errichtung von Familienstiftungen dann am niedrigsten ist, wenn deren Destinatäre nur die Abkömmlinge des Stifters sind, da diese alle in die günstigste Steuerklasse fallen.[5]

591

HINWEIS:

1. Im Ergebnis wird in § 15 Abs. 2 Satz 1 ErbStG also für schenkung-/erbschaftsteuerliche Zwecke die rechtliche Selbständigkeit der Familienstiftung als juristische Person negiert und auf die durch die Stiftung Begünstigten durchgegriffen.[6]

2. Eine im Interesse nur **eines** Familienmitgliedes errichtete Stiftung gilt ebenfalls als Familienstiftung.[7]

Der Gesetzeswortlaut des § 15 Abs. 2 ErbStG ist auch – abgesehen von undefinierten Begriffen „wesentlich", „im Interesse" und „Familie" – insofern unklar, als er offen lässt, ob die **„entferntest" Berechtigten** die bei Entstehung der Familienstiftung lebenden oder auch die noch nicht geborenen Destinatäre sein sollen. Bis heute liegt keine Rechtsprechung zu dem Begriff des „entferntest Berechtigten" vor.[8] Die Finanzverwaltung geht davon aus,[9] dass bei

592

---

1 R E 1.2 Abs. 3 ErbStR 2011.
2 BFH v. 10. 12. 1997, BStBl 1998 II S. 114 ff.; R E 1.2 Abs. 3 Satz 4 ErbStR 2011; Viskorf/Knobel/Schuck/Wälzholz, ErbStG, a. a. O., § 1 Rn. 20 f.
3 BFH v. 10. 12. 1997, BB 1998 S. 467; R E 1.2 Abs. 3 Satz 5, 6 ErbStR 2011.
4 Vgl. Meincke, ErbStG, a. a. O., § 15 Anm. 9 ff.
5 Zur Steuerklasse im Verhältnis zum Erstverstorbenen beim sog. „Berliner Testament" siehe BFH v. 16. 6. 1999, BStBl 1999 II S. 789.
6 Wachter, FR 2017 S. 69, 75.
7 RFH v. 30. 11. 1933, RStBl 1934 S. 75.
8 Wachter, FR 2017 S. 69, 76.
9 H E 15.2 ErbStR 2011.

der Bestimmung der Steuerklasse auf den nach der Stiftungssatzung möglichen entferntesten Berechtigten abzustellen ist, auch wenn er zur Zeit der Errichtung der Familienstiftung noch nicht unmittelbar bezugsberechtigt ist, mithin **noch nicht geboren** ist.

593 Diese Gesetzesauslegung durch die Finanzverwaltung ist zu Recht auf **Kritik** gestoßen,[1] da völlig ungewiss ist, ob der in der Stiftungssatzung vorgesehene „entferntest Berechtigte" über die bereits bei Stiftungserrichtung Lebenden jemals geboren werden wird. Die Einbeziehung noch nicht geborener Personen als Bestimmungsfaktor für die Steuererhebung verstößt gegen eines der Grundprinzipien des ErbStG und des BewG, nämlich der Nichtberücksichtigung aufschiebend bedingter Ereignisse bis zum Bedingungseintritt (§ 12 Abs. 1 ErbStG i.V. m. §§ 4 ff. BewG).

594 Eine Stiftung, die nach Ableben des letzten Kindes oder dessen Abkömmlings aufzuheben ist, wird mit der Steuerklasse I, eine solche, die nach dem Ableben des letzten Abkömmlings von Geschwistern aufzuheben ist, mit der Steuerklasse II besteuert. Auch für die Möglichkeit kraft Satzungsbestimmung, in der Generationenfolge den Kreis der Destinatäre durch Satzungsänderung auszudehnen, ist der Erfolg beschränkt, da die Finanzverwaltung in einer derartigen Satzungsänderung steuerlich die Aufhebung der vorhandenen und Errichtung einer neuen Familienstiftung sehen will, wobei die neue Stiftung als Erwerberin des Vermögens der bisherigen Stiftung gilt.[2] Wegen der Aufhebung einer Familienstiftung wird auf Rn. 885 ff. verwiesen. Eine Rechtsgrundlage für diese vom bürgerlichen Recht abweichende Betrachtung ist nicht zu sehen.

595 Für Stiftungserrichtungen im **Ausland** findet § 15 Abs. 2 Satz 1 ErbStG keine Anwendung, so dass hier stets Steuerklasse III und deren Freibeträge gelten.[3] Die Beschränkung des Steuerklassenprivilegs auf die Errichtung von Familienstiftungen im **Inland** ist **mit dem Gemeinschaftsrecht nicht vereinbar**. Die Beschränkung des Steuerklassenprivilegs verstößt gegen die Kapitalverkehrsfreiheit gem. Art. 56 Abs. 1 EGV und die Niederlassungsfreiheit gem. Art. 43 EGV.[4] Ungeklärt ist, wie die in der Praxis vereinzelt anzutreffenden Familienstiftungen mit einem **Doppelsitz** zu beurteilen sind.[5]

---

1 Siehe Götz, NWB (Heft 33/2005), F. 2 S. 8797 bis 8812.
2 R E 1.2 Abs. 4 ErbStR 2011; Troll/Gebel/Jülicher, ErbStG, § 15 Rn. 41.
3 Götz in Wilms/Jochum, ErbStG, § 15 Rn. 107; FG Rheinland Pfalz v. 19. 3. 1998, EFG 1998 S. 1021; Viskorf/Knobel/Schuck/Wälzholz, ErbStG, a. a. O., § 15 Rn. 40; Wachter, FR 2017 S. 69, 76.
4 Eingehend Götz in Wilms/Jochum, ErbStG, § 15 Rn. 108 ff.; ebenso Wachter, FR 2017 S. 69, 76.
5 Wachter, FR 2017 S. 69, 76.

Die **Erbschaftbesteuerung** einer Familienstiftung muss – vor allem auch vor   596
dem Hintergrund der noch zu besprechenden periodischen **Erbersatzsteuer**
(§ 1 Abs. 1 Nr. 4 ErbStG; Rn. 802 ff.) – als **konfiskatorisch** bezeichnet werden.
Dies ergibt sich daraus, dass bei einer auf unbestimmte Zeit angelegten Familienstiftung das Aussterben des Stammes des Stifters nicht auszuschließen ist
und Personen der Steuerklasse II oder III deshalb als Destinatäre – wenn auch
unter aufschiebender Bedingung – in der Stiftungssatzung vorgesehen werden. Richtigerweise müsste § 4 BewG als allgemeiner Rechtsgrundsatz auch
für die Bestimmung der Steuerklasse nach § 15 Abs. 2 Satz 1 ErbStG Anwendung finden. Der Verweis darauf, dass bei einer „Umwandlung" einer Familienstiftung in eine gemeinnützige Stiftung **kurze Zeit vor Ablauf** der 30 Jahre
gem. § 1 Abs. 1 Nr. 4 ErbStG bei dieser keine Erbersatzsteuer anfällt, dürfte
kaum einen Anreiz zur Errichtung von Familienstiftungen bieten.

Sind keine Kinder und Enkel vorhanden und müssen deswegen Geschwister   597
und deren Abkömmlinge als bezugsberechtigt benannt werden, ist allein die
Steuerklasse II anzuwenden. Fällt nur ein Destinatär unter eine andere Steuerklasse als I, ist diese für den ganzen Erwerb anzuwenden.[1] Dies ist bereits der
Fall, wenn die Ehegatten der Kinder oder Enkel als Destinatäre zugelassen
sind.[2]

Die anzuwendende Steuerklasse ist für den anzuwendenden **Freibetrag** gem.   598
§ 16 ErbStG entscheidend. Danach werden für Ehegatten 500.000 €, für Kinder
und für Kinder verstorbener Kinder 400.000 €, für Enkel 200.000 € und die übrigen Personen der Steuerklasse I 100.000 € freigestellt. Für Personen der Steuerklasse II werden 20.000 € und für Personen der Steuerklasse III 20.000 € freigestellt. Bei beschränkter Steuerpflicht (§ 2 Abs. 1 Nr. 3 ErbStG) in allen Steuerklassen aber nur 2.000 €, sofern kein Antrag nach § 2 Abs. 3 ErbStG gestellt
wird.[3]

BEISPIEL: ▶ Der Stifter S errichtet eine Familienstiftung, wobei seine drei Kinder neben   599
ihm als Destinatäre berufen sind. Nach deren Ableben sollen dann deren Abkömmlinge berufen sein. Das Stiftungsvermögen besteht aus einem Mietwohngrundstück
mit einem Verkehrswert von 2 Mio. €.

---

1 Vgl. Meincke, ErbStG, § 15 Anm. 19 ff.
2 Meincke, ErbStG, § 15 Anm. 19.
3 Zum Antragsrecht Lüdicke/Schulz, IStR 2012, 417; Dürrschmidt, IStR 2012, 572.

Die Stiftungserrichtung ist wie folgt zu besteuern:

Grundbesitzwert	2.000.000 €
§ 13d ErbStG[1]	- 200.000 €
Bereicherung	1.800.000 €
Steuerklasse I Nr. 2[2]	
Freibetrag, § 16 Abs. 1 Nr. 2:	- 400.000 €
Steuerpflichtiger Erwerb	1.400.000 €

Steuersatz 19 %	
Festzusetzende Schenkungsteuer	266.000 €

600 **BEISPIEL:** ▶ Der Stifter S errichtet eine Familienstiftung, wobei neben ihm sein Sohn und dessen Kinder als Destinatäre berufen sind. Das Stiftungsvermögen besteht aus einem Mietwohngrundstück mit einem Verkehrswert von 2 Mio. €.

Die Stiftungserrichtung ist wie folgt zu besteuern:

Grundbesitzwert	2.000.000 €
§ 13d ErbStG[3]	- 200.000 €
Bereicherung	1.800.000 €
Steuerklasse I Nr. 3[4]	
Freibetrag, § 16 Abs. 1 Nr. 3:	- 200.000 €
Steuerpflichtiger Erwerb	1.600.000 €

Steuersatz 19 %	
Festzusetzende Schenkungsteuer	304.000 €

601 Soll eine Familienstiftung erst mit dem Tod des letztversterbenden Ehegatten (z. B. durch das sog. **Berliner Testament**, § 2269 BGB) errichtet werden, ergeben sich bei der Bestimmung der Steuerklasse für die Stiftung als Schlusserbe keine Besonderheiten.

602 Erfolgt eine Errichtung einer Familienstiftung durch einen der Ehegatten, sind die Folgen der Zuwendung für Pflichtteilsansprüche des anderen Ehegatten bei Ableben des Stifters – und bei Zugewinngemeinschaft im Hinblick auf § 1375 Abs. 2 BGB – zu bedenken.

---

1 Bis 30. 6. 2016: § 13c ErbStG.
2 H E 15.2 „Freibetrag bei Errichtung einer Familienstiftung" ErbStR 2011.
3 Bis 30. 6. 2016: § 13c ErbStG.
4 H E 15.2 „Freibetrag bei Errichtung einer Familienstiftung" ErbStR 2011.

Ist die Stiftung zunächst **Zuwendungsnießbrauchberechtigte** (siehe 603
Rn. 501 ff.), kann sie die nach § 23 Abs. 1 ErbStG entstandene Erbschaftsteuer,
die Steuer vom Kapitalwert oder jährlich im Voraus in Höhe des Jahreswertes
entrichten. Sie hat nach § 23 Abs. 2 ErbStG das Recht zur Ablösung der Jahres-
steuer mit ihrem Kapitalwert zum nächsten Fälligkeitstag.

Bei der **teilentgeltlichen Schenkung auf den Todesfall**[1] ist die Belastung wie 604
bei dem Erwerb auf den Todesfall (§ 10 Abs. 1 Satz 2 ErbStG) voll abzugsfähig.[2]

Unbeschränkt steuerpflichtige Stiftungen, denen bei der Zuwendung von Aus- 605
landsvermögen **ausländische Erbschaftsteuer** auferlegt wird, erhalten nach
Maßgabe des § 21 Abs. 1 ErbStG Anrechnung der ausländischen Erbschaftsteuer[3] auf das Auslandsvermögen i. S. v. Abs. 2 auf die inländische Erbschaftsteuer.
Einige Doppelbesteuerungsabkommen[4] stellen das im Ausland der Erbschaftsteuer unterworfene Vermögen (unter Progressionsvorbehalt) frei.

Im Übrigen gelten die allgemeinen Vorschriften des Erbschaftsteuerrechts. Es 606
werden zur Anwendung der Freibeträge und zur Bestimmung der Steuersätze
die Erstausstattung der Stiftung und spätere **Zuwendungen** des Stifters (bzw.
Zustiftenden) gem. § 14 Abs. 1 Satz 1 ErbStG **zusammengerechnet**, soweit sie
innerhalb von zehn Jahren vor dem Erwerb angefallen sind. Kritisch ist, dass
die Finanzverwaltung eine Zustiftung des Stifters nach Steuerklasse III besteuern will,[5] obwohl die Erstausstattung der Stiftung z. B. nach Steuerklasse I besteuert worden ist. Wie in diesem Fall § 14 Abs. 1 ErbStG angewandt werden
soll, ist unklar. Soll z. B. die nach Steuerklasse I mit 19 % besteuerte Erstausstattung infolge der Zustiftung binnen zehn Jahren in Steuerklasse III mit 30 %
besteuert werden und es wird nur die nach Steuerklasse I bezahlte Schenkungsteuer angerechnet? Bei erbschaftsteuerpflichtigen Stiftungen kann daher die
spätere Zustiftung über eine andere Person (z. B. überlebender Ehegatte, Kinder) durchaus vorteilhaft sein. Negative Erwerbe[6] bleiben bei der Zusammenrechnung gem. § 14 Abs. 1 Satz 4 ErbStG unberücksichtigt. Gemäß § 14 Abs. 2
ErbStG darf die durch jeden weiteren Erwerb veranlasste Erbschaftsteuer 50 %

---

1 Siehe Nieder, a. a. O., Rn. 436 ff.; § 3 Abs. 1 Nr. 2 ErbStG.
2 R E 7.4 ErbStR 2011; Meincke, ErbStG, a. a. O., § 3 Rn. 61.
3 Zur anteiligen Anrechnung H E 21 ErbStR 2011.
4 Stand 1. 1. 2011 in H E 2.1 ErbStR 2011; entspricht auch demjenigen am 1. 1. 2017, da keine weiteren ErbSt-DBA abgeschlossen wurden.
5 R E 15.2 Abs. 3 ErbStR 2011; Wachter, FR 2017 S. 69, 77.
6 Götz in Fischer/Jüptner/Pahlke/Wachter, ErbStG, § 14 Rn. 16.

dieses Erwerbs nicht übersteigen. § 14 Abs. 1 Satz 3 ErbStG erlaubt aber nicht die Festsetzung einer negativen Steuer.[1]

3.2.5 Wertermittlung

607 Im Beschluss des BVerfG vom 7.11.2006 zur Unvereinbarkeit des seit dem 1.1.1996 geltenden Erbschaftsteuergesetzes wurde dem Gesetzgeber eine Frist für die Neufassung bis zum 31.12.2008 eingeräumt. Der Gesetzgeber hat den Vorgaben des Gerichtes entsprochen und für alle Erwerbsvorgänge nach dem 31.12.2008 eine einheitliche Bewertung mit dem Verkehrswert vorgeschrieben. Allerdings war auch das seit 1.1.2009 geltende Recht erneut Gegenstand einer verfassungsgerichtlichen Überprüfung; infolge der Entscheidung des BVerfG[2] hat der Gesetzgeber mit Wirkung ab dem 1.7.2016 die gerügten Verschonungsregelungen für das nach § 13b Abs. 1 ErbStG begünstigte Vermögen neu gefasst (siehe Teil I Rn. 1871 ff.).[3] Im Übrigen blieb das ErbStG unverändert.

608 Der **Wert der Zuwendung** ist nach §§ 10 ff. ErbStG (Bereicherung des Erwerbers) zu ermitteln. Über die Verweisung in § 12 ErbStG kommen im Wesentlichen die Bestimmungen des Bewertungsgesetzes zum Zuge, auf die verwiesen wird.

609 Gemäß § 11 ErbStG ist für die Wertermittlung der Zeitpunkt der Entstehung maßgeblich. Bei der **Stiftungserrichtung von Todes wegen** ist daher gem. § 9 Abs. 1 Nr. 1c ErbStG der Zeitpunkt der Genehmigung der Stiftung, bei Bildung oder Ausstattung einer Vermögensmasse ausländischen Rechts zum Zwecke der Vermögensbindung (§ 3 Abs. 2 Nr. 1 ErbStG) der Zeitpunkt der Bildung oder Ausstattung maßgebend. Bei der **Stiftungserrichtung unter Lebenden** ist auf den Zeitpunkt der Ausführung der Zuwendung gem. § 9 Abs. 1 Nr. 2 ErbStG (siehe Rn. 578) abzustellen.[4]

610 Nach § 12 Abs. 2 bis 7 ErbStG ergeben sich je nach Zuwendungsgegenstand Besonderheiten. Grundbesitz ist nach § 12 Abs. 3 mit dem speziellen, nach § 151 Abs. 1 Satz 1 Nr. 1 BewG ermittelten Werten anzusetzen.

---

1 BFH v. 17.10.2001 - II R 17/00, BStBl 2002 II S. 52.

2 BVerfG v. 17.12.2014 - 1 BvL 21/12, BGBl 2015 I S. 4; Vorlagebeschluss des BFH v. 27.9.2012 - II R 9/11, BStBl 2012 II S. 899.

3 Gesetz zur Anpassung des Erbschaftsteuer- und Schenkungsteuergesetzes an die Rechtsprechung des Bundesverfassungsgerichts vom 4.11.2016, BGBl 2016 I S. 2464.

4 Viskorf/Knobel/Schuck/Wälzholz, a. a. O., § 9 Rn. 37 ff.

Für Betriebsvermögen erfolgt die Bewertung durch den Verweis in § 12 Abs. 4 ErbStG auf § 151 BewG und über §§ 95 bis 97, 109 nach § 11 Abs. 2 BewG, also zum gemeinen Wert.

Bodenschätze, die nicht zum Betriebsvermögen gehören, sind gem. § 12 Abs. 4 ErbStG mit ihren ertragsteuerlichen Werten anzusetzen.

Sachleistungsansprüche und -verpflichtungen sind wie bisher mit dem gemeinen Wert anzusetzen.[1]

Als steuerpflichtiger Erwerb von Todes wegen wird die Vermögenszuwendung an die Stiftung (**Bereicherung**) gem. § 10 Abs. 5 ErbStG angesehen unter Abzug vor allem der Nachlassverbindlichkeiten, der **Verbindlichkeiten** aus Vermächtnissen,[2] der Zugewinnausgleich des Ehegatten[3] und Pflichtteilen sowie der Kosten, die unmittelbar im Zusammenhang mit der „Erlangung des Erwerbs" der Stiftung entstehen. Die Erbschaftsteuer selbst ist nach § 10 Abs. 8 ErbStG vom Abzug allerdings ausgeschlossen.   **611**

Im Falle der Übertragung eines Nachlassgrundstückes **an Erfüllungs Statt** ist der Nennwert der Pflichtteilsverbindlichkeit abzugsfähig.[4] Bei einem vertraglichen Verzicht auf einen Pflichtteilsanspruch gilt dieser mit dem Abfindungsbetrag als Zuwendung gem. § 7 Abs. 1 Nr. 1 ErbStG,[5] wenn der Vertrag noch mit dem Erblasser (Stifter) abgeschlossen wurde, aber als Erwerb von Todes wegen gem. § 3 Abs. 2 Nr. 4 ErbStG, wenn er mit der Stiftung als Erbin geschlossen wurde; der Abzug erfolgt zum Nennwert.   **612**

Bei **Vermächtnissen**, bei denen der Anspruch des Vermächtnisnehmers sofort entsteht, aber die Fälligkeit hinausgeschoben ist (betagtes Vermächtnis), ist der auf den Fälligkeitszeitpunkt abgezinste Betrag abzugsfähig.[6]   **613**

Nach § 10 Abs. 5 Nr. 3 ErbStG können bestimmte **Kosten**, die mit dem Todesfall und der Nachlassregelung des Stifters zusammenhängen, **abgezogen** werden. Ohne Nachweis lässt § 10 Abs. 5 Nr. 3 ErbStG den Abzug von 10.300 € für die Kosten zu. Kosten für die Verwaltung des Nachlasses dürfen nicht abgesetzt werden. **Abzugsfähig** sind auch die **Kosten** zur Erfüllung von **Vermächtnissen**.   **614**

---

1 Zur Problematik vgl. Götz, NWB (Heft 17/2007), F. 10, S. 1595.
2 BFH v. 28. 6. 1995, BStBl 1995 II S. 786 f.; zu den Kosten der Erfüllung von Vermächtnissen: BFH v. 25. 10. 1995, DStR 1996 S. 103 ff. zur Erfüllung eines Geldvermächtnisses durch Übertragung eines Grundstückes; Sedlaczek, UVR 2000 S. 294 ff.; OFD München v. 24. 4. 2002, DStR 2002 S. 1221.
3 § 5 ErbStG; R E 5.2 ErbStR 2011.
4 BFH v. 7. 10. 1998 - II R 52/96, BStBl 1999 II S. 23.
5 BFH v. 25. 1. 2001 - II R 22/98, BStBl 2001 II S. 456.
6 FM des Saarlandes v. 20. 8. 1998, DStR 1998 S. 1472 f.

Der kapitalisierte Betrag der satzungsgemäßen Ausschüttungen an die Destinatäre, Auflagen, die einen weiteren Zweck der Stiftung begründen und Schulden, die im Zusammenhang mit steuerbefreiten Vermögensgegenständen (siehe Rn. 648 ff.) stehen, sind nicht abzugsfähig (§ 10 Abs. 6 bzw. Abs. 7 ErbStG).

615 Andere **Auflagen bei Stiftungserrichtung von Todes wegen** sind gem. § 10 Abs. 5 Nr. 2 ErbStG **abzugsfähig**. Dazu gehört nicht nur die Pflege der Gräber des Stifters und seiner Angehörigen (im üblichen Umfang ohnehin nach § 10 Abs. 5 Nr. 3 ErbStG abzugsfähig),[1] sondern auch Auflagen, Leibrenten, dauernde Lasten und Vorbehaltsnießbrauch sind u. U. als Nachlassverbindlichkeiten abzugsfähig; gleich ob die Stiftung Erbin oder Vermächtnisnehmerin ist. Die **Bewertung** von **wiederkehrenden Nutzungen und Leistungen** erfolgt nach § 13 BewG,[2] die Bewertung von lebenslänglichen Nutzungen und Leistungen nach § 14 BewG,[3] wobei die Berichtigungsfestsetzung gem. dessen Abs. 2 bei „vorzeitigem" Wegfall der Nutzungen und Leistungen zu beachten ist.[4]

616 § 25 Abs. 1 ErbStG schloss nach altem (bis 31. 12. 2008 geltendem) Recht eine Abzugsfähigkeit von **Nutzungsauflagen zugunsten des Stifters** und dessen Ehegatten aus (siehe Rn. 661). Nach dem seit dem 1. 1. 2009 geltenden Recht ist ein Abzug der Auflage in vollem Umfang möglich.[5]

617 In der Verpflichtung, das Vermögen satzungsgemäß zu verwenden, ist keine den Wert mindernde Last zu sehen.[6]

618 Bei im Stiftungsgeschäft ausbedungenen Nießbrauchrechten und anderen Nutzungsrechten an Vermögenswerten, die nach §§ 13a, 13b bzw. § 13d ErbStG begünstigt sind, ist ein Abzug des Nutzungsrechts nur anteilig möglich.[7]

619 Bei der Erbschaftsteuer des Nießbrauchberechtigten ist als **Jahreswert** des Nießbrauchs der Betrag anzusetzen, der voraussichtlich in der Zukunft durchschnittlich erzielt wird (§ 15 Abs. 3 BewG). Gemäß § 16 Abs. 1 BewG kann er

---

1 Siehe Meincke, ErbStG, a. a. O., § 10 Anm. 39.
2 Einzelheiten bei Viskorf/Knobel/Schuck/Wälzholz, a. a. O., § 13 BewG.
3 Vgl. Ländererlass v. 15. 9. 1997, BStBl 1997 I S. 832, i. d. F. v. 7. 12. 2001, BStBl 2002 I S. 112 und 1041.
4 Siehe BFH v. 17. 10. 2001, BStBl 2002 II S. 25; Ebeling, Schenkungsteuerliche Bewertung von Auflagenschenkungen bei vorzeitigem Ableben von Schenker und Auflagenbegünstigten, DStR 2002 S. 533 ff.
5 R E 7.4 ErbStR 2011.
6 RFH v. 12. 5. 1931, RStBl 1931 S. 539.
7 Vgl. Götz, Nießbrauchsvorbehalt bei der unentgeltlichen Zuwendung von verschontem Vermögen i. S. d. §§ 13a, 13b ErbStG, Erbrecht effektiv 2009 S. 203.

aber nicht mehr als den 18,6ten Teil des Wertes der bei Stiftungserrichtung eingebrachten Anteile ausmachen. Dadurch wirkt sich eine über 5,5 % p. a. hinausgehende Nutzung bei der Erbschaftsbesteuerung nicht aus.

Auf **bestimmte Zeit** beschränkte **Nießbrauchrechte** werden nach § 13 Abs. 1 BewG ermittelt. Für **lebenslängliche Nießbrauchrechte** gilt § 14 BewG.[1]

In der Regel muss die Stiftung auch die auf dem zugewendeten Grundstück lastenden Verbindlichkeiten (z. B. Bankdarlehen) persönlich übernehmen. Behält sich der Stifter den Nießbrauch vor und verpflichtet er sich, diese **Verbindlichkeiten** (z. B. Bankdarlehen) weiter zu tilgen und die Zinsleistungen zu erbringen, liegt keine gemischte, sondern eine reine Schenkung vor. Die Schuldübernahme durch die Stiftung steht unter einer aufschiebenden Bedingung und ist daher gem. § 12 Abs. 1 ErbStG i. V. m. §§ 8, 6 Abs. 1 BewG erst mit dem Eintritt der Bedingung zu berücksichtigen.[2]   620

Sowohl beim **Nießbrauch** wie bei **Renten** hat die Stiftung nach § 23 ErbStG die Möglichkeit, die Erbschaftsteuer **jährlich** von dem Jahreswert der Nutzung nach dem Steuersatz für den gesamten Kapitalwert der Nutzungen zu entrichten.   621

Mit einem übertragenen **Gewerbebetrieb** oder **Mitunternehmeranteil** zusammenhängende **Betriebsschulden** sind nicht gesondert abzugsfähig, sondern im Wert des Betriebsvermögens, ermittelt gem. §§ 95 bis 97, 109, 11 Abs. 2 BewG, enthalten. Auch im Sonderbetriebsvermögen enthaltene Verbindlichkeiten wirken sich nur noch mittelbar, über den Wert des Mitunternehmeranteils aus.   622

Die Finanzverwaltung[3] geht aufgrund des Wortlautes in § 13b Abs. 1 Nr. 2 ErbStG zu Recht davon aus, dass die Verschonungen nach § 13a ErbStG auf einen unter **Vorbehaltsnießbrauch** zugewendeten Mitunternehmeranteil nur anwendbar sind, wenn der Nießbraucher Mitunternehmer wird. Dies ergibt sich aus dem Abstellen des Gesetzes auf die ertragsteuerliche Beurteilung des Gesellschafters einer Personengesellschaft.[4]   623

Der mittelbare oder unmittelbare Erwerb von Anteilen an **vermögensverwaltenden Personengesellschaften** gilt gem. § 10 Abs. 1 Satz 3 ErbStG als anteiliger Erwerb der einzelnen Wirtschaftsgüter (Aktiva und Passiva). Die Übernah-   624

1 Vgl. BFH v. 8. 2. 2006 - II R 38/04, BStBl 2006 II S. 475.
2 BFH v. 17. 10. 2001, DStR 2002 S. 402 ff., m. w. N.
3 In H E 13b.5 „Schenkung von Betriebsvermögen unter freiem Widerrufsvorbehalt" ErbStR 2011.
4 Eingehend Götz/Hülsmann, Nießbrauch im Zivil- und Steuerrecht, 11. Aufl. 2017, Rn. 1558 ff.

me von Schulden führt dazu, dass diese abzugsfähig sind. Auch bei Darlehensverbindlichkeiten gegenüber Angehörigen des Stifters kommt der Schuldenabzug zum Tragen, die Anforderungen des sog. Fremdvergleichs[1] gelten für das Erbschaftsteuerrecht nicht,[2] da es dem bürgerlichen Recht folgt.[3]

625   Gemäß § 10 Abs. 1 Satz 1 ErbStG soll als **steuerpflichtiger Erwerb** die **Bereicherung** des Erwerbers gelten, soweit sie **nicht** nach §§ 5, 13, 13a, 13d, 16, 17 und 18 ErbStG **steuerfrei** ist.

In § 10 Abs. 1 Satz 2 und Abs. 5 ErbStG wird jedoch der **Abzug von Schulden** auf **Nachlassverbindlichkeiten** beschränkt, d. h. bei Bereicherungen durch Todesfall.

626   **Schenkungen** unter Lebenden (§ 1 Abs. 1 Nr. 2 ErbStG) sind **nicht** erwähnt, da § 10 Abs. 1 Satz 2 ErbStG sich ausdrücklich auf die Spezialbestimmung des Erwerbs auf den Todesfall, nämlich auf § 3 ErbStG bezieht, nicht aber auf die Bestimmung zu Schenkungen unter Lebenden (§ 7 ErbStG). § 7 Abs. 1 Nr. 1 ErbStG definiert jede freigebige Zuwendung unter Lebenden, „soweit der Bedachte durch sie auf Kosten des Zuwendenden bereichert wird, als Schenkung unter Lebenden", ohne die Bereicherung im verwendeten Sinne zu definieren. Meincke[4] definiert die Bereicherung zutreffend als Nettovermögenszuwachs beim Erwerber und folgert aus § 1 Abs. 2 ErbStG, nach dem die Vorschriften über die Erwerbe von Todes wegen auch für Schenkungen unter Lebenden anzuwenden sind, eine analoge Anwendung des § 10 Abs. 5 ErbStG für Schenkungen unter Lebenden. Der BFH vertritt zur alten (bis 31. 12. 2008 geltenden) Rechtslage eine andere Auffassung.[5]

627   Hat der Empfänger einer freigebigen Zuwendung dem Zuwendenden vertraglich eine (Gegen-)Leistung zu erbringen, deren Wert unterhalb des Wertes der Zuwendung liegt, wird von **„gemischter Schenkung"**[6] gesprochen. Die Belastung kann grundsätzlich vollumfänglich vom Erwerb abgezogen werden.[7]

---

1   Im Ertragsteuerrecht im Hinblick auf §§ 4 Abs. 4, 12 EStG. Siehe BFH v. 18. 12. 1990, BStBl 1991 II S. 391; bestätigt auch durch BFH v. 25. 10. 1995, BStBl 1996 II S. 11 ff.

2   BFH v. 25. 10. 1995, BStBl 1996 II S. 11 ff.

3   Meincke, ErbStG, a. a. O., Einf. Anm. 7; BFH v. 10. 11. 1982, BStBl 1983 II S. 116 ff.

4   ErbStG, a. a. O., § 7 Rn. 4–6, § 10 Rn. 7, 18–20. Wegen des subjektiven Tatbestandsmerkmals auch im Zusammenhang mit Gesellschafter-Abfindungen vgl. Klein-Blenkers, DStR 1992 S. 1577.

5   BFH v. 21. 10. 1981, BStBl 1982 II S. 83 ff.; R E 1.1 ErbStR 2011.

6   Siehe Meincke, a. a. O., § 7 Rn. 7, 27 ff., § 10 Rn. 20; R E 7.4 ErbStR 2011; Sedlaszek, UVR 2000 S. 293 f.

7   Lediglich dann, wenn § 13a, § 13d ErbStG zur Anwendung gelangt, erfolgt eine quotale Kürzung (§ 10 Abs. 6 Satz 4 ErbStG).

Die bis 31.12.2008 vorzunehmende erbschaft-/schenkungsteuerrechtliche **Differenzierung** zwischen **Leistungs- und Duldungsauflagen** ist **entfallen**. Es spielt bei der Berücksichtigung der Last (Abzug) keine Rolle mehr, worin die Auflage besteht. 628

Bei der Stiftungserrichtung unter Lebenden kann der Stifter gem. § 10 Abs. 2 ErbStG die **Schenkungsteuer übernehmen.** Obwohl die übernommene Schenkungsteuer den Wert der Bereicherung erhöht, ergibt sich ein günstigerer Steuerbetrag.[1] Gleiches gilt bei der Stiftungserrichtung von Todes wegen, wenn der Erblasser die Entrichtung der Erbschaftsteuer einem anderen auferlegt hat.[2] 629

Bei Schenkungen mit **Wohnsitz** des Stifters in **mehreren Staaten** kann eine erhöhte Erbschaftsteuerbelastung bei fehlenden DBA auftreten.[3]

Beim **Zuwendungsnießbrauch** ist der Wert des Nießbrauchsrechts bei der Ermittlung der Bereicherung vollumfänglich abzugsfähig; der Begünstigte hat den Nießbrauch (mit demselben Wert) als Erwerb zu versteuern. 630

Im Gegensatz zum Nießbrauch ist die **Zeitrente** vererblich. Beim Erbfall wird gem. § 13 Abs. 1 BewG der Wert der Rente, berechnet nach der Restlaufzeit, für den Erben erbschaftsteuerpflichtig. 631

Behält der Stifter im Stiftungsgeschäft **für sich** oder seinen Ehegatten Nutzungen oder Renten vor, darf deren Kapitalwert von der Zuwendung im Grundsatz voll abgezogen werden (vgl. Rn. 618). 632

Auch sonstige **Belastungen** mit Nutzungs- und Rentenlasten **zugunsten anderer** Personen als dem Stifter und seinen Ehegatten sind mit dem Kapitalwert gem. §§ 13 ff. BewG abzugsfähig. 633

Ein **Erbbauzinsanspruch** kann vom Stifter vorbehalten oder der Stiftung im Stiftungsgeschäft zugewendet werden. Die Bewertung des Erbbauzinsanspruches erfolgt nach § 92 BewG. 634

Wird eine **Unterbeteiligung** an dem Anteil an einer Personengesellschaft wegen eines Nießbrauchrechts zugunsten des Gesellschafters nicht als mitunternehmerisch qualifiziert, erfolgt die Bewertung der Unterbeteiligung als Kapitalforderung wie eine typische stille Beteiligung.[4] 635

---

1 Pöllath/Richter in Seifart/v. Campenhausen, § 40 Rn. 26; Meincke, ErbStG, a. a. O., § 10 Rn. 24.
2 Vgl. Meincke, ErbStG, a. a. O., § 10 Rn. 25.
3 Jülicher, IStR 1998 S. 599 ff.
4 OFD München v. 21. 2. 1995 - S. 3811-17 St 353.

636   Bei der Besteuerung wiederkehrender Nutzungen und Lasten ist die im Besteuerungszeitpunkt **aktuelle Sterbetafel** anzuwenden. Der Erwerber kann nach § 23 Abs. 1 ErbStG die Erbschaftsteuer statt vom Kapitalwert (§§ 13 ff. BewG) jährlich im Voraus von dem Jahreswert entrichten, wobei der Steuersatz sich nach dem gesamten Erwerb einschließlich Kapitalwert richtet. Die Berichtigungsvorschrift des § 14 Abs. 2 BewG bei Tod eines lebenslänglich Berechtigten oder Verpflichteten ist zu beachten (vgl. Rn. 615).

637   Bei **beschränkt Erbschaftsteuerpflichtigen** kommt es durch § 121 Abs. 2 BewG zu einer Ausweitung des Begriffes „**Inlandsvermögen**" um unmittelbare oder mittelbare wesentliche Beteiligungen an inländischen Kapitalgesellschaften (Nr. 4); partiarischen Darlehen (Nr. 8) und Nutzungsrechte (Nr. 9). Das der Erbschaftsbesteuerung unterworfene erweiterte Inlandsvermögen umfasst nach § 5 Abs. 1 AStG auch das anteilige Vermögen einer Zwischengesellschaft (§ 8 AStG).

638   Bildet die Stiftung bei Errichtung von Todes wegen mit anderen Erben eine **Erbengemeinschaft**, sind **Teilungsanordnungen** des Erblassers i. S. v. § 2048 BGB **beachtlich,** wenn die Erwerbe nach § 13a oder § 13d ErbStG begünstigt sind. Denn § 13a Abs. 3, § 13b Abs. 3 und § 13d Abs. 2 ErbStG stellen entsprechend klar, dass es auf eine Letzterwerbsbetrachtung ankommt. Es bedarf für diese Vermögen also keines Vorausvermächtnisses mehr.

Die **Erben** werden – soweit kein Vermögen nach § 13a oder § 13d ErbStG betroffen ist – entsprechend ihrer **Erbquote** bezogen auf den steuerlichen Wert des Nachlasses besteuert, ohne dass es auf tatsächliche Zuweisung nach erfolgter Erbauseinandersetzung ankommt.[1]

639   **Erbengemeinschaften** sollten daher vom Stifter **vermieden** werden, soweit kein Vermögen nach § 13a oder § 13d ErbStG betroffen ist und eine Stiftungen beteiligt ist, da dies zu Komplikationen führen kann. Für eine Stiftung als Miterbe sollte ein Vorausvermächtnis (§ 2150 BGB) statt Teilungsanordnung gewählt werden. Ist die Stiftung nicht als Erbe eingesetzt, kommt eine Stiftungserrichtung durch Vermächtnis gem. § 1939 BGB[2] (im Zweifel bei Zuwendung einzelner Vermögensgegenstände von Todes wegen gem. § 2087 Abs. 2 BGB) in Betracht.

---

1 Siehe ausführlich Meincke, ErbStG, a. a. O., § 3 Anm. 20 ff., m. w. N.
2 Zur Abgrenzung siehe Palandt, BGB, a. a. O., § 2087 Anm. 1.

Bei der Wertermittlung der Forderung des Sachvermächtnisnehmers gegen die Erben bestimmt sich deren Wert nach dem gemeinen Wert der Sache, die der Vermächtnisnehmer aus dem Nachlass zu beanspruchen hat. **640**

Das Zuwendungsobjekt (z. B. Mitunternehmeranteil, Anteil an Kapitalgesellschaften) muss nicht unmittelbar aus dem Vermögen des Stifters stammen, sondern kann durch Vertrag des Stifters mit einem Dritten zu Lasten des Vermögens des Stifters der Stiftung von dem Dritten verschafft werden (**mittelbare Schenkung**).[1] Im Bereich der Privatvermögens, z. B. bei Grundstücken, hat der BFH eine mittelbare Schenkung des Grundstückes anerkannt, wenn in der Abrede über die Schenkung eines bestimmten Geldbetrages das vom Beschenkten zu erwerbende Grundstück bestimmt ist[2] oder wenn der Schenker die Kosten für die Errichtung eines Gebäudes übernimmt;[3] das Grundstück oder Bauprojekt ist aber genau zu bezeichnen. **641**

Eine **Geldschenkung** wird angenommen, wenn der Empfänger einer Grundstücksschenkung verpflichtet ist, das geschenkte Grundstück alsbald zu veräußern[4] oder er von vornherein nur über den Veräußerungserlös verfügen kann. **642**

Wenn eine Durchgangsperson zur Weitergabe des Zugewandten an einen Dritten verpflichtet ist (**Kettenschenkung**), gilt die Zuwendung als Schenkung des Schenkers an den Dritten.[5]

Während bei der Stiftungserrichtung von Todes wegen die Behandlung der **Erwerbskosten** als abzugsfähige Nachlassverbindlichkeiten i. S. v. § 10 Abs. 5 Nr. 3 ErbStG[6] geregelt ist, fehlt eine Gesetzesregelung bei unentgeltlichen Zuwendungen unter Lebenden (vgl. Rn. 626). Da das ErbStG die Bereicherung besteuert, wird über § 1 Abs. 2 i. V. m. § 10 Abs. 1 Nr. 2 und 3 ErbStG eine analoge Anwendung bejaht. Die Finanzverwaltung hat sich dieser Ansicht angeschlossen.[7] **643**

---

1 R E 13b.2 Abs. 2 Satz 1 ErbStR 2011.
2 So BFH v. 3. 8. 1988, BStBl 1988 II S. 1025; siehe gleichl. Ländererlass v. 2. 11. 1989, BStBl 1989 I S. 443, II 1. Vgl. Kaefer/Rose, DStR 1992 S. 737. Diese Rechtslage ist – wenigstens bisher – nicht auf die mittelbare Zuwendung von Todes wegen ausgedehnt. Vgl. Streck/Schwedhelm/Olbing, DStR 1994 S. 1482; Siegemund, DStR 1993 S. 1281 ff.
3 Gemäß BFH v. 6. 3. 1985, BStBl 1985 II S. 382; gleichl. Ländererlass v. 2. 11. 1989, a. a. O., II 2; vgl. Meincke, ErbStG, a. a. O., § 17 Anm. 17 ff.
4 BFH v. 26. 9. 1990, BStBl 1991 II S. 32.
5 BFH v. 10. 3. 2005 - II R 55/03, BFH/NV 2005 S. 1309.
6 Siehe Meincke, ErbStG, a. a. O., § 10 Anm. 15.
7 Gleich lautende Erlasse der obersten Finanzbehörden der Länder v. 23. 3. 2015, Behandlung von Erwerbsnebenkosten und Steuerberatungskosten sowie Rechtsberatungskosten im Zusammenhang mit einer Schenkung, BStBl 2015 I S. 264.

644 Die außergewöhnliche Last nach dem Denkmalschutzgesetz (Überlast) ist nach § 10 Abs. 1 ErbStG abzugsfähig. Anders ist dies in den Fällen, in denen der Erwerb nach § 13 Abs. 1 Nr. 2 ErbStG befreit ist oder aber die Stiftung auf die Steuerbefreiung (wegen des Überwiegens der Schulden für den unter § 13 Abs. 1 Nr. 2 ErbStG fallenden Vermögensgegenstand) gem. § 13 Abs. 3 ErbStG verzichtet hat.[1]

645 **Bewertungsstichtag** ist gem. § 11 ErbStG der Zeitpunkt der Entstehung der Steuer. Die Steuer entsteht bei Erwerben von Todes wegen regelmäßig mit dem Erbfall, bei Schenkungen unter Lebenden mit der Ausführung der Zuwendung. § 11 ErbStG ist zwingend. Der Stifter hat es allerdings in der Hand, das Datum der Ausführung der Zuwendung nach seinen Vorstellungen festzulegen und damit das Datum der Steuerentstehung und den Bewertungsstichtag in seinem Sinne zu beeinflussen.

646 Die **Wertermittlung** hat nach § 9 Abs. 1 Nr. 1c ErbStG grundsätzlich zum Zeitpunkt der Anerkennung der Stiftung bei Stiftungserrichtung unter Lebenden und von Todes wegen zu erfolgen (vgl. oben Rn. 580).

Diese Regelung hat zur Folge, dass bei der Stiftungserrichtung von Todes wegen (sei es als Erbin, Vermächtnisnehmerin oder durch Auflage an Erben oder Vermächtnisnehmer) ein evtl. **Wertzuwachs** zwischen Tag des Todes und der Genehmigung der Erbschaftsteuer unterliegt.[2]

647 Im Erbschaftsteuerrecht entscheidet allein das Zivilrecht über die Zugehörigkeit zu den zu bewertenden Bereicherungsgegenständen.[3] Das wirtschaftliche Eigentum kann sich nur mittelbar auswirken.[4]

3.2.6 Steuerbefreiungen, Freibeträge

648 Die allgemeinen **Freibeträge** und **sachlichen Befreiungen** des § 13 ErbStG sind auch für Stiftungen und damit auch für die Familienstiftung anzuwenden. Der Freibetrag nach § 16 ErbStG wird nur einmal gewährt; zu den Besonderheiten bei der anzuwendenden Steuerklasse vgl. Rn. 587 ff.[5] Der besondere Versorgungsfreibetrag gem. § 17 ErbStG wird einer Familienstiftung allerdings selbst

---

1 Siehe R E 10.6 ErbStR 2011; Meincke, ErbStG, a. a. O., § 13 Anm. 13 und 59.

2 Meincke, ErbStG, a. a. O., § 3 Rn. 95.

3 Meincke, ErbStG, a. a. O., Einf. Rn. 7.

4 Gebel, BB 2000 S. 537 ff.

5 Insoweit anders bei Ermittlung der Erbersatzsteuer, vgl. § 15 Abs. 2 Satz 3 ErbStG.

dann nicht gewährt, wenn nur die Ehegatten der Stifter als Berechtigte eingesetzt werden.[1]

Werden in eine Stiftung Grundbesitz oder Teile von Grundbesitz, Kunstgegen-   649
stände, Kunstsammlungen,[2] wissenschaftliche Sammlungen, Bibliotheken
oder Archive eingebracht, sind diese mit 60/85 % steuerfrei, wenn ihre Erhaltung wegen ihrer Bedeutung für Kunst, Geschichte oder Wissenschaft im öffentlichen Interesse liegt, die jährlichen Kosten i. d. R. die erzielten Einnahmen
übersteigen und die Gegenstände in einem den Verhältnissen entsprechenden
Umfang den Zwecken der Forschung oder der Volksbildung nutzbar gemacht
werden (§ 13 Abs. 1 Nr. 2a ErbStG).

Die Einbringung ist ganz steuerfrei (§ 13 Abs. 1 Nr. 2b ErbStG), wenn   650

▶ der Steuerpflichtige bereit ist, die Gegenstände den geltenden Bestimmungen der Denkmalspflege zu unterstellen;

▶ die Gegenstände sich seit mindestens 20 Jahren im Besitz der Familie befinden oder in dem Verzeichnis national wertvollen Kulturgutes oder national
wertvoller Archive nach dem Gesetz vom 6. 8. 1955[3] eingetragen sind.[4]

Ferner ist nach § 13 Abs. 1 Nr. 3 ErbStG die Einbringung von Grundbesitz steu-   651
erfrei, der für Zwecke der Volkswohlfahrt der Allgemeinheit ohne gesetzliche
Verpflichtung zur Benutzung zugänglich gemacht ist und dessen Erhaltung im
öffentlichen Interesse liegt, wenn die jährlichen Kosten i. d. R. die erzielten Einnahmen übersteigen.

Der Erwerb von unternehmerischen Vermögen i. S. d. § 13b Abs. 1 ErbStG ist   652
nach § 13a ErbStG unter bestimmten Voraussetzungen begünstigungsfähig
(siehe Teil I Rn. 1871 ff.).

(Einstweilen frei)   653–663

3.2.7 Rückwirkende Steuerbefreiung

Die in § 29 Abs. 1 Nr. 4 ErbStG eröffnete Möglichkeit, dass Erwerber von Todes   664
wegen (§ 3 ErbStG) oder durch Schenkung unter Lebenden (§ 7 ErbStG) erworbene Vermögensgegenstände innerhalb von 24 Monaten nach Entstehung der
Erbschaftsteuer (§ 9 ErbStG) einer inländischen Stiftung zuwenden können,

---

1 Sorg, a. a. O., S. 97.
2 Wachter, FR 2017 S. 69, 72; Söffing, SAM 2012 S. 122; v. Oertzen, ZEV 1999 S. 422 ff.
3 BGBl 1955 I S. 501.
4 Zur unterschiedlichen Besitzzeit von Kunstgegenständen, die einem Erblasser und einer Familienstiftung gehören, BFH v. 14. 11. 1980, BStBl 1981 II S. 251.

kann von einer steuerpflichtigen Stiftung **nicht** beansprucht werden. Denn sie dient keinen steuerbegünstigten Zwecken, § 29 Abs. 1 Nr. 4 Satz 1 Halbsatz 2 ErbStG.

3.3 Grunderwerbsteuer

665 Der Grundstückserwerb von Todes wegen und Grundstücksschenkungen unter Lebenden i. S. d. Erbschaftsteuergesetzes sind nach § 3 Nr. 2 GrEStG von der Grunderwerbsteuer befreit.

666 Besonderheiten ergeben sich, wenn der Stifter Vermögen unter einer **Auflage** überträgt. Hier fällt – unabhängig davon, ob es sich um eine Duldungs- oder Leistungsauflage handelt – Grunderwerbsteuer an, soweit die Auflage abzugsfähig ist. Unerheblich ist, ob die Auflage tatsächlich bei der Schenkungsteuer abgezogen wurde. Das gilt selbst dann, wenn die Grundstücksschenkung insgesamt von der Schenkungsteuer befreit ist.[1]

667 Fällt Grunderwerbsteuer an, so beträgt sie bei unentgeltlichen Erwerben gem. § 11 GrEStG je nach Bundesland zwischen 3,5 % und 6 % vom nach § 138 Abs. 2 oder 3 BewG ermittelten Wert[2] des Grundstückes (§ 8 Abs. 2 Satz 1 Nr. 1 GrEStG).

668 Bei einer Stiftungserrichtung können aber mittelbar Grunderwerbsteuerlasten entstehen. Gemäß § 1 Abs. 2a GrEStG wird Grunderwerbsteuer ausgelöst, wenn zum Stiftungsvermögen Anteile einer **Personengesellschaft** als Eigentümerin inländischer Grundstücke gehören und innerhalb von fünf Jahren ihr Gesellschafterbestand unmittelbar oder mittelbar sich dergestalt ändert, dass mindestens 95 % der Anteile auf neue Gesellschafter übergehen.[3] Dabei bleibt der Erwerb von Todes wegen außer Betracht. Mit „Anteil" ist die vermögensmäßige Beteiligung am Gesamthandsvermögen gemeint.[4]

669 Vom Wortlaut der Befreiungsvorschrift des § 3 GrEStG unmittelbar nicht erfasst ist der Fall der Übertragung einer mindestens 95 %igen Beteiligung an einer Kapitalgesellschaft, zu deren Vermögen Grundbesitz gehört. Dieser Vorgang ist nach § 1 Abs. 3 Nr. 3 und Nr. 4 GrEStG an sich steuerpflichtig. Fraglich ist, ob hier die sog. personenbezogene Befreiungsvorschrift des § 3 GrEStG an-

---

1 BFH v. 12. 7. 2016 - II R 57/14, BStBl 2016 II S. 897.

2 Bei einem Plan für ein zu errichtendes Gebäude wird der Wert desselben nach § 8 Abs. 2 Satz 2 GrEStG einbezogen.

3 Pahlke/Franz, a. a. O., § 1 Rn. 268 ff.; Grube/Wischott, Grunderwerbsteuer durch mittelbaren Gesellschafterwechsel bei einer grundstücksbesitzenden Personengesellschaft?, DStR 2002 S. 206 ff.; Ländererlasse v. 7. 2. 2000, BStBl 2000 I S. 344.

4 Siehe Erlass des FM Baden-Württemberg v. 8. 2. 2002, DB 2002 S. 401.

wendbar ist. Nach h. M. findet § 3 GrEStG ungeachtet des Wortlautes „Grundstückserwerb" grundsätzlich auf sämtliche Tatbestände von § 1 GrEStG Anwendung, mithin auch auf § 1 Abs. 3 Nr. 3 und Nr. 4 GrEStG.[1] Die unentgeltliche Übertragung von mehr als 95 % der Anteile an einer Grundbesitz haltenden Kapitalgesellschaft auf eine Stiftung ist nach dieser zutreffenden Ansicht gem: § 3 Nr. 2 GrEStG steuerbefreit.

Ist eine Stiftung Miterbe und erhält sie zur **Teilung des Nachlasses** ein Nachlassgrundstück, so ist der Erwerb nach § 3 Nr. 3 GrEStG grunderwerbsteuerfrei.[2]

670

Für **gemischte Grundstücksschenkungen** wurde die BFH-Rechtsprechung[3] zur Aufteilung in einen entgeltlichen oder unentgeltlichen Teil in das Grunderwerbsrecht übernommen; der entgeltliche Teil unterliegt als Gegenleistung i. S. v. § 8 Abs. 1 GrEStG der Grunderwerbsteuer (der unentgeltliche Teil der Schenkungsteuer).[4] Das BVerfG hat mit Beschluss vom 15. 5. 1984[5] entschieden, dass neben der Schenkungsteuer keine Grunderwerbsteuer zu erheben ist. Gemäß § 3 Nr. 2 GrEStG sind Grundstückserwerbe von Todes wegen und durch Schenkungen unter Lebenden von der Grunderwerbsteuerpflicht ausgenommen, um die Doppelbelastung zu vermeiden.[6]

671

Erbbaurechte und Gebäude auf fremdem Grund und Boden stehen im Übrigen gem. § 2 Abs. 2 GrEStG Grundstücken gleich.[7] Die Übertragung einer Anwartschaft auf Nacherbfolge i. S. v. §§ 2100 ff. BGB begründet hinsichtlich der im Vermögen enthaltenen Grundstücke keine Grunderwerbsteuerpflicht.

672

Der Erwerb einer Nacherbfolge (§§ 2100 ff. BGB) begründet keine Grunderwerbsteuerpflicht in Bezug auf die zum Nachlassvermögen gehörenden Grundstücke.[8]

673

---

1 Sack in Boruttau, GrEStG, a. a. O., § 3 Rn. 51, 54.
2 FM Bayern v. 13. 12. 1984 - 37 S 4505 9/13 34.803. Grunderwerbsteuerpflichtig ist die Grundstücksübertragung an Erfüllungs statt für Pflichtteile, BFH v. 10. 7. 2002, DStR 2002 S. 1527 f.
3 BFH v. 21. 10. 1981 - II R 176/78, BStBl 1982 II S. 83 und Folgerechtsprechung.
4 OFD Koblenz v. 20. 5. 1999, FN 1999 S. 463 f.
5 BStBl 1984 II S. 608.
6 Siehe ausführlich Meincke, ErbStG, a. a. O., Einf. Rn. 4.
7 Pahlke/Franz, a. a. O., § 2 Rn. 66 ff.; FM Bayern v. 30. 8. 1994, 17. 7. 1995 und 19. 3. 2001 - S 4500 11/23 13.177.
8 Ländererlass v. 11. 2. 1983 - 37 S 4500 50/4 7.213.

674 Der entgeltliche Teil bei einer gemischten Grundstücksschenkung kann auch aufschiebend oder auflösend bedingt sein, so dass bei Feststellung des Entgelts §§ 4 bis 7 BewG anwendbar sind.[1]

675 Nicht nur beim unmittelbaren, sondern auch beim mittelbaren Grundstücksvermächtnis ist wegen der Erbschaftsbesteuerung die Grunderwerbsteuerbefreiung bejaht worden.[2] Ferner kommen die Steuerbefreiungen des § 3 GrEStG zum Zuge, auch bei Errichtung von Stiftungen durch Körperschaften des öffentlichen Rechts.[3] Wird der steuerbegünstigte Zweck nicht verwirklicht oder später aufgegeben, besteht Anzeigepflicht.[4]

676 Die Nebenkosten des Grunderwerbs sind wie bei gemischten Schenkungen auch grunderwerbsteuerlich aufzuteilen. Der entgeltliche Teil ist „sonstige Leistung" i. S. v. § 9 Abs. 1 Nr. 1 GrEStG.[5]

Die Grunderwerbsteuer ist ein Bestandteil der Anschaffungskosten und bei der Gewinnermittlung nicht abzugsfähig.

677 Gemäß § 22 Abs. 1 Satz 1 GrEStG darf die Umschreibung des Eigentümers erst nach Vorlage einer Unbedenklichkeitsbescheinigung erfolgen. Ausnahmen bestehen u. a. bei Grundstückserwerben von Todes wegen.[6]

Das Grunderwerbsteuergesetz enthält in § 19 besondere Anzeigepflichten, die aufgrund der Anzeigepflicht der Notare nach § 18 GrEStG weitgehend leerlaufen.

3.4 Umsatzsteuer

678 Soweit die Überführung von Wirtschaftsgütern aus einem Unternehmens-/Betriebsvermögen zu umsatzsteuerlichen Folgen beim **übertragenden** Betrieb führt, wurde dies bereits oben unter Rn. 539 ff. dargestellt.

679 Die errichtete Stiftung ist mit allen Umsätzen, die sie als Unternehmerin i. S. d. § 2 Abs. 1 UStG ausführt, umsatzsteuerpflichtig. Insoweit ergeben sich aus der

---

1 BFH v. 22. 11. 1995, DB 1996 S. 409 ff.; zum Verfahren (hier bei Pflegefallleistungen) siehe OFD Koblenz v. 28. 2. 1996, DB 1996 S. 1375 f.

2 BFH v. 21. 7. 1993, BStBl II S. 765.

3 Ländererlasse v. 17. 7. 1995 des FM Brandenburg, DB 1995 S. 1540 und v. 28. 8. 1995 des FM Baden-Württemberg, BB 1995 S. 1944.

4 BFH v. 12. 6. 1996, DStR 1996 S. 1646 f.; FM Bayern v. 11. 2. 1983 - 37 S 4500 50/4 7.213; FM Rheinland-Pfalz v. 27. 11. 1992 - S 4540 A 446.

5 Zur Vereinfachungsregelung siehe FM Bayern v. 12. 3. 1997, ergänzt unter dem 26. 1. 2001 - 36 S 4521 I/64 2028.

6 FM Nordrhein-Westfalen v. 16. 6. 1999, DB 1999 S. 1479.

Rechtsform Stiftung keine Besonderheiten gegenüber einem anderen Unternehmer i. S. d. § 2 UStG.

Ein Leistungsaustausch mit den Destinatären, der in Erfüllung schuldrecht-   680
licher Verträge erfolgt, führt zu umsatzsteuerpflichtigen Umsätzen. Zuwendungen, die aufgrund der Bestimmungen in der Satzung erfolgen, unterfallen demgegenüber nicht der Umsatzsteuer.

(Einstweilen frei)   681–694

III. Laufende Besteuerung

1. Laufende Besteuerung der Stiftung

1.1 Körperschaftsteuer

1.1.1 Steuerpflicht und Steuersatz

Die rechtsfähigen (wie auch die nicht rechtsfähigen) Stiftungen des **privaten**   695
Rechts sind nach § 1 Abs. 1 Nr. 4 bzw. Nr. 5 KStG **unbeschränkt** körperschaftsteuerpflichtig, wenn sie ihre **Geschäftsleitung oder ihren Sitz im Inland** haben. Rechtsfähige Stiftungen des **öffentlichen** Rechts sind gem. §§ 1 Abs. 1 Nr. 6, 4 KStG nur mit ihren **Betrieben gewerblicher Art körperschaftsteuerpflichtig.** Nach § 2 KStG sind Stiftungen, die weder ihre Geschäftsleitung noch ihren Sitz im Inland haben, mit ihren inländischen Einkünften **beschränkt** steuerpflichtig (siehe auch Rn. 462). **Steuersubjekt** bleibt die Stiftung **auch** dann, wenn sie kraft besonderer Vorschriften ganz **oder teilweise steuerbefreit** ist.[1]

Auf die Sonderbestimmungen des § 15 AStG für **Familienstiftungen** im **Aus-**   696
land wird in Rn. 462 und Rn. 728 hingewiesen. Das Einkommen wird in diesem Fall dem Stifter, wenn er unbeschränkt steuerpflichtig ist, sonst den unbeschränkt steuerpflichtigen Bezugs- oder Anfallsberechtigten zugerechnet.[2]

Sofern die Stiftung **Einkünfte aus ausländischen** Staaten erzielt, kann es im   697
Einzelfall von Bedeutung sein, dass sie sich auf den Schutzbereich eines DBA berufen kann. Diese als **Abkommensberechtigung** umschriebene Möglichkeit ist nach den Bestimmungen der einzelnen DBA regelmäßig dann gegeben, wenn eine Stiftung als „eine in einem Vertragsstaat ansässige (juristische) Person" nach dem Recht Deutschlands dort aufgrund ihres Ortes ihrer Ge-

---

1 Zur Sonderregelung für ausländische Kulturvereinigungen (auch in der Rechtsform der Stiftung) siehe BMF v. 20. 7. 1983, BStBl 1983 I S. 38.
2 Wegen der Einzelheiten siehe Flick/Wassermeyer/Baumhoff, a. a. O., § 15 AStG.

schäftsleitung oder eines anderen ähnlichen Merkmals steuerpflichtig ist. Als ähnliches Merkmal kommt auch der Sitz einer juristischen Person in Betracht.[1]

Auch das AStG, vor allem dessen Vorschriften über die **Hinzurechnungs-besteuerung**;[2] Tatbestandsvoraussetzung der Hinzurechnung nach §§ 7 ff. AStG ist u. a., dass unbeschränkt Steuerpflichtige mehrheitlich an einer Zwischengesellschaft beteiligt sind. Da eine unbeschränkt steuerpflichtige privatnützige Familienstiftung als „unbeschränkt Steuerpflichtige" i. S. d. § 7 Abs. 1 Satz 1 AStG qualifiziert werden kann, bestehen keine Zweifel daran, dass sie auch Hinzurechnungssubjekt nach den Bestimmungen der Hinzurechnungsbesteuerung sein kann und dann auch von den damit korrespondierenden Pflichten nach § 18 AStG betroffen ist. Auf die Spezialliteratur wird verwiesen.[3]

698 Nach Ansicht der Finanzverwaltung[4] hat eine nach ausländischem Recht errichtete Stiftung mit Sitz im Ausland die **Geschäftsleitung** im **Inland**, wenn von im Inland unbeschränkt Steuerpflichtigen (hier: Stiftungsrat) der maßgebende Wille gebildet wird und überwiegend die wichtigen Entscheidungen getroffen werden.

Die **Zwischenschaltung** einer Kapitalgesellschaft mit Sitz und Geschäftsleitung im Ausland durch eine ausländische Stiftung kann gem. § 42 AO zur Zurechnung der inländischen Einkünfte (hier aus Vermietung und Verpachtung statt aus Gewerbebetrieb) führen.[5]

699 Ab dem Veranlagungszeitraum 2008 beträgt der **Steuersatz** für die steuerpflichtige Stiftung gem. § 23 Abs. 1 KStG einheitlich 15 %. Auch die Stiftungen kommen in den Genuss des Freibetrages von 5.000 € gem. § 24 KStG, wenn sie unbeschränkt steuerpflichtig sind. Liegt ihr Einkommen nicht über 5.000 €, sind sie nicht zu veranlagen und haben Anspruch auf Erteilung einer NV-Bescheinigung.[6]

700 Ist die Stiftung nach den Vorschriften des HGB zur Führung von **Handelsbüchern** verpflichtet, liegen stets Einkünfte aus **Gewerbebetrieb** vor. Im Übrigen kann eine Stiftung **sämtliche Einkunftsarten** i. S. v. § 2 Abs. 1 EStG mit **Ausnahme** von Einkünften aus **nichtselbständiger Arbeit** aufweisen.

---

1 Kraft, DStR 2016 S. 2829.
2 Kraft, DStR 2016 S. 2829.
3 Deininger/Götzenberger, a. a. O.
4 FM Nordrhein-Westfalen v. 5. 1. 1971, 1301 – Schweiz 23 – VB 3, DB 1971 S. 74, unter Bezugnahme auf Niedersächsisches FG v. 12. 12. 1969, EFG 1970 S. 316.
5 BFH v. 27. 8. 1997, DStR 1998 S. 116; Jegzentis/Kahl, IStR 2001 S. 131 ff.
6 R 24 Abs. 2 KStR 2015.

Eine **Verlegung des Sitzes** oder der Geschäftsleitung ins Ausland ist als „Ent- 701
strickung" gem. §§ 12, 11 KStG wie die Liquidation zu besteuern.

Bei den Stiftungen zufließenden **Kapitalerträgen** ist vom Schuldner gem. § 43 702
mit den in § 43a EStG genannten Sätzen **Kapitalertragsteuer** einzubehalten
(z. B. bei Dividenden und bei Zinsen 25 %).

Bei unbeschränkt **steuerpflichtigen** Stiftungen wird die einbehaltene Kapital- 703
ertragsteuer auf ihre Körperschaftsteuerschuld gem. § 36 Abs. 2 Nr. 2 EStG
i. V. m. § 31 Abs. 1 KStG **angerechnet**.

Die 25%ige Kapitalertragsteuer (sog. Zinsabschlagsteuer) gem. § 43a Abs. 1 704
Nr. 1 EStG auf die in § 43 Abs. 1 Satz 1 Nr. 7 und 8 EStG genannten Kapitalerträge wird bei unbeschränkt steuerpflichtigen Stiftungen angerechnet bzw.
bei beschränkt steuerpflichtigen Stiftungen als Abgeltung der Körperschaftsteuer behandelt.

Der **Solidaritätszuschlag** von 5,5 % teilt das Schicksal der Steuer, so dass sich – 705
ohne Gewerbesteuer – eine effektive Belastung mit Körperschaftsteuer und
Solidaritätszuschlag von 16,35 % ergibt.

Die **Steuerpflicht beginnt** mit der **wirtschaftlichen Entstehung**.[1] Bei Stiftungs- 706
errichtung unter Lebenden wird gem. § 82 BGB (siehe Rn. 133 ff.) das Stiftungsvermögen erst mit der Anerkennung auf die Stiftung übertragen.

Bei **Stiftungserrichtung von Todes wegen** kann zwischen dem Todestag und 707
der Übertragung des Stiftungsvermögens nach Anerkennung der Stiftung aber
eine erhebliche Zeit vergehen. Zwar fingiert § 84 BGB die Stiftungserrichtung
auf den Todestag (siehe Rn. 117), doch kann die Stiftung i. d. R. erst die Verfügungsmacht über das Stiftungsvermögen mit dessen Umschreibung nach
der Anerkennung der Stiftung erlangen, wenn nicht andere Vorkehrungen (z. B.
durch Vollmachten) vor dem Todestag getroffen worden sind. Durch diese Vorkehrungen zur Verschaffung der wirtschaftlichen Verfügungsmacht am Todestag werden jegliche Zweifel der Steuerbehörde an der Zurechnung von Einkünften ab Todestag bei Stiftungserrichtung durch Testament, Erbvertrag oder
Vermächtnis ausgeräumt.[2] Es wird aber die Auffassung vertreten, dass auch
vor Erlangung der Verfügungsmacht die Stiftung kraft § 1922 BGB als Gesamt-
rechtsnachfolger zum Todeszeitpunkt voll in die Rechtsposition des Erblassers

---

1 Vgl. § 1 Abs. 1 Nr. 6 KStG; Maschke/Renner, a. a. O., S. 815 ff.
2 Siehe Spiegelberger, a. a. O., Rn. 539; O. Schmidt, ZEV 1998 S. 81 ff. (verneinend). Hinweis auf Urteil des FG Köln v. 12. 5. 1999 (rkr.), EFG 1999 S. 834 f. und Beschluss des FG Düsseldorf v.
   8. 10. 1999, ZEV 2000 S. 79 ff.

eintritt und ihr daher ab Todeszeitpunkt die Einkünfte zuzurechnen sind;[1] auch wenn sie zu diesem Zeitpunkt nicht rechtsfähig ist (§ 3 Abs. 1 KStG).

708 Ist eine Stiftungserrichtung von Todes wegen mit einer testamentarischen Teilungsanordnung verbunden, sieht die Finanzverwaltung eine **Sechs-Monats-Frist** für die rückwirkende Zurechnung der Einkünfte vor.[2]

1.1.2 Buchführungspflicht

709 Die Buchführungspflicht regelt sich nach den allgemeinen Grundsätzen. Stiftungen, die nach §§ 1 Abs. 2, 2 oder 3 HGB **Vollkaufleute** sind, haben bereits nach **handelsrechtlicher Vorschrift** (§ 238 HGB) Bücher zu führen; im Übrigen bestimmt sich die Buchführungspflicht nach §§ 140 ff. AO.[3] Die **stiftungsrechtliche oder bürgerlich-rechtliche** Buchführungspflicht (siehe Rn. 1475 ff.) gilt daher auch **steuerrechtlich**.

710 § 141 AO verlangt für gewerbliche Unternehmer sowie Land- und Forstwirte kaufmännische Buchführungspflicht und die Erstellung jährlicher Abschlüsse aufgrund von Bestandsaufnahmen, wenn

► ein Umsatz einschließlich der steuerfreien Umsätze, ausgenommen die Umsätze nach § 4 Nr. 8 bis 10 UStG, von mehr als 500.000 € im Kalenderjahr, oder

► selbst bewirtschaftete land- und forstwirtschaftliche Flächen mit einem Wirtschaftswert (§ 46 BewG) von mehr als 25.000 €, oder

► ein Gewinn aus Gewerbebetrieb oder aus Land- und Forstwirtschaft von mehr als 50.000 €,

vorliegt. Ist keine dieser **Grenzen** erreicht, genügt Überschussermittlung gem. § 4 Abs. 3 EStG durch Einnahmen-/Ausgabenrechnung.

711 Die **Verpflichtung** zur Buchführung und zur Erstellung jährlicher Abschlüsse **beginnt** erst mit dem auf die Aufforderung des Finanzamtes folgenden Wirtschaftsjahr gem. § 141 Abs. 3 AO. Entsprechendes gilt für die Beendigung.

712 In der Wahl der Erfüllung der Buchführungs- und Jahresabschlusspflicht ist die Stiftung zwar frei, muss aber gem. § 141 Abs. 1 Satz 2 AO die §§ 238, 240 bis

---

1 Generell für Zinsen und Zinsabschlagsteuer vgl. FG Düsseldorf v. 8. 10. 1999, ZEV 2000 S. 79 f.
2 BMF v. 14. 3. 2006, BStBl 2006 I S. 253, Rn. 8; siehe aber BFH v. 4. 5. 2000 - IV R 10/99, BStBl 2002 II S. 850.
3 Siehe ausführlich Orth in Seifart/v. Campenhausen, a. a. O., § 37; die landesgesetzlichen Bestimmungen und AEAO zu § 140.

242 Abs. 1 und die §§ 243 bis 256 HGB beachten. Sie können kameralistische oder kaufmännische Buchführung wählen.

Eine **steuerliche Außenprüfung** ist nach § 193 Abs. 2 Nr. 2 AO auch bei einer Stiftung stets zulässig.[1]

713

1.1.3 Wirtschaftsjahr

Es kommt vor, dass Stiftungen nach ihrer Struktur ein Interesse haben, abweichend vom Kalenderjahr Rechnung zu legen.

714

Ist die Stiftung gewerblich tätig, ist sie buchführungs- und bilanzierungspflichtig, § 238 ff. HGB. Dann kommt auch ein **abweichendes Wirtschaftsjahr** gem. § 7 Abs. 4 Satz 1 KStG in Betracht. Gemäß § 7 Abs. 4 Satz 2 KStG gilt der Gewinn des Wirtschaftsjahres als in dem Kalenderjahr bezogen, in dem das Wirtschaftsjahr endet.

715

Unterhält die Stiftung einen Betrieb der **Land- und Forstwirtschaft**, gilt gem. § 4a Abs. 1 Nr. 1 EStG der Zeitraum vom 1. 7. bis zum 30. 6. als Wirtschaftsjahr; nach § 4a Abs. 2 Nr. 1 EStG ist aber Aufteilung des Gewinnes auf die beiden Kalenderjahre (mit Ausnahme von Veräußerungsgewinnen i. S. v. § 14 EStG) vorgeschrieben.

716

1.1.4 Einkommensermittlung

Die **Körperschaftsteuer** der Stiftung bemisst sich gem. § 7 Abs. 1 Satz 1 KStG nach dem Einkommen.

717

Was als Einkommen gilt und wie das Einkommen zu ermitteln ist, bestimmt sich gem. § 8 KStG nach den **Vorschriften des Einkommensteuergesetzes und des Körperschaftsteuergesetzes.**[2]

Die **Gewinnermittlung** vollzieht sich nach den **allgemeinen Vorschriften** der §§ 4, 5 EStG. Bei den Überschuss-Einkunftsarten (§ 2 Abs. 2 Nr. 5 bis 7 EStG)[3] sind die Einkünfte nach dem Überschuss der Einnahmen über die Werbungskosten zu ermitteln.

718

Da für Stiftungen gem. § 1 Abs. 1 Nr. 4 i. V. m. § 8 Abs. 1 KStG für die Einkommensermittlung die Vorschriften des Einkommen- und des Körperschaftsteu-

719

---

1 Zur Frage der Zulässigkeit der Konzernbetriebsprüfung bei gemeinnützigen Körperschaften ist ein BFH-Verfahren unter Az. I R 120/94 anhängig (Vorinstanz FG Köln v. 18. 5. 1994, EFG 1995 S. 459).
2 Siehe BFH v. 28. 6. 1989, BStBl 1990 II S. 550.
3 Einkünfte aus nichtselbständiger Arbeit können nicht vorkommen.

ergesetzes zur Anwendung kommen, vollzieht sich die Einkommensermittlung nach §§ 2 ff. EStG.[1] Es kommen grundsätzlich alle einkommensteuerrechtlichen Vorschriften zur Anwendung, soweit sie nicht an natürliche Personen gebunden sind.[2] Nach § 2 Abs. 4 EStG bestimmt sich das Einkommen nach dem Gesamtbetrag der Einkünfte, vermindert um die Sonderausgaben. Dass das KStG den Begriff der Sonderausgaben nicht kennt, schließt aber auch nicht aus, dass es bestimmte, im Einkommensteuerrecht als oder wie Sonderausgaben behandelte Ausgaben zum Abzug vom Gesamtbetrag der Einkünfte zulässt.[3] § 10 EStG ist auch bei der Ermittlung des körperschaftsteuerpflichtigen Einkommens anwendbar. So sind z. B. Steuerberatungskosten einer Stiftung des privaten Rechts als **Sonderausgaben** zu berücksichtigen, soweit sie nicht schon als Betriebsausgaben oder Werbungskosten abzugsfähig sind.[4]

Anzuwenden sind auch die Bestimmungen des § 10d EStG (**Verlustabzug**). Über § 9 Abs. 1 Nr. 2 KStG kommen **Spenden** als abzugsfähige Aufwendungen in Betracht (siehe auch Rn. 759 f.).

Dagegen sind **außergewöhnliche Belastungen** i. S. v. §§ 33, 33a EStG bei einer Stiftung nicht abzugsfähig.[5]

Zur Führung eines steuerlichen **Einlagekontos**[6] siehe Rn. 854 f.

720 **Vollkaufleute** können **nur Einkünfte aus Gewerbebetrieb** haben (§ 8 Abs. 2 KStG). Stiftungen, die **nicht Vollkaufleute** sind, können alle Einkunftsarten von § 2 Abs. 3 EStG, die bei Stiftungen möglich sind, aufweisen, da nur Kapitalgesellschaften zwingend Einkünfte aus Gewerbebetrieb haben.

721 Es gelten die **allgemeinen Zuordnungskriterien** des EStG. Stiftungsrelevant ist u. a. die Abgrenzung Einkünfte aus Gewerbebetrieb, aus Vermietung und Verpachtung und aus Kapitalvermögen. Als Beispiel wird die „Drei-Objekt-Grenze" bei Mehrfamilienhäusern[7] hervorzuheben sein.[8] Häuslicher Krankendienst mit

---

1 Zur Anwendbarkeit einzelner einkommensteuerrechtlicher Vorschriften vgl. R 8.1 KStR 2015.
2 BFH v. 8. 5. 1991 - I R 33/90, BStBl 1992 II S. 437 m. w. N.
3 BFH v. 14. 11. 1968 - I R 11/66, BStBl 1969 II S. 140.
4 FG Berlin v. 13. 7. 1976 - IV 146/75, EFG 1976 S. 629.
5 Pöllath/Richter in Seifart/v. Campenhausen, a. a. O., § 41 Rn. 52.
6 Kraft, DStR 2016 S. 2825, 2828.
7 Siehe BMF v. 9. 7. 2001, DB 2001 S. 1587, auch zur Einbeziehung von gestifteten (im Wege der vorweggenommenen Erbfolge zugewendeten oder geerbten) Grundstücken; OFD Koblenz v. 12. 4. 2001, FN IdW 2001 S. 297 f.; BFH v. 10. 12. 2001, GrS 1/98, BStBl 2002 II S. 291.
8 Vgl. Mahlow, DB 2001 S. 1450 ff.

medizinischer Betreuung fällt unter gewerbliche, nicht unter freiberufliche Tätigkeit.[1]

Grundsätzlich ist bei einer im Inland **unbeschränkt steuerpflichtigen Stiftung** ihr **Welteinkommen** der Körperschaftssteuer unterworfen. Von diesem Prinzip gibt es jedoch viele **Ausnahmen**. Wesentliche Ausnahmen sind durch die von Deutschland für Einkommen-/Körperschaftsteuer abgeschlossenen **Doppelbesteuerungsabkommen**[2] gegeben, die den Vertragsstaaten bestimmte Besteuerungsrechte zuweisen. Da sie nicht immer dem OECD-Musterabkommen[3] entsprechen, ist es bei jeder Auslandsbeziehung erforderlich, die Besteuerungsauswirkungen aufgrund des jeweils gültigen Abkommens zu klären. 722

Gemäß § 2a EStG werden bestimmte negative Einkünfte mit Auslandsbezug von der Abzugsfähigkeit bei der Einkommensermittlung in Deutschland ausgeschlossen.

Die nur mit ihren inländischen Einkünften gem. § 2 KStG **beschränkt steuerpflichtigen** ausländischen Stiftungen haben u.U. – insbesondere bei Zwischenschaltung inländischer Gesellschaften – keinen Anspruch auf Freistellung nach dem geltenden DBA.[4] Ist eine Stiftung an einer unbeschränkt steuerpflichtigen Kapitalgesellschaft wesentlich beteiligt, kommen auch die Vorschriften zur Zinsschranke (§ 8a KStG) zur Anwendung. Ist die Stiftung an einer in- oder ausländischen Kapitalgesellschaft beteiligt, können Dividenden der Tochtergesellschaft bis zur Höhe von 95 % steuerfrei vereinnahmt werden, § 8b Abs. 1 und 5 KStG. 723

Sind der Stiftung gewerbliche Betriebe, oder eine atypische stille Beteiligung oder gesellschaftsvertragliche Anteile an Personengesellschaften übertragen worden, die eine **Mitunternehmerschaft** i.S.v. § 15 Abs. 1 Nr. 2 EStG[5] begründen, oder nimmt sie die Stellung einer persönlich haftenden Gesellschafterin einer KGaA ein, sind deren Einkünfte gem. § 15 Abs. 1 EStG stets als gewerbliche zu qualifizieren, für die auch die Vorschrift des § 16 EStG über die Betriebsaufgabe und Veräußerung sowie § 15a EStG über die Verlustgeltendmachung bei Beteiligungen als Kommanditist gelten. 724

---

1 BFH v. 18. 5. 2000, BStBl 2000 II S. 1450 ff.
2 Stand 1. 1. 2015 im BMF v. 19. 1. 2015, BStBl 2015 I S. 128.
3 Krabbe, IStR 2000 S. 146 ff.
4 Siehe BFH v. 21. 12. 1994, IStR 1995 S. 330 ff.; v. 27. 8. 1997, IStR 1998 S. 113; Füger, IStR 1998 S. 353 ff.
5 Siehe auch H 15.8 EStR 2011; Schmidt, EStG, a. a. O., § 15 Rn. 400 ff.

725 Bei **Betriebsverpachtung** ist dem Verpächter ein Wahlrecht[1] eingeräumt, ob er weiterhin gewerbliche Einkünfte oder Vermietungs- und Verpachtungseinkünfte (§ 21 EStG) mit der Folge der Zwangsrealisierung der stillen Reserven im Pachtgut erzielen will.

Die Verpachtung eines Gewerbebetriebs ist grundsätzlich nicht als Gewerbebetrieb anzusehen.[2]

Zur Betriebsaufspaltung siehe Rn. 737.

Zum **Schachtelprivileg** siehe Rn. 788, zur körperschaftsteuerlichen **Organschaft** Rn. 774.

726 Bei **Einkünften aus Kapitalvermögen** steht den unbeschränkt steuerpflichtigen Stiftungen der Sparer-Freibetrag (§ 20 Abs. 9 Satz 1 EStG) zu. Im Hinblick auf die seit 1.1.2009 geltende **Abgeltungsteuer** bei den Einkünften aus Kapitalvermögen wurde mit Wirkung ab dem 1.1.2009 **§ 8 Abs. 10 Satz 1 KStG** neu eingeführt. Ziel war es, dieses Besteuerungsregime bei den Einkünften aus Kapitalvermögen auf die Besteuerung bestimmter Körperschaften (nämlich die nach § 1 Abs. 1 Nr. 4 bis 6 KStG[3]) zu übertragen. Dem Gesetzgeber sind hierbei indes zahlreiche **handwerkliche Fehler** unterlaufen, so dass die Unklarheiten derzeit überwiegen.

So sieht etwa § 8 Abs. 10 Satz 1 KStG vor, dass § 2 Abs. 5b Satz 1 EStG nicht anzuwenden ist. Obwohl dadurch die Kapitalerträge in das körperschaftsteuerliche Einkommen einzubeziehen sind, soll die **Verlustverrechnungsbeschränkung** nach § 20 Abs. 6 EStG und das **Werbungskostenabzugsverbot** nach § 20 Abs. 9 EStG **anzuwenden** sein.[4] Weshalb positive Einkünfte aber anders als Verluste behandelt werden sollen, bleibt rätselhaft. Ferner sieht § 32d Abs. 2 EStG für bestimmte Einkünfte aus Kapitalvermögen eine **Rückausnahme** vom besonderen Steuertarif vor. Nach § 8 Abs. 10 Satz 2 KStG sollen die Vorschriften des § 32d Abs. 2 Satz 1 Nr. 1 Satz 1 und Nr. 3 Satz 1 und Satz 3 bis 6 EStG **entsprechend** anwendbar sein, so dass die Verlustverrechnungsbeschränkung und das Werbungskostenabzugsverbot nicht zur Anwendung gelangen. Diese analoge Anwendung macht indes bei einem einheitlichen Körperschaftsteuertarif keinen Sinn. Schließlich ist völlig unklar, ob durch § 8 Abs. 10 KStG ein

---

1 BMF v. 22.11.2016, BStBl 2016 I S. 1326.
2 R 15.7 Satz 4 EStR 2008.
3 Nur diese können im Prinzip alle Einkunftsarten verwirklichen (R 8.1 Abs. 2 KStR 2015). Dazu zählen insbesondere steuerpflichtige Stiftungen (z. B. Familienstiftungen oder gemeinnützige Stiftungen, denen für einen Veranlagungszeitraum die Gemeinnützigkeit aberkannt wurde) und wirtschaftliche Vereine.
4 BT-Drucks. 16/11108 S. 34.

Ausschluss der Anwendbarkeit von § 8b KStG (unten Rn. 629) bewirkt werden soll.[1]

Bei **gemischten Tätigkeiten** einer steuerpflichtigen Stiftung ist entscheidend, **727** welche Tätigkeit der Gesamtbetätigung das Gepräge gibt, wenn sie nicht eine einheitliche Betätigung darstellt.[2] Zu beachten sind auch § 15 Abs. 2 und 3 EStG (**Abfärberegelung**),[3] die allerdings beim geringfügigen Anteil der gewerblichen Tätigkeit nicht greifen.[4]

Bei **internationalen Verflechtungen** sind auch die Vorschriften des **Außensteuergesetzes** zu beachten, u. a. § 1 AStG (Berichtigung von Einkünften).[5] **728**

§ 15 AStG findet für **Familienstiftungen mit Geschäftsleitung und Sitz im Ausland** Anwendung (siehe Rn. 595).

Im Übrigen gelten bei **Gewinnanteilen**, die die Familienstiftung aus einer ausländischen Tochterbeteiligung bezieht, §§ 34c, 34d, 50d EStG und die jeweils einschlägigen DBA.[6] **729**

Bei steuerpflichtigen Stiftungen bleiben alle Gewinnausschüttungen und Veräußerungsgewinne aus Kapitalgesellschaftsbeteiligungen gem. § 8b Abs. 1 und 2 KStG zu 95 % steuerfrei. Gemäß § 8b Abs. 3 KStG sind Teilwertabschreibungen und Veräußerungsverluste nicht als Betriebsausgaben abzugsfähig. Die Freistellung der Veräußerungsgewinne gilt gem. § 8b Abs. 3 und 4 KStG nicht für einbringungsgeborene Anteile i. S. v. § 21 UmwG bei Veräußerung innerhalb von sieben Jahren nach Erwerb. **730**

Auf der Ausgaben-(Aufwand-)Seite der Einkommensermittlung der Stiftung hat die Unternehmensteuerreform das unter Rn. 758 ff. zu besprechende **Abzugsverbot** für **satzungsgemäße Aufwendungen** (Zuwendungen an Destinatäre) gem. § 10 Abs. 1 KStG **unverändert** gelassen, obwohl sie die Besteuerung beim Destinatär grundlegend verändert hat (siehe Rn. 845 ff.). Auch hier ist der Gesetzgeber zur **Doppelversteuerung** übergegangen, soweit die Zuwendungen an Destinatäre nicht aus Gewinnausschüttungen von Kapitalgesellschaften an die Stiftung oder aus Veräußerung von Anteilen an solchen stam- **731**

---

1 Vgl. Seidel, Gemeinnützigkeits- und Stiftungsrecht, ErbStB 2009 S. 187, 194.
2 BFH v. 20. 12. 1978 - I R 21/76, BStBl 1978 II S. 496.
3 H 15.8 Abs. 5 und 6 EStH 2016; Kempermann, DStR 2002 S. 664.
4 BFH v. 11. 8. 1999 - XI R 12/98, BStBl 2000 II S. 229 ff.; v. 30. 8. 2001 - IV R 43/00, BStBl 2002 II S. 152; s. Kempermann, DStR 2002 S. 664 ff.
5 Es wird auf die Spezialliteratur verwiesen.
6 Zu Gewinnanteilen aus atypisch stillen Beteiligungen BMF v. 28. 12. 1999, DStR 2000 S. 245 f.

men, die gem. § 8b Abs. 1 und 2 KStG nun bei der Stiftung nicht mehr versteuert werden.

732 **Verdeckte Gewinnausschüttungen**[1] einer Tochterkapitalgesellschaft an die Stiftung werden gem. § 8 Abs. 3 Satz 2 KStG wie offene Gewinnausschüttungen versteuert, bleiben also zu 95 % steuerfrei.

733 Nach dem Wesen der Stiftungen, die keine Anteilseigner (Mitglieder) haben kann, gelangen die Bewertungsvorschriften für Einlagen (§ 6 Abs. 1 Nr. 5 EStG) nicht zur Anwendung.

734 Bei **unentgeltlichen** Übertragungen aus der **Privatsphäre** setzt die Stiftung die Rechtsstellung des Stifters fort, übernimmt dessen Buchwerte und Abschreibungen auf abnutzbare Wirtschaftsgüter. Da bei einer Stiftungserrichtung unter unentgeltlicher Übertragung[2] eines **Betriebes, Teilbetriebes oder Mitunternehmeranteils** eigene Anschaffungskosten der im Inland steuerpflichtigen Stiftung nicht vorliegen, tritt die Stiftung gem. § 6 Abs. 3 EStG (wegen Fehlens sog. Steuerentstrickung) in die Rechtsstellung des Stifters ein.

735 Dies gilt auch für Familienstiftungen, da auch bei diesen keine Steuerentstrickung stattfindet. Bei Mitunternehmerschaften i. S. v. § 15 Abs. 1 Nr. 2 EStG tritt die Stiftung als Erbe (auch innerhalb einer Erbengemeinschaft) voll in die Mitunternehmerstellung des Erblassers ein (siehe Rn. 490).[3] Die von der Familienstiftung anlässlich der **Erstausstattung** getragene **Schenkungsteuer** ist nicht vom Einkommen abzugsfähig, § 10 Nr. 2 KStG (siehe Rn. 811).[4]

736 Die Buchwerte des Stifters werden in die **Eröffnungsbilanz** übernommen, die Bemessungsgrundlage für die **Absetzungen für Abnutzung** gem. § 7 EStG bleiben unverändert, von einer bisher geübten linearen **Abschreibungsmethode** für ein Wirtschaftsgut kann nicht auf die degressive Abschreibungsmethode übergegangen werden. Auch bei **unentgeltlicher** Einbringung von **wesentlichen Beteiligungen** gem. § 17 EStG gelten die Anschaffungskosten fort, da keine Steuerentstrickung eintritt.[5]

737 Hat der Stifter bei der Einbringung eines Betriebs Wirtschaftsgüter zurückbehalten und verpachtet oder vermietet er diese an die Stiftung, führt dies

---

1 Zum Begriff siehe R 8.5 KStR 2015; zur Anwendung bei Nichtkapitalgesellschaften BFH v. 9. 8. 1989, BStBl 1990 II S. 237.
2 Glanegger in Schmidt, EStG, a. a. O., § 6 Rn. 473 ff. Zur Anwachsung siehe OFD Berlin v. 19. 7. 2002, DB 2002 S. 1966.
3 BFH v. 5. 7. 1990, BStBl 1990 II S. 837. Siehe kritisch dazu Geuenich, ZEV 1998 S. 62 ff.
4 BFH v. 14. 9. 1994 - I R 78/94, BStBl 1995 II S. 207.
5 Weber-Grellet in Schmidt, EStG, a. a. O., § 17 Rn. 182.

nicht zum Entstehen einer **Betriebsaufspaltung** da der einheitliche geschäftliche Betätigungswille fehlt.[1] Die Pachten und Mieten sind bei der Stiftung normale Betriebsausgaben gem. § 4 Abs. 4 EStG.

Die Bilanzierung eines aus dem Betriebsvermögen des Stifters entnommenen und in das Stiftungsvermögen unentgeltlich übertragenen einzelnen Wirtschaftsgutes erfolgt nach § 6 Abs. 4 EStG zum gemeinen Wert als Anschaffungskosten.   738

Hat die Stiftung nach den neuen Grundsätzen bei **gemischten Schenkungen** und bei **entgeltbegründenden Auflagen** (siehe Rn. 492 ff.) nicht unentgeltlich Betriebsvermögen erworben, kommt § 6 Abs. 3 EStG nicht zur Anwendung; das Entgelt bilden die Anschaffungskosten (wenn nicht der Teilwert niedriger ist, § 6 Abs. 1 Nr. 7 EStG).   739

Bei **Auflagen**, die nicht als Entgelt angesehen werden, tritt die Stiftung in die Rechtstellung des Stifters ein und setzt dessen **Buchwerte** fort.[2] Bei **teilentgeltlichen Zuwendungen** an die Stiftung hat diese für den entgeltlichen Teil eigene **Anschaffungskosten in Höhe des Entgelts;** hinsichtlich des nichtentgeltlichen Teils sind die Buchwerte des Stifters fortzuführen.[3]   740

Auch für die steuerpflichtigen Stiftungen können bei späteren Veräußerungen von Grund und Boden, Aufwuchs (bei Zugehörigkeit zu einem land- und forstwirtschaftlichen Betriebsvermögen) und Gebäuden stille Reserven nach Maßgabe des **§ 6b EStG** übertragen werden.   741

Hat sich der Stifter im Stiftungsgeschäft oder durch ein anderes unentgeltliches Geschäft den Nießbrauchrecht am Grundvermögen vorbehalten (**Vorbehaltsnießbrauch,**[4] siehe Rn. 500), so sind die Erträge und die Werbungskosten einschl. AfA nach den Nießbraucherlassen[5] nicht der Stiftung zuzurechnen.   742

Ruhen auf einem nießbrauchbelasteten Grundstück Schulden, kann die Stiftung als Eigentümer ihren Zinsaufwand erst nach Erlöschen des Nießbrauchs geltend machen.

---

1 Folge: Aufdeckung der stillen Reserven beim Stifter gem. § 6 Abs. 1 Nr. 4 EStG.
2 BFH v. 23. 8. 1963, BStBl 1963 III S. 484 ff.; Schleswig-Holsteinisches FG v. 28. 2. 1984, EFG 1984 S. 493 f.
3 Schmidt, EStG, a. a. O., § 7 Rn. 73.
4 Zuwendungsnießbrauch liegt vor, wenn der Stifter Eigentümer bleibt und den Nießbrauch der Stiftung einräumt.
5 BMF v. 23. 11. 1983, BStBl 1983 I S. 508; v. 24. 7. 1998, BGBl 1998 I S. 914 ff.; geändert unter dem 9. 2. 2001, BStBl 2001 I S. 171 ff.

743 Während Nießbrauchbestellung bei gleichzeitiger Rückvermietung des Nießbrauchers an den Eigentümer nicht anerkannt wird (§ 42 AO), ist dies nach dem BFH-Urteil vom 3. 2. 1998[1] nicht der Fall, wenn der Nießbrauch nicht ausgeübt wird, sondern nur zur dringlichen Sicherung des Mietverhältnisses dient.

744 Im Zuge der Vermögensübergabe übernommene **Versorgungsleistungen** (Versorgungsrenten, dauernde Lasten) sowie der Vorbehalt oder die Einräumung von Nutzungsrechten (siehe Rn. 495 ff.) führen nicht zu Anschaffungskosten der Stiftung, da der Charakter der **Unentgeltlichkeit** der Vermögensübertragung nicht beeinträchtigt wird.[2] Der **Kapitalwert mindert** die **Erstausstattung an Stiftungsvermögen** (Grundstockvermögen). Die gezahlten Renten mindern mit ihrem Zinsanteil bei der Gewinnermittlung nach § 4 Abs. 1 oder § 4 Abs. 3 EStG als Betriebsausgaben und bei den Überschusseinkünften als Werbungskosten die Einkünfte. Bei Gewinnermittlung nach § 5 EStG muss der Kapitalwert nach § 253 Abs. 1 Satz 2 HGB[3] passiviert werden, so dass auch bei dieser Gewinnermittlungsart nur der Zinsanteil Aufwand der Stiftung wird. Handelt es sich dagegen um dauernde Lasten, kann der volle Betrag bei der Stiftung nur als Sonderausgaben geltend gemacht werden. Damit korrespondiert die Behandlung bei der Stiftung mit der beim Empfänger. Wenn eine ausbedungene **Mindestzeitrente** (verlängerte Leibrente) kürzer als die voraussichtliche durchschnittliche Lebenserwartung der bezugsberechtigten Person ist, soll nach der BFH-Rechtsprechung[4] allerdings keine dauernde Last vorliegen.

745 Obwohl der BFH[5] ein einkommensteuerliches Korrespondenzprinzip verneint hat, wird die körperschaftliche Behandlung von im Stiftungsgeschäft der Stiftung auferlegten Zeitrenten, Leibrenten und dauernden Lasten in der Qualifikation der einkommensteuerlichen Behandlung beim Begünstigten entsprechen.

746 Bei der Stiftungserrichtung übernommene Rentenverpflichtungen können aber auch **Sonderausgaben** nach § 10 Abs. 1 Nr. 1a EStG sein, sofern sie nicht als Werbungskosten oder Betriebsausgaben einzuordnen sind. Die Abzugsfähigkeit der Versorgungsrenten wird auch anerkannt, wenn die Versorgungs-

---

1 IX R 38/96, BStBl 1998 II S. 539.
2 Siehe zur vorweggenommenen Erbfolge BMF v. 13. 1. 1993, BStBl 1993 I S. 80; v. 26. 2. 2007, BStBl 2007 I S. 269.
3 Siehe im Einzelnen Adler/Düring/Schmaltz, a. a. O., § 253 Rn. 149 ff.; Schmidt, EStG, a. a. O., § 5 Anm. 37.
4 BFH v. 21. 10. 1999, DStR 2000 S. 147 ff.
5 Siehe BFH v. 26. 1. 1994, DB 1994 S. 1223.

renten ihren Entstehungsgrund in einer letztwilligen Verfügung (Erbeinsetzung, Vermächtnis) haben und es sich nicht um die Verrentung des Erbanteils handelt.[1] Das Jahressteuergesetz 2008 hat im Bereich der Vermögensübergabe gegen Versorgungsleistungen jedoch zu einschneidenden Änderungen geführt. Insbesondere wurde das begünstigte Vermögen, das Gegenstand einer Vermögensübergabe gegen Versorgungsleistung nach § 10 Abs. 1 Nr. 1a EStG sein kann, auf seinen „Kernbereich" reduziert. Die Rückführung dieses Sonderrechtsinstituts auf seinen Kernbereich ist so ausgestaltet, dass nur noch die Übertragung eines Mitunternehmeranteils an einer Personengesellschaft, die eine Tätigkeit i. S. v. § 13, § 15 Abs. 1 Satz 1 Nr. 1 oder § 18 Abs. 1 EStG ausübt, die Übertragung eines (Teil-)Betriebs sowie die Übertragung eines mindestens 50 % betragenden Anteils an einer GmbH im Sinne des Rechtsinstituts begünstigt. Bei der Übertragung von GmbH-Anteilen ist zusätzlich erforderlich, dass der Übergeber als Geschäftsführer tätig war und der Übernehmer diese Tätigkeit nach der Übertragung übernimmt. Diese gesetzliche Neuregelung bedeutet, dass insbesondere die Übertragung von Immobilienvermögen oder auch Wertpapierdepots nicht mehr im Wege einer Vermögensübergabe gegen Versorgungsleistungen möglich ist.[2]

Die Übernahme eines bestehenden und gegen den Stifter gerichteten Versorgungsanspruchs aus einer früheren Vermögensübertragung führt bei der übernehmenden Stiftung zur Abzugsfähigkeit der dadurch entstehenden Aufwendungen.[3] 747

Zahlungen zur **Abgeltung von Pflichtteilsansprüchen** können weder Betriebsausgaben oder Werbungskosten noch Sonderausgaben sein,[4] da die Pflichtteilsansprüche das Stiftungsvermögen bei der Zuwendung vermindert haben (siehe Rn. 568).[5] 748

Werden **Privatschulden** des Stifters von der Stiftung gem. Stiftungsgeschäft übernommen, wird in der **befreienden Schuldübernahme** von der **Finanzverwaltung**[6] bei Stiftungserrichtung unter Lebenden ein **entgeltliches** Geschäft wie bei der **Übernahme von Ausgleichs- und Abstandsverpflichtungen**[7] gese- 749

---

1 BMF v. 11. 3. 2010, BStBl 2010 I S. 227, Rn. 2.
2 Vgl. hierzu Heinrichshofen, ErbStB 2008 S. 114, m. w. N.
3 BFH v. 23. 1. 1997, DB 1997 S. 911.
4 BFH v. 2. 3. 1995, DB 1995 S. 1153 f.
5 FG Hamburg v. 17. 10. 1994, EFG 1995 S. 433 f.; bestätigt durch BFH v. 24. 2. 1999 - X R 3/95, BFH/NV 2000 S. 414.
6 Vgl. BMF v. 13. 1. 1993, BStBl 1993 I S. 80, Rn. 9 und 27 f. Dazu gehört auch die Erfüllungsübernahme privater Schulden.
7 Siehe BMF v. 13. 1. 1993, a. a. O., Rn. 7.

hen; die Stiftung hat insoweit als Gegenposten zu den passivierten Schulden eine Minderung der Erstausstattung mit Stiftungsvermögen (Grundstockvermögen) zu verbuchen. Tilgungsleistungen für Schulden sind bei keiner Einkunftsart abzugsfähig.[1]

750　Lange Zeit umstritten war der Abzug der sog. **Erbersatzsteuer für Familienstiftungen** i. S. v. § 1 Abs. 1 Nr. 4, § 9 Abs. 1 Nr. 4, § 10 Abs. 1 letzter Satz ErbStG.[2] Die Finanzverwaltung hatte den Abzug als dauernde Last nicht zugelassen.[3] Der BFH[4] hat diese Ansicht bestätigt, wobei er nicht nur den Abzug der verrenteten Erbersatzsteuer (siehe Rn. 811) als dauernde Last, sondern auch den Abzug des Zinsanteils als Betriebsausgaben oder als Werbungskosten verneint hat. Zur Nichtabzugsfähigkeit der Schenkungsteuer anlässlich der Erstdotation der Stiftung nach § 10 Nr. 2 KStG (siehe Rn. 735).

751　**Ungünstig** kann es sich auswirken, wenn die Stiftung in einer **Erbengemeinschaft** Miterbe wird und Abfindungen zu zahlen hat oder Einzelwirtschaftsgüter aus einem Betriebsvermögen an Erben oder Vermächtnisnehmer herauszugeben sind, da insoweit Veräußerungsgewinne (allerdings auch mit der Folge von Anschaffungskosten) von der Finanzverwaltung angenommen werden.[5]

752　Da der BFH[6] die sog. **Sekundärfolgenrechtsprechung**[7] aufgegeben hat und die Finanzverwaltung[8] dem gefolgt ist, kann die Stiftung nicht mehr Aufwendungen zur Finanzierung von Vermächtnis-, Pflichtteils- und Abfindungsschulden als Betriebsausgaben und Werbungskosten absetzen.[9]

753　Wird eine **bisher steuerpflichtige Stiftung in eine steuerfreie Stiftung** (z. B. in eine gemeinnützige Stiftung) gem. § 5 Abs. 1 Nr. 9 KStG **umgewandelt**, so ist nach § 13 Abs. 1 KStG für die steuerpflichtige Stiftung eine **Schlussbilanz** aufzustellen, bei der die stillen Reserven des Betriebsvermögens aufzudecken sind. Der Ansatz eines selbstgeschaffenen Firmenwertes bleibt außer Ansatz.[10]

1　BFH v. 28. 7. 1999 - X R 63/95, BFH/NV 2000 S. 40 (= DStRE 2000 S. 1).
2　Siehe auch Rn. 1137 ff.
3　OFD Düsseldorf v. 24. 6. 1980, StEK § 10 KStG Nr. 2.
4　Urteil v. 14. 9. 1994 - I R 78/94, BStBl 1995 II S. 207.
5　Siehe BMF v. 14. 3. 2006, BStBl 2006 I S. 253 Rn. 14.
6　BFH v. 2. 3. 1993 - VIII R 47/90, BStBl 1993 II S. 619; v. 28. 4. 1992 - IX R 178/88, BFH/NV 1992 S. 658.
7　BFH v. 2. 4. 1987, BStBl 1987 II S. 621; v. 28. 4. 1989, BStBl 1989 II S. 618; v. 17. 10. 1991, BStBl 1992 II S. 392.
8　Mit BMF v. 11. 8. 1994, BStBl 1994 I S. 603.
9　Entgegen der früheren Rechtsprechung, siehe u. a. BFH v. 9. 7. 1985, BStBl 1985 II S. 722.
10　R 13.4 KStR 2015.

Hat die Stiftung **ausländische** Einkünfte, gelten die für Körperschaften gem. § 26 KStG geltenden Vorschriften ggf. i.V. m. dem betreffenden DBA.

754

Anrechenbare inländische **Kapitalertragsteuer** sowie ausländische **Quellensteuer** sind **Bestandteile der Erträge bzw. Einnahmen** in der betreffenden Einkunftsart ohne Rücksicht auf die tatsächliche Anrechnung (§ 12 Nr. 3 EStG i.V. m. § 8 Abs. 1 KStG).

755

Oft sieht sich eine Stiftung vor die Notwendigkeit gestellt, sog. anschaffungsnahen Aufwand[1] bei zugewendeten Grundstücken kurz nach deren Zuwendung zu tätigen, die ihrem Charakter nach „normal" Instandsetzungsaufwand, d. h. Betriebsausgaben oder Werbungskosten, wären. Der BFH[2] hat im Fall der Gesamtrechtsnachfolge durch Erbeinsetzung die Aktivierungspflicht anschaffungsnaher Aufwendungen zu Recht verneint, da der Erbe in die Rechtsposition des Erblassers eintritt. Bei teilentgeltlichem Erwerb nimmt die Finanzverwaltung[3] im prozentualen Verhältnis Anwendbarkeit der Grundsätze des anschaffungsnahen Aufwandes an.

756

Die Behandlung von Zuwendungen des Stifters oder Dritter an eine **bestehende Stiftung** wird in den Abschnitten (siehe Rn. 768 ff.) behandelt.

757

1.1.5 Abzugsverbot für satzungsgemäße Aufwendungen

Satzungsgemäße Aufwendungen dürfen nach § 10 Nr. 1 KStG das Einkommen der steuerpflichtigen Stiftung nicht mindern, da die für den Stiftungszweck satzungsgemäß aufgewandten Beiträge Einkommensverwendung darstellen. Daher gilt **§ 10 Nr. 1 KStG** auch für eine **Familienstiftung**, deren satzungsgemäßer Zweck die Erfüllung vor der Stiftungserrichtung begründeter Rentenvermächtnisse ist.[4] Die satzungsgemäßen Aufwendungen werden mit dem vollen Steuersatz besteuert. Davon sind insbesondere die Zuwendungen an die Destinatäre betroffen.

758

Der BFH[5] hat entschieden, dass bei einem Zusammentreffen von satzungsgemäßen Aufwendungen und Betriebsausgaben gem. § 4 Abs. 4 EStG die Vor-

759

---

1 R 6.4 Abs. 1 EStR 2012.
2 Im Urteil v. 17.6.1997 - IX R 30/95, BStBl 1997 II S. 802; Glanegger in Schmidt, EStG, a. a. O., § 6 Rn. 112.
3 Kulosa in Schmidt, a. a. O., § 6 Rn. 382; EStR 6.4 Abs. 1 Satz 2.
4 BFH v. 24.3.1993 - I R 27/92, BStBl 1993 II S. 637.
5 BFH v. 10.5.1960, BStBl 1960 III S. 335. Die Gewinnanteile aus einer KG wurden den Arbeitnehmern der KG zugewandt, die insoweit lohnsteuerpflichtig waren. Siehe auch BFH v. 17.12.1997 - I R 58/97, BStBl 1998 II S. 357, allerdings zur Abzugsfähigkeit bei einem wirtschaftlichen Geschäftsbetrieb.

schrift § 10 Nr. 1 KStG vorgeht. Nicht abzugsfähige satzungsgemäße Aufwendungen sind demnach nur solche, die nicht zugleich Betriebsausgaben (oder Werbungskosten) sind.

760 Der BFH[1] hat die **Abzugsfähigkeit** auch satzungsgemäßer **Spenden** der steuerpflichtigen Stiftung anerkannt. Obwohl die Entscheidung noch zum alten Körperschaftsteuerrecht (vor 1977) erging, dürfte die Abzugsfähigkeit satzungsgemäßer Spenden auch heute zu bejahen sein.

761 Ob das Abzugsverbot des § 10 Nr. 1 KStG für in **Ausführung der vom Erblasser angeordneten Vermächtnisse,** die aber nicht in der Satzung als Zweck der Stiftung festgelegt sind, gilt, ist streitig.[2] Jedenfalls hat der BFH für **Auflagen des Stifters,** die nicht in die Satzung aufgenommen worden sind (z. B. **Versorgungsrenten** an seine Familie und andere Personen, Befriedigung der Pflichtteilsansprüche aus dem Stiftungsvermögen), die Anwendbarkeit des § 10 Nr. 1 KStG bejaht.[3] Demnach könnten diese auferlegten Zahlungen von einer Stiftung nicht gewinnmindernd abgezogen werden.

762 **Überhöhte Aufwendungen** und als Betriebsausgaben getarnte Zuwendungen an Destinatäre können **keine verdeckten Gewinnausschüttungen** sein.[4] Ob dies im Umkehrschluss bedeutet, dass sie dann als Betriebsausgaben abzugsfähig sind, muss bezweifelt werden. Ihre praktische Relevanz dürfte gering sein, da diese Zahlungen regelmäßig gegen die Satzung verstoßen und ihre Leistung eine Pflichtverletzung des Vorstandes begründen würden. Entsprechend verhält es sich mit überhöhten Vergütungen an Destinatäre.[5]

763 Die satzungsgemäßen Aufwendungen müssen nicht in der Zuwendung von Geld, sondern können auch in **Sachzuwendungen** und **geldwerten Vorteilen** liegen. Bereits der Reichsfinanzhof hat entschieden,[6] dass Verluste aus der unentgeltlichen Aufnahme von Patienten in einem Krankenhaus, das satzungsgemäß von der steuerpflichtigen Stiftung betrieben wird, dem **Einkommen zuzurechnen** sind.

764 Unentgeltlich in Erfüllung ihres satzungsgemäßen Zwecks überlassene **Wohnungen** sind ebenfalls unter § 10 Nr. 1 KStG zu subsumieren.[7] In diesem Fall

---

1 Urteil v. 3. 12. 1963, BStBl 1964 III S. 81.
2 BFH v. 2. 10. 1959 - VI 64/57 U, BStBl 1960 III S. 36; a. A. Brandmüller/Lindner, a. a. O., S. 62.
3 BFH v. 24. 3. 1993 - I R 27/92, BStBl II S. 637.
4 BFH v. 22. 9. 1959, BStBl 1960 III S. 37; v. 10. 5. 1960, BStBl 1960 III S. 335; vgl. Pöllath/Richter in Seifart/v. Campenhausen, a. a. O., § 41 Rn. 55 ff.
5 Brandmüller/Lindner, a. a. O., S. 62.
6 Urteil v. 20. 9. 1938, StuW 1939 Nr. 54.
7 BFH v. 24. 3. 1993 - I R 27/92, BStBl 1993 II S. 637.

dürfte jedoch die Ausnahmevorschrift des § 21 Abs. 2 EStG vorrangig anzuwenden sein.

Rechtsprechung[1] und Schrifttum[2] rechnen auch den Nachteil aus satzungsgemäß gewährten **zinsfreien Darlehen** dem Einkommen der Stiftung zu. Zwar hat der BFH[3] entschieden, dass es eine Versteuerung des Nutzwertes des Geldkapitals nicht gibt. Gleichwohl dürfte es der Stiftung verwehrt sein, ihren Destinatären statt der Erträge die Nutzung des Stiftungsvermögens zu überlassen.[4] 765

Das Abzugsverbot des § 10 Nr. 1 KStG greift nicht, wenn sich die Erfüllung satzungsgemäßer Zwecke gleichzeitig als gewerbliche Tätigkeit der Stiftung darstellt.[5] 766

Umstritten ist auch, ob die Übernahme der Beratungskosten für die Stiftungserrichtung abzugsfähig sind.[6] Abzugsfähig sind hingegen alle Aufwendungen, die der Stiftung dadurch entstehen, dass Vorstände etc. für sie handeln. 767

1.1.6 Zuwendungen an eine bestehende Stiftung

Eine besondere Stellung nehmen bei den bestehenden Stiftungen Zuwendungen des Stifters in Form von **Zustiftungen**[7] **und von Zuwendungen** Dritter ein. Leider ist der Sprachgebrauch von „Zustiftungen" nicht einheitlich. Da eine Stiftungserrichtung sich auf die freigebige Zuwendung eines Vermögens richtet, sollte auch der Gebrauch von „Zustiftungen" sich nur auf diese beschränken. Erbschaftsteuerlich handelt es sich um eine gewöhnliche Schenkung, die auch eine Schenkung unter Auflagen sein kann, wenn sie zu Lebzeiten des Stifters erfolgt, oder um eine Zuwendung von Todes wegen, für die die allgemeinen Vorschriften des Erbschaftsteuerrechts, insbesondere auch §§ 13a, 13b, 13c ErbStG, gelten.[8] 768

---

1 RFH v. 9. 2. 1943, RStBl 1943 S. 261.
2 Herrmann/Heuer/Raupach, Kommentar zur Einkommen- und Körperschaftsteuer, a. a. O., § 12 KStG Anm. 8.
3 BFH v. 2. 10. 1959, BStBl 1960 III S. 37; v. 22. 9. 1959 - I 5/59 U, BB 1960 S. 164.
4 Vgl. Hessisches FM v. 13. 7. 1992 - SO 174 A 10 II B 31, DStR 1992 S. 1242.
5 BFH v. 15. 7. 1987, BStBl 1988 II S. 75.
6 Brandmüller/Lindner, a. a. O., S. 62.
7 Die im Stiftungsgeschäft festgelegten rechtsverbindlichen Zuwendungen nach Stiftungserrichtung sind keine Zustiftungen, vgl. Rn. 119; Hof in Seifart/v. Campenhausen, a. a. O., § 9 Rn. 11 ff.
8 Siehe Rn. 649 ff.

Eine **Zustiftung unter Auflagen** kann eine **unselbständige Stiftung**[1] innerhalb der selbständigen Stiftung begründen.

Wie bereits dargestellt (siehe Rn. 271, 274, 796), sollte die Möglichkeit der Annahme von Zustiftungen ausdrücklich in der **Stiftungssatzung** vorgesehen sein.

Fraglich ist, ob derartige Zuwendungen in die Vermögens- oder in die Einkommenssphäre (mit der Folge der Körperschaftsteuerpflicht) fallen, mit anderen Worten, ob es sich um **ertragsteuerneutrale Zuführungen** zum Eigenkapital (Stiftungsvermögen) oder um **Einkünfte** handelt.

769 Da die zuwendenden Stifter und Dritte nicht Beteiligte sind, können **Einlagen** im gesellschaftsrechtlichen Sinn nicht auftreten. Dennoch dürften diese steuerfrei bleiben, da der Charakter der Unentgeltlichkeit überwiegt.[2] Zwar werden in der Literatur[3] auch Schenkungen zu den steuerpflichtigen Einkünften nach § 8 Abs. 2 KStG gerechnet, wenn die Stiftung steuerpflichtig und zur Führung von Büchern verpflichtet ist. Dies überzeugt indes nicht. Selbst wenn man zugesteht, dass eine Zuwendungen, die schenkung-/erbschaftsteuerpflichtig ist, nicht automatisch die Körperschaftsteuerpflicht ausschließt,[4] spricht dennoch mehr dafür, diese Zuwendungen **steuerfrei** zu belassen.[5] Denn nach zutreffender Auffassung sind derartige Zuwendungen deshalb körperschaftsteuerfrei, da sie unter keine Einkunftsart nach § 2 Abs. 1 EStG fallen.[6]

770 **Körperschaftsteuerfreie Zuwendungen** sollten stets vorliegen, wenn sie im Stiftungsgeschäft vorgesehen sind, z. B. die Ausstattung der Stiftung mit Vermögen erfolgt in Etappen.[7] Die Verfügung der OFD Köln vom 20. 6. 1980[8] lässt einen Zuwachs der Zustiftungen zum Stiftungsvermögen zu.

771 Eine andere Frage ist, ob die **Schenkungsteuer** auf die körperschaftsteuerpflichtigen Zustiftungen und Schenkungen Dritter bei der Einkommensermittlung der Stiftung abzugsfähig ist. In diesen Fällen muss die Steuer ja auf-

---

1 Siehe Rn. 335 ff.
2 A. A. Brandmüller/Lindner, a. a. O., S. 63.
3 Herrmann/Heuer/Raupach, a. a. O., § 6 KStG Anm. 27.
4 BFH v. 26. 7. 1963, BStBl 1963 III S. 481; Finanzbehörde Hamburg v. 27. 5. 1993 - 51 - S3806 - 7/91.
5 Ebenso Otto, Handbuch der Stiftungspraxis, 2007, S. 266. Vgl. auch Rawert, DNotZ 2008 S. 5.
6 Vgl. BFH v. 24. 3. 1993, BStBl 1993 II S. 799.
7 Darunter fällt auch die Stiftungserrichtung unter Lebenden mit relativ kleinem Vermögen, während das wesentliche Stiftungsvermögen erst beim Tod des Stifters der Stiftung zufällt.
8 S 0174 2 St 132, StEK AO 1977, § 55 Nr. 3. So auch OFD Münster v. 16. 6. 1980 - S 2729 28 St 13 31.

gewendet werden, um körperschaftsteuerpflichtige Einnahmen zu erzielen. Die Abzugsfähigkeit als Betriebsausgabe nach § 4 Abs. 4 EStG bzw. Werbungskosten nach § 9 EStG sollte daher zu bejahen sein, da der Vorgang in die Einkommenssphäre fällt.

Wird in eine bereits bestehende Stiftung vom Stifter oder von Dritten weiteres Vermögen übertragen (sog. **Zustiftung**), so stellt dies zivil- und steuerrechtlich eine Schenkung dar, die nach § 7 Abs. 1 Nr. 1 EStG schenkungsteuerpflichtig ist. Daneben ist alles, was die Stiftung infolge der Vollziehung einer vom Stifter/Zustifter angeordneten Auflage erlangt, als Schenkung zu versteuern (vgl. Rn. 795). Die Zustiftung an eine (Familien-)Stiftung ist auch dann gem. § 7 Abs. 1 Nr. 1 ErbStG nach der Steuerklasse III steuerpflichtig, wenn der Zuwendende zugleich der einzige Begünstigte der Stiftung ist.[1]

772

1.1.7 Sachliche Steuerbefreiungen

Als spezielle Befreiungsvorschrift sachlicher Art für Stiftungen ist die Verordnung über die Steuerbegünstigung von Stiftungen, die an die Stelle von Familienfideikommissen getreten sind,[2] zu erwähnen. Danach bleiben bei diesen Stiftungen die Einkünfte außer Ansatz, die an die nach der Stiftungssatzung bezugsberechtigten unbeschränkt einkommensteuerpflichtigen Familienmitglieder verteilt werden.

773

1.1.8 Organschaft mit Ergebnisabführungsvertrag

Eine Stiftung kann **Organträger (aufgrund Ergebnisabführungsvertrag** mit den Organgesellschaften) sein, wenn die Voraussetzungen der mittelbaren oder unmittelbaren **finanziellen Eingliederungen einer Kapitalgesellschaft** in die Stiftung erfüllt sind.

774

Folge einer steuerlich anerkannten Organschaft ist, dass Wertminderungen von Anteilen an Organgesellschaften beim Organträger nicht abzugsfähig sind. Die Rücklagenbildung bei Organgesellschaften ist auf den Betrag begrenzt, der bei vernünftiger kaufmännischer Beurteilung begründet ist (§ 14 Abs. 1 Satz 1 Nr. 4 KStG).

775

Organgesellschaften können nur Kapitalgesellschaften sein (§§ 14, 17 KStG). Für ihr Einkommen gelten Besonderheiten (§ 15 KStG), die in den letzten Jahren mehrfach angepasst wurden.

776

---

1 BFH v. 9. 12. 2009 - II R 22/08, BStBl 2010 II S. 363.
2 Vgl. R 1.2 KStR 2015.

777 Die **finanzielle Eingliederung** ist gem. § 14 Abs. 1 Nr. 1 KStG für die Anerkennung maßgebend, wirtschaftliche und organisatorische Eingliederung werden nicht mehr gefordert. Ein inländisches gewerbliches Unternehmen muss gem. §§ 14 und 16 KStG vom Beginn des Wirtschaftsjahres ununterbrochen über ihren Anteilsbesitz über die **Mehrheit der Stimmrechte (auch mittelbar)** an einer Kapitalgesellschaft mit Sitz und Geschäftsleitung im **Inland** verfügen und durch einen Ergebnisabführungsvertrag i. S. v. § 291 Abs. 1 AktG deren ganzen Gewinn erhalten.

778 Ein im Handelsregister nicht eingetragener Organ- und Ergebnisabführungsvertrag ist unwirksam.[1]

779 Nach § 14 KStG wird das Einkommen des Organs den Trägerunternehmen zugerechnet; Ausgleichszahlungen i. S. d. § 27 KStG hat das Organ allerdings nach § 16 KStG selbst zu versteuern.

1.2 Gewerbesteuer

780 Die Gewerbesteuerpflicht ist an das Vorliegen eines **inländischen Gewerbebetriebes** geknüpft (§ 2 Abs. 1 GewStG). Als vier positive Voraussetzungen sind **Selbständigkeit, Nachhaltigkeit, Gewinnerzielungsabsicht** und **Beteiligung am allgemeinen wirtschaftlichen Verkehr** und als zwei negative Merkmale **keine Ausübung von Land- und Forstwirtschaft und eines freien Berufes** anzusehen.[2]

781 Ist eine Stiftung mangels Vorliegen eines Gewerbebetriebes i. S. v. § 2 Abs. 1 GewStG nicht gewerbesteuerpflichtig, so kann sie dennoch über § 2 Abs. 3 GewStG (Unterhalten eines wirtschaftlichen Geschäftsbetriebs) gewerbesteuerpflichtig sein.[3] Während die Tätigkeit einer Kapitalgesellschaft stets als Gewerbebetrieb gilt (§ 2 Abs. 2 Satz 1 GewStG), ist die Gewerblichkeitsfiktion auf Stiftungen nicht anwendbar (vgl. auch § 8 Abs. 2 KStG, der nicht auf § 1 Abs. 1 Nr. 5 KStG verweist). Gewerbesteuerpflicht besteht – wenn § 2 Abs. 1 GewStG auf die Stiftung selbst nicht anwendbar ist – also nur, wenn nach § 8 Abs. 3 GewStG ein wirtschaftlicher Geschäftsbetrieb unterhalten wird.[4] Durch § 2 Abs. 3 und § 3 Nr. 6 GewStG wird die Land- und Forstwirtschaft im Rahmen eines wirtschaftlichen Geschäftsbetriebs ausdrücklich von der Gewerbesteuerpflicht ausgenommen.[5]

---

1 BGH v. 5. 11. 2001 - II ZR 119/00, DStR 2002 S. 1101 (= DB 2002 S. 87).
2 § 1 Abs. 1 GewStDV und H 2.1 Abs. 1 GewStR 2016.
3 Vgl. Glanegger/Güroff, GewStG, a. a. O., § 2 Rn. 205 ff.
4 § 2 Abs. 3 GewStG, R 2.1 Abs. 5 GewStR 2009. Dies ist ein Vorteil gegenüber Familienkapitalgesellschaften.
5 R 2.1 Abs. 5 GewStR 2009.

Stiftungen, die körperschaftsteuerpflichtige Einkünfte aus Kapitalvermögen   782
oder aus Land- und Forstwirtschaft als einzige Einkünfte ausweisen, sind daher
nicht gewerbesteuerpflichtig; bei einer Steuerpflicht nach § 2 Abs. 3 GewStG
beschränkt sie sich auf den wirtschaftlichen Geschäftsbetrieb. Die Begriffsbestimmung ergibt sich nach § 14 AO.

Buchführungspflichtige Stiftungen sind auch nicht über § 8 Abs. 2 KStG gewer-   783
besteuerpflichtig, da § 8 Abs. 2 KStG nicht auf § 1 Abs. 1 Nr. 5 KStG verweist.

Die reine **Verwaltung** von Beteiligungsvermögen ist gewerbesteuerfrei.[1] Wird   784
aber daneben ein wirtschaftlicher Geschäftsbetrieb unterhalten, so sind die
Beteiligungen Teil des Gewerbebetriebes, wenn sie in einem wirtschaftlichen
Zusammenhang mit dem wirtschaftlichen Geschäftsbetrieb stehen.

Auch die reine Verwaltung von anderem Kapital- oder von Grundvermögen,
das keinen wirtschaftlichen Zusammenhang mit einem daneben unterhalte-
nen wirtschaftlichen Geschäftsbetrieb aufzuweisen hat, bleibt im Gegensatz
zu Kapitalgesellschaften gewerbesteuerfrei.

Gewerbesteuerpflichtig ist nach §§ 6 und 7 GewStG der nach den körper-   785
schaftsteuerlichen Vorschriften ermittelte **Gewinn** vermehrt und vermindert
um die in §§ 8 und 9 GewStG bezeichneten Beträge. Nachfolgend wird nur auf
einige Besonderheiten eingegangen.

Gewinn- und Verlustanteile einer ganz oder partiell steuerpflichtigen Stiftung   786
aus Mitunternehmerschaften werden bei diesen ggf. gewerbesteuerlich erfasst (§§ 8, 9 Nr. 2 GewStG).

Durch § 8 Nr. 5 GewStG werden **Gewinnausschüttungen von Kapitalgesell-**   787
schaften bei Beteiligungen unter 15 % des Grund- oder Stammkapitals voll der
Gewerbeertragssteuer unterworfen.

Die Stiftung kommt gewerbesteuerlich in den Genuss des **Schachtelprivilegs**   788
(§ 9 Nr. 2a GewStG),[2] wenn die Beteiligung mindestens 15 % des Grund- oder
Stammkapitals der Kapitalgesellschaft beträgt. Auch das sog. „internationale
Schachtelprivileg" des § 9 Nr. 7 GewStG sieht eine Beteiligungsquote von min-
destens 15 % am Stammkapital einer ausländischen Kapitalgesellschaft vor.
Allerdings sind die besonderen Regelungen in den DBA vorrangig. Der Gewinn

---

1 R 2.1 Abs. 5 GewStR 2009.
2 Siehe BFH v. 28. 6. 1989, BStBl 1990 II S. 550; FM Baden-Württemberg v. 13. 2. 1985 - G 1421
  A-6/84, DB 1985 S. 844. Auch mittelbare Beteiligung genügt gem. BFH v. 17. 5. 2000, BStBl 2001
  II S. 685; OFD Hannover v. 15. 7. 2002, DB 2002 S. 1917; R 9.3 GewStR 2009.

aus der **Veräußerung von Anteilen an Kapitalgesellschaften** ist zu 95 % **gewerbesteuerfrei.** Veräußerungsverluste können nicht abgezogen werden.

789 In § 7 GewStG wird geregelt, dass bei Stiftungen der **Gewinn** aus der **Aufgabe der Veräußerung** eines **Betriebs, eines Teilbetriebs einer Mitunternehmerschaft des Anteils an einer Mitunternehmerschaft** dem **Gewerbeertrag zugerechnet** wird.

790 Obwohl in H 7.1 Abs. 4 GewStR nicht genannt, gehört der Gewinn aus der Veräußerung eines im gewerbesteuerpflichtigen Bereich der Stiftung liegenden Betriebs, Teilbetriebes oder Beteiligung zum Gewerbeertrag,[1] wie jeder Gewinn aus der Veräußerung eines Anteils an einer Personengesellschaft und der Betriebsaufgabegewinn.

791 Wenn die Voraussetzungen nach §§ 14 Nr. 1 bis 3, 17 und 18 KStG für die **Organschaft** erfüllt sind, so ist sie auch gewerbesteuerlich gem. § 2 Abs. 2 Satz 2 GewStG zu beachten. Bei nicht gewerblich tätigen Stiftungen ist daher (wie im Umsatzsteuerrecht) Organschaft nicht möglich. Das Organ gilt aber als Betriebsstätte des Organträgers.[2] Das Organeinkommen ist nach R 7.1 Abs. 5 GewStR zu ermitteln.[3] Auch zur gewerbesteuerlichen **Organschaft** ist nun ein **Ergebnisabführungsvertrag** und auch **finanzielle Eingliederung** erforderlich. Bei der sog. **Mehrmütterorganschaft** ist die Holding-GbR als Organträgerin selbst gewerbesteuerpflichtig (§§ 14 Abs. 2 KStG, § 2 Abs. 2 GewStG).

792 Aufwendungen der Stiftung für **Renten und dauernde Lasten,** die nicht mit dem Satzungszweck zusammenhängen, weil sie z. B. anlässlich der Übertragung von Vermögen vorbehalten wurden, sind als **private** Renten nicht in der Gewinnermittlung zu berücksichtigen.[4] Eine Hinzurechnung gem. § 8 Nr. 1 Buchst. b GewStG erfolgt hingegen bei allen **betrieblichen** Renten.

793 Bei kleinen Stiftungen kann die Besteuerung unterbleiben (vgl. Freibetrag § 11 Abs. 1 Nr. 2 GewStG i. H. v. 5.000 €).[5]

794 Der gem. § 14 GewStG zu erlassende Gewerbesteuermessbescheid darf gem. § 35b GewStG nur geändert werden, wenn der zu Grunde gelegte Gewinn aus Gewerbebetrieb sich geändert hat, die Einkunftsart „Gewinn aus Gewerbe-

---

1 Vgl. BFH v. 5. 9. 2001, DB 2001 S. 2633, in gefestigter Rechtsprechung.
2 § 2 Abs. 2 GewStG.
3 Orth, DB 2002 S. 811 ff.
4 Güroff in Glanegger/Güroff, GewStG, 8. Aufl. 2014, § 8 Nr. 1b Rn. 4.
5 Vgl. Güroff in Glanegger/Güroff, GewStG, 8. Aufl. 2014, § 11 Rn. 8.

betrieb" jedoch später nicht wegfällt. Auch § 174 Abs. 4 AO soll nicht anwendbar sein.[1]

1.3 Erbschaftsteuer

Für Zuwendungen des Stifters nach Stiftungserrichtung (**Zustiftungen**) und Schenkungen Dritter gelten die allgemeinen Grundsätze des Erbschaftsteuerrechts (siehe Rn. 570 ff.). Sie kommen – anders als die Erstdotation – nicht in den Genuss der Steuerklassenvergünstigung des § 15 Abs. 2 Satz 1 ErbStG. Ein Abstellen auf das Verwandtschaftsverhältnis des nach der Stiftungsurkunde entferntesten Berechtigten zu dem Stifter ist nicht möglich, so dass diese Zuwendungen stets in die ungünstige Steuerklasse III fallen. Gleiches gilt für nachträgliche Zuwendungen von Todes wegen, die als Erwerb gem. § 3 Abs. 1 Nr. 1 ErbStG angesehen werden. Die Steuerklasse III wirkt sich darüber hinaus auch auf den Steuersatz nach § 19 Abs. 1 ErbStG und den persönlichen Freibetrag gem. § 16 Abs. 1 ErbStG nachteilig aus, so dass sich bei einer Zustiftung gegenüber der Erstdotation erheblich höhere schenkung-/erbschaftsteuerliche Belastungen ergeben.[2]

795

Eine Ausnahme wird nur dann zugelassen, wenn der Stifter bereits im Stiftungsgeschäft die hinreichend konkretisierte Verpflichtung zu weiteren Zustiftungen aufgenommen hat, weil dann noch von einem einheitlichen (ersten) Erwerbsvorgang gesprochen werden kann. Wird dies bei der Gestaltungsberatung beachtet, kann die Einordnung in eine günstigere Steuerklasse und damit unter Umständen eine erhebliche Ersparnis an Erbschaftsteuer erreicht werden.[3]

796

Zuwendungen **innerhalb von zehn Jahren** werden nach § 14 ErbStG zusammengerechnet (siehe Rn. 606).[4] Die dadurch veranlasste Erbschaftsteuer darf 50 % des Erwerbs nicht übersteigen, § 14 Abs. 2 ErbStG.

797

Die Zustiftung eines Grundstücks nach Bebauung desselben durch die Stiftung empfiehlt sich nicht, da die Finanzverwaltung den nicht zu leistenden Aufwendungsersatzanspruch der Stiftung (§ 951 Abs. 1 i. V. m. § 812 BGB) als Gegenleistung ansehen und die Bereicherung der Stiftung als gemischte Schenkung (siehe Rn. 627) besteuern will.[5]

798

---

1 BFH v. 10. 3. 1999 - XI R 28/98, BStBl 1999 II S. 475 (= DB 1999 S. 1360).
2 R E 15.2 Abs. 3 ErbStR 2011; Fumi, EFG 2008 S. 1139.
3 Götz, NWB F. 2 S. 8797 f.; Korezkij, ZEV 1999 S. 132, 134; Troll/Gebel/Jülicher, ErbStG, § 15 Rn. 112.
4 Götz, ZEV 2001 S. 9.
5 FM Baden-Württemberg v. 7. 12. 2000, DB 2000 S. 2560; Hartmann, DStR 2001 S. 1545 ff.

799 Eine **Satzungsänderung**, die den Charakter der Stiftung unverändert lässt, löst keine **Erbschaftsteuerpflicht** aus. Nach Auffassung der Finanzverwaltung[1] ist dies jedoch bei der **Umwandlung einer Familienstiftung in eine gewöhnliche Stiftung** der Fall. Sie begründet dies damit, dass die Umwandlung als Aufhebung der Familienstiftung und Errichtung einer gewöhnlichen Stiftung anzusehen ist. Deren Erwerb soll nach Auffassung der Finanzverwaltung der Besteuerung nach § 7 Abs. 1 Nr. 9 i. V. m. § 15 Abs. 1 ErbStG nach Steuerklasse III versteuert werden.

800 Die **Aufnahme** bisher nicht bezugs- oder anfallberechtigter **Familienmitglieder** in den Kreis der Destinatäre **durch Satzungsänderung** soll nach Verwaltungsauffassung[2] gem. § 15 Abs. 2 ErbStG entsprechende **Erbschaftsteuerpflicht** der „neuen" Stiftung auslösen (siehe Rn. 818).[3]

Bei **Umwandlung** der Familienstiftung in eine **gemeinnützige** Stiftung ist die Übertragung auf dieselbe nach § 13 Abs. 1 Nr. 16b ErbStG **erbschaftsteuerfrei**.[4]

801 Ob die **betagte Zuwendung** des Stifters einen Anwendungsfall des § 9 Abs. 1 Nr. 1a ErbStG darstellt,[5] wonach die Erbschaftsteuer erst mit dem Eintritt der Bedingung oder des Ereignisses entsteht, ist aufgrund der neueren Rechtsprechung fraglich geworden.[6] Denn die Erbschaftsteuer für betagte Ansprüche, die zu einem bestimmten (feststehenden) Zeitpunkt fällig werden, soll im Regelfall nach § 9 Abs. 1 Nr. 1 EStG bereits im Zeitpunkt des Todes des Erblassers entstehen.[7]

1.4 Erbersatzsteuer für Familienstiftungen

802 Obwohl die sog. Erbersatzsteuer im Erbschaftsteuergesetz (in § 1 Abs. 1 Nr. 4 ErbStG) enthalten ist, wird sie in einem besonderen Abschnitt behandelt, da sie **systemfremd** im Erbschaftsteuergesetz geregelt ist.[8] Ihre Erhebung knüpft weder an eine Bereicherung durch letztwillige Zuwendung noch durch Schen-

---

1 FM Baden-Württemberg v. 28. 10. 1983 - S 3800 A-6/79, DStR 1983 S. 744; FM Schleswig-Holstein v. 14. 11. 1983 - VI-330a - S 3800 - 28; Niedersächsisches FM v. 6. 12. 1983, DB 1984 S. 23; R E 1.2 Abs. 4 ErbStR 2011.

2 R E 1.2 Abs. 4 ErbStR 2011; a. A. Götz in Wilms, ErbStG, § 15 Rn. 140.

3 R E 1.2 Abs. 4 Satz 7 ErbStR 2011.

4 R E 1.2 Abs. 5 ErbStR 2011.

5 BFH v. 27. 8. 2003 - II R 58/01, BStBl 2003 II S. 921.

6 Näheres bei Viskorf/Knobel/Schuck/Wälzholz, a. a. O., § 9 Rn. 15.

7 Solche Ansprüche sind aber ggf. mit ihrem nach § 12 Abs. 3 BewG abgezinsten Wert anzusetzen.

8 So auch Meincke, ErbStG, a. a. O., § 1 Anm. 13 ff. m. w. N.; Kapp/Ebeling, a. a. O., § 1 Rn. 49; R E 1.2 Abs. 1 ErbStR 2011.

kung an. **Steuerschuldner** der Erbersatzsteuer ist gem. § 20 Abs. 1 ErbStG die **Stiftung**.

Nach der Erbschaftsteuerreform 1974[1] wurde ein vollkommen neuer Steuer-   803
tatbestand geschaffen, nämlich eine Erbschaftsteuer für Familienstiftungen
(und für Familienvereine) mit Sitz oder Geschäftsleitung im Inland (zur Definition siehe Rn. 453, 570, 596, 695). Das Vermögen einer Familienstiftung unterliegt in **Zeitabständen von je 30 Jahren** der sog. Erbersatzsteuer (§ 1 Abs. 1
Nr. 4 i. V. m § 2 Abs. 1 Nr. 3 ErbStG). Die **„Ersatzerbschaftsteuer"**[2] beruht auf einer Erbgangsfiktion in Zeitabständen von 30 Jahren. Die Frist beginnt mit dem
erstmaligen Übergang des Vermögens auf die neu gegründete Stiftung zu laufen. Durch diesen Besteuerungstatbestand soll verhindert werden, dass in Familienstiftungen gebundenes Vermögen auf Dauer der Erbschaftsteuer entzogen wird.

Das Gesetz **fingiert**, dass das Vermögen im Abstand von 30 Jahren einer nächsten, aus zwei Kindern bestehenden Generation anfällt, weshalb für die Ermittlung der Erbersatzsteuer stets die Steuerklasse I bezogen auf die **Hälfte** des
steuerpflichtigen Vermögens heranzuziehen ist (§ 15 Abs. 2 Satz 3 ErbStG). Gemäß § 15 Abs. 2 letzter Satz ErbStG wird der **doppelte Freibetrag** nach § 16
Abs. 1 Nr. 2 ErbStG, also insgesamt 800.000 € gewährt, und die Steuer nach
dem Vomhundertsatz der Steuerklasse I berechnet, der für die Hälfte des steuerpflichtigen Vermögens gelten würde. Die Wertermittlung des Stiftungsvermögens erfolgt nach § 12 ErbStG, also zu den je nach Vermögensart maßgeblichen (i. d. R. Verkehrs-)Werten (zum Stichtag, § 9 Abs. 1 Nr. 4 ErbStG). Bei der
Wertermittlung gem. Bewertungsgesetz sind Leistungen an die nach der Stiftungsurkunde Berechtigten gem. § 10 Abs. 7 ErbStG nicht abzugsfähig.

Theoretisch kann die Erbersatzsteuer gem. § 28 Abs. 2 ErbStG **gestundet** wer-   804
den, *„soweit dies zur Erhaltung des Betriebs notwendig ist"*. Die Stiftung selbst
ist kein Betrieb. Die Führung von Einzelunternehmen in Stiftungen sind absolute Ausnahmefälle. Die Vorschrift gilt aber auch für land- und forstwirtschaftliche Betriebe.[3] Gleichwohl hat die Vorschrift geringe praktische Bedeutung.

Jeder gem. § 1 ErbStG steuerpflichtige Erwerb ist gem. § 30 Abs. 1 ErbStG bin-   805
nen einer Frist von drei Monaten nach erlangter Kenntnis dem zuständigen
Erbschaftsteuer-Finanzamt anzuzeigen. Da die Erbersatzsteuer nicht die Be-

---

1 Gesetz v. 17. 4. 1974, BGBl 1974 I S. 933.
2 Zum Begriff vgl. R E 1.2 Abs. 1 Satz 2 ErbStR 2011.
3 Viskorf/Knobel/Schuck/Wälzholz, ErbStG, a. a. O., § 28 Rn. 23.

steuerung eines Erwerbs, sondern vorhandenen Vermögens ist, ist eine **Anzeigepflicht** bei der Erbersatzsteuer **umstritten.**[1]

806 Auch für die Erbersatzsteuer gilt gem. § 13a Abs. 11 ErbStG[2] die **Verschonungsregelung** des § 13a Abs. 1 bis 10 ErbStG, d. h., soweit zum Vermögen der Familienstiftung Betriebsvermögen, Mitunternehmeranteile, land- und forstwirtschaftliche Vermögen und Anteile an Kapitalgesellschaften mit über 25 % des Nennbetrages gehören (zur Verschonung siehe Rn. 1871 ff.).

Durch die Gesetzesänderung mit Wirkung ab dem 1. 7. 2016 wird der Nettowert des **Verwaltungsvermögens** (§ 13b Abs. 4 ErbStG), also Verwaltungsvermögen, das nicht ausnahmsweise als „unschädliches Verwaltungsvermögen" (§ 13b Abs. 7 ErbStG) angesehen wird bzw. nach § 13b Abs. 3 und 4 ErbStG verrechnet werden kann, definitiv **besteuert.** Ziel des Gesetzgebers war es, dass nur das begünstigte operative Vermögen schlussendlich den Verschonungen des § 13a ErbStG unterliegt. Das Verwaltungsvermögen ist entsprechend der Vorgabe des BVerfG mit Ausnahme einer Quote von 10 %[3] nicht mehr begünstigt und voll zu versteuern.

HINWEIS:

Dies ist eine für Familienstiftungen mit nach der bis 30. 6. 2016 geltenden Rechtslage voll verschonungsfähigem Vermögen einzuplanende **Verschlechterung** der Rechtslage seit 1. 7. 2016. Es ist zu prüfen, ob im Hinblick auf eine in naher Zukunft erfolgende Festsetzung von Erbersatzsteuer nicht Verwaltungsvermögen abgebaut bzw. mittelfristig (zwei Jahre) umgeschichtet wird.

Die Erbersatzsteuer kann gem. § 24 ErbStG zu einem Zinssatz von 5,5 % auf **30 Jahre verrentet werden.**[4]

807 Die Erbersatzbesteuerung **fingiert,** dass im Abstand von 30 Jahren das Stiftungsvermögen **zwei Personen** der Steuerklasse I zur freien Verfügung zufällt (siehe Rn. 803). Bei begünstigtem Vermögen i. S. d. § 13b Abs. 1 ErbStG bedeutet diese **fiktive Halbierung** für die Ermittlung der Erbersatzsteuer, dass die Verschonungsbedarfsprüfung (§ 28a ErbStG) und der Verschonungsabschlag

---

1 Meincke, ErbStG, § 30 Rn. 3; a. A. Ebeling, DStR 1999 S. 665 f.

2 Bis 30. 6. 2016: § 13a Abs. 9 ErbStG.

3 Der Nettowert des Verwaltungsvermögens wird wie begünstigtes Vermögen behandelt, soweit er 10 % des um den Nettowert des Verwaltungsvermögens gekürzten gemeinen Werts des Betriebsvermögens nicht übersteigt (unschädliches Verwaltungsvermögen). Dieses quasi begünstigte Vermögen stellt eine Art Freibetrag für Verwaltungsvermögen dar, denn insoweit nimmt es als Teil des begünstigten Vermögens an den gesetzlich vorgesehenen Verschonungen teil.

4 Siehe dazu Meincke, ErbStG, a. a. O., § 24 Rn. 1.

(§ 13c ErbStG) erst bei einem Wert des begünstigten Unternehmens/Gesellschaftsanteils von mehr als 52 Mio. € zum Tragen kommt. Anders als bei einer natürlichen Person, bei denen Erwerbe von mehr als 90 Mio. € grundsätzlich keine Begünstigung für den gesamten Erwerb erfahren (§ 13c Abs. 1 Satz 2 ErbStG), entfällt bei Familienstiftungen der Verschonungsabschlag erst bei einem begünstigten Vermögen von mehr als 180 Mio. €. In diesen Fällen kommt – bei entsprechendem Antrag – nur noch die Verschonungsbedarfsprüfung in Betracht. Die Anwendung eines abgeschmolzenen Verschonungsabschlags scheidet aus.

Gemäß § 1 Abs. 1 Nr. 4 ErbStG unterliegen Familienstiftungen mit Sitz oder Geschäftsleitung im **Ausland nicht der Erbersatzsteuerpflicht**.[1] Nach § 15 Abs. 1 Satz 2 AStG gilt die **Zurechnungsvorschrift** des § 15 Abs. 1 Satz 1 AStG für Vermögen und Einkommen ausländischer Familienstiftungen **nicht** für die **Erbschaftsteuer**, so dass ausländische Stiftungen und Trust davon nicht betroffen sind.   808

Auch das Vermögen anderer Körperschaften wird nicht dieser Steuer unterworfen. Diese in § 1 Abs. 1 Nr. 4 ErbStG enthaltene Fiktion war von Anfang an fragwürdig und ist durch die erheblich angestiegene durchschnittliche Lebenszeit von Männern und Frauen in Deutschland noch fragwürdiger geworden. Es ist keineswegs von einer Generationenfolge innerhalb von 30 Jahren auszugehen. Bei der Bemessung auf 30 Jahre hat die Verkennung des Charakters einer Stiftung und die Gleichsetzung mit der Dauertestamentsvollstreckung (§ 2210 BGB) aus politischen Gründen wohl eine entscheidende Rolle gespielt. Im Charakter ist die Erbersatzsteuer eine Vermögensteuer, die bekanntlich seit 1. 1. 1997 wegen Verfassungswidrigkeit nicht mehr erhoben wird.

Wählt die Stiftung – was der Normalfall sein dürfte –, die Form der **Verrentung** gem. § 24 ErbStG, so kann die Verrentung auch für einen Teilbetrag erfolgen; die im Rahmen der Verrentung festgesetzten Jahresbeträge können ganz oder teilweise vorzeitig abgelöst werden und die Verrentung kann auf einen kürzeren Zeitraum als 30 Jahre bemessen werden.[2]   809

Bei der **vorzeitigen Ablösung** wird gem. § 23 Abs. 2 ErbStG verfahren; dies bedeutet u. a. Kapitalwertberechnung gem. § 13 Abs. 1 BewG unter Zugrundelegung eines Zinsfußes von 5,5 % p. a., der auch bei der Ermittlung des Jahresbetrages gem. § 24 ErbStG anzuwenden ist.   810

---

1 BFH v. 6. 12. 1989, BStBl 1990 II S. 221 f.
2 Niedersächsisches FM v. 14. 3. 1984 - S 3826 - 1-34, DStR 1984 S. 306; SenFin Hamburg v. 1. 3. 1984 - 54 - S 3836 - 1/82.

811 Die Erbersatzsteuer ist wie die Erbschaftsteuer (und Schenkungsteuer anlässlich der Erstdotation, siehe Rn. 735) bei der Einkommensermittlung der **Abzug** nach § 10 Nr. 2 KStG **verwehrt** (vgl. oben Rn. 750). Auch ist sie wie die Erbschaftsteuer bei der Ermittlung des steuerpflichtigen Vermögens nicht abzugsfähig (§ 10 Abs. 8 ErbStG), da sie – zwar systemwidrig, aber mit Gesetzeskraft – im ErbStG enthalten ist.[1]

812 An der **Verfassungsmäßigkeit** der Erbersatzsteuer für Familienstiftungen wurden bereits während des Gesetzgebungsverfahrens erhebliche Zweifel geäußert.[2] Das **Bundesverfassungsgericht** hat jedoch mit Beschluss vom 8. 3. 1983[3] die **Verfassungsmäßigkeit** der Erbersatzsteuer **bejaht.**

813 Trotz aller Kritik ist darauf hinzuweisen, dass es im Einzelfall vorkommen kann, dass die **Belastung** durch die Erbersatzsteuer **geringer** ist als die „reguläre" Belastung einer Erbfolge mit Erbschaftsteuer. Besonders bei einem ungünstigen Altersaufbau kann es zu Erbgängen in kürzeren Folgen als in 30 Jahren kommen. Die Steuerbelastung je Erbfall kann dann höher sein als die Erbersatzsteuer. Weiterhin wird als ein **Vorteil** der Erbersatzsteuer bezeichnet, dass sie wenigstens zeitlich kalkulierbar ist.[4] Eine Massenflucht aus der Familienstiftung vor der Erbersatzsteuer ist nach dem Verfassungsgerichtsbeschluss des § 1 Abs. 1 Nr. 4 ErbStG jedenfalls nicht bekannt geworden,[5] sie dürfte wegen fehlender Alternativen in Deutschland auch schwer durchzuführen sein.

814 Die **Konsequenzen**, die aus dem Edikt der Erbersatzsteuer gezogen wurden, sind recht unterschiedlich. Klöckner beispielsweise wählte den Weg in die gemeinnützige Stiftung, Flick den Weg aus Stiftungen zur Vermeidung der Erbersatzsteuer.

815 Vor allem als Familienstiftungen eingestufte Stiftungen, die über Generationen großes ertragloses Vermögen (z. B. Kulturgüter wie Baudenkmäler, Sammlungen von Gemälden, Skulpturen, Noten, Büchern, wissenschaftlichen Gegenständen, forst- und landwirtschaftliches Vermögen, nicht oder gering rentierendes Betriebs- und Grundvermögen) verwalten, können die Erbersatzsteuer ohne Verkäufe von Teilen desselben nicht aufbringen.[6] In einigen Fällen trat der Staat als rettender Käufer auf oder es wurden Familienstiftungen in ande-

---

1 FM Baden-Württemberg v. 28. 10. 1983 - S 3800 A - 6/79, DStR 1983 S. 744; siehe auch BFH v. 8. 4. 1981, BStBl 1981 II S. 581.
2 Meincke, ErbStG, a. a. O., § 1 Rn. 15, m. w. N.
3 BStBl 1983 II S. 779; BVerfGE 63 S. 312 ff.
4 Götz, NWB F. 2, 8797 f.
5 Pöllath/Richter in Seifart/v. Campenhausen, a. a. O., § 13 Rn. 112 ff.
6 Als Beispiel unter vielen kann die Hessische Hausstiftung dienen, FAZ v. 6. 3. 2002.

re Stiftungen (auch normal steuerpflichtige) durch Satzungsänderung über-führt.[1]

Die Vorkalkulation der zu erwartenden Höhe erlaubt auch Vergleichsberech-nungen der Steuerbelastung zu Alternativen, z. B. zur Aufhebung der Familien-stiftung, Umwandlung in eine steuerbegünstigte Stiftung, Beibehaltung der Familienstiftung und Übertragung eines großen Teils des Vermögens auf eine neu zu errichtende gemeinnützige Stiftung, zusätzlichen Ausschüttung an die Destinatäre zur Verminderung des der Erbersatzsteuer unterliegenden Ver-mögens, Aufspaltung in mehrere Familienstiftungen nach Familienstämmen zur Verminderung des Erbschaftsteuersatzes u. a. m.   816

Soll die Familienstiftung nicht aufgehoben werden, so ist zu beachten, dass der Bestand des Vermögens der Stiftung zu dem für die Bewertung im dreißig-jährigen Turnus maßgebenden Zeitpunkt entscheidend ist. Wenn es auch nahe liegt, vor dem Stichtag noch besondere Zuwendungen an die Destinatären vorzunehmen, bleibt die „Erbersatzsteuer" bei größeren Familienstiftungen doch konfiskatorisch. Auch in ihrer verrenteten Form ist sie eine starke Belas-tung.   817

Eine bisher im Schrifttum vernachlässigte Gefahr stellt die Verwaltungsauffas-sung dar,[2] wonach die Dreißig-Jahres-Frist bei der „alten" Stiftung endet und bei der „neuen" Stiftung neu beginnt, wenn durch **Satzungsänderung** bisher nicht bezugs- oder anfallberechtigte Familienmitglieder in den Kreis der Desti-natäre aufgenommen werden. Dies aber nur dann, wenn die Errichtung der „alten" Stiftung bei – unterstellter bereits damaliger Zugehörigkeit der neu aufgenommenen Destinatäre zum Kreis der Begünstigten – seinerzeit nach ei-ner ungünstigeren Steuerklasse zu besteuern gewesen wäre (z. B. Geschwister und deren Abkömmlinge, siehe Rn. 594). Die bei der Errichtung der „alten" Stif-tung festgesetzte Erbschaftsteuer soll ferner **nicht** auf die Erbschaftsteuer der „neuen" Stiftung angerechnet werden,[3] so dass eine nicht sachgerechte Über-steuerung eintritt.   818

Der Vorstand einer Familienstiftung hat in seine Liquiditätsplanung einzustel-len, wann und in welcher Höhe mutmaßlich Erbersatzsteuer anfallen wird. Die für die Steuerzahlung voraussichtlich benötigte Liquidität ist vorzuhalten und bei der Bemessung der monatlichen/jährlichen Auszahlungen an die Destina-täre zu berücksichtigen (vgl. Rn. 282).   819

---

1 Vgl. FM Baden-Württemberg v. 28.10.1983 - S 3800A - 6/79, DStR 1983 S. 744.
2 R E 1.2 Abs. 4 ErbStR 2011.
3 R E 1.2 Abs. 4 letzter Satz ErbStR 2011.

1.5 Umsatzsteuer und sonstige Steuern

1.5.1 Umsatzsteuer

820 Grundsätzlich gelten für Stiftungen umsatzsteuerlich keine Besonderheiten. Im Einzelfall sind ggf. die Steuerbefreiungen nach § 4 UStG zu prüfen.

821 Das bloße **Halten von Beteiligungen** begründet noch **keine Unternehmereigenschaft** i. S. d. UStG.[1] Dies gilt auch, wenn die Stiftung als **Holding** administrative, finanzielle, kaufmännische oder/und technische Dienstleistungen für ihre Beteiligungsgesellschaften erbringt, sog. Finanzholding.[2] Erst wenn die Holding in das Tagesgeschäft ihrer Tochtergesellschaften eingreift im Sinne einer einheitlichen Leitung, ist sie Unternehmerin (sog. Führungs- und Funktionsholding).[3] Auch die persönlich haftende Gesellschafterin einer Personengesellschaft (z. B. Stiftung & Co. KG) ist wegen ihrer Geschäftsführungstätigkeit Unternehmerin.[4]

822 Die Voraussetzungen des § 2 Abs. 2 Nr. 2 UStG für die umsatzsteuerliche **Organschaft – finanzielle, organisatorische und wirtschaftliche Eingliederung einer juristischen Person in ein anderes Unternehmen** – sind nicht identisch mit den Voraussetzungen der körperschaftsteuerlichen und gewerbesteuerlichen Organschaft. Die **finanzielle** Eingliederung setzt eine mittelbare oder unmittelbare Beteiligung in der Weise voraus, dass der Organträger – hier die Stiftung – über mehr als 50 % der Stimmrechte der Organgesellschaft verfügt.[5] Da von der finanziellen Eingliederung nicht auf die organisatorische Eingliederung geschlossen werden kann, kann die organisatorische Eingliederung i. d. R. nur durch **Personalunion** der Organe erlangt werden.[6]

823 Besondere Brisanz hat sich durch ein Urteil des BFH ergeben, wonach Tätigkeiten der Vorstände eines Vereins – und Gleiches müsste für die Vorstände einer Stiftung gelten – gegen Aufwandsentschädigung umsatzsteuerbare Leistungen sein können.[7] Die Steuerbefreiung nach § 4 Nr. 26b UStG wird bei steuerpflichtigen Stiftungen i. d. R. nicht greifen.

---

1 Abschn. 2.3 Abs. 2 UStAE.
2 Abschn. 2.3 Abs. 3 UStAE.
3 Abschn. 2.3 Abs. 3 Satz 2 UStAE.
4 Abschn. 2.2 Abs. 5 UStAE.
5 Abschn. 2.8 Abs. 5 UStAE; BFH v. 22. 11. 2001, DStR 2002 S. 214 f.
6 BFH v. 3. 4. 2008 - V R 76/05, BFH/NV 2008 S. 1410.
7 BFH v. 14. 5. 2008 - XI R 70/07, BStBl 2008 II S. 912.

1.5.2 Sonstige Steuern

Als Arbeitgeber **haftet** die Stiftung für die Abführung der **Lohn- und Lohnkir-** 824
chensteuer (wie auch für Sozialversicherungsbeiträge), auch des Arbeitnehmeranteils, gem. § 42d EStG. Während Vorstandsmitglieder mit ihren Gehältern grundsätzlich lohnsteuerpflichtig sind, erzielen Mitglieder eines Aufsichtsrates, Beirates und eines ähnlichen Stiftungsorgans mit ihren Bezügen
i. d. R. Einkünfte aus selbständiger Arbeit oder – bei ehrenamtlicher Tätigkeit
mit den die eigenen Aufwendungen übersteigenden Bezügen – sonstige Einkünfte i. S. v. § 22 Nr. 3 EStG.[1]

Die Stiftung **haftet** gem. § 50a Abs. 5 EStG auch für den Steuerabzug bei den 825
dort bezeichneten **beschränkt Steuerpflichtigen**, wenn sie nicht Arbeitnehmer
sind, aber von der Stiftung engagiert werden. Ferner ist die **Steuerabzugs-**
pflicht für Bauleistungen auch gem. § 48 EStG von Stiftungen zu beachten,
wenn die Stiftung Unternehmer i. S. v. § 2 UStG oder eine Stiftung des öffentlichen Rechts ist.

1.6 Grunderwerbsteuer

Wird **Grundvermögen** auf eine Familienstiftung übertragen, sei es in Erfüllung 826
der Verpflichtung aus dem Stiftungsgeschäft oder sei es später im Wege der
Zustiftung, so erfolgt diese Übertragung regelmäßig **unentgeltlich**, so dass die
Übertragung nach § 3 Nr. 2 Satz 1 GrEStG von der Grunderwerbsteuer **befreit**
ist.

Anders ist dies, soweit die Zustiftung eine gemischte Schenkung (**Auflagen-**
schenkung) darstellt. Hat sich der Schenker (was in der Praxis häufig vor-
kommt) z. B. eine Leibrente oder ein Nutzungsrecht vorbehalten, hat also die
Stiftung eine Gegenleistung für das übertragene Grundvermögen zu leisten,
ist nach § 3 Nr. 2 Satz 1 GrEStG nur der unentgeltliche Teil der Zuwendung
grunderwerbsteuerbefreit; der **entgeltliche Teil** ist nach § 3 Nr. 2 Satz 2 GrEStG
steuerpflichtig.

Wird nicht ein einzelnes Grundstück auf die Familienstiftung unentgeltlich 827
übertragen, sondern ein Anteil an einer grundbesitzenden **Personengesell-**
schaft, so ist der ggf. nach § 1 Abs. 2a GrEStG[2] steuerbare Erwerb ebenfalls
gem. § 3 Nr. 2 GrEStG von der Grunderwerbsteuer **befreit**.[3] Bei einer teilent-

---

1 BMF v. 13. 3. 1996, DB 1996 S. 960.
2 Nach § 1 Abs. 3 Satz 1 GrEStG ist § 1 Abs. 2a GrEStG vorrangig anzuwenden.
3 Franz in Pahlke/Franz, GrEStG, 5. Aufl. 2014, § 3 Rn. 36.

geltlichen Übertragung kann (neben Schenkungsteuer) auch Grunderwerbsteuer entstehen.[1]

Für Gesellschaftsanteile an einer grundbesitzenden **Kapitalgesellschaft**, die auf eine Familienstiftung übertragen werden, ist zu unterscheiden. Werden bereits in der Hand des Schenkers vereinigte Anteile an der Kapitalgesellschaft unentgeltlich auf die Familienstiftung übertragen (§ 1 Abs. 3 Nr. 3 und 4 GrEStG), ist § 3 Nr. 2 GrEStG anwendbar. Tritt die Anteilsvereinigung an der grundbesitzenden Kapitalgesellschaft bei der Familienstiftung infolge der Zuwendung ein (§ 1 Abs. 3 Nr. 1 und 2 GrEStG), ist dieser Vorgang ebenfalls gem. § 3 Nr. 2 GrEStG von der Grunderwerbsteuer **befreit**.[2] Allerdings kann bei einer **Anteilsvereinigung in zwei Rechtsakten**, wovon einer teilentgeltlich ist (z. B. gemischte Schenkung), eine **Aufteilung** in einen grunderwerbsteuerpflichtigen und grunderwerbsteuerbefreiten Vorgang vorzunehmen sein.[3]

828–844   *(Einstweilen frei)*

2. Besteuerung der Destinatäre

2.1 Einkommensteuer

845   Bei Stiftungsvorhaben, insbesondere bei der satzungsgemäßen Bemessung von Zuwendungen an natürliche Personen als Destinatäre (auch auf dem Wege von durch die Stiftungsorgane festgesetzten Leistungsplänen), ist ihre Besteuerung bei der Stiftung und ihren Destinatären ein entscheidendes Kriterium.

846   Nach dem bis 31. 12. 2000 geltenden Recht waren Zuwendungen an Destinatäre bei der unbeschränkt steuerpflichtigen Stiftung nicht abzugsfähig und unterlagen bei dieser endgültig der Körperschaftsteuer gem. § 10 Nr. 1 KStG. Bei den Destinatären unterlagen sie nicht der Einkommensbesteuerung, weil sie zu keiner der unter § 2 Abs. 1 EStG – auch nicht als wiederkehrende Bezüge gem. § 22 Nr. 1 EStG – aufgeführten Einkunftsarten gehörten.

847   Seit dem sog. Steuersenkungsgesetz[4] hat sich mit Wirkung ab dem 1. 1. 2001 diese Rechtslage grundlegend geändert. Einnahmen eines Destinatärs als natürliche Person sind nunmehr – bei unveränderter Nichtabzugsfähigkeit bei

---

1 Franz in Pahlke/Franz, GrEStG, 5. Aufl. 2014, § 3 Rn. 38.
2 Gleich lautende Erlasse der Länder v. 6. 3. 2013, BStBl 2013 I S. 773 (Tz. 1 Bsp. 1).
3 Gleich lautende Erlasse der Länder v. 6. 3. 2013, BStBl 2013 I S. 773, 774 (Tz. 4).
4 So wurde das „Gesetz zur Senkung der Steuersätze und zur Reform der Unternehmensbesteuerung" (StSenkG) in der Bekanntmachung v. 23. 10. 2000, BGBl 2000 I S. 1433 ff. genannt.

der Körperschaftsteuer gem. § 10 Nr. 1 KStG – gem. § 20 Abs. 1 Nr. 9 EStG als Einnahmen aus **Kapitalvermögen beim Destinatär** im Rahmen der Abgeltungssteuer[1] **steuerpflichtig**, so dass die bisher vermiedene doppelte Einkommensbesteuerung eingetreten ist, obwohl ein dem Destinatär zuzurechnendes Kapitalvermögen bei der Stiftung nicht vorhanden ist.[2]

Die Neuregelung gilt nicht nur für Zuwendungen einer **nicht** von der Körperschaftsteuer befreiten Stiftung (Abs. 1 Nr. 9), sondern auch für Zuwendungen eines nicht von der Körperschaftsteuer befreiten Betriebes gewerblicher Art von Stiftungen des öffentlichen Rechts und von wirtschaftlichen Geschäftsbetrieben von körperschaftsteuerbefreiten anderen Stiftungen (Nr. 10a und b).

Voraussetzung für eine **Besteuerung** beim Destinatär nach § 20 Abs. 1 Nr. 9   848
EStG ist, dass es sich um Einnahmen handelt, *„die Gewinnausschüttungen i. S. d. § 20 Abs. 1 Nr. 1 EStG wirtschaftlich vergleichbar sind"*. Der Gesetzgeber hat in der Gesetzesbegründung zum Steuersenkungsgesetz[3] wörtlich ausgeführt: *„Bei diesen Körperschaften (Stiftungen) gibt es grundsätzlich keine Ausschüttungen an Anteilseigner. Gleichwohl kommt es auch bei diesen Körperschaften zu Vermögensübertragungen an die hinter diesen Gesellschaften stehenden Personen. Diese Vermögensübertragungen sind wirtschaftlich gesehen mit Gewinnausschüttungen vergleichbar."*

Diese auf den ersten Blick eindeutige Gesetzesbegründung zur Auslegung des   849
§ 20 Abs. 1 Nr. 9 EStG hatte in der Literatur gleichwohl zu einem Meinungsstreit geführt. Es wurden im Wesentlichen drei verschiedene Ansichten vertreten.

1. Nach einer Ansicht sind Zuwendungen der Familienstiftung stets Bezüge i. S. d. § 22 Nr. 1 Satz 2 a) EStG, weil es sich hierbei um die gegenüber § 20 Abs. 1 Nr. 9 EStG speziellere Vorschrift handele.[4]

2. Nach anderer Auffassung sind die – in aller Regel aufgrund einer entsprechenden Satzungsbestimmung erfolgenden – Ausschüttungen bei den Destinatären nach § 20 Abs. 1 Nr. 9 EStG zu versteuern. Hierbei soll die Art und Weise der Zuwendung keine Rolle spielen. Ob also die Zuwendungen einmalig oder wiederkehrend geleistet werden, oder ob sie satzungsmäßig

---

1 Weber-Grellet in Schmidt, EStG, § 20 Rn. 115.
2 BFH v. 14. 7. 2010 - X R 62/08, BFH/NV 2010 S. 113.
3 BT-Drucks. 14/2683 und 14/3074; BR-Drucks. 90/00.
4 Schaumburg/Rödder, Unternehmenssteuerreform 2001, S. 299, 314 ff.; FG Baden-Württemberg v. 20. 11. 2008, EFG 2009 S. 816 (nrkr.).

freiwillig, d. h. außerhalb der Satzung, erfolgen, soll an der ausschließlichen Besteuerung nach § 20 Abs. 1 Nr. 9 EStG nichts ändern.[1]

3. Nach der auch von der Finanzverwaltung geteilten vermittelnden Ansicht[2] können die Leistungen an die Destinatäre sowohl unter § 20 Abs. 1 Nr. 9 EStG als auch unter § 22 Nr. 1 EStG fallen. Die Finanzverwaltung will aus § 20 Abs. 1 Nr. 9 EStG nur solche wiederkehrenden Bezüge ausscheiden, deren Bemessung sich völlig von der Gewinnsituation der Stiftung löst. Werden z. B. feststehende wiederkehrende Bezüge oder wiederkehrende Bezüge, die sich allein an den Verhältnissen der Destinatäre (etwa deren Unterhaltsbedürfnis) orientieren, bezahlt, sind diese nach § 22 Nr. 1 EStG zu versteuern. Für einmalige, insbesondere außerordentliche Leistungen soll nach dieser Ansicht ausschließlich eine Erfassung nach § 20 Abs. 1 Nr. 9 EStG in Betracht kommen.

850 Durch die Entscheidung des 1. Senats des BFH[3] hat der vorstehende Meinungsstreit ein Ende gefunden. Der BFH unterwirft unterschiedslos alle Leistungen einer Stiftung an den Destinatär der Besteuerung nach § 20 Abs. 1 Nr. 9 EStG, es sei denn es läge eine Gegenleistung vor. Durch das JStG 2010 wurde § 20 Abs. 1 Nr. 9 EStG ein Satz 2 angefügt. Danach sind nun auch Leistungen von vergleichbaren Körperschaften, Personenvereinigungen oder Vermögensmassen, die weder Sitz noch Geschäftsleitung im Inland haben, nach § 20 Abs. 1 Nr. 9 EStG beim inländischen Destinatär steuerpflichtig.

851 Ein Destinatär kann seit 1.1.2009 nur noch den Sparer-Freibetrag (§ 20 Abs. 9 EStG) von den von der Stiftung ausbezahlten Leistungen abziehen. Ebenfalls seit diesem Zeitpunkt gilt auch für Zuwendungen der steuerpflichtigen Stiftung nach § 32d Abs. 1 EStG die sog. **Abgeltungsteuer** mit 25 % (zzgl. Kirchensteuer und Solidaritätszuschlag). Ist der Destinatär eine körperschaftsteuerpflichtige Körperschaft, sind ihre Bezüge gem. § 8b Abs. 1 KStG zu 95 % steuerfrei.

852 Ebenfalls entschieden hat der BFH, dass seitens der Stiftung eine **Pflicht** zum **Kapitalertragsteuerabzug** besteht. Demnach muss die Stiftung als Schuldner der Kapitalerträge seit 1.1.2009 25 % Kapitalertragsteuer einbehalten, § 43a Abs. 1 Nr. 1 EStG; die Steuer ist zeitgleich mit der Auszahlung anzumelden und abzuführen, § 44 Abs. 1 Satz 5 EStG.

---

1 Vgl. Kußmaul/Meyering, ZSteu 2004 S. 41, 44; Wachter, a. a. O., S. 112; Schiffer, StuB 2001 S. 923.
2 Ähnlich Orth, DStR 2001 S. 331; BMF v. 26. 6. 2006, BStBl 2006 I S. 417.
3 BFH v. 3. 11. 2010 - I R 98/09, BStBl 2011 II S. 417.

BEISPIEL ► Die Destinatäre A, B und C sollen jährlich am 1. Juli eines Jahres einen fixen Betrag von je netto 25.000 € erhalten. Die Stiftung hat – im Hinblick auf die Kirchenzugehörigkeit eines Destinatärs (vgl. § 43a Abs. 1 Satz 2 EStG) – folgende unterschiedlichen Beträge beim Finanzamt anzumelden und die Steuern abzuführen:

	Destinatär A	Destinatär B	Destinatär C
einzubehaltene KapErtSt	25,00 %	25,00 %	25,00 %
einzubehaltener SolZ	5,50 %	5,50 %	5,50 %
einzubehaltene Kirchensteuer	8,00 %	0,00 %	0,00 %
ermäßigte KapErtSt (wg. Kirchensteuer)	24,51 %	-	-
Steuerbelastung	27,82 %	26,38 %	26,38 %
Auszahlung	**25.000,00**	**25.000,00**	**25.000,00**
einzubehaltene KapErtSt	8.488,96	8.488,96	8.488,96
einzubehaltener SolZ	466,89	466,89	466,89
einzubehaltene Kirchensteuer	679,12	0,00	0,00
Insgesamt an FA abzuführen	**9.634,97**	**8.955,86**	**8.955,86**
Gesamtbetrag (Liquiditätsabfluss bei der Stiftung)	**34.634,97**	**33.955,86**	**33.955,86**

Es zeigt sich, dass für die Destinatäre bei Vorliegen von Kirchensteuerpflicht andere Steuerbeträge an das Finanzamt abzuführen sind als bei Konfessionslosigkeit.

Von der Steuerpflicht sind die Bezieher relativ geringer Destinatärzuwendungen besonders hart betroffen. Denn hohe Destinatärbezüge sind selten. Viele Familienstiftungen gewähren sogar nur Ausbildungsbeihilfen, Unterstützungen u. Ä. Bei Vorlage einer Nichtveranlagungsbescheinigung durch einen Destinatär kann die Stiftung vom Abzug der Kapitalertragsteuer Abstand nehmen.[1]

Um beim Destinatär hinsichtlich der Besteuerung danach zu differenzieren, ob ertragsteuerlich steuerpflichtige oder steuerfreie Leistungen an den Destinatär gezahlt werden, ist es vonnöten, auf der Ebene der privatnützigen Stiftung die Leistungen jeweils entsprechend gegenüber dem Destinatär zu bescheinigen.

853

854

---

1 Weber-Grellet in Schmidt, EStG, § 44a Rn. 2 ff.

Ausgehend von der Regelung in § 27 Abs. 7 KStG besteht Einigkeit, dass privatnützige Stiftungen ein **steuerliches Einlagekonto** zu führen haben.[1]

855 Damit ist durch den Verweis in § 20 Abs. 1 Nr. 9 Satz 1 Halbsatz 2 EStG die Möglichkeit eröffnet, dass das Äquivalent einer Rückgewähr von Einlagen bei einer Kapitalgesellschaft durch eine Stiftung an ihren Destinatär steuerneutral zu behandeln ist. Mit anderen Worten: Gewinnausschüttungen wirtschaftlich vergleichbarer Leistungen der Stiftung an den Destinatär sind (abgeltung-)steuerpflichtig, **zurückgewährte Einlagen** an den Stifter (Anfangsdotation, Zustiftungen) etc. sind **steuerneutral**. In diesem Kontext ist darauf hinzuweisen, dass der Nachvollzug der „Eigenkapitalkonten" der Stiftung – aus generierten Erträgen bzw. aus Einlagen des Stifters bzw. der Destinatäre – von höchster Bedeutung ist (sog. „tracking"). Dieser bedingt die Führung eines **steuerlichen Einlagekontos.**[2]

856 Erhalten Destinatäre Zuwendungen hingegen aufgrund **schuldrechtlicher Austauschverträge**, so sind diese Zahlungen bei der Familienstiftung als Betriebsausgaben zu behandeln. Die Vergütungen werden, auch wenn sie unangemessen hoch sind, nicht als **verdeckte Gewinnausschüttungen** behandelt. Die Annahme einer verdeckten Gewinnausschüttung setzt nämlich voraus, dass der Empfänger der „Ausschüttung" ein mitgliedschaftliches oder mitgliedschaftsähnliches Verhältnis zur Körperschaft hat,[3] was indes bei Destinatären einer Stiftung **rechtstechnisch nicht** der Fall sein kann.[4] Beim Empfänger sind die Zuwendungen in Höhe des Zuflusses als Einkünfte aus der entsprechenden Einkunftsart steuerpflichtig.

857 Bei **einmaligen Zuwendungen** dürfte aufgrund der Rechtsprechung des BFH ebenfalls eine Steuerpflicht beim Destinatär gem. § 20 Abs. 1 Nr. 9 EStG vorliegen. Der 1. Senat hat zwar offen gelassen,[5] ob nach § 20 Abs. 1 Nr. 9 EStG nur auf Wiederholung angelegte Leistungen steuerbar sind. Nach Sinn und Zweck der Norm kann es darauf aber nicht ankommen.[6]

---

1 Kraft, DStR 2016 S. 2825, 2828.
2 Vgl. Orth, DB 2017 S. 1410, 1412.
3 Kraft, DStR 2016 S. 2825, 2829; R 8.5 Abs. 1 KStR 2015.
4 H 8.5 I. Grundsätze „Stiftungen" KStR 2015.
5 BFH v. 3. 11. 2010 - I R 98/09, BStBl 2011 II S. 417 Rn. 16.
6 Ebenso Weber-Grellet in Schmidt, EStG, § 20 Rn. 114.

2.2 Erbschaftsteuer

Entscheidend für die Erbschaft-/Schenkungsteuerpflicht einer Leistung, welche die Stiftung an ihre Destinatäre erbringt, ist die Einordnung als freigebige Zuwendung i. S. d. § 7 Abs. 1 Nr. 1 ErbStG. **Satzungsmäßige** Zuwendungen an die nach der Stiftungsurkunde Berechtigten (Destinatäre) sind für Erbschaftsteuerzwecke weder bei der Familienstiftung steuermindernd abzugsfähig (§ 10 Abs. 7 ErbStG) noch beim Empfänger als Schenkung zu erfassen. Es **fehlt** im Verhältnis zum Destinatär am Tatbestandsmerkmal der **Freigebigkeit**, da die Zuwendung aufgrund einer in der Satzung – wenn auch freiwillig – begründeten Rechtspflicht erfolgt. Nimmt die Stiftung hingegen eine „Ausschüttung" von Geldern an die Destinatäre vor, ohne dass eine satzungsmäßige oder vertragliche Verpflichtung hierzu besteht, ist eine schenkungsteuerpflichtige freigebige Zuwendung anzunehmen. 858

Zuwendungen an Destinatäre oder Dritte **aufgrund einer Auflage des Stifters** unterliegen der **Schenkungsteuerpflicht** nach § 7 Abs. 1 Nr. 2 ErbStG. Für die Steuerklasse und für die Gewährung von Freibeträgen ist das Verwandtschaftsverhältnis zum Stifter entscheidend. 859

2.3 Zurechnung der erzielten Einkünfte gem. § 15 AStG

Die bisherige Einkommenszurechnung nach § 15 AStG war nicht nur **europarechtswidrig**, sondern auch in weiten Teilen ungeklärt. Der Gesetzgeber hat im JStG 2009 durch den neuen § 15 Abs. 6 AStG versucht (mit Wirkung ex nunc, d. h. ab 1. 1. 2009) die Europarechtswidrigkeit zu beseitigen, indem er unter bestimmten Voraussetzungen bei Familienstiftungen mit **Geschäftsleitung oder Sitz in EU-/EWR-Staaten** von einer Hinzurechnung absieht (vgl. Rn. 1802). 860

Die Problematik der Einkünftezurechnung (früheren Einkommenszurechnung) nach § 15 Abs. 7 AStG (anwendbar auf alle noch offenen Fälle gem. § 21 Abs. 18 Satz 1 AStG, d. h. rückwirkend) ist geblieben (vgl. Rn. 1802 ff.).[1] 861

Die bereits durch das JStG 2008 eingeführte Vorschrift des **§ 18 Abs. 4 AStG** sieht vor, dass zumindest dann, wenn die Einkünfte einer ausländischen Familienstiftung **mehreren** Personen gem. § 15 Abs. 1 AStG zuzurechnen ist, die Besteuerungsgrundlagen **einheitlich und gesondert** in entsprechender Anwendung von § 18 Abs. 1 bis 3 AStG festzustellen sind. 862

(Einstweilen frei) 863–874

---

1 Vgl. hierzu FG Düsseldorf v. 22. 1. 2015 - 16 K 2858/13 F, EFG 2015 S. 629, rkr. (Nichtzulassungsbeschwerde wurde vom BFH zurückgewiesen, vgl. BFH v. 30. 9. 2015 - I B 23/13, n. v.).

3. Umstrukturierung

875 Stiftungen können zivil-/handelsrechtlich nach § 124 UmwG Vermögen ausgliedern, vgl. Rn. 86 ff. Voraussetzung für die Anwendbarkeit des UmwStG auf Stiftungen ist, dass es sich um eine „Gesellschaft i. S. d. Art. 48 Abs. 2 EGV bzw. Art. 34 EWR-Abkommen handelt", § 1 Abs. 2 Nr. 1 und Abs. 4 Nr. 1 und Nr. 2 Buchst. a Doppelbuchst. aa UmwStG. Anerkannt ist, dass das UmwStG auf rechtsfähige Stiftungen als juristische Personen anwendbar ist,[1] sofern sie Erwerbszwecke verfolgen. Nach der Rechtsprechung ist dieses Tatbestandsmerkmal weit zu verstehen, so dass selbst vermögensverwaltende Aktivitäten ausreichend sind.[2]

876 Wird ein Grundstück von der Stiftung auf eine Tochterbeteiligung überführt, löst dies grundsätzlich Grunderwerbsteuer aus. Nach § 6a GrEStG wird die Grunderwerbsteuer aber nicht erhoben, wenn die Voraussetzungen einer Umstrukturierung im Konzern vorliegen. Die Ausgliederung aus einer Stiftung ist ein Anwendungsfall des § 1 Abs. 1 Nr. 2 UmwG, so dass bei Bejahung der in § 6a GrEStG genannten Voraussetzungen eine grunderwerbsteuerfreie Übertragung möglich ist.[3]

877–884 *(Einstweilen frei)*

IV. Besteuerung der Stiftungsaufhebung

1. Besteuerung der Stiftung

1.1 Körperschaftsteuer

885 Wird die Familienstiftung aufgelöst, sei es durch Zeitablauf, Zweckerreichung oder Auflösungsbeschluss, so fällt ihr Vermögen an die **in der Stiftungssatzung bestimmten** Personen. Enthält die Satzung diesbezüglich keine Regelung, fällt das Vermögen nach den Stiftungsgesetzen der Länder i. d. R. an den Staat. Der Stifter sollte also in der Stiftungssatzung stets regeln, an wen das Stiftungsvermögen im Fall der Auflösung fallen soll.

Wie bei der Stiftungserrichtung ist bei der Aufhebung (Liquidation)[4] der Stiftung die Frage entscheidend, ob die **stillen Reserven** aufzudecken sind.

---

1 Orth, FR 2010 S. 637, 640.
2 BFH v. 14. 7. 2004 - IV R 94/02, BStBl 2005 II S. 721.
3 Orth, FR 2010 S. 637, 639.
4 Siehe Rn. 530 ff.

Ertragsteuerlich wirkt die Auflösung der Stiftung wie eine **Liquidation**. Es sind somit die stillen Reserven zu versteuern, die sich zwischen dem Zeitpunkt der Zuwendung (Vermögensübertragung auf die Stiftung) und dem Zeitpunkt der Auflösung der Stiftung ergeben haben. Da § 11 KStG auf Stiftungen keine Anwendung findet,[1] erfolgt die **Auflösungsbesteuerung** gem. § 8 KStG nach §§ 16, 17 EStG.

886

Dies hat zur Folge, dass bei Stiftungen mit Betriebsvermögen die **stillen Reserven** versteuert werden. Freibeträge können nicht angerechnet und eine Steuerermäßigung oder ein Steuererlass nicht gewährt werden. Im Übrigen gelten die Vorschriften im vollen Umfang. Soweit Betriebsvermögensteile bei der Liquidation nicht veräußert, sondern den **Destinatären** (unentgeltlich) überlassen werden, ist nach § 16 Abs. 3 EStG bei der Berechnung vom gemeinen Wert auszugehen. Wird Destinatären ein Betrieb, Teilbetrieb oder Mitunternehmeranteil unentgeltlich übertragen, können unter Beachtung der Voraussetzungen des § 6 Abs. 3 EStG die Buchwerte fortgeführt werden.

887

Auch bei der **unentgeltlichen Übertragung** eines Betriebs, Teilbetriebs oder Mitunternehmeranteils auf eine andere Stiftung (z. B. durch Verschmelzung) oder auf eine andere Person ist § 6 Abs. 3 EStG anwendbar.[2] Bei anderen Wirtschaftsgütern tritt jedoch Gewinnrealisierung ein. Eine Ausnahme bilden Wirtschaftsgüter im Betriebsvermögen, die der Förderung steuerbegünstigter Zwecke i. S. v. § 9 Abs. 1 Nr. 2 KStG dienen und in eine steuerbefreite Körperschaft i. S. v. § 5 Abs. 1 Nr. 9 KStG fallen; für sie gilt gem. § 13 Abs. 4 KStG Buchwertfortführung.

888

Während die **Finanzverwaltung** die Umwandlung einer **Familienstiftung** in eine **gewöhnliche Stiftung** als **Aufhebung** der Stiftung behandelt,[3] ist die **Umwandlung einer steuerpflichtigen** in eine **steuerfreie Stiftung** i. S. v. § 13 KStG **steuerfrei**.[4]

889

Bei einer stiftungsrechtlich zulässigen **Zusammenlegung von Stiftungen** sollte Buchwertfortführung gem. § 6 Abs. 3 EStG i. V. m. § 8 Abs. 1 KStG zum Zuge kommen.

---

1 Dötsch/Eversberg/Jost, KStG, a. a. O., § 11 Rn. 1.
2 Unter der Voraussetzung der bleibenden deutschen „Steuerverstrickung", d. h. nur bei Verbleiben in einem inländischen Betriebsvermögen; Brandmüller/Lindner, a. a. O., S. 115.
3 Otto, a. a. O., S. 271.
4 Z. B. FM Baden-Württemberg v. 28. 10. 1983 - S 3800 A - 6/79, DStR 1983 S. 744.

890   Der **Wechsel** von **Steuerpflicht und Steuerbefreiung** kommt sicher selten vor. Die Finanzverwaltung[1] steht auf dem Standpunkt, dass auch das vor Eintritt der Steuerbefreiung angesammelte Vermögen ebenso der Vermögensbindung nach § 55 Abs. 1 Nr. 4 AO unterliegt wie das nach Eintritt der Steuerbefreiung angesammelte Vermögen. Ein Rechtsgrund für diese Auffassung fehlt. Rechtsprechung dazu gibt es bisher nicht.

1.2 Gewerbesteuer

891   Während bei Kapitalgesellschaften der Liquidationsgewinn der Gewerbesteuer unterliegt,[2] endet bei Stiftungen die Gewerbesteuerpflicht mit der tatsächlichen Einstellung des Geschäftsbetriebes.[3] Ein **Aufgabegewinn** nach § 16 Abs. 1 bis 3 EStG ist daher **gewerbesteuerfrei.**

1.3 Umsatzsteuer

892   Soweit bei der Liquidation Entgelte aus der Veräußerung von Gegenständen des Betriebsvermögens anfallen, sind diese umsatzsteuerbar und nach den Vorschriften des Umsatzsteuergesetzes umsatzsteuerpflichtig, sofern und soweit die Stiftung Unternehmer ist. Allerdings kommt auch hier unter Umständen § 1 Abs. 1a UStG, eine nicht steuerbare Geschäftsveräußerung im Ganzen, in Betracht.[4]

1.4 Erbschaftsteuer

893   Wird die Familienstiftung nicht aufgelöst, sondern in eine gemeinnützige Stiftung umgewandelt, ist diese Umwandlung nach § 13 Abs. 1 Nr. 16b ErbStG steuerfrei. Dies gilt selbst dann, wenn dies erst unmittelbar vor dem erstmaligen Entstehen der „ersten" Erbersatzsteuer, also nach 29 Jahren erfolgt.[5]

1.5 Grunderwerbsteuer

894   Gehen Grundstücke im Zuge der Aufhebung der Stiftung auf den Stifter oder Dritte über, fällt **keine** Grunderwerbsteuer an, da der Erwerb des Grundstücks gem. § 7 Abs. 1 Nr. 9 ErbStG **als Schenkung gilt** und damit von der Grunderwerbsteuer befreit ist, § 3 Nr. 2 GrEStG.

895–904   *(Einstweilen frei)*

---

1   FM Mecklenburg-Vorpommern v. 6. 10. 1993 - IV 320 - S 0171 - 63/93, FN 1994 S. 162.
2   Vgl. R 2.6 Abs. 2 GewStR 2009.
3   So auch R 2.6 Abs. 3 GewStR 2009.
4   Vgl. Abschn. 1.5 UStAE.
5   R E 1.2 Abs. 5 ErbStR 2011; Brandmüller/Lindner, a. a. O., S. 117.

2. Besteuerung der Destinatäre

2.1 Erbschaftsteuer

Die **Aufhebung** einer nicht steuerbefreiten Stiftung ist in § 7 Abs. 1 Nr. 9   **905**
ErbStG ausdrücklich geregelt. Danach gilt als **Schenkung**, was bei Aufhebung
einer Stiftung erworben wird. Nach § 15 Abs. 2 Satz 2 ErbStG gilt als Schenker
der **Stifter**.

Nach Ansicht des BFH[1] tritt jedoch bei einem **Vermögensrückfall an den Stifter**
eine Steuerbefreiung nicht ein, vielmehr ist der Erwerb unter Heranziehung
der ungünstigsten **Steuerklasse III** steuerpflichtig. Diese nachteilige steuerliche Beurteilung beruht auf einer Änderung der Rechtsprechung des Bundesfinanzhofs. Um die negativen steuerlichen Auswirkungen beim Vermögensrückfall an den Stifter selbst auszuschließen, sollte also in der Satzung stets
vorgesehen werden, dass **ausschließlich** die **Abkömmlinge des Stifters** Anfallsberechtigte sein können.

Bei mehreren Stiftern können **unterschiedliche Steuerklassen** für jeden Anfallberechtigten zur Anwendung kommen.[2]

Wenn zwischen der Entrichtung der „Erbersatzsteuer" und Aufhebung weniger   **906**
als zwei bzw. vier Jahre liegen, greift § 26 ErbStG ein, nach dem eine Teilan-
rechnung der Erbersatzsteuer erfolgt. Ob die Anwendbarkeit von § 13a ErbStG
nach dessen Abs. 9 (bis 31. 12. 2008: § 13a Abs. 7 ErbStG) nur für die Erbersatzsteuer (§ 1 Abs. 1 Nr. 4 ErbStG) gilt, ist unklar.

Haben **mehrere Stifter** eine Stiftung errichtet, so gilt hinsichtlich der Besteue-   **907**
rung des von der Stiftung ausgekehrten Vermögens nach § 7 Abs. 1 Nr. 9 Satz 1
ErbStG i.V.m. § 15 Abs. 2 Satz 2 1. Halbsatz ErbStG hinsichtlich der anzuwendenden Steuerklasse der Stifter als Schenker. Ohne diese Regelung wäre auf
den Erwerb der Anfallberechtigten stets die ungünstigste Steuerklasse III anzuwenden. Dies soll § 15 Abs. 2 Satz 2 1. Halbsatz ErbStG verhindern, indem
ausschließlich zum Zweck der Steuerberechnung auf das persönliche Verhältnis des Destinatärs zum Stifter verwiesen wird. § 15 Abs. 2 Satz 2 1. Halbsatz
ErbStG enthält hingegen keine Regelung in Bezug auf den Steuertatbestand
des § 7 Abs. 1 Nr. 9 Satz 1 ErbStG und trifft insbesondere keine von § 7 Abs. 1

---

1 BFH v. 25. 11. 1992 - II R 78/90, BStBl 1993 II S. 238; Götz in Wilms, ErbStG, § 15 Rn. 122.
2 Siehe Troll/Gebel/Jülicher, ErbStG, a. a. O., § 15 Rn. 25.

Nr. 9 Satz 1 ErbStG abweichende Bestimmung über die Person des Zuwenden-den.[1] Auch bei mehreren Stiftern liegt schenkungsteuerlich nur eine einheitliche Zuwendung der Stiftung – und nicht etwa eine Mehrheit von Zuwendungen entsprechend der Anzahl der Stifter – vor.

Bei der Berechnung der Schenkungsteuer gemäß § 15 Abs. 2 Satz 2 ErbStG ist für die Bestimmung der Steuerklasse auf das jeweilige Verhältnis des Anfallberechtigten zu den Stiftern abzustellen. Dabei können bei mehreren Stiftern entsprechend den persönlichen Verhältnissen der Anfallberechtigten auch unterschiedliche Steuerklassen anzuwenden sein; dies entspricht der Regelung des § 6 Abs. 2 Satz 3 ErbStG.

908　Um den Vermögensrückfall beim Stifter steuerfrei zu stellen ist erwogen worden, dass sich der Stifter anlässlich der Stiftungserrichtung ein **jederzeitiges Widerrufsrecht/Rücktrittsrecht** vorbehält, um so in den Genuss des § 29 Abs. 1 Nr. 1 ErbStG zu kommen. Dies dürfte nicht nur daran scheitern, dass die Stiftungsbehörde in diesem Fall die Anerkennung versagt, sondern auch die Rechtsprechungsgrundsätze des BFH[2] dürften diesem vermeintlichen, „Königsweg" entgegenstehen.

909　Wird eine steuerpflichtige Stiftung **in eine steuerbefreite** Stiftung umgewandelt, wird bei diesem Vorgang keine Schenkung-/Erbschaftsteuerpflicht der Destinatäre begründet, da es an einer Bereicherung der Destinatäre fehlt (siehe Rn. 893).

910　Wird dagegen eine Familienstiftung in eine andere **steuerpflichtige** Stiftung umstrukturiert, sah die Finanzverwaltung bisher zwei Vorgänge, nämlich eine nach § 7 Abs. 1 Nr. 9 ErbStG erbschaftsteuerpflichtige Aufhebung der Familienstiftung gem. § 15 Abs. 2 Satz 2 ErbStG und die (steuerpflichtige) Neuerrichtung einer Stiftung nach § 7 Abs. 1 Nr. 1 ErbStG.[3] Nunmehr geht auch die **Finanzverwaltung** davon aus, dass die Aufhebung der bisherigen Stiftung **nicht gesondert besteuert** wird.[4] Bleibt nach der Satzungsänderung die bisherige Familienstiftung weiter eine Familienstiftung, beginnt die Dreißig-Jahres-Frist für die Erbersatzsteuer neu.

1　BFH v. 30. 11. 2009 - II R 6/07, BStBl 2010 II S. 237; Kapp/Ebeling, ErbStG, § 15 Rn. 65.1.
2　BFH v. 25. 11. 1992 - II R 77/90, BStBl 1993 II S. 238; Kapp/Ebeling, ErbStG, § 15 Rn. 66.1, m. w. N.
3　Meincke, EStG, a. a. O., § 1 Anm. 21 und § 7 Anm. 115; Kapp/Ebeling, EStG, a. a. O., § 1 Rn. 55 ff., 155, m. w. N.
4　R E 1.2 Abs. 4 Satz 5 ErbStR 2011.

Die Steuerpflicht nach § 7 Abs. 1 Nr. 9 ErbStG tritt unabhängig davon ein, ob der Erwerb aus der Auflösung einer **inländischen** oder **ausländischen** Familienstiftung stammt.[1]

Da die Stiftung an die Destinatäre auch Wirtschaftsgüter bei der Aufhebung auskehren kann, entstanden bis 31. 12. 2008 erhebliche Belastungsunterschiede je nachdem, ob die Stiftung die Wirtschaftsgüter verkauft und die Verkaufserlöse auskehrt oder die Wirtschaftsgüter auf die Destinatäre überträgt. Durch den Ansatz aller Wirtschaftsgüter mit dem Verkehrswert seit 1. 1. 2009 ist dieser Belastungsunterschied entfallen. Insoweit spielt es keine Rolle mehr, ob ein Grundstück übertragen oder der Veräußerungserlös ausgekehrt wird. **911**

2.2 Sonstige Steuern

Da die Destinatäre mit dem unentgeltlichen Erwerb keine Einkünfte im Rahmen einer Einkunftsart erzielen, besteht eine zusätzliche **Einkommensteuerpflicht** nicht. **912**

Auch **Grunderwerbsteuer** fällt anlässlich einer Grundstücksübertragung auf den Destinatär nicht an, § 3 Nr. 2 GrEStG.

(Einstweilen frei) **913–924**

---

1 BFH v. 11. 8. 1992, BStBl 1993 II S. 131.

E. Die steuerbefreite Stiftung im Steuerrecht

I. Voraussetzungen der Steuerbefreiung

1. Steuerbefreiung nach § 5 Abs. 1 Nr. 9 KStG

Stiftungen, die nach ihrer **Satzung** und nach ihrer **tatsächlichen Geschäftsführung** ausschließlich und unmittelbar kirchlichen, gemeinnützigen oder mildtätigen Zwecken dienen, sind nach § 5 Abs. 1 Nr. 9 KStG von der Körperschaftsteuer befreit. Voraussetzung ist nach § 59 AO, dass die Stiftungssatzung den Anforderungen der §§ 52 bis 55 AO entspricht.[1]

925

Beschränkt steuerpflichtige Stiftungen (siehe Rn. 950) können ebenfalls nach § 5 Abs. 1 Nr. 9 KStG die Steuerbefreiung erhalten, wenn sie in einem EU-Staat oder in der EWR ansässig sind und die Voraussetzungen der §§ 51 ff. AO erfüllen, § 5 Abs. 2 KStG.[2]

926

Gemeinnützige Zwecke werden nach § 52 Abs. 1 Satz 1 AO verfolgt, wenn die Tätigkeit der Stiftung darauf gerichtet ist, die **Allgemeinheit** auf materiellem, geistigem und sittlichem Gebiet selbstlos zu fördern. Die Beschränkung auf einen bestimmten fest abgeschlossenen Personenkreis (z. B. Familie, Belegschaft, Selbsthilfegruppen) schließt nach Abs. 1 Satz 2 die Gemeinnützigkeit aus.[3] Fällt ein Zweck zwar nicht unter § 52 Abs. 2 Satz 1 AO, aber erfüllt er die Voraussetzungen des § 52 Abs. 2 Satz 2 AO, ist zu prüfen, ob der Zweck „die Allgemeinheit auf materiellem, geistigem oder sittlichem Gebiet entsprechend" fördert. *„Entsprechend"* bedeutet, dass der gem. § 52 Abs. 2 Satz 2 AO zu prüfende Zweck die Allgemeinheit in vergleichbarer Weise fördert wie die in § 52 Abs. 2 Satz 1 Nr. 1 bis 25 AO genannten Zwecke. Das Gesetz verlangt keine Zweckidentität, sondern eine Gleichartigkeit (Vergleichbarkeit) der Zwecke. Die Entscheidung über die Gemeinnützigkeit dieses Zwecks ist damit auf der Grundlage der Wertungen des § 52 Abs. 2 Satz 1 AO zu treffen. Dabei muss sich die Entscheidung an Art. 3 Abs. 1 GG messen lassen. Der von der Körperschaft verfolgte Zweck muss sich folgerichtig in das Förderprogramm des Gesetzes einpassen, wie es in § 52 Abs. 2 Satz 1 AO zum Ausdruck kommt. Obschon die Norm auf ihrer Rechtsfolgenseite mit dem Wort *„kann"* auf ein Ermessen der Finanzbehörde hindeutet, hat die Behörde bei ihrer Entscheidung nach § 52

927

---

1 §§ 51 ff. AO regeln die steuerliche Gemeinnützigkeit im weiteren Sinne; die Einzelsteuergesetze im engeren Sinne; vgl. Hüttemann, a. a. O., § 7 Rn. 1; AEAO Nr. 1 zu § 59.

2 Hüttemann, a. a. O., § 7 Rn. 18; AEAO Nr. 7 zu § 51 Abs. 2.

3 Vgl. AEAO Nr. 1 und Nr. 13 zu § 55; BFH v. 11. 3. 1999 - V R 57, 58/96, BStBl 1999 II S. 331 im Fall der Förderung der Kameradschaft.

Abs. 2 Satz 2 AO kein Ermessen im eigentlichen Sinne. Vielmehr drückt die Norm damit ihre tatbestandliche Öffnung für weitere, im Gesetz nicht explizit genannte Zwecke aus. Erfüllt der von der Körperschaft verfolgte Zweck die Voraussetzungen des § 52 Abs. 2 Satz 2 AO, ist er gemeinnützig und muss als solcher erklärt werden. Bei dem Verfahren nach § 52 Abs. 2 Satz 2 und 3 AO handelt es sich um ein eigenständiges Verfahren mit Verwaltungsaktqualität.[1]

928 **Preisverleihende Stiftungen** werden bei unmittelbarer und selbstloser Förderung der Allgemeinheit selbst dann gemeinnützig anerkannt, wenn ihre Zweckverwirklichung sich im Wesentlichen auf Preisverleihungen beschränkt.[2] Ersatzschulen sind gemeinnützig, Ergänzungsschulen sind es nicht.[3]

929 Auch hinsichtlich der **Mildtätigkeit** werden strenge Anforderungen gestellt.[4] Eine mildtätige Stiftung muss **selbstlos** Personen unterstützen, die infolge ihres körperlichen, geistigen oder seelischen Umstandes auf die Hilfe anderer angewiesen sind oder deren Bezüge gewisse Grenzen nicht übersteigen (§ 53 AO).[5] Die Finanzverwaltung will eine **mildtätige Familienstiftung** nicht als steuerbegünstigt anerkennen, da nicht die Förderung mildtätiger Zwecke, sondern die Förderung der Familie im Vordergrund steht.[6]

930 **Kirchliche Zwecke** werden nach § 54 AO nur verfolgt, wenn eine Religionsgemeinschaft, die Körperschaft des öffentlichen Rechts ist, selbstlos gefördert wird.[7] Diese Förderung kann sich auf z. B. Bauwerke der Religionsgemeinschaft beschränken.

931 Nach § 14 AO ist eine selbständige nachhaltige Tätigkeit, durch die Einnahmen oder andere wirtschaftliche Vorteile erzielt werden und die über den Rahmen einer Vermögensverwaltung hinausgeht, ein **wirtschaftlicher Geschäftsbetrieb**;[8] eine Gewinnerzielungsabsicht ist dabei nicht erforderlich. Eine **Steuerbefreiung** wird nach § 5 Abs. 1 Nr. 9 Satz KStG **insoweit** ausgeschlossen. Ausnahme von der Ausnahme bildet ein wirtschaftlicher Geschäftsbetrieb, der

---

1 BFH v. 9. 2. 2017 - V R 70/14, BFH/NV 2017 S. 928.

2 OFD Frankfurt/M. v. 25. 6. 2001, DB 2001 S. 1751; vgl. unten Rn. 994.

3 Vgl. AEAO Nr. 4 zu § 52; OFD Nürnberg v. 28. 10. 1999, DB 1999 S. 2389.

4 AEAO Nr. 11 zu § 53; OFD Magdeburg v. 28. 5. 2002, DB 2002 S. 1477.

5 OFD Frankfurt/M. v. 14. 3. 2002, DB 2002 S. 870.

6 FM Niedersachsen v. 3. 2. 2000, DStR 2000 S. 877.

7 AEAO zu § 54. Die Förderung der Religion ist ein gemeinnütziger Zweck gem. § 52 Abs. 2 Nr. 1 AO, vgl. BFH v. 23. 9. 1999 - XI R 66/98, BStBl 2000 II S. 533; aber vgl. FG Nürnberg v. 29. 8. 2000 - I 78/1999, DStRE 2000 S. 1324.

8 Vgl. unten Rn. 1224 ff.

nicht gem. § 64 AO steuerpflichtig ist, der Zweckbetrieb (§§ 65 ff. AO, siehe Rn. 1113 ff.) ist.

Eine **Legaldefinition** der (steuerunschädlichen) **Vermögensverwaltung** (siehe Rn. 1077 f.) findet sich in § 14 Satz 3 AO nicht, vielmehr werden dort nur Regelbeispiele genannt. Nach § 14 Abs. 3 AO liegt i. d. R. ein wirtschaftlicher Geschäftsbetrieb nicht vor, wenn Vermögen genutzt, z. B. Kapitalvermögen verzinslich angelegt oder unbewegliches Vermögen vermietet oder verpachtet wird. Nach überwiegender Ansicht können zur Auslegung des Begriffs Vermögensverwaltung die **ertragsteuerlichen Grundsätze** zur Abgrenzung der Einkünfte aus Gewerbebetrieb von den anderen Einkunftsarten herangezogen werden.[1] Liegen Einkünfte aus Gewerbebetrieb vor, ist stets ein wirtschaftlicher Geschäftsbetrieb gegeben.[2] Für einen Gewerbebetrieb kennzeichnend ist die selbständige, nachhaltige Betätigung und Beteiligung am allgemeinen wirtschaftlichen Verkehr mit Gewinnabsicht.[3] Daher kommen die Grundsätze über den gewerblichen Grundstückshandel,[4] Betriebsaufspaltung,[5] Mitunternehmerschaft,[6] Vermietung und Verpachtung von beweglichen Wirtschaftsgütern[7] und bei ständig wechselnder kurzfristiger Dauer auch von Grundvermögen[8] zur Anwendung.

932

Das ständige **Umschichten von Vermögen** wird als Gewerbebetrieb angesehen.[9]

933

Bei den Einkunftsarten Einkünfte aus Kapitalvermögen, aus Vermietung und Verpachtung und i. d. R. aus Land- und Forstwirtschaft wird Vermögensverwaltung angenommen. Die Verpachtung eines Gewerbebetriebes ist grundsätzlich nicht als Gewerbebetrieb anzusehen.[10]

Verpachtet eine nach § 5 Abs. 1 Nr. 9 KStG steuerbefreite Stiftung ihren wirtschaftlichen Geschäftsbetrieb und erklärt sie die **Betriebsaufgabe**, wird die Versteuerung stiller Reserven dennoch durch § 6 Abs. 1 Nr. 4 Satz 4 EStG ver-

---

1 Hüttemann, a. a. O., § 6 Rn. 116.
2 Schauhoff, a. a. O., § 6 Rn. 18.
3 Vgl. H 15.6 „Allgemeines" EStH 2013.
4 H 15.7 Abs. 1 EStH 2013.
5 R 15.7 Abs. 4 EStR 2012.
6 R 15.8 EStR 2012.
7 R 15.7 Abs. 3 EStR 2012.
8 R 15.7 Abs. 2 EStR 2012.
9 H 15.7 Abs. 9 EStH 2013.
10 R 15.7 Abs. 1 Satz 4 EStR 2012.

mieden. Wird die Betriebsaufgabe nicht den Vorschriften entsprechend erklärt, gilt der wirtschaftliche Geschäftsbetrieb mit allen Folgen als fortgeführt.[1]

934 Gemäß § 60 Abs. 1 Satz 1 AO müssen die Satzungszwecke und die Art ihrer Verwirklichung in der Stiftungssatzung so präzise bestimmt sein, dass ohne weiteres geprüft werden kann, ob die in §§ 51 ff. AO gestellten Anforderungen an die Steuerbegünstigung durch die Satzung erfüllt sind (sog. **formelle Satzungsmäßigkeit**).[2] Die **tatsächliche Geschäftsführung** muss nicht nur gemäß den Anforderungen der §§ 51 ff. AO die satzungsgemäßen Zwecke verwirklichen, sondern hat aus durch ordnungsgemäße Aufzeichnungen ihrer „Einnahmen und Ausgaben" sowie Erfüllung der Vorschriften gem. §§ 140 ff. AO nachzuweisen (§ 63 AO).[3] Die satzungsgemäße Zweckverwirklichung im Ausland löst besondere Nachweispflichten aus (vgl. auch Rn. 1035).[4]

935 Die in der Anlage 1 (zu § 60 AO) enthaltene Mustersatzung ist seit 1. 1. 2009 insoweit verbindlich, weil die dort genannten Festlegungen in einer Satzung einer gemeinnützigen Stiftung enthalten sein müssen.[5] Insbesondere müssen Zwecke und Zweckverwirklichung individuell konkretisiert werden.

936 Weicht die von der Geschäftsführung gem. § 63 AO nachzuweisende Zweckverwirklichung von den satzungsgemäßen Zwecken ab (z. B. bei Verstoß gegen die rechtsstaatliche Ordnung), geht der Status der Steuerbegünstigung verloren. Bei mehreren Zwecken muss nicht jeder in jedem Jahr verwirklicht werden.[6]

937 Eine **Familienstiftung** schließt i. d. R. die Anerkennung als gemeinnützige oder mildtätige Stiftung aus, da es das Wesen einer Familienstiftung ist, nicht die Allgemeinheit, sondern einen kleinen Kreis, nämlich Familienangehörige, zu fördern. Damit ist § 52 Abs. 1 Satz 1 AO nicht erfüllt (siehe Rn. 929).[7]

938 Will der Stifter eine steuerbegünstigte Stiftung errichten, so muss er den Satzungsentwurf zunächst dem für die Stiftung zuständigen Finanzamt zuleiten. Erst wenn die **Finanzbehörde** keine Bedenken gegen die Satzung hat, kann diese der Stiftungsbehörde eingereicht werden.[8] Hat die Stiftungsbehörde Ände-

---

1 Nur die Gewerbesteuerpflicht entfällt, R 2.6 Abs. 3 GewStR 2009.
2 Klein, a. a. O., § 60 Rn. 1; AEAO Nr. 1 zu § 60.
3 Klein, a. a. O., § 63 Rn. 1; AEAO Nr. 1 zu § 63.
4 Gemäß § 90 Abs. 2 AO i. V. m. AEAO Nr. 1 Satz 4 zu § 63.
5 Verschärfung durch JStG 2009, vgl. Rn. 1035.
6 BMF v. 15. 2. 2001, Wpg 2002 S. 309.
7 AEAO Nr. 1 zu § 52; vgl. Rn. 925.
8 Ein eigenes besonderes steuerliches Anerkennungsverfahren besteht indes nicht, AEAO Nr. 3 zu § 59; Hüttemann, a. a. O., § 7 Rn. 2 und Rn. 5 f.

rungswünsche an der Satzung, ist diese ggf. dem Finanzamt erneut vorzulegen.

Die Anerkennung einer Steuerbefreiung nach § 5 Abs. 1 Nr. 9 KStG erfolgt nach **939** Antragstellung bei dem für Sitz oder Geschäftsleitung zuständigen Finanzamt durch **Feststellungsbescheid** gem. § 60a AO. Die Feststellung der satzungsmäßigen Voraussetzungen der Gemeinnützigkeit erfolgt erst ab Beginn der Körperschaftsteuerpflicht. Bei rechtsfähigen Stiftungen bürgerlichen Rechts kann ein Feststellungsbescheid unter Zugrundelegung der (noch) herrschenden Meinung, wonach es keine Vor-Stiftung gibt, erst mit Bekanntgabe der landesstiftungsbehördlichen Anerkennung ergehen.[1]

Die elektronische Übermittlung von Bilanzen sowie Gewinn- und Verlustrechnung nach § 5b EStG (**E-Bilanz**) findet auf **vollumfänglich** von der Körperschaftschaftsteuer befreite Körperschaften keine Anwendung.[2] Sofern die Stiftung jedoch einen hinreichend großen wirtschaftlichen Geschäftsbetrieb unterhält (oder mehrere in Summe hinreichend große wirtschaftliche Geschäftsbetriebe), muss spätestens ab dem VZ 2015 die Erstellung und Übermittlung ihrer E-Bilanzen bedacht werden.[3]

Ob eine steuerbefreite Stiftung **Spenden** gem. § 10b EStG und § 9 Abs. 3 KStG **940** entgegennehmen darf, wird der Stiftung ebenfalls im **Feststellungsbescheid** gem. § 60a AO mitgeteilt.[4]

Diese Feststellung hat **von Amts wegen** bei der Veranlagung zur Körperschaftsteuer zu erfolgen, wenn bisher noch keine Feststellung getroffen wurde. Die Körperschaft hat aber auch die Möglichkeit, diese Feststellung zu beantragen. Diese **Beantragung** kann auch außerhalb des normalen Veranlagungsverfahrens erfolgen. Die Feststellung ist bindend für die Besteuerung der Körperschaft und die der Steuerpflichtigen, die dieser Körperschaft Spenden oder Mitgliedsbeiträge zugewandt haben. Ein Entfallen der Bindungswirkung wird durch eine Änderung oder Aufhebung der Rechtsvorschriften, auf denen die Feststellung beruht, ausgelöst (§ 60a Abs. 3 AO).

Der Feststellungsbescheid ist immer dann aufzuheben, wenn eine Änderung in den rechtlichen und tatsächlichen Verhältnissen eintritt. Die **Aufhebung** erfolgt dann mit Wirkung vom Zeitpunkt der Änderung der Verhältnisse (§ 60a Abs. 4 AO). Materielle **Fehler** im Feststellungsbescheid über die Satzungs-

---

1 Kirchhain, DStR 2014 S. 289, 291.
2 BMF v. 19. 12. 2013 - IV C 6 - S 2133-b/11/1009:004, S&S 1/2014 S. 40.
3 Kerssenbrock/Kirch, S&S 6/2015 S. 36 f.
4 Hüttemann, a. a. O., § 7 Rn. 9.

mäßigkeit können mit Wirkung ab dem Kalenderjahr beseitigt werden, das auf die Bekanntgabe der Aufhebung der Feststellung folgt (§ 60a Abs. 5 AO).[1]

> **HINWEIS:**
>
> Steuerbegünstigte Körperschaften sollten auch weiterhin bei jeder Satzungsänderung das Finanzamt kontaktieren, die neue Satzung vorlegen und einen neuen Antrag nach § 60a AO stellen. Auch im Falle einer Rechtsänderung empfiehlt es sich, die Satzung anzupassen, wenn dies notwendig ist, und einen neuen Antrag nach § 60a AO zu stellen.
>
> Die Frage, ob die Satzung den gesetzlichen Anforderungen entspricht, kann dann außerhalb des Veranlagungsverfahrens geklärt werden. Denn bei einer Feststellung nach § 60a AO wird nur über die Einhaltung der satzungsmäßigen Voraussetzungen entschieden und nicht über die Steuerbegünstigung im Ganzen.

941 Die Stiftung muss nach Satzung und **tatsächlicher Geschäftsführung** den steuerbegünstigten Zwecken **dienen**[2] (§ 59 AO). Bei satzungswidriger tatsächlicher Geschäftsführung entfällt der Status als steuerbegünstigte Körperschaft; Körperschaftsteuerpflicht tritt auch hinsichtlich der Spendeneinnahmen nur bei Vorliegen einer Einkunftsart i. S. v. § 2 Abs. 1 Nr. 1 bis 7 EStG ein.[3]

Aus der Satzung der steuerbegünstigten Stiftung muss sich ergeben, dass ihre Zwecke den §§ 52 bis 55 AO entspricht und dass sie ausschließlich und unmittelbar verfolgt werden.[4] § 60 AO fordert präzise Bestimmungen der Satzungszwecke, so dass die Finanzbehörde prüfen kann, ob die satzungsmäßigen Voraussetzungen für die Steuerbegünstigung gegeben sind (sog. **formelle Satzungsmäßigkeit**).[5] Eine satzungsgemäße **Vermögensbindung** wird in § 61 AO verlangt (siehe Rn. 980 ff.). Die jeweiligen Anerkennungsbehörden haben in Abstimmung mit den Finanzbehörden auch Mustersatzungen entwickelt.[6]

942 § 5 Abs. 1 Nr. 9 KStG bindet die **Steuerbefreiung** an die Erfüllung der in §§ 51 bis 68 AO gestellten Voraussetzungen nach Satzung, dem Stiftungsgeschäft und der tatsächlichen Geschäftsführung, so dass sie **entfällt**, wenn eine der Voraussetzungen nicht erfüllt ist oder die tatsächliche Geschäftsführung nicht dem Stiftungsgeschäft bzw. der Stiftungssatzung entspricht oder es an der ausschließlichen und unmittelbaren Zweckerfüllung mangelt. Die Vorausset-

---

1 Emser, NWB 2013 S. 908, 911 f.
2 Tatsächliche Geschäftsführung genügt nicht: Klein, a. a. O., § 60 Rn. 2; siehe AEAO Nr. 8 zu § 61.
3 FG Rheinland-Pfalz v. 23. 5. 1996 (rkr.), EFG 1996 S. 937 ff.
4 AEAO Nr. 1 zu § 60.
5 Auch im Wege der Auslegung, BFH v. 13. 8. 1997, BStBl 1997 II S. 794.
6 Z. B. Regierungspräsidium Freiburg (www.rp.baden-wuerttemberg.de/servlet/PB/menu/1110463/index.html).

zungen müssen auch während des gesamten Veranlagungszeitraumes erfüllt werden.[1]

Beginn und Erlöschen der **Steuerbefreiung** kann daher nur zu Beginn und Ende 943 eines Veranlagungszeitraumes erfolgen.[2] § 13 Abs. 4 KStG[3] enthält hierzu besondere Vorschriften. Endet die Steuerpflicht, hat die Stiftung eine Schlussbilanz aufzustellen; beginnt sie (wieder), hat sie eine Anfangsbilanz zu Teilwerten aufzustellen.[4] Soweit es sich um Wirtschaftsgüter handelt, die der Förderung steuerbegünstigter Zwecke i.S.v. § 9 Abs. 1 Nr. 2 KStG dienen, muss in der Schlussbilanz aber der Buchwert und bei Erlöschen der Steuerbefreiung in der Anfangsbilanz der Wert angesetzt werden, der sich bei ununterbrochener Steuerpflicht nach den Vorschriften über die steuerliche Gewinnermittlung ergeben würde.[5] Bei Beteiligungen ist bei Beendigung der Steuerpflicht § 17 EStG auch ohne Veräußerung für die nicht im Betriebsvermögen liegenden Anteile an Kapitalgesellschaften anzuwenden; wie bei Beginn der Steuerpflicht erfolgt der Ansatz zum gemeinen Wert (§ 13 Abs. 6 Satz 1 bis 3 KStG). Dies soll aber gem. § 13 Abs. 6 Satz 4 KStG nicht für die der Förderung steuerbegünstigter Zwecke i.S.v. § 9 Abs. 1 Nr. 2 KStG dienenden Anteile gelten.[6]

Das **Erlöschen der Steuerbefreiung** führt daher i.d.R. zur **Aufdeckung der stillen** 944 **Reserven** in der Anfangsbilanz der nunmehr voll steuerpflichtigen Stiftung. Verbunden ist damit die Aufgabe der Vermögensbindung (§ 55 Abs. 1 Nr. 4 AO), so dass § 61 Abs. 3 AO anzuwenden ist. Gemäß § 175 Abs. 1 Satz 1 Nr. 2 AO i.V.m. § 61 Abs. 3 AO führt dies zur **zehn Jahre rückwirkenden Steuerpflicht,** und zwar **für alle Steuerarten.**[7] Da die Steuerbefreiung gem. § 61 Abs. 3 Satz 1 AO als „von Anfang an" fortgefallen gilt, kann die Anfangsbilanz des Zehn-Jahres-Zeitraumes nicht zu Teilwerten aufgestellt werden (§ 13 Abs. 4 Satz 2 KStG). Die für zehn Jahre nachgeforderten Körperschaft-, Gewerbe-, Umsatz- und Erbschaftsteuern gelten zwar i.d.R. nicht als hinterzogen, jedoch sind die Bestimmungen der §§ 69 ff. AO zu beachten, die bei schuldhafter Verletzung der Steuerpflichten zur persönlichen Haftung des Stiftungsvorstandes bzw. -abwicklers führen. Bei **Aberkennung der Steuerbefreiung** besteht für die gutgläubigen Spender kraft § 10b Abs. 4 EStG ein **Vertrauensschutz.**[8] Bei **Been-**

---

1 Buchna/Leichinger/Seeger/Brox, a.a.O., Tz. 4.1.1, S. 481.
2 Hüttemann, a.a.O., § 7 Rn. 5.
3 Siehe auch R 13.4 Abs. 1 KStR 2015; AEAO Nr. 6 zu § 60.
4 Vgl. Hüttemann, a.a.O., § 7 Rn. 69 f.
5 § 13 Abs. 4 KStG, R 13.4 Abs. 2 KStR 2015.
6 Vgl. R 13.4 Abs. 3 KStR 2015.
7 Siehe AEAO Nr. 5 zu § 61; Buchna/Leichinger/Seeger/Brox, a.a.O., Tz. 4.1.5, S. 497 f.
8 Hüttemann, a.a.O., § 8 Rn. 113 f.; FG Hamburg v. 17.12.2001, EFG 2002 S. 545.

digung eines wirtschaftlichen Geschäftsbetriebes, mit dem die Stiftung bisher partiell steuerpflichtig war, durch Veräußerung, Betriebsaufgabe oder Verpachtung mit Aufgabeerklärung, sind die stillen Reserven aufzulösen; eine Buchwertfortführung gem. § 13 Abs. 4 Satz 1 KStG ist ausgeschlossen.[1]

945 Gemäß § 13 Abs. 5 KStG gelten diese Grundsätze auch bei dem **teilweisen Beginn** oder der **teilweisen Beendigung der Steuerbefreiung** für den entsprechenden Teil des Betriebsvermögens, insbesondere auch bei Eröffnung oder Aufgabe eines **steuerpflichtigen wirtschaftlichen Geschäftsbetriebes** der im Übrigen steuerbefreiten Stiftung.[2] Wird die steuerpflichtige Stiftung als wirtschaftlicher Geschäftsbetrieb einer steuerbefreiten Stiftung fortgeführt, tritt daher für die darin enthaltenen Wirtschaftsgüter keine Realisierung der stillen Reserven bei der Schlussbesteuerung ein. Die Beendigung einer teilweisen Steuerpflicht kann bei Verpachtung eines wirtschaftlichen Geschäftsbetriebes durch Aufgabeerklärung erreicht werden.[3]

946 Die **wirtschaftliche Betätigung** einer steuerbegünstigten Stiftung vollzieht sich entweder im (steuerbefreiten) Bereich des **Zweckbetriebes** (§§ 65 ff. AO) oder im (steuerpflichtigen) Bereich des **wirtschaftlichen Geschäftsbetriebes** (§ 64 AO). Die Steuerbefreiung einer nach § 5 Abs. 1 Nr. 9 KStG steuerbefreiten Stiftung schließt Zweckbetriebe (§§ 65, 68 AO) ein, wirtschaftliche Geschäftsbetriebe (§§ 14, 64 AO) aber gem. Satz 2 aus.[4] Letzteres gilt auch dann, wenn deren Überschüsse für satzungsgemäße steuerbegünstigte Zwecke verwendet werden.[5]

947 Auf der anderen Seite dürfen **Verluste** der steuerpflichtigen wirtschaftlichen Geschäftsbetriebe **nicht** durch Mittel aus dem steuerbefreiten Teil der Stiftung **ausgeglichen** werden,[6] wie Gewinne aus wirtschaftlichen Geschäftsbetrieben nicht durch Verluste im steuerfreien Bereich gemindert werden.

948 Die Summe bzw. der Saldo der Jahresergebnisse **aller** wirtschaftlichen Geschäftsbetriebe **unterliegen der Besteuerung** (§ 64 Abs. 2 AO), die Jahresergebnisse der übrigen Bereiche der steuerbegünstigten Stiftung (also aus dem ideellen Bereich, der Vermögensverwaltung und aus Zweckbetrieben) nicht (**partielle Steuerpflicht**).

---

1 Buchna/Leichinger/Seeger/Brox, a. a. O., Tz. 4.1.6, S. 522.
2 R 13.2 Abs. 3 KStR 2015.
3 BMF v. 1. 2. 2002, Wpg 2002 S. 267 f.
4 AEAO Nr. 10 Satz 3 zu § 64 Abs. 1.
5 Klein, a. a. O., § 14 Rn. 12; BFH v. 21. 8. 1985, BStBl 1986 II S. 88.
6 Klein, a. a. O., § 14 Rn. 25; BFH v. 5. 2. 1992, BFH/NV 1993 S. 141 ff.

Steuersubjekt ist stets die **rechtsfähige Stiftung** als solche, nicht etwa der **949** wirtschaftliche Geschäftsbetrieb. Die Körperschaftsteuer beträgt gem. § 23 Abs. 1 KStG 15 % des zu versteuernden Einkommens gem. §§ 7 ff. KStG. Ob ein Überschreiten der **Freigrenze** von 35.000 € gem. § 64 Abs. 3 AO gegeben ist, muss jährlich geprüft werden.[1] Gemäß § 64 Abs. 3 AO werden Körperschaftsteuer und Gewerbesteuer nicht erhoben, wenn die **Einnahmen** (einschließlich Umsatzsteuer) **aus den zusammengefassten wirtschaftlichen Geschäftsbetrieben** 35.000 € im Jahr nicht übersteigen. Hierbei sind die Einnahmen aus Zweckbetrieben nicht einzubeziehen.[2] Ist die Stiftung an einer Mitunternehmerschaft beteiligt, so sind die auf die Stiftung anteilig entfallenden Einnahmen bei Errechnung der Besteuerungsgrenze einzubeziehen.[3] Ferner kommt bei unbeschränkt steuerpflichtigen Stiftungen der **Freibetrag** von 5.000 € gem. § 24 KStG zum Zuge.

Durch § 5 Abs. 2 KStG wird die **Steuerbefreiung eingeschränkt**. Sie gilt nicht **950** für

► inländische Einkünfte, die dem **Steuerabzug** unterliegen. Gemäß § 50 Abs. 1 KStG gilt die Körperschaftsteuer durch den Steuerabzug als abgegolten. Die Stiftung kann sich jedoch gem. § 44a Abs. 4 und 7 bzw. § 44b EStG einbehaltene Kapitalertragsteuer erstatten lassen, wenn sie nicht durch rechtzeitige Vorlage der Freistellungsbescheinigung (siehe Rn. 951) beim auszahlenden Geldinstitut den Kapitalertragsteuerabzug vermieden hat.[4]

► **beschränkt steuerpflichtige Stiftungen**[5] (d. h. Sitz und gewöhnliche Geschäftsleitung im Ausland, aber Inlandsvermögen), es sei denn, sie hätten ihren Sitz in der **EU** oder in Teilen des **EWR**. Der Gesetzgeber hat im Nachgang zur sog. **Stauffer**-Entscheidung des EuGH[6] mit dem JStG 2009 § 5 Abs. 2 KStG angepasst.[7] Danach sind **ausländische steuerbegünstigte** Körperschaften, die in der EU oder in Teilen des EWR-Raumes ansässig sind, den inländische **gleichgestellt**, sofern ihre Satzung den gemeinnützigkeitsrechtlichen Vorgaben im Inland entspricht.[8] Denn Ausgangspunkt und Maßstab der Gemeinnützigkeit ist allein das (innerstaatliche) deutsche Recht, gleichviel, ob die betreffende Körperschaft im In- oder im Ausland

---

1 AEAO Nr. 14 Satz 4 zu § 64 Abs. 3.
2 AEAO Nr. 4 zu § 64 Abs. 1; Klein, a. a. O., § 64 Rn. 4.
3 AEAO Nr. 17 zu § 64 Abs. 3; BFH v. 27. 3. 2001 – I R 78/99, BStBl 2001 II S. 449.
4 Buchna/Leichinger/Seeger/Brox, a. a. O., Tz. 4.2, S. 526 f.; Hüttemann, a. a. O., § 7 Rn. 90-95.
5 Ausführlich dazu Hüttemann, a. a. O., 2008, § 1 Rn. 122 f.
6 EuGH v. 14. 9. 2006 - Rs. C-386/04, Slg. 2006 S. I-8203.
7 Vgl. Gesetzesbegründung BT-Drucks. 16/11108 S. 3.
8 Vgl. BFH v. 25. 10. 2016 - I R 54/14, BFH/NV 2017 S. 549.

ansässig ist. Die Bundesrepublik Deutschland ist auch aus Gründen des Unionsrechts – insbesondere der Grundfreiheiten – nicht verpflichtet, den Gemeinnützigkeitsstatus ausländischen Rechts anzuerkennen. Ausgangspunkt und Maßstab ist sonach allein § 5 Abs. 1 Nr. 9 Satz 1 KStG i.V.m. §§ 52 ff. AO.

951 Die Vereinnahmung von Gewinnen (evtl. des Saldos mit Verlusten) aus wirtschaftlichen Geschäftsbetrieben unterliegt gem. § 44a Abs. 7 Satz 1 Nr. 1 EStG **nicht** der **Kapitalertragsteuer**, sofern es sich um inländische steuerbegünstigte Stiftungen gem. § 5 Abs. 1 Nr. 9 KStG handelt.[1]

Werden andere **kapitalertragsteuerpflichtige Einkünfte im steuerbefreiten** Bereich erzielt, kann die Stiftung durch Beibringung des Nachweises als körperschaftsteuerbefreite inländische Körperschaft durch die sog. **„NV 2 B-Bescheinigung"** Abstandnahme vom Kapitalertragsteuerabzug gem. § 44a Abs. 4 Nr. 1 EStG erreichen, hilfsweise durch Überlassung einer amtlich beglaubigten Kopie des zuletzt erteilten Freistellungsbescheides, wenn dieser nicht älter als fünf Jahre ist.[2] Dies gilt auch ab dem 1. 1. 2009, also nach Inkrafttreten der sog. Abgeltungssteuer.[3]

Auf **Antrag** wird außer in den Fällen des § 44a Abs. 4 EStG, die ab 2009 mit 25 % einbehaltene Kapitalertragsteuer durch das Bundeszentralamt für Steuern nach § 44a Abs. 7 Satz 3 i.V.m. § 45b EStG **erstattet**.[4] Dies gilt auch für öffentlich-rechtliche Stiftungen.

952 Wenn die Beteiligung an einer Kapitalgesellschaft im Betriebsvermögen eines (steuerpflichtigen) wirtschaftlichen Geschäftsbetriebes der Stiftung liegt (siehe Rn. 1084), wird die ab 2009 25 %ige Kapitalertragsteuer zwar nicht nach § 44b Abs. 1 EStG erstattet, aber bei der durchzuführenden Körperschaftsteuerveranlagung angerechnet und im Ergebnis zu 95 % wieder erstattet, da Beteiligungserträge gem. § 8b Abs. 1 KStG bei der Einkommensermittlung der partiell steuerpflichtigen Stiftung gem. § 8b Abs. 1 KStG zu 95 % außer Ansatz bleiben.[5]

---

1 BMF v. 2. 2. 2016, BStBl 2016 I S. 200 Rn. 2; Buchna/Leichinger/Seeger/Brox, a. a. O., Tz. 4.2, S. 527; Gleiches gilt für Stiftungen und juristische Personen des öffentlichen Rechts, die ausschließlich und unmittelbar gemeinnützigen oder mildtätigen bzw. kirchlichen Zwecken dienen.

2 Siehe BMF v. 12. 1. 2006, BStBl 2006 I S. 101.

3 Strahl, KÖSDI 8/2008 S. 16130, 16141.

4 Strahl, KÖSDI 8/2008 S. 16130, 16140; BMF v. 12. 1. 2006, BStBl 2006 I S. 101.

5 Vgl. Bott in Schauhoff, a. a. O., § 7 Rn. 340 f.

► Die Verwendung von Vermögen des wirtschaftlichen Geschäftsbetriebes für den steuerbefreiten Bereich der Körperschaft oder für Dritte führt zu Entnahmen aus dem wirtschaftlichen Geschäftsbetrieb und mindert daher den laufenden Gewinn des wirtschaftlichen Geschäftsbetriebes nicht.

953

BEISPIEL: ► Ein bisher dem wirtschaftlichen Geschäftsbetrieb zugeordnetes Wirtschaftsgut wird künftig im steuerbefreiten Bereich der Körperschaft verwandt. Diese geänderte Verwendung ist im Zuge der Gewinnermittlung des wirtschaftlichen Geschäftsbetriebs als Entnahme des Wirtschaftsguts zu behandeln.[1]

Unterhält eine Stiftung der oben genannten Art einen wirtschaftlichen Geschäftsbetrieb, der über den Rahmen einer Vermögensverwaltung hinausgeht, so ist sie nach dem Gebot der Wettbewerbsneutralität (siehe Rn. 1136) insoweit steuerpflichtig (§ 5 Abs. 1 Nr. 9 KStG).[2]

954

Für die Anwendung des § 20 Abs. 1 Nr. 10 Buchst. b Satz 4 EStG bei **wirtschaftlichen Geschäftsbetrieben** (wiGB) der von der Körperschaftsteuer befreiten Körperschaften, Personenvereinigungen und Vermögensmassen (nachfolgend Körperschaften) gilt nach Ansicht der Finanzverwaltung Folgendes:[3]

Nach § 20 Abs. 1 Nr. 10 Buchst. b Satz 4 und 5 EStG gehören

► der nicht den Rücklagen zugeführte durch Betriebsvermögensvergleich ermittelte Gewinn eines von der Steuerbefreiung ausgeschlossenen wiGB ansonsten steuerbefreiter Körperschaften,

► der nicht den Rücklagen zugeführte Gewinn eines von der Steuerbefreiung ausgeschlossenen wiGB ansonsten steuerbefreiter Körperschaften, der die in § 20 Abs. 1 Nr. 10 Buchst. b Satz 1 EStG genannte Umsatz- oder Gewinngrenze überschreitet,

► die Auflösung von nach § 20 Abs. 1 Nr. 10 Buchst. b Satz 1 EStG gebildeten Rücklagen eines von der Steuerbefreiung ausgeschlossenen wiGB ansonsten steuerbefreiter Körperschaften zu Zwecken außerhalb eines wiGB und

► die Gewinne i. S. d. § 22 Abs. 4 Nr. 2 UmwStG

zu den Einkünften aus Kapitalvermögen. Diese Gewinne des wiGB unterliegen der **Kapitalertragsteuer** nach § 20 Abs. 1 Nr. 10 Buchst. b Satz 4 EStG i. V. m. § 43 Abs. 1 Satz 1 Nr. 7c EStG von **15 %** (§ 43a Abs. 1 Satz 1 Nr. 2 EStG). Die Steuerbefreiung auf diese dem Steuerabzug unterliegenden Einkünfte aus Kapitalvermögen ist nach § 5 Abs. 2 Nr. 1 KStG ausgeschlossen. Diese Kapital-

---

1 BMF v. 2.2.2016, BStBl 2016 I S. 200 Rn. 4.
2 Tipke/Kruse, a. a. O., § 64 Rn. 1.
3 BMF v. 2.2.2016, BStBl 2016 I S. 200.

ertragsteuer hat abgeltende Wirkung (§ 32 Abs. 1 Nr. 1 KStG). Die **Kapital-ertragsteuerpflicht** tritt **neben** die Besteuerung des in dem wiGB erzielten Gewinns mit 15 % des zu versteuernden Einkommens der Körperschaft (§ 23 Abs. 1 KStG; siehe Rn. 1223).

> **HINWEIS:**
>
> 1. Beim Gewinn eines wirtschaftlichen Geschäftsbetriebs von nach § 5 Abs. 1 Nr. 9 KStG steuerbefreiten Körperschaften wird nach § 44a Abs. 7 Satz 1 Nr. 1 EStG vom Kapitalertragsteuerabzug Abstand genommen; auf die Vorlage der Bescheinigung nach § 44a Abs. 7 Satz 2 EStG an den Schuldner der Kapitalerträge (den wiGB) kann verzichtet werden
>
> 2. Verdeckte Gewinnausschüttungen an die Gesellschafter/Mitglieder zählen nicht zu den Steuertatbeständen des § 20 Abs. 1 Nr. 10 Buchst. b Satz 4 EStG.

955 Nach § 14 AO liegt eine – steuerfreie – **Vermögensverwaltung** i. d. R. vor, wenn Vermögen genutzt, z. B. Kapitalvermögen verzinslich angelegt oder unbewegliches Vermögen vermietet oder verpachtet wird.

Die Beteiligung an einer ausschließlich **vermögensverwaltenden Personengesellschaft** wird **nicht** als wirtschaftlicher Geschäftsbetrieb angesehen, wenn sie keine Einkünfte aus Gewerbebetrieb aufweist.[1]

956 Ferner begründet die Beteiligung an einer **gewerblich geprägten** Personengesellschaft (GmbH & Co. KG) **keinen** wirtschaftlichen Geschäftsbetrieb; dies gilt selbst dann, wenn die Personengesellschaft zuvor originär gewerblich tätig war. Die Einkünfte aus der Kommanditbeteiligung sind damit von der Steuerfreiheit des § 5 Abs. 1 Nr. 9 KStG umfasst (siehe Rn. 1098).[2]

Das Halten einer **100 %igen Beteiligung** an einer **Kapitalgesellschaft** begründet i. d. R. keinen wirtschaftlichen Geschäftsbetrieb, sondern stellt Vermögensverwaltung dar. Dies jedenfalls dann, wenn die Stiftung auf die laufende Geschäftsführung der Kapitalgesellschaft keinen Einfluss nimmt.[3] Gleiches gilt auch für Mehrheitsbeteiligungen. Es kommt demnach primär und unabhängig von der prozentualen Beteiligung nur darauf an, ob die Stiftung einen **beherrschenden Einfluss** tatsächlich ausübt. Von einem beherrschenden Einfluss ab einer Beteiligungsquote von 25 % als Regel kann nicht gesprochen werden.[4] Satzungsgemäße oder vertragliche **Weisungsrechte/-befugnisse**, die in die laufenden Angelegenheiten der Geschäftsführung eingreifen, deuten indes auf

---

1 AEAO Nr. 1 Abs. 3 zu § 64 Abs. 1; BFH v. 15. 5. 2011 - I R 60/10, BStBl 2012 II S. 858.

2 BFH v. 18. 2. 2016 - V R 60/13, DB 2016 S. 1264 (= DStR 2016 S. 1264); BFH v. 25. 5. 2011 - I R 60/10, BStBl 2011 II S. 858.

3 Klein, a. a. O., § 14 Rn. 18 m. w. N.; Schauhoff, a. a. O., § 6 Rn. 68; AEAO Nr. 3 Satz 3 zu § 64 Abs. 1.

4 OFD Frankfurt/M. v. 22. 2. 1999 - S 2729 A - 3 St II 12.

eine unternehmerische Stiftung hin.[1] Auf der anderen Seite berechtigt die Ausübung der gesellschaftlichen Rechte allein nicht zur Annahme einer unternehmerischen Betätigung der Stiftung.[2]

Auch **Personenidentität** der Stiftungsorgane und der Organe der Beteiligungsgesellschaft dürfte eine **unternehmerische** Beteiligung der Stiftung **indizieren** und damit einen wirtschaftlichen Geschäftsbetrieb begründen.[3] Daher kann es sinnvoll sein, in der Stiftungssatzung zu regeln, dass der Vorstand der Stiftung nicht zugleich Geschäftsführer einer Beteiligungsgesellschaft sein darf.[4] Ist eine Personalunion indes gewünscht, darf man das Stiftungsvorstandsmitglied zumindest nicht zum einzelvertretungsberechtigten Geschäftsführer bestellen.

Bei der **Veräußerung einer Beteiligung** an einer Kapitalgesellschaft innerhalb der Vermögensverwaltung bleibt der Veräußerungsgewinn (ebenso wie eine Dividende) zu 100 % steuerfrei, da sich § 8b Abs. 3 und 5 KStG nur im Rahmen der partiellen Steuerpflicht (bei Halten der Beteiligung in einem wirtschaftlichen Geschäftsbetrieb) auswirken kann (siehe Rn. 1242).[5] Der Veräußerungserlös bleibt Stiftungsvermögen und unterliegt nicht dem Gebot der zeitnahen Mittelverwendung gem. § 55 Abs. 1 Nr. 5 AO. Der Veräußerungsgewinn aus einbringungsgeborenen/sperrfristbehafteten Anteilen (§ 21 UmwStG a. F. bzw. § 22 UmwStG) unterliegt der Körperschaftsteuer.[6]

Wird eine **vermögensverwaltende GmbH** (deren Einkünfte wegen ihrer Rechtsform gewerbliche waren) in eine Personengesellschaft **umgewandelt** und setzt diese die vermögensverwaltende Tätigkeit fort, hat die Personengesellschaft wegen der Übernahme von Betriebsvermögen nicht gewerbliche Einkünfte, sondern Einkünfte in der betreffenden Einkunftsart der Vermögensverwaltung.[7] Die Umwandlung kann für eine steuerbefreite Stiftung wegen der Nichtanrechnung der Körperschaftsteuer vorteilhaft sein.

957

Auch bei gemeinnützigen Stiftungen gelten die Grundsätze der **Betriebsaufspaltung**.[8] Die vermögensverwaltende Tätigkeit einer im Übrigen steuerbefrei-

958

---

1 Söffing/Henrich, BB 2016 S. 1943, 1948.
2 Schauhoff, a. a. O., § 6 Rn. 68, 69.
3 BFH v. 25. 8. 2010 - I R 97/09, BFH/NV 2011 S. 312; v. 30. 6. 1971 - I R 57/70, BStBl 1971 II S. 753; Söffing/Henrich, BB 2016 S. 1943, 1947; Richter in v. Campenhausen/Richter, a. a. O., § 43 Rn. 172.
4 Söffing/Henrich, BB 2016 S. 1943, 1948.
5 Buchna/Leichinger/Seeger/Brox, a. a. O., Tz. 2.15.3.2, S. 286 ff.; OFD Düsseldorf v. 8. 11. 1982 - S 2729 A - St 13 H.
6 Orth, DB 2007 S. 419; Buchna/Leichinger/Seeger/Brox, a. a. O., Tz. 2.15.3.2, S. 287.
7 BFH v. 6. 3. 1997 - IV R 21/96, BFH/NV 1997 S. 762 (= DStRE 1997 S. 757 f.).
8 Hüttemann, a. a. O., § 6 Rn. 135 f.; Schmidt, a. a. O., § 15 Rn. 800 ff.

ten Stiftung wird dann in einen wirtschaftlichen Geschäftsbetrieb **umqualifiziert,** wenn die wirtschaftliche Tätigkeit auf eine Kapitalgesellschaft ausgegliedert ist und die Stiftung an diese Wirtschaftsgüter vermietet oder verpachtet.[1] Das Vorliegen einer Betriebsaufspaltung als solches ist kein Grund, einer Stiftung den Steuerbegünstigungsstatus abzuerkennen.[2]

959 Bei einer Stiftungszuwendung von **Mitunternehmeranteilen** von Todes wegen hat die Finanzverwaltung[3] eine Unschädlichkeit für die Steuerbefreiung der Stiftung zugestanden, wenn die Mitunternehmeranteile **unverzüglich** nach Todesfall in eine Kapitalgesellschaft gegen Gewährung von Gesellschaftsrechten gem. § 20 UmwStG eingebracht und damit Gewerbebetrieb in Vermögensverwaltung umqualifiziert wird (vgl. Rn. 1083 und Rn. 1280).

960 Erzielt eine steuerbefreite Stiftung **Spekulationsgewinne** durch Veräußerung von Grundstücken innerhalb von zehn Jahren oder von Termingeschäften bzw. von Wertpapieren innerhalb von einem Jahr nach Anschaffung i. S. v. § 23 EStG im Rahmen ihrer Vermögensverwaltung, die keinen eigenen Zweck (Erzielung von Spekulationsgewinnen) setzt, soll keine Besteuerung nach §§ 22 Nr. 2, 23 EStG eintreten; auch begründet der Spekulationsgewinn als solcher keinen wirtschaftlichen Geschäftsbetrieb.[4]

961 Wegen der Darlehensvergabe für gemeinnützige Zwecke zu ermäßigtem Zinssatz oder ohne Verzinsung siehe Rn. 1005 ff.

962 Verwirklicht eine inländische Stiftung ihren Zweck (auch) **im Ausland,** wird dies grundsätzlich **nicht** als **schädlich** angesehen (siehe Rn. 1035).[5]

963 Die Finanzverwaltung[6] verlangt in diesem Fall jedoch von der Stiftung

1. **ordnungsmäßige Aufzeichnungen** ihrer Ausgaben nach § 63 Abs. 3 AO mit **erhöhter Beweisvorsorge- und Mitwirkungspflicht** mit Verträgen, Quittungen, Tätigkeitsbeschreibungen, Bestätigungen einer deutschen Auslandsvertretung oder Wirtschaftsprüfern über die Projektdurchführung u. a.,[7]

---

1 Siehe BFH v. 5. 6. 1985, BFH/NV 1986 S. 433.
2 Schauhoff, a. a. O., § 6 Rn. 68.
3 Siehe OFD München v. 7. 5. 1993 - S 3806 - 19 St 35, FN 1993 S. 411 f.
4 Hüttemann, a. a. O., § 6 Rn. 146.
5 BFH v. 14. 7. 2004 - I R 94/02, BStBl 2005 II S. 721.
6 OFD Frankfurt/M. v. 5. 9. 2013 - S 0170 A - 50 - St 53, DStR 2014 S. 102; Bayerisches Landesamt für Steuern v. 14. 9. 2012 - S 2223.1.1 - 23/5 St 32, DB 2012 S. 2720; v. 22. 8. 2012 - S 2223.1.1 - 23/2 St 32, DStR 2012 S. 2282.
7 Siehe Rn. 1010 ff.

2. bei Durchführung durch eine **Hilfsperson** i. S. d. § 57 Abs. 1 Satz 2 AO[1] im Ausland Aufbewahrung der Abrechnung und Buchführungsunterlagen im Inland gem. § 146 Abs. 2 AO,

3. bei **Weitergabe** von Mitteln[2] **an ausländische Körperschaften** nach § 58 Nr. 1 AO eine Satzung derselben in deutscher Übersetzung und die unter 1. dargestellten Beweismittel,

4. **entsprechende Satzungsgestaltung** (§§ 55 Nr. 1 AO) und **tatsächliche Geschäftsführung** (§ 63 AO).[3]

In der Spendenbestätigung ist die Verwendung im Ausland besonders zu vermerken.[4]

Durch die Änderungen des Gesetzgebers (JStG 2009) ist es mit Wirkung ab dem 1. 1. 2009 zu erheblichen **Einschränkungen im Gemeinnützigkeitsrecht** gekommen. So wurde § 51 Abs. 2 und 3 AO neu eingefügt und § 61 Abs. 1 AO um einen Satz 2 erweitert (vgl. hierzu im Einzelnen Rn. 1035).

Vergibt die Stiftung i. S. v. § 5 Abs. 1 Nr. 9 KStG ihrerseits **Spenden**, die den Anforderungen des § 10b EStG genügen, kann sie diese im Rahmen der Höchstgrenzen nur dann bei ihrem steuerpflichtigen Einkommen abziehen, wenn die Mittel aus dem steuerpflichtigen Bereich stammen.[5]   **964**

Anstelle der Zweckverwirklichung im Ausland (oben Rn. 962) ist denkbar, dass die inländische Stiftung ihrerseits satzungsgemäß **Spenden** an eine **Stiftung mit Sitz im EU-/EWR-Ausland** tätigt. Der BFH hat die von der FinVerw. aufgestellten hohen Hürden für deren Anerkennung bestätigt.[6] Zwar ist der Nachweis, dass die tatsächliche Geschäftsführung einer gemeinnützigen Einrichtung den Erfordernissen des § 63 Abs. 1 AO entspricht, nicht zwingend durch detaillierte Geschäfts- und Tätigkeitsberichte sowie Aufzeichnungen über ihre finanziellen Verhältnisse zu führen, da § 63 Abs. 3 AO nur einen Nachweis durch ordnungsmäßige Aufzeichnungen über die Einnahmen und Ausgaben verlangt. Dem Gesetz lasse sich nämlich nicht entnehmen, dass Art und Umfang der Tätigkeiten nur durch Geschäfts- oder Tätigkeitsberichte nachgewiesen werden können. Seien Geschäfts- und Tätigkeitsberichte nicht angefertigt worden, könne die gemeinnützige Einrichtung infolgedessen den Nachweis   **965**

---

1 Siehe Rn. 1031.
2 Siehe Rn. 1041.
3 Siehe Rn. 934.
4 Hinweis auf BMF-Schreiben v. 16. 5. 2011 - IV C 4 - S 2223/07/005 : 008, BStBl 2011 I S. 559.
5 Schauhoff, a. a. O., § 7 Rn. 267; Dötsch/Jost/Pung/Witt, KStG, § 5 Rn. 61g.
6 BFH v. 21. 1. 2015 - X R 7/13, DStR 2015 S. 989; zustimmend Fischer, FR 2015 S. 716, 719.

über ihre Tätigkeit auch durch andere Unterlagen (z. B. Schriftverkehr und Notizen über vorbereitende Maßnahmen) führen. Sofern jährliche Rechenschaftsberichte erstellt und der ausländischen Stiftungsaufsicht übersandt wurden, könnten diese Berichte von der Finanzverwaltung angefordert werden.

966 Aus unionsrechtlichen Gründen kann **nicht** verlangt werden, dass die Zuwendungsbestätigung einer ausländischen Stiftung dem amtlich vorgeschriebenen **Vordruck i. S. d. § 50 EStDV** entspricht. Gleichwohl gehöre, so der BFH, zu den **notwendigen** Bestandteilen der Zuwendungsbestätigung einer ausländischen gemeinnützigen Einrichtung, dass der ausländische Spendenempfänger bescheinigt, er habe die Spende erhalten, er verfolge den satzungsgemäßen gemeinnützigen Zweck und er setze die Spende ausschließlich satzungsgemäß ein. Von diesem durch die Zuwendungsbestätigung dokumentierten Verwendungsnachweis könne auch bei ausländischen Körperschaften nicht abgesehen werden.[1]

967 Tritt die Stiftung als **Holding** auf, indem sie mehrere Beteiligungen an Kapitalgesellschaften hält und bei den Töchtern ihren Einfluss im Sinne einer planmäßigen Unternehmenspolitik geltend macht, dürfte dies zum Vorliegen eines wirtschaftlichen Geschäftsbetriebs führen. Um dies zu vermeiden, sollte zwischen die Stiftung und die diversen Tochter-Kapitalgesellschaften eine (weitere) Holding-Kapitalgesellschaft zwischengeschaltet werden, so dass die Stiftung „nur noch" eine Beteiligung hält.[2]

968–979 *(Einstweilen frei)*

2. Anforderungen an die Stiftungssatzung nach AO

2.1 Selbstlosigkeit (§ 55 AO)

980 Eine gemeinnützige Stiftung liegt vor, wenn sie nach § 52 Abs. 1 AO ihre Tätigkeit darauf richtet, die Allgemeinheit auf „materiellem, geistigem oder sittlichem Gebiet" selbstlos zu fördern.[3] Nach der Rechtsprechung handelt eine Körperschaft selbstlos, wenn sie weder selbst noch zugunsten ihrer Mitglieder eigennützige oder eigenwirtschaftliche Zwecke verfolgt.[4] Dabei trägt eine Körperschaft, die eine Steuerbefreiung oder Steuerermäßigung wegen Verfolgung steuerbegünstigter Zwecke begehrt, die **Feststellungslast** für die Tatsachen,

---

1 Eingehend hierzu Weitemeyer/Bornemann, FR 2016 S. 437, 438.
2 Söffing/Henrich, BB 2016 S. 1943, 1948.
3 Siehe v. Wallis/Steinhardt, a. a. O., S. 21 ff.; siehe auch Sorg, a. a. O., S. 113 f.
4 BFH v. 13. 12. 1978 - I R 39/78, BStBl 1978 II S. 482.

aus denen sich ergibt, dass sie die Voraussetzungen der Steuerbefreiung oder Steuerermäßigung erfüllt.[1] Die Selbstlosigkeit ist in § 55 AO die **erste Grundvoraussetzung** zur Anerkennung der Steuerbefreiung. Sie wird auch als wirtschaftliche Uneigennützigkeit verstanden.[2]

Selbstlosigkeit in diesem Sinne ist z. B. **nicht** gegeben, wenn die Würdigung der Umstände im Einzelfall ergibt, dass der Gründer einer Stiftung zur Bewahrung und Förderung von bildender **Kunst** maßgeblich sein Eigeninteresse am Sammeln und am Besitz von Kunstgegenständen verfolgt.[3] Die Selbstlosigkeit wurde vom BFH auch dann verneint, wenn „die vorgesehene Zurverfügungstellung von Werken der Stiftung im Rahmen von öffentlichen Ausstellungen und Leihgaben" nicht stattfindet. Werden demnach Kunstwerke in privaten – nicht der Allgemeinheit zugänglichen – Räumlichkeiten untergebracht und nur teilweise gelegentlich öffentlich ausgestellt, verfolgt eine zur Bewahrung und Förderung von bildender Kunst gegründete Stiftung mangels Selbstlosigkeit keine gemeinnützigen Zwecke.[4]

§ 55 Abs. 1 Nr. 1 enthält das **Gebot der Vermögensbindung** (d. h., satzungsgemäße Zweckverwirklichung durch die Mittelverwendung), das in § 61 AO präzisiert wird. Ist die tatsächliche Geschäftsführung einer gemeinnützigen Stiftung nicht während des gesamten Besteuerungszeitraums auf die ausschließliche und unmittelbare Erfüllung der steuerbegünstigten Zwecke gerichtet, führt dies grundsätzlich nur zu einer Versagung der Steuerbefreiung für diesen Besteuerungszeitraum.[5] Entspricht also die **tatsächliche Geschäftsführung** einer Stiftung in einem Jahr nicht den Anforderungen der §§ 52 bis 55 AO, kann ihr die Steuervergünstigung für dieses Jahre versagt werden. 981

Das Gebot der Vermögensbindung gilt auch für die Aufhebung oder Auflösung der Stiftung oder bei Wegfall der steuerbegünstigten Zwecke, wobei in der Satzung dieselben und der Empfänger des Vermögens bei Aufhebung oder Auflösung der Stiftung bzw. Wegfall der steuerbegünstigten Zwecke genau bestimmt werden müssen.

Gemäß § 61 Abs. 3 AO fällt die Steuerbegünstigung bei nachträglicher **Satzungsänderung** (siehe „Hinweis" in Rn. 940), die den Anforderungen des § 55 982

---

1 BFH v. 23. 2. 2017 - V R 51/15, BFH/NV 2017 S. 882, Leitsatz 2.
2 Tipke/Kruse, a. a. O., § 55 Rn. 1 ff.; Kiefer, a. a. O., S. 28 ff.
3 BFH v. 24. 5. 2016 - V B 123/15, BFH/NV 2016 S. 1253.
4 BFH v. 23. 2. 2017 - V R 51/15, BFH/NV 2017 S. 882.
5 BFH v. 12. 10. 2010 - I R 59/09, BStBl 2012 II S. 226; Wallenhorst, DStR 2011 S. 698.

Abs. 1 Nr. 4 AO nicht mehr entspricht, von Anfang an weg (**Nachversteuerung für zehn Jahre**).[1]

983 § 55 Abs. 1 Nr. 3 enthält das **Verbot der Begünstigung**. Die Vorschrift verbietet Ausgaben, die eine Person begünstigen, aber nicht dem Zweck der Körperschaft entsprechen (1. Alternative) oder aber eine unverhältnismäßig hohe Vergütung (2. Alternative) darstellen.[2] Ausgaben sind nicht nur Verwaltungsausgaben. Eine **satzungswidrige** Zuwendung liegt nicht nur vor, wenn eine Zuwendung nicht vom satzungsmäßigen Zweck getragen wird, sondern auch dann, wenn die Auszahlung als Gegenleistung für Dienste erfolgt, die der Körperschaft zwar zugute kommen, aber in der Satzung nicht vorgesehen sind.[3]

984 Steuerbegünstigte Körperschaften, die im Verbund mit Tochterunternehmen tätig sind, bündeln verstärkt nicht begünstigte Dienstleistungen in Form von Servicefunktionen (z. B. Aufgaben der Verwaltung) zentral in einer Körperschaft, um so dem zunehmenden Wettbewerbsdruck begegnen zu können. In solchen Unternehmensverbünden entstehen zahlreiche Leistungsverflechtungen, die zunehmend in den Fokus von steuerlichen Außenprüfungen geraten. Insbesondere das Thema der „angemessenen" Vergütung und damit einhergehend die Annahme verdeckter Gewinnausschüttungen (vGA) ist ein beliebtes Prüffeld der steuerlichen Außenprüfer geworden.[4] Gerade bei den **Leistungsverrechnungen** zu den sog. Selbstkosten setzen steuerliche Außenprüfer – mit Verweis auf das bereits vielfach diskutierte „Rettungsdiensturteil" des BFH[5] – pauschal **Gewinnzuschläge** fest mit erheblichen Auswirkungen auf die steuerliche Belastung steuerbegünstigter Unternehmen. Als Maßstab zur Bestimmung fremdüblicher Preise sieht der BFH – so auch übernommen im AEAO[6] – für steuerbegünstigte Unternehmen ausschließlich die Kostenzuschlagsmethode vor. Nach zutreffender Ansicht[7] widerspricht diese Vorgehensweise jedoch offensichtlich den allgemein anerkannten Methoden zur Bestimmung marktüblicher Preise für die in Rede stehenden (marktgängigen) administrativen, kaufmännischen und technischen Dienstleistungen. Hierbei

---

1 Gemäß § 175 Abs. 1 Satz 1 Nr. 3 i. V. m. § 61 Abs. 3 AO; siehe auch BFH v. 25. 4. 2001 – I R 22/01, BStBl 2001 II S. 518. Nach Ansicht der OFD Hannover (v. 17. 2. 2000, DB 2000 S. 597) muss der Empfänger des Vermögensanfalls eine inländische steuerbegünstigte Körperschaft sein.

2 Klein, AO, 12. Aufl. 2014, § 55 Rn. 22.

3 Klein, AO, 12. Aufl. 2014, § 55 Rn. 23.

4 Seeger/Milde, DStR 2016 S. 2736.

5 BFH v. 27. 11. 2013 – I R 17/12, BStBl 2016 II S. 68; BMF v. 26. 1. 2016 - IV A 3 - S 0062/15/10006, BStBl 2016 I S. 155; AEAO Nr. 2 Satz 2 zu § 55 Abs. 1 Nr. 1 AO.

6 BMF v. 26. 1. 2016, BStBl 2016 I S. 155; Kirchhain, DStR 2016 S. 505; AEAO Nr. 2 Satz 4 zu § 55 Abs. 1 Nr. 1 AO.

7 Seeger/Milde, DStR 2016 S. 2736.

ist für den Profit-Bereich allgemein anerkannt, dass der marktübliche Preis über den sog. Fremdvergleichsmaßstab – unter Berücksichtigung der Nachfrageseite, mithin der Wettbewerbsbedingungen – nach der Preisvergleichsmethode bestimmt werden kann. Weshalb nunmehr für steuerbegünstigte Unternehmensverbünde und deren Leistungsverflechtungen eine restriktivere Auslegung einer „angemessenen" Vergütung gelten soll, ist nicht ersichtlich. Dies führt vielmehr zu einer nicht gerechtfertigten Benachteiligung des Non-Profit-Bereichs. Schließlich werden bei der Gewinnzuschlagsmethode die Besonderheiten der Kostenstruktur steuerbegünstigter Körperschaften (z. B. höhere Personalkosten aufgrund von Tarifbindung bzw. intensiverem Personaleinsatz etc.) völlig außer Acht gelassen.

Eine **Familienstiftung** kann nicht selbstlos arbeiten, d. h. i. d. R. nicht gemeinnützig sein. Auch eine Stiftung, deren Zweck sich in der unterstützenden Hilfeleistung für Kinder und Kindeskinder der Stifter in Fällen der Not und Hilfsbedürftigkeit i. S. v. § 53 AO erschöpft, wird von der Finanzverwaltung **nicht** als steuerfreie Stiftung anerkannt.[1]   **985**

Selbstlosigkeit ist beispielsweise auch nicht gegeben, wenn die Würdigung der Umstände im Einzelfall ergibt, dass der Gründer einer Stiftung zur Bewahrung und Förderung von bildender Kunst maßgeblich sein Eigeninteresse am Sammeln und am Besitz von Kunstgegenständen verfolgt.[2]

Die unentgeltliche Raumüberlassung an ein Vorstandsmitglied verstößt (ausnahmsweise) nicht gegen § 55 Abs. 1 Nr. 1 und 3 AO, wenn sie den satzungsgemäßen steuerbegünstigten Zwecken dient.[3]   **986**

Die **Erhaltung eines Betriebes** und die Erzielung von Dotationsmitteln für die Arbeitnehmer sind keine gemeinnützigen Zwecke. Die Gemeinnützigkeit scheidet ferner aus, wenn die Zahl der in Betracht kommenden Personen dauernd nur so klein sein kann und nach § 52 Abs. 1 AO keine Allgemeinheit gegeben ist.[4] Eine Stiftung zur Unterstützung von Schülern einer Schule, die allen Kindern einer Gemeinde offen stand, wurde als gemeinnützig anerkannt.   **987**

Die Unterhaltung eines **wirtschaftlichen Geschäftsbetriebes als Dotationsquelle** zur Bestreitung satzungsgemäßer steuerbegünstigter Ausgaben (Mit-

---

1 OFD Köln v. 26. 6. 1980 - S 0177- 2- St 132; OFD Düsseldorf v. 26. 6. 1980 - S 2729/S 0177 A - St 13 H, StEK AO 1977, § 58 Nr. 2.
2 BFH v. 24. 5. 2016 - V B 123/15, BFH/NV 2016 S. 1253; kritisch hierzu Weidmann/Kohlhepp, DStR 2016 S. 2673.
3 BFH v. 20. 12. 1995, BFH/NV 1996 S. 383, zum Vorstandsmitglied mit Forschungstätigkeit.
4 AEAO Nr. 1 zu § 52; Schauhoff, a. a. O., § 5 Rn. 45.

telverwendung) verstößt nicht gegen § 55 Abs. 1 Nr. 1 AO,[1] da sie **keinen eigenen Zweck darstellt** und nur der **Verwirklichung steuerbegünstigter Zwecke** dient.[2]

988 Die Verfolgung **in erster Linie eigenwirtschaftlicher Zwecke** (z. B. gewerbliche Zwecke oder sonstige Erwerbszwecke) **schließt** nach § 55 Abs. 1 AO **Selbstlosigkeit aus.** Für Stiftungen sind folgende Forderungen des § 55 Abs. 1 AO noch hervorzuheben:

▶ Die **Mittel** der Stiftung dürfen **nur für satzungsgemäße Zwecke** – mit den in § 58 AO zugelassenen Ausnahmen – verwendet werden.[3]

▶ Die Stiftung darf **keine Person durch unverhältnismäßig hohe Vergütungen begünstigen** (§ 55 Abs. 1 Nr. 3 AO, siehe Rn. 983).[4] Dazu gehören auch die Stiftungsorgane. Eine Definition zur „Verhältnismäßigkeit" fehlt. Sind Leistung und Gegenleistung indes nach wirtschaftlichen Gesichtspunkten gegeneinander abgewogen, liegt keine Zuwendung vor.[5]

▶ Die Stiftung muss seit 1. 1. 2013 ihre Mittel spätestens in den auf den Zufluss folgenden zwei Jahren[6] **(Gebot der zeitnahen Mittelverwendung)** verwenden (§ 55 Abs. 1 Nr. 5 AO).[7]

989 **Ausgaben für Anschaffung und Herstellung** von Vermögensgegenständen (z. B. Grundstücke mit Gebäuden, EDV-Anlagen, Büroausstattung, Kraftfahrzeuge), die den satzungsgemäßen Zwecken dienen, stellen anzuerkennende Mittelverwendung im Jahr der Ausgaben dar.[8]

990 Wegen des Einnahmen-/Ausgabendenkens finden **Abschreibungen** i. S. v. § 7 EStG zur erfolgsmäßigen Berücksichtigung von Wertminderung durch Abnutzung oder Substanzverringerung von Wirtschaftsgütern in § 55 Abs. 1 AO keinen Platz. Die BFH-Rechtsprechung[9] hat aber anerkannt, dass (verdiente) Ab-

---

1 Siehe AEAO Nr. 2 Satz 2 zu § 55; Bopp, DStZ 1999 S. 123 ff.; Hüttemann, Wirtschaftliche Betätigung und steuerliche Gemeinnützigkeit, a. a. O., S. 64 f., 191 ff.

2 Vgl. Hüttemann, a. a. O., § 6 Rn. 6; Kiefer, a. a. O., S. 27 ff., m. w. N.

3 Zum Begriff „Mittel": Hüttemann, a. a. O., § 5 Rn. 16 f.

4 Aufwendungsersatz rechnet nicht zu Vergütungen, auch wenn vor Erfüllung des Ersatzanspruches der Anspruchsteller eine Durchlaufspende in derselben Höhe geleistet hat, so BFH v. 3. 12. 1996, DStR 1997 S. 716 f. Siehe ferner Tipke/Kruse, AO, § 55 Rn. 3b.

5 AEAO Nr. 11 zu § 55; Buchna/Leichinger/Seeger/Brox, a. a. O., Tz. 2.5.5.6, S. 155.

6 Vgl. AEAO Nr. 26 zu § 55 Abs. 1 Nr. 5.

7 Spitaler/Schröder, DStR 2014 S. 2144.

8 Vgl. AEAO Nr. 25 Satz 2 zu § 55 Abs. 1 Nr. 5; Hüttemann, a. a. O., § 5 Rn. 86.

9 BFH v. 26. 4. 1989, BStBl 1989 II S. 670.

schreibungen auf abnutzbare Wirtschaftsgüter nicht dem Gebot der zeitnahen Mittelverwendung unterliegen. Dem ist das Schrifttum[1] gefolgt, das sich im Rahmen des § 62 Abs. 1 Nr. 1 AO (siehe Rn. 1044 ff.) für die Zuführung dieser Mittel für Ersatz- und Erneuerungsinvestitionen ausspricht.

Das **Grundstockvermögen** einer gemeinnützigen Stiftung unterliegt **nicht** dem Gebot der zeitnahen Mittelverwendung i. S. d. § 55 Abs. 1 Nr. 5 AO; es kann deshalb allenfalls dann, wenn es nach den Satzungsbestimmungen zur Erfüllung des Stiftungszwecks verwendet werden darf, in die Frage einbezogen werden, ob die Stiftung dem Gebot zur satzungsmäßigen Verwendung ihrer Mittel entsprochen hat.[2]

Auch aus der **Umschichtung** von Verwaltungsvermögen zufließende Mittel (Umschichtungsgewinne)[3] sind Stiftungsvermögen, die **nicht** zeitnah zu verwendenden sind.[4] Die sog. **Umschichtungsrücklage** ist eine besondere Darstellungsform des Grundstockvermögens einer Stiftung und nicht Rücklage i. S. d. § 62 Abs. 1 und 2 AO.[5] Sie kann ein **Risikobudget** schaffen, um z. B. ein Engagement in Rentenpapiere zu ermöglichen.[6]

Die zeitnahe Mittelverwendung ist der Finanzbehörde in einer besonderen **Nebenrechnung** jährlich **nachzuweisen**[7] (siehe Rn. 1009 f.). Bei (zugelassener) **Zweckverwirklichung im Ausland**[8] bestehen besondere **Nachweis- und Rechnungslegungsvorschriften.**

991

Sind die zeitnah zu verwendenden Mittel nicht **innerhalb der Frist** des § 55 Abs. 1 Nr. 5 AO zur Zweckverwirklichung verwendet worden, liegt ein Verstoß der tatsächlichen Geschäftsführung (§ 63 AO) vor. Gemäß § 63 Abs. 4 AO kann eine Heilung erfolgen, wenn das Finanzamt eine Frist zur Mittelverwendung setzt und die Stiftung tatsächlich die angesammelten Mittel für die steuer-

---

1 Hüttemann, a. a. O., § 5 Rn. 87; Buchna/Leichinger/Seeger/Brox, a. a. O., Tz. 2.5.9.4, S. 179 und Tz. 2.5.9.1.2, S. 165.
2 BFH v. 7. 9. 2011 - I B 36/11, BFH/NV 2011 S. 2013.
3 Kraftsoff/Steinsdörfer, S&S 3/2016 S. 30.
4 AEAO Nr. 28 zu § 55 Abs. 1 Nr. 5; Spiegel S&S 2/2014 S. 24; Buchna/Leichinger/Seeger/Brox, a. a. O., Tz. 2.5.9.4, S. 179.
5 Kohler/Gengel, S&S 2/2014 S. 22.
6 Kohler/Gengel, S&S 2/2014 S. 23.
7 Nach dem Wortlaut AEAO Nr. 26 Satz 2 zu § 55 Abs. 1 Nr. 5 erstreckt sich die Mittelverwendungsrechnung nur auf den Nachweis der „Verwendung" der Mittel zum Abschlussstichtag im folgenden Wirtschaftsjahr.
8 AEAO Nr. 1 Satz 4 zu § 63; OFD Hannover v. 15. 6. 2001, FN-IDW 2001 S. 612; OFD München v. 23. 11. 2001, DStR 2002 S. 806.

begünstigten Zwecke verwendet.[1] Auf die **Beweissicherung** und entsprechende Behandlung in der besonderen Nebenrechnung, dass Verpflichtungen für satzungsgemäße Zweckverwirklichungen (z. B. Förderungszusagen) bindend eingegangen sind, ist daher besonderer Wert zu legen.[2]

992   Eine Körperschaft ohne Eigenkapitalausstattung handelt nicht selbstlos bei Darlehensfinanzierung durch ihre Gründer, wenn die erzielten Einnahmen zur Verzinsung der Darlehen benötigt werden.[3] Dies dürfte auch für eine Stiftung gelten, bei der das Grundstockvermögen gering ist und die durch Vermögensverwaltung erzielten steuerfreien Einnahmen zu einem erheblichen Teil an den Stifter in Form von Zinsen „zurückfließen".

993   § 55 Abs. 1 Nr. 4 i. V. m. Abs. 3 AO als Ausnahme vom Grundsatz der Vermögensbindung ist für Stiftungen sinngemäß anwendbar.[4] Dies bedeutet, dass es zulässig ist, das Stiftungskapital und Zustiftungen von der Vermögensbindung auszunehmen und im Falle des Erlöschens der Zustiftung an den Stifter oder seine Erben zurückfallen zu lassen. Für solche Stiftungen und Zustiftungen kann dann aber auch nicht die Spendenbegünstigung nach § 10b EStG in Anspruch genommen werden.

994   **Preisverleihende** gemeinnützige Stiftungen handeln nicht selbstlos, wenn die Ergebnisse der durch den Preis ausgezeichneten Tätigkeit nicht der Allgemeinheit zur Verfügung gestellt werden. Ein Verstoß führt nicht etwa zu einem wirtschaftlichen Geschäftsbetrieb, auch wenn sie ggf. beim Empfänger einkommensteuerpflichtig sind,[5] sondern zur Aberkennung der Gemeinnützigkeit.

995   Nach der sog. **Geprägetheorie** musste eine eigenwirtschaftliche Betätigung gegenüber der eigentlichen (steuerbegünstigten Zwecksetzung) nachrangig sein und durfte ihr nicht das Gepräge geben.[6] Die Finanzverwaltung hat die Geprägetheorie zwischenzeitlich aber **aufgegeben**.[7] Alle wirtschaftlichen Aktivitäten einer steuerbegünstigten Stiftung sind aus Sicht der Gemeinnützigkeit unschädlich, wenn sie um des steuerbegünstigten Zwecks willen erfolgen. Auf

---

1 Siehe Buchna/Leichinger/Seeger/Brox, a. a. O., Tz. 2.14.10, S. 277; OFD Frankfurt v. 6. 8. 2003, DB 2003 S. 2255.
2 Buchna/Leichinger/Seeger/Brox, a. a. O., Tz. 2.14.9, S. 276; OFD Frankfurt v. 14. 3. 2002, DB 2002 S. 870.
3 BFH v. 26. 4. 1989, BStBl 1989 II S. 670; AEAO Nr. 1 Satz 3 zu § 55 Abs. 1 Nr. 1.
4 AEAO Nr. 30 Satz 2 f. zu § 55 Abs. 3.
5 BMF v. 5. 9. 1998, BStBl 1998 I S. 1150.
6 Vgl. Tipke/Kruse, a. a. O., § 55 Rn. 2; Dötsch/Jost/Pung/Witt, a. a. O., § 5 Rn. 55a; AEAO Nr. 2 zu § 55 Abs. 1 Nr. 1.
7 Änderung des Anwendungserlasses am 17. 12. 2012.

den Umfang der gemeinnützigen Tätigkeit kommt es nicht mehr entscheidend an. Maßgebend ist vielmehr, ob das unterstützte Vorhaben der Einrichtung materiell oder in anderer Weise dient.[1] Vermögensverwaltende Tätigkeit und steuerpflichtiger wirtschaftlicher Geschäftsbetrieb werden bei dieser Betrachtung gleich behandelt. Die Sachdienlichkeit der nicht steuerbegünstigten Maßnahmen ist Beurteilungskriterium.

Nach Ansicht des BFH,[2] dem sich die Finanzverwaltung[3] angeschlossen hat, lassen **unangemessene Ausgaben** für die allgemeine Verwaltung und Spendenakquisition die Gemeinnützigkeit wegen Verstoßes gegen das Gebot der Selbstlosigkeit des § 55 Abs. 1 AO entfallen.[4] Bei Stiftungen, die sich weitgehend aus Spenden finanzieren, müssen diese Ausgaben in einem angemessenen Verhältnis (sog. **Verwaltungskostenquote**) zu den Spendeneinnahmen stehen. Die vom BFH[5] genannte Obergrenze von **50 %** in der Aufbauphase will die Finanzverwaltung[6] nicht allgemein anerkennen, sondern die Angemessenheit nach der Lage des Einzelfalls beurteilen, wobei die Ausgaben für die Geschäftsführung und die Spendenakquisition besonders kritisch untersucht werden. Es wird als Verstoß gegen § 55 AO gewertet, wenn diese „unangemessen" sind.[7] Bei **Förderstiftungen** sind nur **30 %** angemessen.[8]

996

Sind Vorstandsmitglieder ehrenamtlich tätig und erhalten sie (ohne ausdrückliche Regelung in der Satzung dennoch) **Tätigkeits- und Aufwandsvergütungen**, hat der BFH[9] darin einen Verstoß gegen das Gebot der Selbstlosigkeit gesehen. Die Folge ist der Verlust des Gemeinnützigkeitsstatus. Bei hauptamtlichen Vorstandsmitgliedern sollten Vergütungen als angemessen anerkannt werden, die von anderen Körperschaften für gleichartige Leistungen gezahlt werden.[10]

997

---

1 Ritter, S&S 5/2013 S. 28.
2 BFH v. 21. 1. 1998, BStBl 1998 II S. 758; v. 23. 9. 1998, DStR 1998 S. 1674 ff.; v. 23. 2. 1999, BFH/NV 1999 S. 1055. Siehe dazu Hofmeister, DStZ 1999 S. 545 ff.
3 BMF v. 15. 5. 2000, BStBl 2000 I S. 814.
4 Siehe dazu Geserich, DStR 2001 S. 604 ff.; AEAO Nr. 21 zu § 55.
5 BFH v. 23. 9. 1998 - I B 82/98, BStBl 2000 II S. 320.
6 BMF v. 15. 2. 2002, DB 2002 S. 456; AEAO Nr. 18 zu § 55.
7 Zur Problematik siehe AEAO Nr. 19 zu § 55; Buchna/Leichinger/Seeger/Brox, a. a. O., Tz. 2.5.5.1 S. 126 ff.
8 Weidmann/Kohlepp, Die gGmbH, 3. Aufl. 2014, S. 74.
9 BFH v. 8. 8. 2001 - I B 40/01, BFH/NV 2001 S. 1536.
10 Sandberg, S&S 1/2015 S. 22; Buchna/Leichinger/Seeger/Brox, a. a. O., Tz. 2.5.7, S. 158 ff.

> **HINWEIS:**
>
> Die **Vergütung** der Organe bedarf stets (vgl. Rn. 215) einer **Öffnungsklausel** in der Satzung.[1]

998   In einem immer härteren Wettbewerb steuerbegünstigter Organisationen um Spenden sind Fördervereine für gemeinnützige Stiftungen gegründet worden, die nur **„Fundraising" für Stiftungen** betreiben.[2] Dieselben Spenden sind sodann beim Verein und sodann nach Weiterleitung bei der Stiftung Einnahmen aus Spenden. Da die Namen von Stiftung und Verein gleich sind, realisieren die Spender oft nicht, ob sie an die Stiftung oder an den Verein spenden.

999   Eine **eigenwirtschaftliche** Betätigung i. S. d. § 55 Abs. 1 AO liegt vor, wenn gemeinnützige Zwecke vom Gewinnstreben bei den Aktivitäten der Stiftung überlagert werden.[3] Ein Verstoß gegen das Mittelverwendungsgebot des § 55 Abs. 1 Nr. 1 AO liegt nicht vor, wenn ein Spender unmittelbar nach seiner Spende seinen nachgewiesenen Anspruch auf Aufwendungsersatz erfüllt erhält.[4]

1000   Die **Beteiligung** an einer **gewerblichen** (mitunternehmerischen) **Personengesellschaft** begründet grundsätzlich einen **wirtschaftlichen Geschäftsbetrieb** (vgl. Rn. 1083).[5] Anders ist dies, wenn die Tätigkeit der Personengesellschaft selbst nur Vermögensverwaltung darstellt (siehe Rn. 955),[6] also keine gewerblichen Einkünfte erzielt werden.

1001   Hingegen begründet die Beteiligung an einer **gewerblich geprägten** Personengesellschaft **keinen** wirtschaftlichen Geschäftsbetrieb (siehe Rn. 956). Sie ist vielmehr von der Steuerfreiheit des § 5 Abs. 1 Nr. 9 KStG umfasst.[7] Dabei trägt eine Körperschaft, die eine Steuerbefreiung oder Steuerermäßigung wegen Verfolgung steuerbegünstigter Zwecke begehrt, die Feststellungslast für die Tatsachen, aus denen sich ergibt, dass sie die Voraussetzungen der Steuerbefreiung oder Steuerermäßigung erfüllt.

---

1 AEAO Nr. 23 zu § 55 Abs. 1 Nr. 3; Buchna/Leichinger/Seeger/Brox, a. a. O., Tz. 2.5.7, S. 158.
2 Siehe Ripken, S&S 1/2015 S. 14.
3 BFH v. 26. 4. 1989 - I R 209/85, BStBl 1989 II S. 670.
4 BFH v. 3. 12. 1996 - I R 67/95, BStBl 1996 II S. 474.
5 BFH v. 16. 11. 2011 - I R 31/10, BFH/NV 2012 S. 786.
6 So das FG Düsseldorf v. 18. 5. 1984, EFG 1985 S. 83.
7 BFH v. 25. 5. 2011 - I R 60/10, BStBl 2011 II S. 858.

Das Gebot der Selbstlosigkeit des § 55 AO ist auch verletzt, wenn die Tätigkeit der Stiftung in erster Linie auf **Mehrung**[1] **des Vermögens** gerichtet ist.[2] Unklar ist, ob dieser Grundsatz nominell oder substanziell auszulegen ist.

1002

Bei nur nomineller **Vermögenserhaltung** muss bei fortschreitender Inflation die Zweckverwirklichung aus den Erträgen (z. B. Zinsen) immer schmaler werden, bis sie endlich nicht mehr möglich ist. Auch die Finanzverwaltung akzeptiert die substantielle Vermögenserhaltung, indem sie eine zeitnahe Verwendung von bei Vermögensumschichtungen aufgelöster stiller Reserven nicht fordert.[3]

1003

Mittel i. S. v. § 55 AO sollen nach Auffassung der Finanzverwaltung[4] nicht nur Spenden, Vermögenserträge und Erträge aus wirtschaftlichen Geschäftsbetrieben und aus Zweckbetrieben, sondern **sämtliche Vermögenswerte** der steuerbefreiten Körperschaft sein.[5] Da eine gesetzliche Definition der Mittel nicht erfolgt ist, erkennt auch die Finanzverwaltung an, dass dem Gebot der zeitnahen Mittelverwendung keinesfalls die Mittel unterliegen, die durch Stiftungsgeschäft, Gesetz oder Vertrag (Zustiftungen und Spenden mit der Auflage, sie dem Stiftungsvermögen zuzuführen) dem Stiftungsvermögen zuzurechnen sind, das stiftungsrechtlich im Wert zu erhalten ist, und dies nicht gegenständlich, sondern betragsmäßig. Ungeachtet der Vermögensbindung des Stiftungsvermögens gem. § 61 AO können Mittel i. S. v. § 55 Abs. 1 Satz 1 AO nur Einnahmen bzw. Erträge sein, die zur laufenden Zweckverwirklichung bestimmt sind. Folgerichtig sind **Schulden** der Stiftung vermögensschmälernd, so dass die zu ihrer Tilgung erforderlichen Gegenposten (z. B. Bankguthaben und andere Vermögenswerte) keinesfalls zeitnah zu verwendende Mittel sein können. Ob die Schulden aus dem Stiftungsgeschäft, aus Zustiftungen oder aus Aktivitäten zur Zweckverwirklichung (aus dem steuerbefreiten Bereich, aus wirtschaftlichen Geschäftsbetrieben oder aus Zweckbetrieben) stammen, muss völlig gleichgültig sein.[6]

1004

Geklärt ist, dass satzungsgemäß gemeinnützige Aufgaben nicht nur durch Mittelhingabe als solche, sondern auch durch Bereitstellung zinsgünstiger

1005

---

1 Wegen der Erhaltung des Vermögens siehe Rn. 1054 ff.
2 Siehe Buchna/Leichinger/Seeger/Brox, a. a. O., Tz. 2.5.1, S. 117; AEAO Nr. 1 Satz 2 zu § 55 Abs. 1 Nr. 1.
3 So Buchna/Leichinger/Seeger/Brox, a. a. O., Tz. 2.5.9.4, S. 178; Schauhoff, a. a. O., § 8 Rn. 71.
4 AEAO Nr. 3 zu § 55 Abs. 1 Nr. 1 und OFD Frankfurt v. 20. 2. 2012 - S 0177 A-1-St 53, DStR 2012 S. 1229.
5 BFH v. 23. 10. 1991, BStBl 1992 II S. 62. Vgl. auch Spitaler/Schröder, DStR 2014 S. 2144, 2145; Buchna/Leichinger/Seeger/Brox, Tz. 2.5.5, S. 125; Hüttemann, a. a. O., § 5 Rn. 16 ff.
6 Entgegen der Auffassung der Finanzverwaltung, siehe Rn. 1024 ff.

oder zinsloser **Darlehen**, mithin durch einen Zinsvorteil aus der Nutzung eines Geldbetrages, gefördert werden können.[1]

1006   Die Finanzverwaltung beurteilt die **Darlehensvergabe** als unschädlich, wenn damit unmittelbar die satzungsgemäßen steuerbegünstigten Zwecke verwirklicht werden oder eine andere Körperschaft die darlehensweise erhaltenen Mittel unmittelbar für steuerbegünstigte Zwecke zeitnah verwendet.[2] Die steuerbegünstigte Stiftung darf hierzu aus ihrem Grundstockvermögen einschl. zulässig gebildeter Rücklagen Darlehen zum Kapitalmarktzins vergeben, es sei denn, dass ein Zinsverzicht der Satzung und dem Gemeinnützigkeitsrecht entspricht.[3] Diese Darlehensvergaben fallen mithin nicht unter das Gebot der zeitnahen Mittelverwendung, sondern unter Vermögensumschichtung. Nur die **Verluste im ideellen Bereich**, in der **Vermögensverwaltung** und im **Zweckbetrieb** mindern die zeitnah zu verwendenden Mittel.

1007   Eine steuerbefreite Stiftung muss die **Überschüsse aus allen Bereichen zeitnah** für ihre satzungsgemäßen Zwecke verwenden, soweit sie nicht in unschädliche Rücklagen nach § 62 Abs. 1 Nr. 1 bis Nr. 3 AO eingestellt werden (siehe Rn. 1045 ff.).[4] Gemäß § 55 Abs. 1 Nr. 5 AO beinhaltet „zeitnahe" Verwendung, dass die zugeflossenen Mittel (siehe Rn. 1004) bis zum Ende des zweiten auf den Mittelzufluss folgenden Jahres verwendet worden sind.[5] Treten **Verluste** auf (ggf. als Saldo mit Gewinnen), dürfen diese nicht aus Mitteln aus dem steuerbefreiten Bereich abgedeckt werden, da dies ein Verstoß gegen das Gebot der Selbstlosigkeit des § 55 AO darstellen würde.[6] Eine **Unschädlichkeit** wird angenommen, wenn ein Verlust nur gelegentlich auftritt und ein Ausgleich auf anderem Wege (z. B. durch Erhöhung der Leistungsentgelte des wirtschaftlichen Geschäftsbetriebes) ernsthaft versucht wurde.[7] Der BFH[8] hat diese Auffassung in der Weise eingeschränkt, dass ein **Verlustausgleich** aus dem **ideellen** Bereich nur dann kein Verstoß gegen das Mittelverwendungsgebot des § 55 Abs. 1 Nr. 1 Satz 1 AO sein soll, wenn der Verlust auf einer Fehlkalkulation beruht und die Körperschaft bis zum Ende des dem Verlustentstehungsjahr folgenden Jahres dem ideellen Bereich wieder Mittel in entsprechender

---

1 Zur bisherigen Rechtslage vgl. Rn. 1005.
2 Siehe AEAO Nr. 15 und Nr. 16 zu § 55.
3 Siehe AEAO Nr. 15 und Nr. 16 zu § 55.
4 AEAO Nr. 3 zu § 55 Abs. 1 Nr. 1.
5 BMF v. 15. 2. 2002, DB 2002 S. 456; entgegen BFH v. 15. 7. 1998, DB 1998 S. 2304; AEAO Nr. 26 zu § 55.
6 AEAO Nr. 5 zu § 55; Buchna/Leichinger/Seeger/Brox, a. a. O., Tz. 2.5.5.2, S. 131.
7 Siehe BFH v. 2. 10. 1968, BStBl 1969 II S. 43; Scholz, a. a. O., S. 42; AEAO zu § 55 Nr. 8.
8 BFH v. 13. 11. 1996, DStR 1997 S. 278 ff.

Höhe zuführt, die aber nicht aus Zweckbetrieben und Spenden stammen dürfen. Da dieses Urteil zu einem Golfclub ergangen ist, kann es auf Stiftungen nicht übertragen werden. Im Übrigen sind die Verluste nach § 10d EStG i. V. m. § 8 Abs. 1 EStG **rücktrags- und vortragsfähig**. In der Rechnungslegung führen nicht ausgeglichene, sondern vorgetragene Verluste bei Einnahmen-/Ausgabenrechnung zu einer „inneren" Verschuldung des wirtschaftlichen Geschäftsbetriebes gegenüber dem steuerbefreiten Bereich, die zu verzinsen und kurzfristig (eventuell durch Darlehensaufnahme des wirtschaftlichen Geschäftsbetriebes) auszugleichen ist. Ermittelt der wirtschaftliche Geschäftsbetrieb sein Einkommen nach § 5 EStG, hat der Verlust nicht unbedingt die Qualität eines kassenmäßigen Fehlbetrages, aber es kann auch bei dieser Gewinnermittlungsart zu einer „inneren" Verschuldung kommen, die wie bei der Einnahmen-/Ausgabenrechnung kurzfristig zu beseitigen ist. Besteht der wirtschaftliche Geschäftsbetrieb aus der **Beteiligung** an einer **Kommanditgesellschaft** und werden Verluste der Kommanditgesellschaft bei dieser vorgetragen, führen sie zwar aus der Mitunternehmerschaft zu steuerlichen Verlusten, aber bei Einnahmen-/Ausgabenrechnung nicht zu Fehlbeträgen bei der Stiftung, bei Gewinnermittlung nach § 5 EStG allerdings zu einem Aufwandposten des wirtschaftlichen Geschäftsbetriebes ggf. durch eine Abschreibung auf die Beteiligung.[1]

1008 Mit dem Gebot der Selbstlosigkeit der gemeinnützigen oder mildtätigen Stiftung ist es vereinbar, dass außer den unschädlichen Rücklagen nach § 62 Abs. 1 Nr. 2 und 3 AO auch im **wirtschaftlichen Geschäftsbetrieb Rücklagen** gebildet werden.[2] Zusätzlich kann im Bereich der **Vermögensverwaltung** z. B. für Instandsetzung und Modernisierung eine Rücklage für Grundbesitz gebildet werden (§ 61 Abs. 1 Nr. 2 AO).[3] Aber auch bei **Beteiligungsgesellschaften** sind **freie Rücklagen** zulässig, die bei vernünftiger kaufmännischer Beurteilung entsprechend § 14 Abs. 1 Nr. 4 KStG begründet sind. Sie müssen demnach bei vernünftiger kaufmännischer Beurteilung existenzsichernd sein und so von der Stiftung begründet werden.[4] Dazu bedarf es eines konkreten Anlasses aus **objektiver unternehmerischer** Sicht.[5] Als Beispiele werden nicht nur Betriebsverlegung, sondern auch Erneuerung und Erweiterung genannt. Eine Rücklagenbildung zur **Abdeckung** besonderer **unternehmerischer Risiken** sollte nicht

---

1 Siehe IDW RS HFA 18 Rn. 33.
2 Spitaler/Schröder, DStR 2014 S. 2144, 2145.
3 OFD Frankfurt v. 20. 2.2012 - S 0177 A-1-St 53, DStR 2012 S. 1229 (unter Rn. 2.3.2, S. 1231).
4 BFH v. 15. 7. 1998 - I R 156/94, BStBl 2002 II S. 162; AEAO Nr. 3 zu § 55 Abs. 1 Nr. 1; BMF v. 15. 2. 2002, DStR 2002 S. 456; Schauhoff, a. a. O., § 8 Rn. 88.
5 So AEAO Nr. 3 zu § 55 Abs. 1 Nr. 1. Siehe auch Hüttemann, a. a. O., § 5 Rn. 104 ff., Rn. 135.

ausgeschlossen sein,[1] jedoch kommt es wie immer auf die Begründung an. Die Rücklagenbildung ist nach den Gewinnermittlungsvorschriften nicht als Betriebsausgabe oder Werbungskosten abzugsfähig. Losgelöst von der Frage der Zulässigkeit einer Rücklagenbildung auf Ebene der Stiftung ist die Frage zu beantworten, wie die Stiftung ihre **Gesellschafterrechte** in der Gesellschafterversammlung einer Tochter(Beteiligungs)gesellschaft bzgl. des dort zu fassenden Gewinnverwendungsbeschlusses (= Höhe der Dividende) **ausüben muss.**

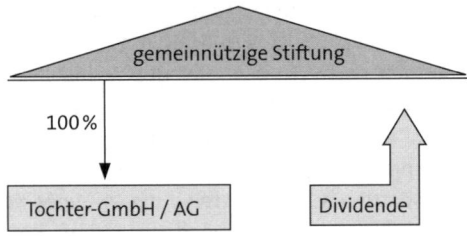

Unstreitig dürfte sein, dass die gemeinnützige Stiftung mit den ihr zufließenden Erträgen langfristig in der Lage sein muss, die in der Stiftungssatzung vorgesehenen Zwecke zu erfüllen. Daher ist eine dauerhafte **Thesaurierung** der Gewinne auf **Ebene der Tochter-GmbH/AG** unzulässig. Gleiches gilt für eine Dividende, die nur die bei der Stiftung anfallenden jährlichen Verwaltungskosten abdeckt.

Das Gemeinnützigkeitsrecht verlangt von dem Stiftungsvorstand, dass er in der Gesellschafterversammlung der Tochter-GmbH (Hauptversammlung der Tochter-AG) die (regelmäßige) Ausschüttung einer **Mindestdividende**[2] an die Stiftung (mit)beschließt.

Bei Vorliegen eines sachlichen Grundes wird das Finanzamt – nach vorheriger Information durch den Stiftungsvorstand und entsprechender Prüfung – trotz ausschüttbaren Gewinnen der Aussetzung einer Mindest-Dividende (= Thesaurierung auf Ebene der Tochtergesellschaft) ggf. auch über einen mehrjährigen Zeitraum zustimmen. Daneben kommt eine Aussetzung einer Gewinnausschüttung für mehrere (bis zu fünf) Jahre in der Krise des Tochter-Unternehmens in Betracht. Ob das Unternehmen einen handelsrechtlich ausschüttbaren Gewinn erzielt hat, sollte jedenfalls dann unerheblich sein, wenn unternehmerische Gründe auf Ebene der Tochtergesellschaft für eine zeitlich befristete Thesaurierung sprechen.

---

1 Hinweis auf BFH v. 29.10.1980, BStBl 1981 II S. 326; Hüttemann, a.a.O., § 5 Rn. 135.
2 Bemessungsgrundlage ist der Wert der Beteiligung an der Tochter-GmbH/AG. Die vom Finanzamt unterstellte Verzinsung wird – je nach Marktzins – zwischen 2 % und 4 % betragen.

BEISPIEL ▶ Die Tochter-GmbH einer gemeinnützigen Stiftung erwirtschaftete in 2012 ein ausschüttbares Ergebnis von 500 T€. Die Vorstände der Stiftung, die als ehemalige Aufsichtsräte einer börsennotierten AG sehr sachkundig sind, erhalten eine pauschale Entschädigung von 55 T€. Die Tochter-GmbH will über mehrere Jahre ihre Eigenkapitalausstattung verbessern und daher so wenig wie möglich ausschütten.

Wenn die Stiftungsvorstände nun eine Dividende bei der Tochter-GmbH von beispielsweise 100 T€ (= Thesaurierung von 400 T€ auf Ebene der Tochter-GmbH) beschließen würden, könnte die Stiftung 45 T€ für gemeinnützige Zwecke ausgeben. Dies dürfte gemeinnützigkeitsrechtlich unkritisch sein.

Würde hingegen der verbleibende Betrag von 45 T€ nur die laufenden (allgemeinen) Kosten der Stiftung abdecken, dann könnte die Stiftung in diesem Jahr keine gemeinnützigen Zwecke verfolgen. Wenn der Stiftungsvorstand in dieser Situation keine höhere Dividende als 100 T€ beschließen würde, wäre dies gemeinnützigkeitsrechtlich kritisch und könnte zum Verlust der Gemeinnützigkeit führen.

HINWEIS:

Beträgt der Wert, den die Geschäftsanteile an der Tochter-GmbH haben z. B. 10 Mio. €, so wird das Finanzamt eine Mindestdividende von (2 % x 10 Mio. € =) 200 T€ fordern, die für die Erfüllung gemeinnütziger Zwecke zur Verfügung steht. Dies würde für das Abstimmverhalten der Stiftungsvorstände in der Gesellschafterversammlung der Tochter-GmbH bedeuten, dass sie bei den vorstehend genannten allgemeinen Verwaltungskosten der Stiftung von 45 T€ und einer Entschädigung von 55 T€, die an die Stiftungsvorstände bezahlt wird, eine Dividende von 300 T€ beschließen müssten. Ein Beschluss mit dem Inhalt, dass eine Vollausschüttung des gesamten Ergebnisses von 500 T€ zu erfolgen hat, ist unter gemeinnützigkeitsrechtlichen Erwägungen aber nicht erforderlich. Gleichwohl führen die gemeinnützigkeitsrechtlichen Zwänge dazu, dass die Interessen der Tochter-GmbH an einer maximal hohen Thesaurierungsquote mit den die Stiftung treffenden gemeinnützigkeitsrechtlichen Vorgaben in Einklang zu bringen sind.

Die Vermutung für Selbstlosigkeit kann durch tatsächliche Geschäftsführung und Satzung (**tatsächliche Zweckverwirklichung**) geschaffen werden. Hat der Vorstand den in § 63 Abs. 3 AO geforderten Nachweis der Zweckverwirklichung durch **ordnungsgemäße Aufzeichnungen** erbracht, trifft die Finanzbehörde die Beweislast für fehlende Selbstlosigkeit.   1009

Nach dem Wortlaut von § 63 Abs. 3 AO ist der **Nachweis** der satzungsgemäßen, ausschließlichen und unmittelbaren Erfüllung der steuerbegünstigten Zwecke durch ordnungsgemäße Aufzeichnungen über die **Einnahmen und Ausgaben** der Stiftung zu führen (Zu- und Abflussprinzip). Die Finanzverwaltung nimmt aber selbst bestimmte Einnahmen, z. B. aus der Veräußerung von dem Stiftungsvermögen zuzurechnende Vermögensgegenstände zur Vermögensumschichtung,[1] aus. Ferner unterliegen Zuwendungen von Todes we-   1010

---

1 AEAO Nr. 28 zu § 55; Hüttemann, a. a. O., § 5 Rn. 24–26.

gen, aufgrund eines entsprechenden Spendenaufrufs und von Sachen gem. § 62 Abs. 3 AO und § 62 Abs. 4 AO nicht dem Mittelverwendungsgebot. Die **Mittelverwendungsrechnung** wird auch als Nebenrechnung nur im Zusammenhang mit „nicht im Jahr des Zuflusses für die steuerbegünstigten Zwecke verwendete oder zulässigerweise dem Vermögen zugewendete Mittel" angesehen. Thiel[1] hat zwar das Verlangen der Praxis nach einer Einheitsrechnungslegung (auf der Grundlage der stiftungsrechtlichen Rechnungslegung als Einnahmen-/Ausgabenrechnung oder doppelter kaufmännischer Buchführung nach HGB, siehe Rn. 1420 ff.) gesehen, besteht aber auf Erstellung der gesonderten Mittelverwendungsrechnung und gibt dafür ein Muster vor, in dem als gebundene Mittel auch Abschreibungen auftauchen,[2] die allerdings – auch mittels Davon-Vermerken – in ein nach dem HGB erstellten Jahresabschluss integriert werden können. Dies ist ein begrüßenswerter Notbehelf, der aber von der Notwendigkeit der Aktualisierung des Dritten Abschnitts der AO nicht ablenken soll. Seine Reform ist überfällig.

1011 In der Mittelverwendungsrechnung sind die nach § 58 AO unschädlich vorgenommenen Mittelverwendungen **getrennt** zum ordnungsgemäßen Nachweis gem. § 63 Abs. 3 AO zu erfassen, so dass in ihr auch die gem. § 62 Abs. 1 Nr. 1 bis Nr. 3 AO zulässigerweise vorgenommenen Rücklagenbildungen gesondert erscheinen. Bei einer Einnahmen-/Ausgabenrechnung erscheinen zur Zweckverwirklichung **eingegangene Verpflichtungen** als Zuführung zur „Rücklage" gem. § 62 Abs. 1 Nr. 1 AO, bei einer Ertrags-/Aufwandrechnung dagegen als Verbindlichkeiten bzw. Rückstellungen in der Bilanz.[3]

1012 *(Einstweilen frei)*

2.2 Ausschließlichkeit (§ 56 AO)

1013 § 56 verlangt, dass die Stiftung ausschließlich ihre **steuerbegünstigten satzungsgemäßen Zwecke** verfolgt.[4] Die Verfolgung nicht satzungsgemäßer Zwecke ist schädlich.[5] Die unmittelbare oder mittelbare Unterstützung oder Förderung politischer Parteien ist nach § 55 Abs. 1 Nr. 1 Satz 3 AO schädlich. Eben-

---

1 Mittelverwendung, S&S RS 3/1998 S. 4.

2 Unter Bezugnahme auf BFH v. 25. 4. 1989, BStBl 1989 II S. 670 ff.

3 Zur Kritik siehe Schauhoff, a. a. O., § 8 Rn. 77 f.; Buchna/Leichinger/Seeger/Brox, a. a. O., Tz. 2.5.9.1.2, S. 168 f.

4 Klein, a. a. O., § 56 Rn. 1; Buchna/Leichinger/Seeger/Brox, a. a. O., Tz. 2.6, S. 184 f.; Hüttemann, a. a. O., § 4 Rn. 8 ff.

5 Siehe Tipke/Kruse, a. a. O., § 56 Rn. 1.

so zu werten sind unverhältnismäßige Vergütungen an Organe[1] oder sonstige und Ausgaben, die dem Zweck der Stiftung fremd sind (§ 55 Abs. 1 Nr. 3 AO).

Will die Stiftung auch Zwecke fordern, die nicht in der Satzung vorgesehen sind, muss eine entsprechende **Satzungsänderung** vorgenommen werden, die von der Stiftungsbehörde anerkannt und mit der Finanzverwaltung abgestimmt sein muss.[2]

Ausnahmen vom strikten Ausschließlichkeitsgebot des § 56 AO lässt das Gesetz in § 58 (unschädliche Betätigungen), § 64 (wirtschaftlicher Geschäftsbetrieb), § 65 (Zweckbetrieb), § 66 (Wohlfahrtspflege), § 67 (Krankenanstalten) und § 68 (einzelne Zweckbetriebe) der AO zu. **1014**

Es ist unbestritten, dass eine steuerbegünstigte Stiftung **Eigenveranstaltungen** (z. B. wissenschaftlicher Art) im angemessenen Rahmen mit zeitnah zu verwendenden Mitteln finanzieren darf.[3] Dies muss auch für die Repräsentation durch Druckschriften, Rechenschaftsberichte u. Ä. gelten, zumal diese mittelbar auch der Zweckverwirklichung und Spendenakquisition dient. Es kommt wohl auf die Angemessenheit an, ob Festbankette gleich zu beurteilen sind.[4] **1015**

Die **vermögensverwaltende** Tätigkeit einer steuerbegünstigten Stiftung verstößt nicht gegen § 56 AO, wenn sie der Zweckverwirklichung dient.[5] Gegebenenfalls kann sie bei Gewerblichkeit aber einen wirtschaftlichen Geschäftsbetrieb begründen. Im Übrigen ist sie dem steuerbefreiten Bereich zuzuordnen. **1016**

Ein vom Stifter für sich und seine Erben **vorbehaltener Nießbrauch** an bestimmten Vermögensteilen ist nicht schädlich,[6] wenn er nicht einen neuen Zweck schafft und die Erfüllung der satzungsgemäßen Zwecke organisatorisch, wirtschaftlich und finanziell gesichert ist. **1017**

Im Stiftungsgeschäft ausbedungene **Auflagen** zur Grabpflege und Rentenzahlungen an den Stifter und seine Angehörigen, die eine Erweiterung des Aufgabenkreises darstellen, können gem. § 58 Nr. 6 AO die Ausschließlichkeit nicht aufheben.[7] **1018**

---

1 Vgl. Herfurth/Dehesselles, S&S 1/2000 S. 22 ff. und 2/2000, S. 17 f.

2 AEAO Nr. 2 Satz 3 zu § 56.

3 Vgl. § 58 Nr. 8 AO; Thiel, S&S RS 3/1998 S. 13, unter Verweisung auf die Verfügung der OFD Nürnberg v. 1. 8. 1991.

4 Hüttemann, a. a. O., § 4 Rn. 30.

5 Buchna/Leichinger/Seeger/Brox, a. a. O., Tz. 2.6, S. 184.

6 AEAO Nr. 12 zu § 55.

7 A. A. RFH v. 24. 9. 1937, RStBl 1937 S. 1104.

Von diesem Sonderfall strikt zu trennen ist der in der Praxis gängige Fall, dass einer gemeinnützigen oder mildtätigen Stiftung ein Wirtschaftsgut unter einer Auflage (z. B. Renten, Nießbrauch, Schulden) zugunsten des Stifters, seiner nächsten Angehörigen oder anderer Personen (auch juristischer Personen) zugewendet wird. Hier muss schon **stiftungszivilrechtlich** der Wert der Auflage erheblich **unter** dem Wert des Wirtschaftsgutes liegen und die Auflage aus der Substanz, was die Tilgung anbetrifft und aus den Erträgen, was die Zinsen (oder den Ertragsanteil) anbetrifft, zu bestreiten sein.[1] **Stiftungsvermögen** ist der **um den Wert der Auflage gekürzte** Wert des Wirtschaftsgutes (bei übernommenen Hypothekenschulden beispielsweise der Wert des eingebrachten Grundstückes abzüglich Hypothek mit deren Valuta). Bei Rechnungslegung nach § 5 EStG ist daher der Wert der Auflage zu passivieren, nur der Zinsanteil geht zu Lasten des Aufwandes, ihm steht aber der Ertrag des Wirtschaftsgutes gegenüber. Ob eine Auflage dinglich abgesichert ist oder nicht, kann keinerlei Bedeutung zugemessen werden.[2]

1019 Diese **Vermögensübertragungen unter Auflage** führen bei Auflagenerfüllung nicht zur Anwendbarkeit von § 58 Nr. 6 AO. Diese Norm spricht nach Ansicht des BFH einen völlig anderen Sachverhalt an, nämlich eine Einkommensverwendung der Stiftung zugunsten des Stifters und seiner nächsten Angehörigen als Ausnahme von der stiftungs-/zweckgebundenen Einkommensverwendung. Die Verzinsung einer im Stiftungsgeschäft auferlegten Verbindlichkeit oder Auskehrung vorbehaltener Nutzungen ist aber nicht Einkommensverwendung, sondern ein Abzugsposten vor der Feststellung des Einkommens.

1020 **Verbindlichkeiten**, die in Ausführung des Stiftungsgeschäftes auf die Stiftung übergehen, mindern nach Ansicht des BFH von vornherein das der Stiftung zugewendete Vermögen; der zur Erfüllung derartiger Ansprüche notwendige Teil des Stiftungsvermögens steht den satzungsmäßigen Zwecken der Stiftung von Anfang an nicht zur Verfügung. Die Erfüllung derartiger Ansprüche stellt keinen Verstoß gegen die Gebote der Selbstlosigkeit und Ausschließlichkeit dar; für die Anwendung des § 58 Nr. 6 AO ist insoweit kein Raum.[3]

1021 Im Übrigen darf – als **Ausnahme** von dem Ausschließlichkeitsgebot des § 56 AO und als Anreiz zur Errichtung gemeinnütziger Stiftungen – eine gemeinnützige Stiftung bis zu einem **Drittel ihres Einkommens** dazu verwenden (§ 58 Nr. 6 AO),[4] in angemessener Weise für den Unterhalt des Stifters und seiner

---

1 Vgl. BFH v. 21. 1. 1998 - II R 16/95, BStBl 1998 II S. 758.
2 Müller-Gatermann, JbFStR 1993/1994 S. 426.
3 BFH v. 21. 1. 1998 - II R 16/95, BStBl 1998 II S. 758.
4 Buchna/Leichinger/Seeger/Brox, a. a. O., Tz. 2.8.6, S. 215 ff.; Hüttemann, a. a. O., § 4 Rn. 19 ff.

Angehörigen zu sorgen.[1] Da in dieser Gesetzesbestimmung keine objektive Begrenzung der „Angemessenheit" festgelegt ist, können die Vorstellungen der Finanzbehörden und des Stifters und seiner Angehörigen über das, was als angemessen i. S. d. § 58 Abs. 6 AO zu gelten hat, weit auseinandergehen. Abzulehnen ist die teilweise geäußerte Auffassung,[2] dass bei der Beurteilung der Angemessenheit **eigene Einkünfte** und **eigenes Vermögen** des Stifters und seiner Angehörigen berücksichtigt, d. h. vorrangig herangezogen werden sollen. Nicht nur das Primat des Stifterwillens wäre damit missachtet, sondern die Bereitschaft zur Errichtung gemeinnütziger oder mildtätiger Stiftungen würde leiden, wenn der Stifter damit rechnen muss, dass eine Behörde die von ihm für seine Familienangehörigen ausbedungenen Unterhaltsleistungen nach eigenen subjektiven Vorstellungen kürzt.

Bei diesen **freiwilligen Leistungen** seitens der Stiftung besteht zwar kein Rechtsanspruch des Stifters und seiner Familienangehörigen, jedoch muss in der **Stiftungssatzung** bereits eine Grundlage für solche Zuwendungen geschaffen worden sein. Ohne eine derartige Grundlage würde die Stiftung satzungswidrig und damit gemeinnützigkeitsschädlich handeln, wenn sie ihre Mittel außerhalb des Satzungszwecks zugunsten des Stifters und seiner Familienangehörigen verwenden würde. Hinzuweisen ist in diesem Kontext auf eine Verfügung der OFD Magdeburg,[3] wonach es **nicht zulässig** ist, generell oder in Höhe eines bestimmten Prozentsatzes der Erträge der Stiftung diese an den Stifter oder seine nächsten Angehörigen auszuzahlen. Aus der Entstehungsgeschichte der Vorschrift ergebe sich, dass deren Sinn und Zweck darin bestehe, einem potenziellen Stifter die Sorge zu nehmen, er sowie seine nächsten Angehörigen – insbesondere Enkel und Kinder – könnten unvorhergesehenerweise aufgrund der Weggabe von Vermögen an die Stiftung in Not geraten und sich den gewohnten Lebensstil nicht mehr leisten. Danach sind also nicht generell Ausschüttungen an den Stifter und seine nächsten Angehörigen unschädlich für die Gemeinnützigkeit. Soweit es sich um unzulässige Ausschüttungen an den Stifter und seine nächsten Angehörigen handele, seien diese als Verstoß gegen das Gebot der Selbstlosigkeit (§ 55 Abs. 1 Nr. 1 AO) anzusehen.

Die **Drittel-Begrenzung** bezieht sich auf jeden **Besteuerungsabschnitt**; Nachholung und Vortrag sind nicht gestattet.[4] Bei stark wechselnden Einkünften oder vorüber-

1022

---

1 AEAO Nr. 6 zu § 58: Als Maßstab für die „Angemessenheit" wird der Lebensstandard des Zuwendungsempfängers herangezogen. Kritisch Hüttemann, a. a. O., § 4 Rn. 24.
2 So Buchna/Leichinger/Seeger/Brox, a. a. O., Tz. 2.8.6.5, S. 218.
3 OFD Magdeburg v. 3. 3. 2014 - S 1900-22-St 217/S 0171-155-St 217, S&S 4/2014 S. 39.
4 Tipke/Kruse, a. a. O., § 58 Rn. 6.

gehend unzureichenden Einkünften ist daher eine sichere Grundversorgung des Stifters und seiner Angehörigen durch diese Ausnahmeregelung nicht möglich.[1]

1023 Unterschiedliche Auffassungen bestehen auch darüber, was als „Einkommen" i. S. v. § 58 Nr. 6 AO zu verstehen ist. § 58 Nr. 6 AO enthält als Sonderbestimmung **keine** eigene **Definition**, so dass die Begriffsbestimmung des § 2 EStG Anwendung finden muss. Nach dessen Abs. 4 ist das Einkommen der Gesamtbetrag der Einkünfte, vermindert um Sonderausgaben und außergewöhnliche Belastungen; nach § 2 Abs. 3 EStG ist der Gesamtbetrag der Einkünfte die Summe der der Einkommensteuer unterliegenden Einkünfte in den sieben Einkunftsarten nach § 2 Abs. 1 und 2.[2] Im Gegensatz zum Umsatzsteuerrecht[3] kennt das Einkommensteuerrecht keine „steuerbaren" Einkünfte, die sowohl die steuerpflichtigen als auch die steuerbefreiten Einkünfte umfassen. Der BFH[4] hat lapidar dazu festgestellt: *„Der Begriff der Einkünfte ergibt sich aus § 2 Abs. 3 und 4 EStG. Bei den steuerpflichtigen Einkünften in diesem Sinn können keine Einnahmen angesetzt werden, die entweder unter keine Einkunftsart fallen oder aber aufgrund besonderer Vorschriften als steuerfrei behandelt werden."* Die **Finanzverwaltung** definiert den Begriff indes abweichend, indem sie im AEAO zu § 58 eine Spezialdefinition in dem Sinne aufgenommen hat, dass zwar unter „Einkommen" i. S. d. § 58 Nr. 6 AO die Summe der Einkünfte aus den einzelnen Einkunftsarten des § 2 Abs. 1 EStG zu verstehen sein soll. Unabhängig davon, ob die Einkünfte steuerpflichtig sind oder nicht, d. h. bei partieller Steuerpflicht einer Stiftung, sollen jedoch auch die (fiktiven) „Einkünfte" aus den steuerbefreiten Bereichen wie steuerbefreite Vermögensverwaltung und Zweckbetriebe dazu zählen.[5] Der ideelle Bereich kann keine Einkünfte i. S. v. § 2 EStG aufweisen. Sie müssen mithin gesondert ermittelt werden. Die nach § 2 Abs. 4 EStG bei der Einkommensermittlung abzusetzenden Sonderausgaben und außergewöhnlichen Belastungen sind im AEAO zu § 58 Nr. 6 nicht angesprochen. Sie sind aber bei der Einkommensermittlung einer total oder partiell steuerpflichtigen Stiftung ansonsten berücksichtigungsfähig;[6] methodisch sollten sie dennoch abzugsfähig sein.

---

1 So auch Th. Müller/Schubert, DStR 2000 S. 1294 f.
2 Zum Schema der Einkommensermittlung siehe R 3 EStR.
3 § 1 UStG.
4 BFH v. 14. 1. 1972, BStBl 1972 II S. 341. Siehe auch Schmidt, EStG, a. a. O., § 2 Rn. 10.
5 AEAO Nr. 6 zu § 58 Nr. 5.
6 Siehe Rn. 746 m. w. N. In Betracht kommen nicht unter das Abzugsverbot des § 10 Nr. 1 KStG auf besonderen Verpflichtungsgründen beruhende Renten und dauernde Lasten für Personen außerhalb des Personenkreises des § 58 Nr. 6 AO; zu Steuerberatungskosten vgl. FG München v. 14. 2. 2017 - 6 K 309/15, EFG 2017 S. 854.

Unklar ist auch die Ansicht der Finanzverwaltung,[1] nach der bei der Einkunfts-ermittlung von den Einnahmen, also einer pagatorischen Größe, die damit zu-sammenhängenden „Aufwendungen einschließlich der Abschreibungsbeträ-ge" abzuziehen sind. An die nach § 5 EStG Einkünfte aus Gewerbebetrieb er-mittelnde Körperschaften war offenbar nur inkonsequent gedacht worden. Daher mindern Aufwendungen für die nach § 58 AO unschädlichen Betätigun-gen das zugrunde zu legende Einkommen **nicht,**[2] zumindest nicht bei der Be-rechnung der höchstzulässigen Rücklagendotierung gem. § 62 Abs. 1 Nr. 3 und Nr. 4 AO. Kein Zweifel besteht, dass die maßgebliche Einkommensgrenze auf den jeweiligen Veranlagungszeitraum zu beziehen ist.   1024

Nach **Verwaltungsauffassung** sind bei steuerbegünstigten Stiftungen im Stif-tungsgeschäft ausbedungene (vorbehaltene) **Renten** auf die Drittel-Regelung des § 58 Nr. 6 AO **anzurechnen.**[3] Im Ergebnis wird damit die Drittel-Grenze nicht nur auf den Barwert einer vorbehaltenen Rentenverpflichtung, sondern auf die gesamten Zahlungen der Stiftung ausgedehnt.[4] Aus dieser Auffassung ist der Schluss der „**Schädlichkeit einer Auflage**" gezogen worden, wenn zur Bedienung von Auflagen zugunsten des Stifters auf „andere Mittel" (ohne die-se zu definieren) zurückgegriffen wird.[5]   1025

Unschädlich wäre danach eine Zuwendung eines Unternehmens an eine ge-meinnützige Stiftung unter der **Auflage** einer lebenslänglichen **Unterhaltszah-lung an den Stifter**, wenn der Stifter neben dem Unternehmen nicht nur den Barwert, sondern den Nominalbetrag der Rentenverpflichtung einbringen wür-de. Nur dann fiele die Erfüllung in die Vermögenssphäre und würde nicht die Gebote der Ausschließlichkeit und Selbstlosigkeit der Abgabenordnung beein-trächtigen.[6]

Abgesehen davon, dass kein Stifter weiß, wie lange er noch lebt, und damit die **Summe der künftigen** Rentenzahlungen bei der Zuwendung **nicht zu bezif-fern** ist, erscheint diese Auffassung vom Gesetz nicht gedeckt. Zudem kann sich diese Auffassung nicht auf den BFH stützen.

---

1 AEAO Nr. 6 Satz 4 zu § 58 Nr. 6.
2 Entsprechend AEAO Nr. 9 zu § 58.
3 AEAO Nr. 13 Satz 5 zu § 55; vgl. oben Rn. 1018 ff.
4 A. A. BFH v. 21. 1. 1998 – II R 16/95, BStBl 1998 II S. 758 und BMF (Nichtanwendungserlass) v. 6. 11. 1998, BStBl 1998 I S. 1446; Buchna/Leichinger/Seeger/Brox, a. a. O., Tz. 2.5.5.6, S. 153 und Tz. 2.8.6.2, S. 216 f.
5 Hüttemann, a. a. O., § 4 Rn. 21.
6 Tipke/Kruse, a. a. O., § 58 Rn. 6.

1026 Da kein Stifter wissen kann, wie hoch das zulässige Drittel des Einkommens einer gem. § 5 Abs. 1 Nr. 9 KStG steuerbefreiten Stiftung in den Jahren sein wird, in denen noch Leistungen für übergegangene Verpflichtungen bei der Stiftung anfallen, beschränkt sich das Lockmittel des § 58 Nr. 6 AO zur Errichtung gemeinnütziger und mildtätiger Stiftungen auf das gelegentlich ehrende Andenken an den Stifter und Blumen für sein Grab u. Ä., mehr häufig nicht. Denn bei Überschreitung der in § 58 Nr. 6 AO enthaltenen Begrenzung **droht Umqualifizierung** der steuerbegünstigten Stiftung in eine steuerpflichtige Familienstiftung, mit allen Folgen. Dies dürfte nicht im Sinne des Gesetzgebers sein, wie sie sich bei der Reform des Gemeinnützigkeitsrechtes gezeigt hat.[1]

1027 Ist die **Unterstützung von Verwandten** wegen körperlicher, geistiger, moralischer oder wirtschaftlicher Hilfsbedürftigkeit[2] einer der Satzungszwecke, ist die Anerkennung der gesamten Stiftung als steuerbegünstigt nach Auffassung der Finanzverwaltung[3] zu versagen, auch wenn die Stiftung im Übrigen mildtätige Zwecke verfolgt und die Leistungen an Verwandte und Stifter sich in der Begrenzung des § 58 Nr. 6 AO halten und die Verwandtschaft zum Stifter kein Kriterium für die Stiftungsleistungen ist. Ist die Unterstützung von Verwandten nicht Satzungszweck neben anderen, sieht die Finanzverwaltung[4] eine Unschädlichkeit „im Rahmen der tatsächlichen Geschäftsführung" an, wenn die Verwandtschaft zum Stifter kein Kriterium für die Unterstützung ist. § 63 AO fordert, dass die tatsächliche Geschäftsführung auf die ausschließlich und unmittelbare Erfüllung der steuerbegünstigten Zwecke der Stiftung gerichtet sein und den Bestimmungen entsprechen muss, die die Satzung über die Voraussetzungen für Steuervergünstigungen enthält. Satzungswidrige Leistungen verstoßen mithin auch gegen § 63 AO.

1028 Während § 58 Nr. 6 AO die Drittel-Regelung auf den „Stifter und seine nächsten Angehörigen" bezieht, legt die Finanzverwaltung[5] den **Angehörigenbegriff** – insoweit nicht durch das Gesetz gedeckt – **weit** aus.[6] Erfasst sollen als **nächste Angehörige** sein Ehegatte, Eltern, Großeltern, Kinder, Enkel, Geschwister, Pflegeeltern und Pflegekinder.

---

1 Gesetz zur weiteren Stärkung des bürgerschaftlichen Engagements, BGBl 2007 I S. 2332.
2 AEAO Nr. 3 zu § 53; Klein, a. a. O., § 53 Rn. 3.
3 OFD Hannover v. 15. 3. 2000, BB 2000 S. 913.
4 OFD Hannover v. 15. 3. 2000, BB 2000 S. 913.
5 AEAO Nr. 7 zu § 58 Nr. 6.
6 Vgl. OFD Magdeburg v. 3. 3. 2014 - S 1900-22-St 217/S 0171-155-St 217, S&S 4/2014 S. 39; so auch Tipke/Kruse, a. a. O., § 58 Nr. 6; Klein, a. a. O., § 58 Rn. 6.

Aus dem steuerbefreiten Bereich dürfen **keine** Mittel **für steuerpflichtige wirt-**   1029
schaftliche Geschäftsbetriebe – auch nicht zum Verlustausgleich – verwendet
werden.[1]

Nach § 57 Abs. 2 AO wird eine Körperschaft, in der steuerbegünstigte Körper-   1030
schaften (Dach- oder Spitzenverbände) zusammengefasst sind, einer Körperschaft gleichgestellt, die selbst unmittelbar steuerbegünstigte Zwecke verfolgt. Sie muss aber sämtliche Voraussetzungen für eine Steuerbegünstigung
erfüllen und darf selbst nicht unmittelbar steuerbegünstigte Zwecke verfolgen
oder mit Rat oder Tat die steuerbegünstigten Körperschaften fördern.[2]

2.3 Unmittelbarkeit (§ 57 AO)

§ 57 AO verlangt die Zweckverwirklichung durch die steuerbefreite Stiftung[3]   1031
selbst, also an sich unmittelbar. Allerdings wird auch die **Zweckverwirklichung**
durch sog. **„Hilfspersonen"** zugelassen, wenn *„nach den Umständen des Falles,*
insbesondere nach den rechtlichen und tatsächlichen Beziehungen, die zwischen
der Körperschaft und den Hilfspersonen bestehen, das Wirken der Hilfsperson
wie eigenes Wirken der Körperschaft anzusehen ist."[4]

Aus der BFH-Rechtsprechung[5] geht hervor, dass es stets auf die eigene Zweck-   1032
verwirklichung ankommt. **Hilfspersonen** i. S. d. § 57 Abs. 1 Satz 2 AO können
natürliche oder juristische Personen, steuerfreie oder steuerpflichtige Personen
sein. Voraussetzung für die Anerkennung als Hilfsperson ist **ihre strenge Bin-**
dung der Art und des Umfanges in der Zweckverwirklichung an die Stiftung.[6]
Zunehmend wird diskutiert, ob sich das Unmittelbarkeitsgebot nicht als **Ko-**
operationsschranke erweist, denn ein Kooperationspartner ist Hilfsperson
i. S. d. Norm.[7]

Nicht zu verwechseln ist die vorstehende Thematik mit der Zusammenarbeit
(Kooperation), die eine Stiftung mit kommunalen Behörden ausüben muss,
um den Stiftungszweck zu verwirklichen.[8]

---

1 AEAO Nr. 4 zu § 55.

2 AEAO Nr. 3 zu § 57.

3 Vgl. AEAO Nr. 1 zu § 57.

4 BFH v. 7. 3. 2007 - I R 90/04, BStBl 2007 II S. 628; AEAO Nr. 2 zu § 57; OFD Frankfurt/M. v.
16. 5. 2002, DB 2002 S. 1531.

5 Vgl. BFH v. 7. 3. 2007 - I R 90/04, BStBl 2007 II S. 628 m.w. N.

6 Zu den Anforderungen siehe Holland, DStR 2006 S. 1783; Buchna/Leichinger/Seeger/Brox,
a. a. O., Tz. 2.7.1, S. 187 f.; OFD Frankfurt/M. v. 2. 7. 1997, DB 1997 S. 1745.

7 Schunk, S&S 4/2014 S. 32; Streiter, S&S RS 2/2013 S. 4.

8 Pampel, S&S 6/2013 S. 24 f.

Bei **Preisverleihungen** wird Unmittelbarkeit von der Finanzverwaltung grundsätzlich anerkannt, selbst dann, wenn die Tätigkeit der Stiftung sich im Wesentlichen auf Preisverleihungen beschränkt.[1]

1033 Nach § 58 Abs. 9 AO dürfen von Gebietskörperschaften errichtete Stiftungen zur Erfüllung ihrer steuerbegünstigten Zwecke **Zuschüsse** an Wirtschaftsunternehmen geben; mithin auch dann, wenn das bezuschusste Wirtschaftsunternehmen nicht Hilfsperson i. S. d. § 57 Abs. 1 Satz 2 AO ist.

Stiftungen, die **allgemeine Wirtschaftsförderung** zum Zweck haben, erfüllen regelmäßig nicht das Gebot der Unmittelbarkeit.[2]

1034 Nach § 52 Abs. 2 Nr. 25 AO i. d. F. des Gesetzes zur weiteren Stärkung des bürgerschaftlichen Engagements ist die **Förderung** des bürgerschaftlichen Engagements zugunsten gemeinnütziger, mildtätiger oder kirchlicher Zwecke als Förderung der Allgemeinheit anzuerkennen. Nach Ansicht der **Finanzverwaltung** wird hierdurch das Gebot der Unmittelbarkeit, nach dem eine Körperschaft ihre steuerbegünstigten Zwecke grundsätzlich selbst verwirklichen muss, nicht berührt.[3] Eine Körperschaft soll nach dieser Ansicht nur dann als gemeinnützig anerkannt werden, wenn sie nicht nur einen steuerbegünstigten Zweck fördert, sondern zusätzlich auch die Voraussetzungen des § 57 AO erfüllt. Körperschaften, die den gemeinnützigen Zweck durch Überlassung von Liegenschaften an steuerbegünstigte Körperschaften, durch Beratung und Förderung von Selbsthilfeorganisationen oder durch die Unterstützung und Beratung bei Stiftungsgründungen nur **mittelbar** fördern, sollen nach dieser Verwaltungsansicht **nicht** als steuerbegünstigte Körperschaft anerkannt werden.[4] Unklar ist, ob diese Ansicht nicht gegen § 58 Nr. 1 bis 4 AO verstößt. Denn gegen das Prinzip der Unmittelbarkeit verstoßen **nicht** die in § 58 Nr. 1 bis 4 AO bezeichneten Überlassungen von Mitteln, Personen und Sachen an andere Körperschaften für die Verwirklichung steuerbegünstigter Zwecke (siehe Rn. 1041 f.).

Die Mittelbeschaffung für andere steuerbefreite Körperschaften (Förderkörperschaft) muss aber **Satzungszweck** sein, wenn die Stiftung ausschließlich der

---

1 Siehe BMF v. 5. 9. 1996, DB 1996 S. 1953; OFD Hannover v. 15. 6. 2001, FN 2001 S. 621 f.; Buchna/Leichinger/Seeger/Brox, a. a. O., Tz. 2.2.7, S. 84 und Tz. 2.7.2, S. 189.
2 OFD Rostock v. 5. 5. 1993 - S 0170 A-42/93 - St 232; Dehesselles, Stiftung, Unternehmen und Beschäftigungsförderung, DB 2005 S. 72.
3 OFD Frankfurt v. 5. 9. 2008 - S 0171 A-174-St 53, DStR 2008 S. 2267.
4 OFD Frankfurt v. 5. 9. 2008 - S 0171 A-174-St 53, DStR 2008 S. 2267.

Mittelbeschaffung dient (§ 58 Nr. 1 AO, vgl. Rn. 1042 f.), ansonsten darf sie nur einen Teil ihrer Mittel dazu verwenden (§ 58 Nr. 2 AO).[1]

Gemeinnützige Zwecke können auch im **Ausland** verfolgt werden (Auslands-projekt bzw. -spende).[2] Durch das JStG 2009 sind mit Wirkung ab dem 1. 1. 2009 allerdings die Gemeinnützigkeitsanforderungen verschärft worden.[3] Die Verwirklichung steuerbegünstigter Ziele im Ausland verlangt einen sog. **strukturellen Inlandsbezug** (siehe Rn. 963). Das heißt, die Steuervergünstigung setzt bei Verwirklichung der steuerbegünstigten Zwecke im Ausland nach § 51 Abs. 2 AO **alternativ** voraus, dass   1035

▶ „entweder natürliche Personen mit Wohnsitz oder gewöhnlichem Aufent-halt in Deutschland gefördert werden", oder

▶ die Tätigkeit der Körperschaft neben der Verwirklichung der steuerbegüns-tigten Zwecke „auch zum Ansehen der Bundesrepublik Deutschland im Ausland beitragen kann".

Außerdem erfolgte in **§ 51 Abs. 3 AO** eine eher als Klarstellung zu definierende Regelung, wonach die **Tätigkeit der ausländischen** Einrichtung **keine** verfas-sungswidrigen Bestrebungen i. S. d. § 4 des Bundesverfassungsschutzgesetzes fördert und **nicht** dem Gedanken der Völkerverständigung zuwider handelt.[4]   1036

Schließlich hat der Gesetzgeber in **§ 60 Abs. 1 Satz 2 AO** den **Grundsatz der for-mellen Satzungsmäßigkeit** des § 59 AO hinsichtlich der steuerbegünstigten Zweckverfolgung dadurch **verschärft,** dass seit 1. 1. 2009[5] die ausdrückliche Verwendung der Begriffe „ausschließlich" und „unmittelbar" **in der Satzung der ausländischen** Einrichtung gefordert wird. Dies war vom BFH in seiner Ent-scheidung vom 14. 7. 2004[6] auf Basis der früheren Gesetzeslage noch verneint worden.[7]   1037

Die **neuen gesetzlichen Regelungen** bei Verwirklichung steuerbegünstigter Ziele im Ausland **verstoßen** ersichtlich gegen die Vorgaben des EG-Vertrages.[8]

---

1 Klein, a. a. O., § 58 Rn. 3; OFD Rostock v. 10. 3. 1997, FN 1997 S. 250 f. begrenzt die Mittelbeschaf-fung für andere Körperschaften auf 50 % der Mittel als Teil i. S. v. § 58 Nr. 2 AO.; siehe schon Her-bert, BB 1991 S. 182 (str.).

2 Weitemeyer/Bornemann, FR 2016 S. 437; Klemm/Dreßel, S&S 6/2014 S. 34; BFH v. 17. 9. 2013 - I R 16/12, BStBl 2014 II S. 440 zur Rechtslage in 2004.

3 Von Wedelstädt, DB 2009 S. 84; oben Rn. 962 f.

4 Hofmann/Stole, S&S 6/2014 S. 36.

5 Art. 97 § 1d Abs. 2 des EGAO i. d. F. des JStG 2009.

6 BFH v. 14. 7. 2004 - I R 94/02, BStBl 2005 II S. 721.

7 Vgl. hierzu BFH v. 25. 10. 2016 - I R 54/14, BFH/NV 2017 S. 549 und BFH v. 20. 12. 2006 - I R 94/02, BStBl 2010 II S. 331.

8 Vgl. Thömmes, JbFStR 2009 S. 9 ff.

Zu den hier in Betracht kommenden Nachweisen vgl. im Einzelnen Buchna und Rn. 963.[1]

1038 Die Beschränkung auf die Vergabe von **Zuschüssen** an die Eigentümer beim gemeinnützigen Zweck „Förderung der Denkmalpflege" wird als vereinbar mit § 57 AO angesehen,[2] weil anders der Zweck kaum zu verwirklichen ist.[3]

Die Bildung von **Holdingstrukturen** (z. B. mehrere Krankenhausbetriebe werden in einer Holding zusammengefasst) ist gemeinnützigkeitsrechtlich nicht unproblematisch, denn nach dem Unmittelbarkeitsgrundsatz muss die Körperschaft ihre satzungsmäßigen Zwecke selbst verwirklichen.[4]

1039 **Zentrale gemeinsame Einrichtungen** steuerfreier Körperschaften wie Zentralwäschereien von Krankenhäusern,[5] Gehaltsabrechnungs- und Buchführungsstellen, Einkaufs- oder Vertriebsgemeinschaften erfüllen **nicht** das Gebot der Unmittelbarkeit.[6]

2.4 Steuerlich unschädliche Betätigungen (§ 58 AO)

1040 In § 58 AO sind einzelne Tatbestände aufgeführt, deren Erfüllung an sich gegen die Gebote der **Selbstlosigkeit, Ausschließlichkeit** und der **Unmittelbarkeit** verstoßen würde. Kraft gesetzlicher Anordnung gilt deren Erfüllung als gemeinnützigkeitsunschädlich.[7] Damit ist auch klargestellt, dass das sog. **Endowment**, also die Gründung einer gemeinnützigen Tochtergesellschaft, nach § 58 Nr. 3 AO zulässig ist und hierfür auch eine Rücklage nach § 62 Abs. 1 Nr. 1 AO gebildet werden kann.[8]

1041 Wichtig ist § 58 Nr. 1 und 2 AO für die **fördernden** als gemeinnützig anerkannten **Körperschaften,** die meistens als Fördervereine konstruiert sind, aber auch Förderstiftungen[9] sein können (siehe Rn. 1034). Der Empfänger der **weitergeleiteten Mittel** muss nicht in der Stiftungssatzung festgelegt werden, sie muss jedoch die Beschaffung von Mitteln für andere steuerbegünstigte Körperschaf-

---

1 Buchna/Leichinger/Seeger/Brox, a. a. O., Tz. 2.14.9, S. 276 und Tz. 2.1.1.1, S. 31; Weitemeyer/Bornemann, FR 2016 S. 437; AEAO Nr. 1 Satz 4 zu § 63.

2 Siehe Schleder, a. a. O., S. 66.

3 Vgl. hierzu auch Hüttemann, a. a. O., § 4 Rn. 61.

4 Möhlenbrock/Obermair, FR 2016 S. 975, 976; Hüttemann, FR 2016 S. 969, 972.

5 BFH v. 19. 7. 1995, BStBl 1996 II S. 28.

6 Buchna/Leichinger/Seeger/Brox, a. a. O., Tz. 2.7.1, S. 188.

7 Vgl. OFD Rostock v. 21. 3. 2001 - S 0174 – 02/01 – St 241, Abschn. 2.2.

8 Weidmann/Kohlepp, Die gemeinnützige GmbH, 3. Aufl. 2014, S. 146, 160.

9 Hüttemann, a. a. O., § 3 Rn. 182 ff.; ein Satzungsmuster enthält die Vfg. der OFD Kiel v. 19. 6. 1998, DB 1998 S. 1492.

ten als Satzungszweck enthalten.[1] Ist aber im Gesellschaftsvertrag einer sog. Förderkörperschaft bestimmt, dass der Satzungszweck der Förderkörperschaft mit dem Satzungszweck der empfangenden Körperschaft übereinstimmen muss, und werden Mittel an eine Körperschaft weitergegeben, die wegen anderer Zwecke als gemeinnützig anerkannt ist, verstößt die tatsächliche Geschäftsführung gegen die Satzungsbestimmungen.[2]

Der Katalog der „Steuerlich unschädlichen Betätigungen" des § 58 AO enthält in Nr. 1 und 2 die **Mittelbeschaffung** für die steuerbegünstigten Zwecke einer anderen ebenfalls steuerbegünstigten Körperschaft[3] – **auch** für eine **ausländische**[4] –, die aber im Falle der Nr. 2 nicht überwiegen darf.[5] Auch die **Überlassung von Arbeitskräften,** damit verbunden von Arbeitsgeräten und die Überlassung der Stiftung gehörender Räume für steuerbegünstigte Zwecke ist unschädlich (Nr. 4 und 5).[6] Es können sowohl Mittel nach § 58 Nr. 1 wie nach § 58 Nr. 2 AO entsprechend der Satzung vergeben werden, ohne dass dies jährlich erfolgen muss.[7] Die Verwendung bei der anderen Körperschaft zu deren steuerbegünstigten Zwecken muss nachgewiesen sein. Zur **Beweissicherung** sollte sich die Förderkörperschaft den Feststellungsbescheid (über die Satzungsmäßigkeit, § 60a AO) der Empfängerkörperschaft aushändigen lassen.

1042

Die **Mittelbeschaffung** für Betriebe gewerblicher Art von juristischen Personen des öffentlichen Rechts ist nach § 58 Nr. 1 AO nur noch steuerunschädlich, wenn diese Betriebe (z. B. Museen, Theater) selbst durch eigene Satzung und Geschäftsführung i. S. v. §§ 51 bis 68 AO die Voraussetzungen für die Anerkennung der Steuerbefreiung nach § 5 Abs. 1 Nr. 9 KStG schaffen.[8]

Eine von einer Gebietskörperschaft errichtete Stiftung darf gem. § 58 Nr. 9 AO zur Erfüllung ihrer steuerbegünstigten Zwecke Zuschüsse an Wirtschaftsunternehmen vergeben.[9]

---

1 AEAO Nr. 1 Satz 4 zu § 58 Nr. 1.
2 BFH v. 25. 6. 2014 - I R 41/12, BFH/NV 2015 S. 235.
3 Siehe § 58 Nr. 1 Halbsatz 2 AO; Buchna/Leichinger/Seeger/Brox, a. a. O., Tz. 2.8.1, S. 196; OFD Koblenz v. 29. 11. 2001, DB 2002 S. 71; BMF v. 2. 4. 2002, DB 2002 S. 765.
4 Buchna/Leichinger/Seeger/Brox, a. a. O., Tz. 2.8.1.1, S. 199 ff.
5 AEAO Nr. 2 zu § 58 Nr. 2. Vgl. OFD Frankfurt v. 19. 8. 2013 - S 0177 A-6-St 53, S&S 6/2013 S. 40 f.
6 Hüttemann/Schauhoff/Kirchhain, DStR 2016 S. 633 ff.; AEAO Nr. 4 zu § 58 Nr. 4 und AEAO Nr. 5 zu § 58 Nr. 5; Hüttemann, a. a. O., § 3 Rn. 186.
7 Hüttemann, a. a. O., § 3 Rn. 194; a. A. Erlass des FM Bayern v. 25. 6. 1997, DB 1997 S. 1746.
8 OFD Nürnberg v. 17. 4. 2002, DB 2002 S. 1081 f.
9 AEAO Nr. 11 zu § 58 Nr. 9; Buchna/Leichinger/Seeger/Brox, a. a. O., Tz. 2.8.9, S. 223.

Nach Ansicht der Finanzverwaltung[1] ist es **unschädlich**, wenn die Stiftung auch über einen längeren Zeitraum (aber nicht auf Dauer) einen oder mehrere steuerbegünstigte Satzungszwecke nicht verfolgt (z. B. auch die Mittelbeschaffung nach § 58 Nr. 1 AO).

Die Unschädlichkeit der Verwendung eines Teils des Einkommens der steuerbefreiten Stiftung, höchstens eines Drittels, um in „angemessener" Weise den Stifter und seine nächsten Angehörigen zu unterhalten, ihre Gräber zu pflegen und ihre Andenken zu ehren, ist schon als Ausnahme unter Rn. 1018 ff. erwähnt worden.

1043 Sofern ihre **Satzung** es gestattet, ist der steuerbegünstigten Stiftung die **Umschichtung ihres Vermögens** erlaubt, z. B. liquide Mittel in Grundbesitz und Beteiligungen anzulegen.[2] Ein neuer Zweck darf der Stiftung allerdings dadurch nicht verliehen werden. Veräußerungsgewinne können angelegt werden. Mit Kunstwerken, Kunstdenkmälern und wissenschaftlichen Sammlungen errichtete Stiftungen haben oft zu wenige Erträge, um ihre Aufwendungen zu decken. Der **gelegentliche Verkauf von einzelnen Stücken** begründet noch **keinen wirtschaftlichen Geschäftsbetrieb**, sondern kann (steuerunschädliche) Vermögensumschichtung sein, wenn die Stiftungssatzung dies gestattet. Nicht dem Grundstockvermögen zugeführte Erlöse unterliegen jedoch dem Gebot der zeitnahen Mittelverwendung der AO (§ 55 Abs. 1 Nr. 1 i. V. m. § 62 Abs. 1 Nr. 1 bis Nr. 3 AO). Bei gemeinnützigen Stiftungen muss die Satzung mithin die Möglichkeit eröffnen, Teile von Verkaufserlösen zur Deckung laufender Aufwendungen heranzuziehen, um nicht in Konflikt mit dem stiftungsrechtlichen Grundsatz der ungeschmälerten Erhaltung des Grundstockvermögens (Rn. 133) zu geraten.

2.5 Rücklagenbildung (§ 62 AO)

1044 § 62 Abs. 1 und 2 AO gestatten als Ausnahme von dem Grundsatz der zeitnahen Mittelverwendung (§ 55 Abs. 1 Nr. 5 AO) die **Rücklagenbildung**.[3] Die Bildung steuerlicher Rücklagen setzt einen förmlichen Beschluss des zuständigen Organs voraus.[4]

---

1 OFD Rostock v. 10. 3. 1997 - S 0177A-1/97 - St 242.
2 OFD Frankfurt v. 20. 2. 2012 - S 0177 A-1-St 53, DStR 2012 S. 1229. Ein bei einer Wertpapierumschichtung erzielter Spekulationsgewinn allein berechtigt noch nicht zur Annahme eines wirtschaftlichen Geschäftsbetriebes, Niedersächsisches FG v. 24. 11. 1988, rkr., EFG 1989 S. 253.
3 Zur Problematik Spitaler/Schröder, DStR 2014 S. 2144; Hüttemann, a. a. O., § 5 Rn. 104 ff.; Buchna/Leichinger/Seeger/Brox, a. a. O., Tz. 2.13.1, S. 247 f., m. w. N.
4 Spitaler/Schröder, DStR 2014 S. 2144, 2146.

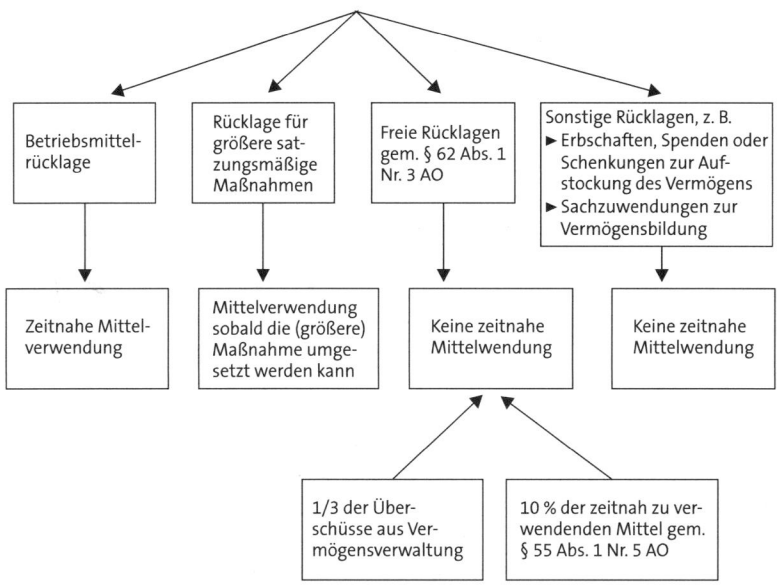

Der BFH[1] hat es als unschädlich angesehen, wenn in einzelnen Jahren nur mittelbare Zweckverwirklichung durch Förderung anderer steuerbegünstigter Körperschaften, im Übrigen **Mittel für ein Großprojekt** gem. § 62 Abs. 1 Nr. 1 AO (siehe Rn. 1046 ff.) in eine zweckgebundene Rücklage eingestellt werden.

1045

Steuerlich unschädlich ist die Ansammlung einer Rücklage zur nachhaltigen Erfüllung satzungsgemäßer, steuerbegünstigter Zwecke gem. § 62 Abs. 1 Nr. 1 AO. Auf die Herkunft der Mittel kommt es nicht an. Diese auch als **Projektrücklage** bezeichnete Rücklage darf auch aus **Spendenmitteln** gespeist werden.[2]

1046

Die zweckgebundene Rücklage nach § 62 Abs. 1 Nr. 1 AO, die auch eine sog. **„Betriebsmittelrücklage"** (bei Einnahmen-/Ausgabenrechnung vor allem in Höhe der Verbindlichkeiten und Rückstellungen) umfasst, muss innerhalb von zwei Jahren (§ 55 Abs. 1 Nr. 5 AO) abgewickelt werden.[3] Nach Ansicht der Finanzverwaltung[4] darf die Betriebsmittelrücklage auch periodisch wiederkehrende Ausgaben (genannt werden z. B. Löhne, Gehälter, Mieten) in Höhe des

1047

---

1 BFH v. 15. 7. 1998, ZEV 1999 S. 155 ff., mit Anm. v. von Oertzen.
2 AEAO Nr. 3 zu § 62 Abs. 1 Nr. 1.
3 AEAO Nr. 26 zu § 55; OFD Frankfurt v. 20. 2. 2012 - S 0177 A-1-St 53, DStR 2012 S. 1229, Rn. 2.1.; Hüttemann, a. a. O., § 5 Rn. 112; Buchna/Leichinger/Seeger/Brox, a. a. O., Tz. 2.13.1.1, S. 248.
4 Gemäß AEAO Nr. 4 zu § 62 Abs. 1 Nr. 1.

Mittelbedarfs für eine angemessene Zeitperiode umfassen.[1] Auch fördernde Stiftungen i. S. v. § 58 Nr. 1 AO können eine Rücklage nach § 62 Abs. 1 Nr. 1 AO bilden.[2] Sie kann im ideellen Bereich und Zweckbereich gebildet werden und ist durch eine Mittelverwendungsrechnung nachzuweisen. Zu empfehlen ist aus **Nachweisgründen**, die Mittel auf einem separaten Bankkonto (Unterkonto) zu führen und davon die laufenden Aufwendungen zu bezahlen.

Auch Investitions- und Reparatur- bzw. **Wiederbeschaffungsrücklagen** sind nach § 62 Abs. 1 Nr. 2 AO zulässig.[3] Die erforderliche Wiederbeschaffungsabsicht muss nur bei Immobilien konkret nachgewiesen werden.[4] Verwendet werden können alle Mittel der Körperschaft, also auch zeitnah zu verwendende Mittel.[5]

1048 Die Rücklagenbildung für wirtschaftliche Geschäftsbetriebe kann nicht steuerfrei über § 62 Abs. 1 Nr. 1 AO erfolgen, sondern erst nach Versteuerung.[6] Einrichtungsträgerstiftungen benötigen zum Bau von Sozialimmobilien häufig Kredite, weil Überschüsse zur Bildung von Rücklagen bedingt möglich sind und die Bildung einer Wiederbeschaffungsrücklage in § 62 Abs. 1 Nr. 2 AO für Gebäude eingeschränkt worden ist. Hier kommen **Stifterdarlehen** in Betracht, die jedoch wegen § 32 Abs. 1 Satz 1 KWG unter Umständen der Erlaubnis der **BaFin** bedürfen.[7]

1049 Obwohl der BFH[8] die tatsächlichen Anforderungen zur Zweckverwirklichung entsprechend anerkannt hatte, dass dem Gebot zeitnaher Mittelverwendung „notwendige" Planungsphasen nicht entgegenstehen, darf nach Auffassung der Finanzverwaltung[9] eine Rücklage nach § 62 Abs. 1 Nr. 1 AO nicht mit der Begründung gebildet werden, „die Überlegungen zur Verwendung der Mittel seien noch nicht abgeschlossen". Verlangt wird, dass die Mittel für **„bestimmte" Vorhaben** angesammelt werden. Wie weit diese konkretisiert sein müssen

---

1 Buchna/Leichinger/Seeger/Brox, a. a. O., Tz. 2.13.1.1, S. 249, nennt einige Monate bis zu höchstens einem Jahr als angemessen.
2 Wie Spendensammel- und Fördervereine. Siehe BFH v. 13. 9. 1989, BStBl 1990 II S. 28 ff.
3 OFD Frankfurt v. 20. 2. 2012 - S 0177 A-1-St 53, DStR 2012 S. 1229, Rn. 2.1.
4 AEAO Nr. 6 zu § 62 Abs. 1 Nr. 2; Hüttemann, DB 2014 S. 442; Spitaler/Schröder, DStR 2014 S. 2144, 2147.
5 AEAO Nr. 3 zu § 62; Spitaler/Schröder, DStR 2014 S. 2144, 2147.
6 AEAO Nr. 8 zu § 62 Abs. 1 Nr. 2; Buchna/Leichinger/Seeger/Brox, a. a. O., Tz. 2.13.1.3, S. 251 f.; BFH v. 23. 2. 1999 - XI B 128/98, DStRE 1999 S. 623.
7 Kern/Regierer/Mühling, S&S 6/2013 S. 36.
8 Mit Urteil v. 15. 7. 1998, DStR 1998 S. 1710 ff.
9 BMF v. 15. 2. 2002, Wpg 2002 S. 308 f.

(z. B. „die ausgewählten Personen für Forschungsstipendien"), ist auch in der Literatur umstritten.[1]

Eine Rücklagenbildung ist **unschädlich,** wenn Mittel für **bestimmte Vorhaben** angesammelt werden, für deren Verwirklichung bereits konkrete Zeitvorstellungen bestehen. Ob die Voraussetzungen für die Bildung einer Rücklage gegeben sind, hat die steuerbegünstigte Körperschaft dem Finanzamt im Einzelnen glaubhaft zu machen/darzulegen.[2] Hierbei muss es genügen, wenn eine Rücklagenbildung darin ihre Rechtfertigung findet, dass sie zur nachhaltigen Erfüllung (§ 62 Abs. 1 Nr. 1 AO) der steuerbegünstigten satzungsgemäßen Zwecke erforderlich ist. Oft entstehen in der Praxis gemeinnütziger Stiftungen unbeabsichtigt Rücklagen dadurch, dass Förderungsvorhaben sich nicht oder nicht im vollen Umfang oder nur mit Verzögerung durchführen ließen. Rücklagenbildung ohne jede Aussicht auf Zweckverwirklichung ist schädlich. | 1050

Eine sog. **Leistungserhaltungsrücklage,** die zur Sicherung der durch die Geldentwertung beeinträchtigten Leistungskraft nach § 62 Abs. 1 Nr. 1 AO gebildet wird, muss zulässig sein.[3] Sie ist zur nachhaltigen Aufrechterhaltung der Verwirklichung steuerbegünstigter Zwecke bzw. Geldentwertung unerlässlich. Unterbleibt sie, wird der reelle Umfang der Stiftungsleistungen bei fortschreitender Geldentwertung immer geringer werden, bis wegen Verzehr aller ihrer Mittel die Stiftung aufzuheben ist. Lediglich die Bildung von Rücklagen über einen längeren Zeitraum, die zur nachhaltigen Aufrechterhaltung der Leistungen der steuerbegünstigten Stiftung nicht erforderlich sind, kann zu einem neuen, steuerschädlichen Zweck der Stiftung führen. Der Gesetzgeber hat diesen Gedanken im Gesetz zur weiteren steuerlichen Förderung von Stiftungen[4] im neu gefassten § 62 Abs. 1 Nr. 3 AO (**freie Rücklage**) Rechnung getragen, nachdem nunmehr bis zu 33,33 % pro Jahr des Überschusses aus der Vermögensverwaltung (Vermögensverwaltungsrücklage) und 10 % ihrer sonstigen nach § 55 Abs. 1 Nr. 5 AO zeitnah zu verwendenden Mittel eines Jahres (10 v. H.-Rücklage) einer freien Rücklage zugeführt werden können. Die Höhe der Rücklage selbst ist nicht begrenzt.[5] | 1051

Rücklagenzuführungen in einem (steuerpflichtigen) wirtschaftlichen Geschäftsbetrieb sind nicht an die Begrenzung gem. § 62 Abs. 1 Nr. 1 und Nr. 2

---

1 Spitaler/Schröder, DStR 2014 S. 2144, 2146; Hüttemann, a. a. O., § 5 Rn. 112.
2 Siehe AEAO Nr. 19 zu § 58 Nr. 6 und 7 und OFD Frankfurt v. 20. 2. 2012 - S 0177 A-1-St 53, DStR 2012 S. 1229.
3 A. A. Hüttemann, a. a. O., § 5 Rn. 113.
4 Vom 14. 7. 2000, BGBl 2000 I S. 1034.
5 Schiffer, StuB 2001 S. 318; kritisch Hüttemann, a. a. O., § 5 Rn. 116.

AO gebunden,[1] sondern müssen bei „vernünftiger kaufmännischer Beurteilung" entsprechend § 14 Abs. 1 Nr. 4 KStG konkret begründet sein.[2]

1052 Die **Höchstgrenze** im Rahmen der Bildung einer **freien** Rücklage gem. § 62 Abs. 1 Nr. 3 AO von 33,33 % des Überschusses aus der Vermögensverwaltung und darüber hinaus 10 % ihrer sonstigen nach § 55 Abs. 1 Nr. 5 AO zeitnah zu verwendenden **Mittel** (mithin auch Spenden)[3] ist auf den Veranlagungszeitraum zu beziehen. Mittel i. S. d. Gesetzes sind die Überschüsse bzw. Gewinne aus steuerpflichtigen wirtschaftlichen Geschäftsbetrieben und Zweckbetrieben sowie die Bruttoeinnahmen aus dem ideellen Bereich.[4]

Zur Berechnung und zum Nachweis der Einhaltung dieser Höchstgrenzen sind **besondere Rechnungslegungen** erforderlich. In die gesonderte Rechnung zur Ermittlung der 33,33 %-Grenze gem. § 62 Abs. 1 Nr. 3 AO dürfen Einnahmen aus anderen Quellen (insbesondere aus Spenden, wirtschaftlichen Geschäftsbetrieben, Zweckbetrieben) nicht einbezogen werden. Eine **Nachholung** war bis 31. 12. 2013 ausgeschlossen; ab 1. 1. 2014 kann gem. § 62 Abs. 1 Nr. 3 AO ein nicht ausgeschöpftes Volumen in den folgenden beiden Jahren genutzt werden.[5] Bei der Feststellung des Überschusses ist der Saldo der Einkünfte aus allen vermögensverwaltenden Aktivitäten maßgebend.[6] Da § 62 Abs. 1 Nr. 3 AO die Höchstgrenze nur auf den Überschuss „aus der Vermögensverwaltung" bezieht, sind andere Überschüsse in die nach einer besonderen Rechnungslegung nachzuweisende Ermittlung nicht einzubeziehen.[7] Die gebildete freie Rücklage wird Bestandteil des Stiftungsvermögens und unterliegt zwar der Vermögensbildung nach § 61 AO, aber nicht dem Gebot einer zeitnahen Mittelverwendung des § 55 Abs. 1 Nr. 5 AO.

1053 Auch für die Bildung einer **Rücklage nach § 62 Abs. 1 Nr. 4 AO** (Mittel zum Erwerb von Gesellschaftsrechten) ist die Mittelherkunft ohne Bedeutung. Diese Bestimmung soll einem großen Bedürfnis gemeinnütziger Körperschaften Rechnung tragen, die **Beteiligungen an Kapitalgesellschaften** als Dotationsquelle zur Zweckverwirklichung halten.[8]

---

1 Gemäß AEAO Nr. 1 zu § 62.

2 Siehe AEAO Nr. 1 zu § 62.

3 AEAO Nr. 10 Satz 2 zu § 62 Abs. 1 Nr. 3.

4 AEAO Nr. 10 Satz 1 zu § 62 Abs. 1 Nr. 3.

5 AEAO Nr. 11 zu § 62 Abs. 1 Nr. 3.

6 Hüttemann, a. a. O., § 5 Rn. 123.

7 Siehe Hüttemann, a. a. O., § 5 Rn. 124; AEAO Nr. 14 zu § 58 Nr. 7. Ob die Überschüsse aus Zweckbetrieben einzubeziehen sind, ist streitig, vgl. AEAO Nr. 14 Satz 2 zu § 58 Nr. 7; ebenso Buchna/Leichinger/Seeger/Brox, a. a. O., Tz. 2.13.2.1.1, S. 253.

8 Siehe im Einzelnen OFD Frankfurt v. 6. 8. 2003, DB 2003 S. 2255 und BMF v. 15. 2. 2002 – S 0174, BStBl 2002 I S. 267; AEAO Nr. 12 zu § 62 Abs. 1 Nr. 4; Hüttemann, a. a. O., § 5 Rn. 130 f.

Unter **Anrechnung** auf die Rücklagenbildung nach § 62 Abs. 1 Nr. 3 AO, die mithin für die jährliche Zuführung **eine Höchstgrenze** bildet, darf eine steuerbefreite Stiftung zur Erhaltung der prozentualen Beteiligung eine Rücklage ansammeln, die bei **einer Kapitalerhöhung der Beteiligungsgesellschaft zu verwenden** ist, § 62 Abs. 1 Nr. 4 AO. Die Kapitalerhöhung bei einer gewerblichen Personengesellschaft fällt nicht unter die Vorschrift.[1] Sie ist aus Überschüssen aus dem (steuerpflichtigen) wirtschaftlichen Geschäftsbetrieb zu finanzieren.[2] Als Voraussetzung für eine Rücklagenbildung nach § 62 Abs. 1 Nr. 4 AO wird in der Literatur eine „in absehbarer Zeit" bevorstehende Kapitalerhöhung der Kapitalgesellschaft genannt.[3] Diese Voraussetzung findet im Gesetz keinen Niederschlag.

Nach Ansicht der Finanzverwaltung soll eine Zuführung zur freien Rücklage nach dem Jahr der Verwendung einer Rücklage nach § 62 Abs. 1 Nr. 4 AO erst wieder zugelassen werden, wenn die für die Rücklagenbildung nach § 62 Abs. 1 Nr. 3 AO verwendbaren Überschüsse insgesamt die für die Erhaltung der Beteiligungsquote verwendeten Mittel übersteigen, sofern die verwendeten Mittel ein Viertel des Jahresüberschusses des Jahres der Mittelverwendung überstiegen haben.[4]   **1054**

In der Literatur wird teilweise eine steuerunschädliche Beteiligung an der **Kapitalerhöhung** nur zugelassen, wenn sich daraus ein Überschuss (mindestens ein ausgeglichenes Ergebnis) erzielen lässt. Das Ausweichen auf Darlehensfinanzierung zur Übernahme der neuen Anteile wird von ausreichenden Erträgen aus der Beteiligung zur Bestreitung der Tilgung und Zinsen abhängig gemacht.[5] Diese Meinung, die bei Ertragsverfall einer ansonsten renditestarken Kapitalgesellschaft und aufwendigen Rekonstruktions- und Sanierungsmaßnahmen relevant wird, ist zu weitgehend, da sie dem Exitus der Beteiligungsgesellschaft als Dotationsquelle Vorschub leisten würde.   **1055**

Durch das Ehrenamtsstärkungsgesetz[6] wurde mit Wirkung ab dem 1.1.2014 in § 62 Abs. 2 AO erstmals geregelt, bis **zu welchem Zeitpunkt** eine Rücklage **zu bilden** ist und **wann eine Auflösung** zu erfolgen hat. Die Rücklagen sind in-   **1056**

---

1 Buchna/Leichinger/Seeger/Brox, a. a. O., Tz. 2.13.2.2, S. 258.
2 Hüttemann, a. a. O., § 5 Rn. 130; Buchna/Leichinger/Seeger/Brox, a. a. O., Tz. 2.5.5.4, S. 144.
3 Siehe Hüttemann, a. a. O., § 5 Rn. 131; Buchna/Leichinger/Seeger/Brox, a. a. O., Tz. 2.13.2.2, S. 259, spricht von „konkret abzeichnen".
4 Siehe Beispielsrechnung unter AEAO Nr. 13 zu § 62 Abs. 1 Nr. 4; OFD Frankfurt v. 20.2.2012 - S 0177 A-1-St 53, DStR 2012 S. 1229, 1230.
5 Buchna/Leichinger/Seeger/Brox, a. a. O., Tz. 2.13.2.2, S. 258.
6 Gesetz zur Stärkung des Ehrenamts v. 21.3.2013, BGBl 2013 I S. 556.

nerhalb der Frist des § 55 Abs. 1 Nr. 5 Satz 3 AO (= spätestens in den auf den Zufluss der Mittel folgenden zwei Kalender- oder Wirtschaftsjahren) zu bilden. Entfällt der Grund für die Rücklagenbildung, ist die Rücklage unverzüglich aufzulösen. Die dann frei werdenden Mittel sind innerhalb der Frist des § 55 Abs. 1 Nr. 5 Satz 3 AO zur Verwirklichung steuerbegünstigter Zwecke zu verwenden.[1]

Zur **Rücklagenbildung** beim **wirtschaftlichen Geschäftsbetrieb** selbst siehe Rn. 1008.

1057 Die zeitnahe Mittelverwendung und die Ermittlung der zulässigen Rücklagen ist der Finanzverwaltung nachzuweisen.[2] Die **Nachprüfbarkeit** muss **ohne besonderen Aufwand** möglich sein.[3] Der Nachweis in einer Nebenrechnung reicht aus, kann aber auch in den Jahresabschluss integriert sein.[4]

Ist die nach § 5 Abs. 1 Nr. 9 KStG steuerbefreite Stiftung an Unternehmen **beteiligt**, so kann **in deren Satzungen** eine Rücklagenbildung vorgesehen werden. Nicht erhaltene (thesaurierte) Gewinne der Beteiligungsunternehmen sind nicht Mittel i. S. v. § 55 Abs. 1 Nr. 1 AO, die für steuerbegünstigte Zwecke auszugeben sind (siehe aber Rn. 1008).

1058 **Unzulässige Rücklagenbildung** bei der Stiftung selbst führt hingegen zur **Aberkennung der Steuerbefreiung**.[5] Gemäß § 63 Abs. 4 AO kann die Finanzverwaltung eine Frist zur Mittelverwendung stellen.[6]

Gemeinnützige Stiftungen dürfen auch dann freie Rücklagen nach § 62 Abs. 1 Nr. 3 AO bilden, wenn dies in der Satzung nicht vorgesehen ist, und sie dem Stiftungskapital zuführen.[7]

Spendensammelnden fördernden Stiftungen i. S. v. § 58 Nr. 1 AO ist die Rücklagenbildung im zulässigen Rahmen nicht verwehrt.[8]

---

1 Emser, NWB 2013 S. 908, 913.
2 AEAO Nr. 14 zu § 62 Abs. 2.
3 BFH v. 20. 12. 1978, BStBl 1979 II S. 496.
4 Buchna/Leichinger/Seeger/Brox, a. a. O., Tz. 2.13.1.3, S. 250; AEAO Nr. 14 Abs. 1 Satz 3 zu § 62 Abs. 2.
5 Vgl. Buchna/Leichinger/Seeger/Brox, a. a. O., Tz. 2.5.9.2, S. 174; BFH v. 11. 2. 1998, BStBl 1998 II S. 576.
6 Siehe Buchna/Leichinger/Seeger/Brox, a. a. O., Tz. 2.14.10, S. 277.
7 OFD Frankfurt v. 20. 2. 2012 - S 0177 A-1-St 53, DStR 2012 S. 1229 (Tz. II.1.).
8 Buchna/Leichinger/Seeger/Brox, a. a. O., Tz. 2.8.1.5, S. 203; BFH v. 13. 9. 1989, BStBl 1990 II S. 28 ff.

Durch das Gesetz zur weiteren steuerlichen Förderung von Stiftungen[1] wurden bedeutende **Ausnahmen** vom Gebot der zeitnahen Mittelverwendung in § 62 Abs. 3 und Abs. 4 AO geschaffen. Danach dürfen **steuerunschädlich** dem Stiftungsvermögen zugeführt werden:[2]

1059

(a) **Zuwendungen von Todes wegen,** wenn der Erblasser keine Verwendung für die laufenden Ausgaben vorgeschrieben hat,

(b) **Zuwendungen** unter der Erklärung, dass sie für das **Stiftungsvermögen** bestimmt sind,

(c) **Zuwendungen** aufgrund eines **Spendenaufrufs** zur Ausstattung oder Aufstockung des Stiftungsvermögens,

(d) **Sachzuwendungen** (z. B. Grundstück, Unternehmen oder Gesellschaftsbeteiligungen), die ihrer Natur nach zum Stiftungsvermögen gehören.

(e) Überschüsse aus der **Vermögensverwaltung** und die **Gewinne** aus **wirtschaftlichen Geschäftsbetrieben** (§ 14 AO) im Jahr der Stiftungserrichtung und in den drei folgenden Kalenderjahren ganz oder teilweise.

Durch den Verweis in § 62 Abs. 4 AO auf § 14 AO ist klargestellt, dass auch Überschüsse aus **Zweckbetrieben** unter diese Bestimmung fallen.[3]

(Einstweilen frei)

1060–1074

3. Die Einkommens- und Vermögenssphären einer steuerbegünstigten Stiftung

3.1 Überblick

Gemeinnützigkeitsrechtlich und steuerlich werden vier Sphären unterschieden.

1075

Wie die nachfolgende Übersicht zeigt, sind an sich nur drei Sphären gegeben. Unterteilt man indes, wie § 64 AO vorsieht, den wirtschaftlichen Geschäftsbetrieb, so lassen sich im Ergebnis vier Bereiche unterscheiden:

---

1 Vom 14. 7. 2000, BGBl 2000 I S. 1034.
2 Die Aufzählung ist abschließend, vgl. OFD Frankfurt v. 20. 2. 2012 - S 0177 A-1-St 53, DStR 2012 S. 1229, 1231.
3 OFD Frankfurt v. 20. 2. 2012 - S 0177 A-1-St 53, DStR 2012 S. 1229, 1231.

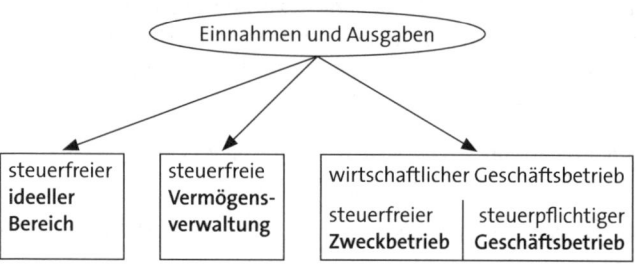

3.2 Ideeller Bereich

1076 Dem ideellen Bereich einer Stiftung werden Tätigkeiten zugeordnet, die auf die unmittelbare und ausschließliche Verwirklichung des Satzungszwecks gerichtet sind. Einnahmen stellen im ideellen Bereich primär erhaltene Spenden dar, daneben Zustiftungen, Schenkungen, alle Formen letztwilliger Zuwendungen und ggf. staatliche Zuschüsse.[1] Anderes gilt nur dann, wenn der Zuwendende ausdrücklich eine Verstärkung des Stiftungs-/Dotationskapitals anstrebt. In der Praxis bereitet diese Frage der Abgrenzung wenige Probleme.

Ausgaben des ideellen Bereichs entstehen durch die satzungsmäßige Verwendung der Mittel und Personalkosten bzw. Sachausgaben.[2]

Im ideellen Bereich ist die Stiftung ohne Gewinnerzielungsabsicht tätig und erlangt für sich aus der Tätigkeit in diesem Bereich keine wirtschaftlichen Vorteile.

3.3 Vermögensverwaltung

1077 Nutzt die Stiftung ihr zugewendete Vermögensgegenstände zur Einnahmeerzielung, liegt regelmäßig eine vermögensverwaltende Tätigkeit i. S. d. § 14 Satz 3 AO vor. Der Einsatz des Stiftungskapitals zur Einkünfteerzielung bildet die Basis, satzungsmäßige Zwecke erfüllen zu können. Wird der Stiftung ein Wertpapierdepot zugewandt, sind die daraus erzielten Zinsen und Dividenden typische Erträge aus Vermögensverwaltung. Gehört zum Vermögen der Stiftung eine fremdvermietete Immobilie, werden die erzielten Mieteinnahmen im Bereich der Vermögensverwaltung erzielt.

---

1 Bei Vereinen sind zusätzlich noch die Mitgliedsbeiträge dem ideellen Bereich zuzuordnen.
2 Schlüter/Stolte, a. a. O., Kapitel 6 Rn. 63; Otto, a. a. O., S. 148.

Die Vermögensverwaltung erfüllt damit an sich alle Merkmale einer wirtschaftlichen Betätigung, wird aber aufgrund der gesetzlichen Definition in § 14 Satz 1 AO nicht zum wirtschaftlichen Geschäftsbetrieb gerechnet.

Die aus der Vermögensverwaltung resultierenden **Einnahmen** bleiben **unbesteuert**.

Da der Begriff der Vermögensverwaltung prima facie eindeutig ist und in der Praxis alleine die Abgrenzung vom wirtschaftlichen Geschäftsbetrieb Probleme bereitet, wird die Vermögensverwaltung nachfolgend zusammen mit dem wirtschaftlichen Geschäftsbetrieb dargestellt. | 1078

3.4 Wirtschaftlicher Geschäftsbetrieb

Einer nach § 5 Abs. 1 Nr. 9 KStG steuerbefreiten Stiftung ist es nicht verwehrt, neben dem ideellen Bereich und dem Bereich der Verwaltung ihres Vermögens i. S. v. § 14 AO sich in einem weiteren Bereich des wirtschaftlichen Geschäftsbetriebes[1] zu betätigen, der grundsätzlich zur **partiellen Steuerpflicht** für diesen Bereich führt. Ausgenommen sind Zweckbetriebe i. S. v. §§ 65 ff. AO (siehe Rn. 1113 ff.), die steuerfrei sind. | 1079

Der steuerpflichtige Bereich einer im Übrigen steuerbegünstigten Stiftung ist in § 64 AO geregelt. Gemäß § 64 Abs. 1 AO verliert die Stiftung die Steuervergünstigung für die dem wirtschaftlichen Geschäftsbetrieb zuzuordnenden Besteuerungsgrundlagen (Einkünfte, Umsätze, Vermögen), *„wenn das Gesetz insoweit die Steuerbegünstigung ausschließt"*. Bei der Körperschaftsteuer ist dies durch § 5 Abs. 1 Nr. 9 Satz 2 KStG erfolgt. | 1080

Im Gegensatz zur gemeinnützigen Kapitalgesellschaft kann der wirtschaftliche Geschäftsbetrieb nach § 5 Abs. 1 Nr. 9 KStG **auch andere Einkunftsarten als gewerbliche** aufweisen.

Die **Errichtung** von wirtschaftlichen Geschäftsbetrieben darf nicht aus zeitnah zu verwendenden Mitteln der Stiftung i. S. v. § 55 Abs. 1 Nr. 5 AO,[2] sondern muss **aus Mitteln des Stiftungsvermögens** erfolgen (siehe Rn. 1085).

Der wirtschaftliche Geschäftsbetrieb darf **nicht Satzungszweck** sein, sondern er **muss den steuerbegünstigten Zwecken dienen**.[3] Daraus folgt, dass Gewinne aus dem wirtschaftlichen Geschäftsbetrieb zu den satzungsgemäßen steuer- | 1081

---

1 Hüttemann, a. a. O., § 6 Rn. 4, 5.
2 Hüttemann, a. a. O., § 6 Rn. 35 f., 48.
3 Hüttemann, a. a. O., § 6 Rn. 53; zum wirtschaftlichen Geschäftsbetrieb siehe BMF v. 15. 2. 2002, Wpg 2002 S. 308; AEAO Nr. 1 zu § 55; BFH v. 5. 6. 2003 - I R 76/01, BStBl 2005 II S. 305.

begünstigten Zwecken **zu verwenden sind** und gem. § 55 Abs. 1 Nr. 5 AO (siehe Rn. 988) dem Gebot der zeitnahen Mittelverwendung unterliegen, soweit sie nicht zulässig im wirtschaftlichen Geschäftsbetrieb zur Rücklagenbildung herangezogen werden (siehe Rn. 1008). Das Betreiben von wirtschaftlichen Unternehmen als wirtschaftlicher Hauptzweck führt zur totalen Steuerpflicht der Stiftung,[1] es sei denn, dass das wirtschaftliche Unternehmen selbst die Anerkennung als gemeinnütziges Unternehmen gefunden hat. Wirtschaftliche Geschäftsbetriebe einer im Übrigen steuerbefreiten Stiftung werden daher nur zur **Erfüllung ihrer satzungsgemäßen (ideellen) Zwecke oder zur Mittelbeschaffung für dieselbe** zugelassen.

1082 Ein wirtschaftlicher Geschäftsbetrieb setzt nach § 14 AO **selbständige und nachhaltige Tätigkeit** voraus, durch die Einnahmen oder andere wirtschaftliche Vorteile erzielt werden und die über den Rahmen der steuerfreien Vermögensverwaltung hinausgeht. **Selbständig** ist eine Tätigkeit, die sich aus der Gesamtbetätigung in einem aktiven Handeln, Dulden oder Unterlassen wirtschaftlich heraushebt.[2] Nachhaltig ist eine planmäßige Tätigkeit, die mit der Absicht der Wiederholung ausgeübt wird.[3]

Ein wirtschaftlicher Geschäftsbetrieb i. S. v. § 14 AO erfordert **nicht** das Bestehen eines **konkreten oder potentiellen Wettbewerbs.** Zwar hat die Besteuerung der wirtschaftlichen Geschäftsbetriebe steuerbegünstigter Körperschaften ihren wesentlichen Beweggrund im Wettbewerbsgedanken, der eine Gleichbehandlung der begünstigten Körperschaften mit konkurrierenden erwerbswirtschaftlichen Unternehmen fordert. Dennoch gehört die Möglichkeit von **Wettbewerbsbeeinträchtigungen** ausdrücklich **nicht** zu den gesetzlichen Tatbestandsmerkmalen des wirtschaftlichen Geschäftsbetriebs. Sie gehört dazu auch nicht als ungeschriebene Voraussetzung, die jeweils zusätzlich zu den gesetzlichen Tatbestandmerkmalen des wirtschaftlichen Geschäftsbetriebs geprüft und bejaht werden müsste, um dessen Steuerpflicht zu bejahen.[4]

1083 Ob die Erzielung von Einnahmen oder anderer wirtschaftlicher Vorteile einer **Gewinnerzielungsabsicht** dient, ist für die Annahme eines wirtschaftlichen Geschäftsbetriebes (im Gegensatz zur Annahme eines Gewerbebetriebes) völlig

---

1 Hüttemann, a. a. O., § 4 Rn. 90 f., § 6 Rn. 5.
2 Hüttemann, a. a. O., § 6 Rn. 97.
3 H 15.2 EStH 2016 „Wiederholungsabsicht"; Abschn. 15 Abs. 3 GewStR; Hüttemann, a. a. O., § 6 Rn. 103.
4 BFH v. 24. 6. 2015 - I R 13/13, DStR 2015 S. 2428.

unerheblich.[1] Beispiele für einen wirtschaftlichen Geschäftsbetrieb sind z. B. Vorführung und Verleih von Filmen und Tonbändern, Beratung der Angehörigen eines Berufsstandes, Unterhaltung einer Buchstelle, einer Sterbekasse, einer Kantine oder von Laboratorien,[2] Veranstaltung von Märkten, Abschluss und Vermittlung von Versicherungen.[3] Aber auch eine unternehmerische Betätigung durch **Beteiligung** an einer **gewerblich tätigen Personengesellschaft** begründet einen wirtschaftlichen Geschäftsbetrieb, da hierbei reine Verwaltung von Vermögen i. S. v. § 14 AO nicht mehr gegeben ist (vgl. Rn. 1000, Rn. 1095 und Rn. 1280).[4] Während das Dulden von Werbung eines anderen gegen Entgelt noch Vermögensverwaltung ist, begründet die nachhaltige Mitwirkung bei der Werbung einen wirtschaftlichen Geschäftsbetrieb.[5]

Ist die **Beteiligung an einer Personen- oder Kapitalgesellschaft** nicht als unternehmerische, sondern als eine **vermögensverwaltende** Beteiligung (siehe Rn. 955 ff. und Rn. 1000) zu qualifizieren, kann sie (als Dotationsquelle) als gewillkürtes Betriebsvermögen mit der Folge der Besteuerung beim (steuerpflichtigen) wirtschaftlichen Geschäftsbetrieb geführt werden.[6] Wenn bei der Einlage der Beteiligung in das Betriebsvermögen des wirtschaftlichen Geschäftsbetriebes erkennbar ist, dass diese besonders risikobehaftet ist und ihm keinen Nutzen bringt, wird sie nicht als gewillkürtes Betriebsvermögen anerkannt.[7] Siehe auch Rn. 1095. Bei Beteiligungen an **Mitunternehmerschaften** ist die Qualifizierung bei der einheitlichen und gesonderten Feststellung ihrer Einkünfte maßgebend.[8]

1084

Das **Ausstattungskapital eines wirtschaftlichen Geschäftsbetriebes** kann nur aus dem mit der Errichtung eingebrachten **Grundstockvermögens** und **freien Rücklagen nach** § 62 Abs. 1 Nr. 3 AO erbracht werden.[9] Die Verwendung von nach § 55 Abs. 1 Nr. 1 AO (s. Rn. 981 ff.) gebundenen Mitteln, insbesondere aus Spenden und nicht für das Grundstockvermögen bestimmte Zustiftungen und

1085

---

1 Vgl. § 14 Satz 2 AO; Hüttemann, a. a. O., § 6 Rn. 106–109.

2 BFH v. 6. 2. 2013 - I R 59/11, BStBl 2013 II S. 603.

3 Vgl. auch die Beispiele bei Hüttemann, a. a. O., § 6 Rn. 111.

4 Hüttemann, a. a. O., § 6 Rn. 126.

5 Schauhoff, a. a. O., § 6 Rn. 66, 96, 133; BFH v. 1. 8. 2002 - V R 21/01, BStBl 2002 II S. 438.

6 Ob dies hinsichtlich einer Beteiligung an einer Kapitalgesellschaft allerdings sinnvoll ist, muss bezweifelt werden. Denn hier besteht ja i. d. R. die Möglichkeit der Steuerfreiheit (vgl. oben Rn. 1082). Zu gewillkürtem Betriebsvermögen vgl. Bott in Schauhoff, a. a. O., § 7 Rn. 247.

7 Siehe Bott in Schauhoff, a. a. O., § 7 Rn. 247; BFH v. 19. 2. 1997 - XI R 1/96, BStBl 1997 II S. 399 (= DStR 1997 S. 812) m. w. N.

8 BFH v. 27. 3. 2001 - I R 78/99, BStBl 2001 II S. 449 (= DStR 2001 S. 1071); AEAO Nr. 3 Satz 1 zu § 64 Abs. 1.

9 BFH v. 13. 9. 1989, BStBl 1990 II S. 28. Siehe Rn. 1052 ff.

Zuschüsse, gefährdet den Status der Steuerfreiheit der Stiftung an sich. Die Überschüsse des wirtschaftlichen Geschäftsbetriebes dürfen nur zu satzungsgemäßen Zwecken verwendet, Fehlbeträge nicht aus Mitteln des ideellen Bereiches abgedeckt werden.

1086 Der **Begriff** des wirtschaftlichen Geschäftsbetriebes ist **weiter** als der des **Gewerbebetriebes**.[1] Die Absicht, Gewinn zu erzielen, ist nicht erforderlich, es reicht eine **Tätigkeit** mit dem **Ziel der Kostendeckung**.[2] Auch die Teilnahme am **allgemeinen** wirtschaftlichen Verkehr (Marktpräsenz) und wirtschaftliche Selbständigkeit werden **nicht** vorausgesetzt.[3] Die **Verpachtung** eines Betriebes, der ein wirtschaftlicher Geschäftsbetrieb wäre, wenn die Stiftung ihn selbst betreiben würde, wird – wenn es sich nicht nur um eine Vermögensanlage handelt – i. d. R. **keinen** wirtschaftlichen Geschäftsbetrieb begründen.[4] Bei **Verpachtung** eines zugewendeten Betriebes besteht das Wahlrecht auf Fortführung oder Betriebsaufgabe.[5]

1087 Eine (unschädliche) Vermögensverwaltung liegt vor, wenn Vermögen genutzt wird und Zinsen und Mieten hieraus erzielt werden. **Kaufmanns- oder Mitunternehmereigenschaft** begründen dagegen einen wirtschaftlichen Geschäftsbetrieb.

Eine **nachhaltige geschäftsmäßige An- und Verkaufstätigkeit** einer steuerbefreiten Stiftung hinsichtlich ihres Vermögens wird zur Annahme eines wirtschaftlichen Geschäftsbetriebes und u. U. zur Aufhebung der Steuerbefreiung führen, weil sie nach der tatsächlichen Geschäftsführung einen weiteren Stiftungszweck setzt.[6] **Gelegentliche Vermögensumschichtung** ist dagegen **unschädlich**,[7] dabei aufgelöste stille Reserven können im Rahmen der Vermögensverwaltung wieder angelegt werden.[8] Ein **gelegentlich erzielter** Spekulationsgewinn i. S. v. § 23 EStG führt nicht zur Annahme eines wirtschaftlichen Geschäftsbetriebes.[9]

---

1 AEAO Nr. 2 zu § 64 Abs. 1.

2 Otto, a. a. O., S. 150.

3 Vgl. Hüttemann. a. a. O., § 6 Rn. 100; AEAO Nr. 2 Satz 6 zu § 64 Abs. 1; Buchna/Leichinger/Seeger/Brox, a. a. O., Tz. 2.15.2, S. 283 ff.

4 Hüttemann, a. a. O., § 6 Rn. 137.

5 Bott in Schauhoff, a. a. O., § 7 Rn. 161; Hüttemann, a. a. O., § 6 Rn. 137; AEAO Nr. 2 Satz 6 zu § 64 Abs. 1.

6 Schauhoff, a. a. O., § 6 Rn. 72.

7 Bott in Schauhoff a. a. O., § 7 Rn. 128.

8 Hüttemann, a. a. O., § 6 Rn. 46.

9 Schauhoff, a. a. O., § 6 Rn. 72.

Das **selbst betriebene Werbegeschäft** (auch Anzeigengeschäft) ist **steuer-** **pflichtig.**[1] Wenn die Stiftung das Werbegeschäft in der Weise verpachtet hat, dass sie nur Flächen einem Pächter zur Verfügung stellt, der das gesamte Risiko trägt, bleibt es als **Vermögensverwaltung steuerfrei.**[2] Gleiches gilt für Gaststätten- und Beherbergungsbetriebe, Kioske, Verkaufsstände u. Ä.

1088

Die entgeltliche Aufnahme einer Firmen- oder Markenbezeichnung in den Namen der Stiftung stellt stets einen wirtschaftlichen Geschäftsbetrieb dar.[3]

Einen wirtschaftlichen Geschäftsbetrieb stellen auch Benefizveranstaltungen,[4] Galakonzerte u. a. selbst dann dar, wenn im Eintrittsgeld ein sog. Spendenanteil enthalten ist.[5] Bei kulturellen Veranstaltungen liegt kein Zweckbetrieb i. S. v. § 68 Nr. 7 AO vor, wenn die Förderung kultureller Zwecke nicht auch Satzungszweck ist.[6] Entsprechend ergeben sich umsatzsteuerliche Belastungen (siehe Rn. 1291 ff.).

Auch Gewährung und Verschaffung von Versicherungsschutz bildet einen wirtschaftlichen Geschäftsbetrieb.[7]

Altmaterialsammlungen mit dem Ziel der Veräußerung, um Mittel für die steuerbegünstigte Tätigkeit der Stiftung zu erhalten, bilden stets einen wirtschaftlichen Geschäftsbetrieb.[8] Unter der Verwertung von Altmaterial ist die Veräußerung von Gegenständen zu verstehen, die – wie Altkleider, Altpapier und Schrott – nur noch einen Altmaterialwert haben. Die Norm findet damit ihrem Wortlaut nach keine Anwendung auf den Einzelverkauf gebrauchter Sachen, die darüber hinaus noch einen Gegenstandswert aufweisen (z. B. Edelmetalle).[9] Ebenfalls zur Begründung eines wirtschaftlichen Geschäftsbetriebs führt **Werbung,**[10] die das Gebot der geringen Mitwirkung der steuerbegünstigten Stiftung nach dem Sponsoring-Erlass[11] überschreitet.

1089

---

1 Schauhoff, a. a. O., § 6 Rn. 52, 133.

2 AEAO Nr. 9 Satz 1 zu § 67a; Schauhoff, a. a. O., § 6 Rn. 133.

3 OFD Hannover v. 4. 4. 2000, DB 2000 S. 900; Buchna/Leichinger/Seeger/Brox, a. a. O., Tz. 2.15.4.4, S. 300.

4 Schlüter/Stolte, a. a. O., Kapitel 6 Rn. 73.

5 Buchna/Leichinger/Seeger/Brox, a. a. O., Tz. 2.15.4.5, S. 304; Schauhoff, a. a. O., § 10 Rn. 13.

6 BFH v. 15. 10. 1997 - I R 2/97, BStBl 1998 II S. 229.

7 Siehe OFD Hannover v. 14. 2. 2000, DB 2000 S. 449 f.; Buchna/Leichinger/Seeger/Brox, a. a. O., Tz. 2.15.4.5, S. 310.

8 OFD Frankfurt/M. v. 14. 11. 2001, DB 2001 S. 351; Buchna/Leichinger/Seeger/Brox, a. a. O., Tz. 2.15.4.5, S. 303.

9 BFH v. 11. 5. 2016 - V B 119/15, BFH/NV 2016 S. 1252.

10 Vgl. Buchna/Leichinger/Seeger/Brox, a. a. O., Tz. 2.15.4.4, S. 310.

11 Vgl. AEAO Nr. 7 bis 10 zu § 64; Buchna/Leichinger/Seeger/Brox, a. a. O., Tz. 2.15.4.4, S. 300.

1090   Während § 64 Abs. 5 AO[1] die **Schätzung des Überschusses** aus der Verwertung unentgeltlich erworbenen **Altmaterials** außerhalb einer ständig vorgehaltenen Verkaufsstelle in Höhe des branchenüblichen Reingewinns zulässt, kann gem. § 64 Abs. 6 AO[2] der **Gewinn mit 15 % der Einnahmen** angesetzt werden für

▶ Werbung für Unternehmen, die im Zusammenhang mit der steuerbegünstigten Tätigkeit (einschl. Zweckbetrieben) stattfindet,[3]

▶ Totalisatorbetriebe,[4]

▶ zweite Fraktionierungsstufe der Blutspendedienste.

1091   Beim **Sponsoring**[5] wird zwar ein Korrespondenzprinzip zwischen Betriebsausgabenabzug beim Sponsor und steuerpflichtigen Einnahmen bei der empfangenden Körperschaft und damit Begründung eines steuerpflichtigen wirtschaftlichen Geschäftsbetriebes nicht mehr verlangt,[6] jedoch liegt ein solcher stets vor, wenn die Körperschaft „an den Werbemaßnahmen mitwirkt".[7] Ob ein Überwiegen von – im Übrigen anzuerkennender – Sponsoringeinnahmen über die übrigen Einnahmen sogar zur Aberkennung der Gemeinnützigkeit einer kulturellen Einrichtung führt, muss bezweifelt werden. **Kein wirtschaftlicher Geschäftsbetrieb** liegt nach dem genannten BMF-Schreiben vor, wenn die „steuerbegünstigte" Stiftung dem Sponsor nur die Nutzung ihres Namens zu Werbezwecken gestattet, dass der Sponsor selbst zu Werbezwecken oder zur Imagepflege auf seine Leistungen an die Stiftung hinweist, oder wenn die Stiftung z. B. auf Plakaten, Veranstaltungshinweisen, in Ausstellungskatalogen, Programmen u. Ä. auf den Sponsor ohne besondere Hervorhebung unter Verwendung des Namens, Emblems oder Logos Hinweise gibt.[8] Durch Zuwendung von **Fahrzeugen mit Werbeaufschriften** für den Sponsor soll kein wirtschaftlicher Geschäftsbetrieb begründet werden, wenn vertraglich die Fahrzeuge über den zu eigenen Zwecken notwendigen Umfang nicht eingesetzt oder werbewirksam nicht abgestellt werden.[9]

---

1   Siehe AEAO Nr. 25 f. zu § 64 Abs. 5.

2   AEAO Nr. 28 f. zu § 64 Abs. 6.

3   Vgl. aber AEAO Nr. 30 zu § 64 Abs. 6.

4   BFH v. 5. 6. 2003 - I R 76/01, BStBl 2005 II S. 305; Buchna/Leichinger/Seeger/Brox, a. a. O., Tz. 2.15.10, S. 318 f.

5   Siehe Rn. 1253 f., mit Literaturangaben.

6   BMF v. 18. 2. 1998, DStR 1998 S. 454; FM Bayern v. 11. 2. 2000, DB 2000 S. 548; Buchna/Leichinger/Seeger/Brox, a. a. O., Tz. 2.14.4, S. 260 f., 262.

7   AEAO Nr. 10 Satz 1 zu § 64 Abs. 1; Ehlers/Schmidt/Korfmann/Melzer/Klöck/Brixius, S&S RS 6/2013 S. 3; Buchna/Leichinger/Seeger/Brox, a. a. O., Tz. 2.14.4.1, S. 301 f.

8   Vgl. Schauhoff, a. a. O., § 6 Rn. 52 f.; Buchna/Leichinger/Seeger/Brox, a. a. O., Tz. 2.14.4.1, S. 303; Litzel/Brackert, S&S 3/2001 S. 27 ff.

9   Buchna/Leichinger/Seeger/Brox, a. a. O., Tz. 2.14.4.4, S. 315; OFD Frankfurt/M. v. 13. 5. 1998, DB 1998 S. 1208.

Als wirtschaftlicher Geschäftsbetrieb wird auch die **Betreuung von Schülern** in Grund- und Sonderschulen vor und nach dem Unterricht gegen einen Kostenbeitrag durch eine steuerbegünstigte Körperschaft angesehen, der allerdings Zweckbetrieb gem. § 65 AO sein soll; Spendenbescheinigungen dürfen für die Kostenbeiträge nicht ausgestellt werden.[1]

1092

Die **Förderung der Bildung** im Umgang mit neuen elektronischen Medien durch Schulung und Bereitstellung von Informationsmaterial wird als gemeinnützig anerkannt, jedoch nicht die Förderung der Kommunikation durch Zurverfügungstellung von Zugängen zu Kommunikationsnetzwerken (z. B. Internet) sowie Aufbau, Förderung und Unterhalt derselben zur privaten oder geschäftlichen Nutzung. Wird für diese Nutzung ein **Entgelt** erhoben, kann beim Überwiegen der Verwirklichung des gemeinnützigen Zwecks ein wirtschaftlicher Geschäftsbetrieb für diesen Bereich vorliegen.[2]

1093

Die **Förderung der Arbeitsbeschaffung** durch Umschulung und soziale Betreuung wird als gemeinnützig anerkannt, nicht dagegen die Arbeitsbeschaffung und die Arbeitnehmerüberlassung.[3] In derartigen Fällen wird es auf die tatsächlichen Verhältnisse ankommen, ob die letztgenannten Tätigkeiten einen wirtschaftlichen Geschäftsbetrieb oder die Körperschaft total steuerpflichtig ist. Bei sog. **Beschäftigungskörperschaften**[4] kann ein wirtschaftlicher Geschäftsbetrieb vorliegen, wenn Waren hergestellt und vertrieben oder Leistungen an Dritte im Rahmen einer gemeinnützigen Stiftung erbracht werden.

1094

Die Beteiligung einer steuerbefreiten Stiftung an Personengesellschaften als **Mitunternehmer** wird **grundsätzlich** als wirtschaftlicher Geschäftsbetrieb der Stiftung behandelt.[5] Anders ist dies, wenn die Personengesellschaft lediglich gewerblich geprägt ist.[6]

1095

---

1 So OFD Düsseldorf v. 11. 11. 1996, DB 1996 S. 2364 f.

2 OFD Erfurt v. 6. 2. 1996, DB 1996 S. 656; a. A. wohl Buchna/Leichinger/Seeger/Brox, a. a. O., Tz. 2. 2. 6, S. 74.

3 Buchna/Leichinger/Seeger/Brox, a. a. O., Tz. 2. 2. 8, S. 92; vgl. auch OFD Frankfurt/M. v. 18. 7. 1997, DB 1997 S. 2055.

4 Koordinierter Ländererlass v. 11. 3. 1999, Wpg 1999 S. 376; OFD Hannover v. 8. 3. 1999, Wpg 1999 S. 376.

5 Schauhoff, a. a. O., § 6 Rn. 67.

6 Vgl. oben Rn. 1000, Rn. 1083, Rn. 1095 und BFH v. 25. 5. 2011 - I R 60/10, BStBl 2012 II S. 858; ebenso die Vorinstanz FG Hessen v. 23. 6. 2010 - 4 K 2258/09, EFG 2011 S. 23.

1096   Gibt eine mitunternehmerische Beteiligung der Stiftung das **Gepräge**[1] als „eigennützig" und nicht mehr „fremdnützig",[2] soll sie voll steuerpflichtig werden, auch wenn sie im Übrigen steuerbegünstigte Zwecke verfolgt (sog. Geprägetheorie, vgl. Rn. 995). Bislang führte die Finanzverwaltung hierzu eine „Gesamtbetrachtung" durch. Durch AEAO vom 17. 1. 2012 wurde nun Nr. 2 zu § 55 AO ersatzlos gestrichen und eine neue Nr. 1 zu § 56 AO eingefügt. Danach ist das Unterhalten eines wirtschaftlichen Geschäftsbetriebs nur noch schädlich, wenn ein Verstoß gegen das Gebot der Ausschließlichkeit gem. § 56 AO vorliegt. Die Finanzverwaltung hat sich mithin der nachfolgend dargestellten BFH-Rechtsprechung angeschlossen und die **Geprägetheorie aufgegeben**.[3]

1097   Der BFH[4] hat das Vorliegen von „**Fremdnützigkeit**" indes auch dann (noch) bejaht, wenn der wirtschaftliche Geschäftsbetrieb das gesamte oder nahezu gesamte Stiftungsvermögen umfasst und zur dauerhaften Existenz- und Zweckverwirklichungssicherung dessen Gewinne zur Eigenkapitalaufstockung teilweise verwendet werden; die Sicherung der Dotationsquelle hat somit Vorrang vor dem Gebot der zeitnahen Mittelverwendung des § 55 Abs. 1 Nr. 5 AO.[5]

1098   Die Beteiligung einer Stiftung an einer **vermögensverwaltenden** Personengesellschaft oder an einer **gewerblich geprägten** Personengesellschaft begründet **keinen** wirtschaftlichen Geschäftsbetrieb (vgl. oben Rn. 956, Rn. 1000 f. und Rn. 1083).[6] Dies ergibt sich aus dem Zweck der Besteuerung wirtschaftlicher Geschäftsbetriebe, die aus Gründen der Wettbewerbsneutralität von der Steuerbefreiung ausgenommen sind. Vermögensverwaltenden Tätigkeiten – auch solchen, die kraft der in § 15 Abs. 3 Nr. 2 EStG enthaltenen Fiktion als gewerblich gelten – misst § 14 Satz 2 AO aber keine Bedeutung für die Wettbewerbsneutralität zu. Beteiligt sich eine gemeinnützige Stiftung an einer gewerblich geprägten vermögensverwaltenden Personengesellschaft, unterhält sie auch dann keinen wirtschaftlichen Geschäftsbetrieb, wenn die Personengesellschaft zuvor originär gewerblich tätig war.[7]

---

1 Zur Geprägetheorie ausführlich Hüttemann, a. a. O., § 6 Rn. 7; Wallenhorst, DStR 2009 S. 717.
2 Zur Abgrenzung siehe AEAO Nr. 1 zu § 55 Abs. 1 Nr. 1; BFH v. 26. 4. 1989 - I R 205/85, BStBl 1989 II S. 670.
3 Seifried/Volland, ZEV 2012 S. 242.
4 BFH v. 15. 7. 1998 - I R 156/94, BStBl 2002 II S. 162; v. 4. 4. 2007 - I R 76/05, DStR 2007 S. 1121.
5 Siehe auch AEAO Nr. 8 zu § 55 Nr. 8 und Matyschik/Schiffer, StuB 2000 S. 1102 f.
6 AEAO Nr. 1 Satz 3 zu § 64 Abs. 1; BFH v. 15. 5. 2011 - I R 60/10, BStBl 2012 II S. 858.
7 BFH v. 18. 2. 2016 - V R 60/13, DStR 2016 S. 1264.

Die **Führung und tatsächliche Beherrschung von Kapitalgesellschaften** durch die Stiftung begründet hingegen Steuerpflicht.[1] Zu Einzelheiten oben Rn. 956. Eine **Identität** von Stiftungsvorstand und Vorstand/Geschäftsführung der Beteiligungsgesellschaft wird stets zur Annahme eines wirtschaftlichen Geschäftsbetriebes führen.[2]

1099

Gleiches gilt bei Vermietung wesentlicher Betriebsanlagen an die Betriebsgesellschaft im Rahmen einer Betriebsaufspaltung.[3] Die Stiftung ist an die Entscheidung des für die Personengesellschaft zuständigen Finanzamtes bei der **einheitlichen und gesonderten Feststellung der Einkünfte** und des Vermögens gebunden.[4]

Eine schädliche Mittelverwendung i. S. d. § 55 Abs. 1 Nr. 1 AO liegt **nicht** vor, wenn der steuerbefreite Bereich dem wirtschaftlichen Geschäftsbetrieb ein **Darlehen** gewährt und dieses aus Mitteln des wirtschaftlichen Geschäftsbetriebes innerhalb von zwölf Monaten nach dem Ende des Verlustentbehrungsjahres (mit Zinsen) zurückgezahlt wird.[5]

1100

Hat die Stiftung **mehrere wirtschaftliche Geschäftsbetriebe,** werden diese nach § 64 Abs. 2 AO[6] als **ein wirtschaftlicher Geschäftsbetrieb** behandelt. Es ist mithin nur der **jährliche Saldo von Gewinnen und Verlusten** aus den wirtschaftlichen Geschäftsbetrieben steuerrechtlich relevant, so dass Verluste aus einem Betrieb mit Gewinnen aus anderen Betrieben ausgeglichen werden können. Aus dem Gebot der Selbstlosigkeit i. S. v. § 55 Nr. 1 AO folgt, dass der **Verlustausgleich nicht aus Mitteln des ideellen Bereichs und der (steuerfreien) Vermögensverwaltung** erfolgen darf, sondern aus späteren Gewinnen oder Zuschüssen, die aber **nicht Spenden** sein dürfen, erfolgen muss. Wenn dies scheitert, wird allerdings der gelegentliche Verlustausgleich als unschädlich betrachtet.[7] Wenn dem ideellen Bereich in den sechs vorausgegangenen Jahren Gewinne der wirtschaftlichen Geschäftsbetriebe in mindestens gleicher

1101

---

1 Schauhoff, a. a. O., § 6 Rn. 68.
2 BFH v. 25. 8. 2010 - I R 97/09, BFH/NV 2011 S. 312; BFH v. 30. 6. 1971 - I R 57/70, BStBl 1971 II S. 753; Söffing/Henrich, BB 2016 S. 1943, 1947.
3 Vgl. Rn. 1288 zur Betriebsaufspaltung.
4 Siehe BFH v. 27. 7. 1988, BStBl 1989 II S. 134.
5 OFD Hannover v. 12. 7. 2000, DStR 2000 S. 1564 und OFD Nürnberg v. 11. 9. 2000, DB 2000 S. 2196.
6 AEAO Nr. 11 zu § 64 Abs. 2; Schauhoff, a. a. O., § 6 Rn. 126.
7 Schauhoff, a. a. O., § 6 Rn. 113 f.; AEAO Nr. 5 Satz 3 zu § 55 Abs. 1 Nr. 1; BFH v. 13. 11. 1997 - I R 152/93, BStBl 1998 II S. 711 und hierzu BMF v. 19. 10. 1998, BStBl I S. 1423 (= AEAO Nr. 4 bis 7 zu § 55 Abs. 1 Nr. 1).

Höhe zugeführt worden sind, wird ein Verlust (Saldo) der wirtschaftlichen Geschäftsbetriebe nicht als gemeinnützigkeitsschädlich angesehen:

1102 Letzteres gilt auch, wenn[1]

- ► der Verlust ausschließlich durch anteilige Abschreibungen auf gemischt genutzte Wirtschaftsgüter entstanden ist,

- ► marktübliche Preise verlangt werden,

- ► das Wirtschaftsgut im ideellen Bereich angeschafft oder hergestellt und nur zur besseren Auslastung und Mittelbeschaffung teil- oder zeitweise für den steuerpflichtigen Bereich genutzt wurde,

- ► das so genutzte Wirtschaftsgut nicht größer angeschafft oder hergestellt wurde als es für den ideellen Bereich notwendig war,

- ► der wirtschaftliche Geschäftsbetrieb keinen eigenständigen Sektor eines Gebäudes bildet.

Diese Grundsätze gelten bei der Verlustbeurteilung auch für andere gemischte Aufwendungen (z. B. Personalaufwand).

1103 Der Verlustausgleich ist außerdem **gemeinnützigkeitsunschädlich**, wenn[2]

- ► der Verlust auf einer Fehlkalkulation beruht,

- ► die Stiftung innerhalb von zwölf Monaten nach Eintritt des Verlustes dem ideellen Bereich Mittel in entsprechender Höhe wieder zuführt und diese Mittel nicht aus Zweckbetrieben, (steuerbefreiter) Vermögensverwaltung, Beiträgen oder aus anderen Zuwendungen zur Förderung steuerbegünstigter Zwecke der Stiftung stammen.

1104 Die Verrechnung von Gewinnen und Verlusten mehrerer wirtschaftlicher Geschäftsbetriebe muss auch erfolgen, wenn diese **verschiedene Einkunftsarten** aufweisen.[3]

Anlaufverluste in der Aufbauphase (**vier Jahre** höchstens; nach Lage des Einzelfalls) nach Stiftungserrichtung sind gemeinnützigkeitsrechtlich **unschädlich**.[4]

---

1 AEAO Nr. 4 zu § 55 Abs. 1 Nr. 1.
2 AEAO Nr. 5 zu § 55 Abs. 1 Nr. 1.
3 AEAO Nr. 13 zu § 64 Abs. 2; OFD Frankfurt/M. v. 12. 2. 1998, DB 1998 S. 651.
4 BFH v. 21.1.1998, BStBl 1998 II S. 758; v. 23.9.1998, BStBl 2000 II S. 320 (= DStR 1998 S. 1674); v. 23.2.1999, BFH/NV 1999 S. 1055, 1089; BMF v. 15.5.2000, BStBl 2000 I S. 814, II.2.; Schauhoff, a. a. O., § 7 Rn. 220 ff.

Dies alles bedingt, dass für **jeden wirtschaftlichen Geschäftsbetrieb** der **Gewinn gesondert zu ermitteln ist**.[1]

Ein **Verlustausgleich** zwischen den Bereichen „**Wirtschaftlicher Geschäftsbetrieb**" und „**Zweckbetrieb**" ist **unzulässig**.[2]

Das Wahlrecht des § 10d EStG für **Verlustrücktrag oder -vortrag** gilt auch für Stiftungen.[3]

Nicht jeder wirtschaftliche Geschäftsbetrieb ist steuerpflichtig;[4] es müssen Einkünfte i. S. v. § 2 Abs. 1 EStG erzielt werden.[5] Die Unterhaltung eines Gewerbebetriebes i. S. v. § 15 EStG ist stets wirtschaftlicher Geschäftsbetrieb. Letzteres gilt auch für die Eigenbewirtschaftung von Land- und Forstbesitz.[6] Nicht steuerpflichtig ist auch der Zweckbetrieb i. S. v. § 65 AO, obwohl er nach dem Gesetzeswortlaut als steuerpflichtiger wirtschaftlicher Geschäftsbetrieb i. S. v. § 64 AO eine weitere Unterart des wirtschaftlichen Geschäftsbetriebes i. S. v. § 14 AO ist.

1105

Die im wirtschaftlichen Geschäftsbetrieb, der nicht Zweckbetrieb ist, erzielten Einkünfte aus Gewerbebetrieb (§§ 15 bis 17 EStG) unterliegen der Besteuerung mit allen Rechtsfolgen. Anwendbar sind auch die Grundsätze der **Betriebsaufspaltung**,[7] der **Betriebsaufgabe**[8] mit anschließender Verpachtung und der Abfärbetheorie.[9] Beim Vorliegen der Zuordnungsmerkmale können aber auch **Einkünfte anderer Einkunftsarten** i. S. v. § 2 Abs. 1 EStG (z. B. aus Land- und Forstwirtschaft) vorliegen.[10]

Das **Verbot von** angemessenen **Zuwendungen an den Stifter,** seine Angehörigen und an Dritte (dazu rechnen auch die Stiftungsorgane) des § 55 Abs. 1 Nr. 1 und Nr. 3 sowie die unter Rn. 1007 behandelte Ausnahmeregelung des

---

1 OFD Cottbus v. 10. 9. 1996 - S 0177 - 1 - St 123.
2 Hüttemann, a. a. O., § 6 Rn. 17; BFH v. 5. 2. 1992, BFH/NV 1993 S. 341 ff.
3 Bott in Schauhoff, a. a. O., § 7 Rn. 220 f.; bei Unterschreitung der Besteuerungsgrenze von 35.000 € bleiben (gem. AEAO Nr. 23 zu § 64 Abs. 3) Verluste generell außer Ansatz.
4 Bott in Schauhoff, a. a. O., § 7 Rn. 42.
5 Hüttemann, a. a. O., § 7 Rn. 82; Buchna/Leichinger/Seeger/Brox, a. a. O., Tz. 4.1.5, S. 498.
6 Vgl. Klein, AO, § 14 Rn. 3 letzter Abs.; kraft besonderer Vorschrift, nämlich des § 5 Abs. 1 Nr. 9 Satz 2 KStG, ist aber die Steuerbefreiung insoweit nicht ausgeschlossen.
7 Vgl. oben Rn. 958.
8 Vgl. oben Rn. 1086.
9 Vgl. Schmidt, EStG, § 15 Rn. 185.
10 Vgl. Buchna/Leichinger/Seeger/Brox, a. a. O., Tz. 4.1.5, S. 498. Selbstbetriebene Forstbetriebe sind nach § 5 Abs. 1 Nr. 9 Satz 3 KStG von der Besteuerung jedoch ausgenommen.

§ 62 Abs. 1 Nr. 1 bis Nr. 3 AO haben **auch** für den **Bereich der wirtschaftlichen Geschäftsbetriebe** Gültigkeit.[1]

1106 Dem wirtschaftlichen Geschäftsbetrieb dürfen nur die **Einnahmen/Erträge** bzw. **Ausgaben/Aufwendungen** zugeordnet werden, die durch ihn **veranlasst** werden.[2] Aus diesem Grundprinzip folgt, dass sich die Veranlassung nicht nur auf die direkt zurechenbaren Posten, sondern auch die mittelbar zurechenbaren Posten erstrecken muss. Bei der Gewinnermittlung müssen daher auch die durch den wirtschaftlichen Geschäftsbetrieb veranlassten und ihm zurechenbaren Teile der gemeinsamen Aufwendungen abzugsfähig sein.[3] Nach der früheren BFH-Rechtsprechung[4] soll eine **Aufteilung** unterbleiben, wenn die Ausgabe auch ohne die andere Tätigkeit entstanden wäre. In seiner Entscheidung vom 15.1.2015[5] hat der BFH seinen **restriktiven Grundsatz** der Nichtberücksichtigung von Aufwendungen, deren primäre Veranlassung in der ideellen Tätigkeit der gemeinnützigen Körperschaft gesehen wurde, **relativiert.** Die Finanzverwaltung wendete diese restriktiven Rechtsprechungsgrundsätze indes schon bisher nur eingeschränkt an und ließ einen **anteiligen** Betriebsausgabenabzug von **Gemeinkosten** im wirtschaftlichen Geschäftsbetrieb zu. Soweit eine Aufteilung nach objektiven Maßstäben möglich ist, wird diese zugelassen.[6] Bei Werbemaßnahmen, die bei sportlichen oder kulturellen Veranstaltungen durchgeführt werden, sollen diese keine Betriebsausgaben des im wirtschaftlichen Geschäftsbetriebs darstellen.[7] Nach der neueren Rechtsprechung wird man wohl einen anteilig Betriebsausgabenabzug im wirtschaftlichen Geschäftsbetrieb zulassen müssen.[8]

1107 Dient eine **Veranstaltung** einer steuerbegünstigten Stiftung sowohl dem ideellen Bereich wie dem Bereich eines wirtschaftlichen Geschäftsbetriebes, ist eine Zuordnung der Ausgaben entsprechend der Veranlassung vorzunehmen.[9] Zur Abgrenzung gegenüber dem Zweckbetrieb siehe AEAO Nr. 14 zu § 68 Nr. 7.[10] Zu einem steuerlichen Risiko kann es bei der Zusammenarbeit von gemeinnützigen Stiftungen/Körperschaften kommen, wenn sich diese **unab-**

---

1 AEAO Nr. 8 zu § 62 Abs. 1 Nr. 2.
2 AEAO Nr. 4 zu § 64 Abs. 1; Buchna/Leichinger/Seeger/Brox, a. a. O., Tz. 4.1.5.1.3, S. 501.
3 Vgl. Buchna/Leichinger/Seeger/Brox, a. a. O., Tz. 4.1.5.1.3, S. 502.
4 BFH v. 21.7.1999 - I R 55/98, BFH/NV 2000 S. 85.
5 BFH v. 15.1.2015 - I R 48/13, BFH/NV 2015 S. 900.
6 AEAO Nr. 6 Satz 2 zu § 64 Abs. 1.
7 AEAO Nr. 5 zu § 64 Abs. 1.
8 Fritz, S&S 3/2015 S. 36.
9 FG Nürnberg v. 31.5.2001, DStRE 2001 S. 1299.
10 Siehe auch BMF v. 15.5.2000, BStBl 2000 I S. 814.

sichtlich als **GbR** darstellt. Denn eine GbR kann nicht gemeinnützig sein, so dass steuerliche Vorteile für die Kooperationspartner entfallen.[1]

Die **Finanzverwaltung** hat die BFH-Auffassung zur Zuordnung **gemischter Aufwendungen** übernommen.[2] Zum Verlust führende **Abschreibungen** eines (steuerpflichtigen) wirtschaftlichen Geschäftsbetriebes sind danach dann nicht gemeinnützigkeitsschädlich, wenn dem ideellen Bereich dienende Wirtschaftsgüter zur besseren Kapazitätsauslastung und zur zusätzlichen Mittelbeschaffung für den ideellen Bereich teil- oder zeitweise wirtschaftlichen Geschäftsbetrieb genutzt werden, aber nur, wenn

▶ die **Nutzungsentgelte marktüblich** sind,

▶ **kein größeres Wirtschaftsgut angeschafft** oder hergestellt wurde als es für die steuerbegünstigte Tätigkeit notwendig ist,

▶ der **wirtschaftliche Geschäftsbetrieb keinen eigenständigen Sektor eines Gebäudes** bildet.

Diese Grundsätze sollen für **alle gemischten Aufwendungen** (d. h. auch für die Personalgestellung) gelten. Sie widersprechen damit dem Grundsatz der kausalen Zurechnung nach objektiven Maßstäben und betriebswirtschaftlichen Kostenrechnungsgrundsätzen.

Die Forderungen der Finanzverwaltung nach nachweisbaren objektiven Maßstäben für die Aufteilung sog. gemischter Aufwendungen begründet besondere Rechnungslegungs- und Dokumentationspflichten.[3]

Betreibt eine Körperschaft ausschließlich einen wirtschaftlichen Geschäftsbetrieb, der nicht Zweckbetrieb ist, so ist sie voll steuerpflichtig.[4]

Wegen der partiellen Steuerpflicht sind gem. § 13 Abs. 5 KStG auch § 13 Abs. 1 bis 4 KStG für den Beginn und Wegfall der partiellen Steuerpflicht[5] für Wirtschaftsgüter anwendbar, die beim Wegfall der partiellen Steuerpflicht – z. B. durch Betriebsaufgabeerklärung gem. § 16 Abs. 3 EStG – der Förderung steuerbegünstigter Zwecke i. S. v. § 9 Abs. 1 Nr. 2 KStG dienen und in dem steuerbefreiten Teil der Stiftung verbleiben, wird die Buchwertfortsetzung nach § 13 Abs. 4 KStG wirksam.[6]

1108

1109

1110

1111

---

1 Schotenroehr/Bergdieck, S&S 3/2014 S. 28.
2 AEAO Nr. 4 zu § 55 Abs. 1 Nr. 1.
3 Siehe Rn. 1230, FM Baden-Württemberg v. 8. 12. 1998, DStR 1999 S. 159.
4 Vgl. BFH v. 27. 10. 1993 - I R 60/91, DB 1994 S. 1503.
5 Siehe auch R 13.2 Abs. 3 KStR 2015.
6 Vgl. Buchna/Leichinger/Seeger/Brox, a. a. O., Tz. 4.1.6, S. 522.

1112 **Wenn** die wirtschaftliche Entwicklung des Bereichs „Wirtschaftlicher Geschäftsbetrieb" **so erfolgreich** ist, dass er **zum Hauptzweck der Stiftung zu werden droht,**[1] hilft nur dessen Ausgliederung in eine Kapitalgesellschaft, um der totalen Steuerpflicht der Stiftung mit steuerbegünstigten Zwecken zu entgehen. Gemäß § 161 UmwG dürfen Stiftungen des bürgerlichen Rechts die von ihnen betriebenen Unternehmen oder Teile derselben zur Aufnahme dieses Unternehmens oder von Teilen desselben durch Personenhandelsgesellschaften oder Kapitalgesellschaften oder zur Neugründung von Kapitalgesellschaften nach §§ 152 ff. UmwG **ausgliedern.** Die Ausgliederung auf eine mitunternehmerische Personenhandelsgesellschaft wäre sinnlos, weil die Beteiligung an der mitunternehmerischen Personenhandelsgesellschaft ihrerseits dem wirtschaftlichen Geschäftsbetrieb zuzurechnen wäre. Auf die Ausgründung wird unter Rn. 1273 ff. noch einzugehen sein.

Die **Freigrenze** von 35.000 € gem. § 64 AO Abs. 3 AO wurde unter Rn. 949 bereits behandelt.

3.5 Zweckbetrieb

1113 Betrachtet man die verschiedenen Tätigkeitsfelder einer steuerbegünstigten Stiftung, so findet sich neben dem ideellen Bereich und der Vermögensverwaltung als Unterfall des wirtschaftlichen Geschäftsbetriebs der vierte Vermögens-/Tätigkeitsbereich, der steuerfreie Zweckbetrieb.

1114 Nach § 64 Abs. 1 AO sind die sog. „Zweckbetriebe" **unschädlich,** die beispielhaft in §§ 66 bis 68 AO aufgeführt sind (**Katalogzweckbetriebe**).[2] Die Tätigkeit der gemeinnützigen Körperschaft hat dazu die jeweils dort individuell genannten Voraussetzungen zu erfüllen.

Daneben kommen die sog. **originären Zweckbetriebe** nach § 65 AO in Betracht. Danach ist ein Zweckbetrieb gegeben, wenn (kumulativ)

1. der wirtschaftliche Geschäftsbetrieb in seiner Gesamtrichtung dazu dient, die **steuerbegünstigten satzungsmäßigen Zwecke zu verwirklichen,**

2. die **Zwecke nur durch einen solchen Geschäftsbetrieb erreicht werden können** und

---

1 Siehe Rn. 1081, 1095 ff.

2 Vgl. auch zum Folgenden mit umfangreichen Nachweisen Tipke/Kruse, a. a. O., § 64 Rz. 6; Buchna/Leichinger/Seeger/Brox, a. a. O., Tz. 2.17.1, S. 331 ff.; Hüttemann, a. a. O., § 6 Rn. 165 ff.; Schauhoff, a. a. O., § 6 Rn. 81 ff.

3. der wirtschaftliche Geschäftsbetrieb zu nicht begünstigten Betrieben derselben oder ähnlicher Art **nicht in größerem Umfang in Wettbewerb** tritt, als es bei Erfüllung der steuerbegünstigten Zwecke unvermeidbar ist.

Danach wird der Zweckbetrieb als **Unterfall des wirtschaftlichen Geschäftsbetriebes** angesehen.

1115

Rechtsprechung, Schrifttum und auch Verwaltungsverfügungen[1] lassen eine einheitliche Auslegung dieser Bestimmungen nicht erkennen. Die steuerliche Behandlung erscheint **kasuistisch**. Rechtssicherheit ist auf diesem Gebiet nicht gegeben.

Der Zweckbetrieb-Bereich stellt neben dem (steuerbefreiten) ideellen Bereich, der (steuerbefreiten) Vermögensverwaltung, dem (steuerpflichtigen) Bereich des wirtschaftlichen Geschäftsbetriebes, den **vierten Bereich der gemeinnützigen oder mildtätigen Stiftung** dar, der – mit **Ausnahme der Umsatzbesteuerung** (siehe Rn. 1291) – **steuerbefreit** ist.

Die steuertechnische Unterordnung als Sonderfall des wirtschaftlichen Geschäftsbetriebes erscheint unglücklich und verwirrend. Nach dem Einführungserlass zur AO[2] muss der Zweckbetrieb tatsächlich und **unmittelbar** die satzungsgemäßen Zwecke der Stiftung verwirklichen; ein mittelbares Dienen (z. B. durch Beschaffung von Finanzmitteln) ist schädlich.[3] Er darf gem. § 65 Abs. 3 AO auch nicht in zwar nicht konkret vorhandenen, aber möglichen Wettbewerb zu nicht begünstigten Betrieben derselben oder ähnlicher Art im größeren Umfang treten.[4] Es genügt nicht die Mittelbeschaffung für den ideellen Bereich, sondern der Zweckbetrieb muss für die Zweckverwirklichung der Stiftung unentbehrlich sein.[5] „Mittelbeschaffungsbetriebe" (z. B. Verkaufsstände, Hausdruckereien, Basare, Gaststätten u. Ä.) sind daher keine Zweckbetriebe, sondern steuerpflichtige wirtschaftliche Geschäftsbetriebe.

1116

Während im **einheitlichen und gesonderten Feststellungsbescheid** für eine **Personengesellschaft oder Gemeinschaft** die **Qualifikation der Einkünfte** bindend festgestellt wird,[6] wird dagegen bei der **Körperschaftsteuerveranlagung**

1117

---

1 Siehe etwa BMF v. 27.11.2000 - IV C 6 - S 0183 - 22/00; OFD Hannover v. 11.8.2006 - S 1087 - 15 - StO 251; OFD Düsseldorf v. 14.6.2004 - S 0187 - 20 - St 133 - K/S 2927 A - St 13, NWB DokID: YAAAB-23869.

2 AEAO Nr. 2 zu § 65.

3 Siehe Buchna/Leichinger/Seeger/Brox, a. a. O., Tz. 2.16.1, S. 321.

4 Siehe AEAO Nr. 4 zu § 65.

5 Hüttemann, a. a. O., § 6 Rn. 184.

6 BFH v. 27.7.1989, BStBl 1989 II S. 134; AEAO Nr. 3 zu § 64 Abs. 1; Buchna/Leichinger/Seeger/Brox, a. a. O., Tz. 2.15.3.3, S. 291.

der Stiftung bei der Qualifikation als gewerbliche Einkünfte entschieden, ob es sich um einen (steuerpflichtigen) wirtschaftlichen Geschäftsbetrieb oder um einen Zweckbetrieb handelt.[1] Die Grundsätze der Betriebsaufspaltung sind nicht im Verhältnis zum Zweckbetrieb anzuwenden, wenn die tragende Stiftung selbst gemeinnützig ist.[2]

1118 Beispiele für Zweckbetriebe als eng zu ziehende Ausnahmeregelungen sind in §§ 66 bis 68 AO aufgeführt.[3] Dazu rechnen insbesondere Einrichtungen der Wohlfahrtspflege, z. B. auch Krankenhäuser, für die die Sonderregelung des § 67 AO zum Zuge kommt, Siechenheime, Anstalten für Geisteskranke, Waisenhäuser, Erziehungsanstalten und Beratungsdienste für soziale Angelegenheiten, ferner Kindergärten, Kinder-, Jugend-, Studenten-, Schullandheime, Jugendherbergen, Werkstätten für behinderte Menschen,[4] Einrichtungen zur Blindenfürsorge, der Fürsorge für Körperbehinderte, aber auch kulturelle Einrichtungen wie Theater, Museen, Konzertveranstaltungen, Kunstausstellungen und kulturelle Veranstaltungen, bestimmte Wissenschafts- und Forschungseinrichtungen[5] sowie von den zuständigen Behörden genehmigte Lotterien und Ausspielungen, die eine steuerbegünstigte Stiftung höchstens zweimal im Jahr zu ausschließlich gemeinnützigen, mildtätigen und kirchlichen Zwecken veranstaltet.[6] Gesellige Veranstaltungen sind nicht mehr Zweckbetrieb.[7]

1119 Zentrale Beschaffungsstellen mehrerer steuerbegünstigter Körperschaften sind nicht Zweckbetrieb, sondern wirtschaftlicher Geschäftsbetrieb.[8] Gleiches gilt für die entgeltliche Übernahme von Arbeiten für eine andere Körperschaft, auch wenn diese steuerbefreit ist.[9]

1120 Die Aufzählung einzelner Zweckbetriebe in § 68 AO ist nicht erschöpfend.

1121 Bei kulturellen Veranstaltungen i. S. v. § 68 Nr. 7 AO muss die Förderung der Kultur Satzungszweck sein,[10] um als Zweckbetrieb anerkannt zu werden. Der Verkauf von Speisen und Getränken sowie die Werbung bei kulturellen Ver-

---

1 AEAO Nr. 3 zu § 64 Abs. 1.

2 AEAO Nr. 3 Satz 7 zu § 64 Abs. 1.

3 Vgl. Hüttemann, a. a. O., § 6 Rn. 216 ff.

4 OFD Koblenz v. 5. 7. 2006 - S 0187 A - St 33 1, DB 2006 S. 2478, NWB DokID: CAAAC-19508.

5 FinMin Bayern v. 13. 4. 2000 - 33 - S 0171 - 81/33 - 17 787.

6 OFD Rostock v. 22. 1. 2001 - S 0184 - 0/99 - St 241, NWB DokID: SAAAA-82794.

7 Buchna/Leichinger/Seeger/Brox, a. a. O., Tz. 2.15.4.5, S. 306; AEAO Nr. 5 zu § 66.

8 FM Thüringen v. 21. 7. 1994 - S 0184 A-02-206.2, DB 1994 S. 1700; BFH v. 15. 10. 1997, DStRE 1997 S. 1014 ff.

9 BFH v. 13. 8. 1997, BStBl 1998 II S. 161; FG Schleswig-Holstein v. 5. 12. 2000, EFG 2001 S. 410, rkr.

10 AEAO Nr. 12 zu § 68 Nr. 7.

anstaltungen (ausgenommen Sponsoring) bilden wirtschaftliche Geschäftsbetriebe.[1] Die kulturelle Darbietung darf als Zweckverwirklichung auch im Rahmen einer anderen, nicht selbst steuerbegünstigten Veranstaltung erbracht werden.[2]

Insbesondere bei Werkstätten für Behinderte i. S. v. § 68 Nr. 3 AO kann ein **1122** Zweckbetrieb von sog. Beschäftigungskörperschaften anerkannt werden, wenn nicht ein wirtschaftlicher Geschäftsbetrieb vorliegt.[3] Mit einer Ergänzung in § 68 Nr. 3 Buchst. c AO durch das ÄndG v. 26. 7. 2016 stellt der Gesetzgeber für Integrationsprojekte mit Wirkung ab dem 1. 8. 2016 sicher, dass auf die 40 %-Quote zur Beschäftigung besonders betroffener schwerbehinderter Menschen auch psychisch kranke Menschen angerechnet werden.

Die in § 68 Nr. 6 AO als Zweckbetriebe zugelassenen **Tombolas, Lotterien und** **1123** **Ausspielungen** müssen öffentlich-rechtlich zugelassen sein.[4]

Altmaterialsammlungen mit dem Ziel der Veräußerung zur Mittelbeschaffung **1124** für steuerbegünstigte Zwecke sind steuerpflichtiger wirtschaftlicher Geschäftsbetrieb.[5] § 64 Abs. 5 AO eröffnet ein Wahlrecht für die Gewinnermittlung.

Tierparks und **zoologische Gärten** können als Zweckbetrieb anerkannt werden. **1125** Werden dort Ansichtskarten, Tierbücher, Dias, Kalender, Stofftiere und dergleichen verkauft, liegt ein steuerpflichtiger wirtschaftlicher Geschäftsbetrieb vor.[6]

Abfallbeseitigung und **Abfallverwertung** einer „im Dienst des öffentlichen Gesundheitswesens und der Förderung des Umweltschutzes" stehenden Körperschaft begründet keinen Zweckbetrieb, sondern einen steuerpflichtigen Geschäftsbetrieb.[7] **1126**

Gastronomische Einrichtungen, die von gemeinnützigen Stiftungen selbst betrieben werden, sind wirtschaftlicher Geschäftsbetrieb.[8] Dies gilt auch bei Theatern, wenn das Anbieten von Speisen und Getränken ausschließlich an **1127**

---

1 AEAO Nr. 14 zu § 68 Nr. 7. Siehe auch Buchna/Leichinger/Seeger/Brox, a. a. O., Tz. 2.20.8, S. 400.
2 AEAO Nr. 13 Satz 4 zu § 68 Nr. 7.
3 BMF v. 11. 3. 1992 - IV B 4 - S 0170 - 32/92, BStBl 1993 I S. 214; OFD Hannover v. 8. 3. 1999 - S 0170 - 18 - StO 214/S 2729 - 537 - StH 233, Wpg 1999 S. 376.
4 AEAO Nr. 10 zu § 68 Nr. 6 AO; Klein, a. a. O., § 68 Rn. 9; Menges, S&S 1/2001, S. 18 ff.
5 Buchna/Leichinger/Seeger/Brox, a. a. O., Tz. 2.15.9, S. 316.
6 Gleich lautend FM Brandenburg v. 17. 8. 1994 - 35 - S 2729 - 28/94, DB 1994 S. 1902 und FM Thüringen v. 30. 8. 1994 - S 2729 A-07-206.2, DStR 1994 S. 1691.
7 BFH v. 15. 2. 1993, BStBl 1994 II S. 314.
8 FM Brandenburg v. 22. 7. 1993 - III/5 - S 0185 - 1/93, DB 1993 S. 1648.

Theaterbesucher zum Verzehr an Ort und Stelle als Nebenleistung zum Theaterbesuch vor der Vorstellung oder in Pausen erfolgt.[1] Gleiches gilt für Werbung bei kulturellen Veranstaltungen.[2]

1128 Die Herausgabe von **Druckschriften**, die für einen breiten Interessenkreis bestimmt sind, können dagegen Zweckbetriebe sein.[3] Selbstbewirtschaftete Forstbetriebe unterliegen nach § 5 Abs. 1 Nr. 9 Satz 3 KStG als wirtschaftliche Geschäftsbetriebe nicht der Körperschaftsteuer.[4]

Der Betrieb einer **Kunsteisbahn** kann eine sportliche Veranstaltung (§ 67a AO) und ein Zweckbetrieb einer entsprechenden gemeinnützigen Körperschaft sein.[5]

Im Wettbewerb stehende Dienstleistungen für öffentliche Auftraggeber bilden einen wirtschaftlichen Geschäftsbetrieb, keinen Zweckbetrieb.[6]

1129 Die entgeltliche Durchführung von **Flugtagen**[7] und Benutzung von **Freiluftballonen** mit Werbeaufschrift[8] sind keine Zweckbetriebe. Die Einnahmen hieraus werden im Rahmen eines wirtschaftlichen Geschäftsbetriebs erzielt.

1130 **Auftragsforschung und Projektträgerschaften** von als gemeinnützig anerkannten Einrichtungen wurden früher von der Rechtsprechung nicht als Zweckbetrieb,[9] sondern als wirtschaftlicher Geschäftsbetrieb angesehen. Der Gesetzgeber hat durch das Jahressteuergesetz 1997[10] mit § 68 Nr. 9 AO Wissenschafts- und Forschungseinrichtungen, deren Träger sich überwiegend aus Zuwendungen der öffentlichen Hand oder Dritter oder aus der Vermögensverwaltung finanziert, in den gesetzlichen Katalog der Zweckbetriebe aufgenommen.[11] Tätigkeiten, die sich auf die Anwendung gesicherter wissenschaftlicher Erkenntnisse beschränken, die Übernahme von Projektträgerschaften sowie wirtschaftliche Tätigkeiten ohne Forschungsbezug fallen jedoch nicht darun-

---

1 AEAO Nr. 13 zu § 68 Nr. 7; Klein, a. a. O., § 68 Rn. 10.

2 Ebenfalls AEAO Nr. 13 zu § 68.

3 Siehe BFH v. 18. 12. 2002 - I R 60/01, BFH/NV 2003 S. 1025.

4 Siehe Bott in Schauhoff, a. a. O., § 7 Rn. 55; Buchna/Leichinger/Seeger/Brox, a. a. O., Tz. 2.15.4.5, S. 306.

5 BFH v. 20. 3. 2000 - V R 30/99, BStBl 2000 II S. 705; Buchna/Leichinger/Seeger/Brox, a. a. O., Tz. 2.2.8, S. 98.

6 FG Berlin v. 16. 1. 2002, EFG 2002 S. 518 f.

7 FG Brandenburg v. 17. 1. 2001, EFG 2001 S. 398 f.

8 BFH v. 1. 8. 2002 - V R 21/01, BStBl 2003 II S. 438.

9 BFH v. 30. 11. 1995, DB 1996 S. 967.

10 Vom 20. 12. 1996, BGBl 1996 I S. 2049.

11 Siehe auch OFD Frankfurt v. 16. 6. 2005 - S 0187 A - 12 - St II 1.03; Strahl, DStR 2000 S. 2163 ff.; ders., FR 2006 S. 1012; Buchna/Leichinger/Seeger/Brox, a. a. O., Tz. 2.20.10, S. 401 f.

ter. Die Anwendungsvorschriften der Verwaltung sind einengend.[1] Die Ausgliederung steuerpflichtiger Auftragsforschung in eine Tochter-Kapitalgesellschaft wird zugelassen.[2] Zur Umsatzsteuer siehe Rn. 1185 ff. und Rn. 1291 ff.

Privatrechtlich organisierte **Einrichtungen** (Institute u. Ä.) **an einer Hochschule** gehören nicht zum hoheitlichen Bereich und sind daher nach den AO-Vorschriften steuerrechtlich zu qualifizieren.[3]   **1131**

Einrichtungen der **Wohlfahrtspflege, Alten-, Altenwohn- und Pflegeheime, Erholungsheime und Mahlzeitendienste** müssen im besonderen Maße den in § 53 AO genannten Personen dienen. Soweit eine steuerbegünstigte Stiftung Leistungen im Rahmen der häuslichen Pflege erbringt, ist i. d. R. ein Zweckbetrieb gegeben.[4]   **1132**

Krankenhäuser sind nur Zweckbetriebe gem. § 67 Abs. 1 und 2 AO, wenn mindestens 40 % der jährlichen Belegungstage auf Patienten entfallen, bei denen nur Entgelte für allgemeine Krankenhausleistungen berechnet werden.[5]

Die „Grundversorgung" durch Abgabe von Speisen und Getränken an Schulen wird als Zweckbetrieb nach § 65 oder § 66 AO anerkannt.[6] Wenn dagegen Abgaben im lokalen Wettbewerb mit steuerpflichtigen Unternehmen erfolgen, wird ein wirtschaftlicher Geschäftsbetrieb angenommen.[7]   **1133**

Einrichtungen, die der **Selbstversorgung** von Körperschaften dienen sind nach § 68 Nr. 2 AO ebenfalls als Zweckbetriebe anzusehen. Dazu rechnen z. B. landwirtschaftliche Betriebe und Gärtnereien, die der Ernährung von Angehörigen einer steuerfreien Anstalt dienen, die Werkstätte eines Theaters, ein handwerklicher Betrieb eines Jugenderziehungsheimes, die Wäscherei eines Krankenhauses, die Reparaturwerkstatt eines Sportvereins. Die Selbstversorgungseinrichtung wird zum steuerpflichtigen wirtschaftlichen Geschäftsbetrieb, wenn mehr als 20 % der gesamten Lieferungen und Leistungen an Außenstehende (z. B. an Angestellte) gehen.[8] Daher ist eine Wäscherei, die mehreren   **1134**

---

1 BMF v. 22. 9. 1999, BStBl 1999 I S. 944.

2 FM Bayern v. 13. 4. 2000, DB 2000 S. 954.

3 BMF v. 17. 4. 1997, DB 1997 S. 909.

4 Buchna/Leichinger/Seeger/Brox, a. a. O., Tz. 2.17.2, S. 337; FM Sachsen-Anhalt v. 11. 4. 1996, DB 1996 S. 1703.

5 Ausführlich hierzu Buchna/Leichinger/Seeger/Brox, a. a. O., Tz. 2.18.2, S. 341 ff.; OFD Frankfurt/M. v. 18. 10. 2004 - S 0186 A - 6 - St II 1.03.

6 OFD Frankfurt/M. v. 18. 6. 2001, DB 2001 S. 1535; AEAO Nr. 5 zu § 66.

7 OFD Frankfurt/M. v. 13. 10. 1998, DB 1998 S. 2300.

8 AEAO Nr. 4 zu § 68; Buchna/Leichinger/Seeger/Brox, a. a. O., Tz. 2.20.3, S. 386.

Krankenhäusern dient, ein wirtschaftlicher Geschäftsbetrieb, da er nicht das Gebot der Selbstlosigkeit erfüllt.

1135 **Kommerzielle Werbung** ist nicht Zweckbetrieb, sondern stets steuerpflichtiger wirtschaftlicher Geschäftsbetrieb. Die Kosten dürfen bei gemeinnützigen Sportvereinen jedoch pauschal mit 15 % der Werbeeinnahmen angesetzt werden;[1] Entsprechendes dürfte auch für gemeinnützige Stiftungen gelten. Auch der Betrieb eines **Clubheimes**, einer Gaststätte, das Anzeigengeschäft einer **Vereinszeitung**,[2] der Handel mit Sportartikeln, die **Vermietung** von Sportartikeln, Tennisplätzen u. Ä, der Unterhalt einer Pferdepension sind steuerpflichtige wirtschaftliche Geschäftsbetriebe, da sie damit mit anderen Unternehmen in Wettbewerb stehen.[3] Sponsorenleistungen sind beim Zweckbetrieb unschädlich.[4]

1136 Das dritte Abgrenzungskriterium in § 65 Nr. 3 AO „**Wettbewerbsneutralität**" ist regelmäßig der kritische und entscheidende Punkt, an dem sich nicht selten die Auffassungen von Steuerpflichtigem und Finanzverwaltung unterscheiden. Denn im Unterschied zu den Katalogzweckbetrieben, bei denen die Voraussetzungen i. d. R. klar abgrenzbar geregelt sind, besteht insbesondere beim Wettbewerbskriterium des originären Zweckbetriebs ein gewisser Auslegungs- und Ermessensspielraum. Es handelt sich hierbei um eine eng auszulegende Ausnahmevorschrift.[5] Bereits ein potenzieller Wettbewerb im Einzugsbereich der Körperschaft reicht für einen Verstoß gegen das Wettbewerbsverbot aus; es ist nicht erforderlich, dass ein tatsächlicher Wettbewerb stattfindet.

Das **Wettbewerbskriterium** ist auch dann ausschlaggebend, wenn eine im Wettbewerb stehende Aktivität einer sonst alle Anforderungen an die Steuerbefreiung erfüllenden Stiftung bei dieser nur Nebenzweck und Nebenbetätigung ist.[6]

Hinweis:

Keine Bedeutung hat hingegen der Wettbewerbsgesichtspunkt bei den in §§ 66 bis 68 AO genannten Zweckbetrieben.

---

1 AEAO Nr. 28 zu § 64.
2 BFH v. 18.12.2002 - I R 60/01, BFH/NV 2003, 1025; Buchna/Leichinger/Seeger/Brox, a. a. O., Tz. 2.16.2, S. 331.
3 AEAO Nr. 10 und Nr. 13 zu § 67a AO; Buchna/Leichinger/Seeger/Brox, a. a. O., Tz. 2.19.3 S. 362 ff.
4 Schauhoff, a. a. O., § 6 Rn. 96.
5 Gersch in Klein, AO, 13. Aufl. 2016, § 65 Rn. 1.
6 Vgl. Klein, a. a. O., § 65 Rn. 6 f.; Hüttemann, a. a. O., § 6 Rn. 188 ff.; Buchna/Leichinger/Seeger/Brox, a. a. O., Tz. 2.16.1, S. 325 ff.

Ein Verstoß gegen das Wettbewerbsverbot gem. § 65 Nr. 3 AO wird nur für **1137** Zweckbetriebe verneint, die zu nicht steuerbegünstigten Betrieben derselben oder ähnlicher Art nicht „in größerem Umfang" in Wettbewerb treten, „als es bei der Erfüllung der steuerbegünstigten Zwecke unvermeidbar ist".[1] Dies bedeutet, dass die wirtschaftliche Betätigung unentbehrlich und das einzige Mittel sein muss, um den steuerbegünstigten Zweck tatsächlich zu erfüllen.[2] Unschädlich ist der uneingeschränkte Wettbewerb zwischen Zweckbetrieben, die demselben steuerbegünstigten Zweck dienen und ihn in der gleichen oder ähnlichen Form verwirklichen. Schwierig gestaltet sich insbesondere der Nachweis, dass ein unvermeidbarer potenzieller Wettbewerb im Einzugsbereich der Körperschaft vorliegt. Hierzu ist eine umfassende Beweisvorsorge notwendig, die sich mit der individuellen Tätigkeit der Körperschaft sowie der Wettbewerbssituation im Einzugsbereich detailliert und im Einzelfall auseinandersetzt. Aufgrund der oftmals speziellen Eigenart der Tätigkeit fällt der Nachweis mangels passender Vergleichsmöglichkeiten sehr schwer bzw. ist mit hohem Aufwand und Unsicherheit verbunden.[3]

Eine **Konkurrentenklage** gegen die Steuerbegünstigung eines Zweckbetriebes **1138** ist zulässig; dazu reicht ein potenzieller Wettbewerb.[4] Das BFH-Urteil vom 30. 3. 2000,[5] in dem die Beurteilung von der konkreten Wettbewerbssituation vor Ort abhängig gemacht wurde, hat die Finanzverwaltung[6] insoweit als nicht anwendbar erklärt.

Nach richtiger Ansicht ist bei der Anwendung der **Wettbewerbsklausel** des § 65 Nr. 3 AO stets prüfen, ob örtlich ein Wettbewerb bereits vorhanden ist oder möglich ist und ob der Wettbewerb bei Erfüllung der steuerbegünstigten Zwecke vermeidbar ist.[7]

Die Gemeinnützigkeit und damit das Vorliegen eines Zweckbetriebs wird erst **1139** im Rahmen des **Veranlagungs- bzw. Freistellungsverfahrens** überprüft. Dem Prinzip der Abschnittsbesteuerung folgend findet dies nach Abschluss des Besteuerungszeitraums, teilweise auch erst nach Abschluss von drei Besteuerungszeiträumen, statt. Eine abweichende Zuordnung des Finanzamts zum wirtschaftlichen Geschäftsbetrieb führt zu wesentlichen Konsequenzen, die in

---

1 BFH v. 19. 12. 2007 - I R 15/07, BFH/NV 2008 S. 635.
2 Gersch in Klein, AO, 13. Aufl. 2016, § 65 Rn. 7.
3 Engelsing/Adrian, NWB 2016 S. 2505, 2506.
4 BFH v. 18. 9. 2007 - I R 30/06, BFH/NV 2008 S. 490.
5 BStBl 2000 II S. 705.
6 Mit Erlass v. 27. 11. 2000, BStBl 2000 I S. 1548.
7 Siehe Hüttemann, a. a. O., § 6 Rn. 188 ff.; Schauhoff, a. a. O., § 6 Rn. 88 ff.

vielen Fällen existenzbedrohend sein können. Das Augenmerk wird dabei regelmäßig auf der Umsatzsteuer liegen, da eine Umqualifizierung vom ermäßigten zum Regelsteuersatz zu einer erheblichen Mehrsteuer führt. Gegebenenfalls ist die gemeinnützige Körperschaft in der Lage, den erhöhten Umsatzsteuersatz ihren Leistungsempfängern zusätzlich in Rechnung zu stellen. Zudem sind Körperschaft- und Gewerbesteuerlasten auf etwaige Gewinne zu beachten, auch wenn diesen in der Praxis keine vergleichbare Bedeutung wie der zusätzlichen Umsatzsteuer beizumessen ist. Handelte es sich bisher um einen dauerdefizitären Zweckbetrieb, kann eine Umqualifizierung in einen wirtschaftlichen Geschäftsbetrieb zu einer gemeinnützigkeitsrechtlichen Mittelfehlverwendung führen.

HINWEIS:[1]

Eine **verbindliche Auskunft** muss vor der Verwirklichung des Sachverhalts erteilt werden. Es ist also wichtig, bevor jegliche Tätigkeit im Rahmen eines (vermeintlichen) Zweckbetriebs aufgenommen wird, die Erteilung der verbindlichen Auskunft abzuwarten. Die Antragstellung, inklusive aller notwendigen Recherchen, Dokumentationen etc. kann zeitaufwendig sein. Auch die anschließende Bearbeitung in der Finanzverwaltung nimmt, bedingt durch Rückfragen und Arbeitsbelastung, ebenfalls wieder Zeit in Anspruch. Es sollte ein **Zeitfenster** von mindestens **drei bis vier Monaten** einkalkuliert werden. Von kurzfristigen Schnellschüssen ist dringend abzuraten, um eine später erteilte Auskunft nicht unwirksam werden zu lassen.

1140 Die Grenzen zwischen wirtschaftlichem Geschäftsbereich (§ 14 AO) und Zweckbetrieb (§ 65 AO) werden auch oft durch den Grundsatz der unmittelbaren Verwirklichung der steuerbegünstigten Zwecke gem. § 57 Abs. 1 AO erkennbar. So ist z. B. die Tätigkeit für die Mittelbeschaffung für steuerbegünstigte Zwecke durch **Sammeln und Verkauf von Altkleidern** ein wirtschaftlicher Geschäftsbetrieb, während das Sammeln von Altkleidern **für Bedürftige** einen **Zweckbetrieb** darstellt, auch wenn die unbrauchbaren Stücke verkauft werden.[2]

1141 Auch die Überschüsse von Zweckbetrieben unterliegen dem Gebot der zeitnahen Mittelverwendung des § 55 Abs. 1 Nr. 5 AO (siehe Rn. 991), im Gegensatz zum wirtschaftlichen Geschäftsbetrieb mindern Verluste die zeitnah zu verwendenden Mittel (siehe Rn. 1007).

1142 **Kongress-** und **Tagungsveranstaltungen** sowie **Seminare** können einen steuerbefreiten Zweckbetrieb darstellen, wenn sie der Zweckverwirklichung dienen, § 52 Abs. 2 Nr. 7 AO, § 68 Nr. 8 AO (**Bildungs-Zweckbetriebe**). Allerdings ist seit

---

1 Siehe Engelsing/Adrian, NWB 2016 S. 2505, 2507.
2 AEAO Nr. 25 zu § 64; Bott in Schauhoff, a. a. O., § 7 Rn. 305.

einer Entscheidung des FG Köln[1] Vorsicht geboten. Das FG verneinte einen Zweckbetrieb, weil der Verein auch ohne die Veranstaltungen seinen Vereinszweck verwirklichen könne, § 65 Nr. 2 AO.

Im BMF-Schreiben vom 26. 1. 2016[2] hat sich die Finanzverwaltung nicht nur mit der Rechtsprechung des BFH[3] befasst, sondern versucht, die bewusste und dauerhafte **Quersubventionierung** anderer mit der **Wohlfahrtspflege** (§ 66 Abs. 2 AO) völlig unverbundener Aktivitäten zu unterbinden.[4] Dies begegnet Bedenken, denn es erscheint willkürlich, wenn z. B. Gewinne aus dem Bereich des betreuten Wohnens (§ 66 AO) nicht dazu eingesetzt werden dürfen, um Verluste im stationären Bereich eines Altersheims (§ 68 Nr. 1 Buchst. a AO) auszugleichen.[5]   1143

(Einstweilen frei)   1144–1154

II. Besteuerung der Stiftungserrichtung

1. Besteuerung des Stifters

1.1 Übereignung von Privatvermögen

Die **unentgeltliche** Übereignung von Privatvermögen, wie z. B. von Wertpapieren oder Grundstücken an eine gemeinnützige Stiftung ist beim Stifter grundsätzlich **nicht ertragsteuerpflichtig**. Dies gilt auch für wesentliche Beteiligungen i. S. d. § 17 EStG bzw. für einbringungsgeborene/sperrfristbehaftete Anteile i. S. d. § 21 UmwStG. Unerheblich ist, ob sich der Stifter hierzu im Stiftungsgeschäft verpflichtet hat; die Übertragung/Eigentumsverschaffung bleibt dennoch unentgeltlich.   1155

Keine unentgeltliche Übertragung, sondern einen entgeltlichen Vorgang stellt das Modell der sog. **Zustifterrente** dar.[6] Hier veräußert der Senior Grundbesitz an eine Stiftung gegen Wohnrecht und Einmalzahlung/Leibrente.

---

1 FG Köln v. 7. 4. 2016 - 10 K 2601/13, EFG 2016 S. 1236; Fritz, S&S 6/2016 S. 36 f.

2 BStBl 2016 I S. 155.

3 BFH v. 27. 11. 2013 - I R 17/12, BStBl 2016 II S. 68.

4 Hüttemann, DB 2016 S. 1338, 1341.

5 Hüttemann, DB 2016 S. 1338, 1342.

6 Nachbaur/Sedlmeier, S&S 3/2013 S. 34.

1.2 Spendenabzug

1156 Da auch steuerlich die **Vorstiftung** nicht anerkannt wird, kann diese **kein** begünstigter Zuwendungsempfänger i. S. v. § 5 Abs. 1 Nr. 9 i. V. m. § 1 Abs. 1 Nr. 4 KStG sein.[1] Demgegenüber ist eine rechtsfähige (selbständige) gemeinnützige, gem. § 5 Abs. 1 Nr. 9 KStG steuerbefreite Stiftung zur Entgegennahme von Spenden berechtigt.

Die vom Stifter in die Stiftung überführten Vermögensgegenstände sind bei ihm als **Spende** nach Maßgabe des § 10b Abs. 1 Satz 1 und 3 EStG mit Vortragsmöglichkeit steuerbegünstigt.[2] Sie können bis zur Höhe von insgesamt **20 %** des Gesamtbetrages seiner Einkünfte oder 4 % der Summe seiner gesamten Umsätze und der im Kalenderjahr aufgewendeten Löhne und Gehälter als Sonderausgaben abgezogen werden (§ 10b Abs. 1 Satz 1 Nr. 2 EStG). Zu diesen steuerbegünstigten Ausgaben gehören auch die Zuwendungen des Stifters, die dieser im Rahmen der Erstausstattung (sog. **Erstdotation**) einer gemeinnützigen Stiftung erbringt. Hierbei spielt es nach ganz h. M. keine Rolle, dass die Erstausstattung nach § 82 BGB „geschuldet" ist.

In § 10b Abs. 1 Satz 3 lässt das Gesetz abweichend vom Grundsatz der Jahresbesteuerung zu, dass Leistungen, die die Höchstbeträge nach Satz 1 übersteigen, in den folgenden Wirtschaftsjahren als Sonderausgaben abgezogen werden können. Für diesen „Überhang", seine Feststellung und künftige Berücksichtigung gilt § 10d Abs. 4 EStG entsprechend. Für den **Spendenvortrag** kommt es somit nicht mehr darauf an, wie hoch die einzelne Spende ist, welcher Zweck gefördert oder in welchem Veranlagungszeitraum die Spende geleistet wird.

1157 Der zusätzliche (neben dem Spendenabzug gewährte) Höchstbetrag für Spenden in den Vermögensstock einer Stiftung (§ 10b Abs. 1a EStG) beträgt 1 Mio. €. Die Spende muss nicht anlässlich der Neugründung einer Stiftung geleistet werden, so dass **auch Zustiftungen** begünstigt sind.

1158 Nicht in den Genuss der Stiftungsspende kommen juristische Personen und Körperschaften als Spender.[3] Ferner sind **nicht** begünstigt Spenden, die an eine **Verbrauchsstiftung** geleistet werden, § 10b Abs. 1a Satz 2 EStG.[4] Spenden an

---

1 BFH v. 11. 2. 2015 - X R 36/11, BFH/NV 2015 S. 738.

2 Pues/Scheerbarth, a. a. O., § 19 S. 193; BMF v. 18. 12. 2008, DStR 2009 S. 226.

3 Heinicke in Schmidt, EStG, § 10b Rn. 72; Wallenhorst in Wallenhorst/Halaczinsky, a. a. O., E Rn. 75 (S. 305).

4 BMF v. 15. 9. 2014, BStBl 2014 I S. 1278.

Verbrauchsstiftungen sind nur nach den allgemeinen Grundsätzen § 10b Abs. 1 EStG abzugsfähig.

Nach zutreffender und seit 1.1.2013 gesetzlich „klargestellter" (§ 10b Abs. 1a **1159** Satz 1 EStG) Ansicht kommt es zu einer **Verdoppelung** des steuerlich abzugsfähigen Höchstbetrages im Falle der **Zusammenveranlagung**, so dass bei Zusammenveranlagung von Ehegatten (§ 26b EStG) 2 Mio. € abzugsfähig sind.[1] Durch die Gesetzesänderung soll es künftig auch keine Rolle mehr spielen, aus wessen Vermögen das Geld stammt.[2]

Nach Ansicht der Finanzverwaltung[3] sind Vermögensstockspenden sowohl **1160** nach § 10b Abs. 1 EStG als auch nach § 10b Abs. 1a EStG als Sonderausgabe abziehbar. Der Steuerpflichtige kann **wählen**, ob er Vermögensstockspenden nach Abs. 1 oder nach Abs. 1a des § 10b EStG geltend macht. Er hat auch die Möglichkeit, die Vermögensstockspende **aufzuteilen** und einen Teilbetrag nach § 10b Abs. 1 EStG und den restlichen Teilbetrag nach § 10b Abs. 1a EStG geltend zu machen.

> **BEISPIEL** ▸ Wurden 1,2 Mio. € in den Vermögensstock einer Stiftung geleistet, kann der Steuerpflichtige beantragen, dass von diesem Betrag 1 Mio. € nach § 10b Abs. 1a EStG und 200.000 € nach § 10b Abs. 1 EStG als Sonderausgabe abgezogen werden. Es ist auch zulässig, dass der Höchstbetrag von 1 Mio. € nach Abs. 1a nicht ausgeschöpft und der restliche Betrag nach Abs. 1 geltend gemacht wird, der Steuerpflichtige also in dem genannten Beispiel nur 600.000 € nach § 10b Abs. 1a EStG und die übrigen 600.000 € nach § 10b Abs. 1 EStG geltend macht.

Für den Fall, dass der Steuerpflichtige dieses Wahlrecht ausübt und somit über das Ob und Wie der Verteilung der Vermögensstockspenden im Rahmen seiner Steuererklärung entschieden hat, soll nach Ansicht der Finanzverwaltung ein anschließender Wechsel zwischen den Abs. 1a und 1 des § 10b EStG nicht möglich sein. Vermögensstockspenden, für die das Wahlrecht nach § 10b Abs. 1a EStG ausgeübt worden ist, die sich aber steuerlich nicht ausgewirkt haben, weil sie innerhalb des Zehn-Jahres-Zeitraums nicht vom Gesamtbetrag der Einkünfte abgezogen werden konnten, gehen demnach nicht in den allgemeinen unbefristeten Spendenvortrag nach § 10b Abs. 1 EStG über, sondern verfallen.

---

1 Vgl. zum „alten" Recht BFH v. 3.8.2005 - XI R 76/03, BStBl 2006 II S. 121; wie hier Buchna/Leichinger/Seeger/Brox, a.a.O., Tz. 3.5.6.2.4, S. 451.

2 Schauhoff, S&S 5/2013 S. 10.

3 OFD Frankfurt v. 13.10.2008, DStR 2008 S. 2421.

1161 Bei **Sachspenden**[1] aus einem **Betriebsvermögen** des Stifters kann gem. § 10b Abs. 3 Satz 2 EStG der bei der Entnahme i. S. v. § 6 Abs. 1 Nr. 4 EStG anzusetzende Buchwert zuzüglich der dabei anfallenden Umsatzsteuer (§ 3 Abs. 1b UStG) als Spende geltend gemacht werden.[2] Zur Problematik von Spenden durch eine Kapitalgesellschaft[3] vgl. unten Rn. 1179 ff.

Bei Sachspenden aus dem steuerlichen **Privatvermögen** ist durch das JStG 2009 § 10b Abs. 3 Satz 2 bis 4 EStG geändert worden und dadurch mit Wirkung **ab 1. 1. 2009** der Ansatz des gemeinen Wertes **eingeschränkt** worden.[4] Der gemeine Wert darf nur noch angesetzt werden, wenn die **Veräußerung** des betreffenden Wirtschaftsgutes selbst **nicht steuerpflichtig** wäre. Würde eine Veräußerung hingegen eine Besteuerung auslösen, können bei der Sachspende nur die fortgeführten Anschaffungs- oder Herstellungskosten für den Spendenabzug berücksichtigt werden. Die Neuregelung führt zu einer erheblichen Einschränkung des steuerlichen Effekts von Sachspenden aus dem Privatvermögen; die in der Vergangenheit propagierten Gestaltungen sind damit weitgehend hinfällig.

> **BEISPIEL** Der Stifter S will in den Vermögensstock eine Beteiligung an einer GmbH von 20 % (Anschaffungskosten 100.000 €; gemeiner Wert 500.000 €) und ein in 2000 angeschafftes Grundstück (Anschaffungskosten 200.000 €; gemeiner Wert 400.000 €) übertragen.
>
> Hätte S noch in 2008 diese Wirtschaftsgüter übertragen, hätte er 900.000 € als Spende steuerwirksam geltend machen können; in 2009 sind dies nur noch 200.000 €.

1162 Die neue Regelung greift bei **beweglichen Wirtschaftsgütern** (z. B. **Kunstgegenstände**) nicht, so dass nach Ablauf **eines Jahres** (§ 23 Abs. 1 Satz 1 Nr. 2 EStG) eine Sachspende zum gemeinen Wert möglich ist. Dies jedoch nur, wenn sie nicht entgeltlich, z. B. an ein Museum, überlassen worden waren. Denn dann verlängert sich die Jahresfrist auf zehn Jahre (§ 23 Abs. 1 Satz 1 Nr. 2 Satz 2 EStG). Da gem. § 9 BewG bei der Ermittlung des gemeinen Wertes vom erzielbaren Veräußerungspreis im gewöhnlichen Geschäftsverkehr ohne Berücksichtigung der vom Stifter oder vom Staat angeordneten Verfügungsbeschränkungen (z. B. für Kunstwerke) auszugehen ist, kann die seit 1. 1. 2007 bestehende Möglichkeit des Spendenvortrags bei hohen Werten eine Erleichterung brin-

---

1 Vgl. Hüttemann, Gemeinnützigkeits- und Spendenrecht, Rn. 8.188 ff.; Buchna/Leichinger/Seeger/Brox, a. a. O., Tz. 3.4, S. 429 f.

2 R 10b.1 Abs. 1 Satz 4 EStR.

3 Schauhoff, a. a. O., § 6 Rn. 23, 24 und 37 sowie § 10 Rn. 12.

4 Hüttemann, Gemeinnützigkeits- und Spendenrecht, Rn. 8.31 ff.; BR-Drucks. 545/08 (Beschluss) S. 12; BT-Drucks. 116/11108.

gen. Alternativ bietet sich an, die Stiftungserrichtung zu Lebzeiten mit relativ kleiner Erstausstattung und nach Maßgabe optimaler Abzugsfähigkeit laufende Zustiftungen vor dem Ableben des Stifters.

Hat der Erbe durch **Vermächtnis des Erblassers** (Rn. 122) eine steuerbefreite Stiftung zu errichten, ist dem Erbe (wie dem Erblasser) der Spendenabzug nach § 10b EStG verwehrt,[1] da die Stiftung einen Rechtsanspruch auf Übertragung des Stiftungsvermögens gem. § 82 BGB erworben hat.   **1163**

Der **Spendenvortrag** (oben Rn. 1156) ist **nicht vererblich**.[2] Der BFH steht damit auf einer Linie zur Rechtsprechung des Großen Senats zur Vererblichkeit des allgemeinen Verlustabzugs nach § 10d EStG. Zur Begründung verwies der BFH auf seine Entscheidung aus 1993,[3] wonach es beim Erben an einer eigenen Leistung fehle. Daran könne auch die Gesamtrechtsnachfolge gem. § 45 AO nichts ändern. Bedauerlicherweise versagte der BFH eine Übergangsregelung, wie sie seinerzeit vom Großen Senat vorgesehen worden war. Damit geht der **Spendenvortrag** im **Erbfall** vollständig **unter**.   **1164**

Für **beschränkt** Steuerpflichtige ist ein Spendenabzug nach § 10b EStG zulässig;[4] damit ist auch der Abzug einer Stiftungsspende möglich.   **1165**

Für den Abzug einer Auslandsspende (vgl. Rn 1335) hat der BFH entschieden, dass Spenden an eine Empfängerkörperschaft mit Sitz in einem anderen Mitgliedstaat der EU steuerlich abgezogen werden können, wenn die begünstigte Einrichtung die Voraussetzungen der nationalen Rechtsvorschriften für die Gewährung von Steuervergünstigungen erfüllt. Erforderlich ist insbesondere, dass die Anforderungen an die satzungsmäßige Vermögensbindung (§ 61 AO) gewahrt sind und eine ordnungsgemäße Zuwendungsbestätigung vorgelegt wird.[5] Einer Spende an den Papst versagte das FG Köln den Abzug, weil keine den Vorschriften des § 50 EStDV entsprechende Zuwendungsbestätigung vorlag.[6] Damit setzt sich in der Rechtsprechung eine Tendenz durch, die bei der Prüfung sehr formale Maßstäbe anwendet.   **1166**

Ist einer Körperschaft zugewendetes Vermögen mit vor der Übertragung wirksam begründeten Ansprüchen (z. B. Nießbrauch, Grund- oder Rentenschulden,   **1167**

---

1 BFH v. 22.9.1993, BStBl 1993 II S. 874; v. 23.10.1996, DB 1997 S. 308 f.
2 BFH v. 21.10.2008 - X R 44/05, BFH/NV 2009 S. 375 = DStRE 2009 S. 339.
3 BFH v. 22.9.1993 - X R 107/91, BStBl 1993 II S. 874.
4 Loschelder in Schmidt, EStG, § 50 Rn. 16.
5 BFH v. 21.1.2015 - X R 7/13, DStR 2015 S. 989; BFH v. 17.9.2013 - I R 16/12, BStBl 2014 II S. 440.
6 FG Köln v. 15.1.2014 - 13 K 3735/10, EFG 2014 S. 667.

Vermächtnisse aufgrund testamentarischer Bestimmungen des Zuwendenden) belastet, deren Erfüllung durch die Körperschaft keine nach wirtschaftlichen Grundsätzen abgewogene Gegenleistung für die Übertragung des Vermögens darstellt, mindern die Ansprüche das übertragene Vermögen bereits im Zeitpunkt des Übergangs. Wirtschaftlich betrachtet wird der Körperschaft nur das nach der Erfüllung der Ansprüche verbleibende Vermögen zugewendet.[1]

1.3 Rückwirkende Befreiung von der Erbschaftsteuer, § 29 Abs. 1 Nr. 4 ErbStG

1168   Hat der spätere Stifter als Erbe oder Beschenkter das erlangte Vermögen zunächst als „eigenen" Erwerb versteuert und wurde Erbschaft-/Schenkungsteuer festgesetzt, so kann die bereits entstandene Erbschaft-/Schenkungsteuer gem. § 29 Abs. 1 Nr. 4 ErbStG mit Wirkung für die Vergangenheit **erlöschen**, soweit von Todes wegen oder durch Schenkungen unter Lebenden erworbene Vermögensgegenstände **innerhalb von 24 Monaten** nach dem Zeitpunkt der Entstehung der Steuer (§ 9) einer inländischen Stiftung zu **„steuerbegünstigten"** Zwecken i. S. v. §§ 52 bis 54 AO mit Ausnahme der sog. Freizeitzwecke (§ 52 Abs. 1 Nr. 4 AO) zugewendet werden. Dies gilt nicht sofern diese nicht Leistungen gem. § 58 Nr. 5 AO zu erbringen hat oder ein Spendenabzug nach § 10b EStG, § 9 Abs. 1 Nr. 2 KStG oder § 9 Nr. 5 GewStG in Anspruch genommen wird. Der Stifter erhält in diesem Fall eine für den Erwerb bereits bezahlte Erbschaft-/Schenkungsteuer insoweit zurückerstattet, als sie anteilig auf das Vermögen entfällt, welches er auf eine gemeinnützige Stiftung übertragen hat.

1169–1174   *(Einstweilen frei)*

2. Besteuerung des Unternehmens des Stifters

2.1 Ertragsteuern

2.1.1 Überführung von einzelnen Wirtschaftsgütern des Betriebsvermögens

1175   Werden Einzelwirtschaftsgüter, die zum Betriebsvermögen eines Einzelunternehmens oder einer Mitunternehmerschaft rechnen, **unentgeltlich** auf eine gemeinnützige Stiftung übertragen, liegt zwar tatbestandlich eine Entnahme vor. Diese ist jedoch dann zum Buchwert gemäß § 6 Abs. 1 Nr. 4 Satz 5 EStG möglich, wenn das entnommene Wirtschaftsgut steuerbegünstigten Zwecken

---

1   AEAO Nr. 12 zu § 55 AO; OFD Magdeburg v. 3. 3. 2014, ZEV 2014 S. 332.

i. S. d. § 10b Abs. 1 Satz 1 EStG dient. Es kommt also in diesen Fällen zu keiner Gewinnrealisierung im Unternehmen des Stifters.

Mit der Änderung des § 10b Abs. 1 Satz 1 EStG mit Wirkung ab dem 1. 1. 2007   1176 wurde der Anwendungsbereich des Buchwertprivilegs gem. § 6 Abs. 1 Nr. 4 Satz 5 EStG entsprechend erweitert.

Ein Unternehmer kann mittels dieser Begünstigungsvorschrift beispielsweise   1177 Teile seines Forschungs- und Entwicklungsbereichs über eine Stiftung steuergünstig ausgliedern, indem er die wissenschaftliche und praktische Erfahrung von Studenten und wissenschaftlichem Personal von Hochschulen dadurch fördert, dass diese jedenfalls zum Teil Erfahrungen in mittelständischen Unternehmen gewinnen. Eine mittel- und langfristige Zusammenarbeit zwischen Hochschulen und Unternehmen wird so steuerbegünstigt gefördert.[1]

Wird der Gegenstand von der gemeinnützigen Stiftung nicht entsprechend   1178 der Vorgaben des § 10b Abs. 1 Satz 1 EStG verwendet, verbleibt es hingegen bei dem Prinzip der Entnahmebesteuerung nach § 6 Abs. 1 Nr. 4 Satz 1 EStG und damit der Aufdeckung der stillen Reserven im Unternehmen des Stifters. Da es sich dann um einen laufenden, zudem gewerbesteuerpflichtigen Gewinn handelt, dürften solche Übertragungen die Ausnahme sein.

Das Buchwertprivileg gemäß § 6 Abs. 1 Nr. 4 Satz 5 EStG gilt über § 8 Abs. 4   1179 KStG grundsätzlich auch für **Kapitalgesellschaften** (vgl. § 9 Abs. 2 Satz 3 KStG).[2]

Allerdings besteht hier die Gefahr der Annahme einer verdeckten Gewinnausschüttung (**vGA**), wenn der Stifter oder nahe Angehörige zugleich Gesellschafter der Kapitalgesellschaft sind.[3] Zuwendungen, die als vGA i. S. d. § 8 Abs. 3 KStG beurteilt und damit als verdeckte Einkommensverteilung angesehen werden, sind vom Spendenabzug ausgeschlossen und außerhalb der Bilanz dem Einkommen der Körperschaft wieder hinzuzurechnen, § 9 Abs. 1 Nr. 2 KStG. Eine vGA ist immer dann anzunehmen, wenn bei einer Körperschaft eine Vermögensminderung oder verhinderte Vermögensmehrung eingetreten ist, die durch das Gesellschaftsverhältnis veranlasst ist, sich auf das Einkommen der Körperschaft ausgewirkt hat und nicht auf einem ordnungsgemäßen Gewinnverteilungsbeschluss beruht. Es ist davon auszugehen, dass Spenden re-

---

1 Vgl. Wallenhorst, DStR 2002 S. 984.
2 Blümich, EStG, § 6 Rn. 23; Richter in von Campenhausen/Richter, a. a. O., § 40 Rn. 47; Buchna/Leichinger/Seeger/Brox, a. a. O., Tz. 3.4.4, S. 433; a. A. Wachter, Stiftungen, Rn. 161; Crezelius/Rawert, ZEV 2000 S. 421, 425 (Fn. 77).
3 Schauhoff, a. a. O., § 6 Rn. 24 und § 10 Rn. 12; Buchna/Leichinger/Seeger/Brox, a. a. O., Tz. 3.3.2.8, S. 427 f.; Hüttemann, a. a. O., § 8 Rn. 65; Erle/Sauter, KStG, § 9 Rn. 97; Wallenhorst/Halaczinsky, a. a. O.

gelmäßig durch eine ideelle Nähe der die Unternehmensführung bestimmenden Gesellschafter zum Empfänger der Zuwendung mit veranlasst sind, so dass derartige auf die Motive der Gesellschaftsorgane einwirkende Voreinstellungen für sich nicht ausreichend sein können, um die Abzugsfähigkeit des Spendenaufwands aufgrund eines Nahestehens des Empfängers bzw. der persönlichen Interessen des Gesellschafters zu versagen. Die Entscheidung darüber, ob eine als Spende bezeichnete Zuwendung einer Kapitalgesellschaft eine abzugsfähige Spende oder sachlich eine vGA darstellt, hängt vielmehr von den konkreten Umständen des Einzelfalls ab. Wenn eine Kapitalgesellschaft mit der Gründung einer Stiftung spendenbegünstigte Zwecke fördern will und in diesem Zusammenhang auch keine (weiteren) Zusatz- oder Nebenzwecke verfolgt, ist damit grundsätzlich die erforderliche Spendenmotivation gegeben. Eine vGA dürfte dagegen vorliegen, wenn sich die Gesellschafter der Kapitalgesellschaft mit der Spende oder den (Zu-) Stiftungsbeträgen einer eigenen Verpflichtung entledigen oder damit in anderer Weise (Vermögens-) Vorteile für die Gesellschafter der Kapitalgesellschaft verbunden sind. Gleiches dürfte gelten, wenn die Kapitalgesellschaft nicht selbst aus eigener Spendenmotivation Zuwendungen tätigt, sondern letztlich private Motive der Gesellschafter ursächlich für die Zuwendung sind. Dies kann nach Auffassung des Hessischen Finanzgerichts[1] der Fall sein, wenn eigene Aufwendungen der Gesellschafter, bei denen das Geltungsbedürfnis der Gesellschafter im Vordergrund steht, von der Kapitalgesellschaft übernommen werden.

1180 Es gibt Stimmen in der Fachliteratur, die für die Abgrenzung zwischen Spende und vGA die Rechtsprechung des BFH zu Spenden von Sparkassen an ihre Gewährträger auf andere („ähnliche") Fälle übertragen möchten und an dieser Stelle die Spende einer steuerpflichtigen GmbH an ihren gemeinnützigen Gesellschafter nennen.[2] Der BFH entscheidet in diesen Fällen nach dem sog. „Gießkannenprinzip": Eine vGA ist danach regelmäßig zu bejahen, wenn die an den Gewährträger geleisteten Spenden den durchschnittlichen Spendenbetrag übersteigen, der an fremde Dritte innerhalb der letzten drei Jahre geleistet wurde.[3] Die Finanzverwaltung ist dem gefolgt,[4] während in der Literatur Kritik überwiegt.[5] Der Umstand, dass Spenden an andere Einrichtungen ganz fehlen oder einen vergleichsweise geringen Umfang haben, dürfe keine

1 Hessisches FG v. 23.11.1998, EFG 1999 S.496.
2 Hüttemann, a.a.O., § 8 Rn. 65 ff.
3 Ständige Rechtsprechung, vgl. etwa BFH v. 8.4.1992 - I R 126/90, BStBl 1992 II S.849.
4 H 9 „Zuwendungen und Spenden an Träger der Sparkassen" KStR 2015.
5 Wagner, DStR 2011 S.1594.

unwiderlegbare Vermutung für eine gesellschaftliche Veranlassung sein, sondern nur einen Gesichtspunkt neben anderen darstellen.[1]

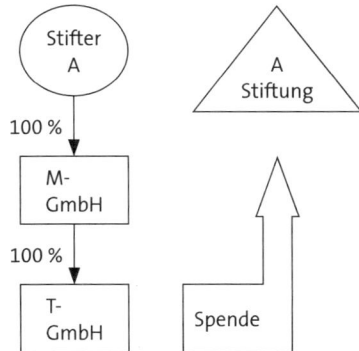

Spendet nicht die Muttergesellschaft M-GmbH, an der der Stifter zu 100 % beteiligt ist, sondern die Tochtergesellschaft T-GmbH, droht ebenfalls ein steuerlicher Nachteil. Erfolgt die Spende von der Tochter-Kapitalgesellschaft und wird diese als vGA an den Gesellschafter A (= Stifter) als nahe stehende Personen erkannt, käme es ertragsteuerlich zu einem sog. Kaskadeneffekt bzw. einer sog. Ketten-vGA mit dem Ergebnis, dass auch bei der Mutter-Kapitalgesellschaft zu 5 % nicht abzugsfähigen Betriebsausgaben vorlägen.[2]

1181

2.1.2 Überführung von Betrieben, Teilbetrieben und Mitunternehmeranteilen

Die unentgeltliche Übertragung eines Betriebs, Teilbetriebs oder eines Mitunternehmeranteils (z. B. eines Kommanditanteils an einer originär gewerblichen KG) auf eine gemeinnützige Stiftung kann gem. § 6 Abs. 3 EStG **steuerneutral** ohne Aufdeckung von stillen Reserven erfolgen.[3]

1182

Nach Ansicht des FG Münster erfolgt keine Nachversteuerung **thesaurierter Gewinne** beim Stifter, wenn dieser einen Mitunternehmeranteil unentgeltlich auf eine Stiftung überträgt.[4] § 34a Abs. 6 Satz 1 Nr. 2 EStG sei nicht – auch nicht analog – anwendbar. Da Revision zugelassen wurde, bleibt abzuwarten, ob der BFH dieser Ansicht folgt.

1 Hüttemann, a. a. O., § 8 Rn. 65 ff.
2 Dötsch, Kommentar zum KStG, § 8 Abs. 3 KStG Teil C Rn. 816.
3 BMF v. 3. 3. 2005, BStBl 2005 I S. 458, Rn. 2; Kulosa in Schmidt, EStG, § 6 Rn. 653.
4 FG Münster v. 24. 1. 2017 - 4 K 56/16 F, EFG 2017 S. 477, nrkr. (Az. BFH: IV R 5/17).

Nicht nach § 6 Abs. 3 EStG begünstigt ist nach Ansicht der Finanzverwaltung[1] hingegen die Übertragung eines Mitunternehmeranteils an einer **gewerblich geprägten** Personengesellschaft. Begründet wird dies unter Hinweis auf die Rechtsprechung des BFH,[2] wonach der Anteil an einer gewerblich geprägten Personengesellschaft bei der übernehmenden Körperschaft zu keinem wirtschaftlichen Geschäftsbetrieb führt (siehe Rn. 1098).[3] Der Gesetzgeber hat mit der Änderung von § 6 Abs. 3 Satz 1 EStG[4] mit Wirkung ab dem 24. 12. 2016 diese Verwaltungsansicht in das Gesetz eingefügt.

HINWEIS:

► Folge ist, dass der Mitunternehmeranteil des Stifters – steuerlich betrachtet – vor der Zuwendung als ins steuerliche Privatvermögen entnommen gilt, § 16 Abs. 3 Satz 1 EStG. Die Entnahme soll zu Buchwerten nach § 6 Abs. 1 Nr. 4 Satz 4 EStG erfolgen, wenn die den Mitunternehmeranteil umfassenden Wirtschaftsgüter der gemeinnützigen Stiftung unentgeltlich überlassen werden. Gehen jedoch – wie regelmäßig – auch Verbindlichkeiten mit über, läge eine unentgeltliche Überlassung nicht vor und die stillen Reserven wären zwingend aufzudecken.[5]

► Nach dem Wortlaut nicht begünstigt ist die Übertragung eines Teil-Mitunternehmeranteils auf eine Stiftung, da dies nur bei einer natürlichen Person als Empfänger steuerneutral möglich ist. Ob man die Teil-Mitunternehmeranteilsübertragung bei einer gemeinnützigen Stiftung dennoch als steuerneutral ansehen kann, weil kein Bedürfnis besteht, diesen Vorgang zu besteuern, ist höchstrichterlich nicht geklärt.[6] Man wird dies jedoch mit der h. L. bejahen können.

1183 Auf unbeschränkt körperschaftsteuerpflichtige Kapitalgesellschaften als Überträger findet § 6 Abs. 3 EStG zwar grundsätzlich Anwendung. Gleichwohl dürfte aber eine Übertragung, die im Interesse des Gesellschafters (Stifters) erfolgt, nicht begünstigt sein, sondern vielmehr eine verdeckte Gewinnausschüttung darstellen.[7]

---

1 OFD Frankfurt v. 27. 7. 2016, DB 2016 S. 1966; Kirchhain, DB 2016 S. 1605.

2 BFH v. 25. 5. 2011 - I R 60/10, BStBl 2011 II S. 858.

3 AEAO Nr. 1 Satz 3 zu § 64 AO.

4 Durch Anti-BEPS-Umsetzungsgesetz v. 20. 12. 2016, BGBl 2016 I S. 3000, lautet § 6 Abs. 3 Satz 1 EStG nunmehr wie folgt (der neue Teil der Norm ist kursiv markiert): „Wird ein Betrieb, ein Teilbetrieb oder der Anteil eines Mitunternehmers an einem Betrieb unentgeltlich übertragen, so sind bei der Ermittlung des Gewinns des bisherigen Betriebsinhabers (Mitunternehmers) die Wirtschaftsgüter mit den Werten anzusetzen, die sich nach den Vorschriften über die Gewinnermittlung ergeben, *sofern die Besteuerung der stillen Reserven sichergestellt ist*; dies gilt auch bei der unentgeltlichen Aufnahme einer natürlichen Person in ein bestehendes Einzelunternehmen sowie der bei der unentgeltlichen Übertragung eines Teils eines Mitunternehmeranteils auf eine natürliche Person."

5 Hänsch, NWB 2017 S. 935, 939.

6 Wendt, FR 2005 S. 468, 478; Kulosa in Schmidt, EStG, § 6 Rn. 653; a. A. Herrmann in Frotscher/Geurts, EStG, § 6 Rn. 478.

7 Vgl. Schauhoff, a. a. O., § 6 Rn. 23 und § 10 Rn. 12.

Die Sondervorschrift des § 6 Abs. 1 Nr. 4 Satz 4 und 5 EStG hat vor allem Bedeutung für die Einbringung von Kunstwerken, -denkmäler und -sammlungen aus einem Betriebsvermögen in eine gemeinnützige Stiftung (Künstlerstiftung),[1] ebenso für die Einbringung von wissenschaftlichen Sammlungen.

1184

2.2 Umsatzsteuer

Die Entnahme von einzelnen Vermögensgegenständen aus einem Einzelunternehmen des Stifters bzw. aus einer Personengesellschaft stellt eine einer Lieferung gleichgestellte steuerbare unentgeltliche Wertabgabe dar (§ 3 Abs. 1b UStG). Die Bemessungsgrundlage ist gem. § 10 Abs. 5 Nr. 1 i. V. m. Abs. 4 UStG zu ermitteln. Soweit eine entgeltliche Übertragung erfolgt, ist diese regulär umsatzsteuerpflichtig.

1185

Die unentgeltliche Übertragung eines Betriebs oder Teilbetriebs auf eine gemeinnützige Stiftung stellt demgegenüber eine nicht steuerbare Geschäftsveräußerung gem. § 1 Abs. 1a Satz 2 UStG dar.[2]

1186

Gemäß § 3 Abs. 9a Nr. 2 UStG werden auch **unentgeltliche Zuwendungen** des Unternehmens an eine Stiftung, die einer sonstigen Leistung i. S. v. Abs. 9 gleichstehen, der Umsatzsteuer unterworfen. Dies jedoch nur, wenn sie nicht unter einen Befreiungstatbestand des § 4 UStG fällt. Dies gilt auch für Zuwendungen nach Stiftungserrichtung (siehe Rn. 1308).

1187

(Einstweilen frei)

1188–1199

3. Besteuerung der steuerbefreiten Stiftung

3.1 Ertragsteuern

Die Stiftungserrichtung löst bei der Stiftung keine Ertragsteuern aus, da der Vorgang in die Vermögenssphäre fällt.[3]

1200

Soweit ein **Betrieb**, ein **Teilbetrieb** oder ein **Mitunternehmeranteil** (siehe Rn. 476) übertragen wird, ist die Stiftung als Rechtsnachfolger gem. § 6 Abs. 3 Satz 2 EStG an die Buchwerte gebunden. In diesem Falle geht auch eine gem. §§ 6b bis 6d EStG gebildete Rücklage auf den Rechtsnachfolger über. Das eingebrachte Vermögen bildet in diesem Fall aber einen wirtschaftlichen Geschäftsbetrieb.

1201

---

1 Siehe Hüttemann, DB 2000 S. 1591.
2 Buchna/Leichinger/Seeger/Brox, a. a. O., Tz. 3.4.7, S. 437.
3 Otto, a. a. O., S. 194.

1202 Die Auflage zur **Übernahme privater Verbindlichkeiten** schließt die Anwendung des § 6 Abs. 3 EStG nicht aus, wenn ihr Wert niedriger als der Buchwert des Kapitalkontos des Betriebs ist.[1] Im Übrigen erfolgt der Ansatz zum Teilwert gem. § 6 Abs. 1 Nr. 5 Satz 1 EStG.

3.2 Erbschaft-/Schenkungsteuer

1203 Die **Ausstattung** der gemeinnützigen Stiftung zu Lebzeiten des Stifters stellt sowohl zivilrechtlich als auch schenkungsteuerlich eine **unentgeltliche** Übertragung von Vermögen und damit tatbestandlich eine Schenkung an die Stiftung als Erwerber dar (§§ 1, 7 Abs. 1 Nr. 8 ErbStG). Allerdings bleiben die an sich steuerpflichtigen Zuwendungen an eine gemeinnützige Stiftung gem. § 13 Abs. 1 Nr. 16b ErbStG steuerfrei, wobei es keinen Unterschied macht, ob der Vermögensübergang bereits zu Lebzeiten oder von Todes wegen erfolgt. Wird die gemeinnützige Stiftung allerdings lediglich als **Vorerbin** eingesetzt, ist umstritten, ob die Steuerbefreiung nach § 13 Abs. 1 Nr. 16b ErbStG gewährt werden kann.[2] Für die Steuerbefreiung ausreichend ist es, wenn eine vom Erblasser angeordnete Stiftung (von Todes wegen) die Voraussetzungen der Gemeinnützigkeit erst im Zeitpunkt der Entstehung der Erbschaftsteuer erfüllt.

> **HINWEIS:**
>
> Die Steuerbefreiung für Zuwendungen ist – auch bei Übertragung von Unternehmensbeteiligungen – unabhängig von den Regelungen zur Betriebsvermögensverschonung nach §§ 13a, 13b ErbStG. Damit sind gemeinnützige Stiftungen von den ab 1. 7. 2016 geltenden Einschränkungen des Begünstigungsumfangs nicht betroffen.[3]

1204 Die **Steuerbefreiung** soll nach abzulehnender Auffassung **in Frage gestellt sein**, soweit Vermögen übertragen wird, das einen wirtschaftlichen Geschäftsbetrieb bei der gemeinnützigen Stiftung bildet. Betroffen sind nach dieser Ansicht vor allem das auf die Stiftung übertragene Einzelunternehmen bzw. eingebrachte Mitunternehmeranteile des Stifters. Nach Sinn und Zweck des § 13 Abs. 1 Nr. 16 Buchst. b ErbStG lässt die Zuwendung von Vermögen, das einen **wirtschaftlichen Geschäftsbetrieb** bildet, nur dann die Steuerfreiheit entfallen, wenn die Stiftung als solche hierdurch die Gemeinnützigkeit verliert.[4] Dies ist jedoch nur ausnahmsweise der Fall, denn neben der Vermögensverwaltung ist die Unterhaltung eines wirtschaftlichen Geschäftsbetriebs durchaus möglich.[5]

---

1 Schmidt, a. a. O., § 16 Rn. 40 und BMF v. 13. 1. 1993, BStBl 1993 I S. 87.
2 Bayerisches FinMin v. 12. 11. 2003, ZEV 2004 S. 65; a. A. Söffing/Henrich, BB 2016 S. 1943.
3 Söffing/Henrich, BB 2016 S. 1943.
4 Ebenso Söffing/Henrich, BB 2016 S. 1943, 1946; Wachter, FR 2017 S. 69, 74.
5 OFD Kiel v. 25. 8. 2003, DB 2003 S. 2360.

Unschädlich für die Steuerbefreiung sind i.d.R. eingebrachte Kapitalgesellschaftsanteile, da diese regelmäßig der Vermögensverwaltung zuzuordnen sind (siehe Rn. 956 f.).

Entspricht die **tatsächliche Geschäftsführung** einer Stiftung nicht mehr den Anforderungen des **§ 63 Abs. 1 AO**, weil das Stiftungsvermögen nahezu ausschließlich in stark risikobehaftete Anlagen investiert wird, **entfällt** die Steuerbefreiung gem. § 13 Abs. 1 Nr. 16 Buchst. b Satz 2 ErbStG (**rückwirkend**) in dem Umfang, in dem sich das Anlagerisiko realisiert und das Vermögen deshalb für die Erfüllung der satzungsmäßigen Zwecke nicht mehr zur Verfügung steht.[1] Eine vermögenserhaltende Anlagestrategie müsse zwar darauf ausgerichtet sein, ausreichende Erträge zu erzielen, so dass bei abnehmendem Zinsniveau auch gegenüber sog. mündelsicheren Anlageformen wegen höherer Ertragschancen auch Anlageformen gewählt werden können und müssen, denen ein größeres Ausfallrisiko anhaftet. Die Umschichtung von Stiftungsvermögen in Anlagen, die einseitig und ganz oder teilweise **nicht ausreichend besichert** sind, hält das FG Münster aber nicht für zulässig.

3.3 Grunderwerbsteuer

Wird im Stiftungsgeschäft zugesagt, dass ein Grundstück auf die Stiftung übertragen werden soll, so stellt der Vollzug dieses Versprechens einen grunderwerbsteuerbaren Tatbestand dar. Allerdings ist der Vorgang regelmäßig unentgeltlich und somit grunderwerbsteuerfrei.   1205

Die **unentgeltliche** Grundstücksübertragung auf eine gemeinnützige Stiftung ist als Grundstückserwerb von Todes wegen oder als Grundstücksschenkung unter Lebenden von der Grunderwerbsteuer befreit (§ 3 Nr. 2 GrEStG).[2] Die Tatsache, dass die Stiftung für den Grundstückserwerb wegen § 13 Abs. 1 Nr. 16b ErbStG keine Steuer bezahlen muss, ist unbeachtlich. Anders ist dies, wenn eine öffentliche Hand ein Grundstück auf eine Stiftung überträgt, Hier fehlt es an der Unentgeltlichkeit und damit wird keine Grunderwerbsteuerbefreiung gewährt.[3]   1206

Unbeachtlich ist auch, wenn im Zuge der Buchwert-Übertragung nach § 6 Abs. 1 Nr. 4 EStG ein Grundstück übergeht. Auch hier ist die Befreiung nach § 3 Nr. 2 GrEStG anwendbar.   1207

---

1 FG Münster v. 11. 12. 2014 - 3 K 323/12 Erb, (rkr.), EFG 2015 S. 739.
2 OFD Magdeburg v. 20. 11. 2013, ZEV 2014 S. 275; Pues/Scheerbarth, a. a. O., § 18 S. 189.
3 BFH v. 27. 11. 2013 - II R 11/12, BFH/NV 2014 S. 579; OFD Frankfurt v. 3. 4. 2014 - S 3806 A-23-St 119.

1208   Vom Wortlaut der Befreiungsvorschrift nicht erfasst ist der Fall der Übertragung einer 100%-igen Beteiligung an einer Kapitalgesellschaft, zu deren Vermögen ein Grundstück gehört. Dieser Vorgang ist nach § 1 Abs. 3 Nr. 3 und Nr. 4 GrEStG steuerpflichtig. Die Finanzverwaltung hat in der Vergangenheit die Befreiungsvorschrift des § 3 GrEStG in diesen Fällen nicht angewandt.[1] Aufgrund der Entscheidung des BFH vom 12. 10. 2006,[2] wonach der Anwendbarkeit der Befreiungsvorschriften des § 3 GrEStG nicht entgegensteht, wenn ein Grundstückserwerb (wie in § 1 Abs. 2a und Abs. 3 GrEStG) nur fingiert wird, hat die Finanzverwaltung ihre Ansicht aufgegeben.[3] Der unentgeltliche Übergang sämtlicher Gesellschaftsanteile an einer Grundbesitz haltenden Kapitalgesellschaft auf eine Stiftung ist daher gem. § 3 Nr. 2 GrEStG steuerbefreit.

1209   Durch die Zuwendung einer 5,1%-igen Beteiligung an einer Grundvermögen besitzenden Kapitalgesellschaft (z. B. GmbH oder AG) lässt sich eine grunderwerbsteuerliche **Abschirmwirkung** erreichen.

Bringt etwa A als alleiniger Gesellschafter der A-GmbH von seiner Beteiligung an der A-GmbH 5,1 % in eine gemeinnützige Stiftung ein, so ist für spätere Anteilsübertragungen durch A auf Dritte die Gefahr der Besteuerung mit Grunderwerbsteuer nach § 1 Abs. 3 GrEStG gebannt. Durch spätere Anteilsübertragungen z. B an den künftigen Erwerber B kann es nicht zu einer mittelbaren oder unmittelbaren Vereinigung von mehr als 95 % der Anteile an der A-GmbH in einer Hand kommen. Denn die von der Stiftung gehaltenen Anteile (5,1%) sind weder A noch dem Dritten B zuzurechnen, da die Stiftung – unabhängig von der Person des Stifters – eine eigenständige Vermögensmasse ist.[4] Unberührt bleibt natürlich die Grunderwerbsteuerpflicht eines Erwerbs von Grundstücken durch eine Tochtergesellschaft. Ferner bleibt das Risiko einer Anteilsvereinigung auf einer Ebene unterhalb der A-GmbH, weil dort bei einer Zwischengesellschaft das Quorum 95 % bzgl. einer grundbesitzenden Enkelgesellschaft gegeben sein könnte.

1210–1219   *(Einstweilen frei)*

---

1 Vgl. Erlass v. 28. 4. 2005 - 3 - S 4501/6, DB 2005 S. 975 und v. 28. 4. 2005 - 3 - S 4505/18, DB 2005 S. 975.

2 II R 79/05, BStBl 2007 II S. 409.

3 FinMin Baden-Württemberg v. 11. 10. 2007 - 3 S 450.1/6, DB 2007 S. 2400.

4 Binz/Freudenberg/Sorg, DStR 1990 S. 753.

III. Laufende Besteuerung

1. Laufende Besteuerung der Stiftung

1.1 Körperschaftsteuer

1.1.1 Steuerpflicht und Steuersatz

Die rechtsfähigen (wie auch die nicht rechtsfähigen) Stiftungen des **privaten** Rechts sind nach § 1 Abs. 1 Nr. 4 bzw. Nr. 5 KStG **unbeschränkt** körperschaftsteuerpflichtig, wenn sie ihre **Geschäftsleitung oder ihren Sitz im Inland** haben. Dieser Grundsatz gilt für eine gemeinnützige Stiftung insoweit nicht, als sie steuerbegünstigte Zwecke verfolgt. **1220**

Steuerpflicht besteht jedoch insoweit, als ein wirtschaftlicher Geschäftsbetrieb unterhalten wird. **Steuersubjekt** bleibt auch in diesem Fall die **Stiftung** selbst. Steuerpflichtiger ist also nicht der wirtschaftliche Geschäftsbetrieb, sondern ausschließlich die Stiftung. Die Steuerpflicht erstreckt sich in diesem Fall auch auf die Gewerbesteuer, sofern der wirtschaftliche Geschäftsbetrieb gewerblich tätig ist. **1221**

Die Steuerpflicht **beginnt** mit der Aufnahme der Tätigkeit des wirtschaftlichen Geschäftsbetriebs. Dieser Zeitpunkt muss mit dem Entstehen der Stiftung nicht zusammenfallen. **1222**

Wandelt sich die Vermögensverwaltung in einen wirtschaftlichen Geschäftsbetrieb um, beginnt die Steuerpflicht in diesem Zeitpunkt. Eine Bilanzierungspflicht besteht nur, wenn die Stiftung bilanziert (§ 13 Abs. 2 KStG).[1]

Der Körperschaftsteuersatz, mit dem das zu versteuernde **Einkommen** des **wirtschaftlichen Geschäftsbetriebs** besteuert wird, beträgt gem. § 23 Abs. 1 KStG seit 1. 1. 2008 15 %. **1223**

Bei nur mit ihrem wirtschaftlichen Geschäftsbetrieb **steuerpflichtigen** Stiftungen wird die auf ihre Kapitalerträge einbehaltene Kapitalertragsteuer auf die Körperschaftsteuerschuld gem. § 36 Abs. 2 Nr. 2 EStG i. V. m. § 31 Abs. 1 KStG **angerechnet.** **1224**

Bei den ganz oder partiell **steuerbefreiten Stiftungen** kann für die im **steuerfreien Bereich** anfallenden Kapitalerträge von dem Kapitalertragsteuerabzug werden (siehe Rn. 954). **1225**

---

1 Zu Einzelheiten vgl. Otto, a. a. O., Teil 2 C. S. 197.

1226 Ist bei einer unbeschränkt steuerpflichtigen Stiftung anzunehmen, dass eine **Steuerveranlagung** nicht in Betracht kommt, weil sie von der Körperschaftsteuer **befreit** ist, kann sie von dem für die Geschäftsleitung oder für den Sitz zuständigen Finanzamt eine **Nichtveranlagungsbescheinigung** gem. § 44a Abs. 2 EStG erhalten.[1] Sie gilt **nicht** für die Kapitalerträge, die bei einer Mitunternehmerschaft[2] und in einem wirtschaftlichen Geschäftsbetrieb anfallen. Bei Vorlage der Nichtveranlagungsbescheinigung beim Gläubiger der Kapitalerträge entfällt gem. § 44a Abs. 1 und 2 Nr. 2 EStG der Kapitalertragsteuerabzug.

1227 Das **steuerliche Einlagekonto** eines wirtschaftlichen Geschäftsbetriebs, der unter § 20 Abs. 1 Nr. 10 Buchst. b Satz 4 EStG fällt, erhöht sich durch direkte Einlagen der Gesellschafter bzw. Mitglieder der Körperschaft, durch Zuführungen von Vermögensmitteln aus dem steuerfreien Bereich der Körperschaft sowie aus Zuführungen aus wiGB derselben Körperschaft, die nicht unter § 20 Abs. 1 Nr. 10 Buchst. b Satz 4 EStG fallen. Mittelverwendungen zwischen wiGB, die unter § 20 Abs. 1 Nr. 10 Buchst. b Satz 4 EStG fallen, haben im Hinblick auf die Zusammenfassung der wiGB dagegen keinen Einfluss auf den Bestand des steuerlichen Einlagekontos.[3]

1.1.2 Buchführungspflicht

1228 Gemäß § 64 Abs. 3 AO werden Körperschaftsteuer und Gewerbesteuer nicht erhoben, wenn die **Einnahmen** (einschließlich Umsatzsteuer) **aus den zusammengefassten wirtschaftlichen Geschäftsbetrieben** 35.000 € im Jahr nicht übersteigen. Hierbei sind die **Einnahmen** aus **Zweckbetrieben** nicht einzubeziehen.[4] Bei Beteiligungen an Mitunternehmerschaften fließen deren auf die Stiftung anfallenden anteiligen Einnahmen bei Errechnung der Besteuerungsgrenze ein.[5] Ob ein Überschreiten der **Freigrenze** von 35.000 € gem. § 64 Abs. 3 AO gegeben ist, muss jährlich geprüft werden.[6]

1229 Für Zwecke der **Überwachung** nach § 64 Abs. 3 AO verlangt die Steuerbehörde auch für die übrigen Bereiche Rechnungslegung, mindestens Einnahmen-/Aus-

---

1 Meyn, S&S 6/2013 S. 35.
2 BFH v. 9. 11. 1994, DB 1995 S. 754 ff.
3 BMF v. 2. 2. 2016, BStBl 2016 I S. 200.
4 AEAO Nr. 4 zu § 64 Abs. 1; Klein, AO, § 64 Rn. 4.
5 AEAO Nr. 17 zu § 64 Abs. 3; BFH v. 27. 3. 2001 - I R 78/99, BStBl 2001 II S. 449 (= DStR 2001 S. 1072).
6 AEAO Nr. 14 Satz 4 zu § 64 Abs. 3.

gabenrechnungen.[1] Bei **mehreren** wirtschaftlichen Geschäftsbetrieben ist die Grenze der zusammengefassten Betriebe (§ 64 Abs. 2 AO) maßgebend; Zweckbetriebe werden nicht mitgerechnet.[2] Es genügt eine Überschussrechnung und ein Rechnungsabschluss für die zusammengefassten Betriebe. Durch Unterschreiten der Besteuerungsgrenze verlieren jedoch die wirtschaftlichen Geschäftsbetriebe nicht ihren steuerpflichtigen Charakter, so dass weiterhin Verpflichtung zur Überschussermittlung durch Einnahmen-/Ausgabenrechnung besteht.[3]

Ist eine Stiftung **teilweise steuerbefreit**, muss sie auch für den steuerbefreiten Bereich – ggf. getrennt auch für jeden Zweckbetrieb – schon nach bürgerlich-rechtlichen Vorschriften und damit gem. § 140 AO auch steuerrechtlich ordnungsgemäße **Aufzeichnungen** über die Einnahmen und Ausgaben mit den zugehörigen Belegen (§ 259 BGB i.V.m. §§ 666, 27 Abs. 3 BGB) vornehmen. Auch gemeinnützigkeitsrechtliche Vorschriften (§ 63 Abs. 3, § 58 Nr. 5 bis 7 AO) setzen dies verbunden mit zweckgebundenen Sonderrechnungen voraus. §§ 145 ff. AO gelten somit auch für den steuerbefreiten Bereich.[4]   1230

Kerngedanke ist nicht nur der Nachweis der Erfüllung aller Voraussetzungen der Steuerbefreiung durch die tatsächliche Geschäftsführung, sondern auch die **Trennung** von Einnahmen, Ausgaben und Vermögen der **vier Sphären**[5]   1231

▶ steuerfreier ideeller Bereich,

▶ Vermögensverwaltung (steuerfrei),

▶ Zweckbetrieb (steuerfrei),

▶ wirtschaftlicher Geschäftsbetrieb (steuerpflichtig).

Ein Ergebnisausgleich ist ausgeschlossen.[6] Daraus ergibt sich zwingend eine **Rechnungslegungspflicht** für **jeden** Bereich und für jeden Betrieb und der Spenden (siehe Rn. 1010 ff.).   1232

Die **Zuordnung von Gemeinkosten** hat nach dem Verursachungsprinzip auf die einzelnen Bereiche nach den Regeln der Kostenrechnung zu erfolgen.[7] In einer **Mittelverwendungsrechnung** ist nachzuweisen, dass die zeitnah zu verwendenden Mittel satzungsgemäß verwendet worden sind (siehe Rn. 1010 ff.).   1233

---

1 Scholz, a.a.O., S. 83. Faktisch besteht Buchführungspflicht für alle Bereiche.
2 Burhoff, a.a.O., S. 269.
3 Klein, a.a.O., § 64 Rn. 9.
4 Vgl. Buchna/Leichinger/Seeger/Brox, a.a.O., Tz. 2.14.5, S. 268 ff.
5 Siehe Scholz, a.a.O., S. 47 ff.; oben Rn. 1075.
6 BFH v. 5.2.1992, BFH/NV 1993 S. 77.
7 AEAO Nr. 4 zu § 64 AO; BFH v. 5.2.1992, BFH/NV 1993 S. 341.

Dient eine Stiftung sowohl mildtätigen als auch gemeinnützigen oder kirchlichen Zwecken, muss entsprechend der getrennten Betätigung auch getrennt Rechnung gelegt werden.[1]

1234 Die Rechnungslegung ist nicht identisch mit der steuerlichen Einkommensermittlung, die aber aus der Rechnungslegung abzuleiten ist. Aus der **steuerlichen Nachweispflicht** des § 63 Abs. 3 AO ergibt sich auch eine Rechnungslegungspflicht über die Entwicklung des Stiftungsvermögens (zu steuerlichen Buchwerten) und der nach § 58 AO unschädlichen Mittelverwendungen (siehe Rn. 991 ff.).

1235 Buchungspflichtig sind auch **Nutzungsänderungen** von Wirtschaftsgütern gem. § 13 Abs. 4 KStG. Dies sollte auch für Beteiligungen gelten (z. B. unternehmerische Beteiligungen werden umgewandelt in steuerfreie Vermögensverwaltung).

1236 Wenn § 63 Abs. 3 AO den **Nachweis der tatsächlichen Geschäftsführung** i. S. d. Abs. 1 durch „ordnungsgemäße Aufzeichnungen über Einnahmen und Ausgaben" fordert, so ist dies im Zusammenhang mit anderen steuerrechtlichen Bestimmungen[2] zu sehen, die davon ausgehen, dass Stiftungen (und Vereine) nur Einnahmen-/Ausgabenrechnungen kennen. Es ist nicht bekannt, dass bei einer anderen gewählten Gewinnermittlungsart (§§ 4 Abs. 1, 5 EStG) die zuständige Finanzbehörde Einwendungen erhoben hat. Die AO sollte aber in dieser Hinsicht angepasst werden.

1237 Eine bisher steuerbefreite Stiftung, die **steuerpflichtig wird** und ihren Gewinn durch Betriebsvermögensvergleich ermittelt, hat analog gem. § 13 Abs. 2 und 3 KStG eine **Anfangsbilanz zu Teilwerten** aufzustellen.

> **HINWEIS:**
> Auch eine nach § 5 Abs. 1 Nr. 9 KStG steuerbegünstigte Stiftung unterliegt der steuerlichen **Außenprüfung** gem. §§ 193 ff. AO.[3]

1.1.3 Wirtschaftsjahr

1238 §§ 60, 63 AO gehen zwar von der **Rechnungslegung** für das **Kalenderjahr** für **steuerbegünstigte Stiftungen** i. S. v. § 5 Abs. 1 Nr. 9 KStG aus, jedoch können die Nachweise auch durch Vorlage der Unterlagen für zwei abweichende Rech-

---

1 Vgl. BMF v. 27. 6. 1990 - IV B 4 S 0170 145/9; OFD Kiel v. 24. 7. 1990 - S 0170 A St 141/S 2121, A St 114/St 116, Wpg 1990 S. 577.

2 Z. B. § 59 Nr. 5 und 7, § 64 Abs. 3 AO.

3 Klein, AO, § 193 Rn. 17; Teufel, DB 1999 S. 874 ff.; Hüttemann, a. a. O., § 4 Rn. 67.

nungslegungsjahre, die den jeweiligen Veranlagungszeitraum (Kalenderjahr) abdecken, erbracht werden.[1] Steuerbegünstigte Stiftungen mit **wirtschaftlichen Geschäftsbetrieben**, die ordnungsgemäß Bücher führen und regelmäßig Abschlüsse machen, können auf Antrag das abweichende Wirtschaftsjahr in entsprechender Anwendung des § 7 Abs. 4 KStG der Besteuerung des wirtschaftlichen Geschäftsbetriebes zugrunde legen.[2]

1.1.4 Einkommensermittlung

Besteht hinsichtlich eines (steuerpflichtigen) **wirtschaftlichen Geschäftsbetriebes** einer steuerbegünstigten Stiftung des privaten Rechts eine **partielle Steuerpflicht** (siehe Rn. 1079 ff.), so ist die Stiftung **nur** mit dem im wirtschaftlichen Geschäftsbetrieb erzielten Einkommen steuerpflichtig.[3] Für das Vermögen des wirtschaftlichen Geschäftsbetriebes gelten die Vorschriften über **Betriebsvermögen**. Für die Gewinnermittlung desselben kann sie zwischen dem Betriebsvermögensvergleich (§ 4 Abs. 1 EStG), der Einnahmen-/Ausgabenrechnung (§ 4 Abs. 3 EStG) und der kaufmännischen Buchführung und Rechnungslegung (§ 5 EStG) **wählen,** wenn nicht letzteres aufgrund handels- oder steuerrechtlicher Vorschriften oder der Satzung zwingend vorgeschrieben ist.[4]

1239

Auf das Erfordernis der **getrennten Einkommensermittlung** für alle steuerpflichtigen und den steuerbefreiten Bereichen einer Stiftung wurde schon hingewiesen.[5] Der **Saldo der Gewinne und Verluste** aller steuerpflichtigen wirtschaftlichen Geschäftsbetriebe unterliegt der Besteuerung.

1240

Hinsichtlich der **Gewinnermittlung** für den **wirtschaftlichen Geschäftsbetrieb** bestehen zwei Besonderheiten:

1241

Zum einen ist hinzuweisen auf das in § 64 Abs. 6 AO enthaltene **Wahlrecht** zur pauschalierten Gewinnermittlung mit 15 % der Einnahmen für bestimmte wirtschaftliche Geschäftsbetriebe, nämlich für

▶ Werbung für Unternehmen, die im Zusammenhang mit der steuerbegünstigten Tätigkeit einschl. Zweckbetrieben (siehe Rn. 949 ff.) stattfindet,

▶ Totalisatorbetriebe,

▶ die zweite Fraktionierungsstufe der Blutspendedienste.

---

1 FM Nordrhein-Westfalen v. 27.7.1994 - S 0170 41 V B 4, DStR 1994 S.1195; siehe AEAO Nr.14 zu § 64.

2 Siehe o. g. Erlass des FM Nordrhein-Westfalen v. 27.7.1994, unter Nr. 2.

3 Zur Einkommensermittlung des wirtschaftlichen Geschäftsbetriebes siehe auch Rn. 932.

4 Vgl. Schmidt, a. a. O., § 5 Rn. 12.

5 Siehe Rn. 1232.

Zum anderen gibt es bei Altmaterialverwertung eine Gewinnpauschalierung, § 64 Abs. 3 AO.

1242 Im **wirtschaftlichen Geschäftsbetrieb** ist es zulässig, gewinnmindernde **Rücklagen** zu bilden.[1]

1243 Ist eine Stiftung an einer unbeschränkt steuerpflichtigen Kapitalgesellschaft wesentlich beteiligt, kommen auch die Vorschriften zur **Zinsschranke** zur Anwendung (§ 8a KStG).

Auch § 8b KStG gilt für die partiell – nämlich mit ihren **wirtschaftlichen Geschäftsbetrieben** (siehe Rn. 1079 f.) – steuerpflichtigen Stiftungen. Da § 8b KStG hinsichtlich der erzielten Veräußerungsgewinne von wirtschaftlichen Geschäftsbetrieben steuerbefreiter Stiftungen keine Sonderregelung enthält, sind diese stets zu 95 % steuerfrei (§ 8b Abs. 5 KStG). Bei Dividenden, die im wirtschaftlichen Geschäftsbetrieb erzielt werden, sind ebenfalls 95 % steuerfrei (§ 8b Abs. 3 und 5 KStG).

1244 Hingegen sind die im Bereich der **Vermögensverwaltung** erzielten Gewinne aus der Veräußerung von Gesellschaftsanteilen zu 100% steuerfrei. § 8b Abs. 5 KStG gilt insoweit nicht.[2] Bei einbringungsgeborenen Anteilen i. S. v. § 21 Abs. 1 Satz 1 UmwStG a. F., die innerhalb der Sperrfrist von sieben Jahren (§ 8b Abs. 4 Nr. 1 KStG) veräußert werden, fingiert das Steuerrecht eine Zwangsüberführung in den steuerpflichtigen Bereich. Gleiches gilt für sperrfristbehaftete Anteile nach § 22 UmwStG.[3]

1245 Anrechenbare inländische **Kapitalertragsteuer** sowie ausländische **Quellensteuer** sind **Bestandteile der Erträge bzw. Einnahmen** des wirtschaftlichen Geschäftsbetriebs in der betreffenden Einkunftsart ohne Rücksicht auf die tatsächliche Anrechnung (§ 12 Nr. 3 EStG i. V. m. § 8 Abs. 1 KStG).

1246 Auf der Ausgaben-(Aufwand-)Seite der Einkommensermittlung des wirtschaftlichen Geschäftsbetriebs der Stiftung besteht weiterhin ein **Abzugsverbot** für satzungsgemäße Aufwendungen (Zuwendungen an Destinatäre) gem. § 10 Abs. 1 KStG. Dies ist verwunderlich, weil sich die Besteuerung beim Destinatär grundlegend verändert hat (siehe Rn. 1345).

1247 Eine **Auskehrung der Gewinne** aus dem wirtschaftlichen Geschäftsbetrieb in den ideellen Bereich stellt **keine Spende** dar, die den Gewinn des wirtschaftli-

---

1 AEAO Nr. 2 Satz 3 zu § 55 Abs. 1 Nr. 1 AO und AEAO Nr. 1 Satz 1 zu § 62 AO.
2 Buchna/Leichinger/Seeger/Brox, a. a. O., Tz. 2.15.3.2, S. 286.
3 Pung in Dötsch/Pung/Möhlenbrock, KStG, § 8b Rn. 124.

chen Geschäftsbetriebs mindert. Es handelt sich vielmehr um eine steuerlich irrelevante Mittelverwendung; zur Kapitalertragsteuer oben Rn. 951.

1.2 Zustiftung

Grundsätzlich sind Zuwendungen an bestehende Stiftungen danach zu unterscheiden, ob es sich um Spenden oder Zuwendungen in den Vermögensstock (sog. Zustiftungen[1]) handelt. Diese Differenzierung ist gleichermaßen vorzunehmen bei (weiteren) Zuwendungen des Stifters wie auch bei **Zuwendungen Dritter**. | 1248

Nach herrschender Meinung[2] liegen **Zustiftungen** in dem hier verwendeten Sinne vor, wenn nicht **eine andere Zweckbestimmung** des Zuwendenden erfolgt bzw. die Satzung anderes regelt (siehe Rn. 272). Dann sind sie dem Stiftungsvermögen zuzuführen. Gemäß § 62 Abs. 3 AO kann eine steuerbefreite Stiftung gemeinnützigkeitsunschädlich ihrem Vermögen zuführen: | 1249

▶ Zuwendungen von Todes wegen, wenn der Erblasser eine Verwendung für den laufenden Aufwand nicht besonders vorschreibt,

▶ Zuwendungen, bei denen der Zuwendende ausdrücklich erklärt, dass sie zur Ausstattung der Stiftung bestimmt sind,

▶ Zuwendungen aufgrund eines Spendenaufrufs, wenn darin ersichtlich ist, dass die Spenden zur Vermögensaufstockung erbeten werden,

▶ Sachzuwendungen, die ihrer Natur nach der Vermögensausbildung dienen (z. B. Schenkung eines Mietwohngrundstückes).

Bei Pensions- und Unterstützungskassen in Stiftungsform gehören die Zuwendungen des Trägerunternehmens nicht zu den steuerpflichtigen Einkünften i. S. v. § 2 EStG. | 1250

In der **Stiftungssatzung** sollte eine Bestimmung enthalten sein, wie Zustiftungen des Stifters und Dritter (von Familienangehörigen oder von Fremden) zu behandeln sind und ob sie auflagenfrei oder auflagenbehaftet zu sein haben, um eine stiftungsrechtliche Grundlage zu erhalten. Eine solche Bestimmung sollte ggf. im Wege der Satzungsänderung eingefügt werden. | 1251

Eine **Zustiftung unter Auflagen** kann eine unselbständige Stiftung innerhalb der selbständigen Stiftung begründen.

---

1 Die im Stiftungsgeschäft festgelegten rechtsverbindlichen Zuwendungen nach Stiftungserrichtung sind keine Zustiftungen. Hof in v. Campenhausen/Richter, a. a. O., § 9 Rn. 13 ff.
2 Pues/Scheerbarth, a. a. O., § 3 S. 58.

1.3 Spendenabzug für Zuwendungen an eine bestehende Stiftung

1252 Freigiebige Zuwendungen können **Zustiftungen** zum Stiftungsvermögen – wie im vorangegangenen Abschnitt dargestellt – aber auch **Zuwendungen zur Zweckverwirklichung** der Stiftung mit Verpflichtung zur zeitnahen Verwendung (siehe Rn. 991) sein. Zum Spendenabzug vgl. oben Rn. 1155 ff.

1253 Sie sind abzugrenzen zum **Sponsoring,**[1] die zu i. d. R. **steuerpflichtigen** Einnahmen im wirtschaftlichen Geschäftsbetrieb und zum Betriebsausgabenabzug des zuwendenden Unternehmens führen,[2] wenn eine Gegenleistung mit der Zuwendung verbunden ist. Für diese Sponsoring-Ausgaben kommt daher ein Spendenabzug **nicht** in Betracht.

1254 Nach dem BMF-Schreiben vom 18. 2. 1998[3] sind Zuwendungen des Sponsors, die **keine Betriebsausgaben** sind, **als Spenden** gem. § 10b EStG zu behandeln, wenn sie zur Förderung steuerbegünstigter Zwecke freiwillig oder aufgrund einer freiwillig eingegangenen Rechtspflicht erbracht werden, kein Entgelt für eine bestimmte Leistung des Empfängers sind und nicht in einem tatsächlichen wirtschaftlichen Zusammenhang mit dessen Leistungen stehen. Ein Betriebsausgabenabzug kommt auch nicht beim Vorliegen einer Gegenleistung in Betracht, wenn ein Missverhältnis zwischen den Leistungen des Sponsors und dem erstrebten wirtschaftlichen Vorteil besteht. Auch hohe Sponsoringaufwendungen im Verhältnis zum Gewinn des Sponsors werden als Indiz für eine gesellschaftliche (nach § 12 EStG nicht abzugsfähige) Veranlassung angesehen.[4]

Gleiches gilt für sog. **Benefizveranstaltungen** (z. B. Theateraufführungen, Konzerte), wobei der Besucher eine **geldwerte Leistung** erhält.[5] Nur wenn Leistungsentgelt und Spende ersichtlich getrennt sind und auch so behandelt werden, kann eine Spendenbescheinigung in Höhe der Spende erteilt werden. Die Benennung eines Saals nach einem Sponsor begründet keinen wirtschaftlichen Geschäftsbetrieb,[6] dagegen wohl Werbeseiten oder -beilagen des Sponsors und – wenn die Umschaltung auf die Werbeseiten des Sponsors möglich

---

1 Zum Begriff des Sponsoring siehe AEAO Nr. 7 zu § 64; BMF v. 18. 2. 1998, DStR 1998 S. 454 f.; Schauhoff, a. a. O., § 6 Rn. 52; FinMin Bayern v. 11. 2. 2000, DB 2000 S. 548.
2 Siehe Buchna/Leichinger/Seeger/Brox, a. a. O., Tz. 2.15.4.1, S. 291 ff.; AEAO Nr. 7 bis 10 zu § 64.
3 Ehlers/Schmidt/Korfmann/Melzer/Klöck/Brixius, S&S RS 6/2013; sog. Sponsoring-Erlass, BStBl 1998 I S. 212.
4 FG Hessen v. 23. 11. 1998, EFG 1999 S. 496; Buchna/Leichinger/Seeger/Brox, a. a. O., Tz. 2.15.4.1, S. 292.
5 Siehe Buchna/Leichinger/Seeger/Brox, a. a. O., Tz. 3.10, S. 472.
6 FM Bayern v. 11. 2. 2000 - 33 - S 0183 - 12/14 - 59238.

ist – auch das Logo des Sponsors auf der Internetseite der gemeinnützigen Stiftung, während sonst das Logo des Sponsors ohne besondere Hervorhebung und Mitwirkung der Stiftung nach dem **Sponsoring-Erlass**[1] unschädlich ist.

Aufwendungsersatzansprüche können Gegenstand sogenannter **Aufwandsspenden** gemäß § 10b Abs. 3 Satz 5 und 6 EStG sein. Das gilt auch im Verhältnis eines Zuwendungsempfängers zu seinen ehrenamtlich tätigen Mitgliedern. Hat der Zuwendende einen Aufwendungsersatzanspruch gegenüber dem Zuwendungsempfänger und verzichtet er darauf, ist ein Spendenabzug nach § 10b Abs. 3 Satz 5 EStG allerdings nur dann rechtlich zulässig, wenn der entsprechende Aufwendungsersatzanspruch durch einen Vertrag oder die Satzung eingeräumt worden ist, und zwar bevor die zum Aufwand führende Tätigkeit begonnen worden ist.[2] .

1255

Der Verzicht auf bestehende sonstige Ansprüche (**Rückspende**), wie z. B. Lohn- oder Honorarforderungen oder gesetzliche Ansprüche (die keine Aufwendungsersatzansprüche sind), ist unter den nachstehend aufgeführten Voraussetzungen als Spende i. S. d. § 10b EStG abziehbar. Ansprüche auf einen Aufwendungsersatz oder auf eine Vergütung müssen ernsthaft eingeräumt sein und dürfen nicht von vornherein unter der Bedingung des Verzichts stehen. Wesentliche Indizien für die Ernsthaftigkeit von Ansprüchen auf Aufwendungsersatz oder auf eine Vergütung sind auch die zeitliche Nähe der Verzichtserklärung zur Fälligkeit des Anspruchs und die wirtschaftliche Leistungsfähigkeit des Zuwendungsempfängers. Die Verzichtserklärung ist dann noch zeitnah, wenn bei einmaligen Ansprüchen innerhalb von drei Monaten und bei Ansprüchen aus einer regelmäßigen Tätigkeit innerhalb eines Jahres nach Fälligkeit des Anspruchs der Verzicht erklärt wird. Regelmäßig ist eine Tätigkeit, wenn sie gewöhnlich monatlich ausgeübt wird. Die wirtschaftliche Leistungsfähigkeit ist anzunehmen, wenn der Zuwendungsempfänger ungeachtet eines späteren Verzichts durch den Zuwendenden bei prognostischer Betrachtung zum Zeitpunkt der Einräumung des Anspruchs auf den Aufwendungsersatz oder die Vergütung wirtschaftlich in der Lage ist, die eingegangene Verpflichtung zu erfüllen. Wird auf einen Anspruch verzichtet, muss dieser auch im Zeitpunkt des Verzichts tatsächlich werthaltig sein. Nur dann kommt ein Abzug als steuerbegünstigte Zuwendung in Betracht. Sofern die Körperschaft im Zeitpunkt der Einräumung des Anspruchs auf einen Aufwendungsersatz oder eine Vergütung wirtschaftlich in der Lage ist, die eingegangene Verpflich-

1256

---

1 BMF v. 18. 2. 1998, BStBl 1998 I S. 212 unter III.
2 BMF v. 24. 8. 2016, DStR 2016 S. 2161 und v. 25. 11. 2014, BStBl 2015 I S. 1584.

tung zu erfüllen, kann regelmäßig davon ausgegangen werden, dass der Anspruch im Zeitpunkt des Verzichts noch werthaltig ist. Etwas anderes gilt nur dann, wenn sich die finanziellen Verhältnisse des Vereins im Zeitraum zwischen der Einräumung des Anspruchs und dem Verzicht wesentlich verschlechtert haben. Von der wirtschaftlichen Leistungsfähigkeit ist immer dann auszugehen, wenn die Körperschaft offensichtlich über genügend liquide Mittel bzw. sonstiges Vermögen verfügt, das zur Begleichung der eingegangenen Verpflichtung herangezogen wird. Dabei ist keine Differenzierung nach steuerbegünstigtem Tätigkeitsbereich (ideelle Tätigkeit, Zweckbetrieb), steuerfreier Vermögensverwaltung oder steuerpflichtigem wirtschaftlichen Geschäftsbetrieb vorzunehmen.[1] Bei dem nachträglichen Verzicht auf den Ersatz der Aufwendungen bzw. auf einen sonstigen Anspruch handelt es sich um eine Geldspende, bei der entbehrlich ist, dass Geld zwischen dem Zuwendungsempfänger und dem Zuwendenden tatsächlich hin und her fließt. Dem Zuwendenden ist deshalb eine Zuwendungsbestätigung über eine Geldzuwendung zu erteilen, in der auch ausdrückliche Angaben darüber zu machen sind, ob es sich um den Verzicht auf die Erstattung von Aufwendungen handelt. Eine Zuwendungsbestätigung darf nur erteilt werden, wenn sich der Ersatzanspruch auf Aufwendungen bezieht, die zur Erfüllung der satzungsmäßigen Zwecke des Zuwendungsempfängers erforderlich waren. Für die Höhe der Zuwendung ist der vereinbarte Ersatzanspruch maßgeblich.

1257 Bei **Sachspenden**[2] ist grundsätzlich der gemeine Wert (§ 9 BewG) anzusetzen.[3] Bei Sachspenden von Wirtschaftsgütern, die unmittelbar vor der Spende einem Betriebsvermögen entnommen werden und von der steuerbefreiten Stiftung für steuerbegünstigte Zwecke i. S. v. § 10b Abs. 1 Satz 1 EStG verwendet werden, kann wahlweise der Buchwert angesetzt werden. Dies gilt aber nicht für Nutzungen und Leistungen (§ 6 Abs. 1 Nr. 4 Satz 2 EStG). Im Übrigen gilt für Entnahmen der Teilwert (§ 6 Abs. 1 Nr. 4 Satz 1 EStG).

Soll die Zuwendung eine Sachspende sein, stellt sich die Frage, ob es **zweckmäßiger** ist, der Stiftung eine Geldspende zukommen zu lassen mit der Bedingung, die Sache käuflich zu erwerben. Dies bietet sich vor allem an, um Auseinandersetzungen mit der Finanzbehörde hinsichtlich des nach § 9 Abs. 2 BewG auszusetzenden gemeinen Wertes (Marktwert) zu vermeiden (siehe zur Spendenbescheinigung Rn. 1260). Bei **Entnahme** aus einem Betriebsvermögen liegt ein Umsatzsteuer auslösender Tatbestand vor (§ 3 Abs. 1b UStG). Wie die

---

1 BMF v. 24. 8. 2016, DStR 2016 S. 2161, Tz. 3.
2 Siehe BMF v. 7. 11. 2013, BStBl 2013 I S. 1333.
3 Schauhoff, a. a. O., § 10 Rn. 56; BMF v. 7. 11. 2013, BStBl 2013 I S. 1333.

Sachentnahme selbst, ist die im betroffenen Unternehmen anfallende Umsatzsteuer nichtabziehbare Ausgabe i. S. v. § 12 Nr. 3 EStG, § 10 Nr. 2 KStG. Es ist nicht mehr strittig, dass bei Sachspenden aus einem Betriebsvermögen der Spendenwert die auf den Eigenverbrauch entfallende Umsatzsteuer einschließt.[1] Die Spendenbescheinigung der empfangenden Stiftung hat daher zur Geltendmachung die Umsatzsteuer einzubeziehen.

Zuwendungen im Zusammenhang mit **Gegenleistungen** sind generell nicht nach § 10b EStG als Spenden i. S. v. § 10b EStG anzusehen, sondern Entgelt und daher nicht als Sonderausgaben gem. § 10b EStG abzugsfähig.[2]   1258

Spenden i. S. v. § 10b EStG und § 9 Abs. 1 Nr. 2 KStG darf der Spender nach § 50 Abs. 1 EStDV nur bei Vorlage einer förmlichen **Spendenbescheinigung** geltend machen (sofern nicht der vereinfachte Nachweis durch Bareinzahlungsbeleg oder Buchungsbestätigung des Geldinstituts gem. § 50 Abs. 2 EStDV bei Katastrophenfällen und Beträgen bis 200 € zugelassen ist. Diese bisherige sog. Belegvorlagepflicht ist durch Neufassung des § 50 EStDV **ab 1. 1. 2017** zu einer Beleg**vorhalte**pflicht abgemildert worden.[3]   1259

Erstmals wurde in § 63 Abs. 5 Nr. 1 AO gesetzlich[4] geregelt, wann eine Körperschaft Zuwendungsbestätigungen ausstellen darf. Aus der Gesetzesbegründung ergibt sich, dass die Regelung des § 63 Abs. 5 Nr. 2 AO Körperschaften, die noch keinen Feststellungsbescheid erhalten haben, ermöglichen soll, Zuwendungsbestätigungen auszustellen. Dies heißt im Umkehrschluss aber auch, dass im Falle einer Ablehnung der Steuerbegünstigung nach § 5 Abs. 1 Nr. 9 KStG nach Erteilung des Bescheids nach § 60a AO keine Zuwendungsbestätigungen mehr erteilt werden dürfen.[5]   1260

Verstößt eine Körperschaft gegen die Regelungen in § 63 Abs. 5 AO, dann entspricht die tatsächliche Geschäftsführung nicht den gesetzlichen Anforderungen und dies führt zu einem Wegfall der Steuerbegünstigung für den betroffenen Veranlagungszeitraum.

Eine gültige **Spendenbescheinigung/Zuwendungsbestätigung** muss dem **amtlichen Muster** entsprechen.[6] Die amtlich vorgeschriebenen Muster sind voll-

---

1 Siehe Buchna/Leichinger/Seeger/Brox, a. a. O., Tz. 3.4.5, S. 435.
2 Buchna/Leichinger/Seeger/Brox, a. a. O., Tz. 3.3.2.3, S. 421; BFH v. 9. 12. 2014 - X R 4/11, BFH/NV 2015 S. 853.
3 Gesetz zur Modernisierung des Besteuerungsverfahrens v. 18. 7. 2016; Bott, S&S 6/2016 S. 40.
4 Ehrenamtsstärkungsgesetz v. 21. 3. 2013, BStBl 2013 I S. 339.
5 Emser, NWB 2013 S. 908, 914.
6 BMF v. 26. 3. 2014, BStBl 2014 I S. 1333, in dem eine Übergangsfrist zur Verwendung der alten Vordrucke bis längstens 31. 12. 2014 geregelt wird.

ständig vom Spendenempfänger auszufüllen. Spendenbestätigungen, in denen das angegebene Datum des Körperschaftsteuerfreistellungsbescheides länger als fünf Jahre bzw. das Datum der Feststellungsbescheinigung nach § 60a AO länger als drei Jahre seit dem Tag der Ausstellung der Spendenbestätigung zurückliegt, werden nicht anerkannt.[1]

Gemäß § 50 Abs. 4 EStDV hat die Stiftung die Vereinnahmung und die zweckentsprechende Verwendung der Spenden ordnungsgemäß **aufzuzeichnen** und ein **Doppel** der Zuwendungsbestätigung aufzubewahren.[2] Im Einvernehmen mit den obersten Finanzbehörden der Länder gilt für die Frage, ob durch den Zuwendungsempfänger **elektronisch** an den Zuwendenden **übersandte Zuwendungsbestätigungen** als Zuwendungsnachweise i. S. d. § 10b EStG i. V. m. § 50 Abs. 1 EStDV anerkannt werden können und zum Sonderausgabenabzug berechtigen, Folgendes: „Zuwendungsempfänger, die dem zuständigen FA die Nutzung eines Verfahrens zur maschinellen Erstellung von Zuwendungsbestätigungen gem. R 10b.1 Abs. 4 EStR angezeigt haben, können die maschinell erstellten Zuwendungsbestätigungen auf elektronischem Weg in Form schreibgeschützter Dokumente an die Zuwendenden übermitteln. Für die Abzugsberechtigung ist es dann unerheblich, dass der Zuwendungsempfänger den Ausdruck des entsprechenden Dokuments nicht selbst übernimmt, sondern dem Zuwendenden überlässt."[3]

1261 Den Preis dafür, dass die Spender grundsätzlich von der Richtigkeit der ihnen erteilten Spendenbescheinigung ausgehen dürfen (Vertrauensschutz des Zuwendenden, § 10b Abs. 4 Satz 1 EStG) haben die Vorstände der Stiftungen zu bezahlen. Die sog. **Ausstellerhaftung** trifft grundsätzlich nur die **Stiftung** (§ 50 Abs. 1 EStDV).[4] Der **Stiftungsvorstand haftet** gem. § 9 Abs. 3 Satz 2 KStG und § 10b Abs. 4 Sätze 2 und 3 EStG bei Vorsatz und grober Fahrlässigkeit **für die Richtigkeit** von Spendenbescheinigungen und für die **Verwendung** zu den in der Spendenbescheinigung angegebenen steuerbegünstigten Zwecken (§ 10b Abs. 4 EStG n. F.).[5] Die Spende darf auch nicht zu einem anderen steuerbegünstigten Zweck verwendet werden. Der Veranlasser einer Mittelverwendung, die nicht zu den in den Spendenbescheinigungen angegebenen steuerbegünstig-

---

1 Buchna/Leichinger/Seeger/Brox, a. a. O., Tz. 3.9.1, S. 467.

2 Buchna/Leichinger/Seeger/Brox, a. a. O., Tz. 3.9.3, S. 471.

3 BMF v. 6. 2. 2017 - IV C 4 - S 2223/07/0012, DStR 2017 S. 330.

4 OFD Frankfurt v. 17. 3. 2014, DStR 2014 S. 1445.

5 OFD Frankfurt v. 17. 3. 2014, DStR 2014 S. 1445; auch die Verwendung zu einem anderen steuerbegünstigten Zweck als angegeben ist schädlich, so FG Münster v. 22. 1. 2001, DStRE 2001 S. 867, bestätigt durch BFH v. 10. 9. 2003 – XI R 58/01, BStBl 2004 II S. 352.

ten Zwecken erfolgt, haftet für die entgangene Steuer.[1] Die **Haftungssumme** beträgt seit 1.1.2007 30 % des Spendenbetrages (§ 9 Abs. 3 Satz 3 KStG, entspricht § 10b Abs. 4 Satz 3 EStG).

Wird eine Stiftung im Körperschaftsteuer-Veranlagungsverfahren als nicht steuerbegünstigt qualifiziert, obwohl ein Feststellungsbescheid nach § 60a AO über die Steuerbegünstigung ausgestellt worden war, ist eine **Haftung gem. § 10b Abs. 4 EStG** denkbar.[2] Ebenso lässt sich die Vorschrift aber auch dahin gehend verstehen, dass eine abweichende Verwendung nur dann vorliegt, wenn die bestätigten Zwecke und die tatsächliche Verwendung nicht übereinstimmen. Die Regelung ist im Zusammenhang mit der 1. Alternative des § 10b Abs. 4 Satz 2 EStG zu sehen, wonach derjenige haftet, der vorsätzlich oder grob fahrlässig eine unrichtige Bestätigung ausstellt. Stellt man die Haftungstatbestände der fehlerhaften Ausstellung und der abweichenden Verwendung nebeneinander, so spricht viel dafür, das Unrichtig werden einer Bestätigung wegen der **rückwirkenden Aberkennung** der Gemeinnützigkeit des Spendenempfängers als Fall der Unrichtigkeit der 1. Alternative zuzuordnen. Dies führt jedoch dazu, dass in bestimmten Fällen[3] der Fiskus das Ausfallrisiko trägt; denn die Haftung wegen Unrichtigkeit der ausgestellten Spendenbestätigung setzt **Verschulden** voraus, das bei einer Anerkennung des Spendenempfängers als gemeinnützig im Regelfall nicht gegeben sein wird. Andererseits scheint es dem BFH bei summarischer Betrachtung bedenklich, die weitgefasste Verursacherhaftung auf die Fälle auszudehnen, in denen Spendenbestätigung und Verwendung übereinstimmen, die Steuerbegünstigung der Zwecke jedoch rückwirkend entfällt.

1262

Da die rückwirkende Aberkennung der Steuerbegünstigung kein rückwirkendes Ereignis i. S. v. § 175 Abs. 1 Satz 1 Nr. 2 AO ist, **bleibt** der **Spendenabzug bestehen**.[4]

Mehrere Personen haften als **Gesamtschuldner** (§ 44 AO). Die Haftung für zweckentfremdete Mittelverwendung setzt ein Verschulden nicht voraus[5] und ist daher besonders gefährlich.

1263

---

1 Siehe Geserich, S&S RS 3/2001.
2 So das FG Münster v. 22.3.2001, EFG 2001 S.838 und BFH v. 3.12.2001 - XI B 86/01, NWB DokID: QAAAA-67986.
3 BFH v. 3.12.2001 - XI B 86/01, NWB DokID: QAAAA-67986.
4 Siehe Hüttemann, a.a.O., § 8 Rn. 121; Buchna/Leichinger/Seeger/Brox, a.a.O., Tz. 3.7, S. 455.
5 Buchna/Leichinger/Seeger/Brox, a.a.O., Tz. 3.8.2, S. 460; a.A. Hüttemann, a.a.O., § 8 Rn. 132; siehe auch BFH v. 23.2.1999 - XI B 128/98, BFH/NV 1999 S. 1055 (= DStRE 1999 S. 624).

Dem Finanzamt wird ein relativ weiter Spielraum zuerkannt, an welchen von mehreren Haftungsschuldnern es sich halten will. Es muss sich jedoch ermessensgerecht verhalten.[1]

1264 **Rückwirkende Aberkennung** der Gemeinnützigkeit führt zum **Wegfall** des Spendenabzuges, wenn dem Spender die Unrichtigkeit der Bestätigung bekannt oder infolge grober Fahrlässigkeit nicht bekannt war.[2] Im Übrigen gilt der Grundsatz von Treu und Glauben.[3]

Der Verlust der Anerkennung als gemeinnützige Stiftung kann durch Abhilfemaßnahmen auch vorübergehend sein; dennoch kann bei Aberkennung der Vermögensanfall an eine andere steuerbegünstigte Körperschaft ausgelöst werden.[4]

1265 Eine Spendenbescheinigung kann einen **Vertrauensschutz** dann nicht begründen, wenn es für den Leistenden und den Empfänger der Zahlung angesichts der Begleitumstände klar erkennbar ist, dass die Zahlung in einem Gegenleistungsverhältnis steht, denn nach § 10b Abs. 4 Satz 1 EStG darf nur der gutgläubige Steuerpflichtige auf die Richtigkeit der Bestätigung über Spenden vertrauen.[5]

1266 Wird eine **Zustiftung in Erfüllung eines Vermächtnisses vom Erben** vorgenommen, ist ihm nach der BFH-Rechtsprechung[6] der **Spendenabzug verwehrt**.

1267 Für (partiell) **steuerpflichtige Unterstützungskassen** in Stiftungsform gelten Besonderheiten.[7] Zuwendungen des Trägerunternehmens an die Unterstützungskasse sind nicht als steuerpflichtige Einkünfte der Stiftung anzusehen. Die Höhe der Zuwendungen wird durch § 4d EStG bestimmt.

1268 **Spenden** wären als unentgeltliche Zuwendung an sich nach § 7 Abs. 1 Nr. 1 ErbStG schenkungsteuerpflichtig, wenn sie nicht ausdrücklich nach § 13 Abs. 1 Nr. 16 und 17 ErbStG schenkungsteuerbefreit wären. Ist der Spender gewerbesteuerpflichtig, richtet sich die Abzugsfähigkeit der Spenden beim Gewerbeertrag nach § 9 Nr. 5 GewStG.

---

1 OFD Frankfurt v. 17. 3. 2014, DStR 2014 S. 1445, 1446; BFH v. 23. 2. 1999 - XI B 128/98, BFH/NV 1999 S. 1055.
2 Siehe § 10b Abs. 4 EStG, § 9 Abs. 3 Satz 1 KStG; siehe auch BFH v. 11. 6. 1997 - X R 242/93, BStBl 1997 II S. 612.
3 BFH v. 11. 6. 1997, DStR 1997 S. 1320.
4 Herfurth, S&S 5/1998 S. 24 ff.
5 BFH v. 2. 8. 2006 - XI R 6/03, BStBl 2007 II S. 8.
6 BFH v. 23. 10. 1996 - X R 75/94, BStBl 1997 II S. 239; BMF v. 22. 3. 1993, BStBl 1993 I S. 298.
7 OFD Karlsruhe v. 1. 4. 1998, XI.

1.4 Organschaft

Steuerbefreite Stiftungen sowie Stiftungen mit Sitz oder Geschäftsleitung im Ausland können nach § 14 Nr. 2 KStG **nicht** Organträger sein. 1269

Eine **inländische** Stiftung als Organträgerin muss mindestens ihre **Beteiligungen an den Organen** als einen **steuerpflichtigen Geschäftsbetrieb** führen, da die Organschaft nur bei Vorliegen eines Gewerbebetriebes bei dem Organträger anerkannt werden kann, § 14 Abs. 1 Nr. 2 Satz 1 KStG.[1] 1270

Die Anerkennung einer **steuerbegünstigten** Stiftung **als Organgesellschaft** mit Gewinnabführungsvertrag ist nicht denkbar, da § 55 Abs. 1 Satz 1 AO dem entgegensteht. 1271

Bei Stiftungen, die Beteiligungen außerhalb eines Gewerbebetriebes führen, ist die Organschaft mit steuerlicher Wirkung ausgeschlossen.[2] 1272

1.5 Ausgründung von Unternehmen

Bei Stiftungen, die steuerpflichtige Unternehmen als Unternehmerin oder Mitunternehmerin in der Form des wirtschaftlichen Geschäftsbetriebes oder eines Zweckbetriebes einer im Übrigen nach § 5 Abs. 1 Nr. 9 KStG steuerbefreiten Stiftung betreiben, kommt aus Finanzierungs- und Organisationsgründen häufig eine **rechtliche Verselbständigung** in Betracht. Diese − auch „**Ausgründung**" oder „**Outsourcing**"[3] genannt − vollzieht sich so, dass eine Gesellschaft gegründet wird und die Stiftung ihr Unternehmen oder ihren Mitunternehmeranteil als Sacheinlage einbringt. Bei einer nach § 5 Abs. 1 Nr. 9 KStG **steuerbefreiten** Stiftung dürfen zur Kapitalausstattung der Tochtergesellschaft **keine Mittel** verwendet werden, die dem Gebot der **satzungsgemäßen zeitnahen Verwendung** des § 55 AO unterliegen (siehe Rn. 991 ff.); die Beteiligung unterliegt voll dem Gebot der **satzungsgemäßen Vermögensbindung** des § 61 AO (siehe Rn. 941).[4] 1273

Das UmwStG sieht für die Einbringung eines Betriebs, eines Teilbetriebs oder Mitunternehmeranteils in eine Kapitalgesellschaft (§ 20) die Fortführung der Buchwerte unter bestimmten Bedingungen vor. Eine Stiftung des bürgerlichen Rechts ist spaltungsfähiger Rechtsträger i. S. d. § 124 UmwG. Daher können Vermögensübertragungen ohne Liquidation im Wege der Auf- oder Abspal- 1274

---

1 Buchna/Leichinger/Seeger/Brox, a. a. O., Tz. 2.15.3.2, S. 289.
2 Hinweis auf BFH v. 17. 12. 1969, BStBl 1970 II S. 257.
3 Orth, S&S 1/1998 S. 20 ff.; ders., S&S RS 5/1999 S. 2 ff. zur Auslagerung von Bereichen, Funktionen und Prozessen auf externe Unternehmen; Tönnes/Wevel, DStR 1998 S. 274 ff.
4 OFD Rostock v. 12. 7. 2002, DStR 2002 S. 1184 f.

tung (§ 123 UmwG) auf eine Kapitalgesellschaft erfolgsneutral nach den Vorschriften der §§ 15 und 16 UmwStG vorgenommen werden.

1275 Für die **Spaltung zur Aufnahme** gelten §§ 126 ff. UmwG, für die **Spaltung zur Neugründung** §§ 135 ff. UmwG. Für die Beteiligung an einer GmbH bzw. AG oder KGaA gelten die besonderen Vorschriften der §§ 138 ff. bzw. §§ 141 ff. UmwG.

Stiftungen sind nicht in § 3 UmwG, sondern in § 124 Abs. 1 UmwG zur Spaltung durch Aufnahme von Vermögensteilen auf einen bestehenden oder neu gegründeten Rechtsträger zugelassen (§§ 126 ff. UmwG).[1]

1276 Ferner eröffnet § 161 UmwG die **Ausgliederung** der von einer rechtsfähigen Stiftung i. S. v. § 80 BGB betriebenen Unternehmen (mithin auch von wirtschaftlichen Geschäftsbetrieben und Zweckbetrieben) oder von Teilen desselben zur Aufnahme durch Personenhandels- oder Kapitalgesellschaften oder zur Neugründung von Kapitalgesellschaften. Für den Ausgliederungsbeschluss, den Ausgliederungsbericht, die staatliche Genehmigung und für den Sachgründungs- und Gründungsbericht sind §§ 162 ff. UmwG maßgebend. Auch hier ist **Buchwertfortführung** durch Antragstellung möglich (§§ 11 bis 16 UmwStG).

1277 Bei Übertragungen auf eine **Personengesellschaft**, die nach den Ausführungen unter Rn. 1095 ff. i. d. R. nicht interessant sein dürfte, gelten gem. § 16 UmwStG die Vorschriften der §§ 3 bis 8, 10 und 15 UmwStG entsprechend.

1278 **Gemeinnützigkeitsrechtlich** ist die Ausgliederung auf eine der Stiftung gehörende Tochtergesellschaft eine **unschädliche Umschichtung** des nicht der zeitnahen Mittelverwendung unterliegenden Stiftungsvermögens, wenn ein steuerpflichtiger oder steuerbefreiter Teil desselben in eine Kapital- oder Personengesellschaft ausgegliedert wird.[2] Letzteres wird aber stiftungsrechtlich nur zugelassen, wenn die **Haftung** der Stiftung **beschränkt** ist, d. h. sie kann nur Kommanditistin sein. Ein **Zweckbetrieb** kann auch in eine steuerbefreite Kapitalgesellschaft bei Erfüllung aller Anforderungen des § 5 Abs. 1 Nr. 9 KStG ausgegliedert werden.[3] Bei „**Outsourcing" auf Fremde** mit Vermögensübertragung liegt ein Verstoß gegen das Gebot der satzungsgemäßen Vermögensbindung des § 61 AO[4] vor. Dient dieser Fremde nur funktionsmäßig der Zweckverwirklichung, muss er Hilfsperson i. S. v. § 57 Abs. 1 Satz 2 AO sein. **Zeitnah zu ver-**

---

1 Orth, S&S RS 5/1999 S. 10 ff.
2 Siehe auch Orth, S&S RS 5/1999 S. 12 f.
3 So auch Orth, S&S RS 5/1999 S. 13.
4 Siehe Rn. 1031 f.

wendende Mittel der Stiftung dürfen keinesfalls zur Kapitalausstattung eines steuerpflichtigen ausgegründeten Betriebes verwendet werden.[1] Bei Beteiligung Dritter muss auch steuerrechtlich ein Wertausgleich stattfinden.[2]

Die Grundsätze der **Betriebsaufspaltung**[3] sind auch auf steuerbefreite Stiftungen anzuwenden, die die wirtschaftliche **Tätigkeit auf eine Kapitalgesellschaft ausgegliedert** haben, wenn diese steuerpflichtig ist;[4] sie sind nicht anwendbar, wenn die Kapitalgesellschaft selbst nach § 5 Abs. 1 Nr. 9 KStG steuerbefreit ist.

1279

Die Umwandlung (Ausgliederung) hat insbesondere bei steuerbegünstigten Stiftungen Bedeutung, um die anlässlich der Errichtung eingebrachten Betriebe und Mitunternehmeranteile auf eine Tochter-GmbH auszugliedern und so einen wirtschaftlichen Geschäftsbetrieb zu **vermeiden** (vgl. oben Rn. 959). Diesen Weg sind viele gemeinnützige Körperschaften auch deshalb gegangen, um zu vermeiden, dass die gewachsenen wirtschaftlichen Geschäftsbetriebe ihr das Gepräge als steuerbefreite Körperschaft nahmen. Durch die Umwandlung konnten die erlangten Anteile der unschädliche **Vermögensverwaltung** zugerechnet werden.

1280

1.6 Investitionszulage

Während – bei Erfüllung aller Voraussetzungen – eine steuerpflichtige Stiftung Investitionszulage nach dem Investitionszulagegesetz bzw. dem Auslandsinvestitionsgesetz beanspruchen kann, ist dies einer steuerbefreiten Stiftung verwehrt.[5]

1281

1.7 Gewerbesteuer

1.7.1 Grundsatz der Steuerfreiheit

Nach der Satzung und der tatsächlichen Geschäftsführung **ausschließlich und unmittelbar gemeinnützigen, mildtätigen oder kirchlichen Zwecken dienende Unternehmen** sind nach § 3 Nr. 6, 9, 20 GewStG in gleicher Weise wie bei der Körperschaftsteuer **steuerbefreit.**[6]

1282

---

1 Siehe Rn. 990; OFD Rostock v. 21. 3. 2001, DStR 2001 S. 942; Schröder, DStR 2001 S. 1415 ff.
2 OFD Rostock v. 21. 3. 2001, DStR 2001 S. 942.
3 Rn. 958.
4 Buchna/Leichinger/Seeger/Brox, a. a. O., Tz. 2.15.4.3, S. 298 und Tz. 4.5.4, S. 549 ff.
5 BFH v. 28. 7. 1994 - II R 2/92, DB 1994 S. 2377.
6 Ambulante Vorsorge- und Rehabilitationseinrichtungen fallen unter die Befreiung des § 3 Nr. 20d GewStG, FM Bayern v. 28. 5. 1999, DB 1999 S. 1355.

1283 Gemäß § 3 Nr. 6 GewStG gilt die Steuerbefreiung für Stiftungen, die ausschließlich und unmittelbar gemeinnützigen, mildtätigen oder kirchlichen Zwecken nach Satzung und tatsächlicher Geschäftsführung dienen, nicht für ihre **wirtschaftlichen Geschäftsbetriebe** (ausgenommen Land- und Forstwirtschaft, so schon § 2 Abs. 3 GewStG im Ergebnis).

1.7.2 Steuerpflicht des wirtschaftlichen Geschäftsbetriebs

1284 Gewinn- und Verlustanteile einer ganz oder partiell steuerpflichtigen Stiftung aus Mitunternehmerschaften werden bei diesen ggf. gewerbesteuerlich erfasst (§§ 8, 9 Nr. 2 GewStG).

1285 Gemäß § 8 Nr. 5 GewStG werden **Gewinnausschüttungen von Kapitalgesellschaften** bei Beteiligungen unter 15 % des Grund- oder Stammkapitals voll (d. h. auch hinsichtlich der nach § 8b Abs. 1 KStG steuerbefreiten Ausschüttungen) der Gewerbeertragssteuer unterworfen. Dies jedoch nur, wenn die Beteiligung nicht zum Bereich der Vermögensverwaltung gerechnet werden kann.

1286 Die Stiftung kommt mit einem **wirtschaftlichen Geschäftsbetrieb** gewerbesteuerlich in den Genuss des **Schachtelprivilegs** (§ 9 Nr. 2a GewStG), wenn die Beteiligung mindestens 15 % des Grund- oder Stammkapitals der Kapitalgesellschaft beträgt. Auch das sog. „internationale Schachtelprivileg" des § 9 Nr. 7 GewStG setzt eine Beteiligungsquote von 15 % voraus.

1287 Nach § 7 GewStG wird bei einer partiell steuerpflichtigen Stiftung der **Gewinn** aus der Aufgabe der Veräußerung eines Betriebs, eines Teilbetriebs einer Mitunternehmerschaft des Anteils an einer Mitunternehmerschaft dem Gewerbeertrag zugerechnet.

1288 Sind die ein **verpachtendes Besitzunternehmen** beherrschenden Personen in der Lage, über eine zwischengeschaltete rechtsfähige Stiftung bei dem Betriebsunternehmen ihren Willen hinsichtlich aller wesentlichen unternehmerischen Entscheidungen durchzusetzen, sind die Grundsätze über die **Betriebsaufspaltung** anzuwenden.[1]

1289 Dieser Grundsatz gilt wegen des den §§ 14, 64 und 65 AO zugrunde liegenden Konkurrenzgedankens auch für gemeinnützige Stiftungen.[2] Dies hat zur Folge, dass auch gewerbesteuerlich eine steuerpflichtige wirtschaftliche Betätigung einer **Vermögensverwaltungsstiftung** vorliegt, wenn die eigentliche wirt-

---

1 BFH v. 26. 8. 2005 - X B 98/05, BStBl 2005 II S. 833.
2 OFD Frankfurt/M. v. 18. 2. 1982 - S 2729-A-3 - St II 11/S 0178-A-4 - St II 11, Wpg 1982 S. 452.

schaftliche Tätigkeit im Wege der Betriebsaufspaltung auf eine selbständige Kapitalgesellschaft ausgegliedert worden ist.[1]

Für die (gewerbesteuerpflichtigen) wirtschaftlichen Geschäftsbetriebe der ansonsten nach § 3 Nr. 6 oder Nr. 9 GewStG steuerbefreiten Stiftungen kommt der Freibetrag nach § 11 Abs. 1 Nr. 2 GewStG von 5.000 € beim Gewerbeertrag zum Zuge.   1290

1.8 Umsatzsteuer

Grundsätzlich gelten für Stiftungen umsatzsteuerlich keine Besonderheiten. Da nach § 2 Abs. 1 UStG Umsatzsteuerpflicht durch jede nachhaltige Tätigkeit zur Erzielung von Einnahmen auch ohne Absicht, dabei einen Gewinn zu erzielen, begründet wird, können auch von der Körperschaft-, Gewerbe- und Erbschaftsteuer **befreite** Stiftungen **umsatzsteuerpflichtig** sein.[2] Selbst Leistungen ansonsten steuerfreier Körperschaften an gemeinnützige Körperschaften fallen bei Nachhaltigkeit unter Umsatzsteuerpflicht. Echte **Zuschüsse**, auch an einen wirtschaftlichen Geschäftsbetrieb, sind nicht umsatzsteuerbar, da kein Leistungsaustausch vorliegt.[3]   1291

Lediglich der ideelle Bereich ist als **nichtunternehmerischer Bereich** hiervon ausgenommen, so dass Tätigkeiten im Rahmen der Zweckerfüllung und bei Fehlen einer Einnahmeerzielungsabsicht (außerhalb eines Leistungsaustauschs) nicht steuerbar sind.[4] Hingegen sind die Tätigkeiten eines wirtschaftlichen Geschäftsbetriebs **stets** als **unternehmerisch** anzusehen.[5] Ausgehend von den vier Sphären (§ 64 AO) ergibt sich umsatzsteuerlich folgende Einteilung:

Ideeller Bereich	Vermögensverwaltung	Zweckbetrieb	Wirtschaftlicher Geschäftsbetrieb
———	Unternehmerischer Bereich	Unternehmerischer Bereich	Unternehmerischer Bereich

Diese Differenzierung hat Auswirkungen auf den Vorsteuerabzug. Wird z. B. ein Pkw angeschafft, der im wirtschaftlichen Geschäftsbetrieb und für den

---

1 BFH v. 19. 3. 2002 - VIII R 57/99, BStBl 2002 II S. 662 (= Wpg 2002 S. 675).
2 Otto, a. a. O., S. 202; vgl. ausführlich Buchna/Leichinger/Seeger/Brox, a. a. O., Tz. 4.5.1, S. 532 ff.
3 Zu den steuerbaren Zuschüssen siehe Abschn. 10.2 Abs. 1 ff. UStAE; Hüttemann, a. a. O., § 7 Rn. 131 ff.
4 Rasche in Schauhoff, a. a. O., § 11 Rn. 13.
5 Rasche in Schauhoff, a. a. O., § 11 Rn. 15.

ideellen Bereich eingesetzt wird, so ist die Vorsteuer nur anteilig abzugsfähig.[1]

1292 Da es im Umsatzsteuerrecht keinen generellen persönlichen Steuerfreibetrag gibt, kommen **Steuerbefreiungen** nur nach § 4 UStG in Betracht. Für einen steuerbefreiten Bereich ist der Vorsteuerabzug ausgeschlossen, so dass oft freiwillig zur Steuerpflicht optiert wird.[2]

1293 Aus dem **Befreiungskatalog** des § 4 UStG sind vor allem zu nennen:

► Nr. 14 Heilberufliche Tätigkeiten,[3]

► Nr. 16 Krankenhäuser, Alten-, Pflegeheime u. Ä.,[4]

► Nr. 17b Beförderung von kranken und verletzten Personen mit Fahrzeugen, die hierfür besonders eingerichtet sind,[5]

► Nr. 18 Leistungen der freien Wohlfahrtspflege,[6]

► Nr. 20a von der zuständigen Landesbehörde anerkannte Theater, Orchester, Museen, Denkmäler u. Ä.,[7]

► Nr. 20b Theater- und Konzertveranstaltungen durch andere Unternehmer, wenn die Darbietung von den unter Nr. 20a genannten Theatern, Orchestern u. Ä. erbracht werden,[8]

► Nr. 21a unmittelbar dem Schul- und Bildungszweck dienende private Schulen und andere allgemeinbildende und berufsbildende Einrichtungen,[9]

► Nr. 22 Vorträge, Kurse und andere Veranstaltungen belehrender Art,

► Nr. 22b andere kulturelle und sportliche Veranstaltungen,[10]

---

1 Klöttschen/Muth/Krumpen/Hein, S&S RS 2/2014 S. 4.
2 Siehe Otto, a. a. O., S. 205.
3 Abschn. 4.14.1 UStAE; BFH v. 3. 2. 2000, DB 2000 S. 1107; BMF v. 27. 3. 2001, DStR 2001 S. 853 sowie EuGH v. 10. 9. 2002, DStRE 2002 S. 1196.
4 Abschn. 4.16.1 UStAE; BMF v. 18. 5. 2000, DStR 2000 S. 1095; BFH v. 14. 12. 2000, DB 2000 S. 416.
5 Abschn. 4.17.2 UStAE.
6 Abschn. 4.18.1 UStAE; BFH v. 8. 11. 2007 - V R 2/06, BStBl 2008 II S. 634; Versagung bei Mitwirkung am ärztlichen Notfalldienst im Urteil v. 24. 10. 2001 des FG Düsseldorf, EFG 2002 S. 355 (rkr.).
7 Abschn. 4.20.1 bis 4.20.3 UStAE; FG Rheinland-Pfalz v. 6. 5. 2008 - 6 K 1666/06, DStRE 2008 S. 1392; BFH v. 18. 8. 2005 - V R 20/03, BStBl 2005 II S. 910.
8 OFD Frankfurt/M. v. 14. 8. 2007 - S 7110 A - 2/86 - St 11, NWB DokID: XAAAC-61579.
9 Abschn. 4.21.2 UStAE; OFD Hannover v. 17. 3. 2000, DStR 2000 S. 1095 f.; BMF v. 28. 9. 2001, DStR 2001 S. 1845; BFH v. 30. 3. 2000, DStR 2000 S. 1256 ff.; OFD Hannover v. 4. 4. 2001, DStR 2001 S. 1349.
10 Abschn. 4.22.2 UStAE.

▶ Nr. 23 Kindergärten, Ausbildungs- und Fortbildungsheime für Jugendliche,[1]

▶ Nr. 25 bestimmte Leistungen der förderungswürdigen Träger der freien Jugendhilfe,[2]

▶ Nr. 26b ehrenamtliche Tätigkeit.

Bei **Forschungseinrichtungen** erstreckt sich die Unternehmereigenschaft nur auf den entgeltlichen Bereich,[3] in den auch Zuschüsse fallen,[4] wenn ein Leistungsaustauschverhältnis besteht.[5] Unter Entgelt können auch Leistungen gem. § 10 Abs. 1 Satz 3 UStG fallen. Nur „echte" Zuschüsse ohne Gegenleistung sind nicht umsatzsteuerbar. Dazu zählen auch Bundeszuschüsse.[6]   **1294**

Regelmäßig sind im Zusammenhang mit befreiten Umsätzen abgrenzbare Leistungen, die in **Konkurrenz** zu nicht steuerbefreiten Unternehmern erbracht werden, nicht in die Befreiung einbezogen (z. B. Betrieb von Kiosken, Restaurants, Hotels).[7] Nur Nebenleistungen im engsten Sinn teilen das Schicksal der Hauptleistung.

Die Abgabe von **Speisen und Getränken** bei umsatzsteuerfreien Veranstaltungen sind umsatzsteuerpflichtig.[8] Die Beantwortung der Frage, ob die Abgabe von Speisen und Getränken eine ermäßigt besteuerte Lieferung oder eine nicht ermäßigt besteuerte sonstige Leistung darstellt, ist unverändert schwierig. Die **Abgrenzung** ist nach den für alle einheitlichen Leistungen geltenden Grundsätzen vorzunehmen.[9] Überwiegen die Elemente einer Lieferung, handelt es sich insgesamt um eine Lieferung. Überwiegen die Elemente einer sonstigen Leistung, liegt insgesamt eine sonstige Leistung vor.[10]   **1295**

Nach § 4 Nr. 16 Buchst. b UStG mit dem **Krankenhausbetrieb** eng verbunden und damit umsatzsteuerfreie Umsätze sind nur anzunehmen, wenn sie für die Ausübung der Tätigkeiten, für die die Steuerbefreiung gewährt wird, typisch   **1296**

---

1 Abschn. 4.23.1 UStAE; BFH v. 28. 9. 2006 - V R 57/05, BStBl 2007 II S. 846.

2 Abschn. 4.25.1 UStAE; BMF v. 28. 9. 2001, DStR 2001 S. 1875; FG Nürnberg v. 11. 9. 2007 - II 238/04, DStRE 2008 S. 498.

3 Abschn. 2.10 Abs. 1 UStAE.

4 Vgl. Abschn. 2.10 Abs. 1 Satz 3 f. UStAE und Abschn. 10.2 Abs. 10 UStAE.

5 § 1 Nr. 1 UStG, Abschn. 2.10 Abs. 1 UStAE; FM Bayern v. 13. 4. 2000, DB 2000 S. 900. Zur Auftragsforschung staatlicher Hochschulen EuGH v. 20. 6. 2002, DStR 2002 S. 1172 ff.

6 Siehe BFH v. 22. 7. 2008 - V B 34/07, BFH/NV 2008 S. 1895; BMF v. 15. 8. 2006, BStBl 2006 I S. 502.

7 Zum Wettbewerb siehe Rn. 1136.

8 Buchna/Leichinger/Seeger/Brox, a. a. O., Tz. 4.5.12.1, S. 654; BFH v. 14. 5. 1998, BStBl 1999 II S. 145.

9 Abschn. 3.6 UStAE.

10 Abschn. 3.6 UStAE.

und unerlässlich sind, regelmäßig und allgemein beim laufenden Betrieb vorkommen und damit unmittelbar oder mittelbar zusammenhängen. Die Steuerbefreiung ist ausgeschlossen, wenn die Umsätze im Wesentlichen dazu bestimmt sind, der Einrichtung zusätzliche Einnahmen durch Tätigkeiten zu verschaffen, die in unmittelbarem Wettbewerb zu steuerpflichtigen Umsätzen anderer Unternehmer stehen.[1] Die Verabreichung von Zytostatika im Rahmen einer ambulant in einem Krankenhaus durchgeführten ärztlichen Heilbehandlung, die dort individuell für den einzelnen Patienten in einer Apotheke dieses Krankenhauses hergestellt werden, ist als ein mit der ärztlichen Heilbehandlung eng verbundener Umsatz gem. § 4 Nr. 16 Buchst. b UStG steuerfrei.[2]

1297 Da der Begriff „sportliche Veranstaltung" in § 4 Nr. 22b UStG den gleichen Inhalt wie in § 67a AO haben soll,[3] gilt § 4 Nr. 22b UStG auch für sportliche Veranstaltungen von Stiftungen, sofern „Einrichtungen, die gemeinnützigen Zwecken dienen", als Veranstalter anerkannt sind. Sportliche Veranstaltungen in diesem Sinne liegen vor, wenn ein Verein organisatorische Maßnahmen erbringt, die den aktiven Sportlern – auch Nichtmitgliedern – die Sportausübung ermöglichen. Diese Voraussetzung ist gegeben, wenn mehrere Maßnahmen als Teil einer Gesamtorganisation erbracht werden, z. B. Zurverfügungstellung von Parkplätzen, Umkleidekabinen und Toilettenanlagen, Betreuung, Unfallverhütung u. a., die allen Personen zugutekommt.[4]

1298 Bei Rettungsdienstleistungen i. S. v. § 4 Nr. 17b UStG ist nur das Entgelt für die Beförderung der Kranken oder verletzten Personen, nicht aber für andere Leistungen (z. B. den Transport einer gesunden Begleitperson) nach dieser Bestimmung umsatzsteuerbefreit.[5]

Die Steuerbefreiung gem. § 4 Nr. 18 UStG gilt auch für den Betrieb einer **Mensa**, einer **Cafeteria** und einer Einrichtung der freien Wohlfahrtspflege für wirtschaftlich bedürftige Personen.[6]

1299 Die Leistungen eines als Gewerbebetrieb qualifizierten **Pflegedienstes** auf dem Gebiet der Behandlungspflege sind weder nach § 4 Nr. 14 UStG noch

---

1 Vgl. Abschn. 4.16.6 Abs. 1 UStAE; OFD Karlsruhe v. 15. 8. 2007 - S 7172, DStR 2007 S. 1771, NWB DokID: DAAAC-54167.
2 BFH v. 24. 9. 2014 - V R 19/11, DStR 2014 S. 2505; a. A. entgegen Abschn. 4.14.6 Abs. 3 Nr. 3 UStAE.
3 Nach BFH v. 25. 7. 1996 - V R 7/95, BStBl 1997 II S. 154. Nur Teilnehmerentgelte sind steuerbefreit vgl. Abschn. 4.22.2 Abs. 3 Abs. UStAE.
4 OFD Karlsruhe v. 5. 3. 2001 - S 7180/1, UR 2001 S. 509.
5 Abschn. 4.17.2 Abs. 2 Satz 3 UStAE; LfSt Bayern v. 12. 4. 2006 - S 7174 - 1 St 35 N.
6 Abschn. 4.18.1 Abs. 6 ff. UStAE.

nach § 4 Nr. 16 UStG von der Umsatzsteuer befreit. Umsätze eines mit Gewinnstreben betriebenen „Reiterhofs", der nicht als Einrichtung mit sozialem Charakter anerkannt ist, sind weder nach nationalem Recht (§ 14 Nr. 14 bzw. 23 UStG) noch nach Unionsrecht umsatzsteuerfrei.[1]

Für den Bereich der **Vermögensverwaltung** der umsatzsteuerpflichtigen Stiftung kommen vor allem die Befreiungsvorschriften des § 4 Nr. 8 UStG (u. a. für **Zinsen**) und § 4 Nr. 9a und Nr. 12 UStG (u. a. für **Mieten von Grundstücken**) in Betracht. Bei Grundstücken kann ein **Verzicht auf die Befreiung gem. § 9 UStG** sinnvoll sein.[2] Die Nachweisanforderungen zur Steuerbefreiung sind streng.[3]   1300

Im Verhältnis zu den **Destinatären** kann nicht nur eine satzungsgemäße entgeltliche Überlassung von Gegenständen Umsatzsteuerpflicht auslösen. Bei der unentgeltlichen Wertabgabe kommt zusätzlich § 3 Abs. 1b und Abs. 9a UStG in Betracht.[4]   1301

Bei gemeinnützigen oder mildtätigen Stiftungen ist die unentgeltliche oder entgeltliche **Überlassung** von **Dienst-Kraftfahrzeugen** und -Telefonen zur privaten Nutzung grundsätzlich gem. § 3 Abs. 9a UStG umsatzsteuerpflichtig. Auch die sog. **Wertabgabe** gem. § 3 Abs. 1b UStG, z. B. an Belegschaftsangehörige der Stiftung, löst Umsatzsteuerpflicht aus. Auch beim Zweckbetrieb kann der Tatbestand der „unentgeltlichen Wertabgabe" gem. § 3 Abs. 1b UStG erfüllt sein.[5]

Lieferungen und Leistungen eines wirtschaftlichen Geschäftsbetriebes (§ 14 AO) einer im Übrigen steuerbefreiten Stiftung unterliegen den allgemeinen Vorschriften der Umsatzbesteuerung. Gleiches gilt für die **Betriebe gewerblicher Art** von **Stiftungen des öffentlichen Rechts**.   1302

Infolge des in den letzten Jahren immer stärker ausgeweiteten Anwendungsbereichs der Umkehrung der Steuerschuldnerschaft (**Reverse-Charge-Verfahren**) geraten auch gemeinnützige Stiftungen (unwissentlich) in die Situation, als Leistungsempfänger zum Steuerschuldner zu werden. Dies kann zu einer zusätzlichen Kostenbelastung führen, da sie oftmals nicht oder nicht vollumfänglich vorsteuerabzugsberechtigt sind.[6] Nach § 3a Abs. 2 Satz 3 UStG ist der Ort einer sonstigen Leistung (z. B. Beratungsleistung) beim Leistungsemp-   1303

---

1 BFH v. 26. 11. 2014 - XI R 25/13, BFH/NV 2015 S. 531.
2 Siehe Abschn. 9.2 ff. UStAE; BFH v. 26. 6. 1996, DStR 1996 S. 1479 f.
3 Vgl. Abschn. 9.2 Abs. 4 UStAE.
4 Siehe Buchna/Leichinger/Seeger/Brox, a. a. O., Tz. 4.5.2, S. 535 f. und Tz. 4.5.11.2, S. 648.
5 Buchna/Leichinger/Seeger/Brox, a. a. O., Tz. 4.5.4.2, S. 550 f.
6 Engelsing, NWB 2015 S. 900.

fänger (= Stiftung) und damit im Inland (§ 1 Abs. 1 Nr. 1 UStG). Der Umfang der unternehmerischen Tätigkeit ist unerheblich; auch die Kleinunternehmereigenschaft verhindert nicht die Anwendung der Norm. Ohne die Regelung des § 13b UStG müsste der ausländische Unternehmer seine Rechnung mit deutscher Umsatzsteuer ausweisen und die erhaltene Umsatzsteuer an das für ihn zuständige deutsche Finanzamt abführen. Aufgrund von § 13b UStG hat der Leistungsempfänger (= Stiftung) die Umsatzsteuer für den Leistenden an das zuständige Finanzamt abzuführen. Voraussetzung für die Umkehrung der Steuerschuldnerschaft ist, dass der Leistungsempfänger ein Unternehmer oder eine juristische Person ist, § 13b Abs. 5 Satz 1 UStG; dies gilt auch, wenn die Leistung für den nichtunternehmerischen Bereich bezogen wird, § 13b Abs. 5 Satz 6 UStG.[1]

1304 Leistungen von Stiftungen, die **ausschließlich und unmittelbar gemeinnützige, mildtätige oder kirchliche Zwecke** verfolgen, können nach § 12 Abs. 2 Nr. 8a UStG in den Genuss des ermäßigten Steuersatzes von 7 % kommen.[2] Die Umsätze der **Zweckbetriebe**[3] unterliegen daher regelmäßig gem. § 12 Abs. 2 Nr. 8a UStG dem ermäßigten Steuersatz von 7 %. Auch die Verkaufserlöse von Gegenständen der Betriebs- und Geschäftsausstattung gemeinnütziger Stiftungen (außerhalb ihrer wirtschaftlichen Geschäftsbetriebe) werden nicht mit dem normalen, sondern mit dem ermäßigten Steuersatz besteuert, wenn sie umsatzsteuerpflichtig sind. Somit unterfällt auch der gesamte Bereich der vermögensverwaltenden Tätigkeit dem ermäßigten Steuersatz.

1305 Der **ermäßigte** Steuersatz gilt **nicht** für **wirtschaftliche Geschäftsbetriebe** (§ 12 Abs. 2 Nr. 8a Satz 2 UStG).[4] Ob er für den Bereich der Vermögensverwaltung „noch" greift, ist fraglich geworden.[5]

1306 Unter **Sponsoring** wird üblicherweise die Gewährung von Geld oder geldwerten Vorteilen durch Unternehmen zur Förderung von Personen, Gruppen und/oder Organisationen in sportlichen, kulturellen, kirchlichen, wissenschaftlichen, sozialen, ökologischen oder ähnlich bedeutsamen gesellschaftspolitischen Bereichen verstanden, mit der regelmäßig auch eigene unternehmensbezogene Ziele der Werbung oder Öffentlichkeitsarbeit verfolgt werden.

---

1 Ausführlich Engelsing, NWB 2015 S. 900, 902.

2 Siehe Buchna/Leichinger/Seeger/Brox, a. a. O., Tz. 4.5.12, S. 654 f.

3 BMF v. 9. 9. 2007, BStBl 2007 I S. 218; Buchna/Leichinger/Seeger/Brox, a. a. O., Tz. 4.5.12.1, S. 654.

4 Abschn. 12.9 Abs. 3 Satz 1 UStAE; Ehlers/Schmidt/Korfmann/Melzer/Klöck/Brixius, S&S RS 6/2013 S. 5 (Tz. 3.1.2).

5 Vgl. BFH v. 20. 3. 2014 - V R 4/13, BFH/NV 2014 S. 1470; Wäger, DStR 2014 S. 1526.

Umsatzsteuerlich wird beim Sponsoring zwischen **Werbeleistungen** (wirtschaftlicher Geschäftsbetrieb) und **Duldungsleistungen** (Vermögensverwaltung) unter Abgrenzung zur Spende (ideeller Bereich) unterschieden. Die Werbeleistungen sind mit dem normalen, die Duldungsleistungen mit dem ermäßigten Steuersatz zu versteuern.[1]

Aus der Sicht des Zuwendungsempfängers gilt nach Ansicht der Finanzverwaltung Folgendes:[2]

▶ Zahlungen im Rahmen des Sponsorings sind Entgelt für steuerpflichtige Leistungen an den Sponsor (§ 1 Abs. 1 Nr. 1 UStG), wenn nach dem jeweiligen Sponsoring-Vertrag konkrete Leistungen (z. B. Banden- oder Trikotwerbung, Anzeigen, Vorhalten von Werbedrucken, Lautsprecherdurchsagen, Überlassung von Eintrittskarten usw.) vereinbart sind. Diese Leistungen unterliegen auch bei steuerbegünstigten Einrichtungen dem allgemeinen Steuersatz, da es sich um Umsätze im Rahmen eines steuerschädlichen wirtschaftlichen Geschäftsbetriebs handelt.

▶ Kein Leistungsaustausch liegt vor, wenn der Empfänger von Zuwendungen aus einem Sponsoringvertrag auf Plakaten, in Veranstaltungshinweisen, in Ausstellungskatalogen, auf seiner Internetseite oder in anderer Weise auf die Unterstützung durch den Sponsor lediglich hinweist. Dieser Hinweis kann unter Verwendung des Namens, Emblems oder Logos des Sponsors, jedoch ohne besondere Hervorhebung oder Verlinkung zu dessen Internetseiten, erfolgen.

▶ Dies gilt auch, wenn der Sponsor auf seine Unterstützung in gleicher Art und Weise lediglich hinweist. Dagegen ist von einer Leistung des Zuwendungsempfängers an den Sponsor auszugehen, wenn dem Sponsor das ausdrückliche Recht eingeräumt wird, die Sponsoringmaßnahme im Rahmen eigener Werbung zu vermarkten.

▶ Gehören zu den Leistungen der gesponserten Einrichtung auch Eintrittsberechtigungen zu Veranstaltungen, ist eine Aufteilung des Entgelts vorzunehmen.

▶ Auf Sach- oder Dienstleistungen im Rahmen des Sponsorings (z. B. Zuwendung von Kunstwerken, Überlassung von Fahrzeugen) sind die obigen Ausführungen entsprechend anzuwenden.

---

1 Rasche in Schauhoff, a. a. O., § 11 Rn. 29 ff.; BMF v. 25. 7. 2014, DStZ 2014 S. 590; a. A. BFH v. 20. 3. 2014 - V R 4/13, BFH/NV 2014 S. 1470.
2 OFD Karlsruhe v. 29. 2. 2016 - S 7100, DB 2016 S. 924.

► Die Beteiligten haben über steuerpflichtige Umsätze grundsätzlich Rechnungen mit gesondert ausgewiesener Umsatzsteuer zu erteilen. Ob und ggf. in welcher Höhe ein Vorsteuerabzug aus der Rechnung des Sponsors zulässig ist, beurteilt sich nach der tatsächlichen Verwendung der Sach- oder Dienstleistung. Eine ausschließliche Verwendung für unternehmensfremde Zwecke oder für nichtwirtschaftliche Tätigkeiten i. e. S. (z. B. ideeller Vereinsbereich) oder für steuerfreie Umsätze schließt den Vorsteuerabzug aus.

► Wird der Gegenstand für unternehmerische (wirtschaftliche) Zwecke oder nichtwirtschaftliche Tätigkeiten i. e. S. (z. B. im ideellen Bereich) und für unternehmensfremde Zwecke (z. B. unentgeltliche Fahrzeugüberlassungen an Arbeitnehmer) verwendet, kann der Unternehmer diesen nur im Umfang der Nutzung für unternehmerische – wirtschaftliche – und für unternehmensfremde Zwecke dem Unternehmensvermögen zuordnen. Die Nutzung für unternehmensfremde Zwecke ist grundsätzlich als unentgeltliche Wertabgabe zu besteuern. Die Verwendung für nichtwirtschaftliche Tätigkeiten i. e. S. schließt den Vorsteuerabzug aus. Insoweit entfällt eine Besteuerung als unentgeltliche Wertabgabe.

Mangels Leistungsaustauschs ist die **Spende** bei der Stiftung **nicht** umsatzsteuerrelevant.

1307 Bei umsatzsteuerlichen Lieferungen und Leistungen ist die Stiftung gem. § 14 UStG zur **Ausstellung von Rechnungen** mit Mehrwertsteuerausweis **verpflichtet**.

1308 Es wird vom Zuwendenden an eine Stiftung oft übersehen, dass nicht nur unentgeltliche Lieferungen (**Sachzuwendungen**) gem. § 3 Abs. 1b UStG, sondern auch die unentgeltliche Erbringung einer **sonstigen Leistung** gem. § 3 Abs. 9a Nr. 2 UStG des zuwendenden Unternehmens umsatzpflichtig ist. Empfänger kann auch der umsatzsteuerliche wirtschaftliche Geschäftsbetrieb oder Zweckbetrieb einer im Übrigen gem. § 5 Abs. 1 Nr. 9 UStG steuerbefreiten Stiftung sein, die außerhalb dieser Betriebe nur steuerbefreite Umsätze gem. § 4 UStG ausführt. Die ausgelöste Umsatzsteuer ist bei Verwendung im umsatzsteuerbefreiten Bereich gem. § 15 Abs. 2 Nr. 1 UStG nicht abzugsfähig.

1309 Bei **Sach- oder Dienstleistungen gegen** eine **sonstige Leistung** (z. B. beim Sponsoring) ist gem. §§ 3 Abs. 12, 10 Abs. 2 UStG der **gemeine Wert** anzusetzen.[1] Bei Zuwendung eines einheitlichen Gegenstandes, sowohl für den umsatz-

---

1 Abschn. 10.5 Abs. 1 UStAE; Ehlers/Schmidt/Korfmann/Melzer/Klöck/Brixius, S&S RS 6/2013 S. 6.

steuerpflichtigen als auch für den umsatzsteuerbefreiten Bereich der Stiftung, muss die Nutzung für unternehmerische Zwecke mindestens 10 % betragen (§ 15 Abs. 1 Satz 2 UStG).[1]

Unentgeltliche Wertabgaben aus dem unternehmerischen Bereich der Stiftung für unternehmensfremde Zwecke, z. B. für den ideellen Bereich, sind nach § 3 Abs. 1b und Abs. 9a UStG steuerbar.[2] Die Freigrenze des § 64 Abs. 3 AO gilt nicht für die Umsatzsteuer.[3]   1310

Auch Stiftungen können in den Genuss der **Kleinunternehmer**-Regelung des § 19 UStG fallen. Bei Kleinunternehmen wird die Umsatzsteuer nicht erhoben, wenn der Gesamtumsatz (§ 19 Abs. 3 UStG) zuzüglich Umsatzsteuer im vorangegangenen Kalenderjahr 17.500 € nicht überstiegen hat und im laufenden Kalenderjahr 50.000 € voraussichtlich nicht überschreiten wird. Da bei der Kleinunternehmer-Regelung ein **Vorsteuerabzug ausgeschlossen** ist, sollte geprüft werden, ob die Stiftung nicht zweckmäßig auf die Kleinunternehmer-Regelung verzichtet. Gemäß § 19 Abs. 2 UStG ist die Stiftung an die Verzichtserklärung allerdings fünf Jahre lang gebunden.[4]   1311

Durch den § 23a UStG wurde nicht buchführungspflichtigen nach § 5 Abs. 1 Nr. 9 KStG steuerbefreiten Stiftungen mit steuerpflichtigen Umsätzen bis 35.000 € im vorangegangenen Kalenderjahr gestattet, pauschal 7 % des steuerpflichtigen Umsatzes als Vorsteuer geltend zu machen (Wahlrecht).[5]   1312

Schließen sich gemeinnützige und mildtätige Stiftungen zwecks **gemeinsamen Einkauf** u. Ä. zu einer **Gesellschaft bürgerlichen Rechts** zusammen, ist zu beachten, dass diese GbR selbst Unternehmerin i. S. d. Umsatzsteuerrechts wird, wenn sie im Außenverhältnis selbständig tätig wird.[6] Ihre Entgelte von den Stiftungen sind daher mit der Umsatzsteuer (zum normalen Satz) belastet, allerdings hat sie den vollen Vorsteuerabzug; im Saldo werden ihre eigenen weiterberechneten Kosten mit Umsatzsteuer belastet.   1313

Umsätze einer der **freien Wohlfahrtspflege** dienenden Gesellschaft, deren Gesellschafter selbst Mitglied eines amtlich anerkannten Verbandes der freien   1314

---

1 Abschn. 15.2 Abs. 21 Nr. 2 UStAE.
2 Rasche in Schauhoff, a. a. O., § 11 Rn. 33; Buchna/Leichinger/Seeger/Brox, a. a. O., Tz. 4.5.11.2, S. 648 f.
3 Klein, a. a. O., § 64 Rn. 7.
4 Siehe im Einzelnen Abschn. 19.2 Abs. 3 UStAE.
5 Buchna/Leichinger/Seeger/Brox, a. a. O., Tz. 4.5.15.7, S. 702; Hüttemann, a. a. O., § 7 Rn. 215; Rasche in Schauhoff, a. a. O., § 11 Rn. 104.
6 Siehe Buchna/Leichinger/Seeger/Brox, a. a. O., Tz. 4.5.12.1, S. 654 f.; Rasche in Schauhoff, a. a. O., § 11 Rn. 88; Abschn. 2.1 Abs. 1 UStAE.

Wohlfahrtspflege und deren Umsätze nach § 4 Nr. 18 UStG steuerbefreit sind, sind steuerpflichtig, wenn sie nicht selbst Mitglied ist.[1] Nach § 4 Nr. 18 UStG sind die Leistungen der amtlich anerkannten Verbände der freien Wohlfahrtspflege steuerfrei, wenn neben weiteren Voraussetzungen die Entgelte für die in Betracht kommenden Leistungen hinter den durchschnittlich für gleichartige Leistungen von Erwerbsunternehmen verlangten Entgelten zurückbleiben.

1315   Ist die Stiftung **Erbin**, wird sie nur dann zum **Unternehmer**, wenn sie selbst die Voraussetzungen verwirklicht, an die das Umsatzsteuerrecht die Unternehmereigenschaft knüpft; sie geht daher auch nicht durch Gesamtrechtsnachfolge über.[2] Ist die Stiftung umsatzsteuerlich nicht Unternehmerin, kommt weder beim Erblasser noch beim Erben eine **Vorsteuerberichtigung** nach § 15a UStG in Betracht.[3]

1316   Der **nachhaltige Verkauf** von Gegenständen, die von Todes wegen der Stiftung zugewendet worden sind, ist ggf. dem unternehmerischen Bereich zuzuordnen.[4]

1317   Übt nach Satzung und tatsächlicher Geschäftsführung die Stiftung nur **Vermögensverwaltung** – auch ihrer Beteiligungen – aus, begründet dies **keine Unternehmereigenschaft** im umsatzsteuerlichen Sinne.[5] Gleiches gilt für den Erwerb eines Einzelunternehmens zu dem Zweck, es in eine Gesellschaft einzubringen.[6] Lediglich der geschäftsmäßige An- und Verkauf von Beteiligungen (wie von Wertpapieren und anderen Wirtschaftsgütern) kann eine Unternehmereigenschaft begründen, nicht dagegen die gelegentliche Umschichtung des Vermögens.[7]

1318   Oft gründen **gemeinnützige** Stiftungen – **Outsourcing** genannt – **gemeinsame Einrichtungen**, die für sie bestimmte Dienst- oder Sachleistungen gegen Kostenerstattung erbringen (z. B. Rechenzentren). Diese Einrichtungen sind i. d. R. mit dem Normalsatz **umsatzsteuerpflichtig**,[8] während den Stiftungen der Vorsteuerabzug versagt ist, soweit die erhaltenen Leistungen in ihren steuerbefreiten Bereich fallen oder ihren steuerbefreiten Umsätzen zuzuordnen sind (§ 15 Abs. 2 UStG). **Outsourcing** kann daher insgesamt zu erheblichen umsatz-

---

1 Abschn. 4.18.1 UStAE; OFD Frankfurt/M. v. 8. 10. 1997, DB 1997 S. 2407.
2 Abschn. 2.6 Abs. 5 Satz 1 UStAE.
3 OFD Frankfurt/M. v. 22. 10. 1996 Nr. 2, DB 1996 S. 2415.
4 Hüttemann, a. a. O., § 7 Rn. 118; Buchna/Leichinger/Seeger/Brox, a. a. O., Tz. 4.5.4.1, S. 549.
5 Abschn. 2.3 Abs. 1 UStAE.
6 Abschn. 2.3 Abs. 6 Satz 2 UStAE.
7 Hüttemann, a. a. O., § 7 Rn. 120; Abschn. 2.3 Abs. 4 UStAE.
8 BMF v. 30. 5. 2000, DB 2000 S. 1258.

steuerlichen Mehrbelastungen führen. Outsourcing ist abzugrenzen von umsatzsteuerfreien Beistellungen von Personal-, Dienst- und Sachleistungen.[1]

Da i. d. R. Stiftungen **sowohl steuerpflichtige wie steuerfreie** Umsätze aufweisen, sind die Vorschriften der §§ 15 und 15a UStG über den **Vorsteuerabzug** und **dessen Berichtigung** genau zu beachten. Unter anderem kann der Vorsteuerabzug gem. § 15 Abs. 1 Satz 1 UStG nur für erhaltene Rechnungen für Lieferungen und sonstige Leistungen geltend gemacht werden, wenn die Rechnungen die Erfordernisse des § 14 UStG erfüllen. Bei Verwendung zur Ausführung steuerfreier Umsätze ist gem. § 15 Abs. 2 Nr. 1 UStG der Vorsteuerabzug ausgeschlossen, ebenso gem. Nr. 2 bzw. 3 dieser Vorschrift für Umsätze im Ausland und für unentgeltliche Lieferungen und Leistungen, die steuerfrei wären, wenn sie im Inland bzw. wenn sie gegen Entgelt ausgeführt würden.[2]

1319

Auch wenn Lieferungen und Leistungen steuerpflichtigen Umsätzen zuzuordnen sind, kommen für die Stiftungen die allgemeinen **Abzugsverbote** des § 15 Abs. 1a UStG zum Zuge (u. a. Reisekosten, Werbegeschenke).

1320

Für Umsätze, die nach § 4 Nr. 8a bis g, Nr. 9a, Nr. 12, 13 oder 19 UStG **steuerfrei** sind, kann auch eine Stiftung als Unternehmen i. S. v. § 2 UStG durch **Verzicht** auf die Steuerbefreiung in den Genuss des Vorsteuerabzuges insofern und insoweit gelangen, als sie an sich nach den o. a. Vorschriften steuerbefreite Lieferungen und Leistungen an einen anderen Unternehmer für dessen Unternehmen ausführt.

1321

Die **Option** hat für Stiftungen mit Grundbesitz große Bedeutung, wenn Grundstücke oder Teile davon an einen anderen Unternehmer für dessen Unternehmen (z. B. als Büro-, Laden-oder Lagerflächen) vermietet sind. Eine Aufteilung bei gemischter Verwendung eines Grundstückes nach Umsätzen mit Unternehmern und Nichtunternehmern ist sachgerecht.[3]

1322

Ein Verzicht auf die Umsatzsteuerbefreiung nach § 9 Abs. 1 UStG ist nach Abs. 2 erschwert, da die Stiftung nachweisen muss, dass der Leistungsempfänger das Grundstück ausschließlich für Umsätze verwendet oder zu verwenden beabsichtigt, die den Vorsteuerabzug (§ 15 UStG) nicht ausschließen.[4]

1323

---

1 Abschn. 1.1 Abs. 6 und 7 UStAE.
2 Hüttemann, a. a. O., § 7 Rn. 210.
3 Klöttschen/Muth/Krumpen/Heun, S&S RS 2/2014 S. 9 f.; zur Seeling-Entscheidung des EuGH vgl. Buchna/Leichinger/Seeger/Brox, a. a. O., Tz. 4.5.15.3, S. 691 f.
4 Abschn. 9.2 Abs. 4 UStAE.

1324 Die Voraussetzungen des § 2 Abs. 2 Nr. 2 UStG für die umsatzsteuerliche **Organschaft** – finanzielle, organisatorische und wirtschaftliche[1] Eingliederung einer juristischen Person in ein anderes Unternehmen – sind **nicht** identisch mit den Voraussetzungen der körperschaftsteuerlichen und gewerbesteuerlichen Organschaft. Die **finanzielle** Eingliederung setzt eine mittelbare oder unmittelbare Beteiligung in der Weise voraus, dass der Organträger – hier die Stiftung – über mehr als 50 % der Stimmrechte der Organgesellschaft verfügt.[2] Die organisatorische Eingliederung ist i. d. R. nur durch Personalunion der Organe herzustellen,[3] was bei steuerbefreiten Stiftungen nicht möglich ist, sondern erst bei einer zwischengeschalteten Holding.[4] Bei einer Betriebsaufspaltung sind die Voraussetzungen für die Anerkennung der Organschaft hinsichtlich der wirtschaftlichen Eingliederung abhängig von der Ersatzmöglichkeit des gepachteten Grundstücks.[5]

1325 Besondere Brisanz hat sich durch ein Urteil des BFH ergeben, wonach Tätigkeiten der Vorstände eines Vereins, und damit auch die einer Stiftung, gegen **Aufwandsentschädigung** umsatzsteuerbare Leistungen sein können.[6] Bei gemeinnützigen Stiftungen wird hier allerdings häufig die Steuerbefreiung von Ehrenamtsvergütungen nach § 4 Nr. 26 Buchst. b UStG greifen.[7] Zu den ehrenamtlichen Tätigkeiten gehören nach der Rechtsprechung des BFH[8] alle Tätigkeiten, die in einem anderen Gesetz als dem UStG ausdrücklich als solche genannt werden, die man im allgemeinen Sprachgebrauch herkömmlicher Weise als ehrenamtlich bezeichnet oder die vom materiellen Begriff der Ehrenamtlichkeit umfasst werden; dieser setzt das Fehlen eines eigennützigen Erwerbsstrebens, die fehlende Hauptberuflichkeit und den Einsatz für eine fremdnützig bestimmte Einrichtung voraus.

Als angemessene Entschädigung für Zeitversäumnis sieht die Finanzverwaltung einen Betrag von 50 € je Tätigkeitsstunde an. Allerdings darf die Vergütung für die gesamten ehrenamtlichen Tätigkeiten i. S. d. § 4 Nr. 26 Buchst. b

---

1 Vgl. BFH v. 13. 5. 2008 - XI B 195/07, BFH/NV 2008 S. 1543.
2 Klöttschen/Muth/Krumpen/Heun, S&S RS 2/2014 S. 13 ff.; Abschn. 2.8 Abs. 5 UStAE; BFH v. 22. 11. 2001 - V R 50/00, BStBl 2001 II S. 167.
3 BFH v. 3. 4. 2008 – V R 76/05, BStBl 2008 II S. 905.
4 Hinweis auf Krawitz/Büttgen/Hick, Wpg 2002 S. 85 ff.
5 OFD Saarbrücken v. 4. 4. 1994 - S 7105 - 11 - St 241.
6 BFH v. 14. 5. 2008 - XI R 70/07, BStBl 2008 II S. 912.
7 BMF v. 27. 3. 2013, UVR 2013 S. 230; S&S 6/2014 S. 45.
8 BFH v. 25. 1. 2011 - V B 144/09, BFH/NV 2011 S. 863; BFH v. 20. 8. 2009 - V R 32/08, BStBl 2010 II S. 88.

UStG den Betrag von 17.500 € nicht übersteigen.[1] Eine vom tatsächlichen Zeitaufwand unabhängige laufend bezahlte monatliche Pauschale führt zur Nichtanwendbarkeit der Befreiungsvorschrift.[2] Etwas anderes gilt jedoch, wenn durch einen Vertrag, die Satzung oder einen Beschluss zwar eine Pauschale vorgesehen ist, diese aber zugleich festlegt, dass der ehrenamtlich Tätige eine bestimmte Anzahl an Stunden pro Woche/Monat/Jahr für die Stiftung tätig ist und die vorgenannten Betragsgrenzen nicht überschritten werden.[3]

1.9 Sonstige Steuern

Auch hinsichtlich der sonstigen Steuern ergeben sich keine Besonderheiten. Grundbesitz von Stiftungen, die nach Verfassung und tatsächlicher Geschäftsführung ausschließlich und unmittelbar gemeinnützigen oder mildtätigen Zwecken dienen, ist gem. § 3 Abs. 1 Nr. 3b GrStG von der **Grundsteuer** befreit, wenn der Grundbesitz von der Stiftung unmittelbar für gemeinnützige oder mildtätige Zwecke benutzt wird.[4] Grundbesitz, der zugleich Wohnzwecken dient, ist nur unter den in § 5 Abs. 1 GrStG genannten Voraussetzungen von der Grundsteuer befreit. **Wohnungen** sind gem. § 5 Abs. 2 GrStG stets **steuerpflichtig**, auch wenn die Voraussetzungen des § 5 Abs. 1 GrStG vorliegen, also etwa wenn sie zur Erfüllung gemeinnütziger oder mildtätiger Zwecke überlassen werden. Der Gesetzgeber hat damit eine Entscheidung dahin getroffen, dass bei einer Mehrheit von Räumen, die den Begriff der Wohnung erfüllen, stets das Überwiegen des Wohnzwecks anzunehmen und Grundsteuerpflicht gegeben ist. Dies verbietet es, Rechtsträgern i. S. d. § 3 Abs. 1 Satz 1 Nr. 3 Buchst. a und b GrStG eine Grundsteuerbefreiung dann und insoweit zu gewähren, als sie Wohnungen in Verfolgung und in Verwirklichung eines gemeinnützigen oder mildtätigen Zwecks Dritten überlassen. Diese Einschränkung der Befreiung von der Grundsteuer ist mit dem Grundgesetz vereinbar.[5]

Für Kulturgut und öffentliche Grünanlagen kann gem. § 32 GrStG Erlass der Grundsteuer beantragt werden. Auch bei wesentlicher Ertragsminderung von Betrieben der Land- und Forstwirtschaft und bei bebauten Grundstücken ist ein Erlass der Grundsteuer möglich (§ 33 GrStG).[6] Durch § 34 GrStG besteht

1326

1327

---

1 Abschnitt 4.26.1 Abs. 4 Satz 2 UStAE.
2 Abschnitt 4.26.1 Abs. 5 Satz 1 UStAE.
3 Abschnitt 4.26.1 Abs. 5 Satz 2 UStAE.
4 Vgl. Hüttemann, a. a. O., § 7 Rn. 231 ff.; Richter in v. Campenhausen/Richter, a. a. O., § 41 Rn. 84 ff.
5 BFH v. 4. 12. 2014 - II R 20/14, BStBl 2015 II S. 610.
6 Vgl. SenFin Berlin v. 20. 3. 2008 - III D - G 1163 a - 2/2007, NWB DokID: VAAAC-76268.

eine Ausschlussfrist für das Antragsverfahren. Nach § 8 GrStG kommt bei teilweiser Nutzung für steuerbegünstigte Zwecke eine Befreiung nach dem räumlichen Anteil in Betracht, wenn nicht die Nutzung für steuerbegünstigte Zwecke überwiegt und die räumliche Aufteilung nicht möglich ist.[1]

1328 Die Verwendung von Kraftfahrzeugen für gemeinnützige oder mildtätige Zwecke genießt i. d. R. keine Freistellung von der **Kraftfahrzeugsteuer**. Allerdings sieht § 3 Nr. 5a KraftStG eine Befreiung für das Halten von Fahrzeugen von gemeinnützigen und mildtätigen Organisationen für humanitäre Hilfsgütertransporte in das Ausland vor.[2]

1329 Auf die **Haftung** des Arbeitgebers für die Abführung der **Lohn- und Lohnkirchensteuer** (wie auch für Sozialversicherungsbeiträge), auch des Arbeitnehmeranteils, gem. § 42d EStG wird hingewiesen.[3] Während Vorstandsmitglieder mit ihren Gehältern grundsätzlich lohnsteuerpflichtig sind, weisen Mitglieder eines Aufsichtsrates, Beirates und eines ähnlichen Stiftungsorgans mit ihren Bezügen i. d. R. Einkünfte aus selbständiger Arbeit oder – bei ehrenamtlicher Tätigkeit mit den die eigenen Aufwendungen übersteigenden Bezügen – sonstige Einkünfte i. S. v. § 22 Nr. 3 EStG auf.[4]

1330 Hält die Stiftung Aktien von ausländischen Emittenten, so stellt sich das Problem, wie die Freistellung oder die Erstattung von bereits einbehaltener **ausländischer Quellensteuer** erreicht wird. Obwohl die Stauffer-Entscheidung[5] die Hoffnung genährt hat, alle europäischen Staaten würden die gemeinnützigen Stiftungen ertragsteuerfrei stellen, sieht die Praxis anders aus.

1331 Die **Rückforderung** einbehaltener **ausländischer Quellensteuer** verschlingt hohe Beratungshonorare und lohnt daher oft nicht.[6]

1332 Erwirbt die Stiftung z. B. im Rahmen der Vermögensverwaltung entgeltlich ein Grundstück, so ist dieser Vorgang nach § 1 Abs. 1 GrEStG „regulär" **grunderwerbsteuerpflichtig**. Zur Befreiung von der Grunderwerbsteuer kommt es (auch) für eine gemeinnützige Stiftung nur, wenn die allgemeinen Befreiungstatbestände, insbesondere von § 3 GrEStG, erfüllt sind. Bedeutsam ist vor allem die Steuerbefreiung nach § 3 Nr. 2 GrEStG; hierbei spielt es keine Rolle, dass wegen § 13 Nr. 16 Buchst. b Satz 2 ErbStG keine Schenkungsteuer anfällt.

---

1 Abschn. 32 GrStR; BFH v. 27. 11. 1991, BStBl 1992 II S. 563.
2 Siehe dazu FM Baden-Württemberg v. 30. 7. 2001, DStR 2001 S. 1801.
3 Vgl. Buchna/Leichinger/Seeger/Brox, a. a. O., Tz. 2.19.7.1, S. 374 und Tz. 2.19.7.2, S. 376.
4 BMF v. 13. 3. 1996, DB 1996 S. 960.
5 EuGH v. 14. 9. 2006 - C-386/04, IStR 2006 S. 675.
6 Otto, S&S 2/2014 S. 30.

Entspricht die tatsächliche Geschäftsführung einer Stiftung nicht mehr den Anforderungen des § 63 Abs. 1 AO, weil das Stiftungsvermögen nahezu ausschließlich in stark risikobehaftete Anlagen investiert wird, **entfällt die Steuerbefreiung** gem. § 13 Abs. 1 Nr. 16 Buchst. b Satz 2 ErbStG (**rückwirkend**) in dem Umfang, in dem sich das Anlagerisiko realisiert und das Vermögen deshalb für die Erfüllung der satzungsmäßigen Zwecke nicht mehr zur Verfügung steht.[1]   **1333**

Stipendien für an einer Hochschule beschäftigte Wissenschaftler zur Erfüllung einer Forschungsaufgabe oder zur Bestreitung des Lebensunterhalts sind nach § 3 Nr. 44 Satz 3 Buchst. a EStG grundsätzlich **steuerfrei**, wenn sie die zuvor aus einem Beschäftigungsverhältnis bezogenen Einnahmen nicht übersteigen, nach den von dem Geber erlassenen Richtlinien vergeben werden und der Empfänger im Zusammenhang mit dem Stipendium nicht zu einer bestimmten wissenschaftlichen oder künstlerischen Gegenleistung oder zu einer bestimmten Arbeitnehmertätigkeit verpflichtet ist.[2] Mit der am bürgerlichen Unterhaltsrecht und dem vor Gewährung eines Stipendiums vorhandenen Lebenszuschnitt orientierten Bestimmung des „notwendigen Lebensunterhalts" im Anwendungsbereich des § 3 Nr. 44 EStG hat der BFH rechtssichere Kriterien entwickelt. Die bisherige Auffassung der Finanzverwaltung, bei Stipendien in Höhe üblicher Entlohnung im Berufsumfeld des Stipendiaten sei die Steuerfreiheit zu verneinen ist damit obsolet.[3] Von der Einkommensteuerfreiheit können auch Stipendiaten profitieren, die aus dem europäischen **Ausland** Stipendien ausbezahlt erhalten.[4]   **1334**

Die Prüfung, ob die gesetzlichen Voraussetzungen für die Steuerfreiheit der Stipendien nach § 3 Nr. 44 Satz 1 und 2 EStG vorliegen, hat das Finanzamt vorzunehmen, das für die Veranlagung des Stipendiengebers zur Körperschaftsteuer zuständig ist oder zuständig wäre, wenn der Geber steuerpflichtig wäre.[5] Dieses Finanzamt hat auf Anforderung des Stipendienempfängers oder des für ihn zuständigen Finanzamtes eine Bescheinigung über die Voraussetzungen des § 3 Nr. 44 Satz 3 Buchst. a und b EStG zu erteilen bzw. abzulehnen. Diese Bescheinigung bindet als verwaltungsinterne Mitteilung das Finanzamt des Stipendienempfängers hinsichtlich der rechtlichen Beurteilung der Steuer-   **1335**

---

1 FG Münster v. 11. 12. 2014 - 3 K 323/12 Erb, (rkr.), EFG 2015 S. 739.
2 BFH v. 24. 2. 2015 - VIII R 43/12, BStBl 2015 II S. 691; OFD Frankfurt am Main v. 29. 3. 2017 - S 2121 A-13-St 213, BeckVerw 340334.
3 So noch OFD Frankfurt am Main v. 28. 7. 2011 - S 2121 A-13-St 213, Tz. 2.1.; Brandt, jurisPR-SteuerR 36/2015 Anm. 1.
4 Winheller, ZStV Aktuell Heft 5/2015 S. III.
5 R 3.44 EStR 2012.

freiheit nach § 3 Nr. 44 EStG. Eine erneute Prüfung der Tatbestandsmerkmale hat nicht zu erfolgen.[1]

1336–1344 *(Einstweilen frei)*

2. Besteuerung der Destinatäre

2.1 Einkommensteuer

1345 Werden **laufende wiederkehrende** Zuwendungen an Destinatäre aufgrund der **Stiftungsatzung** geleistet, handelt es sich um Bezüge aus einer „freiwillig begründeten Rechtspflicht" i. S. d. § 22 Nr. 1 EStG. Dies hätte an sich zur Folge, dass die wiederkehrenden Bezüge bei den begünstigten Familienangehörigen (vgl. § 58 Nr. 5 AO) nicht steuerpflichtig sind. Allerdings hat der Gesetzgeber in § 22 Nr. 1 Satz 2 2. Halbsatz Buchst. a EStG vorgesehen, dass Bezüge dem Empfänger ausnahmsweise doch zuzurechnen und von diesem zu versteuern sind, wenn sie von einer von der Körperschaftsteuer befreiten Körperschaft und zudem außerhalb der Erfüllung satzungsbegünstigter Zwecke i. S. d. §§ 52 bis 54 AO gewährt werden. Sinn und Zweck dieser Regelung ist es, dass die Zuwendung einer gemeinnützigen Stiftung an ihre Destinatäre sonst ohne ausreichenden Grund weder bei der Stiftung noch bei den Zuwendungsempfängern besteuert worden wäre. Der bereits durch das Steuerbereinigungsgesetz 1986 eingefügte Satz 2 der Vorschrift führt im Ergebnis dazu, dass die Zuwendungen an Familienangehörige des Stifters zumindest einmal der Besteuerung unterliegen.[2] Die Einkünfte unterfallen auf der Ebene der Destinatäre nicht dem Halbeinkünfteverfahren, denn § 3 Nr. 40i EStG findet auf Bezüge, die von einer steuerbefreite Stiftung stammen, keine Anwendung. Die Einkünfte unterfallen auch nicht der Abgeltungsteuer gem. § 32d EStG.

Nach Ansicht des BFH sind wiederkehrende Bezüge, die ein Steuerpflichtiger aufgrund eines Vermächtnisses von einer gemeinnützigen, vom Erblasser mit Vermögen ausgestatteten Stiftung erhält, lediglich mit dem Ertragsanteil gem. § 22 Nr. 1 Satz 3 Buchst. a Doppelbuchst. bb EStG steuerpflichtig.[3]

1346 Anders verhält es sich, wenn die Zuwendung seitens der Stiftung entweder **nicht regelmäßig**, z. B. nur einmalig, oder im Rahmen der Erfüllung steuer-

---

1 OFD Frankfurt am Main v. 29. 3. 2017 - S 2121 A-13-St 213, BeckVerw 340334, Tz. 1.1.
2 Vgl. Kußmaul/Meyering, ZSteu 2003 S. 41.
3 BFH v. 15. 7. 2014 - X R 41/12, DStR 2014 S. 2115.

begünstigter Zwecke erfolgt. Hier findet eine Besteuerung nach § 22 Nr. 1 EStG nicht statt.[1]

2.2 Schenkung-/Erbschaftsteuer

Für die etwaige Erbschaft-/Schenkungsteuerpflicht einer Leistung, die eine gemeinnützige Stiftung an ihre Destinatäre erbringt, kommt es entscheidend darauf an, ob es sich um eine **freigebige Zuwendung** i. S. d. § 7 Abs. 1 Nr. 1 ErbStG handelt. Satzungsmäßige Zuwendungen unterliegen nicht der Schenkungsteuer, weil die Zuwendung aufgrund einer in der Satzung – wenn auch freiwillig – begründeten Rechtspflicht erfolgt und daher nicht freigebig ist. Nimmt die Stiftung hingegen eine „Barausschüttung" an die Destinatäre ohne satzungsmäßige oder vertragliche Verpflichtung vor, ist eine freigebige Zuwendung anzunehmen, die Schenkungsteuer auslöst. Entsprechend sind auch Zuwendungen an die Destinatäre aufgrund einer Auflage des Stifters schenkungsteuerpflichtig.   1347

(Einstweilen frei)   1348–1354

3. Umstrukturierung

Stiftungen können zivil-/handelsrechtlich nach § 124 UmwG Vermögen ausgliedern, vgl. Rn. 1273 ff. Voraussetzung für die Anwendbarkeit des UmwStG auf Stiftungen ist, dass es sich um eine Gesellschaft i. S. d. Art. 48 Abs. 2 EGV bzw. Art. 34 EWR-Abkommen handelt, § 1 Abs. 2 Nr. 1 und Abs. 4 Nr. 1 und Nr. 2 Buchst. a Doppelbuchst. aa UmwStG. Anerkannt ist, dass das UmwStG auf rechtsfähige Stiftungen als juristische Personen anwendbar ist,[2] sofern sie Erwerbszwecke verfolgen. Nach der Rechtsprechung ist dieses Tatbestandsmerkmal weit zu verstehen, so dass selbst vermögensverwaltende Aktivitäten ausreichend sind.[3] Damit wäre zumindest die gemeinnützige Stiftung mit einem wirtschaftlichen Geschäftsbetrieb vom UmwStG erfasst.   1355

Unterhält die Stiftung einen **wirtschaftlichen Geschäftsbetrieb**, so kann sie diesen nach § 20 UmwStG in eine Tochterkapitalgesellschaft (gegen Gewährung von Gesellschaftsrechten) zum Buchwert **einbringen**.[4] Denkbar ist dies über eine Ausgliederung nach § 161 UmwG oder im Wege der Einzelrechts-   1356

---

1 Vgl. Otto, a. a. O., S. 215; Kußmaul/Meyering, ZSteu 2004 S. 41.

2 Orth, FR 2010 S. 637, 640.

3 BFH v. 14. 7. 2004 - IV R 94/02, BStBl 2005 II S. 721.

4 Zu den Folgen einer späteren Veräußerung der erlangten Kapitalgesellschaftsanteile durch die Stiftung vgl. Buchna/Leichinger/Seeger/Brox, a. a. O., Tz. 2.5.5.5, S. 145; Orth, FR 2010 S. 637, 641.

nachfolge, § 1 Abs. 3 Nr. 2 und 4 UmwStG. Die gemeinnützigkeitsrechtliche Mittelbindung nach §§ 55, 58 AO wäre durch eine solche Ausgliederung/Einbringung nicht verletzt.[1] Die erhaltenen Geschäftsanteile/Aktien sind der Vermögensverwaltung zuzurechnen.[2]

1357 Einen **Zweckbetrieb** kann die Stiftung zwar nicht nach § 20 UmwStG in eine steuerpflichtige Kapitalgesellschaft einbringen, weil dieser zwar Betriebsvermögen darstellt, aber nicht steuerverstrickt ist. Allerdings kann ihn die Stiftung nach den allgemeinen Voraussetzungen des § 6 Abs. 1 Nr. 5 EStG i.V.m. § 8 KStG zum Teilwert einbringen. Die im Zuge der Einbringung aufzudeckenden stillen Reserven bleiben aber wegen der Steuerbefreiung der Stiftung unbesteuert.[3]

4. Besteuerung der Stiftungsvorstände

1358 Die Finanzverwaltung hat die gemeinnützigkeitsrechtlichen Folgen der Zahlungen an Vorstandsmitglieder, insbesondere die Voraussetzungen, unter denen die Einnahmen bei den Vorständen nach § 3 Nr. 26a und 26b EStG steuerfrei bleiben, ausführlich erläutert.[4] § 3 EStG sieht für unterschiedliche Arten gemeinwohlorientierter Tätigkeit Steuerfreibeträge vor, so für nebenberufliche Einnahmen aus der sog. Ehrenamtspauschale (Nr. 26a), als Übungsleiter (Nr. 26) bzw. für rechtsfürsorgende Tätigkeiten (Nr. 26b).

1359 Von § 3 Nr. 26a EStG erfasst wird aber nicht nur die Tätigkeit der Mitglieder des Vorstands, sondern auch die eines Vereinskassierers, der Bürokraft, des Reinigungspersonals oder des Platzwartes, sofern diese nebenberuflich ausgeübt werden. Der steuerfreie Jahresfreibetrag beträgt 720 €.

5. Steuerliche Begünstigung des Zweckbetriebs

1360 Die Einordnung eines wirtschaftlichen Geschäftsbetriebs i. S. d. § 14 AO als ein Zweckbetrieb (siehe Rn. 1113 ff.) ist für eine gemeinnützige Körperschaft mit diversen Vorteilen verbunden. Nicht nur die Befreiung von der Körperschaft- und Gewerbesteuer ist hier zu nennen, sondern auch die Möglichkeit, Dauerverluste ohne die Gefahr einer Mittelfehlverwendung zu erzielen. Von besonderer Bedeutung ist zudem die Möglichkeit – bei Vorliegen weiterer Voraus-

---

1 Orth, FR 2010 S. 637, 641.
2 AEAO Nr. 3 Satz 4 zu § 64 AO.
3 Buchna/Leichinger/Seeger/Brox, a. a. O., Tz. 2.5.5.5, S. 151.
4 BMF v. 21. 11. 2014, BStBl 2014 I S. 1581.

setzungen – zur Anwendung des ermäßigten Umsatzsteuersatzes von 7 % (siehe Rn. 1304).

Wegen der Risiken, die bei einem Zweckbetrieb nach § 65 AO bestehen („Wett-   1361
bewerbsneutralität"), siehe Rn. 1136 ff.

(Einstweilen frei)   1362–1364

IV. Besteuerung der Stiftungsaufhebung

1. Erbschaftsteuer

Der Erwerb bei Aufhebung einer Stiftung gilt als Schenkung unter Lebenden,   1365
§ 7 Abs. 1 Nr. 9 ErbStG.[1] Mit der Übertragung des Stiftungsvermögens auf den
in der Satzung genannten ebenfalls steuerbefreiten Anfallsberechtigten (vgl.
§ 61 Abs. 1 AO) erlischt die Stiftung.[2] Die Auskehrung des Vermögens löst aber
i. d. R. keine Besteuerung aus, da der Anfallsberechtigte zwingend seinerseits
steuerbegünstigt sein muss, so dass über § 13 Nr. 16 ErbStG der Anfall stets
freigestellt ist.

2. Ertragsteuern

Der Vermögenserwerb durch den steuerbefreiten Anfallsberechtigten löst kei-   1366
ne ertragsteuerlichen Folgen aus, da der Erwerb unentgeltlich erfolgt. Geht ein
Grundstück im Zuge der Auflösung über, löst dies keine Grunderwerbsteuer
aus, § 3 Nr. 2 GrEStG.[3]

(Einstweilen frei)   1367–1379

---

1 Götz in Wilms/Jochum, ErbStG, § 7 Rn. 261.
2 Zum Zivilrecht vgl. Pues/Scheerbarth, a. a. O., § 5 S. 77.
3 Götz in Wilms/Jochum, ErbStG, § 7 Rn. 264.

F. Kombination von/mit Stiftungen

I. Die Doppelstiftung

1. Rechtliche Konstruktion

Eine Möglichkeit, um die Vorteile der Familienstiftung mit denjenigen der gemeinnützigen Stiftung zu kombinieren stellt die sog. Doppelstiftung dar.[1] Diese Kombination von zwei Stiftungen wird primär eingesetzt, wenn der Stifter über eine unternehmerische Beteiligung verfügt. Die Doppelstiftung ist ein **Instrument der Unternehmensnachfolge**.[2] Stiftungsrechtliche Probleme sind selten. Denn anerkannt ist, dass sowohl die privatnützige Familienstiftung als auch die gemeinnützige Stiftung Unternehmensstiftungen sein können. Zu den Unternehmensstiftungen wird neben der Unternehmensträgerstiftung (Rn. 28) auch die Beteiligungsträgerstiftung (Rn. 52) gezählt.

1380

Bei dem Modell der sog. Doppelstiftung als **Sonderform der Beteiligungsträgerstiftung** werden typischerweise Gesellschaftsanteile an einer Kapitalgesellschaft teilweise von einer gemeinnützigen Stiftung und teilweise von einer Familienstiftung, die als sog. Führungsstiftung ausgestaltet ist, gehalten.

1381

Beide Stiftungen sind als **rechtsfähige Stiftungen** des bürgerlichen Rechts ausgestaltet.

2. Schaubild einer Doppelstiftung

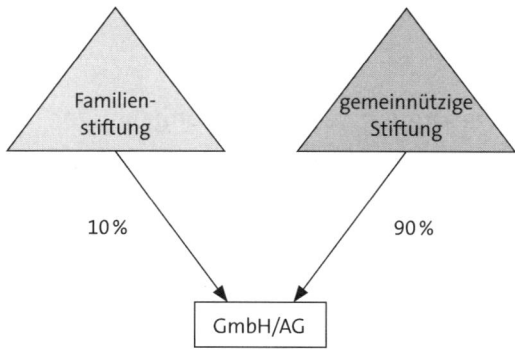

---

1 Werner, NWB-EV 2014 S. 283; Teuffel-Werhahn, ZStZ 2015 S. 169 und S. 201 ff.
2 Kirnberger/Werz, ErbSt 2004 S. 145.

1382   Die **Familienstiftung** kann beispielsweise mit 10 % am Vermögen der Beteiligungskapitalgesellschaft, aber mit 90 % der Stimmen und zu 50 % am Gewinn beteiligt werden.

Die **gemeinnützige Stiftung** ist in diesem Fall zwar mit 90 % am Vermögen der Beteiligungskapitalgesellschaft beteiligt, erhält aber nur 10 % der Stimmen und lediglich 50 % des Gewinns.

Im Ergebnis werden also Vermögen und Ertrag getrennt. Durch die Zuweisung von lediglich 10 % der Stimmrechte für die von der gemeinnützigen Stiftung gehaltenen Anteile wird die **unternehmerische Verantwortung** im Ergebnis auf die **Familienstiftung** übertragen. Dies dient der klaren Trennung zwischen gemeinnütziger Zweckverfolgung und Unternehmensführung. Um diese disquotale Verteilung erreichen zu können, muss der Gesellschaftsvertrag der Beteiligungskapitalgesellschaft entsprechend angepasst werden. Je nach Wahl der Rechtsform der Beteiligungs-Kapitalgesellschaft, nämlich GmbH oder AG, ergeben sich hierbei typusbedingte Besonderheiten. So wird wegen der Satzungsstrenge gem. § 23 Abs. 5 AktG die AG als Rechtsform für das Beteiligungsunternehmen regelmäßig ausscheiden.[1]

1383   Demgegenüber bietet das **GmbH-Recht** deutlich größere **Gestaltungsfreiheiten**. Hier lässt sich regeln, dass bestimmte Geschäftsanteile kein oder nur ein eingeschränktes Stimmrecht besitzen. Nach § 29 Abs. 3 GmbHG kann der Gesellschaftsvertrag der GmbH die Gewinnanteile abweichend von der vermögensmäßigen Beteiligung ausgestalten. Selbst wenn ein Stimmrecht gänzlich ausgeschlossen wurde, bedeutet dies nicht, dass bei sog. Kernbereichsbeschlüssen nicht dennoch ein Stimmrecht besteht.[2] Teilweise wird vertreten, dass diese gesetzlichen Zustimmungsvorbehalte antizipiert und bereits in der Satzung erklärt werden können.[3]

3. Variable Versorgung der Familienangehörigen

1384   In welcher Höhe Gesellschaftsanteile an der Beteiligungskapitalgesellschaft auf die Familienstiftung bzw. auf die gemeinnützigen Stiftung übertragen werden, hängt im Wesentlichen von den Zielsetzungen des Stifters ab. Maßgebliches Kriterium wird sein, in welchem Umfang die Versorgung der Familie abgesichert werden soll. Reicht aller Wahrscheinlichkeit nach der Anteil der zu erwartenden Erträge des Unternehmens, der von der Stiftung ohne Steuerbe-

---

1 Zu Einzelheiten vgl. Werner, ZEV 2012 S. 244, 245.
2 Werner, ZEV 2012 S. 244, 245.
3 Roth/Altmeppen, GmbHG, 8. Aufl. 2015, § 53 Rn. 47.

lastung an den Stifter und seine nächsten Angehörigen ausbezahlt werden kann, für die Versorgung der Familie aus, erscheint es im Hinblick auf die steuerlichen Vorteile der gemeinnützigen Stiftung sinnvoll, 70 % oder mehr der Gesellschaftsanteile auf diese schenkungsteuerfrei zu übertragen.

In Abhängigkeit von dem Versorgungsbedarf der Familienangehörigen können bei einer GmbH die Erträge, unabhängig von der Höhe der tatsächlich auf die Familiengesellschaft übertragenen Beteiligung, an die Gesellschaftsanteile gebunden werden, die auf die Familienstiftung übergehen. Wird die Familienstiftung dergestalt mit einer überhöhten Gewinnbeteiligung ausgestattet, gilt das Übermaß an Gewinnbeteiligung dennoch nicht als eine selbständige Schenkung i. S. d. § 7 Abs. 6 ErbStG, denn diese Vorschrift findet nur auf Personengesellschaften und nicht auf juristische Personen Anwendung.[1] **1385**

Sollte aufgrund der Versorgungslage der Familienangehörigen des Stifters ein größerer Teil des Vermögens in die Familienstiftung einfließen müssen, ist ausschließlich der Familienstiftung die unternehmerische Verantwortung zu übertragen. Dies insbesondere vor dem unternehmenspolitischen Hintergrund, dass sowohl bei Finanzierung als auch bei der Bemessung der Gewinnausschüttungen die Unternehmensbedürfnisse vorrangig zu beachten sind. **1386**

Wird das operativ tätige Unternehmen nicht als Kapitalgesellschaft, sondern in der Rechtsform der Personengesellschaft geführt, sollte aus steuerlichen Gründen (unmittelbare Beteiligung der gemeinnützigen Stiftung an der gewerblich tätigen Personengesellschaft führt stets zu einem wirtschaftlichen Gewerbebetrieb, vgl. Rn. 1095), zwischen die Personalgesellschaft und die gemeinnütziger Stiftung eine GmbH zwischengeschaltet werden.[2] Denn die gelockerte Sicht der Finanzverwaltung und die BFH-Rechtsprechung beziehen sich derzeit wohl nur auf gewerblich geprägte Personengesellschaften, so dass originär gewerbliche Personengesellschaftsbeteiligungen von einer gemeinnützigen Stiftungen zurzeit wohl noch nicht im Bereich der Vermögensverwaltung gehalten werden können. Wird eine Kapitalgesellschaft demnach – um steuerlich sicher zu gehen – zwischengeschaltet, dann hält diese die Beteiligung an der Personengesellschaft. Die Anteile an der GmbH liegen in diesem Fall bei der gemeinnützigen Stiftung. **1387**

---

1 Vgl. Meincke, ErbStG, § 7 Rn. 134.
2 Werner, ZEV 2012 S. 244, 245.

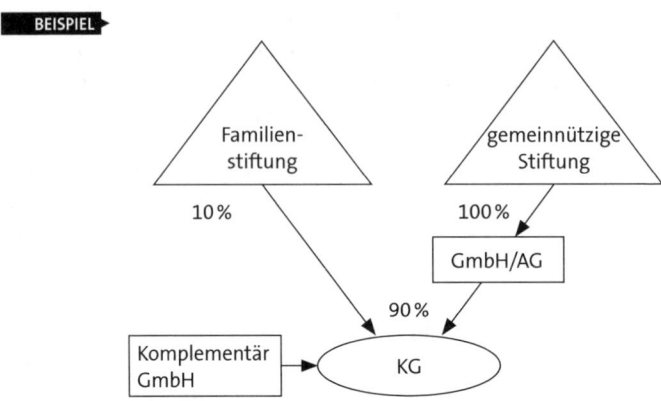

1388   Möglich wäre jedoch auch, die GmbH-Anteile bei beiden Stiftungen zu belassen. Die GmbH würde dann die unterschiedlichen Gesellschafterinteressen bündeln und – wie bei einem Stimmenpool – die Einheitlichkeit der Stimmabgabe in der Gesellschafterversammlung der Personengesellschaft wahren.

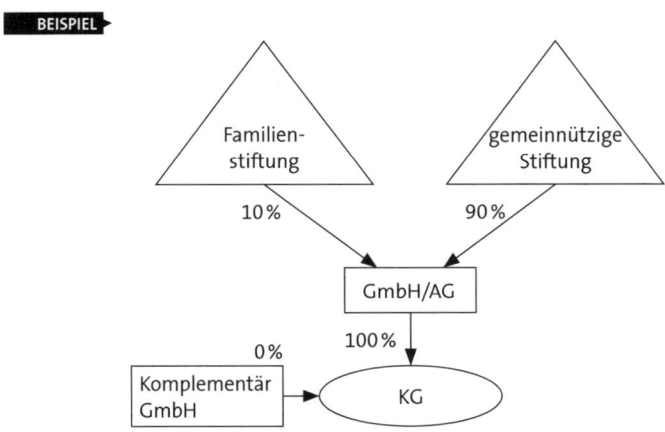

4. Vorteile der Doppel-Stiftung

1389   Durch die Wahl der Doppel-Stiftung kann der Stifter die mit der Errichtung und dem Bestand einer Familienstiftung sonst verbundene **Steuerbelastung minimieren,** da der größere Teil des Vermögen erbschaft-/schenkungsteuerfrei auf die gemeinnützige Stiftung übergeht und auch die Erträge teilweise steuerbefreit bleiben.

Unabhängig davon, wie die Vermögensausstattung der beiden Stiftungen erfolgt, sollte der Familienstiftung auch aus steuerlichen Gründen die alleinige unternehmerische Verantwortung zukommen, um so bei der gemeinnützigen Stiftung das Entstehen eines steuerpflichtigen wirtschaftlichen Gewerbebetriebs zu vermeiden. Familienstiftung und gemeinnützige Stiftung lassen sich bei unternehmenstragenden Konstruktionen auch in der Weise kombinieren, dass neben eine mit geringer Kapitalquote ausgestattete Familienstiftung eine gemeinnützige Stiftung mit hoher Kapitalausstattung tritt, die ihre Stimmrechte auf die Familienstiftung überträgt (sog. **Wiesbadener Modell**).

Angeführt wird weiter die Möglichkeit, dass die gemeinnützige Stiftung die Rolle einer „**Familienbank**" übernimmt.[1] Die steuerbefreite Stiftung würde dem Beteiligungsunternehmen bzw. der Unternehmensgruppe Darlehen gewähren, so dass diese nicht auf Fremdkapital von Dritten angewiesen ist.

5. Steuerliche Besonderheiten

5.1 Gemeinnützigkeitsrechtliche Fragen

Sofern es sich um eine Kapitalgesellschaftsbeteiligung handelt, kann diese von der gemeinnützigen Stiftung im Bereich der Vermögensverwaltung gehalten werden, so dass die Dividendenausschüttungen bei der Stiftung steuerfrei bleiben.

1390

Kritisch könnte sein, dass die disquotale Verteilung des Gewinnbezugsrechts zu Lasten einer gemeinnützigen Stiftung gegen Gemeinnützigkeitsrechtliche Vorgaben verstößt. Aber auch die Tatsache, dass die gemeinnützige Stiftung zwar mehrheitlich am Vermögen beteiligt ist, aber nur über eine eingeschränkte bzw. überhaupt keine Stimmrechtsmacht verfügt, ist nach § 55 Abs. 1 Nr. 1 AO nicht unkritisch zu sehen. Die i.V. m. § 55 Abs. 1 Nr. 1 AO genannten Bedenken wird man beseitigen können, wenn die Stiftung die Beteiligung (erst dann) übertragen erhält, nachdem die Ausgestaltung der Stimmrechte etc. im Wege der Gesellschaftsertragsanpassung durch Gesellschafterbeschluss vereinbart worden war.[2] Denn dann erhält die gemeinnützige Stiftung den Gesellschaftsanteil bereits mit den beschränkten Stimm-/Gewinnbezugsrechten.[3]

---

1 Zum Begriff Schiffer/Pruns in Schiffer, 3. Aufl. 2012, § 10 Rn. 66 f.

2 Werner, ZEV 2012 S. 244, 246.

3 Werner, ZEV 2012 S. 244, 247.

5.2 Schenkungsteuerliche Besonderheiten

1391 Schenkungsteuerlich ist § 7 Abs. 6 ErbStG zu beachten, wonach eine überhöhte Gewinnbeteiligung bei einer Personengesellschaft zu einer eigenständigen Zuwendung führen kann.[1]

Da regelmäßig eine Kapitalgesellschaft zwischengeschaltet ist, wird sich dieser Vorteil bereits bei der Bewertung des Geschäftsanteils nach § 11 BewG auswirken.[2] Infolge der weitgehenden Befreiung nach § 13a ErbStG wird dieses Gewinnübermaß regelmäßig zu keiner Mehrsteuer bei der Zuwendung der Gesellschaftsanteile an die Familienstiftung führen.

1392 Umstritten ist, ob es zu schenkungsteuerlichen Problemen kommt, wenn die disquotale Gewinnausschüttung erst nach der Übertragung der Anteile beschlossen wird. Als Lösung wird diskutiert, dass diese Ausschüttungen erst nach einiger Zeit beschlossen werden sollten.[3]

5.3 Ertragsteuerliche Besonderheiten

1393 Eine **disquotale Gewinnausschüttung** ist ertragsteuerlich nicht länger problematisch, da die Finanzverwaltung die günstige BFH-Rechtsprechung[4] – allerdings mit Einschränkungen – übernommen hat.[5] Nach dem neuen Erlass der Finanzverwaltung muss zunächst die inkongruente Gewinnausschüttung zivilrechtlich wirksam geworden sein, um steuerlich anerkannt werden zu können. Damit nähert sich die Finanzverwaltung der Rechtsprechung an, für die die zivilrechtlich wirksame Grundlage ebenfalls einzige Voraussetzung für die Anerkennung ist. Die zivilrechtliche Wirksamkeit liegt dann vor, wenn im Gesellschaftsvertrag gem. § 29 Abs. 3 Satz 2 GmbHG ein anderer Maßstab der Verteilung als das Verhältnis der Geschäftsanteile im Gesellschaftsvertrag festgesetzt wurde. Für eine nachträgliche Satzungsänderung zur Regelung einer ungleichen Gewinnverteilung ist gem. § 53 Abs. 3 GmbHG die Zustimmung aller beteiligten Gesellschafter erforderlich. Gleichzeitig weist das BMF-Schreiben darauf hin, dass die Grundsätze des Missbrauchs rechtlicher Gestaltungsmöglichkeiten i. S. d. § 42 AO zu beachten sind. Von einem Missbrauch i. S. d. Vorschrift ist bei Vereinbarung einer inkongruenten Gewinnausschüttung nicht auszugehen, wenn für die vom gesetzlichen Verteilungsschlüssel abwei-

---

1 Götz in Wilms/Jochum, ErbStG, § 7 Rn. 319 ff.
2 Werner, ZEV 2012 S. 244, 247.
3 Werner, ZEV 2012 S. 244, 248, m. w. N.
4 BFH v. 18. 9. 1999 - I R 77/96, DStR 1999 S. 1849.
5 BMF v. 7. 12. 2013, BStBl 2014 I S. 63.

chende Gewinnverteilung beachtliche wirtschaftlich vernünftige außersteuerliche Gründe nachgewiesen werden. An dem Vorliegen wirtschaftlich beachtlicher Gesellschafterleistungen wird somit nicht mehr länger festgehalten. Damit wird das bisherige Ausnahmeverhältnis umgekehrt und inkongruente Gewinnausschüttungen werden im Grundsatz anerkannt. – Den Begriff „außersteuerliche Gründe" definiert die Finanzverwaltung allerdings nicht.[1]

Da im Falle der Doppelstiftung die gemeinnützige Stiftung „verzichtender Gesellschafter" wäre, ist das steuerliche Risiko gering. Denn selbst wenn es zu einer Zurechnung nach § 20 Abs. 2 Nr. 2 Satz 1 EStG käme, würde diese stets ins Leere laufen.[2]

6. Thesaurierung durch Beteiligungsgesellschaft

Um den Interessen des Beteiligungsunternehmens zu entsprechen und eine ausreichende Eigenkapitalausstattung sicherzustellen, ist es unabdingbar, dass eine permanente Vollausschüttung an die Stiftung verhindert werden kann. Diese „Rücksichtnahme" kann von den Stiftungsorganen per se nicht geleistet werden, da sie verpflichtet sind, möglichst hohe Dividenden zu vereinnahmen, um damit ihre satzungsmäßigen Zwecke zu verfolgen (siehe Rn. 1008).[3] Die Generalnorm des § 55 Abs. 1 Nr. 1 Satz 1 AO bestimmt, dass die Mittel einer steuerbegünstigten Körperschaft nur für die satzungsmäßigen steuerbegünstigten Zwecke verwendet werden dürfen. Dieses Gebot impliziert ein angemessenes Ausgabeverhalten der steuerbegünstigten Körperschaft. Diese Voraussetzung ist erfüllt, solange deren Verhalten wirtschaftlich sinnvoll ist und dazu beiträgt, dass ein möglichst hoher Anteil der Mittel unmittelbar und effektiv den begünstigten Satzungszwecken zugutekommt, ohne dass hierfür eine absolute oder relative Untergrenze besteht.[4] Angemessenes Ausgabeverhalten bedeutet auch, dass das Vermögen der gemeinnützigen Stiftung, sofern die Erfüllung des steuerbegünstigten Zwecks nichts anderes erfordert, zu jeder Zeit wirtschaftlich, d. h. rentierlich, angelegt werden muss. Denn ein Verzicht auf Einnahmeerzielung entspricht ebenfalls nicht der gebotenen angemessenen Mittelverwendung. Eine unbegrenzte Thesaurierung der Gewinne bei der Tochtergesellschaft zum stetigen Ausbau des Unternehmens kann deshalb nicht zulässig sein.[5]

1394

---

1 Harle, NWB 2014 S. 3007, 3010 f.
2 Werner, ZEV 2012 S. 244, 248, m. w. N.; ders., NWB-EV 2014 S. 283, 286.
3 Werner, NWB-EV 2014 S. 283, 285.
4 BFH v. 18. 12. 2002 - I R 60/01, BFH/NV 2003 S. 1025.
5 Binz/Sorg, ZEV 2005 S. 520, 522.

Allerdings darf nicht verkannt werden, dass die Frage der Höhe der Dividendenausschüttung bzw. die Beurteilung, ob eine Stärkung des Eigenkapitals notwendig ist, eine unternehmerische ist. Diese kann und soll die gemeinnützige Stiftung nicht anstellen.

1395 Ist die gesellschaftsrechtliche Stellung der steuerbegünstigten Körperschaft zu schwach, um die Gewinnverwendung entsprechend zu beeinflussen, muss ggf. über eine Vermögensumschichtung nachgedacht werden. Wenn diese aus rechtlichen (z. B. Vinkulierung) oder tatsächlichen Gründen nicht möglich ist, kann u. E. selbst eine dauerhafte Vollthesaurierung auf der Ebene der Kapitalgesellschaft die Steuerbegünstigung der steuerbegünstigten Körperschaft nicht in Frage stellen.[1]

1396 Es bietet sich an, die unternehmerischen Entscheidungen aus der Verantwortung der Stiftungsorgane herauszulösen. Hierzu ist auf Ebene der Tochter-/Beteiligungsgesellschaft in deren Satzung eine automatische Thesaurierungsquote vorzusehen. Diese sollte sich an der Vergangenheit (als es noch keine Stiftung als Mehrheits-/Alleingesellschafter gab) orientieren. Sie muss aber zugleich so bemessen sein, dass es nicht zu einer Ausschüttungssperre kommt. Wenn aber der (spätere) Stifter als Alleingesellschafter beispielsweise zu Lebzeiten nie mehr als 50 % des Jahresüberschusses ausgeschüttet hat, könnte diese Quote von 50 % in der Satzung der Beteiligungsgesellschaft – vor Errichtung der Stiftung – verankert werden.[2]

1397–1409 *(Einstweilen frei)*

II. Stiftung und Betriebsführungsgesellschaft

1410 Bei dieser Gestaltungsvariante werden die Vorteile einer gemeinnützigen Stiftung mit der Möglichkeit, auf die Geschäftsführung des Betriebsunternehmens maßgeblich Einfluß nehmen zu können, kombiniert. An der **Betriebsgesellschaft** in der Rechtsform einer **GmbH bzw. AG** wird die gemeinnützige Stiftung mit 95 % am Kapital, mit 10 % der Stimmen in der Gesellschafterversammlung und mit 10 % am Gewinn und Verlust beteiligt. Die **Führungs-GmbH** ist demgegenüber mit 5 % am Gesellschaftskapital beteiligt, verfügt über 90 % der Stimmen und erhält 90 % der Gewinne und Verluste zugewiesen. Insbesondere bei Vorhandensein von erheblichen Grundstückswerten bie-

---

1 Werner, ZEV 2012 S. 244, 246; Binz/Sorg, ZEV 2005 S. 520, 522.
2 Binz/Sorg, ZEV 2005 S. 520, 523.

tet sich diese Variante an, da der gemeinnützigen Stiftung die Grundstücke übertragen werden können.

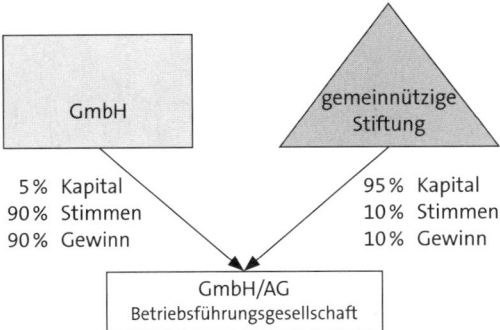

Ferner ermöglicht diese Gestaltung, dass der Stifter selbst in der Führungs- GmbH die zukunftsweisenden Entscheidungen vorgeben und weiterhin seinen Einfluss geltend machen kann. Ungeachtet dessen wird eine erhebliche steuerliche Entlastung erreicht, weil die Substanzsteuern nahezu gänzlich entfallen, da fast das gesamte Vermögen von der gemeinnützigen Stiftung gehalten wird. Durch entsprechende Geschäftsführergehälter und Anstellungsverträge kann zudem erreicht werden, dass mitarbeitende Familienangehörige ausreichend mit finanziellen Mitteln ausgestattet werden, so dass deren Unterhalt gesichert ist.

1411

(Einstweilen frei)

1412–1419

G. Die Rechnungslegung bei Stiftungen

I. Externe Rechnungslegung

Mittels der Rechnungslegung bildet deren Ersteller, oder auch Rechnungsleger, 1420
sein wirtschaftliches Handeln systematisch und überwiegend zahlenmäßig
ab, um hiermit andere Personen, die sog. Rechnungslegungsadressaten, hierüber zu informieren, Ihnen Rechenschaft abzulegen und gegebenenfalls die
Grundlagen für Ihre Ansprüche zu ermitteln.[1]

Laut Gablers Wirtschaftslexikon wird unter der externen Rechnungslegung – 1421
sie wird auch als externes Rechnungswesen bezeichnet – der Teil des Rechnungswesens verstanden, dessen Adressaten primär unternehmensexterne
Personen oder Institutionen sind.[2] Sie bildet die finanzielle Situation einer
wirtschaftlichen Einheit nach außen ab und stellt die Vermögens-, Finanz- und
Ertragslage dar.[3] Sie tut dies auf der Basis der sog. Buchführung, erstellt von
der Buchhaltung.[4]

Im Gegensatz dazu richtet sich das interne Rechnungswesen primär an die Un- 1422
ternehmensleitung und andere unternehmensinternere Personen oder Stellen.
Es beschäftigt sich mit der Planung, der Kontrolle und der Koordination bewer-
teter Unternehmensprozesse im Hinblick auf die Maximierung des Unterneh-
menserfolges. Es wird auch als Controlling bezeichnet.[5]

Das externe sowie das interne Rechnungswesen sind jeweils Teilgebiete des 1423
Rechnungswesens im Allgemeinen, welches außerdem die Betriebswirtschaftliche Statistik und Vergleichsrechnung sowie die Planungsrechnung umfasst.

(Einstweilen frei) 1424–1429

---

1 Vgl. Wikipedia, Stichwort Rechnungslegung (http://de.wikipedia.org/wiki/Rechnungslegung#ci-
te_note-Pellens_2-1), m.w.N.; vgl. Überblick über die allgemeinen betriebswirtschaftlichen
Funktionen des Rechnungswesens mit speziellen Bezug zu Stiftungen bei Seidemann, ZStV
2012 S. 6.

2 Vgl. Gabler Verlag (Hrsg.), Gabler Wirtschaftslexikon, Stichwort: externes Rechnungswesen
(http://wirtschaftslexikon.gabler.de/Archiv/55843/externes-rechnungswesen-v8.html).

3 Vgl. hierzu und zum Folgenden Wikipedia, Stichwort Rechnungswesen (http://de.wikipedia.org/
wiki/Rechnungswesen).

4 Die Begriffe Buchhaltung und Buchführung werden umgangssprachlich häufig als Synonym verwendet. In der Betriebswirtschaftslehre bezeichnet der Begriff Buchführung nur die Methodik
und Tätigkeit, die Buchhaltung die entsprechenden Aufzeichnungen in ihren unterschiedlichen
Ausprägungen, wie Finanzbuchhaltung, Anlagenbuchhaltung, Debitorenbuchhaltung usw., vgl.
Wikipedia, Stichwort Buchhaltung (http://de.wikipedia.org/wiki/Buchhaltung).

5 Vgl. hierzu und zum Folgenden Wikipedia, Stichwort Rechnungswesen (http://de.wikipedia.org/
wiki/Rechnungswesen).

II. Adressaten der externen Rechnungslegung einer Stiftung

1430 Eine Stiftung ist eine rechtliche Organisationsform, deren Zweck es ist, den Willen des Stifters durch die Verwendung des gestifteten Vermögens dauerhaft zu gewährleisten.[1] Eine Stiftung hat keine Mitglieder oder Eigentümer. Im Rechtsverkehr handelt sie durch ihren Stiftungsvorstand. Sie unterscheidet sich damit von den übrigen juristischen Personen des privaten Rechts durch ihre fehlende Verbandsstruktur.

1431 Mangels Eigentümern, denen gegenüber eine Personen- und Kapitalgesellschaft z. B. Rechnung legen muss, dient die Rechnungslegung einer Stiftung vor allem den Verwaltungsorganen der Stiftung und der Stiftungsaufsicht. Ferner kommen als Adressaten die Stifter, die Zustifter, die Spender, ggf. die Empfänger von Stiftungsleistungen sowie die interessierte Öffentlichkeit in Betracht.[2] Ebenso die Finanzbehörden und evtl. Gläubiger.[3]

1432 In diesem Abschnitt des vorliegenden Buches wird unter Rechnungslegung grundsätzlich die externe Rechnungslegung verstanden, d. h. die Ausgestaltung, die Art und Weise der Berichterstattung gegenüber den genannten außenstehenden Adressaten. Hiervon abzugrenzen ist die Buchführung, die die Buchhaltung erstellt, und auf der die externe Berichterstattung beruht.

1433 Bei der Beurteilung darüber, auf welchen gesetzlichen Regelungen die externe Rechnungslegung von Stiftungen beruht, muss unterschieden werden zwischen Vorschriften, die die externe Rechnungslegung oder Berichterstattung der Stiftung betreffen oder Vorschriften, die lediglich Aufzeichnungs- und Nachweispflichten festlegen, auf deren Grundlage die externe Rechnungslegung erfolgen kann. Als Beispiel kann die Verpflichtung genannt werden, geringwertige Wirtschaftsgüter über 150 € in ein laufend zu führendes Verzeichnis aufzunehmen, § 6 Abs. 2 Satz 4 EStG.

1434–1439 *(Einstweilen frei)*

---

1 Vgl. Rn. 40; IDW RS HFA 5, Rn. 1. Seit dem 29. 3. 2013 kann es nach § 80 Abs. 2 Satz 2 BGB auch sog. Verbrauchsstiftungen geben, wobei die Erfüllung des Stiftungszwecks mind. zehn Jahre umfassen muss, vgl. IDW RS HFA 5, Rn. 7; vgl. Rn. 80 ff.
2 Vgl. IDW RS HFA 5, Rn. 27.
3 Vgl. auch Seidemann, ZStV 2012 S. 6, 7; IDW RS HFA 5, Rn. 27.

III. Fokussierung auf bestimmte Stiftungsarten in der vorliegenden Auflage

Die Rechnungslegung von Stiftungen ist weder auf Landes- noch auf Bundesebene hinreichend geregelt.[1] Es gibt hierzu zahlreiche Beiträge und Monographien, die die unterschiedlichsten Aspekte beleuchten. Die Gesetzgeber haben vermutlich keine speziellen Vorschriften zur Rechnungslegung von Stiftungen geschaffen, da es im BGB Bestimmungen über die Legung von Rechenschaft gibt, die Abgabenordnung (AO) Vorschriften zur Rechnungslegung enthält und Stiftungen, die die Kaufmannseigenschaft erfüllen, nach dem Handelsgesetzbuch zur Rechnungslegung verpflichtet sind. Zudem gibt es die unterschiedlichsten Arten von Stiftungen. Sie wollten vermutlich den Stiftungen keine bestimmte Art der Rechnungslegung vorschreiben, sondern Ihnen die Möglichkeit geben, die für sie jeweils passende Art der Rechnungslegung zu wählen.[2] Aus diesem Grund finden sich Bestimmungen zur Rechnungslegung von Stiftungen in den unterschiedlichsten Rechtsvorschriften. | 1440

Die Arten von Stiftungen unterscheiden sich danach, ob sie auf der Basis des Öffentlichen Rechts oder des Bürgerlichen Rechts errichtet worden sind. Dabei können Stiftungen gemeinnützige Zwecke verfolgen oder den Interessen einer bestimmten Familie oder einer bestimmten Gruppe von Personen dienen.[3] | 1441

Bei gemeinnützigen Stiftungen soll die eine z. B. den Umweltschutz verfolgen und muss dafür in großem Umfang Spenden sammeln. Eine andere Stiftung soll hingegen den Ärmsten der Armen einer Gemeinde helfen und kann hierzu nur die Erträge aus dem ihr vom Stifter zugewandten Grundstockvermögen[4] einsetzen. Bei Stiftungen, die den Interessen bestimmter Gruppen dienen sollen, kann der Zweck z. B. die Führung und Erhaltung eines landwirtschaftlichen | 1442

---

1 Vgl. IDW RS HFA 5, Rn. 1.
2 Vgl. Rn. 1465 und Rn. 1470; Art. 16 Abs. 1 Satz 2 Bayerisches Stiftungsgesetz.
3 Vgl. Rn. 45 ff.
4 Art. 16 Abs. 3 BayStG spricht von der Erhaltung des Grundstockvermögens und der bestimmungsgemäßen Verwendung seiner Erträge. Art. 4 des Hamburgischen Stiftungsgesetzes spricht vom Stiftungsvermögen, das getrennt zu halten ist. In seinem RS HFA 5 aus dem Jahre 2000 verwendet das IDW bei der Gliederung des Eigenkapitals der Passivseite der Bilanz den Begriff Grundstockvermögen. Im RS HFA 5 aus 2013 hat es diesen durch den Begriff Errichtungskapital ersetzt. In Rn. 9 kommt zum Ausdruck, dass das Grundstockvermögen gegenständlich gemeint ist als die Vermögensgegenstände, die der Stifter der Stiftung zugewendet hat. Auf der Passivseite der Bilanz kann der Begriff Grundstockvermögen nicht gegenständlich verstanden werden. Es ist daher konsequent, hier von Errichtungskapital zu sprechen als dem Wert des Vermögens, das der Stiftung im Rahmen der Errichtung übertragen wurde, Rn. 56. Der Begriff Stiftungsvermögen umfasst sowohl das Grundstückvermögen als auch das Errichtungskapital.

Gutes oder der Unternehmen einer Familie über die Generationen hinweg sein.

1443   Bei Stiftungen mit Unternehmensbezug werden zwei Ausprägungen unterschieden, die untereinander auch kombinierbar sind.[1] Eine Unternehmensträgerstiftung betreibt selbst ein Unternehmen. Die Unternehmensbeteiligungsstiftung beschränkt sich auf die Verwaltung der Beteiligung an einem oder mehreren Unternehmen. Derartige Stiftungen können auch gemeinnützig sein.

1444   Aber auch in nur einer Stiftung können bis zu vier verschiedene Sphären unterschieden werden.[2]

1. Der ideelle Bereich, in dem es um Spenden, Zuschüsse, Personal und Sachausgaben geht.

2. Die Vermögensverwaltung, in der es um Dividenden, Zinsen, Mieterträge, Kontoführungs- und Depotgebühren, Vermögensverwaltung und Gebäudeaufwendungen geht.

3. Der Zweckbetrieb, der zur unmittelbaren Verwirklichung der begünstigten Zwecke notwendig ist, z. B. Behindertenwerkstätten mit Auftragsfertigung.

4. Der steuerpflichtige wirtschaftliche Geschäftsbetrieb, in dem die Stiftung selbständig nachhaltig zur Einkunftserzielung tätig ist, z. B. der Museumsladen.

Die Steuerpflicht kann damit unterschiedlich ausgebildet sein.

Dieser kurze Überblick über die existierenden Arten von Stiftungen und deren Tätigkeiten vermittelt bereits ein Gefühl dafür, dass es die unterschiedlichsten Ansprüche an die Rechnungslegung gibt.

1445   Das vorliegende Buch hat sich zum Ziel gesetzt, für die vielen kleinen gemeinnützigen Stiftungen, die ihre Einnahmen zur Verfolgung ihrer gemeinnützigen Zwecke und zur Erhaltung ihrer Stiftungsvermögen allein mittels der Vermögensverwaltung generieren, die Grundlagen der Rechnungslegen darzustellen und Hilfe für die Umsetzung zur Verfügung zu stellen.

---

1 Lt. IDW RS HFA 5, Rn. 8, 18 f.
2 Vgl. i. E. Rn. 1075, Rn. 1565; Spiegel in Hüttemann/Richter et al. 2011, Rn. 19.14.

Diesem „Zweck" verpflichtet will es nicht detailliert auf die speziellen Rech- **1446**
nungslegungsvorschriften, die es für die unterschiedlichsten Arten von Stiftungen gibt, eingehen. Es kann hierzu auf andere Veröffentlichungen verweisen.[1]
Selbstverständlich muss jedoch ein Überblick über die Rechtsvorschriften im
Allgemeinen gegeben werden. Abgesehen davon kann sich die vorliegende
Auflage jedoch darauf konzentrieren, die Anforderungen an die Rechnungslegung der im Fokus stehenden Stiftungen darzustellen und Hinweise dazu geben, wie diese in der Praxis umgesetzt werden können. Die hier erarbeiteten
Vorschläge können jedoch auch ohne großen Aufwand von anderen Stiftungen aufgenommen werden, da sich die Vorschläge ganz zentral auf die Regelungen zur Rechnungslegung von Kapitalgesellschaften im Handelsgesetzbuch
stützen. Diese wurden geschaffen vor allem unter dem Aspekt der Verwaltung
fremden Vermögens durch die Gesellschaftsorgane. Ähnlich verhält es sich
auch bei Stiftungen, der Stiftungsvorstand verwaltet ihm nicht gehörendes
Vermögen.[2]

(Einstweilen frei) **1447–1459**

IV. Gesetzliche Regelungen bezüglich der Rechnungslegung von Stiftungen

Eine Stiftung kann von der zuständigen Behörde des Landes, in dem die Stif- **1460**
tung ihren Sitz haben soll, als rechtsfähig anerkannt werden, sofern unter anderem die dauernde und nachhaltige Erfüllung des Stiftungszwecks gesichert
erscheint.[3] Im Anschluss an die Anerkennung der Rechtsfähigkeit der Stiftung
muss durch die staatliche Stiftungsaufsicht geprüft werden, ob diese nachhaltige Erfüllung der Stiftungszwecke über die Jahre hinweg auch tatsächlich gesichert bleibt. Aus diesem Grund verpflichten die Landesstiftungsgesetze die
Stiftungen zur Erstellung einer Jahresrechnung, wobei teils ausdrücklich, teilweise implizit, eine zeitnahe Buchführung gefordert wird, in der sämtliche Geschäftsvorfälle systematisch erfasst werden.[4] Darüber hinaus haben die Stiftungen bei der Ausgestaltung ihrer Buchführung eine Reihe weiterer Buchfüh-
rungsnormen zu beachten, auf die die einzelnen Landesstiftungsgesetze zum
Teil ausdrücklich Bezug nehmen (Grundsätze ordnungsmäßiger Buchführung,

---

1 Vgl. z. B. Spiegel in Hüttemann/Richter et. al. 2011, Rn. 19.1 ff.; Koss, Rechnungslegung von Stiftungen, IDW Düsseldorf 2003; Hagner, Bilanzierende Stiftungen, München 2010.
2 Vgl. Rn. 1537; IDW RS HFA 5 v. 25. 2. 2000, Rn. 36.
3 Vgl. § 80 Abs. 1 und 2 BGB; bei Verbrauchsstiftungen müssen dies mindestens zehn Jahre sein.
4 Vgl. hierzu und zum Folgenden Hüttemann in Hüttemann/Richter et al. 2011, Rn. 14.1; Spiegel
in Hüttemann/Richter et al. 2011, Rn. 19.1 ff.

GoB) bzw. die neben dem Stiftungsrecht gelten. In einzelnen Landesstiftungsgesetzen finden sich auch Bestimmungen zur Erstellung einer Planungsrechnung (Haushaltsplan) durch den Stiftungsvorstand.

1461   Die bei einer Stiftung anzuwendenden Rechtsvorschriften bestimmen sich
nach der Art ihrer Errichtung, d. h. ob sie als privatrechtliche oder öffentlich-
rechtliche Stiftung errichtet wurde. Für die Rechnungslegung privatrechtlicher
Stiftungen gelten ganz grundsätzlich die Regelungen des Bürgerlichen Gesetzbuches (BGB), die gegebenenfalls ergänzt werden um die Vorschriften des
Handelsgesetzbuches (HGB) und des Publizitätsgesetzes (PublG), sofern die
Stiftung Kaufmann ist.[1] Die Aufzeichnungen öffentlich-rechtlicher, insbesondere kommunaler oder staatlich verwalteter Stiftungen sowie kirchlicher Stiftungen werden häufig nach öffentlichem Haushaltsrecht oder Kirchenrecht
geführt.[2]

1462   Beauftragt eine Stiftung einen Wirtschaftsprüfer mit der Prüfung ihres Jahresabschlusses, so werden mittelbar für sie auch IDW Standards relevant.[3] Das
Institut der Wirtschaftsprüfer in Deutschland e. V., Düsseldorf (IDW) erarbeitet
als Organisation des Berufsstandes der Wirtschaftsprüfer Verlautbarungen,
die sich an die Mitglieder des Berufsstandes richten. Zur Vermeidung von Haftungsrisiken darf der Wirtschaftsprüfer von einer Verlautbarung des IDWs nur
in begründeten Ausnahmefällen abweichen. Als derartige Verlautbarungen
werden Rechnungslegungsstandards (RS) und Prüfungsstandards (PS) veröffentlicht.

1463   Die hier zu behandelnden, kleinen oder mittelgroßen gemeinnützigen Stiftungen sind i. d. R. bürgerlich-rechtliche Stiftungen, die die Kaufmannseigenschaft
nicht erfüllen. Ihre Verpflichtung zur Rechnungslegung basiert auf dem BGB.
Ergänzt werden diese Vorschriften durch das Stiftungsgesetz des Bundeslandes in dem sie errichtet wurde. Das Bundesstiftungsrecht enthält im BGB keine expliziten Vorschriften zur Rechnungslegung und die Landesstiftungsgesetze sind grundsätzlich unterschiedlich aufgebaut und ausformuliert. Sie alle
enthalten aber nur wenig konkrete Regelungen zur Rechnungslegung und stellen die Art der Buchführung in das Ermessen der Stiftung selbst.[4]

---

1 Vgl. § 238 i. V. m. §§ 1 ff.; HGB; IDW RS HFA 5, Rn. 18 ff.; §§ 1 ff. PublG bei der Erfüllung der ent-
    sprechenden Größenmerkmale.

2 Vgl. Spiegel in Hüttemann/Richter et al. 2011, Rn. 19.18 und 19.27.

3 Vgl. Spiegel in Hüttemann/Richter et al. 2011, Rn. 19.19 ff.

4 Vgl. z. B. Art. 16 Abs. 1 Satz 2 Bayerisches Stiftungsgesetz; vgl. Rn. 1470; Spiegel in Hüttemann/
    Richter et al. 2011, Rn. 19.1; Orth, Zur Rechnungslegung von Stiftungen, DB 1997 S. 1341 ff.

Als Grund hierfür sind vermutlich die sehr unterschiedlichen Zwecke, die Stif- 1464
tungen, wie wir gesehen haben, verfolgen können. Diese Unterschiedlichkeit
macht eine gewisse Flexibilität bei der Rechnungslegung nötig, so dass sich
die Gesetzgeber der Länder nicht dazu entschlossen haben, eine bestimmte
Art der Rechnungslegung vorzuschreiben.

Für Stiftungen, die öffentliche Zuwendungen erhalten, können sich, neben den 1465
im Folgenden beschriebenen Regelungen, auch noch Pflichten aufgrund des
Haushaltsrechtes (HGrG) ergeben.

Außerdem ist es denkbar, dass die Satzung oder die Geschäftsordnung einer 1466
Stiftung Regelungen zur Rechnungslegung enthält, sie z. B. dazu verpflichtet,
einen handelsrechtlichen Jahresabschluss entsprechend den Vorschriften für
Kapitalgesellschaften aufzustellen. Schließlich ist es vorstellbar, dass eine Stiftung im Wege der freiwilligen Selbstverpflichtung die „Grundsätze guter Stiftungspraxis" des Bundesverbandes Deutscher Stiftungen für sich anwendbar
erklärt hat.[1] Danach hat die Stiftung ein Rechnungswesen zu unterhalten, das
die wirtschaftliche Lage der Stiftung zeitnah, vollständig und sachlich richtig
abbildet. Zusätzlich enthalten die Grundsätze im Rahmen der anzuerkennen-
den Transparenz, als Ausdruck der Verantwortung von Stiftungen gegenüber
der Gesellschaft und als ein Mittel zur Vertrauensbildung, bezugnehmend auf
das Rechnungswesen die Forderung nach einer Bereitstellung von wesentlichen inhaltlichen und wirtschaftlichen Informationen über die Stiftung (insbesondere über den Stiftungszweck, die Zweckerreichung im jeweiligen abge-
laufenen Jahr, die Förderkriterien, die Organmitglieder und die Bewilligungs-
bedingungen) sowie die Forderung nach der raschen und vollständigen Erfüllung gesetzlicher Auskunftspflichten.

1. Die Rechnungslegung von Stiftungen nach BGB

Im BGB befassen sich die §§ 80 bis 88 BGB mit den Stiftungen.[2] Sie befinden 1467
sich im 1. Buch des BGB, dem Allgemeinen Teil, 1. Abschnitt, Personen, 2. Titel
Juristische Personen, 2. Untertitel Stiftungen. Für die Rechnungslegung erklärt
§ 86 BGB etliche Vorschriften des Vereinsrechts für Stiftungen ebenfalls für

---

1 Verabschiedet am 11.5.2006, vgl.: http://www.stiftungen.org/de/news-wissen/grundsaetze-
guter-stiftungspraxis.html.
2 Vgl. hierzu und zum Folgenden IDW RS HFA 5, Rn.12f.; Spiegel in Hüttemann/Richter et al.
2011, Rn.19.3f. Im BGB haben sich in den letzten Jahren keine Änderungen bzgl. der Rechnungslegung von Stiftungen ergeben, vgl. Kußmaul/Meyering/Richter, DStR 2015 S.1328.

anwendbar.[1] So auch § 27 Abs. 3 BGB, der die für den Auftrag geltenden Vorschriften der §§ 664 bis 670 BGB auf die Geschäftsführung des Vereinsvorstandes für anwendbar erklärt. § 666 BGB[2] verpflichtet diesen zur Rechnungslegung auf Verlangen des Auftraggebers.[3] Der Umfang der Rechenschaftspflicht ergibt sich aus § 259 Abs. 1 BGB. Sie erstreckt sich auf die geordnete Zusammenstellung der Einnahmen und Ausgaben und die Vorlage von Belegen, soweit Belege erteilt zu werden pflegen. Außerdem hat der zur Rechenschaft Verpflichtete in gewissen Abständen oder auf Anfrage ein Vermögensbestandsverzeichnis nach § 260 Abs. 1 BGB vorzulegen.[4]

1468 Die Art und Weise, wie die Rechenschaftspflicht der Vereinsorgane nach §§ 259 und 260 BGB gegenüber den Mitgliedern geregelt ist, grenzt sich betont von den handelsrechtlichen Vorschriften ab. Das Bürgerliche Gesetzbuch verlangt nur eine geordnete Zusammenstellung der Einnahmen und Ausgaben und die Aufstellung eines Vermögensbestandsverzeichnisses.[5] Die Einnahmen-Ausgabenrechnung ist die gängigste Form der Rechnungslegung für Vereine. Die Aufstellung einer Bilanz sowie einer Gewinn- und Verlustrechnung, wie sie die handelsrechtlichen Vorschriften verlangen, ist im BGB nicht genannt.

1469 In der Stiftungssatzung kann die Verweisung auf das Auftragsrecht abbedungen werden (§ 86 Satz 1 BGB). Die Verweisung auf die Vereinsinsolvenz (§ 42 BGB) und mit ihr die Verpflichtung der Stiftung mit Hilfe ihrer Rechnungslegung jederzeit den Insolvenzgrund der Überschuldung feststellen zu können, ist jedoch nicht abdingbar.[6] Wie eine mögliche Überschuldung ermittelt werden muss, regelt das BGB jedoch nicht.

---

1 § 86 BGB Anwendung des Vereinsrechts: „Die Vorschriften der §§ 26 und 27 Abs. 3 und der §§ 28 bis 31a und 42 finden auf Stiftungen entsprechende Anwendung, die Vorschriften des § 26 Abs. 2 Satz 1, des § 27 Abs. 3 und des § 28 jedoch nur insoweit, als sich nicht aus der Verfassung, insbesondere daraus, dass die Verwaltung der Stiftung von einer öffentlichen Behörde geführt wird, ein anderes ergibt. Die Vorschriften des § 26 Abs. 2 Satz 2 und des § 29 finden auf Stiftungen, deren Verwaltung von einer öffentlichen Behörde geführt wird, keine Anwendung."

2 § 666 BGB Auskunfts- und Rechenschaftspflicht: „Der Beauftragte ist verpflichtet, dem Auftraggeber die erforderlichen Nachrichten zu geben, auf Verlangen über den Stand des Geschäfts Auskunft zu erteilen und nach der Ausführung des Auftrags Rechenschaft abzulegen."

3 Vgl. hierzu ausführlich Spiegel in Hüttemann/Richter et al. 2011, Rn. 19.3; Orth, DB 1997 S. 1346 ff.

4 Vgl. Gali, DStR 1998 S. 263 f.

5 Das BGB enthält keine Bestimmungen über den Turnus der Rechnungslegung. Heute werden die Normen jedoch regelmäßig als Pflicht zur periodischen Rechenschaftslegung verstanden, vgl. IDW RS HFA 5, Rn. 13.

6 Vgl. Spiegel in Hüttemann/Richter et al. 2011, Rn. 19.4.

2. Die Rechnungslegung von Stiftungen nach Landesstiftungsgesetz

Die Landesstiftungsgesetze ergänzen diese Grundsätze regelmäßig um die 1470 Pflicht zur Erstellung eines **Tätigkeitsberichtes** mit dem **Nachweis der Erfüllung des Stiftungszweckes.**[1] Als Beispiel dafür, wie auch die Landesstiftungsgesetze eine ordnungsgemäße Buchführung und Rechnungslegung vorschreiben, sollen Art. 16 und 17 des Bayerischen Stiftungsgesetzes (im Folgenden BayStG) vom 26. 9. 2008 betrachtet werden:[2]

(1) [1]*Die Stiftungen sind zu einer **ordnungsgemäßen Buchführung** verpflichtet.* [2]*Die Buchführungsart können sie im Rahmen der gesetzlichen Bestimmungen selbst wählen.* [3]*Vor Beginn eines jeden Geschäftsjahres **sollen die Stiftungen einen Voranschlag** aufstellen, der die Grundlage für die Verwaltung aller Einnahmen und Ausgaben bildet.* [4]*Innerhalb **von sechs Monaten** nach Ablauf des Geschäftsjahres sind ein **Rechnungsabschluss und eine Vermögensübersicht (Jahresrechnung)** zu erstellen und mit einem **Bericht über die Erfüllung des Stiftungszwecks** der Stiftungsaufsichtsbehörde vorzulegen.*

(2) [1]*Die Stiftungsaufsichtsbehörde hat die Jahresrechnung zu prüfen.* [2]*Die Prüfung kann sich auf Stichproben beschränken, wenn auf Grund vorausgegangener Prüfungen eine umfassende Prüfung nicht erforderlich erscheint.* [3]*Die Stiftungsaufsichtsbehörde kann bei Stiftungen, die jährlich im Wesentlichen gleichbleibende Einnahmen und Ausgaben aufweisen, die Prüfung der Jahresrechnungen für mehrere Jahre zusammenfassen.* [4]*Sie kann für höchstens drei Jahre von einer Vorlage der Unterlagen durch die Stiftung nach Abs. 1 Satz 4 sowie einer Prüfung der Jahresrechnungen nach Satz 1 absehen, wenn die Prüfung der Jahresrechnungen in mindestens fünf aufeinanderfolgenden Jahren keine Beanstandung ergeben hat.* [5]*Ergibt auch die anschließende Rechnungsprüfung keine Beanstandung, findet Satz 4 entsprechende Anwendung.*

(3) [1]*Wird eine Jahresrechnung durch verwaltungseigene Stellen der staatlichen Rechnungsprüfung, einen Prüfungsverband, einen **Wirtschaftsprüfer** oder einen vereidigten Buchprüfer geprüft, so **muss** sich die **Prüfung auch auf die Erhaltung des Grundstockvermögens** und die **bestimmungsgemäße Verwendung** seiner Er-*

---

1 In Ermangelung anderweitiger Vorschriften haben gem. Art. 70 Abs. 1 GG die Länder die Zuständigkeit für die Regeln und Einzelheiten der Aufsicht von rechtsfähigen Stiftungen, vgl. Seidemann, ZStV 2012 S. 6, 12. Kußmaul/Meyering/Richter, DStR 2015 S. 1328 geben eine Übersicht über die Regelungen in den Landesstiftungsgesetzen zur Buchführung und Rechnungslegung bei Stiftungen.
2 Zu den unterschiedlichen Landesstiftungsgesetzen i. E. Spiegel in Hüttemann/Richter et al. 2011, Rn. 20.14 ff.; vgl. auch Abdruck der Landesstiftungsgesetze im Anhang.

träge und zum Verbrauch bestimmter Zuwendungen erstrecken. [2]*Der Prüfungsbericht ist der Stiftungsaufsichtsbehörde vorzulegen.* [3]*In diesem Fall sieht die Stiftungsaufsichtsbehörde von einer eigenen Prüfung der Jahresrechnung ab.*

(4) [1]*Die Stiftungsaufsichtsbehörde kann verlangen, dass eine Stiftung einen Prüfungsverband, einen Wirtschaftsprüfer oder einen vereidigten Buchprüfer mit der Durchführung einer Prüfung im Sinne des Abs. 3 beauftragt.* [2]*Abs. 2 Sätze 4 und 5 finden entsprechende Anwendung."*

Art. 6 Abs. 2 und 17 BayStG regeln, die Kapitalerhaltung:[1]

Art. 6 Abs. 2:

„Das Vermögen, das der Stiftung zugewendet wurde, um aus seiner Nutzung den Stiftungszweck dauernd und nachhaltig zu erfüllen (Grundstockvermögen), ist ungeschmälert zu erhalten."

Art. 17:

„Ist das Vermögen einer Stiftung so erheblich geschwächt, dass die nachhaltige Erfüllung des Stiftungszwecks beeinträchtigt wird, so kann die Stiftungsaufsichtsbehörde anordnen, dass der Ertrag des Stiftungsvermögens ganz oder teilweise solang anzusammeln ist, bis die Stiftung wieder leistungsfähig geworden ist."

1471   Es zeigt sich, dass Art. 16 BayStG seinen Schwerpunkt auf die Stiftungsaufsicht und damit auf die Prüfung legt. Die Stiftung hat eine sog. Jahresrechnung, bestehend aus Rechnungsabschluss und Vermögensübersicht zu erstellen. Eine Legaldefinition dessen, was ein **Rechnungsabschluss** und eine **Vermögensübersicht (Jahresrechnung)** sind, gibt es nicht. Weder im BayStG noch in einem anderen Landesgesetz. Sicherlich kann unter einem **Rechnungsabschluss** zumindest eine Gegenüberstellung der Einnahmen und Ausgaben und unter einer **Vermögensübersicht** die Auflistung der Vermögensgegenstände und Verpflichtungen verstanden werden.[2] Somit beinhaltet die **Jahresrechnung**, vergleichbar mit dem Jahresabschluss eines Einzelkaufmanns, der keine Kapital-

---

1   Vgl. Punkt G.VI.4.1 Kapitalerhaltung und Vermögensverwaltung, Rn. 1557 ff., sowie zu den anderen Landesstiftungsgesetzen Hüttemann in Hüttemann/Richter et al. 2011, Rn. 14.20 ff.; vgl. auch Abdrucke der Landesstiftungsgesetze im Anhang.

2   Vgl. § 666 BGB: „Der Beauftragte ist verpflichtet, dem Auftraggeber die erforderlichen Nachrichten zu geben, auf Verlangen über den Stand des Geschäfts Auskunft zu erteilen und nach der Ausführung des Auftrags Rechenschaft abzulegen."

gesellschaft ist, die Ermittlung des Überschusses und die Aufstellung über das Vermögen. Einzelne andere Landesgesetze verweisen explizit auf die **Grundsätze ordnungsmäßiger Buchführung (GoB)**.[1]

3. Die Rechnungslegung von Stiftungen und das Berufsrecht der Wirtschaftsprüfer

Für die Rechnungslegung und Buchführung von Stiftungen, die einen Wirtschaftsprüfer mit der Prüfung ihres Jahresabschlusses beauftragt haben, sind insbesondere zwei Verlautbarungen des Hauptfachausschusses des IDW (HFA) von Bedeutung.[2] 1472

Die IDW-Stellungnahme zur Rechnungslegung von Stiftungen (IDW RS HFA 5) wurde in ihrer Neufassung am 6.12.2013 verabschiedet.[3] Sie befasst sich neben den rechtlichen Grundlagen der Rechnungslegung von Stiftungen mit zahlreichen Einzelfragen zum Jahresabschluss, Anhang und Lagebericht bzw. Einnahmen-Ausgaben- und Vermögensrechnungen von Stiftungen. Den Schwerpunkt der Stellungnahme bilden Bewertungsfragen, der Eigenkapitalausweis, die Kapitalerhaltung, die Ergebnisverwendung und die Bilanzierung satzungsgemäßer Leistungen. Aufgrund der größeren Sicherheit der Doppik, der Aussagekraft der periodengerechten Ergebnisabgrenzung und der Vergleichbarkeit auf Grundlage der detaillierte geregelten Rechnungslegung, empfiehlt das IDW die kaufmännische Bilanzierung.[4] 1473

Den Standard zur Rechnungslegung spendensammelnder Organisationen (IDW RS HFA 21) verabschiedete der IDW-Hauptfachausschuss (HFA) am 11.3.2010.[5] Er ist bedeutsam für Stiftungen, die in einem relevanten Umfang Spenden erhalten. Der Standard betrifft insbesondere Fragen der Darstellung des Erhalts und der Verwendung von Spenden. 1474

---

1 Vgl. § 7 Abs. 3 BaWürttStiftG, § 4 Abs. 4 HambStiftG, § 4 Abs. 2 Nr. 2 Meck-VorStifG, § 5 Abs. 1 SaarlStiftG, § 4 Abs. 2 SächsStiftG; zu den GoB vgl. Punkt G.V.2: Die aus den Aufgaben der Stiftung abzuleitenden speziellen Anforderungen an die Rechnungslegung von Stiftungen, Rn. 1517 ff.

2 Vgl. Spiegel in Hüttemann/Richter et al. 2011, Rn. 19.19 f.; Burkhardt/Müller, NWB-EV 2013 S. 185.

3 Vgl. IDW-FN 2014, S. 61 ff. Altfassung v. 25. 2. 2000, vgl. IDW-FN 2000, S. 429 ff. Zu den Änderungen vgl. Kußmaul/Meyering/Richter, DStR 2015 S. 1328, 1331.

4 Vgl. IDW RS HFA 5, Rn. 33.

5 Vgl. IDW-FN 2010, S. 201 ff.

4. Buchführungs- und Aufzeichnungspflichten aufgrund steuerlicher Vorschriften

1475   In der AO finden sich zahlreiche Vorschriften zu Buchführungs- und Aufzeichnungspflichten, die die Finanzbehörden von steuerbefreiten und steuerpflichtigen Stiftungen fordern. Die deswegen gemachten Aufzeichnungen legen es nahe, diese auch für die externe Rechnungslegung der Stiftung zu verwenden.[1]

1476   In zweierlei Hinsicht existieren öffentlich-rechtlich Aufzeichnungspflichten nach der Abgabenordnung. Diese Pflichten legen fest, welche Nachweise der Steuerpflichtige oder die Stiftung gegenüber den Finanzbehörden erbringen muss.

1477   Eine nicht steuerbefreite Stiftung hat nach den Vorschriften des BGB Aufzeichnungen über die Einnahmen und Ausgaben zu führen.[2] Da diese auch für die Besteuerung von Bedeutung sind, folgt hieraus die Verpflichtung zur Führung von Aufzeichnungen gemäß § 140 AO auch für die Zwecke der Besteuerung (abgeleitete Aufzeichnungspflicht).[3]

1478   Zusätzlich sieht das Gemeinnützigkeitsrecht in den §§ 51 ff. AO eigenständige Aufzeichnungspflichten vor.[4] Die Nachweispflicht über z. B. die Einhaltung der steuerbegünstigten Zwecke obliegt nicht den Finanzbehörden, sondern der Stiftung. Viele der hier aufgeführten Vorschriften haben vor allem Bedeutung für die Buchhaltung, damit aus ihr heraus die spezifischen Nachweisanforderungen der Finanzbehörden erfüllt werden können. Für die Gestaltung der Rechnungslegung nach außen, also gegenüber dem Stifter, den evtl. Zustiftern, Spendern und der interessierten Öffentlichkeit sind sie jedoch nicht von Bedeutung. Sie können allerdings Daten für die externe Rechnungslegung liefern.

1479   Werden mehrere Tätigkeitsbereiche, also ideeller Bereich, Vermögensverwaltung, steuerfreier Zweckbetrieb und steuerpflichtiger wirtschaftlicher Ge-

---

1 In den letzten Jahren haben sich in der AO Änderungen bzgl. der besonderen Buchführungspflichten gemeinnützige Stiftungen ergeben, Gesetz zur Stärkung des Ehrenamtes, BGBl 2013 I S. 556. Außerdem müssen Stiftungen unter bestimmten Voraussetzungen eine sog. E-Bilanz erstellen, vgl. Kußmaul/Meyering/Richter, DStR 2015 S. 1328, 1330.

2 Vgl. zur Buchführungspflicht, zum Wirtschaftsjahr und zur laufenden Besteuerung der Stiftung Rn. 709 ff.

3 Vgl. hierzu und zum Folgenden z. B. Gali, DStR 1998 S. 263 ff.

4 Vgl. zu den Anforderungen an die Stiftungssatzung nach AO Rn. 980 ff., zur laufenden Besteuerung und zum Wirtschaftsjahr Rn. 1220 ff.; Seidemann, ZStV 2012 S. 6, 12. Zur Voraussetzung der zeitnahen Mittelverwendung vgl. § 55 Nr. 5 AO, zur Rücklagenbildung vgl. § 62 AO.

schäftsbetrieb unterhalten,[1] müssen die Einnahmen und Ausgaben jeweils getrennt festgehalten werden. Die Aufzeichnungen haben ohne expliziten Verweis in § 63 Abs. 3 AO (Zweckbetriebe) den grundsätzlichen Anforderungen der §§ 145 bis 148 AO zu entsprechen.

Für einen „Wirtschaftlichen Geschäftsbetrieb" z. B., in dem ein gewerbliches Unternehmen und/oder eine Land- und Forstwirtschaft betrieben werden, gilt vor allem § 141 Abs. 1 AO.[2] Hiernach besteht Buchführungspflicht und die Verpflichtung zur Erstellung kaufmännischer Jahresabschlüsse in sinngemäßer Anwendung der §§ 238, 240 bis 242 Abs. 1 und §§ 243 bis 256 HGB, sofern der wirtschaftliche Geschäftsbetrieb eine der folgenden Grenzen übersteigt: 1480

► die Umsätze einschließlich der steuerfreien Umsätze (mit Ausnahme der Umsätze nach § 4 Nr. 8 bis 10 UStG) betragen im Kalenderjahr mehr als 500.000 € oder

► die selbstbewirtschaftete land- und forstwirtschaftliche Flächen hat einen Wirtschaftswert (§ 46 BewG) von mehr als 25.000 € oder

► der Gewinn aus Gewerbebetrieb oder aus Land- und Forstwirtschaft beträgt im Wirtschaftsjahr bzw. im Kalenderjahr mehr als 50.000 €.

Sofern eine Stiftung unternehmerisch i. S. d. UStG tätig wird ergeben sich Aufzeichnungspflichten nach § 22 UStG i. V. m. §§ 63 bis 68 UStDV. 1481

5. Die Rechnungslegung nach HGB

5.1 Die Verpflichtung des Kaufmanns, einen Jahresabschluss aufzustellen

Wer Kaufmann ist,[3] hat nach § 242 HGB einen Jahresabschluss nach den Grundsätzen ordnungsmäßiger Buchführung klar und übersichtlich aufzustellen, § 243 HGB.[4] Für diese Jahresabschlüsse gibt es unterschiedliche Vorschriften je nachdem ob der zur Abschlusserstellung Verpflichtete Kaufmann, Personengesellschaft, eine Kleinstkapitalgesellschaft,[5] eine kleine Kapitalgesellschaft, eine mittelgroße oder eine große Kapitalgesellschaft ist, vgl. §§ 264, 1482

---

1 Vgl. i. E. Rn. 1075 ff., Rn. 1444, 1565.

2 Vgl. auch AEAO zu § 141.

3 Vgl. §§ 1 ff. HGB, wegen der Kaufmannseigenschaft einer Stiftung Seidemann, ZStV 2012 S. 6, 9.

4 Ausnahme für kleine Einzelkaufleute nach §§ 241a und 242 Abs. 4 HGB.

5 Vgl. § 267a HGB, eingefügt durch Art. 1 Kleinstkapitalgesellschaften-Bilanzrechtsänderungsgesetz v. 20. 12. 2012 (BGBl 2012 I S. 2751). Art. 1 dieses Gesetzes dient der Umsetzung der Richtlinie 2012/6/EU des Europäischen Parlaments und des Rates v. 14. 3. 2012 zur Änderung der Richtlinie 78/660/EWG des Rates über den Jahresabschluss von Gesellschaften bestimmter Rechtsformen hinsichtlich Kleinstbetrieben (ABl. L 81 v. 21. 3. 2012, S. 3). Vgl. hierzu Küting, DStR 2012 S. 2165 ff.

264a, 267 HGB. Zusätzlich gibt es noch Sondervorschriften für z. B. kapital-
marktorientierte Kapitalgesellschaften, Kreditinstitute, Versicherungen und
Konzerne,[1] und vom Bundesjustizminister nach § 330 HGB erlassene Rechts-
verordnungen zur Rechnungslegung besonderer Branchen,[2] welche hier jedoch
nur erwähnt werden sollen.

1483   Was unter einem Jahresabschluss zu verstehen ist, wird in § 242 Abs. 3 HGB
definiert, der für alle Kaufleute gilt. Er bestimmt, dass der Jahresabschluss aus
der Bilanz sowie der Gewinn- und Verlustrechnung besteht. Die Bilanz ist dabei nach Abs. 1 definiert als ein Abschluss, der das Verhältnis des Vermögens
und der Schulden des Kaufmanns darstellt. Abs. 2 definiert die Gewinn- und
Verlustrechnung als Gegenüberstellung der Aufwendungen und Erträge des
Geschäftsjahres. Kapitalgesellschaften haben nach § 264 Abs. 1 HGB den Jahresabschluss um einen Anhang zu erweitern, der allgemeine Angaben sowie
Erläuterungen zur Bilanz sowie der Gewinn- und Verlustrechnung enthält,
§ 284 HGB, und mit der Bilanz und der Gewinn- und Verlustrechnung eine Einheit bildet. Außerdem haben sie ab einer gewissen Größe einen Lagebericht
aufzustellen.[3]

1484   Die Rechnungslegung nach HGB in Form eines Jahresabschlusses hat zum Ziel,
einen Gewinn des Rechnungslegers zu ermitteln sowie sein Vermögen darzustellen. Insgesamt gilt, „Der Jahresabschluss der Kapitalgesellschaft hat unter Beachtung der Grundsätze ordnungsmäßiger Buchführung ein den tatsächlichen Verhältnissen entsprechendes Bild der Vermögens-, Finanz-, und Er-
traglage der Kapitalgesellschaft zu vermitteln."[4] Bei der Kapitalgesellschaft
entscheiden die Gesellschafter über die Verwendung des Gewinns, u. a. für
Ausschüttungen. Diese sind grundsätzlich durch den im Jahresabschluss ermittelten Jahresüberschuss begrenzt (Ausschüttungsbemessungsfunktion des
Jahresabschlusses).[5] Der Jahresabschluss hat damit eine Rechenschafts-, eine

---

1   Vgl. z. B. §§ 264a ff., 290 ff., 340 ff., 341 ff. HGB.
2   Vgl. Krankenhaus-Buchführungsverordnung v. 24. 3. 1987, Pflege-Buchführungsverordnung v.
    22. 11. 1995 für Pflegedienste und Pflegeheime, Werkstättenverordnung vom 13. 8. 1980 für Be-
    hindertenwerkstätten.
3   Vgl. § 264 Abs. 2 Satz 1 HGB.
4   § 264 Abs. 2 Satz 1 HGB.
5   Vgl. § 268 Abs. 1 HGB, Grottel/Krämer/Huber in Beck'scher Bilanzkommentar, 9. Aufl. 2014,
    § 268 Rn. 1 ff. Durch die Auflösung früherer Gewinnrücklagen können sie jedoch auch fallweise
    höher als der Jahresüberschuss sein. Begrenzt werden sie durch Ausschüttungssperren gem.
    § 268 Abs. 2 HGB. Vgl. Grottel/Krämer bzw. Grottel/Huber in Beck'scher Bilanzkommentar,
    9. Aufl. 2014, § 268 Rn. 1 ff., 140 ff.

Gewinnermittlungs-, eine Ausschüttungs-, eine Gläubigerschutz- und eine Informationsfunktion.[1]

Die hier betrachteten kleinen oder mittleren gemeinnützigen Stiftungen betreiben i. d. R. lediglich Vermögensverwaltung. Sie sind keine Kaufleute und stellen einen handelsrechtlichen Jahresabschluss daher allenfalls freiwillig auf. Einen Lagebericht werden sie i. d. R. nicht aufstellen. Die Vorschriften für den Anhang sind jedoch von Interesse.[2]   1485

In der handelsrechtlichen Praxis haben die Anhänge folgende Struktur:[3]   1486

▶ Allgemeine Angaben, inkl. der Angaben zur Identifikation der Kapitalgesellschaft, [4]

▶ Bilanzierungs- und Bewertungsmethoden, [5]

▶ Erläuterung der Bilanz (mit ziffernmäßige Verknüpfung),

▶ Erläuterung der Gewinn- und Verlustrechnung (mit ziffernmäßige Verknüpfung),

▶ sonstige Angaben,

▶ Organmitglieder.

Zu den Pflichtangaben, die stets im Anhang zu machen sind, gehören unter anderem die folgenden Angaben zu:[6]   1487

▶ den auf die Posten der Bilanz sowie Gewinn- und Verlustrechnung angewandten Bilanzierung- und Bewertungsmethoden (§ 284 Abs. 2 Nr. 1 HGB),[7]

---

1 Vgl. Winkeljohann/Schellhorn in: Beck'scher Bilanzkommentar, 9. Aufl. 2014, § 264 Rn. 35.

2 Vgl. Rn. 1659 ff.

3 Vgl. Grottel in Beck'scher Bilanzkommentar, 9. Aufl. 2014, § 284 Rn. 30, Spiegel in Hüttemann/ Richter et al. 2011, Rn. 21.4.

4 Vgl. § 264 Abs. 1a HGB.

5 Die Angabe der Grundlagen der Währungsumrechnung sind nach BilRUG nicht mehr verpflichtend; dies dürfte wegen der seit dem BilMoG (BGBl 2009 I S. 1102) in § 256a HGB geregelten Währungsumrechnung entbehrlich sein. Vgl. Zwirner, DStR 2014 S. 1784, 1787.

6 Vgl. Spiegel in Hüttemann/Richter et al. 2011, Rn. 21.5; noch weiter aufgegliedert Grottel in Beck'scher Bilanzkommentar, 9. Aufl. 2014, § 284 Rn. 40; es sind nicht alle bei Stiftungen, bzw. nur sinngemäß anwendbar.

7 § 284 Abs. 2 Nr. 2 HGB a. F. wurde durch das BilRUG gestrichen. Laut BR-Drucks. 23/15 S. 77 erschien dem Gesetzgeber die Angabe der Grundlagen der Währungsumrechnung neben der Bestimmung in Nr. 1 des Abs. 2 nicht erforderlich. Eine Änderung der materiellen Rechtslage wurde mit der Streichung der Nr. 2 nicht beabsichtigt. Vgl. auch die Vorschrift § 256a HGB. Aufgrund der Streichung der Nr. 2 wurden die bisherigen Nrn. 3 bis 5 zu den Nrn. 2 bis 4. Vgl. auch Rn. 1502, 1659.

- der Abweichung von Bilanzierungs- und Bewertungsmethoden, deren Gründe und deren Einfluss auf die Vermögens-, Finanz- und Ertragslage (§ 284 Abs. 2 Nr. 2 HGB),

- dem Ausweis von erheblichen Unterschiedsbeträgen bei Anwendung des Gruppenbewertungsverfahrens mit Durchschnittswerten oder eines Verbrauchsfolgeverfahrens im Vergleich zur Bewertung mit Börsenkursen oder Marktpreisen (§ 284 Abs. 2 Nr. 3 HGB),

- der Einbeziehung von Zinsen für Fremdkapital in die Herstellungskosten (§ 284 Abs. 2 Nr. 4 HGB),

- dem Gesamtbetrag der Verbindlichkeiten mit einer Restlaufzeit von mehr als fünf Jahren und der gesicherten Verbindlichkeiten, (§ 285 Nr. 1 HGB), sowie und deren Aufgliederung (§ 285 Nr. 2 HGB),

- Art und Zweck sowie Risiken, Vorteile und finanzielle Auswirkungen von nicht in der Bilanz enthaltenen Geschäften soweit sie wesentlich sind und ihre Offenlegung für die Beurteilung der Finanzlage notwendig ist (§ 285 Nr. 3 HGB),

- dem Gesamtbetrag der sonstigen finanziellen Verpflichtungen (§ 285 Nr. 3a HGB), (unwesentlich verändert)

- der Aufgliederung der Umsatzerlöse nach Tätigkeitsbereichen sowie nach geographisch bestimmten Märkten (§ 285 Nr. 4 HGB),

- nach BilRUG nicht mehr zu der Belastung des Ergebnisses der gewöhnlichen Geschäftstätigkeit und des außerordentlichen Ergebnisses durch Steuern vom Einkommen und vom Ertrag (§ 285 Nr. 6 HGB. Die Vorschrift wurde gestrichen und die Nummer ist nun unbesetzt[1]),

- der durchschnittlichen Zahl der während des Geschäftsjahres beschäftigten Arbeitnehmer getrennt nach Gruppen (§ 285 Nr. 7 HGB),

- dem Material- und Personalaufwand bei Anwendung des Umsatzkostenverfahrens (§ 285 Nr. 8 HGB),

- den Gesamtbezügen u. ä., Vorschüssen, Krediten, Haftungsverhältnissen für Organmitglieder und den Gesamtbezügen sowie zu den Pensionsrückstellungen für ehemalige Organmitglieder (§ 285 Nr. 9 HGB),

- den Mitgliedern des Geschäftsführungsorgans und des Aufsichtsrates, § 285 Nr. 10 HGB,

---

1 Laut BR-Drucks. 23/15 ist dies eine Folgeänderung zur Verlagerung der Darstellung bestimmter Erträge und Aufwendungen aus der Gewinn- und Verlustrechnung in den Anhang nach Art. 16 Abs. 1 Buchst. f der Richtlinie 2013/34/EU (dazu nichts in BT-Drucks. 18/5256 v. 17. 6. 2015, 6. Ausschuss, S. 84).

▶ dem Anteilsbesitz gem. § 271 Abs. 1 HGB (§ 285 Nr. 11 HGB),

▶ dem Namen, Sitz und Rechtsform der Unternehmen, deren unbeschränkt haftender Gesellschafter die Kapitalgesellschaft ist (§ 285 Nr. 11a HGB),

▶ von börsennotierten Kapitalgesellschaften zu allen Beteiligungen an großen Kapitalgesellschaften, die 5 % der Stimmrechte überschreiten (§ 285 Nr. 11b HGB),

▶ den sonstigen Rückstellungen (§ 285 Nr. 12 HGB),

▶ dem Zeitraum, über den ein entgeltlich erworbener Geschäfts- und Firmenwert abgeschrieben wird (§ 285 Nr. 13 HGB),

▶ den Mutterunternehmen im Konzern (§ 285 Nr. 14 und 14a HGB),

▶ der Komplementär-Kapitalgesellschaft (§ 285 Nr. 15 HGB),

▶ dem Bestehen von Genussscheinen, Genussrechten, Wandelschuldverschreibungen, Optionsscheinen, Optionen, Besserungsscheinen oder vergleichbaren Wertpapieren (§ 285 Nr. 15a HGB),

▶ der entsprechenden Erklärung zum DCCK[1] bei börsennotierten AGs (§ 285 Nr. 16 HGB),

▶ dem aufgeschlüsseltem Gesamthonorar des Abschlussprüfers (§ 285 Nr. 17 HGB),

▶ der Bewertung von Finanzinstrumenten (§ 285 Nr. 18 bis 20 HGB),

▶ den Geschäften mit nahestehenden Unternehmen und Personen (§ 285 Nr. 21 HGB),

▶ den Forschungs- und Entwicklungskosten und den selbstgeschaffenen immateriellen Vermögensgegenständen des Anlagevermögens (§ 285 Nr. 22 HGB),

▶ den nach § 254 HGB gebildeten Bewertungseinheiten (§ 285 Nr. 23 HGB),

▶ den Bewertungsgrundlagen für die Pensionsrückstellungen (§ 285 Nr. 24 HGB),

▶ dem Verrechnungsgebot bei Altersvorsorgeverpflichtungen (§ 246 Abs. 2 Satz 2, § 285 Nr. 25 HGB),

▶ den Anteilen und Anlageaktien an Investmentvermögen (§ 285 Nr. 26 HGB),

▶ den Gründen der Einschätzung des Risikos der Inanspruchnahme aus Haftungsverhältnissen (§ 285 Nr. 27 HGB),

---

1 Deutscher Corporate Governance Kodex.

- ▶ dem Gesamtbetrag der ausschüttungsgesperrten Beträge mit Aufgliederung (§ 268 Abs. 8, § 285 Nr. 28 HGB),
- ▶ den latenten Steuern (§ 285 Nr. 29 und 30 HGB),[1]
- ▶ dem Betrag und der Art der einzelnen Erträge und Aufwendungen von außergewöhnlicher Größenordnung oder Bedeutung, soweit nicht von untergeordneter Bedeutung (§ 285 Nr. 31 HGB),
- ▶ den Erträgen und Aufwendungen, die einem anderen Geschäftsjahr zuzurechnen sind, soweit nicht von untergeordneter Bedeutung (§ 285 Nr. 32 HGB),
- ▶ den Vorgängen von besonderer Bedeutung, die nach dem Schluss des Geschäftsjahres eingetreten und weder in der Gewinn- und Verlustverrechnung noch in der Bilanz berücksichtigt sind (§ 285 Nr. 33 HGB),
- ▶ dem Vorschlag für die Verwendung des Ergebnisses oder des Beschlusses über seine Verwendung (§ 285 Nr. 34 HGB).

1488   Einige Pflichtangaben können wahlweise in der Bilanz bzw. in der Gewinn- und Verlustrechnung oder im Anhang gemacht werden. Dazu gehören Angaben zu:

- ▶ der Mitzugehörigkeit eines Bilanzpostens zu einem anderen (§ 265 Abs. 3 Satz 1 HGB),
- ▶ dem Gewinn- oder Verlustvortrag, wenn die Bilanz unter Berücksichtigung der teilweisen Verwendung des Jahresergebnisses aufgestellt wird (§ 268 Abs. 1 Satz 2 HGB),
- ▶ dem aktivierten Disagio (§ 268 Abs. 6 HGB).

Wegen des BilRUG sind nun folgende Pflichtangaben nur mehr im Anhang zu machen

- ▶ die Darstellung des Anlagegitters (§ 284 Abs. 3 HGB),[2]
- ▶ die Abschreibungen des Geschäftsjahres (§ 284 Abs. 3 HGB, 268 Abs. 2 HGB alt wurde aufgehoben),
- ▶ die Angaben zu den nicht auf der Passivseite auszuweisenden Verbindlichkeiten und Haftungsverhältnissen, gewährten Pfandrechten und sonstigen Sicherheiten für die in § 251 HGB bezeichneten Haftungsverhältnissen, wo-

---

1 Die aus den Unterschieden zwischen der Handels- und Steuerbilanz resultieren.
2 Das bisherige Wahlrecht zur Darstellung des Anlagegitters in der Bilanz oder im Anhang (§ 268 Abs. 2 Satz 1 HGB a. F.) wurde wegen der Einführung des § 284 Abs. 3 HGB aufgehoben, so dass die Darstellung nun im Anhang zu erfolgen hat. Für kleine Kapitalgesellschaften bleibt die Angabe freiwillig, vgl. § 288 Abs. 1 Nr. 1 HGB, der § 284 Abs. 3 HGB anführt. Siehe auch BR-Drucks. 23/15 v. 23. 1. 2015, S. 73. Vgl. Rn. 1502.

bei Verpflichtungen betreffend die Altersvorsorge und Verpflichtungen gegenüber verbundenen oder assoziierten Unternehmen jeweils gesondert zu vermerken sind (§ 268 Abs. 7 Nr. 1 bis 3 HGB).

Die Pflichtangaben nach den §§ 284 und 285 HGB muss der Anhang in der Reihenfolge der einzelnen Posten in der Bilanz und Gewinn- und Verlustrechnung enthalten, kleine und ggf. mittelgroße Kapitalgesellschaften dürfen bestimmte Angaben jedoch unterlassen, § 274a,[1] § 288[2] HGB. Zum Schutz der öffentlichen und in bestimmten Ausnahmefällen individueller Interessen können einzelne Angaben nach § 286 HGB unterlassen werden. Wird ein Anhang **freiwillig aufgestellt und die Angaben als „Anhang" gekennzeichnet**, müssen die Vorschriften über den Mindestinhalt eingehalten werden.[3]   1489

Der nach HGB aufgestellte Jahresabschluss muss den Grundsätzen ordnungsmäßiger Buchführung (GoB) entsprechen, § 243 Abs. 1 HGB. Die handelsrechtlichen GoB sind ein System von Regeln und Konventionen, das die gesamte Rechnungslegung umfasst.[4] Das HGB unterscheidet folgende Anwendungsbereiche: 1490

▶ Grundsätze ordnungsmäßiger Buchführung (im engeren Sinne)

▶ Grundsätze ordnungsmäßiger Inventur und

▶ Grundsätze ordnungsmäßiger Bilanzierung

In formaler Hinsicht haben das Handels- und Steuerrecht GoB-Anforderungen für die Buchführung im engeren Sinne und die Inventur formuliert, damit die   1491

---

1 § 274a Nr. 1 HGB a. F. (Befreiung von der Aufstellung eines Anlegegitters nach § 268 Abs. 2 HGB a. F.) wurde durch das BilRUG aufgehoben, die Erleichterung findet sich nun in § 288 Abs. 1 Nr. 1 HGB, siehe oben. § 276 Satz 2 HGB a. F. wurde ebenfalls durch das BilRUG aufgehoben. Er lautete: „Kleine Kapitalgesellschaften brauchen außerdem die in § 277 Abs. 4 Satz 2 und 3 verlangten Erläuterungen zu den Posten „außerordentliche Erträge" und „außerordentliche Aufwendungen" nicht zu machen." Diese Posten der Gewinn- und Verlustrechnung wurden durch das BilRUG gestrichen, dafür müssen jedoch nach dem neuen § 285 Nr. 31 HGB Angaben zu den Erträgen und Aufwendungen von außergewöhnlicher Größenordnung oder Bedeutung gemacht werden, sofern sie nicht von untergeordneter Bedeutung sind, vgl. auch Rn. 1497 f. Somit enthält § 276 HGB keine Erleichterungen mehr, die sich auf den Anhang beziehen.

2 So müssen kleine Kapitalgesellschaften nach § 288 Abs. 1 Nr. 1 HGB z. B. keine Angaben nach § 285 Nr. 32 HGB zu den Aufwendungen und Erträgen, die einem anderen Geschäftsjahr zuzurechnen sind, machen, kein Anlagegitter (§ 284 Abs. 3 HGB) aufstellen oder den Vorschlag für die Verwendung des Ergebnisses oder den Beschluss über seine Verwendung (§ 285 Nr. 34 HGB) aufführen.

3 Vgl. Grottel in Beck'scher Bilanzkommentar, 9. Aufl. 2014, § 284 Rn. 3; Spiegel in Hüttemann/ Richter et al. 2011, Rn. 21.6.

4 Vgl. Förschle/Usinger in Beck'scher Bilanzkommentar, 9. Aufl. 2014, § 243 Rn. 1 ff.; i. E. Spiegel in Hüttemann/Richter et al. 2011, Rn. 19.24.

dementsprechenden Aufzeichnungen als zuverlässig und aussagekräftig angesehen werden können. Sie haben allgemein gültigen Charakter.

► Es muss sich ein sachverständiger Dritter in angemessener Zeit einen Überblick über die Geschäftsvorfälle und über die Lage des Unternehmens verschaffen können (§ 238 Abs. 1 HGB, § 145 AO).

► Die Aufzeichnungen müssen in einer lebenden Sprache geführt werden (§ 239 Abs. 1 HGB, § 146 Abs. 3 AO).

► Die Aufzeichnungen müssen vollständig, richtig, zeitgerecht und geordnet vorgenommen werden (§ 239 Abs. 2 HGB, § 146 Abs. 1 AO).

► Die Kassenaufzeichnungen müssen jederzeit den Vergleich des Soll- mit dem Ist-Bestand erlauben (Kassensturzfähigkeit, § 146 Abs. 1 AO).

► Die Aufzeichnungen müssen auf der Grundlage von Belegen als Nachweis der einzelnen Geschäftsvorfälle erfolgen („keine Buchung ohne Beleg!").

1492 Die Grundsätze ordnungsmäßiger Bilanzierung sind gesetzlich nur für Kaufleute, die der Pflicht zur Bilanzierung unterliegen, ausdrücklich vorgeschrieben. Da sie aber den Anforderungen an eine getreue Rechenschaft entsprechen, sind sie auch für andere Formen der Rechnungslegung, wie z. B. die Einnahmen-/Ausgabenrechnung mit Vermögensrechnung zum größten Teil maßgeblich.[1]

► Richtigkeit: die Posten des Jahresabschlusses sind inhaltlich und wertmäßig richtig anzusetzen.

► Willkürverbot: die Bewertung von Posten hat frei von sachfremden Erwägungen zu erfolgen.

► Klarheit und Übersichtlichkeit: der Grundsatz betrifft die äußere Form und die Art der Darstellung des gesamten Jahresabschlusses also der Bilanz, der Gewinn- und Verlustrechnung sowie des Anhangs.[2]

► Vollständigkeit: alle bilanzierungsfähigen Vermögensgegenstände, Schulden und Abgrenzungsposten sind in der Bilanz, alle Erträge und Aufwendungen in der Gewinn- und Verlustrechnung zu erfassen (§ 246 Abs. 1 HGB).

► Saldierungsverbot: Posten der Aktivseite dürfen nicht mit Posten der Passivseite, Aufwendungen nicht mit Erträgen verrechnet werden, sie sind „brutto" auszuweisen (§ 246 Abs. 2 HGB).

---

1 Vgl. hierzu und zum Folgenden IDW RS HFA 5, Rn. 30 f.; Spiegel in Hüttemann/Richter et al. 2011, Rn. 19.25.
2 Vgl. Fröschle/Usinger in Beck'scher Bilanzkommentar, 9. Aufl. 2014, § 243 Rn. 51.

► Annahme der Fortführung der Tätigkeit: die Bewertung hat regelmäßig unter der Annahme der Fortführung des Unternehmens zu erfolgen (Going-Concern-Prinzip) (§ 252 Abs. 1 Nr. 2 HGB).

► Einzelbewertung der Vermögens- und Schuldposten, damit Wertschwankungen nicht saldiert werden (§ 252 Abs. 1 Nr. 3 HGB).

► Vorsichtsprinzip: Risiken und Verluste sind bis zum Stichtag zu berücksichtigen, Gewinne nur, sofern sie bereits realisiert sind (Realisationsprinzip). Verluste und Gewinne werden insoweit ungleich behandelt (Imparitätsprinzip) (§ 252 Abs. 1 Nr. 4 HGB).

► Bewertungsstetigkeit: die gewählten Bewertungsmethoden sind beizubehalten (§ 252 Abs. 1 Nr. 6 HGB).

► Gliederungsstetigkeit: bei Kapitalgesellschaften ist die Form der Darstellung, insbesondere die Gliederung der aufeinanderfolgenden Bilanzen und Gewinn- und Verlustrechnungen beizubehalten (§ 265 Abs. 1 HGB).

► Anschaffungskostenprinzip: Vermögensgegenstände dürfen maximal mit den Anschaffungs- bzw. Herstellungskosten bewertet werden (§ 253 Abs. 1 HGB).

► Niederstwertprinzip: neben der Abschreibung über die gewöhnliche Nutzungsdauer[1] ist Anlagevermögen am Bilanzstichtag mit dem voraussichtlich dauerhaft niedrigeren beizulegenden Wert, Umlaufvermögen auch mit einem nur vorübergehend niedrigeren Börsen- oder Marktpreis zu bewerten (§ 253 Abs. 3 und 4 HGB). Bei Finanzanlagen können außerplanmäßige Abschreibungen auch bei voraussichtlich nicht dauernder Wertminderung vorgenommen werden (§ 253 Abs. 3 Satz 4 HGB).[2]

► Stichtagsprinzip: es sind alle Geschäftsvorfälle bis zum Abschlussstichtag zu erfassen und für die Bewertung sind die Verhältnisse am Stichtag maßgeblich (§ 242 Abs. 1 und 2 HGB).

► Bilanzidentität: die Werte der Eröffnungsbilanz müssen mit denen der vorangegangenen Schlussbilanz übereinstimmen (§ 252 Abs. 1 Nr. 1 HGB).

---

1 Nach § 253 Abs. 3 Satz 3 HGB sind auch selbst geschaffene immaterielle Vermögensgegenstände des Anlagevermögens planmäßig abzuschreiben. Sollte die voraussichtliche Nutzungsdauer nicht verlässlich geschätzt werden können, so ist diese mit einem Zeitraum von zehn Jahren anzunehmen. Dies gilt auch für entgeltlich erworbene Geschäfts- oder Firmenwerte.

2 In seinem Positionspapier Trendwatch Zinsen v. 19. 9. 2016, S. 14 weist das IDW darauf hin, dass das Zinsniveau einen bedeutsamen Einfluss auf die bilanzielle Bewertung des Vermögens und der Schulden hat. Die Diskontierungszinssätze für Werthaltigkeitstests auf der Aktivseite der Bilanz sinken. Dadurch steigen c. p. die beizulegenden Zeitwerte der Aktiva, so dass außerplanmäßige Abschreibungen unwahrscheinlicher werden.

► Aufwands- und Ertragsperiodisierung: Aufwendungen und Erträge sind unabhängig von den Zahlungszeitpunkten in der zutreffenden Periode zu erfassen (§ 252 Abs. 1 Nr. 5 HGB).

Die fünf zuletzt genannten Prinzipien der Grundsätze ordnungsmäßiger Bilanzierung sind nicht auch auf andere Formen der Rechnungslegung, wie z. B. die Einnahmen-Ausgabenrechnungen mit Vermögensübersicht übertragbar.[1]

1493   Grundsätzlich gibt es für Stiftungen keine Offenlegungspflichten, es sei denn die Vorschriften des Publizitätsgesetzes finden Anwendung. Dies kann der Fall sein bei gewerbetreibenden, rechtsfähigen Stiftung des bürgerlichen Rechts sowie Stiftungen des öffentlichen Rechts, die Kaufmann nach § 1 HGB oder als Kaufmann im Handelsregister eingetragen sind.[2]

5.2 Änderungen durch das Bilanzrichtlinie-Umsetzungsgesetz (BilRUG)

1494   Nach dem Erscheinen der 1. Auflage wurde das Bilanzrichtlinie-Umsetzungsgesetz – kurz BilRUG – am 18. 6. 2015 vom Bundestag verabschiedet, passierte am 10. 7. 2015 den Bundesrat und wurde am 22. 7. 2015 im Bundesgesetzblatt veröffentlich. Es trat am 23. 7. 2015 in Kraft.[3] Damit hat der deutsche Gesetzgeber das im Jahr 2014 mit der Vorlage des Referentenentwurfs begonnene Gesetzgebungsverfahren, das auf supranationale Vorgaben der EU[4] zurückgeht, fristgerecht umgesetzt. Das Gesetz sieht die erstmalige Anwendung der neuen Regelungen erst für Geschäftsjahre beginnend nach dem 31. 12. 2015 vor. Allerdings enthält es eine Übergangsvorschrift, nach der die Anhebung der Schwellenwerte für kleine und mittelgroße Kapitalgesellschaften erstmals bereits für das Jahr 2014 in Anspruch genommen werden kann.

Mit dieser Umsetzung ergeben sich einige Änderungen bei der Aufstellung des handelsrechtlichen Jahresabschlusses, die bereits in ersten Aufsätzen dargestellt werden.[5] Soweit eine Stiftung den hier empfohlenen Weg beschreitet, ihren Jahresbericht auf einem handelsrechtlichen Jahresabschlusses aufzubauen, wird sie von diesen Änderungen betroffen sein. Da im Zentrum dieses Teil des Buches die Rechnungslegung von Stiftungen steht, wird an dieser Stelle nur ein vertiefter Überblick über die Änderungen durch das BilRUG gegeben und ggf. bei explizit besprochenen Bilanz- oder GuV-Posten näher auf diese

---

1   Vgl. Spiegel in Hüttemann/Richter et al. 2011, Rn. 19.25; IDW RS HFA 5, Rn. 31.
2   Vgl. Seidemann, ZStV 2012 S. 6, 10.
3   Vgl. www.wpk.de/neu-auf-wpk/sonstiges/2015.
4   Richtlinie 2013/34/EU v. 29. 6. 2013, Amtsblatt der Europäischen Union 2013, L 182/19.
5   Vgl. hierzu und zum Folgenden Lüdenbach/Freiberg, StuB 2015 S 563 ff.; Zwirner, DStR 2015 S. 1640 ff.; Kirsch, DStR 2015 S. 664 ff.; Kirsch., BBK 2015 S. 321 ff.; Theile, BBK 2015 S. 642 ff.

Änderungen eingegangen, soweit sie aus der Sicht der Autoren bei vermögens-verwaltenden, gemeinnützigen Stiftungen[1] von Bedeutung sind. Ansonsten wird auf die umfangreiche Literatur zur handelsrechtlichen Rechnungslegung verwiesen, die sich, aufgrund der Aktualität der Gesetzesänderungen, in ihren Feinheiten bzgl. des BilRUG in Zukunft noch weiter herausbilden wird.[2]

Hier sind die Neudefinition der Umsatzerlöse von Interesse, der Wegfall der außerordentlichen Posten in der GuV und die veränderten oder erweiterten Angaben im Anhang.

5.2.1 Umsatzerlöse laut BilRUG

In Zukunft werden als Umsatzerlöse *„die Erlöse aus dem Verkauf und der Ver-mietung oder Verpachtung von Produkten sowie aus der Erbringung von Dienst-leistungen der Kapitalgesellschaft nach Abzug von Erlösschmälerungen und der Umsatzsteuer sowie sonstiger direkt mit dem Umsatz verbundener Steuern aus-zuweisen"* sein. (§ 277 Abs. 1 HGB).

1495

Es entfällt die Formulierung „... von für die gewöhnliche Geschäftstätigkeit der Kapitalgesellschaft typischen Erzeugnisse und Waren ..." bzw. es wird nur mehr von „Produkten" und „Dienstleistungen" gesprochen, so dass es künftig für die Abgrenzung stärker auf die genannten europäischen Begriffselemente „Produkt" und „Dienstleistung" ankommen wird. Für die meisten Grenzfälle wird dies eine hinreichende Orientierung bieten. Der Ausschuss für Recht und Verbraucherschutz (im Folgenden: Ausschuss) weist darauf hin, dass eine tie-fere Untergliederung der Umsatzerlöse nach § 265 Abs. 5 Satz 1 HGB zulässig ist, falls in der Praxis der Bedarf besteht, die Umsatzerlöse **aus der gewöhnli-chen Geschäftstätigkeit** darzustellen.[3]

Der zwingende Abzug der direkt mit dem Umsatz verbundenen Steuern, wie z. B. der Mineralölsteuer oder der Monopolabgaben, ist neu. Er war in der Ver-gangenheit zu mindestens vertretbar und wurde in der Praxis unterschiedlich gehandhabt.[4]

---

1 Vgl. Rn. 1595 ff.
2 Ebenso Theile, BBK 2015 S. 642, 649.
3 Vgl. Zwirner, DStR 2015 S. 1640, 1642, bzw. BT-Drucks. 18/5256 S. 84.
4 Vgl. Theile, BBK 2015 S. 642, 645; Kirsch, DStR 2015 S. 664; Hoffmann/Lüdenbach, NWB Kom-mentar Bilanzierung, 6. Aufl., Herne 2015, § 277 Rn. 21.

1496 Damit werden in Zukunft die Erlöse aus dem Verkauf, der Vermietung oder Verpachtung von Produkten sowie aus der Erbringung von Dienstleistungen der Kapitalgesellschaften[1] Umsatzerlöse sein, auch wenn sie außerhalb der gewöhnlichen Geschäftstätigkeit anfallen oder für die Kapitalgesellschaft untypisch sind.[2] Diese Ausweitung der Umsatzerlöse wird zulasten anderer Ertragsarten, insbesondere den sonstigen betrieblichen Erträgen[3] gehen. Unter Umständen können jedoch Umgliederungen von den sonstigen betrieblichen Erträgen zu den Umsatzerlösen mit dem Hinweis auf den ungeschriebenen, in der Bilanzrichtlinie aber enthaltenen Wesentlichkeitsgrundsatzes vermieden werden.[4]

Nicht zu den Umsatzerlösen gehört auch künftig ein Ertrag aus der Auflösung von Rückstellungen und der Veräußerung von Anlagevermögen (§ 247 Abs. 1 HGB). Denn Umsatzerlöse knüpfen an den Umsatz an und Umsatz dürfte begrifflich, zumindest bei der endgültigen Veräußerung, eine gewisse Nähe zum Umlaufvermögen erfordern. Erträge aus der Veräußerung von Anlagevermögen werden somit künftig als sonstige betriebliche Erträge zu erfassen sein, da durch das BilRUG die außerordentlichen Posten entfallen.[5]

Durch die Neudefinition der Umsatzerlöse wird sich darüber hinaus auch die Abgrenzung der Forderungen aus Lieferungen und Leistungen sowie der Verbindlichkeiten aus Lieferungen und Leistungen ändern.[6]

5.2.2 Wegfall der außerordentlichen Posten der GuV laut BilRUG

1497 § 277 Abs. 4 HGB a. F. definierte als außerordentliche Erträge und außerordentliche Aufwendungen diejenigen Erträge und Aufwendungen, die außerhalb der gewöhnlichen Geschäftstätigkeit der Kapitalgesellschaft anfielen. Wenn Sie also im Zusammenhang mit einer bedeutenden Änderung der Geschäftstätigkeit oder einer wesentlichen Änderung der Geschäftsgrundlagen stehen. Als Beispiele werden der Verkauf von bedeutenden Grundstücken und Betei-

---

1 Wegen der Überlassung von Kapital zur Einkunftserzielung durch Stiftungen als „Umsatzerlöse" vgl. Rn. 1637.

2 Vgl. Theile, BBK 2015 S. 642, 644 f.; BT-Drucks. 18/5256 v. 17. 6. 2015, 6. Ausschuss, S. 84.; u. U. a. A. Hoffmann/Lüdenbach, NWB Kommentar Bilanzierung, 6. Aufl., Herne 2015, § 277 Rn. 1 f.

3 Vgl. Ausschuss lt. BT-Drucks. 18/5256 S. 84; Zwirner, DStR 2015 S. 1640, 1642; Theile, BBK 2015 S. 642, 645.

4 Vgl. Theile, BBK 2015 S. 642, 645.

5 Vgl. Ausschuss lt. BT-Drucks. 18/5256 S. 84; Zwirner, DStR 2015 S. 1640, 1642; Theile, BBK 2015 S. 642, 645.

6 Vgl. Zwirner, DStR 2015 S. 1640, 1642.

ligung, eines Betriebes oder eines wesentlichen Betriebsteils oder außergewöhnliche Sachverhalte genannt.[1] Sie waren hinsichtlich ihres Betrages und
ihrer Art im Anhang zu erläutern, soweit die ausgewiesenen Beträge für die
Beurteilung der Ertragslage nicht von untergeordneter Bedeutung waren. Diese Erläuterungspflicht galt entsprechend für alle Aufwendungen und Erträge,
die einem anderen Geschäftsjahr zuzurechnen sind. Diesen Abs. 4 hebt das Bil-
RUG auf, sodass der entsprechende Ausweis dieser Posten und damit auch des
außerordentlichen Ergebnisses (§ 275 Abs. 2 Nr. 17 HGB a. F. beim Gesamtkostenverfahren und Abs. 3 Nr. 16 HGB a. F. beim Umsatzkostenverfahren) zukünftig in der Gewinn- und Verlustrechnung entfällt.

Damit sind die Sachverhalte, die bisher die Voraussetzungen für die Klassifizie-
rung als „außerordentliche" Posten erfüllten, nun den sachlich entsprechenden Ertrags- und Aufwandsposten zuzuordnen.[2]

Obwohl die genannten außerordentlichen Posten nicht mehr in der Gewinn-   1498
und Verlustrechnung ausgewiesen werden, müssen nach § 285 Nr. 31 HGB
sämtliche einen Anhang aufstellenden Gesellschaften jeweils den Betrag und
die Art der einzelnen Ertrags- oder Aufwandsposten von außergewöhnlicher
Größenordnung oder außergewöhnliche Bedeutung angeben (eine Erläuterung wird nicht gefordert),[3] soweit die Beträge nicht untergeordneter Bedeutung sind. Hinzuweisen ist darauf, dass der Begriff „außerordentlich" durch
den Begriff „außergewöhnlich" ersetzt wurde. Dies hat seinen Grund darin,
dass die Richtlinie 2013/34/EU[4] die bisherigen Begriffe außerordentliche Erträge und außerordentliche Aufwendungen ganz aufgibt und durch ein neues
Konzept ersetzt.[5]

Erfolgte bisher die Definition der außerordentlichen Posten mittels Abgrenzung gegenüber „der gewöhnlichen Geschäftätigkeit", so erfasst die neue
Angabevorschrift Erträge und Aufwendungen von nicht nur außergewöhnlicher Bedeutung, sondern auch von außergewöhnlicher Größe.[6] Die außergewöhnliche Größenordnung wird dabei in Relation zur Unternehmensgröße zu
beurteilen sein, während die außergewöhnliche Bedeutung auf die das Unternehmen prägenden Vorgänge Bezug nimmt. Die Posten sind dabei einzeln dar-

---

1 Vgl. Beck'scher Bilanzkommentar, 9. Aufl. 2014, § 275 Rn. 215 ff., Beispiele Rn. 222 f.; Kirsch,
  DStR 2015 S. 664, 665.
2 Vgl. Kirsch, DStR 2015 S. 664; Kirsch, BBK 2015 S. 321, 328.
3 Vgl. BT-Drucks. 18/5256 S. 85 zu § 285 Nr. 31 HGB-E; Zwirner, DStR 2015 S. 1640, 1642.
4 RL 2013/34/EU v. 29. 6. 2013, Amtsblatt der Europäischen Union 2013, L 182/19.
5 Vgl. BT-Drucks. 18/5256 S. 84 f. zu § 285 Nr. 31 HGB-E.
6 Vgl. auch Kirsch, DStR 2015 S. 664, 669.

zustellen und nicht zusammenzufassen wie bisher in der Gewinn- und Verlustrechnung. Die Angabepflicht erfasst auch kleine Kapitalgesellschaften.[1]

5.2.3 Finanz- und Beteiligungsergebnis

1499 Auf die Positionen des Finanz- und Beteiligungsergebnisses der Gewinn- und Verlustrechnung dürfte der soeben beschriebene Wegfall der außerordentlichen Posten eine vergleichsweise geringe Auswirkung haben. Ein Beispiel könnten außergewöhnlich gewährte Zinszuschüsse sein, die bisher im außerordentlichen Ergebnis erfasst werden konnten und nun von den Zinsaufwendungen abgesetzt werden. Aber auch schon bisher wurden nach der herrschenden Meinung in der Literatur diejenigen Abschreibungen auf Finanzanlagen und auf Wertpapiere des Umlaufvermögens, die die Kriterien der Außerordentlichkeit erfüllen, nicht unter den außerordentlichen Aufwendungen erfasst, sondern unter dem GuV-Posten „Abschreibungen auf Finanzanlagen und auf Wertpapiere des Umlaufvermögens".[2]

Da im Bereich der Finanz- und Beteiligungserträge Auffangposten für sonstige Erträge und sonstige Aufwendungen fehlen, werden zumindest nach h. M. außergewöhnliche Abgangsgewinne oder -verluste sowie außergewöhnliche Zuschreibungsgewinne **in den zentralen Sammelposten der gesamten Unternehmenstätigkeit, nämlich den sonstigen betrieblichen Erträgen bzw. sonstigen betrieblichen Aufwendungen, erfasst** und fließen somit nicht ins Finanz- und Beteiligungsergebnis im Rahmen der Gewinn- und Verlustrechnung ein.[3]

5.2.4 Verändertes Gliederungsschema für die GuV-Rechnung

1500 Im BilRUG heißt es lapidar, in § 275 Absatz 2 werden die Nummern 14 bis 20 durch die folgenden Nummern 14 bis 17 ersetzt:

14. Steuern vom Einkommen und vom Ertrag

15. Ergebnis nach Steuern

16. sonstige Steuern

17. Jahresüberschuss/Jahresfehlbetrag.

---

1 Vgl. BR-Drucks. 23/15 v. 23. 1. 2015, S. 80 f.; § 285 Nr. 31 HGB wird nicht bei den Erleichterungen nach § 288 Abs. 1 Nr. 1 HGB aufgeführt.

2 Vgl. Kirsch, DStR 2015 S. 664, 666; Beck'scher Bilanzkommentar, 9. Aufl. 2014, § 275 Rn. 201; Hoffmann/Lüdemann, NWB Kommentar Bilanzierung, 6. Aufl. 2014, § 275 Rn. 106.

3 Vgl. Kirsch, DStR 2015 S. 664, 666; Beck'scher Bilanzkommentar, 9. Aufl. 2014, § 275 Rn. 90 ff. und Rn. 155 ff.

Es entfallen daher beim Gesamtkostenverfahren die bisherigen Nummern:

14. Ergebnis der gewöhnlichen Geschäftstätigkeit

15. Außerordentliche Erträge

16. Außerordentliche Aufwendungen

17. Außerordentliches Ergebnis

18. Steuern vom Einkommen und vom Ertrag

19. Sonstige Steuern

20. Jahresüberschuss/Jahresfehlbetrag

Es werden also nicht mehr getrennt ein Ergebnis der gewöhnlichen Geschäftstätigkeit und ein außerordentliches Ergebnis ermittelt, sondern nur mehr ein Ergebnis nach Steuern und ein Jahresüberschuss/Fehlbetrag, die sich lediglich durch die sonstigen Steuern unterscheiden. Es erscheint semantisch dabei seltsam, dass der Zwischenzeile „Ergebnis nach Steuern" eine Zeile „sonstige Steuern" folgt. Dies entspricht jedoch der Vorgabe der Bilanzrichtlinie,[1] die allerdings bei den sonstigen Steuern den Zusatz trägt „soweit nicht unter den Posten 1-15 enthalten". Die Bilanzrichtlinie ermöglicht also auch einen anderen Ausweis der sonstigen Steuern, z.B. bei den sonstigen betrieblichen Aufwendungen. Dies entspricht der z.T. schon geübten Praxis.[2]

5.2.5 Veränderte und erweiterte Anhangsangaben[3]

Obwohl das BilRUG den Ausweis außerordentlicher Erträge und Aufwendungen in der Gewinn- und Verlustrechnung verbietet, sieht der neue § 285 Nr. 31 HGB vor, dass sämtliche einen Anhang aufstellende Gesellschaften jeweils den Betrag und die Art der einzelnen Ertrags- oder Aufwandsposten von außerordentliche Größenordnung oder außerordentliche Bedeutung angeben, soweit die Beträge nicht von untergeordneter Bedeutung sind.[4] Außergewöhnliche Sachverhalte müssen nicht erläutert werden. Bei wesentlichen Beträgen wird sich dies jedoch anbieten bzw. erforderlich sein.[5] Der neue § 288 Abs. 1 Nr. 1 HGB sieht hierbei keine Erleichterung für kleine Kapitalgesellschaften vor, da die Nr. 31 des § 285 HGB nicht mit angeführt ist. Diese Angabepflicht gibt es jedoch nicht bei der Offenlegung, denn der unveränderte § 326 Abs. 1 Satz 2 HGB

1501

---

1 RL 2013/34/EU v. 29.6.2013, Amtsblatt der Europäischen Union 2013, L 182/19, Anhang V (nach dem Gesamtkostenverfahren) bzw. Anhang VI (nach dem Umsatzkostenverfahren).

2 Theile, BBK 2015 S. 642, 644; Beck'scher Bilanzkommentar, 9. Aufl. 2014, § 275 Rn. 309.

3 Vgl. auch Rn. 1487 ff.

4 Vgl. Rn. 1497 f.

5 Vgl. Zwirner, DStR 2015 S. 1640, 1642; Theile, BBK 2015 S. 642, 646 f.; Kirsch, BBK 2015 S. 321, 328.

sieht vor, dass der offengelegte Anhang kleiner Kapitalgesellschaften nicht die Gewinn- und Verlustrechnung betreffenden Angaben enthalten muss.

1502 Nach dem neuen § 264 Abs. 1a HGB sind in dem Jahresabschluss die Firma, der Sitz, das Registergericht und die Nummer, unter der die Gesellschaft in das Handelsregister eingetragen ist, anzugeben. Befindet sich die Gesellschaft in Liquidation oder Abwicklung, ist auch diese Tatsache anzugeben. Nach dem Regierungsentwurf dient dies der Umsetzung des Artikels 5 der Richtlinie 2013/34/EU[1] mit dem vorgeschrieben wird, dass im Jahresabschluss Angaben zur Identifikation der Kapitalgesellschaft anzugeben sind. Diese Angaben können beispielsweise in der Überschrift des Jahresabschlusses, auf einem gesonderten Deckblatt oder an anderer herausgehobener Stelle gemacht werden, um auf die Kerndaten der Kapitalgesellschaft hinzuweisen.[2] Für Gesellschaften oberhalb des Kleinstformats dürfte der Beginn des Anhangs die 1. Wahl als Veröffentlichungsort sein. Denn dort findet sich schon heute oft zumindest ein Teil dieser Angaben.[3]

Nach § 268 Abs. 2 HGB a. F. mussten bisher mittelgroße und große Kapitalgesellschaften (& Co.) einen Anlagespiegel (Anlagegitter) in der Bilanz oder im Anhang angeben. Diese Verpflichtung wanderte nun in den Anhang (§ 284 Abs. 3 HGB). Bislang genügte die Angabe kumulierter Abschreibungen am Geschäftsjahresende aus, nun sind sie auch für den Geschäftsjahresbeginn anzugeben, genauso wie Zugänge, Abgänge und Umbuchungen. Letztlich wird der Anlagespiegel somit um die Entwicklung der kumulierten Abschreibungen erweitert. Bisher geschah dies auf freiwilliger Basis.[4] Kleine Kapitalgesellschaften brauchen kein Anlagegitter aufzustellen (§ 288 Abs. 1 Nr. 1 HGB).

Bisher sah § 284 Abs. 2 Nr. 2 HGB a. F. vor, dass im Anhang die Grundlagen der Währungsumrechnung angeben werden müssen. Die Vorschrift wurde gestrichen, da sie wohl seit dem BilMoG[5] mit der in § 256a HGB geregelten Währungsumrechnung entbehrlich ist.[6]

1503–1509 *(Einstweilen frei)*

---

1 RL 2013/34/EU v. 29. 6. 2013, Amtsblatt der Europäischen Union 2013, L 182/19.

2 Vgl. BR-Drucks. 23/15 v. 23. 1. 2015 S. 68.

3 Vgl. Theile, BBK 2015 S. 642, 646.

4 Vgl. Theile, BBK 2015 S. 642, 647; BR-Drucks. 23/15 v. 23. 1. 2015, S. 73.

5 BGBl 2009 I S. 1102.

6 Laut BR-Drucks. 23/15 S. 77 erschien dem Gesetzgeber die Angabe der Grundlagen der Währungsumrechnung neben der Bestimmung in Nr. 1 des Abs. 2 nicht mehr erforderlich. Die Streichung entspricht der Systematik der Richtlinie 2013/34/EU. Eine Änderung der materiellen Rechtslage wurde mit der Streichung der Nr. 2 nicht beabsichtigt. Aufgrund der Streichung der Nr. 2 wurden die bisherigen Nrn. 3 bis 5 zu den Nrn. 2 bis 4. Vgl. auch Rn. 1659 (dazu nichts in BT-Drucks. 18/5256 v. 17. 6. 2015, 6. Ausschuss, S. 84).

V. Zusammenstellung der gesetzlichen Anforderungen an die Rechnungslegung von Stiftungen

1. Die zentralen Aufgaben (Ziele) von Stiftungen

Die Suche nach Bestimmungen für die Rechnungslegung von Stiftungen im Bundesstiftungsrecht endete bei den §§ 259 und 260 BGB, die ganz allgemein anordnen, dass Rechenschaft mittels einer geordneten Aufzeichnung der Einnahmen und Ausgaben, der Vorlage von Belegen und der Erstellung von Vermögensübersichten abzulegen ist.[1] Aus den Vorschriften der §§ 51 ff. und §§ 140 ff. AO ergeben sich zum Teil sehr detaillierte Anforderungen an die Art der Buchführung, um gewissen Nachweispflichten entsprechen können. Bestimmungen mit Anforderungen an die externe Rechnungslegung von Stiftungen finden sich nur, falls diese „Unternehmer" ist und gewisse Größenmerkmale überschreitet, § 141 AO.[2]   **1510**

Ergiebiger ist Art. 16 BayStG. In Abs. 1 heißt es am Anfang zwar auch nur, dass nach Abschluss des Geschäftsjahres ein Rechnungsabschluss und eine Vermögensübersicht zu erstellen sind, aber außerdem ist „... *ein Bericht über die Erfüllung des Stiftungszwecks* der Stiftungsaufsichtsbehörde vorzulegen." Das heißt, es muss nicht nur dokumentiert werden, welche Einnahmen die Stiftung erzielte, welche Ausgaben sie tätigte und wie sich ihr Vermögen entwickelte. Bei den Ausgaben ist zu unterscheiden zwischen Ausgaben, die der Erzielung von Einnahmen dienen und solchen Ausgaben, die zur Erfüllung der Stiftungszwecke getätigt werden.[3]   **1511**

In Abs. 3 schließlich heißt es, falls die Jahresrechnung von einer anderen Institution als der Stiftungsaufsicht selbst geprüft wird, „... *so muss sich die Prüfung auch auf die Erhaltung des Grundstockvermögens* und die *bestimmungsgemäße Verwendung* seiner Erträge und *zum Verbrauch* bestimmter *Zuwendungen* erstrecken."   **1512**

Das BayStG bringt damit die zentralen Aufgaben der Stiftung zum Ausdruck,[4] an denen sich die Geschäftsführung des Stiftungsvorstandes orientieren und   **1513**

---

1 Vgl. Rn. 1467.

2 Vgl. Rn. 709 ff.; 1475 ff.

3 Vgl. auch Hagner, Bilanzierende Stiftungen, München 2010, S. 26; IDW RS HFA 5, Rn. 50; die Rechnungslegung muss einen klaren und zutreffenden Einblick in die Stiftungstätigkeit geben, so dass sich der Adressat ein Urteil über die Verwendung des eingesetzten Vermögens und der damit erzielten Erträge bilden kann.

4 Vgl. z. B. auch RS HFA 5, Rn. 9, 27 ff.

deren Erfüllung mit der Hilfe der externen Rechnungslegung durch die Stiftung dokumentiert werden muss:

▶ die Zweckerfüllung

und

▶ die Kapitalerhaltung.

Beiden Zwecken dienen

▶ die Ermittlung des Überschusses des Geschäftsjahres

und

▶ die Dokumentation der verschiedenen Arten von Einnahmen sowie der Ausgaben.

1514   Das Ziel der Zweckerfüllung erklärt sich aus sich selbst heraus. Das Ziel der Kapitalerhaltung folgt aus der Tatsache, dass für die dauerhafte Erfüllung der Zwecke, die der Stifter festgelegt hat, einer Stiftung nur das Stiftungsvermögen bzw. die hiermit erzielten Erträge sowie ggf. Spenden oder anderer unentgeltlichen Zuwendungen wie Fördermittel zur Verfügung stehen. Aus diesem Grund kommt der Erhaltung des Stiftungsvermögens eine besondere Bedeutung zu. Häufig wird die Stiftung nur oder in starkem Maße mithilfe der Erträge ihres Stiftungsvermögens ihre Zwecke dauerhaft erfüllen können. Das Stiftungsvermögen setzt sich dabei zusammen aus dem Errichtungskapital, den Zustiftungen und den sonstigen Teilen des Stiftungskapitals, wie den Kapitalrücklagen aus den Ergebnisrücklagen, den Umschichtungsergebnissen und dem Ergebnisvortrag.[1]

1515   Die beiden Aufgaben von Stiftungen, Zweckerfüllung und Kapitalerhaltung machen eine Abgrenzung zwischen der **Ertrags- und Vermögenssphäre** einer Stiftung erforderlich.[2] Die Pflicht zur Ertragsverwendung setzt Klarheit darüber voraus, was genau unter den Erträgen des Stiftungsvermögens zu verstehen ist. Es treffen sich hier also das stiftungsrechtliche Admassierungsverbot[3] und der Vermögenserhaltungsgrundsatz. Ersteres ist Ausfluss der Verpflichtung zur Zweckerfüllung d. h. die Erträge der Stiftung sind primär für deren Zwecke

---

1   Vgl. IDW RS HFA 5, Rn. 9, 55 ff.
2   Vgl. Rn. 265, 1075 ff.; Hüttemann in Hüttemann/Richter et al. 2011, Rn. 16.3. Zum Teil wird als dritte Aufgabe die satzungsgemäße Verwendung der Erträge aufgeführt, diese kann man jedoch auch als Teil der Zweckerfüllung verstehen.
3   Vgl. Rn. 281.

einzusetzen und dürfen nicht zur Anhäufung von Kapital verwendet werden.[1] Der Grundsatz der Vermögenserhaltung wiederum verbietet nur einen Verbrauch von Stiftungsvermögen, nicht jedoch die Verwendung von Vermögenserträgen.

Die Gebote der Zweckerfüllung und Kapitalerhaltung können dabei durchaus konträr wirken.[2] In Zeiten wie den aktuellen, lassen sich mit Bankeinlagen und mündelsicheren Anleihen nur Zinserträge erzielen, die unterhalb der Inflationsrate liegen. Eine gewisse Alternative stellt die Anlage in Aktien dar, sofern diese Dividenden ausschütten, die zu einer Dividendenrendite oberhalb der Inflationsrate führen. Das Investment Aktien jedoch stellt immer ein Risiko dar, denn aus Anlass unerwarteter Geschehnisse, wie z. B. die Insolvenz der Bank Lehman Brothers in den USA im Jahre 2008 oder der Anschlag auf das World Trade Center in New York im Jahre 2001 können unvorhersehbar heftige Kursrückgänge ausgelöst werden. Auch die Finanzverwaltung fordert nicht die zeitnahe Verwendung von bei Vermögensumschichtungen aufgedeckten stillen Reserven.[3]

1516

2. Die aus den Aufgaben der Stiftung abzuleitenden speziellen Anforderungen an die Rechnungslegung von Stiftungen

Wie die Rechnungslegung einer Stiftung in Umsetzung dieser Aufgaben im Einzelnen auszugestalten ist, ist aber wie dargelegt weder auf Landes- noch auf Bundesebene abschließend geregelt.[4] Vielmehr werden nur allgemeine Anforderungen formuliert. Eine bestimmte Form der Rechnungslegung, wie also z. B. die der Bilanzierung, der Einnahmen-Ausgaben-Rechnung[5] oder eines kameralistischen Haushaltsplans werden weder vorgeschrieben noch wird definiert, wie diese auszusehen hätten. Einzelne Landesgesetze verlangen nicht nur eine ordnungsmäßige Buchführung,[6] sondern verweisen auf die **Grundsät-**

1517

---

1 Auch wegen der Beschränkung der Zuführung für freie Rücklagen gem. § 62 Nr. 3 AO, bis 31. 12. 2013 § 58 Nr. 7a AO, vgl. hierzu Hüttemann in Hüttemann/Richter et al. 2011, Rn. 15.21 f.

2 Vgl. auch Rn. 1557 ff.

3 Vgl. Rn. 270, 1003.

4 Vgl. IDW RS HFA 5, Rn. 1.

5 Sofern nicht eine kaufmännische Rechnungslegung nach den vorgenannten Grundsätzen erforderlich ist, kann die Rechnungslegung von Stiftungen durch Einnahmen-/Ausgaben- und Vermögensrechnungen erfolgen, vgl. IDW RS HFA 5, Rn. 75 ff.; Spiegel in Hüttemann/Richter et al. 2011, Rn. 19.25.

6 Vgl. z. B. Art. 1 Abs. 1 Satz 1 BayStiftG.

ze ordnungsmäßiger Buchführung (GoB).[1] Die GoB stellen Regeln dar, die formale materielle Grundsätze zur ordnungsgemäßen Buchführung im engeren Sinne, Inventur, Bilanzierung und Rechnungslegung beinhalten.[2]

1518 Da die Landesstiftungsgesetze jedoch keine Buchführungsart vorschreiben, muss der Verweis auf die GoB konkretisiert werden, die anzuwendenden GoB müssen somit nach der jeweils gewählten Buchführungsart bestimmt werden. Dabei kann festgestellt werden, dass sich die kameralistischen Grundsätze getreuer Rechenschaftslegung und die handelsrechtlichen GoB teilweise überschneiden. Da die handelsrechtlichen GoB auch die Grundsätze ordnungsmäßiger Bilanzierung beinhalten, können sie vollständig jedoch nur bei einer kaufmännischen Bilanzierung greifen.

1519 Als Anforderungen an die Buchführung von Stiftungen können daher aus dem BGB und den LStiftG herausgearbeitet werden:

▶ die vollständige, richtige, übersichtliche (kontenklare), zeitnahe und nachprüfbare **Aufzeichnung aller Einnahmen und Ausgaben** (d. h. Ermittlung des Jahresergebnisses in Form einer Einnahmen-Ausgabenrechnung)

▶ die vollständige, richtige, übersichtliche und nachprüfbare **Aufzeichnung aller Vermögensgegenstände aufgrund von Inventuren in einer Vermögensübersicht (Bestandsverzeichnis, Status),**

▶ die Vorlage von Belegen als Nachweise für die ausgewiesenen Zahlen[3] und

▶ die Erstellung eines **Tätigkeitsberichts** mit dem **Nachweis der Erfüllung des Stiftungszwecks.**[4]

1520 Entsprechend den herausgearbeiteten zentralen Aufgaben einer Stiftung lassen sich die Zwecke und damit die zentralen Anforderungen an die externe Rechnungslegung von Stiftungen, die auf der Grundlage der Buchführung zu erstellen ist, wie folgt ableiten:[5]

▶ der Ermittlung von Überschüssen aus der Vermögensverwaltung oder anderen Tätigkeiten der Stiftung,[6]

---

1 Vgl. § 7 Abs. 3 BaWürttStiftG, § 4 Abs. 4 HambStiftG, § 4 Abs. 2 Nr. 2 Meck-VorStifG, § 5 Abs. 1 SaarlStiftG, § 4 Abs. 2 SächsStiftG.
2 Vgl. Rn. 1490 ff.; Spiegel in Hüttemann/Richter et al. 2011, Rn. 19.24; Fröschle/Usinger in Beck'scher Bilanzkommentar, 9. Aufl. 2014, § 243 Rn. 1 ff.
3 Vgl. § 259 Abs. 1 BGB.
4 Vgl. Landesstiftungsgesetze im Anhang.
5 Vgl. IDW RS HFA 5, Rn. 27 ff.
6 Vgl. die denkbaren vier Sphären Rn. 1075 ff., Rn. 1444.

▶ der Dokumentation und Rechenschaft über die Mittelverwendung sowie

▶ der Nachweis der Kapitalerhaltung.[1]

(Einstweilen frei)   1521–1529

VI. Ableitung einer Empfehlung für die Ausgestaltung der externen Rechnungslegung durch Stiftungen

1. Arten der Rechnungslegung im Bereich der Kaufleute und des Steuerrechts

Für den Steuerberater und den Wirtschaftsprüfer ist es naheliegend sich in ei-   1530
nem ersten Schritt mit den ihm bekannten Arten der Rechnungslegung zu befassen. Grundsätzlich gibt es:[2]

▶ die kameralistische Buchführung, die häufig von Stiftungen angewandt
wird, die von Trägern der öffentlichen Hand verwaltet werden. Bei ihr werden in Form von Einnahmen und Ausgaben Geldströme und insbesondere
der Geldverbrauch erfasst. Wichtigstes Rechnungsziel ist die Überschuss-
und Fehlbetragsermittlung, um die tatsächlich erreichte Deckung der wirklichen Ausgabe nachzuweisen.[3]

▶ die einfache Buchführung des BGB, die sämtliche Zahlungsvorgänge chro-
nologisch im Grundbuch aufzeichnet, sog. Journal. Hiermit können die An-
fangs- und Endbestände der liquiden Posten (Banken, Kasse) abgeglichen
werden.

▶ die doppelte Buchführung. Hier erfasst die kaufmännische Doppik jeden
Geschäftsvorfall doppelt, einmal im Grundbuch (Journal) und einmal im
Hauptbuch in sachlicher Ordnung (Sachkonten). Auf diese Weise kann der
Jahreserfolg doppelt errechnet werden, nämlich über den Abschluss der Be-
standskonten in der Bilanz und über den Abschluss der Erfolgskonten in
der Gewinn- und Verlustrechnung.

In der täglichen Praxis werden die einfache und die doppelte Buchführung pri-   1531
mär als folgende Rechenwerke angewandt:

▶ die steuerliche Einnahmen-Überschussrechnung nach § 4 Abs. 3 EStG,

---

1 Vgl. hierzu und zum Folgenden IDW RS HFA 5, Rn. 55 ff.
2 Vgl. hierzu i. E. Spiegel in Hüttemann/Richter et al. 2011, Rn. 19.26 ff.
3 Vgl. Gabler Verlag (Hrsg.), Gabler Wirtschaftslexikon, Stichwort: Kameralistik (http://wirt-
   schaftslexikon.gabler.de/Archiv/4663/kameralistik-v9.html).

► der sog. Bestandsvergleich nach § 4 Abs. 1 EStG und die

► Jahresabschlüsse nach §§ 238 ff. HGB.[1]

1532 Die Jahresrechnung einer Stiftung nach z. B. Art. 16 BayStG verlangt neben einem „Rechnungsabschluss" auch eine Vermögensübersicht. Eine reine Einnahmen-Überschussrechnung ist also nicht ausreichend, sondern muss um eine Vermögensrechnung ergänzt werden.[2]

2. Empfehlung zur Rechnungslegung auf der Basis eines handelsrechtlichen Jahresabschlusses

1533 Die kameralistische Buchführung beinhaltet die Planung von Budgets sowie die Dokumentation der entsprechenden Mittelverwendung. Die Einnahmen- und Ausgabenrechnung nach § 4 Abs. 3 EStG dient der Ermittlung eines Überschusses, damit die gewinnabhängigen Steuern korrekt erhoben werden können. Der handelsrechtliche Jahresabschluss dokumentiert das vorhandene Vermögen und dient der Ermittlung des durch die Tätigkeit der Einheit erzielten Überschusses, der anschließend entsprechend den geltenden Vorschriften und den Beschlüssen der Gesellschafter für Rücklagen oder Ausschüttungen verwendet wird.[3]

1534 Ähnlich einem kaufmännischen Jahresabschluss lt. Handelsgesetzbuch hat auch die Rechnungslegung einer Stiftung eine Zahlungsbemessungsfunktion. Sie hat zum Ziel, die Überschüsse eines Jahres zu ermitteln, die für die Stiftungszwecke und den Kapitalerhalt zu verwenden sind. Hierzu muss die Rechnungslegung von Stiftungen ein zutreffendes, vollständiges und klares Bild der Erzielung von Erträgen und deren Verwendung sowie insbesondere der Vermögenslage der Stiftung vermitteln. Allerdings gehören zu den Erträgen einer Stiftung nicht nur wirtschaftliche Gewinne, sondern z. B. auch die erhaltenen Spenden und sonstigen Zuwendungen, aber deren Dokumentation ist mit einer Überschussermittlung vergleichbar.

1535 Hiermit zeigt sich, dass von den drei genannten Buchführungsarten diejenige des handelsrechtlichen Jahresabschlusses am weitesten den Anforderungen an die externe Rechnungslegung von Stiftungen entspricht. Auch wenn sie diese noch **nicht vollumfänglich erfüllt**, da die Stiftungen – anders als der Jahresabschluss eines Kaufmanns – die Verwendung der ihr zugeflossenen Mittel offenlegen müssen.

---

1 Vgl. Rn. 1482 ff.

2 Vgl. z. B. IDW RS HFA 5, Rn. 33, 75.

3 Vgl. Rn. 1484.

Aus diesen Gründen bietet es sich an, die externe Rechnungslegung von Stif-   1536
tungen auf der Basis eines handelsrechtlichen Jahresabschlusses aufzubauen.
In den folgenden Punkten wird herausgearbeitet werden, welche Besonderheiten bei der Rechnungslegung von Stiftungen zu berücksichtigen sind und wie
diese in der externen Rechnungslegung berücksichtigt werden können.[1]

Größeren Stiftungen, die in wesentlichem Umfang über Forderungen, Verbind-   1537
lichkeiten, Rückstellungen, Abgrenzungsposten und Anlagevermögen verfügen, empfiehlt das IDW ebenfalls, auf freiwilliger Basis ihre Rechnungslegung nach den Grundsätzen einer kaufmännischen Bilanzierung auszugestalten.[2] Der Jahresabschluss hat dann den Grundsätzen ordnungsmäßiger
Buchführung (GoB)[3] in vollem Umfang zu entsprechen. Als Grund für diese
Empfehlung führt das IDW zutreffend die beschränkte Aussagekraft von Einnahmen-Ausgabenrechnungen und die zusätzliche Sicherheit einer nach der
Doppik geführten kaufmännischen Buchführung an. Das IDW empfiehlt dabei
u. E. zu Recht die Anwendung nicht nur der Vorschriften des ersten Abschnit-
tes des Dritten Buches des HGB (§§ 238 bis 263 HGB), die für alle Kaufleute
Geltung haben, sondern auch die ergänzenden Vorschriften für Kapitalgesellschaften.[4] Der zweite Abschnitt des Dritten Buches des HGB (§§ 264 bis 289
HGB) enthält Vorschriften für den Jahresabschluss vor allem unter dem Aspekt
der Verwaltung fremden Vermögens durch die Gesellschaftsorgane der Kapitalgesellschaft.

Auch der Vorstand einer Stiftung verwaltet ihm nicht gehörendes Vermögen   1538
und deshalb ist es sachgerecht, die für Kapitalgesellschaften geltenden Bewertungsvorschriften des HGB anzuwenden, die eher als die allgemeinen Bewertungsvorschriften eine Bildung stiller Reserven unterbinden. Zwar kann die Bildung stiller Reserven durch die Vermeidung von Ausschüttungen zur Erhaltung des Stiftungsvermögens beitragen, jedoch ist es denkbar, dass dies
gleichzeitig aufgrund der eingeschränkten Mittelverwendung zu einem Verstoß gegen das Admassierungsverbot führt, die Mittel also nicht im notwendigen Maße für die Stiftungszwecke verwendet werden.[5]

Stiftungen, die einen den handelsrechtlichen Vorschriften entsprechenden   1539
Jahresabschluss aufstellen, haben nicht nur eine Bilanz und eine Gewinn- und

---

1 Vgl. i. E. Rn. 1554 ff. und Rn. 1595 ff.
2 Vgl. hierzu und zum Folgenden IDW RS HFA 5, Rn. 33 f., Rn 1596.
3 Vgl. Rn. 1490 ff.
4 A. A. Kußmaul/Meyering/Richter, DStR 2015 S. 1328.
5 Vgl. Rn. 281, 1515.

Verlustrechnung aufzustellen, sondern diese um einen Anhang und einen Lagebericht[1] zu ergänzen, wobei kleine Gesellschaften i. S. d. § 267 Abs. 1 HGB von der Aufstellung eines Lageberichtes befreit sind, § 264 Abs. 1 HGB. [2]

1540 Kleine und mittlere gemeinnützige Stiftungen, die im Zentrum des Interesses dieses Buches stehen, werden in der Regel keinen eigenen Geschäftsbetrieb haben, sondern die Mittel zur Erfüllung ihrer Stiftungszwecke aus der Vermögensverwaltung generieren und daher den handelsrechtlichen Jahresabschluss freiwillig aufstellen. Sie können somit auf einen Lagebericht verzichten.[3] Die Aufstellung eines Anhanges ist jedoch sinnvoll, denn in diesem kann die Stiftung Angaben machen, die den Besonderheiten der Rechnungslegung von Stiftungen entsprechen, aber nicht in einer Bilanz sowie Gewinn- und Verlustrechnung nach handelsrechtlichen Vorschriften gemacht werden können. Wie zuvor festgestellt, ist nach den Landesstiftungsgesetzen z. B. die Dokumentation der Kapitalerhaltung ein wesentliches Ziel für Stiftungen, damit sie ihre Stiftungszwecke nachhaltig und auf Dauer erfüllen können.[4]

1541 Für derartige Stiftungen richtet sich also das Interesse auf die Vorschriften für kleine Kapitalgesellschaften[5] i. V. m. den Vorschriften über den steuerlichen Bestandsvergleich nach § 4 Abs. 1 EStG. Die steuerlichen Vorschriften sind hierbei zu erwähnen, da Stiftungen mit ihren Erträgen grundsätzlich steuerpflichtig sind und daher Steuererklärungen mit einer steuerlichen Gewinnermittlung bei den für sie zuständigen Finanzämtern abgeben müssen. Sofern sie als gemeinnützig anerkannt wurden, müssen sie zwar keine Körperschaft-, Gewerbe- und Umsatzsteuer entrichten, aber dennoch turnusmäßig Steuererklärungen und Berichte einreichen, damit die Finanzbehörden die Erfüllung der steuerlichen Vorschriften für die Anerkennung der Gemeinnützigkeit nach §§ 51 ff. AO überprüfen können.[6]

1542 Nach der hier vertretenen Auffassung gilt die Empfehlung, die externe Rechnungslegung auf einem handelsrechtlichen Jahresabschluss entsprechend den Vorschriften für kleine Kapitalgesellschaften aufzubauen, grundsätzlich für alle Stiftungen, egal ob gemeinnützig und steuerbefreit oder steuerpflichtig.

---

1 Vgl. Rn. 1483; § 264 Abs. 1 HGB.
2 Kleinstkapitalgesellschaften nach § 267a HGB müssen auch keinen Anhang aufstellen.
3 Vgl. hierzu im Einzelnen die Kommentierung von Grottel in Beck'scher Bilanzkommentar, 9. Aufl. 2014, § 289 HGB; Spiegel in Hüttemann/Richter et al. 2011, Rn. 21.7.
4 Vgl. Rn. 1514; vgl. auch IDW RS HFA 5, Rn. 39.
5 Die Anwendungen der Bestimmungen für Kleinstkapitalgesellschaften ist nicht angemessen, siehe i. E. Rn. 1597.
6 Vgl. hierzu Rn. 709, 925 ff., 1475; Spiegel in Hüttemann/Richter et al. 2011, Rn. 22.4.

Zur Umsetzung vgl. Punkt 5: Empfehlung für den Aufbau des Jahresberichtes einer steuerbefreiten, gemeinnützigen Stiftung, die ihre Mittel alleine aus der Vermögensverwaltung generiert[1]

Bei Kleinstiftungen, bei denen es zu keiner Wertänderung des Sachvermögens kommt und bei denen für die Ermittlung des Jahresergebnisses allein die Aufzeichnung der Geldbewegungen ausreichend ist,[2] ist jedoch zu prüfen, ob der Aufwand für einen handelsrechtlichen Jahresabschluss nicht unverhältnismäßig wäre.

1543

3. Begriffsabgrenzung: Jahresabschluss bei Kapitalgesellschaften und Jahresbericht bei Stiftungen

An dieser Stelle ist es erforderlich, auf die Terminologie einzugehen, um eventuellen Missverständnissen vorzubeugen.

1544

In der Praxis entscheiden sich viele Stiftungen dafür, sich bei ihrer Rechnungslegung der kaufmännischen doppelten Buchführung zu bedienen. Dies sicherlich wegen der vom IDW angeführten Gründe[3] und zusätzlich, weil die Stiftungsvorstände diese aus der Rechnungslegung von Kapitalgesellschaften etc. kennen. Außerdem sind mit den Regelungen des Handelsgesetzbuches und den Grundsätzen ordnungsgemäßer Buchführung (GoB) die Regeln, nach denen Jahresabschlüsse erstellt werden, eindeutig definiert.

1545

Allerdings wurde bereits dargelegt, dass die Rechnungslegung von Stiftungen Angaben erfordert, die über die in einem handelsrechtlichen Jahresabschluss gemachten hinausgehen.[4] Diesen stiftungsrechtlichen Ansprüchen wird regelmäßig in der Berichterstattung entsprochen, aber dennoch werden diese Berichte als Jahresabschluss bezeichnet.[5]

1546

Was unter einem Jahresabschluss zu verstehen ist, wird im Handelsgesetzbuch definiert, §§ 242 ff. HGB.[6] Die Berichterstattung einer Stiftung, die sämtliche Anforderungen der Stiftungsrechts erfüllt, kann unter Umständen die Definition Jahresabschluss i. S. d. HGB erfüllen, wird aber i. d. R. mehr als ein Jahresabschluss sein und sollte daher nicht als „Jahresabschluss" bezeichnet werden, da dessen Inhalt gesetzlich anders definiert ist.

1547

---

1 Rn. 1595.
2 Vgl. ausführlicher Spiegel in Hüttemann/Richter et al. 2011, Rn. 20.33.
3 Vgl. Rn. 1536 f.
4 Vgl. Rn. 1535.
5 Vgl. z. B. „Jahresabschluss zum 31. Dezember 2010" der Stiftung Ärzte ohne Grenzen.
6 Vgl. Rn. 1482 ff.

1548   Die Landesstiftungsgesetze, z. B. das BayStG in Art. 16, fordern „. . .*nach Ablauf des Geschäftsjahres sind ein Rechnungsabschluss und eine Vermögensübersicht (Jahresrechnung) zu erstellen und mit einem Bericht über die Erfüllung der Stiftungszwecke der Stiftungsaufsichtsbehörde vorzulegen.*"

1549   Der Begriff „Jahresrechnung" einer Stiftung beschreibt zwar einen ähnlichen Inhalt wie die Begriffe „steuerliche Gewinnermittlung" und „handelsrechtlicher Jahresabschluss" mit Bilanz sowie Gewinn- und Verlustrechnung. Aber die Stiftung hat zusätzlich z. B. noch einen Bericht über die Zweckerfüllung und gegebenenfalls den Kapitalerhalt abzuliefern. Auch der Begriff „Jahresrechnung" umfasst daher nicht die komplette externe Rechnungslegung der Stiftung.

1550   Diese Überlegungen zeigen, dass der Begriff Rechnungslegung im Bereich der Stiftungen nicht exakt dasselbe umschreibt wie im Falle des Steuerrechts oder der kaufmännischen Rechnungslegung. Bei Stiftungen hat er zusätzliche Dimensionen.

1551   Aufgrund dieser Unterschiedlichkeit genügt es , lediglich die sehr allgemeinen Begriffe „Gewinnermittlung" und „Rechnungslegung" durch andere Ausdrücke zu ersetzen, um die Unterschiede deutlich zu machen, denn es werden auch bei Stiftungen Gewinne oder Überschüsse ermittelt und Abrechnungen gelegt. Man muss sich jedoch der unterschiedlichen Dimensionen der Begriffe auf den verschiedenen Feldern bewusst sein.

1552   Die deutsche Sprache eröffnet allerdings Möglichkeiten für eine begriffliche Unterscheidung zwischen der Rechnungslegung bei Kaufleuten einerseits und der bei Stiftungen andererseits:

In der kaufmännischen Rechnungslegung ist der Begriff des „Jahresabschlusses" genau definiert (s. o.), das Stiftungsrecht, bzw. die Landesstiftungsrechte sprechen hingegen von einer „Jahresrechnung" oder einer „Jahresabrechnung".[1] Diese Begriffe sind zwar verwandt mit dem Begriff „Jahresabschluss", aber es muss klar sein, dass sie diesem nicht entsprechen.

1553   Zuvor wurde festgestellt, dass auch der Begriff „Jahresrechnung" nicht den kompletten Inhalt der externen Rechnungslegung einer Stiftung umschreibt. In ihr fehlen z. B. die Informationen zur Zweckerfüllung und zum Kapitalerhalt. Aus diesem Grund greifen die Ausdrücke „Jahresrechnung" und „Jahresabrechnung" etwas zu kurz. Es wird daher empfohlen, in Abgrenzung zu dem Begriff „Jahresabschluss", der immer einen i. S. d. HGB bedeutet, bei Stiftungen von

---

1 Das IDW interpretiert sie als inhaltsgleich, vgl. RS HFA 5, Rn. 16.

einem „Jahresbericht" zu sprechen, um deutlich zu machen, dass dieser mehr Informationen als ein „Jahresabschluss" enthält.

4. Besonderheiten bei der Rechnungslegung von Stiftungen gegenüber der kaufmännischen Rechnungslegung

Eine Stiftung ist eine rechtliche Organisationsform, deren Zweck es ist, den Willen des Stifters durch die Verwendung des gestifteten Vermögens dauerhaft zu gewährleisten. Sie hat keine Mitglieder oder Eigentümer. Im Rechtsverkehr handelt sie durch ihren Stiftungsvorstand. Um trotz der fehlenden Eigentümer die Umsetzung des Stifterwillens sicherzustellen, hat der Gesetzgeber die staatliche Stiftungsaufsicht eingeführt und bestimmte Aufgaben für diese definiert. Die entsprechenden Rechtsquellen stellen, wie bereits erläutert, zusätzliche, evtl. auch andere Anforderungen an die externe Rechnungslegung einer Stiftung als dies die Gesellschafter, Gläubiger und sonstigen Interessenten an die Rechnungslegung eines Kaufmannes oder die Steuerbehörden an die Gewinnermittlung für steuerliche Zwecke tun. Dies hat zur Folge, dass in einem Jahresbericht einer Stiftung andere/zusätzliche Positionen auszuweisen sind, als in einem handelsrechtlichen Jahresabschluss. Zu nennen sind:

1554

▶ Die Vermögensübersicht,[1] die zumindest im Rahmen der Darstellung des erfolgreichen Kapitalerhalts den Wert des Vermögens zu Zeitwerten angibt.[2]

▶ Während eine Kapitalgesellschaft lediglich eine Gewinnermittlung als Teil des Jahresabschlusses vorzulegen hat, muss eine Stiftung die Überschüsse ihrer Vermögensverwaltung und/oder anderen Sphären[3] ermitteln und die Verwendung dieser Überschüsse sowie weiterer unentgeltlicher Zuwendungen wie Fördermittel und Spenden dokumentieren.

▶ Der Ausweis der Aufwendungen für satzungsmäßige Zwecke und die Dokumentation der satzungsgemäßen Mittelverwendung.[4]

▶ In bestimmten Landesstiftungsgesetzen ein Haushaltsvoranschlag.[5]

---

1 Vgl. z. B. Art. 16 Abs. 1 Satz 4 BayStG.
2 Vgl. IDW RS HFA 5, Rn. 91, zur Kapitalerhaltung allg. Rn. 58 ff.
3 Vgl. die denkbaren vier Sphären, Rn. 1075 ff., 1444 ff.
4 Vgl. z. B. Art. 16 Abs. 1, 3 BayStG; diese fordern einen Bericht über die Erfüllung des Stiftungszweckes und die Prüfung der bestimmungsgemäßen Verwendung der Erträge des Grundstockvermögens.
5 Vgl. z. B. Art. 16 Abs. 1 Satz 3 BayStG.

▶ Die Ergebnisse aus Vermögensumschichtungen sind in der Bilanz unter dem Stiftungskapital auszuweisen[1] und sind nicht Teil des Überschusses des Wirtschaftsjahres.

▶ Die Bildung und die Entwicklung von Ergebnisrücklagen und des Ergebnisvortrags.[2]

▶ Sofern die Steuergesetze Steuervergünstigungen gewähren, muss die Erfüllung der in den §§ 51 ff. AO normierten Anforderungen gewährleistet sein, z. B. die Anforderungen an die tatsächliche Geschäftsführung gemäß § 63 AO.[3]

1555 Angesichts der zahlreichen Arten von Stiftungen mit sehr unterschiedlichen Zwecken erhebt diese Aufzählung keinen Anspruch auf Vollständigkeit. Sie bestätigt aber die bisherige Erkenntnis, dass die Ermittlung eines handelsrechtlichen Jahresüberschusses nach § 275 HGB und die Aufstellung einer Bilanz nach HGB, dessen Bewertungsvorschriften von dem Anschaffungskosten- und Realisationsprinzip[4] geprägt sind, noch nicht vollumfänglich den Anforderungen des Stiftungsrechtes genügen.

1556 Im Folgenden wird zunächst die Bedeutung der aufgeführten Positionen für die Rechnungslegung bei Stiftungen erläutert. Später wird auf rechnungslegungsspezifische Einzelheiten in Abgrenzung zu den Vorschriften für den handelsrechtlichen Jahresabschluss eingegangen.

4.1 Kapitalerhaltung und Vermögensverwaltung

1557 Art. 16 Abs. 1 BayStG z. B. schreibt die Vorlage einer Vermögensübersicht zum Ablauf eines Geschäftsjahres vor, die Art. 6[5] und 17[6] BayStG ordnen die Kapitalerhaltung an.[7]

---

1 IDW RS HFA 5, Rn. 55, 66.

2 IDW RS HFA 5, Rn. 65, 68 f.; z. B. Art. 18 Abs. 1 Satz 4 BayStG.

3 Vgl. Rn. 925 ff., 1475 ff.

4 Vgl. §§ 252 f. HGB; Rn. 1614 ff.

5 Nach Abs. 1 Satz 1 ist das Vermögen der Stiftung sicher und wirtschaftlich zu verwalten. Abs. 2 schreibt vor: „Das Vermögen, das der Stiftung zugewendet wurde, um aus seiner Nutzung den Stiftungszwecke dauernd und nachhaltig zu erfüllen (Grundstockvermögen), ist ungeschmälert zu erhalten."

6 „Ist das Vermögen einer Stiftung so erheblich geschwächt, dass die nachhaltige Erfüllung des Stiftungszwecks beeinträchtigt wird, so kann die Stiftungsaufsichtsbehörde anordnen, dass der Ertrag des Stiftungsvermögens ganz oder teilweise solang anzusammeln ist, bis die Stiftung wieder leistungsfähig geworden ist."

7 Vgl. Rn. 265 f.; Hüttemann in Hüttemann/Richter et al. 2011, Rn. 14.20 ff.

Das Thema Kapitalerhaltung impliziert auch die Fragen der Vermögensverwaltung und Vermögensanlage. Nach herrschender Auffassung sind hierbei unter Beachtung der in den Landesstiftungsgesetz niedergelegten grundsätzlichen Stiftungszwecke der Zweckerfüllung und Kapitalerhaltung,[1] die Vorgaben des Stifters für den Vorstand beachtlich und zwar selbst dann, wenn sie nach Ansicht des Stiftungsvorstandes unzweckmäßig oder suboptimal erscheinen.[2] In den hierdurch gesetzten Grenzen liegt die Vermögensverwaltung im Ermessensspielraum des Stiftungsvorstandes, wobei eine Diversifizierung der Stiftungsvermögen zu empfehlen ist. Unter Verweis auf professionelle Vermögensverwalter führt Richter[3] folgende Aufteilung an: Neben den Barreserven ca. 60-80 % in Renten, ca. 20-40 % in Aktien, wobei in der Praxis Private Equity und andere alternative Investments lediglich bis zu 10 % gewichtet werden. Hinzu kommt die Anlage eines Teils des Stiftungsvermögens in Immobilien. Außerdem wird auf eine Diversifizierung innerhalb der jeweiligen Anlageklasse hingewiesen.

1558

Aus den Geboten der Kapitalerhaltung und Zweckerfüllung, die in den Landesstiftungsgesetz niedergelegt sind, folgt jedenfalls das Verbot einer rein spekulativen Vermögensanlage.[4]

Das IDW[5] führt zum Thema Kapitalerhaltung aus, dass die langfristige Planung der Erhaltung des Vermögens dem Stiftungsvorstand obliegt, der das Vermögen der Stiftung verwaltet und die Stiftung nach außen vertritt. Er hat hierfür ein zu dokumentierendes Kapitalerhaltungskonzept zu erstellen.

1559

Bei der Entwicklung dieses Kapitalerhaltungskonzepts ist in erster Linie der Wille des Stifters ausschlaggebend, wie er sich aus der Satzung der Stiftung und dem Stiftungsgeschäft ergibt.[6] Außerdem sind die Bestimmungen des Stiftungsrechts und des Steuerrechts zu beachten. Letzteres regelt z. B. in § 62 Abs. 1 Nr. 3 AO, dass eine Stiftung höchstens 1/3 des Überschusses der Einnahmen über die Unkosten aus Vermögensverwaltung und darüber hinaus höchstens 10 % ihrer sonstigen nach § 55 Abs. 1 Nr. 5 AO zeitnah zu verwendenden Mittel einer freien Rücklage zuführen darf.

1560

---

1 Vgl. Rn. 232, 265.
2 Vgl. i. E. Rn. 266; Hüttemann in Hüttemann/Richter et al. 2011, Rn. 14.17; Richter in Hüttemann/Richter et al. 2011, Rn. 15.15.
3 Vgl. Richter in Hüttemann/Richter et al. 2011, Rn. 15.1 ff., 15.49.
4 Vgl. Rn. 267; Richter in Hüttemann/Richter et al. 2011, Rn. 15.18, 15.19, 15.50; Hüttemann in Hüttemann/Richter et al. 2011, Rn. 14.10.
5 Vgl. IDW RS HFA 5, Rn. 9 f., 58 ff.
6 Vgl. hierzu Hüttemann in Hüttemann/Richter et al. 2011, Rn. 14.40.

1561 Es ist denkbar, dass die Stiftung durch die Satzung auf die Bildung von Rücklagen entsprechend den gemeinnützigkeitsrechtlichen Bestimmungen gerichtet wird. Ergibt sich dies nicht aus dem Willen des Stifters und lassen sich aus diesem oder den stiftungs- bzw. steuerrechtlichen Vorschriften keine anderen Anhaltspunkte zur zweckentsprechenden, planmäßigen Erhaltung des Vermögens herleiten oder beschränken sich diese Bestimmungen oder Anhaltspunkte lediglich auf Teile des Vermögens, so ist davon auszugehen, dass der Stifter die Erbringung der satzungsmäßigen Leistungen auf Dauer gewährleistet haben möchte.[1] Nach Auffassung des IDW genügt in diesem Fall eine nominale Kapitalerhaltung nicht. Allerdings ist es nicht zulässig, um das Ziel des realen Werthalts zu erreichen, so riskante Anlagen einzugehen, dass hierdurch die Erhaltung des Grundstockvermögens gefährdet würde. Dies lässt sich aus dem Gebot der Substanzerhaltung ableiten.[2]

1562 Die für die folglich zu erreichende reale Kapitalerhaltung notwendige Indexierung des Stiftungskapitals kann sich dabei auf die speziellen Stiftungsleistungen beziehen oder sich nach allgemeinen Preisindices richten. In diesen Fällen kann im Kapitalerhaltungskonzept berücksichtigt werden, dass die der Kapitalerhaltungsrücklage plangemäß zuzuführenden Beträge um die Zuwächse in den Zeitwerten des Vermögens der Stiftung gekürzt werden, um Doppelerfassung zu vermeiden.

1563 Hieraus ergibt sich die Anforderung, dass von einer Stiftung dem jeweils geltende Kapitalerhaltungskonzept entsprechende Angaben im Jahresbericht zu machen sind. In der Praxis geschieht dies teilweise – in Abweichung von der handelsrechtlichen Rechnungslegung – durch Bilanzierung mit Zeitwerten.

1564 Nach der hier vertretenen, im Folgenden darzustellenden Auffassung, sollten jedoch diese Informationen zum Kapitalerhalt nicht durch eine vom Handelsrecht abweichende Bilanzierung erfolgen, sondern mittels entsprechender zusätzlicher Angaben im Anhang dem Leser des Jahresberichtes zur Verfügung gestellt werden.

---

1 Vgl. hierzu und zum Folgenden IDW RS HFA 5, Rn. 10, 7, 1.
2 Vgl. Rn. 267.

4.2 Die Bedeutung der unterschiedlichen Sphären einer Stiftung für die Rechnungslegung

Wie bereits ausgeführt, sind bei einer Stiftung bis zu vier Sphären denkbar.[1] In der ideellen Sphäre verwirklicht die Stiftung ihren Satzungszweck unmittelbar mit unentgeltlichen Leistungen aus Mitteln, die sie im Wege unentgeltlicher Zuwendung erhalten hat, z. B. im Wege von Spenden oder dem Erhalt von Fördergeldern. Im Bereich der Vermögensverwaltung legt sie das sog. freie Vermögen, das nicht kurzfristig zweckgebunden verwendet werden muss, an, um hieraus Einnahmen aus Kapitalerträgen, Mieten etc. zu erzielen. Sollte die Stiftung daneben selbstständig nachhaltig zur Einnahmeerzielung tätig werden, unterhält sie einen wirtschaftlichen Geschäftsbetrieb, der unterschiedlichen Bereichen zugeordnet werden kann. Werden z. B. in einer Behindertenwerkstätte Auftragsfertigungen vorgenommen, so dient dieser Betrieb der unmittelbaren Verwirklichung der begünstigten Zwecke. Es handelt sich um einen sog. Zweckbetrieb, der von Ertragsteuern befreit ist und der bei der Umsatzsteuer einen ermäßigten Steuersatz anwenden kann. Dient hingegen der Geschäftsbetrieb allein der Gewinnung zusätzlicher Einnahmen wie z. B. ein Museumsladen, so liegt ein steuerpflichtiger wirtschaftlicher Geschäftsbetrieb vor, der der regulären Besteuerung unterliegt.

Jede dieser vier Sphären wird steuerlich unterschiedlich behandelt, es müssen also getrennte steuerliche Bemessungsgrundlagen ermittelt werden und es gelten u.U. unterschiedliche Regelungen für die zulässige Rücklagenbildung.[2] Außerdem sind Quersubventionierungen untersagt. So dürfen keine zweckgebundenen Mittel, wie z. B. Spendeneinnahmen aus dem ideellen Bereich oder Überschüsse aus dem Zweckbetrieb zu einem Verlustausgleich in die Bereiche der Vermögensverwaltung oder des steuerpflichtigen Geschäftsbetrieb transferiert werden. Aus diesen Gründen sind die den verschiedenen Sphären zuzurechnenden Einnahmen und Ausgaben in der Buchhaltung getrennt zu erfassen und auszuweisen. In der Folge sind bestimmte Aufwendungsarten wie z. B. Personalkosten ggf. aufzuspalten in satzungsmäßige und solche die den Verwaltungsbereich betreffen.[3] Es empfiehlt sich daher für die unterschiedlichen Bereiche eigene Buchhaltungen oder zumindest Buchungskreise einzuführen. In den Jahresberichten sind Ihre jeweiligen Ergebnisse gesondert darzustellen.

1565

1566

---

1 Vgl. hierzu und zum Folgenden Rn. 1075, 1444; Spiegel in Hüttemann/Richter et al. 2011, Rn. 19.14.
2 Vgl. Rn. 1008, 1475 ff.; im nicht steuerbefreiten Geschäftsbetrieb gilt § 62 Nr. 3 AO z. B. nicht.
3 Vgl. Hagner, Bilanzierende Stiftungen, München 2010, S. 26.

1567   Wie bereits ausgeführt, hat sich dieses Buches zum Ziel gesetzt, sich schwerpunktmäßig mit der Rechnungslegung von kleinen oder mittleren gemeinnützigen Stiftungen zu befassen, die die notwendigen Mittel für die Erfüllung ihrer Stiftungszwecke allein mithilfe einer Vermögensverwaltung generieren.[1] Sie erzielen ihre Erträge z. B. in Form von Zinsen, Dividenden, Mieten oder ähnlichen Einnahmen. Außerdem wird angenommen, dass diese Stiftungen keine Spenden oder sonstige unentgeltlichen Leistungen wie Fördergelder erhalten. Sie verfügen daher allein über die Sphäre der Vermögensverwaltung und die ideelle Sphäre.

1568   Die Untersuchung der Probleme, die bei einer Stiftung mit mehreren Sphären bezüglich der Trennung dieser Sphären in der Buchhaltung und die hierdurch notwendig werdenden Zuordnungen bestimmter Aufwendungen entstehen, kann daher zukünftigen Auflagen vorbehalten bleiben.

4.3 Die Überschuss- und Mittelverwendungsrechnung einer Stiftung in Abgrenzung zur Gewinn- und Verlustrechnung einer Kapitalgesellschaft

1569   Der sich am Ende eines Geschäftsjahres ergebende Überschuss aus der wirtschaftlichen Tätigkeit einer Kapitalgesellschaft wird in deren Ergebnisrechnung als einheitlicher Jahresüberschuss/Jahresfehlbetrag ausgewiesen. Als solcher oder nach seiner Weiterentwicklung zu einem Bilanzgewinn/Bilanzverlust wird dieser in das Eigenkapital der Bilanz der Kapitalgesellschaft übernommen. Für diese Erfolgsrechnung hat sich der Begriff der Gewinn- und Verlustrechnung eingebürgert und wurde im HGB übernommen, § 275 HGB.

1570   Abgesehen von der oben beschriebenen Trennung der bis zu vier Sphären einer Stiftung,[2] verlangt z. B. Art. 16 Abs. 1 BayStG, dass eine Stiftung eine Jahresrechnung und einen Bericht über die Erfüllung des Stiftungszweckes vorzulegen hat, um die Erhaltung des Stiftungsvermögens nachvollziehbar zu machen. Die Stiftung hat also einen Gewinn oder Verlust zu ermitteln, indem sie den erzielten Einnahmen die durch die Einnahmenerzielung verursachten Aufwendungen gegenüberstellt. Zusätzlich muss sie dokumentieren, dass sie diese Überschüsse satzungsgemäß zur Erfüllung der Stiftungszwecke eingesetzt hat.[3]

1571   Die Ausgestaltung dieser Rechnung erfolgt in der Praxis auf unterschiedliche Art und Weise. In den Jahresberichten vieler Stiftungen wird in Anlehnung an

---

1 Vgl. auch Rn. 1557 ff. und Rn. 1077 ff.
2 Vgl. i. E. Rn. 1075 ff., 1444; Spiegel in Hüttemann/Richter et al. 2011, Rn. 19.14.
3 Vgl. hierzu auch IDW RS HFA 5, Rn. 27, 29, 50 f.

die Terminologie beim kaufmännischen Jahresabschluss von der Gewinn- und Verlustrechnung gesprochen.[1] Deren Ergebnis wird jedoch nicht Jahresüberschuss genannt sondern z. B. Mittel- oder Ergebnisvortrag, oder es werden vor dessen Ermittlung sämtliche satzungsmäßige Aufwendungen in die Rechnung eingestellt, so dass sich ein Mittel- oder Ergebnisvortrag von 0,00 € ergibt.[2] Es liegt damit keine Gewinn- und Verlustrechnung i. S. d. § 275 HGB vor.

Erstellt die Kapitalgesellschaft im Rahmen ihres Jahresabschlusses eine Gewinn- und Verlustrechnung, so sollte man bei einer Stiftung in Abgrenzung zu der kaufmännischen Terminologie laut HGB von einer „Überschuss- und Mittelverwendungsrechnung" sprechen. Denn die Stiftung hat einen Überschuss für Stiftungszwecke zu ermitteln und die Mittelverwendung nachzuweisen. Damit geht der Informationsgehalt Ihrer Erfolgsrechnung über den einer GuV deutlich hinaus.

1572

4.4 Ausweis der satzungsgemäßen Leistungen und die Dokumentation der Mittelverwendung

Art. 16 Abs. 1 BayStG z. B.[3] verlangt einen Bericht über die Erfüllung des Stiftungszweckes, dies ist zu verstehen als der Ausweis der satzungsgemäßen Aufwendungen.[4] Der Abs. 3 des Art. 16 BayStG ordnet an, dass sich die Prüfung der Jahresrechnung einer Stiftung auch auf die bestimmungsgemäße Verwendung der Erträge des Grundstockvermögens und der zum Verbrauch bestimmten Zuwendungen erstreckt, sofern die Jahresrechnung durch verwaltungseigene Stellen der staatlichen Rechnungsprüfung, einen Prüfungsverband, einen Wirtschaftsprüfer oder einen vereidigten Buchprüfer geprüft werden. Dies erfordert, dass bei der Aufstellung der Jahresrechnung entsprechende Angaben gemacht werden.[5]

1573

---

1 Vgl. z. B. Alfred Toepfer Stiftung, Ärzte ohne Grenzen und UNICEF.
2 Es wird auch der Überschuss als z. B. Mittelvortrag ausgewiesen, vgl. Hagner, Bilanzierende Stiftungen, München 2010, S. 26, Alfred Toepfer Stiftung F.V.S. Hamburg, GuV 2011/12, oder es wird der Überschuss in Rücklagen eingestellt, so dass sich als Ergebnis ein Mittelvortrag von 0 € ergibt, vgl. z. B. die Stiftung Ärzte ohne Grenzen, Jahresabschluss 2009. Bei UNICEF z. B. werden die Erträge und Aufwendungen dargestellt, wobei diese so bemessen sind, dass sich als Ergebnis ein Jahresüberschuss von 0 € ergibt.
3 Zu anderen Landesstiftungsgesetzen vgl. Kußmaul/Meyering/Richter, DStR 2015 S. 1328 bzw. den Anhang.
4 Zu den Anforderungen des Steuerrechts vgl. §§ 51 bis 68 AO; vgl. auch Rn. 980 ff., 1478.
5 Vgl. Rn. 1511; Hagner, Bilanzierende Stiftungen, München 2010, S. 26; IDW RS HFA 5, Rn. 50: Die Rechnungslegung muss einen klaren und zutreffenden Einblick in die Stiftungstätigkeit geben, so dass sich der Adressat ein Urteil über die Verwendung des eingesetzten Vermögens und der damit erzielten Erträge bilden kann.

1574   Satzungsgemäße Leistungen einer Stiftung sind Leistungen, die sie aufgrund ihrer Satzung an bestimmte Leistungsempfänger erbringen muss. Diese Leistungen können z. B. die Erbringung von Grabpflegeleistungen, die Überlassung einer Wohnung oder die Zahlung laufender Beträge oder Renten an bestimmte Destinatäre sein. Denkbar ist auch, dass sich die Stiftung gegenüber einem Projektpartner zur Erbringung bestimmter satzungsgemäßer Leistungen verpflichtet hat.[1]

1575   In der Überschuss- und Mittelverwendungsrechnung sind derartige satzungsgemäße Leistungen gesondert auszuweisen. Eine dem Grunde und der Höhe nach bestimmte Verpflichtung gegenüber einem Leistungsempfänger bzw. Dienstleister ist als Verbindlichkeit in der Bilanz zu erfassen. Hat sich die Stiftung gegenüber einem Dritten, z. B. einem Projektpartner zur Erbringung satzungsmäßiger Leistungen verpflichtet und sind diese Leistungen hinsichtlich ihrer Höhe noch ungewiss, so muss sie nach allgemeinen handelsrechtlichen Grundsätzen Rückstellungen hierzu bilden, § 249 HGB, die ggf. nach § 253 Abs. 2 Satz 1 HGB abzuzinsen sind. Wird eine Leistungszusage unter dem Vorbehalt erteilt, dass diese nur unter der Bedingung erfolgt falls genügend Stiftungsmittel zur Verfügung stehen, so handelt es sich, sofern zum Abschlussstichtag diese Mittel noch nicht vorhanden sind, um eine Verbindlichkeit, die erst nach Zugang bzw. mit Erwirtschaftung der entsprechenden Stiftungsmittel bilanziert werden muss. Es empfiehlt sich zur Information der Adressaten der Jahresrechnung über derartige aufschiebend bedingte Verpflichtungen im Anhang gesondert zu berichten.[2]

4.5 Eigenkapitalausweis

1576   Für die dauerhafte Erfüllung der vom Stifter festgelegten Zwecke stehen einer Stiftung das Stiftungsvermögen bzw. die hiermit erzielten Erträge sowie Spenden oder andere unentgeltlichen Zuwendungen wie Fördermittel zur Verfügung. Aus diesem Grund kommt der Erhaltung des Stiftungsvermögens eine besondere Bedeutung zu. Das Stiftungsvermögen setzt sich dabei zusammen aus dem Anfangsvermögen, den Zustiftungen und den sonstigen Teilen des Stiftungskapitals, wie den Zuführungen aus zuvor gebildeten Ergebnisrücklagen und den Umschichtungsgewinnen.[3]

---

1 Vgl. IDW RS HFA 5, Rn. 70 ff.
2 Vgl. IDW RS HFA 5, Rn. 72.
3 Vgl. IDW RS HFA 5, Rn. 55.

Für die Gliederung des Eigenkapitals der Stiftung in der Vermögensübersicht bzw. Bilanz empfiehlt das IDW daher folgende Aufgliederung:[1]

1577

A. Eigenkapital

   I. Stiftungskapital

      1. Errichtungskapital[2]

      2. Zustiftungskapital

   II. Rücklage

      1. Kapitalrücklagen

      2. Ergebnisrücklagen

   III. Umschichtungsergebnisse

B. Ergebnisvortrag

Werden einer Stiftung im Anschluss an ihre Errichtung Mittel zugewendet, ist in der Praxis die Formulierung des Stifterwillens bzw. des Zuwenders häufig nicht ausreichend präzise, um feststellen zu können, ob es sich um eine Zustiftung oder eine Spende handelt. Nach Auffassung des IDW in seinem Rechnungslegungsstandard HFA 5 sollte das zugewendete Vermögen als Spende qualifiziert und entsprechend ausgewiesen werden, sofern nicht der eindeutige Wille des Zuwendenden zu erkennen ist, der Stiftung eine dauerhafte Vermögensmehrung zukommen zu lassen. Diese wäre entweder als Zustiftung oder als sonstige Zuwendungen, die unter der Kapitalrücklage zu erfassen ist, einzuordnen.[3]

1578

Als Kapitalrücklage werden somit sonstige Zuwendungen erfasst, die der Stifter oder ein Dritter zur Stärkung des Kapitals leistet, die weder dem Errich-

---

1 Vgl. hierzu und zum folgenden IDW RS HFA 5 n. F., Rn. 55 ff.; noch mit anderer Terminologie, die noch stärker von der handelsrechtlichen Gliederung abwich: IDW RS HFA 5 Altfassung 2000, Rn. 51 ff.

2 Art. 16 Abs. 3 BayStG spricht von der Erhaltung des Grundstockvermögens und der bestimmungsgemäßen Verwendung seiner Erträge. Art. 4 des Hamburgischen Stiftungsgesetzes spricht vom Stiftungsvermögen, das getrennt zu halten ist. In seinem RS HFA 5 aus dem Jahre 2000 verwendet das IDW bei der Gliederung des Eigenkapitals der Passivseite der Bilanz den Begriff Grundstockvermögen. Im RS HFA 5 aus 2013 hat es diesen durch den Begriff Errichtungskapital ersetzt. In Rn. 9 kommt zum Ausdruck, dass das Grundstockvermögen gegenständlich gemeint ist als die Vermögensgegenstände, die der Stifter der Stiftung zugewendet hat. Auf der Passivseite der Bilanz kann der Begriff Grundstockvermögen nicht gegenständlich verstanden werden. Es ist daher konsequent, hier von Errichtungskapital zu sprechen, als dem Wert des Vermögens, das der Stiftung im Rahmen der Errichtung übertragen wurde, Rn. 56. Der Begriff Stiftungsvermögen umfasst sowohl das Grundstückvermögen als auch das Errichtungskapital.

3 Vgl. hierzu und zum Folgenden IDW ERS HFA 5 n. F., Rn. 61 ff.

tungskapital noch den Zustiftungen zugeordnet werden können. Eine derartige Stärkung des Kapitals kann z. B. im Rahmen der Erfüllung des zugrunde liegenden Kapitalerhaltungskonzepts erfolgen.

Ergebnisrücklagen können nur aus dem erwirtschafteten Jahresergebnis oder aus eventuell vorhandenen Ergebnisvorträgen der Vorjahre gebildet werden. Diese können dabei auch die zuvor genannten Spenden oder andere unentgeltliche Zuwendungen umfassen, die weder den Zustiftungen noch der Kapitalrücklage zuzuordnen sind.

1579 Die Ergebnisrücklagen können beispielsweise nach Projekten oder anderen Zweckbindungen aufgegliedert werden, oder es können unter ihnen auch Ansparrücklagen für größere Investitionen erfasst werden. Die Ergebnisrücklagen sollten weiter untergliedert werden, sofern die in ihnen enthaltenen Beträge aus verschiedenen Sphären der Stiftung stammen.[1] In der Sphäre der Vermögensverwaltung gilt z. B. § 62 Nr. 2 und 3 AO, in der Sphäre eines steuerpflichtigen wirtschaftlichen Geschäftsbetriebs jedoch nicht.[2]

1580 Bilanziert eine Stiftung, die nicht nach kaufmännischen Grundsätzen Rechnung legen muss, nach Zeitwerten, hat sie dies laut IDW hinreichend zu verdeutlichen und außerdem bilanztechnisch sicherzustellen, dass Aufwertungsbeträge, die über die Anschaffungs- oder Herstellungskosten hinausgehen, nicht Bestandteil des verwendungsfähigen Ergebnisses werden. Sie sollten nach IDW in eine Neubewertungsrücklage eingestellt werden.[3]

1581 Mit der Aussage des IDW, dass Ergebnisrücklagen nur aus dem erwirtschafteten Ergebnis gebildet werden können, wird das Interesse auf die Mittelverwendung durch eine Stiftung gelenkt. Hat eine Stiftung ermittelt, welchen Überschuss sie mit ihrer Vermögensverwaltung erzielte und dokumentiert, welche sonstigen Mittel ihr z. B. in Form von Spenden oder sonstigen unentgeltlichen Zuwendungen wie Fördermitteln zur Verfügung gestellt wurden, muss sie darüber entscheiden, wie sie diese Mittel verwendet. Verteilt sie ihre Mittel an bestimmte Organisationen und ist nicht dazu verpflichtet, Leistung in bestimmter Höhe zu erbringen, so hängen ihre jährlichen Zuwendungen faktisch von dem Mittelzufluss ab, den sie im Vorjahr erzielte. In der Praxis wird sie errechnen, welche Mittel ihr im Vorjahr per Saldo zuflossen und anschließend wird sie darüber entscheiden, wie sie diese verwendet. Ist sie z. B. verpflichtet diese Mittel bestimmten Organisation zuzuwenden, so wird sie i. d. R. mit dem errechneten

---

1 Zur Aufgliederung nach verschiedenen Projekten vgl. IDW RS HFA 5, Rn. 65.
2 Vgl. Rn. 1008, 1044, 990.
3 Vgl. IDW RS HFA 5, Rn. 91.

Mittelzufluss zunächst eine Kapitalerhaltungsrücklage im gesetzlich zulässigen Maße (z. B. § 62 Nr. 3 AO), in entsprechender Untergliederung[1] der Ergebnisrücklagen, dotieren und die restlichen Mittel in die zweckgebundene sonstige Ergebnisrücklage und evtl. den Ergebnisvortrag einstellen. Im Folgejahr wird sie diese restlichen Mittel aus der zweckgebundenen sonstigen Ergebnisrücklage wieder entnehmen und sie an die begünstigten Organisationen verteilen.

Ist eine Stiftung von ihrem Stifter dazu verpflichtet worden, einer bestimmten **1582** Organisation oder bestimmten Personen festgesetzte jährliche Beträge auszukehren, so wird sie, nach der Dotierung der Kapitalerhaltungsrücklage, die hierfür notwendigen Mittel in die sonstige Ergebnisrücklage einstellen und diese nach Projekten oder anderen Zweckbindungen untergliedern. Verbleiben ihr hiernach noch weitere freie Mittel, über deren Verwendung der Stiftungsvorstand noch nicht beschließen kann oder will, weil z. B. noch der Satzung entsprechende Empfänger oder Projekte ausfindig gemacht werden müssen, so stellt die Stiftung diese Mittel in den sog. Ergebnisvortrag ein.[2] Über die Verwendung des Ergebnisvortrags hat der Vorstand einer gemeinnützigen, steuerbefreiten Stiftung in angemessener Zeit zu beschließen, um sicherzustellen, dass die Finanzbehörden den Ergebnisvortrag nicht als verdeckte Dotierung einer Rücklage nach § 62 Nr. 3 AO qualifiziert, weil die Stiftung sie nicht gem. § 55 Abs. 1 Nr. 5 AO zeitnah für ihre steuerbegünstigten satzungsgemäßen Zwecke verwendet.[3]

4.6 Ergebnisse aus Vermögensumschichtungen

Nach den Regelungen in den Landesstiftungsgesetzen sind Vermögens- **1583** umschichtungen als Maßnahmen der Vermögensverwaltung zulässig. In welchem Rahmen sie erfolgen dürfen, bestimmt sich nach den Vorgaben des Stifters im Stiftungsgeschäft,[4] mit denen er die Vermögensverwaltung und den Vermögenserhalt regelt. Sollten solche Vorgaben fehlen, haben sich die Stiftungsorgane bei der Verwaltung des Stiftungsvermögens an den Erfordernissen der Stiftungszwecke zu orientieren.[5]

---

1 IDW RS HFA 5 führt in Rn. 67 aus, dass Rücklagen i. S. d. Abgabenordnung nur dann auch in der handelsrechtlichen Rechnungslegung als Ergebnisrücklage gezeigt werden dürfen, wenn sie den handelsrechtlichen Vorschriften entsprechen, also aus dem Ergebnis gebildet werden.

2 Vgl. IDW RS HFA 5, Rn. 69. Noch mit der Bezeichnung „Mittelvortrag" IDW RS HFA 5 Altfassung 2000, Rn. 62.

3 Vgl. Rn. 1007, 1044 ff.

4 Vgl. Rn. 268 f. mit dem Vorschlag einer entsprechenden Satzungsregelung.

5 Vgl. hierzu und zum Folgenden Rn. 264 ff.; Hüttemann in Hüttemann/Richter et al. 2011, Rn. 14.49 f.

1584 Im Zusammenhang mit der Vermögensumschichtung ist auf drei Punkte hinzuweisen:

1. Das Gebot der Vermögenserhaltung fordert, dass die Vermögensumschichtungen nicht zu einer Vermögensminderung führt, rein spekulative Vermögensanlagen sind daher verboten.[1]

2. Es darf der Veräußerungserlös nicht in die Ertragssphäre der Stiftung gelangen, sondern muss vollständig der **Vermögenssphäre**[2] zugeordnet werden.

3. Die Stiftungsorgane sind bei der Entscheidung darüber, welche Gegenstände mit dem Veräußerungserlös angeschafft werden, nicht frei, sondern müssen sich nach den Vorgaben des Stifters bzw. den Erfordernissen des Stiftungszwecks richten.

1585 Die Strenge, mit der die genannten Gebote anzuwenden sind, ist abhängig von den Vermögensgegenständen die umgeschichtet werden. Verfügt eine unternehmensnahe Stiftung über eine Beteiligung an einem bestimmten Unternehmen oder verwaltet eine Familienstiftung ein bestimmtes landwirtschaftliches Gut, so sind an die Zulässigkeit einer Vermögensumschichtung bezüglich dieser Vermögensgegenstände strenge Maßstäbe anzulegen. Verfügt die Stiftung jedoch über ein Wertpapierdepot mit den unterschiedlichsten Aktien, Anleihen und anderen Wertpapieren, so werden bei der Entscheidung über die Zulässigkeit einer Vermögensumschichtung die Fragen in den Vordergrund rücken, ob

► hierdurch ein Verlust oder ein Gewinn entsteht, oder

► sich die Ertragsstärke des Wertpapiers, das veräußert werden soll, geändert hat und

► welche Kursbewegungen in Zukunft zu erwarten oder zu befürchten sind.

1586 **FOLGENDES BEISPIEL SEI GEBILDET:** ► Eine Stiftung hat Ihr sog. freies Vermögen z. B. zum Teil in Aktien angelegt, um drohenden Inflationsgefahren entgegenzuwirken und über eine gute Dividendenrendite dem niedrigen Zinsniveau mündelsicherer Anlei-

---

1 Vgl. Rn. 267; auch Rn. 1557 ff.

2 Vgl. Rn. 1510 ff.; bei fortschreitender Inflation akzeptiert die Finanzverwaltung die substantielle Vermögenserhaltung, indem sie eine zeitnahe Verwendung bei Vermögensumschichtungen aufgelöster stiller Reserven nicht fordert, vgl. Rn. 1003, 1044.

hen teilweise auszuweichen.[1] Nun fallen die Kurse der Aktien an einem Bilanzstichtag unter das Niveau der Anschaffungskosten, zu einem späteren Bilanzstichtag liegen die Kurse wieder darüber. Nach einem besonders starken Kursanstieg bei einer bestimmten Aktie beschließt der Stiftungsvorstand oder die mit der Verwaltung des Depots beauftragte Bank, diese zu veräußern, weil sie der Überzeugung sind, dass der Kurs spekulativ überhöht ist und dieses Niveau nicht halten kann. Daher sei es sinnvoll, den möglichen Gewinn zu realisieren. Umgekehrt kann es genauso gut sein, dass der Stiftungsvorstand eine Krise frühzeitig erkennt und eventuellen Kursverlusten durch den Verkauf von Aktien entgegenwirken will. In solchen Fällen ist die Realisierung von Kursverlusten zulässig. Die hierbei erzielten Verluste werden jedoch in der Bilanz gesondert ausgewiesen und dadurch steigen die Anforderungen an den Stiftungsvorstand bezüglich des Nachweises der Kapitalerhaltung s. u.[2]

Derartige Kursschwankungen und Verkäufe führen regelmäßig dazu, dass handelsrechtlich Ab- und Zuschreibungen bei den Buchwerten der Aktien notwendig werden oder es zur Realisierung von Kursgewinnen oder -verlusten kommt. Zuschreibungen nach zuvor notwendigen Abschreibungen sind dabei durch das Anschaffungskostenprinzip nach § 253 Abs. 1 HGB begrenzt.[3]

Bei einer Kapitalgesellschaft sind die hieraus folgenden Ergebnisse regelmäßig Teil des normalen Jahresüberschusses, denn der Zweck der Rechnungslegung bei Kapitalgesellschaften ist es, den Jahresüberschuss zu ermitteln. Dieser wird anschließend weiterentwickelt zum Bilanzgewinn, über dessen Verwendung die Gesellschafter bzw. Aktionäre entscheiden. Aus welchen Quellen der Jahresüberschuss bzw. der Bilanzgewinn stammt, hat hierbei keine Bedeutung. Laut dem Gliederungsschema der GuV in § 275 HGB wird zwar zwischen unterschiedlichen Ertrags- und Aufwandsarten unterschieden,[4] aber sind diese erst einmal in den Jahresüberschuss bzw. dem Bilanzgewinn eingeflossen, so entscheiden die Gesellschafter einheitlich über diesen und nicht getrennt über

1587

---

1 Vgl. Richter in Hüttemann/Richter et al. 2011, Rn. 15.1 ff.; danach hat die Berücksichtigung des Stifterwillens Vorrang (vgl. auch hier Rn. 266). In den hierdurch vorgegebenen Grenzen liegt die Vermögensanlage im Ermessensspielraum des Stiftungsvorstandes, wobei eine Diversifizierung der Stiftungsvermögen zu empfehlen ist. Unter Verweis auf Vermögensverwalter wird folgende Aufteilung aufgeführt. Neben den Barreserven ca. 60–80 % in Renten, ca. 20–40 % in Aktien, wobei in der Praxis Private Equity und andere alternative Investments lediglich bis zu 10 % gewichtet werden. Hinzu kommt die Anlage eines Teils des Stiftungsvermögens in Immobilien. Außerdem wird auf eine Diversifizierung innerhalb der jeweiligen Anlageklasse hingewiesen. Mündelsichere Anlagen werden von keinem der aktuellen Landesstiftungsgesetze mehr vorgesehen, vgl. Rn. 15.27.

2 Vgl. Rn. 1661.

3 Vgl. Rn. 1492 a. E. und i. E. Rn. 1619.

4 Vgl. z. B. § 275 Abs. 2 Nr. 7b HGB Abschreibungen auf Vermögensgegenstände des Umlaufvermögens, soweit diese die in der Kapitalgesellschaft übliche Abschreibung überschreiten, Nr. 10 Erträge aus anderen Wertpapieren und Ausleihungen des Finanzanlagevermögens (davon aus verbundenen Unternehmen), Nr. 12 Abschreibung auf Finanzanlagen und auf Wertpapiere des Umlaufvermögens.

Ergebnisse aus bestimmten Aktivitäten. Sofern das Gesetz die Ausschüttung gewisser Erträge verhindern will, hat es dies über Ausschüttungssperren in § 268 Abs. 8 HGB geregelt. Diese wirken jedoch nur beim Jahresüberschuss bzw. Bilanzgewinn, also „global", und nicht bezüglich der Ergebnisse bestimmter Aktivitäten. Die Vorgehensweise des Gesetzgebers entspricht der Zielsetzung des handelsrechtlichen Jahresabschlusses, die ausschüttbaren Ergebnisse zu ermitteln, und zwar unter Berücksichtigung des Vorsichtsprinzips und von Gläubigerschutzaspekten.[1]

1588 Demgegenüber jedoch ist es Zielsetzung der Rechnungslegung bei Stiftungen, den Erhalt des Kapitals und die Erfüllung der satzungsgemäßen Zwecke zu dokumentieren,[2] was aus dem Gebot abzuleiten ist, dass der Veräußerungserlös einer Vermögensumschichtung vollständig in der Vermögenssphäre der Stiftung verbleiben muss und nicht in deren Ertragssphäre gelangen darf.[3]

1589 Die hier betrachteten Stiftungen erzielen üblicherweise ihre Erträge durch die Nutzung des Kapitals im Wege der entgeltlichen Überlassung und nicht durch die Spekulation auf eventuelle Kurssteigerungen. In welchem Verhältnis diese beiden Arten der Einnahmeerzielung zu einander stehen dürfen, muss aus der Satzung und dem Stiftungsgeschäft, durch die der Wille des Stifters zum Ausdruck kommt, abgeleitet werden.[4] Regelmäßig steht bei Stiftungen die Erhaltung des Kapitals im Vordergrund, so dass eine gezielte Generierung von Einnahmen durch die Realisation von Wertsteigerungen einer Stiftung nicht erlaubt ist. Derartige Erträge treten allenfalls als Nebeneffekt der Kapitalanlage auf, sofern die Stiftung ihr Vermögen umschichtet. Die hierbei entstehenden Gewinne und Verluste sollen folglich auch die Zweckerfüllung der Stiftung grundsätzlich nicht beeinflussen.[5]

1590 Aus diesem Grund ist es bei Stiftungen notwendig, die Erträge, die aus der entgeltlichen Überlassung des Kapitals zur Nutzung stammen, von denen zu trennen, die ihre Ursache in Wertschwankungen oder realisierten Kursgewinnen bzw. -verlusten haben. Deswegen werden in einem Jahresbericht einer Stif-

---

1 Vgl. i. E. Grottel/Huber in Beck'scher Bilanzkommentar, 9. Aufl. 2014, § 268 Rn. 140 ff.; Winkeljohann/Schellhorn in Beck'scher Bilanzkommentar, 9. Aufl. 2014, § 264 Rn. 35: Der Jahresabschluss hat die Rechenschafts-, die Gewinnermittlungs-, die Ausschüttungsbemessungs-, die Gläubigerschutz- und die Informationsfunktion.

2 Vgl. Rn. 1510 ff.

3 Vgl. auch das Verbot von Quersubventionen zwischen den vier Sphären der Stiftung, Rn. 990, 1566.

4 Vgl. Rn. 266 ff., 1558.

5 Vgl. auch Rn. 278 mit weiteren Überlegungen.

tung die sich aus den Wertschwankungen ihres Vermögens ergebenden Ergebnisse bzw. die realisierten Gewinne und Verluste gesondert als Ergebnisse aus Vermögensumschichtungen ausgewiesen. Dabei wird unterschieden zwischen den Ergebnissen, die allein auf Kurswertänderungen beruhen und den Ergebnissen, die ihre Ursache in realisierten Gewinnen und Verlusten haben. Der Ausweis erfolgt laut IDW in der Bilanz nach dem Stiftungskapital und den Rücklagen.[1] Die Veränderung ergibt sich aus der Überschussermittlung nach Stiftungsrecht.

Über die Verwendung derartiger Ergebnisse aus bewertungsinduzierten oder realisierten Kurswertschwankungen bzw. ihren Ausgleich, hat der Stiftungsvorstand getrennt von der Verwendung über die anderen Erträge zu entscheiden. Dabei hat er zwischen den beiden Aufgaben der Stiftung abzuwägen, also zwischen der Kapitalerhaltung und der Erfüllung der Satzungszwecke.[2] Von besonderer Bedeutung ist hierbei der in der Satzung und dem Stiftungsgeschäft niedergelegte oder ableitbare Wille des Stifters.[3]   1591

Vor dem Hintergrund dieser Besonderheiten bietet sich eine tiefergehendere Untergliederung des Eigenkapitals als vom IDW[4] vorgeschlagen an. Wie bei den aus den ermittelten Überschüssen gebildeten Ergebnisrücklagen ist es sinnvoll, die Ergebnisse aus Vermögensumschichtungen als gesonderter Posten neben dem Stiftungskapital unter dem Eigenkapital aufzuführen. Sie sind dabei zu unterteilen in Ergebnisse aufgrund von Kurswertänderungen und Ergebnisse aus realisierten Kursgewinnen bzw. Kursverlusten.   1592

Sofern die nicht gezielt generierten Ergebnisse aus realisierten Vermögensumschichtungen nachhaltig einen positiven Bestand ausweisen, sollte der Stiftungsvorstand über ihre Verwendung entscheiden. Entweder er verwendet sie zur Kapitalerhaltung oder für stiftungsmäßige Zwecke, sofern dies nach der Satzung oder dem voraussichtlichen Stifterwillen zulässig ist und die gemeinnützigkeitsrechtlichen Bestimmungen nicht verletzt werden.[5]   1593

---

1 Vgl. IDW RS HFA 5, Rn. 55, 66. Vgl. jedoch im Praxisfall Neuhausen Stiftung Rn. 1633. Dort werden die negativen Vermögensumschichtungen direkt nach dem Stiftungskapital und vor den Rücklagen ausgewiesen.

2 Vgl. Rn. 1510 ff.

3 Vgl. Rn. 266.

4 Vgl. IDW RS HFA 5, Rn. 55, 66.

5 Vgl. Rn. 1040 ff., 1052, 1589.

1594 Aufgrund dieser Überlegungen kann die oben wiedergegebene Gliederung[1] des Eigenkapitals einer Stiftung wie folgt verfeinert werden:

A. Eigenkapital

   I. Stiftungskapital

      1. Errichtungskapital

      2. Zustiftungskapital

   II. Rücklagen[2]

      1. Kapitalrücklagen (Zuführung von außen)

      2. Ergebnisrücklagen, ggf. aufgegliedert nach Projekten oder anderen Zweckbindungen,[3] z. B.

        – Kapitalerhaltungsrücklage (z. B. nach § 62 Nr. 3 AO)

        – Beteiligungserhaltungsrücklage nach § 62 Nr. 4 AO

        – Projektrücklage nach § 62 Nr. 1 AO

        – Betriebsmittelrücklage nach § 62 Nr. 1 AO

        – Wiederbeschaffungsrücklage nach § 62 Nr. 2 AO

        – zweckgebundene sonstige Ergebnisrücklage

   III. Ergebnisse aus Vermögensumschichtungen

      1. aufgrund von Kurswertänderungen

      2. realisierte Kursgewinne und -verluste

   IV. Ergebnisvortrag

5. Empfehlung für den Aufbau des Jahresberichtes einer steuerbefreiten, gemeinnützigen Stiftung, die ihre Mittel alleine aus Vermögensverwaltung generiert

1595 Die zusammengestellten, von der handelsrechtlichen Rechnungslegung abweichenden Anforderungen an die Rechnungslegung einer Stiftung machen deutlich, dass die Erstellung eines Jahresabschlusses nach §§ 242 ff. und 264 ff. HGB den Anforderungen der Stiftungsrechts nicht voll umfänglich genügt. Als

---

1 Vgl. Rn. 1577.
2 Untergliederung in Kapitalerhaltungs- und Ergebnisrücklage, vgl. IDW RS HFA 5, Rn. 65.
3 Vgl. IDW RS HFA 5, Rn. 65, z. B. in Rn. 1581.

augenfälligste Abweichung seien angeführt die denkbare Bilanzierung zu Zeit-werten,[1] die Abweichung vom Anschaffungskostenprinzip[2] laut HGB sowie der direkte Ausweis der Ergebnisse aus Vermögensumschichtungen in der Bilanz,[3] ohne dass sie Bestandteil der Überschussermittlung wären.

In der Praxis hat sich jedoch gezeigt, dass ein Abweichen von den stringenten Bewertungsvorschriften des HGB über die Jahre zu Verständnisschwierigkeiten führen kann, sofern nicht die angewandten Bewertungsmethoden akribisch dokumentiert und konsequent eingehalten wurden. Aus diesem Grund emp-fiehlt es sich aus Sicht der Autoren, bei der Aufstellung des Jahresberichts ei-ner Stiftung die Rechnungslegungsvorschriften des HGB konsequent anzuwen-den und die Informationen, die der handelsrechtliche Jahresabschluss mit Bi-lanz, GuV sowie Anhang und ggf. Lagebericht liefert, entsprechend den stif-tungsrechtlichen Anforderungen zu ergänzen. So sieht auch das HGB in sei-nem Dritten Buch, vierter Abschnitt ergänzende Vorschriften für Unterneh-men bestimmter Geschäftszweige vor. Außerdem ordnet § 265 Abs. 4 bis 8 HGB explizit an, dass:

1596

▶ eine weitere Untergliederung der Posten sowie neue Posten und Zwischen-summen sind zulässig (Abs. 5),

▶ die Gliederung und Bezeichnung der mit arabischen Zahlen versehenen Posten der Bilanz und der Gewinn- und Verlustrechnung zu ändern sind, wenn dies wegen Besonderheiten der Kapitalgesellschaft zur Aufstellung eines klaren und übersichtlichen Jahresabschlusses erforderlich ist (Abs. 6),

▶ die mit arabischen Zahlen versehenen Posten der Bilanz sowie der Gewinn- und Verlustrechnung unter bestimmten Voraussetzungen zusammenge-fasst ausgewiesen werden können (Abs. 7) und

▶ ein Posten der Bilanz oder der Gewinn- und Verlustrechnung, der keinen Betrag ausweist, nicht aufgeführt zu werden braucht, es sei denn, dass im vorhergehenden Geschäftsjahr unter diesen Posten ein Betrag ausgewiesen wurde (Abs. 8).

---

1 Vgl. Rn 1554, 1580.
2 Vgl. Rn. 1442 a. E., 1486.
3 Vgl. Rn. 1583 ff., 1590.

Damit wird zwingend eine begrenzte Abweichung von den gesetzlichen Schemata vorgeschrieben, damit die Gliederungen den Besonderheiten der Branche angepasst werden.[1]

1597   Wie unter Punkt IV.5. Rechnungslegung nach HGB[2] ausgeführt, sieht das HGB Erleichterungen oder Verschärfungen für Kapitalgesellschaften unterschiedlicher Größenklassen vor, die in §§ 267, 267a HGB geregelt sind. Die Anwendung der Erleichterungen für Kleinstkapitalgesellschaften ist für Stiftungen nicht zu empfehlen, auch wenn sie anwendbar sein sollten. Die angestrebten Erleichterungen für Kleinstkapitalgesellschaften werden erreicht durch[3] die Erstellung einer verkürzten Bilanz sowie GuV, dem bedingten Verzicht auf die Erstellung eines Anhangs sowie die Hinterlegung der Bilanz anstatt der Veröffentlichung des Jahresabschlusses. Die Verkürzung der Bilanz sowie der GuV verringert jedoch den Aussagegehalt dieser Rechenwerke erheblich. Bei Kleinstkapitalgesellschaften, die von den Eigentümern geführt und finanziert werden, ist dies angebracht. Soll jedoch die Vorlage derartiger Jahresabschlüsse die Kapitalaufnahme bei Eigen- und Fremdkapitalgeber unterstützen, so haben diese die Möglichkeit eventuellen Informationsdefiziten entgegenzutreten, in dem sie die Kapitalgewährung von zusätzlichen Informationen abhängig machen. Bei Stiftungen und insbesondere bei den in dieser Auflage behandelten kleinen und mittleren gemeinnützigen Stiftungen sind die Adressaten jedoch nicht Kapitalgeber, sondern i. d. R. nur die Stiftungsaufsicht, die Organe der Stiftung und eventuell bestimmte Destinatäre. Deren Informationsbedürfnissen würde mit einem Jahresabschluss entsprechend den Erleichterungen für Kleinstkapitalgesellschaften i. d. R. nicht genügt. So müssen Kleinstkapitalgesellschaften unter Umständen keinen Anhang aufstellen, in dem z. B. Ausführungen zu dem Ziel der Kapitalerhaltung gemacht werden können.[4] Aus diesen Gründen wird die Auffassung vertreten, dass Jahresabschlüsse, auf denen der Jahresbericht einer Stiftung basiert, i. d. R. entsprechend den Vorschriften, die für kleine Kapitalgesellschaften gelten, aufzustellen ist.

---

1 Vgl. schon zur Rechtslage vor BilRUG Winkeljohann/Büssow in Beck'scher Bilanzkommentar, 9. Aufl. 2014, § 265 Rn. 14 ff.; IDW RS HFA 5, Rn. 50: *„Obgleich gesetzliche Vorschriften zur Gliederung der Gewinn- und Verlustrechnung für Nicht-Kapitalgesellschaften nicht bestehen, ist auch hier eine sachgerechte Aufgliederung der Aufwendungen und Erträge erforderlich. Dabei sollte die Gliederung des Jahresabschlusses einen so vollständigen, klaren und zutreffenden Einblick in die Stiftungstätigkeit geben, dass sich der Adressat ein Urteil über die Verwendung des eingesetzten Vermögens und der damit erzielten Erträge bilden kann.".*

2 Vgl. Rn. 1482 f.

3 Vgl. Küting, DStR 2012 S. 2615 ff.

4 Vgl. IDW RS HFA 5, Rn. 90; Rn. 1660.

Dies hat den Vorteil, dass über die im Jahresbericht angewandten Ansatz- und Bewertungsvorschriften Klarheit besteht, da der Leser des Jahresberichtes diese notfalls im Gesetz und der umfangreichen Literatur zur kaufmännischen Rechnungslegung nachlesen kann. Außerdem kann der Leser die in der Bilanz sowie der GuV ausgewiesenen Werte problemlos mit denen einer Kapitalgesellschaft vergleichen. Dadurch wird der Jahresbericht einer Stiftung für denjenigen, der es gewohnt ist, Jahresabschlüsse von Kapitalgesellschaften zu lesen, gut verständlich. **1598**

In den vorhergehenden Abschnitten wurden bereits detaillierte Ausführungen zu bestimmten Bilanzpositionen gemacht. Dabei zeigte sich, dass sich in der Bilanz die Abweichungen von dem üblichen Gliederungsschema in überschaubaren Grenzen halten. Sie erschöpfen sich in einer gegenüber dem Handelsrecht weiteren Untergliederung der Position Eigenkapital. Wesentlich umfangreicher sind die Ergänzungen in der Gewinn- und Verlustrechnung. Der Überschuss einer Stiftung enthält z. B. nicht die Ergebnisse aus Vermögensumschichtungen und außerdem ist die Verwendung der Mittel der Stiftung zu dokumentieren. Aus diesem Grund ist die Gewinn- und Verlustrechnung zu einer Überschussermittlungs- und Mittelverwendungsrechnung auszubauen.[1] **1599**

Damit die Vergleichbarkeit mit der Gewinnermittlung eines Kaufmanns erhalten bleibt, wird in diesem Buch vorgeschlagen, dass auch die Stiftung in einem 1. Abschnitt einen, den handelsrechtlichen Vorschriften entsprechenden Jahresüberschuss ermittelt, diesen anschließend in einem 2. Abschnitt durch entsprechende Anpassungen in einen Überschuss für Stiftungszwecke überleitet und in einem 3. Abschnitt die Mittelverwendung dokumentiert, um schließlich zu einem Bilanzgewinn zu gelangen, der Null beträgt. **1600**

Mit welchen Maßnahmen ein handelsrechtlicher Jahresabschluss durch Ergänzungen in einem Jahresbericht einer Stiftung übergeleitet werden kann, soll im Folgenden anhand einer kleineren Stiftung aufgezeigt werden, die eine überschaubare Anzahl an Anlagen hat, anhand deren interessante Fragen erörtert werden können. **1601**

5.1 Angaben zur Neuhausen Stiftung

Vom Stifter wurde der Neuhausen Stiftung in Rittweck mit seinem Tode im Jahre 2003 ein Errichtungskapital von 2.000.000 € übertragen. **1602**

---

1 Vgl. Rn. 1569 ff.

1603 Im Stiftungsgeschäft bestimmte der Stifter Folgendes:

1. Die unentgeltliche Überlassung einer Zweizimmerwohnung an die Dame, die ihn in seinen letzten Lebensjahren aufopferungsvoll gepflegt hatte. Der Stifter verfügte dabei, dass die Stiftung die von der Hausverwaltung abgerechneten Wohngeldkosten zu tragen habe, lediglich die darin enthaltenen Verbrauchskosten für Heizung, Warm- und Kaltwasser hätte die Dame zu übernehmen.

2. Die Stiftung hat die Kosten für den Erhalt und die Pflege seines Familiengrabes zu tragen.

3. Die Erträge der Stiftung, die sie nach Abzug der angemessenen Verwaltungskosten, die auch eine angemessene Aufwandsentschädigung für den Vorstand umfassen, erzielt, hat sie jeweils zu 25 % an den ortsansässigen gemeinnützigen Trachtenverein für dessen Jugendarbeit, die ortsansässige Bergwacht, das ortsansässige bayerische Rote Kreuz und die katholische Pfarrei für deren Kindergarten auszukehren.

4. Die Kapitalerhaltung der Stiftung soll durch jährliche Rücklagenzuweisungen im Rahmen der steuerlich zulässigen Grenzen erfolgen. Sollte die Notwendigkeit bestehen, bestimmte Projekte der durch die Stiftung unterstützten Organisationen zu fördern, so kann in vereinzelten Jahren diese Rücklagenzuweisung um bis zu $1/4$ gekürzt werden.

5. Als Stiftungsvorstand auf Lebenszeit wurden ein in der Vermögensverwaltung erfahrener Freund des Stifters sowie die Dame, die ihn gepflegt hatte, bestimmt.

1604 Die vom Testamentsvollstrecker mit Stiftungssatzung vom 20. 5. 2003 errichtete Neuhausen Stiftung wurde mit Genehmigungsurkunde vom 12. 6. 2003 von der Regierung von Oberbayern als öffentliche Stiftung des bürgerlichen Rechts mit Sitz in Rittweck gem. § 80 BGB und Art. 3, 5 und 6 BayStG genehmigt. Die Stiftung wurde hiermit rechtsfähig.

Die Stiftungsaufsicht der Regierung von Oberbayern verlangt von der Stiftung die jährliche Vorlage eines Jahresberichts, der mit einem uneingeschränkten Bestätigungsvermerk eines Wirtschaftsprüfers versehen ist.

1605 Die Bescheinigung, dass es sich bei der Stiftung um eine Körperschaft, Personenvereinigung oder Vermögensmasse i. S. d. § 44a Abs. 4 und 7 EStG handelt, wird der Neuhausen Stiftung turnusgemäß erteilt. Hiermit ist die Stiftung von Abzugsteuern befreit. Ebenso erhält sie regelmäßig den Freistellungsbescheid zur Körperschaftsteuer und Gewerbesteuer.

In der Anlage wurden für die Neuhausen Stiftung beigefügt:

1. eine Bilanz zum 31.12.2012,

2. eine Überschuss- und Mittelverwendungsrechnung für die Zeit vom 1.1. bis 31.12.2012,

3. ein Haushaltsvorschlag für 2013, sowie

4. Erläuterungen zur Bilanz und zur Überschuss- und Mittelverwendungsrechnung, in denen die einzelnen Posten zum besseren Verständnis weiter aufgegliedert werden.

► **Das Vermögen der Stiftung**

Das Vermögen der Stiftung setzt sich zusammen aus der Zweizimmerwohnung, die der Stifter am 2.1.2000 für einen Kaufpreis inkl. Nebenkosten von 200.000 € erworben hatte. Laut Gutachten eines gerichtlich bestellten Sachverständigen hatte die Wohnung bei der Errichtung der Stiftung, unter Berücksichtigung des Wohnrechtes der Dame, einen Wert von 200.000 €. Daneben erhielt die Stiftung vom Stifter bei dessen Tode ein Kapitalvermögen von 1.800.000 € zugewandt.

1606

Dieses Kapitalvermögen ist wie folgt angelegt. Am 1.8.2003 erwarb die Stiftung 3.900 Aktien der Kreditbank. Der Kurs der Kreditbank betrug 25,3515 €, so dass sich Anschaffungskosten von 98.870,85 € ergaben. Als Anschaffungsnebenkosten musste die Neuhausen Stiftung 0,5 % des Kurswertes aufwenden, dies sind 494,35 €. Die gesamten Anschaffungskosten beliefen sich damit auf 99.365,20 €. Der Börsenkurs der Kreditbank AG entwickelte sich danach wie folgt:

► am 31.12.2010:	14,6840 €
► am 31.12.2011:	5,6792 €
► am 31.12.2012:	3,7180 €

Am 5.8.2003 erwarb die Stiftung 14.000 Aktien der Kaurus AG. Der Kurs der Kaurus AG betrug 21,28 €. Als Anschaffungsnebenkosten musste die Neuhausen Stiftung 0,5 % des Kurswertes aufwenden, dies sind 1.489,60 €. Die gesamten Anschaffungskosten beliefen sich damit auf 299.409,60 €. Der Börsenkurs der Kaurus AG entwickelte sich wie folgt:

1607

► am 31.12.2010:	25,00 €
► am 31.12.2011:	20,00 €
► am 31.12.2012:	71,89 €

1608 Nach zwischenzeitlich anderen Anlagen erwarb die Stiftung am 27.10.2009 eine 3,5 %ige Schatzanweisung des Freistaates Bayern, die am 27.1.2009 aufgelegt wurde und eine Laufzeit bis zum 27.1.2016 hat. Der Nominalwert beträgt 680.000,00 €, der Kurs betrug 101,71 %. Die Anschaffungskosten damit 691.628,00 €, die Anschaffungsnebenkosten beliefen sich auf 3.338,80 € und die Stiftung hatte 17.850,00 € an Stückzinsen zu bezahlen. Insgesamt musste die Stiftung somit 712.816,80 € aufwenden. Die Kurse der Anleihe entwickelten sich danach wie folgt:

- am 31.12.2010: 104,61 €
- am 31.12.2011: 107,55 €
- am 31.12.2012: 109,67 €

Als die Stiftung einmal unerwartet Geld benötigte, veräußerte sie einige andere Anleihen deren Kurswert über den Anschaffungskosten lag. Hierbei erzielte sie einen Gewinn von 16.869,83 €.

1609 Nachdem andere Anleihen zurückgezahlt worden waren, kaufte die Stiftung am 26.10.2010 eine 3,375 %ige Anleihe der Deutschen Bahn, die eine Laufzeit vom 4.11.2010 bis 4.11.2022 hat. Die Stiftung konnte diese Anleihe zu einem Ausgabekurs von 100 % und ohne Spesen erwerben. Sie kaufte Anleihen zu 900.000,00 € nominal. An den folgenden Bilanzstichtagen bildeten sich an der Börse folgende Kurse:

- am 31.12.2010: 94,40 €
- am 31.12.2011: 100,80 €
- am 31.12.2012: 112,20 €

- **Das Anlagevermögen der Neuhausen Stiftung**

1610 Gegenstände, die dazu bestimmt sind, dem Geschäftsbetrieb dauernd zu dienen, werden als Anlagevermögen bezeichnet und sind als solches in der Bilanz auszuweisen, § 247 Abs. 2 HGB. Der Begriff „dauernd" enthält ein Zeitelement, er darf jedoch nicht als absoluter Zeitbegriff i. S. v. „für alle Zeiten" oder „immer" verstanden werden.[1] Die Bezeichnung „dauernd dienen" umschreibt die betriebliche Funktion des Gegenstandes. Er muss so in die Betriebsabläufe eingegliedert sein, dass er auf Dauer und wiederholt zur betrieblichen Nutzung zur Verfügung steht.[2] Welche Gegenstände zum Anlagevermögen gehören, er-

---

1 Vgl. Schubert/Huber in Beck'scher Bilanzkommentar, 9. Aufl. 2014, § 247 Rn. 353.
2 Vgl. Schubert/Huber in Beck'scher Bilanzkommentar, 9. Aufl. 2014, § 247 Rn. 354.

gibt sich außerdem aus der Gegenüberstellung der Komplementärbegriffe Anlagevermögen und Umlaufvermögen.[1]

Aufgrund der obigen Sachverhaltsangaben können die Wohnung, die Aktien- **1611** pakete und die Anleihen der Neuhausen Stiftung dem Anlagevermögen zugeordnet werden. Die Wohnung muss die Stiftung einer begünstigten Person lebenslänglich zur Nutzung überlassen und wird sie anschließend vermutlich durch Vermietung zur Erzielung von Einnahmen verwenden. Die übrigen ihr zugewandten Geldmittel muss die Stiftung nach ihrer Zweckbestimmung zur Erzielung von Einnahmen einsetzen, um hiermit die ihr vom Stifter aufgegebenen Zwecke dauerhaft verfolgen zu können. Bei der Anlage von Geldbeträgen entspricht es der allgemeinen Erfahrung und guten Übung einer ordnungsgemäßen Geschäftsführung für eine gewisse Streuung der Chancen und Risiken zu sorgen.[2] Um der Anforderung der Kapitalerhaltung zu genügen und die Risiken bei der Geldanlage zu minimieren, hatte der Stiftungsvorstand beschlossen, den Großteil der zur Verfügung stehenden Geldmittel in Anleihen erstklassiger Bonität zu investieren. Aufgrund der i. d. R. höheren Ertragsaussichten von Aktienanlagen und deren Eigenschaft, ein Instrument zur Absicherung von Inflationsrisiken zu sein, hat der Vorstand außerdem zwei Aktienpakete erworben. Aus der Tatsache, dass sich der Vorstand dazu entschloss, nicht in ein breit angelegtes Aktienportfolio zu investieren, sondern er zwei bestimmte Aktien heraussuchte, lässt sich schlussfolgern, dass diese Aktienpakete dazu bestimmt sind, der Stiftung dauerhaft zur Einnahmeerzielung zu dienen.

Aufgrund dieser Fakten und Überlegungen sind die Wohnung, die Anleihen **1612** und die Aktienpakete dem Anlagevermögen der Stiftung zuzuordnen. Die Wohnung gehört dabei zu den Sachanlagen gem. § 266 Abs. 2. A. II. HGB und dort zu: 1. Grundstücke, grundstücksgleiche Rechte und Bauten einschließlich der Bauten auf fremden Grundstücken. Die Anleihen und Aktienpakete sind dem Finanzanlagevermögen zuzuordnen, § 266 Abs. 2 A. III. HGB und dort 5. Wertpapiere des Anlagevermögens. Im Einzelnen kann zu den Anlagegegenständen folgendes ausgeführt werden.

► **Die Wohnung**

Die Neuhausen Stiftung erhielt die Wohnung vom Stifter zugewandt gegen **1613** die Auflage, bestimmte Stiftungszwecke dauerhaft zu erfüllen. Es liegt daher

---

1 Vgl. Schubert/Huber in Beck'scher Bilanzkommentar, 9. Aufl. 2014, § 247 Rn. 350.
2 Vgl. Rn. 1558, 267.

aus handelsrechtlicher Sicht ein Anschaffungsgeschäft vor.[1] Daher hat die Neuhausen Stiftung die Anschaffungs- oder Herstellungskosten der Wohnung gem. § 253 Abs. 3 HGB auf die Geschäftsjahre zu verteilen, in denen die Wohnung voraussichtlich genutzt werden kann.[2] Dabei kann grundsätzlich auch bei der handelsrechtlichen Abschreibung von der in § 7 Abs. 4 EStG vorgesehenen Nutzungsdauer, die regelmäßig 50 Jahre beträgt, ausgegangen werden.[3] Bei Anschaffungskosten von 200.000,00 €, angesetzt mit dem Sachverständigenwert unter Berücksichtigung des Wohnrechts, und einem Anteil von Grund und Boden i. H. v. 15 % belief sich die AfA-Bemessungsgrundlage auf 170.000,00 €. Die zweiprozentige Abschreibung hierauf beträgt 3.400,00 € im Jahr.

► **Das Kaurus Aktienpaket**

1614 Der Börsenkurs bei Anschaffung betrug 21,28 €, die Anschaffungsnebenkosten beliefen sich auf 0,5 %. Am 31. 12. 2010 war der Kurs auf 25,00 € gestiegen. Nach § 253 Abs. 1 Satz 1 HGB war daher für den 31. 12. 2010 ein Wertansatz mit den Anschaffungskosten von 299.409,60 € vorgeschrieben.

Zum 31. 12. 2011 fiel der Kurs jedoch auf 20,00 €, so dass nach § 253 Abs. 3 Satz 3 HGB zu entscheiden war, ob es sich um eine voraussichtlich dauernde Wertminderung handelte. Ist das gegeben, muss auf den niedrigeren beizulegenden Wert abgeschrieben werden. Sollte die Wertminderung nicht voraussichtlich dauernd sein, so liegt es nur im Falle von Finanzanlagevermögen im Ermessen des Bilanzausstellers, ob er außerplanmäßige Abschreibung vornimmt, § 253 Abs. 3 Satz 4 HGB.[4]

Auf die abweichende Regelung nach § 6 Abs. 1 Nr. 1 Satz 2 EStG wird hingewiesen. Danach ist der Ansatz eines niedrigeren Teilwerts auch beim Vorliegen ei-

---

1 In entsprechender Anwendung der von Schubert/Gadek in Beck'scher Bilanzkommentar, 9. Aufl. 2014, § 255 Rn. 100 formulierten Gedanken, dass ein dem Anschaffenden bekannter Zweck der Zuwendung einen (Gewinn realisierenden) Ansatz rechtfertigen kann, wenn mit der Zuwendung die Verbesserung der Kapitalstruktur, der Finanzlage oder der Ertragslage bezweckt war. Im Falle der Zuwendung durch den Stifter war der Zweck die zunächst unentgeltliche Überlassung und anschließend die Einnahmeerzielung, um die anderen Stiftungszwecke verfolgen zu können. Vgl. auch IDW RS HFA 5, Rn. 46: Aktivierung mit dem Preis, der für den entgeltlichen Erwerb des Vermögensgegenstands hätte aufgewandt werden müssen, falls dieser ihr nicht zugewendet worden wäre (ausgenommene Anschaffungskosten).

2 Vgl. Schubert/Andrejewski/Roscher in Beck'scher Bilanzkommentar, 9. Aufl. 2014, § 253 Rn. 223. So wohl auch Koss, Rechnungslegung von Stiftungen, IDW, Düsseldorf 2003, S. 130.

3 Vgl. Schubert/Andrejewski/Roscher in Beck'scher Bilanzkommentar, 9. Aufl. 2014, § 253 Rn. 402.

4 Vgl. Schubert/Andrejewski/Roscher/Grottel/Kreher in Beck'scher Bilanzkommentar, 9. Aufl. 2014, § 253 Rn. 350.

ner voraussichtlich dauernden Wertminderung nicht verpflichtend (Wahlrecht).[1]

Für Aktien des Anlagevermögens hat der BFH mit Urteil vom 21. 9. 2011[2] entschieden, dass von einer voraussichtlich dauernden Wertminderung gem. § 6 Abs. 1 Nr. 2 Satz 2 EStG 1997 bei börsennotierten Aktien grundsätzlich dann auszugehen ist, „… *wenn der Börsenwert zum Bilanzstichtag unter denjenigen im Zeitpunkt des Aktienerwerbs gesunken ist und der Kursverlust die Bagatellgrenze von 5 % der Notierung bei Erwerb überschreitet. Auf die Kursentwicklung nach dem Bilanzstichtag kommt es hierbei nicht an.*" Der Teilwert, auf den in diesem Falle abgeschrieben werden kann, bestimmt sich dabei als Börsenkurs zzgl. der entsprechenden Anschaffungsnebenkosten. Diese werden im Urteilsfall angegeben als prozentuale Quote der Anschaffungskosten, die auf den Börsenkurs am Bilanzstichtag aufgeschlagen wird.

Wie bereits ausgeführt, verpflichtet § 253 Abs. 3 Satz 3 HGB im Gegensatz zu § 6 EStG bei einer vorauss. dauernden Wertminderung zu einer Abschreibung und stellt sie nicht in das Ermessen des Bilanzaufstellers. Aus diesem Grund geht das Handelsrecht nicht zwingend bei einem zum Bilanzstichtag abgesunkenem Börsenkurs von einer voraussichtlich dauernden Wertminderung aus, auch wenn den vom BFH bei seiner Auslegung des § 6 Abs. 3 EStG angeführten Gründen zuzustimmen ist.[3]

Für denjenigen, der die Bilanz einer gemeinnützigen, steuerbefreiten Stiftung nach HGB aufstellt, gibt es somit einen gewissen Ermessensspielraum, wann er von einer vorauss. dauernden Wertminderung ausgehen muss. Allerdings besteht bei Stiftungen i. d. R. die Verpflichtung zur Kapitalerhaltung, die anhand einer Bilanz nur geprüft werden kann, sofern zu Zeitwerten bilanziert wird. Ein Bilanzansatz über den Anschaffungskosten ist nach Handelsrecht nicht möglich, aber wie dargestellt sehr wohl eine Abschreibung auf einen niedrigeren beizulegenden Wert, Zeitwert. Aus diesem Grund ist nach der hier vertretenen Auffassung zu argumentieren, dass eine Abschreibung auf den beizulegenden niedrigeren Wert zu erfolgen hat, sofern sie handelsrechtlich zulässig ist. Dem widerspricht auch nicht der Grundsatz der Zweckerfüllung, denn wie bereits ausgeführt, muss nach der hier vertretenen Auffassung dieser Wertverlust zwar bei der Ermittlung des handelsrechtlichen Jahresüberschusses der Stiftung berücksichtigt werden, es muss aber dieser Jahresüber-

1615

1616

1617

1 Vgl. Schubert/Andrejewski/Roscher in Beck'scher Bilanzkommentar, 9. Aufl. 2014, § 253 Rn. 316.
2 Vgl. DStR 2012 S. 21 ff. Ebenso BMF v. 16. 7. 2014, II.3.c), DStR 2014 S. 1549, 1551.
3 Vgl. Hoffmann, Anm. zum BFH-Urteil v. 21. 9. 2011, DStR 2012 S. 26. Vgl. auch Grottel/Kreher/ Schubert/Andrejewski/Roscher in Beck'scher Bilanzkommentar, 9. Aufl. 2014, § 253 Rn. 353.

schuss in einen Überschuss für Stiftungszwecke übergeleitet werden. Bei dieser Überleitung wird die handelsrechtliche Abschreibung wieder neutralisiert, denn diese darf keinen Einfluss auf die Zweckerfüllung haben.[1] Damit ist allein das Ziel der Kapitalerhaltung bei der Frage entscheidend, ob eine Abschreibung auf den beizulegenden Wert vorgenommen wird und das führt zu dem Schluss,[2] dass eine Abschreibung vorzunehmen ist, sofern Sie handelsrechtlich und steuerrechtlich zulässig ist.

1618 Der beizulegende niedrigere Wert beinhaltet auch nach Handelsrecht neben dem Börsenkurs die entsprechenden Anschaffungsnebenkosten.[3] Im Falle der Kaurus Aktien wird nach diesen Ausführungen zum 31.12.2011 eine Abschreibung i.H.v. 18.009,60 € auf 281.400,00 € notwendig.

1619 Am 31.12.2012 war der Kurs der Kaurus Aktien sehr stark auf 71,89 € gestiegen. Der Bilanzansatz des Jahres 2011 von 281.400,00 € darf nach § 253 Abs. 5 HGB nicht mehr beibehalten werden, weil die Gründe für die außerplanmäßige Abschreibung weggefallen sind und es sich bei den Aktien nicht um einen entgeltlich erworbenen Geschäfts- oder Firmenwert handelt. Es hat somit eine Zuschreibung auf die Anschaffungskosten nach § 253 Abs. 1 Satz 1 HGB i.H.v. 18.009,60 € also auf 299.409,60 € zu erfolgen. Der Ansatz mit dem aus dem gestiegenen Börsenkurs abgeleiteten Kurswert der Aktien ist nach HGB nicht möglich.

Im Rahmen des Nachweises des erfolgreichen Kapitalerhalts hat der Kurswert des Aktienpakets jedoch durchaus seine Bedeutung. Hierbei kann es unter Umständen notwendig werden, die Kurswerte des Anlageportfolios zum Bilanzstichtag im Anhang anzugeben.[4]

Im Rahmen der Prüfung des Kapitalerhalts stellt sich die Frage, ob bei der Bewertung des Aktienpakets der Kurswert maßgebend ist, der sich ergibt, wenn man die Anzahl der Aktien mit dem Börsenkurs am Bilanzstichtag multipliziert, oder ob der tatsächlich zu erzielende Veräußerungserlös anzusetzen ist?

1620 Beide Ansichten sind vertretbar. Orientiert man sich bei der Beantwortung dieser Frage an dem Bild des vorsichtigen Kaufmanns, der im Interesse der Kapitalerhaltung das Aktienpaket verkaufen wird weil er von zukünftig fallenden

---

1 Vgl. Rn. 1588.
2 Nach der hier vertretenen Auffassung sind daher die umfangreichen Erörterungen in der Literatur, vgl. z.B. Hagner, S. 29 ff., wann eine Abschreibung vorzunehmen ist bzw. vorgenommen werden darf, nicht nötig.
3 Vgl. Schubert/Andrejewski/Roscher in Beck'scher Bilanzkommentar, 9. Aufl. 2014, § 253 Rn. 308; Beck'sches Steuer- und Bilanzrechtslexikon, Edition 1/13, Stichwort: Wertpapiere Rn. 7.
4 Vgl. IDW RS HFA 5, Rn. 59; hier Rn. 1540, 1564, 1661.

Kursen ausgeht, so spricht dies für eine Bewertung mit dem denkbaren Veräußerungserlös. In diesem Fall ist der Börsenkurs um die anteiligen Veräußerungsspesen zu kürzen, bevor das Ergebnis mit der Anzahl der Aktien multipliziert wird.

Bei der Zugrundelegung dieses vorsichtigen Ansatzes ist im Anhang als Zeitwert der Kaurus Aktien ein Betrag von 1.001.427,70 € anzugeben.

▶ **Das Kreditbank Aktienpaket**

Beim Erwerb des Aktienpakets lag der Börsenkurs der Kreditbank AG bei 25,3515 €. Inklusive der Anschaffungsnebenkosten musste die Neuhausen Stiftung für die erworbenen 3.900 Aktien einen Betrag von 99.365,20 € bezahlen. In den Folgejahren hatte sich der Börsenkurs über dem Einstandspreis gehalten, am 31. 12. 2010 jedoch lag er nur mehr bei 14,684 €. Aufgrund der zu dem Kaurus Aktienpaket gemachten Erläuterungen war zum 31. 12. 2010 der Buchwert des Kreditbank Aktienpakets auf den niedrigeren beizulegenden Wert unter Berücksichtigung der Wiederbeschaffungskosten außerplanmäßig abzuschreiben. Das Aktienpaket steht somit am 31. 12. 2010 mit einem Wert von 57.553,94 € in der Bilanz.   1621

Zum 31. 12. 2011 war der Kurs weiter auf 5,6792 € gefallen und es wurde eine weitere außerplanmäßige Abschreibung i. H. v. 35.294,31 € auf 22.259,62 € notwendig. Am 31. 12. 2012 war der Kurs dann auf 3,7180 € gefallen und es musste auf 14.427,70 € abgeschrieben werden, eine weitere außerplanmäßige Abschreibung i. H. v. 7.831,93 €. Die kurswertbedingten außerplanmäßigen Abschreibungen auf das Aktienpaket der Kreditbank AG belaufen sich damit auf insgesamt -84.937,51 €.

▶ **Anleihe 3,5 % Freistaat Bayern Schatzanweisung von 2009 (2016)**

Die Anleihe wurde am 27. 10. 2009 erworben, da sie jedoch am 27. 1. 2009 aufgelegt worden war und der Zinstermin jeweils der 27. 1. ist, musste die Neuhausen Stiftung neben den Anschaffungs- und Anschaffungsnebenkosten auch Stückzinsen i. H. v. ca. 17.850,00 € bezahlen. Diese Stückzinsen sind nicht Bestandteil der Anschaffungskosten sondern waren im Jahre 2009 als ein gesondert erworbener Zinsanspruch (sonstiger Vermögensgegenstand) zu bilanzieren, denn dieser Anspruch wurde durch Einlösung der Zinsscheine am 27. 1. 2010 getilgt.[1] Die Anleihe war daher mit 691.628,00 € Anschaffungskosten zuzüglich 3.338,80 € Anschaffungsnebenkosten zu aktivieren.   1622

---

1 Vgl. Grottel/Gardek in Beck'scher Bilanzkommentar, 8. Aufl. 2012, § 255 Rn. 307, 176, m. w. N.

1623 Der Kurs der Anleihe belief sich bei der Anschaffung auf 101,71 %. Daher liegen die Anschaffungskosten i. H. v. 691.628,00 € um 11.628,00 € über dem Nominalwert der Anleihe i. H. v. 680.000,00 €. Am Ende der Laufzeit der Anleihe am 27. 1. 2016 wird die Stiftung daher lediglich den Nominalbetrag von 680.000,00 € erhalten, die 11.628,00 € sind Anschaffungskosten, die sie bei der Rückzahlung der Anleihe nicht vergütet bekommen wird.

Diese „verlorenen Anschaffungskosten" i. H. v. 11.628,00 € musste die Stiftung bezahlen, weil der Kupon, also der Zinssatz den der Anleiheschuldner auf den Nominalbetrag bezahlt, im Zeitpunkt des Erwerbes der Anleihe höher lag als der Marktzins, denn der Kupon wird bis zum Ende der Laufzeit der Anleihe unverändert bleiben. Diese „verlorenen Anschaffungskosten" stellen also eine Korrektur des nominalen Zinses von 3,5 % auf 680.000,00 € dar. Diese Korrektur erfolgt über die gesamte Laufzeit der Anleihe, denn zu jedem Zinstermin wird die Stiftung einen Zinsbetrag bekommen, der höher sein wird als derjenige, den Sie bekäme, falls sie am 27. 10. 2009 eine Anleihe erworben hätte deren Nominalzins dem damals geltenden Marktzinssatz bei vergleichbarer Bonität des Schuldners entsprochen hätte.

Diese Zinskorrektur ist unter zwei Aspekten zu betrachten. Einmal unter dem handelsrechtlichen Aspekt der Aufwands- und Ertragsperiodisierung (§ 252 Abs. 1 Nr. 5 HGB) und zum Zweiten unter der notwendigen Abgrenzung zwischen den Unkosten der Vermögensverwaltung und den Ergebnissen aus Vermögensumschichtungen.[1]

1624 Nach § 252 Abs. 1 Nr. 5 HGB sind die Aufwendungen und Erträge des Geschäftsjahres unabhängig von den Zeitpunkten der entsprechenden Zahlungen im Jahresabschluss zu berücksichtigen. Die „verlorenen Anschaffungskosten" müssten daher eigentlich über die Restlaufzeit der Anleihe als Aufwand verrechnet werden, um eine periodengerechte Aufwandsverteilung sicherzustellen.

1625 In der handelsrechtlichen Literatur wird eine Abschreibung der über pari-Anschaffungskosten von festverzinslichen Wertpapieren nur für den Fall diskutiert, in dem der Börsenkurs unter die Anschaffungskosten gefallen ist.[2] In der Praxis jedoch finden sich in den Anhängen zu Geschäftsberichten von Banken Aussagen, nach denen bei festverzinslichen Wertpapieren des Anlagever-

---

1 Vgl. Rn. 265, 1566, 1588.
2 Vgl. Kozikowski/Roscher/Andrejewski in Beck'scher Bilanzkommentar, 9. Aufl. 2014, § 253 Rn. 215: Finanzanlagen sind nicht abnutzbar, Rn. 306 ff.; Beck'sches Steuer- und Bilanzrechtslexikon, Edition 2/15, Stichwort: Wertpapiere; siehe auch Schorr/Fritz, DStR 2017 S. 1223 ff.

mögens die Anschaffungskosten über pari durch eine lineare Abschreibung bis zur Fälligkeit an den niedrigeren Einlösungskurs angepasst werden.[1]

Bei dem Jahresabschluss einer Kapitalgesellschaft kann es nach der hier vertretenen Ansicht dahingestellt bleiben, ob die über pari Anschaffungskosten eines festverzinslichen Wertpapiers linear auf den Einlösungsbetrag abgeschrieben werden müssen oder nicht. Zwar wurde durch die Zuordnung der Wertpapiere zum Anlagevermögen dokumentiert, dass sie der langfristigen Kapitalanlage dienen sollen. Dennoch ist es nicht ausgeschlossen, dass sie zur Gewinnung zusätzlicher Liquidität, oder zur Realisierung von Kursgewinnen vor Laufzeitende verkauft werden.

1626

Diese Veräußerungsmotive können auch bei einer Stiftung, die ihre Mittel durch die Anlage ihres freien Vermögens erzielt, nicht ausgeschlossen werden. Dennoch ist eine Veräußerung zur Realisierung von Kursgewinnen relativ unwahrscheinlich, da die Stiftung den Veräußerungserlös wieder anderweitig anlegen muss, weil sie den erzielten Kursgewinn in der Vermögenssphäre der Stiftung belassen muss und ihn nicht in die Ertragssphäre transferieren darf.[2] Sie muss die Deckung der laufenden Aufwendungen für die Vermögensverwaltung bzw. Stiftungszwecke anders erwirtschaften als durch die Erzielung von Veräußerungsgewinnen beim Verkauf von festverzinslichen Wertpapieren. Außerdem könnte die Stiftung zwar bei einem Verkauf eines festverzinslichen Wertpapiers mit erheblich gestiegenem Kurswert einen Gewinn erzielen, aber anschließend lediglich ein anderes festverzinsliches Wertpapier erwerben, das einen deutlich niedrigeren Zinskupon hat. Sie könnte zwar aufgrund des realisierten Kursgewinns einen höheren Nominalbetrag erwerben, aber dürfte im Ergebnis nicht mehr Zinsen erzielen als zuvor. Sie hätte lediglich Verkaufs- und Kaufspesen im Vergleich zur kostenlosen Einlösung der ursprünglichen Anleihe verursacht.

1627

Hält jedoch die Stiftung das festverzinsliche Wertpapier, das sie über pari erworben hat, bis zur Einlösung und schreibt sie die über pari Anschaffungskosten nicht linear ab, so würde sie am Tag der Einlösung einen Verlust realisieren, der als Differenz zwischen den Anschaffungskosten und dem Veräußerungserlös als Ergebnis aus Vermögensumschichtung qualifiziert werden könnte, obwohl dieser Aufwand zu den Kosten der Vermögensverwaltungen gehört, s. u. Das gleiche gälte, falls die Stiftung vor dem Einlösetermin das

1628

---

1 Vgl. z. B. Überpari AK Hamburger Volksbank 2011 Geschaeftsbericht-2011 Afa, überpari AK psd Bank Jahresabschluss-2011 Afa auf Einlösebetrag, Überpari AK rvb-direkt.de 2013-02-25 Anhang 2011; siehe auch Schorr/Fritz, DStR 2017 S. 1223 ff.
2 Vgl. Rn. 265, 1566, 1588.

fragliche festverzinsliche Wertpapier auf einen niedrigeren Kurswert abschriebe. Im Falle der Neuhausen Stiftung und der 3,5 % Anleihe des Freistaates Bayern ergebe sich bei Einlösung ein Verlust von 11.628,00 €.

1629 Die eventuelle Qualifizierung der über pari Anschaffungskosten als Ergebnis aus Vermögensumschichtung wäre nicht zutreffend, denn wie zuvor festgestellt, stellen diese Kosten lediglich ein Korrektiv zu der über dem Marktzins liegenden nominalen Verzinsung der Anleihe dar. Nun bestünde die Möglichkeit im Falle der Neuhausen Stiftung die über pari Anschaffungskosten von 11.628,00 € bei der Einlösung am 27.1.2016 statt als Ergebnis aus Vermögensumschichtung als Unkosten der Vermögensverwaltung zu qualifizieren. In diesem Fall jedoch würde der Betrag von 11.628,00 € in einem Wirtschaftsjahr komplett als Unkosten verrechnet werden und in diesem Jahr die Mittel der Stiftung, die für satzungsgemäße Zwecke zur Verfügung stehen, erheblich mindern. Bei einem Überschuss für Stiftungszwecke i.H.v. ca. 53.000 € wären dies über 20 %, ein Betrag, der nicht mehr unwesentlich ist.[1] Die Ertragslage würde verzerrt dargestellt werden.[2]

1630 Aus diesen Gründen ist es sinnvoll, wenn eine Stiftung die über pari Anschaffungskosten planmäßig über die Laufzeit bis zum Einlösetag abschreibt:

1. Hierdurch wird vermieden, dass diese Kosten als Ergebnis aus Vermögensumschichtungen qualifiziert werden und daher der Überschuss für Stiftungszwecke höher als wirtschaftlich veranlasst ausgewiesen würde.

2. Durch die planmäßige lineare Abschreibung wird der Aufwand für die über pari Anschaffungskosten verursachungsgerecht auf die betroffenen Kalenderjahre verteilt und hierdurch eine Verzerrung der Ertragslage der Stiftung vermieden, die einträte, falls diese Kosten im Jahr der Einlösung der Anleihe geballt als Aufwand der Vermögensverwaltung berücksichtigt würden.

1631 Im Falle der 3,5 % Anleihe des Freistaats Bayern der Neuhausen Stiftung erfolgte der Erwerb am 27.10.2009, wobei die Anleihe eine Laufzeit bis zum 20.1.2016 hat. Es errechnet sich somit eine Laufzeit von 75 Monaten und hieraus folgende Abschreibungstabelle.

---

1 Vgl. Winkeljohann/Büssow in Beck'scher Bilanzkommentar, 9. Aufl. 2014, § 252 Rn. 70.
2 Vgl. § 264 Abs. 2 Satz 1 HGB, der Jahresabschluss hat ein den tatsächlichen Verhältnissen entsprechendes Bild der Vermögens-, Finanz- und Ertragslage zu vermitteln, vgl. Winkeljohann/Schellhorn in Beck'scher Bilanzkommentar, 9. Aufl. 2014, § 264 Rn. 41 ff.; Wesentlichkeitsgrundsatz nach § 252 HGB, vgl. Winkeljohann/Büssow in Beck'scher Bilanzkommentar, 9. Aufl. 2014, § 252 Rn. 70.

Jahr	AfA Monate	AHK	kum AfA	RBW 31.12.
		694.966,80		
2009	2,00	- 399,11	- 399,11	694.567,69
2010	12,00	- 2.394,69	- 2.793,80	692.173,00
2011	12,00	- 2.394,69	- 5.188,49	689.778,31
2012	12,00	- 2.394,69	- 7.583,18	687.383,62
2013	12,00	- 2.394,69	- 9.977,87	684.988,93
2014	12,00	- 2.394,69	-12.372,55	682.594,25
2015	12,00	- 2.394,69	-14.767,24	680.199,56
2016	1,00	- 199,56	-14.966,80	680.000,00

▶ **3,375 % Anleihe der deutschen Bahn**

Diese Anleihe wurde ein paar Tage vor der offiziellen Emission zu einem Kurs   1632
von 100 % und ohne Spesen erworben. Aus diesem Grund ergibt sich bei dieser
Anleihe keine Notwendigkeit einer planmäßigen linearen Abschreibung von
über pari Anschaffungskosten und Anschaffungsnebenkosten auf den niedrigeren Einlösebetrag. Ebenso wenig mussten Stückzinsen bezahlt werden, so
dass auch keine sonstige Forderung aktiviert werden musste.

Die Anleihe wurde am 4. November aufgelegt und hat am 4. November eines
jeden Jahres ihren Zinstermin. Aus diesem Grund wird in der Depotaufstellung
der Neuhausen Stiftung zum 31.12.2012 ein entsprechender Stückzinsen-
anspruch ausgewiesen. Dieser muss zum 31.12.2012 ertragswirksam aktiviert
und am 4.11.2013, wenn die jährliche Zinszahlung erfolgt, erfolgswirksam
aufgelöst werden. Hierdurch kommt es zu einer periodengerechten Zuordnung
der Zinserträge.

▶ Aktive Rechnungsabgrenzung

Der aktive Rechnungsabgrenzungsposten hat seinen Grund in der Grabpflege.   1633
Die Neuhausen Stiftung hatte ein Grabpflegevertrag mit einem externen
Dienstleister über mehrere Jahre abgeschlossen und das gesamte Entgelt im
Jahr des Vertragsabschlusses beglichen.

▶ Passivseite

Auf der Passivseite folgte die Neuhausen Stiftung der oben[1] empfohlenen Gliederung, die sich an den IDW Rechnungslegungsstandard HFA 5 anlehnt. Da die

---

1 Vgl. Rn. 1576.

Ergebnisse aus Vermögensumschichtung der Neuhausen Stiftung negativ sind, entschloss sie sich jedoch, die Position Umschichtungen direkt nach dem Stiftungskapital und vor den Rücklagen aufzuführen. Dies ermöglicht auch in der Bilanz die Ausweisung der Summe aus Stiftungskapital und Ergebnissen aus Vermögensumschichtung, wesentlich logischer zumindest als würden die Vermögensumschichtungen nach den Rücklagen angeführt.[1]

Bei der Neuhausen Stiftung beläuft sich die Summe aus Stiftungskapital und Vermögensumschichtungen zum 31.12.2012 auf 1.931.932,32 €, im Jahr zuvor auf 1.921.754,65 €. In beiden Jahren liegt diese Summe somit unter dem Errichtungskapital von 2.000.000 €. Ob hierbei tatsächlich ein „Verlust an Stiftungskapital" vorliegt, darauf wird in den Ausführungen zum Anhang der Neuhausen Stiftung eingegangen.[2]

5.2 Der Aufbau einer Überschuss- und Mittelverwendungsrechnung auf der Basis einer handelsrechtlichen Gewinn- und Verlustrechnung entsprechend § 275 HGB

1634 Wie unter Punkt G.VI.2[3] ausgeführt ist es zu empfehlen, den Jahresbericht einer Stiftung auf der Grundlage eines, den handelsrechtlichen Vorschriften entsprechenden Jahresabschlusses aufzubauen. Handelsrechtlich erfolgt die Ermittlung des Jahresergebnisses mittels der sog. Gewinn- und Verlustrechnung, die in § 275 HGB geregelt ist. Unter Punkt VI.4.3[4] wurde bereits darauf hingewiesen, dass es im Jahresbericht einer Stiftung nicht nur um die Ermittlung eines Jahresergebnisses geht, sondern dass dieser auch Rechenschaft über die Verwendung der erwirtschafteten oder auf andere Weise erhaltenen Mittel legen muss. Aus diesem Grund wird im Folgenden von einer Überschuss- und Mittelverwendungsrechnung gesprochen, die eine § 275 HGB entsprechende handelsrechtliche Gewinn- und Verlustrechnung mit umfasst.

1635 Im Rahmen der handelsrechtlichen Rechnungslegung gibt es ausreichend Spielräume, um der Trennung zwischen dem laufenden Ertrag, der eindeutig zur Zweckerfüllung zur Verfügung steht und den sonstigen Erträgen aus Vermögensumschichtung zu unterscheiden. § 265 Abs. 5 bis 8 HGB wurden bereits zitiert, die im Bereich der arabischen Zahlen eine weitere Untergliederung

---

1 In dem RS HFA 5 aus dem Jahr 2000 wies das IDW die Ergebnisse aus Vermögensumschichtungen noch als Untergliederung des Stiftungskapitals aus, vgl. IDW RS HFA 5 v. 25.2.2000, Rn. 52, nun aber IDW RS HFA 5, Rn. 55.
2 Vgl. Rn. 1659.
3 Vgl. Rn. 1533.
4 Vgl. Rn. 1569 ff.

oder Zusammenfassung von Posten, neue Posten und Zwischensummen und eine zwingende Abweichung von den gesetzlichen Schemata vorschreiben, um die Gliederung der Bilanz sowie der GuV an die Besonderheiten einer Branche anzupassen.[1] Im Bereich der GuV ist zusätzlich auf § 275 Abs. 4 HGB hinzuweisen, der anordnet, dass Veränderungen der Kapital- und Gewinnrücklagen in der GuV erst nach dem Posten „Jahresüberschuss/Jahresfehlbetrag" ausgewiesen werden dürfen.

Mit diesem gesetzlichen Rüstzeug kann die in der Anlage 1 beigefügte Überschuss- und Mittelverwendungsrechnung der Neuhausen Stiftung auf ihre Besonderheiten hin untersucht werden. In diesem Zusammenhang wird auf die Anlage 1 hingewiesen, in der die einzelnen Positionen der Überschuss- und Mittelverwendungsrechnung zusätzlich erläuternd aufgegliedert sind.

Die Überschuss- und Mittelverwendungsrechnung der Neuhausen Stiftung enthält in ihrem ersten Teil A. die Ermittlung des Jahresüberschusses nach HGB.

Bei der Gliederung der Posten der GuV folgt das Gesetz beim sog. Gesamtkostenverfahren nach § 275 Abs. 2 HGB dem Konzept der Erfolgsspaltung. Nach dem Gliederungsschema im § 275 Abs. 2 HGB alt wurden ein „Ergebnis der gewöhnlichen Geschäftätigkeit", ein „außerordentliches Ergebnis" sowie die Steuern ermittelt. Nach dem BilRUG wird nun nur mehr ein „Ergebnis nach Steuern" ermittelt.[2] Da das Gliederungsschema in § 275 HGB für ein Produktionsunternehmen entworfen wurde, wird das „Ergebnis nach Steuern" immer noch gedanklich unterteilt in ein „Betriebsergebnis" und ein „Finanzergebnis". Das Ziel der Erfolgsspaltung kann man darin sehen, *das nachhaltig erzielbare Ergebnis aus der eigentlichen Unternehmenstätigkeit ermitteln* zu können.[3] **1636**

Die Umsatzerlöse sind die Ausgangsgröße für die GuV sowie zugleich sowohl als absolute Zahl als auch in Beziehung zu anderen Posten eine der wichtigsten Kennzahlen.[4] Nach § 277 Abs. 1 HGB umfassen diese verkürzt die Erlöse *„...aus dem Verkauf und der Vermietung oder Verpachtung von Produkten sowie aus der Erbringung von Dienstleistungen der Kapitalgesellschaft ..."*. Unter **1637**

---

1 Vgl. Rn. 1596.

2 Vgl. i. E. Rn. 1500.

3 Vgl. zur alten Rechtslage Förschle/Peun in Beck'scher Bilanzkommentar, 9. Aufl. 2014, § 275 Rn. 40 ff.

4 Vgl. Förschle/Peun in Beck'scher Bilanzkommentar, 9. Aufl. 2014, § 275 Rn. 45; sie ist z. B. von Bedeutung im Hinblick auf die Größenklassen gem. §§ 241a, 267, 293 HGB.

Dienstleistungen sind nach dem BilRUG nun nicht mehr nur diejenigen zu verstehen, die der gewöhnlichen Geschäftstätigkeit der Gesellschaft entsprechen,[1] sondern auch solche, die nicht zu dieser zählen und bisher unter den sonstigen betrieblichen Erträgen erfasst wurden.[2]

Im speziellen Fall der Neuhausen Stiftung ist die typische Dienstleistung gegenüber anderen Marktteilnehmern die entgeltliche Überlassung von Kapital. Aus diesem Grund wurden unter den Umsatzerlösen die Erträge aus Wertpapieren des Anlagevermögens und die sonstigen Zinsen und ähnlichen Erträge die im § 275 Abs. 2 HGB mit den Nummern 10. bzw. 11. bezeichnet sind, als Untergliederung der „Umsatzerlöse", hier umbenannt in „Erträge", ausgewiesen.[3]

1638 Darüber hinaus erzielt die Neuhausen Stiftung noch weitere Erlöse. Sie hat die in ihrem Eigentum befindliche Wohnung entsprechend den Verfügungen des Stifters dessen Pflegerin auf Lebenszeit unentgeltlich zu überlassen. Die Verbrauchskosten dieser Wohnung jedoch hat die Pflegerin der Stiftung entsprechend den Anordnungen des Stifters zu ersetzen. Diese Zahlungen sind Einnahmen der Stiftung. Obwohl sie nicht aufgrund von Dienstleistungen erzielt werden, die die Stiftung üblicherweise Marktteilnehmern gegenüber erbringt, handelt es sich nach BilRUG um Umsatzerlöse. In der Vorauflage wurden sie von der Neuhausen Stiftung noch als sonstige betriebliche Erträge, hier „sonstige Haus- und Grundstückserträge", getrennt von der Summe der Umsatzerlöse ausgewiesen.

1639 Bei den Umsatzerlösen ist in § 275 Abs. 2 HGB eine Untergliederung nach unterschiedlichen Tätigkeiten nicht vorgesehen. Vielmehr hätte die Neuhausen Stiftung gem. § 276 HGB als kleine Kapitalgesellschaft sogar die Möglichkeit, die ersten fünf Positionen des gesetzlichen Gliederungsschema zu einem Posten unter der Bezeichnung „Rohergebnis" zusammenzufassen. Im Hinblick auf den vom Stiftungsrecht geforderten gesonderten Ausweis der Aufwendungen

---

1 Vgl. zur alten Rechtslage Förschle/Peun in Beck'scher Bilanzkommentar, 9. Aufl. 2014, § 275 Rn. 49.

2 Vgl BT-Drucks. 18/5256 v. 17. 6. 2015, 6. Ausschuss, S. 84; Theile, BBK 2015 S. 642, 644 f.; u. U. a. A. Hoffmann/Lüdenbach, NWB Kommentar Bilanzierung, 6. Aufl., Herne 2015, § 277 Rn. 1 f.

3 Vgl. § 265 Abs. 6 HGB; „Obgleich gesetzliche Vorschriften zur Gliederung der Gewinn- und Verlustrechnung für Nicht-Kapitalgesellschaften nicht bestehen, ist auch hier eine sachgerechte Aufgliederung der Aufwendungen und Erträge erforderlich. Dabei sollte die Gliederung des Jahresabschlusses einen so vollständigen, klaren und zutreffenden Einblick in die Stiftungstätigkeit geben, dass sich der Adressat ein Urteil über die Verwendung des eingesetzten Vermögens und der damit erzielten Erträge bilden kann." fordert das IDW in IDW RS HFA 5, Rn. 50.

für satzungsgemäße Zwecke[1] hat die Neuhausen Stiftung hierauf verzichtet und die Positionen weiter untergliedert.

Die Position Personalaufwand erscheint in der GuV der Stiftung nicht, da sie über keine abhängig Beschäftigten verfügt, sondern den Vorstandsmitgliedern lediglich Aufwandsentschädigungen bezahlt.

Im gesetzlichen Gliederungsschema werden als nächstes die Abschreibungen aufgeführt, wobei zwischen den Abschreibungen für Anlagevermögen und Umlaufvermögen unterschieden wird. Im Falle der Neuhausen Stiftung liegt jedoch kein Umlaufvermögen vor, vielmehr ergibt sich bei der Anleihe des Freistaates Bayern, wie zuvor erläutert, die Notwendigkeit einer linearen Abschreibung der über pari Anschaffungskosten zzgl. der angefallenen Anschaffungsnebenkosten, um bis zum Einlösetag eine periodengerechte Verteilung des hierdurch entstehenden Aufwands zu erreichen. Im Falle der Neuhausen Stiftung, deren Geschäftstätigkeit die entgeltliche Überlassung von Kapital zur Nutzung ist, ist dieser Aufwand dem Betriebs- und nicht dem Finanzergebnis zuzuordnen. **1640**

Die Unterscheidung zwischen Betriebs- und Finanzergebnis in § 275 Abs. 2 HGB geschah vor dem Hintergrund der Konzeption der Erfolgsrechnung für ein Produktionsunternehmen. Die Abschreibungen auf Sachanlagen sind daher dem Betriebsergebnis zuzuordnen, während die im Gesetz mit der Ziffer 12. bezeichneten „Abschreibungen auf Finanzanlagen und auf Wertpapiere des Umlaufvermögens" dem Finanzbereich zugeordnet werden, der gedanklich neben der Produktion existiert. **1641**

Diese Unterscheidung kann sinngemäß auf die Neuhausen Stiftung übertragen werden. Das Halten von Aktien und Anleihen als zentrale Tätigkeit zur Erzielung von Einnahmen ist dabei der „Produktion" vergleichbar, während die Berücksichtigung von Wertschwankungen dieses Anlagevermögens, deren Ergebnisse bei Stiftungen als sog. „Ergebnisse aus Vermögensumschichtungen" aus der Überschussermittlung isoliert und direkt in der Bilanz unter dem Eigenkapital ausgewiesen werden, den von der „Produktion" getrennten Finanzbereich darstellt. Solange zumindest eine Gewinnermittlung entsprechend den Vorschriften des HGB vorgenommen wird.

In Umsetzung dieses Erfolgsspaltungskonzepts unterscheidet die Neuhausen Stiftung daher zwischen einerseits der planmäßigen Abschreibung auf das Sachanlagevermögen (Wohnung) und auf Finanzanlagen (über pari Anschaf- **1642**

---

1 Vgl. Rn. 1566.

fungskosten und Anschaffungsnebenkosten), die wie bei einem Produktionsunternehmen[1] den „Werteverzehr" dieser über pari Anschaffungskosten und Anschaffungsnebenkosten darstellt, und andererseits der „Abschreibung auf Finanzanlagen und auf Wertpapiere des Umlaufvermögens", die ihre Ursache in Wertschwankungen hat und daher außerplanmäßige Abschreibungen darstellt.

1643   Die unter Nr. 4 aufgelisteten sonstigen betrieblichen Aufwendungen entsprechen den verwirklichten Sachverhalten. Gemäß den Anforderungen des Stiftungsrechts, die satzungsgemäßen Aufwendungen gesondert auszuweisen,[2] untergliedert die Neuhausen Stiftung diese Aufwendungen in diejenigen aus Verwaltungstätigkeit und die aus der Wohnungsüberlassung und Grabpflege, denn die beiden letzteren sind satzungsgemäße Leistungen der Stiftung.

1644   Hiermit ist gem. § 275 Abs. 2 HGB die Ermittlung des „Betriebsergebnisses" abgeschlossen. Wegen des BilRUG gibt es in der GuV die Zwischensumme „14. Ergebnis der gewöhnlichen Geschäftstätigkeit" nicht mehr. Dennoch ist es bei einer Stiftung angemessen an dieser Stelle nach § 265 Abs. 5 HGB eine Zwischensumme auszuweisen, weil hiermit das Ergebnis aus der Vermögensverwaltung, aber auch aus der Erledigung bestimmter satzungsgemäßer Zwecke beendet ist. Die Neuhausen Stiftung entschied sich dazu, dieses Zwischenergebnis als „Ergebnis der Verwaltung- und satzungsmäßigen Tätigkeiten" zu bezeichnen.

Hieran schließt sich die Ermittlung des „Finanzergebnisses", wie oben bereits beschrieben, an.

1645   Die Wertaufholungen gem. § 253 Abs. 5 HGB folgen aus der Tatsache, dass sich der Aktienkurs der Kaurus AG im Jahre 2012 wieder erholte und über die Anschaffungskosten hinaus stieg. Hier greift das handelsrechtliche Vorsichts- und Imparitätsprinzip,[3] das eine Zuschreibung über die historischen Anschaffungskosten hinaus unterbindet. Aus diesem Grund wird die im Jahre 2011 auf das Aktienpaket Kaurus AG vorgenommene außerplanmäßige Abschreibung i. H. v. 18.009,60 € nach § 253 Abs. 5 HGB rückgängig gemacht.

1646   Das Gliederungsschema des § 275 Abs. 2 HGB sieht im Bereich des „Finanzergebnisses" lediglich einen Posten für Abschreibungen jedoch keinen für Zuschreibungen vor. In der handelsrechtlichen Praxis wird daher der Zuschreibungsertrag unter den sonstigen betrieblichen Erträgen ausgewiesen und da-

---

1 Vgl. Förschle/Peun in Beck'scher Bilanzkommentar, 9. Aufl. 2014, § 275 Rn. 200 ff.
2 Vgl. Rn. 1573 ff.
3 Vgl. Rn. 1492 ff.

mit dem allgemeinen Ergebnis nach Steuern zugeordnet anstatt ein gesondertes Finanzergebnis auszuweisen.[1] Um jedoch dem Erfolgsspaltungskonzept in der GuV zu entsprechen, wird es als zulässig angesehen, den Zuschreibungsertrag in einem eigenständigen GuV-Posten auszuweisen. Im Hinblick auf die höhere Transparenz hat sich die Neuhausen Stiftung hierzu entschieden und diesen entsprechend der Staffelform der GuV vor den korrespondierenden Aufwendungen ausgewiesen.

Zum Abschluss werden die außerplanmäßigen Abschreibungen auf Finanzanlagen angeführt, für das Jahr 2012 i.H.v. -7.831,93 € und für das Vorjahr i.H.v. -53.303,91 €. Der Aufwand des Jahres 2012 ergibt sich aus dem erneuten Kursverlust der Kreditbank AG, er wurde oben errechnet. Die außerplanmäßige Abschreibung des Jahres 2011 errechnete sich aus den damaligen Kursverlusten der Kaurus AG i.H.v. -18.009,60 € und der Kreditbank AG i.H.v. -35.294,31 €. 1647

Hiermit ist die Gewinnermittlung nach HGB abgeschlossen und es können der Jahresüberschuss bzw. der Jahresfehlbetrag nach HGB ausgewiesen werden.

Im Anschluss an diese Gewinnermittlung nach Handelsrecht müssen die Besonderheiten des Stiftungsrechts berücksichtigt werden. Dies erfolgt im Teil B der Überschuss- und Mittelverwendungsrechnung.[2] 1648

In diesem Teil muss zunächst der zuvor ermittelte Jahresüberschuss bzw. Jahresfehlbetrag nach HGB übernommen werden. Anschließend wird bei der Neuhausen Stiftung als erstes die Entnahme aus der sonstigen Ergebnisrücklage des Vorjahres aufgeführt. Dies geschieht vor folgendem Hintergrund. Im Vorjahr hatte die Neuhausen Stiftung beschlossen, die Ergebnisrücklage nach § 62 Nr. 3 AO[3] im zulässigen Maße zu dotieren und den verbleibenden Überschuss für Stiftungszwecke an die vier vom Stifter aufgeführten Organisationen im Folgejahr auszukehren. Aus diesem Grund hatte sie im Vorjahr 32.482 € in die Ergebnisrücklage eingestellt. Im laufenden Geschäftsjahr entnahm sie diesen Betrag der Ergebnisrücklage und verteilte ihn an die vier begünstigten Organisationen. Dies verändert den Überschuss für Stiftungszwecke nicht, da der Entnahme entsprechende Aufwendungen für satzungsgemäße Zwecke gegenüberstehen.

---

1 Vgl. zur alten Rechtslage Förschle/Peun in Beck'scher Bilanzkommentar, 9. Aufl. 2014, § 275 Rn. 98 a. E.; vgl. auch Kirsch, DStR 2015 S. 664, 666.

2 Zumindest bzgl. der Ergebnisverwendung vgl. auch IDW RS HFA 5, Rn. 68.

3 Bis 31.12.2013 § 58 Nr. 7a AO.

1649 Nachdem diese Aufwendungen berücksichtigt wurden, müssen die im Jahresüberschuss nach Handelsrecht berücksichtigten Erträge und Aufwendungen für Stiftungszwecke des laufenden Jahres eliminiert werden. Neben den Zuwendungen für die vier genannten Organisationen hat die Neuhausen Stiftung auch noch die Wohnungsüberlassung und die Grabpflege als satzungsmäßige Leistungen zu erbringen. Während die Zuwendungen an die Organisationen eine Verteilung des Überschusses des Vorjahres darstellen und deswegen in der laufenden handelsrechtlichen Jahresüberschussermittlung nicht enthalten sind, stellen die Aufwendungen für Wohnungsüberlassung und Grabpflege laufenden Aufwand dar, der mit in den Jahresüberschuss nach HGB einfließt, jedoch gesondert ausgewiesen wird. Dies gilt es zu korrigieren.

1650 Dabei entstehen bei der Grabpflege lediglich Aufwendungen. Die Neuhausen Stiftung hat einen entsprechenden Dienstleistungsvertrag abgeschlossen und somit für mehrere Jahre den Aufwand vorausbezahlt. Dieser Aufwand wird handelsrechtlich mithilfe eines aktiven Rechnungsabgrenzungspostens über die Laufzeit dieses Dienstleistungsvertrags verteilt. Bei der Wohnungsüberlassung leistet die Stiftung einerseits Zahlungen für das Wohngeld und eventuelle Reparaturen,[1] auf der anderen Seite erzielt sie jedoch auch Einnahmen in Höhe der erstatteten Verbrauchskosten. In der Position „im JÜ berücksichtigte Aufwendungen f. Satzungszweck" i. H. v. 5.394,43 € findet also eine Saldierung statt.

1651 Im nächsten Schritt müssen die Ergebnisse aus Vermögensumschichtungen neutralisiert werden, denn wie unter Punkt VI.4.6 ausgeführt, sind diese, egal ob es sich um Gewinne oder Verluste aus reinen Wertschwankungen oder Veräußerungen handelt, nicht Mittel, die die Stiftung zur Erzielung ihrer satzungsgemäßen Zwecke ohne weiteres einsetzen darf. Vielmehr haben sie ihren Grund in Vermögensumschichtungen, deren Ergebnisse die Zweckerfüllung der Stiftung grundsätzlich nicht beeinflussen. Der in der GuV nach HGB enthaltene Saldo aus außerplanmäßigen Abschreibungen und Wertaufholungen nach § 253 Abs. 5 HGB i. H. v. 10.177,67 € ist daher zur Ermittlung des Überschusses für Stiftungszwecke wieder zu neutralisieren.

1652 Bei der Neuhausen Stiftung wird deutlich, warum die Ergebnisse aus Vermögensumschichtungen nicht Teil des Überschusses für Stiftungszwecke sind. Mit der Zuwendung des Stiftungskapitals wollte der Stifter die Stiftung dazu in die Lage versetzen, die ihr aufgegebenen Zwecke dauerhaft zu erfüllen. Un-

---

1 Vgl. den entsprechenden Posten in den Erläuterungen zur Überschuss- und Mittelverwendungsrechg., A. Jahresüberschuss nach HGB, Anhang 1.

ter dauerhaft ist hierbei zu verstehen, dass Ihre Zweckerfüllung grundsätzlich auf dem stets ähnlichen Niveau erfolgt. Würden die Wertschwankungen der Aktienpakete an der Kreditbank AG und der Kaurus AG jedoch, wie im handelsrechtlichen Jahresüberschuss vorgeschrieben, auch das von der Neuhausen Stiftung auszuweisende Ergebnis der Vermögensverwaltung beeinflussen, so wäre eine kontinuierliche Zweckerfüllung vermutlich nicht möglich.

Im Jahre 2011 erzielte die Neuhausen Stiftung einen Jahresfehlbetrag nach HGB i.H.v. -4.581,51 €, im Folgejahr 2012 einen Jahresüberschuss i.H.v. 59.223,06 €. Das ist eine Veränderung von 63.804,57 €. Wie man aus der zuvor besprochenen Entnahme aus der sonstigen Ergebnisrücklage im Vorjahr erkennen kann, fördert die Neuhausen Stiftung die vom Stifter benannten Organisationen jährlich mit ca. 32.000,00 €. Dies wäre ihr nicht möglich, falls in die Berechnung der für Stiftungszwecke zur Verfügung stehenden Mittel das Ergebnis einer GuV nach HGB einfließen würde. Bei der Neuhausen Stiftung beruhten diese Schwankungen allein auf Kurswertänderungen. Dabei ist einsichtig, dass Wertschwankungen die Leistungsfähigkeit einer Stiftung grundsätzlich nicht beeinflussen, es sei denn die Stiftung hielte ein Aktienpaket an einer Gesellschaft die insolvent wird oder über Jahre hinaus nicht dazu in der Lage ist, die ursprünglich gezahlte Dividende auszuschütten.

Die Kurswertschwankungen wirken sich nach den handelsrechtlichen Vorschriften auf den Jahresüberschuss/-fehlbetrag nach HGB aus. Stiftungsrechtlich jedoch handelt es sich um Ergebnisse aus Vermögensumschichtungen – auch wenn es nicht immer zu einer wirklichen „Umschichtung" kommt –, die den Überschuss für Stiftungszwecke nicht beeinflussen. Bei der Überleitung vom Jahresergebnis laut Handelsbilanz zum Überschuss für Stiftungszwecke sind sie daher zu neutralisieren. Das Ergebnis sind Überschüsse für Stiftungszwecke, die zwischen 2011 (52.857,81 €) und 2012 (54.439,81 €) um 1.582 € variieren und sich auf einem Niveau i.H.v. ca. 53.000,00 € bewegen. Klammert man die Schwankung bei der Wohnungsüberlassung, die aufgrund einer größeren Reparatur i.H.v. 1.259,02 € auftrat, aus, beträgt die Schwankung nur 322,98 €.

Hiermit ist der Überschuss für Stiftungszwecke ermittelt, der im Folgejahr der Stiftung für ihre satzungsgemäßen Zwecke zur Verfügung stehen wird, welche die Kapitalerhaltung, die Wohnungsüberlassung, die Grabpflege und die Zuwendungen an die genannten vier Organisationen sind. Es gilt nun die Mittelverwendung zu dokumentieren.

Als erstes führt die Neuhausen Stiftung die im laufenden Geschäftsjahr aus den laufenden Einnahmen bestrittenen Aufwendungen für die Wohnungs-

1653

1654

1655

überlassung und die Grabpflege an. Diese bezeichnet sie als Aufwand für direkte satzungsgemäße Zwecke, denn diese Aufwendungen erbrachte sie selbst und nicht mittels der Einschaltung einer der vier vom Stifter begünstigten Organisationen.

1656 Der Stiftungsvorstand hat sich zum Ziel gesetzt, die Zuwendungen an die Organisationen über die Jahre möglichst konstant zu halten und, wenn möglich, leicht zu erhöhen. Dennoch sind sie der Höhe nach nicht festgelegt und daher von den, der Stiftung zur Verfügung stehenden Mittel abhängig. Den Aufwendungen für die unentgeltliche Wohnungsüberlassung und die Grabpflege kann sich die Stiftung jedoch nicht entziehen. Deren Begleichung muss daher sichergestellt sein, bevor die Stiftung darüber entscheiden kann, welche Zuwendungen sie an die genannten vier Organisationen wird leisten können.

Aus diesem Grund hatte der Stiftungsvorstand beschlossen, die Zuführungen zur freien Rücklage gem. § 62 Nr. 3 AO[1] und die Zuwendungen an die genannten vier Organisationen nicht auf der Basis des Überschusses für Stiftungszwecke zu berechnen, sondern zuvor den Aufwand des laufenden Jahres für direkte satzungsgemäße Zwecke abzuziehen. Im Jahr 2012 handelt es sich dabei um 5.394,43 €. Somit kann die Stiftung die Bemessungsgrundlage für die Rücklagenzuführung als nächste Position in den Erläuterungen ihrer Mittelverwendungsrechnung mit 49.045,39 € ausweisen.[2]

1657 Die Rücklage gem. § 62 Nr. 3a AO darf höchstens 1/3 „...des Überschusses aus der Vermögensverwaltung..." betragen. Bei der von der Neuhausen Stiftung gewählten Berechnungsweise ist dies auf jeden Fall erfüllt, wenn Sie vorab den Aufwand für direkte satzungsgemäße Zwecke abzieht. Dennoch wendet sie folgendes Rechenschema an, um nicht zu kleinteilige Cent-Beträge als Zuwendungen für die Einzelorganisation zu erhalten und um sicherzustellen, dass die Rundungsbeträge den Organisationen zugutekommen und nicht der Rücklage zugeführt werden.

Als Bemessungsgrundlage für die Rücklage nach § 62 Nr. 3 AO errechnet sich ein Betrag von 49.045,39 €, der dem Ergebnis der Vermögensverwaltungs- und satzungsgemäßen Tätigkeiten entspricht.[3] Hiervon nahm die Neuhausen Stiftung 1/3, rundete das Ergebnis auf volle Euro auf und multiplizierte diesen Betrag mit 2. Anschließend zog sie diesen verdoppelten Betrag von den ge-

---

1 Bis 31. 12. 2013 § 58 Nr. 7a AO.

2 Vgl. Erläuterungen zur Überschuss- und Mittelverwendungsrechg, C. Mittelverwendung, Anhang 1, NH 10, S. 466.

3 Die aus der Vermögensumschichtung entstandenen bzw. zugeflossenen Mittel gehören nicht zu den zeitnah zu verwendenden Mitteln, vgl. Rn. 990.

nannten 49.045,39 € ab und erhielt damit eine Zuführung zur Rücklage gem. § 62 Nr. 3 AO i. H. v. 16.347,39 €. Dieser ist etwas geringer ist als 1/3 der genannten 49.045,39 €. Den verdoppelten Betrag des aufgerundeten Drittels teilte die Neuhausen Stiftung anschließend zu je 1/4 auf die genannten Organisationen auf. Für jede stehen somit 8.174,50 € zur Verfügung. Diese wird sie im Folgejahr auskehren. Für Ihren Jahresbericht 2012 stellte sie diese zunächst in eine sonstige Ergebnisrücklage ein und wies somit, zusammen mit dem Aufwand für direkte satzungsgemäße Zwecke, die vom Vorstand getätigte und beschlossene Mittelverwendung für das Berichtsjahr nach.

Da die Stiftung ihre Zuwendungen gegenüber dem Vorjahr leicht erhöhen konnte, musste sie keine Mittel aus dem Ergebnisvortrag entnehmen oder diesem zuführen.

Kontrolliert man, ob die Neuhausen Stiftung die Begrenzung der Zuführung zur freien Rücklage gem. § 62 Nr. 3 AO erfüllt, so muss man die Rücklagendotierung i. H. v. 16.347,39 € zu dem Überschuss für Stiftungszwecke i. H. v. 54.439,81 € in Relation setzen. Diese Rechnung ergibt einen Prozentsatz von 30,03 %. Damit hat die Stiftung die gesetzlichen Vorgaben eingehalten. Hierdurch wird auch ersichtlich, dass die Neuhausen Stiftung die Zuführung zur freien Rücklage zu Gunsten ihrer Zuwendungen an die genannten vier Organisationen leicht vermindert hat. **1658**

5.3 Anhang

Wie unter Punkt IV.5. Die Rechnungslegung nach HGB ausgeführt,[1] haben die Anhänge eines handelsrechtlichen Jahresabschlusses in der Praxis folgende Struktur:[2] **1659**

▶ Allgemeine Angaben, inkl. der Angaben zur Identifikation der Kapitalgesellschaft,[3]

▶ Bilanzierungs- und Bewertungsmethoden,[4]

▶ Erläuterung der Bilanz (mit ziffernmäßige Verknüpfung),

---

1 Vgl. Rn. 1486.
2 Vgl. Grottel in Beck'scher Bilanzkommentar, 9. Aufl. 2014, § 284 Rn. 30; Spiegel in Hüttemann/Richter et al. 2011, Rn. 21.4.
3 Vgl. § 264 Abs. 1a HGB.
4 Die Angabe der Grundlagen der Währungsumrechnung sind nach BilRUG nicht mehr verpflichtend, dies dürfte wegen der seit dem BilMoG (BGBl 2009 I S. 1102) in § 256a HGB geregelten Währungsumrechnung entbehrlich sein. Vgl. Zwirner, DStR 2014 S. 1784, 1787 sowie Rn. 1487, 1502.

- ▶ Erläuterung der Gewinn- und Verlustrechnung (mit ziffernmäßige Verknüpfung),
- ▶ sonstige Angaben,
- ▶ Organmitglieder.

1660 Diese Struktur ist auch für die Neuhausen Stiftung angemessen. Sofern die Berichterstattung über die Zweckerfüllung nicht gesondert erfolgt und es der Stiftungsvorstand oder die Berichtsadressaten wünschen, kann diese Gliederung erweitert werden,[1] um

- ▶ ein Kapitel zu dem Thema Kapitalerhaltung,
- ▶ den von den Landesstiftungsgesetzen geforderten Bericht über die Erfüllung der Stiftungszwecke und, sofern notwendig,
- ▶ die Angaben zur Erfüllung der Anforderungen an die tatsächliche Geschäftsführung, die in § 63 AO niedergelegt sind.[2]

1661 Bei der Kontrolle der nominalen Kapitalerhaltung wandert der Blick zunächst in der Bilanz auf das dort ausgewiesene Errichtungskapital unter Berücksichtigung der Ergebnisse von Vermögensumschichtungen. Bei der Neuhausen Stiftung ist dies zum 31.12.2012 ein Betrag von 1.931.932,32 €. Dieser liegt unter dem festgeschriebenen Errichtungskapital von 2.000.000 €. Es sind also weitere Betrachtungen anzustellen.

1662 Bei der Kreditbank AG ist der Aktienkurs bis zum 31.12.2012 gefallen und das Niederstwertprinzip verlangt einen Buchwertansatz, der um 84.937,51 € unter den ursprünglichen Anschaffungskosten liegt. Entsprechend den Besonderheiten bei der Bilanzierung von Stiftungen wird dieser Minderwert in der Bilanz der Neuhausen Stiftung als negatives Ergebnis aus Vermögensumschichtungen aufgrund von Kurswertänderungen ausgewiesen. Diesem negativen Ergebnis stehen jedoch die früher realisierten Kursgewinne i.H.v. 16.869,83 € gegenüber. Es ergibt sich ein negativer Saldo i.H.v. -68.067,68 €.

Daher ist das Eigenkapital der Stiftung ohne Berücksichtigung der Kapitalrücklagen, also das Stiftungskapital zzgl. der Ergebnisse aus Vermögensumschichtung mit zusammen 1.931.932,32 € etwas niedriger als das festgeschriebene Errichtungskapital von 2.000.000,00 €. Es ist also die Bilanz nach Eigenkapitalpositionen zu durchforsten, mit denen diese Verluste rechnerisch ausgeglichen werden können.

---

1 Der Anhang kann auch freiwillige (Zusatz-)Angaben enthalten, vgl. Grottel in Beck'scher Bilanzkommentar, 9. Aufl. 2014, § 284 Rn. 35 a. E.
2 Vgl. Rn. 934.

Als weitere Eigenkapitalpositionen weist die Bilanz der Neuhausen Stiftung die Kapitalrücklagen mit 144.975,79 € und den Ergebnisvortrag mit 24.600,00 € aus. Von den Kapitalrücklagen befinden sich jedoch 32.698,00 € in einer Projektrücklage, dies sind die Beträge, die die Stiftung aus dem Überschuss des laufenden Jahres im Folgejahr an die vier genannten Organisationen auskehren wird. Hierbei handelt es sich also nicht um eine Eigenkapitalposition, die mit in die Überprüfung der nominalen Kapitalerhaltung einbezogen werden kann. Dasselbe gilt für den Ergebnisvortrag, der ebenfalls für die Verwendung für stiftungsgemäße Zwecke vorgesehen ist.

1663

Zu dem in der Bilanz ausgewiesen Errichtungskapital unter Berücksichtigung der Ergebnisse aus Vermögensumschichtung i.H.v. 1.931.932,32 € kann also nur die Kapitalerhaltungsrücklage gem. § 62 Nr. 3 AO i.H.v. 112.277,79 € hinzu addiert werden. Diese Rechenoperation ergibt einen Wert von 2.044.210,12 €. Dieser liegt über dem Errichtungskapital von 2.000.000,00 €, so dass die Neuhausen Stiftung die nominale Kapitalerhaltung nachweisen kann. Da laut Satzung die Verpflichtung zur Kapitalerhaltung mittels der Dotierung der Kapitalerhaltungsrücklage i.S.d. § 62 Nr. 3 AO erfüllt ist, muss im Falle der Neuhausen Stiftung nicht überprüft werden, ob auch eine reale Kapitalerhaltung gegeben ist.[1]

1664

Im Vorjahr, also 2011 addieren sich das Errichtungskapital, die Kapitalerhaltungsrücklage und die Ergebnisse aus Vermögensumschichtungen zu einem Betrag von 2.017.685,06 €. Hieran sieht man, dass diese Rechnung sehr knapp ausgehen kann bzw. es in der Realität des Öfteren vorkommen wird, dass sich allein aus der Bilanz der nominale Kapitalerhalt nicht wird nachweisen lassen.

1665

Der Neuhausen Stiftung ist die Kapitalerhaltung jedoch noch in weiterem Maße gelungen, sofern man die in der handelsrechtlichen Bilanz nicht ausgewiesenen stillen Reserven mit in die Betrachtung einbezieht, denn in dieser Bilanz werden alle Wirtschaftsgüter entsprechend dem Anschaffungskostenprinzip maximal mit den Anschaffungs- und Herstellungskosten angesetzt.

Ein wesentlicher Posten ist hier das Finanzanlagevermögen. Bei der Neuhausen Stiftung entspricht der Buchwert der Kaurus AG Aktien den Anschaffungskosten i.H.v. 299.409,60 €. Wird jedoch der Bestand an Aktien mit dem Kurswert zum 31.12.2012 multipliziert, so errechnet sich zu diesem Stichtag ein Börsenwert von 1.001.427,70 €. In dem Buchwert sind mithin stille Reserven i.H.v. 702.018,10 € enthalten.

1666

---

1 Vgl. Rn. 1603 lt. Satzung und SV Neuhausen Stiftung.

1667 Im Finanzanlagevermögen der Neuhausen Stiftung befinden sich auch zwei Anleihen vom Freistaat Bayern und der Deutschen Bahn. Auch bei diesen ist der Kurswert über die fortgeführten Anschaffungskosten hinausgewachsen und es errechnen sich zum 31. 12. 2012 aufgrund der Kurswerte stille Reserven von zusammen 159.523,28 €. Bis zur Einlösung der Anleihen werden diese stillen Reserven jedoch auf 0 abschmelzen.

1668 Die Feststellung der Zeitwerte des Finanzanlagevermögens, sofern es Börsenkurse gibt, ist eine einfache Übung, sogar Routine. Bei anderen Werten des Anlagevermögens, wie z. B. bei der Eigentumswohnung der Neuhausen Stiftung ist deren Bestimmung wesentlich komplexer. Der Aufwand, der hierfür betrieben werden muss, wird in der Praxis davon abhängen, welche Bedeutung die Zeitwerte dieser Anlagegegenstände für den Nachweis der Kapitalerhaltung haben.

1669 Durch die Angabe der Börsen- und Zeitwerte der Vermögensgegenstände der Stiftung im Anhang besteht die Möglichkeit, eine Bilanzierung zu Zeitwerten zu ersetzen und die von den Landesstiftungsgesetzen geforderten Angaben zum Nachweis des Kapitalerhalts zu liefern.

5.4 Zusammenfassung

1670 Wie das Beispiel der Neuhausen Stiftung gezeigt hat, können die Anforderungen an die Rechnungslegung einer Stiftung auf der Basis eines Jahresabschlusses, der den handelsrechtlichen Vorschriften für eine kleine Kapitalgesellschaft entspricht, erfüllt werden, sofern bestimmte Erweiterungen vorgenommen werden. Hierzu sind erforderlich:

▶ bestimmte Anpassungen in den Gliederungen der Bilanz sowie der Gewinn- und Verlustrechnung an die „Branchennotwendigkeiten",

▶ die Verlängerung der Gewinn- und Verlustrechnung im Anschluss an die Ermittlung des Jahresüberschusses nach HGB um eine Ermittlung des Überschusses für Stiftungszwecke und die Mittelverwendung sowie

▶ entsprechende Angaben im Anhang zu den Zeitwerten, zur Kapitalerhaltung, zur Erfüllung der Stiftungszwecke und der tatsächlichen Geschäftsführung (§ 63 AO).

1671 Da die Neuhausen Stiftung die Größenmerkmale nach § 267 Abs. 1 HGB für eine kleine Kapitalgesellschaft erfüllt, muss Sie nach dem HGB keinen Lagebericht aufstellen. Dies ist auch unter Berücksichtigung der Anforderungen an die Rechnungslegung von Stiftungen nicht notwendig. Denn der wie beschrieben erstellte Jahresbericht der Stiftung erfüllt sämtliche Ansprüche:

1. Mit der Ermittlung des Überschusses für Stiftungszwecke wird ein Rechnungsabschluss vorgelegt.

2. Mit dem Teil C. der Überschuss- und Mittelverwendungsrechnung, der Mittelverwendung, wird die satzungsgemäße Verwendung der Mittel nachgewiesen.

3. Mit der Bilanz im Zusammenspiel mit den ergänzenden Angaben zu den Zeitwerten im Anhang wurde eine Vermögensübersicht zu Zeitwerten erstellt.

4. Durch die zusätzlichen Angaben im Anhang werden alle notwendigen Informationen zur Prüfung des Kapitalerhalts, der Zweckerfüllung und der tatsächlichen Geschäftsführung gegeben.

6. Jahresbericht einer nicht steuerbefreiten Stiftung, z. B. einer Familienstiftung

Eine nicht steuerbefreite Stiftung, wie z. B. eine Familienstiftung,[1] muss die Anforderungen, die in den §§ 51 ff. AO im Zusammenhang mit der Gemeinnützigkeit niedergelegt sind, nicht erfüllen. Insbesondere ist hier die Vorschrift des § 62 Nr. 3 AO zu nennen, die die Zuweisung des Überschusses aus der Vermögensverwaltung in eine freie Rücklage auf 1/3 begrenzt. Für nicht steuerbefreite Stiftungen gelten hier nur die allgemeinen stiftungsrechtlichen Vorgaben der Zweckerfüllung, die durch die Admassierung von Erträgen nicht konterkariert werden darf.[2]   1672

Die übrigen unter Punkt VI.4. Besonderheiten bei der Rechnungslegung von Stiftungen gegenüber der kaufmännischen Rechnungslegung herausgearbeiteten Besonderheiten bei der Rechnungslegung für Stiftungen[3] gelten auch für nicht steuerbefreite Stiftungen. Aus diesem Grund ist die erarbeitete Empfehlung für den Aufbau des Jahresberichtes einer steuerbefreiten, gemeinnützigen Stiftung, die ihre Mittel alleine aus der Vermögensverwaltung generiert, grundsätzlich auch anwendbar. Denn dieser Aufbau basiert auf dem handelsrechtlichen Jahresabschluss und nimmt lediglich Modifikationen in der Gliederung des Eigenkapitals in der Bilanz sowie der Positionen in der GuV und deren Ergänzung um die Teile Überschussermittlung für Stiftungszwecke und Mittelverwendung vor. Die ansonsten noch notwendigen Zusatzangaben kön-   1673

---

1 Zur Besteuerung von Familienstiftungen vgl. Rn. 450 ff.
2 Vgl. Rn. 281.
3 Vgl. Rn. 1554 ff.

nen durch eine Erweiterung des Anhangs erfüllt werden. Etwas grundsätzlich anderes gilt auch bei steuerpflichtigen Stiftungen nicht.

1674 Zwar sind bei einer nicht steuerbefreiten Stiftung nicht die unterschiedlichen vier Sphären[1] zu beachten. Allerdings unterliegen sie wie die steuerbefreiten Stiftungen den stiftungsrechtlichen Vorgaben der Zweckerfüllung und Kapitalerhaltung. Damit gelten für sie dieselben Besonderheiten für die Rechnungslegung wie für die steuerbefreiten Stiftungen.

1675–1689 *(Einstweilen frei)*

---

1 Vgl. Rn. 1075, 1444.

H. Auslandsstiftungen und ausländische Trusts

I. Stiftung nach schweizerischem Recht[1]

1. Einleitung

Stiftungen erfreuen sich in der Schweiz großer Beliebtheit. Es lassen sich mit einer Stiftung die unterschiedlichsten Ziele verfolgen. Gemäß den aktuellsten Zahlen wurden im Jahr 2015 335 Stiftungen gegründet. Insgesamt waren am Ende des Jahres 2015 13.075 Stiftungen im Handelsregister eingetragen.[2] Nicht zuletzt die liberale und flexible Ausgestaltung des Stiftungsrechts dürfte ein Grund dafür sein.

1690

Eine Stiftung liegt gem. Schweizer Recht dann vor, wenn eine Person – der Stifter – einen Teil seines Vermögens in der Weise verselbständigt, dass er ihn aus seinem Rechtskreis ausscheidet und zur Verfolgung eines bestimmten Zweckes mit eigener Rechtspersönlichkeit ausstattet. Die Stiftung gehört zu den juristischen Personen. Folglich kann sie Rechte und Pflichten haben und durch ihre Organe selbständig im Rechtsverkehr auftreten, d.h. z.B. Verträge abschließen, klagen und verklagt werden.[3]

Das Stiftungsrecht findet sich im Schweizerischen Zivilgesetzbuch (ZGB) und der „Verordnung über die Revisionsstelle von Stiftungen". Die Aufsicht über gewisse Stiftungstypen kann auch kantonal geregelt sein.[4]

2. Stiftungstypen

Zunächst muss zwischen den öffentlich-rechtlichen und den privatrechtlichen Stiftungen unterschieden werden. Öffentlich-rechtliche Stiftungen unterstehen dem öffentlichen Recht und erfüllen mit ihrem Stiftungsvermögen öffentliche Aufgaben. Beispiele sind die Schweizer Kulturstiftung „Pro Helvetia" und

1691

---

1 Unser herzlicher Dank gilt Herrn Rechtsanwalt, Mediator und öff. Notar des Kantons St. Gallen Detlef Sommer, Partner hba Rechtsanwälte AG, Bellerivestrasse 28, CH-8008 Zürich und Herrn Rechtsanwalt Oliver Groenewold, BBA, LL.M., Partner, hba Rechtsanwälte AG, Bellerivestrasse 28, CH-8008 Zürich, die uns unterstützt haben.

2 Eckhardt/Jakob/von Schnurbein, Der Schweizer Stiftungsreport 2016, Basel/Zürich 2016, S. 2 ff.

3 Meier-Hayoz/Forstmoser, Schweizerisches Gesellschaftsrecht, 10. Aufl., Bern 2007, S. 58 f., 692.

4 Sprecher, zu Art. 84 Abs. 1 ZGB, in Die Revision des schweizerischen Stiftungsrechts, Zürich 2006, S. 113 f.

die Stiftung „Schweizerischer Nationalpark".[1] Die nachfolgenden Ausführungen beziehen sich einzig auf die privatrechtlichen Stiftungen.

2.1 Gemeinnützige Stiftung

1692 Der größte Teil aller Stiftungen ist als gemeinnützige Stiftung organisiert. Dabei liegen insbesondere kulturelle, karitative, soziale, wissenschaftliche oder humanitäre Anliegen im Zentrum. Gemeinnützige Stiftungen können beispielsweise der Ausbildung und Unterstützung von Künstlern, der Förderung kultureller Veranstaltungen und Einrichtungen (z. B. Bibliotheken und Museen), der Unterstützung von Wissenschaft und Forschung sowie der Ausstattung wissenschaftlicher Institute und Vergabe von Stipendien dienen.[2]

2.2 Familienstiftung

1693 Die Familienstiftung zeichnet sich dadurch aus, dass der Destinatärkreis zwingend auf die Familienmitglieder beschränkt ist (d. h. Blutsverwandte sowie durch Ehe und Adoption verbundene Personen).

Außerdem ist der Zweck der Familienstiftung insofern beschränkt, als die Stiftung einzig der Bestreitung der Kosten der Erziehung, Ausstattung oder Unterstützung von Familienangehörigen oder „ähnlichen Zwecken" dienen darf. Eine voraussetzungslose, d. h. nicht an eine bestimmte Bedarfssituation anknüpfende Leistung an Familienangehörige ist gemäß bundesgerichtlicher (und in der Lehre höchst umstrittener) Ansicht nicht zulässig. Weder das Stiftungsvermögen noch dessen Erträge dürfen der Bestreitung des allgemeinen Lebensunterhaltes oder der Verbesserung des Lebensniveaus der Destinatäre dienen. Solche sog. Unterhalts- oder Genussstiftungen sind nach Schweizer Recht unzulässig.[3] Ausländische Unterhaltsstiftungen (oder Trusts) werden jedoch in der Schweiz anerkannt.[4]

1694 Leistungen aus Familienstiftungen, welche im Hinblick auf die eng umschriebenen Möglichkeiten nach Art. 335 Abs. 1 ZGB ausgerichtet werden, können bei den Destinatären im Einzelfall (Voraussetzung: Unterstützungen aus privaten Mitteln, die für den Lebensunterhalt notwendig sind) steuerbefreit sein;

---

1 Häfelin/Müller/Uhlmann, Allgemeines Verwaltungsrecht, 6. Aufl., Zürich/St. Gallen 2010, S. 307 f.

2 Sprecher/von Salis-Lütolf, a. a. O., S. 31.

3 BGE 108 II 393; Hamm/Peters, Die schweizerische Familienstiftung – ein Auslaufmodell?, successio 2008 S. 248 f.

4 BGE 135 III 614; dazu m. w. N. Jakob, Ein Stiftungsbegriff für die Schweiz, Gutachten zum Schweizerischen Juristentag 2013, ZSR 2013 II S. 185 ff., 203 f.

anderenfalls unterliegen Ausschüttungen der Einkommensteuer. Weil die Familienstiftung die Leistungen nicht freiwillig erbringt, ist auch keine Schenkungsteuer geschuldet.

Erfolgen hingegen Ausschüttungen einer Familienstiftung, welche in Widerspruch zu den Möglichkeiten nach Art. 335 Abs. 1 ZGB stehen, so sind diese Leistungen nicht steuerfrei, sondern eher mit einer Dividende oder einer geldwerten Leistung einer Kapitalgesellschaft vergleichbar. Sie stellen für die Begünstigten steuerbares Einkommen dar und können bei der Stiftung als geschäftsmäßig begründeter Aufwand steuermindernd in Abzug gebracht werden.

2.3 Kirchliche Stiftung

Eine kirchliche Stiftung liegt vor, wenn eine kirchliche Zwecksetzung und eine organische Verbindung zu einer Religionsgemeinschaft vorliegen.   1695

Beispiele sind Stiftungen für Kultuszwecke (z. B. Unterhalt einer Kirche), für die Förderung einer entsprechenden religiösen Lehre sowie zur Förderung einer Missions- und Priesternachwuchstätigkeit.[1]

2.4 Unternehmensstiftung

Die Unternehmensstiftung ist eine Stiftung, bei der das gewidmete Vermögen ganz oder zum großen Teil aus einem Unternehmen (Unternehmensträger- oder Direktträgerstiftung) oder einer maßgebenden Beteiligung an einem Unternehmen (Holdingstiftung) besteht.[2] Sie ist gesetzlich nicht geregelt, sondern wurde durch die Praxis entwickelt.[3]   1696

Bei den durch eine Stiftung geführten Unternehmen kann es sich z. B. um Spitäler, Heime, Schulen, Bibliotheken, Museen und Theater handeln.[4]   1697

---

1 Hausheer/Aebi-Müller, Das Personenrecht des Schweizerischen Zivilgesetzbuches, 2. Aufl., Bern 2008, S. 366.
2 Meier-Hayoz/Forstmoser, a. a. O., S. 692.
3 Grüninger, Basler Kommentar, Zivilgesetzbuch I, 5. Aufl., Basel 2014, Vor Art. 80–89bis N 15 ff. m. w. N.; Zeiter, Errichtung einer Unternehmensstiftung – Attraktive Option in der Nachlassregelung, ST 10/04 S. 841.
4 Rumo-Jungo/Schmid/Schnyder/Tuor, Das Schweizerische Zivilgesetzbuch, 13. Aufl., Zürich 2010, S. 172; Zeiter, a. a. O., S. 841.

Gründe für die Errichtung solcher Stiftungen können insbesondere die folgenden sein:

► Wille, den Zweck und die Organisation eines Unternehmens auf Dauer zu fixieren, ohne dass die Ordnung durch Nachfolger umgestaltet werden kann;

► Beteiligung von Mitarbeitern, zu deren Gunsten die Stiftung errichtet wird;

► Sicherung der Unabhängigkeit einer Unternehmung.[1]

Die folgenden Gesellschaften werden u. a. von Holdingstiftungen gehalten: die Montres Rolex SA, die Lindt & Sprüngli AG, die Victorinox AG, die Vontobel Holding AG und die Reisebüro Kuoni AG.[2]

2.5 Personalfürsorgestiftung

1698 Personalvorsorgestiftungen bezwecken, vermögenswerte Leistungen an Arbeitnehmer oder deren Angehörige zu erbringen; sie werden auch Pensionskassen genannt. Die Leistungen werden v. a. zur Linderung der wirtschaftlichen Folgen von Alter, Invalidität und Tod erbracht.

Jeder Arbeitgeber, der obligatorisch zu versichernde Arbeitnehmer beschäftigt, ist verpflichtet, eine eigene berufliche Vorsorgeeinrichtung zu errichten oder sich einer bestehenden anzuschließen. Als Rechtsform für eine Vorsorgeeinrichtung ist dabei die Stiftung neben der Genossenschaft und Einrichtungen des öffentlichen Rechts am beliebtesten.[3] Ungefähr ein Drittel aller Stiftungen sind Personalfürsorgestiftungen.[4]

3. Organisation

1699 Was die Organisation der Stiftung anbelangt, besteht weitgehende Gestaltungsfreiheit.[5] Die Stiftung kennt als obligatorische Organe einzig den Stiftungsrat und die Revisionsstelle.[6]

---

1 Meier-Hayoz/Forstmoser, a. a. O., S. 697.
2 Grüninger, Basler Kommentar, Vor Art. 80–89 bis N 18.
3 Sprecher/von Salis-Lütolf, a. a. O., S. 197.
4 Rumo-Jungo/Schmid/Schnyder/Tuor, a. a. O., S. 170.
5 Jakob, Kurzkommentar ZGB, Basel 2011, Art. 83 N 1 ff.
6 Keine Revisionsstelle ist erforderlich bei der Familienstiftung sowie bei der kirchlichen Stiftung (vgl. Art. 87 Abs. 1 bis ZGB).

3.1 Stifter

Der Stifter widmet einen Teil seines Vermögens einer Stiftung. Seinen Willen legt er in der Stiftungsurkunde oder einer Verfügung von Todes wegen nieder.[1]   1700

Jede natürliche Person, die urteilsfähig und mündig ist (mind. 18 Jahre alt), kann Stifter sein. Es bestehen keine Einschränkungen bezüglich Nationalität oder Wohnort. Auch juristische Personen wie Gesellschaften und Vereine können Stiftungen errichten.[2]

3.2 Organe

3.2.1 Stiftungsrat

Dem Stiftungsrat obliegt die Oberleitung der Stiftung. Er ist zuständig für die Geschäftsführung und Vertretung und hat dafür zu sorgen, dass das Stiftungsvermögen nach Maßgabe des Stifterwillens verwendet wird und erhalten bleibt. Ihm stehen alle Befugnisse zu, die nicht ausdrücklich einem anderen Organ übertragen sind. Er hat folgende unentziehbare Aufgaben: 1701

▶ Regelung der Unterschrifts- und Vertretungsberechtigung für die Stiftung;

▶ Wahl des Stiftungsrates und der Revisionsstelle;

▶ Abnahme der Jahresrechnung.

Gemäß der geltenden Praxis der Eidgenössischen Stiftungsaufsicht wird verlangt, dass der Stiftungsrat aus mindestens drei natürlichen Personen oder Vertretern von juristischen Personen besteht und dass mindestens eines der zeichnungsberechtigten Mitglieder das Schweizer oder EU-Bürgerrecht besitzt und in der Schweiz seinen Wohnsitz hat.[3]

Die Tätigkeit im Stiftungsrat ist grundsätzlich ehrenamtlich, unter Vorbehalt des Ersatzes der effektiven Spesen und Barauslagen. Nur in Ausnahmefällen wird eine angemessene Aufwandentschädigung für besonders zeitaufwendige Arbeitsleistungen, die einzelne Mitglieder des Stiftungsrates für die Stiftung über die reine Sitzungsarbeit hinaus erbringen (z. B. Erarbeiten von Konzepten, Projekten, Geschäftsführungsaufgaben im Einzelfall, juristische Vertretung usw.), toleriert. Hingegen lässt die heutige Praxis der Steuerbehörden normalerweise keine von vornherein generell festgelegten Entschädigungen in Form von Pauschalen, Honoraren oder Sitzungsgeldern für Organe zu.   1702

---

1 Rumo-Jungo/Schmid/Schnyder/Tuor, a. a. O., S. 171.

2 Sprecher/von Salis-Lütolf, a. a. O., S. 60 f.

3 Leitfaden für Stiftungen gem. Art. 80 ff. ZGB, Eidgenössische Stiftungsaufsicht, Bern 2010, S. 5; Hausheer/Aebi-Müller, a. a. O., S. 353.

1703　Die Mitglieder des Stiftungsrats können gegenüber der Stiftung sowie Destinatären und Dritten haften. Diese Haftung kann nicht ausgeschlossen werden, sie ist zwingend.[1]

3.2.2　Revisionsstelle

1704　Der Stiftungsrat hat eine unabhängige, externe Revisionsstelle zu wählen, welche das Rechnungswesen der Stiftung jährlich zu überprüfen und über das Ergebnis dem Stiftungsrat einen detaillierten Prüfungsbericht mit Antrag zur Genehmigung zu unterbreiten hat.

Die Revisionsstelle muss außerdem die Einhaltung der gesetzlichen Vorschriften sowie der Bestimmungen der Statuten (Urkunde und Reglement der Stiftung) überwachen und dem Stiftungsrat bei Ausführung ihres Auftrags wahrgenommene Mängel mitteilen. Werden diese Mängel nicht innerhalb nützlicher Frist behoben, hat die Revisionsstelle nötigenfalls die Aufsichtsbehörde zu informieren.

Die Stiftung kann von der Aufsichtsbehörde von der Revision befreit werden, wenn während zwei aufeinander folgenden Geschäftsjahren die Bilanzsumme kleiner als 200.000 CHF ist und die Stiftung nicht öffentlich zu Spenden oder sonstigen Zuwendungen aufruft und die Revision nicht für eine zuverlässige Beurteilung der Vermögens- und Ertragslage der Stiftung notwendig ist.[2]

3.3　Destinatäre

1705　Destinatäre sind diejenigen Personen, denen gem. dem Stiftungszweck Leistungen der Stiftung zukommen. Die Destinatäre können beispielsweise anhand der folgenden Kriterien umschrieben werden: Staatsangehörigkeit, Wohnsitz, Religion, Alter, Beruf, Geschlecht oder Gruppe (z. B. Museumsbesucher) oder auch indirekt anhand des Zweckes (z. B. Betrieb eines Spitals).[3]

4.　Gründung

1706　Eine Stiftung wird errichtet, indem ein Vermögen einem besonderen Zweck gewidmet wird. Im Gesetz ist dabei kein Mindestkapital vorgesehen, praxisgemäß hat das Anfangskapital gem. der eidgenössischen Stiftungsaufsicht jedoch mindestens 50.000 CHF zu betragen.

1　Leitfaden für Stiftungen gem. Art. 80 ff. ZGB, a. a. O., S. 4 f.
2　Leitfaden für Stiftungen gem. Art. 80 ff. ZGB, a. a. O., S. 5 f.
3　Sprecher/von Salis-Lütolf, a. a. O., S. 154 f.

Sie kann zu Lebzeiten oder auf den Tod hin errichtet werden. Wird sie zu Lebzeiten begründet, ist eine öffentliche Urkunde erforderlich. Wird sie auf den Tod hin errichtet, muss dies in einer Verfügung von Todes wegen erfolgen, d. h. in einem Testament oder in einem Erbvertrag. Dabei müssen der Zweck, die Widmung des Anfangskapitals, der Name sowie auch die Organisation und Art der Verwaltung als zwingender Mindestinhalt festgelegt werden.

Bei Bedarf kann zusätzlich zur Stiftungsurkunde noch ein Reglement erstellt werden. Dieses kann im Gegensatz zur Stiftungsurkunde durch den Stiftungsrat abgeändert werden, womit der Stifter dem Stiftungsrat eine gewisse Autonomie und Flexibilität hinsichtlich der nachträglichen Anpassung der Organisation verschaffen kann.   1707

Vor der öffentlichen Beurkundung empfiehlt es sich, die Stiftungsurkunde und ein allfälliges Reglement der Eidgenössischen Stiftungsaufsicht dem zuständigen Kantonalen Handelsregisteramt sowie den zuständigen Steuerbehörden zur Vorprüfung und Genehmigung zu unterbreiten.

Schlussendlich bedarf es der Anmeldung beim Handelsregisteramt, mit der Ausnahme von Familienstiftungen und kirchlichen Stiftungen. Mit der Eintragung im Handelsregister erwirbt die Stiftung Rechtspersönlichkeit.[1]   1708

5. Stiftungsaufsicht

Die Stiftungen stehen unter der Aufsicht des Gemeinwesens (Bund, Kanton, Gemeinde), dem sie nach ihrer Bestimmung angehören. Maßgebend dabei sind v. a. der Zweck und die räumliche Ausdehnung der Stiftungstätigkeit.   1709

Die Aufsichtsbehörde hat dafür zu sorgen, dass das Stiftungsvermögen seinen Zwecken gemäß verwendet wird.

Die Personalfürsorgestiftungen, Familienstiftungen sowie die kirchlichen Stiftungen sind der Aufsichtsbehörde nicht unterstellt.[2]

(Einstweilen frei)   1710–1719

---

1 Leitfaden für Stiftungen gem. Art. 80 ff. ZGB, a. a. O., S. 3 f.
2 Leitfaden für Stiftungen gem. Art. 80 ff. ZGB, a. a. O., S. 2; Hausheer/Aebi-Müller, a. a. O., S. 355.

465

II. Stiftung nach liechtensteinischem Recht

1. Die liechtensteinische Stiftung und ihre Vorteile[1]

1720   Die Stiftung ist eine juristische Person und dient der rechtlichen Verselbständigung von Vermögenswerten durch deren Übertragung an die Stiftung.[2] Das liechtensteinische Stiftungsrecht bietet die Ausgestaltung von gemeinnützigen, privatnützigen (etwa Familien- und Unternehmensstiftungen) und gemischten Stiftungen. Des Weiteren ist die liechtensteinische Stiftung ein hervorragendes Instrument der Nachlassplanung und der Asset Protection. Einige Vorteile der privatnützigen Stiftung sind:

► Flexible Regelung der Begünstigung,

► Festsetzung der Vermögensnachfolge über Generationen hinweg,

► keine langwierigen Verlassenschaftsverfahren notwendig,

► fortgesetztes Engagement des Stifters möglich,

► Vermögensschutz,

► jahrzehntelange Tradition des liechtensteinischen Stiftungswesens,

► attraktive Besteuerung.

2. Definition und Erscheinungsformen

1721   Das Stiftungsvermögen scheidet aus dem Privatvermögen des Stifters aus. Eine Stiftung hat keine Eigentümer oder Mitglieder, sondern Begünstigte, respektive Personen, zu deren Gunsten die Verwirklichung des Stiftungszwecks erfolgt und zu denen auch der Stifter selbst zählen kann. Der Stifter hat allerdings das Recht, sich im Zuge der Stiftungserrichtung bestimmte Rechte (insbesondere Zweckänderungs- und/oder Widerrufsvorbehalt) vorzubehalten (sog. Stifterrechte). Jede Stiftung muss einen Stiftungszweck aufweisen. In der Wahl des Zwecks ist der Stifter frei, allerdings darf die Stiftung ein nach kaufmännischer Art geführtes Gewerbe nur betreiben, wenn es der Erreichung ihres nicht wirtschaftlichen Zwecks dient oder Art und Umfang der Haltung von Beteiligungen einen kaufmännischen Betrieb erfordern.

1722   Die Tätigkeit einer **gemeinnützigen Stiftung** ist ganz oder überwiegend gemeinnützigen Zwecken bestimmt. Es ist somit eine Förderung der Allgemein-

---

1 Unser Dank gilt Herrn Rechtsanwalt Dr. Goran Studen, LL.M. (Cambridge), Kanzlei JSP Jakob Studen Partner GmbH, Bellerivestrasse 29, CH-8008 Zürich, der uns unterstützt hat.
2 Jakob, Die liechtensteinische Stiftung: Eine strukturelle Darstellung des Stiftungsrechts nach der Totalrevision vom 26. Juni 2008, Schaan 2009, Rn. 35 ff.

heit, etwa auf karitativem, religiösem, wissenschaftlichem, kulturellem, sportlichem oder ökologischem Gebiet vonnöten.

Eine **privatnützige Stiftung** dient ganz oder überwiegend privaten oder eigennützigen Zwecken. Haupterscheinungsformen der privatnützigen Stiftung sind die Familienstiftung und die Unternehmensstiftung.   1723

3. Stiftungserrichtung

Die Errichtung einer Stiftung erfolgt entweder unter Lebenden durch die sog. Stiftungserklärung oder aber von Todes wegen durch letztwillige Verfügung oder Erbvertrag. Die Stiftungserklärung ist eine Willenserklärung des Stifters, eine Stiftung zu errichten. In der Praxis kommt es meist zu einer sog. fiduziarischen Errichtung (Treuhandgründung) durch einen liechtensteinischen Treuhänder als indirekten Stellvertreter des Stifters. Das Mindestkapital einer Stiftung muss 30.000 Schweizer Franken, Euro oder US-Dollar betragen. Nach der Erlangung der Rechtspersönlichkeit kann der Stifter jederzeit eine sog. Nachstiftung vornehmen; erfolgt eine Vermögenszuwendung durch einen Dritten, handelt es sich um eine Zustiftung. Das liechtensteinische Stiftungsrecht kennt keine Pflicht zur Vermögenserhaltung und kein geschriebenes Thesaurierungsverbot, wenngleich Selbstzweckstiftungen auch in Liechtenstein unzulässig sind.   1724

Die Stiftungserklärung ist in den Stiftungsdokumenten verkörpert. Die Statuten enthalten die zentralen Elemente der Stiftung und sind vom Stifter bzw. seinem Stellvertreter (Treuhänder) beglaubigt zu unterzeichnen. Der Stifter kann zusätzlich zu den Statuten auch Beistatuten und Reglemente errichten.   1725

Die Beistatuten müssen vom Stifter bzw. dem Treuhänder stammen und können jene Bereiche (i.d.R. Begünstigtenrangfolge, Auszahlungszeitpunkt, Anlagestrategie usw.) enthalten, die nicht zwingend in die Statuten aufgenommen werden müssen. Beistatuten können nur errichtet werden, wenn die Statuten einen diesbezüglichen Hinweis vorsehen. Zudem dürfen sie den Statuten nicht widersprechen.   1726

Im Anschluss an die Stiftungserklärung sind gemeinnützige Stiftungen sowie privatnützige Stiftungen, die ein nach kaufmännischer Art geführtes Gewerbe betreiben, in das Handelsregister einzutragen. Privatnützige Stiftungen (Familienstiftungen oder Unternehmensstiftungen) müssen nicht in das Handelsregister eingetragen werden, sondern erlangen schon mit der Stiftungserklärung Rechtspersönlichkeit. Allerdings ist binnen 30 Tagen nach Errichtung eine sog. Gründungsanzeige beim Handelsregister zu hinterlegen.   1727

Die liechtensteinische Finanzmarktaufsicht nimmt keinen Einfluss auf die Gründung einer Stiftung im Inland.

4. Stiftungsorgane

4.1 Stifter

1728 Der Stifter ist die zentrale Person im Stiftungsrecht, da die Stiftung der Verwirklichung seines Willens dient. Der Stifter kann eine natürliche oder juristische Person des In- oder Auslands sein. Eine Stiftung kann – außer bei letztwilliger Errichtung – auch mehr als einen Stifter haben. Dem Stifter kommen sämtliche Rechte eines Stiftungsbeteiligten zu. Auch bei fiduziarischer Stiftungserrichtung durch einen Treuhänder als Stellvertreter ist stets der wirtschaftliche Hintermann, also der Auftraggeber, Stifter i. S. d. Gesetzes.

Der Stifter kann somit nach außen anonym bleiben. Den Mitgliedern des Stiftungsrats ist seine Identität freilich zwingend bekanntzugeben, weil sie nur so seinem Willen zum Durchbruch verhelfen können.

4.2 Stiftungsrat

1729 Zur Verwirklichung des Stifterwillens bedient sich die Stiftung ihrer Organe. Einziges zwingendes Organ einer jeden Stiftung ist der Stiftungsrat. Der Stiftungsrat führt die Geschäfte der Stiftung und vertritt sie nach außen. Vor allem hat er sich unter Beachtung des Stifterwillens um die Verwaltung des Stiftungsvermögens sowie um das Rechnungswesen zu kümmern. Der Stiftungsrat hat wegen des Vieraugenprinzips aus mindestens zwei Mitgliedern zu bestehen, die natürliche oder juristische Personen aus dem In- oder Ausland sein können. Gemäß Art. 180a PGR muss jedoch ein zur Geschäftsführung und Vertretung befugtes Stiftungsratsmitglied ein inländischer Treuhänder oder eine gleichgestellte Person sein. Auch der Stifter selbst und die Begünstigten können Mitglieder des Stiftungsrats sein.

4.3 Revisionsstelle

1730 Jede Stiftung, welche der Aufsicht der Stiftungsaufsichtsbehörde (gemeinnützige Stiftungen) unterliegt, hat eine in Liechtenstein gem. Art. 191a PGR zugelassene Revisionsstelle als Stiftungsorgan einzurichten. Die Revisionsstelle hat einmal jährlich zu überprüfen, ob das Stiftungsvermögen in Übereinstimmung mit dem Stiftungszweck verwaltet und verwendet wird. Der Prüfungsbericht ist dem Stiftungsrat und der Stiftungsaufsichtsbehörde vorzulegen.

4.4 Stiftungsaufsichtsbehörde

Gemeinnützige Stiftungen unterliegen der Aufsicht durch die Stiftungsauf- 1731
sichtsbehörde (STIFA). Die STIFA hat von Amts wegen dafür zu sorgen, dass das
Stiftungsvermögen in Übereinstimmung mit dem Stiftungszweck verwaltet
und verwendet wird. Sie kann zu diesem Zweck von den Stiftungsorganen
sämtliche Informationen verlangen und in die Geschäftsbücher Einsicht nehmen. Des Weiteren hat sie den jährlichen Prüfbericht der Revisionsstelle zu
kontrollieren. Zwangsmaßnahmen wie die Abberufung der Stiftungsorgane,
die Durchführung von Sonderprüfungen oder die Aufhebung von Beschlüssen
der Stiftungsorgane muss die STIFA beim Landgericht beantragen.

Privatnützige Stiftungen, die in den Statuten der Stiftungsaufsicht unterstellt 1732
wurden, unterliegen in Aufsichtssachen demselben Regime wie die gemeinnützigen Stiftungen. Ist keine statutarische Unterstellung erfolgt, werden privatnützige Stiftungen nicht behördlich beaufsichtigt.

4.5 Repräsentant

Die Stiftungen haben eine Person zum Repräsentanten für die Vertretung ge- 1733
genüber den liechtensteinischen Behörden zu bestellen. Mit Zustimmung des
Amts für Justiz muss kein Repräsentant bestellt werden, falls die Vertretung
der Stiftung anderweitig gesichert ist oder eine inländische Zustelladresse bezeichnet worden ist.

Ist kein Repräsentant bestellt und liegt auch keiner der genannten Ausnahme-
tatbestände vor, ist die Stiftung aufzulösen und amtlich zu liquidieren. Der Repräsentant wird anlässlich der Stiftungserklärung ernannt und ist bei eintra-
gungspflichtigen Stiftungen im Öffentlichkeitsregister einzutragen.

5. Rechnungswesen

Stiftungen, die ein nach kaufmännischer Art geführtes Gewerbe betreiben, 1734
was nur unter sehr eingeschränkten Voraussetzungen zulässig ist, unterliegen
den allgemeinen Rechnungslegungsnormen. Sie haben auf den Zeitpunkt der
Eintragung im Öffentlichkeitsregister eine Bilanz und dann alljährlich eine ge-
prüfte Jahresrechnung zu erstellen. Bei allen anderen gemein- oder privatnützigen Stiftungen hat der Stiftungsrat Aufzeichnungen über die Verwaltung
und Verwendung des Stiftungsvermögens zu machen, die den Grundsätzen einer ordentlichen Buchführung entsprechen müssen. Die Ausführlichkeit der
Aufzeichnungen hängt dabei von den Vermögensverhältnissen der Stiftung
ab. Eine generelle Buchhaltungspflicht besteht jedoch nicht.

6. Beendigung der Stiftung

1735 Die Beendigung einer Stiftung bedarf eines Auflösungsgrundes, eines nachfolgenden Liquidationsverfahrens und einer Löschungsbestätigung des Amts für Justiz.[1] Durch die Auflösung ändert sich der Stiftungszweck: Die Stiftung hat nun sämtliche Aktivitäten auf die Beendigung ihrer Existenz auszurichten. Mögliche Auflösungsgründe sind die Konkurseröffnung über das Stiftungsvermögen, ein behördlicher Auflösungsbeschluss oder ein Auflösungsbeschluss des Stiftungsrats. Ein Auflösungsbeschluss des Stiftungsrats stellt den Regelfall dar. Ein solcher Beschluss ist vom Stiftungsrat zu fassen, wenn ihm ein zulässiger Widerruf des Stifters zugegangen ist, wenn der Stiftungszweck erreicht oder nicht mehr erreichbar ist, wenn die statutarische Stiftungsdauer abgelaufen ist oder wenn andere statutarische Gründe für die Auflösung gegeben sind. Ist z. B. das gesamte Vermögen der Stiftung an die Begünstigten ausgeschüttet worden, so hat der Stiftungsrat einen Auflösungsbeschluss zu fassen.

7. Steuern und Gebühren bei Stiftungen

7.1 Steuern

1736 Gemeinnützige Stiftungen, die ausschließlich gemeinnützige Zwecke verfolgen, können auf Antrag von der persönlichen Steuerpflicht befreit werden. Die Voraussetzungen für eine Befreiung sind jedoch sehr streng. So muss u. a. die ausschließliche Gemeinnützigkeit des Zwecks unwiderruflich festgelegt werden.

1737 Privatnützige Stiftungen unterliegen grundsätzlich als juristische Personen der Ertragsteuer. Die Steuer beträgt 12,5 % des steuerpflichtigen Reinertrages, jedoch mindestens 1.800 CHF pro Jahr.

1738 Das Steuergesetz kennt diverse steuerfreie Erträge, zu welchen u. a. Einlagen in Stiftungen durch den Errichter, Mieterträge aus im Ausland gelegenen Grundstücken und Gewinnanteile/Kapitalgewinne von Beteiligungen an in- oder ausländischen juristischen Personen gehören.

1739 Privatnützige Familienstiftungen können sich unter gewissen Voraussetzungen als sog. Privatvermögensstruktur (PVS) i. S. d. liechtensteinischen Steuergesetzes (Art. 64 SteG) qualifizieren. Wie es der Name andeutet, muss der Zweck

---

1 Jakob/Studen, Grundsatzfragen zur Auflösung liechtensteinischer Stiftungen, in: Schurr (Hrsg.), Zivil- und gesellschaftsrechtliche Fragen zur Führung und Abwicklung von Stiftungen, Zürich 2015, S. 135 ff.

der Stiftung vorwiegend der Anlage des eigenen Vermögens dienen und die Stiftung darf keine wirtschaftliche Tätigkeit ausüben. Sofern diese und weitere Kriterien erfüllt werden, kann der PVS-Status beantragt werden. Stiftungen mit dem PVS-Status haben lediglich die Mindestertragsteuer von 1.800 CHF pro Jahr zu entrichten.

Ausschüttungen aus liechtensteinischen Stiftungen unterliegen in Liechtenstein keiner Quellensteuer.

1740

Je nach detaillierter Ausgestaltung der Stiftung (unwiderruflich, widerruflich, diskretionär) kommen im Detail andere Steuerfolgen für die Stiftung, den Errichter und die Begünstigten zum Tragen. So unterliegt z. B. eine explizit widerrufliche Stiftung nicht der oben erwähnten Ertragssteuer, sondern die Erträge werden dem Errichter zugerechnet und bei diesem besteuert.

1741

7.2 Gebühren

Die Gebühren für Amtshandlungen des Amts für Justiz (Eintragungen, Hinterlegungen, Ausstellung von Amtsbestätigungen etc.) sind gesetzlich geregelt. So beträgt etwa die Gebühr für die Eintragung einer Stiftung im Handelsregister 700 CHF, für die Hinterlegung der Gründungsanzeige 300 CHF und für die Ausstellung einer beglaubigten Amtsbestätigung oder eines beglaubigten Registerauszugs 15 CHF.

1742

Die Gebühren der Stiftungsaufsichtsbehörde setzten sich aus der Evaluation von Revisionsberichten, den Entscheidungen über die Befreiung von der Pflicht zur Bestellung einer Revisionsstelle und für die Einsichtnahme in die Stiftungsunterlagen zusammen und betragen ca. 500 CHF bis 2.000 CHF p. a.

1743

Stiftungen und Vermögenswidmungen ohne Persönlichkeit entrichten eine Gründungsabgabe von zwei Promille des statutarisch bestimmten Kapitals, mindestens jedoch 200 CHF. Weitere Zuwidmungen von ausländischem Vermögen ohne Erhöhung des statutarisch bestimmten Kapitals führen zu keiner weiteren Abgabe und auch zu keinen Steuern. Wird Vermögen, das bisher der liechtensteinischen Vermögenssteuer unterlegen hat, in eine Stiftung eingelegt und unterliegt das Vermögen dadurch nicht mehr der Vermögenssteuer, wird eine Widmungssteuer von 6,25 % – 7,5 % fällig.

1744

III. Stiftung nach österreichischem Recht[1]

1. Einleitung

1745 Vor Einführung der Privatstiftung durch das PSG[2] konnte die eigentliche Stiftungsidee[3] in praxi oft nicht genutzt werden. Denn Stiftungen und Fonds durften nach damaliger Rechtslage[4] lediglich gemeinnützige oder wohltätige Zwecke verfolgen, was von den Stiftern jedoch nur selten in reiner Form gewollt war. Dagegen traten ausländische Stiftungsrechte zu dieser Zeit schon wesentlich liberaler auf. Aus diesen Gründen sah der Gesetzgeber im Jahre 1993 Handlungsbedarf und rief die Privatstiftung ins Leben, die einen regelrechten Siegeszug antrat. Von da an konnte die Privatstiftung einerseits zur nicht restlos gemeinnützigen, im öffentlichen Interesse liegenden Wirtschafts-, Wissenschafts- und Kunstförderung sowie andererseits als mittelbare Unternehmensträgerschaft oder zur Förderung von bestimmten Personen oder Personengruppen herangezogen werden. Darüber hinaus verfolgte der Gesetzgeber mit Einführung der Privatstiftung auch das Ziel, zusätzliche Vermögensabflüsse in ausländische Stiftungen zu bremsen sowie ausländische Investitionen in österreichische Stiftungen zu fördern, und realisierte ein an den Bedürfnissen des modernen Wirtschaftslebens orientiertes Privatstiftungsrecht.[5]

Seit ihrer Einführung wurden in Österreich rund 3.600 Privatstiftungen gegründet, wobei eine von politischen Diskussionen verursachte Verunsicherung die Zahl der Neugründungen seit 2012 erstmals zurückgehen ließ. Seitdem werden mehr Privatstiftungen gelöscht als neu errichtet. Trotzdem bestanden zuletzt aber noch immer 3.202 österreichische Privatstiftungen.[6]

2. Stiftungsidee und Gründungsmotive

1746 Wird Vermögen durch Errichtung einer Stiftung derart verselbständigt, dass auch der Eigentümer keinen Zugriff mehr darauf hat, wird es von seinem sowie vom Schicksal und Willen seiner Rechtsnachfolger unabhängig, wodurch

---

1 Unser Dank gilt Herrn Rechtsanwalt Dr. Joachim Zierler. Partner, Rechtsanwalt und Steuerberater, Held Berdnik Astner & Partner Rechtsanwälte GmbH, Karmeliterplatz 4, A-8010 Graz.
2 Privatstiftungsgesetz, BGBl 1993, 694.
3 Vgl. unten Rn. 1746.
4 § 1 Abs. 1 Bundes-Stiftungs- und Fondsgesetz (BStFG), BGBl 1975, 11 und einschlägige Landesgesetze.
5 Zu den Motiven des Gesetzgebers siehe ErläutRV 1132 BlgNR 18. GP 15.
6 Vgl. die Zahlen v. 2.9.2016 auf der Seite des österreichischen Stiftungsverbandes http://www.stiftungsverband.at/pages/facts-figures/die-oesterreichische-privatstiftung.php (abgerufen am 5.1.2017).

ein bestimmter, vom Stifter verfolgter Zweck „besser, zielstrebiger und auch dauerhafter verwirklicht werden" kann.[1]

Aufgrund des bedarfsorientiert ausgestalteten Gesetzes können die Gründungsmotive für einen Stifter vielfältig sein. Während ursprünglich vor allem Steuerersparnis angestrebt wurde, verlor dieses Motiv infolge wiederholter Gesetzesnovellierungen an Bedeutung und es werden heute vermehrt Vermögens- und Unternehmenserhalt angestrebt, um etwa Erbstreitigkeiten zu verhindern und Nachkommen zu versorgen. Darüber hinaus können Privatstiftungen auch eine Holding-Funktion wahrnehmen und betrieblich veranlasst sein[2] sowie für kulturelle oder wissenschaftliche Zwecke, wie z. B. den Erhalt einer künstlerischen Sammlung, oder auch für gemeinnützige Entwicklungshilfe, Tierschutz oder Gesundheitsvorsorge verwendet werden.[3]

3. Stiftungstypen

Abhängig davon, welchem Recht die Stiftungserrichtung zugehört, kann zwischen privatrechtlichen und öffentlich-rechtlichen Stiftungen differenziert werden.[4] Zu Ersteren zählen die bereits unter Punkt 1. erwähnte Privatstiftung sowie gemeinnützige Stiftungen nach dem BStFG 2015[5] und nach bestimmten Landesgesetzen. Zu Zweiteren gehören z. B. die Stiftung Österreichischer Rundfunk (ORF) und Stiftungen der katholischen Kirche nach dem Codex Iuris Canonici.[6] Nachfolgende Ausführungen widmen sich jedoch ausschließlich der Privatstiftung.

1747

4. Die Privatstiftung

4.1 Wesen und Rechtsnatur

Nach § 1 Abs. 1 PSG ist die Privatstiftung „ein Rechtsträger, dem vom Stifter ein Vermögen gewidmet ist, um durch dessen Nutzung, Verwaltung und Verwertung der Erfüllung eines erlaubten, vom Stifter bestimmten Zwecks zu dienen". Sie ist eine juristische Person mit eigener Rechtspersönlichkeit, die ihren

1748

---

1 ErläutRV 1132 BlgNR 18. GP 15.
2 Vgl. dazu unten die Beispiele Rn. 1754l.
3 Arnold in Arnold/Ludwig (Hrsg.), Stiftungshandbuch, 2. Aufl. 2014, Rn. 1/8–1/10.
4 So insbesondere Arnold in Arnold/Ludwig, Stiftungshandbuch, 2. Aufl. 2014, Rn. 1/2.
5 BStFG 2015, BGBl I 2015, 160; diese unterscheidet sich von der Privatstiftung insbesondere dadurch, dass zwingend ein gemeinnütziger Stiftungszweck gewählt und eine Errichtung auf bestimmte Zeit nicht möglich ist – die praktische Relevanz dieses Stiftungstyps ist jedoch gering.
6 Arnold in Arnold/Ludwig, Stiftungshandbuch, 2. Aufl. 2014, Rn. 1/2.

Sitz im Inland haben muss,[1] weshalb eine Sitzverlegung ins Ausland zu ihrer Auflösung führt.[2]

Im Unterschied zu sonstigen juristischen Personen wie einer AG, GmbH oder einem Verein verfügt die Privatstiftung weder über Eigentümer, Mitglieder noch Gesellschafter.[3]

4.2 Stiftungszweck

1749 Der Stiftungszweck gehört zum Mindestinhalt der Stiftungserklärung,[4] kann vom Stifter grundsätzlich frei gewählt werden und muss nach außen gerichtet sein.[5] Er kann nicht nur eigen- oder gemeinnützig ausgestaltet sein, sondern auch aus einer Mischform dieser beiden Zwecke bestehen, was in praxi häufig der Fall ist.[6] Eine Privatstiftung ohne Stiftungszweck ist unzulässig. Der Stifter kann auch keinen unerlaubten, gegen zwingendes Recht oder gegen die guten Sitten verstoßenden Zweck vorsehen sowie ihn auf die reine Selbsterhaltung nach innen beschränken (Selbstzweckstiftung).[7] Eine allgemeine Umschreibung des Zwecks ist dabei ausreichend.[8]

Vom Stiftungszweck zu unterscheiden ist der Gegenstand der Privatstiftung, der nach § 1 Abs 1 PSG in der „Nutzung, Verwaltung und Verwertung" des Stiftungsvermögens zur Erfüllung des Stiftungszwecks besteht und nicht unter eine der in § 1 Abs 2 PSG genannten unzulässigen Tätigkeiten fallen darf.

4.3 Stifter

1750 Stifter einer Privatstiftung unter Lebenden können gem. § 3 Abs. 1 PSG „eine oder mehrere natürliche oder juristische Personen sein".[9] Von Gesetzes wegen ist weder ein Mindestalter noch Geschäftsfähigkeit vorausgesetzt.[10] Stifter können nicht nur juristische Personen des privaten und des öffentlichen

---

1 Brditschka/Quass in Hasch & Partner (Hrsg.), PSG, 2. Aufl. 2014, § 1 Rn. 2 f.
2 ErläutRV 1132 BlgNR 18. GP 20.
3 RIS-Justiz RS0111737, zuletzt OGH v. 04. 11. 2013 - 10 Ob 22/13b.
4 § 9 Abs. 1 Ziff. 3 PSG; zur Stiftungserklärung vgl. unten Rn. 1752a.
5 Arnold in Arnold/Ludwig, Stiftungshandbuch, 2. Aufl. 2014, Rn. 13/1.
6 Arnold in Arnold/Ludwig, Stiftungshandbuch, 2. Aufl. 2014, Rn. 1/15 f.
7 Csoklich in Csoklich/Müller/Gröhs/Helbich (Hrsg.), Handbuch zum Privatstiftungsgesetz, 1994, 14; Arnold, Privatstiftungsgesetz – Kommentar, 3. Aufl. 2013, § 1 Rn. 11–13.
8 ErläutRV 1132 BlgNR 18. GP 19.
9 Vgl. die Unterschiede bei der Privatstiftung von Todes wegen unten unter Rn. 1754j.
10 Arnold in Arnold/Ludwig, Stiftungshandbuch, 2. Aufl. 2014, Rn. 2/26; freilich muss in diesen Fällen die Notwendigkeit einer Vertretung, einer pflegschaftsgerichtlichen Genehmigung sowie eines Kollisionskurators beachtet werden.

Rechts sein, sondern auch Offene Gesellschaften (OG) und Kommanditgesellschaften (KG), mangels Rechtsfähigkeit jedoch keine Gesellschaften bürgerlichen Rechts oder stille Gesellschaften.[1]

4.4 Begünstigter

Begünstigte (Destinatäre) sind diejenigen Personen, denen aus der Privatstiftung Zuwendungen oder sonstige Vorteile zukommen.[2] Sie sind weder Mitglieder noch Eigentümer der Stiftung[3] und müssen nicht schon vom Stifter in der Stiftungserklärung bestimmt werden, sondern er kann dessen Feststellung auch einer in der Stiftungserklärung bestimmten Stelle überlassen.[4] In der kautelarjuristischen Praxis wird für gewöhnlich dem Stiftungsvorstand das Recht auf Feststellung von Begünstigten übertragen, wobei dieses Recht in der Stiftungserklärung regelmäßig modifiziert wird, indem Vorgaben bei der Auswahl der Begünstigten bzw. weitere Beschränkungen üblich sind. Insofern ist der Stiftungsvorstand in seinem Ermessen bei der Auswahl und Feststellung von Begünstigten regelmäßig durch den Stifterwillen eingeschränkt. Dass jede Privatstiftung einen oder mehrere Begünstigte(n) haben muss, folgt wiederum daraus, dass eine Selbstzweckstiftung nicht zulässig ist.[5]

1751

Als Begünstigte kommen neben natürlichen Personen, wie dem Stifter selbst, auch andere in- oder ausländische vermögensfähige Rechtsträger wie etwa juristische Personen des öffentlichen und privaten Rechts, OG, KG oder auch die Allgemeinheit in Betracht.[6]

Vom Begünstigten zu unterscheiden ist der Letzt- oder Endbegünstigte, der zwar mit ersterem übereinstimmen kann, von Gesetzes wegen jedoch derjenige ist, dem erst „ein nach Abwicklung der Privatstiftung verbleibendes Vermögen" zukommen soll.[7]

---

1 Brditschka/Quass in Hasch & Partner, PSG, 2. Aufl., § 3 Rn. 6.
2 Arnold in Arnold/Ludwig, Stiftungshandbuch, 2. Aufl. 2014, Rn. 13/2.
3 OGH v. 12. 5. 1997 - 6 Ob 39/97x, ecolex 1997 S. 941 = JBl 1997 S. 776 (König) = SZ 70/92 = ARD 4882/21/97.
4 Dazu genauer vgl. unten unter Rn. 1754b.
5 Brditschka/Quass in Hasch & Partner, PSG, 2. Aufl., § 5 Rn. 5.
6 Brditschka/Quass in Hasch & Partner, PSG. 2. Aufl., § 5 Rn. 3, Arnold in Arnold/Ludwig, Stiftungshandbuch, 2. Aufl. 2014, Rn. 13/2.
7 § 6 PSG.

4.5 Beginn der Privatstiftung

4.5.1 Gründung

1752 Nach § 7 Abs. 1 PSG wird die Privatstiftung durch eine Stiftungserklärung (im Regelfall bestehend aus einer Stiftungsurkunde und einer Stiftungszusatzurkunde) errichtet, wobei die Verfassung einer Stiftungsurkunde als Gründungsakt ausreicht.[1] Rechtspersönlichkeit erlangt die Privatstiftung jedoch gem. § 7 Abs. 1 zweiter Halbsatz PSG erst durch die Eintragung ins Firmenbuch. Da sie grundsätzlich nicht unternehmerisch tätig sein darf, trägt sie keine Firma, sondern einen Namen, der sich gem. § 2 PSG von anderen im Firmenbuch eingetragenen Privatstiftungen deutlich unterscheiden muss, nicht irreführend sein darf und das Wort „Privatstiftung" ungekürzt zu enthalten hat.[2]

4.5.2 Stiftungserklärung/Stiftungsurkunde

1752a Die Grundlage der Privatstiftung ist eine einseitige Willenserklärung des Stifters, nämlich die Stiftungserklärung, die gem. § 39 Abs. 1 PSG durch einen Notariatsakt zu beurkunden ist.[3]

Der Mindestinhalt der Stiftungserklärung umfasst nach § 9 Abs. 1 PSG:

► die Widmung des Vermögens (Z 1),

► den Stiftungszweck (Z 2),

► die Bezeichnung des Begünstigten bzw. die Angabe der Stelle, die den Begünstigten festzustellen hat (Z 3),

► den Namen und den Sitz der Privatstiftung (Z 4),

► den Namen und die Anschrift des Stifters (Z 5),

    – das Geburtsdatum (bei natürlichen Personen),

    – die Firmenbuchnummer (bei im Firmenbuch eingetragenen Rechtsträgern),

► die Angabe, ob die Privatstiftung auf bestimmte oder unbestimmte Zeit errichtet wird (Z 6).

Die Inhalte gem. § 9 Abs. 1 PSG müssen dabei zwingend in die Stiftungsurkunde aufgenommen werden; die Aufnahme in eine Stiftungszusatzurkunde genügt nicht. Fakultativ kann die Stiftungserklärung gem. § 9 Abs. 2 PSG noch

---

1 Die Errichtung einer Stiftungszusatzurkunde ist fakultativ: Arnold in Arnold/Ludwig, Stiftungshandbuch, 2. Aufl. 2014, Rn. 2/1.
2 ErläutRV 1132 BlgNR 18. GP 20.
3 ErläutRV 1132 BlgNR 18. GP 24.

weitere Inhalte wie beispielsweise Regelungen über die Änderung der Stiftungserklärung (Z 7) oder den Vorbehalt des Widerrufs (Z 8) enthalten. Ist die Privatstiftung nämlich bereits entstanden, kann die Stiftungserklärung gem. § 33 Abs. 2 erster Satz PSG sowie § 34 erster Satz PSG nur dann geändert oder widerrufen werden, wenn sich der Stifter diese Möglichkeiten bereits in der Stiftungserklärung vorbehalten hat.

In der kautelarjuristischen Praxis wird neben einer Stiftungsurkunde fast ausnahmslos auch eine Stiftungszusatzurkunde errichtet, in welche all jene Bestimmungen aufgenommen werden, welche nicht zwingend in die Stiftungsurkunde aufzunehmen sind. Die Begründung hierfür ist darin zu finden, dass die Stiftungszusatzurkunde gem. § 10 Abs. 2 PSG nicht dem Firmenbuchgericht vorzulegen ist und somit der Öffentlichkeit nicht zugänglich ist.

4.6 Stiftungsvermögen

Zur Vermeidung von Missbräuchen hat der Gesetzgeber in § 4 PSG eine sog. „Seriositätsschwelle" vorgesehen und festgelegt, dass jeder österreichischen Privatstiftung ein Mindestvermögen i. H. v. 70.000 € gewidmet werden muss.[1] Diese Widmung hat zur Gänze in der Stiftungsurkunde zu erfolgen, so dass eine Widmung in einer Stiftungszusatzurkunde oder durch Nach- oder Zustiftung[2] nicht ausreicht.[3] Das gewidmete Vermögen muss zudem in die Verfügungsmacht der Privatstiftung übergehen,[4] so dass auch der Stifter den Zugriff darauf verliert.[5]

1753

Das in österreichischen Privatstiftungen liegende Vermögen setzt sich aus ungefähr 64 % Beteiligungen an Unternehmen, 24 % Immobilien und 12 % an sonstigem Privatvermögen zusammen.[6] Wird das Mindestvermögen teilweise oder zur Gänze in Fremdwährung oder durch sonstige Sachwerte aufgebracht, ist gem. § 11 Abs. 1 PSG eine Gründungsprüfung erforderlich, um die Werthaltigkeit und damit das Erreichen des Mindestvermögens sicherzustellen.[7]

---

1 Arnold, PSG, 3. Aufl., § 4 Rn. 2.

2 Widmet der Stifter Vermögen nachträglich außerhalb von Stiftungs- und Stiftungszusatzurkunde, handelt es sich um eine Nachstiftung, während sich für den Fall, dass das Vermögen von dritter Seite kommt, der Begriff „Zustiftung" etabliert hat: Arnold, PSG, 3. Aufl., § 4 Rn. 28.

3 Arnold, PSG, 3. Aufl., § 4 Rn. 10.

4 Gassauer-Fleissner/Grave, Stiftungsrecht, 2. Aufl. 2008, § 4 Rn. 1.

5 ErläutRV 1132 BlgNR 18. GP 15.

6 http://www.stiftungsverband.at/pages/facts-figures/die-oesterreichische-privatstiftung.php (abgerufen am 5. 1. 2017).

7 Kollros in Hasch & Partner, PSG, 2. Aufl., § 11 Rn. 1; Arnold, PSG, 3. Aufl., § 11 Rn. 4, 6; Hilber, Die Rolle des Wirtschaftsprüfers bei Privatstiftungen, RWZ 1999 S. 56.

4.7 Organe der Privatstiftung

1754 Gemäß § 14 Abs. 1 PSG sind der Stiftungsvorstand, der Stiftungsprüfer und ggf. der Aufsichtsrat als Organe der Privatstiftung zwingend vorgesehen.

4.7.1 Stiftungsvorstand

1754a Der Stiftungsvorstand ist das „Geschäftsführungs- und Vertretungsorgan"[1] der Privatstiftung, wird zum ersten Mal vom Stifter oder Stiftungskurator bestellt und umfasst gem. § 15 Abs. 1 PSG zumindest drei natürliche Personen als Mitglieder, wovon mindestens zwei ihren gewöhnlichen Aufenthalt in einem Mitgliedstaat der EU oder in einem Vertragsstaat des EWR haben müssen.[2]

Nach § 17 Abs. 1 PSG hat der Stiftungsvorstand die Aufgabe, die Privatstiftung zu verwalten, nach außen hin zu vertreten und dafür Sorge zu tragen, dass der Stiftungszweck erfüllt wird. Dabei ist er jedoch im Innenverhältnis stets an Bestimmungen der Stiftungserklärung sowie an Gläubigerschutzvorschriften gebunden.[3] Wurde in der Stiftungserklärung nicht Unentgeltlichkeit vorgesehen, gebührt dem Stiftungsvorstand für seine Tätigkeit eine seinen Aufgaben und der finanziellen Lage der Privatstiftung entsprechende Vergütung.[4]

Zur Hintanhaltung von Kollisionen und zur Wahrung der Objektivität des Organs beim Vollzug der Regelungen über den Begünstigten sind der Begünstigte selbst sowie die in § 15 Abs. 2 und 3 PSG genannten, dem Begünstigten nahestehenden Personen von der Mitgliedschaft im Stiftungsvorstand ausgeschlossen. Sofern bzw. solange er nicht selbst als Begünstigter festgestellt ist, gilt dies jedoch nicht für den Stifter selbst.[5]

4.7.2 Stiftungsprüfer

1754b Mit dem Stiftungsprüfer wird dem Stiftungsvorstand – unabhängig von Größe und Zweck der Privatstiftung[6] – ein „Kontrollorgan"[7] zur Seite gestellt, das vom Aufsichtsrat bzw. bei dessen Fehlen oder Säumigkeit vom Gericht zu be-

---

1 ErläutRV 1132 BlgNR 18. GP 26.
2 Nowotny in Csoklich/Müller/Gröhs/Helbich, Handbuch 151 f; Hasch in Hasch & Partner, PSG, 2. Aufl., § 15 Rn. 6.
3 Arnold, PSG, 3. Aufl., § 17 Rn. 6.
4 Arnold in Arnold/Ludwig, Stiftungshandbuch, 2. Aufl. 2014, Rn. 7/49.
5 ErläutRV 1132 BlgNR 18. GP 26.
6 Arnold, PSG, 3. Aufl., § 21 Rn. 2.
7 ErläutRV 1132 BlgNR 18. GP 26.

stellen ist.[1] Aufgrund geänderter Berufsbezeichnungen können für das Amt des Stiftungsprüfers nur Buchprüfer und Buchprüfungsgesellschaften, in bestimmten Fällen ausschließlich Wirtschaftsprüfer oder Wirtschaftsprüfungsgesellschaften – entgegen dem Wortlaut des § 20 Abs. 2 PSG –, nicht jedoch Steuerberater und Steuerberatungsgesellschaften, bestellt werden.[2]

Da seine Prüfpflicht nicht nur den Jahresabschluss einschließlich der Buchführung, sondern auch den Lagebericht umfasst, überwacht der Stiftungsprüfer nicht nur die Vollständigkeit und Richtigkeit von Vermögens- und Schuldposten und damit eine ordnungsmäßige Gebarung, sondern auch die Erfüllung des Stiftungszwecks. Da er nach h. A. auch zur Abwehr von Missständen verpflichtet ist, sorgt er außerdem auch für deren Durchsetzung.[3] Für seine Tätigkeit stehen ihm der Ersatz notwendiger Barauslagen sowie eine angemessene Entlohnung zu.[4]

Da eine vertrauenswürdige Prüfung nur derjenige durchzuführen imstande ist, der weder erheblichen Einflüssen ausgesetzt noch vom Prüfungsergebnis tangiert wird, sieht das Gesetz zur Wahrung der Unabhängigkeit einerseits in § 20 Abs. 3 PSG Ausschlustatbestände sowie andererseits in § 20 Abs. 4 PSG die Möglichkeit vor, die Vergütung des Stiftungsprüfers vom Gericht festsetzen zu lassen, wenn ein Einvernehmen mit dem Stiftungsvorstand nicht zu erzielen ist.[5]

4.7.3 Aufsichtsrat

Im Gegensatz zum Stiftungsvorstand und Stiftungsprüfer ist die Einsetzung eines aus mindestens drei natürlichen Personen bestehenden Aufsichtsrates als „weiteres Kontrollorgan"[6] gem. § 22 Abs. 1 PSG nur in zwei Fällen zwingend vorgesehen, nämlich wenn

1754c

▶ die Privatstiftung mehr als 300 Arbeitnehmer beschäftigt (Z 1) oder

▶ die Privatstiftung inländische Kapitalgesellschaften oder inländische Genossenschaften i. S. d. § 15 AktG einheitlich leitet oder solche Kapitalgesellschaften oder inländische Genossenschaften aufgrund einer unmittelbaren

---

1 Nowotny in Csoklich/Müller/Gröhs/Helbich, Handbuch 163; zur Frage, wann ein Aufsichtsrat bestehen muss, siehe unten unter Rn. 1754c.

2 Arnold in Arnold/Ludwig, Stiftungshandbuch, 2. Aufl. 2014, Rn. 8/2.

3 Hasch/Weberndorfer in Hasch & Partner, PSG, 2. Aufl., § 20 Rn. 2 m. w. N.; Arnold, PSG, 3. Aufl., § 21 Rn. 4.

4 Arnold in Arnold/Ludwig, Stiftungshandbuch, 2. Aufl. 2014, Rn. 8/12.

5 Arnold, PSG, 3. Aufl., § 20 Rn. 2, 32.

6 ErläutRV 1132 BlgNR 18. GP 26.

Beteiligung von mehr als 50 % beherrscht und die genannten Gesellschaftsformen durchschnittlich mehr als 300 Arbeitnehmer beschäftigen, was jedoch nur der Fall ist, wenn sich die Tätigkeit der Privatstiftung nicht nur
auf die Verwaltung von Unternehmensanteilen der beherrschten Unternehmen beschränkt (Z 2: Konzernaufsichtsrat).

Bei Vorliegen dieser Voraussetzungen ist der erste Aufsichtsrat vom Stifter
zwingend schon bei Errichtung der Privatstiftung zu bestellen, nach Entstehung der Privatstiftung oder bei Nachbesetzung sowie Erweiterung des Aufsichtsrates kommt diese Kompetenz dem Gericht zu.[1] Unter den Prämissen
des § 110 ArbVG[2] kann darüber hinaus das Recht der Arbeitnehmerschaft auf
drittelparitätische Besetzung des Aufsichtsrates mit Arbeitnehmervertretern
bestehen.[3] Liegen die Voraussetzungen nicht vor, kann der Stifter sich dennoch
dazu entschließen, einen fakultativen Aufsichtsrat durch dessen Aufnahme in
die Stiftungserklärung einzurichten.[4] Von dieser Möglichkeit wird jedoch in
praxi regelmäßig kein Gebrauch gemacht.

Die Kontrollfunktion des Aufsichtsrats wirkt überwiegend als Nachkontrolle
durch die Wahrnehmung von Auskunfts- und Einsichtsrechten zur Überwachung von Geschäftsführung und Gebarung. Ein Instrument zur Kontrolle
vorab ist dagegen das Vertretungsrecht des Aufsichtsrates, wenn die Privatstiftung mit den Mitgliedern des Stiftungsvorstandes Rechtsgeschäfte vornehmen will.[5] Für seine Tätigkeit hat jedes Aufsichtsratsmitglied gegenüber der
Privatstiftung Anspruch auf Vergütung.[6] Arbeitnehmervertreter üben das Amt
dagegen ehrenamtlich aus.[7]

Zur Wahrung der Unabhängigkeit bestimmt § 23 Abs. 1 PSG, dass ein Aufsichtsratsmitglied nicht gleichzeitig Mitglied des Stiftungsvorstandes oder als
Stiftungsprüfer tätig sein darf. Zur Sicherung der ordnungsgemäßen Ausführung des Mandats und der damit verbundenen Rechte und Pflichten darf darüber hinaus auch kein Aufsichtsratsmitglied insgesamt mehr als zehn Auf-
sichtsratsmandate halten oder Mitgliedschaften in vergleichbaren Organen einer Privatstiftung haben.[8] In praxi ist der Aufsichtsrat jedoch von geringer Be-

---

1 Arnold, PSG, 3. Aufl., § 24 Rn. 4–5, 14.
2 Arbeitsverfassungsgesetz, BGBl 1974, 22.
3 Arnold in Arnold/Ludwig, Stiftungshandbuch, 2. Aufl. 2014, Rn. 9/8.
4 Hasch/Routil in Hasch & Partner, PSG, 2. Aufl., § 22 Rn. 31 f.
5 Hasch/Weberndorfer in Hasch & Partner, PSG, 2. Aufl., § 25 Rn. 5; Arnold, PSG, 3. Aufl., § 25 Rn. 5.
6 § 26 PSG.
7 Arnold, PSG, 3. Aufl., § 26 Rn. 2.
8 Arnold, PSG, 3. Aufl., § 23 Rn. 25.

deutung, zumal auch die Kriterien für einen zwingend einzurichtenden Aufsichtsrat nur selten erfüllt werden.[1]

4.7.4 Weitere Stiftungseinrichtungen

§ 14 Abs. 2 PSG räumt dem Stifter die Möglichkeit ein, zusätzlich zu den zwingend einzurichtenden Organen, fakultative „Kontroll- oder Beratungsorgane"[2] zur Wahrung (nicht aber zur direkten Umsetzung[3]) des Stiftungszwecks durch Aufnahme in die Stiftungsurkunde sowie durch grobe Skizzierung der ihnen zugedachten Kompetenzen zu schaffen.[4] Deren Mitglieder können nicht nur natürliche, sondern auch juristische Personen sein.[5]

1754d

4.7.4.1 Stiftungsbeirat

Der Stiftungsbeirat nimmt in der Privatstiftung aufsichtsratsähnliche Funktionen wahr[6] und kann auch neben einem zwingenden oder fakultativen Aufsichtsrat eingerichtet werden.[7] Nicht übertragen werden dürfen ihm jedoch die Bestellung des Stiftungsprüfers und die Vertretung der Privatstiftung bei Rechtsgeschäften mit Vorstandsmitgliedern, wohl aber das grundsätzliche Recht, den Stiftungsvorstand oder eines seiner Mitglieder abzuberufen.[8]

1754e

4.7.4.2 Stelle

Wie bereits unter Rn. 1751 hingewiesen, kann der Stifter in der Stiftungsurkunde gem. § 5 Satz 2 i.V.m. § 9 Abs. 1 Z 3 PSG eine Stelle, z.B. einen Beirat, eine stiftungsexterne Person, ein externes Gremium oder auch sich selbst, einsetzen und mit der Kompetenz betrauen, mit bindender Wirkung gegenüber dem Stiftungsvorstand den Begünstigten festzustellen zu können – es sei denn, der Stiftungszweck ist auf die Begünstigung der Allgemeinheit gerichtet. In der Praxis fällt die Wahl der Stifter häufig auf den Stiftungsvorstand selbst, dessen Entscheidungskompetenz hinsichtlich Begünstigtenkreis sowie Höhe,

1754f

---

1 Arnold in Arnold/Ludwig, Stiftungshandbuch, 2. Aufl. 2014, Rn. 9/5.
2 ErläutRV 1132 BlgNR 18. GP 26.
3 Gassauer-Fleissner/Grave, Stiftungsrecht, 2. Aufl., § 14 Rn. 1.
4 Arnold, PSG, 3. Aufl., § 14 Rn. 18.
5 Das Erfordernis eines gewöhnlichen Aufenthalts in einem EU- oder EWR-Staat gilt für sie nicht: Hasch in Hasch & Partner, PSG, 2. Aufl., § 14 Rn. 64.
6 Hasch in Hasch & Partner, PSG, 2. Aufl., § 14 Rn. 58.
7 Arnold, PSG, 3. Aufl., § 22 Rn. 23.
8 Hasch in Hasch & Partner, PSG, 2. Aufl., § 14 Rn. 58 f.

Art und Häufigkeit der Zuwendungen vom Stifter regelmäßig eine nähere Determinierung erfährt.[1]

4.8 Beendigung der Privatstiftung

4.8.1 Widerruf

1754g Wie unter Rn. 1752a bereits gezeigt, kann die Privatstiftung vom Stifter zur Gänze widerrufen werden, sofern er sich den Widerruf in der Stiftungsurkunde vorbehalten hat. Ein bloß teilweiser Widerruf ist nicht möglich. Darüber hinaus kann ein Widerrufsrecht nur natürlichen Personen als Stiftern vorbehalten werden; einer juristischen Person kann aufgrund der deutlichen Anordnung des § 34 PSG der Widerruf der Privatstiftung nicht vorbehalten werden. Daher empfiehlt es sich, in praxi regelmäßig auch natürliche Personen zumindest als Mitstifter vorzusehen, um die Möglichkeit des Widerrufs der Privatstiftung zu schaffen. Der Widerruf bedarf der Form eines Notariatsaktes und muss sodann dem Stiftungsvorstand zugehen, woraufhin dieser einstimmig die Auflösung der Privatstiftung zu beschließen hat.[2]

4.8.2 Auflösung

1754h Die Auflösungsgründe sind in § 35 PSG zwingend und taxativ geregelt.[3] Demnach wird die Privatstiftung aufgelöst, wenn die vorgesehene Dauer abgelaufen ist (Z 1), über ihr Vermögen Insolvenz eröffnet (Z 2) oder diese mangels kostendeckenden Vermögens rechtskräftig nicht eröffnet wurde (Z 3), sowie dann, wenn der Stiftungsvorstand einstimmig (Z 4) oder das Gericht (Z 5) die Auflösung beschlossen haben, wobei in den ersten vier Fällen jeweils der Stiftungsvorstand die Auflösung zum Firmenbuch anzumelden hat.[4]

Ist dem Stiftungsvorstand außerdem ein zulässiger Widerruf des Stifters zugegangen (Z 1), wurde der Stiftungszweck nicht erreicht oder ist dieser nicht mehr erreichbar (Z 2), hat eine eigennützige Privatstiftung zur Versorgung von natürlichen Personen schon 100 Jahre gedauert, ohne dass alle Letztbegünstigten deren Fortsetzung beschließen (Z 3), oder liegen andere vom Stifter in der Stiftungserklärung genannte Gründe vor (Z 4), so hat der Stiftungsvorstand

---

1 Arnold in Arnold/Ludwig, Stiftungshandbuch, 2. Aufl. 2014, Rn. 13/6.
2 Arnold, PSG, 3. Aufl., § 34 Rn. 1, 4, 6, 12, 19.
3 Arnold, PSG, 3. Aufl., § 35 Rn. 2–2a.
4 Arnold, PSG, 3. Aufl., § 35 Rn. 20a.

gem. § 35 Abs. 2 PSG einen einstimmigen Auflösungsbeschluss zu fassen, der nach § 39 Abs. 2 PSG einer notariellen Niederschrift bedarf.[1] Kommt ein einstimmiger Beschluss nicht zustande, kann nach § 35 Abs. 3 PSG die Auflösung bei Gericht beantragt werden. Eine solche findet außerdem auch dann statt, wenn die Privatstiftung unzulässigerweise eine in § 1 Abs. 2 PSG genannte Tätigkeit ausführt, insbesondere daher in unzulässiger Weise unmittelbar eine gewerbsmäßige Tätigkeit ausübt.

Nachdem die Privatstiftung aufgelöst ist, hat sie der Stiftungsvorstand abzuwickeln sowie den Abschluss der Abwicklung zur Eintragung ins Firmenbuch anzumelden, was die Löschung der Privatstiftung zur Folge hat.[2]

4.9 Arten der Privatstiftung

4.9.1 Gemeinnützige und eigennützige Privatstiftung

Während gemeinnützige Privatstiftungen ausschließlich gemeinnützige, mildtätige oder kirchliche Zwecke i. S. d. §§ 34 ff. BAO verfolgen, bezwecken eigennützige Privatstiftungen die Förderung bestimmter oder individualisierbarer Personen. Sind diese Familienangehörige des Stifters, werden solche Privatstiftungen als Familienstiftung bezeichnet.[3]

1754i

4.9.2 Privatstiftung unter Lebenden oder von Todes wegen

Auch für Privatstiftungen von Todes wegen gilt das PSG. Ein wesentlicher Unterschied ist jedoch, dass eine Stiftermehrheit bei der Privatstiftung von Todes wegen nicht möglich ist, weil § 3 Abs. 1 Satz 2 PSG nur einen einzigen Stifter – nämlich eine natürliche Person – zulässt. Nach § 39 Abs. 1 PSG müssen bei der Stiftung von Todes wegen außerdem nicht nur die Formerfordernisse des Notariatsaktes, sondern auch jene der letztwilligen Verfügung eingehalten werden.[4]

1754j

4.9.3 Versorgungsprivatstiftung

Die Versorgungsprivatstiftung ist in Österreich am weitesten verbreitet und verfolgt das Motiv, Familienangehörige oder sonstige Personen durch Zuwen-

1754k

---

1 Arnold, PSG, 3. Aufl., § 35 Rn. 7.
2 §§ 36 f. PSG.
3 Arnold in Arnold/Ludwig, Stiftungshandbuch, 2. Aufl. 2014, Rn. 1/15 und 1/24.
4 Arnold in Arnold/Ludwig, Stiftungshandbuch, 2. Aufl. 2014, Rn. 1/14.

dungen, die aus dem gestifteten, fruchtbringenden Vermögen wie z. B. aus Immobilien oder Unternehmensbeteiligungen resultieren, zu versorgen.[1]

4.9.4 Betriebliche Arbeitnehmerförderungsprivatstiftung

1754l Arbeitnehmerförderungsprivatstiftungen sind für Unternehmen einerseits interessant, weil sie mit ihnen ihre soziale Verantwortung gegenüber den Arbeitnehmern wahrnehmen können, indem sie z. B. Pensionisten, Hinterbliebenen oder Opfern von Massenentlassungen Zuwendungen zukommen lassen, und andererseits deshalb, weil sie diese Ausgaben steuermindernd als Betriebsausgaben absetzen können.[2]

4.9.5 Betriebliche Unternehmenszweckprivatstiftung

1754m Die Unternehmenszweckprivatstiftung wird von einem Unternehmen gegründet, damit sie deren Betriebszweck oder den Betriebszweck eines mit diesem verbundenen Konzernunternehmens fördert. Diese Förderung kann je nach Unternehmensgegenstand der Stifterin unterschiedlich aussehen und z. B. in der Entwicklung von Produkten, deren Absatz nur der Stifterin zusteht, bestehen.[3]

4.9.6 Betriebliche Belegschaftsbeteiligungsstiftung

1754n Durch Belegschaftsbeteiligungsstiftungen kann der Arbeitgeber Erträge aus Beteiligungen an seinem Unternehmen allen Arbeitnehmern, bestimmten Arbeitnehmergruppen oder auch früheren Arbeitnehmern zukommen lassen.[4]

IV. Trust

1. Einleitung

1755 Die Geschichte des Trusts beginnt in England im 12. Jahrhundert zur Zeit der Kreuzzüge. Die am Kreuzzug teilnehmenden britischen Adligen übertrugen befristet ihre Ländereien auf einen Trust, damit sie während ihrer Abwesenheit

---

1 Wolf, Österreichische Privatstiftung, 4. Aufl. 2012, 13.
2 Wolf, Privatstiftung, 4. Aufl., 12; Arnold in Arnold/Ludwig, Stiftungshandbuch, 2. Aufl. 2014, Rn. 1/30.
3 Wolf, Privatstiftung, 4. Aufl., 13; Arnold in Arnold/Ludwig, Stiftungshandbuch, 2. Aufl. 2014, Rn. 1/29.
4 Arnold in Arnold/Ludwig, Stiftungshandbuch, 2. Aufl. 2014, Rn. 1/31.

eine Vertrauensperson effektiv verwalten konnte. Bei ihrer Rückkehr wurde der Trust dann aufgelöst und sie erhielten ihr Vermögen zurück.

In den **USA** hat sich der Trust etabliert, um das sog. **Probate Verfahren** zu vermeiden und sich gleichzeitig die Kontrolle über seine Vermögensgegenstände zu erhalten. Das „Probate Verfahren"[1] ist das in den USA – je nach Bundesstaat unterschiedlich – gesetzlich geregelte Nachlassverfahren. Anders als nach deutschem Recht findet in den USA im Erbfall keine Universalsukzession auf die Erben statt, sondern der Nachlass bildet ein **Sondervermögen** (Estate), welches auseinanderzusetzen ist. Folge hiervon ist, dass es zu einer kosten- sowie zeitintensiven[2] gerichtlichen Nachlassauseinandersetzung kommen kann.

Bereits zu Lebzeiten des Erblassers (Errichters) erfolgt die Gründung eines sog. revocable Inter Vivos Trust.[3] Mit dem Tod des Errichters (Settlors/Grantors) wird der Trustee (vgl. Rn. 1761) zu demjenigen, der **außerhalb des Nachlassverfahrens** die auf ihn übertragenen Vermögensgegenstände nach den Vorgaben der Trust Statuten oder des Letter of Wishes (quasi wie ein Testamentsvollstrecker) unter den Erben verteilt.

Weiterhin werden Trusts als „**Asset Protection** und Sheltering" eingesetzt, um Vermögen oder Teile davon vor dem Zugriff potenzieller, künftiger Gläubiger zu schützen. Analoge Überlegungen gelten für Pflichtteilsvermeidungsstrategien oder für den Schutz der „nicht mündigen" Erben vor sich selbst. Letzteres hat sich oftmals im Unternehmensbereich niedergeschlagen.

Ein weiterer Sicherungszweck liegt darin, dass man vor Einreise in sog. „High Tax Jurisdictions", also in Länder, die eine relative hohe Steuerlast haben, sein Vermögen in einem vermögensverwaltenden Trust „parkt" (sog. **pre-immigration trusts**). Diese Instrumente werden z. B. bei einem Wegzug nach Kanada oder in die USA verwendet.[4]

Ein weiterer Aspekt kann das hohe Maß an **Diskretion** sein, das der Trust bietet. Je nach Land kann er ohne behördliche Mitwirkung errichtet werden und

1756

1757

1758

1759

---

1 Vereinfacht dargestellt gestaltet sich das Probate Verfahren in drei Schritten. Der Verwalter („administrator" oder „executor" = „personal representative") nimmt 1. die Vermögensgegenstände des Erblassers in Besitz, bezahlt 2. Gläubiger und Steuerschulden und kehrt 3. das restliche Vermögen nach dem Willen des Erblassers an die Erben bzw. Vermächtnisnehmer aus.

2 In der Regel mindestens ein Jahr.

3 Andere Möglichkeiten zur Vermeidung eines Probate Verfahrens sind „life insurances", „savings accounts" und „joint tenancies".

4 Bei Deutschen, die z. B. in die USA auswandern, ist jedoch die sog. „nacheilende Besteuerung" des § 2 Abs. 1 Nr. 1b) ErbStG zu beachten, wonach die Errichtung eines irrevocable pre-immigration trusts noch bis zu zehn Jahre nach Wegzug aus Deutschland Schenkungsteuer auslösen kann.

bedarf keiner staatlichen Genehmigung. Der Errichtungsakt ist ebenfalls teilweise formlos möglich. In der Regel muss nicht einmal ein Notar bei der Gründung eingeschaltet werden. Dieser Diskretion sind natürlich auch Grenzen gesetzt. Nur in wenigen Ländern kann ein Trustee für einen Trust heute noch ein Bankkonto eröffnen, ohne den Namen des wirtschaftlich Berechtigten der Bank gegenüber offen legen zu müssen.

2. Die Beteiligten an einem Trust

1760 Der **Settlor** eines Trusts ist das Pendant zum Stifter bei einer Stiftung. Beide errichten und bringen Vermögenswerte in die Stiftung ein bzw. übertragen diese auf den Trustee. Nach der Errichtung des Trusts ist die Aufgabe des Settlors beendet, es sei denn, es werden besondere Rückforderungsrechte ausbedungen (sog. „settlor's rights").

1761 Der **Trustee** ist Inhaber eines Sondervermögens, welches er im Interesse der Begünstigten zu halten und zu verwalten hat. Unstreitig ist, dass der Trustee einen Ermessensspielraum (discretion) haben kann. Ein Settlor sollte in den Trust-Statuten regeln, welche Kompetenzen dem Trustee zukommen.

1762 **Beneficiaries** (Begünstigte) haben – wie Destinatäre einer Stiftung – nicht die Stellung von Mitgliedern, sondern sie sind lediglich Nutznießer des Stiftungsvermögens. Ihnen (auch „Begünstigten" genannt) stehen grundsätzlich keine mitgliedschaftsähnlichen Rechte zu. Die Rechtsstellung der Beneficiaries wird wesentlich durch das Truststatut bestimmt. Hierbei unterliegt der Settlor grundsätzlich keinen Beschränkungen. Sofern die Satzung keine anderweitige Regelung enthält, haben die Beneficiaries keine Verwaltungs- und Kontrollbefugnisse. Der Settlor kann den Beneficiaries aber in der Satzung ausdrücklich solche Rechte einräumen. Als Begünstigte kommen sowohl natürliche als auch juristische Personen in Betracht. Der Vorteil des Trusts (aber auch einer Familienstiftung) ist die Möglichkeit, über Jahrzehnte die Geschicke des Vermögens und damit über Generationen hinweg lenken zu können.

1763 Ein **Protektorenrat** (Kuratorium) kann, muss aber vom Settlor nicht, eingesetzt werden. Diese Gremien sind meistens reine Kontroll-/Überwachungsinstanzen. Die genaue Umschreibung der Rechte und Pflichten kann sich entweder aus den Truststatuten oder aber aus sonstigen Dokumenten (z.B. dem sog. Beistatut) ergeben. Oft steht die beratende Funktion im Vordergrund; Entscheidungskompetenzen werden eher selten auf dieses Gremium übertragen.

1764 Während eine Stiftung als juristische Person Eigentümer von Vermögen sein kann, ist dies beim Trust nicht möglich. Das Trustvermögen stellt im Gesamtvermögen des Trustees ein aussonderbares **Sondervermögen** dar, welches den Gläubigern des Trustees nicht als Haftungssubstrat zusteht und welches bei pflichtwidriger Veräußerung an einen Dritten von den geschädigten Begünstigten herausverlangt werden kann. Es besteht aus Sicht der Begünstigten ein „quasi" dinglicher Eigentumsanspruch. Dies folgt aus dem Dualismus der Eigentumsrechte – der Trustee ist nach Common Law der Eigentümer – der Beneficiary kann aufgrund des Trust Statutes i.V.m. dem Equity Law – eine dinglich ausgestaltete – Rechtspositionen innehaben. Typisch ist, dass durch den **Widmungsakt** ein eigenes bzw. gesondert zu verwaltendes Vermögen entsteht. Die Widmung gibt die Bindung – revocable oder irrevocable – vor. Diese Bindung ist teilweise auch nach ausländischem Recht entscheidend für die Frage, ob ein Trust wirksam entstanden ist, oder ob nur eine „verkleidete" Geschäftsbesorgung (agency agreement) vorliegt.

3. Die Gründung eines Trusts

Die Gründung eines Trusts setzt zweierlei voraus: 1765

(1) Eine **Errichtungserklärung** in einem einseitigen Rechtsgeschäft unter Lebenden oder auf den Todesfall, in dem der Errichter (Trustor/Settlor/Grantor – im folgenden nur „Settlor" genannt) jeweils die Person des Trustee und den Umfang dessen Pflichten sowie den oder die Begünstigten (Beneficiaries) bestimmt und den Umfang des Trustvermögens festlegt, und

(2) einen Übertragungsakt, in dem die Vermögenswerte auf den Trustee übertragen werden. Unterschieden wird zum einen zwischen der Errichtung und der Verwaltung eines Trusts unter Lebenden (inter vivos) oder von Todes wegen (testamentary trust) und zum anderen zwischen den persönlichen Rechtsbeziehungen der Beteiligten und den Rechten am Trustvermögen.

3.1 Inter Vivos Trust

Hinsichtlich der **rechtlichen Beurteilung** der Errichtung und Verwaltung eines **Inter Vivos Trusts** werden unterschiedliche Auffassungen vertreten, die zum Einen auf das Gesellschaftsstatut und zum Anderen auf das Schuldrechtsstatut abstellen. 1766

Eine Meinung geht davon aus, dass der Trust ein selbständig administriertes Sondervermögen bildet und lässt das sog. **Gesellschaftsstatut** zur Anwendung kommen. Je nachdem, ob man der Sitz- oder der Gründungstheorie folgt, bestimmt sich das hiernach anwendbare Recht für die Beurteilung des Trusts. Bei einem Trust ohne hinreichenden Organisationsgrad soll sich nach dieser Meinung das anwendbare Recht nach den dem Treuhänder anvertrauten Vermögensrechten richten. Bei Sachen wird mithin die lex rei sitae (Recht des Belegenheitsortes), bei Forderungen das Forderungsstatut zur Anwendung gebracht.

Nach anderer Ansicht besteht eine Parallele zum Vertrag über die Errichtung einer Verwaltungstreuhand. Danach käme es zu einer schuldrechtlichen Qualifikation (**Schuldrechtsstatut**) des Trusts. Demnach kann entweder eine Rechtswahl getroffen werden, oder aber das anwendbare Recht richtet sich nach dem Recht mit dem der Trust die engste Verbindung aufweist.

1767 In der Praxis wirkt sich vorgenannter „Theorienstreit" i.d.R. nicht aus. Der Settlor will einen funktionierenden Trust errichten und wird deshalb eine Jurisdiktion wählen, die den Trust kennt. Des Weiteren wird der effektive Sitz des Trustees auch in diesem Staat sein.

In sachenrechtlicher Hinsicht ist des Weiteren zu berücksichtigen, dass der Trust als solcher keine Rechtspersönlichkeit ist, auf den Rechte und Sachen übertragen werden können. In der Gestaltungspraxis wird daher häufig durch den Trust eine Kapitalgesellschaft gegründet, die Rechte und Sachen erwerben kann.

Ist ein Trust alleiniger Anteilsinhaber, z.B. einer englischen Kapitalgesellschaft, kann sich diese unproblematisch z.B. in einem deutschen Grundbuch registrieren lassen.

3.2 Testamentary Trust

1768 Während die rechtliche Anknüpfung von Inter Vivos Trusts umstritten ist, herrscht bei Testamentary Trusts im Wesentlichen Einigkeit. Wird ein Trust in einem Testament oder im unmittelbaren Zusammenhang damit am Nachlass errichtet bzw. der Nachlass einem bestehenden Trust zugewiesen, so bezweckt der Settlor eine postmortale Vermögensverwaltung. Er will Rechtswirkungen erzielen, die im deutschen Recht durch erbrechtliche Rechtsinstitute (z.B. Testamentsvollstreckung, Vor- und Nacherbschaft oder unselbständige Stiftung von Todes wegen) erfüllt werden. Ein solcher Trust ist funktional betrachtet eine Verfügung von Todes wegen, womit sich die materielle Gültigkeit der Trusterrichtung für Deutsche Staatsbürger oder im Inland belegene Vermögenswerte nach deutschem Erbrecht richtet.

Die Formgültigkeit des Testamentary Trusts ergibt sich aus deutscher Sicht aus Art. 26 Abs. 5 Satz 1 EGBGB.[1]

Materiell sind die „normalen" erbrechtlichen Vorschriften zu prüfen. Von großer praktischer Bedeutung im internationalen Verkehr ist in diesem Zusammenhang die Sonderregel des Art. 3a Abs. 2 EGBGB, der für die Erbfolge in Immobilien auf die lex rei sitae (Ort der Belegenheit) verweist. Dies bedeutet, dass auch ein Deutscher für seinen in den USA belegenen Immobilienbesitz Trustregelungen konstituieren kann. Ziel kann z. B. sein, das Probate Verfahren (vgl. Rn. 1756) zu vermeiden oder dieses Grundstück nach dem Recht des Lageortes zu vererben. Strittig ist, inwieweit der Erblasser in der Lage ist, durch Errichtung eines Testamentary Trusts sein Vermögen etwaigen Pflichtteilsberechtigten oder dinglichen noterbberechtigten Zwangserben zu entziehen. — 1769

3.3 Übertragung von Vermögen auf den Trust

Die Übertragung von Vermögenswerten auf einen Trust ist aus Sicht des internationalen Privatrechts gesondert zu betrachten. Es gilt grundsätzlich diejenige Rechtsordnung, der das betreffende Vermögen unterliegt (lex rei sitae, Forderungsstatut, Gesellschaftsstatut etc.). Dementsprechend ist auch das Formstatut jeweils separat zu bestimmen. — 1770

3.4 Anerkennung eines Trusts im Inland

An sich müsste ein nach ausländischem Truststatut wirksam errichteter Trust in Deutschland grundsätzlich anzuerkennen sein. Anerkennung bedeutet, dass sich die Rechte und Pflichten zwischen den Beteiligten bei einem Inter Vivos Trust i. d. R. nach der ausländischen Rechtsordnung richten, auch wenn die Beteiligten im Inland aktiv werden. Folglich müssen **deutsche Zivilgerichte** im Rahmen ihrer internationalen Zuständigkeit u. U. auch ausländisches Recht zur Anwendung bringen. Verletzt beispielsweise ein Trustee Herausgabeansprüche eines Beneficiarys nach dem Recht des Trust Statuts, so kann auch vor deutschen Gerichten auf Herausgabe (an den Beneficiary) geklagt werden. — 1771

In erbrechtlichen Fragen legen die deutschen Gerichte das Truststatut teilweise so aus, dass die Beneficiaries Erben sind und die Trustees die Funktion einer Dauertestamentsvollstreckung erfüllen.

---

1 Dies soll auch für US Trusts gelten, obwohl die USA das Haager Abkommen über die Testamentsform nicht unterzeichnet haben, siehe Franke in Burandt/Rojahn, Erbrecht, EGBGB Art. 26 Rn. 3.

1772 Um prüfen zu können, ob eine **wirksame Errichtung** eines Trusts nach ausländischem Recht vorliegt, darf nicht nur die Errichtungsurkunde als solches herangezogen werden. Entscheidender ist, dass der Trust entsprechend dem Truststatut nachweislich auch so gelebt wird. Fehlt es bei einem Trust z. B. an einer ordnungsgemäßen Verwaltung, so kann er als Scheingebilde oder Umgehungstatbestand (sham) angesehen werden. Hierbei relevante Kriterien sind z. B. auch die Art und Weise der Verwaltung des zweckgebundenen Sondervermögens.

3.5 Widerrufbarkeit des Trusts

1773 Ein Trust kann **widerruflich** (revocable) oder **unwiderruflich** (irrevocable) ausgestaltet werden.

Wenn sich der Settlor (Errichter) das Recht vorbehält, den Trust zu widerrufen (Power of revocation), so kann er jederzeit innerhalb der Lebenszeit des Trusts (perpetuity period) durch einseitige Willenserklärung verlangen, dass der Trust beendet wird. Im Regelfall ist von einer solchen Konstruktion abzuraten, da das Trustvermögen nicht als rechtlich separiertes Sondervermögen anerkannt wird. Die einmal getroffene Grundentscheidung der endgültigen Vermögensaufgabe zugunsten des Sondervermögens sollte konsequent verfolgt werden.

3.6 Discretionary Trust

1774 In der Nachfolgeplanung ist der sog. discretionary trust von großer Bedeutung. Wird dem **Trustee** in den Statuten volles **Ermessen** bezüglich Höhe und Zeitpunkt von Ausschüttungen an die Beneficiaries zugesprochen, spricht man von einem discretionary trust.

1775 Die Beneficiaries haben grundsätzlich **keinen** durchsetzbaren **Anspruch** auf Erhalt eines Teils des Trustvermögens. Dieser Grundsatz gilt auch bei vielen ausländischen Familienstiftungen entsprechend.

Diese auf den ersten Blick schwache Stellung der Begünstigten hat indes auch wesentliche Vorteile. Die Begünstigten sind grundsätzlich wirkungsvoll gegen potentielle Gläubigeransprüche geschützt, denn sie halten keinen vollstreckbaren Anspruch, der von einem ihrer Gläubiger gepfändet werden könnte. Anders wäre die Situation bei einem sog. fixed interest trust, da hier vollstreckbare Ansprüche gegen den Trust bestehen können.

3.7 Laufzeit eines Trusts

Die **Laufzeit** einer Trustvereinbarung ist – im Unterschied zu einer Stiftung – begrenzt und richtet sich danach, in welchem Staat der Trust errichtet wurde. Man spricht diesbezüglich von der „**perpetuity period**".

Teilweise wird im Truststatut geregelt, dass der Trust nach einem gewissen Zeitraum, z. B. dem Tod des jüngsten zum Zeitpunkt der Trusterrichtung lebenden Begünstigten, beendet werden muss. Teilweise werden auch konkrete Ablaufzeitpunkte genannt. In einzelnen Ländern gelten Höchstgrenzen, so sehen z. B. die Cayman Islands eine Laufzeit von max. 150 Jahren und die British Virgin Islands eine von max. 100 Jahren vor.

1776

4. Der Trust im internationalen Privatrecht

Das internationale Privatrecht[1] ist ein nicht harmoniertes, durch jeden Staat autonom gestaltetes Kollisionsrecht. Es trifft selber keine materiell rechtlichen Regelungen, sondern beantwortet die Frage, welcher Staat sein materielles Recht im Hinblick auf

1777

► Rechts- und Handlungsfähigkeit,

► Gründung und Auflösung,

► Name und Firma,

► Organisations- und Finanzverfassung,

► Erwerb und Verlust der Mitgliedschaft,

► Haftung,

► Auslegung von Verträgen,

► zur Anwendung bringen darf.

Für den Trust[2] gibt es im deutschen internationalen Privatrecht keine speziellen Kollisionsnormen. Will man die Fragen beantworten, ob ein Trust z. B. einen Erbschein beantragen oder ein Grundstück erwerben kann, muss man auf die Grundsätze des internationalen Gesellschaftsrechts bzw. auf die Grundsätze des internationalen Schuld-, Vertrags- oder Erbrechts zurückgreifen.

1778

(Einstweilen frei)

1779–1789

---

1 Im Folgenden auch: „IPR".

2 Siehe auch Haager Übereinkommen über das auf Trust anzuwendende Recht und über ihre Anerkennung v. 1. 7. 1985, das von einigen Staaten ratifiziert wurde bzw. unterschrieben, aber noch nicht ratifiziert wurde – zuletzt die Schweiz – abgedruckt bei Staudinge/Grossfeld, Kommentar zum BGB, IntGesR, 13. Aufl., Rn. 771 ff.

V. Ertragsteuerliche Behandlung von ausländischen Stiftungen und Trusts

1. Vorbemerkung

1790 Aus inländischer ertragsteuerlicher Sicht ist bei ausländischen Stiftungen und Trusts von Bedeutung, ob deren Einkünfte im Inland besteuert werden können. Hierbei sind folgende beiden Fallkonstellationen zu unterscheiden:

(a) Der Trust/die Stiftung ist ein **selbstständiges** (intransparentes) Gebilde nach den Vorschriften des KStG und kann grundsätzlich eigene Einkünfte gem. §§ 1, 2 KStG erzielen. Sitz und Geschäftsleitung liegen jedoch im Ausland.

Handelt es sich um eine ausländische Familienstiftung, einen Familien-Trust oder ein vergleichbares Zweckvermögen, so werden dem Errichter (subsidiär den Begünstigten) die Einkünfte des selbständigen Gebildes gem. § 15 AStG − der anders als die Hinzurechnungsvorschriften §§ 7–14 AStG nicht erfordert, dass ein Niedrigsteuergebiet gegeben ist − zugerechnet. Diese Norm ist als lex specialis gegenüber § 39 AO und auch gegenüber den jeweiligen Einkunftsarten des EStG anzusehen.

(b) Ist die ausländische Familienstiftung/der Familien-Trust ein **unselbständiges** (transparentes) Gebilde und damit vergleichbar einer Treuhand, so erfolgt die Zurechnung der Einkünfte unmittelbar beim wirtschaftlichen Eigentümer der Vermögensgegenstände, die aus steuerlicher Sicht als „nur formal" der Stiftung/dem Trust überlassen anzusehen sind.

2. Selbständige (intransparente) Einheit Trust/Stiftung

2.1 Körperschaftsteuerpflicht

1791 Eine Subsumtion von Stiftung und Trust unter das KStG ist dann möglich, wenn die Stiftung einer Körperschaft bzw. der Trust einer Vermögensmasse „typengleich" ist.[1] Das heißt, der Organisationsform nach muss die ausländische Familienstiftung einer juristischen Person und der Trust einer „eigenständigen" Vermögensmasse i. S. d. § 1 KStG vergleichbar sein. Bei diesem Vergleich ist ausschließlich deutsches Steuerrecht maßgebend. Liegt eine Vergleichbarkeit in diesem Sinne vor, wird die ausländische Gesellschaft für Zwe-

---

[1] BFH v. 17. 7. 1968 - I 121/64, BStBl 1968 II S. 695.

cke der Körperschaftsteuerpflicht wie eine entsprechende inländische Gesellschaft behandelt.

Für die **Qualifikation** als Körperschaftsteuersubjekt **unbedeutend** ist das Fehlen der Rechtsfähigkeit eines Trusts bzw. einer ausländischen Stiftung. Denn nach § 1 Abs. 1 Nr. 5 KStG sind auch nichtrechtsfähige Vereine, Anstalten, Stiftungen und andere Zweckvermögen des privaten Rechts körperschaftsteuerpflichtig. Ergänzend regelt § 3 KStG, dass die dort genannten nichtrechtsfähigen Gebilde immer dann körperschaftsteuerpflichtig sind, wenn ihr Einkommen weder nach dem KStG noch dem EStG unmittelbar bei einem anderen Steuerpflichtigen zu versteuern ist.

1792

Kann eine ausländische Stiftung oder ein Trust als Körperschaftsteuersubjekt i. S. d. KStG angesehen werden, ist damit die unbeschränkte Körperschaftsteuerpflicht im Inland jedoch noch nicht gegeben. Denn befindet sich die **Geschäftsleitung** oder der **Sitz**[1] der ausländischen Stiftung bzw. des Trusts im Ausland, liegt keine unbeschränkte Steuerpflicht der Stiftung bzw. des Trusts im Inland gem. § 1 Abs. 1 Nr. 5 KStG vor. Allerdings kommt subsidiär eine beschränkte Körperschaftsteuerpflicht nach § 2 KStG in Betracht.

Die Finanzverwaltung bejaht, wie der BFH,[2] bei einem Trust im Grundsatz das Vorliegen einer **selbständigen Vermögensmasse** i. S. d. § 2 KStG. Darunter ist ein selbständiges, einem bestimmten Zweck dienendes Sondervermögen zu verstehen, das aus dem Vermögen des Widmenden ausgeschieden ist und aus dem eigene Einkünfte fließen. Besitzt die Vermögensmasse keine eigene Rechtsfähigkeit, so ist sie nur dann körperschaftsteuerpflichtig, wenn sie wenigstens wirtschaftliche Selbständigkeit besitzt. Diese Voraussetzung ist erfüllt, wenn jemand Vermögensteile von dritter Seite mit der Auflage erhält, das Vermögen und seine Erträgnisse für einen bestimmten Zweck zu verwalten und zu verwenden. Dies ist z. B. der Fall, wenn ein unbeschränkt Steuerpflichtiger im Ausland einen nichtrechtsfähigen Trust errichtet, ihn mit Kapitalvermögen ausstattet und die Verwaltung des Kapitalvermögens sog. Trustees überträgt.

1793

Zwar ist der **Trustee** als formeller Inhaber des Trustvermögens anzusehen und im Außenverhältnis erzielt er die Einkünfte aus dem Trustvermögen. Jedoch können die Einkünfte dem Trust als nichtrechtsfähiger Vermögensmasse nur dann zugerechnet werden, wenn der Trustee bezüglich des Trustvermögens

---

1 § 1 KStG i. V. m. §§ 10, 11 AO.
2 BFH v. 5. 11. 1992 - I R 39/92, BStBl 1993 II S. 388.

für Rechnung des Trusts handelt und deshalb die Einkünfteerzielung dem Trust selbst zuzurechnen ist.

Dies ist durch Auslegung der mit den Trustees abgeschlossenen Vereinbarung zu ermitteln. Grundsätzlich können die Trustees das ihnen übertragene Vermögen entweder für den Settlor oder für die Anfallsberechtigten oder aber für den Trust halten.

1794 Eine **Vermögenshaltung für** den **Settlor** ist anzunehmen, wenn der Trust zivilrechtlich und wirtschaftlich ein Treuhand- und Auftragsverhältnis zwischen dem Settlor und den Trustees ist. Die Vermögenshaltung durch die Trustees muss in diesem Fall vorrangig im Interesse des Settlors liegen. Indiz für ein entsprechendes Eigeninteresse können Weisungsbefugnisse des Settlors gegenüber den Trustees sein. Liegt die Vermögenshaltung vornehmlich im Interesse des Settlors, so sind ihm die Einkünfte aus dem Trustvermögen zuzurechnen. In diesem Fall wird die Einschaltung des Trusts steuerlich gesehen negiert.

Die Vermögenshaltung durch die Trustees kann aber ebenso auf die Wahrnehmung der Interessen der **Anfallsberechtigten** ausgerichtet sein. Dies setzt voraus, dass sich der Errichter des Trusts jeglicher Verfügungsmöglichkeit über das Trustvermögen begibt. Gleichzeitig müssen die Anfallsberechtigten um das Trustvermögen bereits bereichert sein, d. h. sie müssen bezogen auf das Trustvermögen entweder tatsächlich die Rechtsposition eines wirtschaftlichen Eigentümers oder aber in rechtlicher Hinsicht die eines Treugebers haben, wobei der Treuhandvertrag als Vertrag zu Gunsten Dritter auch zwischen dem Settlor und den Trustees abgeschlossen sein kann. Sind die entsprechenden Voraussetzungen erfüllt, so sind das Trustvermögen und die daraus erzielten Einkünfte den Anfallsberechtigten zuzurechnen.

1795 Der BFH vertritt im Erbschaftsteuerrecht die Ansicht,[1] dass der Trust Zwischenerwerber des Trustvermögens wird mit der Folge, dass ihm für die Dauer des Zwischenerwerbs sowohl das Trustvermögen als auch die daraus erzielten Einkünfte steuerlich zuzurechnen sind. Der **Vermögenserwerb** ist jedoch **aufschiebend bedingt**, d. h. im Falle des Eintritts der Anfallsberechtigung wird ein Vermögenserwerb der Anfallsberechtigten unmittelbar vom Settlor angenommen. In diesem Fall besteht eine treuhänderische Bindung der Trustees gegenüber dem Trust, die wiederum durch einen Vertrag zu Gunsten Dritter zwischen dem Settlor und den Trustees zustande kommt.

---

1 BFH v. 7. 5. 1986 - II R 137/79, BStBl 1986 II S. 615.

Bei der Beurteilung der „Eigenständigkeit" der ausländischen Stiftung bzw. des Trusts kann für **körperschaftsteuerliche** Zwecke die Rechtsprechung des BFH zur erbschaftsteuerlichen Behandlung von ausländischen Stiftungen allenfalls eine Auslegungshilfe leisten.[1] Der II. Senat hatte die Frage zu entscheiden, ob eine Stiftung durch Widmungsakt Eigentümer von Vermögen geworden ist. Der BFH entschied, für die Beurteilung, ob der Empfänger über das Zugewendete in Verhältnissen zum Leistenden tatsächlich und rechtlich frei verfügen kann, komme es ausschließlich auf die Zivilrechtslage und nicht darauf an, wem bei wirtschaftlicher Betrachtungsweise das zu übertragende Vermögen nach § 39 Abs. 2 AO zuzurechnen sei. Es genüge hier nicht, wenn der Empfänger nach außen rechtlich wirksam über das Zugewendete verfügen könne. Entscheidend sei vielmehr das Innenverhältnis des Empfängers zum Leistenden. Sei der Empfänger einer Leistung zivilrechtlich zur Rückgewähr des ihm zum Eigentum Überlassenen verpflichtet, dann sei er nicht bereichert. Ob eine Rückgewährverpflichtung bestehe, richte sich allein nach dem Inhalt des Rechtsverhältnisses, das der Überlassung zugrunde liege.

1796

Nach Auffassung von Habermann[2] ist der Errichter einer Stiftung dann Eigentümer der „übertragenen" Wirtschaftsgüter geblieben, wenn der Vorstand an die Weisung des Errichters gebunden ist und das Vertragsverhältnis zum Vorstand jederzeit und ohne Bedingung kündbar ist.[3] Das bloße Recht, isoliert die Vermögensübertragung zu widerrufen, soll hingegen nicht ausreichen, um eine (unveränderte) Zurechnung beim Stifter vorzunehmen.

1797

Hat sich der Trustor/Settlor eine sog. „**Power of Substitution**" vorbehalten, so gewährt ihm diese zwar das Recht, die Rückübertragung eines konkreten Vermögensgegenstands bewirken zu können, jedoch nur, wenn im Gegenzug ein gleichwertiger Vermögensgegenstand auf den Trust übertragen wird. Die Gleichwertigkeit ist regelmäßig von dem Trustee zu bestätigen. Damit bleibt es wirtschaftlich bei einer Bindung des Vermögens (Vermögenswertes), auch wenn der Sachgegenstand ausgetauscht werden kann. Die **Eigenständigkeit** des Trusts wird hiervon indes **nicht** berührt. Hintergrund für eine solche Regelung im Trust-Statut können US-ertragsteuerliche (nicht erbschaft-/schenkungsteuerliche) Zwecke sein, damit der Trust als sog. „**US Grantor Trust**" qualifiziert werden kann. Nach den steuerlichen US-Vorschriften (Code Sec 671 IRC) liegt ein solcher vor, wenn die Person, die Vermögen auf den Trust über-

---

1 BFH v. 28. 6. 2007 - II R 21/05, BStBl 2007 II S. 669; vgl. hierzu BMF-Schreiben v. 20. 7. 2004, DStR 2004 S. 1387 Rn. 20.
2 Habermann, DStR 2002 S. 425 ff. mit Anmerkungen.
3 Vgl. BFH v. 22. 12. 2010 - I R 86/09, BFH/NV 2011 S. 1140.

trägt (Trustor), sich bestimmte Rechte vorbehält. Hierfür soll es genügen, dass sich der Trustor das Recht vorbehält, einen Vermögensgegenstand, den er dem Trust zugewendet hat, durch einen anderen, gleichwertigen Vermögensgegenstand zu ersetzen („Power of Substitution").

1798 Übertragen auf die **ertragsteuerliche** Beurteilung im Inland wird man formulieren können, dass der Errichter/Settlor die von der ausländischen Stiftung bzw. dem Trust erwirtschafteten Einnahmen immer dann zu versteuern hat, wenn ihm auch das Eigentum (weiterhin) zuzurechnen ist. Dies dürfte nur beim revocable discretionary oder strict Trust der Fall sein, bei dem der Settlor auch Trustee und u.U. zugleich auch Beneficiary ist.[1] Denn ein so gestalteter Trust kann keine selbständige Vermögensmasse begründen.[2]

2.2 Zurechnung der erzielten Einkünfte gem. § 15 AStG

1799 Werden von der Stiftung bzw. dem Trust selbst Einkünfte (§ 2 Abs. 2 EStG) erzielt, können diese über § 15 Abs. 1 oder 4 Außensteuergesetz (AStG) unmittelbar dem Errichter oder den Begünstigten zugerechnet werden. Die mit der Anwendung des § 15 AStG einhergehende **Durchbrechung der Abschirmwirkung** ausländischer Rechtsträger tritt aber zurück, wenn die betreffenden Einkünfte aufgrund allgemeiner Regelungen nicht der Stiftung, sondern einer anderen Person – dem Errichter/Stifter – zuzurechnen sind.[3]

Eine unmittelbare Einkünftezurechnung beim Errichter oder den Begünstigten und damit die direkte Anwendung des § 20 EStG (bzw. § 22 EStG)[4] kommt demnach nur dann in Betracht, wenn eine transparente Einheit (vgl. unten Rn. 1809) vorliegt oder „echte" Ausschüttungen erfolgen.[5] Denn dann ist § 15 AStG nicht anwendbar. Bei Ausschüttungen ist zu beachten, dass hier auch Begünstigte der Besteuerung gem. § 20 Abs. 1 Nr. 9 Satz 2 EStG unterworfen werden, die nicht als Bezugs- oder Anteilsberechtigte gelten.

---

1 Das ist wohl die häufigste Form in den USA.

2 Deininger/Götzenberger, Internationale Vermögensnachfolgeplanung mit Auslandsstiftungen und Trusts, 2006, Rn. 185.

3 BFH v. 22. 12. 2010 - I R 86/09, BFH/NV 2011 S. 1140.

4 Ausländische Stiftungen können nicht unter § 20 Abs. 1 Nr. 9 EStG – und zwar auch nicht bei Ausschüttung – subsumiert werden, da ausländische Körperschaften tatbestandsmäßig nicht erfasst werden, Weber-Grellet in Schmidt, EStG, § 20 Rn. 136; Schütz, DB 2008 S. 417.

5 Diese sind nach § 20 Abs. 1 Nr. 9 Satz 2 EStG beim inländischen Empfänger zu versteuern.

2.2.1 Die Tatbestandsmerkmale des § 15 Abs. 1 AStG (Familienstiftung)

Die Beurteilung einer ausländischen Stiftung als Familienstiftung i. S. d. § 15 Abs. 1 AStG hängt davon ab, ob das ausländische Rechtsgebilde nach seiner inneren und äußeren rechtlichen Ausgestaltung mit einer Familienstiftung deutschen Rechts vergleichbar ist. So hat etwa der BFH für eine liechtensteinische Stiftung entschieden, dass diese einer deutschen Stiftung vergleichbar sein kann, da die Regelungen im liechtensteinischen Recht über Stiftungszweck, Stiftungsvermögen und Stiftungsorganisation den deutschen Vorschriften entsprechen (§§ 80 ff. BGB). Eine liechtensteinische Stiftung sei daher in ihrer Funktion und Ausgestaltung einer deutschen Stiftung vergleichbar. Dem Umstand, dass eine Familienstiftung nach liechtensteinischem Recht keiner Eintragung ins Öffentlichkeitsregister bedarf und keiner Regierungsaufsicht unterliegt, kommt nach Ansicht des BFH für die Frage der Vergleichbarkeit keine Bedeutung zu.[1]

1800

Nach § 15 Abs. 1 AStG sind das Vermögen und die Einkünfte einer Familienstiftung entweder dem Errichter, seinen Angehörigen oder deren Abkömmlingen zuzurechnen (vgl. unten Rn. 1804). Die **Einkommenszurechnung** erfolgt nach § 15 Abs. 1 AStG auf Basis eines Stufenverhältnisses, nach der in erster Linie die Zurechnung beim Errichter und in zweiter Linie bei den Bezugs- und Anteilsberechtigten zu erfolgen hat. Für die Zurechnung selbst ist das Verwandtschaftsverhältnis irrelevant.

1801

Voraussetzung für eine Zurechnung der Einkünfte ist, dass der Stifter/Settlor bzw. die Destinatäre/Beneficiaries seinen/ihren Wohnsitz oder gewöhnlichen Aufenthalt im Inland hat/haben, oder der erweiterten Steuerpflicht unterfallen.

Die Besteuerung nach § 15 Abs. 1 AStG hat aber gem. § 15 Abs. 6 AStG zu unterbleiben, wenn

1802

▶ die Familienstiftung ihre Geschäftsleitung oder Sitz in einem Mitgliedsstaat der EU oder einem Vertragsstaat des EWR (Island, Liechtenstein,[2] Norwegen) hat und

▶ nachgewiesen wird, dass das Stiftungsvermögen der Verfügungsmacht des Stifters und der Destinatäre rechtlich und tatsächlich entzogen ist und

---

1 BFH v. 25. 4. 2001 - II R 14/98, BFH/NV 2001 S. 1457.
2 Das FG Düsseldorf (Urt. v. 22. 1. 2015 - 16 K 2858/13, ErbStB 2015 S. 158, Az. BFH: I B 23/15) hat entschieden, dass bis einschließlich 2012 die Voraussetzungen für eine Befreiung nach § 15 Abs. 6 AStG nicht vorliegen.

▶ zwischen der BRD und dem Staat, in dem die Familienstiftung Geschäftsleitung oder Sitz hat, ein qualifiziertes Auskunftsabkommen besteht.[1]

Die Besteuerung nach § 15 Abs. 1 AStG erfolgt losgelöst davon, ob die Stiftung
bzw. der Trust tatsächlich Bezüge gewährt hat. Diese fiktive Zurechnung kann
dazu führen, dass die inländischen Begünstigten u.U. in Liquiditätsschwierig-
keiten kommen, weil sie Einkünfte zu versteuern haben, die ihnen tatsächlich
nicht zugeflossen sind; es kommt ggf. sogar zu einer Doppelversteuerung.

2.2.2 Zurechnung bei Trusts nach § 15 Abs. 4 AStG (sonstige Vermögensmassen)

1803 Für einen Trust sind vorgenannte Grundsätze ebenfalls anwendbar, wenn § 15
Abs. 4 AStG einschlägig ist. Nach Ansicht des BFH kommt es auf die Vergleichbarkeit mit einer nach deutschem Recht errichteten Familienstiftung nicht
an.[2] § 15 Abs. 4 AStG ist entsprechend dem Sinn und Zweck der Vorschrift auszulegen. Diese gehen dahin, ein Besteuerungsrecht der Bundesrepublik auch
dann zu gewährleisten, wenn die Einkünfte von einem ausländischen Rechtsgebilde erzielt werden, das Auskehrungen an im Inland unbeschränkt steuerpflichtige Bezugsberechtigte vornehmen soll.

Die Zurechnung erfolgt auch im Falle des § 15 Abs. 4 AStG primär beim Settlor.
Liegt ein sog. Letter of Wishes vor, neigt die Finanzverwaltung dazu,[3] hieraus
Bezugs- und Anwartschaftsrechte herzuleiten. Entsprechendes gilt, wenn ein
Protektor eingesetzt wird, dem schriftliche Weisungen erteilt wurden.

2.2.3 Einkünfteermittlung

1804 § 15 Abs. 1 AStG a. F. sah die vorrangige Zurechnung des Einkommens einer
ausländischen Familienstiftung bzw. eines Trusts[4] gegenüber dem beschränkt
oder unbeschränkt steuerpflichtigen Stifter/Settlor vor.[5] Daraus folgte jedoch
keine Zuordnung des zuzurechnenden Einkommens zu einer bestimmten Einkunftsart des Stifters/Settlors (§ 2 Abs. 1 EStG). Auch die Definition des Ein-

---

1 Verlangt wird, dass *„auf Grund der Richtlinie 77/799/EWG oder einer vergleichbaren zwei- oder
mehrseitigen Vereinbarung, Auskünfte erteilt werden, die erforderlich sind, um die Besteuerung
durchzuführen".*

2 BFH v. 2. 2. 1994 - I R 66/92, BStBl 1994 II S. 727.

3 Erlass v. 14. 5. 2004, BStBl Sondernr. 1/2004 I S. 3 Tz. 15.2.1.

4 Über § 15 Abs. 4 AStG gilt dies auch für einen Trust.

5 Diese vorrangige Zuordnung bleibt selbst dann bestehen, wenn der Stifter nur beschränkt steuerpflichtig ist, vgl. Wassermeyer in Flick/Wassermeyer/Baumhoff, AStG, § 15 AStG Rn. 49; a. A.
BMF v. 14. 5. 2004, BStBl Sondernr. 1/2004 I S. 3 Tz. 15.1.3.

kommens in § 2 Abs. 4 EStG sieht jedenfalls nicht ausdrücklich die Erfassung eines gem. § 15 Abs. 1 AStG zuzurechnenden Einkommens vor.

Durch das Amtshilferichtlinie-Umsetzungsgesetz[1] ist ein Paradigma Wechsel bei der Ermittlung der Stiftungseinkünfte erfolgt. Die neuen § 15 Absätze 7 bis 11 AStG regeln nun detailliert die **Einkünfteermittlung** und **Einkünftezurechnung**. Im Ergebnis sind die Einkünfte der ausländischen Familienstiftung demnach getrennt von denen des Stifters/Settlors (oder des Bezugsberechtigten) zu ermitteln, dem sie zuzurechnen sind.   1805

Die Regelung findet **ab dem 1. 1. 2013** Anwendung. Wie bei der Hinzurechnungsbesteuerung nach §§ 7 bis 14 AStG auch, werden **Einkünfte** (§ 2 Abs. 2 EStG) und nicht mehr wie zuvor Einkommen **zugerechnet**. Dies hat zur Folge, dass nun Dividenden und Veräußerungsgewinne in voller Höhe in den Zurechnungsbetrag einfließen – unabhängig davon, ob Zurechnungsadressat eine natürliche Person oder eine Körperschaft ist. Die wirtschaftliche Belastung durch die Zurechnungsbesteuerung hat sich dadurch seit 2013 in den betreffenden Fällen drastisch erhöht. Das Hinzurechnungssystem des § 15 AStG führt zu einer Besteuerung des Stifters oder Bezugs- oder Anfallsberechtigten einer ausländischen Familienstiftung unabhängig von einem tatsächlichen Zufluss von Einkünften. Die zurechnungspflichtigen Einkünfte der ausländischen Familienstiftung werden gem. § 15 Abs. 7 AStG nach den Vorschriften des KStG und des EStG ermittelt. Dies gilt gem. § 15 Abs. 4 AStG auch für ausländische Familientrusts. In Betracht kommen alle Einkunftsarten i. S. d. § 2 Abs. 1 EStG, die sich bei unterstellter unbeschränkter Steuerpflicht der Familienstiftung ergeben würde. Die Ermittlung des Einkommens bestimmt sich nach den Grundsätzen des deutschen Steuerrechts; dazu gehört auch die Gewährung von Pausch- und Freibeträgen.   1806

HINWEIS:

(1) Soweit der Trust an Investmentfonds beteiligt ist, muss die steuerliche Transparenz, die die Veröffentlichung der Besteuerungsgrundlagen gem. § 5 InvStG voraussetzt, überprüft werden. Sind Investmentfonds, an denen der Trust Anteile gehalten hat, als intransparent einzuordnen, ist eine Pauschalbesteuerung nach den Vorgaben des Investmentsteuergesetzes durchzuführen. Gemäß § 6 InvStG sind 70 % des Mehrbetrags anzusetzen, der sich zwischen dem ersten im Kalenderjahr festgesetzten Rücknahmepreis und dem letzten im Kalenderjahr festgesetzten Rücknahmepreis eines Investmentanteils ergibt. Als Mindestbetrag sind jedoch 6 % des letzten im Kalenderjahr festgesetzten Rücknahmepreises zu berücksichtigen. Für den Fall,

---

1 AmtshilfeRLUmsG v. 29. 6. 2013, BGBl 2013 I S. 1809; vgl. Dietz/Quilitzsch, DStR 2013 S. 1917, 1922.

dass kein Rücknahmepreis festgesetzt wird, tritt an seine Stelle der Börsen- oder Marktpreis.

(2) Hält der Trust Beteiligungen an REIT-Gesellschaften, so ist zu prüfen, ob die jeweiligen Gesellschaften als ausländische REIT-Gesellschaften gem. § 19 Abs. 5 REITG zu qualifizieren sind. Das REIT-Gesetz ist eine spezialgesetzliche Regelung, die vorrangig vor dem Investmentsteuergesetz Anwendung findet,[1] so dass ausländische REIT-Gesellschaften nicht der Pauschalbesteuerung unterliegen.

(3) Hat der Trust – wie bei einem US-Trust üblich – seine gesamten Investitionen in US-Dollar (USD) durchgeführt, sind bei der Ermittlung der Veräußerungsergebnisse aus Wertpapierverkäufen auch die aus der Währungsumrechnung resultierenden Währungsergebnisse zu berücksichtigen.

Im Ergebnis ist also von einer fiktiven unbeschränkten Steuerpflicht der Familienstiftung/des Familientrusts auszugehen.[2] Die Familienstiftung/der Familientrust erzielt innerhalb der einzelnen Einkunftsarten entweder Gewinne i. S. d. § 2 Abs. 2 Nr. 1 EStG oder Überschüsse der Einnahmen über die Werbungskosten i. S. d. § 2 Abs. 2 Nr. 2 EStG. Die Einkünftezurechnung führt ihrerseits nicht zu einer Minderung der Einkünfte der Familienstiftung/des Familientrusts in Form von Betriebs- oder Werbungskosten, es fehlt insoweit an Aufwendungen i. S. d. § 4 Abs. 4 EStG.

1807   Ausweislich der Gesetzesbegründung[3] regelt § 15 Abs. 11 AStG, dass **Zuwendungen** einer ausländischen Stiftung an den unbeschränkt steuerpflichtigen Stifter oder die unbeschränkt steuerpflichtigen Bezugs- oder Anfallsberechtigten **nicht** der Besteuerung unterliegen, **wenn** die zu Grunde liegenden Einkünfte bereits **nach § 15 Abs. 1** AStG zugerechnet worden sind. Dadurch soll eine **doppelte Erfassung vermieden** werden. Dies entspricht der bisherigen Praxis.[4] Vom Steuerpflichtigen wird aber verlangt, dass er nachweist, dass die zugewendeten Beträge bereits nach Abs. 1 zugerechnet worden sind, denn dies können die Finanzbehörden regelmäßig nicht eigenständig feststellen.

Die in **§ 15 Abs. 5 Satz 1** AStG angeordnete Anwendung von § 12 AStG stellt sicher, dass dem unbeschränkt steuerpflichtigen Stifter, Bezugs-/Anfallsberechtigten im Rahmen der Versteuerung der ihm zuzurechnenden Einkünfte die im **Ausland** angefallenen **Steuern angerechnet** werden können. Unklar ist indes, welche ausländischen Steuern, die der Trustee für den Trust bezahlt hat,

---

1 Vgl. BMF v. 23. 10. 2014, DStR 2014 S. 2346 ff. Rn. 10.
2 v. Oertzen/Kühn, IStR 2016 S. 930.
3 BT-Drucks. 17/10000 S. 68.
4 Tz. 15.1.1 des Anwendungsschreibens zum AStG (AEAStG) v. 14. 5. 2004, BStBl Sondernr. 1/2004 I S. 3.

konkret angerechnet werden können (nur „Federal Tax" und „State Tax" oder auch lokale Steuern).

2.2.4 Das Verhältnis von § 15 AStG und DBA

Die DBA mit dem Sitzstaat der Stiftung oder des Trusts stehen gem. § 20 Abs. 1 AStG der Zurechnung nach § 15 AStG nicht entgegen (sog. **Treaty Override**).[1] Hierunter ist zu verstehen, dass die DBA die Rechtsfolge des § 15 AStG nicht verändern. Es kann mithin nicht geltend gemacht werden, dass Einkünfte der Stiftung/des Trusts einer Betriebsstätte im Sitzstaat zuzurechnen sind und deshalb aus der Hinzurechnung ausscheiden.[2] Damit hat sich der Gesetzgeber die Möglichkeit eröffnet, losgelöst von einem geltenden DBA mittels der Normen des AStG Sondertatbestände zu fassen. § 15 AStG soll aber kein Besteuerungsrecht begründen, sondern nur sichern. Eine **natürliche Person**, die im Inland unbeschränkt steuerpflichtig ist, darf durch § 15 AStG **nicht schlechter** gestellt werden, als hielte sie die Vermögensgegenstände direkt. Mithin sind die abkommensrechtlichen Regelungen der DBA insoweit anwendbar. Werden dem Zurechnungspflichtigen nach § 15 AStG z. B. Mieteinkünfte aus ausländischem Grundvermögen zugerechnet, sind die Mieteinkünfte von der inländischen Besteuerung auszunehmen, wenn ein DBA vorhanden ist und dieses mit dem Belegenheitsstaat die Freistellung vorsieht. Hierbei ist darauf abzustellen, ob die zugerechneten Einkünfte vom Zurechnungspflichtigen direkt erzielt worden wären. Das Besteuerungsrecht kann nicht weitergehen als in dem Fall, dass der Zurechnungsadressat die Einkünfte in eigener Person erzielt hätte.[3]

1808

3. Zurechnung bei unselbständigen (transparenten) Trusts/Stiftungen

Ist der Trust/die Stiftung unselbstständig, so treten die handelnden Personen (Trustees, Stiftungsvorstand) steuerlich betrachtet als Treuhänder für den Stifter/Errichter, also den Treugeber, auf.

1809

An sich können unter Berücksichtigung der DBA beim Stifter/Errichter alle Einkunftsarten verwirklicht werden. Dies ungeachtet der Tatsache, dass die Einkünfte „formal" von der Stiftung/dem Trust erzielt werden. Denn die Stiftung bzw. der Trust sind z. B. Inhaber des Wertpapiervermögens.

1810

---

1 Vgl. Tz. 15.1.1 AEAStG.
2 Schienke-Ohletz/Kühn, ZEV 2015 S. 150; v. Oertzen/Kühn, IStR 2016 S. 930, 932.
3 v. Oertzen/Kühn, IStR 2016 S. 930, 933.

Wird beispielsweise ein inländisches Grundstück von der Stiftung/dem Trust an Dritte entgeltlich zur Nutzung überlassen, so erzielt der Stifter/Errichter hieraus Einkünfte aus Vermietung und Verpachtung. Dies wird jedoch eher ein theoretischer Fall sein, da inländische Grundstücke bereits zivilrechtlich nicht auf einen Trust aufgelassen werden können. Soweit ausländische Grundstücke in eine Auslandsstiftung bzw. einen Trust übertragen werden, wird eine inländische Besteuerung regelmäßig ausscheiden, weil die entsprechenden DBA ein Besteuerungsrecht im Inland verneinen.

In der Praxis ist der Regelfall die Erzielung von Einkünften gem. § 20 EStG, weil regelmäßig Wertpapiervermögen und Bargeld auf die ausländische Stiftung bzw. den Trust übertragen wird. Diese Einkünfte werden dann dem Stifter/Errichter wie eigene zugerechnet. Die „zwischengeschaltete" intransparente Einheit Auslandsstiftung/Trust wird aus inländischer Sicht negiert.

1811   Ist der Stifter für einkommensteuerliche Zwecke in Deutschland unbeschränkt steuerpflichtig, so sind Ausschüttungen, z. B. aus einer inländischen oder ausländischen AG, in Deutschland einkommensteuerpflichtig. Die Dividenden unterliegen in Deutschland der sog. Abgeltungssteuer von derzeit 25 % plus Solidaritätszuschlag und Kirchensteuer. Mit den Einkünften im Zusammenhang stehende Werbungskosten können pauschal mit 801 € (Ehegatten gemeinsam 1.602 €) zum Abzug gebracht werden. Der Abzug der tatsächlichen Werbungskosten ist jedoch ausgeschlossen, § 20 Abs. 9 Satz 1 EStG.

1812   Auf Antrag kann zum sog. Teileinkünfteverfahren optiert werden, wenn der Stifter mehr als 25 % an der AG beteiligt ist oder mehr als 1 % hält und beruflich für diese tätig ist, § 32d Abs. 2 Nr. 3 EStG. Diese Option macht i. d. R. nur dann Sinn, wenn im Zusammenhang mit den Dividenden hohe Werbungskosten entstanden sind, die im Teileinkünfteverfahren dann teilweise zum Abzug gebracht werden können.

1813   Der Stifter hat die Kapitalerträge im Rahmen seiner Einkommensteuererklärung anzugeben. Handelt es sich z. B. um eine transparente österreichische Stiftung und erfolgt die Ausschüttung aus einer österreichischen Tochter-AG der Stiftung, dann steht nach Art. 10 des DBA Österreich-Deutschland der BRD das Besteuerungsrecht für Dividendenerträge zu. In Österreich kann jedoch 15 % Quellensteuer einbehalten werden. Eine Doppelbesteuerung wird dadurch vermieden, dass die in Österreich einbehaltene Quellensteuer auf die deutsche Steuer angerechnet wird. Unterstellt man, in Österreich würde mehr als 15 % Quellensteuer einbehalten, so wäre der übersteigende Betrag allenfalls über ein Erstattungsverfahren in Österreich auszugleichen. Eine Anrechnung in Deutschland ist immer auf den nach DBA zulässigen Satz beschränkt.

Entsprechendes würde bei einer Ausschüttung einer schweizerischen AG gelten, d. h. eine den DBA-Steuersatz von 15 % übersteigende schweizerische Verrechnungssteuer könnte nur in der Schweiz – im Rahmen eines Erstattungsverfahrens – zurückverlangt werden.

4. Zusammenfassende Übersicht der denkbaren Zurechnungsvarianten

1814 Zurechnung bei	Rechtsgrundlage	1814
Stiftung/Trust	als selbstständige Vermögensmasse nach § 2 KStG, § 49 EStG –	
Errichter	► als Treugeber nach § 39 AO ► nach § 15 AStG	
Bezugsberechtigte	► als Treugeber nach § 39 AO ► nach § 15 AStG	
Anfallsberechtigte	► als Treugeber nach § 39 AO ► nach § 15 AStG	

(Einstweilen frei)   1815–1824

VI. Erbschaftsteuerliche Behandlungen von Auslandsstiftungen und ausländischen Trusts

1. Besteuerung der Vermögensausstattung bzw. Aufhebung einer ausländischen Stiftung/eines Trusts gem. § 3 Abs. 2 Nr. 1, § 7 Abs. 1 Nr. 8 und 9 ErbStG

1.1 Steuerpflicht im Inland

Aus der Errichtung einer ausländischen Stiftung oder eines Trusts können sich   1825
in Abhängigkeit vom Wohnsitz des Stifters/Settlors bzw. der Belegenheit des Vermögens erbschaft-/schenkungsteuerliche Folgen ergeben. Es kommt hierbei die unbeschränkte Steuerpflicht gem. § 2 Abs. 1 Nr. 1 ErbStG, die beschränkte gem. § 2 Abs. 1 Nr. 2 ErbStG und die –von geringer praktischer Bedeutung– erweiterte beschränkte Steuerpflicht nach §§ 4, 2 AStG in Betracht.

Unbeschränkte Steuerpflicht gem. § 2 Abs. 1 Nr. 1 ErbStG liegt vor, wenn der   1826
Stifter/Settlor im Inland über einen Wohnsitz verfügt oder seinen gewöhnli-

chen Aufenthalt hat und damit als Inländer i. S. d. § 12 Abs. 1 Nr. 1 Satz 1 ErbStG gilt. Die Inländereigenschaft der natürlichen Person ist regelmäßig deshalb bedeutsam, weil die erwerbende Auslandsstiftung bzw. der Trust regelmäßig nicht über den für die Begründung der unbeschränkten Steuerpflicht gem. § 2 Abs. 1 Nr. 1 Buchst. d ErbStG erforderlichen inländischen Sitz (§ 10 AO) oder inländische Geschäftsleitung (§ 11 AO) verfügt. Damit scheidet eine unbeschränkte Steuerpflicht der Stiftung oder des Trusts aus und damit auch der Anfall von Erbersatzsteuer.

1827   Eine beschränkte Erbersatzsteuerpflicht gibt es nicht, da bei dieser nur der Vermögensanfall erfasst wird (vgl. § 2 Abs. 1 Nr. 3 ErbStG).

1828   Hat der Stifter/Settlor im Inland keinen Wohnsitz mehr und auch keinen gewöhnlichen Aufenthalt, kann dennoch unbeschränkte Steuerpflicht vorliegen, wenn er sich als deutscher Staatsbürger noch nicht länger als fünf Jahre[1] im Ausland aufhält (§ 2 Abs. 1 Nr. 1 Buchst. b ErbStG).[2]

1829   Wird die Auslandsstiftung bzw. der Trust von einem Ausländer errichtet, kommt die beschränkte Steuerpflicht nach § 2 Abs. 1 Nr. 3 ErbStG in Betracht, soweit Inlandsvermögen übertragen wird.

1.2 § 7 Abs. 1 Nr. 8, § 3 Abs. 2 Nr. 1 und § 7 Abs. 1 Nr. 9 ErbStG

1830   Die Neufassung des § 7 Abs. 1 Nr. 8, § 3 Abs. 2 Nr. 1 und § 7 Abs. 1 Nr. 9 ErbStG im Jahre 1999 durch das Steuerentlastungsgesetz 1999/2000/2002[3] hat die erbschaft-/schenkungsteuerlichen Risiken bei der Begründung und Aufhebung von ausländischen Stiftungen und Trustkonstruktionen wesentlich verschärft. Nach § 7 Abs. 1 Nr. 9 ErbStG gilt als Schenkung unter Lebenden, was bei Aufhebung einer Stiftung oder bei Auflösung eines Vereins, dessen Zweck auf die Bindung von Vermögen gerichtet ist, erworben wird. Nach § 7 Abs. 1 Nr. 9 Satz 2 ErbStG steht dem gleich der Erwerb bei Auflösung einer Vermögensmasse ausländischen Rechts, deren Zweck auf die Bindung von Vermögen gerichtet ist, sowie der Erwerb durch Zwischenberechtigte während des Bestehens der Vermögensmasse.

Zwischenberechtigte sind nicht nur Destinatäre, sondern alle Personen, die während des Bestehens einer ausländischen Stiftung bzw. eines ausländischen

---

1 Abweichend hiervon ist bei Wegzug in die USA und Domicile dort die Zehnjahresfrist zu beachten.
2 Zu europarechtlichen Fragen vgl. Kellersmann/Schnitger in Richter/Wachter, a. a. O., S. 611 Rn. 8.
3 StEntlG 1999/2000/2002 v. 24. 3. 1999, BGBl 1999 I S. 402.

Trusts Auszahlungen aus dem Stiftungs-/Trustvermögen erhalten.[1] Derjenige, der den Trust errichtet und sich nach einer bestimmten Laufzeit selbst als Bezugsberechtigten benannt hat, kann indes nicht als Zwischenberechtigter i. S. d. Vorschrift angesehen werden.[2] Nach dem Wortlaut der Vorschrift ist steuerbarer Erwerb der Zwischenberechtigten alles, was die berechtigten Personen nach dem Ermessen des Stiftungsvorstands/des Treuhänders oder aufgrund eigenen Rechtsanspruchs vor der Auflösung der Stiftung/des Trusts aus dessen Vermögen oder Erträgen erhalten. Der Besteuerung unterliegen damit auch die ausgeschütteten Vermögenserträge und nicht nur die ausgeschüttete Vermögenssubstanz.[3] Zu prüfen ist jedoch, ob ein im Ausschüttungszeitpunkt gültiges Abkommen zur Vermeidung der Doppelbesteuerung auf dem Gebiet der Nachlass-, Erbschaft- und Schenkungsteuern (DBA-Erb) der Besteuerung nach deutschem Erbschaftsteuerrecht ggf. entgegensteht.

Die Zuwendung erfolgt stets in der schlechtesten Steuerklasse III. Bei Rückfall des Vermögens an den Stifter oder seine Destinatäre ist das damalige Dotationskapital erneut der Schenkungsteuer zu unterwerfen, wobei § 15 Abs. 2 Satz 2 ErbStG hier eine Sonderregelung für die Steuerklasse vorsieht. Zu bedenken ist, dass eventuell gebildete Rücklagen die Bemessungsgrundlage erhöhen können und so ebenfalls besteuert werden. Letzteres ist deshalb problematisch, weil die Rücklagen vorher schon u. U. einer ertragsteuerlichen Zurechnungsbesteuerung unterlegen haben. 1831

Konsequenz der Anwendung der Steuerklasse III ist zum einen, dass bereits heute Steuersätze von bis zu 50 % anzuwenden sind. Zum anderen kommt die für inländische Familienstiftungen bestehende Erleichterung in § 15 Abs. 2 ErbStG hier nicht zum Tragen. Will der Stifter vermeiden, dass es bei Aufhebung der Stiftung zu einer erneuten Besteuerung nach dem ErbStG kommt, sollte er sich ein Widerrufsrecht vorbehalten. Denn über § 29 Abs. 1 Nr. 1 d ErbStG lässt sich erreichen, dass es nicht nur zu einer steuerfreien Rückabwicklung kommt, sondern darüber hinaus wird die bereits bezahlte Schenkungsteuer ohne Einhaltung etwaiger Verjährungsregeln wieder erstattet. Allerdings muss dieser Vorbehalt zum Widerruf von vornherein bestanden haben. Nachträgliche Änderungen der Statuten genügen hier nicht.

Der BFH hat mit Urteil vom 28. 6. 2007 (vgl. oben Rn. 1796) einige Zweifelsfragen im Zusammenhang mit der steuerlichen Beurteilung von ausländischen 1832

---

1 BFH v. 27. 9. 2012 - II R 45/10, BStBl 2013 II S. 84.
2 BFH v. 27. 9. 2012 - II R 45/10, BStBl 2013 II S. 84
3 BFH v. 27. 9. 2012 - II R 45/10, BStBl 2013 II S. 84.

Stiftungen ausgeräumt. Nach Ansicht des II. Senats ist die Vermögensübertragung auf eine nach ausländischem Zivilrecht wirksam errichtete Stiftung **nicht schenkungsteuerpflichtig**, wenn umfassende Sonderrechte des Gründers (betreffend die Weisungserteilung) an Stiftungsorgane bei der Verwaltung des Stiftungsvermögen, ein jederzeitiger Anspruch auf Rückführung des Vermögens, die jederzeitige Möglichkeit der Abänderbarkeit der Satzung, des Stiftungsstatuts bzw. Abberufung der Stiftungsorgane usw. vorhanden sind. In diesem Fall liegt zum Zeitpunkt der Errichtung jedenfalls (noch) keine Schenkung an die Stiftung vor; diese wird als transparent angesehen (vgl. oben Rn. 1809). Das FG Münster hat sich dieser Ansicht jüngst angeschlossen, allerdings „vorsorglich" die Revision zugelassen.[1]

1833   *(Einstweilen frei)*

HINWEIS:

(1) Nach Auffassung der Rechtsprechung ist die unentgeltliche Übertragung von Vermögen auf eine ausländische Stiftung dann keine steuerpflichtige Schenkung, wenn nach den getroffenen Vereinbarungen und Regelungen über das Vermögen die Stiftung im Verhältnis zum Stifter nicht tatsächlich und rechtlich frei verfügen kann. Zuwendungen des Vermögens aus der Stiftung z. B. an einen Destinatär würden dementsprechend ebenfalls nicht als Zuwendung der Stiftung, sondern als Zuwendung des tatsächlich wirtschaftlich Berechtigten an den Beschenkten gelten. Für die Besteuerung zwischen dem Stifter und dem Erwerber käme es auf die zwischen ihnen geltende Steuerklasse nach § 15 ErbStG an.

(2) Vorstehendes dies gilt entsprechend auch für einen Trust und die beteiligten Personen.

---

2. Erbschaftsteuerfreie Vermögenskonservierung mit ausländischen Stiftungen bzw. Trusts

1834   Die Rechtsprechung (vgl. oben Rn. 1832) zu den Voraussetzungen, wann von einer **transparenten** Stiftung bzw. einem transparenten Trust gesprochen werden kann, hat für die Gestaltungsberatung zumindest hinsichtlich der schenkungsteuerlichen Beurteilung dieser ausländischen Rechtsgebilde **Rechtssicherheit** gebracht.[2]

1835   Bei ausländischen Stiftungen und Trusts kann die **sofortige** Besteuerung anlässlich der Dotation **vermieden** und der Besteuerungszeitpunkt in die Zukunft verlagert werden, wenn die ausländische Stiftung bzw. der Trust als **trans-**

---

1 FG Münster v. 11.12.2014 - 3 K 764/12 Erb, ErbStB 2015 S.161, Az. BFH II R 9/15; BMF v. 20.7.2004, DStR 2004 S.1387 Rn.20.
2 Götzenberger, Vermögenstrusts, NWB-EV 2012 S.225, 226.

parent anzusehen sind. Die Besteuerung des Vermögensübergangs auf die ausländische Einheit wäre dann solange aufgeschoben, bis die Sonderrechte des Stifters erlöschen. Dies ist jedoch nur bei den vertraglichen Ausgestaltungen möglich, bei denen der Stifter/Settlor jederzeit die Rückübertragung des hingegebenen Vermögens auf sich verlangen kann (also transparenten Gebilden).

In den Fällen der „endgültigen" Hin-/Weggabe des Vermögens des Stifters bleibt es beim Grundsatz der sofortigen Besteuerung nach § 7 Abs. 1 Nr. 8 ErbStG im Zeitpunkt der Vermögensausstattung der Stiftung bzw. des Trusts.

Die neue Rechtsprechung erweist sich mithin nur im Ausnahmefall als vorteilhaft. Liegt jedoch tatsächlich eine solche besondere Konstellation vor und hat der Stifter/Settlor – gegebenenfalls seit mehr als fünf Jahren gem. § 2 Abs. 1 Satz 1 Buchst. b ErbStG – Deutschland verlassen,[1] dann geht der deutsche Fiskus leer aus. Dies kann in geplanten Wegzugsfällen zu einem bedeutenden Steuervorteil führen. 1836

Gleiches gilt im Falle der Aufhebung, wenn die Stiftung bzw. der Trust die erhaltene Dotierung zu einem Zeitpunkt wieder zurück überträgt, zu dem der Stifter/Settlor noch (immer) „umfassende Herrschaftsbefugnis" über das Stiftungs-/Trustvermögen hat.

3. Ausschüttungen der Vermögensmasse ausländischen Rechts als Schenkungen unter Lebenden

Erfolgen während des Bestehens der Vermögensmasse ausländischen Rechts **Ausschüttungen**, sind diese neben der ertragsteuerlichen Erfassung zusätzlich auch gem. § 7 Abs. 1 Nr. 9 Satz 2 ErbStG **schenkungsteuerbar**.[2] Diese Rechtsfolge wird für die aus der Satzung oder dem Statut Begünstigten abgelehnt, da auch bei inländischen Stiftungen satzungsmäßige Ausschüttungen an Destinatäre nicht als Zuwendungen i. S. d. § 7 Abs. 1 Nr. 1 ErbStG angesehen werden.[3] Nach Ansicht des BFH[4] bestehen erhebliche Zweifel, ob eine ausländische Stiftung unter den Begriff der „Vermögensmasse" fallen kann.[5] Danach wären 1837

---

1 Abweichend hiervon ist bei Wegzug in die USA und Domicile dort die Zehnjahresfrist zu beachten.

2 BFH v. 27. 9. 2012 - II R 45/10, BStBl 2013 II S. 84; a. A. Götzenberger, Vermögenstrusts, NWB-EV 2012 S. 225, 227; Birnbaum/Lohbeck/Pöllath, FR 2007 S. 479, 486.

3 Gebel in Troll/Gebel/Jülicher, ErbStG, § 7 Rn. 334.

4 BFH v. 21. 7. 2014 - II B 40/14, ZEV 2014 S. 504; vorhergehend FG Hessen v. 10. 2. 2014 - 1 V 2602/13, EFG 2014 S. 1014.

5 Vgl. Birnbaum, ZEV 2014 S. 482, 484.

Zuwendungen einer ausländischen Stiftung an nach ihrer Satzung Berechtigte nicht nach § 7 Abs. 1 Nr. 9 Satz 2 ErbStG steuerbar. Zudem äußert der BFH zu Recht Bedenken im Hinblick auf eine „doppelte Belastung" derartiger Leistungen mit Einkommen- und Erbschaftsteuer. Demgegenüber geht das FG Baden-Württemberg[1] davon aus, dass unter den Begriff der Vermögensmasse ausländischen Rechts auch ausländische Stiftungen fallen können. Nach Ansicht des FG muss deshalb der inländische Zwischenberechtigte die aus einer Schweizerischen Stiftung erlangte Zuwendung nach § 7 Abs. 1 Nr. 9 Satz 2, Halbsatz 2 ErbStG versteuern.

4. Verhältnis von § 7 Abs. 1 Nr. 9 ErbStG von § 15 Abs. 11 AStG

1838   Der Gesetzgeber hat mit dem Amtshilferichtlinien-Umsetzungsgesetz[2] unter anderem auch den für ausländische Familienstiftungen und Trusts bedeutsamen § 15 AStG modifiziert und die Norm um weitere Abs. 8 bis 11 erweitert.[3]

Wie nachfolgend gezeigt wird, hat der Gesetzgeber durch die in § 15 Abs. 11 AStG neugeschaffene Regelung zwar das bisher ungeklärte ertragsteuerliche Problem der Doppelbesteuerung[4] beseitigt. Ungeklärt ist aber, ob er damit zugleich auch eine § 7 Abs. 1 Nr. 9 Satz 2 ErbStG im Wege der Spezialität verdrängende schenkungsteuerliche Regelung getroffen hat.

1839   Der Begriff der „Zuwendung" wird üblicherweise im Sinne einer erforderlichen Vermögensverschiebung verstanden, d. h., es muss eine Vermögensminderung auf der einen Seite und eine Vermögensmehrung auf der anderen Seite vorliegen. Von einem „Zugrundeliegen" ist auszugehen, wenn eine gewisse (tatsächliche oder rechtliche) Verknüpfung gegeben ist.[5]

Relativ einfach dürfte demnach der Fall zu beurteilen sein, bei dem der Empfänger der Zuwendung von der ausländischen Stiftung/dem ausländischen Trust innerhalb eines Kalenderjahres betragsmäßig dasselbe erhält, was ihm nach § 15 Abs. 1 AStG als Einkünfte genau in diesem Kalenderjahr zugerechnet wurde.

---

1 FG Baden-Württemberg v. 22. 4. 2015 - 7 K 2471/12, EFG 2015 S. 1461, nrkr., Az. BFH: II R 6/16.
2 Amtshilferichtlinien-Umsetzungsgesetz (AmtshilfeRLUmsG) v. 26. 6. 2013, BGBl 2013 I S. 1809.
3 Ditz/Quilitzsch, DStR 2013 S. 1917; Paintner, DStR 2013 S. 1629, 1645; Moser/Gebhard, DStZ 2013 S. 753; Carlé, ErbStB 2013 S. 284, 285; Werder/Dannecker, BB 2013 S. 2278, 2280.
4 Wassermeyer in Flick/Wassermeyer/Baumhoff/Schönfeld, § 15 AStG Rn. 42 (Stand März 2013).
5 Moser/Gebhard, DStZ 2013 S. 753, 754.

BEISPIEL: Dem Stifter A werden nach § 15 Abs. 1 AStG Einkünfte aus einer von ihm   1840
errichteten ausländischen Stiftung in 2013 i. H. v. 120.000 € zugerechnet. Anfang
2014 zahlt die Stiftung an ihn 120.000 € aus.

Unklar sind die Fallkonstellationen, bei denen

aa) der Bezugsberechtigte und derjenige, dem die Einkünfte nach § 15 Abs. 1 AStG
zugerechnet wurden, nicht personenidentisch sind;

bb) die Zuwendung in einem Kalenderjahr höher ist als die in diesem Kalenderjahr
nach § 15 Abs. 1 AStG zugerechneten Einkünfte;

cc) eine „nachträgliche" Auskehrung von Beträgen erfolgt, die (noch) nach § 15
Abs. 1 AStG a. F. zugerechnet wurden.

aa) Ausgehend vom Wortlaut des § 15 Abs. 11 AStG dürfte es nicht darauf an-   1841
kommen, dass der Bezugsberechtigte und derjenige, dem die Einkünfte zugerechnet werden, identisch sind. Entscheidend ist allein, dass die von der ausländischen Stiftung/dem ausländischen Trust geleisteten Beträge der inländischen Besteuerung nach § 15 Abs. 1 AStG unterlegen sind.[1] Eine Personenidentität wird vom Gesetz nicht verlangt.[2]

BEISPIEL: Dem Stifter A werden aus einer von ihm errichteten ausländischen Stiftung
nach § 15 Abs. 1 AStG Einkünfte in 2013 i. H. v. 120.000 € zugerechnet. Anfang 2014
zahlt die Stiftung an zwei Destinatäre, seine beiden Söhne, je 60.000 € aus.

bb) Der Gesetzgeber trifft in § 15 Abs. 11 AStG keine Reihenfolge, welche nach   1842
§ 15 Abs. 1 AStG zugerechneten Einkünfte steuerunschädlich „zugewendet"
werden kann. Demnach ist es möglich, die über mehrere Jahre nach § 15 Abs. 1
AStG zugerechneten Einkünfte in einem dem Zurechnungsjahr folgenden Jahr
ganz oder teilweise an den Stifter oder die Destinatäre zuzuwenden. Eine
Steuerpflicht entstünde erst dann, wenn die Summe der zugerechneten Einkünfte die Summe der zugewandten Beträge unterschreitet.[3]

BEISPIEL: Dem Stifter A werden aus einer von ihm errichteten ausländischen Stiftung
nach § 15 Abs. 1 AStG in 2013 i. H. v. 120.000 € und in 2014 i. H. v. 60.000 € zugerechnet. Anfang 2015 zahlt die Stiftung an ihn 140.000 € aus.

cc) Zweifelhaft ist, ob der Gesetzgeber auch das nach § 15 Abs. 1 AStG a. F. zu-   1843
gerechneten „Einkommen" von einer Besteuerung anlässlich der Auskehrung
ausnehmen wollte. Dagegen spricht, dass der in § 15 Abs. 11 AStG hergestellte
Bezug auf die Zurechnung der „Einkünfte" nach § 15 Abs. 1 AStG n. F. abstellt.
Zwar ist durch die Neufassung des § 15 Abs. 1 AStG ein Systemwechsel weg

---

1   Ebenso Vogt in Blümich, § 15 AStG Rn. 143 (Stand Okt. 2013); Moser/Gebhard, DStZ 2013 S. 753,
    754.

2   Moser/Gebhard, DStZ 2013 S. 753, 754.

3   Ebenso Werder/Dannecker, BB 2013 S. 2278, 2280; Vogt in Blümich, § 15 AStG Rn. 143 (Stand
    Okt. 2013).

von der Einkommens- hin zur Einkünftezurechnung erfolgt. Gleichwohl führt eine Auslegung des § 15 Abs. 11 AStG unter Berücksichtigung der Gesetzesbegründung und dem dort gegebenen Hinweis auf die der bisherigen Praxis entsprechende Behandlung[1] zu dem systematisch zutreffenden Ergebnis, dass eine Doppelbesteuerung auch insoweit ausscheidet.[2]

1844   **BEISPIEL:** ▶ Dem Stifter A wird aus einer von ihm errichteten ausländischen Stiftung nach § 15 Abs. 1 AStG a. F. in 2012 Einkommen i. H. v. 150.000 € zugerechnet; in 2013 werden ihm Einkünfte nach § 15 Abs. 1 AStG n. F. i. H. v. 20.000 € zugerechnet. Anfang 2014 zahlt die Stiftung an ihn 90.000 € aus.

1845   Die in § 15 Abs. 11 AStG gewählte Formulierung „Zuwendung" unterscheidet sich von dem ertragsteuerlich üblichen Begriff der „Leistung" einer Stiftung, wie er etwa in § 20 Abs. 1 Nr. 9 EStG verwendet wird. Warum der Gesetzgeber hier erstmals im Ertragsteuerrecht den schenkungsteuerlichen Begriff der „Zuwendung" wählt, erschließt sich auch aus der Gesetzesbegründung nicht. Zutreffender wäre der Begriff der „Leistung" gewesen, weil Stiftungen an den Stifter bzw. Bezugs-/Zwischenberechtigte/Destinatäre sprachlich Beträge „leisten" und diesen Personen nichts „zuwenden". Prima Facie könnte die Verwendung des Begriffs der „Zuwendung" also dafür sprechen, dass der Gesetzgeber in § 15 Abs. 11 AStG eine abschließende Regelung treffen wollte, die die Schenkungsteuer mitumfasst.[3]

1846   Gegen dieses Gesetzesverständnis, welches einen Gesetzesvorrang von § 15 Abs. 11 AStG vor § 7 Abs. 1 Nr. 9 Satz 2 ErbStG voraussetzen würde, spricht indes die Gesetzessystematik. § 15 AStG enthält ausschließlich ertragsteuerliche Regelungen, denen − zumindest nach dem bis zum 31. 12. 2012 geltenden Recht − keinerlei schenkungsteuerliche Relevanz zugesprochen wurden. Auch die Gesetzesbegründung zu § 15 Abs. 11 AStG lässt nicht erkennen, dass neben der angestrebten Vermeidung einer ertragsteuerlichen „Doppelbesteuerung" auch eine doppelte Belastung mit Ertrag- und Erbschaftsteuer vermieden werden sollte.

---

1 Tz. 15.1.1 des Anwendungsschreibens zum AStG v. 14. 5. 2004, BStBl Sondernummer 1 I 2004 S. 3 ff.
2 Ebenso Moser/Gebhard, DStZ 2013 S. 753, 754.
3 So Werder/Dannecker, BB 2013 S. 2278, 2280; Moser/Gebhard, DStZ 2013 S. 753, 754; Vogt in Blümich, § 15 AStG Rn. 142 (Stand Okt. 2013).

Betrachtet man die Gesetzesbegründung zu § 7 Abs. 1 Nr. 9 Satz 2 ErbStG,[1] so spricht vieles dafür, dass der Gesetzgeber die Schenkungsteuerbarkeit bei Auskehrungen aus ausländischen Stiftungen/Trusts bewusst losgelöst von der ertragsteuerlichen Beurteilungen geregelt hat. Zudem würden sich Wertungswidersprüche ergeben, wenn einerseits eine unmittelbare unentgeltliche Zuwendung zwischen dem Stifter und einem Abkömmling schenkungsteuerbar ist, hingegen die über eine zwischengeschaltete ausländische Stiftung/Trust erfolgte mittelbare Zuwendung steuerfrei bliebe.

Durch § 7 Abs. 1 Nr. 9 Satz 2 ErbStG ist klargestellt, dass jede Auskehrung von Vermögen an Zwischenberechtigte als Zuwendung der ausländischen Stiftung/des ausländischen Trusts „fingiert" wird.[2] Damit kommt es im Anwendungsbereich des § 7 Abs. 1 Nr. 9 Satz 2 ErbStG grundsätzlich nicht darauf an, wem die Erträge zugerechnet werden. Anderes gilt nur, wenn derjenige, der den Trust errichtet und sich nach einer bestimmten Laufzeit selbst als Bezugsberechtigten benannt hat, Leistungen aus der ausländische Stiftung/des Trusts erhält. Denn er ist in diesem Fall nicht als Zwischenberechtigter i. S. d. Vorschrift anzusehen. Von dieser Ausnahme abgesehen spielt es aber keine Rolle, wer Empfänger der Leistung/Zuwendung der ausländische Stiftung/des Trusts ist. Denn der BFH zieht den Kreis der Zwischenberechtigten weit.[3] Es mag zwar sein, dass die Zurechnung der Einkünfte (früher: des Einkommens) bei den Destinatären nach § 15 Abs. 1 AStG einerseits und der nach § 15 Abs. 11 AStG nicht erneut besteuerte Zufluss bei denselben Personen erfolgt und von ihnen als schenkungsteuerliche Zuwendung nach § 7 Abs. 1 Nr. 9 Satz 2 ErbStG zu versteuern ist. Andererseits verdeutlicht die (oben 3. B) aa) dargestellte Fallgruppe, dass Zurechnungssubjekt und Empfänger der Zuwendung nach § 7 Abs. 1 Nr. 9 Satz 2 ErbStG unterschiedliche Personen sein können. Gegen das hier vertretene Gesetzesverständnis spricht auch nicht die vom BFH vertretene Ansicht, wonach ein Sachverhalt nicht zugleich der Einkommen- und Erbschaftsteuer unterliegen dürfe.[4] Danach ist es zwar grundsätzlich tatbestand-

1847

---

1 BT-Drucks. 14/23 S. 200: „In den letzten Jahren haben steuerliche Gestaltungen unter Verwendung sog. „Trust" zur Erbschaftsteuer-/Schenkungsteuerersparnis eine erhebliche Bedeutung erlangt, weil bei dieser Konstruktion keine Steuerpflicht oder erst mit zeitlicher Verzögerung eine Steuerpflicht ausgelöst wird. Der Vermögensübergang auf den Trust bei seiner Errichtung und auf die Anfallsberechtigten bei seiner Auflösung wird als zusätzlicher Erwerbstatbestand in die §§ 3 und 7 ErbStG aufgenommen und unterliegt damit der Besteuerung."

2 BFH v. 25. 11. 1992 - II R 78/90, BFH/NV 1993 S. 438.

3 BFH v. 25. 11. 1992 - II R 78/90, BFH/NV 1993 S. 438: „Zwischenberechtigte sind alle Personen, die während des Bestehens eines Trusts Auszahlungen aus dem Trustvermögen erhalten"; a. A. Fischer in Fischer/Jüptner/Pahlke/Wachter, ErbStG, 4. Aufl. 2012, § 7 Rn. 471; Schuck in Viskorf/Knobel/Schuck/Wälzholz, 4. Aufl. 2012, § 7 ErbStG Rn. 160.

4 BFH v. 12. 9. 2011 - VIII B 70/09, ZEV 2012 S. 58.

lich ausgeschlossen, mit derselben Handlung sowohl eine freigebige Zuwendung zu verwirklichen als auch wirtschaftlich am Markt teilzunehmen. Vorliegend unterfällt jedoch ein und derselbe Lebenssachverhalt tatbestandlich nicht sowohl der Einkommen- als auch der Schenkungsteuer. Vielmehr liegen bei der Zurechnung nach § 15 Abs. 1 AStG einerseits und dem nach § 15 Abs. 11 AStG nicht steuerbaren tatsächlichen Zufluss andererseits zwei unterschiedliche Lebenssachverhalt vor. Diese fallen auch zeitlich auseinander, so dass § 15 Abs. 11 AStG tatbestandlich nicht § 7 Abs. 1 Nr. 9 ErbStG im Wege der Spezialität verdrängen kann.

1848 Im Ergebnis kommt es also nicht darauf an, ob die nach § 15 Abs. 1 AStG zugerechneten Einkünfte in der Summe höher sind als die zugewandten Beträge (oben Variante bb), ob sie einer anderen Person als dem Empfänger der Zuwendung ertragsteuerlich zugerechnet wurden (oben Variante aa), oder ob es sich um bereits früher (nach § 15 AStG a. F.) ertragsteuerlich zugerechnete Beträge handelt (oben Variante cc). Jede Leistung[1] aus der ausländischen Stiftung ist ungeachtet § 15 Abs. 11 AStG bei einem vom Errichter der ausländischen Stiftung/des Trusts personenverschiedenen Empfänger der Leistung/Zuwendung[2] nach § 7 Abs. 1 Nr. 9 Satz 2 ErbStG schenkungsteuerbar.[3] Anderenfalls könnten die Vermögenserträge ausländischen Stiftung/eines Trusts vor ihrer Auflösung steuerfrei ausgezahlt werden.[4] Das Gegenteil soll durch § 15 Abs. 11 AStG sichergestellt werden.

1849 Von der Frage der Zurechenbarkeit der Vermögenserträge und ihrer schenkungsteuerlichen Behandlung unberührt bleiben die schenkungsteuerlichen Folgen bei Auskehrung von Vermögenssubstanz/Dotationskapital der ausländischen Stiftung/des Trusts, die – auch bei Auskehrung an den Errichter der ausländischen Stiftung/des Trusts – nach § 7 Abs. 1 Nr. 9 Satz 2 ErbStG schenkungsteuerbar bleibt.

1850 **Zusammenfassung:**

(1) § 15 Abs. 11 AStG verhindert, dass die dem Stifter bzw. Bezugsberechtigten nach § 15 Abs. 1 AStG zugerechneten Einkünfte einer ausländischen Famili-

---

1 Gleichgültig, ob ausgeschüttete Vermögenserträge oder ausgeschüttete Vermögenssubstanz, vgl. BFH v. 27. 9. 2012 - II R 45/10, BStBl 2013 II S. 84.

2 Also beim Stifter bzw. den Destinatären/Zwischenberechtigten.

3 A. A. Werder/Dannecker, BB 2013 S. 2278, 2280; Vogt in Blümich, § 15 AStG Rn. 142 (Stand Okt. 2013).

4 Vgl. BFH v. 27. 9. 2012 - II R 45/10, BStBl 2013 II S. 84 unter Hinweis auf Schindhelm/Stein, FR 1999 S. 880, 886.

enstiftung/eines Familientrusts bei ihrer Auskehrung noch einmal als steuerbare Einkünfte erfasst werden.

(2) Unklar ist derzeit, ob § 15 Abs. 11 AStG nur verhindert, dass diejenigen Leistungen (Zuwendungen) einer ausländischen Stiftung/eines ausländischen Trusts ertragsteuerfrei bleiben, die dieser Person zuvor nach § 15 Abs. 1 AStG auch zugerechnet wurden. Richtigerweise bleiben die Leistungen der ausländischen Stiftung/des ausländischen Trusts beim Empfänger auch dann nach § 15 Abs. 11 AStG ertragsteuerfrei, wenn er zum Personenkreis nach § 15 Abs. 1 AStG zwar gehört, sie ihm jedoch nicht nach § 15 Abs. 1 AStG zugerechnet wurden.

(3) Alle Leistungen (Zuwendungen) der ausländischen Stiftung/dem ausländischen Trust können beim Empfänger ertragsteuerfrei bleiben, soweit die Summe aller nach § 15 Abs. 1 AStG zugerechneten Einkünfte (bis 31. 12. 2008: des Einkommens) nicht überstiegen wird.

(4) § 15 Abs. 11 AStG verdrängt tatbestandlich nicht § 7 Abs. 1 Nr. 9 ErbStG im Wege der Spezialität.

(5) Die Leistungen einer ausländischen Stiftung/eines ausländischen Trusts sind nach § 7 Abs. 1 Nr. 9 ErbStG beim Zwischenberechtigten als Zuwendungsempfängern auch dann schenkungsteuerbar, wenn sie ihm oder dem Errichter der ausländischen Stiftung/des Trusts zuvor nach § 15 Abs. 11 AStG ertragsteuerlich zugerechnet worden sind. Nur Vermögenserträge, die an den Errichter der Stiftung während des Bestehens der ausländischen Stiftung/des Trusts ausgekehrt werden, sind nicht schenkungsteuerbar.

5. Zusammenfassende Würdigung

Mit der Errichtung einer ausländischen Stiftung oder eines Trusts sind u. U. erhebliche Risiken verbunden. Dies gilt jedenfalls für diejenigen Stifter/Settlor oder Destinatäre, die im Inland unbeschränkt steuerpflichtig sind. Für sie können sich neben den mit dem jeweiligen ausländischen Gebilde verbundenen Anwendungsfragen des internationalen Privatrechts vor allem unerwartet hohe Steuerlasten im Inland ergeben.

1851

Bedenklich ist, dass die Zurechnung bei einem inländischen Begünstigten auch dann erfolgt, wenn dieser tatsächlich keinerlei Zuwendungen aus dem Trust bzw. der ausländischen Familienstiftung erhält, also thesaurierte Erträge anteilig im Inland besteuert werden. Gegen eine Zurechnung in diesen Fällen spricht, dass der Zweck der Norm ist: *„Mit der Vorschrift soll der Steuerflucht und Steuervermeidung durch Errichtung ausländischer Familienstiftungen ent-*

1852

gegengewirkt werden".[1] Von einer möglichen „Steuerflucht" kann dann nicht die Rede sein, wenn es sich von vornherein um ausländisches Vermögen handelte, das auf die ausländische Stiftung/den Trust übertragen wurde. Leben z. B. beide Trustors seit vielen Jahren in den USA mit der Absicht, dort zu bleiben („domicile"), und wurde das Vermögen aufgrund Tätigkeiten in den USA erwirtschaftet, ist – bei fehlender Ausschüttung an den im Inland lebenden Destinatär – ein inländischer Steuerzugriff nicht zu rechtfertigen. Bedenkt man zudem, dass die inländische Besteuerung beispielsweise auch Währungsgewinne erfasst, obwohl der Trustee sie im Ausland nie realisieren wird, zeigt sich die ganze Problematik dieser Hinzurechnungsbesteuerung. Zutreffend geht Kirchhain[2] davon aus, dass es stets erforderlich ist, im Zurechnungszeitpunkt eine Prognose über künftige Zuwendungen aufzustellen, aus denen man auf eine „gesicherte Rechtsposition" schließen kann. Besteht ein Auswahlermessen der Stiftungsorgane (des Trustees), dann kann eine Zurechnung erst erfolgen, wenn aus der bisherigen Zuwendungspraxis eine gegenwärtige Bezugsberechtigung abgeleitet werden kann. Sind tatsächlich dem im Inland lebenden Destinatär keinerlei Zuwendungen zugeflossen, so kann diesem das laufende Einkommen des Trusts auch nicht anteilig zugerechnet werden. Die Tatsache, dass ein Familienmitglied in Deutschland lebt, ansonsten keinerlei Inlandsbezug besteht, rechtfertigt nach dem Gesetzeszweck keine inländische Besteuerung.

1853 Angesichts dieses Befundes bedarf die Errichtung und Auflösung derartiger Strukturen ebenso wie der geplante Zuzug aus dem Ausland eines Destinatärs umfassender Beratung. Ein Gestaltungsinstrument „für jedermann" sind Trusts bzw. ausländische Familienstiftungen sicherlich nicht.

1854–1859 *(Einstweilen frei)*

---

1 BFH v. 25.4.2001 - II R 14/98, BFH/NV 2001 S. 1457.
2 Kirchhain in Mössner/Fuhrmann, AStG, 2. Aufl. 2011, § 15 Rn. 56.

I. Die Bedeutung der Erbschaftsteuerreform 2016 für Familienstiftungen

I. Einleitung

Bis zum 30. 6. 2016 war es im Rahmen der Errichtung einer Familienstiftung[1] oder der Vorbereitung der Entstehung einer Erbersatzsteuer, die alle 30 Jahre zu entrichten ist (vgl. Rn. xy), durchaus möglich, mittels geschickter Gestaltung die Zahlung einer Erbschaft- oder Schenkungsteuer zu vermeiden bzw. zu minimieren, sofern das Vermögen der Familienstiftung hauptsächlich aus Betriebsvermögen, land- und forstwirtschaftlichem Vermögen[2] oder qualifizierten Anteilen an Kapitalgesellschaften i. S. v. § 13b ErbStG a. F. bestand, vgl. i. E. Rn. 1918 f. — 1860

An dieser Stelle sind Ausführungen zur Terminologie angebracht. § 13b Abs. 2 Satz 1 ErbStG a. F. (Voraussetzung für die Verschonung) sprach von „dem Betriebsvermögen der Betriebe oder der Gesellschaften". Aus Vereinfachungsgründen wird es im Folgenden auch als „Unternehmensvermögen" bezeichnet. Dieses Unternehmensvermögen bezeichnet das geltende Recht u. a. als „begünstigungsfähiges Vermögen" (§ 13b Abs. 2 ErbStG). Dieses ist nichts anderes als „das Betriebsvermögen der Betriebe oder der Gesellschaften". — 1861

Dieses Unternehmensvermögen (Betriebsvermögen oder begünstigungsfähiges Vermögen) war und ist mit dem gemeinen Wert zu bewerten. Das aktuelle Erbschaftsteuergesetz spricht in § 13b Abs. 2 Satz 2 a. E. ErbStG vom „gemeinen Wert des begünstigungsfähigen Vermögens" oder in § 13b Abs. 6 Satz 2 ErbStG vom „gemeinen Wert des Betriebsvermögens des Betriebes oder der Gesellschaft". Es handelt sich jedes Mal um dieselbe Größe. Sie ist nichts anderes als der gemeine Wert des Betriebsvermögens der Betriebe oder der Gesellschaften laut altem Erbschaftsteuergesetz. Zur Vereinfachung werden diese gemeinen Werte im Folgenden auch als „Unternehmenswert" bezeichnet. — 1862

---

1 Die die Vergünstigungen durch Verschonungsabschlag (§ 13a Abs. 1 oder 10 oder 13c ErbStG), Abzugsbetrag (§ 13a Abs. 2 ErbStG) und Vorwegabschlag (§ 13a Abs. 9 ErbStG) sowie die Verschonungsbedarfsprüfung (§ 28a ErbStG) werden auch bei der Bemessung der Erbersatzsteuer einer Familienstiftung oder eines Familienvereins gewährt. Beim Übergang von Vermögen aufgrund eines Stiftungsgeschäfts unter Lebenden kommen die Vergünstigungen ebenfalls in Betracht, vgl. A 13a.21 und A 13c.5 AEErbSt 2017. Die Formulierung „auch zur Anwendung" deutet darauf hin, dass dies auch bei der Errichtung einer Stiftung von Todes wegen nach § 3 Abs. 2 Nr. 1 ErbStG (vgl. Rn. 570) zutrifft.

2 Vgl. § 13b Abs. 1 Nr. 1 ErbStG. Vorsicht, nur der Wirtschaftsteil ist begünstigt.

1863   In der Zeit bis zum 30. 6. 2016 wurde also im Idealfall bei der Errichtung der Familienstiftung auf diese Unternehmensvermögen übertragen, bei dem der Wert des Verwaltungsvermögens[1] unterhalb von 10 % des Unternehmenswertes blieb und kein sogenanntes junges Verwaltungsvermögen vorhanden war, also Vermögen, das dem Betrieb im Besteuerungszeitpunkt weniger als zwei Jahre zuzurechnen war. Schließlich musste davon ausgegangen werden können, dass die Summe der jährlichen Lohnsummen innerhalb der folgenden sieben Jahre insgesamt 700 % der Ausgangslohnsumme nicht unterschreiten würde. In diesem Idealfall konnte die Familienstiftung bei Anwendung der §§ 13a und 13b ErbStG a. F. die sogenannte Vollverschonung beantragen. Dies bedeutete, dass der gesamte Unternehmenswert zu 100 % verschont wurde, also bei der Berechnung der Erbschaftsteuer aus Anlass der Errichtung der Familienstiftung oder bei der Berechnung der Erbersatzsteuer das steuerpflichtige Betriebsvermögen mit 0,00 € angesetzt wurde. Dabei war es völlig unerheblich, welchen Verkehrswert dieses Unternehmensvermögen bzw. die Anteile hatten.

1864   Der Vollständigkeit halber ist außerdem zu erwähnen, dass die Stiftung in den folgenden sieben Jahren die Behaltensbestimmungen des Gesetzes erfüllen musste, § 13a Abs. 5 ErbStG a. F. Grob gesagt durfte die Stiftung den Wirtschaftsteil des land- und forstwirtschaftlichen Betriebes, das Betriebsvermögen oder die Anteile in diesem Zeitraum nicht, auch nicht anteilig, veräußern sowie Entnahmen über die ihr zugerechneten Gewinne oder Gewinnanteile hinaus nur in sehr geringem Maße tätigen. Diese Bestimmungen sind im Wesentlichen unverändert geblieben.

1865   Handelte es sich bei dem Betriebsvermögen um einen mehrstufigen Konzern, war es grundsätzlich möglich, die Grenze von maximal 10 % Verwaltungsvermögen auf der obersten Ebene einzuhalten, selbst wenn dieses bei einer Gesamtbetrachtung des Konzerns eindeutig einen höheren Anteil hatte. Dies gelang, falls das Verwaltungsvermögen richtig auf die Konzerngesellschaften verteilt war. Man bezeichnet dies als Kaskadeneffekt.[2]

1866   Betrug die Verwaltungsvermögensquote ab 10 % bis 50 %, war eine 100%ige Vollverschonung nicht möglich, jedoch immerhin die Regelverschonung von 85 %. Dies bedeutete, neben dem jungen Verwaltungsvermögen mussten lediglich 15 % des Unternehmenswertes[3] der Steuer unterworfen werden. Außerdem betrug die Behaltensfrist nur fünf statt sieben Jahre und in diesen

---

1 Vgl. § 13b Abs. 2 Satz 2 ErbStG a. F. und § 13b Abs. 4 ErbStG (neu).
2 Vgl. z. B. BVerfG v. 17. 12. 2014 - 1 BvL 21/12, BStBl 2015 II S. 50 ff., Tz. 261.
3 Selbstverständlich abzüglich des jungen Verwaltungsvermögens.

fünf Jahren musste die Summe der jährlichen Lohnsummen lediglich 400 % statt 700 % erreichen.

Seit dem Inkrafttreten der Erbschaftsteuerreform 2016, also seit dem 1. 7. 2016, bestehen weiterhin etliche Möglichkeiten der Sachverhaltsgestaltung, eine vollständige Vermeidung der Steuer ist jedoch sicherlich deutlich schwieriger geworden und auch nur noch schwer zu erreichen.[1]   **1867**

Die Beschäftigung mit der Erbschaftsteuerreform 2016 ist daher vor allem für den folgenden Personenkreis von Interesse: **1868**

▶ Potenzielle Stifter einer Familienstiftung.

▶ Vorstände von Familienstiftungen, bei denen in absehbarer Zeit die alle 30 Jahre anfallende Erbersatzsteuer entstehen wird und deren Vermögen den Freibetrag von 800.000 € übersteigt. Sollten diese Familienstiftungen auch über Unternehmensvermögen verfügen, gilt es festzustellen, mit welchem Wert dessen steuerpflichtiges Verwaltungsvermögen sowie das nicht verschonte begünstige Vermögen bei der Bemessung der Erbersatzsteuer anzusetzen ist.

▶ Vorstände von Familienstiftungen, die in absehbarer Zeit aufgelöst oder in eine gemeinnützige Stiftung umgewandelt zu werden sollen (vgl. Rn. 300 ff.).

▶ Vorstände von Familienstiftungen, in deren Vermögen sich Unternehmen oder Unternehmensanteile befinden, deren Werte so hoch sind, dass seit dem 1. 7. 2016 die Verschonung eingeschränkt oder sogar ganz versagt wird (vgl. Rn. 1893). Die Beschränkung der 85 %igen oder 100 %igen Verschonung auf Erwerber von begünstigtem Vermögen bis zu 26 Mio. €).

In einigen Fällen der allgemeinen Nachfolgeplanung, in denen es um wirklich hohe Unternehmenswerte geht, ist unter Umständen die Errichtung einer Familienstiftung sogar ein geeignetes Instrument, um Steuern zu minimieren (vgl. Rn. 1895). Diese Minimierung kann in bestimmten Fällen zur Notwendigkeit werden. Zwar genießt das begünstige Unternehmensvermögen bei der Vererbung nach § 19a ErbStG das Privileg einer Versteuerung nach der Steuerklasse I, gleichgültig welcher Steuerklasse der Erwerber, der eine natürliche Person sein muss, tatsächlich angehört. Aber auch in der Steuerklasse I beträgt der Steuersatz bei steuerpflichtigen Erwerben über 26 Mio. € für den gesamten Erwerb 30 %. In der Steuerklasse II sind es 43 % und in der Steuerklasse III sogar 50 %, dort bereits ab einem steuerpflichtigen Erwerb von 13 Mio. €. Die   **1869**

---

1 Vgl. z. B. als wesentliche Änderungen die grundsätzliche Steuerpflicht von Verwaltungsvermögen (Rn. 1871) sowie die Verbundvermögensaufstellung, vgl. Rn. 1875.

hieraus folgende Belastung mit Erbschaftsteuer kann durchaus erhebliche Nachteile für die Unternehmen bedeuten, die auf eine folgende Generation übergehen, vor allem, falls neben den Unternehmensanteilen auch Vermögen übertragen wird, das sich für keine Verschonung nach den §§ 13a, 13b, § 13c, 19a und 28 sowie 28a ErbStG qualifiziert.

1870 Selbstverständlich sollte die Gründung einer Stiftung nie alleine aus steuerlichen Erwägungen heraus erfolgen, sondern nur falls alle hiermit für den Stifter und seine Erben verbundenen Einschränkungen der Verfügbarkeit über das Vermögen und die Erträge akzeptabel sind, vgl. i. E. Rn. 3 ff.

II. Überblick über die Erbschaftsteuerreform 2016 und ihre Bedeutung für Familienstiftungen

1871 Die Änderungen im Rahmen der Erbschaftsteuerreform 2016 haben, entsprechend den Vorgaben des Urteils des Bundesverfassungsgerichts vom 17. 12. 2014[1] Auswirkungen darauf, in welchem Maße Unternehmensvermögen der Erbschaft- und Schenkungsteuer unterliegt. Das ab dem 1. 7. 2016 geltende Erbschaft- und Schenkungsteuergesetz 2016 (ErbStG) hat zwar an dem oben beschriebenen Verschonungssystem des bisherigen Erbschaftsteuer- und Schenkungsteuergesetzes (ErbStG a. F.) festgehalten, die Vergünstigungen jedoch in wesentlichen Teilen anders gestaltet und eingeschränkt.[2] Während die Behaltensbedingungen in § 13a Abs. 6 ErbStG kaum verändert wurden, greifen die Lohnsummenbestimmungen nun abgestuft bereits bei mehr als fünf und nicht mehr erst bei mehr als 20 Beschäftigten ein.[3] Außerdem wurden die Voraussetzungen für eine Verschonung von Betriebsvermögen verändert und die Verschonung für das im Betriebsvermögen enthaltene Verwaltungsvermögen wesentlich stärker als bisher eingeschränkt. Verwaltungsvermögen ist nun grundsätzlich steuerpflichtig. Schließlich sind die veränderten Verschonungsregeln auf Erwerbe begrenzt, die innerhalb eines Zehnjahres-Zeitraumes die Grenze von 26 Mio. € an begünstigtem Vermögen[4] im Sinne des § 13b Abs. 2 ErbStG nicht übersteigen. Auch Erwerbe aus der Zeit vor dem

---

1 BVerfG v. 17. 12. 2004 - 1 BvL 21/12, BStBl 2015 II S. 50.

2 Zum neuen erbschaftsteuerlichen Verschonungssystem vgl. z. B. Pauli, WPg 2017 S. 282.

3 § 13a Abs. 3 ErbStG, vgl. i. E. z. B. Bäuml, NWB 2016 S. 3516 (3525); Bäuml/Kummer, NWB 2016 S. 3880 (3883); Korn/Strahl, NWB 2016 S. 3652 (3654); bzw. § 13a Abs. 1 Satz 4 ErbStG a. F.

4 Beachte: nicht Unternehmenswert bzw. Wert des begünstigungsfähigen Vermögens. Vgl. zu den Begriffen i. E. Rn. 1861.

1. 7. 2016[1] werden bei dieser Zusammenrechnung berücksichtigt. Bei über 26 Mio. € hinausgehenden Erwerben werden die Verschonungen abgeschmolzen, um ab einem Erwerb in Höhe von 90 Mio. € vollkommen versagt zu werden (vgl. i. E. Rn. 1893).

Mit diesen Maßnahmen wollte der Gesetzgeber, entsprechend den Vorgaben des Bundesverfassungsgerichts[2], die Privilegierung des unentgeltlichen Erwerbs ohne Bedürfnisprüfung auf den Bereich der kleinen und mittleren Unternehmen begrenzen.

Wie bereits angedeutet, wurde nach dem früheren Recht der gesamte Unternehmenswert, also einschließlich des sogenannten Verwaltungsvermögens, zu 85 % oder zu 100 % verschont, sofern das Verwaltungsvermögen nicht die Grenzen von 50 % (Regelverschonung § 13b Abs. 2 Satz 1 ErbStG a. F.) oder 10 % (Optionsverschonung, § 13a Abs. 8 ErbStG a. F.) überstieg. Eine Ausnahme gab es lediglich für das sogenannte junge Verwaltungsvermögen, das auch bei der Unterschreitung der genannten Grenzen nicht verschont wurde (§ 13b Abs. 2 Satz 3 ErbStG a. F.).[3]

1872

Nach dem ab dem 1. 7. 2016 geltenden Recht muss das Unternehmen ebenfalls einen Verwaltungsvermögenstest bestehen. Nach § 13b Abs. 2 Satz 2 ErbStG **entfällt** eine Verschonung des begünstigungsfähigen Vermögens, sofern das Verwaltungsvermögen mindestens 90 % des gemeinen Wertes des begünstigungsfähigen Vermögens[4] ausmacht und nicht bestimmte Bedingungen erfüllt (vgl. Rn. 1897 ff.).

1873

Besteht das Unternehmen diesen 90 %-Verwaltungsvermögenstest, so wird grundsätzlich nur mehr das begünstigte Vermögen zu 85 % oder zu 100 % verschont. Das Verwaltungsvermögen hingegen ist nun grundsätzlich zu versteuern. Eine Ausnahme gibt es nur im Rahmen des sogenannten „Unschädlich-

---

1 Vgl. i. e. Rn. 1894. Laut Aussagen aus der Finanzverwaltung wird bei Erwerben nach dem 31. 12. 2008 und vor dem 1. 7. 2016 das damalige Betriebsvermögen (es gab damals kein begünstigtes Vermögen i. S. d. § 13a Abs. 1 Satz 1 ErbStG 2016) im Falle der Regelverschonung zu 85 % und im Falle der Optionsverschonung zu 100 % zu dem Erwerb an begünstigtem Vermögen nach dem 30. 6. 2017 hinzugerechnet. Die damals gewährte Verschonung bleibt also erhalten, vgl. IDW Life am 22. 6. 2017 ab Minute 30; vgl. auch A 13a.2 Abs. 2 und A 13c.4 Abs. 1 AEErbSt 2017. Bei Erwerben vor dem 1. 1. 2009 (es gab damals das Verschonungssystem noch nicht) soll der Wert dagegen in voller Höhe hinzugerechnet werden und nicht nur in Höhe des damaligen Freibetrages und des damaligen 35 %igen Abschlages, A 13a.2 Abs. 2 Satz 9 AEErbSt 2017, vgl. auch Korezkij, DStR 2017 S. 1729. Zur Kritik vgl. nur Wachter, GmbHR 2017 S. 1 m. w. N.
2 Vgl. BVerfG v. 17. 12. 2004 - 1 BvL 21/12, BStBl 2015 II S. 50.
3 Vgl. auch H E 13b.20 ErbStH.
4 Vgl. zu den Begriffen i. E. Rn. 1907 ff.

keitsbetrages" nach § 13b Abs. 7 ErbStG. Dieser beträgt 10 % des um den Nettowert des Verwaltungsvermögens gekürzten gemeinen Wertes des Betriebsvermögens (oder Unternehmenswertes).[1]

1874　Diese Unterscheidung zwischen begünstigtem und steuerpflichtigem Vermögen macht eine Aufteilung des Unternehmenswertes[2] auf das (teilweise oder vollständig) verschonte begünstigte Vermögen und das steuerpflichtige Verwaltungsvermögen notwendig. Diese Aufteilung erfolgt in einem komplexen Verfahren, das weiter hinten detailliert dargestellt wird, vgl. Im einzelnen Rn. 1907 ff.[3] Dieses Verfahren hat für die Höhe der Erbschaft- und Schenkungsteuer eine große Bedeutung, denn soweit es gelingt, das steuerpflichtige Verwaltungsvermögen mit Schulden zu verrechnen, unterliegt dieses Verwaltungsvermögen nicht mehr der Steuer. Zwar können diese Schulden dann nicht mehr beim begünstigten Vermögen gekürzt werden, aber das begünstigte Vermögen unterliegt nur zu 15 % oder evtl. auch gar nicht der Erbschaft- oder Schenkungsteuer, da es zu 85 % oder 100 % verschont wird.

1875　Gehören zu dem Unternehmensvermögen unmittelbar oder mittelbar inländische oder ausländische Personengesellschaften oder qualifizierte Anteile an Kapitalgesellschaften[4], so ordnet § 13b Abs. 9 ErbStG eine Verbundbetrachtung an. Die unmittelbar oder mittelbar gehaltenen Finanzmittel, die Vermögensgegenstände des Verwaltungsvermögens sowie die Schulden der verschiedenen Beteiligungsebenen sind jeweils anteilsmäßig in einer Verbundvermögensaufstellung zusammenzufassen. Darin sind die jungen Finanzmittel und das junge Verwaltungsvermögen gesondert aufzuführen. Dies geschieht, damit die Vorschriften zur Aufteilung des Unternehmenswertes auf das sogenannte begünstigte Vermögen und das steuerpflichtige Verwaltungsvermögen auf dieser Verbundebene durchgeführt werden können. Hierdurch wer-

---

1　Vgl. Rn. 1862.

2　Der Terminus technicus des Gesetzes ist der „gemeine Wert des begünstigungsfähigen Vermögens", vgl. § 13b Abs. 1 Satz 1 ErbStG, wobei unter dem begünstigungsfähigen Vermögen im Prinzip das Betriebsvermögen zu verstehen ist. Zu den Begriffen vgl. i. E. Rn. 1861.

3　Auf den wirtschaftlichen Zusammenhang zwischen den Schulden und bestimmten Vermögensgegenständen kommt es jedoch nicht an; vgl. auch Korezkij, DStR 2016 S. 2434 (2444).

4　Qualifizierte Anteile an Kapitalgesellschaften liegen vor, sofern der Erblasser oder Schenker am Nennkapital dieser Gesellschaft unmittelbar zu mehr als 25 % beteiligt war (Mindestbeteiligung). Diese Mindestbeteiligung kann auch dadurch erreicht werden, dass der Erblasser oder Schenker seine Anteile mit anderen Gesellschaftern gepoolt hat und der Pool die Grenze von 25 % übersteigt, § 13b Abs. 1 Nr. 3 ErbStG.

den die vom Bundesfinanzhof und Bundesverfassungsgericht kritisierten Kaskadeneffekte[1] des alten Erbschaftsteuerrechts vermieden.[2]

Will man nach diesen ersten Einführungen die Änderungen durch die Erbschaftsteuerreform 2016 zusammenfassen, kann ganz grundsätzlich festgestellt werden, dass nach neuem Recht

1876

▶ der Teil des Unternehmensvermögens, der zu versteuern ist, regelmäßig höher als bisher sein wird, Verwaltungsvermögen wird grundsätzlich nicht mehr verschont, was früher nur für das junge Verwaltungsvermögen galt,

▶ die Lohnsummen-Bestimmungen bei wesentlich weniger Beschäftigten eingreifen,

▶ die Verbundbetrachtung bei mehrstufigen Beteiligungsstrukturen den Kaskadeneffekt vermeidet, wodurch wesentlich mehr Verwaltungsvermögen zu versteuern ist, und

▶ für Großerwerbe die Verschonung schrittweise verringert wird, bis es nur noch die Möglichkeit einer Verschonungsbedarfsprüfung und Stundung (vgl. Rn. 1893 ff.) gibt.

Bezüglich der Frage, ob sich Unternehmensvermögen für eine Verschonung qualifiziert, kann jedoch gesagt werden, dass dasjenige Unternehmensvermögen, das sich bisher schon für eine Verschonung qualifizierte, in der Regel auch nach dem geltenden neuen Recht zu 85 % oder 100 % verschont wird, wobei nun allerdings große Teile des Verwaltungsvermögens der Erbschaft- oder Schenkungsteuer unterliegen. Natürlich gibt es Grenzfälle, in denen bestimmte Unternehmen aufgrund der Zusammensetzung ihres Vermögens nach dem neuen Recht aus der Verschonung herausfallen[3] oder sich erstmals für eine Verschonung qualifizieren.

1877

Mit dem Ziel, die komplexen Änderungen für den Leser leichter verständlich darstellen zu können, werden die komplizierten Vorschriften zur Aufteilung des Unternehmenswertes auf das verschonte begünstigte Vermögen und das

1878

---

1 Vgl. den Vorlagenbeschluss des BFH v. 27. 9. 2012 - II R 9/11, BStBl 2013 II S. 433 ff., BVerfG v. 17. 12. 2014 - 1 BvL 21/12, BStBl 2015 II S. 50, Tz. 261: „Als Folge der Einordnung einer Beteiligung auf unterer Stufe mit einem Verwaltungsvermögensanteil von bis zu 50 % entsteht insgesamt begünstigtes Vermögen, das auf der nächsthöheren Beteiligungsstufe vollständig als begünstigtes Vermögen gewertet wird, obwohl bei einer Gesamtbetrachtung des Konzerns der Verwaltungsvermögensanteil überwiegt", also 50 % deutlich überschreitet.

2 Auf die Besonderheiten, die sich aus dieser Verbundbetrachtung ergeben, wird im Weiteren nicht im Detail eingegangen. Vgl. hierzu z. B. Korezkij, DStR 2016 S. 2434 (2435).

3 Dies kann z. B. bei Handelsunternehmen der Fall sein, die einen hohen Bestand an Forderungen und Verbindlichkeiten haben, vgl. Rn. 1898.

steuerpflichtige Verwaltungsvermögen anhand eines Beispielunternehmens dargestellt, der A-KG/GmbH (vgl. ab Rn. 1907).

Zunächst jedoch soll versucht werden, die zahlenmäßigen Auswirkungen der Erbschaftsteuerreform 2016 anhand dieser A-KG/GmbH beispielhaft zu quantifizieren. Dazu wird unterstellt, dass eine Familienstiftung, zu deren Vermögen ausschließlich sämtliche Anteile dieses Beispielunternehmen gehören, alternativ im Jahre 2017 oder im Jahre 2015 errichtet wird bzw. in diesen Jahren eine Erbersatzsteuer nach § 1 Abs. 1 Nr. 4 ErbStG entsteht.

Bei der Berechnung der Erbschaft- und Schenkungsteuer bzw. der Erbersatzsteuer kommt der Zusammensetzung des Betriebsvermögens eine sehr hohe Bedeutung zu. Mit der A-KG/GmbH wurde deshalb eine Beispielfirma gewählt, die über ein relativ hohes Verwaltungsvermögen und hohe Verbindlichkeiten verfügt, um möglichst viele Aspekte der komplizierten Schuldenverrechnung darstellen zu können. In diesem Beispielfall wird zur Übersichtlichkeit in Geldeinheiten (GE) gerechnet.

Damit auch gezeigt werden kann, dass das neue Recht in bestimmten Fällen günstiger als das alte sein kann, werden außerdem entsprechende Berechnungen für eine Familienstiftung B durchgeführt, zu deren alleinigem Vermögen sämtliche Anteile an der B-KG/GmbH gehören. Diese Gesellschaft verfügt über dasselbe Verwaltungsvermögen wie die A-KG/GmbH, der Unternehmenswert ist jedoch geringer.[1] Für dieses Unternehmen werden bei der Schuldenverrechnung die Rechenschritte nicht im Einzelnen dargestellt, es werden lediglich deren Ergebnisse präsentiert.[2]

---

1 Die B-KG/GmbH entspricht dem Beispiel, das der Autor in einem Aufsatz behandelte, vgl. WPg 2017 S. 471 ff., allerdings werden hier die fünffachen Werte verwendet.

2 Die Rechenschritte entsprechenden denen bei der A-KG/GmbH. Der interessierte Leser kann die einzelnen Rechenschritte aber auch in der WPg im Wesentlichen nachvollziehen, wobei auf zwei Abweichungen hinzuweisen ist. Wie in dem Beispiel der A-KG/GmbH werden auch in dem Beispiel der B-KG/GmbH hier die Nachkommastellen durch Rundungen beseitigt. Diese Rundungen wurden in der Weise vorgenommen, dass die sich errechnende Steuer vorsichtshalber etwas höher ist als sie ohne sie wäre. Außerdem werden hier im Vergleich zur WPg 2017 S. 471 ff. die fünffachen Werte verwendet.

A-KG/GmbH   1879

Vermögensaufstellung der A-KG/GmbH
in GE
(Angaben des stl. gemeinen Wertes)

Grundstücke (fremdvermietet)		3.150	gemeiner Wert des Betriebsvermögens	6.250
davon angeschafft vor 1 Jahr (junges VwV)	500		Unternehmenswert (ggf. Ertragswert etc.)	
davon angeschafft vor 4-15 Jahren	2.000			
davon Deckungsvermögen § 246 II S 2 HGB	650		PensionsRS	1.250
Grundstücke (eigengenutzt)		2.500		
techn. Anlagen und BGA (begünstigtes Vermögen)		3.400	Verbindlichkeiten	4.275
Wertpapiere d. AV (Altersvorsorge § 253 I S 3HGB)		350		
Vorräte		625		
Forderungen		1.500		
Bankguthaben (junge Finanzmittel)		250		
		11.775		11.775

B-KG/GmbH

Vermögensaufstellung der B-KG/GmbH
in GE
(Angaben in stl. gemeinen Werten)

Grundstücke (vermietet)		3.150	gemeiner Wert des Betriebsvermögens	5.250
davon angeschafft vor 1 Jahr (junges VwV)	500		Unternehmenswert (ggf. Ertragswert etc.)	
davon angeschafft vor 4-15 Jahren (vermietet)	2.000			
davon Deckungsvermögen § 246 II S 2 HGB	650		PensionsRS	1.250
techn. Anlagen und BGA (begünstigtes Vermögen)		3.400		
Wertpapiere d. AV (Altersvorsorge § 253 I S 3HGB)		350	Verbindlichkeiten	2.750
Vorräte (begünstigtes Vermögen)		600		
Forderungen (Finanzmittel)		1.500		
Bankguthaben (junge Finanzmittel)		250		
		9.250		9.250

Wie zu erkennen, verfügt die A-KG/GmbH im Vergleich zur B-KG/GmbH über zusätzliche eigengenutzte Grundstücke sowie über Vorräte, die minimal höher sind. Das Verwaltungsvermögen hat in beiden Fällen denselben Wert, denn die jeweiligen gemeinen Werte wurden einzeln festgestellt.

1880 In der im Folgenden wiedergegebenen Übersicht wird für beide Unternehmen errechnet, wie hoch das begünstigte Vermögen nach dem Erbschaftsteuerrecht 2017 bzw. 2015 ist, um einen Eindruck zu vermitteln, welche Auswirkungen die Reform haben kann.

Im Jahr 2015 sind beide Unternehmenswerte deutlich höher, dafür ist bei der A-KG/GmbH jedoch das steuerpflichtige Vermögen deutlich geringer als 2017, die oben beschriebene Wirkung der Reform. Bei der B-KG/GmbH kommt im Jahr 2015 keinerlei Verschonung zur Anwendung, weil das anzusetzende Verwaltungsvermögen 50,3 % beträgt und sie daher den oben erwähnten 50 %-Verwaltungsvermögenstest nicht besteht.[1]

	A-KG/ GmbH GE		B-KG/ GmbH GE	
gemeiner Wert des Betriebsvermögens 2017 (Unternehmenswert)	6.250		5.250	
gemeiner Wert des Verwaltungsvermögens 2017	5.250		5.250	
begünstigtes Vermögen 2017	4.835	77,36 %	3.422	65,18 %
steuerpflichtiges Verwaltungsvermögen 2017[2]	1.415	22,64 %	1.828	34,82 %
begünstigungsfähiges Vermögen 2017	6.250	100,00 %	5.250	100,00 %

Annahme Vorgang in 2015

gemeiner Wert des Betriebsvermögens 2015 (Unternehmenswert)	8.288		6.958	
gemeiner Wert des Verwaltungsvermögens 2015	5.250		5.250	
begünstigtes Vermögen 2015	7.788	93,97 %	0	0,00 %
steuerpflichtiges Verwaltungsvermögen 2015	500	6,03 %	6.958	100,00 %
begünstigungsfähiges Vermögen 2015	8.288	100,00 % Vermögen	6.958	100,00 %

---

1 Das gesamte Verwaltungsvermögen beträgt 5.250 GE, wobei jedoch die Finanzmittel i. H. v. 1.750 GE mit Schulden verrechnet werden können, § 13b Abs. 2 Nr. 4a ErbStG a. F. Das steuerpflichtige Verwaltungsvermögen beträgt damit 3.500 GE, was 50,3 % von 6.958 GE Unternehmenswert sind. Zur Berechnung bei der A-KG/GmbH vgl. i. E. Rn. 1950 ff.

2 Lt. A 13b.25 Satz 4 AEErbSt 2017 berücksichtigt die Finanzverwaltung bei der Bestimmung der beim Verwaltungsvermögen abziehbaren Quotenschulden die jungen Finanzmittel und das junge Verwaltungsvermögen nicht. Dadurch würde das steuerpflichtige Verwaltungsvermögen auf 1.683 GE bzw. 26,93% steigen, vgl. i.e Rn. 1936 ff.

1881   Erläuterungen[1]

Zu erklären ist, wieso bei beiden Unternehmen im Jahr 2015 der Unternehmenswert deutlich höher ist als im Jahr 2017. Dieser Unterschied hat seine Ursache in einer Gesetzesänderung, die nicht das Erbschaftsteuergesetz, sondern das Bewertungsgesetz betrifft. Geändert wurde § 203 BewG, der den Kapitalisierungsfaktor des vereinfachten Ertragswertverfahrens laut Bewertungsgesetz bestimmt.[2] Nach dem alten Recht musste dieser Kapitalisierungsfaktor aus der langfristig erzielbaren Rendite öffentlicher Anleihen abgeleitet werden. Für das Jahr 2015 errechnete die Finanzverwaltung hierfür einen Faktor von 18,2149.[3] Im aktuellen § 203 BewG wird der Kapitalisierungsfaktor mit 13,75 festgesetzt und das Bundesministerium der Finanzen dazu ermächtigt, durch Rechtsverordnung mit Zustimmung des Bundesrates den Kapitalisierungsfaktor an die Entwicklung der Zinsstrukturdaten anzupassen.

Nimmt man somit den Unternehmenswert der A-KG/GmbH im Jahr 2017 in Höhe von 6.250 GE, der im Wege des vereinfachten Ertragswertverfahrens[4] ermittelt wurde, als Ausgangspunkt, so errechnet sich bei einem Kapitalisierungsfaktor von 13,75 ein Jahresertrag gemäß den §§ 201 und 202 BewG von 455 GE. Wendet man auf diesen Jahresertrag den Kapitalisierungsfaktor für das Jahr 2015 von 18,2149 an, so ergibt sich ein Unternehmenswert von 8.288 GE. Für die B-KG/GmbH, die 2017 einen Wert von 5.250 GE hat, errechnet sich für das Jahr 2015 dementsprechend ein Unternehmenswert von 6.958 GE. [5]

1882   Zu klären ist außerdem, warum im Jahr 2015 die A-KG/GmbH eine Verschonung gewährt bekommt, die B-KG/GmbH jedoch nicht.

---

1 Für die Ermittlung des begünstigten Vermögens 2017 und des steuerpflichtigen Verwaltungsvermögens 2017 der A-KG/GmbH, vgl. Rn. 1944 f. Wegen der Ermittlung des begünstigten Vermögens 2015 der A-KG/GmbH vgl. Rn. 1944 f. Das steuerpflichtige Verwaltungsvermögen 2015 der A-KG/GmbH ist deren junges Verwaltungsvermögen, vgl. Rn. 1954.

2 Vgl. im Näheren Rn. 1920 f. Auf die Frage, ob das Verwaltungsvermögen ggf. nicht betriebsnotwendig ist (§ 200 Abs. 2 BewG), wird hier nicht eingegangen.

3 Vgl. BayLSt, Vfg. v. 11. 11. 2016 - S 3102.1.1 – 7/10 St 34, DStR 2016 S. 873.

4 Vgl. im Näheren Rn. 1920 f.

5 Im vereinfachten Ertragswertverfahren wird der zukünftig nachhaltig erzielbare Jahresertrag lt. §§ 201 und 202 BewG mit dem Kapitalisierungsfaktor nach § 203 BewG multipliziert. Nach § 200 Abs. 2 bis 4 BewG werden allerdings „nicht betriebsnotwendiges Betriebsvermögen", Beteiligungen und Wirtschaftsgüter sowie die mit diesen in wirtschaftlichem Zusammenhang stehenden Schulden mit dem eigenständig zu ermittelnden gemeinen Wert angesetzt. Der vereinfachte Ertragswert kann sich daher aus einem Ertragswert und weiteren Einzelwerten zusammensetzen. Vereinfachend werden diese Einzelwerte bei der Umrechnung der Unternehmenswerte von 2017 nach 2015 negiert.

Wendet man das alte Recht auf die A-KG/GmbH an, errechnet sich wieder ein Verwaltungsvermögen von 5.250 GE. Allerdings können von den Finanzmitteln Schulden in Höhe von 1.750 GE abgesetzt werden, so dass für den 50 %-Verwaltungsvermögenstest ein Verwaltungsvermögen von 3.500 GE anzusetzen ist. Wird dieser Betrag zu dem angepassten Unternehmenswert des Jahres 2015 in Höhe von 8.288 GE in Beziehung gesetzt, ergibt sich eine Verwaltungsvermögensquote von 42,23 %.[1] Die A-KG/GmbH besteht also den 50 %-Verwaltungsvermögenstest gem. § 13b Abs. 2 Satz 1 ErbStG a. F.

Bei der B-KG/GmbH kommt man zu einem anderen Ergebnis. Das Verwaltungsvermögen hat ebenfalls einen Wert von 5.250 GE und kann durch die Verrechnung der Finanzmittel mit Schulden um 1.750 GE auf 3.500 GE vermindert werden. Der angepasste Unternehmenswert des Jahres 2015 beträgt aber nur 6.958 GE. Setzt man das maßgebliche Verwaltungsvermögen in Höhe von 3.500 GE hierzu in Relation, errechnet sich eine Verwaltungsvermögensquote von 50,3 %, die die maßgebliche Grenze von 50 % leicht übersteigt.[2] Es ist also keine Verschonung anzuwenden und der volle Unternehmenswert von 6.958 GE zu versteuern.

Interessant ist, welche Auswirkungen diese Veränderungen auf die Erbschaftsteuer haben. 1883

Für Familienstiftungen entsteht eine Schenkung- oder Erbschaftsteuer anlässlich von drei Gelegenheiten. Der Errichtung, vgl. Rn. 570, im Zeitpunkt der Entstehung der Erbersatzsteuer, vgl. Rn. 802 ff., und schließlich gegebenenfalls bei der Auflösung der Stiftung, vgl. Rn. 893.

Im Folgenden werden die ersten beiden Möglichkeiten der Entstehung von Erbschaftsteuer betrachtet, einmal die Errichtung der Familienstiftung und zum anderen das Entstehen der Erbersatzsteuer. Hierbei wird unterstellt, dass die Gründung bzw. die Entstehung der Erbersatzsteuer gem. § 9 Abs. 1 Nr. 4 ErbStG alternativ entweder im Jahr 2017 oder im Jahr 2015 stattfinden, um hiermit aufzuzeigen, wie sich die Änderungen durch die Erbschaftsteuerreform 2016 auswirken können.[3]

---

1 Würde man im Jahre 2015 die Änderungen des Kapitalisierungsfaktors in § 203 BewG durch die Erbschaftsteuerreform 2016 negieren, müsste das maßgebliche Verwaltungsvermögen in Höhe von 3.500 GE zu einem Unternehmenswert in Höhe von 6.250 GE in Relation gesetzt werden. Es ergäbe sich eine Verwaltungsvermögensquote von 56 %. In diesem Fall könnte auch der A-KG/GmbH keine Verschonung gewährt werden, vgl. Rn. 1900 ff.

2 Alles-oder-Nichts-Prinzip, vgl. z. B. Viskorf in: Viskorf/Knobel/Schuck/Wälzholz, ErbStG 2012, § 13b Rn. 261.

3 Zur Berechnung des der Steuer unterliegende Betriebsvermögens 2017 der A-KG/GmbH vgl. Rn. 1949 bzw. Rn. 1953 für 2015.

1884 Bei den Stiftungen wird davon ausgegangen, dass als Destinatäre die Kinder des Stifters berufen werden, wobei nach deren Ableben dann deren, im Zeitpunkt der Stiftungserrichtung noch nicht geborenen Abkömmlinge als Destinatäre berufen werden, vgl. Rn. 591.

Bei der Berechnung der Erbschaft- oder Schenkungsteuer aus Anlass der Stiftungserrichtung wird daher hier gemäß § 15 Abs. 2 Satz 1 ErbStG zur Bestimmung der Steuerklasse diejenige der Kinder nach § 15 Abs. 1 ErbStG Steuerklasse I Nr. 2 gewählt. In der Folge werden der zugehörige Freibetrag von 400.000 € und die Progressionsstufe der Steuerklasse I angewandt.[1]

Bei der Bestimmung der Erbersatzsteuer sind die Besonderheiten des § 15 Abs. 2 Satz 3 ErbStG zu beachten. Nach dieser Vorschrift wird bei der Steuerberechnung der doppelte Freibetrag nach § 16 Abs. 1 Nr. 2 ErbStG, hier derjenige für Kinder in Höhe von 400.000 €, gewährt. Außerdem wird die Erbschaftsteuer nach dem Prozentsatz der Steuerklasse I berechnet, der für die Hälfte des steuerpflichtigen Erwerbs gelten würde (vgl. auch Rn. 803). In der folgenden Übersicht wird eine Geldeinheit (GE) mit 1.000 € gleichgesetzt. Bis auf die Steuerbeträge und den steuerpflichtigen Erwerb werden alle Nachkommastellen gerundet.

	A-KG/ GmbH	B-KG/ GmbH
ErbSt bei Gründung 2017		
der Steuer unterliegendes Betriebsvermögen		
2017	2.141	2.342
FB Steuerklasse I	-400	-400
steuerpflichtiger Erwerb	1.741	1.942
ErbSt-Satz gem. § 19 ErbStG (600' - 6.000')	19%	19%
ErbSt bei Gründung 2017	331	369
Erbersatzsteuer 2017		
der Steuer unterliegendes Betriebsvermögen		
2017	2.141	2.342
Freibetrag bei der Erbersatzsteuer, § 15 Abs. 2 Satz 3 ErbStG	-800	-800
zu versteuern	1.341	1.542
§ 15 Abs. 2 Satz 3 ErbStG für Steuersatz maßgebliches steuerpflichtiger Erwerb	671	771

---

1 Die Finanzverwaltung allerdings würde hier nicht den Freibetrag für Kinder anwenden. vgl. Rn. 592 ff.

ErbSt-Satz gem. § 19 ErbStG (600' - 6.000')	19% (zw. 600' u 6.000')	19%
Erbersatzsteuer 2017	255	293

Annahme Vorgang in 2015	A-KG/ GmbH	B-KG/ GmbH
ErbSt bei Gründung 2015		
der Steuer unterliegendes Betriebsvermögen 2015	1.669	6.958
FB Steuerklasse I	-400	-400
steuerpflichtiger Erwerb	1.269	6.558
ErbSt-Satz gem. § 19 ErbStG (300' - 600')	19% (zw. 6.000' u 13.000')	23%
Erbschaftsteuer	241	1.508
Erbersatzsteuer 2015		
der Steuer unterliegendes Betriebsvermögen 2015	1.669	6.958
Freibetrag bei der Erbersatzsteuer, § 15 Abs. 2 Satz 3 ErbStG	-800	-800
zu versteuern	869	6.158
§ 15 Abs. 2 Satz 3 ErbStG für Steuersatz maßgebliches steuerpflichtiger Erwerb	435	3.079
ErbSt-Satz gem. § 19 ErbStG (zw. 300' - 600')	15% (zw. 600' u 6.000')	19%
Erbersatzsteuer	130	1.170

Erläuterungen[1]   1885

Im Jahr 2017 wirkt sich von den beiden Begünstigungen bei der Erbersatzsteuer, dem höheren Freibetrag und dem Steuersatz entsprechend der Hälfte des

---

1 Bei der Anwendung des koordinierten Ländererlasses vom 22.6.2017 bei der Berechnung der Quotenschulden können sich Abweichungen ergeben, vgl. i. e. Rn. 1936 ff. Aus Vereinfachungsgründen werden bei den obigen Berechnungen folgende Vorschriften nicht berücksichtigt: Der Abzugsbetrag nach § 13a Abs. 2 ErbStG in Höhe von 150.000 €, der sich jedoch verringert, soweit der Wert des steuerpflichtigen Vermögens insgesamt die Wertgrenze von 150.000 € übersteigt. Die Verringerung beträgt 50 % des übersteigenden Betrags.
Den Härteausgleich gemäß § 19 Abs. 3 ErbStG, gibt es beim geringfügigen Überschreiten der letzten vorhergehenden Wertgrenze in der Provisionstabelle. Nach H E 19 (Härteausgleich) der Erbschaftsteuerrichtlinien 2011 kommt dieser zum Beispiel bei steuerpflichtigen Erwerben bis zu 677.400 € zum Tragen, denn sie übersteigen die Provisionsschwelle von 600.000 €.

steuerpflichtigen Erwerbes, nur der erhöhte Freibetrag aus, weil die Stiftungen bei der Halbierung des steuerpflichtigen Erwerbes nicht eine Steuerstufe tiefer kommen. Mit einem steuerpflichtigen Erwerb von 670.500 € übersteigt auch die A-KG/GmbH die Schwelle von 600.000 €.

Nach dem im Jahr 2015 geltenden Erbschaftsteuerrecht würde jedoch diese Vergünstigung bei der Progression deutliche Wirkung zeigen. Zwar muss die A-KG/GmbH die vollen steuerpflichtigen 869.000 € versteuern, aber nur zu einem Satz von 15 % und nicht von 19 %, der im Fall der Gründung der Stiftung anzuwenden wäre, bei der es diese Progressionsvergünstigung nicht gibt.

Im Fall der B-KG/GmbH, die im Jahr 2015 keiner Verschonung unterliegt, tritt dieser Effekt auch auf. Sie hat die steuerpflichtigen 6.158.000 € mit 19 % zu versteuern und nicht mit 23 % wie im Fall der Gründung der Stiftung.

In den Jahren 2017 und 2015 wirkt sich bei beiden Stiftungen der erhöhte Freibetrag im Fall der Erbersatzsteuer aus.

1886 Die A-KG/GmbH verfügt, wie oben ausgeführt, über ein relativ hohes Verwaltungsvermögen und hohe Verbindlichkeiten. Bei ihr führt die Erbschaftsteuerreform 2016 zu einem etwas höheren steuerpflichtigen Erwerb und dementsprechend zu einer etwas höheren Erbersatzsteuer.

Bei anderen Unternehmen, die im Gegensatz zu den Beispielunternehmen über ein geringes, nicht junges Verwaltungsvermögen unterhalb der 10 %-Grenze verfügen und die die weiteren Voraussetzungen bezüglich der Lohnsumme und der Behaltensvorschriften erfüllen, können die Auswirkungen der Erbschaftsteuerreform 2016 deutlich höher sein. Für sie war nach altem Recht eine 100 %ige Verschonung möglich, die es nach geltendem Recht nur noch für das begünstigte Vermögen gibt, nicht mehr jedoch für das Verwaltungsvermögen, das nicht mit Schulden verrechnet werden kann (vgl. Rn. 1930 ff.) und den Unschädlichkeitsbetrags übersteigt (vgl. Rn. 1941 f.).

1887 Die Erbschaftsteuerreform 2016 bedeutet somit für Familienstiftungen, dass sie gezwungen sind, den steuerlichen gemeinen Wert der Unternehmen zu ermitteln und diesen auf das steuerpflichtige Verwaltungs- und das verschonte begünstigte Vermögen aufzuteilen. In der Regel werden sie schließlich auch eine Steuer entrichten müssen.

1888 Immerhin fällt die Erbersatzsteuer nur alle 30 Jahre an, und es muss festgestellt werden, dass es nach dem Beschluss des Bundesverfassungsgerichts vom 22. 6. 1995[1] zum Erbschaftsteuergesetz bis zum jetzigen Erbschaftsteuer-

---

1 BVerfG v. 22. 6. 1995 - 2 BvL 37/91, BStBl 1995 II S. 655.

gesetz 2016[1] noch einen weiteren Beschluss und schließlich das Urteil des Bundesverfassungsgerichts vom 17.12.2014[2] gegeben hat. Seit 1995, also in ca. 20 Jahren, hat sich das Erbschaft- und Schenkungsteuergesetz allein wegen der Entscheidungen des Bundesverfassungsgerichts dreimal geändert. Auch jetzt wird bereits in der Fachliteratur verbreitet die Auffassung vertreten, dass das jetzige Erbschaftsteuerrecht in nicht allzu ferner Zukunft wieder vom Bundesverfassungsgericht überprüft werden wird.[3]

Nach diesen grundsätzlichen Ausführungen zu denkbaren Wirkungen der Erbschaftsteuerreform 2016 für Familienstiftungen werden im Folgenden **einzelne Aspekte** der Erbschaftsteuerreform 2016 dargestellt. Auf die Besonderheiten, die sich bei einem mehrstöckigen Aufbau eines gegenständlichen Unternehmens ergeben oder auf etliche Detailveränderungen beim Verwaltungsvermögenskatalog wird im Folgenden nicht gesondert eingegangen.[4]

III. Der Vorababschlag für Familienunternehmen nach § 13a Abs. 9 ErbStG

Familienunternehmen sind, ganz unabhängig davon ob an ihnen Familienstiftungen beteiligt sind oder nicht, geprägt durch langfristiges und nachhaltiges Wirtschaften. Mit dem Erbschaftsteuergesetz 2016 hat der Gesetzgeber diese Besonderheiten erstmalig aufgegriffen und trägt Ihnen Rechnung, da für Familienunternehmen in verschiedener Hinsicht besondere Satzungsbestimmungen gelten. Häufig ist die Entnahme bzw. Ausschüttung von Gewinnen limitiert, die Übertragung der Anteile auf bestimmte Personenkreise begrenzt und für den Fall des Ausscheidens durch Kündigung etc. sind Regelungen im Gesellschaftsvertrag festgelegt, nach denen sich Abfindungsbeträge errechnen, die deutlich unter dem theoretischen Verkehrswert liegen. Die Praxis fordert daher schon seit langer Zeit, dass diese Beschränkungen bei der Bewertung von Familienunternehmen auch für Zwecke der Erbschaft- und Schenkungsteuer berücksichtigt werden. Als der Gesetzgeber im Jahr 2009 das vereinfachte Er-

1889

---

1 BVerfG v. 7.11.2006 - 1 BvL 10/02, BStBl 2007 II S. 192.
2 BVerfG v. 17.12.2014 - 1 BvL 21/12, BStBl 2015 II S. 50.
3 Vgl. z. B. Theuffel-Werhahn, ZEV 2017 S. 17 (21 a. E.).
4 Vgl. z. B. IDW (Hrsg.), Neuregelung der Erbschaftsteuer, Düsseldorf 2017, Rn. 96 ff.; Korezkij, DStR 2016 S. 2434 (2434 ff.); Viskorf/Löcherbach/Jehle, DStR 2016 S. 2425 (2429 ff.); Bäuml, NWB 2016 S. 3516 (3519 f.); Holtz, NJW 2016 S. 3750 ff.; Korn/Strahl, NWB 2016 S. 3652 (3654 ff.); Rohde/Vraetz, StuB 2016 S. 903 (903 ff.).

tragswertverfahren nach §§ 199 ff. BewG[1] einführte, wurden von ihm diese, die Bewertung beeinflussenden Faktoren jedoch nicht berücksichtigt.[2]

1890 Nach den Bestimmungen des neu eingeführten § 13a Abs. 9 ErbStG wird nun jedoch von dem für Familienunternehmen ermittelten gemeinen Wert ein Abschlag von bis zu 30 % gewährt,[3] sofern der Gesellschaftsvertrag oder die Satzung folgende Bestimmungen enthält:[4]

1. Die Entnahme oder Ausschüttung wird auf höchstens 37,5 % des steuerrechtlichen Gewinns beschränkt. Dieser steuerliche Gewinnanteil wird zuvor um die auf ihn oder die Ausschüttung aus der Gesellschaft entfallenden Steuern vom Einkommen gekürzt.[5]

2. Die Verfügung über die Beteiligung an der Personengesellschaft oder den Anteil an der Kapitalgesellschaft wird auf Mitgesellschafter, auf Angehörige im Sinne des § 15 der Abgabenordnung oder auf eine Familienstiftung beschränkt und

3. für den Fall des Ausscheidens aus der Gesellschaft wird eine Abfindung vorgesehen, die unter dem gemeinen Wert der Beteiligung an der Personengesellschaft oder des Anteils an der Kapitalgesellschaft liegt.

Diese Bestimmungen müssen den tatsächlichen Verhältnissen entsprechend bereits zwei Jahre vor dem Zeitpunkt der Entstehung der Steuer gemäß § 9 ErbStG vorliegen. Die Steuerbefreiung entfällt mit Wirkung für die Vergangenheit, wenn die genannten Voraussetzungen nicht über einen Zeitraum von 20 Jahren nach dem Zeitpunkt der Entstehung der Steuer eingehalten werden.[6]

1891 Dieser Vorwegabschlag ist vor allem für große Familienunternehmen interessant, bei denen die Gefahr besteht, dass aufgrund der Erbschaftsteuerreform

---

1 Vgl. Rn. 1920.

2 Vgl. hierzu und im Einzelnen IDW Broschüre ab Rn. 43.

3 Laut Aussagen aus der Finanzverwaltung erstreckt sich der Abschlag jedoch nicht auf Sonderbetriebsvermögen. Dementsprechend fallen auch die Entnahmen aus dem Sonderbetriebsvermögen, wie z. B. eine Gesellschafter-Geschäftsführungsvergütung, nicht unter die Entnahmebeschränkung, vgl. IDW Life am 22.6.2017 ca. Minute 38; vgl. auch A 13.19 Abs. 3 Satz 2 AEErbSt 2017.

4 Vgl. hierzu i. E. Weber/Schwind, ZEV 2016 S. 688 ff.; Viskorf/Löcherbach/Jehle, DStR 2016 S. 2425 (2429).

5 Die zur Begleichung der auf den Gewinnanteil oder die Ausschüttungen aus der Gesellschaft entfallenden Steuern vom Einkommen bleiben bei der Beschränkung der Entnahme oder Ausschüttung unberücksichtigt, § 13a Abs. 9 Nr. 1 2. Halbsatz ErbStG.

6 Vgl. i. E. Weber/Schwind, ZEV 2016 S. 688 (689); Viskorf/Löcherbach/Jehle, DStR 2016 2425 (2429).

2016 die bisherige Verschonung in erheblichem Maße eingeschränkt wird, und die über ein beträchtliches Vermögen verfügen, für das eine Verschonung nicht mehr möglich ist, weil die Grenze von 26 Mio. € bzw. 51 Mio. € bzw. 90 Mio. € begünstigtes Vermögen überschritten wird (vgl. Rn. 1893 ff.).

Nach Abschnitt 13a.21 AEErbSt 2017 kann der Vorabschlag auch bei Familienstiftungen zur Anwendung kommen, sofern der Gesellschaftsvertrag bzw. die Satzung der fraglichen Unternehmen die oben genannten Voraussetzungen erfüllen.

1892

IV. Die Beschränkung der 85 %igen oder 100 %igen Verschonung auf Erwerbe von begünstigtem Vermögen bis zu 26 Mio. €, Verschonungsbedarfsprüfung und Stundung

Aufgrund der Vorgaben des Urteils des Bundesverfassungsgerichtes vom 17. 12. 2014[1] hat der Gesetzgeber die 85 %ige und 100 %ige Verschonung nur für Erwerbe an begünstigtem Vermögen, also ohne steuerpflichtiges Verwaltungsvermögen, bis zu einer Höhe von 26 Mio. € angeordnet. Für sogenannte Großerwerbe, die diese Grenze übersteigen, gibt es als Vergünstigung das sogenannte Abschmelzmodell[2], bei dem in Schritten von 750.000 € die Regelverschonung von 85 % bzw. die Optionsverschonung von 100 % jeweils um einen Prozentpunkt verringert wird. Ab einem Erwerb von begünstigtem Vermögen in Höhe von 90 Mio. € wird ein Verschonungsabschlag dann nicht mehr gewährt.[3] Als Alternative zum Abschmelzmodell hat der Gesetzgeber die sogenannte Verschonungsbedarfsprüfung (§ 28a ErbStG) eingeführt, die der Steuerpflichtige beantragen kann. Bei dieser wird die auf das begünstigte Vermögen entfallende Steuer auf Antrag erlassen, soweit der Erwerber nachweist,

1893

---

1 BVerfG v. 17. 12. 2014 - 1 BvL 21/12, BStBl 2015 II S. 50.
2 Vgl. § 13c Abs. 1 ErbStG.
3 Bei einem begünstigten Vermögen von 89.749.999 € („volle 750.000 €") endet damit die 85 %ige Regelverschonung. Ist der Wert höher, gibt es keine Verschonung mehr. Im Rahmen der Vollverschonung (Optionsverschonung) gibt es hier noch einen Abschlag von 15 %. Bei 89.999.999 € beträgt der Abschlag 14 %, bei 90.000.000 € beträgt er 0 %. Vgl. auch z. B. Korezkij, DStR 2017 S. 189. Er rät: Finger weg vom Abschmelzungsmodell bei Erwerben von begünstigtem Vermögens ab 51 Mio. € bei der Optionsverschonung, bei der Regelverschonung liegt die kritische Grenze bei rund 45 Mio. €. Zustimmend Hannes/ Reich, ZEV 2017 S. 140. Ab diesen Schwellen an begünstigtem Vermögen kommt der Ausnutzung der Zehnjahresfrist für eine Zusammenrechnung der Erwerbe hohe Bedeutung zu. Kann diese nicht genutzt werden, wird es günstiger, begünstigtes Vermögen in steuerpflichtiges Verwaltungsvermögen zu überführen, um weitere Abschläge bei der Verschonung zu vermeiden.

dass er persönlich nicht in der Lage ist, die Steuer aus seinem verfügbaren Vermögen zu begleichen. Zu dem verfügbaren Vermögen gehören 50 % der Summe der gemeinen Werte des zum einen mit der Erbschaft oder Schenkung zugleich übergegangenen, nicht begünstigten und zum anderen dem Erwerber im Zeitpunkt der Entstehung der Steuer gehörenden, nicht begünstigten Vermögen.[1]

1894   Hierbei ist die Zehnjahresfrist für die Zusammenrechnung von Erwerben zu berücksichtigen. § 13a Abs. 1 Satz 2 ErbStG bestimmt, dass einem Erwerb von begünstigtem Vermögen die früheren Erwerbe von begünstigtem Vermögen nach ihrem früheren Wert hinzuzurechnen sind. Wird nun aufgrund dieser Zusammenrechnung die Grenze von 26 Mio. € überschritten, entfällt die Steuerbefreiung für die bis dahin als steuerfrei behandelten früheren Erwerbe nach dem 30. 6. 2016 mit Wirkung für die Vergangenheit. Für frühere Erwerbe, die vor dem 1. 7. 2016 oder dem 1. 1. 2009 stattfanden, entfallen die bisherigen Befreiungen jedoch nicht.[2] Mithilfe einer Familienstiftung könnte diese Zusammenrechnung vermieden werden.

Der Fall einer Zusammenrechnung innerhalb von zehn Jahren dürfte bei einer Familienstiftung selten eintreten. Verfügt sie jedoch über wertvolles unternehmerisches Vermögen und rückt der Zeitpunkt der Entstehung der Erbersatzsteuer näher, sollte sie seit der Geltung der Erbschaftsteuerreform 2016 feststellen, welchen Wert das sich in ihrem Eigentum befindende Unternehmensvermögen hat, um bestimmen zu können, in welchem Maße dieses verschont

---

1 Vgl. § 28a ErbStG. Der Erlass steht unter diversen auflösenden Bedingungen wie zum Beispiel der Einhaltung einer bestimmten Lohnsumme, von Haltefristen oder dem Vorbehalt, dass der Erwerber nicht innerhalb von zehn Jahren nach dem Zeitpunkt der Entstehung der Steuer weiteres verfügbares Vermögen durch Schenkung oder von Todes wegen erhält. Vgl. hierzu z. B. Maier, ZEV 2017 S. 10, der bei Großerwerben Tatbestand, Rechtsfolgen und Entscheidungskriterien für Gestaltungsmaßnahmen erläutert; Watrin/Linnemann, DStR 2017 S. 569 (570 ff.). Hierzu im Zusammenhang mit der Erbauseinandersetzung vgl. Wälzholz, ZEV 2017 S. 135.

2 Laut Aussagen aus der Finanzverwaltung wird bei Erwerben nach dem 31. 12. 2008 und vor dem 1. 7. 2016 das damalige Betriebsvermögen (damals gab es kein begünstigtes Vermögen i. S. d. § 13a Abs. 1 Satz 1 ErbStG 2016) im Falle der Regelverschonung zu 85 % und im Falle der Optionsverschonung zu 100 % zu dem Erwerb an begünstigtem Vermögen nach dem 30. 6. 2017 hinzugerechnet. Die damals gewährte Verschonung bleibt also erhalten, vgl. IDW Life am 22. 6. 2017 ab Minute 30. Vgl. auch A 13a.2 Abs. 2 und A 13c.4 Abs. 1 AEErbSt 2017. Bei Erwerben vor dem 1. 1. 2009 (damals gab es noch nicht das Verschonungssystem) soll der Wert dagegen in voller Höhe hinzugerechnet werden und nicht nur in Höhe des damaligen Freibetrages und des damaligen 35 %igen Abschlages, A 13a.2 Abs. 2 Satz 9 AEErbSt 2017, vgl. auch Korezkij, DStR 2017 S. 1729. Zur Kritik vgl. nur Wachter, GmbHR 2017 S. 1 m. w. N. Vgl. auch § 14 ErbStG. Kam z. B. im Jahre 2015 die Vollverschonung zur Anwendung, gibt es nur wenig Steuer auf den früheren Erwerb, die auf die Steuer des erneuten Erwerbs angerechnet werden kann.

oder auf andere Weise begünstigt wird. Hierbei gibt es drei Größenordnungen für den Wert des begünstigten Vermögens i. S. d. § 13b Abs. 2 ErbStG:

1. Das begünstigte Betriebsvermögen hat einen Wert von bis zu 26 Mio. €.[1]

Unter Berücksichtigung der soeben beschriebenen erweiterten Besteuerung des Verwaltungsvermögens gibt es weiterhin die Regelverschonung zu 85 % oder die Optionsverschonung zu 100 % für das begünstigte Vermögen.

2. Das begünstigte Betriebsvermögen hat einen Wert zwischen mehr als 26 Mio. € und bis zu 90 Mio. €.[2]

In diesen Fällen kann die Stiftung zwischen der Begünstigung durch das Abschmelzmodell (im Zusammenspiel mit der Regelverschonung zu 85 % oder der Optionsverschonung zu 100 %) oder alternativ durch die Verschonungsbedarfsprüfung wählen. Bei Werten ab 46 Mio. € und 51 Mio. € sind spezielle Gestaltungsüberlegungen anzustellen, insbesondere, ob nicht begünstigtes Vermögen in steuerpflichtiges Verwaltungsvermögen oder sonstiges Vermögen der Familienstiftung umgewandelt werden sollte.[3]

3. Das begünstigte Betriebsvermögen hat einen Wert von über 90 Mio. €.

Es besteht nur mehr die Möglichkeit einer Begünstigung im Wege der Verschonungsbedarfsprüfung[4] und ggf. einer Stundung bis zu maximal sieben Jahren bei Erwerben von Todeswegen. Die Stundung muss in Raten zurückgeführt werden und ist nur im ersten Jahr zinslos.[5]

Ist eine Familienstiftung an mehreren Betriebsvermögen beteiligt, so sind die Werte der verschiedenen Betriebsvermögen zu addieren, § 13b Abs. 1 ErbStG. Für die Summe der begünstigten Vermögen gibt es die soeben beschriebenen Verschonungsmöglichkeiten in den unterschiedlichen Erwerbs-Größenordnungen.

---

1 Vgl. § 13a Abs. 1 Satz 1 ErbStG.
2 Vgl. § 13c ErbStG.
3 Vgl. i. E. z. B. Korezkij, DStR 2017 S. 189. Er rät: Finger weg vom Abschmelzungsmodell bei Erwerben von begünstigten Vermögens ab 51 Mio. €. Zustimmend Hannes/ Reich, ZEV 2017 S. 140. Durch die Verringerung des begünstigten Vermögens erhöht sich zwar das steuerpflichtige Verwaltungsvermögen, dies kann jedoch durch eine höhere Verschonung des verminderten begünstigten Vermögens mehr als aufgewogen werden.
4 Vgl. § 28a ErbStG.
5 Vgl. § 28 Abs. 1 ErbStG, vgl. i. E. Viskorf/Löcherbach/Jehle, DStR 2016 S. 2425 (2433). Sie kann unabhängig vom jeweiligen Verschonungsmodell beantragt werden.

1895   In der Literatur wird bereits die Familienstiftung als Instrument der Nachfolgeplanung im Falle von Großerwerben angeführt.[1] In dem dargestellten Beispiel hatte der Unternehmer den Betrieb seines Vaters geerbt, dessen begünstigtes Vermögen einen Wert nach Abzug der anteiligen Schulden von 100 Mio. € hatte. Da er selbst über kein Vermögen verfügte und vom Vater auch kein wesentliches Privatvermögen oder steuerpflichtiges Verwaltungsvermögen erhielt, konnte er die Verschonungsbedarfsprüfung wählen. Es wurde ihm im Wesentlichen die Erbschaftsteuer in Höhe von 30 Mio. € erlassen, weil er sich dazu entschließen konnte, die hierfür notwendigen Bedingungen in Zukunft zu erfüllen.[2]

1896   In einer Alternativüberlegung verfügte der erbende Unternehmer jedoch über sonstiges nicht begünstigtes Vermögen im Wert von ebenfalls 100 Mio. €. Hiervon würde die Hälfte, somit 50 Mio. €, bei der Verschonungsbedarfsprüfung herangezogen und er müsste die Erbschaftsteuer von 30 Mio. € für das Erbe von seinem Vater in voller Höhe begleichen.

Würde hingegen der Vater noch zu Lebzeiten das Unternehmen mit dem begünstigten Vermögen in Höhe von 100 Mio. € auf eine für diesen Zweck errichtete Familienstiftung übertragen und sollte diese über keinerlei sonstiges Vermögen als das zugewendete begünstigte Vermögen verfügen oder erhalten, würde die Verschonungsbedarfsprüfung zu einem vollständigen Erlass der Erbschaftsteuer führen. Voraussetzung ist selbstverständlich, dass die Familienstiftung die hierfür notwendigen Bedingungen erfüllt (s. o.).

V. Der Verwaltungsvermögenstest, 90 %-Quote

1897   Im Erbschaftsteuergesetz 2016 gibt es immer noch einen grundsätzlichen Verwaltungsvermögenstest. Bei einer Familienstiftung, die Unternehmensvermögen besitzt, **entfällt** eine Verschonung des begünstigungsfähigen Vermögens, sofern das Verwaltungsvermögen nicht bestimmte Bedingungen er-

---

1 Vgl. z. B. Theuffel-Werhahn, ZEV 2017 S. 17 ff. mit Bezug auf ein Beispiel des BMF, wie folgt zitiert: http://www.bundesfinanzministerium.de/Content/DE/FAQ/2015-07-09-faq-erbschaftsteuer.html;jsessionid=D513072E2BBA62CE060EF0BA59A66D84#doc34288bodyText20 (zuletzt abgerufen am 20.10.2017)

2 § 28a Abs. 4 ErbStG: Der Erwerber muss die maßgeblichen jährlichen Lohnsummen des Betriebes einhalten, er muss den Betrieb sieben Jahre fortführen und im Falle des Erwerbs weiterer „verfügbaren Vermögens" durch Schenkung oder von Todes wegen entfällt der frühere Erlass, der Erwerber kann jedoch erneut den Erlassantrag stellen.

füllt und 90 % oder mehr des gemeinen Wertes des begünstigungsfähigen Vermögens ausmacht, § 13b Abs. 2 ErbStG.[1]

Dieser Test ist wie früher ein Brutto-Netto-Vergleich.[2] Es wird der gemeine Wert des Verwaltungsvermögens vor Schuldenverrechnung[3] (= Bruttowert des Verwaltungsvermögens) mit dem Unternehmenswert (= gemeiner Wert des Betriebsvermögens, vgl. Rn. 1862) verglichen. Letzterer ist jedoch aufgrund der Berücksichtigung von Schulden, also Rückstellungen, Verbindlichkeiten etc. ein Nettowert.   **1898**

Im Vergleich zum 50 %-Verwaltungsvermögenstest nach altem Recht gibt es nicht nur den Unterschied einer höheren prozentualen Grenze, sondern erhebliche Abweichungen bei den sog. Finanzmitteln. Auch im bis zum 30. 6. 2016 geltenden ErbStG waren die Finanzmittel wie im neuen § 13b Abs. 4 Nr. 5 ErbStG definiert als Zahlungsmittel, Geschäftsguthaben, Geldforderungen und anderen Forderungen (Finanzmittel) nach Abzug aller Schulden und nach einem Freibetrag von 20 % (nun 15 %). Jetzt jedoch wird für den 90 %-Verwaltungsvermögenstest nach § 13b Abs. 2 Satz 2 ErbStG der in § 13b Abs. 4 Nr. 5 ErbStG vorgesehene Abzug der Schulden und des (nur mehr) 15 %igen Freibetrags bei der Bestimmung des Verwaltungsvermögens explizit ausgeschlossen.[4] Es werden jetzt also auch die Finanzmittel brutto, **ohne** Schuldenabzug

---

1 In den Gesetzesmaterialien heißt es hierzu: „Satz 2 nimmt solches begünstigungsfähiges Vermögen von der Verschonung aus, das nahezu ausschließlich aus Verwaltungsvermögen besteht. Besteht betriebliches Vermögen oder das Vermögen einer Gesellschaft zu mindestens 90 Prozent aus Verwaltungsvermögen ist davon auszugehen, dass das gesamte betriebliche Vermögen nicht schutzwürdig ist. Mit der Ausnahme solcher Gesellschaften von der Verschonung werden Gestaltungsmöglichkeiten ausgeräumt, die nach dem Urteil des Bundesverfassungsgerichts v. 17. 12. 2014 - 1 BvL 21/12 verfassungswidrig sein können", vgl. BT-Drucks. 18/8911 S. 43 zu § 13b Abs. 2 Satz 2 ErbStG, IDW, Neuregelung der Erbschaftsteuer, Düsseldorf 2017, Seite 54.

2 Maßgeblich ist das Verwaltungsvermögen vor den verschiedenen Schuldenverrechnungen, vgl. i. E. Viskorf/Löcherbach/Jehle, DStR 2016 S. 2425 (2429); Holtz, NJW 2016 S. 3750 (3753). – Falls der Anteil an Verwaltungsvermögen 50 % übersteigt, aber die „90 %-Grenze" nicht überschritten wird, kann das neue Recht auch günstiger als die bisherige Regelung sein, da es nun zu einer Verschonung kommt, vgl. Rn. 1882.

3 Also inklusive der Finanzmittel vor Schuldenverrechnung und inklusive des Verwaltungsvermögens, das ausschließlich und dauerhaft der Erfüllung von Schulden aus Altersversorgungsverpflichtungen dient. Bei Letzteren gibt es jedoch die Ausnahme, dass das Verwaltungsvermögen herausgerechnet werden kann, das ausschließlich und dauerhaft der Erfüllung von Schulden aus Altersversorgungsverpflichtungen dient, die durch Treuhandverhältnisse abgesichert sind, § 13b Abs. 2 Satz 2 ErbStG.

4 Laut dem koordinierten Ländererlass wird hier das Verwaltungsvermögen inkl. der jungen Finanzmittel und des jungen Verwaltungsvermögens angesetzt, vgl. A 13b.9 Abs. 2, A 13b.9 Bsp. 1 I, A 13b.10 AEErbSt 2017, während bei der Berechnung der Quotenschulden die jungen Finanzmittel und das junge Verwaltungsvermögen von der Finanzverwaltung beim Verwaltungsvermögen im Zähler nicht berücksichtigt werden, vgl. Rn. 1936.

erfasst. Damit haben vor allem Handelsunternehmen ein Problem. Denn sie verfügen regelmäßig über hohe Forderungen, die sie durch hohe Verbindlichkeiten finanzieren. In der Folge ermittelt man bei Ihnen nicht nur Quoten von knapp unter 90 %, sondern auch Prozentsätze, die über 100 % liegen.[1] Für diese Unternehmen bedeutet der Ausschluss der Schuldenverrechnung bei dem 90 %-Test einen Ausschluss aus dem Verschonungssytem des ErbStG 2016.[2]

1899   Im Rahmen der Erläuterung der Schuldenverrechnung, vgl. Rn. 1878 ff. und Rn. 1907 ff., wird ein Beispiel verwendet. Dieses basiert auf einer Vermögensaufstellung zu steuerlichen Werten in der Form einer Bilanz.

Vermögensaufstellung der A-KG/GmbH
in GE
(Angaben des stl. gemeinen Wertes)

Grundstücke (fremdvermietet)		3.150	gemeiner Wert des Betriebsvermögens (ggf. Ertragswert etc.)	6.250
davon angeschafft vor 1 Jahr (junges VwV)	500			
davon angeschafft vor 4-15 Jahren	2.000			
davon Deckungsvermögen § 246 II S 2 HGB	650		PensionsRS	1.250
Grundstücke (eigengenutzt)		2.500		
techn.. Anlagen und BGA (begünstigtes Vermögen)		3.400	Verbindlichkeiten	4.275
Wertpapiere d. AV (Altersvorsorge § 253 I S 3HGB)		350		
Vorräte		625		
Forderungen		1.500		
Bankguthaben (junge Finanzmittel)		250		
(1. Schritt)		11.775		11.775

Die Bilanzsumme beläuft sich auf 11.175 GE und der Unternehmenswert (gemeiner Wert des Betriebsvermögens) auf 6.250 GE. Der gemeine Wert des Verwaltungsvermögens auf der Aktivseite der Vermögensaufstellung addiert sich

---

1 Vgl. auch Hannes, ZEV 2016 S. 554 (556 a. E.); Brabender/Winter, ZEV 2017 S. 81 (85).
2 Vgl. Pach-Hanssenheimb, WPg 2017 S. 471 (476).

auf 5.250 GE (vgl. Rn. 1927), das sind lediglich 44,59 % der Bilanzsumme. Dennoch besteht dieses Unternehmen den Verwaltungsvermögenstest nur knapp, denn das Verwaltungsvermögen in Höhe von 5.250 GE vor Schuldenverrechnung beläuft sich auf 84 % des Unternehmenswertes von 6.250 GE.[1]

Weil die Verwaltungsvermögens-Quote nicht in Bezug auf die Bilanzsumme, sondern auf den Unternehmenswert ermittelt wird, muss man die Fremdfinanzierungsquote im Auge behalten.[2] Sollte diese in Verbindung mit der Zuführung von Finanzmitteln steigen, der Unternehmenswert aber nicht ebenfalls anziehen, verschlechtert sich die Verwaltungsvermögens-Quote. An dieser Stelle ist darauf hinzuweisen, dass der Unternehmenswert in der Regel nicht anhand einer Bilanz oder Vermögensaufstellung ermittelt wird, sondern als Ertrags- oder Vergleichswert, vgl. Rn. 1907 ff. Es ist somit also fraglich, wie sich der Unternehmenswert verändert, falls die Fremdfinanzierung steigen sollte.

VI. Der Verwaltungsvermögenstest nach bis 30. 6. 2016 geltendem Recht, 50 %-Test

Ein kurzer Blick ins alte Recht zeigt jedoch, dass für Unternehmen wie der B-KG/GmbH (vgl. Rn. 1882), die nicht wegen der abgeschafften Verrechnung von Schulden mit Finanzmitteln im Rahmen des 90 %-Verwaltungsvermögenstests aus dem Verschonungssystem herausfallen, das geltende Recht günstiger sein kann als das alte. Im bis zum 30. 6. 2016 geltenden Erbschaftsteuer- und Schenkungsteuerrecht gab es den 50 %-Verwaltungsvermögenstest nach § 13b Abs. 2 ErbStG a. F. Damals war das Verwaltungsvermögen fast identisch definiert wie im nun geltenden Recht. Das Verwaltungsvermögen, das der Sicherung von Altersvorsorgeverpflichtungen dient, wurde nicht gesondert angesprochen. Die Finanzmittel nach § 13b Abs. 4 Nr. 5 Satz 1 ErbStG wurden jedoch in § 13b Abs. 2 Nr. 4a. Satz 1 ErbStG a. F. wortgleich definiert: Zum Ver-

1900

---

1 Das hier verwendete Beispiel basiert auf Pach-Hanssenheimb, WPg 2017 S. 471 ff., dort allerdings beträgt der Unternehmenswert lediglich 1.050 GE, bei einem Verwaltungsvermögen von ebenfalls 1.050 GE. Die Verwaltungsvermögens-Quote errechnet sich hier somit mit 100 % und der 90 %-Test würde nicht bestanden. Jedoch werden in diesem Beispiel die Altersversorgungsverpflichtungen durch Treuhandverhältnisse abgesichert. Daher kann das Verwaltungsvermögen, das in den 90 %-Verwaltungsvermögenstest nach § 13b Abs. 2 Satz 2 ErbStG einzubeziehen ist, um 200 GE gekürzt werden und beläuft sich somit nicht auf 1.050 GE, sondern nur auf 850 GE. Das Verwaltungsvermögen erreicht damit lediglich eine Quote von 80,95 % des Unternehmenswertes und der Test wird damit bestanden. Vgl. IDW, Neuregelung der Erbschaftsteuer, Düsseldorf 2017, Rn. 89.

2 Korezkij, DStR 2016 S. 2434 (2442) weist darauf hin, dass eine hohe Fremdfinanzierung zum Problem werden kann, weil der Wert des Verwaltungsvermögens hierdurch nicht sinkt.

waltungsvermögen gehörte „der gemeine Wert des nach Abzug des gemeinen Wertes der Schulden verbleibenden Bestands an Zahlungsmitteln, Geschäftsguthaben, Geldforderungen und anderen Forderungen soweit er 20 % des anzusetzenden Wertes des Betriebsvermögens (…) übersteigt." Im bisherigen Recht waren es noch 20 % statt nun 15 %, die als Finanzmittelfreibetrag ausgenommen wurden. Die Schuldenverrechnung bei Finanzmitteln gibt es daher in beiden Gesetzesversionen. Allerdings wird nun für den 90 %-Verwaltungsvermögenstest nach § 13b Abs. 2 Satz 2 ErbStG diese Verrechnung explizit ausgeschlossen.

1901 Wendet man das alte Recht auf das obige Beispiel der B-KG/GmbH (Rn. 1878 ff.) ohne Anpassung des Unternehmenswertes[1] an, ist Ausgangspunkt ein Verwaltungsvermögen von 5.250 GE. Allerdings können von den Finanzmitteln Schulden in Höhe von 1.750 GE abgesetzt werden, sodass für den 50 %-Verwaltungsvermögenstest ein Verwaltungsvermögen von 3.500 GE anzusetzen wäre (vgl. auch Rn. 1951). Setzt man diesen Betrag zu dem Unternehmenswert des Jahres 2017 in Höhe von (ebenfalls) 5.250 GE in Beziehung, ergibt sich eine Verwaltungsvermögensquote von 66 %. Tatsächlich war der Unternehmenswert 2015 jedoch höher, 6.958 GE, da im vereinfachten Ertragswertverfahren ein höherer Kapitalisierungszinssatz galt.[2] Aber auch bei diesem Unternehmenswert errechnet sich eine Verwaltungsvermögensquote von 50,30 %. Die B-KG/GmbH hätte also 2015 den 50 %-Verwaltungsvermögenstest auf keinen Fall bestanden. Es wäre keine Verschonung anzuwenden und der volle Unternehmenswert von 6.958 GE wäre zu versteuern.

1902 Es gibt also Fallkonstellationen, in denen das neue Recht trotz des Ausschlusses der Schuldenverrechnung bei den Finanzmitteln für den 90 %-Verwaltungsvermögenstest wegen der höheren Prozentgrenze günstiger als das alte Recht ist.[3]

1903 Die A-KG/GmbH, die über dasselbe Verwaltungsvermögen, aber über einen höheren Unternehmenswert verfügt, hat mit dem 50 %-Verwaltungsvermögenstest des alten Rechts jedoch kein Problem. Bei ihr ist das maßgebliche Verwaltungsvermögen von 3.500 GE zu einem Unternehmenswert 2015 von 8.288 GE in Relation zu setzen, was eine Quote von nur 42,23 % ergibt, vgl. Rn. 1952.

---

1 Die Änderungen des Kapitalisierungsfaktors in § 203 BewG durch die Erbschaftsteuerreform 2016 (vgl. Rn. 1881) wird hier negiert.
2 Vgl. Rn. 1881.
3 Vgl. Holtz, NJW 2016 S. 3750 (3753).

VII. Der Verwaltungsvermögenstest für die Optionsverschonung, § 13a Abs. 10 ErbStG, 20 %-Quote

Voraussetzung für die Erlangung der Optionsverschonung nach § 13a Abs. 10 Satz 2 und 3 ErbStG ist, dass das begünstigungsfähige Vermögen nach § 13b Abs. 1 ErbStG nicht zu mehr als 20 % aus Verwaltungsvermögen besteht. Die Berechnung dieser Quote weicht von der Ermittlung der soeben behandelten 90 %-Quote ab. Es wird die Summe der gemeinen Werte der Einzelwirtschaftsgüter des Verwaltungsvermögens nach § 13b Abs. 3 und 4 ErbStG in Relation zum gemeinen Wert des Betriebes gesetzt. Wegen der Bezugnahme auf den Abs. 3 werden die Einzelwirtschaftsgüter, die Altersversorgungsverpflichtungen rückdecken, auch falls diese nicht durch Treuhandverhältnisse abgesichert sein sollten, aus dem anzusetzenden Verwaltungsvermögen ausgesondert. Aufgrund des Verweises auf Abs. 4 werden nur die Finanzmittel als Verwaltungsvermögen erfasst, die nach der Verrechnung mit verbliebenen Schulden den 15 %igen Freibetrag der Vorschrift[1] übersteigen.[2] Eine Verrechnung des Verwaltungsvermögens mit Schulden und der Abzug des Unschädlichkeitsbetrages nach den Absätzen 5 bis 7 erfolgen jedoch nicht.[3]

1904

VIII. Der Investitionsabzugsbetrag (Investitionsklausel) § 13b Abs. 5 ErbStG

Ob im Fall der Entstehung einer Erbersatzsteuer nach § 1 Abs. 1 Nr. 4 ErbStG der Einbezug von Verwaltungsvermögen in das begünstigte Vermögen über die Reinvestitionsklausel nach § 13b Abs. 5 ErbStG möglich ist, ist bisher nicht geklärt. Der Gesetzeswortlaut macht hierfür einen Erwerb von Todes wegen zur Voraussetzung, der im Fall der Erbersatzsteuer allerdings nicht gegeben ist. Eine Stiftung hat grundsätzlich ein unendliches Leben. Dennoch fingiert

1905

---

1 Bezogen auf den Unternehmenswert = Wert des Betriebsvermögens des Betriebs oder der Gesellschaft, vgl. Rn. 1862. Voraussetzung für den 15 %-Freibetrag ist, dass das begünstigungsfähige Vermögen des Betriebs oder der nachgeordneten Gesellschaften nach seinem Hauptzweck einer Tätigkeit im Sinne des § 13 Abs. 1, des § 15 Abs. 1 Satz 1 Nr. 1, § 18 Abs. 1 Nr. 1 und 2 EStG dient, § 13b Abs. 4 Nr. 5 Satz 4 ErbStG, vgl. z. B. auch Bäuml, NWB 2016 S. 3516 (3520); Viskorf/Löcherbach/Jehle, DStR 2016 S. 2425 (2427).

2 Diese Verrechnung mit Schulden und 15 % Freibetrag gilt aber wohl nicht (mehr) für junge Finanzmittel, § 13b Abs. 8 Satz 1 ErbStG, vgl. auch Korezkij, DStR 2016 S. 2434 (2439).

3 Vgl. auch Pach-Hanssenheimb, WPg 2017 S. 471 (477); Hannes, ZEV 2016 S. 554 (559); A 13a.20 Abs. 3 AEErbSt 2017.

der Gesetzgeber, dass das Vermögen im Abstand von 30 Jahren einer nächsten, aus zwei Kindern bestehenden Generation anfällt, weshalb für die Ermittlung der Erbersatzsteuer stets die Steuerklasse I heranzuziehen ist. Außerdem wird der doppelte Freibetrag nach § 16 Abs. 1 Nr. 2 ErbStG gewährt und die Provisionsstufe angewandt, die für die Hälfte des steuerpflichtigen Vermögens gelten würde (§ 15 Abs. 1 Satz 2 Satz 3 ErbStG; vgl. i. E. Rn. 803). Dies geschieht, damit das in Familienstiftungen gebundene Vermögen nicht auf Dauer der Erbschaftsteuer entzogen wird. Da eine Stiftung ein unendliches Leben hat, muss man davon ausgehen, dass der Gesetzgeber alle 30 Jahre einen Todesfall fingiert und daher einen Erwerb von Todes wegen unterstellt.

1905a Die neue Reinvestitionsklausel nach § 13b Abs. 5 ErbStG wurde vom Gesetzgeber eingeführt, weil der Stichtag für die Entstehung einer Erbschaftsteuer aufgrund eines Erwerbs von Todes wegen, im Gegensatz zum Falle einer Schenkung unter Lebenden, nicht planbar ist. Der Stichtag der Entstehung der Erbersatzsteuer ist zwar bekannt, aber dennoch nicht planbar. Laut Gesetzesbegründung[1] beziehen sich die Regelungen zur Reinvestitionsklausel auch auf Finanzmittel, insbesondere Bankguthaben, die nicht nur zur Anschaffung neuer Vermögensgegenstände benötigt, sondern auch zur Zahlung der Löhne der Beschäftigten verwendet werden. Werde nun aufgrund wiederkehrender saisonaler Schwankungen ein erhöhter Bestand von Finanzmitteln dazu verwendet, die laufenden Löhne in Phasen geringer Einnahmen zu zahlen, sollen diese Finanzmittel rückwirkend nicht dem Verwaltungsvermögen zugeordnet werden.

1906 Dies sollte auch für Bankguthaben im Fall des Entstehens einer Erbersatzsteuer gelten. Die Entstehung der Steuer kann eben nicht, wie bei einer Schenkung unter Lebenden, zu einem planbaren Zeitpunkt erfolgen, zu dem die Bankguthaben aufgrund saisonaler Schwankungen für die Begleichung laufender Löhne verwendet wurden und daher einen niedrigen Stand erreicht haben. Vielmehr richtet er sich danach, wann vor 30, 60 etc. Jahren (ab 1954[2]) die Errichtung der Familienstiftung erfolgte. Damals war die Besteuerung von Verwaltungsvermögen im Gegensatz zur Verschonung von begünstigtem Vermögen, die in dieser Form erst im Jahr 2016 eingeführt wurde, sicherlich noch nicht bekannt. Die Gründung kann daher z. B. ausgerechnet zu einer Jahreszeit erfolgt sein, in der das Geschäft endlich ruhig war und der Stifter die notwendige Zeit zur Errichtung der Stiftung hatte. Leider waren zu dieser Jahreszeit die

---

1 Vgl. Gesetzesbegründung BT-Drucks. 18/8. 9. 2011 zu § 13b Abs. 5 ErbStG, nachzulesen z. B. in IDW, Neuregelung der Erbschaftsteuer, Düsseldorf 2017, Seite 70.
2 Vgl. § 9 Nr. 4 ErbStG.

Bargeldbestände wegen der saisonalen Schwankungen hoch. Aus diesen Gründen sollte die Reinvestitionsklausel in § 13b Abs. 5 ErbStG 2016 nach Auffassung der Autoren auch bei Familienstiftungen anwendbar sein.[1]

IX. Die Ermittlung des begünstigen Betriebsvermögens als Teil des begünstigungsfähigen Vermögens mittels der Schuldenverrechnung nach § 13b Abs. 4, 5, 6 und 7 ErbStG

Wie bereits ausgeführt, muss das Betriebsvermögen eines Betriebes oder einer Gesellschaft seit dem 1.7.2016 aufgeteilt werden in begünstigtes Vermögen und Verwaltungsvermögen, das grundsätzlich steuerpflichtig ist. Diese Aufteilung wiederum macht es nötig, die Schulden und sonstigen Abzüge (§ 103 BewG, im Folgenden vereinfacht: Schulden) des Betriebes oder der Gesellschaft auf das begünstigte Vermögen und das steuerpflichtige Verwaltungsvermögen aufzuteilen. Je mehr Schulden beim steuerpflichtigen Verwaltungsvermögen verrechnet werden können, desto geringer wird der steuerpflichtige Erwerb. Der Schuldenverrechnung kommt daher hohe Bedeutung zu.[2]

§ 13b Abs. 6 ErbStG legt eine gewisse Reihenfolge der Schuldenverrechnung fest. Damit der Leser einen besseren Überblick erhält, werden in der folgenden Auflistung die Begriffe aufgeführt, die laut Gesetzeswortlaut für die Schuldenverrechnung von Bedeutung sind.

1. Das **begünstigungsfähige Vermögen** (Unternehmensvermögen) gemäß § 13b Abs. 1 ErbStG, im Prinzip das einkommensteuerliche Betriebsvermögen, vgl. Rn. 1918 f.

Hierfür wird der **gemeine Wert des Betriebsvermögens des Betriebes oder der Gesellschaft ermittelt**, § 13b Abs. 6 Satz 2 ErbStG, hier auch als „Unternehmenswert" bezeichnet.

2. Das **Verwaltungsvermögen** nach § 13b Abs. 4 ErbStG (abschließender Katalog).

Es unterliegt grundsätzlich der Steuer. Vom gesamten Verwaltungsvermögen werden bestimmte Teile gesondert behandelt. Dies sind die folgenden Nummern 3. bis 8.

1907

1908

---

1 A 13b.24 Abs. 6 Satz 3 AEErbSt 2017 lehnt die Anwendung mit Bezug auf Erwerbe durch Schenkungen unter lebenden ab.
2 Vgl. Pach-Hanssenheimb, WPg 2017 S. 471 ff.

3. Das Altersversorgungsvermögen,

d. h. begünstigungsfähiges Vermögen, das ausschließlich und dauerhaft der Erfüllung von Schulden aus Altersversorgungsverpflichtungen dient, § 13b Abs. 3 ErbStG.[1] Dementsprechend sind auch die

4. Schulden aus Altersversorgungsverpflichtungen, § 13b Abs. 3 ErbStG

getrennt zu ermitteln und abzugrenzen von den

5. übrigen Schulden und Abzügen (§ 103 BewG).

6. **Finanzmittel,** § 13b Abs. 4 Nr. 5 ErbStG

der Bestand an Zahlungsmitteln, Geschäftsguthaben, Geldforderungen und anderen Forderungen.[2]

7. **Junges Verwaltungsvermögen,** § 13b Abs. 7 Satz 2 ErbStG

Das Verwaltungsvermögen, das dem Betrieb im Zeitpunkt der Entstehung der Steuer weniger als zwei Jahre zuzurechnen war,

8. **Junge Finanzmittel,** § 13b Abs. 4 Nr. 5 Satz 2 ErbStG,

der Saldo der eingelegten und der entnommenen[3] Finanzmittel, welche dem Betrieb im Zeitpunkt der Entstehung der Steuer weniger als zwei Jahre zuzurechnen waren.[4]

---

1 Vgl. i. E. IDW, Neuregelung der Erbschaftsteuer, Düsseldorf 2017, Rn. 91 ff.
2 Vgl. Auflistung in A13b.23 Abs. 2 AEErbSt 2017. Danach sind u. a. auch stille Beteiligungen Finanzmittel.
3 Hinweis: Finanzmittel, die durch Verkäufe entstanden sind, können keine „jungen Finanzmittel" sein, da sie nicht „eingelegt" wurden, vgl. Rn. 1932. Werden jedoch mit diesen Finanzmitteln z. B. Wertpapiere angeschafft, sind diese nach Auffassung der Finanzverwaltung sehr wohl junges Verwaltungsvermögen. vgl. R E 13b.19 Abs. 1 ErbStR. Kritisch z. B. Viskorf in Viskorf/Knobel/ Schuck/Wälzholz, ErbStG 2012, § 13b Rn. 251 ff.
4 Zu den handwerklichen Fehlern des Gesetzes vgl. z. B. Korezkij, DStR 2016 S. 2434 (2438 f.). Evtl. kann der Betrag der jungen Finanzmittel sogar höher sein als der tatsächlich vorhandene Betrag an Finanzmitteln, weil nur der Saldo der eingelegten und entnommenen jungen Finanzmittel betrachtet wird, gleichgültig ob diese Finanzmittel noch im Unternehmen sind oder nicht. Sollte dies zutreffen, würde die Einlage von Finanzmitteln und ihre Anlage in Wertpapieren womöglich zu einem betragsmäßig überhöhten Verwaltungsvermögen führen (Wertpapiere zzgl. dafür eingelegte Finanzmittel). Diesen Fehler hat die Finanzverwaltung in A 13b.23 Abs. 3 Satz 3 AEErbSt 2017 behoben. Hier wird geregelt, dass der Wert der jungen Finanzmittel begrenzt ist auf den Wert der Finanzmittel zum Stichtag vor Abzug der abzugfähigen Schulden und des Sockelbetrags.

9. Der **Nettowert des Verwaltungsvermögens** i. S. d. § 13b Abs. 6 ErbStG,

ist der gemeine Wert des Verwaltungsvermögens nach Herausrechnung der Werte, die nach den Abs. 3 und 4 mit Schulden verrechnet werden können, gekürzt um den anteiligen gemeinen Wert der verbliebenen Schulden.

10. Das **unschädliche Verwaltungsvermögen** (auch Unschädlichkeitsbetrag) nach § 13b Abs. 7 ErbStG

ist der Nettowert des Verwaltungsvermögens, soweit er 10 % des um den Nettowert des Verwaltungsvermögens gekürzten gemeinen Wertes des Betriebsvermögens (Unternehmenswert, vgl. Rn. 1862) nicht übersteigt und gewisse weitere Voraussetzungen erfüllt.

11. **Das begünstigte Vermögen** nach § 13b Abs. 2 ErbStG

ist der Teil des begünstigungsfähigen Vermögens, dessen gemeiner Wert den Nettowert des Verwaltungsvermögens, welches um den Unschädlichkeitsbetrag (unschädliche Verwaltungsvermögen) gekürzt wurde, übersteigt.

1. Die Ermittlung des Wertes des begünstigten Vermögens i. S. d. § 13b Abs. 2 Satz 1 ErbStG im Überblick

Von zentraler Bedeutung für die Anwendung des Erbschaftsteuerrechts 2016 ist die Ermittlung des Wertes des begünstigten Vermögens im Sinne des § 13b Abs. 2 Satz 1 ErbStG. Dieses errechnet sich aus dem Wert des begünstigungs**fähigen** Vermögens nach § 13b Abs. 1 ErbStG abzüglich des steuerpflichtigen Verwaltungsvermögens. Dieses wiederum ermittelt sich aus der Summe der gemeinen Werte der Vermögensgegenstände des Verwaltungsvermögens abzüglich des gemeinen Wertes der Schulden aus Altersversorgungsverpflichtungen, der Schulden, die mit den Finanzmitteln verrechnet werden können, und der Schulden, die quotenmäßig nach § 13b Abs. 6 ErbStG vom Verwaltungsvermögen abgezogen werden können. Außerdem wird es noch um das unschädliche Verwaltungsvermögen im Sinne des § 13b Abs. 7 ErbStG verringert. **1909**

Ohne an dieser Stelle auf die Feinheiten einzugehen, kann das Schema zur Ermittlung des Wertes des begünstigten Vermögens zusammenfassend wie folgt dargestellt werden: **1910**

Gemeiner Wert des begünstigungsfähigen Vermögens

(aktive Vermögensgegenstände und Schulden sowie sonstige Abzüge, i. d. R. zusammengefasst in einem Ertrags- oder Vergleichswert vgl. Rn. 1914, 1920 f.)

./. Nettowert des Verwaltungsvermögens (§ 13b Abs. 6 ErbStG)

./. Unschädliches Verwaltungsvermögen (§ 13b Abs. 7 ErbStG)

= Wert des begünstigten Vermögens (§ 13b Abs. 2 ErbStG)

Der Nettowert des Verwaltungsvermögens wiederum ermittelt sich wie folgt:

Gemeiner Wert des Verwaltungsvermögens (§ 13b Abs. 3 i.V.m. Abs. 9[1] ErbStG), bestehend aus:

► dem Vermögen zur Absicherung von Altersversorgungsverpflichtungen,

► den Finanzmitteln (§ 13b Abs. 4 Nr. 5 ErbStG inkl. „der jungen Finanzmittel") und

► dem sonstigen Verwaltungsvermögen (§ 13b Abs. 4 Nr. 1 bis 4 ErbStG inkl. „des jungen Verwaltungsvermögens")

abzüglich:

./. der Schulden aus Altersversorgungsverpflichtungen[2] (Verrechnung nach § 13b Abs. 3 ErbStG)

./. der Schulden bis zur Höhe der Finanzmittel, die keine „jungen Finanzmittel" darstellen (Verrechnung nach § 13b Abs. 4 Nr. 5 ErbStG)

./. der nach diesen Verrechnungen verbleibenden Schulden, die nach der Formel des § 13b Abs. 6 ErbStG dem sonstigen Verwaltungsvermögen, ohne dem „jungen Verwaltungsvermögen", quotal zuzuordnen sind.

= Nettowert des Verwaltungsvermögens

1911   Sollten die Finanzmittel, die keine „jungen Finanzmittel" darstellen, die abzugsfähigen Schulden übersteigen, so gelten diese Finanzmittel bis zur Höhe von 15 % des „anzusetzenden Wertes des Betriebsvermögens des Betriebes

---

1 Gehören zu dem von der Stiftung gehaltenen begünstigungsfähigen Betriebsvermögen auch unmittelbar oder mittelbar gehaltene Beteiligungen an Personengesellschaften oder qualifizierte Anteile an Kapitalgesellschaften mit Sitz oder Geschäftsleitung im In- und Ausland (mehrstufige Beteiligungsverhältnisse), so ist das letztendlich verschonte Betriebsvermögen mittels einer konsolidierten Verbundsvermögensaufstellung zu ermitteln (vgl. Rn. 1875). Mit dieser Vorschrift sollen die vom Bundesverfassungsgericht beanstandeten Kaskadeneffekte ausgeschlossen werden. Vgl. IDW, Neuregelung der Erbschaftsteuer, Düsseldorf 2017, Rn. 127 ff.; Korezkij, DStR 2016 S. 2434 (2435).

2 Der Gesetzestext spricht nicht von einer Kürzung, sondern definiert, dass das Vermögen nicht zum Verwaltungsvermögen gehört, das ausschließlich und dauerhaft der Erfüllung von Schulden aus Altersversorgungsverpflichtungen dient und dem Zugriff aller übrigen nicht aus den Altersversorgungsverpflichtungen unmittelbar berechtigten Gläubiger entzogen ist. Dies allerdings nur bis zur Höhe des gemeinen Wertes der Schulden aus Altersversorgungsverpflichtungen.

oder der Gesellschaft" (= Unternehmenswert, Rn. 1862). nicht als Verwaltungsvermögen (Freibetrag oder Sockelbetrag). Voraussetzung ist, dass das begünstigungsfähige Vermögen, also das Unternehmensvermögen der Mutter- und Tochtergesellschaften nach ihrem „Hauptzweck" bestimmten Tätigkeiten dient.[1]

2. Grundregeln der Schuldenverrechnung

Bevor die Einzelheiten der Schuldenverrechnung nach § 13b Abs. 6 ErbStG dargestellt werden, müssen allgemeingültige Grundregeln vorgetragen werden. Schulden dürfen nämlich nicht verrechnet werden   1912

► mit jungen Finanzmitteln (§ 13b Abs. 4 Nr. 5 Satz 2 und Abs. 8 Satz 1 ErbStG, sie sind stets Verwaltungsvermögen),

► mit jungem Verwaltungsvermögen (§ 13b Abs. 7 Satz 2 und Abs. 8 Satz 1 ErbStG, es kann kein unschädliches Verwaltungsvermögen sein).

Zusätzlich bestimmt § 13b Abs. 8 Satz 2 ErbStG, dass Schulden nur unter den folgenden Voraussetzungen mit Verwaltungsvermögen verrechnet werden:

– es dürfen keine „wirtschaftlich nicht belastenden Schulden"[2] vorliegen und

– die Summe der Schulden darf den durchschnittlichen Schuldenstand der letzten drei Jahre vor dem Zeitpunkt der Entstehung der Steuer (§ 9 ErbStG) nicht übersteigen. Ein Überschreiten ist jedoch zulässig, soweit die Erhöhung des Schuldenstandes durch die Betriebstätigkeit veranlasst ist.

3. Die einzelnen Schritte der Schuldenverrechnung

Bei der Schuldenverrechnung geht es darum, wie die Schulden des Betriebes oder der Gesellschaft entweder dem steuerpflichtigen Verwaltungsvermögen   1913

---

1 Hauptzweck einer Tätigkeit i. S. d. § 13 Abs. 1, § 15 Abs. 1 Satz 1 Nr. 1, des § 18 Abs. 1 Nr. 1 und 2 des EStG, vgl. § 13b Abs. 4 Nr. 5 Satz 4 ErbStG, vgl. z. B. Korezkij, DStR 2016 S. 2434 (2437); Viskorf/Löcherbach/Jehle, DStR 2016 S. 2425 (2427). Anders als in § 13b Abs. 1 Nr. 2 ErbStG (begünstigungsfähiges Vermögen) wird die Tätigkeit im Sinne des § 15 Abs. 3 EStG nicht explizit aufgeführt. Hieraus kann entnommen werden, dass der Sockelbetrag für nicht gewerblich tätige Personengesellschaften und bei gewerblich geprägten Personengesellschaften nicht zur Anwendung kommt, vgl. IDW, Neuregelung der Erbschaftsteuer, Düsseldorf 2017, Rn. 99.

2 Vgl. IDW, Neuregelung der Erbschaftsteuer, Düsseldorf 2017, Rn. 125; Korezkij, DStR 2016 S. 2434 (2442). Als Beispiel nennt A 13b.28 Abs. 2 AEErbSt 2017 den Fall, in dem eine bilanziell überschuldete Gesellschaft nur deshalb nicht Insolvenz beantragen muss, weil der Gläubiger den Rangrücktritt erklärt hat oder wenn die überschuldete Gesellschaft durch eine Unternehmensgruppe und die Forderung durch eine nahestehende Person erworben wird.

oder dem ganz oder teilweise verschonten begünstigten Betriebsvermögen zugeordnet werden. Um zu verstehen, wie der Gesetzgeber die Verrechnung geregelt hat, ist es hilfreich sich darüber klar zu werden, dass er sich abwechselnd auf zwei Betrachtungsebenen bewegt.[1]

1914 Die 1. Ebene ist die des Unternehmenswertes, der eine Nettogröße darstellt, also eine Größe, bei deren Ermittlung die Schulden des Unternehmens berücksichtigt wurden. Der Gesetzgeber spricht hier von dem begünstigungs**fähigen** Vermögen, dem Wert des begünstigungsfähigen Vermögens oder dem gemeinen Wert des Betriebsvermögens des Betriebes oder der Gesellschaft, vgl. Rn. 1861 f. Diese Werte, bzw. dieser Wert, werden in der Regel als Ertragswert ermittelt,[2] gleichgültig ob es sich bei dem Bewertungsobjekt um ein Einzelunternehmen oder einen Anteil an einer Personengesellschaft bzw. einer Kapitalgesellschaft handelt. Der Ertragswert bildet den Wert des gesamten Betriebsvermögens ab und zwar nicht als Summe der vorhandenen aktiven und passiven Vermögensgegenstände, sondern als Kapitalwert der zu erwarteten künftigen Überschüsse. Der Begriff Überschüsse macht dabei deutlich, dass nicht nur die Einnahmen berücksichtigt werden, sondern auch die Ausgaben für die Anschaffung von Waren, Rohstoffen, die Beschäftigung von Angestellten etc. und auch der zu zahlenden Zinsen. Es handelt sich also um einen Nettowert, bei dessen Ermittlung die Schulden des Unternehmens berücksichtigt wurden. Er umfasst das begünstigte Betriebsvermögen und das steuerpflichtige Verwaltungsvermögen. Man bewegt sich hier also auf der Ebene eines (alles) „umfassenden" Wertes. Zu dieser Art von Werten gehören auch die aus Börsenkursen oder aus Verkäufen unter fremden Dritten abgeleiteten Werte von Anteilen an Kapitalgesellschaften.[3]

1915 Damit festgestellt werden kann, welcher Teil dieses allumfassenden gemeinen Wertes als Verwaltungsvermögen der Erbschaft- und Schenkungsteuer unterliegt, muss Letzteres aus dem „umfassenden" gemeinen Wert herausgerechnet werden. Dies geschieht jedoch nicht, indem die von diesem Verwaltungsvermögen zu erwartenden zukünftigen Überschüsse bestimmt und anschließend kapitalisiert werden, sondern durch Addition der Einzelwerte der Gegenstände des Verwaltungsvermögens abzüglich der Schulden, die mit diesen nach den Regelungen des Erbschaftsteuergesetzes verrechnet werden dürfen. Hierzu begibt sich der Gesetzgeber also von der 1. Ebene der umfassenden

---

1 Vgl. hierzu und zum folgenden Pach-Hanssenheimb, WPg 2017 S. 471 (473).
2 Vgl. das vereinfachte Ertragswertverfahren nach §§ 199 ff. BewG, vgl. Rn. 1920.
3 Vgl. § 11 BewG.

Werte auf die 2. Ebene einer gegenständlichen Betrachtung,[1] die man sich als eine Art Bilanz mit aktiven und passiven Vermögensgegenständen vorzustellen hat. Diese gegenständliche Betrachtung gilt nicht nur bei Einzelunternehmen und Personengesellschaften, bei denen nach ertragsteuerlichem Verständnis ein Gesellschafter anteilig an allen aktiven und passiven Vermögensgegenständen beteiligt ist, sondern auch bei Anteilen an Kapitalgesellschaften, bei denen der Gesellschafter Eigentümer von Gesellschaftsanteilen ist. Auch bei Kapitalgesellschaften kommt es damit für die Bestimmung des Wertes des Verwaltungsvermögens und der ihm zuzuordnenden Schulden zu einer Art „Durchgriff" auf das Vermögen der Gesellschaft, wie man es sonst nur im Ertragsteuerrecht bei Personengesellschaften kennt.

Wir haben also zwei Ebenen. Einmal die Ebene der „umfassenden Werte" in Form zum Beispiel eines Ertragswertes und zum anderen die Ebene der Einzelvermögensgegenstände mit deren jeweiligen gemeinen Wert.   **1916**

§ 13b Abs. 2 Satz 1 ErbStG regelt die Schuldenverrechnung im Erbschaftsteuergesetz 2016. Er lautet: „Das begünstigungsfähige Vermögen ist begünstigt, soweit sein gemeiner Wert den um das unschädliche Verwaltungsvermögen im Sinne des Absatzes 7 gekürzten Nettowert des Verwaltungsvermögens im Sinne des Absatzes 6 übersteigt (begünstigtes Vermögen)".   **1917**

Diese schwer verständliche Formulierung kann man sich erschließen, indem man die Ermittlung des begünstigten Vermögens in mehrere Schritte unterteilt.[2]

1. Schritt. Es wird das begünstigungs**fähige** Vermögen ermittelt, § 13b Abs. 1 ErbStG. Gegebenenfalls ist es nur teilweise begünstigt, § 13b Abs. 2 ErbStG. Um das Ausmaß der Begünstigung zu ermitteln, muss im

2. Schritt der Unternehmenswert bestimmt werden. Dies ist der Steuerwert des begünstigungsfähigen Vermögens laut § 12 ErbStG. Im

3. Schritt wird das potenziell steuerpflichtige Verwaltungsvermögen in Form von einzelnen Vermögensgegenständen/Wirtschaftsgütern und deren gemeinen Werten identifiziert. Von der Summe dieser Werte werden im

---

1 Vgl. auch A 13b.12 Abs. 1 AEErbSt 2017.
2 Vgl. hierzu und im folgenden Pach-Hanssenheimb, WPg 2017 S. 471 (473).

4. Schritt die diesen Wirtschaftsgütern laut Gesetz zuzurechnenden Schulden etc. abgezogen (§ 13b Abs. 3 und 4 ErbStG), ggf. nur anteilig (sog. Schuldenverrechnung im Sinne des § 13b Abs. 6 ErbStG). Hiermit erhält man den sogenannten Nettowert des Verwaltungsvermögens. Von diesem ist im

5. Schritt das unschädliche Verwaltungsvermögen nach § 13b Abs. 7 ErbStG (sog. Unschädlichkeitsbetrag) abzuziehen. Nun hat man den Wert des steuerpflichtigen Verwaltungsvermögens ermittelt. Daher kann im

6. Schritt der Wert des begünstigten Betriebsvermögens errechnen werden, indem man von dem Unternehmenswert, der im 2. Schritt ermittelt wurde, das steuerpflichtige Verwaltungsvermögen gemäß 5. Schritt abzieht.

4. Das begünstigungsfähige Vermögen (Unternehmensvermögen), 1. Schritt

1918 Nach § 13b Abs. 1 ErbStG gehören zum begünstigungsfähigen Vermögen

▶ gewisses land- und forstwirtschaftliches Vermögen im Sinne des § 168 Abs. 1 Nr. 1 BewG,[1]

▶ gewisses inländisches Betriebsvermögen im Sinne der §§ 95 bis 97 Abs. 1 Satz 1 BewG und Anteile an bestimmten Personengesellschaften sowie

▶ gewisse Anteile an Kapitalgesellschaften, sofern am Nennkapital unmittelbar mehr als 25 % gehalten werden.[2]

Zusätzlich gehört zum begünstigungsfähigen Vermögen noch jeweils entsprechendes ausländisches Vermögen.[3]

1919 Für die Darstellung der Schuldenverrechnung eignet sich insbesondere das inländische Betriebsvermögen. Für die Bestimmung des erbschaft-/schenkungsteuerpflichtigen Betriebsvermögens verweist § 13b Abs. 1 Nr. 2 ErbStG auf die §§ 95 bis 97 Abs. 1 Satz 1 BewG. § 95 BewG wiederum bestimmt, dass das Betriebsvermögen alle Teile eines Gewerbebetriebes i. S. d. § 15 Abs. 1 und 2 EStG umfasst, die bei der steuerlichen Gewinnermittlung zum Betriebsvermögen gehören. Damit sind alle aktiven Wirtschaftsgüter des einkommensteuerlichen

---

1 Vorsicht: nur der Wirtschafteil des Betriebs und z. B. keine Stückländereien.
2 Die bisherige Möglichkeit der „Poolung von Anteilen" bleibt erhalten.
3 Vgl. i. E. insbesondere zu Vermögen in Drittstaaten A 13b.5 Abs. 4 und A 13b.12 Abs. 2 AEErbSt 2017.

Betriebsvermögens grundsätzlich für Zwecke der Erbschaft- und Schenkungsteuer begünstigungs**fähig**. Dazu gehören ebenfalls sämtliche Rückstellungen und Verbindlichkeiten, für die es in § 103 BewG (Schulden und sonstige Abzüge) weitere Regelungen gibt. Im Folgenden werden diese passiven Wirtschaftsgüter zusammenfassend als Schulden bezeichnet.

5. Der gemeine Wert des Betriebes oder der Gesellschaft, 2. Schritt

Die Erbschaft- und Schenkungsteuer wird erhoben auf der Grundlage des steuerpflichtigen Erwerbs nach § 10 ErbStG. Die Bewertung ist in § 12 ErbStG geregelt, der wiederum auf das Bewertungsgesetz verweist. Im Endeffekt richtet sich die Bewertung nach § 11 BewG. Die Ermittlung des dort definierten gemeinen Wertes erfolgt unter Umständen mithilfe des vereinfachten Ertragswertverfahrens nach den §§ 199 ff. BewG.[1] Über § 157 Abs. 5 BewG gilt dies auch für die Bewertung von Betriebsvermögen.   1920

Der gemeine Wert eines Betriebes oder einer Gesellschaft ist damit regelmäßig, wie unter Rn. 1914 definiert, ein „umfassender Wert". Ausnahmen stellen die Fälle dar, in denen ein Substanzwert nach § 11 Abs. 2 Satz 3 BewG zu ermitteln ist, und in Fällen von land- und forstwirtschaftlichem Vermögen, dort gilt § 157 Abs. 2 BewG in Verbindung mit §§ 162 ff. BewG. Diese Besonderheiten werden hier jedoch nicht im Einzelnen behandelt.   1921

6. Die Isolierung des Verwaltungsvermögens und die mit ihm verrechenbaren Schulden aus dem begünstigungsfähigen Betriebsvermögen, 3. Schritt

Nun wird es notwendig, sich von der Ebene der „umfassenden Werte" auf die Ebene der Einzelvermögensgegenstände zu begeben. Denn § 13b Abs. 4 ErbStG definiert das steuerpflichtige Verwaltungsvermögen, das im umfassenden gemeinen Wert des Betriebes oder der Gesellschaft (Unternehmenswert) mit enthalten ist, gegenständlich.   1922

---

1 Dabei wird der zukünftig nachhaltig erzielbare Jahresertrag lt. §§ 201 und 202 BewG mit dem Kapitalisierungsfaktor nach § 203 BewG multipliziert. Nach § 200 Abs. 2 bis 4 BewG werden allerdings „nicht betriebsnotwendiges Betriebsvermögen", Beteiligungen und Wirtschaftsgüter sowie die mit diesen in wirtschaftlichem Zusammenhang stehenden Schulden mit dem eigenständig zu ermittelnden gemeinen Wert angesetzt. Der vereinfachte Ertragswert kann sich daher aus einem Ertragswert und weiteren Einzelwerten zusammensetzen. Zu der Veränderung des Kapitalisierungsfaktors vgl. Rn. 1881.

Derjenige, der sich mit Bilanzierung beschäftigt, denkt gerne im Schema einer Bilanz, in der die Summe der Aktiva der Summe der Passiva entspricht. Wurde der gemeine Wert eines Betriebes oder einer Gesellschaft zum Beispiel im Ertragswertverfahren ermittelt, muss man sich nun wegen des Verwaltungsvermögens auf die Ebene der Einzelvermögensgegenstände begeben. Somit ist es naheliegend, eine Vermögensaufstellung in Form einer Bilanz zu erstellen. In dieser Vermögensaufstellung werden jedoch nicht die Werte der Handels- oder Steuerbilanz verwendet, sondern die erbschaftsteuerlichen Werte gemäß § 12 ErbStG.

7. Zahlenbeispiel in Form einer Vermögensaufstellung für die Schuldenverrechnung[1]

1923   Für die Darstellung der Vorschriften der Schuldenverrechnung wird von folgendem Zahlenbeispiel ausgegangen:

Vermögensaufstellung der A-KG/GmbH

in GE

(Angaben des stl. gemeinen Wertes)

Grundstücke (fremdvermietet)		3.150	gemeiner Wert des Betriebsvermögens (ggf. Ertragswert etc.)	6.250
davon angeschafft vor 1 Jahr (junges VwV)	500			
davon angeschafft vor 4-15 Jahren	2.000			
davon Deckungsvermögen § 246 II S 2 HGB	650		PensionsRS	1.250
Grundstücke (eigengenutzt)		2.500		
techn.. Anlagen und BGA (begünstigtes Vermögen)		3.400	Verbindlichkeiten	4.275
Wertpapiere d. AV (Altersvorsorge § 253 I S 3 HGB)		350		
Vorräte		625		
Forderungen		1.500		
Bankguthaben (junge Finanzmittel)		250		
(1. Schritt)		11.775		11.775

---

1 In Anlehnung an Pach-Hanssenheimb, WPg 2017 S. 471 ff. und das zusammenfassende Beispiel zur Ermittlung des begünstigten Vermögens bei IDW, Neuregelung der Erbschaftsteuer, Düsseldorf 2017, S. 134.

Zusätzliche Sachverhaltsangaben:

▶ Die Voraussetzungen für die Anwendung der Reinvestitionsklausel nach § 13b Abs. 5 ErbStG (vgl. Rn. 1905 sind nicht erfüllt.

▶ Bei den ausgewiesenen Schulden handelt es sich weder um „wirtschaftlich nicht belastende Schulden" oder Schulden, die den durchschnittlichen Schuldenstand der letzten drei Jahre vor dem Zeitpunkt der Entstehung der Steuer übersteigen (vgl. Rn. 1912). § 13b Abs. 8 Satz 2 ErbStG ist daher nicht anwendbar.

▶ Die Vorschriften der Lohnsummenregelung nach § 13a Abs. 3 ErbStG wird die A-KG/GmbH und damit die Familienstiftung in Zukunft einhalten.

▶ Ebenso wird sie die Behaltensvorschriften des § 13a Abs. 5 ErbStG einhalten.

In einer Handelsbilanz wird auf der rechten Seite, der Passivseite, oben an 1. Stelle das Eigenkapital ausgewiesen. In dieser Vermögensaufstellung wird an dieser Stelle der Unternehmenswert angegeben, das Gesetz spricht vom gemeinen Wert des Betriebsvermögens.   **1924**

In der Handelsbilanz ist das Eigenkapital inklusive des Jahresüberschusses oder des Jahresfehlbetrages das Ergebnis der Bewertungen und Berechnungen, die für die Erstellung der Bilanz durchzuführen sind. In der hier vorliegenden Vermögensaufstellung jedoch ist der Unternehmenswert der Ausgangspunkt für die Berechnung verschiedener weiterer Größen.

Wie in Rn. 1917 dargestellt, sind nach dem 2. Schritt, in dem der Unternehmenswert, sprich der Steuerwert des begünstigungsfähigen Vermögens ermittelt wird, im 3. Schritt die gemeinen Werte des steuerpflichtigen Verwaltungsvermögens im Sinne des § 13b Abs. 4 ErbStG zu bestimmen und zwar für jeden einzelnen Vermögensgegenstand. (In den Tabellen wird Verwaltungsvermögen gegebenenfalls mit VwV abgekürzt.)   **1925**

Bei der weiteren Errichtung der Vermögensaufstellung müssen in der Regel keine großen Bewertungen mehr vorgenommen werden. Die Schulden, die in der Regel in der Handelsbilanz als Rückstellungen und Verbindlichkeiten erscheinen, können mit ihren handels- bzw. steuerbilanziellen Werten angesetzt werden.[1] Das gilt ebenfalls für die begünstigten Vermögensgegenstände auf der linken Seite der Vermögensaufstellung (der Aktivseite). Vor allem die nominalen Größen, wie Bankguthaben und Forderungen, können nicht anders als in   **1926**

---

[1] Vgl. R B 103.1 ff. ErbStR, Wälzholz in Viskorf/Knobel/Schuck/Wälzholz, ErbStG 2012, § 103 BewG Rn. 21.

der Handelsbilanz bewertet werden. Für die restlichen begünstigten Vermögensgegenstände, wie zum Beispiel im Betrieb genutzte Grundstücke, Maschinen etc. genügt es, sie mit dem verbleibenden Wert anzusetzen. Dieser verbleibende Wert errechnet sich aus dem Unternehmenswert zuzüglich der Schulden und abzüglich der festgestellten Werte des Verwaltungsvermögens. Wie der verbleibende Wert auf diese begünstigten Vermögensgegenstände verteilt wird, ist für die Berechnung der Erbschaft- und Schenkungsteuer irrelevant.[1]

1927   In der obigen Vermögensaufstellung können die folgenden Vermögensgegenstände als Verwaltungsvermögen identifiziert werden:[2]

1. Die fremdvermieteten Grundstücke, die vor einem Jahr angeschafft wurden, stellen junges Verwaltungsvermögen dar, § 13b Abs. 4 Nr. 1 i.V.m. Abs. 7 Satz 2 ErbStG.[3]

2. Die fremdvermieteten Grundstücke, die dem Deckungsvermögen im Sinne des § 246 Abs. 2 Satz 2 HGB zuzuordnen sind, § 13b Abs. 4 Nr. 1 ErbStG.

3. Die restlichen Grundstücke, die fremdvermietet sind, § 13b Abs. 4 Nr. 1 Satz 1 ErbStG).

4. Die Wertpapiere des Anlagevermögens, die gemäß § 253 Abs. 1 Satz 3 HGB der Altersvorsorge zuzuordnen sind, § 13b Abs. 4 Nr. 4 ErbStG[4].

5. Die Forderungen, die Finanzmittel i.S.d. § 13b Abs. 4 Nr. 5 ErbStG darstellen.[5]

6. Die Bankguthaben, die junge Finanzmittel i.S.d. § 13b Abs. 4 Nr. 5 Satz 2 ErbStG sind.[6]

Die Addition der gemeinen Werte dieser Vermögensgegenstände des Verwaltungsvermögens ergibt 5.250 GE.

gemeiner Wert des Verwaltungsvermögens vor Verrechnung

fremdvermietete Grundstücke, angeschafft vor 1 Jahr (junges Verwaltungsvermögen)   500

---

1 Pach-Hanssenheimb, WPg 2017 S. 471 (475).

2 Gem. § 13b Abs. 10 ErbStG werden gesondert festgestellt die Werte: der Finanzmittel, der jungen Finanzmittel, des Verwaltungsvermögens und die Schulden, vgl. auch A 13b.30 AEErbSt 2017.

3 Vgl. R 13b.19 Abs. 1 ErbStR.

4 Vgl. R und H 13b.17 ErbStR.

5 Vgl. Nr. 2. Gleichlautende Ländererlasse v. 10. 10. 2013, BStBl 2013 I S. 1272.

6 Vgl. Nr. 2.1, Gleichlautende Ländererlasse v. 10. 10. 2013, BStBl 2013 I S. 1272; zu jungen Finanzmitteln generell vgl. Rn. 1908.

fremdvermietete Grundstücke Deckungsvermögen	650
fremdvermietete Grundstücke, angeschafft vor 4 -15 Jahren	2.000
WP des AV, die Altersversorgung dienen	350
Forderungen (Finanzmittel)	1.500
Bankguthaben (junge Finanzmittel)	250
gemeiner Wert des Verwaltungsvermögens vor Verrechnung Abs. 3 u. 4	5.250

Das begünstigte Vermögen in dieser Vermögensaufstellung sind die folgenden   1928
Posten, deren Werte sich auf 6.525 GE addieren.

Wert des begünstigten Vermögens vor Schuldenverrechnung

Grundstücke (eigengenutzt)	2.500
techn. Anlagen und BGA (begünstigtes Vermögen)	3.400
Vorräte (begünstigtes Vermögen)	625
	6.525

An dieser Stelle kann schnell geprüft werden, ob die A-KG/GmbH den   1929
90 %-Verwaltungsvermögenstest nach § 13b Abs. 2 Satz 2 ErbStG besteht, um
überhaupt für eine Verschonung infrage zu kommen, vgl. Rn. 1897. Hierzu ist
der soeben ermittelte gemeine Wert des Verwaltungsvermögens vor Verrechnungen nach § 13b Abs. 3 und 4 ErbStG in Höhe von 5.250 GE ins Verhältnis
zum Unternehmenswert (Wert des begünstigungsfähigen Vermögens, vgl.
Rn. 1862) in Höhe von 6.250 GE zu setzen. Es errechnet sich eine Quote von
84 %. Diese liegt unter der Grenze von 90 %, sodass die A-KG/GmbH von den
Verschonungsregeln nach § 13a Abs. 1 Satz 1 und (theoretisch) Abs. 10 Satz 1
Nr. 1 ErbStG profitieren kann.[1]

---

1 Bei der A-KG/GmbH werden die Schulden aus Altersversorgungsverpflichtungen nicht durch
  Treuhandverhältnisse abgesichert. Daher kommt bei der Überprüfung der 90 %-Quote ein Ausscheiden des der Sicherung von Altersversorgungsverpflichtungen dienende Verwaltungsvermögen nicht in Betracht, vgl. § 13b Abs. 2 Satz 2 ErbStG. Vgl. jedoch A 13b.10 AEErbSt 2017.

8. Die Ermittlung der beim Verwaltungsvermögen abzuziehenden Schulden (sogenannte Schuldenverrechnung), 4. Schritt

1930 Da laut Sachverhalt keine wirtschaftlich nicht belastenden Schulden vorliegen und ebensowenig Schulden, die den durchschnittlichen Schuldenstand der letzten drei Jahre vor dem Zeitpunkt der Entstehung der Steuer übersteigen, gegeben sind, muss an dieser Stelle nicht auf § 13b Abs. 8 Satz 2 ErbStG eingegangen werden, der eine Verrechnung derartiger Schulden mit Verwaltungsvermögen untersagt. Die hier notwendigen Prüf- und Rechenschritte können daher übersprungen werden.[1]

1931 Bei der Schuldenverrechnung ist die in § 13b Abs. 6 ErbStG vorgesehene Reihenfolge einzuhalten. Als erstes hat die Schuldenverrechnung im Bereich der Altersversorgung zu erfolgen.

Altersversorgung, § 13b Abs. 3 ErbStG[2]

Grundstücke die Deckungsvermögen darstellen	650
Wertpapiere des Anlagevermögens (Altersvorsorge § 253 Abs. 1 Satz 3 HGB)	350
	1.000
Verrechnung Altersversorgungsverbindlichkeiten	-1.250
negativer Saldo Verrechnung Altersversorgung	-250

Die durchgeführte Verrechnung[3] hat zur Folge, dass die entsprechenden Wirtschaftsgüter der Altersversorgung nicht mehr zum Verwaltungsvermögen zählen, § 13b Abs. 3 Satz 1 ErbStG. Laut Gesetzestext können mittels der Einlage von Finanzmitteln zur Absicherung von Altersversorgungsverpflichtungen daher keine jungen Finanzmittel entstehen.[4] Dieser Gestaltung ist die Finanzverwaltung im koordinierten Ländererlass jedoch entgegengetreten.[5]

---

1 Vgl. zu im Einzelnen IDW, Neuregelung der Erbschaftsteuer, Düsseldorf 2017, Rn. 125 und S. 134 ff.

2 Vgl. IDW, Neuregelung der Erbschaftsteuer, Düsseldorf 2017, Rn. 92 ff.

3 In A 13b.11 Abs. 4 AEErbSt 2017 legt die Finanzverwaltung folgende Verrechnungsreihenfolge fest: Junges Verwaltungsvermögen, Verwaltungsvermögen, Finanzmittel.

4 Zumindest bei einer Einlage bis zur Höhe der zuvor nicht ausgenutzten Schulden aus Altersversorgung, vgl. Viskorf/Löcherbach/Jehle, DStR 2016 S. 2425 (2428).

5 Vgl. A 13b.11 Abs. 2 Satz 3 AEErbSt 2017.

Die Schulden im Zusammenhang mit der Altersversorgung liegen in Form der Pensionsrückstellungen in Höhe von 1.250 GE vor. Das dazugehörige Deckungsvermögen besteht aus Grundstücken und Wertpapieren des Anlagevermögens und hat einen Wert von 1.000 GE. Es errechnet sich daher ein negativer Saldo aus Altersversorgung von -250 GE, der bei der Verrechnung mit dem übrigen Verwaltungsvermögen gemäß § 13b Abs. 4 ErbStG angesetzt werden kann[1].

Die zweite und letzte spezifische Schuldenverrechnung mit Verwaltungsvermögen ist nach § 13b Abs. 4 Nr. 5 ErbStG bei den Finanzmitteln möglich.[2] Wegen § 13b Abs. 8 Satz 1 ErbStG ist allerdings eine Saldierung der Schulden mit jungen Finanzmitteln[3] nicht zulässig. 1932

Finanzmittel, die keine jungen Finanzmittel darstellen, sind in der Vermögensaufstellung des Beispiels lediglich in Gestalt der Forderungen in Höhe von 1.500 GE enthalten. Mit diesen wird zuerst der negative Saldo aus der Verrechnung bei der Altersversorgung verrechnet. Anschließend werden die übrigen Schulden abgezogen.

Ein vollständiger Abzug der Verbindlichkeiten in Höhe von 4.275 GE ist nicht möglich, da die verrechnungsfähigen Finanzmittel bereits nach dem Abzug von 1.250 GE den Wert von 0 GE erreichen.

Finanzmittel ohne junge Finanzmittel § 13b Abs. 4 Nr. 5 ErbStG

Forderungen (Finanzmittel)	1.500
neg. Saldo Altersversorg Abs. 3	-250
Zwischensumme	1.250
Verrechnung Verbindlichkeiten bis 0	-1.250

---

1 Vgl. § 13b Abs. 3 Satz 2 ErbStG im Umkehrschluss.

2 Vgl. § 13b Abs. 4 Nr. 5 Satz 1, 1. Halbsatz ErbStG.

3 Hinweis: Diese sind der Saldo aus entnommenen und eingelegten Finanzmitteln. Finanzmittel, die durch den Verkauf von Produkten und Dienstleistungen entstehen, stellen also keine jungen Finanzmittel dar. Werden jedoch mit diesen Finanzmitteln Wertpapiere angeschafft, sind diese nach Auffassung der Finanzverwaltung sehr wohl junges Verwaltungsvermögen, vgl. A 13b.27 Satz 2 AEErbSt 2017, so bereits R E 13b.19 Abs. 1 ErbStR. Kritisch z. B. Viskorf in: Viskorf/Knobel/Schuck/Wälzholz, ErbStG 2012, § 13b Rn. 284 ff. Zu den Finanzmitteln gehören auch stille Beteiligungen, vgl. A 13b.23 Abs. 2 letzter Spiegelstrich AEErbSt 2017.

Kein Finanzmittel-Freibetrag

1933 Diese vollständige Verrechnung der Finanzmittel, die keine jungen Finanzmittel darstellen, hat zur Folge, dass der 15 %ige Finanzmittel-Freibetrag nicht zur Anwendung kommen kann. Diesen regelt § 13b Abs. 4 Nr. 5 ErbStG, nach dem Finanzmittel nur insoweit Verwaltungsvermögen darstellen, als sie, nach Abzug des gemeinen Wertes der Schulden, 15 % des anzusetzenden Wertes des Betriebsvermögens des Betriebes oder der Gesellschaft übersteigen.[1]

1934 Alle nach dieser zweiten Verrechnung verbleibenden Schulden sind nach § 13b Abs. 6 ErbStG auf das verbliebene Verwaltungsvermögen und das begünstigte Vermögen aufzuteilen.[2] Dazu ist zunächst zu ermitteln, welche Schulden nach den Verrechnungen gem. § 13b Abs. 3 und 4 entsprechend der Quote lt. § 13b Abs. 6 ErbStG zu verteilen sind. Die Schulden belaufen sich nach der Vermögensaufstellung im Beispiel insgesamt auf 5.525 GE (= 1.250 + 4.275). Nach § 13b Abs. 3 ErbStG konnten 1.000 GE und nach § 13b Abs. 4 Nr. 5 ErbStG 250 GE bzw. 1.250 GE verrechnet werden. Somit stehen Schulden in Höhe von 3.025 GE zur weiteren Verteilung auf das verbliebene Verwaltungsvermögen und das begünstigte Vermögen.

Schulden zu verteilen nach Quote, § 13b Abs. 6 ErbStG

Pensionsrückstellungen	1.250
Verbindlichkeiten	4.275
Schulden	5.525
nach § 13b Abs. 3 verrechnete Schulden	-1.000
negativer Saldo Altersversorgung Verrechnung Nr. 5	-250
nach § 13b Abs. 4 Nr. 5 verrechnete Schulden	-1.250
nach Quote zu verteilende Schulden	3.025

---

1 Die Begünstigungsfähigkeit im Umfang von 15 % wird nur gewährt, falls das begünstigungsfähige Vermögen des Betriebs oder der nachgeordneten Gesellschaften nach seinem „Hauptzweck" einer Tätigkeit im Sinne des § 13 Abs. 1, des § 15 Abs. 1 Satz 1 Nr. 1, § 18 Abs. 1 Nr. 1 und 2 des EStG dient (§ 13b Abs. 4 Nr. 5 Satz 4 ErbStG); vgl. z. B. auch Bäuml, NWB 2016 S. 3516 (3520); Viskorf/Löcherbach/Jehle, DStR 2016 S. 2425 (2427).

2 Die verbliebenen Schulden dürfen nur anteilig mit dem verbliebenen Verwaltungsvermögen verrechnet werden, weil denklogisch die verbliebenen Schulden sowohl der Finanzierung des Verwaltungsvermögens als auch des begünstigten Vermögens/ der begünstigten Wirtschaftsgüter dienen. Auf den wirtschaftlichen Zusammenhang zwischen den Schulden zu bestimmten Vermögensgegenständen kommt es nicht an, vgl. auch Korezkij, DStR 2016 S. 2434 (2444).

Um nun zu bestimmen, welcher Teil dieser zu verteilenden Schulden vom gemeinen Wert des Verwaltungsvermögens abgezogen werden kann, müssen zwei Größen ermittelt werden. Dies sind der gemeine Wert des (verbliebenen) Verwaltungsvermögens sowie der „gemeine Wert des Betriebsvermögens des Betriebes oder der Gesellschaft zuzüglich der nach Anwendung der Abs. 3 und 4 verbleibenden Schulden".

1935

Nach den bereits vorgenommenen Verrechnungen ermittelt sich der gemeine Wert des Verwaltungsvermögens wie folgt mit 2.750 GE:[1]

1936

gemeiner Wert des Verwaltungsvermögens § 13b Abs. 6

(nach Verrechnung lt. § 13b Abs. 3 und 4)

fremdvermietete Grundstücke, angeschafft vor 1 Jahr (junges Verwaltungsvermögen)	500
fremdvermietete Grundstücke Deckungsvermögen	650
fremdvermietete Grundstücke, angeschafft vor 4 -15 Jahren	2.000
WP des AV, die Altersversorgung dienen	350
Forderungen (Finanzmittel)	1.500
Bankguthaben (junge Finanzmittel)	250
gemeiner Wert des Verwaltungsvermögens vor Verrechnung Abs. 3 u 4	5.250
Verrechnung nach § 13b Abs. 3	-1.000
Verrechnung nach § 13b Abs. 4	-1.500
gemeiner Wert des Verwaltungsvermögens für Quotenberechnung	2.750

Zur Ermittlung des Nettowertes des Verwaltungsvermögens nach § 13b Abs. 6 ErbStG kommt die Finanzverwaltung im koordinierten Ländererlass vom 22. 6. 2017 zu einem etwas anderen Ergebnis.[2] Da in dem, im Beispiel verwendeten, festgestellten Wert des Verwaltungsvermögens die Finanzmittel nicht enthalten sind, wird nur der nach Schuldenverrechnung verbleibende Wert der Finanzmittel hinzugerechnet, der im Beispiel jedoch nach Schuldenverrechnung 0,00 beträgt. Damit werden im Beispiel des Erlasses die jungen Finanzmittel nicht im Zähler bei der Quotenberechnung berücksichtigt.[3] Außerdem

---

1 Da nur allgemein von „Verwaltungsvermögen" die Rede ist, muss dieses auch die „jungen Finanzmittel" und das „junge Verwaltungsvermögen" umfassen, vgl. auch Viskorf/Löcherbach/Jehle, DStR 2016 S. 2425 (2426).

2 Vgl. hierzu und zum Folgenden A 13b.9 Abs. 2, H 13b.9 Bsp. 1, II.3 AEErbSt 2017.

3 Vgl. auch A 13b.23 Abs. 3 Satz 6 AEErbSt 2017.

wird der festgestellte Wert des jungen Verwaltungsvermögens abgezogen, da dieser noch in der Ausgangsgröße im Beispiel des Erlasses enthalten ist.[1] Die Finanzverwaltung verwendet also einen „Saldo des Verwaltungsvermögens" ohne junge Finanzmittel und ohne junges Verwaltungsvermögen. Bei dem 90 %-Test nach § 13b Abs. 2 Satz 2 ErbStG, bei dem geprüft wird, ob überhaupt eine Verschonung Anwendung finden kann, bezieht die Finanzverwaltung die jungen Finanzmittel und das junge Verwaltungsvermögen jedoch sehr wohl mit in das Verwaltungsvermögen ein.[2]

Als „gemeiner Wert des Betriebsvermögens des Betriebes oder der Gesellschaft zuzüglich der nach Anwendung der Abs. 3 und 4 verbleibenden Schulden" errechnet sich ein Betrag von 9.275 GE.

gemeiner Wert des Betriebsvermögens zzgl. verbleibende Schulden

lt. § 13b Abs. 6 Satz 2

gemeiner Wert des Betriebsvermögens	6.250
verbleibende Schulden	3.025
	9.275

1937 Zur Bestimmung der anteiligen beim Verwaltungsvermögen abziehbaren Schulden gemäß § 13b Abs. 6 Satz 2 ErbStG müssen nun diese beiden Beträge zueinander in Beziehung gesetzt werden. Es ergibt sich eine Quote von 29,65 % (= 2.750 / 9.275). Nach dem koordinierten Ländererlass errechnet sich jedoch nur eine Quote von 21,56 % (= 2.000/9.275).

Wendet man diesen Prozentsatz auf die oben mit 3.025 GE ermittelten zu verteilenden Schulden an, so dürfen vom Verwaltungsvermögen noch Schulden in Höhe von 896 GE abgezogen werden. Laut koordiniertem Ländererlass dürfen nur 652 GE abgezogen werden.

1938 Nun kann der Nettowert des Verwaltungsvermögens ermittelt werden, § 13b Abs. 6 Satz 1 ErbStG. Er errechnet sich mit 1.854 GE. Laut koordiniertem Ländererlass errechnen sich 1.348 GE.

---

1 Vgl. auch A 13b.25 Satz 4 AEErbSt 2017. In der Literatur wird zu Recht ausgeführt, dass sich die Nichtberücksichtigung der jungen Finanzmittel und des jungen Verwaltungsvermögens nicht aus dem Gesetz ergibt, vgl. Korezkij, DStR 2017, 1729 (Nr. 4.4).

2 Vgl. A 13b.10 AEErbSt 2017, vgl. auch Rn. 1898.

Nettowert Verwaltungsvermögen § 13b Abs. 6 Satz 1

gemeiner Wert des Verwaltungsvermögens	2.750
Schulden beim Verwaltungsvermögen abziehbar	-896
Nettowert Verwaltungsvermögen vor Berücksichtigung Abs. 7	1.854

Im Anschluss an diesen Rechenschritt muss die Vorschrift des § 13b Abs. 8 Satz 3 ErbStG beachtet werden. Nach dieser ist als Nettowert des Verwaltungsvermögens mindestens der gemeine Wert des jungen Verwaltungsvermögens und der jungen Finanzmittel anzusetzen. {1939}

Netto-Verwaltungsvermögen, mindestens junge Finanzmittel und junges Verwaltungsvermögen § 13b Abs. 8 Satz 3

Grundstücke angeschafft vor einem Jahr	500
junge Finanzmittel	250
Nettowert des Verwaltungsvermögens lt. § 13b Abs. 8 Satz 3 mindestens	750

Der oben errechnete gemeine Wert des Betriebsvermögens belief sich einschließlich der jungen Finanzmittel und des jungen Verwaltungsvermögens auf 5.250 GE. Nach der Schuldenverrechnung entsprechend den Abs. 3 und 4 des § 13b ErbStG verblieb ein Wert von 2.750 GE, von dem nach Abs. 6 weitere Schulden in Höhe von 896 GE abzuziehen waren. Es verblieb somit ein Nettowert des Verwaltungsvermögens von 1.854 GE. Dieser übersteigt den Mindestbetrag des Verwaltungsvermögens nach § 13b Abs. 8 Satz 3 ErbStG in Höhe von 750 GE. Als Nettowert des Verwaltungsvermögens sind daher 1.854 GE anzusetzen. Laut koordiniertem Ländererlass sind es inkl. der jungen Finanzmittel und des jungen Verwaltungsvermögens 2.098 GE. {1940}

9. Die Ermittlung des unschädlichen Verwaltungsvermögens (auch Unschädlichkeitsbetrages), § 13b Abs. 7 ErbStG, 5. Schritt

Das steuerpflichtige Verwaltungsvermögen kann schließlich noch um das sogenannte „unschädliche Verwaltungsvermögen" gekürzt werden. Dies ist dasjenige Verwaltungsvermögen, das nicht mit Schulden verrechnet werden konnte, aber dennoch in die Begünstigung durch die Verschonung mit einbezogen wird. Laut Gesetzesbegründung benötigt nahezu jeder Betrieb zur Gewährleistung seiner unternehmerischen Unabhängigkeit und seines wirt- {1941} schaftlichen Geschäftsbetriebs einen gewissen Umfang an Vermögen, das nicht unmittelbar dem Hauptzweck des Betriebs dient[1] und daher grundsätzlich von der Definition des Verwaltungsvermögens erfasst wird. Aus diesem Grund hat der Gesetzgeber bestimmt, dass abhängig vom Wert des begünstigen Betriebsvermögens eigentlich steuerpflichtiges Verwaltungsvermögen dennoch in gewissem Maße mit in die Verschonung einbezogen wird. Dieser sogenannte Unschädlichkeitsbetrag errechnet sich als 10 % „[...] des um den Nettowert des Verwaltungsvermögens gekürzten gemeinen Werts des Betriebsvermögens".

1942 Das unschädliche Verwaltungsvermögen errechnet sich mit 439 GE.

unschädliches Verwaltungsvermögen, § 13b Abs. 7 (10 %)

(5. Schritt)

gem. Wert des Betriebsvermögens	6.250
Nettowert Verwaltungsvermögen nach § 13b Abs. 6 u. 8	-1.854
Betriebsvermögen ohne Netto-Verwaltungsvermögen	4.396
Unschädlichkeitsbetrag davon 10 %	439

Laut koordiniertem Ländererlass beläuft sich das unschädliche Verwaltungsvermögen lediglich auf 415 GE.

10. Die Ermittlung des steuerpflichtigen Verwaltungsvermögens, 5. Schritt

1943 Nach Abzug des unschädlichen Verwaltungsvermögens vom Nettowert des Verwaltungsvermögens erhält man das steuerpflichtige Verwaltungsvermögen.[2] Es beträgt im Beispielsfall 1.415 GE.

steuerpflichtiges Verwaltungsvermögen

Nettowert Verwaltungsvermögen nach § 13b Abs. 6 u. 8	1.854
Unschädlichkeitsbetrag nach § 13b Abs. 7	-439
steuerpflichtiges Verwaltungsvermögen	1.415

---

1 Vgl. Gesetzesbegründung Gesetzentwurf der Bundesregierung (BT-Drucks. 18/5923 Zu Abs. 6, Zu Satz 1) und Gesetzesbegründung Beschlussempfehlung und Bericht des Finanzausschusses (BT-Drucks. 18/8911 Zu Abs. 7, IDW, Neuregelung der Erbschaftsteuer, Düsseldorf 2017, S. 78 f.).

2 Für das es keine Verschonung und Stundung gibt, vgl. z. B. Holtz, NJW 2016 S. 3750 (3753).

Laut koordiniertem Ländererlass errechnet sich das steuerpflichtige Verwaltungsvermögen mit 1.683 GE, das sind 268 GE oder 18,94 % mehr.

11. Die Ermittlung des begünstigten (Betriebs-)Vermögens, 6. Schritt

Nach diesen umfangreichen Vorarbeiten kann das nach § 13b Abs. 2 ErbStG begünstigte Vermögen ermittelt werden. Dieses ist „das begünstigungsfähige Vermögen [...], soweit sein gemeiner Wert den um das unschädliche Verwaltungsvermögen [...] gekürzten Nettowert des Verwaltungsvermögens [...] übersteigt." Im Beispielsfall errechnet es sich mit 4.835 GE.   1944

begünstigtes Vermögen, § 13b Abs. 2 Satz 1

begünstigungsfähiges Vermögen	6.250
Nettowert Verwaltungsvermögen nach § 13b Abs. 6 u. 8	-1.854
./. Unschädlichkeitsbetrag § 13b Abs. 7	439
begünstigtes Vermögen	4.835

Laut koordiniertem Ländererlass beläuft sich das begünstigte Vermögen nur auf 4.567 GE. Mit diesem Wert kann berechnet werden, wie sich im Fall der A-KG/GmbH das begünstigungsfähige Vermögen auf das begünstigte Vermögen und das steuerpflichtige Verwaltungsvermögen verteilt. In den Spalten „lt. Gesetz" findet sich das Ergebnis, wie es sich nach Ansicht des Autors aus dem Gesetz ergibt. In den Spalten „koordinierter Erlass" findet sich das Ergebnis, das sich bei Anwendung des Erlasses ergibt.   1945

	lt. Gesetz		koord. Erlass	
begünstigtes Vermögen	4.835	77,36%	4.567	73,07%
steuerpflichtiges Verwaltungs-vermögen	1.415	22,64%	1.683	26,93%
begünstigungsfähiges Vermögen	6.250	100,00%	6.250	100,00%

12. Prüfung, ob eine Vollverschonung nach § 13a Abs. 10 ErbStG möglich ist (vgl. 9.4.)

Weil das steuerpflichtige Verwaltungsvermögen bereits mehr als 20 % des begünstigungsfähigen Vermögens ausmacht, kann die 100 %ige Optionsverschonung nach § 13b Abs. 10 ErbStG sicherlich nicht gewählt werden.   1946

An dieser Stelle ist jedoch darauf hinzuweisen, dass bei der Prüfung bzgl. der Vollverschonung **nicht** das soeben festgestellte „steuerpflichtige Verwaltungsvermögen" entscheidend ist, sondern die „Summe der gemeinen Werte der Einzelwirtschaftsgüter des Verwaltungsvermögens nach § 13b Abs. 3 und 4 ErbStG...", § 13a Abs. 1 Satz 2 ErbStG, vgl. Rn. 1904. Dieser Wert ist hier auch nach Erlass inkl. der jungen Finanzmittel und des jungen Verwaltungsvermögens.[1]

1947 Wegen der dortigen Bezugnahme auf den Abs. 3 werden die Einzelwirtschaftsgüter, die Altersversorgungsverpflichtungen rückdecken, auch falls diese nicht durch Treuhandverhältnisse abgesichert sein sollten, aus dem anzusetzenden Verwaltungsvermögen ausgesondert (dies ist anders als beim 90 % Verwaltungsvermögenstest nach § 13b Abs. 2 Satz 2 ErbStG, vgl. Rn. 1897). Außerdem verweist die Vorschrift auch auf den Abs. 4. Daher werden für die Prüfung, ob die Vollverschonung möglich ist, neben den jungen Finanzmitteln nur die Finanzmittel als Verwaltungsvermögen erfasst, die nach der Verrechnung mit verbliebenen Schulden den 15 %igen Freibetrag der Vorschrift[2] übersteigen. Eine Verrechnung des Verwaltungsvermögens mit Schulden nach den Absätzen 5 bis 7 erfolgt jedoch nicht.[3]

gemeiner Wert des Verwaltungsvermögens für 20 % Test Vollverschonung

fremdvermietete Grundstücke, angeschafft vor 1 Jahr (junges Verwaltungsvermögen)	500
fremdvermietete Grundstücke, angeschafft vor 4 - 15 Jahren	2.000
fremdvermietete Grundstücke Deckungsvermögen	650
WP des AV, die Altersversorgung dienen	350
Forderungen (Finanzmittel)	1.500
Bankguthaben (junge Finanzmittel)	250
gemeiner Wert des Verwaltungsvermögens vor Verrechnung Abs. 3 u. 4	5.250

---

1 Vgl. A 13a.20 Abs. 3, H 13a.20 AEErbSt 2017.
2 15 % bezogen auf den Unternehmenswert = Wert des Betriebsvermögens der Betriebes oder der Gesellschaft (vgl. Rn. 1862). Voraussetzung für den 15 %-Freibetrag ist, dass das begünstigungsfähige Vermögen des Betriebes oder der nachgeordneten Gesellschaften nach seinem Hauptzweck einer Tätigkeit im Sinne des § 13 Abs. 1, des § 15 Abs. 1 Satz 1 Nr. 1, § 18 Abs. 1 Nr. 1 und 2 EStG dient, vgl. § 13b Abs. 4 Nr. 5 Satz 4 ErbStG.
3 Vgl. auch Pach-Hanssenheimb, WPg 2017 S. 471 (477); Hannes, ZEV 2016 S. 554 (559).

Verrechnung nach § 13b Abs. 3	-1.000
Verrechnung nach § 13b Abs. 4	-1.500
gemeiner Wert des Verwaltungsvermögens § 13a Abs. 10	2.750
Die Verwaltungsvermögensquote ermittelt sich somit mit 44 %!	

1948

Verwaltungsvermögensquote nach § 13a Abs. 10 (Optionsverschonung)

gemeiner Wert des Betriebes	6.250
gemeiner Wert des Verwaltungsvermögens § 13a Abs. 10	2.750
Verwaltungsvermögensquote	44,00 %

Diese Quote liegt über 20 %. Eine Vollverschonung ist damit nicht möglich.

13. Ermittlung des steuerpflichtigen Betriebsvermögens im Rahmen der Regelverschonung nach § 13b Abs. 1 ErbStG

Zwar kann die 100 %-Verschonung nicht beantragt werden, da aber die A-KG/ GmbH den 90 % Verwaltungsvermögenstest bestanden hat (vgl. Rn. 1929), kommt automatisch die 85 %-Verschonung nach § 13a Abs. 1 ErbStG zur Anwendung. Der Steuer unterliegt damit ein Betriebsvermögen i. H.v. 2.141 GE bzw. laut koordiniertem Ländererlass i. H.v. 2.368 GE. Dieser Betrag setzt sich aus dem Teil des begünstigten Vermögens, der nicht verschont wird, und dem steuerpflichtigen Verwaltungsvermögen zusammen.

1949

		lt. Gesetz	koord. Erlass
begünstigtes Vermögen		4.835	4.567
Verschonung	85,00%	-4.109	-3.882
steuerpflichtiger Teil des begünstigten Vermögens		726	685
steuerpflichtiges Verwaltungs-vermögen		1.415	1.683
der Steuer unterliegendes Betriebsvermögen		2.141	2.368

14. Ermittlung des steuerpflichtigen Betriebsvermögens im Jahre 2015

1950 Vorne in der Übersicht XY (vgl. Rn. 1880) wird berechnet, dass sich das begünstigte Vermögen 2015 der A-KG/GmbH auf 93,97 % des Unternehmenswertes beläuft (die Verwaltungsvermögensquote betrug aber nur 42,23 %, vgl. Rn. 1903). Dem liegen folgende Berechnungen zu Grunde:

Der Unternehmenswert war mit 8.288 GE errechnet worden, wobei der gemeine Wert des Verwaltungsvermögens 5.250 GE beträgt, vgl. Rn. 1880 ff.

1951 Nach § 13b Abs. 2 Nr. 4a ErbStG a. F. zählten die Finanzmittel nur insoweit zum Verwaltungsvermögen, als ihr gemeiner Wert nach Abzug des gemeinen Wertes der Schulden 20 % des Unternehmenswertes überstieg. Da bei der A-KG/GmbH die Schulden die Finanzmittel i. H. v. 1.750 GE deutlich übersteigen, sind die Finanzmittel, die in dem obigen Betrag des Verwaltungsvermögens von 5.250 GE mit enthalten sind, noch abzuziehen. Das maßgebliche Verwaltungsvermögen errechnet sich somit mit 3.500 GE.

gemeiner Wert des Verwaltungsvermögens vor Verrechnung § 13b Abs. 1 Nr. 4a ErbStG a. F.		5.250
./. Verbindlichkeiten maximal in Höhe der Finanzmittel	4.275	-1.750
Verwaltungsvermögen bei 50 %-Grenze § 13b Abs. 1 Satz 1 ErbStG a. F.		3.500

1952 Setzt man diesen Betrag in Bezug zu dem Unternehmenswert von 8.288 GE, errechnet sich eine Verwaltungsvermögensquote von 42,23 %.

Unternehmenswert 2015	8.288
Verwaltungsvermögen bei 50 %-Grenze § 13b Abs. 1 Satz 1 ErbStG alt	3.500
Verwaltungsvermögensquote	42,23 %

1953 Diese liegt unter der zulässigen Quote von 50 % nach § 13b Abs. 2 Satz 1 ErbStG a. F. Die A-KG/GmbH kommt daher in den Genuss der Regelverschonung von 85 %. Die Verschonung erstreckte sich dabei auf das gesamte Betriebsvermögen im Wert von 8.288 GE, inklusive des Verwaltungsvermögens, jedoch mit Ausnahme des jungen Verwaltungsvermögens i. S. d. § 13b Abs. 2 Satz 3 ErbStG a. F., nur in Form der Grundstücke. Die jungen Finanzmittel wurden noch[1] mit den Schulden verrechnet, § 13b Abs. 2 Satz 2 Nr. 4 ErbStG a. F. Das steuerpflichtige Betriebsvermögen errechnet sich daher mit 1.669 GE.

Unternehmenswert 2015		8.288
abzgl. verbliebenes junges Verwaltungsvermögen 2015		-500
begünstigtes Vermögen		7.788
Verschonungsabschlag	85,00 %	-6.619
nicht verschonter Teil des begünstigten Vermögens		1.169
junges Verwaltungsvermögen 2015		500
der Steuer unterliegendes Betriebsvermögen 2015		1.669

Vom Unternehmenswert 2015 wird das junge Verwaltungsvermögen abgezogen, so dass man das begünstigte Vermögen erhält. Von diesem wird der Verschonungsabschlag von 85 % abgezogen. Nun hat man den Teil des begünstigten Vermögens, der der Steuer unterliegt. Zu diesem ist schließlich das stets steuerpflichtige junge Verwaltungsvermögen 2015 hinzuzählen.

1954

Das begünstigungsfähige Vermögen 2015 (Unternehmenswert) teilt sich damit wie folgt auf:

begünstigtes Vermögen 2015	7.788	93,97 %
steuerpflichtiges Verwaltungsvermögen 2015	500	6,03 %
begünstigungsfähiges Vermögen 2015	8.288	100,00 %

Nach dem im Jahre 2015 geltenden Erbschaftsteuergesetz wären bei der A-KG/GmbH 1.669 GE der Erbschaft- oder Schenkungsteuer bzw. der Erbersatzsteuer unterlegen. Nach den Bestimmungen des im Jahr 2017 geltenden Gesetzes sind es hingegen 2.141 GE. Das sind 472 GE oder 28,28 % mehr.

steuerpflichtiges Betriebsvermögen 2017	2.141
steuerpflichtiges Betriebsvermögen 2015	1.669
	472 28,28 %

Bei einer Steuerberechnung anhand des koordinierten Ländererlasses steigt das steuerpflichtige Betriebsvermögen gegenüber 2015 um 699 GE bzw. 41,88 %.

---

1 Nach dem aktuellen Erbschaftsteuergesetz ist das nicht möglich, § 13b Abs. 8 Satz 1 ErbStG; vgl. auch Korezkij, DStR 2016 S. 2434 (2439).

steuerpflichtiges Betriebsvermögen 2017 lt. koord. Erlass   2.368

steuerpflichtiges Betriebsvermögen 2015   1.669

                699   41,88 %

X. Die Auswirkungen der Erbschaftsteuerreform 2016

1955   In der Einleitung zu diesem Kapitel wurde ausgeführt, dass Familienstiftungen, die über Betriebsvermögen, land- und forstwirtschaftliche Betriebe sowie qualifizierte Anteile an Kapitalgesellschaften im Sinne des § 13b Abs. 1 ErbStG verfügen, damit rechnen müssen, dass in der Regel höhere Teile ihres Betriebsvermögens als bisher der Erbersatzsteuer unterliegen werden. Die Berechnungen im Fall der A-KG/GmbH belegen diese Aussage.

1956   Nach der Erbschaftsteuerreform 2016 genügt es nicht mehr, nur die Vollverschonung zu erreichen, sondern es gilt zusätzlich das tatsächlich steuerpflichtige Verwaltungsvermögen gegen Null zu führen bzw. so weit zu reduzieren, dass es durch den Unschädlichkeitsbetrag nach § 13b Abs. 7 ErbStG abgedeckt ist.

1957   Vor allem bei Familienstiftungen, die über begünstigungs**fähiges** Vermögen mit sehr hohem Wert verfügen, wird die Erbersatzsteuer zu einer Herausforderung, da ab einem **begünstigten** Vermögen im Wert ab 26 Mio. € die Verschonung abgeschmolzen wird und ab einem Wert von 90 Mio. € vollkommen entfällt.

In einem solchen Fall wäre zu klären, ob die Gesellschaften, an denen die Familienstiftung beteiligt ist, die Voraussetzungen für den bis zu 30 %igen Vorababschlag nach § 13a Abs. 9 ErbStG erfüllen, vgl. Rn. 1889 ff.

1958   Folgende grundsätzlichen Optimierungsüberlegungen wären außerdem denkbar. Angemessene Zeit vor dem Stichtag der Erbersatzsteuer wird entbehrliches junges Verwaltungsvermögen in flüssige Mittel umgewandelt und werden die jungen Finanzmittel identifiziert.[1] Diese auf jeden Fall der Erbersatzsteuer unterliegenden flüssigen Mittel könnten an die Familienstiftung ausgekehrt werden, sofern das Unternehmen über die notwendigen bilanziellen Rücklagen verfügt. Diese Ausschüttung alleine hätte jedoch noch keinen Ein-

---

1 Hierbei handelt es sich um den Saldo der von der Stiftung und den anderen Gesellschaftern innerhalb der letzten beiden Jahre eingelegten und entnommenen Finanzmittel, vgl. Rn. 1908; § 13b Abs. 4 Nr. 5 Satz 2 ErbStG.

fluss auf die Erbersatzsteuer[1], denn die ausgeschütteten Mittel unterliegen dieser auch auf Ebene der Familienstiftung. Sie muss sich daher überlegen, ob sie die erhaltenen Ausschüttungen vor dem Stichtag der Erbersatzsteuer an die Destinatäre auskehrt, um die Erbersatzsteuer zu minimieren.

Diese Gestaltung könnte allerdings zur Folge haben, dass die Familienstiftung in den folgenden 20 Jahren nicht dazu in der Lage sein wird, die bisherigen Auskehrungen an die Destinatäre weiterhin in derselben Höhe zu leisten, falls das Unternehmen wegen der „Sonderausschüttung" seine laufenden Ausschüttung eventuell herunterfahren muss. Außerdem sind die ertragsteuerlichen Folgen der Ausschüttung und der Auskehrung auf den Ebenen des Unternehmens, der Familienstiftung und der Destinatäre mit zu berücksichtigen.

Für kleinere Familienstiftungen jedoch, denen es gelingt, eine Verschonung für wesentliche Teile ihres begünstigungsfähigen Betriebsvermögens zu sichern, halten sich die Auswirkungen der Reform in Grenzen, da sie im Rahmen der Erbersatzsteuer einen Freibetrag von 800.000 € verrechnen können. Im Fall der Gründung ist dieser Freibetrag jedoch wesentlich geringer, vgl. Rn. 1885. Aber auch diese Stiftungen werden diesem Thema größere Aufmerksamkeit widmen müssen als bis zum 30. 6. 2016, denn die genannten Freibeträge werden auch durch nicht betriebliches Vermögen der Familienstiftungen aufgebraucht. **1959**

Die ausführlich dargestellte Schuldenverrechnung zur Aufteilung des gemeinen Wertes des begünstigungsfähigen Betriebsvermögens, sprich Unternehmenswertes (vgl. Rn. 1862), auf das begünstigte Vermögen und das steuerpflichtige Verwaltungsvermögen nach § 13b ErbStG ist komplex. Für den Berater ergeben sich aus dieser Darstellung im konkreten Einzelfall sicherlich etliche Ansatzpunkte für eine Gestaltungsberatung, die die Auswirkungen der Reform für seine Mandanten zu minimieren helfen. Die im koordinierten Ländererlass vom 22. 6. 2017 von der Finanzverwaltung zum Ausdruck gebrachte Auffassung, dass bei der Berechnung der quotal beim Verwaltungsvermögen abziehbaren Schulden die jungen Finanzmittel und das junge Verwaltungsvermögen nicht zum Verwaltungsvermögen gehören und damit aus dem Zähler ausscheiden, kann in entsprechend gelagerten Fällen von Bedeutung sein. Es wird im Einzelfall zu entscheiden sein, ob sich die Einholung finanzgerichtlicher Entscheidungen hierzu lohnt. **1960**

---

1 Es sei denn, die Ausschüttung macht das Bestehen des 90 % Verwaltungsvermögenstest, vgl. Rn. 1897 ff., möglich.

1961   Die Gründung einer Familienstiftung kann jedoch auch ein Instrument der generellen Nachfolgeplanung sein.

In Rn. 1893 wird ein Beispiel der Literatur, das sich auf ein Beispiel des BMF bezieht, für die Nutzung einer Familienstiftung als solches vorgestellt. Der Alleinerbe verfügte danach über ein Privatvermögen von 100 Mio. € und soll ein Unternehmen mit einem begünstigten Vermögen von 100 Mio. € erben. Es greift also weder das Abschmelzmodell (§ 13c ErbStG) noch ist ein Verschonungsbedarf (§ 28a ErbStG) gegeben. Geht das Unternehmen jedoch im Vermächtniswege auf eine neugegründete Familienstiftung über, wäre die Steuer von 30 % zu erlassen.[1]

1962   Ähnliche Überlegungen wären anzustellen, falls in der Vergangenheit bereits mit Verschonung Betriebsvermögen mit hohen Werten übertragen wurde und vor Ablauf der 10-Jahresfrist nach § 14 ErbStG der Erbfall eintreten könnte. In einem derartigen Fall wären nach § 13a Abs. 1 Satz 2 ErbStG dem Erwerb des begünstigten Vermögens im Rahmen des Erbfalles die früheren Erwerbe nach ihrem früheren Erwerb hinzuzurechnen. Wird nun aufgrund dieser Zusammenrechnung die Grenze von 26 Mio. € überschritten, entfällt die Steuerbefreiung für die bis dahin als steuerfrei behandelten früheren Erwerbe nach dem 30. 6. 2016 mit Wirkung für die Vergangenheit. Für frühere Erwerbe, die vor dem 1. 7. 2016 oder dem 1. 1. 2009 stattfanden, entfallen die bisherigen Befreiungen zwar nicht, aber für den Erwerb z. B. im Jahre 2018 kommt keine Verschonung oder Stundung in Frage, weil die Wertgrenzen überschritten werden und zu viel „verfügbares Vermögen" vorhanden ist.[2] Mithilfe einer Familienstiftung könnte diese Zusammenrechnung vermieden werden (vgl. Rn. 1894).

---

1   Vgl. z. B. Theuffel-Werhahn, ZEV 2017 S. 17 ff. mit Bezug auf ein Beispiel des BMF, wie folgt zitiert: http://www.bundesfinanzministerium.de/Content/DE/FAQ/2015-07-09-faq-erbschaftsteuer.html;jsessionid=D513072E2BBA62CE060EF0BA59A66D84#doc34288bodyText20 (zuletzt abgerufen am 20. 10. 2017).

2   Vgl. i. e. Rn. 1894. Laut Aussagen aus der Finanzverwaltung wird bei Erwerben nach dem 31. 12. 2008 und vor dem 1. 7. 2016 das damalige Betriebsvermögen im Falle der Regelverschonung zu 85 % und im Falle der Optionsverschonung zu 100 % zu dem Erwerb von begünstigtem Vermögen nach dem 30. 6. 2017 hinzugerechnet. Die damals gewährte Verschonung bleibt also erhalten, vgl. IDW Life am 22. 6. 2017 ab Minute 30; nun auch A 13a.2 Abs. 2 und 13c.4 Abs. 1 AEErbSt 2017. Bei Erwerben vor dem 1. 1. 2009 (damals gab es noch nicht das Verschonungssystem) soll der Wert dagegen in voller Höhe hinzugerechnet werden und nicht nur in Höhe des damaligen Freibetrages und des damaligen 35 %igen Abschlages, A 13a.2 Abs. 2 Satz 9 AEErbSt 2017, vgl. auch Korezkij, DStR 2017, 1729. Zur Kritik vgl. nur Wachter, GmbHR 2017, 1 m. w. N.

Weitere Fälle, in denen die (teilweise) Übertragung von Vermögen auf eine Familienstiftung angebracht sein könnte:

▶ Unternehmer U hat ein Unternehmen aufgebaut, das über ein begünstigtes Vermögen in Höhe von 51 Mio. € und nicht begünstigtes Vermögen von 60 Mio. € verfügt. Er hat nur einen Erben. Durch die Übertragung von Unternehmensteilen auf eine Familienstiftung kann der Erwerb des Erben an begünstigtem Vermögen auf 26 Mio. € reduziert werden.

▶ Das Unternehmen von U verfügt über begünstigtes Vermögen in Höhe von 51 Mio. € sowie nicht begünstigtes Vermögen von 10 Mio. €. Außerdem besitzt U Privatvermögen im Werte von 40 Mio. €. Wieder hat er nur einen Erben.

▶ Der Unternehmer U hat nur einen Erben, seinen Sohn S. Das begünstigte Vermögen der Kapitalgesellschaft, an der U zu 100 % beteiligt ist, beläuft sich auf 100 Mio. €. S verfügt bereits über ein beachtliches Privatvermögen, das aus Immobilien besteht und einen Wert von 50 Mio. € aufweist. Das Abschmelzmodell nach § 13c ErbStG ist bei einer Vererbung auf S nicht mehr anwendbar. Eine Verschonung nach § 28a ErbStG würde ebenfalls nicht zu einer Verringerung der Erbschaftsteuer führen.

Mit Hilfe einer Familienstiftung kann außerdem die hohe Belastung von weiteren Erwerben innerhalb von zehn Jahren vermieden werden. Entweder weil eine Zusammenrechnung mit Vorerwerben nach dem 30. 6. 2016, die zu einem nachträglichem Wegfall von Verschonung führen würde, vermieden wird. Oder weil der Nacherwerb aus „verfügbarem Vermögen" besteht, das wegen eines früheren Erlasses nach § 28a ErbStG ansonsten zu 50 % „abzuliefern" wäre. Denn der Stifter, der nach dem 30. 6. 2016 das Unternehmen auf die Stiftung überträgt, hat es in der Hand, ob die Stiftung weiteres Vermögen erlangt. Würde statt der Familienstiftung ein vermögensloses Kind des eigentlichen Erben bedacht, wäre die Vermeidung der Nachsteuer nicht unbedingt sichergestellt. Denn das Kind kann auch von Onkeln, Tanten, Großeltern etc. bedacht werden und muss dann – innerhalb der zehn Jahre – grundsätzliche jeden Erwerb zu 50 % herausgeben (genaugenommen auch jedes Weihnachtsgeschenk etc., gleich welcher Höhe). Außerdem kann der eigentliche Erbe bis zu seinem Tod Einfluss über die Stiftung ausüben.

Im Rahmen der Gründung einer Familienstiftung oder der Vorbereitung des Zeitpunktes des Entstehens der Erbersatzsteuer sind folgende Gestaltungsüberlegungen denkbar:

Bei der Übertragung eines Unternehmens auf eine Familienstiftung könnte sich der Stifter das lebenslängliche Nießbrauchsrecht am Unternehmen vor-

1963

1964

1965

behalten, wobei die Familienstiftung Mitunternehmer werden muss, damit Betriebsvermögen übertragen wird, auf das die Verschonungsregelungen Anwendung finden.[1] Das Nießbrauchsrecht würde dabei auf dem gesamten Unternehmen lasten, also sowohl auf dem verschonten als auch auf dem steuerpflichtigen Vermögen. Bisher noch nicht geklärt ist, ob die Nießbrauchslast vor oder nach der Schuldenverrechnung (vgl. Rn. 1913 ff.) zu berücksichtigen ist. Erfolgt der Abzug also von dem Unternehmenswert vor Schuldenverrechnung oder anteilig beim verschonten und dem steuerpflichtigen Vermögen?[2]

1966 Wird auf die Familienstiftung nur das Unternehmen übertragen, wird man einen Quotennießbrauch vereinbaren, damit die Stiftung ab ihrer Gründung auch tatsächlich über Einkünfte verfügt, um ihren Stiftungszweck dauerhaft erfüllen zu können. Dies ist Voraussetzung für die staatliche Genehmigung der Stiftung, vgl. Rn. 70, 140 ff.

1967 Selbstverständlich gilt auch die generelle Empfehlung, junges Verwaltungsvermögen und junge Finanzmittel in den letzten zwei Jahren vor der Errichtung der Stiftung oder dem Entstehen der Erbersatzsteuer zu vermeiden. Außerdem kann überlegt werden, ob nicht Möglichkeiten bestehen, Verwaltungsvermögen in begünstigtes Vermögen umzuwandeln, sodass das verbleibende Verwaltungsvermögen nicht mehr wesentlich höher als der Unschädlichkeitsbetrag nach § 13b Abs. 7 ErbStG ist. Insbesondere bei fremdvermieteten Immobilien dürfte dies schwierig sein.

1968 Schließlich kann man daran denken, vor den Stichtagen Verwaltungsvermögen aus dem Unternehmen auszukehren. Ob es als nicht betriebliches Vermögen oder als steuerpflichtiges betriebliches Verwaltungsvermögen besteuert wird, hat für die Steuerberechnung keine Relevanz.[3] Wird derartiges Verwaltungsvermögen also an eine Familienstiftung ausgeschüttet, würde sich die Höhe der Erbersatzsteuer hierdurch noch nicht verändern. Diese würde sich nur verringern, falls die Familienstiftung dieses Vermögen vor dem Stichtag der Erbersatzsteuer wiederum an ihre Destinatäre auskehrt. Hierbei sind allerdings die ertragsteuerlichen Konsequenzen auf den Ebenen des Unterneh-

---

1 Vgl. H 13b.5 AEErbSt 2017, Schenkung von Betriebsvermögen unter freiem Widerrufsvorbehalt, a. E.

2 Der koordinierte Ländererlass vom 22. 6. 2017 nimmt hierzu nicht Stellung.

3 Sollten mit dem Verwaltungsvermögen jedoch Schulden wirtschaftlich zusammenhängen, ist die Besteuerung von Verwaltungsvermögen mit Schulden außerhalb des Betriebsvermögens günstiger, weil hier die Schulden vollständig vom Verwaltungsvermögen abgesetzt werden können. Denn im Betriebsvermögen können diese nur quotal von diesem abgezogen werden, vgl. Rn. 1926 ff. Bei jungem Verwaltungsvermögen ist der Abzug sogar ganz ausgeschlossen, § 13b Abs. 8 ErbStG.

mens, der Familienstiftung und der Destinatäre zu berücksichtigen. Außerdem muss der Stiftungsvorstand im Falle der Auskehrung von Vermögen an die Destinatäre untersuchen, ob er dennoch in Zukunft in der Lage sein wird, die bisherige Auskehrung an die Destinatäre zu leisten und ob eine Senkung dieser Auskehrung im Anschluss an die Sonderauskehrung im Einklang mit der Erfüllung des Stiftungszwecks steht.

Aus diesen Überlegungen wird deutlich, in welchem Maße hier wirtschaftliche und steuerliche Überlegung ineinandergreifen. Diese sind eine Herausforderung für den Stiftungsvorstand, die Destinatäre und die Berater. Die Befassung mit ihnen sollte frühzeitig eingeleitet werden, um auf jeden Fall Zeitdruck beim Nahen der Stichtage zu vermeiden. **1969**

Anhang

1. Neuhausen Stiftung, Rittweck

Bilanz zum 31. Dezember 2012

AKTIVA

	EUR	EUR	Vorjahr EUR
A. ANLAGEVERMÖGEN			
I. SACHANLAGEN			
Grundstücke, grundstücksgleiche Rechte und Bauten, einschließlich der Bauten auf fremden Grundstücken	155.800,00		159.200,00
Summe Sachanlagen		155.800,00	159.200,00
II. FINANZANLAGEN			
Wertpapiere des Anlagevermögens	1.901.220,92		
Summe Finanzanlagen		1.901.220,92	1.893.437,93
Summe Anlagevermögen		2.057.020,92	2.052.637,93
B. UMLAUFVERMÖGEN			
I. FORDERUNGEN UND SONSTIGE VERMÖGENSGEGENSTÄNDE	27.862,53		27.724,86
II. SCHECKS, KASSENBESTAND, BUNDESBANK- UND POSTGIROGUTHABEN, GUTHABEN BEI KREDITINSTITUTEN	26.507,17		2.397,77
Summe Umlaufvermögen		54.369,70	30.122,63
C. AKTIVE RECHNUNGSABGRENZUNG		1.889,90	3.778,00
		2.113.279,62	**2.086.538,56**

PASSIVA

	EUR	EUR	Vorjahr EUR
A. EIGENKAPITAL			
I. STIFTUNGSKAPITAL			
1. ERRICHTUNGSKAPITAL FESTGESCHRIEBEN		2.000.000,00	2.000.000,00
2. ZUSTIFTUNGSKAPITAL		0,00	0,00
II. ERGEBNISSE AUS VERMÖGENSUMSCHICHTUNG			
a) aus realisierten Kursgewinnen/-verlusten	16.869,83		16.869,83
b) aus Veränderung der Kurswerte	-84.937,51		-95.115,18
Summe Ergebnisse aus Vermögensumschichtung		-68.067,68	-78.245,35
III. KAPITALRÜCKLAGEN			
1. KAPITALERHALTUNGSRÜCKLAGE GEM. § 62 Nr. 3 AO	112.277,79		95.930,41
2. SONSTIGE ERGEBNISRÜCKLAGEN GEM. § 62 Nr. 1 AO (Projektrücklage)	32.698,00		32.482,00
Summe Ergebnisrücklagen		144.975,79	128.412,41
IV. ERGEBNISVORTRAG		24.600,00	24.600,00
Summe Eigenkapital		2.101.508,12	2.074.767,06
B. RÜCKSTELLUNGEN			
Sonstige Rückstellungen		9.639,00	9.639,00
C. VERBINDLICHKEITEN			
Sonstige Verbindlichkeiten		2.132,50	2.132,50
		2.113.279,62	**2.086.538,56**

575

Neuhausen Stiftung, Rittweck

Überschuss- und Mittelverwendungsrechnung
für die Zeit vom
1. Januar bis 31. Dezember 2012

		2012	2011
A.	**JAHRESÜBERSCHUSS NACH HGB**	EUR	EUR
1.	Umsatzerlöse		
	a) Erträge aus Wertpapieren des Anlagevermögens	78.847,00	77.275,00
	b) sonstige Zinsen und ähnliche Erträge	130,00	120,00
	c) sonstige Haus- und Grundstückserträge	845,69	845,69
2.	Abschreibungen		
	a) auf immaterielle Vermögensgegenstände des Anlagevermögens und Sachanlagen	-3.400,00	-3.400,00
	b) auf Finanzanlagen planmäßig	-2.394,69	-2.394,69
3.	sonstige betriebliche Aufwendungen		
	a) aus der Verwaltungstätigkeit	-18.742,50	-18.742,50
	b) aus der Wohnungsüberlassung	-4.351,12	-3.092,10
	c) aus der Grabpflege	-1.889,00	-1.889,00
4.	Ergebnis der Verwaltungs- und satzungsmäßigen Tätigkeit	49.045,39	48.722,41
5.	Erträge aus Wertaufholungen gem. § 253 Abs. 5 HGB	18.009,60	0,00
6.	Abschreibungen auf Finanzanlagen und auf Wertpapiere des Umlaufvermögens	-7.831,93	-53.303,91
7.	Jahresüberschuß/Jahresfehlbetrag nach HGB	59.223,06	-4.581,51

B. ERMITTLUNG DES ÜBERSCHUSSES FÜR STIFTUNGSZWECKE

	2012	2011
I. Jahresüberschuß/Jahresfehlbetrag nach HGB	59.223,06	-4.581,51
Entnahmen aus sonstige Ergebnisrücklage Vorjahr	32.482,00	32.562,00
Aufwendungen für satzungsmäßige Zuwendungen entsprechend Vorjahresbeschluss	-32.482,00	-32.562,00
Im JÜ berücksichtige Aufwendungen f. Satzungszwecke	5.394,43	4.135,41
Aus dem Jahresüberschuss/-fehlbetrag getätigte Zuführung (-)/ Entnahmen (+) bei den Ergebnissen der Vermögensumschichtung		
a) aufgrund realisierter Kursgewinne/-verluste	0,00	0,00
b) aufgrund Veränderung von Kurswerten	-10.177,67	53.303,91
II. Überschuss für Stiftungszwecke	54.439,81	52.857,81

C. MITTELVERWENDUNG

	2012	2011
Überschuss für Stiftungszwecke	54.439,81	52.857,81
Aufwendungen für direkte satzungsmäßige Zwecke		
b) Wohnungsüberlassung	-3.505,43	-2.246,41
c) Grabpflege	-1.889,00	-1.889,00
Zuführung Rücklage gem. § 62 Nr. 3 AO	-16.347,39	-16.240,41
Zuführung zu den sonstigen Ergebnisrücklagen	-32.698,00	-32.482,00
Einstellung in den Ergebnisvortrag vor Verwendung	0,00	0,00

D. BILANZGEWINN

	2012	2011
	0,00	0,00

Neuhausen Stiftung, Rittweck
Haushaltsvoranschlag für 2013

Die Stiftung hat in der Zeit vom 01.01. bis 31.12.2012 Erträge in Höhe von 79.822,69 € erzielt. Für 2013 rechnet die Stiftung mit Erträgen in ähnlicher Höhe. Sie beabsichtigt diese wie folgt zu verwenden:

Erträge	EUR	79.000,00
- Aufwendungen für Vermögensverwaltung	EUR	-25.000,00
Ergebnis der Vermögensverwaltung	EUR	54.000,00
- Aufwendungen für direkte satzungsmäßige Zwecke	EUR	-5.000,00
- Einstellung in sonstige Ergebnisrücklage 2013 für		
Satzungszwecke gem. § 2 lit. a) und d) der Satzung	EUR	-33.000,00
Aufwendungen für satzungsmäßige Zwecke	EUR	-38.000,00
Kapitalerhaltung	EUR	-16.000,00
Einstellung in den Mittelvortrag	EUR	0,00
	EUR	0,00

Erläuterungen zum Jahresbericht zum 31. Dezember 2012 der

Neuhausen Stiftung, Rittweck

Erläuterungen zur Bilanz

A K T I V A

A. ANLAGEVERMÖGEN   EUR

I. SACHANLAGEN   EUR   155.800,00
                                                                    Vj. EUR   159.200,00

	31.12.2012 EUR	31.12.2011 EUR
Gebäude am 01.01	129.200,00	132.600,00
Afa	-3.400,00	-3.400,00
Gebäude am 31.12.	125.800,00	129.200,00
Grund und Boden	30.000,00	0,00
Grund und Boden sowie Gebäude	155.800,00	129.200,00

II. FINANZANLAGEN   EUR 1.901.220,92
                                                                  Vj. EUR 1.893.437,93

	31.12.2012 EUR	31.12.2011 EUR
14.000 Stück Kaurus AG	299.409,60	281.400,00
3.900 Stück Kreditbank AG	14.427,70	22.259,62
	313.837,30	303.659,62

	31.12.2012 EUR	31.12.2011 EUR
3,5% Bayern, Freistaat Schatzanw.v.2009(2016)	687.383,62	689.778,31
3,375% Dt Bahn Term Notes 2010(22)	900.000,00	900.000,00
	1.587.383,62	1.589.778,31

Die Finanzanlagen setzen sich wie folgt zusammen:

	31.12.2012 EUR	31.12.2011 EUR
Aktien	313.837,30	303.659,62
Anleihen	1.587.383,62	1.589.778,31
Summe Finanzanlagen	1.901.220,92	1.893.437,93

Blatt 2

B. UMLAUFVERMÖGEN

I. FORDERUNGEN UND SONSTIGE VERMÖGENS-
GEGENSTÄNDE

	EUR	27.862,53
	Vj. EUR	27.724,86

	31.12.2012	31.12.2011
	EUR	EUR
Forderung aus Wohngeldnebenkosten	845,69	845,69
stg. Vermögensgegenstände aus aktivierten Stückzinsansprüchen am Jahresende	26.879,17	26.879,17
Sonstige Forderungen	137,67	0,00
	27.862,53	27.724,86

II. KASSE, BANK

	EUR	26.507,17
	Vj. EUR	2.397,77

	31.12.2012	31.12.2011
Die Stiftung unterhält folgende Konten bei der Kreditbank Neuhausen	EUR	EUR
Verkehrskonto	16.406,57	2.303,77
Festgeld	10.000,00	0,00
Kasse	100,60	94,00
	26.507,17	2.397,77

C. AKTIVE RECHNUNGSABGRENZUNGSPOSTEN

	EUR	1.889,00
	Vj. EUR	3.778,00

	31.12.2012	31.12.2011
	EUR	EUR
Vortrag	3.778,00	5.667,00
Abgang im Laufe des Geschäftsjahres	1.889,00	1.889,00
	1.889,00	3.778,00

BILANZSUMME

	EUR	2.113.279,62
	Vj. EUR	2.086.538,56

579

P A S S I V A

A. EIGENKAPITAL

I. STIFTUNGSKAPITAL

	EUR	2.000.000,00
	Vj. EUR	2.000.000,00

1. ERRICHTUNGSKAPITAL FESTGESCHRIEBEN

	EUR	2.000.000,00
	Vj. EUR	2.000.000,00

2. ZUSTIFTUNGSKAPITAL

	EUR	0,00
	Vj. EUR	0,00

II. ERGEBNISSE AUS VERMÖGENSUMSCHICHTUNG

	EUR	-68.067,68
	Vj. EUR	-78.245,35

a) aus realisierten Kursgewinnen/ -verlusten

	EUR	16.869,83
	Vj. EUR	16.869,83

	31.12.2012	31.12.2011
	EUR	EUR
Vortrag	16.869,83	16.869,83
Zugang	0,00	0,00
	16.869,83	16.869,83

b) aus Veränderung der Kurswerte

	EUR	-84.937,51
	Vj. EUR	-95.115,18

	31.12.2012	31.12.2011
	EUR	EUR
Vortrag	-95.115,18	-41.811,27
Zugang	10.177,67	-53.303,91
	-84.937,51	-95.115,18

Summe Stiftungskapital und Vermögensumschichtung

	EUR	1.931.932,32
	Vj. EUR	1.921.754,65

Blatt 4

III. KAPITALRÜCKLAGEN		EUR	144.975,79
		Vj. EUR	128.412,41

1. KAPITALERHALTUNGSRÜCKLAGE
   GEM. § 62 Nr. 3 AO

		EUR	112.277,79
		Vj. EUR	95.930,41

	31.12.2012	31.12.2011
	EUR	EUR
Vortrag	95.930,41	79.774,03
Zugang	16.347,39	16.156,38
	112.277,79	95.930,41

2. EINSTELLUNG IN DIE STG. ERGEBNISRÜCKLAGEN
   GEM. § 62 Nr. 1 AO (Projektrücklage)

		EUR	32.698,00
		Vj. EUR	32.482,00

	31.12.2012	31.12.2011
	EUR	EUR
Vortrag	32.482,00	32.298,00
Entnahme	-32.482,00	-32.298,00
Einstellung	32.698,00	32.482,00
	32.698,00	32.482,00

IV. ERGEBNISVORTRAG		EUR	24.600,00
		Vj. EUR	24.600,00

	31.12.2012	31.12.2011
	EUR	EUR
Vortrag	24.600,00	24.600,00
Zugang	0,00	0,00
	24.600,00	24.600,00

SUMME EIGENKAPITAL	EUR	2.101.508,12
	Vj. EUR	2.074.767,06

B. RÜCKSTELLUNGEN	EUR	9.639,00
	Vj. EUR	9.639,00

C. VERBINDLICHKEITEN	EUR	2.132,50
	Vj. EUR	2.132,50

BILANZSUMME	EUR	2.113.279,62
	Vj. EUR	2.086.538,56

581

Blatt 1

Erläuterungen zum Jahresbericht zum 31. Dezember 2012 der

Neuhausen Stiftung, Rittweck

Erläuterungen zur Überschuss- und Mittelverwendungsrechnung für die Zeit vom 1. Januar bis 31. Dezember 2012

A. JAHRESÜBERSCHUSS NACH HGB

I. ERTRÄGE

	2012 EUR	2011 EUR
Zinserträge	27.295,83	27.295,83
Erträge aus Dividenden	24.672,00	23.100,00
Stückzinsansprüche am Jahresende	26.879,17	26.879,17
Kontozinsen	130,00	120,00
Erträge aus Kapitalüberlassung	78.977,00	77.395,00
Sonstige Haus- und Grundstückserträge	845,69	845,69
Umsatzerlöse	79.822,69	78.240,69

II. AUFWAND

planmäßige Abschreibung Sachanlagevermögen	-3.400,00	-3.400,00
planmäßige Abschreibung auf Finanzanlagen	-2.394,69	-2.394,69
	-5.794,69	-5.794,69
Sonstige betriebliche Aufwendungen		
Kosten der Wertpapierverwaltung	-4.265,00	-4.265,00
Nebenkosten Geldverkehr	-140,36	-140,36
Haftpflichtversicherung	-1.518,14	-1.518,14
Quellensteuer	0,00	0,00
Rechts- und Beratungskosten	-9.639,00	-9.639,00
Aufwandsentschädigung Vorstand	-3.000,00	-3.000,00
Fernsprechgebühren	-180,00	-180,00
a) aus Verwaltungstätigkeit	-18.742,50	-18.742,50
Wohngeld Hausverwaltung	-2.929,35	-2.929,35
Grundstücksreparaturen	-1.259,02	0,00
Grundsteuer	-162,75	-162,75
b) aus der Wohnungsüberlassung	-4.351,12	-3.092,10
c) Grabpflege u. ä.	-1.889,00	-1.889,00
	-24.982,62	-23.723,60

III. ERGEBNIS DER VERWALTUNGS- UND SATZUNGSMÄßIGEN TÄTIGKEIT (Übertrag)

	49.045,39	48.722,41

Blatt 2

III.	ERGEBNIS DER VERWALTUNGS- UND SATZUNGSMÄßIGEN TÄTIGKEIT (Übertrag)	49.045,39	48.722,41
	Wertaufholung gem. § 253 Abs. 5 HGB	18.009,60	0,00
	außerplanm. Abschreibungen auf Finanzanlagen	-7.831,93	-53.303,91
	Ergebnis aus Vermögensumschichtung	10.177,67	-53.303,91
IV.	JAHRESÜBERSCHUSS bzw. JAHRES- FEHLBETRAG NACH HGB	59.223,06	-4.581,51

B. ERMITTLUNG DES ÜBERSCHUSSES FÜR STIFTUNGSZWECKE

		2012 EUR	2011 EUR
I.	JAHRESÜBERSCHUSS bzw. JAHRES- FEHLBETRAG NACH HGB	59.223,06	-4.581,51
	Entnahmen aus sonstige Ergebnisrücklage Vorjahr	32.482,00	32.562,00
	Aufwendungen für satzungsmäßige Zwecke ent- sprechend Vorjahresbeschluss		
	a) 25% Trachtenverein Neuhausen, Jugend	-8.120,50	-8.140,50
	b) 25% Bergwacht Neuhausen	-8.120,50	-8.140,50
	c) 25% Bay. Rotes Kreuz Neuhausen	-8.120,50	-8.140,50
	d) 25% kath. Kindergarten Neuhausen	-8.120,50	-8.140,50
		-32.482,00	-32.562,00
	Im Jahresüberschuss berücksichtigte Aufwen- dungen für satzungsgemäße Zwecke		
	a) Wohnungsüberlassung lfd Gj	3.505,43	2.246,41
	b) Grabpflege lfd. Gj	1.889,00	1.889,00
		5.394,43	4.135,41
	Aus dem Jahresüberschuss/-fehlbetrag getätigte Zuführung (-)/ Entnahmen (+) bei Ergebnissen der Vermögensumschichtung		
	a) aufgrund realisierter Kursgewinne/-verluste	0,00	0,00
	b) aufgrund Veränderung von Kurswerten	-10.177,67	53.303,91
II.	ÜBERSCHUSS FÜR STIFTUNGSZWECKE	54.439,81	52.857,81

583

C. MITTELVERWENDUNG

	2012 EUR	2011 EUR
I. ÜBERSCHUSS FÜR STIFTUNGSZWECKE	54.439,81	52.857,81
Aufwand für direkte satzungsgemäße Zwecke	-5.394,43	-4.135,41
Bemessungsgrundlage für Rücklage gemäß § 62 Nr. 3 AO	49.045,39	48.722,41
Zuführung Rücklage gem. § 62 Nr. 3 AO	-16.347,39	-16.240,41
Zuführung zu den sonstigen Ergebnisrücklagen		
a) 25% Trachtenverein Neuhausen, Jugend	-8.174,50	-8.120,50
b) 25% Bergwacht Neuhausen	-8.174,50	-8.120,50
c) 25% Bay. Rotes Kreuz Neuhausen	-8.174,50	-8.120,50
d) 25% kath. Kindergarten Neuhausen	-8.174,50	-8.120,50
	-32.698,00	-32.482,00
Einstellung in den Ergebnisvortrag vor Verwendung	0,00	0,00
D. BILANZGEWINN	0,00	0,00

2. Stiftungsgeschäft

Ich, Peter Mustermann, wohnhaft ...., errichte hiermit die „Peter Mustermann Stiftung" mit dem Sitz in … als rechtsfähige Stiftung des bürgerlichen Rechts. Der Ort der Geschäftsleitung ist in ....

Zweck der Stiftung ist die Förderung von im Raum Freiburg lebenden Kindern und Senioren.

Zur Erfüllung dieses Zweckes widme ich der Stiftung folgendes Vermögen:

1. Das unbelastete, mit einer Gewerbehalle bebaute Grundstück, Grundbuch von …, Grundbuchamt …, Amtsgerichts-Bezirk …, Band …, BV-Nr. 1, Flst.-Nr. …, Gebäude- und Freifläche, …, zu insgesamt … qm.

2. Das unbelastete, mit einem Mehrfamilienhaus bebaute Grundstück, Grundbuch von …, Grundbuchamt …, Amtsgerichts-Bezirk … , Band …, BV-Nr. 1, Flst.-Nr. …, Gebäude- und Freifläche, …, zu insgesamt … qm.

Die Stiftung soll durch zwei Organe verwaltet werden, nämlich dem Vorstand und – im Falle meines Ablebens – einem aus 3 Mitgliedern bestehenden Stiftungsrat.

Als Vorstand benenne ich mich.

Im Falle meines Ablebens berufe ich als Stiftungsrat:

a) Herrn/Frau …

b) Herrn/Frau …

c) Herrn/Frau …

Ich gebe der Stiftung die nachfolgende Satzung, die Bestandteil dieses Stiftungsgeschäfts ist und beantrage die Anerkennung der Stiftung als rechtsfähig.

Freiburg, den   2017

....
Peter Mustermann

3. Stiftungssatzung mit starkem Stiftungsrat

§ 1

Name, Rechtsform, Sitz der Stiftung

(1) Die Stiftung führt den Namen „Peter Mustermann Stiftung".

(2) Sie ist eine rechtsfähige Stiftung des bürgerlichen Rechts mit dem Sitz in Freiburg.

§ 2

Stiftungszweck

(1) Zweck der Stiftung ist die Förderung anderer steuerbegünstigter Körperschaften, die im Raum Kirchzarten lebende Kinder und Senioren unterstützen, die unverschuldet in Not geraten und auf die Hilfe anderer angewiesen sind.

(2) Diese Zwecke sollen insbesondere verwirklicht werden durch:

a) Finanzielle Unterstützung von Kindergärten und Einrichtungen für Senioren;

b) finanzielle Unterstützung von ...

(3) Die Stiftung kann ihren Zweck auch dadurch erfüllen, dass sie andere Organisationen und Einrichtungen, die in gemeinnütziger Weise dem Stiftungszweck entsprechende Ziele verfolgen, im steuerlich zulässigen Umfang unterstützt.

§ 3

Gemeinnützigkeit

(1) Die Stiftung verfolgt ausschließlich und unmittelbar gemeinnützige und mildtätige Zwecke im Sinne des Abschnitts „Steuerbegünstigte Zwecke" der Abgabenordnung.

(2) Die Stiftung ist selbstlos tätig; sie verfolgt nicht in erster Linie eigenwirtschaftliche Zwecke. Die Mittel werden nur für ihre satzungsmäßigen Zwecke verwendet. Es darf keine Person durch Ausgaben, die dem Stiftungszweck fremd sind, oder durch unverhältnismäßig hohe Vergütungen oder sonstige Vermögenszuwendungen begünstigt werden.

(3) Den durch die Stiftung Begünstigten steht aufgrund dieser Satzung kein Rechtsanspruch auf Leistungen der Stiftung zu.

§ 4

Stiftungsvermögen

(1) Das Stiftungsvermögen zum Zeitpunkt der Stiftungserrichtung besteht aus einem Immobilienvermögen, nämlich den Grundstücken

a) Grundbuch von ..., Flur ...,

b) Grundbuch von ..., Flur ...

Die Stiftung ist berechtigt, Zustiftungen anzunehmen. Zuwendungen der Stifter bzw. Dritter wachsen dem Stiftungsvermögen zu, wenn sie ausdrücklich dazu bestimmt sind (Zustiftungen).

(2) Die Stiftung soll von Todes wegen weiteres Vermögen erhalten, indem Herr Peter Mustermann die Stiftung als Erbin/Vermächtnisnehmerin einsetzt.

(3) Das Stiftungsvermögen ist grundsätzlich ungeschmälert in seinem Wert zu erhalten. Werterhaltende oder wertsteigernde Vermögensumschichtungen bezüglich der in Ziff. 1 Buchstabe a) und b) genannten Grundstücke sind auf der Grundlage eines entsprechenden Beschlusses des Vorstandes mit Zustimmung des Stiftungsrats zulässig.

§ 5

Verwendung der Vermögenserträge, Geschäftsjahr

(1) Die Stiftung erfüllt ihre Zwecke aus den Erträgen des Stiftungsvermögens und aus dazu bestimmten Zuwendungen des Stifters bzw. Dritter (Spenden).

(2) Die Verwaltungskosten der Stiftung sind aus den Einnahmen zu begleichen.

(3) Das Geschäftsjahr ist das Kalenderjahr.

§ 6

Vorstand

(1) Der Vorstand besteht aus einer natürlichen Person. Der erste Vorstand ist der Stifter.

(2) Der Vorstand wird vom Stiftungsrat auf fünf Jahre bestellt bzw. gewählt, längstens bis zur Erreichung des 70. Lebensjahres. Wiederwahl ist zulässig.

(3) Mit Erreichung des 70. Lebensjahres oder — falls der Vorsorgefall (vgl. § 1896 BGB) eintritt bzw. Betreuung angeordnet wird — scheidet der Vor-

stand automatisch aus. Die in Satz 1 geregelte absolute Altersgrenze gilt nicht für den Stifter.

(4) Der Vorstand kann vom Stiftungsrat aus wichtigem Grund abberufen werden. Der Nachfolger eines ausscheidenden Vorstands wird für eine ganze Amtszeit (fünf Jahre) gewählt und eingesetzt.

§ 7

Rechte und Pflichten des Vorstandes

(1) Der Vorstand vertritt die Stiftung gerichtlich und außergerichtlich. Er hat die Stellung eines gesetzlichen Vertreters.

(2) Der Vorstand ist zur gewissenhaften und sparsamen Verwaltung des Stiftungsvermögens und der sonstigen Mittel verpflichtet. Zu seinen Aufgaben gehören alle laufenden Angelegenheiten der Stiftung, insbesondere.

a) die Verwaltung des Stiftungsvermögens auf Basis der vom Stiftungsrat vorgegebenen Richtlinien;

b) die laufende Buchhaltung, wobei der Vorstand professionelle Hilfe in Anspruch nehmen soll;

c) die Verwaltungsaufgaben und den Zahlungsverkehr der Stiftung (Einnahmen/Ausgaben);

d) die Verwendung der Stiftungserträge zur Verwirklichung des Stiftungszwecks auf Weisung bzw. nach Maßgabe der vom Stiftungsrat aufgestellten Vergaberichtlinien;

e) die Vorbereitung und Durchführung von Stiftungsveranstaltungen und sonstiger satzungsgemäßer Aktivitäten (Förderveranstaltungen, Akquisitionen etc.);

f) die Wahrnehmung der Berichtspflichten gegenüber der Aufsichtsbehörde, insbesondere die Erstellung der Jahresrechnung mit Vermögensübersicht sowie des Berichts über die Erfüllung des Stiftungszwecks;

g) die Abwicklung sämtlicher stiftungs- und steuerrechtlicher Angelegenheiten mit den zuständigen Behörden;

h) die laufende Information des Stiftungsrates;

i) die Anstellung eines Geschäftsführers zu seiner Unterstützung, wenn dies der Stiftungsrat zuvor genehmigt hat.

j) Der Vorstand muss den Rechenschaftsbericht (Jahresrechnung, Vermögensübersicht und Bericht über die Erfüllung des Stiftungszwecks) durch externe sachverständige Stellen (z. B. Wirtschaftsprüfer, Steuerberater oder dgl.) erstellen lassen.

(3) Der Vorstand fasst seine Beschlüsse in Vorstandssitzungen. Über alle Vorstandssitzungen sind schriftliche Protokolle zu erstellen und vom Vorstand abzuzeichnen.

(4) Der Vorstand ist ehrenamtlich für die Stiftung tätig. Ihm dürfen keine Vermögensvorteile aus Mitteln der Stiftung zugewendet werden. Er hat Anspruch auf Ersatz der ihm entstandenen, nachgewiesenen und angemessenen Auslagen und Aufwendungen. Durch Beschluss des Stiftungsrats kann ihm auch eine pauschale Aufwandsentschädigung gewährt werden. Für den Zeitaufwand des Vorstandes kann der Stiftungsrat eine in ihrer Höhe angemessene Pauschale beschließen.

§ 8
Stiftungsrat

(1) Bei Eintritt des Vorsorgefalls (vgl. § 1896 BGB) des Stifters oder im Falle seines Ablebens wird ein aus drei Mitgliedern bestehender Stiftungsrat bestellt. Seine Mitglieder werden auf die Dauer von fünf Jahren gewählt. Wiederwahl ist zulässig. Der erste Stiftungsrat wird vom Stifter bestellt; danach werden seine Mitglieder vom Stiftungsrat gewählt. Mindestens zwei Personen des Stiftungsrates müssen sachkundig bzgl. des Stiftungsvermögens sein.

(2) Mit Erreichung des 75. Lebensjahres – oder falls der Versorgungsfall eintritt bzw. Betreuung angeordnet wird – scheidet ein Mitglied des Stiftungsrats automatisch aus.

(3) Scheidet ein Mitglied vor der Bestellung eines Nachfolgers aus, wird der Nachfolger/die Nachfolgerin von den verbleibenden Mitgliedern des Stiftungsrats gewählt, auch wenn die Mindestmitgliederzahl nach Abs. 1 Satz 1 unterschritten ist.

(4) Der Stifter gehört – sofern er nicht zugleich Vorstand ist – dem Stiftungsrat unbefristet an. Dies gilt nicht, falls der Versorgungsfall (vgl. § 1896 BGB) eintritt bzw. für ihn Betreuung angeordnet wird.

(5) Ein Mitglied des Stiftungsrats kann nicht zugleich Vorstand der Stiftung sein.

(6) Der Stiftungsrat wählt aus seiner Mitte einen Vorsitzenden und einen Stellvertreter. Solange der Stifter Mitglied im Stiftungsrat ist, übt er die Funktion des Stiftungsratsvorsitzenden aus.

(7) Mitglieder des Stiftungsrats können aus wichtigem Grund durch einstimmigen Beschluss aus dem Stiftungsrat abberufen werden. Das betroffene Mitglied ist von der Stimmabgabe ausgeschlossen, muss jedoch vorher angehört werden. Wird ein Stiftungsrat unter Betreuung gestellt oder tritt der Versorgungsfall ein, so ist er abzuberufen.

§ 9
Aufgaben, Beschlussfassung

(1) Der Stiftungsrat überwacht als unabhängiges Kontrollorgan die Einhaltung des Stifterwillens und die Geschäftsführung durch den Vorstand. Er entscheidet in allen grundsätzlichen Angelegenheiten. Ferner berät und unterstützt er den Vorstand.

(2) Der Stiftungsrat hat insbesondere folgende Aufgaben:

a) Aufstellung von Richtlinien zur Vergabe von Stiftungsmitteln und Überwachung deren Einhaltung mittels eines Einspruchsrechts bei richtlinienwidrigen Vergaben;

b) Erstellung von Richtlinien über die Verwaltung des Stiftungsvermögens (Anlagepolitik) für den Vorstand;

c) Entscheidung über Verfügungen (werterhaltende oder wertsteigernde Vermögensumschichtungen) über das Stiftungsvermögen nach § 4 Abs. 3 dieser Satzung;

d) Beschlüsse nach § 7 Abs. 4 dieser Satzung (pauschale Aufwandsentschädigung, Geschäftsführung);

e) Wahl und Abberufung des Vorstands nach § 6 dieser Satzung;

f) Bestätigung der Jahresrechnung und des Berichts über die Erfüllung des Stiftungszwecks;

g) Wahl und Abwahl der Stiftungsratsmitglieder nach § 8 dieser Satzung;

h) Anpassung der Stiftung an sich verändernde Verhältnisse nach den Maßgaben der §§ 12 und 13 dieser Satzung (Satzungsänderungen, Zweckänderungen, Aufhebung und Zusammenlegung, Vermögensanfall nach Erlöschen der Stiftung).

(3) Der Stiftungsrat ist nach Bedarf, jedoch mindestens halbjährlich, vom Vorsitzenden/von der Vorsitzenden schriftlich und unter Angabe der Tagesordnung einzuberufen. Der Stiftungsrat ist auch einzuberufen, wenn dies von mindestens einem Viertel seiner Mitglieder beantragt wird.

(4) Der Stiftungsrat ist beschlussfähig, wenn mindestens die Hälfte seiner Mitglieder anwesend ist.

(5) Der Stiftungsrat fasst seine Beschlüsse mit einfacher Mehrheit der anwesenden Mitglieder. Für Beschlüsse nach § 4 dieser Satzung (Vermögensumschichtungen) ist eine Mehrheit von mindestens zwei Drittel aller Mitglieder des Stiftungsrats erforderlich. Für die Beschlüsse nach § 12 (Satzungsänderungen u. a.) und § 13 (Vermögensanfall) sind die dort festgelegten Mehrheiten erforderlich. Bei Stimmengleichheit gibt die Stimme des/der Vorsitzenden den Ausschlag.

(6) Über alle Sitzungen sind schriftliche Protokolle zu erstellen und vom Vorsitzenden abzuzeichnen.

§ 12

Satzungsänderungen, Änderungen des Stiftungszwecks, Zusammenlegung, Aufhebung

(1) Satzungsänderungen sind bei Wahrung des Stiftungszwecks und unter Beachtung des ursprünglichen Willens des Stifters zulässig, wenn sich zur Aufrechterhaltung des Stiftungsbetriebs die Notwendigkeit dazu ergibt. Hierzu ist ein Beschluss des Stiftungsrats erforderlich, der mindestens mit einer Zweidrittelmehrheit aller Stiftungsratsmitglieder zustande kommt.

(2) Beschlüsse über die Änderung des Stiftungszwecks sowie über die Zusammenlegung oder Aufhebung der Stiftung sind nur zulässig, wenn die dauerhafte und nachhaltige Erfüllung des Stiftungszwecks unmöglich geworden ist oder wegen wesentlicher Veränderung der Verhältnisse nicht mehr sinnvoll erscheint. Der ursprüngliche Wille des Stifters ist nach Möglichkeit zu berücksichtigen. Vor Beschlussfassung ist der Vorstand anzuhören. Die Beschlüsse bedürfen einer Zweidrittelmehrheit aller Mitglieder des Stiftungsrats.

(3) Beschlüsse zu Satzungs- und Zweckänderungen sowie zur Aufhebung oder Zusammenlegung der Stiftung bedürfen der Genehmigung durch die Stiftungsbehörde. Der Finanzverwaltung sind die Beschlüsse anzuzeigen, bei Zweckänderungen ist eine Auskunft der Finanzverwaltung zur Steuerbegünstigung einzuholen.

§ 13

Vermögensanfall

Bei der Auflösung oder Aufhebung der Stiftung oder bei Wegfall steuerbegünstigter Zwecke fällt das Vermögen an ... die es in einer dem Stiftungszweck oder diesem so nahe wie möglich kommenden Zweck entsprechenden Weise zu verwenden haben.

§ 14

Stiftungsbehörde

Stiftungsbehörde ist das Regierungspräsidium Freiburg i. Br.

Freiburg, den **2017**

....

Peter Mustermann

4. Landesstiftungsgesetze

4.1 Stiftungsgesetz für Baden-Württemberg (StiftG) vom 4. Oktober 1977 (GBl. 1977, 408)

Zum 03. 04. 2012 aktuellste verfügbare Fassung der Gesamtausgabe

<u>Stand:</u>   Letzte berücksichtigte Änderung: § 19 geändert durch Artikel 25 der Verordnung vom 25. Januar 2012 (GBl. S. 65, 68)

INHALTSVERZEICHNIS

Sechster Teil: Schlußbestimmungen

Der Landtag hat am 16. September 1977 das folgende Gesetz beschlossen:

ERSTER TEIL
Allgemeine Bestimmungen

§ 1 – Geltungsbereich

Dieses Gesetz gilt für die rechtsfähigen Stiftungen des bürgerlichen und öffentlichen Rechts mit dem Sitz in Baden-Württemberg.

§ 2 – Auslegungsgrundsatz

Bei der Anwendung dieses Gesetzes ist der wirkliche oder mutmaßliche Wille des Stifters zu beachten.

§ 3 – Stiftungsbehörde

(1) Stiftungsbehörde ist das Regierungspräsidium.

(2) Stiftungsbehörde für die in § 35 Abs. 2 unter Nummern 1 bis 5 genannten Stiftungen ist das Wissenschaftsministerium.

(3) Ist das Land Stifter oder Mitstifter oder wird die Stiftung durch das Regierungspräsidium verwaltet, nimmt das Ministerium die Aufgaben der Stiftungsbehörde wahr, in dessen Geschäftsbereich der Zweck der Stiftung überwiegend fällt; das Ministerium kann die Aufgaben der Stiftungsbehörde auf das Regierungspräsidium übertragen. Wird die Stiftung durch ein Ministerium

verwaltet, nimmt dieses Ministerium die Aufgaben der Stiftungsbehörde wahr.

§ 4 – Stiftungsverzeichnis

(1) Bei jedem Regierungspräsidium wird ein Verzeichnis der Stiftungen geführt, die ihren Sitz im Regierungsbezirk haben.

(2) In das Stiftungsverzeichnis sind einzutragen

1. Name und Anschrift,

2. Sitz,

3. Zweck,

4. Vertretungsberechtigung und Zusammensetzung der vertretungsberechtigten Organe der Stiftung und

5. Tag der Erlangung der Rechtsfähigkeit und anerkennende oder verleihende Behörde.

(3) Die Stiftungsbehörden sind verpflichtet, dem für die Führung des Stiftungsverzeichnisses zuständigen Regierungspräsidium die nach Absatz 2 erforderlichen Mitteilungen zu machen.

(4) Die Einsicht in das Stiftungsverzeichnis ist jedem gestattet. Die Eintragung im Stiftungsverzeichnis begründet nicht die Vermutung ihrer Richtigkeit.

ZWEITER TEIL:
Stiftungen des bürgerlichen Rechts

§ 5 – Anerkennung

Die Anerkennung einer Stiftung erfolgt durch die Stiftungsbehörde.

§ 6 – Satzungsänderungen

Satzungsänderungen durch Stiftungsorgane bedürfen der Genehmigung der Stiftungsbehörde. Die Stiftungsbehörde kann die Satzung einschließlich der Bestimmungen über den Zweck der Stiftung ändern, soweit dies wegen wesentlicher Änderung der Verhältnisse geboten ist und wenn die zur Satzungsänderung befugten Stiftungsorgane die erforderliche Änderung nicht vornehmen oder die Stiftungsorgane nach der Stiftungssatzung zu Satzungsänderungen nicht befugt sind; die Änderung bedarf zu Lebzeiten des Stifters seiner Zustimmung.

§ 7 – Stiftungsverwaltung, Stiftungsvermögen

(1) Die Stiftung ist nach den Gesetzen, dem Stiftungsgeschäft und der Stiftungssatzung sparsam und wirtschaftlich zu verwalten. Die Verwaltung dient der dauernden und nachhaltigen Erfüllung des Stiftungszwecks.

(2) Das Stiftungsvermögen ist in seinem Bestand zu erhalten, es sei denn, daß die Satzung eine Ausnahme zuläßt oder der Stifterwille nicht anders zu verwirklichen ist; der Bestand der Stiftung muß auch in diesen Fällen für angemessene Zeit gewährleistet sein. Das Stiftungsvermögen ist von anderem Vermögen getrennt zu halten.

(3) Die Stiftungen haben nach den Grundsätzen ordnungsgemäßer Buchführung Rechnung zu führen.

§ 8 – Rechtsaufsicht

(1) Die Stiftungen stehen unter der Rechtsaufsicht des Landes. Sie beschränkt sich darauf, zu überwachen, daß die Verwaltung der Stiftungen die Gesetze, das Stiftungsgeschäft und die Stiftungssatzung beachtet.

(2) Maßnahmen der Rechtsaufsicht sind die in den §§ 9 bis 13 genannten Maßnahmen. Maßnahmen nach den §§ 10 bis 12 und Anzeigepflichten nach § 13 Abs. 1 Nrn. 1 bis 3 entfallen, wenn und solange eine ordnungsgemäße Überwachung der Verwaltung durch ein in der Stiftungssatzung vorgesehenes unabhängiges Kontrollorgan gewährleistet erscheint.

(3) Rechtsaufsichtsbehörde ist die Stiftungsbehörde. Oberste Rechtsaufsichtsbehörde ist in den Fällen des § 3 Abs. 1 das Ministerium, in dessen Geschäftsbereich der Zweck der Stiftung überwiegend fällt.

§ 9 – Unterrichtung und Prüfung

(1) Die Stiftungsbehörde kann sich über einzelne Angelegenheiten der Stiftung unterrichten. Die Stiftungsorgane sind zur Auskunft und Vorlage von Unterlagen verpflichtet.

(2) Die Stiftung ist verpflichtet, der Stiftungsbehörde

1. die Zusammensetzung und jede Änderung der Zusammensetzung der vertretungsberechtigten Organe unverzüglich anzuzeigen,

2. jede Änderung der Anschrift der Stiftung mitzuteilen, und

3. innerhalb von sechs Monaten nach Ende eines jeden Geschäftsjahres eine Jahresrechnung mit einer Vermögensübersicht und einem Bericht über die

Erfüllung des Stiftungszwecks vorzulegen. Die Stiftungsbehörde kann zulassen, daß Jahresrechnung und Bericht in größeren als jährlichen Zeitabständen vorgelegt werden.

(3) Die Stiftungsbehörde kann die Verwaltung der Stiftung auf Kosten der Stiftung prüfen oder prüfen lassen.

§ 10 – Beanstandung

Die Stiftungsbehörde kann Maßnahmen der Stiftungsorgane, die den Gesetzen, dem Stiftungsgeschäft oder der Stiftungssatzung widersprechen, beanstanden und verlangen, daß sie innerhalb einer bestimmten Frist aufgehoben oder rückgängig gemacht werden. Beanstandete Maßnahmen dürfen nicht vollzogen werden.

§ 11 – Anordnung und Ersatzvornahme

(1) Trifft ein Stiftungsorgan eine durch Gesetz oder Stiftungssatzung gebotene Maßnahme nicht, kann die Stiftungsbehörde anordnen, daß die Maßnahme innerhalb einer bestimmten Frist durchgeführt wird.

(2) Kommt das Stiftungsorgan einer Anordnung nach § 10 oder nach Absatz 1 innerhalb der Frist nicht nach, kann die Stiftungsbehörde die Maßnahme auf Kosten der Stiftung durchführen oder durchführen lassen.

(3) Ansprüche der Stiftung gegen Mitglieder von vertretungsberechtigten Organen werden von der Stiftungsbehörde im Namen und auf Kosten der Stiftung geltend gemacht.

§ 12 – Abberufung und Bestellung von Organmitgliedern

(1) Die Stiftungsbehörde kann ein Mitglied eines Stiftungsorgans aus wichtigem Grund, insbesondere wegen grober Pflichtverletzung oder Unfähigkeit zu ordnungsgemäßer Geschäftsführung, abberufen. Sie kann ein neues Mitglied bestellen, sofern die Stiftung innerhalb einer ihr von der Stiftungsbehörde gesetzten angemessenen Frist kein neues Mitglied bestellt hat.

(2) Die Stiftungsbehörde kann einem Mitglied eines Stiftungsorgans unter den Voraussetzungen des Absatzes 1 Satz 1 die Ausübung seiner Tätigkeit einstweilen untersagen.

§ 13 – Anzeigepflicht

(1) Der Stiftungsbehörde sind im voraus anzuzeigen

1. die Aufnahme von Darlehen, die Übernahme von Bürgschaften, die Veräußerung und Belastung von Grundstücken und die Begründung sonstiger Verpflichtungen, wenn die Erfüllung der Verpflichtungen das Stiftungsvermögen besonders belasten kann,

2. unentgeltliche Zuwendungen der Stiftung, die nicht der Erfüllung des Stiftungszwecks dienen,

3. die Annahme unentgeltlicher Zuwendungen, wenn sie mit das Stiftungsvermögen besonders belastenden Bedingungen oder Auflagen verbunden sind und

4. Rechtsgeschäfte der Stiftung mit Mitgliedern von Stiftungsorganen.

Eine Maßnahme, die nach Satz 1 anzuzeigen ist, darf erst durchgeführt werden, wenn die Stiftungsbehörde ihre Rechtmäßigkeit bestätigt oder die Maßnahme nicht innerhalb von zwei Wochen beanstandet hat. Die Stiftungsbehörde kann einer Stiftung für bestimmte Arten von anzeigepflichtigen Maßnahmen allgemein Befreiung von der Anzeigepflicht erteilen.

(2) Absatz 1 gilt nicht für Stiftungen, die ausschließlich dem Wohl einer oder mehrerer bestimmter Familien dienen.

§ 14 – Zweckänderung, Zusammenlegung, Aufhebung

(1) Zuständig für Maßnahmen nach § 87 des Bürgerlichen Gesetzbuches ist die Stiftungsbehörde. (2) Die Stiftungsorgane können den Stiftungszweck ändern, die Stiftung mit einer anderen zusammenlegen oder sie aufheben, soweit dies in der Satzung vorgesehen ist. Die Maßnahmen bedürfen der Genehmigung der Stiftungsbehörde. Mit der Genehmigung der Zusammenlegung wird die neue Stiftung rechtsfähig. Das Vermögen von zusammengelegten Stiftungen geht auf die neue oder die aufnehmende Stiftung über.

(3) Unter den Voraussetzungen des § 87 des Bürgerlichen Gesetzbuches kann die Stiftungsbehörde mehrere Stiftungen zusammenlegen. Die Stiftungsbehörde gibt der neuen Stiftung eine Satzung oder ändert die Satzung der aufnehmenden Stiftung. Absatz 2 Satz 4 gilt entsprechend.

§ 15 (aufgehoben)

§ 16 – Bekanntmachungen

Die Anerkennung und das Erlöschen der Stiftung sowie das Zusammenlegen von Stiftungen sind von der Stiftungsbehörde im Staatsanzeiger bekanntzumachen.

DRITTER TEIL:
Stiftungen des öffentlichen Rechts

§ 17 – Errichtung

(1) Eine Stiftung des öffentlichen Rechts wird, soweit gesetzlich nichts anderes bestimmt ist, durch Stiftungsakt errichtet.

(2) Eine Stiftung des öffentlichen Rechts kann nur für Zwecke errichtet werden, die der Erfüllung öffentlicher Aufgaben von besonderem Interesse dienen.

(3) Die dauernde und nachhaltige Erfüllung des Stiftungszwecks muß gesichert erscheinen.

§ 18 – Entstehung

(1) Eine Stiftung des öffentlichen Rechts entsteht durch den Stiftungsakt und die Verleihung der öffentlich-rechtlichen Rechtsfähigkeit. Stiftungen des Landes entstehen durch den Stiftungsakt der Landesregierung.

(2) Die öffentlich-rechtliche Rechtsfähigkeit wird durch die Stiftungsbehörde verliehen. Ist das Land Mitstifter, wird die Rechtsfähigkeit durch die Landesregierung verliehen. Einer Stiftung wird die Rechtsfähigkeit auch dann durch die Landesregierung verliehen, wenn ihre Satzung der Genehmigung nach § 2 Satz 2 des Landesbeamtengesetzes bedarf.

§ 19 – Geltende Rechtsvorschriften

Auf Stiftungen des öffentlichen Rechts sind § 46, § 81 Abs. 1 und § 88 Satz 1 und 2 des Bürgerlichen Gesetzbuches sowie die Vorschriften des Zweiten Teils über Satzungsänderungen (§ 6), die Stiftungsverwaltung und das Stiftungsvermögen (§ 7 Abs. 1 und 2) und die Bekanntmachungen (§ 16) entsprechend anzuwenden. Im übrigen gelten die nachstehenden Vorschriften und Teil VI der Landeshaushaltsordnung mit der Maßgabe, daß die Aufgaben des zuständigen Ministeriums und des Finanz- und Wirtschaftsministeriums nach § 108 und § 109 Abs. 2 und 3 der Landeshaushaltsordnung von der Stiftungsbehörde wahrgenommen werden.

§ 20 – Rechtsaufsicht

(1) Die Stiftungen stehen unter der Rechtsaufsicht des Landes. Sie beschränkt sich darauf, zu überwachen, daß die Verwaltung der Stiftungen die Gesetze, den Stiftungsakt und die Stiftungssatzung beachtet.

(2) Die §§ 120 bis 124 der Gemeindeordnung gelten entsprechend.

(3) §§ 12 und 13 sind anzuwenden.

(4) Ansprüche der Stiftung gegen Mitglieder von vertretungsberechtigten Organen werden von der Stiftungsbehörde im Namen und auf Kosten der Stiftung geltend gemacht.

(5) Rechtsaufsichtsbehörde ist die Stiftungsbehörde. Oberste Rechtsaufsichtsbehörde ist in den Fällen des § 3 Abs. 1 das Ministerium, in dessen Geschäftsbereich der Zweck der Stiftung überwiegend fällt.

§ 21 – Zweckänderung, Zusammenlegung, Aufhebung

(1) § 14 Abs. 2 ist anzuwenden.

(2) Ist die Erfüllung des Stiftungszwecks unmöglich geworden, kann die Stiftungsbehörde den Stiftungszweck ändern oder die Stiftung aufheben.

(3) Ist die Erfüllung des Zwecks einer oder mehrerer Stiftungen unmöglich geworden, können sie von der Stiftungsbehörde mit einer fortbestehenden Stiftung zusammengelegt werden. Die Stiftungsbehörde kann die Satzung der aufnehmenden Stiftung ändern. Das Vermögen der aufgenommenen Stiftungen geht auf die aufnehmende Stiftung über.

(4) Ist die Erfüllung des Zwecks mehrerer Stiftungen unmöglich geworden, kann die Stiftungsbehörde die Stiftungen zu einer neuen rechtsfähigen Stiftung zusammenlegen. Die Stiftungsbehörde gibt der neuen Stiftung eine Satzung. Das Vermögen der zusammengelegten Stiftungen geht auf die neue Stiftung über.

VIERTER TEIL:
Besondere Arten von Stiftungen

1. Abschnitt: Kirchliche Stiftungen

§ 22 – Begriffsbestimmung

Kirchliche Stiftungen sind rechtsfähige Stiftungen, die

1. überwiegend kirchlichen Aufgaben, insbesondere dem Gottesdienst, der Verkündigung, der Wohlfahrtspflege, der Erziehung oder der Bildung zu dienen bestimmt sind und nach der Satzung der Aufsicht einer Kirche oder anderen Religionsgemeinschaft mit der Rechtsstellung einer Körperschaft des öffentlichen Rechts (Religionsgemeinschaft) unterstehen sollen oder

2. als kirchliche Stiftungen die Genehmigung oder die Verleihung der öffentlich-rechtlichen Rechtsfähigkeit erhalten haben, weil sich ihre Zwecke sinnvoll nur in organisatorischer Zuordnung zu einer Religionsgemeinschaft erfüllen lassen.

§ 23 – Geltende Rechtsvorschriften

Auf die kirchlichen Stiftungen finden die Vorschriften dieses Gesetzes Anwendung, soweit nachstehend nichts anderes bestimmt ist.

§ 24 – Entstehung

Der Antrag auf Anerkennung oder Verleihung der öffentlich-rechtlichen Rechtsfähigkeit kann für kirchliche Stiftungen nur von einer Religionsgemeinschaft gestellt werden. Kirchlichen Stiftungen wird die öffentlich-rechtliche Rechtsfähigkeit verliehen, wenn dies beantragt wird und wenn die Stiftungen öffentlichen Zwecken dienen.

§ 25 – Stiftungsverwaltung, Stiftungsaufsicht

(1) Für die Verwaltung und Beaufsichtigung kirchlicher Stiftungen gelten die von der Religionsgemeinschaft erlassenen Vorschriften. Sind solche nicht erlassen, sind die Vorschriften dieses Gesetzes mit der Maßgabe anzuwenden, daß die Aufgaben der Stiftungsbehörde insoweit durch die zuständige Behörde der Religionsgemeinschaft wahrgenommen werden.

(2) Für kirchliche Stiftungen, die für Zwecke des Gottesdienstes und der Verkündigung bestimmt sind, kann die Religionsgemeinschaft die nach § 81 Abs. 1 Satz 3 des Bürgerlichen Gesetzbuches und § 19 erforderlichen Satzungsbestimmungen ganz oder teilweise durch allgemeine Regelungen ersetzen.

(3) Die Stiftungsbehörde kann aus wichtigem Grund Auskünfte über die Vermögensverhältnisse sowie Nachweise über die ordnungsgemäße Verwaltung und Beaufsichtigung einer kirchlichen Stiftung verlangen, die nicht für Zwecke des Gottesdienstes und der Verkündigung bestimmt ist.

§ 26 – Zweckänderung, Zusammenlegung, Aufhebung, Vermögensanfall

(1) Die §§ 14 und 21 finden auf kirchliche Stiftungen, die für Zwecke des Gottesdienstes und der Verkündigung bestimmt sind, mit der Maßgabe Anwendung, daß die Aufgaben der Stiftungsbehörde insoweit durch die zuständige Behörde der Religionsgemeinschaft wahrgenommen werden und die getroffenen Maßnahmen der Stiftungsbehörde mitzuteilen sind. Bei anderen kirchli-

chen Stiftungen können die nach §§ 14 und 21 vorgesehenen Maßnahmen der Stiftungsbehörde nur im Einvernehmen mit der Religionsgemeinschaft getroffen werden.

(2) In den Vorschriften über den Vermögensanfall (§ 88 Satz 2 des Bürgerlichen Gesetzbuches und § 19) tritt an die Stelle des Fiskus des Landes die Religionsgemeinschaft oder die von ihr bestimmte juristische Person.

§ 27 – Stiftungsverzeichnis

Das Stiftungsverzeichnis wird für kirchliche Stiftungen bei der obersten Behörde der Religionsgemeinschaft geführt. § 4 Abs. 3, §§ 40 und 41 sind auf kirchliche Stiftungen nicht anzuwenden. Die Einsicht in das Stiftungsverzeichnis kirchlicher Stiftungen ist jedem gestattet, der ein berechtigtes Interesse glaubhaft macht.

§ 28 – Stiftungsbehörde

Stiftungsbehörde ist für kirchliche Stiftungen das Kultusministerium.

§ 29 – Rechtsstellung bestehender Stiftungen

(1) Stiftungen, die nach bisherigem Recht rechtsfähige kirchliche Stiftungen waren, und Anstalten, die nach bisherigem Recht als rechtsfähige kirchliche Stiftungen galten, sind kirchliche Stiftungen im Sinne dieses Gesetzes.

(2) Über die Eigenschaft einer bei Inkrafttreten dieses Gesetzes bestehenden Stiftung als kirchliche Stiftung entscheidet auf Antrag die Stiftungsbehörde im Einvernehmen mit dem Ministerium, in dessen Geschäftsbereich der Zweck der Stiftung überwiegend fällt. Antragsberechtigt sind die staatlichen und kirchlichen Behörden, die die Verwaltung der Stiftung oder die Aufsicht über die Stiftung beanspruchen, das vertretungsberechtigte Stiftungsorgan, der Stifter und seine Erben.

§ 30 – Stiftungen der Weltanschauungsgemeinschaften

Die Vorschriften dieses Abschnitts gelten auch für Stiftungen der Weltanschauungsgemeinschaften, die die Rechtsstellung einer Körperschaft des öffentlichen Rechts besitzen.

2. Abschnitt: Kommunale Stiftungen

§ 31

(1) Auf die Verwaltung und Wirtschaftsführung der örtlichen Stiftungen im Sinne des § 101 der Gemeindeordnung finden die Vorschriften der Gemeindeordnung Anwendung. Auf die Verwaltung und Wirtschaftsführung der übrigen kommunalen Stiftungen finden die für die kommunalen Körperschaften und Anstalten des öffentlichen Rechts geltenden Vorschriften Anwendung, bei denen sie errichtet sind.

(2) Im übrigen finden die Vorschriften dieses Gesetzes mit folgender Maßgabe Anwendung:

1. An die Stelle von § 8 Abs. 2 und 3, §§ 9 bis 13 und § 20 Abs. 2 bis 5 treten die für die kommunalen Körperschaften und Anstalten des öffentlichen Rechts geltenden Bestimmungen über die Aufsicht.

2. In den Vorschriften über den Vermögensanfall (§ 88 Satz 2 des Bürgerlichen Gesetzbuches und § 19) tritt an die Stelle des Fiskus des Landes die kommunale Körperschaft oder Anstalt des öffentlichen Rechts.

3. Bekanntmachungen nach §§ 16 und 19 werden, wenn das Landratsamt nach Nummer 4 Stiftungsbehörde ist, nach den für die öffentlichen Bekanntmachungen des Landkreises geltenden Bestimmungen durchgeführt. Ist der örtliche Wirkungskreis einer Stiftung nach ihrer Satzung auf eine Gemeinde begrenzt, kann die Bekanntmachung auch in der für die öffentliche Bekanntmachung von Satzungen dieser Gemeinde bestimmten Form durchgeführt werden.

4. Stiftungsbehörde im Sinne des § 3 Abs. 1 ist die Rechtsaufsichtsbehörde der Körperschaft oder Anstalt des öffentlichen Rechts, bei der die Stiftung errichtet ist.

3. Abschnitt: Fideikommißauflösungsstiftungen

§ 32

Die Vorschriften dieses Gesetzes gelten auch für Stiftungen, die aus Anlaß der Auflösung von Familienfideikommissen errichtet worden sind oder auf die sonst die aus Anlaß der Auflösung von Familienfideikommissen erlassenen Bestimmungen ganz oder teilweise Anwendung finden.

FÜNFTER TEIL:
Sonderregelung für den ehemals badischen Landesteil

§ 33 – Geltungsbereich

Die Bestimmungen dieses Teils gelten nur für Stiftungen im Sinne des badischen Stiftungsgesetzes in der Fassung vom 19. Juli 1918 (GVBl. S. 254), ausgenommen die kirchlichen Stiftungen nach §§ 3 und 5 des badischen Stiftungsgesetzes. Die Rechtsstellung der übrigen Stiftungen bleibt unberührt.

§ 34 – Weltliche Ortsstiftungen

(1) Weltliche Ortsstiftungen, die ausschließlich privaten Zwecken dienen, sind Stiftungen des bürgerlichen Rechts.

(2) Die übrigen weltlichen Ortsstiftungen, ausgenommen Stiftungen nach § 16 Abs. 1 des badischen Stiftungsgesetzes, sind rechtsfähige örtliche Stiftungen im Sinne des § 101 der Gemeindeordnung.

§ 35 – Weltliche Distrikts- und Landesstiftungen

(1) Die weltlichen Distrikts- und Landesstiftungen nach § 32 des badischen Stiftungsgesetzes und die Stiftungen nach § 16 Abs. 1 des badischen Stiftungsgesetzes werden ein Jahr nach Inkrafttreten dieses Gesetzes Stiftungen des bürgerlichen Rechts. Sie können bis zum Ablauf von sechs Monaten nach Inkrafttreten dieses Gesetzes bei der Stiftungsbehörde beantragen, die Rechtsstellung einer Stiftung des öffentlichen Rechts zu behalten. Liegen die Voraussetzungen der Verleihung der öffentlich-rechtlichen Rechtsfähigkeit nach diesem Gesetz vor, kann die Stiftungsbehörde feststellen, daß die Stiftung die Rechtsstellung einer Stiftung des öffentlichen Rechts behält.

(2) Von der Umwandlung nach Absatz 1 Satz 1 ausgenommen bleiben die folgenden Stiftungen:

1. Vereinigte Studienstiftungenverwaltung der Universität Freiburg

2. Vereinigte Studienstiftungenverwaltung der Universität Heidelberg

3. Unterländer Studienfonds Heidelberg

4. Orthopädische Klinik und Poliklinik der Universität Heidelberg

5. Vereinigte Stiftungen der Universitätskinderklinik Heidelberg

6. Zähringer Stiftung Karlsruhe.

(3) Kreisstiftungen nach § 33 des badischen Stiftungsgesetzes, die ausschließlich privaten Zwecken dienen, sind Stiftungen des bürgerlichen Rechts. Die Verwaltung und Wirtschaftsführung der übrigen Kreisstiftungen nach § 33 des badischen Stiftungsgesetzes richtet sich nach § 31 Abs. 1 Satz 2.

§ 36 – Sonstige Stiftungen

Sonstige Stiftungen sind Stiftungen des bürgerlichen Rechts.

§ 37 – Verwaltung

Bis zur Genehmigung nach § 39 Abs. 2 Satz 4 werden die Stiftungen im Sinne des § 33 von den bestehenden Stiftungsorganen verwaltet.

§ 38 – Freistellung von Abgaben und Kosten

Für Rechtshandlungen, die bei der Durchführung dieses Teils notwendig werden, werden Abgaben und Kosten des Landes und der seiner Aufsicht unterstehenden juristischen Personen des öffentlichen Rechts, insbesondere Kosten nach dem Gerichtskostengesetz und der Kostenordnung, einschließlich der Beurkundungs- und Beglaubigungsgebühren, nicht erhoben.

SECHSTER TEIL:
Schlussbestimmungen

§ 39 – Bestehende Stiftungen

(1) Auf bestehende Stiftungen finden die Vorschriften dieses Gesetzes Anwendung.

(2) Stiftungen, die keine Satzung oder eine nicht den Vorschriften dieses Gesetzes entsprechende Satzung haben, sind verpflichtet, den Stiftungsbehörden innerhalb eines Jahres, kirchliche Stiftungen innerhalb von zwei Jahren, nach Inkrafttreten dieses Gesetzes eine Satzung vorzulegen, die mit den Vorschriften dieses Gesetzes übereinstimmt. Zuständig für den Beschluß über den Erlaß oder die Änderung der Satzung sind die in der Satzung oder dem Stiftungsgeschäft bestimmten Organe. Fehlt eine solche Satzungsbestimmung, ist das oberste Beschlußorgan der Stiftung zuständig. Die Satzung bedarf der Genehmigung der Stiftungsbehörde. Die Genehmigung gilt als erteilt, wenn die Stiftungsbehörde die Satzung nicht innerhalb von sechs Monaten beanstandet.

(3) Rechte und Pflichten, die sich aus den bei Inkrafttreten dieses Gesetzes bestehenden Verträgen mit den Kirchen ergeben, bleiben von den Vorschriften dieses Gesetzes unberührt.

§ 40 – Anzeige bestehender Stiftungen zum Stiftungsverzeichnis

Bestehende Stiftungen haben dem nach § 4 Abs. 1 zuständigen Regierungspräsidium bis zum Ablauf eines Jahres nach Inkrafttreten dieses Gesetzes anzuzeigen

1. Name,

2. Sitz,

3. Zweck,

4. Vertretungsberechtigung und Zusammensetzung der vertretungsberechtigten Organe der Stiftung und

5. soweit dies möglich ist, Tag der Verleihung der Rechtsfähigkeit und verleihende Stelle.

§ 41 – Ordnungswidrigkeiten

(1) Ordnungswidrig handelt, wer vorsätzlich oder fahrlässig eine Anzeige nach § 9 Abs. 2 Nr. 1 nicht, nicht richtig, nicht vollständig oder nicht rechtzeitig erstattet.

(2) Die Ordnungswidrigkeit kann mit einer Geldbuße geahndet werden.

(3) Verwaltungsbehörde im Sinne des § 36 Abs. 1 Nr. 1 des Gesetzes über Ordnungswidrigkeiten ist das Regierungspräsidium.

§ 42 – Änderung des württembergischen Gesetzes über die Kirchen

(Änderungsanweisungen)

§ 43 – Änderung der Gemeindeordnung

(Änderungsanweisungen)

§ 44 – Änderung des Baden-Württembergischen Ausführungsgesetzes zum Bürgerlichen Gesetzbuch

(Änderungsanweisungen)

§ 45 – Aufhebung von Vorschriften

(Aufhebungsanweisungen)

§ 46 – Inkrafttreten

Dieses Gesetz tritt am Tage nach seiner Verkündung in Kraft.

4.2 Bayerisches Stiftungsgesetz (BayStG) in der Fassung der Bekanntmachung vom 26. September 2008 (GVBl 2008, 834)

INHALTSVERZEICHNIS

Erster Abschnitt:
Allgemeine Bestimmungen

Art. 1

(1) Dieses Gesetz gilt für Stiftungen, die nach ihrer Satzung ihren Sitz im Freistaat Bayern haben.

(2) Stiftungen im Sinn dieses Gesetzes sind die rechtsfähigen Stiftungen des bürgerlichen Rechts und des öffentlichen Rechts.

(3) [1]Stiftungen des öffentlichen Rechts im Sinn dieses Gesetzes sind Stiftungen, die ausschließlich öffentliche Zwecke verfolgen und mit dem Staat, einer Gemeinde, einem Gemeindeverband oder einer sonstigen unter der Aufsicht des Staates stehenden Körperschaft oder Anstalt des öffentlichen Rechts in einem organischen Zusammenhang stehen, der die Stiftung selbst zu einer öffentlichen Einrichtung macht. [2]Als öffentliche Zwecke gelten die der Religion, der Wissenschaft, der Forschung, der Bildung, dem Unterricht, der Erziehung, der Kunst, der Denkmalpflege, der Heimatpflege, dem Schutz der natürlichen Lebensgrundlagen, dem Sport, den sozialen Aufgaben oder sonst dem Gemeinwohl dienenden Zwecke.

(4) Stiftungen des öffentlichen Rechts sind ferner kirchliche Stiftungen (Art. 21 Abs. 1), die ausschließlich kirchliche Zwecke verfolgen und mit einer Kirche im Sinn des Art. 21, einer kirchlichen Körperschaft des öffentlichen Rechts im Sinn des Art. 26a des Kirchensteuergesetzes oder einer sonstigen Körperschaft im Sinn des Art. 24 in einem organischen Zusammenhang entsprechend Abs. 3 Satz 1 stehen.

Art. 2

(1) Die Achtung vor dem Stifterwillen ist oberste Richtschnur bei der Handhabung dieses Gesetzes.

(2) Die Stiftungen haben ein Recht auf ihren Bestand und ihren Namen.

1. Titel:
Entstehung der Stiftungen, Stiftungsverzeichnis

Art. 3

(1) Die Entstehung einer Stiftung des bürgerlichen Rechts bestimmt sich nach den §§ 80 bis 84 des Bürgerlichen Gesetzbuchs (BGB).

(2) [1]Eine Stiftung des öffentlichen Rechts entsteht, soweit sie nicht durch Gesetz errichtet wird, durch das Stiftungsgeschäft und die Anerkennung in entsprechender Anwendung der §§ 80 bis 84 BGB . [2]Unbeschadet der Voraussetzungen des Satzes 1 ist die Anerkennung nur zu erteilen, wenn das Stiftungsgeschäft oder die Satzung diesem Gesetz nicht widerspricht. [3]Der Anerkennung bedarf es nicht, wenn der Freistaat Bayern Stifter oder Mitstifter ist.

(3) Die zur Entstehung einer Stiftung erforderliche Anerkennung erteilt die Regierung, in deren Bezirk die Stiftung ihren Sitz haben soll (Anerkennungsbehörde).

Art. 4

(1) Das Landesamt für Statistik und Datenverarbeitung führt ein allgemein zugängliches Verzeichnis der rechtsfähigen Stiftungen mit Sitz in Bayern mit Ausnahme der kirchlichen Stiftungen (Stiftungsverzeichnis).

(2) [1]In das Stiftungsverzeichnis ist jede Stiftung mit folgenden Angaben einzustellen:

1. Name der Stiftung,

2. Rechtsstellung und Art,

3. Sitz,

4. Zweck,

5. Stiftungsorgane,

6. gesetzliche Vertretung,

7. Name des Stifters,

8. Zeitpunkt des Entstehens und des Erlöschens,

9. Anschrift der Stiftungsverwaltung.

[2]Auf Antrag des Stifters ist auf die Angabe seines Namens zu verzichten.

[3]Änderungen zu Satz 1 Nr. 9 haben die Stiftungen der Genehmigungsbehörde unverzüglich mitzuteilen.

2. Titel:
Satzung der Stiftungen

Art. 5

(1) Jede Stiftung muss eine Satzung haben.

(2) Der notwendige Inhalt der Satzung einer Stiftung des bürgerlichen Rechts richtet sich nach § 81 Abs. 1 Satz 3 BGB.

(3) [1]Bei Stiftungen des öffentlichen Rechts gilt Abs. 2 mit der Maßgabe, dass die Satzung auch Regelungen zu enthalten hat über:

1. Rechtsstellung und Art der Stiftung,

2. Bildung, Zusammensetzung und Aufgaben von Stiftungsorganen.

[2]Im Übrigen finden auf die Stiftungen des öffentlichen Rechts die Vorschriften der §§ 26 , 27 Abs. 3 , § 28 Abs. 1 und § 30 BGB entsprechende Anwendung, die Vorschriften des § 27 Abs. 3 und des § 28 Abs. 1 jedoch nur insoweit, als sich nicht aus diesem Gesetz oder der Satzung ein anderes ergibt.

(4) [1]Die Änderung der Stiftungssatzung bedarf der Genehmigung durch die Anerkennungsbehörde. [2]Art. 3 Abs. 2 Satz 3 gilt entsprechend.

3. Titel:
Verwaltung der Stiftungen

Art. 6

(1) [1]Das Vermögen der Stiftung ist sicher und wirtschaftlich zu verwalten. [2]Es ist vom Vermögen anderer Rechtsträger getrennt zu halten. [3]Es darf unter keinem Vorwand dem Vermögen des Staates, einer Gemeinde, eines Gemeindeverbands oder einer sonstigen Körperschaft oder Anstalt des öffentlichen Rechts einverleibt werden. [4]Der Anfall des Vermögens aufgehobener Stiftungen wird dadurch nicht berührt.

(2) Das Vermögen, das der Stiftung zugewendet wurde, um aus seiner Nutzung den Stiftungszweck dauernd und nachhaltig zu erfüllen (Grundstockvermögen), ist ungeschmälert zu erhalten.

(3) [1]Erträge des Vermögens der Stiftung und zum Verbrauch bestimmte Zuwendungen dürfen nur zur Erfüllung des Stiftungszwecks verwendet werden. [2]Die Zuführung von Erträgen zum Grundstockvermögen, um dieses in seinem Wert zu erhalten, bleibt hiervon unberührt.

Art. 7

[1]Die Mitglieder der Stiftungsorgane sind zur gewissenhaften und sparsamen Verwaltung der Stiftung verpflichtet. [2]Soweit nicht die Stiftungssatzung ein anderes bestimmt, sind ehrenamtlich tätige Organmitglieder nur bei vorsätzlicher oder grob fahrlässiger Verletzung ihrer Obliegenheiten der Stiftung zum Schadensersatz verpflichtet. [3]Sind für den entstehenden Schaden mehrere Organmitglieder nebeneinander verantwortlich, so haften sie als Gesamtschuldner.

4. Titel:
Umwandlung des Zwecks und Erlöschen von Stiftungen

Art. 8

(1) [1]Für die Umwandlung des Zwecks und das Erlöschen der Stiftungen des bürgerlichen Rechts gelten §§ 87 und 88 BGB . [2]Auf die Stiftungen des öffentlichen Rechts finden diese Bestimmungen entsprechende Anwendung, § 88 Satz 3 BGB mit der Maßgabe, dass § 46 BGB auch dann entsprechend anzuwenden ist, wenn das Vermögen der Stiftung nicht an den Fiskus fällt.

(2) Der Stifter ist vor einer Aufhebung der Stiftung oder Umwandlung des Zwecks zu hören.

(3) [1]Die Aufhebung von Stiftungen kann auch in der Weise erfolgen, dass mehrere Stiftungen gleicher Art, bei denen eine der in § 87 Abs. 1 BGB genannten Voraussetzungen vorliegt, zusammengelegt werden. [2]Die neue Stiftung erlangt mit der Zusammenlegung die Rechtsfähigkeit. [3]Im Fall der Aufhebung der neuen Stiftung leben die zusammengelegten Stiftungen nicht wieder auf.

(4) [1]Die Aufhebung einer Stiftung, bei der eine der in § 87 Abs. 1 BGB genannten Voraussetzungen vorliegt, kann auch in der Weise erfolgen, dass sie einer Stiftung gleicher Art zugelegt wird. [2]Die Zulegung ist nur zulässig, wenn die aufnehmende Stiftung zustimmt und die Erfüllung ihres Zwecks nicht beeinträchtigt wird.

(5) Zuständige Behörde im Sinn des § 87 BGB ist die Anerkennungsbehörde.

Art. 9

[1]Ist für den Fall des Erlöschens einer Stiftung kein Anfallsberechtigter bestimmt, so fällt das Vermögen einer kommunalen Stiftung (Art. 20) an die entsprechende Gebietskörperschaft, das einer kirchlichen Stiftung (Art. 21) an die entsprechende Kirche, im Übrigen an den Fiskus. [2]Das angefallene Vermögen ist tunlichst in einer dem Stiftungszweck entsprechenden Weise zu verwenden. [3]Nach Möglichkeit ist es einer anderen Stiftung mit ähnlicher Zweckbestimmung zuzuführen. [4]Dabei ist die soziale und bekenntnismäßige Bindung der erloschenen Stiftung zu berücksichtigen.

Zweiter Abschnitt:
Stiftungsaufsicht

Art. 10

(1) [1]Zu ihrem Schutz unterstehen Stiftungen, die öffentliche Zwecke (Art. 1 Abs. 3 Satz 2) verfolgen, mit Ausnahme der staatlich verwalteten Stiftungen der Rechtsaufsicht des Staates (Stiftungsaufsicht); der Vierte Abschnitt dieses Gesetzes bleibt unberührt. [2]Stiftungsaufsichtsbehörden sind die Regierungen.

(2) [1]Als oberste Stiftungsaufsichtsbehörden sind zuständig

1. das Staatsministerium für Wissenschaft, Forschung und Kunst für Stiftungen, die der Wissenschaft, der Forschung, der Kunst, der Denkmalpflege oder der Heimatpflege gewidmet sind,

2. das Staatsministerium für Unterricht und Kultus für Stiftungen, die der Religion, der Bildung, dem Unterricht, der Erziehung oder dem Sport gewidmet sind,

3. das Staatsministerium des Innern für alle übrigen Stiftungen.

[2]Verfolgt eine Stiftung verschiedene Zwecke, so entscheidet der überwiegende öffentliche Zweck der Stiftung.

(3) [1]Der von den obersten Stiftungsaufsichtsbehörden gebildete Landesausschuss für das Stiftungswesen hat die Aufgabe, diese und die Stiftungsaufsichtsbehörden zu beraten. [2]Außerdem obliegt ihm die Förderung und Pflege des Stiftungswesens.

Art. 11

Die Stiftungsaufsichtsbehörden sollen die Stiftungen bei der Erfüllung ihrer Aufgaben verständnisvoll beraten, fördern und schützen sowie die Entschlusskraft und die Selbstverantwortung der Stiftungsorgane stärken.

Art. 12

(1) [1]Die Stiftungsaufsichtsbehörde überwacht die ordnungsmäßige und rechtzeitige Ausstattung der Stiftung. [2]Sie achtet darauf, dass die Angelegenheiten der Stiftung in Übereinstimmung mit dem Gesetz und der Stiftungssatzung besorgt werden.

[3]Dabei überprüft sie insbesondere die Erhaltung des Grundstockvermögens sowie die bestimmungsgemäße Verwendung seiner Erträge und zum Verbrauch bestimmter Zuwendungen.

(2) Der Stiftungsaufsichtsbehörde sind die Zusammensetzung der Organe der Stiftung und etwaige Änderungen unverzüglich mitzuteilen.

(3) [1]Die Stiftungsaufsichtsbehörde ist befugt, sich über alle Angelegenheiten der Stiftung zu unterrichten. [2]Sie kann insbesondere Anstalten und Einrichtungen der Stiftung besichtigen, die Geschäfts- und Kassenführung prüfen oder bei größerem Umfang prüfen lassen sowie Berichte und Akten einfordern.

(4) Die Stiftungsaufsichtsbehörde kann rechtswidriges Verhalten der Stiftungsorgane beanstanden und dessen Unterlassen bzw. die Vornahme der erforderlichen Maßnahmen verlangen.

Art. 13

[1]Hat ein Mitglied eines Stiftungsorgans sich einer groben Pflichtverletzung schuldig gemacht oder ist es zur ordnungsmäßigen Geschäftsführung unfähig, so kann die Stiftungsaufsichtsbehörde die Abberufung dieses Mitglieds und die Bestellung eines neuen verlangen. [2]Sie kann gleichzeitig oder später dem Mitglied die Wahrnehmung seiner Organrechte einstweilen untersagen und einen vorläufigen Vertreter bestellen, sofern nicht § 29 BGB anzuwenden ist. [3]Diese Bestimmungen finden keine Anwendung auf Stiftungen, deren Verwaltung von einer öffentlichen Behörde geführt wird.

Art. 14

(1) [1]Das zur Vertretung der Stiftung allgemein zuständige Organ kann Rechtsgeschäfte im Namen der Stiftung mit sich im eigenen Namen oder als Vertre-

ter eines Dritten nicht vornehmen, es sei denn, dass das Rechtsgeschäft ausschließlich in der Erfüllung einer Verbindlichkeit besteht. [2]Die Stiftungsaufsichtsbehörde hat für solche Rechtsgeschäfte jeweils einen besonderen Vertreter zu bestellen.

(2) Das zur Vertretung allgemein zuständige Organ kann von den Beschränkungen des Abs. 1 Satz 1 durch die Stiftungssatzung allgemein oder für den Einzelfall befreit werden.

Art. 15

[1]Die Stiftungsaufsichtsbehörde ist befugt, im Namen der Stiftung Ansprüche gegen Mitglieder der Stiftungsorgane gerichtlich geltend zu machen, sofern dies nicht binnen angemessener Frist durch das zuständige Organ der Stiftung selbst geschieht. [2]Art. 13 Satz 3 gilt entsprechend.

Art. 16

(1) [1]Die Stiftungen sind zu einer ordnungsgemäßen Buchführung verpflichtet. [2]Die Buchführungsart können sie im Rahmen der gesetzlichen Bestimmungen selbst wählen. [3]Vor Beginn eines jeden Geschäftsjahres sollen die Stiftungen einen Voranschlag aufstellen, der die Grundlage für die Verwaltung aller Einnahmen und Ausgaben bildet. [4]Innerhalb von sechs Monaten nach Ablauf des Geschäftsjahres sind ein Rechnungsabschluss und eine Vermögensübersicht (Jahresrechnung) zu erstellen und mit einem Bericht über die Erfüllung des Stiftungszwecks der Stiftungsaufsichtsbehörde vorzulegen.

(2) [1]Die Stiftungsaufsichtsbehörde hat die Jahresrechnung zu prüfen. [2]Die Prüfung kann sich auf Stichproben beschränken, wenn auf Grund vorausgegangener Prüfungen eine umfassende Prüfung nicht erforderlich erscheint. [3]Die Stiftungsaufsichtsbehörde kann bei Stiftungen, die jährlich im Wesentlichen gleichbleibende Einnahmen und Ausgaben aufweisen, die Prüfung der Jahresrechnungen für mehrere Jahre zusammenfassen. [4]Sie kann für höchstens drei Jahre von einer Vorlage der Unterlagen durch die Stiftung nach Abs. 1 Satz 4 sowie einer Prüfung der Jahresrechnungen nach Satz 1 absehen, wenn die Prüfung der Jahresrechnungen in mindestens fünf aufeinanderfolgenden Jahren keine Beanstandung ergeben hat. [5]Ergibt auch die anschließende Rechnungsprüfung keine Beanstandung, findet Satz 4 entsprechende Anwendung.

(3) [1]Wird eine Jahresrechnung durch verwaltungseigene Stellen der staatlichen Rechnungsprüfung, einen Prüfungsverband, einen Wirtschaftsprüfer oder einen vereidigten Buchprüfer geprüft, so muss sich die Prüfung auch auf

die Erhaltung des Grundstockvermögens und die bestimmungsgemäße Verwendung seiner Erträge und zum Verbrauch bestimmter Zuwendungen erstrecken. [2]Der Prüfungsbericht ist der Stiftungsaufsichtsbehörde vorzulegen. [3]In diesem Fall sieht die Stiftungsaufsichtsbehörde von einer eigenen Prüfung der Jahresrechnung ab.

(4) [1]Die Stiftungsaufsichtsbehörde kann verlangen, dass eine Stiftung einen Prüfungsverband, einen Wirtschaftsprüfer oder einen vereidigten Buchprüfer mit der Durchführung einer Prüfung im Sinn des Abs. 3 beauftragt. [2]Abs. 2 Sätze 4 und 5 finden entsprechende Anwendung.

Art. 17

Ist das Vermögen einer Stiftung so erheblich geschwächt, dass die nachhaltige Erfüllung des Stiftungszwecks beeinträchtigt wird, so kann die Stiftungsaufsichtsbehörde anordnen, dass der Ertrag des Stiftungsvermögens ganz oder teilweise so lange anzusammeln ist, bis die Stiftung wieder leistungsfähig geworden ist.

Art. 18

[1]Kommen die Stiftungsorgane binnen einer ihnen gesetzten angemessenen Frist den Anordnungen der Stiftungsaufsichtsbehörde nicht nach, kann diese die Anordnungen mit Zwangsmitteln vollstrecken. [2]Art. 29 bis 39 des Bayerischen Verwaltungszustellungs- und Vollstreckungsgesetzes finden Anwendung.

Art. 19

Der Genehmigung der Stiftungsaufsichtsbehörde bedürfen

1. die Annahme von Zustiftungen, die mit einer Last verknüpft sind, oder die einem anderen Zweck als die Stiftung dienen sollen,

2. der Abschluss von Bürgschaftsverträgen und verwandten Rechtsgeschäften, die ein Einstehen der Stiftung für fremde Schuld zum Gegenstand haben,

3. Rechtsgeschäfte, an denen ein Mitglied eines Stiftungsorgans persönlich oder als Vertreter eines Dritten beteiligt ist, es sei denn, die Stiftung wird durch einen besonderen Vertreter nach Art. 14 Abs. 1 Satz 2 vertreten, das Rechtsgeschäft besteht ausschließlich in der Erfüllung einer Verbindlichkeit oder die Stiftung erlangt dadurch lediglich einen rechtlichen Vorteil.

Dritter Abschnitt:
Kommunale Stiftungen

Art. 20

(1) Örtliche, kreiskommunale und bezirkskommunale Stiftungen (kommunale Stiftungen) sind solche, deren Zweck im Rahmen der jeweiligen kommunalen Aufgaben liegt und nicht wesentlich über den räumlichen Umkreis der Gebietskörperschaft hinausreicht.

(2) Die Vertretung und Verwaltung der kommunalen Stiftungen obliegt, soweit nicht durch Satzung anderes bestimmt ist, den für die Vertretung und Verwaltung der Gemeinden, Landkreise und Bezirke zuständigen Organen.

(3) [1]Für die von Gemeinden, Landkreisen und Bezirken verwalteten kommunalen Stiftungen gelten vom Ersten Abschnitt dieses Gesetzes nur die Art. 1 bis 6, 8 und 9. [2]Vom Zweiten Abschnitt dieses Gesetzes gelten für diese Stiftungen nur die Art. 10 Abs. 1 und 2, Art. 11, 12, 14, 17, 18 und 19 Nrn. 1 und 3 mit der Maßgabe, dass an die Stelle der Stiftungsaufsichtsbehörde die Rechtsaufsichtsbehörde tritt. [3]Für diese Stiftungen gelten im Übrigen die Vorschriften über die Gemeindewirtschaft, die Landkreiswirtschaft und die Bezirkswirtschaft mit Ausnahme des Art. 62 Abs. 1 und der Art. 77 bis 85 der Gemeindeordnung, des Art. 56 Abs. 1 und der Art. 71 bis 73 der Landkreisordnung und des Art. 54 Abs. 1 und der Art. 69 bis 71 der Bezirksordnung entsprechend.

Vierter Abschnitt:
Kirchliche Stiftungen

Art. 21

(1) [1]Kirchliche Stiftungen im Sinn dieses Gesetzes sind Stiftungen, die ausschließlich oder überwiegend kirchlichen Zwecken der katholischen, der evangelisch-lutherischen oder der evangelisch-reformierten Kirche gewidmet sind und nach dem tatsächlichen oder mutmaßlichen Willen des Stifters der Aufsicht der betreffenden Kirche unterstellt sein sollen. [2]Kirchliche Stiftungen sind insbesondere die ortskirchlichen Stiftungen und die Pfründestiftungen.

(2) Eine Stiftung wird nicht schon dadurch zu einer kirchlichen, dass ein kirchlicher Amtsträger als Stiftungsorgan bestellt ist oder dass satzungsgemäß nur Angehörige einer bestimmten Konfession von der Stiftung begünstigt werden.

Art. 22

(1) Eine kirchliche Stiftung ist auf Antrag der betreffenden Kirche als rechtsfähig anzuerkennen, wenn die dauernde und nachhaltige Erfüllung des Stiftungszwecks durch das Vermögen der Stiftung gesichert erscheint oder von der betreffenden Kirche gewährleistet wird.

(2) Kirchliche Stiftungen dürfen nur mit Zustimmung der betreffenden Kirche anerkannt, umgewandelt oder aufgehoben werden.

(3) [1]Im Übrigen finden auf die kirchlichen Stiftungen die Vorschriften des Ersten Abschnitts dieses Gesetzes Anwendung; in Art. 3 Abs. 3 tritt an die Stelle der Regierung das Staatsministerium für Unterricht und Kultus, in Art. 5 Abs. 4 Satz 1 an die Stelle der Anerkennungsbehörde die zuständige kirchliche Behörde. [2]Die Ergänzung der Satzung einer kirchlichen Stiftung bei ihrer Anerkennung bedarf der Zustimmung der zuständigen kirchlichen Behörde. [3]Art. 8 findet mit der Maßgabe Anwendung, dass auf Antrag der betreffenden Kirche eine Zusammenlegung oder Zulegung von kirchlichen Stiftungen des öffentlichen Rechts auch erfolgen kann, wenn die Voraussetzungen des § 87 Abs. 1 BGB nicht erfüllt sind.

Art. 23

(1) [1]Die kirchlichen Stiftungen unterstehen der Aufsicht der betreffenden Kirche. [2]Der Erlass allgemeiner Vorschriften über Namen, Sitz, Zweck, Vertretung, Verwaltung und Beaufsichtigung kirchlicher Stiftungen ist Aufgabe der Kirchen.

(2) Die bestehenden Vorschriften über die staatliche Betreuung kirchlicher Gebäude im Rahmen einer dem Staat obliegenden Baupflicht bleiben unberührt.

Art. 24

Die Vorschriften dieses Titels gelten in gleicher Weise für die entsprechenden Stiftungen der israelitischen Kultusgemeinden, der sonstigen Religionsgemeinschaften und der weltanschaulichen Gemeinschaften, sofern sie Körperschaften des öffentlichen Rechts in Bayern sind.

Fünfter Abschnitt:
Schluss- und Übergangsbestimmungen

Art. 25

(1) Stiftungen, die bisher rechtsfähig waren, behalten ihre Rechtsstellung bei.

(2) Ist die Rechtsstellung oder die Art einer Stiftung strittig, so entscheidet das nach Art. 10 Abs. 2 zuständige Staatsministerium, im Zweifel das Staatsministerium des Innern.

(3) Stiftungen, die nach *Art. 5 Abs. 4 der Kirchengemeindeordnung vom 24. September 1912 (GVBl S. 911)* bisher durch kirchliche Organe verwaltet wurden, gelten weiterhin als kirchliche Stiftungen im Sinn dieses Gesetzes.

(4) Ausschließlich oder überwiegend kirchlichen oder religiösen Zwecken der katholischen, der evangelisch-lutherischen oder der evangelisch-reformierten Kirche gewidmete Stiftungen, welche bis zum 1. Januar 1996 satzungsgemäß von einer Behörde des Staates, einer Gemeinde oder eines Gemeindeverbands zu verwalten sind, gelten weiterhin nicht als kirchliche Stiftungen.

Art. 26

Die Vorschriften dieses Gesetzes können durch die Satzung einer Stiftung weder eingeschränkt noch ausgeschlossen werden, soweit dies nicht in diesem Gesetz ausdrücklich zugelassen ist.

Art. 27

Mit Ausnahme der Maßnahmen nach Art. 12 Abs. 3, Art. 13, 15 und 18 sowie der Rechnungsprüfung nach Art. 16 Abs. 2 sind Amtshandlungen bei Stiftungen, die überwiegend öffentliche Zwecke (Art. 1 Abs. 3 Satz 2) verfolgen, nach diesem Gesetz kostenfrei.

Art. 28

Die obersten Stiftungsaufsichtsbehörden (Art. 10 Abs. 2 Satz 1) werden ermächtigt, durch Rechtsverordnung

1. das Verfahren bei der Anerkennung von Stiftungen, der Genehmigung von Satzungsänderungen sowie Rechtsgeschäften nach Art. 19 zu regeln,

2. die Mitwirkungspflichten der Stiftungen bei der Rechnungsprüfung nach Art. 16, insbesondere die vorzulegenden Nachweise und Belege festzulegen,

3. die Berufung und die Zusammensetzung des Landesausschusses für das Stiftungswesen zu bestimmen.

Art. 29

(1) Dieses Gesetz tritt am 1. Januar 1955 in Kraft.

(2) [1](Satz 1 gegenstandslos). [2]Die übrigen bisher geltenden Vorschriften über die Auflösung und das Erlöschen der Fideikommisse und sonstiger gebundener Vermögen und über den Waldschutz bei der Fideikommissauflösung bleiben unberührt.

(3) [1]Bestehende Verpflichtungen zur Leistung besonderer Reichnisse in Geld oder Naturalien an Geistliche oder an weltliche Kirchendiener bleiben bis zu deren Ablösung unberührt. [2]Für die Ablösung ist der zu diesem Zeitpunkt geltende Kapitalisierungsfaktor des Bewertungsgesetzes in der Fassung der Bekanntmachung vom 1. Februar 1991 (BGBl I S. 230) in der jeweils geltenden Fassung maßgeblich.

4.3 Berliner Stiftungsgesetz (StiftG Bln) vom 11. März 1960 (GVBl 1960, 228) in der Fassung vom 22. Juli 2003 (GVBl 2003, 293)

§ 1

Stiftungen im Sinne dieses Gesetzes sind die rechtsfähigen Stiftungen des bürgerlichen Rechts, die ihren Sitz in Berlin haben.

§ 2

(1) Die zur Entstehung einer Stiftung nach § 80 des Bürgerlichen Gesetzbuches erforderliche Anerkennung erfolgt durch die Senatsverwaltung für Justiz. Sie ist Aufsichtsbehörde im Sinne dieses Gesetzes und trifft auch die in § 87 des Bürgerlichen Gesetzbuches vorgesehenen Entscheidungen.

(2) Die Entstehung und die Aufhebung einer Stiftung sind von der Aufsichtsbehörde im Amtsblatt für Berlin zu veröffentlichen. Bei der Entstehung einer Stiftung umfasst die Veröffentlichung auch die Angabe des Stiftungszwecks.

§ 3

Das Stiftungsvermögen ist in seinem Bestand ungeschmälert zu erhalten. Das Stiftungsgeschäft oder die Satzung kann Ausnahmen zulassen.

§ 4

(1) Sieht die Satzung einer Stiftung neben dem Vorstand weitere Organe vor, so hat sie Regelungen über deren Bildung, Aufgaben und Befugnisse zu enthalten.

(2) Fehlen einem Organ Mitglieder, die zur Erfüllung seiner gesetzlichen oder satzungsmäßigen Aufgaben erforderlich sind, so kann die Aufsichtsbehörde bis zur Behebung des Mangels Ersatzmitglieder bestellen; sie ist dabei nicht an die Zahl der satzungsgemäß vorgesehenen Mitglieder gebunden.

(3) Die Aufsichtsbehörde kann den Ersatzmitgliedern bei der Bestellung oder später eine angemessene Vergütung bewilligen, wenn das Vermögen der Stiftung sowie der Umfang und die Bedeutung der zu erledigenden Aufgaben dies rechtfertigen. Die Vergütung kann jederzeit für die Zukunft geändert oder entzogen werden.

§ 5

(1) Die nach der Satzung zuständigen Organe können die Änderung der Satzung, die Aufhebung der Stiftung oder ihre Zusammenlegung mit einer anderen Stiftung beschließen. Dabei soll der vom Stifter im Stiftungsgeschäft oder in der Satzung zum Ausdruck gebrachte Wille berücksichtigt werden. Der Beschluss bedarf der Genehmigung der Aufsichtsbehörde.

(2) Die Aufhebung, die Zusammenlegung mit einer anderen Stiftung oder die Änderung des Zwecks kann nur beschlossen werden, wenn es wegen wesentlicher Änderung der Verhältnisse angezeigt erscheint, sofern das Stiftungsgeschäft oder die Satzung keine andere Regelung enthält.

(3) Im Falle der Zusammenlegung verschmelzen die zusammengelegten Stiftungen zu einer neuen Stiftung; diese erlangt Rechtsfähigkeit mit Genehmigung des Zusammenlegungsbeschlusses. Das Vermögen einschließlich der Verbindlichkeiten der zusammengelegten Stiftungen geht mit der Genehmigung auf die neue Stiftung über.

§ 6

Mit dem Erlöschen einer Stiftung fällt das Vermögen, soweit das Stiftungsgeschäft, die Satzung oder der Beschluss über die Aufhebung nichts anderes bestimmt, an das Land Berlin.

§ 7

(1) Die Stiftungen unterliegen der Staatsaufsicht Berlins.

(2) Die Staatsaufsicht hat die Rechtmäßigkeit der Verwaltung zu überwachen. Sie wird von der Aufsichtsbehörde geführt.

§ 8

(1) Die Mitglieder des Vertretungsorgans einer Stiftung sind verpflichtet, der Aufsichtsbehörde

1. unverzüglich die jeweilige Zusammensetzung der Organe der Stiftung einschließlich der Verteilung der Ämter innerhalb der Organe anzuzeigen, zu belegen und die jeweiligen Anschriften der Stiftung und der Mitglieder des Vertretungsorgans mitzuteilen,

2. einen Jahresbericht, der aus einem Bericht über die Erfüllung des Stiftungszwecks und entweder einer Jahresabrechnung mit einer Vermögensübersicht oder einem Prüfungsbericht nach Absatz 2 besteht, einzureichen; dies

soll innerhalb von vier Monaten nach Schluss des Geschäftsjahres geschehen, bei Einreichung eines Prüfungsberichts innerhalb von acht Monaten. Die Jahresberichte müssen den Anforderungen der Aufsichtsbehörde entsprechen.

(2) Werden Stiftungen durch eine Behörde der öffentlichen Verwaltung, einen Prüfungsverband, einen öffentlich bestellten Wirtschaftsprüfer oder eine anerkannte Wirtschaftsprüfungsgesellschaft geprüft, so ist anstelle der Jahresabrechnung und der Vermögensübersicht der Prüfungsbericht einzureichen. Die Aufsichtsbehörde kann verlangen, dass sich eine Stiftung nach Satz 1 prüfen lässt. Der Prüfungsauftrag ist auch auf die Erhaltung des Stiftungsvermögens und die satzungsgemäße Verwendung der Stiftungsmittel zu erstrecken. Das Ergebnis der Prüfung ist in einem Abschlussvermerk des Prüfers festzustellen. In diesem Fall bedarf es keiner nochmaligen Prüfung durch die Aufsichtsbehörde.

(3) Erfolgt keine Prüfung nach Absatz 2, prüft die Aufsichtsbehörde die Erhaltung des Stiftungsvermögens und die satzungsgemäße Verwendung der Stiftungsmittel in dem von ihr für erforderlich gehaltenen Umfang. Sie kann davon absehen, die Jahresberichte jährlich zu prüfen.

§ 9

(1) Die Organmitglieder einer Stiftung sind verpflichtet, der Aufsichtsbehörde zur Erfüllung ihrer Aufgaben jederzeit auf Verlangen Auskünfte zu erteilen sowie Geschäfts- und Kassenbücher, Akten und sonstige Unterlagen zur Einsichtnahme vorzulegen.

(2) Die Aufsichtsbehörde kann die Ergänzung und Berichtigung von Jahresberichten verlangen sowie Angaben, Bücher und Unterlagen auf Kosten der Stiftung nach § 8 Abs. 2 Satz 1 oder durch andere Sachverständige in dem von ihr für erforderlich gehaltenen Umfang prüfen lassen.

(3) Die Aufsichtsbehörde kann Beschlüsse und andere Maßnahmen der Stiftungsorgane, die Rechtsvorschriften oder der Stiftungssatzung widersprechen, beanstanden und verlangen, dass sie innerhalb einer bestimmten Frist aufgehoben oder rückgängig gemacht werden. Beanstandete Maßnahmen dürfen nicht durchgeführt werden.

(4) Wird eine durch Rechtsvorschrift oder Satzung gebotene Maßnahme nicht oder nicht rechtzeitig durchgeführt, so kann die Aufsichtsbehörde anordnen, dass sie innerhalb einer bestimmten Frist durchzuführen ist.

(5) Die Aufsichtsbehörde kann Mitglieder von Organen einer Stiftung aus wichtigem Grund abberufen.

§ 10

(1) Familienstiftungen sind Stiftungen, die nach dem Stiftungsgeschäft oder der Satzung ausschließlich oder überwiegend dem Wohl der Mitglieder einer oder mehrerer bestimmter Familien dienen. Eine Stiftung, die von einem bestimmten Zeitpunkt an einen anderen Zweck verfolgen soll, wird für die Zeit, in der sie ausschließlich oder überwiegend dem Wohl der Mitglieder einer oder mehrerer bestimmter Familien dient, als Familienstiftung angesehen.

(2) Bei Familienstiftungen beschränkt sich die Staatsaufsicht nach § 7 auf die Überwachung der Zusammensetzung der Stiftungsorgane einschließlich der Verteilung der Ämter innerhalb der Organe. Die Aufsichtsbehörde soll darauf hinwirken, dass die Satzung ein Aufsichtsorgan vorsieht, dem die Überwachung der Verwaltung der Stiftung einschließlich der Prüfung der Erhaltung des Stiftungsvermögens und der satzungsgemäßen Verwendung der Stiftungsmittel obliegt und das gegenüber dem geschäftsführenden Organ Rechte hat, die den in § 9 genannten Befugnissen entsprechen.

(3) Für Beschlüsse, die eine Änderung der Satzung oder die Aufhebung oder die Zusammenlegung einer Familienstiftung mit einer anderen Stiftung betreffen, ist der Vorstand zuständiges Organ, sofern das Stiftungsgeschäft oder die Satzung nichts anderes bestimmt. Vor der Genehmigung eines solchen Beschlusses hat es die ihm bekannten Familienmitglieder anzuhören; Familienmitglieder im Sinne dieser Vorschrift sind, soweit sich aus dem Stiftungsgeschäft oder der Satzung nichts anderes ergibt, die mit dem Stifter in gerader Linie verwandten Personen. Eine Anhörung unterbleibt, soweit die Aufsichtsbehörde sie für entbehrlich hält oder der Beschluss von der nach der Satzung zuständigen Familienversammlung gefasst wurde.

§ 11

(1) Die Aufsichtsbehörde führt ein Verzeichnis der Stiftungen. In dieses Verzeichnis ist jede Stiftung mit ihrem Namen, ihrem Zweck und ihrer Anschrift aufzunehmen. Die Aufsichtsbehörde veröffentlicht das Verzeichnis in geeigneter Form. Die Einsicht in das Verzeichnis ist jedem gestattet.

(2) Die Aufsichtsbehörde bescheinigt Stiftungen auf Antrag schriftlich unter Wiedergabe der einschlägigen Satzungsbestimmungen, welche Personen nach den gemäß § 8 Abs. 1 Nr. 1 gemachten Angaben dem Vertretungsorgan der

Stiftung angehören (Vertretungsbescheinigung). Einem Dritten kann diese Bescheinigung erteilt werden, wenn er ein berechtigtes Interesse glaubhaft macht.

§ 12

Stiftungssatzungen, die den gesetzlichen Vorschriften nicht entsprechen, sind zu ändern. Ist eine Satzung nicht vorhanden, so ist sie von dem zuständigen Organ zu beschließen. Maßnahmen nach Satz 1 und 2 bedürfen der Genehmigung der Aufsichtsbehörde. Für die Übergangszeit gilt:

1. Solange die geltende Satzung nicht die Bildung der Organe regelt, bestellt die Aufsichtsbehörde die erforderliche Anzahl der Organmitglieder.

2. Solange die geltende Satzung einer vor dem 11. Dezember 1997 genehmigten Familienstiftung kein Aufsichtsorgan nach § 10 Abs. 2 Satz 2 vorsieht, kann die Aufsichtsbehörde über § 10 Abs. 2 Satz 1 hinaus auch Mitglieder von Organen aus wichtigem Grund abberufen.

3. Solange eine vor dem 11. Dezember 1997 genehmigte Familienstiftung nach ihrer geltenden Satzung der Aufsichtsbehörde Jahresberichte zur Prüfung einzureichen hat, gilt § 10 Abs. 2 Satz 1 nicht.

§ 13

Bestehen Zweifel über die Rechtsnatur oder die Art einer Stiftung, insbesondere darüber, ob sie eine rechtsfähige Stiftung des bürgerlichen Rechts ist, so entscheidet darüber die Aufsichtsbehörde.

§ 14

Dieses Gesetz tritt am 1. April 1960 in Kraft.

4.4 Stiftungsgesetz für das Land Brandenburg (StiftGBbg) vom 20. April 2004 (GVBl 2004, 150)

geändert durch Artikel 13 des Gesetzes vom 23. September 2008 (GVBl 2008, 202, 207)

Der Landtag hat das folgende Gesetz beschlossen:

INHALTSVERZEICHNIS

Abschnitt 1: Allgemeine Bestimmungen

§ 1 – Geltungsbereich

Dieses Gesetz gilt für die rechtsfähigen Stiftungen bürgerlichen Rechts im Sinne der §§ 80 bis 88 des Bürgerlichen Gesetzbuches, die ihren Sitz im Land Brandenburg haben.

§ 2 – Kirchliche Stiftungen, Familienstiftungen

(1) Kirchliche Stiftungen im Sinne dieses Gesetzes sind selbstständige Stiftungen, deren Zweck es ist, überwiegend kirchlichen Aufgaben zu dienen und die nach dem Willen des Stifters von einer Kirche verwaltet werden. Die Vorschriften über kirchliche Stiftungen gelten entsprechend für Stiftungen, deren Zwecke der Erfüllung von Aufgaben einer Religions- und Weltanschauungsgemeinschaft dienen, die den Status einer öffentlich-rechtlichen Körperschaft besitzt.

(2) Familienstiftungen im Sinne dieses Gesetzes sind selbstständige Stiftungen, die ausschließlich oder überwiegend dem Wohl der Mitglieder einer oder mehrerer bestimmter Familien dienen.

§ 3 – Örtliche Stiftungen

Örtliche Stiftungen im Sinne dieses Gesetzes sind selbstständige Stiftungen, die nach dem Willen des Stifters von einer Gemeinde oder von Gemeindeverbänden verwaltet werden und die überwiegend Zwecken dienen, welche von der verwaltenden Gebietskörperschaft in ihrem Bereich als öffentliche Aufgaben erfüllt werden können.

§ 4 – Stiftungsbehörde, Anerkennungsbehörde, Stiftungsaufsicht

(1) Stiftungsbehörde ist das Ministerium des Innern. Es ist die zuständige Anerkennungsbehörde im Sinne des § 80 Abs. 1, § 81 Abs. 2 Satz 2, § 83 Satz 1 und 2 des Bürgerlichen Gesetzbuches. Es ist auch zuständig für Maßnahmen nach § 87 Abs. 1 und 2 des Bürgerlichen Gesetzbuches sowie das Führen des Stiftungsverzeichnisses.

(2) Das Ministerium des Innern führt als Stiftungsbehörde zudem die Rechtsaufsicht über die Stiftungen nach § 1, die nicht Stiftungen im Sinne des § 2 sind (Stiftungsaufsicht).

(3) Kirchliche Stiftungen im Sinne des § 2 Abs. 1 unterliegen nicht der Aufsicht des Landes. Familienstiftungen im Sinne des § 2 Abs. 2 unterliegen nur inso-

weit der Aufsicht des Landes, als sicherzustellen ist, dass ihr Bestand und ihre Betätigung nicht dem Gemeinwohl zuwiderlaufen.

§ 5 – Anerkennung

(1) Die Entscheidung über die Anerkennung einer Stiftung als rechtsfähig erfolgt in schriftlicher Form. (2) Die Anerkennung einer Stiftung als kirchliche Stiftung bedarf der Zustimmung der von der Kirche bestimmten kirchlichen Behörde. Satz 1 gilt entsprechend für die nach § 2 Abs. 1 Satz 2 den kirchlichen Stiftungen gleichgestellten Stiftungen.

Abschnitt 2: Stiftungsaufsicht

§ 6 – Rechtsaufsicht

(1) Die Rechtsaufsicht hat sicherzustellen, dass die Stiftungen im Einklang mit den Gesetzen und der Stiftungssatzung verwaltet werden und den in Stiftungsgeschäft und Stiftungssatzung zum Ausdruck gekommenen Stifterwillen beachten.

(2) Stiftungen, die gemäß § 4 Abs. 2 der Rechtsaufsicht des Landes unterliegen, sind verpflichtet, der Stiftungsbehörde die Jahresabrechnung mit einer Vermögensübersicht und einen Bericht über die Erfüllung der Stiftungszwecke, im Falle des Betreibens eines erwerbswirtschaftlichen Unternehmens den Jahresabschluss, vorzulegen. Erfolgt die Veranschlagung der Einnahmen und Ausgaben bei örtlichen Stiftungen im Sinne des § 3 gemäß § 87 der Kommunalverfassung des Landes Brandenburg, ist ein Auszug aus der gemeindlichen Jahresrechnung, eine Vermögensübersicht und ein Bericht über die Erfüllung der Stiftungszwecke vorzulegen. Dies hat innerhalb von sechs Monaten nach Abschluss des Rechnungsjahres zu geschehen.

(3) Werden Stiftungen durch eine Behörde der öffentlichen Verwaltung, einen Prüfungsverband, einen öffentlich bestellten Wirtschaftsprüfer oder eine anerkannte Wirtschaftsprüfungsgesellschaft geprüft, so ist anstelle der Jahresabrechnung und der Vermögensübersicht in der Regel lediglich der Prüfungsbericht einzureichen. In diesem Falle bedarf es keiner nochmaligen Rechnungsprüfung durch die Aufsichtsbehörde.

§ 7 – Anzeige, Unterrichtung und Prüfung

(1) Die Stiftung ist verpflichtet, der Stiftungsbehörde unverzüglich die Personen des vertretungsberechtigten Organs und besondere Vertreter sowie diesbezügliche Änderungen anzuzeigen.

(2) Die Stiftungsbehörde kann sich zur Erfüllung ihrer Aufgaben als Rechtsaufsicht jederzeit über alle Angelegenheiten der Stiftung unterrichten. Sie kann an Ort und Stelle prüfen und besichtigen, mündliche und schriftliche Berichte und Niederschriften der Stiftungsorgane sowie Akten und sonstige Unterlagen anfordern oder einsehen. Die Stiftungsbehörde kann auch die Verwaltung der Stiftung prüfen oder auf Kosten der Stiftung prüfen lassen.

§ 8 – Beanstandung und Anordnung

(1) Die Stiftungsbehörde kann in Ausübung der Rechtsaufsicht Beschlüsse und andere Maßnahmen der Stiftungsorgane, die dem Stifterwillen oder den Gesetzen widersprechen, beanstanden und anordnen, dass sie innerhalb einer angemessenen Frist aufgehoben oder rückgängig gemacht werden. Beanstandete Beschlüsse und Maßnahmen dürfen nicht vollzogen werden.

(2) Unterlässt ein Stiftungsorgan eine rechtlich gebotene Maßnahme, kann die Stiftungsbehörde anordnen, dass die Maßnahme innerhalb einer angemessenen Frist durchgeführt wird.

(3) Kommt ein Stiftungsorgan einer Anordnung nach Absatz 1 oder 2 nicht fristgemäß nach, kann die Stiftungsbehörde beanstandete Beschlüsse aufheben und verlangen, dass das aufgrund derartiger Beschlüsse Veranlasste rückgängig gemacht wird sowie angeordnete Maßnahmen nach Fristsetzung und Androhung auf Kosten der Stiftung durchführen oder durchführen lassen. Bei Gefahr im Verzuge bedarf es keiner Fristsetzung und Androhung.

§ 9 – Abberufung und Bestellung von Organmitgliedern, Bestellung eines Beauftragten

(1) Die Stiftungsbehörde kann als Rechtsaufsicht Mitglieder eines Stiftungsorgans aus wichtigem Grunde abberufen oder ihnen die Ausübung ihrer Tätigkeit einstweilen untersagen. Ein solcher Grund ist insbesondere grobe Pflichtverletzung oder Unfähigkeit zur ordnungsgemäßen Geschäftsführung.

(2) Vorbehaltlich der §§ 86 und 29 des Bürgerlichen Gesetzbuches kann die Stiftungsbehörde Mitglieder eines Stiftungsorgans bestellen, sofern sie nicht innerhalb einer von der Stiftungsbehörde gesetzten angemessenen Frist im satzungsmäßigen Bestellungsverfahren berufen werden.

(3) Bei Stiftungen, die ihre Rechtsfähigkeit vor dem 8. Mai 1945 erhalten haben und seitdem ihren Stiftungszweck nicht oder nicht dauerhaft erfüllen konnten und bei denen eine Wiederaufnahme der Stiftungstätigkeit aber Aussicht auf Erfolg verspricht, kann die Stiftungsbehörde für den Fall, dass diese

Stiftungen nicht über handlungsfähige Organe verfügen, bis zur Neubestellung dieser Organe einen Beauftragten bestimmen, der die Aufgaben der Stiftung oder eines Stiftungsorgans auf Kosten der Stiftung wahrnimmt. Der Aufgabenbereich des Beauftragten und seine Befugnisse sind in einer Bestallungsurkunde festzulegen.

§ 10 – Satzungsänderungen, Auflösung, Zusammenschluss

(1) Die Auflösung, der Zusammenschluss mehrerer Stiftungen sowie eine Änderung des Stiftungszwecks durch Satzungsänderung können vom zuständigen Stiftungsorgan beschlossen werden, soweit das Stiftungsgeschäft oder die Satzung dem nicht entgegenstehen. Die Beschlüsse zur Auflösung einer oder zum Zusammenschluss zweier oder mehrerer Stiftungen sowie vom zuständigen Stiftungsorgan gefasste Beschlüsse zu Satzungsänderungen bedürfen der schriftlichen Genehmigung durch die Stiftungsbehörde. Beinhaltet die Satzungsänderung eine Verlegung des Stiftungssitzes in ein anderes Bundesland, bedarf dies der Zustimmung der Stiftungsbehörde sowohl des entlassenden als auch des aufnehmenden Bundeslandes. Beschlüsse, die eine Änderung im Sinne des Satzes 1 beinhalten, bedürfen auch bei kirchlichen Stiftungen im Sinne des § 4 der Genehmigung durch die Stiftungsbehörde.

(2) Bevor eine Genehmigung nach Absatz 1 erteilt wird, ist dem noch lebenden Stifter Gelegenheit zu geben, sich zu den Beschlüssen der zuständigen Stiftungsorgane zu äußern.

§ 11 – Vermögensanfall

Ist in der Satzung für den Fall des Erlöschens der Stiftung weder ein Anfallsberechtigter bestimmt noch einem Stiftungsorgan die Bestimmung des Anfallsberechtigten übertragen, so fällt das Vermögen

1. einer örtlichen Stiftung an die sie verwaltende kommunale Körperschaft,

2. kirchlichen Stiftung oder einer kirchlichen Stiftung gleichgestellte Stiftung der Kirche, Religions- oder Weltanschauungsgemeinschaft zu, die die Stiftung verwaltet oder beaufsichtigt,

3. aller übrigen Stiftungen im Sinne des § 88 des Bürgerlichen Gesetzbuches an das Land.

Die Anfallsberechtigten haben das Vermögen in einer den Zwecken der Stiftung entsprechenden Weise zu verwenden.

§ 12 – Entscheidung über die Rechtsnatur einer Stiftung

(1) Bei Ungewissheit über die Rechtsnatur einer Stiftung entscheidet auf Antrag die Stiftungsbehörde. Kommt eine kirchliche oder den kirchlichen Stiftungen gleichgestellte Stiftung in Betracht, so ist vor der Entscheidung die betroffene Kirche, Religions- oder Weltanschauungsgemeinschaft zu hören.

(2) Der Antrag auf Entscheidung nach Absatz 1 kann von jedem gestellt werden, der ein berechtigtes Interesse an der Entscheidung glaubhaft macht.

§ 13 – Bekanntmachung

Die Anerkennung, das Erlöschen oder die Änderung der Rechtsnatur einer Stiftung sind durch die Stiftungsbehörde im Amtsblatt für Brandenburg bekannt zu machen.

Abschnitt 3: Stiftungsverzeichnis

§ 14 – Stiftungsverzeichnis

(1) Die Stiftungsbehörde führt ein Verzeichnis der rechtsfähigen Stiftungen.

(2) In das Stiftungsverzeichnis sind einzutragen

1. Name, Sitz und Anschrift der Stiftung,

2. die Stiftungszwecke.

Die Eintragungen in das Stiftungsverzeichnis nach Satz 1 begründen keine Vermutung ihrer Richtigkeit.

(3) Der Stiftungsvorstand ist verpflichtet, der Stiftungsbehörde unverzüglich die nach Absatz 2 Satz 1 geforderten Angaben zu übermitteln sowie diesbezügliche Änderungen anzuzeigen.

(4) Die Einsicht in das Stiftungsverzeichnis sowie die Stiftungssatzung ist jedem zu Informationszwecken gestattet.

(5) Das Stiftungsverzeichnis kann auch in maschineller Form als automatisierte Datei geführt werden. Hierbei muss gewährleistet sein, dass

1. die Grundsätze einer ordnungsgemäßen Datenverarbeitung eingehalten, insbesondere Vorkehrungen gegen einen Datenverlust getroffen sowie die erforderlichen Kopien der Datenbestände mindestens tagesaktuell gehalten und die originären Datenbestände sowie deren Kopien sicher aufbewahrt werden,

2. die vorzunehmenden Eintragungen alsbald in einen Datenspeicher aufgenommen und auf Dauer inhaltlich unverändert in lesbarer Form wiedergegeben werden können,

3. die nach der Anlage zu § 126 Abs. 1 Satz 2 Nr. 3 der Grundbuchordnung gebotenen Maßnahmen getroffen werden.

Abschnitt 4: Schlussvorschriften

§ 15 – Stiftungen öffentlichen Rechts

Die rechtliche Bestandskraft von Stiftungen öffentlichen Rechts, die auf der Grundlage des Stiftungsgesetzes vom 13. September 1990 (GBl. I Nr. 61 S. 1483) entstanden sind, wird durch dieses Gesetz nicht berührt. Soweit die Stiftungen durch Rechtsverordnung errichtet wurden, wird die Landesregierung ermächtigt, diese durch Rechtsverordnung nach Anhörung des dafür jeweils zuständigen Landtagsausschusses zu ändern. Diese Vorschrift gilt nicht für die rechtsfähigen Stiftungen im Sinne des § 1.

§ 16 – In-Kraft-Treten, Außer-Kraft-Treten

Dieses Gesetz tritt am Tage nach der Verkündung in Kraft. Gleichzeitig tritt das Stiftungsgesetz für das Land Brandenburg vom 27. Juni 1995 (GVBl. I S. 198), geändert durch Artikel 2 des Gesetzes vom 1. Juli 1996 (GVBl. I S. 241, 242), außer Kraft.

4.5 Bremisches Stiftungsgesetz (BremStiftG) vom 7. März 1989 (Brem.GBl. S. 163)

zuletzt geändert durch Artikel 1 des Gesetzes vom 27. Februar 2007 (Brem.GBl. S. 181)

Der Senat verkündet das nachstehende von der Bürgerschaft (Landtag) beschlossene Gesetz:

1. Abschnitt: Allgemeine Vorschriften

§ 1 – Geltungsbereich

Dieses Gesetz gilt für alle rechtsfähigen Stiftungen des bürgerlichen Rechts, die ihren Sitz in der Freien Hansestadt Bremen haben.

§ 2 – Stiftungsbehörde

Stiftungsbehörde im Sinne dieses Gesetzes ist der Senator für Inneres und Sport.

§ 3 – Auslegungsgrundsatz

Bei der Anwendung dieses Gesetzes ist der Stifterwille in erster Linie zu beachten.

§ 4 – Anerkennung

Die zur Entstehung einer Stiftung nach § 80 des Bürgerlichen Gesetzbuches erforderliche Anerkennung erfolgt durch die Stiftungsbehörde.

§ 5 (weggefallen)

§ 6 – Verwaltung der Stiftung

(1) Die Stiftungsorgane haben für die dauernde und nachhaltige Erfüllung des Stiftungszwecks zu sorgen. Sie sind insbesondere zur ordnungsmäßigen Verwaltung des Stiftungsvermögens verpflichtet. Die Haftung der Mitglieder der Stiftungsorgane gegenüber der Stiftung kann auf Vorsatz und grobe Fahrlässigkeit beschränkt werden.

(2) Die Verwaltungskosten sind so gering wie möglich zu halten. Die Mitglieder der Stiftungsorgane haben Anspruch auf Ersatz angemessener Auslagen. Bei entgeltlicher Tätigkeit von Organmitgliedern sind Art und Umfang der

Dienstleistungen und der Vergütung vor Aufnahme der Tätigkeit schriftlich zu regeln.

§ 7 – Stiftungsvermögen und Erträge

(1) Das Stiftungsvermögen ist in seinem Bestand ungeschmälert zu erhalten. Die Stiftungsbehörde kann Ausnahmen zulassen, wenn der Stifterwille anders nicht zu verwirklichen ist und der Bestand der Stiftung für angemessene Zeit gewährleistet ist.

(2) Das Stiftungsvermögen ist von anderem Vermögen getrennt zu halten.

(3) Die Erträge des Stiftungsvermögens und Zuwendungen an die Stiftung sind ausschließlich für den Stiftungszweck und zur Deckung der notwendigen Verwaltungskosten der Stiftung zu verwenden; die Verwendung für den Stiftungszweck schließt die Bildung angemessener Rücklagen ein. Sie können dem Stiftungsvermögen zugeführt werden, soweit es die Satzung vorsieht oder zur Erhaltung des Stiftungsvermögens in seinem Wert angezeigt ist. Zuwendungen sind dem Stiftungsvermögen zuzuführen, wenn der Zuwendende es bestimmt.

(4) Reichen Stiftungserträge und Zuwendungen zur Erfüllung des Stiftungszwecks nicht aus, so sollen sie dem Stiftungsvermögen zugeführt werden, sofern erwartet werden kann, dass aus den Erträgen des vergrößerten Stiftungsvermögens in absehbarer Zeit der Stiftungszweck nachhaltig erfüllt werden kann.

§ 8 – Satzungsänderung, Zusammenschluss, Sitzverlegung und Auflösung durch Stiftungsorgane

(1) Satzungsänderungen, der Zusammenschluss mit anderen Stiftungen oder die Auflösung der Stiftung sind zulässig, wenn die Satzung dies vorsieht oder eine wesentliche Änderung der Verhältnisse dies erfordert. Satzungsänderungen, die den Stiftungszweck nicht berühren, sind außerdem zulässig, wenn sie die ursprüngliche Gestaltung der Stiftung nicht wesentlich ändern. Zu Lebzeiten des Stifters ist dessen Zustimmung erforderlich.

(2) Maßnahmen nach Absatz 1 bedürfen der Genehmigung der Stiftungsbehörde. Einer Genehmigung bedarf auch die Sitzverlegung einer bereits rechtsfähigen Stiftung in den Geltungsbereich dieses Gesetzes.

(3) Mit der Genehmigung des Zusammenschlusses wird die neue Stiftung rechtsfähig.

§ 9 – Zweckänderung, Zusammenlegung und Aufhebung durch die Stiftungsbehörde

(1) Die in § 87 des Bürgerlichen Gesetzbuchs vorgesehenen Maßnahmen trifft die Stiftungsbehörde. Liegen die Voraussetzungen des § 87 Abs. 1 des Bürgerlichen Gesetzbuchs bei mehreren Stiftungen mit im wesentlichen gleichartigen Zwecken vor, so kann die Stiftungsbehörde diese auch zu einer neuen Stiftung zusammenlegen und dieser Stiftung eine Satzung geben; § 8 Abs. 3 gilt entsprechend.

(2) Vor Maßnahmen nach Absatz 1 ist zu Lebzeiten des Stifters auch dieser zu hören.

§ 10 – Vermögensanfall

Enthält das Stiftungsgeschäft oder die Satzung für den Fall des Erlöschens einer Stiftung keine Bestimmung über die Verwendung des Vermögens, so fällt das Vermögen an die Freie Hansestadt Bremen. Diese hat das Vermögen möglichst in einer dem Stiftungszweck entsprechenden Weise zu verwenden.

2. Abschnitt: Stiftungsaufsicht

§ 11 – Grundsatz

Die Stiftungsbehörde übt die Aufsicht darüber aus, dass die Stiftung in Übereinstimmung mit den Gesetzen und der Satzung verwaltet wird. Die Aufsicht soll so gehandhabt werden, dass Entschlusskraft und Verantwortungsfreudigkeit der Stiftungsorgane nicht beeinträchtigt werden.

§ 12 – Unterrichtung und Prüfung

(1) Die Stiftungsbehörde kann sich jederzeit über die Angelegenheiten der Stiftung unterrichten. Sie kann insbesondere Akten und sonstige Unterlagen einsehen sowie mündlichen und schriftlichen Bericht anfordern. Bei Vorliegen eines wichtigen Grundes kann die Stiftungsbehörde die Verwaltung der Stiftung auf deren Kosten prüfen oder prüfen lassen.

(2) Der Vorstand hat der Stiftungsbehörde

1. unbeschadet seiner Verpflichtung nach § 1 Abs. 2 des Gesetzes über die Ausstellung von Vertretungsbescheinigungen vom 9. Dezember 1986 (Brem.GBl. S. 283 - 401-b-1) die Zusammensetzung der Stiftungsorgane und deren Änderungen unverzüglich schriftlich anzuzeigen und

2. auf deren Verlangen einen Bericht über die Erfüllung des Stiftungszwecks sowie eine Jahresabrechnung mit einer Vermögensübersicht einzureichen.

Die Angaben nach Satz 1 Nr. 1 enthalten die Namen, Vornamen und Anschriften der jeweiligen Organmitglieder sowie die Bezeichnung ihrer Stellung innerhalb des Organs, wenn die Satzung dies vorsieht.

§ 13 – Beanstandungen und Anordnungen

(1) Die Stiftungsbehörde kann Beschlüsse und Maßnahmen der Stiftungsorgane, die das Recht verletzen oder gegen die Satzung verstoßen, beanstanden. Beanstandete Beschlüsse und Maßnahmen dürfen nicht vollzogen werden. Die Stiftungsbehörde kann verlangen, dass bereits getroffene Maßnahmen rückgängig gemacht werden. Beanstandete Beschlüsse sind aufzuheben.

(2) Trifft ein Stiftungsorgan eine durch Gesetz oder Stiftungssatzung gebotene Maßnahme nicht, so kann die Stiftungsbehörde anordnen, dass es innerhalb einer angemessenen Frist das Erforderliche veranlasst. Die Stiftungsbehörde hat die zu treffenden Maßnahmen zu bezeichnen.

(3) Die Stiftungsbehörde kann Mitgliedern der Stiftungsorgane wegen grober Pflichtverletzung oder Unfähigkeit zur ordnungsmäßigen Geschäftsführung die Geschäftsführung einstweilen untersagen. Sie kann deren Abberufung sowie die Berufung neuer Mitglieder verlangen.

(4) Kommt die Stiftung innerhalb einer ihr gesetzten angemessenen Frist einem Verlangen oder einer Anordnung der Stiftungsbehörde nach den Absätzen 1 bis 3 nicht nach, kann die Stiftungsbehörde die verlangte Handlung oder die Anordnung auf Kosten der Stiftung selbst durchführen oder durch andere durchführen lassen, wenn dies der Stiftung vorher angedroht worden ist.

§ 14 – Bestellung von Organmitgliedern

Soweit einem Stiftungsorgan die erforderlichen Mitglieder fehlen und nicht nach § 29 des Bürgerlichen Gesetzbuchs zu verfahren ist, kann die Stiftungsbehörde sie in dringenden Fällen für die Zeit bis zur Behebung des Mangels bestellen.

§ 15 – Stiftungsverzeichnis

(1) Die Stiftungsbehörde führt ein Verzeichnis der Stiftungen. Es enthält Angaben über Name, Zeitpunkt der Anerkennung oder Errichtungsjahr, Sitz, Zweck und Anschrift der Stiftung oder Name und Anschrift, unter denen das vertre-

tungsberechtigte Organ zu erreichen ist, bei Familienstiftungen nur Name, Sitz und Zeitpunkt der Anerkennung oder Errichtungsjahr.

(2) Die Stiftungsbehörde veröffentlicht das Stiftungsverzeichnis in geeigneter Form mit Ausnahme der Familienstiftungen. Die Einsicht in das Stiftungsverzeichnis ist jedem gestattet.

(3) Die Eintragung im Stiftungsverzeichnis begründet nicht die Vermutung ihrer Richtigkeit.

3. Abschnitt: Besondere Vorschriften

§ 16 – Kirchliche Stiftungen

(1) Kirchliche Stiftungen sind Stiftungen, deren Zweck es ist, überwiegend kirchlichen Aufgaben zu dienen und die

1. von einer Kirche im Sinne von Artikel 61 der Landesverfassung der Freien Hansestadt Bremen, ihren Verbänden oder Einrichtungen errichtet oder

2. organisatorisch mit ihnen verbunden oder

3. in der Stiftungssatzung der kirchlichen Aufsicht unterstellt sind oder

4. ihren Zweck nur sinnvoll in Verbindung mit einer Kirche im Sinne von Nummer 1, ihren Verbänden oder Einrichtungen erfüllen können.

(2) Die Vorschriften dieses Gesetzes finden auf kirchliche Stiftungen mit folgender Maßgabe Anwendung:

1. die Anerkennung der Stiftung kann nur erfolgen, wenn die zuständige Kirchenbehörde anerkannt hat, dass die Voraussetzungen nach Absatz 1 vorliegen,

2. die Zulassung von Ausnahmen nach § 7 Abs. 1 Satz 2 erteilt die zuständige Kirchenbehörde,

3. für die Verwaltung der kirchlichen Stiftungen gelten die §§ 6 und 7 nur, soweit keine entsprechenden kirchlichen Vorschriften bestehen,

4. die Genehmigung von Satzungsänderungen nach § 8 Abs. 1 Satz 2 erteilt die zuständige Kirchenbehörde; diese teilt der Stiftungsbehörde die von ihr genehmigten Satzungsänderungen mit. Im übrigen ergehen die Entscheidungen der Stiftungsbehörde nach den §§ 8 und 9 im Einvernehmen mit der zuständigen Kirchenbehörde,

5. an die Stelle der Stiftungsaufsicht nach den §§ 11, 12 Abs. 2 Satz 1 Nr. 2, §§ 13 bis 15 tritt die Aufsicht nach kirchlichem Recht durch die zuständige Kirchenbehörde,

6. beim Erlöschen der Stiftung findet § 10 entsprechend Anwendung. An die Stelle des Landes tritt die Kirche. Die Vorschriften über eine dem Fiskus als gesetzlichem Erben anfallende Erbschaft gelten entsprechend.

(3) Die Absätze 1 und 2 gelten entsprechend für die Stiftungen der Religions- und Weltanschauungsgemeinschaften, sofern sie Körperschaften des öffentlichen Rechts sind.

§ 17 – Familienstiftungen

Familienstiftungen sind Stiftungen, die nach dem Stiftungszweck überwiegend dem Wohle der Mitglieder einer bestimmten Familie oder mehrerer bestimmter Familien dienen. Für sie beschränkt sich die Aufsicht auf Maßnahmen nach § 87 des Bürgerlichen Gesetzbuches und auf die Sicherstellung der Handlungsfähigkeit der Stiftungsorgane nach Maßgabe des § 12 Abs. 2 Satz 1 Nr. 1 und Satz 2, § 13 Abs. 2, 3 und 4 und des § 14.

4. Abschnitt: Übergangs- und Schlussvorschriften

§ 18 – Bestehende Stiftungen

(1) Auf die zur Zeit des Inkrafttretens des Gesetzes bestehenden Stiftungen sind die Vorschriften dieses Gesetzes mit Ausnahme des § 4 und § 5 Abs. 3 anzuwenden. Die Stiftungen sind verpflichtet, die in § 15 Abs. 1 Satz 2 genannten Angaben innerhalb eines Jahres nach Inkrafttreten dieses Gesetzes der Stiftungsbehörde mitzuteilen.

(2) Stiftungssatzungen, die den Vorschriften dieses Gesetzes nicht entsprechen, sind zu ändern oder zu ergänzen. Ist eine Satzung nicht vorhanden, so ist sie zu erlassen. Maßnahmen nach Satz 1 und 2 sind innerhalb von zwei Jahren nach Inkrafttreten dieses Gesetzes durchzuführen. Sie bedürfen der Genehmigung der Stiftungsbehörde.

(3) Über die Eigenschaft einer bei Inkrafttreten dieses Gesetzes bestehenden Stiftung als kirchliche Stiftung entscheidet die Stiftungsbehörde im Einvernehmen mit der zuständigen Behörde der Kirche oder der dieser gleichgestellten Religions- oder Weltanschauungsgemeinschaft (§ 16 Abs. 3).

§ 19 – Übergang von Zuständigkeiten

Sind nach einem Stiftungsgeschäft oder einer Stiftungssatzung für Aufgaben nach diesem Gesetz andere Behörden oder Gerichte zuständig, geht deren Zuständigkeit auf die nach diesem Gesetz zuständigen Behörden über.

§ 20 (weggefallen)

§ 21 – Außerkrafttreten von Vorschriften

Mit Inkrafttreten dieses Gesetzes werden alle entgegenstehenden oder inhaltsgleichen Vorschriften, soweit dieses Gesetz ihre Anwendbarkeit nicht ausdrücklich vorsieht, aufgehoben. Insbesondere treten außer Kraft:

1. §§ 4 und 5 des Bremischen Ausführungsgesetzes zum Bürgerlichen Gesetzbuch vom 18. Juli 1899 (SaBremR 400-a-1),

2. das Gesetz über die Änderung von Stiftungen vom 21. November 1940 (SaBremR 401-c-1).

§ 22 – Inkrafttreten

Dieses Gesetz tritt am 1. April 1989 in Kraft.

4.6 Hamburgisches Stiftungsgesetz vom 14. Dezember 2005 (HmbGVBl 2005, 521)

Der Senat verkündet das nachstehende von der Bürgerschaft beschlossene Gesetz:

§ 1 – Geltungsbereich

(1) Dieses Gesetz gilt für alle rechtsfähigen Stiftungen des bürgerlichen Rechts, die ihren Sitz in der Freien und Hansestadt Hamburg haben.

(2) Stiftungen, die außerhalb der Freien und Hansestadt Hamburg entstanden sind und ihren Sitz in die Freie und Hansestadt Hamburg verlegen, haben die Sitzverlegung der zuständigen Behörde anzuzeigen.

§ 2 – Begriffsbestimmungen

(1) Private Stiftungen sind Stiftungen, die überwiegend private Zwecke verfolgen, insbesondere Familienstiftungen.

(2) Öffentliche Stiftungen sind Stiftungen, die überwiegend der Allgemeinheit dienen, insbesondere gemeinnützige, mildtätige oder kirchliche Zwecke im Sinne der Abgabenordnung verfolgen.

(3) Kirchliche Stiftungen sind öffentliche Stiftungen, die als kirchliche Stiftungen von der zuständigen Kirchenbehörde anerkannt worden sind. Den kirchlichen Stiftungen gleichgestellt sind Stiftungen, die Aufgaben einer als Körperschaft des öffentlichen Rechts anerkannten Religions- oder Weltanschauungsgemeinschaft wahrnehmen und als dieser zugeordnete Stiftungen von der zuständigen Stelle der Körperschaft anerkannt worden sind.

§ 3 – Stiftungsverzeichnis

(1) Die zuständige Behörde führt ein Verzeichnis der öffentlichen Stiftungen (Stiftungsverzeichnis). Eintragungen im Stiftungsverzeichnis begründen nicht die Vermutung ihrer Richtigkeit.

(2) In das Stiftungsverzeichnis sind einzutragen:

1. der Name der Stiftung,

2. der Zweck der Stiftung,

3. das Jahr der Anerkennung oder Genehmigung der Stiftung,

4. die Anschrift der Stiftung,

5. gegebenenfalls die Eigenschaft als kirchliche Stiftung.

(3) Die Stiftung hat der zuständigen Behörde die in Absatz 2 genannten Angaben sowie spätere Änderungen unverzüglich mitzuteilen.

(4) Die Einsicht in das Stiftungsverzeichnis ist jedermann gestattet. Das Stiftungsverzeichnis wird in das Internetangebot der zuständigen Behörde eingestellt. Soweit berechtigte Interessen Betroffener entgegenstehen, ist auf ihren Antrag von der Einstellung der Anschrift in das Internet abzusehen.

§ 4 – Vermögen und Verwaltung der Stiftung

(1) Die Stiftungsorgane haben nach Maßgabe des Stifterwillens für die dauernde und nachhaltige Verwirklichung des Stiftungszwecks zu sorgen.

(2) Das Stiftungsvermögen ist von anderen Vermögen getrennt zu halten. Es ist sicher und ertragbringend anzulegen; Umschichtungen sind in diesem Rahmen zulässig. Soweit nicht in der Satzung etwas anderes bestimmt ist, ist das Stiftungsvermögen möglichst ungeschmälert zu erhalten, es sei denn, der Stifterwille kann auf diese Weise nicht verwirklicht werden.

(3) Soweit nicht in der Satzung etwas anderes bestimmt ist, sind die Erträge des Stiftungsvermögens und die nicht ausdrücklich zum Vermögen gewidmeten Zuwendungen Dritter nach Abzug der notwendigen Verwaltungskosten zur Verwirklichung des Stiftungszwecks zu verwenden. Rücklagen können gebildet werden, soweit dies der nachhaltigen Verwirklichung des Stiftungszwecks dient und die Satzung nicht entgegensteht.

(4) Die Stiftung hat jährlich eine Jahresrechnung mit einer Vermögensübersicht und einem Bericht über die Erfüllung des Stiftungszwecks zu erstellen; die Grundsätze ordnungsmäßiger Buchführung sind entsprechend anzuwenden.

§ 5 – Stiftungsaufsicht

(1) Stiftungen unterliegen der Rechtsaufsicht der zuständigen Behörde; die Aufsicht erstreckt sich auf die Einhaltung der Satzung und der gesetzlichen Vorschriften. Private Stiftungen (§ 2 Absatz 1) unterliegen der Aufsicht nur insoweit, als sicherzustellen ist, dass ihr Bestand und ihre Betätigung nicht dem öffentlichen Interesse zuwiderlaufen. Staatsverträge, die die Übertragung von Aufgaben der Rechtsaufsicht über kirchliche Stiftungen (§ 2 Absatz 3 Satz 1) auf eine als Körperschaft des öffentlichen Rechts anerkannte Kirche vorsehen, bleiben unberührt.

(2) Die Stiftung hat der zuständigen Behörde die Jahresrechnung nach § 4 Absatz 4 oder den Prüfungsbericht eines öffentlich bestellten Wirtschaftsprüfers,

eines vereidigten Buchprüfers, einer anerkannten Wirtschaftsprüfungsgesellschaft, eines Prüfungsverbandes oder einer fachlich geeigneten Behörde vorzulegen; sofern eine Jahresrechnung vorgelegt wird, hat die Vorlage innerhalb von sechs Monaten, im Übrigen innerhalb von neun Monaten nach Schluss des Geschäftsjahres zu erfolgen. Auf Antrag kann die zuständige Behörde die Vorlagefrist verlängern oder im Einzelfall zulassen, dass die Jahresrechnungen mehrerer Jahre zusammen vorgelegt werden. Im Falle der Vorlage eines Prüfungsberichtes bedarf es keiner nochmaligen Rechnungsprüfung durch die zuständige Behörde. Die Behörde kann in geeigneten Fällen die Prüfung mehrerer Abrechnungen zusammenfassen.

(3) Wurde die Stiftung durch eine natürliche Person errichtet, so findet Absatz 2 zu Lebzeiten des Stifters nur dann Anwendung, wenn er es ausdrücklich wünscht. Der Stifter kann in der Satzung die Geltung des Absatzes 2 generell abbedingen; dies gilt auch für durch juristische Personen errichtete Stiftungen.

(4) Die zuständige Behörde stellt auf Antrag eine Bescheinigung darüber aus, wer nach Maßgabe der Satzung und der von der Stiftung mitgeteilten Angaben zur Vertretung der Stiftung berechtigt ist. Ist die Vertretungsmacht durch die Satzung gegenüber den gesetzlichen Vorschriften erweitert oder beschränkt worden, so ist dies in der Bescheinigung zu vermerken.

(5) Die Stiftung ist verpflichtet, der zuständigen Behörde jede Änderung der Zusammensetzung ihrer Organe unverzüglich anzuzeigen.

§ 6 – Maßnahmen der Stiftungsaufsicht

(1) Soweit es zur ordnungsgemäßen Aufsicht erforderlich ist, kann sich die zuständige Behörde in jeder geeigneten Weise über Angelegenheiten der Stiftung unterrichten, die Verwaltung der Stiftung prüfen oder auf Kosten der Stiftung Prüfungen vornehmen lassen. § 5 Absatz 1 Satz 2 bleibt unberührt.

(2) Soweit Beschlüsse oder sonstige Maßnahmen der Stiftungsorgane gegen die Satzung oder gesetzliche Vorschriften verstoßen, kann die zuständige Behörde sie beanstanden und verlangen, dass sie innerhalb einer zu bestimmenden Frist aufgehoben oder rückgängig gemacht werden. §§ 5 Absatz 1 Satz 2 bleibt unberührt. Die beanstandeten Beschlüsse und Maßnahmen dürfen nicht vollzogen werden. Kommt die Stiftung einem Verlangen nach Satz 1 nicht fristgemäß nach, kann die zuständige Behörde einen beanstandeten Beschluss aufheben und die Rückgängigmachung sonstiger Maßnahmen auf Kosten der Stiftung veranlassen. Die Sätze 1 und 4 gelten entsprechend, wenn

Stiftungsorgane eine rechtlich gebotene Maßnahme unterlassen; die §§ 86 und 29 des Bürgerlichen Gesetzbuchs bleiben unberührt.

(3) Die zuständige Behörde kann Mitglieder eines Stiftungsorgans aus wichtigem Grund abberufen oder ihnen die Ausübung ihrer Tätigkeit einstweilen untersagen. Ein wichtiger Grund ist insbesondere grobe Pflichtverletzung oder Unfähigkeit zur ordnungsgemäßen Geschäftsführung.

(4) Reichen Maßnahmen der zuständigen Behörde nach den Absätzen 1 bis 3 nicht aus, um eine ordnungsgemäße Verwaltung der Stiftung zu gewährleisten oder wiederherzustellen, kann die zuständige Behörde die Durchführung der Beschlüsse und Anordnungen auf Kosten der Stiftung einer von der Behörde zu bestellenden Person oder Stelle übertragen.

§ 7 – Änderung der Satzung, Auflösung, Zulegung und Zusammenlegung

(1) Die Stiftung kann eine Änderung der Satzung beschließen, soweit

1. in der Satzung nicht etwas anderes bestimmt ist,

2. hierfür ein sachlicher Grund besteht, insbesondere die tatsächlichen oder rechtlichen Verhältnisse sich nachhaltig geändert haben, und

3. der tatsächliche oder mutmaßliche Wille des Stifters nicht entgegensteht.

Unter den Voraussetzungen des Satzes 1 kann auch die Zulegung zu einer anderen oder die Zusammenlegung zu einer neuen Stiftung beschlossen werden, sofern die beteiligten Stiftungen im Wesentlichen gleiche Zwecke verfolgen.

(2) Die Stiftung kann ihre Auflösung beschließen, wenn

1. hierfür sachliche Voraussetzungen im Stiftungsgeschäft oder in der Satzung festgelegt sind und diese Voraussetzungen vorliegen, oder

2. der Stiftungszweck erreicht ist oder nicht mehr erfüllt werden kann.

Ist bei einer kirchlichen Stiftung der Vermögensanfall nicht geregelt, so fällt das Stiftungsvermögen im Falle ihrer Auflösung an die jeweilige Kirche; Entsprechendes gilt für Stiftungen nach § 2 Absatz 3 Satz 2 .

(3) Beschlüsse nach den Absätzen 1 und 2 bedürfen der Genehmigung durch die zuständige Behörde; bei kirchlichen Stiftungen ist darüber hinaus die Zustimmung der zuständigen Kirchenbehörde erforderlich. Ist der Stifter am Leben, so soll er zuvor gehört werden. Im Falle der Zusammenlegung erlangt die neue Stiftung die Rechtsfähigkeit mit der Genehmigung der Zusammenlegung.

(4) Die zuständige Behörde kann, soweit nicht § 87 des Bürgerlichen Gesetzbuchs Anwendung findet, die Satzung wegen einer wesentlichen Veränderung der Verhältnisse ändern, insbesondere wenn Satzungsbestimmungen unausführbar werden. Ist der Stifter im Leben, so soll er zuvor gehört werden.

§ 8 – Übergangs- und Schlussvorschriften

(1) Dieses Gesetz ist auch auf Stiftungen anzuwenden, die bei In-Kraft-Treten des Bürgerlichen Gesetzbuchs bestanden haben. Wenn eine solche Stiftung keine Satzung hat, so kann die zuständige Behörde eine Satzung erlassen, falls dies nach ihrem Ermessen erforderlich ist, um eine ordnungsgemäße Verwaltung der Stiftung sicherzustellen.

(2) Die zuständige Behörde übt die Befugnisse aus, die nach dem Stiftungsgeschäft oder der Satzung vor dem In-Kraft-Treten des Bürgerlichen Gesetzbuchs dem Obergericht oder der Vormundschaftsbehörde zugestanden haben.

(3) Die Beschränkung der Aufsicht nach § 5 Absatz 1 Satz 2 über bei In-Kraft-Treten dieses Gesetzes bereits bestehende Stiftungen tritt nur ein, sofern der erkennbare Wille des Stifters dem nicht entgegensteht.

(4) Dieses Gesetz tritt am Tage nach der Verkündung in Kraft. Zum selben Zeitpunkt treten die §§ 6 bis 21 des Hamburgischen Ausführungsgesetzes zum Bürgerlichen Gesetzbuch in der Fassung vom 1. Juli 1958 (Sammlung des bereinigten hamburgischen Landesrechts I 40-e) in der geltenden Fassung außer Kraft.

4.7 Hessisches Stiftungsgesetz vom 4. April 1966 (GVBl. 1966 I S. 77)

Gesamtausgabe in der Gültigkeit vom 10. 10. 2012 bis 31. 12. 2020

Stand: zuletzt geändert durch Artikel 5 des Gesetzes vom 27. September 2012 (GVBl S. 290).

§ 1 – Geltungsbereich

Dieses Gesetz gilt für rechtsfähige Stiftungen des bürgerlichen Rechts und des öffentlichen Rechts, die ihren Sitz in Hessen haben.

§ 2 – Stiftungen des öffentlichen Rechts

(1) Stiftungen des öffentlichen Rechts sind Stiftungen, die ausschließlich oder überwiegend öffentliche Zwecke verfolgen und mit dem Land, einer Gemeinde, einem Gemeindeverband oder einer sonstigen Körperschaft oder Anstalt des öffentlichen Rechts in einem organischen Zusammenhang stehen.

(2) Stiftungen des öffentlichen Rechts sollen im Stiftungsakt und in der Anerkennung ausdrücklich als solche bezeichnet werden.

(3) Für Stiftungen des öffentlichen Rechts gelten die §§ 80 bis 88 des Bürgerlichen Gesetzbuchs entsprechend, ausgenommen § 82 Satz 2.

§ 3 – Anerkennung

Zuständig für die Anerkennung einer Stiftung bürgerlichen Rechts ist die Aufsichtsbehörde, für Stiftungen öffentlichen Rechts die Landesregierung.

§ 4 (aufgehoben)

§ 5 – Verwaltung der Stiftung

Die Stiftungsorgane haben die Stiftung so zu verwalten, dass eine Verwirklichung des Stiftungszwecks unter Berücksichtigung des erkennbaren oder mutmaßlichen Willens des Stifters auf die Dauer nachhaltig gewährleistet erscheint.

§ 6 – Stiftungsvermögen

(1) Das Stiftungsvermögen ist in seinem Bestand ungeschmälert zu erhalten. Die Aufsichtsbehörde kann Ausnahmen zulassen, wenn der Stifterwille anders nicht zu verwirklichen und der Bestand der Stiftung für angemessene Zeit gewährleistet ist.

(2) Das Stiftungsvermögen ist von anderem Vermögen getrennt zu halten.

(3) Der Ertrag des Stiftungsvermögens und Zuwendungen dürfen nur entsprechend dem Stiftungszweck verwendet werden. Das gleiche gilt im Falle des Abs. 1 Satz 2 für das Stiftungsvermögen.

§ 7 – Unterrichtung der Aufsichtsbehörde

Das zur Vertretung der Stiftung berufene Organ ist verpflichtet, der Aufsichtsbehörde

1. jede Änderung der Zusammensetzung eines Organs unverzüglich anzuzeigen,

2. innerhalb von neun Monaten nach Schluss des Geschäftsjahres eine ordnungsmäßige Jahresabrechnung mit einer Vermögensübersicht unter getrennter Ausweisung der Rücklagen und einem Bericht über die Erfüllung des Stiftungszwecks einzureichen.

§ 8 – Haftung der Stiftungsorgane

Die Mitglieder der Stiftungsorgane sind zur ordnungsmäßigen Verwaltung des Stiftungsvermögens verpflichtet. Bei einer vorsätzlichen oder grobfahrlässigen Verletzung ihrer Obliegenheiten sind sie unbeschadet von Haftungsvorschriften in anderen Gesetzen der Stiftung gegenüber zum Schadensersatz verpflichtet.

§ 9 – Änderung der Verfassung nach Anerkennung, Aufhebung und Zusammenlegung von Stiftungen

(1) Der Vorstand oder die sonstigen hierzu berufenen Organe können beantragen, die Verfassung zu ändern, die Stiftung aufzuheben oder sie mit einer anderen Stiftung zusammenzulegen. Der Wille des Stifters ist tunlichst zu berücksichtigen. Die Entscheidung trifft die Aufsichtsbehörde.

(2) Die Aufhebung, die Zusammenlegung mit einer anderen Stiftung oder die Änderung des Zwecks kann nur erfolgen, wenn es wegen wesentlicher Änderung der Verhältnisse angezeigt erscheint. Das Stiftungsgeschäft oder der Stiftungsakt kann bestimmen, dass solche Entscheidungen auch ohne wesentliche Änderung der Verhältnisse zulässig sind.

(3) Die Aufsichtsbehörde entscheidet auch über die Zweckänderung oder die Aufhebung der Stiftung im Falle des § 87 des Bürgerlichen Gesetzbuchs.

§ 10 – Stiftungsaufsicht

(1) Die Stiftungen unterstehen der Aufsicht des Landes. Sie soll sicherstellen, dass die Stiftungen im Einklang mit den Gesetzen und mit der Verfassung der Stiftung verwaltet werden. Die Aufsicht soll so gehandhabt werden, dass sie die Entschluss- und Verantwortungsfreudigkeit der Mitglieder der Stiftungsorgane nicht beeinträchtigt.

(2) Soweit Stiftungen von Landesbehörden verwaltet werden, üben die übergeordneten Behörden die allgemeine Stiftungsaufsicht aus. Die §§ 12 bis 16 dieses Gesetzes finden keine Anwendung.

§ 11 – Aufsichtsbehörden

(1) Aufsichtsbehörde ist das Regierungspräsidium, in dessen Bezirk die Stiftung ihren Sitz hat.

(2) Obere Aufsichtsbehörde ist für Stiftungen des bürgerlichen Rechts das für das Stiftungsrecht zuständige Ministerium, für die Stiftungen des öffentlichen Rechts das sachlich zuständige Ministerium.

§ 12 – Unterrichtung und Prüfung

(1) Die Aufsichtsbehörde kann sich über die Angelegenheiten der Stiftung unterrichten, soweit es zur ordnungsgemäßen Aufsicht erforderlich ist. Sie kann insbesondere Einrichtungen der Stiftung besichtigen, Berichte, Akten und sonstige Unterlagen anfordern sowie die Geschäfts- und Kassenführung prüfen oder sie auf Kosten der Stiftung prüfen lassen.

(2) Die Aufsichtsbehörde prüft die Jahresabrechnung mit der Vermögensübersicht und dem Bericht über die Erfüllung des Stiftungszwecks nach § 7 Nr. 2. Sie kann bei Stiftungen, die jährlich im Wesentlichen gleichbleibende Einnahmen und Ausgaben aufweisen, die Prüfung der Rechnungen für mehrere Jahre zusammenfassen.

(3) Wird eine Stiftung durch einen unabhängigen Wirtschaftsprüfer oder eine andere zur Erteilung eines gleichwertigen Bestätigungsvermerks befugte unabhängige Person oder Gesellschaft geprüft, so muss sich die Prüfung auch auf die Erhaltung des Stiftungsvermögens und die satzungsgemäße Verwendung der Stiftungsmittel erstrecken. Liegt ein entsprechender Bestätigungsvermerk vor, kann die Aufsichtsbehörde von einer eigenen Prüfung absehen.

(4) Die Aufsichtsbehörde kann verlangen, dass eine Stiftung durch einen unabhängigen Wirtschaftsprüfer oder andere zur Erteilung eines gleichwertigen Be-

stätigungsvermerks befugte unabhängige Personen oder Gesellschaften geprüft wird. Der Prüfungsauftrag muss sich auf die Erhaltung des Stiftungsvermögens und die satzungsgemäße Verwendung der Stiftungsmittel erstrecken. Liegt ein entsprechender Bestätigungsvermerk vor, so kann die Aufsichtsbehörde von einer eigenen Prüfung absehen.

§ 13 – Beanstandungen und Weisungen

(1) Die Aufsichtsbehörde kann Beschlüsse der Stiftungsorgane, die das Recht verletzen oder gegen die Verfassung verstoßen, aufheben. Sie kann verlangen, dass Maßnahmen, die auf Grund derartiger Beschlüsse getroffen worden sind, rückgängig gemacht werden.

(2) Erfüllt die Stiftung Pflichten oder Aufgaben nicht, die ihr nach Gesetz oder Verfassung obliegen, so kann die Aufsichtsbehörde die Stiftung anweisen, innerhalb einer angemessenen Frist das Erforderliche zu veranlassen.

§ 14 – Ersatzvornahme

(1) Kommt die Stiftung innerhalb der ihr gesetzten Frist einer Weisung der Aufsichtsbehörde (§ 13 Abs. 2) nicht nach, so kann diese die notwendigen Maßnahmen an Stelle der Stiftung verfügen und vollziehen.

(2) Die Kosten hat die Stiftung zu tragen.

§ 15 – Abberufung von Mitgliedern der Stiftungsorgane

(1) Die Aufsichtsbehörde kann Mitglieder eines Stiftungsorgans aus wichtigem Grund, insbesondere wegen grober Pflichtverletzung oder Unfähigkeit zur ordnungsmäßigen Geschäftsführung, abberufen und andere an ihrer Stelle ernennen. Bei schuldhaftem Verhalten bedarf es einer vorherigen Abmahnung.

(2) Die Aufsichtsbehörde kann dem Mitglied eines Stiftungsorgans einstweilen die Geschäftsführung untersagen, wenn es das Wohl der Stiftung erfordert.

(3) Vor einer Maßnahme nach Abs. 1 oder 2 sollen die übrigen Mitglieder der Stiftungsorgane gehört werden.

§ 16 – Bestellung eines Beauftragten

Wenn und solange der ordnungsmäßige Gang der Verwaltung der Stiftung es erfordert und die Befugnisse der Aufsichtsbehörde nach den §§ 12 bis 15 nicht ausreichen, kann die Aufsichtsbehörde Beauftragte bestellen, die alle oder einzelne Aufgaben der Stiftung oder eines Stiftungsorgans auf Kosten der Stiftung wahrnehmen.

§ 17 – Bekanntmachungen

Die Anerkennung, die Aufhebung, die Zusammenlegung von Stiftungen, die Änderung des Namens, des Sitzes, des Zwecks sowie die Entscheidung über die Rechtsnatur einer Stiftung (§ 22) sind im Staatsanzeiger für das Land Hessen bekannt zu machen.

§ 17a – Stiftungsverzeichnis

(1) Für Stiftungen im Sinne dieses Gesetzes führen die Aufsichtsbehörden sowie bei einer Übertragung der Aufsichtsbefugnisse nach § 28 die Stadt Frankfurt am Main ein Stiftungsverzeichnis.

(2) In das Stiftungsverzeichnis sind einzutragen:

1. der Name der Stiftung,

2. die Rechtsnatur der Stiftung,

3. der Sitz der Stiftung,

4. der Zweck der Stiftung,

5. die Anschrift der Stiftung,

6. die vertretungsberechtigten Organe und Personen sowie die Art ihrer Vertretungsberechtigung,

7. das Datum der Anerkennung,

8. die zuständige Aufsichtsbehörde.

Änderungen hat die Stiftung der Aufsichtsbehörde unverzüglich mitzuteilen.

(3) Das Stiftungsverzeichnis ist allgemein zugänglich. Es kann im Internet veröffentlicht werden. Eintragungen im Stiftungsverzeichnis begründen nicht die Vermutung der Richtigkeit.

(4) Das für das Stiftungsrecht zuständige Ministerium richtet für die Führung des Stiftungsverzeichnisses ein gemeinsames automatisiertes Verfahren ein. Die Aufsichtsbehörden sind zur Teilnahme an dem Verfahren verpflichtet. § 15 Abs. 1 Satz 2 bis 4 und Abs. 2 des Hessischen Datenschutzgesetzes in der Fassung vom 7. Januar 1999 (GVBl. I S. 98), geändert durch Gesetz vom 20. Mai 2011 (GVBl. I S. 208), gilt entsprechend.

(5) Die Aufsichtsbehörde stellt auf Antrag eine Bescheinigung darüber aus, wer nach Maßgabe der Satzung und der von der Stiftung mitgeteilten Angaben zur Vertretung der Stiftung berechtigt ist. Abs. 3 Satz 3 gilt entsprechend.

§ 18 – Örtliche Stiftungen

(1) Örtliche Stiftungen sind solche, die Zwecke erfüllen, welche die Gemeinden, Landkreise oder Zweckverbände in ihrem Bereich als öffentliche Aufgaben wahrnehmen oder wahrnehmen können.

(2) Die Verwaltung der örtlichen Stiftungen bestimmt sich nach den §§ 116 und 120 Abs. 1 der Hessischen Gemeindeordnung.

(3) Unbeschadet des § 120 Abs. 2 der Hessischen Gemeindeordnung dürfen örtliche Stiftungen nur im Einvernehmen mit der Gemeinde, dem Landkreis oder dem Zweckverband als rechtsfähig anerkannt, umgewandelt, zusammengelegt oder aufgehoben werden. Das gleiche gilt für Änderungen der Verfassung oder des Stiftungszwecks.

(4) Wenn örtliche Stiftungen von Gemeinden, Landkreisen, Zweckverbänden oder deren Organen verwaltet werden, nehmen die Aufgaben der Stiftungsaufsicht die zuständigen Kommunalaufsichtsbehörden nach den Vorschriften der Hessischen Gemeindeordnung und der Hessischen Landkreisordnung wahr. Die anderen örtlichen Stiftungen unterliegen der Aufsicht nach § 11.

§ 19 – Stiftungen unter der Verwaltung des Landeswohlfahrtsverbandes Hessen

(1) Unbeschadet des § 87 des Bürgerlichen Gesetzbuchs dürfen Stiftungen, die vom Landeswohlfahrtsverband Hessen oder seinen Eigengesellschaften verwaltet werden, nur mit dessen Einvernehmen als rechtsfähig anerkannt, umgewandelt, zusammengelegt oder aufgehoben werden. Das gleiche gilt für Änderungen der Verfassung oder des Stiftungszwecks.

(2) ...

§ 20 – Kirchliche und weltanschauliche Stiftungen

(1) Kirchliche Stiftungen im Sinne dieses Gesetzes sind die überwiegend kirchlichen, diakonischen, karitativen oder religiösen Zwecken einer Kirche gewidmeten Stiftungen, die organisatorisch mit der Kirche verbunden sind oder deren Zwecke nur sinnvoll in Verbindung mit der Kirche erfüllt werden können.

(2) Unbeschadet des § 87 des Bürgerlichen Gesetzbuchs dürfen kirchliche Stiftungen nur im Einvernehmen mit der betreffenden Kirche als rechtsfähig anerkannt, umgewandelt, zusammengelegt oder aufgehoben werden. Das gleiche gilt für Änderungen des Stiftungszwecks.

(3) Ortskirchliche Stiftungen und Pfründestiftungen erlangen die Rechtsfähigkeit durch Bekanntmachung der Stiftungsurkunde im Staats-Anzeiger für das Land Hessen. Die Bekanntmachung wird auf Antrag der zuständigen Kirchenbehörde durch den sachlich zuständigen Minister veranlaßt. Entsprechendes gilt für die Umwandlung, Zusammenlegung, Aufhebung und die Änderung des Stiftungszwecks solcher Stiftungen.

(4) Den Kirchen bleibt es überlassen, die Wahrnehmung der übrigen Aufgaben der Stiftungsaufsicht zu regeln.

(5) Kirchenverträge bleiben unberührt.

(6) Abs. 1 bis 5 sind auch auf entsprechende Stiftungen einer als Körperschaft des öffentlichen Rechts anerkannten Religionsgemeinschaft oder Weltanschauungsgemeinschaft anzuwenden.

§ 21 – Familienstiftungen

(1) Familienstiftungen im Sinne dieses Gesetzes sind Stiftungen, die nach dem Stiftungsgeschäft ausschließlich oder überwiegend dem Wohle der Mitglieder einer oder mehrerer bestimmter Familien dienen.

(2) Familienstiftungen unterliegen nur insoweit der Aufsicht des Landes, als sicherzustellen ist, daß ihr Bestand und ihre Betätigung nicht dem öffentlichen Interesse zuwiderlaufen.

§ 22 – Zweifel über die Rechtsnatur einer Stiftung

Bestehen Zweifel über die Rechtsnatur einer Stiftung, vor allem darüber, ob sie eine Stiftung des bürgerlichen oder des öffentlichen Rechts, eine Familienstiftung, eine örtliche, kirchliche oder weltanschauliche Stiftung ist, so entscheidet darüber die Aufsichtsbehörde.

§ 23 – Vermögensanfall

(1) Ist in der Verfassung für den Fall des Erlöschens einer Stiftung kein Anfallberechtigter bestimmt, so fällt das Vermögen

1. einer örtlichen Stiftung an die Gemeinde, den Landkreis oder den Zweckverband,

2. einer vom Landeswohlfahrtsverband Hessen verwalteten Stiftung an den Landeswohlfahrtsverband Hessen,

3. einer kirchlichen oder weltanschaulichen Stiftung an die Kirche, Religionsgemeinschaft oder Weltanschauungsgemeinschaft,

4. aller anderen Stiftungen an das Land.

Auch im Falle von Nr. 1 bis 3 finden die Vorschriften über eine dem Fiskus als gesetzlichem Erben anfallende Erbschaft Anwendung.

(2) Die Anfallberechtigten haben das Vermögen tunlichst in einer den Zwecken der Stiftung entsprechenden Weise zu verwenden.

§ 24 – Rechtsstellung bestehender Stiftungen

Auf die zur Zeit des Inkrafttretens des Gesetzes bestehenden Stiftungen sind mit Ausnahme des § 3 die Vorschriften dieses Gesetzes anzuwenden.

§ 25 (gestrichen)

§ 26 (vollzogen)

§ 27 (vollzogen)

§ 28 – Ermächtigung zur Übertragung von Aufsichtsbefugnissen

Das Regierungspräsidium in Darmstadt wird ermächtigt, die Befugnisse des § 12 für Stiftungen, die ihren Sitz in Frankfurt am Main haben, auf den Magistrat der Stadt Frankfurt am Main zu übertragen.

§ 29 – (aufgehoben)

§ 30 – In-Kraft-Treten; Außer-Kraft-Treten

Dieses Gesetz tritt am 1. Mai 1966 in Kraft und mit Ablauf des 31. Dezember 2020 außer Kraft.

4.8 Stiftungsgesetz des Landes Mecklenburg-Vorpommern (Landesstiftungsgesetz – StiftG M-V) vom 7. Juni 2006 (GVOBl. M-V 2006 S. 366)

Stand: Letzte berücksichtigte Änderung: §§ 2, 3, 12 geändert durch Artikel 2 des Gesetzes vom 15. November 2012 (GVOBl. M-V S. 502, 503)

Der Landtag hat das folgende Gesetz beschlossen:

§ 1 – Geltungsbereich

Dieses Gesetz gilt für rechtsfähige Stiftungen des bürgerlichen Rechts mit Sitz in Mecklenburg-Vorpommern.

§ 2 – Stiftungsbehörde

Zuständige Behörde für die Anerkennung der Rechtsfähigkeit nach § 80 des Bürgerlichen Gesetzbuchs, für das Erstellen oder Ergänzen der Stiftungssatzung bei testamentarischer Errichtung nach § 83 Satz 2 des Bürgerlichen Gesetzbuchs, für die Zweckänderung oder Aufhebung nach § 87 des Bürgerlichen Gesetzbuchs sowie für die Stiftungsaufsicht nach den §§ 4 bis 9 ist das Justizministerium, soweit in diesem Gesetz nichts anderes bestimmt ist.

§ 3 – Stiftungsverzeichnis

Das Justizministerium führt ein allgemein einsehbares Verzeichnis mit den Angaben der Stiftungsbehörden zum Namen, zum wesentlichen Zweck, zum Sitz, zur Anschrift und zum Datum der Anerkennung der Stiftungen. Die Eintragungen begründen nicht die Vermutung der Richtigkeit. Darüber hinaus unterliegen stiftungsbehördliche Unterlagen zu einzelnen Stiftungen nicht einem allgemeinen Informationszugang. Angaben zu kirchlichen Stiftungen werden auf Antrag der zuständigen Kirchenbehörde in das Verzeichnis aufgenommen.

§ 4 – Rechtsaufsicht

(1) Die Stiftungen stehen unter der Rechtsaufsicht des Landes. Sie wird von der Stiftungsbehörde wahrgenommen. Die Aufsicht soll sicherstellen, dass die Organe der Stiftung den im Stiftungsgeschäft und in der Stiftungssatzung zum Ausdruck gekommenen Stifterwillen sowie die Gesetze beachten.

(2) Die Stiftung ist verpflichtet, der Stiftungsbehörde schriftlich

1. unverzüglich ihre Anschrift, die Zusammensetzung der Organe und die Vertretungsbefugnis gemäß §§ 86, 26 und 30 des Bürgerlichen Gesetzbuchs sowie jede Änderung anzuzeigen,

2. innerhalb von neun Monaten nach Ablauf des Geschäftsjahres eine nach den Grundsätzen ordnungsgemäßer Buchführung zu erstellende Jahresabrechnung mit einer Vermögensübersicht und einem Bericht über die Erfüllung des Stiftungszwecks zur Prüfung vorzulegen; Geschäftsjahr ist das Kalenderjahr, soweit in der Stiftungssatzung nichts anderes bestimmt ist.

(3) Die Stiftungsbehörde stellt auf Antrag der Stiftung eine Bescheinigung über die angezeigte Vertretungsbefugnis zur Vorlage gegenüber Dritten aus.

§ 5 – Unterrichtung und Prüfung

Soweit es zur ordnungsgemäßen Aufsicht erforderlich ist, kann die Stiftungsbehörde sich über Angelegenheiten der Stiftung unterrichten, die Verwaltung der Stiftung prüfen oder im Namen und auf Kosten der Stiftung prüfen lassen.

§ 6 – Beanstandung, Anordnung und Ersatzvornahme

(1) Die Stiftungsbehörde kann Beschlüsse und andere Maßnahmen der Stiftungsorgane, die dem Stifterwillen oder den Gesetzen widersprechen, beanstanden und anordnen, dass sie innerhalb einer angemessenen Frist aufgehoben oder rückgängig gemacht werden. Beanstandete Maßnahmen dürfen nicht vollzogen werden.

(2) Unterlässt ein Stiftungsorgan eine rechtlich gebotene Maßnahme, kann die Stiftungsbehörde anordnen, die Maßnahme innerhalb einer angemessenen Frist durchzuführen.

(3) Kommt die Stiftung einer Anordnung nicht fristgemäß nach, kann die Stiftungsbehörde beanstandete Beschlüsse aufheben und angeordnete Maßnahmen im Namen und auf Kosten der Stiftung durchführen oder durchführen lassen.

§ 7 – Abberufung und Bestellung von Organmitgliedern

(1) Die Stiftungsbehörde kann Mitglieder eines Stiftungsorgans aus wichtigem Grund abberufen oder ihnen die Ausübung ihrer Tätigkeit einstweilen untersagen. Ein wichtiger Grund ist insbesondere grobe Pflichtverletzung oder Unfähigkeit zur ordnungsgemäßen Geschäftsführung.

(2) Vorbehaltlich der Notbestellung des Vorstands durch das Amtsgericht nach §§ 86, 29 des Bürgerlichen Gesetzbuchs kann die Stiftungsbehörde Mitglieder eines Stiftungsorgans bestellen, sofern sie nicht innerhalb einer von ihr gesetzten angemessenen Frist satzungsgemäß bestimmt werden.

§ 8 – Bestellung eines Beauftragten

Wenn die Befugnisse der Stiftungsbehörde nach den §§ 5 bis 7 nicht ausreichen, um eine ordnungsgemäße Verwaltung zu gewährleisten, kann sie einen Beauftragten im Namen der Stiftung bestellen, der die Aufgaben der Stiftung oder eines Stiftungsorgans auf Kosten der Stiftung wahrnimmt.

§ 9 – Änderung der Stiftungssatzung

(1) Eine Änderung der Stiftungssatzung bedarf der Genehmigung durch die Stiftungsbehörde. Die Stiftungsbehörde kann die Stiftungssatzung ändern, wenn dies aufgrund einer wesentlichen Veränderung der Verhältnisse erforderlich ist.

(2) Der Stifter soll zu Lebzeiten vor einer Änderung der Stiftungssatzung angehört werden. Bei mehreren Stiftern reicht die Anhörung von mindestens zwei Mitstiftern aus.

§ 10 – Kommunale Stiftung

(1) Die kommunale Stiftung ist eine Stiftung, die von einer hauptamtlich geleiteten Gemeinde, einem Amt oder einem Landkreis verwaltet wird. Die Übernahme der Verwaltung soll unterbleiben, wenn der Stiftungszweck nicht der Erfüllung öffentlicher Aufgaben der jeweiligen Körperschaft dient. Für die Verwaltung der Stiftung gelten die Vorschriften der Kommunalverfassung, soweit dieses Gesetz nichts anderes regelt. Die Verwaltungsgeschäfte obliegen, soweit die Stiftungssatzung nicht anderes bestimmt, den für die Vertretung der kommunalen Körperschaft zuständigen Organen.

(2) Die Stiftung führt einen eigenen Haushalt. Für die Haushaltswirtschaft gelten die Bestimmungen der Kommunalverfassung über das treuhänderisch verwaltete Vermögen und die Haushaltswirtschaft. Wird anstelle des Haushaltsplanes ein Wirtschaftsplan aufgestellt, sind die Vorschriften über die Wirtschaftsführung, das Rechnungswesen und die Jahresabschlussprüfung der Eigenbetriebe entsprechend anzuwenden.

(3) In den Fällen des § 2 entscheidet die Stiftungsbehörde im Benehmen mit der zuständigen Rechtsaufsichtsbehörde. Darüber hinaus ist die Rechtsaufsichtsbehörde zuständige Stiftungsbehörde im Sinne der §§ 4 bis 8.

(4) Bei Erlöschen der Stiftung fällt das Vermögen an die kommunale Körperschaft, wenn die Stiftungssatzung nicht eine andere Regelung vorsieht.

§ 11 – Kirchliche Stiftung

(1) Die kirchliche Stiftung ist eine Stiftung, die nach ihrem Zweck überwiegend kirchlichen Aufgaben gewidmet ist, und

1. in der Stiftungssatzung der kirchlichen Aufsicht unterstellt ist,

2. organisatorisch mit einer Kirche verbunden ist oder

3. ihren Zweck nur sinnvoll in Verbindung mit einer Kirche erfüllen kann.

Die Stiftung bedarf der Einwilligung der zuständigen Kirchenbehörde vor der Anerkennung der Rechtsfähigkeit nach § 80 des Bürgerlichen Gesetzbuchs

(2) Das Erstellen oder Ergänzen der Stiftungssatzung nach § 83 Satz 2 des Bürgerlichen Gesetzbuchs und die Zweckänderung oder Aufhebung nach § 87 des Bürgerlichen Gesetzbuchs sind im Einvernehmen mit der Kirchenbehörde durchzuführen.

(3) An die Stelle der Rechtsaufsicht nach den §§ 4 bis 9 tritt die Aufsicht nach kirchlichem Recht durch die zuständige Kirchenbehörde.

(4) Bei Erlöschen der Stiftung fällt das Vermögen an die jeweilige Kirche, wenn die Stiftungssatzung nicht eine andere Regelung vorsieht.

(5) Die Absätze 1 bis 4 gelten entsprechend für Stiftungen unter Aufsicht der sonstigen Religionsgesellschaften und der weltanschaulichen Gemeinschaften, die Körperschaften des öffentlichen Rechts sind.

§ 12 – Ordnungswidrigkeiten

(1) Ordnungswidrig handelt, wer vorsätzlich oder fahrlässig

1. entgegen § 4 Abs. 2 Nr. 1 die Anschrift der Stiftung, die Zusammensetzung der Organe und die Vertretungsbefugnis nicht, nicht vollständig, nicht richtig, nicht rechtzeitig oder nicht in der vorgeschriebenen Weise anzeigt oder

2. entgegen § 4 Abs. 2 Nr. 2 die Jahresabrechnung mit der Vermögensübersicht und dem Bericht über die Erfüllung des Stiftungszwecks nicht, nicht

vollständig, nicht richtig, nicht rechtzeitig oder nicht in der vorgeschriebenen Weise vorlegt.

(2) Die Ordnungswidrigkeit kann mit einer Geldbuße bis zu 3 000 Euro geahndet werden.

(3) Verwaltungsbehörde im Sinne des § 36 Abs. 1 Nr. 1 des Gesetzes über Ordnungswidrigkeiten ist das Justizministerium.

§ 13 – In-Kraft-Treten, Außer-Kraft-Treten

(1) Dieses Gesetz tritt am Tage nach seiner Verkündung in Kraft.

(2) Gleichzeitig tritt das Stiftungsgesetz vom 24. Februar 1993 (GVOBl. M-V S. 104), geändert durch Artikel 25 des Gesetzes vom 22. November 2001 (GVOBl. M-V S. 438), außer Kraft.

Das vorstehende Gesetz wird hiermit verkündet.

4.9 Niedersächsisches Stiftungsgesetz (NStiftG) vom 24. Juli 1968 (Nds. GVBl. S. 119)

geändert durch

Gesetz vom 20. Dezember 1985 (Nds. GVBl. S. 609),

Gesetz vom 5. November 2004 (Nds. GVBl. S. 394) und

Gesetz vom 23. November 2004 (Nds. GVBl. S. 514)

Artikel 3 des Gesetzes v. 25. 6. 2014 (Nds. GV Bl. S. 168)

§ 1 – Geltungsbereich

Dieses Gesetz gilt für die rechtsfähigen Stiftungen des bürgerlichen Rechts, die ihren Sitz im Lande Niedersachsen haben.

§ 2 – Auslegungsgrundsatz

Bei der Anwendung dieses Gesetzes ist der Stifterwille in erster Linie maßgebend.

§ 3 – Stiftungsbehörde

Stiftungsbehörde im Sinne dieses Gesetzes ist das Amt für regionale Landesentwicklung.

§ 4 – Anerkennung

Die Stiftungsbehörde ist für die Anerkennung nach § 80 des Bürgerlichen Gesetzbuchs (BGB) und für Maßnahmen nach § 83 Satz 2 BGB, auch in Verbindung mit § 81 Abs. 1 Satz 4 BGB, zuständig.

§ 5 gestrichen

§ 6 – Verwaltung der Stiftung

(1) Das Stiftungsvermögen ist in seinem Bestand ungeschmälert zu erhalten. Die Stiftungsbehörde kann Ausnahmen zulassen, wenn der Stifterwille anders nicht zu verwirklichen und der Bestand der Stiftung für angemessene Zeit gewährleistet ist. Das Stiftungsvermögen ist von anderem Vermögen getrennt zu halten.

(2) Die Erträge des Stiftungsvermögens sind ausschließlich für den Stiftungszweck zu verwenden. Sie dürfen dem Stiftungsvermögen zugeführt werden,

wenn es die Satzung vorsieht oder wenn es zum Ausgleich von Vermögensverlusten erforderlich ist. Zuwendungen an die Stiftung sind für den Stiftungszweck zu verwenden, soweit sie nicht ausdrücklich dem Stiftungsvermögen zugeführt werden sollen.

(3) Die Mitglieder der Stiftungsorgane sind zur ordnungsmäßigen Verwaltung der Stiftung verpflichtet. Organmitglieder, die ihre Pflichten schuldhaft verletzen, sind der Stiftung zum Ersatz des daraus entstehenden Schadens verpflichtet. Die Haftung wegen grober Fahrlässigkeit kann nicht ausgeschlossen werden.

(4) Die Verwaltungskosten sind auf ein Mindestmaß zu beschränken. Die Mitglieder der Stiftungsorgane haben Anspruch auf Ersatz angemessener Auslagen. Bei entgeltlicher Tätigkeit von Organmitgliedern sind Art und Umfang der Dienstleistungen und der Vergütung vor Aufnahme der Tätigkeit schriftlich zu regeln. Ist eine Behörde Stiftungsorgan, so hat die Stiftung im Zweifel nur die Auslagen zu ersetzen.

§ 7 – Satzungsänderung, Zusammenlegung und Aufhebung durch Stiftungsorgane oder Dritte

(1) Wenn die Satzung dies vorsieht oder wenn sich die Verhältnisse seit der Errichtung der Stiftung wesentlich geändert haben, kann die Satzung geändert oder die Stiftung mit einer anderen Stiftung zusammengelegt oder aufgehoben werden.

Satzungsänderungen, die den Stiftungszweck nicht berühren, sind außerdem zulässig, wenn sie die ursprüngliche Gestaltung der Stiftung nicht wesentlich verändern oder die Erfüllung des Stiftungszwecks erleichtern.

(2) Bei Maßnahmen nach Absatz I ist der erkennbare oder mutmaßliche Wille der Stifterin oder des Stifters zu berücksichtigen. Zu Lebzeiten der Stifterin oder des Stifters ist deren oder dessen Zustimmung erforderlich. In Rechte derer, die durch die Stiftung bedacht sind, darf nicht eingegriffen werden.

(3) Maßnahmen nach Absatz I werden von den zur Verwaltung der Stiftung berufenen Organen getroffen. Die Satzung kann andere Stiftungsorgane oder Dritte hierzu ermächtigen. Die Maßnahmen bedürfen der Genehmigung der Stiftungsbehörde. Mit der Genehmigung der Zusammenlegung wird die neue Stiftung rechtsfähig.

(4) Eine Sitzverlegung in das Land Niedersachsen ist der Stiftungsbehörde anzuzeigen.

§ 8 – Zweckänderung, Zusammenlegung und Aufhebung durch die Stiftungsbehörde

(1) Die Stiftungsbehörde trifft die in § 87 BGB vorgesehenen Maßnahmen. Liegen die Voraussetzungen des § 87 Abs. I BGB vor, so kann die Stiftungsbehörde die Umwandlung auch in der Weise vornehmen, daß sie mehrere Stiftungen mit im wesentlichen gleichartigen Zwecken zu einer neuen Stiftung zusammenlegt und dieser Stiftung eine Satzung gibt. Mit der Zusammenlegung wird die neue Stiftung rechtsfähig.

(2) Vor Maßnahmen nach Absatz 1 ist zu Lebzeiten der Stifterin oder des Stifters diese oder dieser zu hören.

§ 9 – Vermögensanfall

(1) Ist für den Fall des Erlöschens einer Stiftung in dem Stiftungsgeschäft oder der Satzung weder ein Anfallberechtigter bestimmt noch einem Stiftungsorgan die Bestimmung des Anfallberechtigten übertragen, so fällt das Vermögen

1. einer kommunalen Stiftung (§ 19 Abs. I) an die kommunale Körperschaft,

2. einer kirchlichen Stiftung (§ 20 Abs. I) an die aufsichtführende Kirche,

3. aller anderen Stiftungen an das Land.

Auch in den Fällen der Nummern 1 und 2 gelten die Vorschriften über eine dem Fiskus als gesetzlichem Erben anfallende Erbschaft entsprechend.

(2) Alle Anfallberechtigten haben das Vermögen tunlichst in einer den Zwecken der Stiftung entsprechenden Weise zu verwenden.

§ 10 – Stiftungsaufsicht

(1) Die Stiftungsaufsicht des Landes stellt sicher, daß die Stiftungen im Einklang mit den Gesetzen und der Stiftungssatzung verwaltet werden. Die Aufsicht soll so gehandhabt werden, daß Entschlußkraft und Verantwortungsfreudigkeit der Mitglieder der Stiftungsorgane nicht beeinträchtigt werden.

(2) Bei Stiftungen, die unmittelbar nur private Zwecke verfolgen und nicht von einer Behörde verwaltet werden, beschränkt sich die Aufsicht auf Maßnahmen nach § 87 BGB und die Sicherstellung der Handlungsfähigkeit der Stiftungsorgane.

(3) Die Stiftungsaufsicht wird von der Stiftungsbehörde geführt. Bei einer Stiftung mit örtlich begrenztem Wirkungsbereich kann die Stiftungsbehörde ihre

Befugnisse nach § 6 Abs. I Satz 2 und den §§ 10 bis 16 auf den Landkreis, die kreisfreie oder die große selbständige Stadt oder die selbständige Gemeinde übertragen, in deren Bezirk die Stiftung ihren Sitz hat.

§ 11 – Unterrichtung und Prüfung

(1) Die Stiftungsbehörde kann sich jederzeit über die Angelegenheiten der Stiftung unterrichten. Sie kann durch Beauftragte die Geschäftsräume und alle Einrichtungen der Stiftung besichtigen und prüfen, mündliche und schriftliche Berichte, Sitzungsniederschriften der Stiftungsorgane, Akten und sonstige Unterlagen einfordern oder einsehen.

(2) Der Vorstand hat der Stiftungsbehörde mitzuteilen, wer dem Vorstand angehört und als besondere Vertreterin oder besonderer Vertreter bestellt worden ist. Die Stiftungsbehörde bescheinigt auf Verlangen, wer danach zur Vertretung der Stiftung berechtigt ist (Vertretungsbescheinigung).

(3) Der Vorstand hat der Stiftungsbehörde innerhalb von fünf Monaten nach Schluss des Geschäftsjahres eine Jahresabrechnung mit einer Vermögensübersicht und einen Bericht über die Erfüllung des Stiftungszwecks zur Prüfung einzureichen.

(4) Wird die Stiftung durch

1. eine Behörde,

2. einen Prüfungsverband,

3. die Prüfungsstelle eines Sparkassen- und Giroverbands,

4. eine Wirtschaftsprüferin, einen Wirtschaftsprüfer oder eine Wirtschaftsprüfungsgesellschaft oder

5. eine vereidigte Buchprüferin, einen vereidigten Buchprüfer oder eine Buchprüfungsgesellschaft

geprüft und erstreckt sich die Prüfung auch auf die Erhaltung des Stiftungsvermögens und die satzungsmäßige Verwendung der Stiftungsmittel, so soll die Stiftungsbehörde von einer eigenen Prüfung absehen. Die Stiftungsbehörde kann die Stiftung auf deren Kosten durch eine in Satz 1 genannte Person oder Einrichtung prüfen lassen.

§ 12 – Beanstandung

Die Stiftungsbehörde kann Beschlüsse und andere Maßnahmen der Stiftungsorgane beanstanden, wenn sie das Gesetz oder die Stiftungssatzung verletzen.

Beanstandete Maßnahmen dürfen nicht vollzogen werden. Die Stiftungs-behörde kann verlangen, daß bereits getroffene Maßnahmen rückgängig ge-macht werden.

§ 13 – Anordnung und Ersatzvornahme

(1) Trifft ein Stiftungsorgan eine durch Gesetz oder Stiftungssatzung gebotene Maßnahme nicht, so kann die Stiftungsbehörde anordnen, daß es innerhalb einer bestimmten Frist das Erforderliche veranlaßt.

(2) Kommt das Stiftungsorgan einer Anordnung der Stiftungsbehörde nicht in-nerhalb der Frist nach, so kann die Stiftungsbehörde die Anordnung auf Kos-ten der Stiftung selbst durchführen oder durch andere durchführen lassen.

§ 14 – Abberufung von Mitgliedern der Stiftungsorgane

(1) Hat ein Mitglied eines Stiftungsorgans sich einer groben Pflichtverletzung schuldig gemacht oder ist es zur ordnungsmäßigen Geschäftsführung unfähig, so kann die Stiftungsbehörde die Abberufung dieses Mitglieds und die Beru-fung eines anderen verlangen. Sie kann dem Mitglied die Geschäftsführung einstweilen untersagen.

(2) Ist die Stiftung zur Abberufung des Mitglieds nicht in der Lage oder kommt sie innerhalb einer bestimmten Frist dem Verlangen der Stiftungsbehörde nach Absatz I Satz I nicht nach, so kann die Stiftungsbehörde das Mitglied ab-berufen und ein anderes an seiner Stelle berufen.

§ 15 – Bestellung von Mitgliedern der Stiftungsorgane

Soweit einem Stiftungsorgan die erforderlichen Mitglieder fehlen und nicht nach § 29 BGB zu verfahren ist, kann die Stiftungsbehörde sie in dringenden Fällen für die Zeit bis zur Behebung des Mangels bestellen.

§ 16 – Schadenersatz

Die Stiftungsbehörde ist befugt, im Namen der Stiftung Ansprüche auf Scha-denersatz gegen Mitglieder der Stiftungsorgane gerichtlich geltend zu ma-chen, sofern dies nicht innerhalb einer bestimmten Frist durch das zuständige Stiftungsorgan geschieht oder die Stiftung dazu nicht in der Lage ist.

§ 17 – Bekanntmachungen

Die Errichtung, das Erlöschen, die Änderung des Zwecks und die Verlegung des Sitzes einer Stiftung sowie die Zusammenlegung von Stiftungen sind im Niedersächsischen Ministerialblatt bekanntzumachen.

§ 17a – Stiftungsverzeichnis

(1) Die Stiftungsbehörde führt ein Verzeichnis der rechtsfähigen Stiftungen des bürgerlichen Rechts in ihrem Bezirk mit Ausnahme der Stiftungen nach § 10 Abs. 2 (Stiftungsverzeichnis). Kirchliche Stiftungen werden auf Antrag der zuständigen Kirchenbehörde in das Stiftungsverzeichnis aufgenommen.

(2) In das Stiftungsverzeichnis sind der Name, der Sitz, der wesentliche Zweck und die Anschrift der Stiftung aufzunehmen. Eine Änderung der Anschrift hat die Stiftung der Stiftungsbehörde unverzüglich mitzuteilen. Die Eintragungen im Stiftungsverzeichnis begründen nicht die Vermutung der Richtigkeit.

(3) Das Stiftungsverzeichnis kann von jeder Person eingesehen werden.

§ 18 – Vom Land errichtete oder verwaltete Stiftungen

(1) Wird eine Stiftung durch das Land errichtet oder ist das Land an der Errichtung beteiligt, so nimmt die Landesregierung die Aufgaben der Stiftungsbehörde nach § 4, § 7 Abs. 3 Satz 3 und Abs. 4. § 8 und § 21 Abs. 2 Satz 3 wahr. Sie kann diese Befugnisse auf eine andere Landesbehörde übertragen.

(2) Wird eine Stiftung von einer Landesbehörde verwaltet, so übt die übergeordnete Behörde die Stiftungsaufsicht aus. Sie nimmt, wenn die Voraussetzungen des Absatzes I nicht vorliegen, die dort genannten Aufgaben wahr.

§ 19 – Kommunale Stiftungen

(1) Kommunale Stiftungen sind Stiftungen, deren Zweck im Aufgabenbereich einer kommunalen Körperschaft liegt und die von dieser Körperschaft verwaltet werden. Die Stiftungsbehörde hat der Kommunalaufsichtsbehörde vor der nach § 80 BGB erforderlichen Anerkennung Gelegenheit zu geben, die Errichtung der Stiftung kommunalaufsichtlich zu prüfen.

(2) Für die Verwaltung der kommunalen Stiftungen gelten neben § 6 dieses Gesetzes die Vorschriften über die Vermögensverwaltung bei kommunalen Körperschaften. Maßnahmen nach den §§ 7 und 8 dieses Gesetzes treffen die kommunalen Körperschaften mit Genehmigung der Kommunalaufsichts-

behörde. An die Stelle der Stiftungsaufsicht nach den §§ 10 bis 16 tritt die Kommunalaufsicht.

§ 20 – Kirchliche Stiftungen

(1) Kirchliche Stiftungen sind Stiftungen, die ausschließlich oder überwiegend dazu bestimmt sind, kirchliche Aufgaben zu erfüllen, und

1. von einer Kirche gegründet oder

2. organisatorisch mit einer Kirche verbunden oder

3. in der Stiftungssatzung der kirchlichen Aufsicht unterstellt oder

4. deren Zwecke nur sinnvoll in Verbindung mit einer Kirche zu erfüllen

sind. Kirchliche Stiftungen bedürfen der Anerkennung durch die zuständige Kirchenbehörde.

(2) Entscheidungen der Stiftungsbehörde werden im Einvernehmen mit der zuständigen Kirchenbehörde getroffen. Für die Verwaltung der kirchlichen Stiftungen gilt § 6 nur insoweit, als keine entsprechenden kirchlichen Vorschriften bestehen. Im übrigen gilt § 6 Abs. l Satz 2 mit der Maßgabe, daß die zuständige Kirchenbehörde Ausnahmen zulassen kann. An Stelle der Stiftungsbehörde erteilt die zuständige Kirchenbehörde gemäß § 7 die Genehmigung von Satzungsänderungen, durch die nicht der Zweck einer kirchlichen Stiftung geändert. An die Stelle der Stiftungsaufsicht nach den §§ 10 bis 16 tritt die Aufsicht nach kirchlichem Recht durch die zuständige Kirchenbehörde.

(3) Die Absätze l und 2 sowie § 9 Abs. l gelten entsprechend für die Stiftungen der jüdischen Kultusgemeinden, der sonstigen Religionsgemeinschaften und der weltanschaulichen Gemeinschaften, sofern sie Körperschaften des öffentlichen Rechts sind und die für die Aufsicht über die Stiftungen erforderlichen Vorschriften erlassen haben.

§ 21 – Bestehende Stiftungen

(1) Auf die zur Zeit des Inkrafttretens des Gesetzes bestehenden Stiftungen sind die Vorschriften dieses Gesetzes mit Ausnahme von § 4 anzuwenden.

(2) Stiftungssatzungen, die den Vorschriften dieses Gesetzes nicht entsprechen, sind zu ändern oder zu ergänzen. Ist eine Satzung nicht vorhanden, so ist sie zu erlassen. Maßnahmen nach den Sätzen l und 2 bedürfen der Genehmigung der Stiftungsbehörde.

§ 22 – Übergang von Zuständigkeiten

Die Zuständigkeiten in Stiftungsangelegenheiten gehen auf die in diesem Gesetz bestimmten Behörden über, auch wenn sich aus einer Stiftungssatzung bisher Zuständigkeiten anderer Behörden ergeben haben.

§ 23 – Aufhebung bisher geltenden Rechts

(1) Alle landesrechtlichen Vorschriften, die diesem Gesetz entgegenstehen oder den gleichen Inhalt haben, werden aufgehoben. Insbesondere treten außer Kraft:

1. §§ 10 bis 14 und § 110 des braunschweigischen Ausführungsgesetzes zum Bürgerlichen Gesetzbuche vom 12. Juni 1899 (Nieders. GVBl. Sb. III S. 230);

2. §§ 5 und 6 der oldenburgischen Verordnung zur Ausführung des Bürgerlichen Gesetzbuchs vom l. Dezember 1899 (Nieders. GVBl. Sb. III S. 238);

3. § 29 des preußischen Ausführungsgesetzes zum Deutschen Gerichtsverfassungsgesetz vom 24. April 1878 (Nieders. GVBl. Sb. III S. 149);

4. Art. l bis 4 und Art. 5 § 2 des preußischen Ausführungsgesetzes zum Bürgerlichen Gesetzbuche vom 20. September 1899 (Nieders. GVBl. Sb. III S. 221);

5. Art. 4 und 5 der preußischen Verordnung zur Ausführung des Bürgerlichen Gesetzbuchs vom 16. November 1899 (Nieders. GVBl. Sb. III S. 229);

6. das preußische Gesetz über Änderungen von Stiftungen vom 10. Juli 1924 (Nieders. GVBl. Sb. II S. 469);

7. § 2 Buchst, a Nr. 13 der preußischen Verordnung über die Einführung landesrechtlicher Vorschriften in den nach dem Groß-Hamburg-Gesetz auf Preußen übergegangenen Gebietsteilen (Rechtseinführungsverordnung) vom 18. März 1938 (Nieders. GVBl. Sb. II S. 16).

(2) Es werden gestrichen:

1. in der Anlage zum Gesetz über Kosten im Bereich der Justizverwaltung vom 18. November 1957 (Nieders. GVBl. Sb. I S. 490) die Nummer l;

2. in § 103 Abs. l des braunschweigischen Ausführungsgesetzes zum Bürgerlichen Gesetzbuche vom 12. Juni 1899 (Nieders. GVBl. Sb. III S. 230) hinter dem Wort "Gemeindeschulen" das Komma und die Worte "milden Stiftungen".

(3) Auf Grund des § 4 des Gesetzes zur Änderung von Vorschriften des Fideikommiß- und Stiftungsrechts vom 28. Dezember 1950 (Bundesgesetzbl. S. 820) werden aufgehoben:

1. § 18 des Gesetzes über das Erlöschen der Familienfideikommisse und sonstiger gebundener Vermögen vom 6. Juli 1938 (Reichsgesetzbl. I S. 825);

2. §§ 11, 13 und 15 bis 26 der Verordnung zur Durchführung und Ergänzung des Gesetzes über das Erlöschen der Familienfideikommisse und sonstiger gebundener Vermögen vom 20. März 1939 (Reichsgesetzbl. I S. 509);

3. die Verordnung über Familienstiftungen vom 17. Mai 1940 (Reichsgesetzbl. I S. 806).

§ 24 – Inkrafttreten

Dieses Gesetz tritt am 1. Januar 1969 in Kraft.

4.10 Stiftungsgesetz für das Land Nordrhein-Westfalen (StiftG NRW) vom 15. Februar 2005 (GV NRW, 52)

zuletzt geändert durch Änd G v. 9. 2. 2013 (GV. NRW S. 112)

1. Abschnitt:
Allgemeine Bestimmungen

§ 1 – Geltungsbereich

Dieses Gesetz gilt für rechtsfähige Stiftungen des bürgerlichen Rechts, die ihren Sitz in Nordrhein-Westfalen haben.

§ 2 – Anerkennungsverfahren

Zur Entstehung einer Stiftung im Sinne dieses Gesetzes ist deren Anerkennung durch die zuständige Stiftungsbehörde gemäß § 80 Abs. 1 und 2 BGB erforderlich.

§ 3 – Statusklärung in Zweifelsfällen

Bestehen Zweifel, ob es sich bei einer Einrichtung um eine Stiftung im Sinne dieses Gesetzes handelt, oder ist die Rechtsnatur einer Stiftung zweifelhaft, so entscheidet hierüber auf Antrag die oberste Stiftungsbehörde. Antragsberechtigt ist, wer ein berechtigtes Interesse an der Entscheidung glaubhaft macht.

2. Abschnitt:
Verwaltung der Stiftung

§ 4 – Grundsätze

(1) Die Stiftungsorgane haben die Stiftung so zu verwalten, wie es die dauernde und nachhaltige Verwirklichung des Stiftungszwecks im Sinne der Stiftungssatzung oder - hilfsweise - des mutmaßlichen Willens der Stifterin oder des Stifters erfordert.

(2) Soweit nicht in der Satzung etwas anderes bestimmt ist oder der Wille der Stifterin oder des Stifters auf andere Weise nicht verwirklicht werden kann, ist das Stiftungsvermögen ungeschmälert zu erhalten. Vermögensumschichtungen sind nach den Regeln ordentlicher Wirtschaftsführung zulässig.

(3) Soweit nicht in der Satzung etwas anderes bestimmt ist, sind die Erträge des Stiftungsvermögens sowie Zuwendungen Dritter, die nicht ausdrücklich zur Erhöhung des Stiftungsvermögens bestimmt sind, zur Verwirklichung des Stiftungszwecks und zur Deckung der Verwaltungskosten zu verwenden.

§ 5 – Satzungsänderung, Zusammenschluss, Selbstauflösung

(1) Soweit nicht in der Satzung etwas anderes bestimmt ist, können die zuständigen Stiftungsorgane eine Änderung der Satzung beschließen, wenn hierdurch der Stiftungszweck oder die Organisation der Stiftung nicht wesentlich verändert wird. Die Stiftungsbehörde ist hierüber innerhalb eines Monats nach Beschlussfassung zu unterrichten.

(2) Soweit die Satzung es nicht ausschließt, können die zuständigen Stiftungsorgane

1. wesentliche Änderungen des Stiftungszwecks, wesentliche Änderungen, die die dauernde und nachhaltige Erfüllung des Stiftungszwecks berühren, den Zusammenschluss der Stiftung mit einer anderen oder die Auflösung der Stiftung beschließen, sofern eine wesentliche Änderung der Verhältnisse eingetreten ist,

2. wesentliche Änderungen der Organisation beschließen, soweit es die Erfüllung des Stiftungszwecks nicht beeinträchtigt.

Die Stifterinnen und Stifter sind hierzu nach Möglichkeit anzuhören. Die Beschlüsse bedürfen der Genehmigung durch die Stiftungsbehörde. Mit der Genehmigung der Beschlüsse über den Zusammenschluss und die hierzu erforderlichen Satzungsänderungen ist die neue Stiftung anerkannt.

3. Abschnitt:
Stiftungsaufsicht

§ 6 – Grundsätze

(1) Die Stiftungen unterliegen der Rechtsaufsicht des Landes; kirchliche Stiftungen und diesen gleichgestellte Stiftungen (§ 13 Abs. 2) jedoch nur nach Maßgabe des § 14.

(2) Aufgabe der Stiftungsaufsicht ist es zu überwachen und sicherzustellen, dass die Organe der Stiftung den in Stiftungsgeschäft und Stiftungssatzung zum Ausdruck kommenden Willen der Stifterin oder des Stifters beachten und die Tätigkeit der Stiftung im Einklang mit Recht und Gesetz steht.

(3) Stiftungen, die ausschließlich oder überwiegend private Zwecke verfolgen, unterliegen nur insoweit der Stiftungsaufsicht, als sicherzustellen ist, dass ihre Betätigung nicht gesetzlich geschützten öffentlichen Interessen zuwiderläuft.

§ 7 – Unterrichtung und Prüfung

(1) Der Stiftungsvorstand ist verpflichtet, der Stiftungsbehörde innerhalb von zwölf Monaten nach Ablauf des Geschäftsjahres eine Jahresabrechnung mit einer Vermögensübersicht und einen Bericht über die Erfüllung der Stiftungszwecke vorzulegen. Wird die Stiftung durch eine Behörde, einen Prüfungsverband, die Prüfungsstelle eines Sparkassen- und Giroverbands, eine Wirtschaftsprüferin, einen Wirtschaftsprüfer oder eine Wirtschaftsprüfungsgesellschaft oder eine vereidigte Buchprüferin, einen vereidigten Buchprüfer oder eine Buchprüfungsgesellschaft geprüft und erstreckt sich die Prüfung auch auf die Erhaltung des Stiftungsvermögens und die satzungsgemäße Verwendung der Stiftungsmittel, so soll die Stiftungsbehörde von einer eigenen Prüfung absehen.

(2) Die beabsichtigte Veräußerung oder Belastung von Grundstücken oder sonstiger Vermögenswerte, die Übernahme von Bürgschaften und diesen ähnliche Rechtsgeschäfte sind der Stiftungsbehörde vier Wochen vor Abschluss des Rechtsgeschäftes schriftlich anzuzeigen, wenn der Geschäftswert der beabsichtigten Maßnahme zusammen mit vorhandenen Belastungen insgesamt dreißig vom Hundert des Stiftungsvermögens übersteigt. Das Innenministerium kann weitere Ausnahmen von der Anzeigeverpflichtung zulassen.

(3) Liegen der Stiftungsbehörde Anhaltspunkte dafür vor, dass bei der Verwaltung der Stiftung gegen gesetzliche Bestimmungen oder die Satzung verstoßen wurde, kann sie hierzu Auskunft und die Vorlage von Unterlagen zur Einsichtnahme verlangen sowie im erforderlichen Umfang eine weitergehende Prüfung vornehmen oder auf Kosten der Stiftung vornehmen lassen.

(4) Die Absätze 1 und 2 gelten nicht für Stiftungen, die ausschließlich oder überwiegend privaten Zwecken dienen.

§ 8 – Beanstandung, Anordnung, Ersatzvornahme

(1) Die Stiftungsbehörde kann Beschlüsse und Maßnahmen der Stiftungsorgane, die dem im Stiftungsgeschäft oder in der Stiftungssatzung zum Ausdruck gebrachten Willen der Stifterin oder des Stifters oder gesetzlichen Regelungen widersprechen, beanstanden und verlangen, dass diese innerhalb einer von ihr bestimmten angemessenen Frist aufgehoben oder rückgängig gemacht werden. Beanstandete Beschlüsse oder Maßnahmen dürfen nicht vollzogen werden.

(2) Unterlässt ein Stiftungsorgan eine rechtlich gebotene Maßnahme, kann die Stiftungsbehörde anordnen, dass die Maßnahme innerhalb einer von ihr bestimmten angemessenen Frist durchgeführt wird.

(3) Kommt die Stiftung einer Anordnung nach Absatz 1 oder 2 nicht fristgemäß nach, kann die Stiftungsbehörde beanstandete Beschlüsse aufheben und angeordnete Maßnahmen auf Kosten der Stiftung durchführen oder durchführen lassen.

§ 9 – Abberufung und Bestellung von Organmitgliedern, Sachwalterbestellung

(1) Hat ein Mitglied eines Stiftungsorgans sich einer groben Pflichtverletzung schuldig gemacht oder ist es zur ordnungsgemäßen Wahrnehmung seiner der Stiftung gegenüber bestehenden Pflichten nicht in der Lage, so kann die Stiftungsbehörde die Abberufung dieses Mitglieds und die Berufung eines neuen Mitglieds an dessen Stelle verlangen. Sie kann dem Mitglied die Wahrnehmung seiner Geschäfte einstweilen untersagen.

(2) Kommt die Stiftung binnen einer ihr gesetzten angemessenen Frist der nach Absatz 1 Satz 1 getroffenen Anordnung nicht nach, so kann die Stiftungsbehörde die Abberufung des Mitglieds verfügen und, soweit nicht gemäß §§ 86, 29 BGB die Zuständigkeit des Amtsgerichts gegeben ist, eine andere Person an dessen Stelle berufen.

(3) Reichen die Befugnisse der Stiftungsbehörde nach den §§ 7, 8 und 9 Abs. 1 und 2 nicht aus, um eine dem Willen der Stifterin oder des Stifters und den Gesetzen entsprechende Verwaltung der Stiftung zu gewährleisten oder wiederherzustellen, kann die Stiftungsbehörde die Durchführung der Beschlüsse und Anordnungen einer Sachwalterin oder einem Sachwalter übertragen. Deren Aufgabenbereich und Vollmacht sind in einer Bestellungsurkunde festzulegen.

§ 10 – Zweckänderung, Aufhebung

Eine Zweckänderung oder Aufhebung der Stiftung durch die Stiftungsbehörde ist nur unter den Voraussetzungen und nach Maßgabe des § 87 BGB zulässig.

§ 11 – Geltendmachung von Ansprüchen

Erlangt die Stiftungsbehörde von einem Sachverhalt Kenntnis, der Schadensersatzansprüche der Stiftung gegen Mitglieder der Stiftungsorgane begründen könnte, so kann sie der Stiftung eine vertretungsberechtigte Person zur Klärung und Durchsetzung ihrer Ansprüche bestellen. Dies gilt nicht für Stiftungen, die ausschließlich oder überwiegend privaten Zwecken dienen.

4. Abschnitt:
Auskunft zu Stiftungen

§ 12 – Öffentliches Stiftungsverzeichnis, Vertretungsbescheinigungen

(1) Stiftungen im Sinne dieses Gesetzes werden in einem elektronischen Stiftungsverzeichnis erfasst, welches nur über das Internet zugänglich ist.

(2) In das Stiftungsverzeichnis sind einzutragen

1. der Name der Stiftung,

2. der Sitz der Stiftung,

3. die Zwecke der Stiftung,

4. die Anschrift der Geschäftsstelle der Stiftung,

5. die vertretungsberechtigten Organe und Personen sowie die Art ihrer Vertretungsberechtigung,

6. das Datum der Anerkennung als rechtsfähige Stiftung,

7. die zuständige Stiftungsaufsichtsbehörde.

Änderungen der Angaben zu den Nummern1 bis 5 sind der zuständigen Stiftungsaufsichtsbehörde unverzüglich mitzuteilen.

(3) Eintragungen im Stiftungsverzeichnis begründen nicht die Vermutung ihrer Richtigkeit.

(4) Die Stiftungsbehörde stellt auf Antrag eine Bescheinigung darüber aus, wer nach Maßgabe der Satzung und der von der Stiftung mitgeteilten Angaben zur Vertretung der Stiftung berechtigt ist.

(5) Die behördlichen Unterlagen über die Anerkennung und Beaufsichtigung einzelner Stiftungen unterliegen nicht dem allgemeinen Informationszugang nach dem Informationsfreiheitsgesetz Nordrhein-Westfalen.

5. Abschnitt:
Kirchliche Stiftungen und diesen gleichgestellte Stiftungen

§ 13 – Begriffsbestimmung

(1) Kirchliche Stiftungen im Sinne dieses Gesetzes sind rechtsfähige Stiftungen des Bürgerlichen Rechts, die

a) von einer Kirche oder einer einer Kirche zuzuordnenden Einrichtung zur Wahrnehmung überwiegend kirchlicher, auch diakonischer oder karitativer Aufgaben errichtet sind und nach innerkirchlichen Regelungen der Aufsicht einer kirchlichen Stelle unterliegen oder

b) nach dem Willen der Stifterin oder des Stifters überwiegend kirchlichen, auch diakonischen oder karitativen Zwecken dienen und der Aufsicht einer kirchlichen Stelle unterliegen sollen.

(2) Den kirchlichen Stiftungen gleichgestellt sind bürgerlich-rechtliche Stiftungen, die

a) von einer öffentlich-rechtlichen Religions- oder Weltanschauungsgemeinschaft zur Wahrnehmung ihrer religiösen oder weltanschaulichen Ziele errichtet sind und nach für diese verbindlichen Regelungen einer besonderen Stiftungsaufsicht unterliegen oder

b) nach dem Willen der Stifterin oder des Stifters den Zielen einer öffentlich-rechtlichen Religions- oder Weltanschauungsgemeinschaft dienen und einer besonderen Stiftungsaufsicht nach Maßgabe der für diese Religions- oder Weltanschauungsgemeinschaft verbindlichen Regelungen unterliegen sollen.

§ 14 – Anzuwendende Vorschriften

(1) Für kirchliche Stiftungen gelten die Bestimmungen dieses Gesetzes, soweit sich nicht aus den Absätzen 2 bis 5 etwas anderes ergibt.

(2) Die Anerkennung als kirchliche Stiftung bedarf der Zustimmung der zuständigen kirchlichen Behörde.

(3) Für die Statusklärung in Zweifelsfällen gilt § 3 mit der Maßgabe, dass vor einer Entscheidung die Kirche zu hören ist.

(4) Die Eintragung kirchlicher Stiftungen in das Stiftungsverzeichnis (§ 12) erfolgt nur im Einvernehmen mit der jeweiligen Stiftung und der zuständigen kirchlichen Behörde.

(5) Die kirchlichen Stiftungen unterliegen kirchlicher Stiftungsaufsicht. Die Bestimmungen des 3. Abschnitts finden auf sie keine Anwendung. Den Kirchen obliegt es, Art und Umfang der erforderlichen Regelungen in eigener Verantwortlichkeit zu treffen. Maßnahmen nach § 87 BGB ergehen nur im Einvernehmen mit der zuständigen kirchlichen Behörde. Die hierzu erlassenen Bestimmungen in kirchlichen Stiftungsordnungen werden auch im Gesetz- und Verordnungsblatt für das Land Nordrhein-Westfalen veröffentlicht.

(6) Über eine Satzungsänderung gemäß § 5 Abs. 1 ist die zuständige kirchliche Behörde zu unterrichten. Eine Entscheidung gemäß § 5 Abs. 2 bedarf der Zustimmung der zuständigen kirchlichen Behörde.

(7) Die Absätze 1 bis 6 gelten für die den kirchlichen Stiftungen gleichgestellten Stiftungen entsprechend.

6. Abschnitt:
Zuständigkeiten

§ 15 – Zuständige Behörden

(1) Oberste Stiftungsbehörde ist das Innenministerium.

(2) Stiftungsbehörden sind die Bezirksregierungen, soweit sich nicht aus Absatz 3 etwas anderes ergibt. Diesen obliegt auch die Führung und Aktualisierung des öffentlichen Stiftungsverzeichnisses und die Ausstellung der Vertretungsbescheinigungen (§ 12). Örtlich zuständig ist die Bezirksregierung, in deren Bezirk die Stiftung ihren Sitz hat oder haben soll.

(3) Die Anerkennung einer Stiftung, an der der Bund, das Land oder eine Körperschaft oder Anstalt des öffentlichen Rechts, die unmittelbar der Aufsicht der Bundes- bzw. Landesregierung oder oberster Bundes- bzw. Landesbehörden unterliegt, als Stifterin oder Stifter oder Zustifterin oder Zustifter beteiligt werden soll, ist dem Innenministerium vorbehalten. Entsprechendes gilt für Entscheidungen und Maßnahmen nach § 5 Abs. 2 Satz 3, § 7 Abs. 3 und §§ 8 bis 11 in Bezug auf Stiftungen, an denen eine dieser Körperschaften oder Anstalten als Stifterin oder Zustifterin beteiligt ist. Das Innenministerium kann den Bezirksregierungen die Durchführung erforderlicher Prüfungen übertragen. Es ist ermächtigt, Befugnisse nach Satz 1 oder 2 den Stiftungsbehörden durch Rechtsverordnung zu übertragen.

(4) Anträge auf Anerkennung, Genehmigung sowie Anzeigen können über eine einheitliche Stelle abgewickelt werden.

(5) Über den Antrag auf Anerkennung bzw. Genehmigung entscheidet die Behörde innerhalb einer Frist von 6 Monaten; abweichende Entscheidungsfristen kann die Behörde in einer vorab öffentlich bekannt zu machenden Fristenregelung (behördlicher Fristenplan) festsetzen. § 42a Absatz 2 Satz 2 bis 4 des Verwaltungsverfahrensgesetzes gilt entsprechend.

7. Abschnitt:
Schlussbestimmungen

§ 16 – Inkrafttreten, Berichtspflicht

Dieses Gesetz tritt am Tage nach seiner Verkündung in Kraft. Die Landesregierung berichtet dem Landtag bis zum 31. Dezember 2015 und danach alle fünf Jahre über die Erfahrungen mit diesem Gesetz.

4.11 Landesstiftungsgesetz für Rheinland-Pfalz (LStiftG) vom 19. Juli 2004 (GVBl. 2004, 385)

INHALTSÜBERSICHT

Der Landtag Rheinland-Pfalz hat das folgende Gesetz beschlossen:

Teil 1:
Allgemeine Bestimmungen

§ 1 – Zweck

(1) Dieses Gesetz soll sicherstellen, dass der Stifterwille vorrangig beachtet wird.

(2) Zweck dieses Gesetzes ist es auch, die Handlungs- und Entscheidungsfreiheit der Stiftungsorgane zu gewährleisten.

§ 2 – Geltungsbereich

(1) Dieses Gesetz gilt für rechtsfähige Stiftungen, die ihren Sitz in Rheinland-Pfalz haben.

(2) Stiftungen, die außerhalb von Rheinland-Pfalz entstanden sind und ihren Sitz nach Rheinland-Pfalz verlegen, unterliegen diesem Gesetz. Die Verlegung des Sitzes ist der Stiftungsbehörde anzuzeigen.

§ 3 – Begriffsbestimmungen

(1) Stiftungen im Sinne dieses Gesetzes sind die rechtsfähigen Stiftungen des bürgerlichen und des öffentlichen Rechts.

(2) Private Stiftungen sind Stiftungen des bürgerlichen Rechts, die überwiegend private Zwecke verfolgen, insbesondere Familienstiftungen.

(3) Öffentliche Stiftungen sind die Stiftungen des bürgerlichen Rechts, die überwiegend gemeinnützige, mildtätige oder kirchliche Zwecke im Sinne der Abgabenordnung verfolgen, und die Stiftungen des öffentlichen Rechts. Für kirchliche Stiftungen gilt Absatz 6.

(4) Stiftungen des öffentlichen Rechts sind rechtsfähige Stiftungen, die zum Land, zu einer kommunalen Gebietskörperschaft oder zu einer sonstigen Körperschaft des öffentlichen Rechts in einer solchen Beziehung stehen, dass sie als öffentliche Einrichtung erscheinen, und als Stiftung des öffentlichen Rechts errichtet oder anerkannt worden sind. Für kirchliche Stiftungen gilt Absatz 6.

(5) Kommunale Stiftungen sind Stiftungen des bürgerlichen oder des öffentlichen Rechts, deren Zweck im Rahmen der jeweiligen kommunalen Aufgaben liegt, deren Verwaltung von einer kommunalen Gebietskörperschaft oder ei-

nem Zweckverband wahrgenommen wird und die als kommunale Stiftung errichtet oder anerkannt worden sind.

(6) Kirchliche Stiftungen sind Stiftungen des bürgerlichen oder des öffentlichen Rechts, die kirchliche Aufgaben wahrnehmen und als kirchliche Stiftung errichtet oder anerkannt worden sind. Als kirchliche Stiftungen gelten auch Stiftungen des bürgerlichen oder des öffentlichen Rechts, die Aufgaben einer jüdischen Gemeinde oder einer sonstigen öffentlich-rechtlichen Religions- oder Weltanschauungsgemeinschaft wahrnehmen und als dieser zugeordnete Stiftung errichtet oder anerkannt worden sind.

§ 4 – Stiftungsbehörden

(1) Stiftungsbehörde ist die Aufsichts- und Dienstleistungsdirektion.

(2) Oberste Stiftungsbehörde ist, vorbehaltlich des Absatzes 3, das für die Angelegenheiten der Stiftungen zuständige Ministerium.

(3) Für Stiftungen, die vorwiegend der Religion, der Wissenschaft und Forschung, dem Unterricht und der Erziehung, der Kunst oder der Denkmalpflege gewidmet sind, ist das fachlich jeweils zuständige Ministerium oberste Stiftungsbehörde; dies gilt nicht, wenn die betreffende Ministerin oder der betreffende Minister oder eine Bedienstete oder ein Bediensteter dieses Ministeriums einem Organ der Stiftung angehört. Bei Stiftungen mit gemischten Zwecken entscheidet der überwiegende Zweck. Im Zweifelsfall entscheidet die Landesregierung.

(4) Soweit dies zur Vermeidung von Interessenkollisionen erforderlich ist oder wenn ein Mitglied der Landesregierung oder eine Bedienstete oder ein Bediensteter eines Ministeriums einem Organ einer Stiftung angehört, bestimmt die oberste Stiftungsbehörde diejenige Landesbehörde, die nach Errichtung der Stiftung mit Ausnahme des § 5 die Aufgaben der Stiftungsbehörde wahrnimmt.

§ 5 – Stiftungsverzeichnis

(1) Die Stiftungsbehörde führt ein Verzeichnis der rechtsfähigen öffentlichen Stiftungen, die ihren Sitz in Rheinland-Pfalz haben (Stiftungsverzeichnis). Auf Antrag der zuständigen Kirchenbehörde werden auch kirchliche Stiftungen in das Stiftungsverzeichnis aufgenommen.

(2) In das Stiftungsverzeichnis sind einzutragen:

1. der Name der Stiftung,

2. der Zweck der Stiftung,

3. das zur Vertretung berechtigte Organ der Stiftung,

4. das Jahr der Errichtung der Stiftung,

5. der Sitz der Stiftung sowie

6. die Anschrift der Stiftung.

(3) Die Stiftung hat die in Absatz 2 genannten Angaben und spätere Änderungen der Stiftungsbehörde unverzüglich mitzuteilen.

(4) Eintragungen im Stiftungsverzeichnis begründen nicht die Vermutung ihrer Richtigkeit.

(5) Die Einsicht in das Stiftungsverzeichnis ist jedermann gestattet. Um eine Einsichtnahme auch in elektronischer Form zu ermöglichen, ist das Stiftungsverzeichnis in das Internetangebot der Stiftungsbehörde einzustellen.

Teil 2:
Stiftungen des bürgerlichen Rechts

§ 6 – Zuständige Behörde

(1) Zuständige Behörde im Sinne der §§ 80 bis 88 des Bürgerlichen Gesetzbuches (BGB) ist die Stiftungsbehörde.

(2) Die Entscheidung über den Antrag auf Anerkennung der Stiftung als rechtsfähig ist der Antragstellerin oder dem Antragsteller zuzustellen. Verstirbt die Stifterin oder der Stifter nach der Antragstellung, ist die Entscheidung den Erben oder der mit der Testamentsvollstreckung betrauten Person zuzustellen; sie ist auch dem Nachlassgericht mitzuteilen.

§ 7 – Verwaltung der Stiftung

(1) Die Stiftungsorgane haben nach Maßgabe des Stifterwillens für die dauernde und nachhaltige Verwirklichung des Stiftungszwecks zu sorgen.

(2) Soweit nicht in der Satzung etwas anderes bestimmt ist oder der Stifterwille auf andere Weise nicht verwirklicht werden kann, ist das Stiftungsvermögen möglichst ungeschmälert zu erhalten; Umschichtungen des Stiftungsvermögens sind nach den Regeln ordentlicher Wirtschaftsführung zulässig. Das Stiftungsvermögen ist von anderem Vermögen getrennt zu halten.

(3) Soweit nicht in der Satzung etwas anderes bestimmt ist, sind die Erträge des Stiftungsvermögens und die nicht zu seiner Erhöhung bestimmten Zuwendungen Dritter zur Verwirklichung des Stiftungszwecks und zur Deckung der Verwaltungskosten zu verwenden. Die Erträge können auch dem Stiftungsvermögen zugeführt werden, soweit dies der nachhaltigen Verwirklichung des Stiftungszwecks dient.

(4) Die Stiftung hat innerhalb von sechs Monaten nach Schluss des Geschäftsjahres eine Jahresrechnung mit einer Vermögensübersicht und einem Bericht über die Erfüllung des Stiftungszwecks zu erstellen.

§ 8 – Änderung der Satzung, Aufhebung der Stiftung

(1) Soweit nicht in der Satzung etwas anderes bestimmt ist, kann der Vorstand der Stiftung eine Änderung der Satzung beschließen, wenn hierdurch der Stiftungszweck oder die Organisation der Stiftung nicht wesentlich verändert wird.

(2) Soweit nicht in der Satzung etwas anderes bestimmt ist, kann der Vorstand der Stiftung nach Anhörung der Stifterin oder des Stifters eine Erweiterung oder Änderung des Stiftungszwecks, die Zusammenlegung mit einer anderen Stiftung oder die Aufhebung der Stiftung beschließen, wenn eine wesentliche Änderung der Verhältnisse eingetreten ist.

(3) Beschlüsse nach den Absätzen 1 und 2 bedürfen der Anerkennung durch die Stiftungsbehörde.

§ 9 – Stiftungsaufsicht

(1) Stiftungen des bürgerlichen Rechts unterliegen nach Maßgabe dieses Gesetzes der Rechtsaufsicht durch die Stiftungsbehörde, um sicherzustellen, dass ihre Verwaltung im Einklang mit der Satzung und dem Stifterwillen geführt wird. Die Rechtsaufsicht ist so zu führen, dass die Entschlusskraft und die Eigenverantwortung der Stiftungsorgane gefördert wird. Private Stiftungen nach § 3 Abs. 2 unterliegen der staatlichen Aufsicht nur insoweit, als sicherzustellen ist, dass ihr Bestand und ihre Betätigung nicht dem öffentlichen Interesse zuwiderlaufen.

(2) Die Stiftung hat der Stiftungsbehörde innerhalb von neun Monaten nach Schluss des Geschäftsjahres die Jahresrechnung nach § 7 Abs. 4 vorzulegen. Auf Antrag kann die Stiftungsbehörde die Vorlagefrist nach Satz 1 verlängern; sie kann auch gestatten, dass die Unterlagen nach Satz 1 für mehrere Jahre zusammengefasst eingereicht werden. Wird die Jahresrechnung einer Stiftung

durch einen Prüfungsverband, eine Wirtschaftsprüferin, einen Wirtschaftsprüfer, eine Wirtschaftsprüfungsgesellschaft oder eine Behörde geprüft und der Prüfungsbericht der Stiftungsbehörde vorgelegt, bedarf es keiner nochmaligen Prüfung durch die Stiftungsbehörde. Für öffentliche Stiftungen nach § 3 Abs. 3 Satz 1 gilt Satz 1 nur, soweit nicht in der Satzung etwas anderes bestimmt ist.

(3) Liegen der Stiftungsbehörde Anhaltspunkte vor, dass bei der Verwaltung der Stiftung dieses Gesetz nicht beachtet oder gegen die Satzung verstoßen wurde, kann sie ergänzende Auskünfte einholen, die Vorlage weiterer Unterlagen verlangen sowie im erforderlichen Umfang eine weitergehende Prüfung vornehmen oder auf Kosten der Stiftung veranlassen.

(4) Soweit Beschlüsse oder sonstige Maßnahmen der Stiftungsorgane gegen dieses Gesetz oder die Satzung verstoßen, kann die Stiftungsbehörde diese beanstanden und verlangen, dass sie innerhalb einer bestimmten Frist aufgehoben oder rückgängig gemacht werden. Die beanstandeten Beschlüsse und Maßnahmen dürfen nicht vollzogen werden. Kommt die Stiftung einem Verlangen nach Satz 1 nicht fristgemäß nach, kann die Stiftungsbehörde einen beanstandeten Beschluss aufheben und die Rückgängigmachung sonstiger Maßnahmen auf Kosten der Stiftung veranlassen. Die Sätze 1 und 3 gelten entsprechend, wenn Stiftungsorgane eine rechtlich gebotene Maßnahme unterlassen.

(5) Hat ein Mitglied eines Stiftungsorgans eine grobe Pflichtverletzung begangen oder sich zur ordnungsgemäßen Geschäftsführung als unfähig erwiesen, kann die Stiftungsbehörde ihm die Ausübung seiner Tätigkeit einstweilen untersagen oder seine Abberufung verlangen.

(6) Reichen die Befugnisse der Stiftungsbehörde nach den Absätzen 3 bis 5 nicht aus, um eine ordnungsgemäße Verwaltung der Stiftung zu gewährleisten oder wiederherzustellen, kann die Stiftungsbehörde die Durchführung der Beschlüsse und Anordnungen einer von ihr zu bestellenden Person oder Stelle übertragen.

(7) Die Stiftungsbehörde stellt auf Antrag unentgeltlich eine Bescheinigung darüber aus, wer nach Maßgabe der Satzung und der von der Stiftung mitgeteilten Angaben zur Vertretung der Stiftung berechtigt ist.

Teil 3:
Besondere Arten von Stiftungen

§ 10 – Stiftungen des öffentlichen Rechts

(1) Soweit eine Stiftung des öffentlichen Rechts nicht durch Gesetz, aufgrund eines Gesetzes oder durch einen Akt der Landesregierung errichtet wird, bedarf sie zur Erlangung der Rechtsfähigkeit der Anerkennung durch die Stiftungsbehörde.

(2) Die §§ 4 bis 9 dieses Gesetzes sowie die §§ 80 bis 88 BGB gelten für Stiftungen des öffentlichen Rechts entsprechend, soweit nicht durch Gesetz, aufgrund eines Gesetzes oder durch einen Akt der Landesregierung etwas anderes bestimmt ist.

(3) Ist bei einer Stiftung des öffentlichen Rechts eine anfallberechtigte Person oder Stelle nicht bestimmt, fällt das Stiftungsvermögen im Falle ihrer Aufhebung bei kirchlichen Stiftungen an die jeweilige Kirche, bei kommunalen Stiftungen an die stiftungsverwaltende kommunale Gebietskörperschaft oder den stiftungsverwaltenden Zweckverband und in allen sonstigen Fällen an das Land.

§ 11 – Kommunale Stiftungen

Bei rechtsfähigen kommunalen Stiftungen werden die Aufgaben nach § 9 von der Behörde wahrgenommen, die die Staatsaufsicht über die stiftungsverwaltende kommunale Gebietskörperschaft oder den stiftungsverwaltenden Zweckverband führt.

§ 12 – Kirchliche Stiftungen

(1) Eine von der Kirche errichtete kirchliche Stiftung ist auf Antrag der zuständigen Kirchenbehörde durch die Stiftungsbehörde als rechtsfähig anzuerkennen, wenn der Kirchenbehörde die dauernde und nachhaltige Erfüllung des Stiftungszwecks gewährleistet erscheint, der Stiftungszweck das Gemeinwohl nicht gefährdet und das Stiftungsgeschäft den Anforderungen des § 81 Abs. 1 BGB genügt. Eine nicht von der Kirche errichtete kirchliche Stiftung ist mit vorheriger Zustimmung der zuständigen Kirchenbehörde nach Maßgabe des Satzes 1 ebenfalls als rechtsfähige kirchliche Stiftung anzuerkennen.

(2) Hat das zuständige Organ einer kirchlichen Stiftung eine Erweiterung oder Änderung des Stiftungszwecks, eine sonstige Änderung der Satzung, die Zusammenlegung mit einer anderen Stiftung oder die Aufhebung der Stiftung

beschlossen und hat die zuständige Kirchenbehörde hierzu ihre vorherige Zustimmung erteilt, so ist diese Entscheidung durch die Stiftungsbehörde auf Antrag anzuerkennen.

(3) Kirchliche Stiftungen unterliegen nicht der Stiftungsaufsicht nach § 9.

(4) Ist bei einer rechtsfähigen kirchlichen Stiftung des bürgerlichen Rechts eine anfallberechtigte Person oder Stelle nicht bestimmt, fällt das Stiftungsvermögen im Falle ihrer Aufhebung an die jeweilige Kirche.

Teil 4:
Übergangs- und Schlussbestimmungen

§ 13 – Klärung von Rechtsverhältnissen

(1) Bestehen Zweifel, ob es sich bei einer mit Vermögen ausgestatteten Einrichtung um eine rechtsfähige Stiftung handelt, kann die Stiftungsbehörde auf Antrag über die Anerkennung als rechtsfähig entscheiden, wenn ein rechtliches Interesse an der Entscheidung besteht.

(2) Soweit hieran ein berechtigtes Interesse besteht, kann die Stiftungsbehörde auf Antrag die Rechtsnatur einer rechtsfähigen Stiftung feststellen. Steht infrage, ob es sich um eine kirchliche Stiftung handelt, ist die zuständige Kirchenbehörde anzuhören.

§ 14 – Änderung der Gemeindeordnung

Die Gemeindeordnung in der Fassung vom 31. Januar 1994 (GVBl. S. 153), zuletzt geändert durch Artikel 1 des Gesetzes vom 22. Dezember 2003 (GVBl. S. 390), BS 2020-1, wird wie folgt geändert:

In § 84 Abs. 1 wird das Wort „Stiftungsgesetz" durch das Wort „Landesstiftungsgesetz" ersetzt.

§ 15 – In-Kraft-Treten

(1) Dieses Gesetz tritt am Tage nach der Verkündung in Kraft.

(2) Gleichzeitig tritt das Stiftungsgesetz vom 22. April 1966 (GVBl. S. 95), zuletzt geändert durch Artikel 161 des Gesetzes vom 12. Oktober 1999 (GVBl. S. 325), BS 401-1, außer Kraft.

4.12 Saarländisches Stiftungsgesetz in der Fassung der Bekanntmachung vom 9. August 2004 (Amtsblatt S. 1825)

zuletzt geändert mit Gesetz vom 15. Februar 2006

§ 1 – Geltungsbereich

Dieses Gesetz gilt für rechtsfähige Stiftungen des bürgerlichen Rechts, die ihren Sitz im Saarland haben.

§ 2 – Stiftungsbehörde

Stiftungsbehörde im Sinne dieses Gesetzes ist das Ministerium für Inneres, Familie, Frauen und Sport.

§ 3 – Anerkennung

Zuständig für die Anerkennung der Rechtsfähigkeit einer Stiftung des bürgerlichen Rechts nach § 80 Abs. 1 des Bürgerlichen Gesetzbuches ist die Stiftungsbehörde.

§ 4 (weggefallen)

§ 5 – Stiftungsverwaltung

(1) Die Stiftungsorgane haben gemäß dem Stifterwillen für die Erfüllung des Stiftungszweckes zu sorgen. Sie sind zur ordnungsgemäßen und wirtschaftlichen Verwaltung der Stiftung verpflichtet. Für jedes Jahr ist nach den Grundsätzen einer ordnungsgemäßen Buchführung eine Jahresrechnung aufzustellen.

(2) Den Mitgliedern der Stiftungsorgane kann Anspruch auf Ersatz angemessener Auslagen gewährt werden. Bei entgeltlicher Tätigkeit von Organmitgliedern sind Art und Umfang der Leistungen und Vergütungen vor Aufnahme der Tätigkeit schriftlich zu regeln. Die Haftung der Mitglieder der Stiftungsorgane gegenüber der Stiftung kann auf Vorsatz und grobe Fahrlässigkeit beschränkt werden.

§ 6 – Stiftungsvermögen

(1) Das Stiftungsvermögen ist in seinem Bestand ungeschmälert zu erhalten. Die Stiftungsbehörde kann Ausnahmen zulassen, wenn der Stifterwille anders nicht zu verwirklichen und der Bestand der Stiftung für angemessene Zeit ge-

währleistet ist. Das Stiftungsvermögen ist von anderem Vermögen getrennt zu halten.

(2) Die Erträge des Stiftungsvermögens und Zuwendungen an die Stiftung sind ausschließlich für den Stiftungszweck und zur Deckung der Verwaltungskosten der Stiftung sowie zur Bildung angemessener Rücklagen zu verwenden. Sie können dem Stiftungsvermögen zugeführt werden, wenn es in der Satzung vorgesehen oder im Einzelfalle notwendig ist, um die Ertragskraft des Vermögens auch in Zukunft sicherzustellen. Zuwendungen müssen dem Stiftungsvermögen zugeführt werden, wenn Zuwendende es bestimmen (Zustiftung).

§ 7 – Satzungsänderung, Zusammenschluss und Auflösung durch Stiftungsorgane

(1) Satzungsänderungen, der Zusammenschluss mit anderen Stiftungen oder die Auflösung der Stiftung sind zulässig, wenn die Satzung dies vorsieht oder eine wesentliche Änderung der Verhältnisse dies erfordert. Satzungsänderungen, die den Stiftungszweck nicht berühren, sind außerdem zulässig, wenn sie die ursprüngliche Gestaltung der Stiftung nicht wesentlich ändern.

(2) Bei Maßnahmen nach Absatz 1 ist der Stifterwille zu berücksichtigen. Stifterinnen und Stifter können sich in der Satzung das Recht vorbehalten, zu Lebzeiten Maßnahmen nach Absatz 1 von ihrer Zustimmung abhängig zu machen. In Rechte derer, die durch die Stiftung bedacht sind, darf nicht eingegriffen werden.

(3) Maßnahmen nach Absatz 1 werden durch das zuständige Stiftungsorgan getroffen. Die Maßnahmen bedürfen der Genehmigung der Stiftungsbehörde.

(4) Mit der Genehmigung des Zusammenschlusses wird die neue Stiftung rechtsfähig. In diesem Zeitpunkt geht das Vermögen der zusammengeschlossenen Stiftungen auf die neue Stiftung über.

§ 8 – Zweckänderung, Zusammenlegung und Aufhebung durch die Stiftungsbehörde

Sofern die Stiftung innerhalb einer ihr von der Stiftungsbehörde gesetzten angemessenen Frist eine Maßnahme nach § 7 nicht vornimmt, ergreift die Stiftungsbehörde die im § 87 des Bürgerlichen Gesetzbuches vorgesehenen Maßnahmen. Unter den Voraussetzungen des § 87 Abs. 1 Bürgerliches Gesetzbuch kann die Stiftungsbehörde mehrere Stiftungen zusammenlegen. Sie gibt dieser neuen Stiftung eine Satzung. § 7 Abs. 2 und 4 gelten entsprechend.

§ 9 (weggefallen)

§ 10 – Stiftungsaufsicht

(1) Die Stiftungsbehörde übt die Aufsicht darüber aus, dass die Stiftung in Übereinstimmung mit Gesetz und Stiftungssatzung verwaltet wird. Dabei stehen ihr die in den §§ 11 bis 16 genannten Maßnahmen zur Verfügung.

(2) Die Aufsicht soll so gehandhabt werden, dass Entschlusskraft und Verantwortungsfreudigkeit der Stiftungsorgane nicht beeinträchtigt werden.

(3) Bei Stiftungen, die überwiegend private Zwecke verfolgen, insbesondere bei Familienstiftungen, beschränkt sich die Aufsicht auf Maßnahmen nach § 15 dieses Gesetzes und § 87 des Bürgerlichen Gesetzbuches. Insoweit sind die Stiftungsorgane zur Auskunft und Vorlage von Unterlagen an die Stiftungsbehörde verpflichtet.

§ 11 – Unterrichtung und Prüfung

(1) Die Stiftungsbehörde kann sich über einzelne Angelegenheiten der Stiftung unterrichten. Die Stiftungsorgane sind zur Auskunft und Vorlage von Unterlagen verpflichtet.

(2) Die Stiftung hat der Stiftungsbehörde

1. die Zusammensetzung und jede Änderung der vertretungsberechtigten Organe unverzüglich anzuzeigen und

2. innerhalb von sechs Monaten nach Ende eines jeden Geschäftsjahres eine Jahresrechnung mit einer Vermögensübersicht und einem Bericht über die Erfüllung des Stiftungszweckes vorzulegen.

Insbesondere sind im Rahmen dieser Rechnungslegung die Höhe des Stiftungsvermögens und der Zustiftungen sowie die Höhe und Verwendung der Erträge und der Zuwendungen zur Zweckverwirklichung auszuweisen. Die Stiftungsbehörde kann zulassen, dass Jahresrechnung und Bericht in größeren als jährlichen Zeitabständen vorgelegt werden.

(3) Wird die Rechnungslegung nach Absatz 2 durch Wirtschaftsprüferinnen oder Wirtschaftsprüfer oder durch vereidigte Buchprüferinnen oder Buchprüfer geprüft, müssen sich Prüfung und Vermerk über deren Ergebnis auch auf die Erhaltung des Stiftungsvermögens und die satzungsgemäße Verwendung der Stiftungsmittel beziehen. Die Stiftungsbehörde sieht in diesen Fällen grundsätzlich von einer eigenen Prüfung ab.

(4) Beim Vorliegen eines wichtigen Grundes kann die Stiftungsbehörde die Verwaltung der Stiftung auf Kosten der Stiftung prüfen oder prüfen lassen.

§ 12 – Beanstandung und Aufhebung

Die Stiftungsbehörde hat Maßnahmen der Stiftungsorgane zu beanstanden, wenn sie gegen Gesetz oder Stiftungssatzung verstoßen. Sie kann verlangen, dass diese Maßnahmen innerhalb einer bestimmten Frist aufgehoben oder rückgängig gemacht werden.

§ 13 – Anordnung und Ersatzvornahme

(1) Trifft ein Stiftungsorgan eine durch Gesetz oder Stiftungssatzung gebotene Maßnahme nicht, so kann die Stiftungsbehörde anordnen, dass die Maßnahme innerhalb einer bestimmten Frist durchgeführt wird.

(2) Kommt das Stiftungsorgan einer Anordnung der Stiftungsbehörde innerhalb der gesetzten Frist nicht nach, so kann die Stiftungsbehörde die Anordnung auf Kosten der Stiftung selbst durchführen oder durch andere durchführen lassen.

§ 14 – Abberufung und Bestellung von Mitgliedern der Stiftungsorgane

(1) Die Stiftungsbehörde kann einem Mitglied eines Stiftungsorgans aus wichtigem Grund, insbesondere wegen grober Pflichtverletzung oder Unfähigkeit zu ordnungsgemäßer Geschäftsführung, die Ausübung seiner Tätigkeit einstweilen untersagen oder es abberufen.

(2) Die Stiftungsbehörde kann im Falle der Abberufung ein neues Mitglied bestellen, sofern die Stiftung innerhalb einer ihr von der Stiftungsbehörde gesetzten angemessenen Frist kein neues Mitglied bestellt hat.

§ 15 – Bestellung von Mitgliedern der Stiftungsorgane

Soweit einem Stiftungsorgan die erforderlichen Mitglieder fehlen und nicht nach § 29 Bürgerliches Gesetzbuch zu verfahren ist, kann die Stiftungsbehörde sie in dringenden Fällen bestellen. Die Bestellung ist auf die erforderliche Dauer zu befristen.

§ 16 – Bestellung von Beauftragten

Wenn und solange es zur ordnungsgemäßen Verwaltung der Stiftung erforderlich ist und die Befugnisse der Stiftungsbehörde nach den §§ 11 bis 15 nicht ausreichen, kann die Stiftungsbehörde Beauftragte bestellen, die alle oder einzelne Aufgaben von Stiftungsorganen auf Kosten der Stiftung wahrnehmen. Soweit die Aufgaben und Befugnisse der Beauftragten reichen, ruhen die Befugnisse der Stiftungsorgane.

§ 17 – Bekanntmachungen

Die Errichtung, das Erlöschen, die Änderung des Namens oder Zweckes, die Sitzverlegung sowie die Zusammenlegung von Stiftungen werden durch die Stiftungsbehörde im Amtsblatt des Saarlandes bekannt gemacht.

§ 18 – Stiftungsverzeichnis

(1) Die Stiftungsbehörde führt ein Verzeichnis der Stiftungen. Es enthält Angaben über Name, Sitz, Zweck und Anschrift der Stiftung.

(2) Die Einsicht in das Stiftungsverzeichnis ist jedem gestattet. Auf Verlangen wird über die Eintragungen im Stiftungsverzeichnis Auskunft erteilt. Die Eintragungen im Stiftungsverzeichnis begründen nicht die Vermutung der Richtigkeit.

§ 19 – Kirchliche Stiftungen

(1) Kirchliche Stiftungen sind Stiftungen, die nach ihren satzungsmäßigen Zwecken vorrangig kirchlichen Aufgaben dienen und

1. von einer Kirche oder einer der Kirche zuzuordnenden Einrichtung errichtet sind oder

2. nach dem Willen des Stifters organisatorisch mit einer Kirche oder einer der Kirche zuzuordnenden Einrichtung verbunden sind und ihre Zwecke nur sinnvoll in Verbindung mit diesen erfüllen können.

(2) Die Vorschriften dieses Gesetzes finden auf kirchliche Stiftungen mit Maßgabe der Absätze 3 bis 5 Anwendung.

(3) Die Anerkennung als kirchliche Stiftung sowie die Genehmigung nach § 7 Abs. 3 und Maßnahmen nach § 8 können nur im Einvernehmen mit der zuständigen Kirchenbehörde erfolgen.

(4) Die kirchliche Behörde führt nach kirchlichem Recht die Stiftungsaufsicht, die an die Stelle der staatlichen Stiftungsaufsicht nach den §§ 10 bis 16 tritt. Sie ist zuständig für die Zulassung von Ausnahmen nach § 6 Abs. 1 Satz 2.

(5) Sind für den Fall des Erlöschens einer Stiftung in der Satzung keine Anfallberechtigten bestimmt, so fällt das Vermögen der Kirche zu, mit der die Stif-

tung verbunden war. Diese hat das Vermögen der Stiftung zu einem dem Stiftungszweck möglichst nahe kommenden Zweck zu verwenden.

(6) Die Absätze 1 bis 5 gelten entsprechend für Stiftungen von Religionsgemeinschaften, sofern sie Körperschaften öffentlichen Rechts sind.

§ 20 – Kommunale Stiftungen

(1) Kommunale Stiftungen sind solche, die von kommunalen Körperschaften verwaltet werden; die Stiftungszwecke müssen im Aufgabenbereich dieser Körperschaften liegen und dürfen nicht wesentlich über deren räumlichen Umkreis hinauswirken.

(2) Nach Anhörung der kommunalen Körperschaft erkennt die Stiftungsbehörde die Stiftung als rechtsfähige kommunale Stiftung an. Für die Verwaltung der kommunalen Stiftung gelten an Stelle der §§ 5 und 6 die Vorschriften über die Vermögensverwaltung nach dem Kommunalselbstverwaltungsgesetz. An die Stelle der Stiftungsaufsicht nach den §§ 10 bis 16 tritt die Kommunalaufsicht.

(3) Mit dem Erlöschen einer kommunalen Stiftung fällt das Vermögen an die kommunale Körperschaft, sofern in der Satzung nichts anderes bestimmt ist. Die Vorschriften über eine dem Fiskus als gesetzlichem Erben anfallende Erbschaft sind entsprechend anzuwenden. Die Körperschaft hat das Vermögen der Stiftung zu einem dem Stiftungszweck möglichst nahe kommenden Zweck zu verwenden.

§ 21 (weggefallen)

§ 22 – Übergang von Zuständigkeiten

Die in diesem Gesetz geregelten Zuständigkeiten gehen sonstigen Zuständigkeitsregelungen vor.

§ 23 (weggefallen)

§ 24 – (In-Kraft-Treten)

4.13 Sächsisches Stiftungsgesetz (SächsStiftG) vom 7. August 2007 (SächsGVBl S. 386), geändert durch Artikel 18 des Gesetzes vom 27. Januar 2012 (SächsGVBl S. 130, 141)

Abschnitt 1:
Allgemeine Bestimmungen

§ 1 – Geltungsbereich

Dieses Gesetz gilt für alle rechtsfähigen Stiftungen des bürgerlichen Rechts und des öffentlichen Rechts, einschließlich der kommunalen und kirchlichen Stiftungen, die ihren Sitz im Freistaat Sachsen haben, soweit seine Geltung nicht ausdrücklich eingeschränkt ist.

§ 2 – Auslegungsgrundsatz

Bei der Anwendung dieses Gesetzes ist in erster Linie der erkennbare oder mutmaßliche Wille des Stifters maßgebend.

§ 3 – Stiftungsbehörden

(1) Stiftungsbehörden sind die Landesdirektionen. Oberste Stiftungsbehörde ist das Staatsministerium des Innern.

(2) Ist der Freistaat Sachsen Stifter oder Mitstifter einer Stiftung des bürgerlichen Rechts, kann durch Rechtsverordnung der Staatsregierung im Einzelfall das Staatsministerium, in dessen Geschäftsbereich der Zweck der Stiftung überwiegend fällt, abweichend von Absatz 1 als Stiftungsbehörde bestimmt werden.

(3) Örtlich zuständig ist die Stiftungsbehörde, in deren Bezirk die Stiftung ihren Sitz hat oder haben wird.

(4) Die Stiftungsbehörde nimmt die Stiftungsaufsicht wahr. Sie ist zuständige Behörde im Sinne der §§ 80 bis 88 des Bürgerlichen Gesetzbuches (BGB).

§ 4 – Stiftungsverwaltung

(1) Die Stiftung ist zur dauernden und nachhaltigen Erfüllung des Stiftungszwecks sparsam und wirtschaftlich zu verwalten.

(2) Die Stiftung hat nach den Grundsätzen ordnungsmäßiger Buchführung Rechnung zu führen.

(3) Das Stiftungsvermögen ist wertmäßig in seinem Bestand und seiner Ertragskraft zu erhalten, es sei denn, dass die Satzung oder die Stiftungsbehörde eine Ausnahme zulässt und der Stiftungszweck nicht anders zu verwir klichen ist. Das Stiftungsvermögen ist von anderem Vermögen getrennt zu halten.

Abschnitt 2:
Anerkennung und Stiftungsaufsicht

§ 5 – Anerkennung, Öffentliche Bekanntmachung

(1) Die Anerkennung der Rechtsfähigkeit einer Stiftung ist dem Antragsteller schriftlich mitzuteilen. Sie darf nicht mit Auflagen oder Bedingungen versehen werden.

(2) Die Stiftungsbehörde macht im Sächsischen Amtsblatt den Tag der Anerkennung einer Stiftung, deren Namen, Rechtsform und Sitz, den Stiftungszweck und den Stifter öffentlich bekannt. Das Gleiche gilt für die Aufhebung einer als rechtsfähig anerkannten Stiftung, für die Zusammenlegung von solchen Stiftungen sowie für die Änderung des Stiftungszwecks.

§ 6 – Stiftungsaufsicht

(1) Die Stiftungen stehen unter der Rechtsaufsicht des Freistaates Sachsen, kirchliche Stiftungen nach Maßgabe des § 14 Abs. 2 und 3 Satz 1.

(2) Der Stiftungsvorstand ist verpflichtet, der Stiftungsbehörde innerhalb von sechs Monaten nach Abschluss des Geschäftsjahres einen Nachweis über die Erfüllung des Stiftungszwecks, die wertmäßige Erhaltung des Stiftungsvermögens und die satzungsgemäße Verwendung der Stiftungsmittel zu erbringen. Dieser Nachweis kann entweder durch einen Rechnungsabschluss mit einem Bericht über die Erfüllung des Stiftungszwecks oder durch einen Prüfungsbericht einer verwaltungseigenen Stelle der staatlichen Rechnungsprüfung, eines Wirtschaftsprüfers, eines Prüfungsverbands oder einer anderen zur Erteilung eines gleichwertigen Bestätigungsvermerks befugten Person oder Gesellschaft erbracht werden.

(3) Die Stiftungsbehörde kann anstelle eines Rechnungsabschlusses auf Kosten der Stiftung im Einzelfall auch die Vorlage eines Prüfungsberichts verlangen. Im Falle der Vorlage eines Prüfungsberichtes bedarf es keiner nochmaligen Rechnungsprüfung durch die Stiftungsbehörde.

(4) Die Stiftungsbehörde kann auf Antrag der Stiftung oder von Amts wegen im Einzelfall zulassen, dass der Rechnungsabschluss oder der Prüfungsbericht in größeren als jährlichen Zeitabständen vorgelegt werden.

§ 7 – Maßnahmen der Stiftungsaufsicht

(1) Die Stiftungsbehörde kann sich über die Angelegenheiten der Stiftung unterrichten. Sie kann insbesondere Anstalten und Einrichtungen der Stiftung besichtigen, die Geschäfts- und Kassenführung prüfen oder auf Kosten der Stiftung prüfen lassen sowie die Vorlage von Berichten und Akten innerhalb einer angemessenen Frist verlangen.

(2) Die Stiftungsbehörde kann Beschlüsse und sonstige Maßnahmen der Stiftungsorgane, die nicht in Übereinstimmung mit dem Gesetz, dem Stiftungsgeschäft oder der Satzung stehen, beanstanden und verlangen, dass sie innerhalb einer angemessenen Frist aufgehoben, abgeändert oder rückgängig gemacht werden.

(3) Kommt die Stiftung einer Anordnung der Stiftungsbehörde nach den Absätzen 1 und 2 nicht innerhalb der bestimmten Frist nach, kann die Stiftungsbehörde auf Kosten der Stiftung die Anordnung selbst durchführen oder einen Dritten hiermit beauftragen.

(4) Hat sich ein Mitglied eines Stiftungsorgans einer groben Pflichtverletzung schuldig gemacht oder ist es zu einer ordnungsgemäßen Geschäftsführung unfähig, kann die Stiftungsbehörde die Abberufung dieses Mitglieds und die Berufung eines anderen anordnen. Sie kann dem Mitglied die Geschäftsführung einstweilen untersagen.

(5) Ist die Stiftung zur Abberufung des Mitglieds nicht in der Lage oder kommt sie innerhalb einer bestimmten Frist dem Verlangen der Stiftungsbehörde nach Absatz 4 Satz 1 nicht nach, kann die Stiftungsbehörde das Mitglied abberufen und ein anderes an seiner Stelle berufen.

(6) Soweit einem Stiftungsorgan die erforderlichen Mitglieder fehlen und weder eine satzungsgemäße Berufung möglich noch nach § 29 BGB zu verfahren ist, kann die Stiftungsbehörde diese in dringenden Fällen für die Zeit bis zur Behebung des Mangels bestellen.

§ 8 – Stiftungsverzeichnis

(1) Die Stiftungsbehörde führt ein Verzeichnis der in ihrem Zuständigkeitsbereich bestehenden Stiftungen. In das Stiftungsverzeichnis sind einzutragen:

1. der Name und die Rechtsform der Stiftung,

2. der Sitz und die Anschrift der Stiftung,

3. der Stiftungszweck,

4. die Vertretungsberechtigung,

5. die Zusammensetzung der Organe der Stiftung und

6. der Tag der Anerkennung der Stiftung als rechtsfähig, bei einer öffentlich-rechtlichen Stiftung, die durch Gesetz errichtet wurde, der Tag der Entstehung.

Der Tag der Genehmigung von Änderungen der Satzung, der Aufhebung der Stiftung sowie ihrer Zusammenlegung mit einer anderen Stiftung sind einzutragen.

(2) Der Stiftungsvorstand ist verpflichtet, der Stiftungsbehörde die nach Absatz 1 Satz 2 und 3 erforderlichen Angaben und deren Änderungen unverzüglich mitzuteilen.

(3) Eintragungen im Stiftungsverzeichnis begründen nicht die Vermutung ihrer Richtigkeit. Die Einsicht in das Stiftungsverzeichnis ist jedem gestattet, die Einsicht in die unter Absatz 1 Satz 2 Nr. 5 angeführten Daten nur, soweit das Organ oder sein Mitglied zugestimmt und dies der Stiftungsbehörde mitgeteilt hat.

Abschnitt 3:
Satzungsänderung und Aufhebung der Stiftung

§ 9 – Satzungsänderung

(1) Die Satzung kann geändert, insbesondere kann der Zweck der Stiftung umgewandelt werden, wenn

1. das Stiftungsgeschäft oder die Satzung dies vorsieht oder

2. sich die Verhältnisse seit der Errichtung der Stiftung wesentlich geändert haben.

Die Beschlüsse nach Satz 1 bedürfen der Genehmigung der Stiftungsbehörde. Auf Verlangen der Stiftungsbehörde ist bei steuerbegünstigten Stiftungen vor Erteilung der Genehmigung eine Bestätigung des zuständigen Finanzamts vorzulegen, dass durch die Satzungsänderung die Steuervergünstigung der Stiftung nicht beeinträchtigt wird.

(2) Zu Lebzeiten des Stifters soll dieser angehört werden. Im Fall des Absatzes 1 Nr. 2 ist die Zustimmung des Stifters erforderlich.

(3) Es ist dafür zu sorgen, dass die Erträge des Stiftungsvermögens dem Personenkreis, dem sie zugute kommen sollten, im Sinne des Stifters erhalten bleiben.

(4) Eine Sitzverlegung in den oder aus dem Freistaat Sachsen bedarf der Genehmigung durch die Stiftungsbehörde.

§ 10 – Aufhebung, Zusammenlegung

(1) Unter den Voraussetzungen des § 9 Abs. 1 Satz 1 kann die Stiftung aufgehoben oder mit einer anderen Stiftung zusammengelegt werden.

(2) § 9 Abs. 1 Satz 2 und 3, Abs. 2 und 3 gilt entsprechend.

(3) Die Genehmigung des Zusammenlegungsbeschlusses umfasst die Anerkennung der neuen Stiftung als rechtsfähig.

(4) Das Vermögen einschließlich der Verbindlichkeiten der zusammengelegten Stiftungen geht mit der Genehmigung des Zusammenlegungsbeschlusses auf die neue Stiftung über.

§ 11 – Vermögensanfall

Ist für den Fall des Erlöschens einer Stiftung im Stiftungsgeschäft oder in der Satzung weder ein Anfallberechtigter bestimmt noch einem Stiftungsorgan die Bestimmung des Anfallberechtigten übertragen, fällt das Vermögen

1. einer kommunalen Stiftung an die kommunale Gebietskörperschaft,

2. einer kirchlichen Stiftung an die aufsichtsführende Kirche,

3. aller anderen Stiftungen an den Freistaat Sachsen.

Abschnitt 4:
Stiftungen des öffentlichen Rechts, kommunale und kirchliche Stiftungen

§ 12 – Stiftungen des öffentlichen Rechts

(1) Stiftungen des öffentlichen Rechts sind Stiftungen, die ausschließlich öffentliche Zwecke verfolgen und mit einer Körperschaft oder Anstalt des öffentlichen Rechts in einem organisatorischen Zusammenhang stehen.

(2) Eine Stiftung des öffentlichen Rechts entsteht durch Gesetz, soweit in den §§ 13 und 14 nichts Abweichendes bestimmt ist.

(3) § 81 Abs. 1 Satz 2 und 3 BGB gilt entsprechend.

§ 13 – Kommunale Stiftungen

(1) Kommunale Stiftungen sind Stiftungen des bürgerlichen Rechts oder des öffentlichen Rechts, deren Zweck im Rahmen der jeweiligen kommunalen Aufgaben liegt und nicht wesentlich über den räumlichen Bereich der kommunalen Gebietskörperschaft hinauswirkt.

(2) Kommunale Stiftungen des öffentlichen Rechts entstehen durch den Satzungsbeschluss der kommunalen Gebietskörperschaft und die Anerkennung der Stiftung als rechtsfähig durch die Stiftungsbehörde. Die dauernde und nachhaltige Erfüllung des Stiftungszwecks aus den Erträgen des Stiftungsvermögens muss gesichert erscheinen.

(3) Die Vertretung und Verwaltung der kommunalen Stiftungen obliegt, soweit nicht durch Satzung etwas anderes bestimmt ist, den für die Vertretung und Verwaltung der kommunalen Gebietskörperschaft zuständigen Organen.

§ 14 – Kirchliche Stiftungen

(1) Kirchliche Stiftungen im Sinne dieses Gesetzes sind Stiftungen des bürgerlichen Rechts, die

1. ausschließlich oder überwiegend dazu bestimmt sind, kirchliche Aufgaben zu erfüllen und

2. von einer Kirche errichtet oder organisatorisch mit einer Kirche verbunden sind, oder

3. in der Satzung der kirchlichen Aufsicht unterstellt sind.

(2) Die Anerkennung einer Stiftung als rechtsfähige kirchliche Stiftung, deren Aufhebung sowie deren Zusammenlegung mit einer anderen Stiftung obliegt der zuständigen Stiftungsbehörde und bedarf der vorherigen Zustimmung der zuständigen Kirchenbehörde.

(3) Satzungsänderungen, die den Stiftungszweck berühren, bedürfen der Genehmigung der Stiftungsbehörde. Im Übrigen unterliegen kirchliche Stiftungen nicht der Staatsaufsicht.

(4) Für kirchliche Stiftungen des öffentlichen Rechts gelten die kirchlichen Vorschriften und die Staatskirchenverträge.

(5) Die Bestimmungen über kirchliche Stiftungen gelten entsprechend für Stiftungen

1. der jüdischen Religionsgemeinschaft und

2. anderer Religionsgemeinschaften, die Körperschaften des öffentlichen Rechts sind.

Abschnitt 5:
Übergangs- und Schlussvorschriften

§ 15 – Bestehende Stiftungen

(1) Bestehende Stiftungen, die keine Satzung oder eine den zwingenden Vorschriften der §§ 80 bis 88 BGB oder dieses Gesetzes nicht entsprechende Satzung haben, sind verpflichtet, innerhalb eines Jahres nach Inkrafttreten dieses Gesetzes der zuständigen Stiftungsbehörde eine Satzung vorzulegen, die mit den zwingenden Vorschriften übereinstimmt. Die Satzung bedarf der Genehmigung der Stiftungsbehörde.

(2) Stiftungsrechtliche Aufgaben nach den §§ 80 bis 88 BGB in Verbindung mit dem Gesetz über die Bildung und Tätigkeit von Stiftungen (Stiftungsgesetz) vom 13. September 1990 (GBl. DDR I Nr. 61 S. 1483) in der am 1. Mai 1998 geltenden Fassung, die eine Behörde vor dem 1. September 2007 wahrgenommen hat, ohne dafür sachlich zuständig zu sein, gelten als von der zuständigen Behörde wahrgenommen.

(3) Bestehen Zweifel über die Rechtsform einer Stiftung, die für sie geltende Satzung oder die Stiftungsverwaltung, entscheidet darüber die Stiftungsbehörde. Sie kann der Stiftung eine andere Zweckbestimmung geben oder die Stiftung aufheben.

§ 16 – Kosten

Die Anerkennung einer steuerbegünstigten Stiftung als rechtsfähig gemäß § 5 Abs. 1 ist kostenfrei.

4.14 Stiftungsgesetz Sachsen-Anhalt (StiftG LSA) vom 20. Januar 2011 (GVBl. LSA Nr. 1/2011)

Stand: Letzte berücksichtigte Änderung: § 11 Abs. 2 geändert durch Artikel 16 des Gesetzes vom 17. Juni 2014 (GVBl. LSA S. 288, 341)

Der Landtag von Sachsen-Anhalt hat das folgende Gesetz beschlossen, das hiermit nach Gegenzeichnung ausgefertigt wird und zu verkünden ist:

INHALTSÜBERSICHT

§ 17	Ausschluss der elektronischen Form
§ 18	Sprachliche Gleichstellung
§ 19	Einschränkung von Grundrechten
§ 20	Folgeänderungen
§ 21	Inkrafttreten, Außerkrafttreten

Abschnitt 1:
Allgemeine Vorschriften

§ 1 – Zweck des Gesetzes

Der vorrangige Zweck des Gesetzes ist die Beachtung des Stifterwillens.

§ 2 – Anwendungsbereich

Dieses Gesetz gilt für rechtsfähige Stiftungen des bürgerlichen und des öffentlichen Rechts mit Sitz in Sachsen-Anhalt.

§ 3 – Begriffsbestimmungen

(1) Stiftungen des bürgerlichen Rechts sind Stiftungen im Sinne der §§ 80 bis 88 des Bürgerlichen Gesetzbuches einschließlich der kirchlichen Stiftungen des bürgerlichen Rechts.

(2) Kirchliche Stiftungen des bürgerlichen Rechts sind Stiftungen,

1. die überwiegend dazu bestimmt sind, kirchliche Aufgaben zu erfüllen,

   a) die von einer Kirche errichtet oder

   b) die organisatorisch mit einer Kirche verbunden oder

   c) deren Zwecke nur sinnvoll in Verbindung mit einer Kirche zu erfüllen sind oder

   d) die in der Stiftungssatzung der kirchlichen Aufsicht unterstellt sind und

2. die als kirchliche Stiftungen des bürgerlichen Rechts errichtet worden sind.

(3) Stiftungen des öffentlichen Rechts sind die staatlichen und die kirchlichen Stiftungen des öffentlichen Rechts.

(4) Staatliche Stiftungen des öffentlichen Rechts sind Stiftungen, die

1. ausschließlich dazu bestimmt sind, öffentliche Aufgaben zu erfüllen,

2. mit dem Land organisatorisch verbunden sind und

3. vom Land als staatliche Stiftung des öffentlichen Rechts errichtet worden sind.

(5) Kirchliche Stiftungen des öffentlichen Rechts sind Stiftungen, die

1. ausschließlich dazu bestimmt sind, kirchliche Aufgaben zu erfüllen,

2. mit einer kirchlichen Körperschaft des öffentlichen Rechts organisatorisch verbunden sind und

3. von einer Kirche als kirchliche Stiftung des öffentlichen Rechts errichtet worden sind.

(6) Den kirchlichen Stiftungen im Sinne der Absätze 2 und 5 sind Stiftungen von Religions- und Weltanschauungsgemeinschaften gleichgestellt, sofern diese Körperschaften des öffentlichen Rechts sind.

§ 4 – Stiftungsbehörden

(1) Für Stiftungen des bürgerlichen Rechts ist das Landesverwaltungsamt Stiftungsbehörde. Oberste Stiftungsbehörde ist das für Stiftungswesen zuständige Ministerium.

(2) Für staatliche Stiftungen des öffentlichen Rechts ist das Ministerium Stiftungsbehörde, in dessen Geschäftsbereich der überwiegende Zweck der Stiftung fällt.

(3) Die Stiftungsbehörde ist zugleich Aufsichtsbehörde, soweit gesetzlich nichts anderes bestimmt ist.

§ 5 – Stiftungsverzeichnis

(1) Die Stiftungsbehörde nach § 4 Abs. 1 Satz 1 erfasst alle rechtsfähigen Stiftungen gemäß § 2 in einem elektronischen Stiftungsverzeichnis. Stiftungen gemäß § 3 Abs. 5 werden auf Antrag im Stiftungsverzeichnis aufgenommen. Das Verzeichnis kann von jedermann eingesehen werden und ist zum Abruf im Internet bereitzustellen.

(2) Das Stiftungsverzeichnis enthält folgende Angaben:

1. den Namen und den Sitz der Stiftung,

2. die Anschrift der Geschäftsstelle der Stiftung,

3. das vertretungsberechtigte Organ,

4. den Zweck der Stiftung,

5. die Rechtsnatur der Stiftung und

6. den Zeitpunkt der Entstehung der Stiftung.

(3) Die Stiftungen haben der Stiftungsbehörde nach § 4 Abs. 1 Satz 1 die Angaben nach Absatz 2 unverzüglich mitzuteilen.

(4) Eintragungen im Stiftungsverzeichnis begründen nicht die Vermutung ihrer Richtigkeit.

(5) Die jeweils zuständige Stiftungsbehörde stellt auf Antrag der Stiftung eine Bescheinigung über die angezeigte Vertretungsbefugnis aus. Einem Dritten kann diese Bescheinigung erstellt werden, wenn er ein berechtigtes Interesse glaubhaft macht.

(6) Die behördlichen Unterlagen über die Anerkennung der Rechtsfähigkeit und die Beaufsichtigung der Stiftungen des bürgerlichen Rechts unterliegen nicht dem Anspruch auf Zugang zu amtlichen Informationen nach dem Informationszugangsgesetz Sachsen-Anhalt.

Abschnitt 2:
Stiftungen des bürgerlichen Rechts

§ 6 – Anerkennung

(1) Die Stiftungsbehörde ist zuständig für die Anerkennung der Rechtsfähigkeit der Stiftung nach § 80 Abs. 1 des Bürgerlichen Gesetzbuches und für das Erstellen oder Ergänzen der Stiftungssatzung bei testamentarischer Errichtung nach § 83 Satz 2 des Bürgerlichen Gesetzbuches.

(2) Die Anerkennung der Rechtsfähigkeit der Stiftung bedarf der Schriftform.

§ 7 – Pflichten der Stiftung

(1) Die Stiftung hat ihr Vermögen im Einklang mit den Rechtsvorschriften und dem in Stiftungsgeschäft und Stiftungssatzung zum Ausdruck kommenden Stifterwillen nach den Regeln ordentlicher Wirtschaftsführung zu verwalten. Die Verwaltung dient der dauernden und nachhaltigen Erfüllung des Stiftungszwecks.

(2) Das Vermögen, das der Stiftung zugewendet wurde, um aus seiner Nutzung den Stiftungszweck nachhaltig zu erfüllen (Grundstockvermögen), ist in seinem Bestand zu erhalten, es sei denn, dass der Stiftungszweck anders nicht zu erfüllen ist. Das Grundstockvermögen ist vom übrigen Vermögen getrennt zu halten. Der Bestand und seine Veränderungen sind gesondert nachzuweisen.

(3) Die Erträge des Grundstockvermögens und diejenigen Zuwendungen Dritter, die nicht ausdrücklich zur Erhöhung des Grundstockvermögens bestimmt sind, sind zur Erfüllung des Stiftungszwecks zu verwenden.

(4) Die Stiftung ist verpflichtet, der Aufsichtsbehörde

1. die Zusammensetzung der Organe,

2. die zur Vertretung Befugten nebst deren ladungsfähigen Anschriften und

3. Änderungen der Angaben nach den Nummern 1 und 2 innerhalb einer Frist von einem Monat nach Eintritt der Wirksamkeit mitzuteilen. Die Stiftung hat der Aufsichtsbehörde ferner jederzeit auf Verlangen Auskünfte zu erteilen sowie Geschäfts- und Kassenbücher, Akten und sonstige Unterlagen zur Einsichtnahme vorzulegen.

(5) Die Stiftung ist verpflichtet, der Aufsichtsbehörde innerhalb von zwölf Monaten nach Ablauf des Geschäftsjahres eine Jahresrechnung mit einer Vermögensübersicht und einen Bericht über die Erfüllung des Stiftungszwecks (Rechnungsabschluss) vorzulegen.

(6) Wird die Stiftung durch einen Wirtschaftsprüfer, einen vereidigten Buchprüfer, eine Wirtschaftsprüfergesellschaft, eine Buchprüfungsgesellschaft, einen Prüfungsverband oder eine Behörde geprüft, so ist anstelle der Jahresrechnung und der Vermögensübersicht der Prüfungsbericht einzureichen. Die Prüfung hat sich auch auf die satzungsgemäße Verwendung der Stiftungsmittel und die Erhaltung des Grundstockvermögens zu erstrecken. Das Ergebnis der Prüfung ist in einem Abschlussvermerk des Prüfers festzuhalten.

§ 8 – Zweckänderung und Aufhebung

Die Stiftungsbehörde ist zuständig für die Zweckänderung und die Aufhebung der Stiftung nach § 87 des Bürgerlichen Gesetzbuches.

§ 9 – Satzungsänderung in sonstigen Fällen

(1) Soweit die Satzung dies vorsieht oder wenn die Verhältnisse sich seit Errichtung der Stiftung wesentlich geändert haben, kann die Stiftung

1. eine Satzungsänderung oder

2. die Zusammenlegung mit einer anderen Stiftung oder

3. die Zulegung zu einer anderen Stiftung

beschließen, sofern der Stiftungszweck hierdurch nicht oder nur unwesentlich verändert wird und der Stifterwille nicht entgegensteht.

(2) Vor einer Entscheidung nach Absatz 1 soll der Stifter nach Möglichkeit gehört werden. In Rechte derer, die durch die Stiftung begünstigt sind, darf nicht eingegriffen werden.

(3) Maßnahmen nach Absatz 1 bedürfen der Genehmigung der Stiftungsbehörde nach § 4 Abs. 1 Satz 1.

(4) Die Zulegung ist nur zulässig, wenn die aufnehmende Stiftung zugestimmt hat und die Erfüllung ihres Zwecks nicht beeinträchtigt ist.

(5) Eine Stiftung, die außerhalb des Landes entstanden ist und ihren Sitz in das Land Sachsen-Anhalt verlegt, hat die Sitzverlegung unverzüglich anzuzeigen.

§ 10 – Befugnisse der Aufsichtsbehörde

(1) Die Stiftungen unterliegen der Rechtsaufsicht des Landes, kirchliche Stiftungen jedoch nur nach Maßgabe des § 12. Die Aufsicht beschränkt sich darauf, zu überwachen, dass die Stiftungsorgane die Rechtsvorschriften und den in Stiftungsgeschäft und Stiftungssatzung zum Ausdruck kommenden Stifterwillen beachten. Die Aufsicht ist so zu führen, dass die Entschlusskraft und die Eigenverantwortung der Stiftungsorgane gefördert werden.

(2) Die Aufsichtsbehörde ist befugt, sich über Angelegenheiten der Stiftung zu unterrichten. Sie kann Einrichtungen der Stiftung besichtigen sowie Geschäfts- und Kassenbücher, Akten und sonstige Unterlagen der Stiftung anfordern.

(3) Die Aufsichtsbehörde kann die satzungsgemäße Verwendung der Stiftungsmittel und die Erhaltung des Grundstockvermögens in dem von ihr für erforderlich gehaltenen Umfang prüfen oder auf Kosten der Stiftung prüfen lassen. Sie kann im Einzelfall zulassen, dass der Rechnungsabschluss für mehrere Jahre zusammengefasst eingereicht wird. Bei Vorliegen besonderer Gründe kann sie eine von § 7 Abs. 5 abweichende Frist bestimmen.

(4) Die Aufsichtsbehörde kann Maßnahmen der Stiftung beanstanden, die Rechtsvorschriften, dem Stiftungsgeschäft oder der Stiftungssatzung widersprechen, und verlangen, dass sie innerhalb einer bestimmten Frist aufgehoben oder rückgängig gemacht werden. Beanstandete Maßnahmen dürfen nicht vollzogen werden.

(5) Die Aufsichtsbehörde kann anordnen, dass durch Rechtsvorschrift oder Stiftungssatzung gebotene Maßnahmen innerhalb einer bestimmten Frist zu vollziehen sind, wenn diese nicht oder nicht rechtzeitig vollzogen werden.

(6) Kommen die Mitglieder der Stiftungsorgane binnen einer ihnen gesetzten Frist den Anordnungen der Aufsichtsbehörde nicht nach, können die Anordnungen nach dem Teil 3 des Verwaltungsvollstreckungsgesetzes des Landes Sachsen-Anhalt durchgesetzt werden.

(7) Die Aufsichtsbehörde kann Mitgliedern eines Stiftungsorgans aus wichtigem Grund, insbesondere wegen grober Pflichtverletzung oder Unfähigkeit zur ordnungsgemäßen Geschäftsführung, die Ausübung ihrer Tätigkeit vorläufig untersagen. Darüber hinaus kann sie die Abberufung und Berufung von Mitgliedern der Stiftungsorgane verlangen. Kommt die Stiftung dem Verlangen nicht innerhalb der von der Aufsichtsbehörde gesetzten Frist nach, kann die Aufsichtsbehörde das Mitglied des Stiftungsorgans abberufen und ein anderes an seiner Stelle berufen.

(8) Soweit einem Stiftungsorgan die erforderlichen Mitglieder fehlen und keine Bestellung durch das zuständige Amtsgericht erfolgt, kann die Aufsichtsbehörde sie in dringenden Fällen für die Zeit bis zur Behebung des Mangels bestellen.

Abschnitt 3:
Staatliche Stiftungen des öffentlichen Rechts

§ 11 – Errichtung, Pflichten der Stiftung, Befugnisse der Stiftungsaufsicht, Vermögensanfall

(1) Eine staatliche Stiftung des öffentlichen Rechts kann nur durch Gesetz errichtet oder aufgelöst werden.

(2) Die §§ 7 und 10 Abs. 1 bis 5 und 7 dieses Gesetzes sowie § 148 der Gemeindeordnung gelten für staatliche Stiftungen des öffentlichen Rechts entsprechend, soweit nicht durch Gesetz oder aufgrund eines Gesetzes etwas anderes bestimmt ist.

(3) Ist bei einer staatlichen Stiftung des öffentlichen Rechts eine anfallberechtigte Stelle nicht bestimmt, fällt das Vermögen im Falle ihrer Aufhebung an das Land.

Abschnitt 4:
Kirchliche Stiftungen

§ 12 – Kirchliche Stiftungen des bürgerlichen Rechts

(1) Eine Stiftung des bürgerlichen Rechts darf nicht ohne Einwilligung der zuständigen Kirchenbehörde als kirchliche Stiftung anerkannt werden. Gleiches gilt für die Änderung der Rechtsnatur einer kirchlichen Stiftung des bürgerlichen Rechts.

(2) Kirchliche Stiftungen des bürgerlichen Rechts unterliegen nicht der Rechtsaufsicht des Landes, wenn

1. die betreffende Kirche Rechtsvorschriften erlassen hat, die im Wesentlichen den staatlichen Vorschriften entsprechen, und

2. die Stiftungen entsprechend diesen Vorschriften von der zuständigen Kirchenbehörde beaufsichtigt werden.

(3) Ist bei einer kirchlichen Stiftung des bürgerlichen Rechts eine anfallberechtigte Stelle nicht bestimmt, fällt das Vermögen im Falle ihrer Aufhebung an die aufsichtführende Kirche.

§ 13 – Kirchliche Stiftungen des öffentlichen Rechts

Eine kirchliche Stiftung des öffentlichen Rechts bedarf zur Erlangung der Rechtsfähigkeit der Genehmigung durch das für die Rechtsbeziehungen zwischen Staat und Kirche zuständige Ministerium. Die Staatskirchenverträge und das jeweilige kirchliche Recht finden Anwendung.

Abschnitt 5:
Bußgeld-, Übergangs- und Schlussvorschriften

§ 14 – Ordnungswidrigkeiten

(1) Ordnungswidrig handelt, wer vorsätzlich oder fahrlässig

1. entgegen § 7 Abs. 4 Satz 1 die Zusammensetzung der Organe, die zur Vertretung Befugten nebst deren ladungsfähigen Anschriften und Änderungen nicht, nicht vollständig, nicht richtig oder nicht rechtzeitig mitteilt,

2. entgegen § 7 Abs. 4 Satz 2 auf Verlangen Auskünfte nicht, nicht vollständig, nicht richtig oder nicht rechtzeitig erteilt oder Geschäfts- und Kassenbücher, Akten und sonstige Unterlagen nicht, nicht vollständig, nicht richtig oder nicht rechtzeitig zur Einsichtnahme vorlegt,

3. entgegen § 7 Abs. 5 den Rechnungsabschluss nicht, nicht vollständig, nicht rechtzeitig oder nicht in der vorgeschriebenen Weise vorlegt,

4. entgegen § 10 Abs. 4 Satz 2 eine beanstandete Maßnahme vollzieht oder

5. gegen eine vollziehbare Untersagung der Geschäftstätigkeit nach § 10 Abs. 7 Satz 1 verstößt.

(2) Absatz 1 findet auf kirchliche Stiftungen des bürgerlichen Rechts und auf Stiftungen des öffentlichen Rechts keine Anwendung.

(3) Die Ordnungswidrigkeit kann mit einer Geldbuße bis zu zweitausendfünfhundert Euro geahndet werden.

(4) Verwaltungsbehörde im Sinne des § 36 Abs. 1 Nr. 1 des Gesetzes über Ordnungswidrigkeiten ist die Stiftungsbehörde.

§ 15 – Bestehende Stiftungen

(1) Die bei Inkrafttreten dieses Gesetzes bestehenden Stiftungen bestehen in ihrer Rechtsnatur fort. Für ihre künftigen Rechtsverhältnisse sind die Vorschriften dieses Gesetzes anzuwenden.

(2) Die durch einen Stiftungsakt eines Trägers hoheitlicher Gewalt oder durch Beschluss der Landesregierung vor Inkrafttreten dieses Gesetzes errichteten öffentlichrechtlichen Stiftungen gelten als staatliche Stiftungen des öffentlichen Rechts fort.

(3) Die Stiftungsbehörde nach § 4 Abs. 1 Satz 1 ist ermächtigt, Maßnahmen zur Wiederaufnahme der Tätigkeit nicht aktiver Stiftungen des bürgerlichen Rechts in Sachsen-Anhalt zu ergreifen. Diese Ermächtigung erstreckt sich auf die Nachforschung über das rechtliche Schicksal von Stiftungen und deren Vermögen sowie über Möglichkeiten der Wiederaufnahme der Tätigkeit durch Bestellung eines Vorstandes, Zusammenlegung oder sonstiger notwendig erscheinender Maßnahmen.

(4) Eine Stiftung des bürgerlichen Rechts, die keine Satzung oder eine § 81 Abs. 1 Satz 3 des Bürgerlichen Gesetzbuches nicht entsprechende Satzung hat, ist verpflichtet, der Stiftungsbehörde innerhalb einer angemessenen Frist eine Satzung vorzulegen, die die in § 81 Abs. 1 Satz 3 des Bürgerlichen Gesetzbuches vorgeschriebenen Regelungen enthält. Die Satzung bedarf der Genehmigung der Stiftungsbehörde.

§ 16 – Klärung von Rechtsverhältnissen

(1) Bestehen Zweifel, ob es sich bei einer mit Vermögen ausgestatteten Einrichtung um eine rechtsfähige Stiftung handelt, kann die jeweils zuständige Stiftungsbehörde von Amts wegen Feststellungen zur Rechtsfähigkeit und Rechtsnatur der Einrichtung treffen. Auf Antrag hat sie die Feststellungen zu treffen, wenn ein berechtigtes Interesse an der Entscheidung besteht. Die Feststellungen bedürfen der Schriftform.

(2) Absatz 1 gilt entsprechend, wenn lediglich Zweifel über die Rechtsnatur einer rechtsfähigen Stiftung bestehen.

(3) Die nach den Absätzen 1 und 2 ergehenden Entscheidungen dürfen öffentlich bekannt gegeben werden, wenn eine Bekanntgabe an die Beteiligten untunlich ist. Soweit sie unanfechtbar geworden sind, sind sie für die Beurteilung der Rechtsfähigkeit und der Rechtsnatur einer Stiftung durch andere Behörden und die Gerichte bindend.

§ 17 – Ausschluss der elektronischen Form

In den Fällen des § 6 Abs. 2, § 9 Abs. 3, § 13 Satz 1 sowie § 15 Abs. 4 Satz 2 ist die elektronische Form ausgeschlossen.

§ 18 – Sprachliche Gleichstellung

Personen- und Funktionsbezeichnungen gelten jeweils in weiblicher und männlicher Form.

§ 19 – Einschränkung von Grundrechten

§ 7 Abs. 4 und § 10 Abs. 2 schränken das Grundrecht auf Schutz personenbezogener Daten im Sinne des Artikels 2 Abs. 1 in Verbindung mit Artikel 1 Abs. 1 des Grundgesetzes und des Artikels 6 Abs. 1 Satz 1 der Verfassung des Landes Sachsen-Anhalt ein.

§ 20 – Folgeänderungen

(1) Die Gemeindeordnung in der Fassung der Bekanntmachung vom 10. August 2009 (GVBl. LSA S. 383), zuletzt geändert durch Artikel 2 des Gesetzes vom 8. Juli 2010 (GVBl. LSA S. 406, 408), wird wie folgt geändert:

1. § 40 Abs. 1 Nr. 1 wird wie folgt geändert:

    a) In Buchstabe f wird nach dem Wort „hat" das Komma durch ein Semikolon ersetzt.

b) Buchstabe g wird aufgehoben.

2. § 115 Abs. 4 erhält folgende Fassung:

„(4) Gemeindevermögen darf nur im Rahmen der Aufgabenerfüllung der Gemeinde und nur dann in Stiftungsvermögen eingebracht werden, wenn

1. der mit der Stiftung verfolgte Zweck auf andere Weise nicht erreicht werden kann und

2. bereits im Stiftungsgeschäft nachweisbar ist,

   a) dass private Dritte sich verbindlich zu Zuwendungen verpflichtet haben, die mindestens die Höhe jenes Betrages ausmachen, den die Gemeinde in die Stiftung überführt, oder

   b) dass von öffentlich-rechtlichen Zuwendungsgebern Absichtserklärungen über die Zuwendung von Drittmitteln gegeben worden sind."

(2) § 29 Abs. 1 Nr. 1 der Landkreisordnung in der Fassung der Bekanntmachung vom 12. August 2009 (GVBl. LSA S. 435), zuletzt geändert durch Artikel 2 des Gesetzes vom 13. April 2010 (GVBl. LSA S. 190, 191), wird wie folgt geändert:

1. In Buchstabe c wird nach dem Wort „hat" das Komma durch ein Semikolon ersetzt.

2. Buchstabe d wird aufgehoben.

§ 21 – Inkrafttreten, Außerkrafttreten

(1) Dieses Gesetz tritt am ersten Tag des auf die Verkündung folgenden Kalendermonats in Kraft.

(2) Gleichzeitig tritt das Stiftungsgesetz in der Fassung der Bekanntmachung vom 1. Januar 1997 (GVBl. LSA S. 2, 144) außer Kraft.

4.15 Gesetz über rechtsfähige Stiftungen des bürgerlichen Rechts für Schleswig-Holstein (Stiftungsgesetz – StiftG) in der Fassung der Bekanntmachung vom 2. März 2000 (GVOBl. Schl.-H. 2000, 208)

Änderungsdaten:

1. Zuständigkeiten und Ressortbezeichnungen (LVO v. 16.09.2003, GVOBl. S. 503)

2. §§ 2, 3, 4, 5, 6, 8, 15, 18 und Inhaltsv. geänd. (Ges. v. 7.10.2003, GVOBl. S. 516)

3. §§ 2, 4, 5, 6, 9 und 20 geändert (Art. 12 Ges. v. 15. 6. 2004, GVOBl. S. 153)

4. § 18 geändert (LVO v. 12.10.2005, GVOBl. S. 487)

Abschnitt I:
Allgemeine Vorschriften

§ 1 – Begriffsbestimmung

Stiftungen im Sinne dieses Gesetzes sind rechtsfähige Stiftungen des bürgerlichen Rechts (§§ 80 bis 88 des Bürgerlichen Gesetzbuches - BGB), die ihren Sitz im Lande Schleswig-Holstein haben.

§ 2 – Anerkennung

Die zur Entstehung einer rechtsfähigen Stiftung außer dem Stiftungsgeschäft erforderliche Anerkennung (§ 80 BGB) erteilt das Innenministerium im Benehmen mit dem fachlich zuständigen Ministerium. Ist das Land Schleswig-Holstein Stifter oder Mitstifter oder erhält die Stiftung Zuwendungen des Landes Schleswig-Holstein ist vor der Anerkennung auch das Benehmen mit dem Finanzministerium herzustellen. Die Anerkennung ist schriftlich, aber nicht in elektronischer Form, zu erteilen.

§ 3 (aufgehoben)

§ 4 – Verwaltung der Stiftung

(1) Die zur Verwaltung der Stiftung berufenen Organe haben für die dauernde und nachhaltige Erfüllung des Stiftungszwecks zu sorgen.

(2) Das der Stiftung zur dauernden und nachhaltigen Erfüllung des Stiftungszwecks zugewandte Vermögen (Stiftungsvermögen) ist in seinem Bestand zu erhalten, es sei denn, dass die Satzung eine Ausnahme zulässt oder der Stifter-

wille anders nicht zu verwirklichen ist. Das Stiftungsvermögen ist von anderem Vermögen getrennt zu halten.

(3) Die Erträge des Stiftungsvermögens sowie die Zuwendungen von Dritten sind für den Stiftungszweck und die notwendigen Verwaltungskosten der Stiftung zu verwenden. Dies gilt jedoch nicht für Zuwendungen von Dritten, die nach dem Willen der oder des Zuwendenden dazu bestimmt sind, dem Stiftungsvermögen zugeführt zu werden (Zustiftungen). Diese werden Bestandteil des Stiftungsvermögens nach Absatz 2 Satz 1.

(4) Die Stiftungsorgane können Erträge dem Stiftungsvermögen zuführen, sofern dies notwendig ist, um die Ertragskraft des Stiftungsvermögens auch in Zukunft sicherzustellen, oder soweit sie im Einzelfall zur Erfüllung des Stiftungszwecks keine Verwendung finden. Dies gilt auch für Zuwendungen von Dritten, sofern dies nicht deren erklärtem Willen widerspricht.

(5) Ist das Stiftungsvermögen einer Stiftung derart geschwächt, dass die nachhaltige Erfüllung des Stiftungszwecks nicht mehr gewährleistet erscheint, so kann die zuständige Behörde schriftlich anordnen, dass die Erträge des Stiftungsvermögens ganz oder teilweise so lange anzusammeln und dem Stiftungsvermögen zuzuführen sind, bis die Stiftung wieder leistungsfähig ist.

(6) Sind die Mitglieder der Stiftungsorgane nicht hauptamtlich zur Verwaltung der Stiftung berufen, kann die Satzung

1. den Ersatz ihrer notwendigen Auslagen und ihres entgangenen Arbeitsverdienstes oder

2. die Gewährung einer angemessenen Aufwandsentschädigung vorsehen.

(7) Über den Bestand und die Veränderungen des Stiftungsvermögens sowie alle Einnahmen und Ausgaben der Stiftung ist ordnungsgemäß Buch zu führen.

§ 5 – Satzungsänderung, Zulegung, Zusammenlegung und Auflösung durch Stiftungsorgane

(1) Die nach der Satzung zuständigen Organe können die Satzung ändern, wenn

1. der Stiftungszweck und die Gestaltung der Stiftung nicht oder nur unwesentlich verändert werden oder

2. dies wegen einer wesentlichen Veränderung gegenüber den im Zeitpunkt der Entstehung der Stiftung bestehenden Verhältnissen angebracht ist.

709

Sie können die Stiftung

1. einer anderen Stiftung mit deren Zustimmung zulegen,

2. mit einer anderen zu einer neuen Stiftung zusammenlegen oder

3. auflösen, wenn die in Satz 1 Nr. 2 genannte Voraussetzung gegeben ist; zu Lebzeiten der Stifterin oder des Stifters ist deren oder dessen Zustimmung erforderlich.

(2) Beschlüsse nach Absatz 1 bedürfen der Genehmigung der zuständigen Behörde. Im Falle des Absatzes 1 Satz 2 Nr. 1 erlischt die zugelegte Stiftung mit der Genehmigung, im Falle des Absatzes 1 Satz 2 Nr. 2 erlöschen die zusammengelegten Stiftungen und die neue Stiftung erlangt Rechtsfähigkeit. Mit dem Erlöschen geht das Vermögen einschließlich der Verbindlichkeiten der zugelegten Stiftung auf die andere Stiftung, das der zusammengelegten Stiftung auf die neue Stiftung über.

(3) Eine Verlegung des Sitzes der Stiftung in das oder aus dem Land Schleswig-Holstein bedarf auch dann der Genehmigung der zuständigen Behörde, wenn die Sitzverlegung nach dem Recht des bisherigen oder des künftigen Sitzes auch von der dort zuständigen Behörde zu genehmigen ist.

(4) Genehmigungen nach den Absätzen 2 und 3 sind schriftlich zu erteilen. Die Genehmigung einer Zulegung, Zusammenlegung oder Auflösung kann nicht in elektronischer Form erteilt werden.

§ 6 – Zweckänderung, Zulegung, Zusammenlegung und Aufhebung von Amts wegen

(1) Die in § 87 BGB vorgesehenen Maßnahmen trifft das Innenministerium. Liegen die Voraussetzungen des § 87 Abs. 1 BGB vor, so ist das Innenministerium auch berechtigt, Stiftungen mit im Wesentlichen gleichartigen Zwecken

1. durch Zulegung zu verbinden oder

2. zu einer neuen Stiftung zusammenzulegen und dieser neuen Stiftung eine Satzung zu geben.

Im Falle des Satzes 2 Nr. 1 erlöschen die zugelegten Stiftungen mit der Zulegung. Im Falle des Satzes 2 Nr. 2 erlöschen die zusammengelegten Stiftungen mit der Zusammenlegung, die neue Stiftung erlangt Rechtsfähigkeit. Mit dem Erlöschen geht das Vermögen einschließlich der Verbindlichkeiten der zugelegten Stiftungen auf die andere Stiftung, das der zusammengelegten Stiftungen auf die neue Stiftung über.

(2) Maßnahmen nach Absatz 1 ergehen schriftlich, aber nicht in elektronischer Form, im Benehmen mit dem fachlich zuständigen Ministerium. Die Vorstände der beteiligten Stiftungen sollen gehört werden; zu Lebzeiten der Stifterin oder des Stifters soll auch diese oder dieser gehört werden.

§ 7 – Vermögensanfall

(1) Enthält das Stiftungsgeschäft oder die Satzung für den Fall der Auflösung oder Aufhebung einer Stiftung keine Bestimmung über die Verwendung des Vermögens, so fällt das Vermögen einschließlich Verbindlichkeiten

1. einer kommunalen Stiftung (§ 17) an die kommunale Körperschaft,

2. einer kirchlichen Stiftung (§ 18) an die Aufsicht führende Kirche,

3. einer anderen Stiftung an das Land (Fiskus).

Ist eine Anfallberechtigte nach Satz 1 Nr. 2 nicht vorhanden, so fällt das Vermögen an den Fiskus.

(2) In den Fällen des Absatzes 1 Satz 1 Nr. 1 und 2 gelten die Vorschriften über eine dem Fiskus als gesetzlichem Erben anfallende Erbschaft und § 46 Satz 2 BGB entsprechend.

§ 8 – Aufsicht und Unterrichtung

(1) Die zuständige Behörde übt die Aufsicht darüber aus, dass Rechtsvorschriften, das Stiftungsgeschäft und die Satzung beachtet werden.

(2) Die zuständige Behörde kann sich jederzeit über alle Angelegenheiten der Stiftung unterrichten; sie kann insbesondere Einrichtungen der Stiftung besichtigen sowie Berichte, Akten, Beschlüsse, Sitzungsniederschriften und sonstige Unterlagen einsehen oder auf Kosten der Stiftung anfordern, ferner die Geschäfts- und Kassenführung prüfen oder auf Kosten der Stiftung durch Sachverständige prüfen lassen. Der Vorstand hat die Bediensteten der zuständigen Behörde und die von ihr beauftragten Sachverständigen bei der Prüfung auf Verlangen zu unterstützen.

(3) Auf Antrag der Stiftung erteilt die zuständige Behörde eine Bescheinigung über die Befugnis zur rechtsgeschäftlichen Vertretung der Stiftung (Vertretungsbescheinigung). In der Vertretungsbescheinigung sind die Satzungsbestimmungen, auf die sich die Berechtigung zur rechtsgeschäftlichen Vertretung stützt, sowie die Personen, die zur rechtsgeschäftlichen Vertretung befugt sind, anzugeben.

(4) Der Vorstand hat der zuständigen Behörde jede Änderung der Zusammensetzung eines Stiftungsorgans unverzüglich anzuzeigen.

§ 9 – Anzeigepflichtige Handlungen

(1) Die Stiftung hat bei der zuständigen Behörde folgende Maßnahmen anzuzeigen:

1. Umschichtungen des Stiftungsvermögens, die für den Bestand der Stiftung bedeutsam sind,

2. die Gewährung unentgeltlicher Zuwendungen, die nicht zur Erfüllung des Stiftungszweckes vorgenommen werden sollen,

3. die Eingehung von Verbindlichkeiten, die nicht im Rahmen des laufenden Geschäftsbetriebes erfolgt,

4. die Veräußerung oder wesentliche Veränderung von Sachen, die einen besonderen wissenschaftlichen, geschichtlichen oder künstlerischen Wert haben.

Widerspricht die zuständige Behörde nicht schriftlich innerhalb von vier Wochen seit Zugang der Anzeige, gilt die Maßnahme als genehmigt.

(2) Die zuständige Behörde kann Ausnahmen von der Anzeigepflicht zulassen.

§ 10 – Prüfung

(1) Innerhalb von acht Monaten nach Schluss eines jeden Geschäftsjahres hat der Vorstand der zuständigen Behörde einen Bericht über die Erfüllung des Stiftungszweckes mit

1. einer ordnungsgemäßen Jahresabrechnung und einer Vermögensübersicht oder

2. einem Prüfbericht einer Behörde, einer Einrichtung im Sinne des § 340k Abs. 2 und 3 des Handelsgesetzbuches, eines Prüfungsverbandes, einer öffentlich bestellten Wirtschaftsprüferin oder eines öffentlich bestellten Wirtschaftsprüfers, einer vereidigten Buchprüferin oder eines vereidigten Buchprüfers oder einer anerkannten Wirtschafts- oder Buchprüfungsgesellschaft einzureichen. Auf Verlangen der zuständigen Behörde hat der Vorstand auf Kosten der Stiftung einen Prüfbericht nach Satz 1 Nr. 2 vorzulegen.

(2) Der Prüfbericht nach Absatz 1 Satz 1 Nr. 2 hat sich insbesondere auch auf die Erhaltung des Stiftungsvermögens und die satzungsgemäße Verwendung

der Erträge des Stiftungsvermögens sowie der Zuwendungen von Dritten zu erstrecken; das Ergebnis ist in einem Abschlussvermerk festzustellen.

(3) Die zuständige Behörde prüft die Erhaltung des Stiftungsvermögens und die satzungsgemäße Verwendung der Stiftungsmittel in dem von ihr für erforderlich gehaltenen Umfang. Liegt ein Prüfbericht nach Absatz 1 Satz 1 Nr. 2 vor, kann die zuständige Behörde von einer eigenen Prüfung absehen.

(4) Die zuständige Behörde kann auf Antrag die Vorlagefrist nach Absatz 1 Satz 1 verlängern; Stiftungen mit jährlich im Wesentlichen gleichbleibenden Einnahmen und Ausgaben kann die zuständige Behörde gestatten, die Unterlagen nach Absatz 1 über mehrere Geschäftsjahre zusammengefasst einzureichen.

§ 11 – Beanstandung

Die zuständige Behörde kann Beschlüsse und Maßnahmen der Stiftungsorgane, die das Recht verletzen oder gegen die Satzung oder das Stiftungsgeschäft verstoßen, beanstanden; sie kann verlangen, dass derartige Beschlüsse nicht vollzogen oder, soweit rechtlich möglich, bereits ausgeführte Maßnahmen rückgängig gemacht werden.

§ 12 – Anordnung

Erfüllt die Stiftung nicht die Pflichten oder Aufgaben, die ihr nach Rechtsvorschrift, Satzung oder Stiftungsgeschäft obliegen, so kann die zuständige Behörde anordnen, dass die Stiftung innerhalb einer angemessenen Frist das Erforderliche veranlasst.

§ 13 – Abberufung von Mitgliedern der Stiftungsorgane

Die zuständige Behörde kann Mitgliedern der Stiftungsorgane aus wichtigem Grund, insbesondere wegen grober Pflichtverletzung oder Unfähigkeit zur ordnungsmäßigen Geschäftsführung, die Geschäftsführung einstweilen untersagen oder ihre Abberufung sowie die Ernennung neuer Mitglieder verlangen.

§ 14 – Bestellung von Beauftragten

Wenn und solange es zur ordnungsmäßigen Verwaltung der Stiftung erforderlich ist und die Befugnisse der zuständigen Behörde nach § 8 Abs. 2 und den §§ 10 bis 12 nicht ausreichen, kann die zuständige Behörde Beauftragte bestellen, die alle oder einzelne Aufgaben von Stiftungsorganen auf Kosten der Stiftung wahrnehmen. Der Aufgabenbereich der oder des Beauftragten und ihre oder seine Befugnisse sind in einer Bestallungsurkunde festzulegen; soweit die Aufgaben und Befugnisse der oder des Beauftragten reichen, ruht die Befugnis der Stiftungsorgane.

§ 15 – Bekanntmachungen, Stiftungsverzeichnis

(1) Im Amtsblatt für Schleswig-Holstein sind bekannt zu machen

1. Anerkennungen unter Angabe des Stiftungszwecks nach § 80 und Maßnahmen nach § 87 BGB,

2. Genehmigungen nach § 5 Abs. 2 Satz 1 in Verbindung mit

   a) § 5 Abs. 1 Satz 1 Nr. 2, soweit sie sich auf eine wesentliche Änderung des Stiftungszwecks beziehen

   b) § 5 Abs. 1 Satz 2,

3. Genehmigungen nach § 5 Abs. 3,

4. Maßnahmen nach § 6 Abs. 1 Satz 2.

Zuständig ist die Behörde, die die Anerkennung ausgesprochen, die Genehmigung erteilt oder die Maßnahme getroffen hat. Die Stiftung hat die Kosten für die Bekanntmachung zu erstatten.

(2) Beim Innenministerium wird ein Verzeichnis aller Stiftungen geführt. In dieses werden eingetragen:

1. der Name,

2. der Sitz,

3. der Zweck,

4. das im Stiftungsgeschäft angegebene Stiftungsvermögen,

5. die Anschrift der Stiftung,

6. die Vertretungsberechtigung und die Zusammensetzung der vertretungsberechtigten Organe,

7. der Tag der Erteilung der Genehmigung oder Anerkennung,

8. der Tag des Erlöschens der Stiftung.

Die zuständige Behörde ist verpflichtet, dem Innenministerium die erforderlichen Angaben zu machen sowie Veränderungen mitzuteilen. Das Innenministerium ist berechtigt, das Stiftungsverzeichnis in geeigneter Weise, insbesondere auch auf elektronischem Wege, zu veröffentlichen.

(3) Eintragungen in das Stiftungsverzeichnis begründen nicht die Vermutung der Richtigkeit. Die Einsicht in das Stiftungsverzeichnis ist jeder Person gestattet.

§ 16 – Zuständigkeit

(1) Träger der öffentlichen Verwaltung für Aufgaben nach diesem Gesetz sind das Land sowie die Gemeinden, Kreise und Ämter. Die Gemeinden, Kreise und Ämter nehmen diese Aufgaben als Landesaufgaben zur Erfüllung nach Weisung wahr; dies gilt nicht, soweit sie Aufgaben von Stiftungsorganen wahrnehmen.

(2) Zuständige Behörden im Sinne dieses Gesetzes sind die Landrätinnen oder Landräte und die Bürgermeisterinnen oder Bürgermeister der kreisfreien Städte, soweit in diesem Gesetz nichts Abweichendes bestimmt ist. Das Innenministerium kann im Einzelfall alle oder einzelne Befugnisse des § 5 Abs. 2, der §§ 8 bis 14 und des § 20 Abs. 1 Satz 2 und Abs. 2 an sich ziehen. In den Fällen, in denen das Land Schleswig-Holstein Stifter oder Mitstifter war oder in denen es der Stiftung institutionelle Förderung gewährt, ist zuständige Behörde das Innenministerium.

(3) Die Landesregierung kann durch Rechtsverordnung die Zuständigkeit abweichend von Absatz 2 sowie von § 2 Abs. 1, § 3 Abs. 3, § 6 Abs. 1 Satz 1 und 2 und Abs. 2 Satz 1, § 15 Abs. 1 Satz 2, § 17 Abs. 3 und 4, § 18 Abs. 2 Satz 2, §§ 21 und 22 Abs. 3 Satz 2 regeln.

Abschnitt II:
Besondere Vorschriften

§ 17 – Kommunale Stiftungen

(1) Kommunale Stiftungen sind Stiftungen, deren Zweck im Aufgabenbereich einer Gemeinde, eines Kreises oder eines Amtes liegt und die von diesen Körperschaften verwaltet werden.

(2) Für die Verwaltung der kommunalen Stiftungen gelten neben § 4 die Vorschriften über die Haushaltswirtschaft der Gemeinden, Kreise und Ämter. § 9 Abs. 1 Satz 1 Nr. 3 findet keine Anwendung.

(3) Maßnahmen nach den §§ 5 und 6 sowie nach § 87 BGB treffen bei kommunalen Stiftungen die Gemeinden, Kreise und Ämter mit Genehmigung der Kommunalaufsichtsbehörde.

(4) Für Maßnahmen nach den §§ 8 bis 14 ist bei kommunalen Stiftungen die Kommunalaufsichtsbehörde zuständig.

(5) Die Befugnisse der Kommunalaufsichtsbehörde nach den Absätzen 3 und 4 nimmt das Innenministerium wahr, wenn der Kreis in einer von der Kommunalaufsichtsbehörde zu entscheidenden Angelegenheit unmittelbar beteiligt ist oder die Landrätin oder der Landrat einem Stiftungsorgan angehört.

§ 18 – Kirchliche Stiftungen

(1) Kirchliche Stiftungen sind Stiftungen, die ausschließlich oder überwiegend kirchlichen Zwecken gewidmet sind und die

1. organisatorisch mit einer Kirche verbunden oder

2. in der Stiftungssatzung der kirchlichen Aufsicht unterstellt sind oder

3. ihre Zwecke nur sinnvoll in Verbindung mit einer Kirche erfüllen können.

Vor einer Anerkennung nach § 2 bedürfen kirchliche Stiftungen der Anerkennung durch die zuständige Kirchenbehörde.

(2) Bei Maßnahmen, die kirchliche Stiftungen betreffen, führt die nach diesem Gesetz zuständige Behörde das Einvernehmen mit der zuständigen Kirchenbehörde herbei. Bei Satzungsänderungen, durch die der Stiftungszweck geändert wird, sowie bei Zusammenlegungen, Auflösungen und Aufhebungen von kirchlichen Stiftungen bedarf es außerdem des Benehmens der Ministerpräsidentin oder des Ministerpräsidenten.

(3) Die Absätze 1 und 2 sowie § 7 Abs. 1 Satz 1 Nr. 2 und Satz 2 und Abs. 2 gelten entsprechend für die Stiftungen der Religionsgesellschaften und Weltanschauungsvereinigungen, die Körperschaften des öffentlichen Rechts sind.

§ 19 – Familienstiftungen

Familienstiftungen sind Stiftungen, die nach dem Stiftungszweck ausschließlich oder überwiegend dem Wohle der Mitglieder einer oder mehrerer bestimmter Familien dienen. Für sie gelten die §§ 8 bis 14 nur insoweit, als sicherzustellen ist, dass ihr Bestand gewahrt bleibt und sie sich im Einklang mit den Rechtsvorschriften betätigen.

Abschnitt III:
Übergangs- und Schlussvorschriften

§ 20 – Bestehende Stiftungen

(1) Der Vorstand oder das nach dem Stiftungsgeschäft zuständige Organ hat eine Stiftungssatzung, die diesem Gesetz nicht entspricht, zu ändern oder zu ergänzen; ist eine Satzung nicht vorhanden, so ist sie zu erlassen. Beschlüsse nach Satz 1 bedürfen der Genehmigung der zuständigen Behörde. Die Genehmigung ist schriftlich zu erteilen.

(2) Die zuständige Behörde kann

1. die Satzung ergänzen, sofern sie unvollständig ist (§ 3 Abs. 2) und nicht nach Absatz 1 Satz 1 Halbsatz 1 ergänzt wird,

2. eine Satzung geben, sofern sie nicht vorhanden ist und nicht nach Absatz 1 Satz 1 Halbsatz 2 erlassen wird,

zu Lebzeiten der Stifterin oder des Stifters jedoch nur nach deren oder dessen Anhörung.

(3) Oberste Landesbehörde im Sinne des § 2 a des Gesetzes zur Änderung von Vorschriften des Fideikommiss- und Stiftungsrechts vom 28. Dezember 1950 (BGBl. S. 820), geändert durch das Gesetz vom 3. August 1967 (BGBl. I S. 839), ist das Innenministerium.

§ 21 – Übergang von Zuständigkeiten

Sind nach einem Stiftungsgeschäft oder einer Stiftungssatzung für Aufgaben nach diesem Gesetz öffentlich-rechtliche Stellen zuständig, geht deren Zuständigkeit auf die nach diesem Gesetz zuständigen Behörden über.

§ 22 – Aufhebung bisher geltenden Rechts

(1) Aufhebung anderer Vorschriften

(2) Aufhebung anderer Vorschriften

(3) Unberührt bleiben die §§ 35 bis 37 und 46 bis 48 des Sparkassengesetzes für das Land Schleswig- Holstein in der Fassung der Bekanntmachung vom 3. Mai 1994 (GVOBl. Schl.-H. S. 231), geändert durch Gesetz vom 23. Januar 1998 (GVOBl. Schl.-H. S. 68); sie gehen den Bestimmungen dieses Gesetzes vor. Zuständige Behörde im Sinne dieses Gesetzes ist bei Stiftungen, die eine Sparkasse betreiben, das Innenministerium.

§ 23 (Inkrafttreten)

4.16   Thüringer Stiftungsgesetz (ThürStiftG) vom 16. Dezember 2008 (GVBl. 2008 S. 561)

Zum 05. 06. 2012 aktuellste verfügbare Fassung der Gesamtausgabe

<u>Stand:</u> Letzte berücksichtigte Änderung: § 5 geändert durch Artikel 2 des Gesetzes vom 13. März 2013 (GVBl. S. 92, 94)

INHALTSÜBERSICHT

§ 20   Schriftform

§ 21   Gleichstellungsbestimmung

Der Landtag hat das folgende Gesetz beschlossen:

Erster Abschnitt:
Allgemeine Bestimmungen

§ 1 – Zweck

(1) Ziel dieses Gesetzes ist es, sicherzustellen, dass bei seiner Anwendung der Wille des Stifters vorrangig beachtet wird.

(2) Zweck dieses Gesetzes ist es ebenso, den Bestand und den Erhalt des Stiftungsvermögens zu sichern.

§ 2 – Anwendungsbereich

Dieses Gesetz gilt für rechtsfähige Stiftungen, die ihren Sitz in Thüringen haben oder ihn dorthin verlegen.

§ 3 – Begriffsbestimmungen

(1) Stiftungen im Sinne dieses Gesetzes sind die rechtsfähigen Stiftungen des bürgerlichen und des öffentlichen Rechts.

(2) Stiftungen des bürgerlichen Rechts sind Stiftungen im Sinne der §§ 80 bis 88 des Bürgerlichen Gesetzbuchs (BGB).

(3) Stiftungen des öffentlichen Rechts können nur Stiftungen sein, die ausschließlich öffentliche Zwecke verfolgen und mit dem Staat, einer Gemeinde, einem Gemeindeverband oder einer sonstigen Körperschaft oder Anstalt des öffentlichen Rechts in einem organischen Zusammenhang stehen, der die Stiftung selbst zu einer öffentlichen Einrichtung macht.

(4) Behördenverwaltete Stiftungen sind Stiftungen des bürgerlichen oder des öffentlichen Rechts, die durch das Land, eine öffentlich-rechtliche Körperschaft des Landes oder eine ihrer Behörden verwaltet werden. Absatz 3 bleibt unberührt.

(5) Kommunale Stiftungen sind Stiftungen des bürgerlichen oder des öffentlichen Rechts, deren Verwaltung von einer Gemeinde, einem Landkreis, einem Zweckverband oder einer Verwaltungsgemeinschaft nach den für diese jeweils geltenden kommunalrechtlichen Bestimmungen wahrgenommen wird.

(6) Kirchliche Stiftungen sind Stiftungen des bürgerlichen oder des öffentlichen Rechts, die

1. ausschließlich oder überwiegend dazu bestimmt sind, Aufgaben einer mit dem Status einer Körperschaft des öffentlichen Rechts versehenen Religions- oder Weltanschauungsgemeinschaft zu erfüllen und

2. von einer Gemeinschaft nach Nummer 1 errichtet oder organisatorisch mit ihr verbunden oder in der Stiftungssatzung ihrer Aufsicht unterstellt sind oder deren Zweck nur sinnvoll in Verbindung mit einer solchen Gemeinschaft zu erfüllen ist.

§ 4 – Stiftungsbehörden

(1) Die Behörde für die Anerkennung der Rechtsfähigkeit nach § 80 des Bürgerlichen Gesetzbuches, für das Erstellen oder Ergänzen der Stiftungssatzung bei testamentarischer Errichtung nach § 83 Satz 2 des Bürgerlichen Gesetzbuches sowie für die Zweckänderung oder Aufhebung nach § 87 des Bürgerlichen Gesetzbuches ist das Innenministerium. Die Stiftungsaufsicht nach § 12 erfolgt durch das Landesverwaltungsamt, soweit in diesem Gesetz nichts anderes bestimmt ist.

(2) Für die nach der Abgabenordnung wegen Gemeinnützigkeit steuerbegünstigt anerkannten Stiftungen werden weder für die Anerkennung noch für die Aufsicht Verwaltungsgebühren erhoben. Hinsichtlich der sonstigen Stiftungen werden für die von den Stiftungsbehörden erbrachten Leistungen Gebühren nach der Thüringer Verwaltungskostenordnung für den Geschäftsbereich des Innenministeriums erhoben.

§ 5 – Stiftungsverzeichnis

(1) Die Stiftungsaufsichtsbehörde führt ein öffentlich einsehbares Verzeichnis aller Stiftungen (Stiftungsverzeichnis).

(2) In das Stiftungsverzeichnis sind einzutragen:

1. der Name und der Sitz der Stiftung sowie die Anschrift der Stiftungsverwaltung,

2. der Stiftungszweck,

3. die Vertretungsberechtigung und

4. die Zusammensetzung der Organe der Stiftung,

5. der Tag der Anerkennung, bei einer öffentlich-rechtlichen Stiftung der Tag der Entstehung,

6. der Tag des Erlöschens der Stiftung und

7. der Tag der Genehmigung von Satzungsänderungen.

(3) Der Vorstand der Stiftung hat der Stiftungsaufsichtsbehörde die in Absatz 2 genannten Angaben unverzüglich sowie spätere Änderungen innerhalb eines Monats nach Eintritt ihrer Wirksamkeit mitzuteilen. Soweit hiermit eine Satzungsänderung verbunden ist, ist diese der Mitteilung beizufügen.

(4) Die Einsicht in das Stiftungsverzeichnis ist jedermann gestattet, die Einsicht in die unter Absatz 2 Nr. 4 angeführten Daten nur insoweit, als die Mitglieder des Organs, deren personenbezogene Daten betroffen sind, zugestimmt und dies der Stiftungsbehörde mitgeteilt haben oder soweit ein berechtigtes Interesse an der Kenntnis dieser Daten besteht und der Betroffene kein schutzwürdiges Interesse am Ausschluss der Einsicht hat. Von den Eintragungen des Stiftungsverzeichnisses kann eine Abschrift gefordert werden. Diese ist auf Verlangen zu beglaubigen. Die Einsicht in die Stiftungssatzung ist jedem, der ein berechtigtes Interesse geltend macht, insoweit gestattet, wie dies zur Wahrnehmung dieses Interesses erforderlich ist.

(5) Die Stiftungsaufsichtsbehörde stellt auf Antrag eine Bescheinigung zur Vorlage gegenüber Dritten darüber aus, wer nach Maßgabe der Satzung und der von der Stiftung gemachten Angaben zur Vertretung der Stiftung berechtigt ist.

(6) Die Eintragungen in das Stiftungsverzeichnis begründen nicht die Vermutung ihrer Richtigkeit.

(7) Das für das Stiftungsrecht zuständige Ministerium kann durch Rechtsverordnung bestimmen, dass und in welchem Umfang das Stiftungsverzeichnis elektronisch geführt wird. Hierbei muss gewährleistet sein, dass

1. die Grundsätze einer ordnungsgemäßen Datenverarbeitung eingehalten, insbesondere Vorkehrungen gegen einen Datenverlust getroffen, sowie die erforderlichen Kopien der Datenbestände tagesaktuell gehalten und die originären Datenbestände sowie deren Kopien sicher aufbewahrt werden,

2. die vorzunehmenden Eintragungen alsbald in eine Datenbank aufgenommen und auf Dauer inhaltlich unverändert in lesbarer Form wiedergegeben werden können und

3. die nach der Anlage zur Grundbuchordnung gebotenen Maßnahmen getroffen werden.

In der Rechtsverordnung können auch Einzelheiten zur öffentlichen Einstellung des Stiftungsverzeichnisses in das Internet geregelt werden.

§ 6 – Öffentliche Bekanntmachung

(1) Entstehung und Erlöschen einer Stiftung sind durch die Stiftungsanerkennungsbehörde öffentlich bekannt zu machen. Die Bekanntmachung umfasst folgende Angaben:

1. Name und Sitz der Stiftung,

2. Rechtsnatur der Stiftung,

3. Stiftungszweck,

4. Zeitpunkt der Entstehung beziehungsweise des Erlöschens.

(2) Bei der Entstehung einer Stiftung umfasst die Bekanntmachung ferner den Namen des Stifters, soweit dieser nicht den Antrag gestellt hat, auf die Angabe seines Namens zu verzichten.

(3) Im Falle der Sitzverlagerung oder Namensänderung einer Stiftung gilt Absatz 1 Nr. 1 entsprechend.

Zweiter Abschnitt:
Stiftungen des bürgerlichen Rechts

§ 7 – Anerkennung

(1) Die zur Entstehung einer Stiftung nach § 80 Abs. 1 BGB erforderliche Anerkennung erteilt die Stiftungsanerkennungsbehörde.

(2) Über den Antrag auf Anerkennung der Stiftung nach § 80 Abs. 2 BGB ist schriftlich zu entscheiden. Die Entscheidung ist zuzustellen. Soweit durch die Stiftungsanerkennungsbehörde innerhalb von sechs Monaten eine Entscheidung über die Anerkennung nicht erfolgt oder aber innerhalb dieser Frist dem Antrag stellenden Stifter nicht mitgeteilt wird, welche Hindernisse der Anerkennung entgegenstehen, kann der Antrag stellende Stifter nach Ablauf der Frist eine Begründung für die Verzögerung der Bearbeitung verlangen.

(3) Die Anerkennung der Rechtsfähigkeit hat ohne Auflagen oder Bedingungen zu erfolgen.

§ 8 – Verwaltung und Rechnungslegung der Stiftung

(1) Die Stiftungsorgane haben die Stiftung sparsam und nach den Regeln ordentlicher Wirtschaftsführung zu verwalten. Die Verwaltung dient der dauernden und nachhaltigen Verwirklichung des Stiftungszwecks.

(2) Das Stiftungsvermögen ist in seinem Bestand zu erhalten, es sei denn, dass die Satzung eine Ausnahme zulässt, der Stiftungszweck anders nicht zu verwirklichen ist und die Dauerhaftigkeit der Stiftung gewährleistet bleibt. Das Stiftungsvermögen sowie Veränderungen in seinem Bestand sind getrennt von anderen Vermögensmassen gesondert nachzuweisen.

(3) Die Erträge des Stiftungsvermögens sind zur Verwirklichung des Stiftungszwecks sowie für die entstehenden Verwaltungskosten zu verwenden. Gleiches gilt für Zuwendungen Dritter, die nicht ausdrücklich zur Erhöhung des Stiftungsvermögens bestimmt sind, soweit in der Satzung nicht etwas anderes bestimmt ist.

(4) Das zuständige Stiftungsorgan hat innerhalb von sechs Monaten nach Schluss des Geschäftsjahrs einen Jahresbericht, aus dem der Bestand und etwaige Veränderungen des Stiftungsvermögens sowie die satzungsgemäße Verwendung der Stiftungsmittel ersichtlich sind, und einen Bericht über die Erfüllung des Stiftungszwecks zu erstellen. Im Zweifel ist das Geschäftsjahr das Kalenderjahr. Wird eine Stiftung durch einen Prüfungsverband, einen Wirtschaftsprüfer, eine Wirtschaftsprüfungsgesellschaft oder eine Behörde geprüft, kann von der Erstellung des Jahresberichts abgesehen werden, soweit die in Satz 1 genannten Angaben in dem Prüfungsbericht enthalten sind. § 12 Abs. 3 Satz 3 bleibt unberührt.

§ 9 – Satzungsänderung

(1) Die Stiftung kann ihre Satzung ändern, soweit diese es vorsieht. Sie kann sie auch dann ändern, wenn sich die Verhältnisse seit Errichtung der Stiftung wesentlich geändert haben, der Stiftungszweck durch die Änderung nicht oder nur unwesentlich und die innere Organisation der Stiftung nicht wesentlich verändert wird. In Rechte derer, die durch die Stiftung begünstigt sind, darf nicht eingegriffen werden.

(2) Zu Lebzeiten des Stifters ist dieser anzuhören, sofern im Stiftungsgeschäft oder in der Satzung nichts anderes bestimmt ist. Wenn der Aufenthaltsort des Stifters nicht bekannt ist und sich nur mit unverhältnismäßig hohem Aufwand ermitteln lässt, kann auf die Anhörung verzichtet werden.

(3) Maßnahmen nach Absatz 1 und Ausgliederungen im Sinne des § 161 des Umwandlungsgesetzes bedürfen der schriftlichen Genehmigung durch die Stiftungsanerkennungsbehörde.

§ 10 – Verlegung des Sitzes

(1) Die Verlegung des Sitzes von Thüringen in ein anderes Land bedarf des Nachweises, dass dort die Aufnahme der Stiftung gesichert ist. § 9 findet Anwendung.

(2) Die Verlegung des Sitzes nach Thüringen bedarf der Einwilligung der Stiftungsanerkennungsbehörde. Die Rechte des Sitzlandes bleiben hiervon unberührt. Die Einwilligung darf nur versagt werden, wenn der Stiftung die Anerkennung nach diesem Gesetz zu versagen wäre.

§ 11 – Zweckänderung, Aufhebung

(1) Für die Änderung des Zwecks und die Aufhebung der Stiftung gelten die §§ 87 und 88 BGB. § 9 Abs. 2 gilt entsprechend.

(2) Die Aufhebung von Stiftungen kann auch in der Weise erfolgen, dass mehrere Stiftungen gleicher Art, bei denen eine der in § 87 Abs. 1 BGB genannten Voraussetzungen vorliegt, zusammengelegt werden. Die neue Stiftung erlangt mit der Zusammenlegung die Rechtsfähigkeit. Im Fall der Aufhebung der neuen Stiftung leben die zusammengelegten Stiftungen nicht wieder auf.

(3) Die Aufhebung einer Stiftung, bei der eine der in § 87 Abs. 1 BGB genannten Voraussetzungen vorliegt, kann auch in der Weise erfolgen, dass sie einer Stiftung gleicher Art zugelegt wird. Die Zulegung ist nur zulässig, wenn die aufnehmende Stiftung zustimmt und die Erfüllung ihres Stiftungszwecks nicht beeinträchtigt wird.

(4) Soweit der Stifter in der Satzung keine entgegenstehende Regelung getroffen hat, ist allein der Wegfall der Gemeinnützigkeit kein genereller Auflösungsgrund. Es treten dann lediglich die steuerrechtlichen Rechtsfolgen bei Wegfall der Gemeinnützigkeit ein.

§ 12 – Stiftungsaufsicht

(1) Die Stiftungen des bürgerlichen Rechts stehen unter der Aufsicht des Landes (§ 4 Abs. 1 Satz 2). Die Stiftungsaufsichtsbehörde soll sicherstellen, dass die Verwaltung der Stiftung im Einklang mit den Gesetzen, der Stiftungssatzung und dem Stifterwillen geführt wird.

(2) Der Vorstand der Stiftung ist verpflichtet, der Stiftungsaufsichtsbehörde innerhalb von neun Monaten nach Schluss des Geschäftsjahrs den Jahresbericht sowie den Bericht über die Erfüllung des Stiftungszwecks beziehungsweise den Prüfungsbericht nach § 8 Abs. 4 Satz 3 vorzulegen. Die Stiftungsaufsichtsbehörde kann die Frist nach Satz 1 auf Antrag schriftlich verlängern.

(3) Die Stiftungsaufsichtsbehörde ist befugt, sich über alle Angelegenheiten der Stiftung unterrichten zu lassen. Sie kann insbesondere ergänzende Auskünfte einholen, die Vorlage weiterer Unterlagen verlangen, Einrichtungen der Stiftung besichtigen und die Geschäfts- und Kassenführung prüfen. Die Stiftungsaufsichtsbehörde kann verlangen, dass das zuständige Stiftungsorgan für zukünftige Geschäftsjahre einen Jahresabschluss nach §§ 242 bis 256 des Handelsgesetzbuchs erstellt, wenn dies nach Art und Umfang der Geschäftstätigkeit der Stiftung für die Ausübung der Aufsicht erforderlich erscheint.

(4) Die Stiftungsaufsichtsbehörde kann Beschlüsse oder Maßnahmen der Stiftungsorgane, die gegen die Gesetze oder die Stiftungssatzung verstoßen, beanstanden und verlangen, dass sie innerhalb einer bestimmten Frist aufgehoben oder rückgängig gemacht werden. Beanstandete Beschlüsse dürfen nicht vollzogen werden. Kommt die Stiftung dem Verlangen nach Satz 1 nicht fristgerecht nach, kann die Stiftungsaufsichtsbehörde einen beanstandeten Beschluss aufheben und die Rückgängigmachung sonstiger Maßnahmen auf Kosten der Stiftung veranlassen. Die Sätze 1 und 3 gelten entsprechend, wenn die Stiftungsorgane eine rechtlich gebotene Maßnahme unterlassen.

(5) Hat sich ein Mitglied eines Stiftungsorgans einer groben Pflichtverletzung schuldig gemacht, ist es zu einer ordnungsgemäßen Geschäftsführung unfähig oder liegt ein sonstiger wichtiger Grund vor, so kann die Stiftungsaufsichtsbehörde seine Abberufung und die Berufung eines anderen Mitglieds verlangen. Sie kann dem Mitglied die Ausübung seiner Tätigkeit für die Stiftung einstweilen untersagen. Ist die Stiftung zur Abberufung des Mitglieds nicht in der Lage oder kommt sie innerhalb einer bestimmten Frist dem Verlangen der Stiftungsaufsichtsbehörde nach Satz 1 nicht nach, so kann die Stiftungsaufsichtsbehörde das Mitglied abberufen.

Dritter Abschnitt:
Besondere Arten von Stiftungen

§ 13 – Stiftungen des öffentlichen Rechts

(1) Eine Stiftung des öffentlichen Rechts entsteht durch Gesetz oder aufgrund eines Gesetzes. § 16 Abs. 3 Satz 1 bleibt unberührt.

(2) Die Bestimmungen des Zweiten Abschnitts dieses Gesetzes gelten für Stiftungen des öffentlichen Rechts entsprechend, soweit nicht durch Gesetz oder aufgrund eines Gesetzes etwas anderes bestimmt ist.

(3) Die Dienstherrnfähigkeit einer Stiftung des öffentlichen Rechts sowie Art und Ausmaß sonstiger hoheitlicher Befugnisse sind durch Gesetz oder aufgrund eines Gesetzes festzulegen.

(4) Ist in der Satzung einer Stiftung des öffentlichen Rechts ein Anfallberechtigter nicht bestimmt, fällt das Vermögen im Fall des Erlöschens der Stiftung an das Land.

§ 14 – Behördenverwaltete Stiftungen

(1) Die Aufsicht nach § 12 über eine behördenverwaltete Stiftung wird von der Stelle wahrgenommen, die über die die Stiftung verwaltende Körperschaft oder die ihr angehörende Behörde die Rechtsaufsicht ausübt (aufsichtsführende Stelle). Bei Verfahren nach § 11 ist die aufsichtsführende Stelle durch die Stiftungsanerkennungsbehörde zu hören.

(2) Abweichend von Absatz 1 Satz 1 kann die Aufsicht durch Gesetz oder Beschluss der Landesregierung über die Zuständigkeit der einzelnen Ministerien nach Artikel 76 Abs. 2 Satz 1 der Verfassung des Freistaats Thüringen auch auf eine andere Stelle übertragen werden. Rechte und Pflichten der aufsichtsführenden Stelle bleiben hierbei unberührt.

§ 15 – Kommunale Stiftungen

(1) Die Vertretung und Verwaltung einer kommunalen Stiftung obliegt den für die Vertretung und Verwaltung der kommunalen Körperschaft (§ 3 Abs. 5) zuständigen Organen.

(2) Die Aufsicht wird durch die Stiftungsaufsichtsbehörde wahrgenommen.

(3) Ist in der Satzung einer kommunalen Stiftung ein Anfallberechtigter nicht bestimmt, fällt das Vermögen im Fall der Auflösung der Stiftung an die jeweilige kommunale Körperschaft.

§ 16 – Kirchliche Stiftungen

(1) Eine kirchliche Stiftung bürgerlichen Rechts darf nicht ohne Zustimmung der betreffenden Religions- oder Weltanschauungsgemeinschaft als kirchliche Stiftung anerkannt werden.

(2) Kirchliche Stiftungen des bürgerlichen Rechts unterliegen nicht der Aufsicht des Landes, wenn die betreffende Religions- oder Weltanschauungsgemeinschaft Rechtsvorschriften erlassen hat, die mindestens § 12 genügen und die Stiftung entsprechend von der zuständigen Behörde der Religions- oder Weltanschauungsgemeinschaft beaufsichtigt wird. Die Feststellung hierüber trifft die Stiftungsanerkennungsbehörde. Die §§ 9 bis 11 bleiben mit der Maßgabe unberührt, dass die jeweilige Religions- oder Weltanschauungsgemeinschaft den betreffenden Beschlüssen zugestimmt haben muss.

(3) Eine kirchliche Stiftung des öffentlichen Rechts bedarf zur Erlangung der Rechtsfähigkeit der Genehmigung durch das für die Rechtsbeziehungen zwischen Staat und Kirchen, Religions- oder Weltanschauungsgemeinschaften zuständige Ministerium. Kirchliche Stiftungen des öffentlichen Rechts unterliegen nicht der Aufsicht des Landes.

(4) Hat das zuständige Organ einer kirchlichen Stiftung des öffentlichen Rechts eine Erweiterung des Stiftungszwecks, eine sonstige Änderung der Satzung oder eine Auflösung der Stiftung beschlossen und hat die jeweilige Religions- oder Weltanschauungsgemeinschaft hierzu ihre Zustimmung erteilt, ist diese Entscheidung auf Antrag durch das nach Absatz 3 zuständige Ministerium zu genehmigen.

(5) Ist bei einer kirchlichen Stiftung ein Anfallberechtigter nicht bestimmt, fällt das Vermögen im Fall ihrer Auflösung an die jeweilige Religions- oder Weltanschauungsgemeinschaft.

(6) Abweichende Regelungen in Staatsverträgen bleiben unberührt.

Vierter Abschnitt:
Übergangs- und Schlussbestimmungen

§ 17 – Bestehende Stiftungen

(1) Die bei Inkrafttreten dieses Gesetzes bestehenden Stiftungen bestehen in ihrer Rechtsnatur fort. Für ihre künftigen Rechtsverhältnisse sind die Bestimmungen dieses Gesetzes anzuwenden. Das zuständige Stiftungsorgan hat der Stiftungsaufsichtsbehörde die Anschrift der Stiftungsverwaltung innerhalb von sechs Monaten nach Inkrafttreten dieses Gesetzes bekannt zu geben.

(2) Die Stiftungsanerkennungsbehörde ist ermächtigt, Maßnahmen zur Wiederbelebung inaktiver Altstiftungen in Thüringen zu ergreifen. Diese Ermächtigung erstreckt sich auf die Nachforschung über den Verbleib von Altstiftungen und deren Vermögen sowie über Möglichkeiten der Wiederbelebung durch Be-

stellung eines Vorstandes, Zusammenlegung oder sonstiger notwendig erscheinender Maßnahmen. Diese Ermächtigung erstreckt sich ebenfalls auf nicht selbstständige Altstiftungen. In diesen Fällen soll die Stiftungsanerkennungsbehörde bemüht sein, die Überführung in eine selbstständige Stiftung herbeizuführen.

§ 18 – Klärung von Rechtsverhältnissen

(1) Bestehen Zweifel, ob es sich bei einer mit Vermögen ausgestatteten Einrichtung um eine rechtsfähige Stiftung handelt, hat die Stiftungsanerkennungsbehörde auf Antrag schriftlich festzustellen, ob die Stiftung rechtsfähig ist, wenn ein berechtigtes Interesse an der Entscheidung besteht.

(2) Besteht an der Klärung der Rechtsnatur einer rechtsfähigen Stiftung ein berechtigtes Interesse, trifft die Stiftungsanerkennungsbehörde eine schriftliche Entscheidung über die Art der Stiftung.

(3) Die nach den Absätzen 1 und 2 ergehenden Entscheidungen sind, soweit sie unanfechtbar geworden sind, für die Beurteilung der Rechtsfähigkeit und die Rechtsnatur einer Stiftung durch andere Behörden oder die Gerichte bindend.

§ 19 – Ordnungswidrigkeiten

(1) Ordnungswidrig handelt, wer vorsätzlich oder fahrlässig seinen Verpflichtungen nach § 5 Abs. 3 Satz 1 oder § 12 Abs. 2 nicht, nicht wahrheitsgemäß, nicht vollständig oder nicht rechtzeitig nachkommt. Ordnungswidrig handelt auch, wer vorsätzlich oder fahrlässig gegen ein nach § 12 Abs. 4 Satz 2 ausgesprochenes Verbot verstößt.

(2) Die Ordnungswidrigkeit kann mit einer Geldbuße von bis zu zweitausendfünfhundert Euro geahndet werden.

(3) Sachlich zuständige Verwaltungsbehörde im Sinne des § 36 Abs. 1 Nr. 1 des Gesetzes über Ordnungswidrigkeiten ist die Stiftungsaufsichtsbehörde.

§ 20 – Schriftform

§ 3 a des Thüringer Verwaltungsverfahrensgesetzes findet keine Anwendung auf § 5 Abs. 5, § 7 Abs. 2 Satz 1, § 9 Abs. 3 und § 18 Abs. 1.

§ 21 – Gleichstellungsbestimmung

Status- und Funktionsbezeichnungen in diesem Gesetz gelten jeweils in männlicher und weiblicher Form.

STICHWORTVERZEICHNIS